钱玄同日记

(整理本) 上

1905—1922

主编／杨天石

整理／阎 彤　王燕芝　左　瑾
　　　陈盛荣　刘贵福

北京大学出版社
PEKING UNIVERSITY PRESS

图书在版编目(CIP)数据

钱玄同日记.整理本.上中下/杨天石主编.—北京:北京大学出版社,2014.8
ISBN 978-7-301-15839-5

Ⅰ.钱… Ⅱ.杨… Ⅲ.钱玄同(1887—1939)—日记—1905—1939
Ⅳ.K825.5

中国版本图书馆 CIP 数据核字(2009)第 167675 号

书　　　名：钱玄同日记(整理本)(上中下)
著作责任者：杨天石　主编
责 任 编 辑：张文定　封越建
标 准 书 号：ISBN 978-7-301-15839-5
出　版　者：北京大学出版社
地　　　址：北京市海淀区成府路 205 号　100871
网　　　址：http://www.pup.cn
新 浪 微 博：@北京大学出版社
电　　　话：出版部 62754962　发行部 62750672　总编室 62752032　邮购部 62752015
电 子 信 箱：zpup@pup.cn
印　刷　者：涿州市星河印刷有限公司
发　行　者：北京大学出版社
经　销　者：新华书店
　　　　　　787 毫米×1092 毫米　16 开本　90.5 印张　插页 12　1700 千字
　　　　　　2014 年 8 月第 1 版　2021 年 8 月第 2 次印刷
定　　　价：280.00 元(上中下)

未经许可,不得以任何方式复制或抄袭本书之部分或全部内容。
版权所有,侵权必究
举报电话：010-62752024　电子信箱：fd@pup.pku.edu.cn

1920年代在北京

1920年代在北京

1920年代在北京

1918年北大文科国学门第四次毕业,前排马叙伦(左一)、钱玄同(左二)、蔡元培(左三)、陈独秀(左四)

苦雨斋聚会，摄于1920年代。右起：钱玄同、苏民生、徐相正、沈兼士、马幼渔、沈尹默、刘半农、周作人、沈士远

1920年代，钱玄同与刘半农

1921年代在北大工作室

日记手迹(1905年12月9日,为日记第一篇)

日记手迹(1909年9月13日)

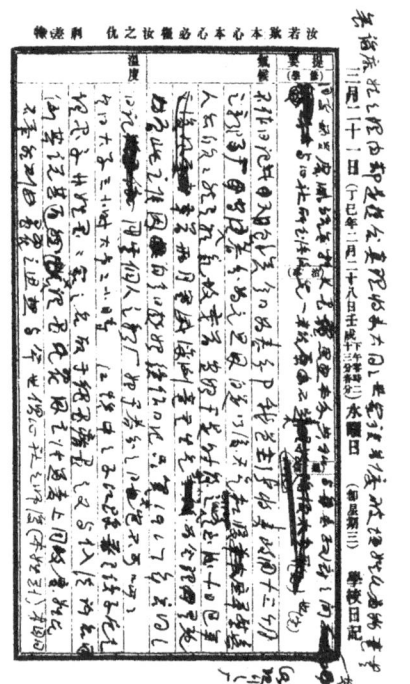

日记手迹(1917年3月21日)

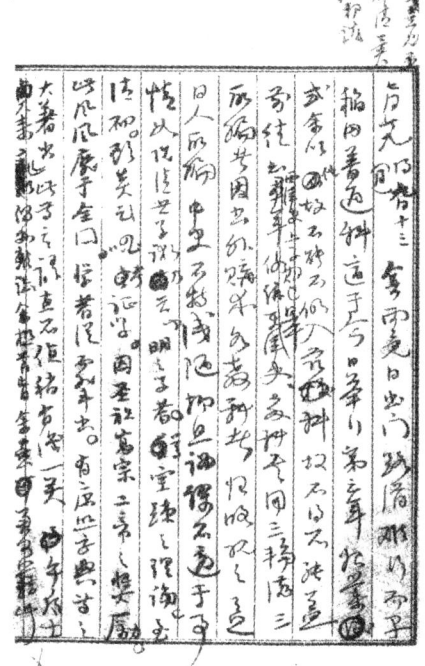

日记手迹(1919年1月24日)

目　录

前言 …………………………………………………… 杨天石(1)
整理体例 ………………………………………………………… (1)

（上）

钱德潜先生之年谱稿(1887—1905) ……………………………… (1)

一九○五年 …………………………………………………… (9)
一九○六年 …………………………………………………… (13)
一九○七年 …………………………………………………… (79)
一九○八年 …………………………………………………… (111)
一九○九年 …………………………………………………… (144)
一九一○年 …………………………………………………… (203)
一九一一年 …………………………………………………… (缺)
一九一二年 …………………………………………………… (219)
一九一三年 …………………………………………………… (252)
一九一四年 …………………………………………………… (273)
一九一五年 …………………………………………………… (277)
一九一六年 …………………………………………………… (282)
一九一七年 …………………………………………………… (296)
一九一八年 …………………………………………………… (326)
一九一九年 …………………………………………………… (336)
一九二○年 …………………………………………………… (358)
一九二一年 …………………………………………………… (367)
一九二二年 …………………………………………………… (383)

（中）

一九二三年 …………………………………………………… (493)
一九二四年 …………………………………………………… (565)
一九二五年 …………………………………………………… (609)
一九二六年 …………………………………………………… (665)
一九二七年 …………………………………………………… (684)
一九二八年 …………………………………………………… (702)
一九二九年 …………………………………………………… (730)

1

一九三〇年	(742)
一九三一年	(780)
一九三二年	(839)
一九三三年	(896)

（下）

一九三四年	(981)
一九三五年	(1059)
一九三六年	(1168)
一九三七年	(1234)
一九三八年	(1304)
一九三九年	(1371)

附录一：
本书主要人物字、号、称谓、略称、昵称、绰号及外国人译名异同表 ……… (1375)

附录二：
回忆父亲——钱玄同先生 ……………………………… 钱秉雄(1399)
振兴中国文化的曲折寻求
　　——论辛亥革命前后至五四时期的钱玄同 ……… 杨天石(1403)
论钱玄同思想
　　——以钱玄同未刊日记为主所作的研究 ………… 杨天石(1419)

前　言

杨天石

钱玄同是近代中国著名的学者,以文字音韵学见长,而且是思想家、教育家、史学家、编辑家、文字改革家,在多方面有很高的造诣。

钱玄同祖籍浙江湖州。1887 年 9 月 12 日(清光绪十三年七月二十五日)出生于苏州。原名师黄,字德潜。辛亥革命前改名夏,别号中季,亦称季。1916 年改名玄同,1921 年以疑古为别号,自称疑古玄同。1937 年 11 月,再次名为"夏"。

父亲钱振常,曾任礼部主事及绍兴、扬州、苏州等地书院山长。异母兄钱恂,号念劬,清末历任驻日、英、法、德、俄、荷兰、意大利等国使馆参赞或公使。嫂单士厘,随钱恂出使各国,是近代中国最早走向世界的知识女性之一。

钱玄同幼受家教,熟读传统经籍。1902 年前后赞同"保皇",欣赏梁启超的政治主张。1903 年冬,受《苏报》案影响,开始转向"排满革命"。1904 年与方于笥(青箱)等人创办《湖州白话报》。1905 年冬,钱恂出任湖北留日学生监督,钱玄同随兄赴日,进入早稻田大学师范科学习。次年,结识章太炎,成为章的崇拜者,主张"保存国粹","光复旧物"。1907 年加入同盟会。当时,日本"左翼"知识界流行无政府主义思潮,钱玄同一度醉心于此。他一面参加国学讲习会,与朱希祖、朱宗莱、黄侃、周树人、周作人、龚宝铨、许寿裳、马裕藻、沈兼士等共同受教于章太炎,学习《说文》《庄子》《文心雕龙》等书,一面参加"社会主义讲习会",与无政府主义者刘师培等人交往。1910 年,协助与同盟会分离之后的章太炎、陶成章创办《教育今语杂志》,批评当时知识分子中的"欧化"倾向,以白话讲述中国的文字学、经学、诸子学等方面的知识。同年,钱玄同归国,先后任教于湖州、海宁、嘉兴等地的中学堂。1911 年春,拜见今文经学者崔适,自此,崇信今文经学派。后来并曾尊崔适为师。

武昌起义,浙江光复,钱玄同无比兴奋。1912 年 3 月,钱玄同在浙江教育司任科员。他在"复古"思想影响下,参考《礼记》等书,自制"深衣""玄冠",穿戴上班,一时引为笑谈。1913 年,钱玄同随兄到北京,任教于北京高等师范学校及附属中学。不久,兼任北京大学预科文字学教员。1915 年,任北京高等师范学校国文部教授,兼任北京大学文字学讲师。1918 年,在北大讲授音韵学。此后,钱玄同长期任北大教授。1922 年 2 月,北京大学成立研究所,钱玄同任国学门第一届委员会委员。次年初,创办《国学季刊》,钱玄同任编委。1923 年,北京高等师范学校改名为国立北京师范大学,钱玄同仍任教授。1928 年任该校国文系主任。其间,曾一度在孔德学校、北京女子高等师范学校(后改为北京女子师范大学)及中法大学伏尔泰学院兼课。

钱玄同热忱拥护共和。袁世凯复辟帝制的行为给了钱玄同以巨大刺激。当时，部分复辟分子利用孔子学说制造舆论，钱玄同因之主张"孔氏之道断断不适用于二十世纪共和时代"。① 1917年1月，钱玄同读到胡适发表在《新青年》杂志上的《文学改良刍议》，致函陈独秀，表示"绝对赞同"，同时激烈地攻击"《选》学妖孽"与"桐城谬种"。1918年初参加编辑《新青年》。他在该刊发表了大量批判旧文化，要求学习西方，在文化领域实行改革的文章，成为新文化运动中的一员骁将。但是，其间他也发表过一些废汉字、汉语、不读中国书的偏激之论，受到社会批评，以致连陈独秀也不得不出面声明："这种用石条压驼背的医法，本志同人多半是不大赞成的。"② 他积极提倡白话文，曾化名王敬轩致函《新青年》，攻击新文化运动，供刘半农反驳，二人共同演出了一出有名的"双簧"。又曾多次访问正在埋头抄古碑的周树人，劝他为《新青年》写稿，鼓励周树人走上以文学改造社会的道路。1919年10月，《新青年》仍归陈独秀一人编辑。次年，编辑部迁回上海，钱玄同与该刊关系日疏。1921年1月，李大钊与胡适之间为《新青年》的办刊方针发生冲突，钱玄同认为是"猪头问题"。③ 他主张思想自由，认为尽可任《新青年》"劳农化"，"我们和他们全不相干而已，断断不能要求他们停版"。④ 1922年3月，与周作人、沈兼士等发表《主张信教自由宣言》，反对当时的"非基督教运动"，宣称人的信仰"应当有绝对的自由"。⑤

五四当日，钱玄同曾随学生一起游行。五四之后，当年的《新青年》同人向政治与学术两途分化，钱玄同选择的是学术之途。他坚持新文化运动的精神，继续反对复古倾向，认为"赛先生绝对不是西洋人所私有，的的确确是全世界人类所公有之物"，"分明是世界文化"。⑥ 因此，他积极主张：《新青年》的议论，"现在还是救时的圣药"。⑦ 当时，因整理中国传统文化而出现"疑古思潮"。钱玄同为了探讨中国古史和古书的真伪，积极支持胡适和顾颉刚的学术研究，鼓励他们对于"圣人"和"圣经""干'裂冠，毁冕'，撕袍子，剥裤子的勾当"。⑧ 他说："打倒伪经，实为推倒偶像之生力军。"⑨ 1921年，他与顾多次通信，提倡收集古今辨伪著作，点校刊行，不仅辨"伪书"，而且辨"伪事"。他认为，《诗经》只是一部最古的"总集"，与后来的《文选》、《花间集》等书无异，不是什么"圣经"。他要胡适为《诗经》中的《国风》"洗一个澡，替他换上平民的衣服、帽子"。⑩ 1923年，顾颉刚致函钱玄同，提出"层累地造成的中国古史"说，钱玄同在复函中评之为"精当绝伦"。函中，钱玄同并进一步提出自

---

① 《钱玄同日记》，1919年1月1日。
② 《本志罪案之答辩书》，《新青年》第6卷第1号。
③ 《钱玄同日记》，1921年1月18日。
④ 《胡适来往书信选》（上），中华书局版，第121—122页。
⑤ 《晨报》，1922年3月31日。
⑥ 《钱玄同日记》，1923年4月6日。
⑦ 周作人：《钱玄同的复古与反复古》，《文史资料选辑》第94辑。
⑧ 《胡适论学往来书信选》，河北人民出版社版，第1119页。
⑨ 《钱玄同日记》，1922年12月24日。
⑩ 《胡适论学往来书信选》，第1120页。

己对"六经"的怀疑意见。二人之间的通信一时成为"轰炸中国古史的一个原子弹",①引起学术界的激烈争论。"仰之如日星之悬中天,或畏之如洪水猛兽之泛滥纵横于四野"。②

1924年11月,钱玄同与周树人、周作人、顾颉刚等共同发起创办《语丝》周刊。当时,适值冯玉祥发动"首都革命",溥仪被逐出故宫,钱玄同曾在该刊发表《恭贺爱新觉罗溥仪君升迁之喜并祝进步》等文,坚持民主、共和立场,认为中国出路在于接受"全世界之现代文化",而不是"复兴古人之精神"。③他的文章,鲁迅曾评论说:"玄同之文,即颇汪洋,而少含蓄,使读者览之了然,无所疑惑,故于表白意见,反为相宜,效力亦复很大。"④《语丝》出版后,迅速风行,成为《新青年》之后北京的又一名刊。1925年5月,北京女子师范大学发生反对校长的风潮,钱玄同曾与周树人、周作人、马裕藻等共同发表宣言,支持女师大学生的正义斗争。1926年,钱玄同反思五四前后的偏激之论,自称"十之八九都成忏悔之资料"。⑤

钱玄同一生用力时间最长、用功最勤的是"国语统一"和"汉字改革"运动。1917年间,钱玄同曾加入中华民国国语研究会。同年,参与审订吴稚晖主编的《国音字典》。1919年4月,教育部成立国语统一筹备委员会,钱玄同任委员兼常驻干事。同年,与胡适等共同提出《请颁行新式标点符号议案》。在推行"国语统一"的同时,钱玄同又提倡世界语,鼓吹汉字改革。1920年,钱玄同撰文提出减少汉字笔画的建议。1922年,任汉字省体委员会首席委员。1923年,国语研究会出版《国语月刊》,钱玄同利用该刊,积极提倡"汉字革命"与"国语文学"。1925年4月,章士钊出任北京政府教育总长,创办《甲寅》杂志,反对白话文和注音字母。钱玄同坚决反对文化界的昏谬和倒退,愤而与黎锦熙等创办作为《京报》副刊之一的《国语周刊》,钱玄同宣称,要与"僵尸""魔鬼"决斗,"拼个你死我活",同时,提倡"丰富的、美丽的、新鲜的、自然的"民间文艺。⑥同年9月,《新青年》旧日同人刘半农自欧洲归国,组织语音学团体"数人会",钱玄同、黎锦熙、赵元任等均成为会员。该会研究的《国语罗马字拼音法式》于1926年11月公布,成为中华人民共和国成立后广为推行的《汉语拼音方案》的基础之一。1928年,钱玄同被南京国民政府聘为国语统一筹备委员会常委。1931年,兼任教育部国音字母讲习所所长。同年,《国语周刊》在北平《世界日报》复刊。1932年,耗费多年心力主持编纂的《国音常用字汇》由教育部公布。1933年,与黎锦熙分任中国大辞典总编纂。1934年,钱玄同提出"简体字"方案,于1935年通过,但未能推行。同年,任教育部国语推行委员会常委。

钱玄同是爱国主义者。五四运动后,他虽潜心治学,但仍关心时事政治。1925

---

① 顾颉刚:《我是怎样编写〈古史辨〉的?》,《古史辨》第1册,上海古籍出版社1982年版。
② 钱穆:《崔东壁遗书序》,《崔东壁遗书》,亚东图书馆1935年版。
③ 《回语堂的信》,《语丝》第23期。
④ 《两地书》,《鲁迅全集》第11卷,人民文学出版社1981年版,第47页。
⑤ 《胡适遗稿及秘藏书信》,第40册,第377页。
⑥ 《国语周刊发刊词》,《国语周刊》第1期;参见该刊钱玄同启事。

年,上海发生五卅惨案,钱玄同发表文章,主张一面"反抗帝国主义对于我国施加的政治和经济的侵略",一面积极"唤醒国人","请德先生(Democracy)、赛先生(Science)、穆姑娘(Moral)来给咱们建国"。① 1933年,日军突袭山海关,华北危急,钱玄同痛感于日本侵凌,而自己缺乏"执干戈以卫社稷之能力",曾谢绝宴饮。5月,傅作义所辖部队在北平近郊抗战。事后,胡适以白话为该部队牺牲将士墓撰写碑文,钱玄同为之书丹,反映出他们二人共同的爱国热情。1936年,与北平文化界七十余人,联合签名,要求南京国民政府抗日救国。

自1929年起,钱玄同即患高血压、神经衰弱等病。1935年,右目患视网膜炎,身体日衰,但他仍作文自勉,声称"一个人,无论事功和学问,总得要干,总得要努力干。"② 1937年卢沟桥事变,北平沦陷,师大迁往陕西,钱玄同因病留平。他托人寄语随校西迁的老友黎锦熙,宣称决不"污伪命"。1939年1月17日,因脑溢血逝世,终年52岁。其生平著作,近年已辑为《钱玄同文集》出版,但并不完整。

钱玄同的日记始于1905年12月9日东渡日本之初,终于1939年1月14日,距逝世仅三天,长达34年。

治史者大都重视日记,因为它记个人经历和亲见、亲闻的世界,比较准确,也比较具体,常常可以据此考证若干历史事件发生的时间、地点和人物关系,更常常有正史、官书所不可能有的"私房"情节,有助于补正史之缺,甚或解正史不能解之谜。但是,前人日记也有两种。一种是专为写给别人看的。这种日记,倘能真实地记录世事、人情,亦自有其价值;倘不以记录世事、人情为目的,而以装腔作势,自扮圣贤为事,则这种日记的价值就很小。另一种日记,是主要为写给自己看的。或为备忘,或为个人道德修养,或为情之所发,不能自已。这种日记,率性操弧,一任本真。其记录世事、人情者固然可贵,即使纯记个人经历或感情,也可以从中见到一个赤条条的未经包裹的"自我"。其价值不言而喻。钱玄同的日记,显然属于后者。他解剖自己时,坦率真诚,至情流露;论事论人时,直言无隐,毫无粉饰,不像日常交往和著书时总有不可避免的某些顾虑。

钱玄同一生,历经维新保皇、辛亥革命、五四运动以至抗日战争等近代中国的许多重大历史事件。他的日记,不同程度地折射出时代的面影,可以帮助我们了解20世纪前半个世纪的中国史。钱玄同是文化人,他的生平活动关涉近代中国文化的启蒙与转型,可以帮助我们了解那一时期的思想史、文化史、教育史、学术史。他的日记,不仅记个人经历、思想,而且大量记述自己的读书心得与研究成果。他是大学问家,研究面广,阅读面更广,涉及经学、子学、史学、文学、艺术、宗教、文字、音韵、训诂、碑帖、书法等门类,可以帮助我们了解钱玄同多方面的成就。钱玄同的日记还记录了他和同时代许多文化人的交往和对他们的评价,有助于我们研究近代的文化人。

钱玄同的日记书写极为潦草、紊乱,难于辨识,因此整理工作的第一步是"认

---

① 《关于反抗帝国主义》,《语丝》第31期。
② 《哀青年同志白涤洲先生》,《国语周刊》第160期。

字"。日记涉及许多专门的学术门类，除包含日文、法文、德文、世界语以及甲骨文、金文、篆文、国际音标、当时在讨论中的各类汉语拼音方案外，还有许多钱玄同自制的符号和词语，这使我们的整理工作分外艰难。有时，钱玄同将古书记错、古字写错，麻烦就会更大。本书的整理在20世纪80年代开始，断断续续地进行了近二十年，其重要原因之一固在于我个人各事丛杂，但另一重要原因则在于认读艰难。我们不愿也不舍得轻易放弃对疑难字词的辨识。一段文字，常常在反复阅读、反复揣摩之后，才能读懂，这以后还要广泛阅读各种古籍或相关文献，多方验证，方敢确定释文，施加标点。有些字，多年不识，年深日久，忽然解悟，相关段落也就豁然贯通。这时候，我们真有像发现一颗小行星那样的欢乐。在全书排出清样后，我们又"大海捞针"，利用互联网进行检索和验证，解决了许多人工检索难以迅速解决的疑难问题。现在的整理稿中还有少数字，有的因原稿缺损，或因字迹漫漶，或因过于潦草，我们虽已尽力，而仍然无法辨识；在整理工作中，我们也可能还有其他讹误不当之处，均祈高明教之。

钱玄同日记的最大缺点是详略不一。有些日记洋洋洒洒，连篇累牍，有些日记则只有一两句话。钱玄同自称是一个"无恒"的人，日记时断时续，有些年，只有少数月份有记，有的年，则干脆一字不记。

钱玄同对自己的日记很重视，生前曾亲自清点，一一编号，最早的少部分日记还曾誊录重抄。钱玄同去世后，日记连同其藏书由其长子钱秉雄先生珍存。"史无前例"的年代中，日记一部分由鲁迅博物馆取走，一部分被查抄，其被查抄部分虽在"文革"结束后发还，但其中第15册（1916年10月26日至12月31日）及第46册（1926年2月12日至6月22日）已不见踪迹。20世纪80年代，我参与编辑《中国哲学》，为刊物开辟稿源，不想却自此陷进此书的整理工作。钱秉雄先生热情支持并授权我主持整理此稿，但钱先生生前未能见到此书的出版，这是令我深自愧疚的事。钱秉雄先生的长子端伟先生继承先人遗志，继续支持整理工作，热情古道，令我感动。鲁迅博物馆两任领导王士菁、陈漱渝教授均曾关怀并支持此事，谨致谢意。

本书的出版是鲁迅博物馆与中国现代文化学会合作的结果。鲁迅博物馆阎彤、王燕芝、左瑾、陈盛荣提供整理初稿。辽宁师范大学刘贵福协助我校订初稿并参加整理部分初稿。整理工作的指导及全稿的修改、审订、疑难问题的解决、部分初稿的整理以及最后的统稿、定稿均由我负责。整理工作中，曾得到日本伊原泽周、狭间直树教授的帮助，中国社会科学院近代史研究所马勇、左玉河、郑匡民、赵利栋、王法周诸位协助我阅读校样，编制附录，热忱可感。付印前，又承北大同窗、语言学家杨东费心校阅，高情厚谊，永志不忘。

本书出版一度遭遇困难，承清华大学刘桂生先生、北京大学杨琥先生关怀，又承北京大学出版社张文定先生慧眼相中，并与封越建先生做了艰难、细致的编辑工作，均此致谢。此书由五四运动的发源地北京大学出版，并作为北大学者丛书之一，这是最合适不过的处理了。

整理体例

一、钱玄同日记长达三十余年,所用日记本、书写格式、纪时方法均不一致,为便于定稿、排印,并利于读者阅读、使用,特拟定本体例。

二、日记有时横写,有时竖写,考虑到钱玄同生前积极提倡汉字横行,故本日记一律横排。

三、钱玄同生前是简体字的积极提倡者,故本日记以简体排印,按中国大陆通用的标点符号使用法施加标点。其中有涉及古文字,易发生歧义者,则不简化。个别古文字,今之简化字已另有新意,则加注今之正体字或直接改为今之正体字,如"广",整理为"广(庵)"或庵"。

四、日记原稿有时一年一册,有时一年数册,分合并无规律,今概以年为单元,庶几明晰,并便于读者利用。

五、纪年,日记在辛亥革命前有时用阴历,有时用阳历,今一概改为阳历,加注阴历。辛亥革命后用阳历,一般不注阴历。日记原书月、日,有时只以一、二字表示,今为便利阅读,一律添加完整。阳历以阿拉伯数字表示,阴历以中文表示(正文中的阳历则概依原貌,不作改动。如一九○五年,不作 1905 年)。原稿记曜日,方法前后不一(有时用金、木、水、火、土、月、日,有时用星期一、星期二等,有时用世界语),今以忠实于原稿为原则,不求统一。

六、日记各年格式不一,有关天气、冷暖的记载比较随意。有时记,有时不记;有时记于"天气"栏、"提要"栏或"重要记事"栏中;有时记于当日正文之首,或正文之中;有时仅一两个字,与正文无关;有时则文字较长,且与正文紧密相连。今以尽量保持原状为原则,酌情分别处理,不强求统一。

七、分段一般依原稿,过于零碎者适当归并,过于庞杂者适当划开。

八、日记使用的古体字一般改为通行字,少数特殊情况保留原字,在括弧中加注通行字。

九、日记使用的甲骨文字、篆字,保持原貌。

十、日记使用的古代简体字、俗体字、钱本人创造的简体字,一般均改为今天通用的简体字,少数特殊情况可保持原貌,在括弧中加注今天通用的简体。

十一、日记中使用的注音字母、日文假名保持原貌,英语、法语、世界语、国语罗马字拼音方案、国际音标,一般均用印刷体排印。注音字母中的衣母"一"横写、竖写不分;今依《汉语注音符号》,横排时均作"l"。

十二、钱玄同为书写迅捷,有时将两个字,甚至多个字合并为一字,如将《湖州白话报》写作"洲"。此类情况,在第一次出现时加注说明。

十三、日记中有时用注音字母、国语罗马字字母代替某一机构或方案,如以"ㄍㄨㄔ"或"ㄍㄨㄔㄏ"代指国语统一筹备会,以"ㄒㄧㄚㄇ"代国语统一筹备委员会衙门,以"ㄅㄉ"或"BD"代替北大,以"ㄍㄕ"代替"高师",以"ㄏㄍㄕ"代指"女高师",以"C校"代指孔德学校,以"V"代中法大学服尔德学院,以"ㄍㄓ"代《国语周刊》,以"G.R."代国语罗马字拼音方案等,此类情况,亦在第一次出现时加注说明。

十四、日记中有部分钱玄同自创字词,如以"雅"(或写作"ea")代指在饭店用餐,以"达"代替注射,以"舌旁辛"代"辞"字,以"翠袖"代指天寒(取杜甫"天寒翠袖薄"诗意),以○○代胡同,以宝盖"宀"代"富"字,以"疒"代"病"字,以"ナ"代"左"字等,此类情况,亦在第一次出现时加注说明。

十五、日记中涉及的人、事、古体字、音译之外来语,用注音字母、国语罗马字字母写成的文字,各种外语、世界语,一般均不加注;日语汉字词汇,如書取(抄写)、書留(挂号)、カ子(资金)、泥棒(小偷)、切手(邮票)、小切手(支票)、残念(遗憾)、面倒(麻烦)、注连(日本祭神或新年挂在门前的稻草绳)等,也不一一加注。

十六、原稿中的缺文:单字、短语以△△表示,或保持原状;其原以□□号表示者照旧,加注"原文如此";长段缺文以……表示,加注说明原文空缺。作者某些有意的省略,而又为读者熟知者,如《阅微草堂笔记》作《阅微草堂》,则不校补。

十七、错字的校正以〈 〉表示,漏字的校补以〔 〕表示,衍文以［ ］表示,整理者无法辨读之字以□表示,虽可辨读但无肯定把握者以〖?〗表示;日记中原有的(?)号则保持原貌。古体字与今体字相同者,将今体字注于括号内,如悳(德)。

十八、日记所记人名,常常不称名,不冠姓,多用字、号、简称、昵称、绰号,甚至只用其中的某一字为代表,还常有多种同音字写法;其所用译名亦有与今人通译大异者。今为减少读者困难,特多方查考,编制《本书主要人物字、号、称谓、略称、昵称、绰号及外国人译名异同表》,列为附录之一。

十九、《钱德潜先生之年谱稿》系钱玄同自编,记1887年出生至1905年东渡,开始记日记之前的行迹,故冠于全书之首。

二十、本书前言,叙述钱氏生平及其日记概况,以利读者阅读全书。对其思想主要方面的分析,请参阅附录中有关文章。

钱德潜先生之年谱稿(一八八七——一九○五)

一八八七,强圉大渊献(二七二八)

七月廿五日申时公生。公名师黄,字德潜,先子命也。因先子晚年处境多逆,欲使勉为诗人。黄,黄庭坚也。德潜,沈德潜也。公后以睹青年之无爱国心,咸务变夏于夷,毅然以明种性为己任,因更名曰夏。以古人名字多所相应,亦有不应者必伯仲之,且字也如枚乘字叔,眭弘字孟,羊祜字叔子等是(此下更须引《仲尼弟子列传》二三人),虽不相应,尤有古人尚质之意。以诸兄妹中已最稚,因改字季(或以一字不便呼,故或曰子季、季子)。

一八八八,著雍困敦(二七二九),二岁

一八八九,屠维赤奋若(二七三○),三岁

一八九○,上章摄提格(二七三一),四岁

是岁先子取《尔雅·释诂》诸文,书签粘壁,指使识字。
腊月入学,李吉夫先生也,升谦。

一八九一,重光单阏(二七三二),五岁

读《尔雅》、《毛诗》。

一八九二,玄弋〈黓〉执徐,(二七三三),六岁

是年季冬,《毛诗》读毕。家严教德极严,不许出外与市井群儿嬉,故在家中嬉游者惟兄子稻孙、穄孙耳。家君以苏俗多无赖市井,乃学坏之地,故禁不使出门。自幼至先君见背之年总是这样。及先君见背以后,先母与我孤儿寡妇势不能不入交际场中,而不肖从此便变坏了。言念至此,深叹孟母三迁之不错也。

一八九三,昭阳大荒落,(二七三四),七岁

李师归。春延顾揖峰(名不知)先生教《周易》。春季顾先生病归,以郁先生(名△△字△△)权馆,五月去。六月莫砚山先生来。先生年已七八十矣!冬《周易》诵毕,以"六十四卦"处尚生,因重取朱子复之《十翼》本,先子自己教之。其时先子又以张稷若《仪礼句读》相授,读《士冠》《士昏》两卷,《士相见礼》止读得第一节,并陈张惠

言《仪礼图》指示之,日若历历演古人礼仪于目前,当时固踊跃欢喜,等于卧游也。先子平时每到晚间,常以《文字蒙求》及时命检许书某部某字之字教之。不肖今日犹能不改故常者,庭训之力也。

先子晚年喜复古制,每当春秋祭先及祭神之时,自制俎、豆、笾、筐等以祭。

一八九四,阏逢敦牂,(二七三五),八岁

是岁请董东初先生名祖寿来教《尚书》。春先子他适。从事嬉游,书甚生。董先生又日习衿,不问所学。其年夏,先子归苏,痛挞之,始稍熟。季秋以后,读《礼记》郑注。十月董先生归娶,延李夔飏名尧栋先生教。先生年老多病,两旬便去,由先子自教,《檀弓》读毕。先子教《礼记》,每卷取郑目录遗文,书签粘于每卷之首,使先读之。先子极不喜宋儒说经之书,故《礼记》不读陈澔《集说》,《诗》不读朱注(因废《小序》也)。惟《易》则以朱子《本义》乃复《十翼》之旧本,较王弼所注反得其真,故读之。《尚书》不读蔡沈,而读任启运《约注》本。盖任氏之注虽未善,而每篇之下辄书"伏生本"第几,其伪古文则直书"梅赜本",而《尧典》《舜典》伪古文所分者合为一,《皋繇谟》《益稷》合为一,《顾命》与《康王之诰》合为一,虽未能芟夷伪书,而较之蔡沈之云古今文莫辨真伪者故胜之矣!"四子书"以功令所定,不得不习朱注。

一八九五,旃蒙协洽(二七三六),九岁

是岁从朱培甫先生游,名肇荣。冬《礼记》读毕。先子最恶读经之删节者,故《礼记》全读,《表记》诸篇皆不删去。陈澔《集说》先子以为多非古训,故读郑注。冬朱先生归娶,请冯蓝宋名汝濂代庖。十一月朱先生又来。

一八九六,柔兆涒滩(二七三七),十岁

是年始读"四子书"。先子以为《大学》者,明言是大人之学,童子所不能读。今人以科举之故,开蒙即读"四子书",极为无礼,故先使之读《尔雅》、《诗》、《易》、《书》、《礼》,而后读"四子书",仍由朱师教。四月朱师病归。延张利川师名沺澂教,旋又归。秋后延沈鉴远名汝明先生来教《论语·卫灵公》毕。

一八九七,强圉作噩(二七三八),十一岁

是年延冯先生来教,七月《四子》毕。八月始读《左传》。八月间冯师赴乡试。请姚寿田名洪畴先生来教。秋,仲绨二姊来,甥锘孙一字幼沺(名□□①)年十三四,嬉游甚相得。秋,由大石头巷迁泗井巷。

---

① 原文如此。

一八九八,著雍阉茂(二七三九),十二岁

是岁仍请冯师教《左传》。六月间师归,日侍先子读书,见先子日出数纸,皆言后事,衰麻之制,棺衾之饰。盖先子目睹吴下风俗之不古,纵不能即复古礼制度,而终不可徇俗,故自定身后之事。八月初一日,先子病痢,九日寅时,先子卒,年七十四岁。余自毁齿以来,先子常以许书、太史公书等命检架上、塾中。呜呼痛哉! 大兄嫂、两侄皆自湖北来奔丧,丧服悉遵遗命。十一月奉生母随阿兄至鄂,寓武昌水陆街。是年春织孙三姊来,偕来尚声(十八)承业九思(十二)承枚两甥。是年春织孙三姊来苏,先子时指不肖而与言曰:"我躬不阅,皇恤我后。富贵非所望,但求免祸可耳。"呜呼! 父母爱子之心固若是也。不肖自问功名富贵,年来已蛇蝎视之,决不肯以之自浼〈污〉,惟免祸一事。诚使勇而有才,魂战沙场,犹足自豪,惟若好勇斗狠以致辱及遗体,不孝莫大。数年以来,交游不择人而交,时有睚眦之怨,故比年以来杜门不轻交游也。

至鄂,见兄。晤徐昭宣(颂唐),韵辉之配;董鸿祎(恂士),润辉之配。

一八九九,屠维大渊献(二七四〇),十三岁

是岁仍延师教读,读《公羊》《穀梁传》。当读《公羊》时,师屡陈其失,盖师治学不汉不宋,其于《春秋》也,亦有三传束阁独抱遗经之意。《公》《穀》之训,彼信毛大可之言,驳之,左氏记事,又信韩退之浮夸之言,不信之。然不肖读《公羊》,便觉其陈义可爱,当时固不知今文古文之别,然终觉夫子大圣,非常异义可怪之论必不能免,决非如左氏之陈陈相因者比也。《穀梁》觉其稍逊《公羊》,终胜《左氏》。

十月夏奉母旋苏,途经上海,至绳正学校访两侄。租杨君砚家屋二间居之。自先子故后,趋庭问教时少,遂不肖,喜阅说部。是年初作四、五、七字对。秋冬学作五绝诗。初读唐人律诗。诗初作颇觉其苦,不能成句矣! 又苦于诘屈不贯。先子在日,督令作书不准作破体、俗书及无根之古字,盖先子于俗体之书深恶之。其时有陈奂所刻《毛诗》《仪礼》《尔雅》各疏,于俗体之过于荒谬者辄纠正之。先子慕焉,亦命不肖习之。不肖当日童昏,无大恶识,苦其难,及先子卒,乃大放纵,不复迪检。是时并喜作字典之伪古文及别体,曾有致兄信,为兄所诃,然终不少改,兼之是时同辈不学者多,动以识古文奇字奖我,我愈甚焉。如是者将二年,始渐识其非,乃不用。两年以来,稍治许书,始知凡字著论作篆必依六书,则作楷、隶,其有渻笔变体,悉皆非也。故自去夏以来,盛倡隶古之说。自问此说盖确有所见,决非妄言,欲加人一等。然不肖所以能致此者,犹是幼承庭训,讲究字体之心耳。

一九〇〇,上章困敦(二七四一),十四岁

是岁冯师为丁经生家所聘,母命往附读。时同学丁乃骏季良、丁福佑叔侄二人。季良乃堕落少年,福佑纨裤〈绔〉无知,从之相处,习染轻薄,又有小厮童仆从而

诱之，大不肖矣！幸先妣不以钱相付，故尚不致涉足北里，至婚时犹克全体耳！其年正月学作试帖诗，五月始作八比文，亦苦于艰涩不成句。丁氏待师极为无理，丁经生以故人子弟视师，轻之为小世兄，责师也严，责子也恕，其子从不上学。孙资复鲁钝已极，年已十三岁，"四子书"尚不能成诵。盖世禄之家，鲜克由礼。吾当时习染轻薄，见其灭裂自由，遂觉己幼时未尝此滋味，由今思之，不肖放荡数年，至今日犹能稍归正路，何莫非幼时先子义方之教耶！是年读《周礼》。丁经生乃官场中无行之人，不知尊师，师亦不能相安。师因是大愤，终日吟诗醉酒，与师兄汝璋望如、弟汝禧延云终日唱和，我见之遂有作斗方名士之想。犹忆是时吴中青年多作诗钟对联，我见师等踊跃，遂亦从而喜之，署名曰"披蓑簑"，为师所诃。

一九〇一，重光赤奋若（二七四二），十五岁

是年从苏州唐继盛仲芳学作试帖文，苦不能成，遂取《大题文存》等抄之。及今思之，自欺欺人，不德之甚。早年孤露，又远慈母，竟成如是，愧恨欲死！同学中多浮浪少年，因喜修饰，日聒于慈母之前，欲穿好衣，此不肖之一尚（端）。时有友人常以局刻诸书来，骗我以古本，时名士思想仍未消去，乃聒母而欲购。母以书故，望不肖学成之心甚切，故不惜钱以与我焉。岂知不肖购书故非真好学，诳母之罪万死莫赎矣！其年秋，废八股试帖，取士以"四书""五经"义，因改业唐师，命看《瀛环志略》《海国图志》《东洋史要》《地理问答》及《纲鉴易知录》等，并命看《盛世危言》《校邠庐抗议》诸书。维时不肖极恶新学，忆有一回师书《赵武灵王胡服骑射以教百姓论》，吾大骂改服制之不应该，不随士趋新，似不肖渐长一端，然无意识之顽固也。

一九〇二，玄默摄提格（二七四三），十六岁

是岁遥从冯蓝宋师受业，作《四书》经义。其年夏，至湖州府试主李丈菘明家垲。六月杪，旋苏。三月，幼楞继配嫂金以产难卒。幼楞属予奉母往居于张思良巷。时有父执陈丈辰田名兆熊，年八十矣，自先子卒后，凡不肖延师读书等事，悉请陈丈出力。盖先子病中他无遗言，惟以不肖读书事为念。嗟呼！先子望不肖成学之心若是其至也。乃先子殁后，今已十一年，岁月侵寻，不肖犹不能稍读父书，作文则典词不中律令，罪该万死了。赴试归来谒冯师，师亦以为稍读新书为主。盖不肖幼年智昏，不知菽麦。师长愍其早年孤露，又无恒产以自给，恐其不免沟壑，故嘱其稍习时学，以期应试用，稍觅菽水之赀耳。冯师稍知算学，教以加、减、乘、除之法，命之习《数理精蕴》。七月初十日，生母周患时症，急痢竟日，亥时卒。呜呼！痛哉！惟时家道益落，不肖又不肖，与少年浮浪子游，畏人讥为迂拘，致先母死后不复遵循古制，竟服苏人麻纬帽、麻外套之陋俗。苟且如此，重父轻母，不肖诚抱恨终天矣！九月兄来湖扫墓，赠予《世界地理》《万国历史》《国家学》《法学通论》四种作新社之书时，不知为何物，以为东籍也。母故之后，兄来信嘱作东游，馁而不前。适李丈来函相召，遂于九月往住其家。大病，十二月始渐瘥。时父母俱亡，主于他人之家，

举目无亲,心大悲伤。遂拟稍阅新书,苦未得其门径。适有以《新民丛报》告者,因取阅焉。案:昔之反对新书为无意识,今之喜读新书亦无意识也,盖有入世想钱之心而读新书,乌克有济。适家人以《经世文新编》贷余观之,见其中多康、梁说宗教之词,崇《公羊》,以孔子为教主,乃大好之。盖予数年前读《公》《穀》之时,即好《公》《穀》也。知康、梁之言《公》《穀》,非能真知圣人改闰变制之理者,徒以国势凌夷,教祸日迫,欲崇之为教主,因取《公羊》以附会之,故每欲与欧洲新理附会。不肖盖无学者,故适成为叶公好龙而已。

一九○三,昭阳单阏(二七四四),十七岁

是年春,长兄挈眷赴俄。始欲读欧文,盖虽非欲作舌人,其时固想以译书事业为糊口计,卑矣! 从薛懋铎金声洋奴读商务书馆所译之《印度读本》《华英初阶》)半年。时既读《新民报》,睹其告白,遂欲购上海新出之新书。时湖州有醉六堂书坊者,内有人寄售新书数种,因购观焉。其年七月,以与薛奴冲突,西文不读,此予稍有自立心之一端。盖如薛奴者,果从之读西文,即使读成,恐不但不足以治外学,或我之心理亦将随之迁矣! 缘我彼时极无宗旨,旧学根柢既然全无,新学一层亦无思想,其实彼时读欧文,也还不过洋奴思想耳! 薛奴为李菘明丈家所延。其可笑事如左:

一、每届试验学生,辄请西教士来监考。
一、学生从之学三年矣,英文程度并最浅近之小学英文地理课本等且不能看。
一、读了两年英文,文法尚未教。今年始以《英文初范》教之。讲及一"狗吠"之"吠"字,自动词,数小时未讲明。
一、对于学生专事抑彼扬此,使互相有轻视之念。
一、备染许多野蛮积习。常令我开信封,其中老爷、大人、殿撰诸称,式式不同。至自己具名处,缄于△△,自△△缄等,亦花样不一。
一、与人通信,惯作英文。其属华人姓名、坫〈店〉号,则谐作英音,下注华字。
一、是年八月,盗李氏百金而逃,自此一去不复来。

以如此可笑之人材从之,焉得不败?

我其时初看《清议报》,见其中多尊皇之论。遂有尧囚慨叹之心,盖未知真理所在。

十月,方青箱于笥来李氏,教读西文,迥非薛氏可比,而我则不愿为英文。其时阅东籍之心热甚,故渴想读日文。方君告以朱侯语,始知今年四月间被逮之章、邹宗旨确乎不错,始阅章《驳康书》及《革命军》。其时初见曾氏《历史》,见其多民族主义之谈,甚爱之,以为史籍教科书之佳本矣! 盖俭腹人未餍梁肉,乃以糠秕为佳矣! 在今日平心而论,历史教科佳者,首推夏氏,次则刘氏。若曾氏者专务用新名词,并造图像,不率故常,实极可笑! 特前揭黄帝之像,并有民族主义之语。较之今日鉴定各种课本,实有霄壤之别矣!

一九〇四,阏逢执徐(二七四五),十八岁

其年之春值郡试,来书坊甚多,因质故衣而买新书、地图等。其时思潮日涨,于四月廿五日断发,此亦当时思想进步之一徵。然究以出门不便,只得缀假尾于草帽耳。六月,渡申制西衣,因晤孟崇年等人。其时欲往谒刘申叔、蔡子民而不可得。初读《訄书》虽不解,然甚好之。八月,在湖究以无尾不便,因重服胡装假辫。

是年四月,与方青箱、张界定孝曾、潘芸生澄鉴等办一杂志,曰《湖州白话报》。

时阿兄屡有书来,促我速即至沪读书。盖寄人篱下,终非久局也,因定于十二月望日偕徐鸿恩逵卿至上海,报考苏氏民立中学堂,予取焉。比返湖,汤济沧适来,言南洋中学彼较熟悉。其时以学费无着,知汤于南洋中学有素,或可为我缓颊,因决计改南洋中学。是年冬,阿兄为予定妇于会稽徐氏。徐显民为先子龙山书院之门生也。

一九〇五,旃蒙大荒落(二七四六),十九岁

春至上海南洋中学读书。其时初识上海之所谓教育家者,如汤济沧、王引才、许稚梅、夏贻来诸人。当时固倾心以为可资师德矣!岂知皆不足道耶!三月杪,阿兄自俄归国,即赴杭,寓于西湖者半载。其夏,我亦往,稻孙亦来(其时晤宋平子),别几六年矣!稻孙已于五年前纳妇,今春生一女,名亚新,岁月真过得快哉!八月廿七日,学堂中因孔诞演剧,予不赞成,致召全体学生之反对,人人要殴我。其时学生中多喜尚武,我以柔弱,而每逢校中演说等事却又不肯让人,校中衔我久矣,至是始得报复耳!计居校中将近一年,合者仅郭成爽景庐、庄正权君达二人耳。初思明年改入复旦,继思留学日本。遂将垂颈之种种短发悉数剃去,头秃如僧矣!是年十一月偕阿兄等东渡。

此后有日记矣!

附　予ノ师

1 李升谦	吉夫 4、5、6	《尔雅》《毛诗》
2 顾△△	揖峰 7	《周易》
3 郁△△	△△7	《周易》
4 莫△△	砚山 7	《周易》
5 董祖寿	东初 8	《尚书》《礼记》
6 李尧栋	夔飏 8	《礼记》
7 朱肇荣	培甫 9、10	《礼记》《学》《庸》
8 张洢澂	利川 10	《中庸》
9 沈汝明	鉴远 10	《论语》
10 冯汝谦	蓝宋 9、11、12、13、14、16	《礼》《论》《孟》《左》《公》《穀》《周》(八股)(论义)

11	姚洪畴	仲范 11	《左》
12	唐继盛	仲芳 15	古文(八股)(论義)
13	李升培	子栽 17、18	(论義)
14	王纳善	引才 19	国文
15	许	稚梅 19	国文
16	汤振常	济沧 19	历史
17	姚明辉	孟勋 19	地理
18	秦沅	蘅江 19	算学
19	关葆麟	葆麟 19	英文
20	李	霞圃 19	图画
21	张	后甫 19	体操
22	叶	藻庭 19	英文

一九○五年(乙巳)①

12月9日 （十一月十三日） 土曜

余之日记,从今日起。余今日将由上海至日本矣。是行凡六人,大兄、大嫂、兄妾朝日、董恂士、金庄康及余也。夜半起。天明,即偕同人上船。船名镇安,为日本船。无二等舱,吾侪均乘头等。凡占两间。兄、嫂、朝日君三人居一间,董、金二君及余居一间。舱凡六间,而华人乘之者仅余等六人。九时发上海。出口后,风平浪静,船不颠簸。余至甲板憩坐,看《茶花女》。食皆西餐。晚餐余未食。

12月10日 （十一月十四日） 日

风平浪静,一如昨日。余竟日在甲板上,卧藤椅中看《忏情记》及《美洲童子万里寻亲记》,饶有趣味。

12月11日 （十一月十五日） 月

夜半四时,抵长崎。医来验病,三等舱客皆鹄立以待,彼一一细验之,移时来头等,则仅点人数而已！天雨,未上岸,凭槛而坐,见四面皆山,风景极佳。午后四时,开船。风浪陡作,渐见其大。上灯时,已难坐定。余食粥少许,即卧。至九时,船大颠簸,余卧榻上,此身不由我主,任其随舟而动,以至于头晕、恶心。时闻食堂破器声。如是者一夜。

12月12日 （十一月十六日） 火

晨八时,抵门司。医来验病,一如昨日。进口时,雨雹,寻止。十二时半开船,风浪又平。黄昏,月色皎然,耐人久看。今晚得安眠矣。

12月13日 （十一月十七日） 水

午十二时,抵神户。上岸,憩田中旅馆。进屋必脱履。室内之地皆有席,坐则承以垫,所谓席地而坐也。食日本餐。服役悉用妇人。午后,忽有神坂领事馆东西文翻译王万年者来见大兄,云"留学生为《取缔规则》事(近日本文部省新定苛例,约束清、韩留学生,名《取缔规则》),聚众造反,约有三千余人,逢人便杀,切勿前往,致遭不测"云云。实则留学生不过要求去此苛例,行动稍激烈耳。而官场处如此云云,可笑极矣。晚六时,乘夜行火车至东京。乘客多吸烟者,又窗口紧闭,空气不新

---

① 钱玄同1905年日记有原稿本及钱本人誊抄本两种,内容相同,文字小异。此据誊抄本。

鲜,甚为不适。停车场甚多。沿路皆看见"祝凯旋"字样。

12月14日 （十一月十八日） 木

天明时,遥见富士山,山顶皆雪,白皑如银,据说终年如此。九时半,抵东京之新桥车站。各乘人力车至大兄寓所。知已另赁屋备兄居住。大兄排定——大兄、大嫂、朝日君、稑孙居十七番(新屋)。恂士、润辉及其子女、稻孙及余居十六番(旧屋)。而稻孙夫人则偕其女亚新另赁屋居。席地坐。食支那料理。晚卧楼上(亦卧于地)与稻孙为邻。得陆百舫信。发张界定信,将盛少梅及汤济沧两信寄去。闻留学生有陈天华者,为取缔规则事,愤而投海死。呜呼,烈矣!

12月15日 （十一月十九日） 金

竟日无事,与恂士等闲谈。晚,早睡。

12月16日 （十一月二十日） 土

在大兄处午餐。稻孙来,因土曜日学校中少一点钟课也。午后,稻孙为余购西服、衬衣等。因余既割豚尾,则不得不改西装也。恂士往横滨去取行李。

12月17日 （十一月二十一日） 日　阴雨

昨日西服未购成。今日上午,稻孙又出为余购西衣西裤及外套等。见《民报》第一期。

12月18日 （十一月二十二日） 月　阴雨

下午看《埃及金塔剖尸记》。酣卧半小时,比醒,则见行李已来矣(闻大兄处缺一竹箱云),因即取出各书物。晚看《民报》。此为兴中会(孙文所组织者)之机关报。内容不甚佳,《江苏》杂志之俦耳。

12月19日 （十一月二十三日） 火

天晴矣。张菊圃,名国华,今日来访大兄,询知为九姐之子。大兄邀之出外午餐,命恂士及余同往。

12月20日 （十一月二十四日） 水

发信。

12月21日 （十一月二十五日） 木

看《马氏文通》。

12月24日 （十一月二十八日） 日

上午同兄嫂两侄至上野，环不忍池而行。见一古庙，名天龙山，庙中栏杆皆米色。看日俄战争油画，虽非甚佳者，然自余观之，已觉其栩栩欲生，几忘其为油画矣。薛福成《观巴黎油画记》中有"几自疑身外即战场，而忘其在一室中"者，不啻代我今日言之。又看许多日本画。归。

12月25日 （十一月二十九日） 月

风大。午后至黄昏甚暖。午后偕稻孙同至晚成轩，访林铁铮、徐仲华诸人，皆不晤，见仲华之父徐和甫。稻孙在彼处用电话询铁铮能即来否。彼谓今日有事，不能来，当于明晨十时来访我云。归，风大沙扬，不能睁目，乏味之至。黄昏时，稻孙引沈仲芳来。彼亦湖州公社社友，然与余则为初次晤面。谈次，知张界定、潘廉深、杨莘耜、张柳如诸人皆出外旅行云。今日张菊圃迁至我侨居处相近之东浓馆。

12月26日 （十二月一日） 火

阴雨。上午林铁铮、徐仲华、朱蕴人（亦湖州人，自费生）来访。并往见大兄。整理衣籍等。晚，菊圃偕其友人徐君来谈。

12月27日 （十二月二日） 水

晴，午后，阴。作致陆百觔、莫伯恒、冯骥才、汤济沧、史庚身、蔡绿农、沈云抱（索沈仲阳借去之三书）信。晚，稻孙教余英文一课。

12月28日 （十二月三日） 木

晨，得伯恒信，即复。寻伯恒、界定来访余及稻孙，谈学生风潮事，始知彼等因避嚣而旅行也。午后去。

12月29日 （十二月四日） 金

兄嫂等欲至箱根旅行，且行温泉浴，于今日启行。晨九时，火车发新桥。午抵国府津，易电车至箱根汤本之万翠楼。地极幽雅。推窗而坐，见山明水秀，风景极佳。今日雪，傍晚山色皆白。浴于温泉，男女同浴，日本风俗然也。半年以来，余患皮肤病，身体常常发痒，大兄谓浴温泉可愈。今日余浴三次。是行凡十人，兄、嫂、朝日、恂士、润辉及其子女三人、稻孙及余。

12月30日 （十二月五日） 土

午前雪。午后晴。日出。看《迦茵小传》。事固曲折，耐人寻味，而译笔亦极佳。余所见新小说之佳者，《茶花女》以外，当推此篇矣。二者皆林畏庐所译。午后，诸人同行至山中，约里许。以路滑，旋归。今日予凡六浴。

12月31日 （十二月六日） 日曜

晨，阴雨濛濛，诸人仍出门，仍行昨日之路，比昨日走得更多些。至一处有"ハコネ水"广告处止。因前路更难行也。下午无事，看《迦茵小传》。是日凡五浴。

一九〇六年

1月1日(十二月七日)　月曜　晴雪

上午晴。晨饮屠苏酒,及杂煮(年糕等)及鱼子、小鱼等,与我国古时大略相同。

晨餐毕,请人同出外,欲至木贺。沿途山行,渐渐高上,于十二时抵木贺。行过太平台、宫之下、广仓,一路皆山,草木黄落,一片冬景。计自旅馆至木贺,凡华里十二里足云。是日虽行十二里,却不觉倦。

下午归来,行至半途,雨下,因急行。至旅馆即下雪矣。

归,又看《迦因小传》毕。此书笔墨事实均佳。

是日仅三浴矣。

1月2日(十二月八日)　火曜　晴,冷极

晴。晨九时,发箱根,电车至国府津。十一时一刻,至旅馆午餐。十二时半,易汽车。行至中途之某停车场,有日本人数人来,横占坐〈座〉位,嬉笑歌唱,互相嬲抱,毫无半点规矩,殊属可厌。

下午抵新桥,上岸。余乘之车轮折,险坠,因易车。抵寓时已上火矣。途中冷极,手为之僵,身为之慄。

晚,与介眉畅谈,夜深始卧。

是日摄氏表仅三度。

途中遥见富士山,白雪堆积如银,高峰耸出,颇有庄立刻峭之致。

沿途风景本极佳,佐之以雪,更觉其可爱。

收信:郭景庐

1月3日(十二月九日)　水曜　晴,冷

上午偕介眉同至料理店定菜,因初六日兄诞日也。旋至劝工场,大概各物均有,诚绝便购买也。

下午至兄处,见菊圃来,携来九姊丈诗文各杂作数册手抄本,皆旧书,今日无所用者矣。

介眉示予以《湖州白话报》改良之意见书。

1月4日(十二月十日)　木曜　晴,冷

上午未出门(习练英字),抄 Century Reader,习练英字也。

至兄处,是日为亚新(介眉女)周岁,因共食面。

晚,张甥来,请介眉教日文,余亦旁听之。是日讲变音、拗音等。

受信：伯恒、界定

1月5日（十二月十一日）　金曜　阴，冷

上午看《心史》。余素于诗词一道性不相近，今观此编中之诗，字字血泪，言言沉痛，不觉亦触起我民族观念，文字移人之力可谓大矣。

午后习蟹行字，渐觉能快，特余性嗜直体字，而余手所书者悉斜体字，欲直则缓矣。

恂士有友黄サン春芳来，今晚下榻于此，与余为邻，稻孙亦卧此。是日东文教连音规则。

1月6日（十二月十三日）　土曜　晴，冷。晚大风，冷极

晨起，日出晒窗，为时已迟。是日为兄诞日，家中九人及恂士暨其子女三人，及张甥共十四人，同宴于上野之精养轩（西洋料理）。食毕，余偕稻孙同至博物院，屋宇宽敞，规模宏大，不愧为帝室之物。门有喷水池。以十钱购二票入，随意纵观，见有虾夷、朝鲜、台湾、琉球各处之风俗器具，率皆简陋异常，惟琉球则远胜其他，品物甚为精致。又见动物形状及各种矿物，又有石器铜器时代各物。有五千年之古尸及新死之真大蛇，又有一真死大龟，长约五尺余，阔约四尺。又有大鲸骨容一巨室，脊骨大于车轮数倍。又极古之鲸皆变成石矣。又见古时日本之御用车轿，其大无外〈比〉，须十人抬之云。此外，见物甚多，忘之者半，不能悉举者半。观看移时归。晚，教日本语。

受信：庄君达

1月7日（十二月十三日）　日曜

是日晚餐，张菊圃招兄及介眉、恂士及余宴于神田之味莼园支那料理店，品物不佳，无甚兴会。

以日曜故，晚间未教日文。

发信：复君达、济沧；复计长、景庐

1月8日（十二月十四日）　月曜　晴，冷

为阿兄抄《法规解字》"宪法类"五纸。

是日日文教代名词。

是晚大地震，为予初次见，不知何事。卧被中反复思之，脑筋提起，半夜未睡。事后思之，殊觉可笑。

1月9日（十二月十五日）　火曜　晴，冷

午前十一时仲芳来，言今日大众开会于晚成轩，必须前往云云。因即与彼同

往。是日到者为界定、新时、季常、伯恒、廉深、仲芳、铁铮、仲华、子逺及予,并新入社之朱君蕴人十一人。柳如以病未到,介眉以上课湞未到。是日开议《洲》^①改良事,举定界为编辑,恒为书记,铁为会计,并拟《洲》改为东京印刷云云。议毕,食果子等而散,时已夕阳西下矣。余以路途不熟,且言语不通,故仍由仲芳乘人力车送余归(于会场并晤张翼臣,徐逺卿二人)。

是晚日语。

1月10日(十二月十六日)　水曜　阴,冷

抄《法规解字》。

看《昙花梦》毕。是书叙述俄国虚无党人物,虽不甚佳,然颇有裨于现今中国之新党社会。观其写凤莲既厕身虚无党,后闻党中使人杀其父,便大为悲伤,力止其父勿复参预政权。其父卒以此得保首领以殁。是真可谓"孝侠"矣。盖英雄必多情,断非六亲不〔认〕,毫无情义之人所能称为英雄者。知父子之情出于天性。东方学者提倡孝弟,实极有至理,断不能以"旧道德"三字而一概抹煞。吾见今之维新志士及秘密会党,大率有标"家庭革命"四字置其父母于不顾者,其甚者,至有以父母为分吾利之人,为社会之蟊贼,可以杖逐,可以鞭驱者,而开口辄曰"四万万同胞",是真所谓"世界有同胞,家族无伦理"矣!故此等书出,大足为彼等痛下针砭,真有功人心不浅。

是晚教形容词(即区别字形容词之词尾变化,凡三类,二类有变化者如下:

	将然	连用	终止	连体	已然
第一类	ク	ク	シ	キ	ケレ
第二类	シク	シク	シ	シキ	シケレ

1月11日(十二月十七日)　木曜　晴,风,冷

抄《解字》十余纸。

看《马氏文通·正名》毕。摘其最要之例如左:

一、凡句必有起词(起者,犹言句读之缘起,言所为语之事物者)及语词。语词以动字居多,如谓字之行仍存乎发者之内者,曰内动(如"子说"^②),发而止乎外者曰外动(如"吾从众"^③),必有止词。

一、语词言起词之何似、何若及状其已然之情者,则常用静字(如"地广"^④),亦间有用名(物)字、代(称)字者,名曰表词。

---

① 此为钱玄同自创之字,意为《湖州白话报》。
② 钱玄同旁注:"起、语"。
③ 钱玄同旁注:"起、语、止"。
④ 钱玄同旁注:"起、语、表"。

一、起词、止词之于词则曰起,止于次,则曰主次、宾次。

一、数名物字连用而意有偏正者则先偏于正(如天时①),后者谓之正次,先者谓之偏次。

一、名物、称代诸字为介系字所司者曰司词,司词之次亦为宾词(例如"杀人以梃与刃"②)。

晚教日语中デス及マス之略法。

發信:同社诸人

1月12日(十二月十八日)　金曜　晴,风、冷

午前抄《解字》二纸余。

看《读书乐·喻言类》。此书发行已久,就中以因果一类为最荒谬,全是《阴骘文图说》上的。是册以隐语喻世情,颇多佳者,然纰谬者无益者亦杂出。

晚教《世界读本》之序二节。

1月13日(十二月十九日)　土曜　晴,风、冷

上午抄《法规解字》二纸,风冷手僵。

午后无事,读昨日所教之东文,佶屈聱牙,读之甚艰。晚张甥未来,东文课未上。

见《时报》知上海乱事已渐平。

得计长寄来代购之袖珍日记一本。

受信:计长(日记簿)

1月14日(十二月二十日)　晴,冷

午前至兄处看《时报》,知戈朋云、严承业以多数人言,大闹公堂事时之罢市,悉彼二人之所为。沪道特严查彼二人并将公忠演说会查禁。

午后看《中外日报》,知湖州两学校均大起风潮,全班退学,盖与恒农为难也。

傍晚至兄处浴。

见沈冰如来。

是日五大臣之随员到其五:杨道霖、杨守仁、钱承志、唐宝锷、文澜。

闻夏穗卿于阴历岁杪亦将来东盘桓匝月云。

受信:计长

---

① 钱玄同旁注:"偏、正"。
② 钱玄同在"以"字侧注"介□",在"梃与刃"侧注"司词"。

1月15日（十二月二十一日）　晴，冷

晨兄嫂及姪妇同出，兄邀余同走。余初未知何往也，行不数武，兄遇爪哇华人陈昌炽、丘心荣二人，遂独先归。余等乘电车至正金银行，盖兄嫂欲往取银也。旋仍乘电车归至兄处，而二杨、一钱、一文来矣。遂归十六番。见冰如来。

午后抄《解字》二纸。

傍晚时与稻侄、冰如同往东浓馆，知冰如亦住此馆之□（原文缺）番。

是晚日文，冰如亦来习，温习形容词，他未讲。

1月16日（十二月二十二日）　晴，冷

是晚冰如未来，日文课未上。发信：济、计（复）、达、界、百。

1月17日（十二月二十三日）　晴，冷

晚教语。

是日闻阿兄说学生归国事，杨枢电告政府，言学生此次归国咸带凶器，意图革命，请速派兵舰至吴淞口截剿云云。政府虽不谓然，然亦命两江总督周馥调查。馥遣提督萨某往搜，一无所得，萨归言："遍查不见所谓凶器，惟张之洞之令孙携有拳铳一，未知是凶器否？"馥笑曰："这一定不是的！"细玩此语，真妙，真有趣！晚学日语。

发信：界、雨明、何佑新

1月18日（十二月二十四日）　晴，冷

是晚东文教动词之四段变化。

（以上左瑾整理）

1月19日（十二月廿五日）　阴，冷

晨与兄嫂及菊圃同至教育博物馆，此馆之陈列品，本为高等师范学校之标本，室屋不甚大，物不甚多，以各国各等学堂之成绩品为最多，于教育上洵极有益者也。复进内至"大成殿"，历阶而上，至大成殿，"规模略小"，屋舍等略似我国风，见有彼国维新前之旧学堂模型。此学堂名"旧昌平黉"，观此模型，已整齐可观。且师生亦相对坐，非复如吾国三家村冬烘学堂之凌乱无次序者可比矣。绘式皆席地坐，衣服悉同我汉族，兼之束发于顶，真无毫发差异，令人追想汉家威仪不置。大成殿庭之左右又有种种标本，有天文图、地震图、名者、学者肖像、蚁塔、蜂房等等。归，适午餐。午后半日在阿兄处，晚教话。

受信：雨

1月20日(十二月廿六日)　晴,冷

　　晨得同乡会ハガキ,知明日开临时会,商议湖州学堂近日风潮事。余以路途不识,故拟不去。

　　午后偕恂士同至神田,伊欲购书也。途遇沈仲芳。

　　归,天已黑,兄处叫人来说,今晚吃鲛鱇鱼,因往。

　　是晚教语。

　　受信:同乡会ハガキ,议学事。

1月21日(十二月廿七日)　晴,冷

　　午前兄、嫂、恂士夫妇及其子女并余八人游植物园。风大,地皆冻,所见树木什有九分九不识者。内有温室,内皆热带植物,不耐冷者。游毕,盘一小山而过,层级皆冻而土松,行之颇觉其艰辛。旋归。

　　晚沈冰如来谈天。

　　黄昏地大震,甚剧,居屋中闻声如在火车上,如斯者二分四十秒之久。

　　发信:济、芸、雨、庚。

1月22日(十二月廿八日)　晴,大风,冷极

　　晨至东浓馆望菊圃及冰如,冰尚高卧未起。归午餐,餐毕,复至冰如处谈天,请伊教我俄国字母三十六个。

　　冷极,为中国所罕尝,兼之大风异常,房屋振得簌簌有声,若将坠者,令人慄慄。

　　晚张、沈未来,日文未教。

1月23日(十二月廿九日)　晴,大风,冷极

　　午前见《自由结婚》,假诸张菊圃者。此书余一年半不看矣,笔墨颇痛快淋漓,余观之堪称新小说之佳者。顾有谓议论太多,识见甚陈腐气,予却不敢附和。

1月24日(十二月卅日)　雪,冷极

　　午餐。兄、嫂请恂士作陪张菊圃、沈冰如二人出外至支那料理店午餐,予亦与焉,盖藉此吃年夜饭也。晚,日文未上课。

1月25日(丙午元旦)　雪,冷极

　　今日虽为汉历元旦,然吾辈客处异域之人,与常日无异。日本明治宴中国考察政治各官,兄亦往。晚餐,恂士宴合家人。

　　发信:公社同人贺片、同乡会贺片。受信:界、新、柳、廉贺片。

1月26日（正月初二日）　晴，冷

午前演习算学。午后至东浓馆，菊、冰皆在，谈至暮始归。至兄处，见伯恒在，示予以济沧公信，知梓乡近状，不禁喟叹！

发信：仲华ハガキ、育林、李菘吉贺片。受信：济（公信），觞、芳、华、铁、蕴贺片。

1月27日（正月初三日）　晴，冷

至兄处见《中外日报》、《时报》，知复旦公学以曾少卿及袁观澜两人闹意见，险致解散，幸学生急电两江学务处，又与袁开谈判，磋商再四，风潮始平，今岁仍续办矣。我国人公德心缺乏，常有若干人惨淡经营而成之事，以一二私人堕之，良可慨也。

岑春煊因粤汉铁路事，以一己之私见，恣睢暴戾，作威作福，朕即天子，岑有焉。擅获绅士，侵夺民权。吁！

发信：浙同乡会事务所（索）。

1月28日（正月初四日）　晴，冷

晨起即与恂士、菊圃同送登士至清华学校，此校为华人所建，污秽异常。唉！我国民不喜洁净之性，不知何日能改也！归途枵腹之至，由恂士同至荞麦（面也）店食。

浴。

1月29日（正月初五日）　晴，冷

午后觉脑筋膨胀，烦闷异常，因至东浓馆与张菊圃谈天。归，适恂士欲至清华学校看登士，与同往。至见登士卧床，言足胸痛甚，兼且发瘟也。旋归，天已黑矣，欲抄径路，愈走愈歧，因仍由大道而归。晚未教日文。

受信：子遽，贺ハガキ。

1月30日（正月初六日）　晴，风，冷

上午在兄处。

午后抄《法规解字》二纸。

稻孙来，与同至神田，他购书。归，知恂士已赴神户，接夏穗卿去了。

风大，晚更甚。

菊、稻皆未来，候至八时，余卧。

1月31日（正月初七日）　晴，冷

上午写济沧信。

午后觉烦闷异常,脑筋膨胀,心绪恶劣。看《官场现形记》半本。即至东浓馆看菊圃,适伊迁十二番,余未知,故未见。

晚菊未来,日文未教。

卧被中看《官场现形记》。

发信:复正月二日书信。济沧——文伯——庚身。伯衡。

2月1日(正月初八日) 阴雨,冷

上午至菊圃处,访着了,原来是在十二番了。归,看《现形记》。下午抄《解字》一张。至兄处,见夏穗卿来。

晚餐兄与穗卿饮酒,余及怐士亦旁陪。

菊又未来。

晚餐后又抄《解字》一纸。

傍晚大雨。

发信:三姊、两甥。

2月2日(正月初九日) 雨,冷

晚教《世界风俗志》,现又变方针,专教速成法矣。

2月3日(正月初十日) 晴,冷

晚教《速成东文》。

受信:景庐(照2)。

2月4日(正月十一日) 晴,冷

湖州同乡会于是日开月会于清风亭。杭州同乡会亦于是日开恳亲会。晨,怐士与余同出,怐偕予至晚成轩,伊乃往赴恳亲会。

抵晚成轩,见仲华、仲芳、蕴人,谈良久。出至支那料理店午餐,候之二小时始得食。食毕,匆匆到会,路不熟,途遇黄春芳指点迷津始到,已愆时矣,知兄又先到而去矣。在座相识之人甚少,廉莘、骥等皆以校中将考未到,因早稻田日内亦考也。公社以外,晤杨兴中及张寓南。会未散,因余及子逵先行,伊赴本乡馆听马相伯演说。余归晚餐,兄与穗卿饮,食鲛鱇鱼,余亦在。

浴。

2月5日(正月十二日) 晴,大风,冷

风大异常,房子作响声。

看《速成东文》之汉读法。

傍晚时看《官场现形记》。
晚教东文速成。
与菊圃、介眉为五子棋之戏,余素不娴此,愈战愈负。
睡时晚,冷甚。

2月6日(正月十三日)　晴,冷

天气晴朗,日煦风和。
上午夏穗卿及蒋观云来访徇士,余在旁。闻彼谈中国汉种之本为戎夷所变,引证确凿,听之不厌。
午后为介眉集和文奇字,伊欲撰一完备确凿之《和文奇字解》也。
午后,众人皆外出。无事,至东浓馆与菊圃弈,余负者多。
晚未教东文。
发信:衡ハガキ

2月8日(正月十五日)　晴,风,冷

与菊圃同往访冰如,伊病渐瘦矣。在清华午餐,中国菜颇可口,每人一荤一素,各自其食,惟多有添菜者。
午后四时归,得绿农信。
晚未上课。
浴。
受信:蔡绿农3。

2月9日(正月十六日)　大雪,冷极

晨起推窗,见白雪如银,堆积檐际,正落而未愈。
至兄处看《时报》、《中外日报》。
兄不爽。
在兄处午餐。
作复绿农信,告以发蒙学堂之宜重国文,外国文、外国历史、外国地理均在后,现暂勿课,且劝其学东文,多看书。盖此人极有热诚,极肯办事,惜少涵养,少学问,少阅历耳。故劝之。
雪大极,窗外之树皆现极皓白之艳色。

2月10日(正月十七日)　晴,冷

晨起推窗见日,晴矣。
地皆为雪冰,硬滑难行。
日光映雪,令人目眩。

抄《法规解字》。

兄病已愈。

看和文报刊。

浴。

书复觔、庚、济、景、芸、寿、毅信。

皎然之月光映皑然之雪,愈觉明媚。

发信:绿农,复二月八日信。冰如。受信:衡、百觔4、界、济5、庚6。

2月11日(正月十八日)　晴,冷

午前与恂士弈,余屡负。

午后看和文报刊。

至兄处,适缄甫来,因坐〈座〉谈移时。

兄今日又病疟,未见客。

翻阅《欧洲十一国游记》。

晚风。

雪融遍地,冰路滑极。

受信:冰如。

2月12日(正月十九日)　晴,冷

与恂士同往观东京市立之诚业小学校及幼稚舍,∵① 中无读书课,均游戏歌唱。

发信:济丈、庚附片、百、芸、景、寿毅。

2月13日(正月廿十日)　晴,冷

发信:复绿ハガキ。受信:绿贺信及花纸。

2月20日(正月廿七日)　雪,雨,冷

脑筋不甚适。

看《官场现形记》。

看《桃花扇》,此书诚曲本中伟者,真有心人哉。即以词曲而论,亦其中之佳者,无怪梁任公之叹赏也。以亡国遗民之哀忱,写尔时君臣之荒淫,朝臣之蠹国,以及士人之标榜,而英雄豪杰反出之于书客、画师、书贾、娼妓之中。

阅任公《太平洋歌》,直可当历史歌读,以记事之笔,作瑰奇之文,而又以种种新名词填入其中,而仍浑存自然,毫无堆砌之痕,真才子笔也。

---

① ∵为重复号,即幼稚舍。

晚,菊未来,与稻孙大论灵魂鬼神之有无。

2月21日(正月廿八日)　雨,闷暖

晨起觉天气闷蒸,较常时暖度加增,堆窗一望,积雪皆融,渗渗然下雨,觉神昏脑胀,甚不爽快,闻说地气如是变动,恐将大震云。

至东浓馆,与菊圃闲谈。

浴。

晚间无事,看旧时《新民报》。

窗外雨声沥沥,孤灯对坐,大风又起,屋嘎嘎然有声,无聊万分,因卧。

2月22日(正月廿九日)　大雨

抄《法规解字》裁判类毕。

阴雨终日,无聊已极。

发信:芸生。

2月23日(二月一日)　雨,晚雪

晚餐后地震不甚强。

风风雨雨雪雪,连日不休,恼人甚矣,而今晚又雪。

阅《中外日报》,见有严侯官之演说,言强权与公理之相反,强权者即专制之谓,今之开口自由,闭口平等者,谓强权即公理,其说非是云云。当今日道义沦丧,公德缺乏之候,得此真是暮鼓晨钟。

2月24日(二月二日)　阴

晨九时,地大震甚强,且为上下震,悬墙之物坠下不少,予颇悚然,立门外以避之。

阅《时报》,知美将派舰来申。年来吾国国民渐渐明白,不复如前之媚外,故于路矿各事,每不肯轻任政府送彼友邦,由是而外人遂言吾排外,兼之去年又有抵制美约之事,美人颇不忿于心,此次派舰,实由此也。国弱权堕,动遭外人如是看待。吁!

下午至菊圃处,五时一刻归。毯侄来言:顷区域所遣人来报,今日五时至六时地将大震云,因而众皆戒严,余亦避门外以待之,而至六时迄无动静,其言不足信矣。余遂浴。

今日介眉移居,晚间未来。

不安眠,盖见天时之不正,恐今晚地再震也。直至黎明,始安卧移时。

《时报》上有留美学生所著《兴教育议》一篇,言之颇中肯綮,可以见诸实行。现时讲教育者所言,罕能如此中的。

2月25日(二月三日)　晴

介眉昨日移居,今日往,屋甚明爽,较之旧所居者,真所谓"出于幽谷,迁于乔木"矣。

助伊抄《裁判所构成法调规》数纸。

苏留学生潘志愭者,久耳其名,今日在介处见之。

下午登士来,在介处谈天,良久而去。

与介弈五子棋数盘。

天气渐晴,午后见日矣。

风午后起,不甚大。

见今日《朝日新闻》大骂进步党,言其昨日造谣言,说地震,令人心惶惶,诋之曰"马鹿骚"。

2月26日(二月四日)　晴,午后阴

在兄处午餐。

午后菊圃来,旋去。

收拾整理房间。

晨起时迟,见朝旭已晒被上,喜天气之晴朗,意谓自兹必晴矣。而午后又阴霾不见日,恐风风雨雨雪雪又要来矣,真恼人。

晚间菊圃未来,与介眉弈五子棋。

2月27日(二月五日)　雪,雨

晨醒觉阴寒,急推窗望之,见天公又大作玉戏矣,檐铁又成白色矣。勉强晴了两个半天,又又下雪,好生恼煞人也。

午前雨雪又尽融,与廿八日晨相同,恐地又要震矣。今日已阴历二月初,阳历将交三月,尚无一毫春象,天公不作好事,令人闷闷。

到东已八十日光景,满拟春晴出外游散,藉以舒脑畅怀,而无如交春多日,雨、雪、风三者几于无日不来。道路泥泞,行不得也哥哥!

抄《法规解字》第三类第一编。嫂氏所著《家言》适印成,赠予十册,予寄绿农二册。

黄昏时灯下作字,寒噤甚,因卧。夜半风狂雨聚,檐铁作钑钑铮铮之声,门窗悉震,不能安眠,直至天亮。

发信:济沧、畀、廉。

2月28日(二月六日)　雨旋晴,风

疾风暴雨者半日,闷闷。

晨书《法规解字》三之一毕。至兄处,借得《火山报仇录》观之,书颇有趣味。吾国新小说近年所出虽多,顾以言情、侦探两种为多,伦理小说无人道及,是编之作,益世不浅。

午后日出,而风颇大。

浴。

与恂士、菊圃、介眉诸人弈。

是日已星斗满天,知明日当可晴,然风颇大,五更尤甚。

受信:界定等(稿件)。

3月1日(二月七日)　晴,风

晴矣,而"二月春风似剪刀"。

至菊处与之闲谈,并见伊友王绍文,医科留学生也。

在菊处午餐,彼旅馆中所食甚恶,仅一薄块炖陈鱼,两片腌萝卜而已,此外则一小壶似茶似水者,作为炮〈泡〉饭之用。菊另出生鸡卵一枚,调破和以酱油,拌之饭中,尚适口。

午后兄亦至东浓馆来,旋去。

傍晚时归,与介弈。

晚介未来,菊亦未来。早睡,数日以地震、大风、暴雨踵至,夜不安眠,今日始能高枕而卧矣。

3月2日(二月八日)　晴

上午偕兄嫂等出外购物。

闻昨夜某处失慎。

午后看《孽海花》,是书笔墨未见其佳,然叙事真确,实可作近四十年来中国历史观,惜三编以下尚未出。

报来,观之,知安徽含山县小学堂有学生王恺銮者,因与腐败之英文教习汪大荣冲突(该教习系毫无学问者,彼之英文亦极劣),大荣乘其冬日开炉,诬之放火,诉于邑宰汪大奎(大荣之胞兄)。宰遂不问情由,不据口供,与乃弟狼狈为奸,将生及其父兄笞责重禁,禀诸皖抚。章中故张扬其词,痛论现今学生之嚣张,至比以黄巢、洪秀全。然言词之间,每有作伪未工者耶!而又言该生性质甚聪,人才难得云云。闻学界现已动公愤,或能洗去冤也。

3月3日(二月九日)　雪,晴,风

晨起见大雪,积檐铁二寸许,树木皆白,"千山鸟飞绝,万径人踪灭。"上午雨,雪融化,下午晴,日出,风渐大。至介眉处,伊处供一神,日本名曰"ヒナサマ",阳历三月三日家家供之,颓风牢不可破,与我国之拜菩萨何以异?

晚狂风大甚,屋大震动,卧被中,心悬悬不能安眠直达旦。

3月4日(二月十日)　晴,风

午前狂风甚烈,风大不能安眠,因早起。

偕菊圃同行至神田中国书林,购《新小说》(6)、《新民丛报》(73)各一。又随伊至听涛馆,伊访友周君,至支那料理店吃烧卖等,味甚劣,在日本之支那料理,固不过如是也。归途遇伊友徐君,同至东浓馆,余旋归。至寓所,适午餐。

午后看《新小说》,前第五期余未购买,故各种皆不接上文。然大略观之,亦自有味,盖伊小说甚佳也。(《新小说》内之小说皆系译意,且自布结构,插入种种诙谐旁文,变成中国小说体裁,令人耐观,不若直译者之索然无味也。又小说总以白话章回体为宜,若欲以文笔行之,殊难讨巧。今之能此者仅林畏庐一人耳。林能以高雅洁净之文笔达种种曲折之情,此其所以为佳也。)《电术奇谈》终段,三原来印土看仲达,因尔时医学不明,仲达之命经救活,而仲达之脑则不灵也。后重触电气,即复其旧,仍与凤美完姻。情节变幻,真不愧"奇谈"二字。

晚餐兄请王鲁陵、张寓南吃鸡鸭,味极佳,此外尚有恂士、菊圃及余宾主共六人。

是晚天气甚佳,得安眠。

3月5日(二月十一日)　阴,晴

早晨阴,略飘雪,旋晴,日出。午后又阴。黄昏雨。

看《新小说》。

晚略看《新民报·开明专制论》。

午后至兄处,菊圃适亦来。

3月6日(二月十二日)　晴

天又晴矣,风颇大。

偕菊圃同至神田购《万国宪法史》及《新小说》(5)。出时路滑难行,归干矣。而大风起兮尘飞扬,迷目噤口,狼狈之状可笑。

午后看《二十年目睹之怪现状》及《黄绣球》。《黄绣球》做得不佳,平淡无味,然固不足为此报累,盖佳者多也。

傍晚风渐熄〈息〉。晚星斗灿烂,知明日必晴。

发信:复界。受信:界片。

3月7日(二月十三日)　晴

天明后又起大风。

竟日闷坐,无聊,看书又无味,殆脑筋思虑太过欤?

浴。

晚早睡。

上火时风又渐熄〈息〉。

晚安眠。

支支节节看《电术奇谈》,全部都看到矣!

发信:界。

3月8日(二月十四日)　晴

天明后仍大风,午间渐小。

早起,得界定寄来济苍信,述湖事,知恒农等已渐渐明白过来,行且到东矣,可贺。

午后偕兄及恂士至上野看房子,兄先归。余与恂士行至中途,恂访友,余又先归。

傍晚翻章氏《訄书·正名释例》,言皆极有理。今之有物无名者比比皆是,检之故籍,储材不少,举而用之,犹修废官也。必古实无其物其文而后新造一名词,其并不能造新名词则译音,所言实是卓见。盖古时所定,恒较今定为确。古人煞费苦心,尽心下问,始定一确当之名词,不若今人之师心自用也。废而不用,杜撰一不安者何为耶?虽然吾知必有议之者,曰奴隶保守性质。吁!江河日下,势固然也。

发信:复界。受信:界、济(公信)。

3月9日(二月十五日)　晴,暖

日暖风和,颇有春象,衣裘嫌暖矣。

上午整理房间。

下午偕菊圃同出游行,旋归。

余发种种,足以当帽,再加一帽,觉甚热汗出,然裘不得不帽,真无可如何。

至东浓馆,闲谈许久。

受信:绿农(7)、百觞(8)。

3月10日(二月十六日)　晴,暖

兄嫂今至横滨探单常超来否,归言船尚未到,不得而知。

上午恂士夫妇亦出门,仅予一人在家。

看《时报》、《中外报》,江西南昌县令为天主教王神甫刃伤,旋毙,民心激昂,遂至闹教,并杀英国教士。吁!近日外人每以排外目我,乃犹闯此祸,其可慨!彼神甫戕官,正可捉牢他之把柄,与之交涉。乃不问情由,甲罪杀乙,张过骂李,里民真无知哉!虽然,是犹可觇民心非尽媚外耳。

下午至菊圃处。傍晚稻作东,请予食日本年糕甜、咸两种。

晚浴。

月圆如镜,行路无须灯烛,深堪玩赏。

受信:界。

3月11日(二月十七日)　阴雨,暖闷

天明后,睡眼犹矇眬难醒,因知天气之闷蒸也。

今日介成《洲》(《湖州白话报》)之小说一回,余为抄之,书名《雌龙》。

午间雨。

午后出修发,使之左右分,盖日本之顶上闪光,实不雅观,故从西式。

出时微雨,未携盖,归,地已泥泞,冒雨而行。帽檐积水下滴,真如落汤鸡,狼狈可笑。

得寿门寄来《正月记事》。

晚看《英文汉诂·名物类》,严、马二人,当世华文、英文皆第一流人物。一著《文通》,一著《英文汉诂》。中、英文每有暗合之处,以后拟各部互看也,藉资进益。

黄昏雨大。

发信:界。受信:界、寿门(《正月记事》)(9)书留。

3月12日(二月十八日)　晴,风

看马《文通·名字类》毕,书固佳矣,然予观之,觉尚有未尽确当之处,即其定名亦不若严又陵之雅确。虽然,创始者难为功,眉叔当中国未有文法之时,能成此伟大事业,是固未可以今日享现成福之眼光,诋諆前辈也。

略看《英文汉诂·名物类》未毕,两两相形,文法之简,固莫我国若矣。彼英文虽较法、德文字为浅,然已繁于我矣。

狂风大极,屋为之震,居内者不免有戒心。

午后至东浓馆。

卧被中,略看《文通·代字部》不过二页。

发信:新。受信:新。

3月13日(二月十九日)　晴,暖

上午书计长信。

午后出寄信,并至东浓馆。

晚餐合家均至娱乐园吃香菌饭,所食皆香菌也。笋拌甜香菌、醋浸酸香菌、芥和辣香菌、蛋笋咸香菌汤、香菌丝拌饭,无一非香菌,亦自别有风味。

单伯宽偕其友蒋觐圭来矣。因东浓馆不空,暂居大盛馆。定两间,一间尚有人住,现且二人合居一间。屋甚小,仅角间两窗,亦不瞭亮,非美地也。

发信:子逖、伯恒、百觞、计长。

3月14日(二月廿日)

晨至东浓馆,归至兄处与伯宽闲谈。

晚至大盛馆谈论,不知时,归已十一句钟。敲月下门半日,女仆始起而开之。

卧被中看《中外日报》。

往访:绿农10、缄甫。

3月15日(二月廿一日)　晴

下午闻东浓馆有空屋,因与伯宽等往视。至则闻恂士言已有人预定,不能如愿矣,万事之难如是。

往访:子九、子逵、伯衡。

3月16日(二十廿二日)　晴

在伯宽处者大半日。

晚又偕恂士同至大盛馆,适伊等有客来,因归,见菊圃在。风大极,与昔者雨雪时之风大略相似。

3月17日(二月廿三日)　晴

往本乡馆,路不识,寻之良久乃至,见子九、索伍。子逵、缄甫皆上课,不在,并见二位湖州人。在本乡馆午餐,菜甚可口,远胜东浓、大盛矣!餐毕,子逵来,子九、索伍均至清华上课。余旋归至大盛馆,与伯宽谈天,良久归。

晚浴。

日人真野,夜以痰吐我袖。

大盛馆女仆戏弄伯宽之辫,因告介眉,令其申饬。唉,华人拖此狗尾,到处受人凌辱。每念及此,不禁痛恨彼珠申贱种之野蛮也。

3月18日(二月廿四日)　晴,暖

晨至本乡馆,偕子九、子逵同到晚成轩。见仲华、仲芳,即在晚成轩午餐。寻界定来,谈顷,九、逵均去,余与界定同至早稻田寄宿舍。路甚远,风大沙扬,目眯难行,口中皆沙,衣上尘灰,可谓满面风尘矣。至,廉、新均不出。[至]稻、德南旋,皆来谈。移时,界代我叫クルマ而归,已上火矣。界交《湖州》十七稿一半与我,其余悉由我配搭,说一星期交卷。晚上看界交各稿,睡时已十一句钟。

3月19日(二月廿五日)　晴,暖

有风。

上午整理房间,补记日记。
抄《话报》"教育"稿,秀所作也,未半。

3月20日(二月廿六日)

抄毕"教育",并抄《本郡记事》。

3月21日(二月廿七日) 阴

至晚成轩议报事,与界约定,来复六配齐寄彼。
晨有小雨。
今日为日本一种祭日,各学校均放假。
浴。

3月22日(二月廿八日) 阴

抄《话报》之《整顿风俗说》(来稿)。
自作一篇论说曰:《告青年人不可学速成科》(半)。

3月23日(二月廿九日) 阴

今日为伯宽生日,伊邀我等至维新小饮。
购皮夹、格本等归。
成论说并抄好,十七期告竣矣。

3月24日(二月三十日) 阴雨

阴雨大半日,午后始见霁出。
上午至邮便局将报稿寄出,余作小包邮便寄,且书"书留"二字(邮挂号之意)。伊索五十八钱,余出与之,伊又不受。询我语,我不知,因书一语曰:"中ハナンデアリマス",余答以"新闻纸稿"四字,因另出书套套之而抹去"书留"二字,只须五钱五厘矣。盖伊初作信寄,以如此其厚且挂号,故索价如是之昂,后知为印刷件,盖日本第三种邮物,价最廉也。
晚同人至神田锦辉馆,余及毯、菊去,往看法人画,此为印度所作,皆古事神话也。后改为戏,凡看二种(一暗室),为许多人抢一日本女人(ニオセロ),为英兵杀人,不过如是。
归已十一时矣。
发信:界(报稿)。

3月25日(三月初一日) 阴雨

日人真野蛮,觑警察不在,即于路旁小便,凡见三人。

本定阳历四月初一开同乡会,余误为阳历三月初一日,故晨即至本乡馆去。在途遇子九昆仲等,适出欲至公使馆去。余因至晚成轩,适伯衡在焉,遂出彼调查湖州学界黑暗情形详信相示,并得俞聋子阻派实□亲手书之电报稿,阅之不禁惨然,既为湖悲,又为公社悲。盖目下社中诸人与聋子已出于反对之地位,而方人达为俞所聘为中教习者也。

与华、衡二人同出食支那料理,出门适见育林学生某亦来东京矣。午后归,至兄处见冰如在,因与同至菊圃处谈,良久而去。雨。晚至大盛馆。闻窗外雨声沥沥,恐明日未必晴也。

衡并示予以季致兄□电,言岛事讼坏,须京控,盖由担文之翻译张少棠插手,教士得钱,从中舞弊也。呜呼!吾党何日醒?

3月26日(三月二日)　晴

晨起见日出,而天竟晴矣,心中为之一快。

午后至菊圃处。归至大盛馆,见无一人在,乃欲归矣。于途中遇单、蒋二人,因同至东浓馆,谈良久乃出。

至兄处,取《普通学表解丛书》中之《东洋史表解》来,译其四张,觉颇有需参考者。盖常时看时人所编ノ历史,常觉我皆知之久矣,无须看得。一旦自己动笔,辄觉影响模糊,似是而非矣。于此可见译书ノ难,更可见译书非可直译已也。必为是科专门,乃可译是书。晚间至兄处,见蒋、单、张诸人皆在,谈久,兄出所作诗相示。旋出,时已不早矣。发信:缄、芳。

3月27日(三月三日)　晴　阴雨

今日为上巳令节,而天气甚寒,日不晴,风不和。好在我等在此路途不熟,景象全非,当不觉如何。若是在家乡,则殊觉闷闷也。

因忆昨日译史表,彼皆用西、日两历,在我译者则宜改日为华。而我国谈纪年者实纷纷,有主黄帝,有主孔子,有主共和,有主甲子者,一国数公,无所适从。因欲作一检查表悉数列入,计凡八:(一)干支、(二)黄帝、(三)孔子、(四)共和、(五)中国君主、(六)耶稣、(七)日本神武、(八)日本君主。画表交仲华,请他为我印之。顾兹事虽小,而头绪纷纭,参考书亦须不少,恐必须回中国动工也。

发信:华。受信:缄。

3月28日(三月四日)　晴

是日全家往游江岛。十一时发新桥。自新桥算起至镰仓止,凡十二停车场如下:(1)新桥(シンバシ)、(2)品川(シナガハ)、(3)大森(オホモリ)、(4)蒲田(カマタ)、(5)川崎(カハサキ)、(6)鹤见(ツルミ)、(7)神奈川(カナガハ)、(8)横滨(ヨコハマ)、(9)程谷(ホドガヤ)、(10)户塚(トツカ)、(11)大船(オホフナ)、(12)镰仓

（カマクラ）。抵镰仓游一庙，名大异山。内有大佛一，铜铸之，入佛腹中有升降梯，升梯觉蒸闷极，盖四围皆铜，铜能传热也。始见樱花。庙之中庭有红绿梅二对峙，觉甚可爱。游移时，乘电车至江ノ岛。有河地，至行一桥，甚长。凭桥望海，令人心旷神怡。过桥登山，历级而上，不甚吃力。至金龟楼入□焉。与毯孙同浴。浴后见同人均不在，因与毯登山而觅之。毯行速，倏至洞口（此处有一洞，洞内甚险，行人足迹甚少）不得，余行至半途，觉甚惫，因归。毯亦辞归。询之旅室主人，云尚未归。因往附近ノ植物园寻之，见悒士夫妇，云彼等先归矣。因偕彼等同至沿途中憩足处，食一贝，味极美。且往旁寻，得之于一茶亭，因偕归而甚惫。晚在金龟楼餐（日餐）。此行十三人，共占卧室四，盖旅馆中无他客也。壁间见一诗，为梁卓如笔。诗曰："我有万古宅，嵩阳玉女峰，长留一片月，挂在东溪松。尔去掇仙草，葛蒲化紫茸。岁晚或相访，青天骑白龙。"梁氏文豪，而此诗殊不佳，意者录日人之诗欤。晚间凭栏而望，见渔灯四出，景致极佳。夜醒，万籁俱寂，闻涛声澎湃，令人悠然遐思。

3月29日（三月五日）　晴，旋阴

天明起，观东海日出。山有一松，晓烟笼翠，适当日光，艳华清□极矣，令人提目。因忆黄公度军歌云："一轮红日东方拥〈涌〉，约我黄人捧"，颇有味乎其言。见室悬一额曰："濯足扶桑"，为欧伊庵笔。字不甚佳，句亦陈旧，然对于日人而作此言，不可谓无意也。早餐毕，循原路出，彼等皆购纪念品，余以囊空未购，顾亦无足购者。行至桥上，适潮长，见波涛耸然，一波未平，又一波起。以小喻大，此殆亚东大陆之小影乎？因忆前人诗一句："涛声怒断浙江潮"。仍乘电车至镰仓，游极乐寺，苍绿极矣。一路上田路蔬菜风□，观之令人生厌世心。沿海滨行至一处曰"长谷观云殿"。供佛处一切皆如我中国风。出至海滨院西餐，是院为西式房屋，滨海而建，西人士女常有来者。缘西国妇人不肯脱鞋，而在日本又不得不然，故游镰仓者皆喜居此也。午后复游一处曰"八幡宫"，源赖朝之宫殿也。室所有甬道，人莫敢走，尊之为神道，余与伯宽独毅然走之。五时上火车，七时到新桥，人力车行缓，九时始至家。晚餐后即睡。

受信：郭景庐(11)。

3月30日（三月六日）　阴雨

晨起记日记。

午后整理物件，觉臂痠极，恐染风寒。晚间更头痛手热。至大盛馆，以不支，旋归。

至兄处，写三幅字。盖日本有人作善举，说人书一万张字，每张卖一元，买者须往抽签，而买得一万元以赈饥民云云。兄担任十张，吾等亦助几张，惠而不费之事也。

3月31日（三月七日）　晴

晨起觉较昨晚稍健,臂不痠矣。

卧席上翻阅旧《清议报》,颇觉有味,骨董诚足爱也,一笑。

浴。

4月1日（三月八日）　晴

是日迁东浓馆。

天暖,介眉赠予以春服,因服之而赴同乡会。

是日同乡会开月会,提议海岛事件由留东浙生致函浙抚,由留东湖人致函谭琴,言决意京控,惟绅士一边,理虽直而真凭实据少,府知是陈猫古,毛乱不足恃,明矣。今惟有查契稿及韩明德呈办置地之原因耳,唉!国弱到处吃亏,令人愤也。会散偕伯衡、界定等同至晚成轩,旋命车归,迷途,寻好久,方拉到。

4月2日（三月九日）　晴阴不时

菊圃购一《国粹学报》至,借观之,颇有趣味。盖现今东洋文体,粗率之书实不足观,且亦无甚道理。保存国粹,输入新思想,光大国学,诚极大之伟业也。数年以来,余扮了几种新党,今皆厌倦矣,计犹不如于此中寻绎之有味也。

发信:缄片、界片二。

4月3日（三月十日）　晴

在东浓馆,竟日无事。看《国粹报》。

发信:庚——济、缄片。受信:缄片、界片。

4月4日（三月十一日）　晴

晨偕兄、嫂、伯宽、菊圃等同至上野看樱花。至一茶亭,凭栏憩观,此花远望有如红梅,色极娇艳,令人爱睹。坐此茶亭内约一刻钟之久,围而观者百余人,皆直足瞪目,一种呆相,令之失笑。盖彼等见伯宽、觐圭两人皆有辫,以为希奇,后闻吾等作华言,更为纳罕。盖岛国民之劣根性使然也。吾恐欧洲大邦当不出此。归,见窗外樱花亦复大开,隔窗而观,颇觉可爱。

下午至兄处,适登士在焉,谈次同至稻处,四时伊归。目前各学堂皆值春假,伊亦在假期内也。

浴。

黄昏时至伯宽处谈天,适恂士亦来。

风甚大,击玻璃有声。

十点时归东浓馆,寒气袭衣,觉有微雨。

受信:缄片。

4月5日(三月十二日)　晴

今日天气较昨天为寒,窗外樱花开放愈茂矣。上午至兄处与伯宽谈选古文之事,予谓中西文之难实相等,未必西文较易于中文,不过西文有二十六个字母,此中国所无耳。虽然,中文同类之名词类皆以其物之总名为偏旁,而右旁之字则取谐声(如牛为总类之名,而犊、特、牡皆从牛旁,而右旁之字则为谐声之类),此睹其偏旁而可以知其为何类之物,睹其右旁之字而可读其音也。西国则否,字各为字,各不相侔,如OX、COW之类是也。惟中国音学久废,设能修其废官,则中文较之西文未见其为难也。午间地小震一分钟。

下午与菊、伯、觐、毯四人周游日比谷公园。

受信:界片。(13)。

4月6日(三月十三日)　晴

下午至本乡馆,访缄甫,不遇。旋又至晚成轩访仲华,遇之,并见伯恒。谈次向仲华借《墨子》《庄子》归。日间,兄与我约晚餐至附近之娱乐园食シルコ(即年糕等)。余至晚成轩而忘之,归,在途中忆着而为时已迟,因急行赶至娱乐园,尚在而己シルコ吃过矣,因遂食香菌饭。兄纳显老之电与我,观电文曰:"令弟何日来申,兄同来否?"

伯衡之子今年九岁,余询伯衡现读何书,以《诗》对。予谓之曰:"六经固为国粹,万无废弃之理。然一孩童读之,殊不相宜。"衡言新出教科书,实无佳者。余曰然,然间有彼善于此者,择而用之,亦一策焉。伯衡之言在现今时流闻之,必嗤之以鼻,曰陈旧。虽然,是亦根本之论也,余颇然之。

4月7日(三月十四日)　晴

晨至兄处,见毯孙在译植物学,盖伯宽需研究是科也。

归东浓馆整理物件,弃其无用者大半日,弄得昏头昏脑。旅馆房间看书,可谓净几明窗,惟地处向阳,日光晒入,甚为炎热。午后仅衣里衣,徒跣而理物。

至兄处食日本蟹,不佳,较之我国九十月时者,迨不可同年而语矣。

浴。

晚餐,兄处送食物来,颇为可口。

晚至大盛馆,恂士亦在,菊圃继来,谈至十一时始睡。

发信:界、骥、缄、济(附卓民),绿ハガキ。

4月8日(三月十五日)　阴

　　晨起为时甚晏,已经九点钟了。早晨出外游行,步至帝国大学处归。附近一带樱花大开,令人悦目。本乡地方非佳处,顾尔尔者,以近上野故。

　　翻阅《英文典表解》。

　　购信封信纸等。余不娴日语,而欲购何物仅指之曰:"コレ"、"コレ",哑旅行者,真吃苦,真可笑!

　　晚间偕菊、宽诸公同至神田,遇雨,往访宽友朱君蓬仙等,诚实有涵养人也。菊制夏衣一袭。归遇日本酒疯子,骂曰:チセンチセンボヅ,并大笑曰 Chinese, Chinese。与穟孙至近处散步,见途有车夫二人扭住打架,途为之塞,而无警察来干涉。所谓文明国之国民如是! 如是!

　　发信:复郭、孙宝镜(为阅书报社事)、仲芳、缄甫(片)、界定(片)。

　　受信:缄片、界片。

4月9日(三月十六日)　阴雨

　　无。

4月10日(三月十七日)　阴雨

　　无。

　　受信:界ハガキ。

4月11日(三月十八日)　晴

　　无。

　　发信:复界。受信:界(书菊信报稿)、伯勤(12)

4月12日(三月十九日)　晴

　　下午至晚成轩,见芸、芳两君,借《时报》归。至本乡馆,缄甫处有客。至子逵处,旋同学华、芳皆来,子九亦来,旋归。

　　晚看《时报》,知南昌教案法国参赞竟要求几条极不合理之款项。

　　《时报》上《新西游记》借唐、孙四子讽世,颇为有味。

　　发信:复勤、缄片、界片。受信:界,书留片,报稿。

4月13日(三月廿日)　晴

　　风大,见窗外樱花落满街上,"红消香断有谁怜"? 尘沙飞起,见路上行人皆眯目。

抄《湖州》增刊专件一篇。

午后抄毕。作界信。

晚间至大盛馆。稻来传兄命,命我到东浓馆,知商量明日往游盐原事,须夜半三时起身,乘五时汽车往也。

略改《记事》,睡。

发信:复界、又界片。受信:缄(17)。

4月14日(三月廿一日) 晴

夜半四时起,人力车至上野,上火车至西那须野,再乘人力车,须三时始到。沿路日光逼眼,吃力异常。到盐原,身大发抖。寒热交作,因蒙被卧,是日余未出游。

盐原四面皆山,风景诚佳矣。然如我之俗人之凡目观之,觉与木石居,与鹿豕游,不能十日居也。是行凡五人:余、兄、嫂、董、张。

受信:界片。

4月15日(三月廿三日) 晴

晨五人出游,余以昨病,身究弱,不敢登高扒〈爬〉山,仅在平地走走。

午餐后与张、董等谈谈,颇有兴味。

有温泉可浴,凡三浴,无女人来,盖此地较箱根清净。

晚睡觉燥热异常,春色恼人,眠不得也哥哥。

4月16日(三月廿三日) 阴雨

九时发盐原,人力车行至半山之中,雨。当此森林丛杂,倘雷电交作,颇足畏也。

至西那须野,乘十一时之汽车回上野,车中老毛病又发。火车行路偏缓,且又不平,勉强睡倒。好容易到了下午四时到矣,而热亦渐退矣。在车中渴甚,购橘子二枚食之,始渐苏。

至东浓馆即卧。

稻、毯均来视。

晚兄处送来粥,食少许。始食今年之春笋,觉甚可口。

受信:界片。

4月17日(三月廿四日) 阴雨

晨起,今日又渐瘥矣,而明日又将来了。午餐在兄处略食面少许,三时又食粥少许。

三时顷乌云盖下,大雨倾盆而来。雨势稍杀,回东浓馆,晚餐略进。嫂以威士忌酒和鸡蛋、金鸡纳霜、糖等调和使予食,因兄每发疟,尝以此治好也。

晚略抄《湖州》之纪事。

4月18日（三日廿五日） 晴，风大

晨老毛病又来，困了一天，头眩脑胀，苦极矣。下午登士来，余以病未能与多谈。

风大极，窗险致离槛而吹下。

晚始能略坐谈天。

蒋觐圭进成城学校了。去时辫子还没有剪。

4月19日（三月廿六日） 晴

晨仅食金鸡纳霜，盖威士忌性太烈，与吾脑不相宜。

在兄处与伯宽闲谈者将一日。恂士赴ヨコハマ，接夏公归。言博爱丸在长崎验有病人，故至神户停舟，现椗（碇）泊海中，客人均不准上岸。

恂归后，旋得横滨多可及也来电，知今日午后八时开来了。

晨兄来，言显サン有信来，令我至中先寓福兴栈，俾将扫除崇实书局以为甥馆。

受信：芸（13）、界片。

4月20日（三月廿七日） 晴

晨又食金鸡纳霜。

上午兄、嫂、恂士等均去招呼。穗卿不在家。余至彼处与伯宽闲谈，见觐圭亦来，居然顶上闪光矣。虽不知其心之洗否，而面固已革矣，较从前态度好看得多了。三人均在兄处午餐，而兄等均未归来午餐。幸寒热一天不来，居然逃之夭夭了。下午险来，急搓掌拍手使之不寒，这寒热也就垂头丧气而去了。呵呵！

受信：界片。

4月21日（三月廿八日） 晴

寒热虽然少了，而面上发出许多瘰瘰而有脓，腌臢腌臢。

又是大半日在兄处。午后偕毯孙同至穗公处见之，并见其夫人。旋归。

受信：界信。

4月22日（三月廿九日） 晴

晨偕毯孙同至驹达ノ木下皮肤病院，诊治身上之癣疥。伊言无碍，吃吃擦擦约一月间当可告愈。去取药而归。下午抄《话报》。

受信：仲华、界片。

4月23日（三月三十日） 阴雨

上午将《话报》"纪事"又抄些，以时促，约余四ペジ，于下午带至仲华处请伊代抄，蒇事后交界定矣。此行为与仲华、仲芳作别。出门时细雨霏霏，滴面不爽，风又极大，伞不能张，手中又斳〈拿〉了一大包书还仲华，沿途行来真苦呵！归，乘人力车。

浴。

至伯宽处谈天，一堂话别无几时矣。

受信：界信（纪事）、界片、郭景庐（14）。

4月24日（四月初一日） 晴

晨眼镜碎，大感困难。至恂士处午餐，大食猪蹄，白烧、红烧、火腿同煮，色色俱全。

午后在东浓馆理好了一个小皮箱。

晚餐后偕恂士、菊圃同出购眼镜，勉得其一。价极大，而物不甚佳，且不对眼（太深，带试时在灯光下辨不出，次日始知上当），价一元七角半。仓猝之间购办之物，定难佳也。归，与菊至大盛馆，介亦来，伯宽赠予早稻田中学讲义半年，藉作纪念，得用甚感之。归已十一时。复信，长久始卧，已一时矣。今日所见一个新名词，叫做"忘八祖国"。

发信：复界片。受信：界（小包，无信格子）。

4月25日（四月初二日） 晴

晨起捡物，菊赠予表一作纪念，亦得用之品也，同人不送无用之物，真爱我哉。嫂氏陪再往木下皮肤病院，诊后取药而归。在兄处午餐，餐后嫂同至东浓馆，择必不可穿之衣而去之，竟去其半。

浴。三时许乘急行汽车至横滨。兄、嫂、单、张四人送往，抵横滨，宿高野沧。主人殊慢客，极不殷勤，言之可恨，思之可慨。至一支那料理店，名"永乐楼"，系广东人所开，食品甚佳，为东京维新味苑等所远不及，并可招徕来往客人。盖藉此分高野之利，亦极应做之事。且招呼甚殷，在异邦睹兹景象，益知同国人之究竟好过异国人也。横滨街道较东京为堂皇，有上海之风，且多拖辫之华人与西洋人。

发信：张之节、寿门、界定（还稿）。

4月26日（四月初三日） 晴

メガネ又碎了，勉强出去，仓猝办了一个。直脚，戴不惯，然亦无可如何，只得到上海再去买了。

晨五人复至永乐楼早餐。兄、嫂购一小花瓶赠予，以为纪念品。九时半登舟，十时发横滨。此次乘坐之船为赤十字社姊妹船之一,名"博爱丸"。船甚大,较来时之"镇安"为佳。四人送别,上栈桥后,连个影儿都不见之时,不禁黯然。乘头等舱四号房间,船中无事,补记日记。自开船起,此后可免脱屣矣。然若遇机缘,下半年得来留学,又将如是耳。舟行后,风浪不甚恶。然以孤客,无友对谈,故竟卧床一日不食,至晚船略颠簸,竟至于呕吐。

发信:晓成轩、早稻田、本乡馆、铁耕、丰多摩。五辞行片。

4月27日(四月初四日)　雨,午后晴

晨起觉较昨日为稍安,可以睁眼矣。晨勉进ビスケット少许。十二时舟抵神户,见牌示云明日午前十时前门司へ进行。余以路不识,未上岸,在船中略看《中国秘史》《新小说》,觉甚有味。午餐、晚餐皆食西餐半,不敢多食,防明日吐也。

晨至甲板,见雨濛濛,船沿尽湿。抵神户。晴,是晚得安眠。

海水浴,上次来时以疥癣剧,跳下去觉渍肤,今不然矣。

4月28日(四月初五日)　晴

晨发各信。十时门司へ进行,风平浪静,毫无颠簸,不觉头眩。神户舟将开时,有嘉兴人屠师韩者,中国人也,留学札幌农学校者有年,今为广东制台请了去了。又有广东制台派来日本考察农工商,来了三个多月,无片刻之停,且与日人办一章,极好好交涉(有的进炮兵工厂去调查)之官郑勋业者,苏州人,广东官也。① 其自言如此。至札幌,见动物、植物标本上万,说世界上所少有之事。又有忠雅丞者,大清国民不敢与之招呼。

午后上甲板憩坐,觉冷,急下,则两手已冰。恐寒热又来,急至室,且少睡,幸而即止。

夜半四时半抵门司,未进港。

发信:上海:复郭(附致两许)、汤、潘(片),东京:单、兄(片)、界(片)。

4月29日(四月初六日)　晴

晨起至甲板。舟进,行入口,一路皆山,风景佳绝。七时许进口停船。午后三时长崎へ进行。开后略有晚风,然不大。黄昏三时抵ナガサキ。

今日见二等舱中有一韩人,衣为三不像之衣(如上海别脚马夫所穿者),华裤,汉族之纱帽,长发不剪,如汉人之盘于顶。盖韩自亡后,日人不许其剪发,惟衣服则可。盖无论如何一见其长发便知为韩人,有种种利益便享不着矣。吁!亡国之苦,如是如是。虽然,犹留此徽章,他日尚可自知为韩人,苟有能力光复亦大好事。韩人韩人,能乎否乎?唉,韩亡故如此。今闻上海西人之禁华人剪辫(恐其游公家花

---

① 以上原文如此,疑有脱误。

园享种种利益),嗟呼!吾民且不韩若矣,唉!唉!

4月30日(四月初七日) 晴

午后三时三十分,上海へ向,今出航矣。

舟行后无甚风浪,能一路皆如是,抵申亦大好事。

发信:绿农、恂士、念(片)、百(片)。

5月1日(四月初八日) 雨,午后渐晴

略有风浪,其实横风耳,非逆风也。一日卧在旁之榻上,亦无甚客。

阅《中国秘史》。

晚间闻说今夜三点可至吴淞口,明晨进口,约九十时间可到矣。

八时许舟忽停,询仆,既知系望茶山(大约是此字),盖晚行不知其在东在西也。

然竟不问以达旦,舟停此一宵,在浪中"宕东宕西",难过已极。一夜未曾安眠半时,而终未敢一睁眼,苦哉!

5月2日(四月初九日) 雨,午后晴

晨起,询何故不开舟?他们说道因大雾在前云云。八时许始开行,仆既言今日到必在晚矣。下午二时至吴淞口。两医来验病,亦不过点人数而已。以无潮,又停至三时半始开。五时一刻到东亚公司码头。舟停焉,见许多下等社会之人,争先恐后,东扑西挤,硬扒到船上来瞎吵,抢行李。唉,如此野蛮,那得不叫人家生气乎!见之气结。等许久,见徐宅家人来,以马车相迓。直至新闸路公馆内,阒其无人,盖显サン全家已于初五日搬至六马路新屋,去预备办此一事也。

5月3日(四月初十日) 晴

至务本访济、芸,均见。知此间同乡会亦已成立,甚慰甚慰。并闻学会亦已成立,尤为之喜。午后偕芸同出,至奇芳啜茗,适两太爷亦来,约四句时归。

购书物等件。

归国见沿途之人,小帽一顶,辫子一条,尖首锐形,兼之面黄肌瘦,背驼腰折,望之真难看,令人气结。惟务本之女学生颇饶英气勃勃,且喜运动,不让日本。且一种挺挺刮刮之样子,亦胜日本褒衣博袖之拖拖沓沓也。嗟呼!我男子何遽不如耶!真可愧死。

经商之人动辄冷讥热骂,令人生气,真不会作生意。虽然,彼有洋人之倚赖也,奈之何哉!

5月4日(四月十一日) 晴

竟日未出门。看务本之师乙《明史讲义》,陈义甚正,惟系临时编撰,故每觉有

小疵。然此等讲义,实不能算恒矣。

看国学保存会之《历史教科书》,系申叔所编,取精用宏,体例亦不差,远胜夏《历史》矣。惟属于高等科用,盖文字渊深也。中学以下诚能仿其体例,掇其菁英而编之,必有佳者。昔尝谓横阳翼天氏之《中国历史》,体例未错,而喜用新名词,太远国风,且考据多讹,恨无人循其体例而改其内容之组织。今得此,真获我心也。

发信:郭、庄、莫、冯(章)、伯宽、念、芸。

5月5日(四月十二日)　阴

命车至菘老处,见之,并见季高及杨鼎,乃留午餐也。午后四时命车归。

看国学保存会之《历史教科书》。

5月6日(四月十三日)　阴雨

今日为同乡学会开会。晨九时许命车至务本,见伯谦已来,同人因至事务所(即在务本附近之……里),是日各职员均到,为会长谱琴,副长济沧,书记岩澄,会计雨岩,调查芸生、文伯,其他议事员到者大半,本为职员会,故会员到者甚希。是日修改章程等事。四句时,余命人力车而归。

倦甚。

看《国粹学报》。

发信:庚、静、计、戴、何、二小姐、伯、吉、椒、美。

5月7日日(四月十四日)　晴

晨写信。

午后命车至南京、福州等路购物。归,见丈母在床,因坐谈数语。

发信:济、界、华、介、念、幼九、炳。

5月8日(四月十五日)　晴

晨显サン家请的一个先生来了,曰"吴伯象",系老学究。

竟日未出门,闷得真乏味。

看《英文汉诂》。

5月9日(四月十六日)　晴

晨至务本看济寰,出。旋至崇广里事务所,知芸已迁此,然后日将归湖,故济将家搬此守屋也。即代抄会员名单两份付印。午后偕芸同至张园,见车马水龙,士女如云,游人如雨,公众地方如此烦嚣,殊非所宜也。口操日语之留学生,剪辫穿长衫之维新党,满面涂脂抹粉、梳油松大辫之天足会女学生(天足会女学生异于游女者仅放足耳,否则竟与常人无异,然且有不天足者),穿四方马褂、走路摇摇摆摆之官,衣服丽都、与二三妓女鬼混之嫖客,无奇不有。先至里园,是园新获得一大猩猩,便大贴招纸,看者纳洋一角。上当者不少,唉！真会骗钱。归,知菘老幼三人均来过矣。菘赠吉仪,即□璧。看《英文汉诂》。晚略作《湖州》。

发信:菘、济、杏、鼎丞。

受信:郭(复)。

5月10日(四月十七日)　晴

晨至福兴栈,知他们住十三号,幼已起,九尚未起。谈次,即在栈中午餐。午后二时同出至张园,见人尚稀少,空位居其大半,门前冷落车马稀,知时尚早也。约四句时,余与幼先出,九思尚在楼上听髦儿戏。余归,书致念信,告以幼行期(十九春月四)。沈洪泉送春联等来予处,既毫无一点动静,故叫徐仆交显サン去,应收应璧,与我不涉。收拾物件,至更深始睡。

发信:念。复郭。

5月11日(四月十八日)　晴

今日为成婚正日矣。怱浴。薙(剃)发装辫,添红绿辫线,一切从俗,自不必说。午后四时扎扮停当,显サン以扎彩之双马车来迓,并有迎亲指点礼节者二人,一"李毓斋"、〈一〉"钮颂侯"。至新宅,先朝上行二跪六叩礼,便坐,茶上三道。点陪者四人,除李、钮外,尚有冰人沈洪泉及电报局总办周晋镳。拜天地、拜祖先、交拜等礼,均行一跪三叩,还算简省。见礼者除岳外尚有伯、正等数人。牵红绿巾坐床,饮交杯,撒果自不必说。坐席陪主为伯岳,众人冷言热语,引得笑不能笑,哭不能哭,真难过。以扎扮时未脱棉袄,致热极。暖房酒散后即至房,觉倦极欲睡。及睡在床,又闷极不能合眼。是夜难过。真平生罕受者。Bride 亦然。

5月12日(四月十九日)　阴雨

天气闷蒸异常,天明即起,今日幸无事事,衣冠可无用穿。有四叔岳者,名维烈,去日本亦在育材肄业过的,来见,因他有服,昨日未见也。

午后睡移时。醒后觉稍好过。

三点后略凉,较上半日舒服些。

晚仍不能安眠,惟至五更觉少睡着片刻。

竟日无所事事,踱来踱去,殊觉无味。Bride 发寒热,呕吐。

5月13日(四月廿日)　晴

今日天气虽晴,然暖闷仍不减于昨。以三朝故,将红绿辫线去矣。午后有一"十一点"来(系显サン请得来的),与同至虹口"何锦丰"制西衣等。

仍终日无所事事,踱上踱下,觉甚无谓。
发信:念。复济。受信:济片。

5月14日(四月廿一日)　晴

晨衣冠马车而至沈洪泉、孙向晋两家谢媒,均挡驾未见。还有叔芸、蛰仙两人未来,等来后还要去拜一遭,约可用西装矣。

午后沈洪泉来望伯岳,顺便说声谢步,下与之言,顽固可笑,达于极点。太史公真不堪教诲耶？无怪念兄之喜骂也。

5月15日(四月廿二日)　晴,黄昏阵雨

天气闷热异常,竟可赤膊。

午后出外购盖扇等具。

下午无聊已极,与帐房蔡仲山闲谈。

晚有 Bride 之舅舅汤君来,又需衣冠而见之。在中国做 Bridegroom 真觉礼繁可厌。显サン之姨太太二人见礼。

闻罗叔芸已至,又须往谢媒矣。

汤蛰仙昨日亦已来,闻今日又往杭州去了。

晚热极,且觉胸中不适,屡睡屡起,半夜未能安眠。西里衣裤及领带等均已来。

受信:景。

5月16日(四月廿三日)　阴

晨起天又凉了,此等天气真令人生病。晨起烦躁异常。

等梳辫者不来,至十二时许另雇一人梳之。西衣拿来试大小,言礼拜五可有,计装尾不过二日矣。辫乎！辫乎！吾誓将去汝矣。下午出外购物,在人力车中,人之望见者皆耳而目之。盖予虽装辫而前面不剃,彼等以为怪样也。至新学会社,彼中人大笑,因数日前去买书尚无辫也。甚哉,人之不可奇形怪状三不像,脸又不可随时常改,变其装束也。

热甚,晚阵雨少苏,有……要去矣,又要穿衣冠叩头,唉！唉！

在账房与蔡谈。

5月17日(四月廿四日)　阴

晨起觉甚凉,与昨日天气实大径庭,真不可思议。渐次觉凉,衣棉袄犹觉寒嘶嘶。

在账房与蔡谈。

午后作致恂士、芸生信。

发信:恂士,附幼九

5月18日（四月廿五日）　阴

洋衣来,适他们又有什么姑太太、舅太太等要见,因未改装。

受信:兄、嫂15。

5月19日（四月廿六日）　阴

出外访济,适今日务本开运动会,不在。出,又至虹口访伯翁,知尚未来。李公馆阒无一男,遂废然而返。

往返皆乘此一乘人力车,殊可笑。

始去辫,改洋装,始敢出门。

洪泉请晚餐,海国春回席,约十余人,沈旭初亦在。

5月20日（四月廿七日）　阴

至同乡会事务所,与两许同往看伯谦并晤铁颈,又见育材旧同学黄亚康（海门人）,在事务所午餐。

得许多人信,均由济交我。

四点许归。

受信:单16、益18、蔡17、寿(纪)19。

5月21日（四月廿八日）　阴

竟日未出门。

阴雨。觉甚无谓。

四时岳武承来。少年喜闹,吾殊畏之。

晚间与李亚宰闲谈。

崇实已改行,将开仪器馆,皆宁人股。宁人中有钟宪邕者,因关门事,吉サン大勿答应,定欲服礼,闹了大半天。

5月22日（四月廿九日）　阴

晨出,至作新社印片并购信纸等。旋归,写数信。

显サン为崇实书局改为博物馆,由钟宪邕取名曰:"博物教材集成馆"。显サン意大不谓然,与伙计汪小敬等大闹,因改名。

拆订早稻田中学讲义。

5月23日（闰四月初一日）　晴

晨出,购书物等。

午后与王如山(徐氏亲)出外浴。在东时常浴,今兹将一月不浴矣。此一浴也,爽快多多。

5月24日(四月初二日) 晴

上午无事,无聊已极。

午后偕蔡仲山至李亚宰、钮颂侯处,因前日曾由彼二人招呼一切,理应去一趟也。

显サン购闲书数本,晚间观之以消闲。

5月25日(四月初三日) 晴,有风

晨至作新社取印片,实不佳,不及东京之至,姑勉用之耳。

无聊之极,看看闲书。

午后乘马车至正金银行,取二百六十现,以过三时不能取,因归。

受信:吉夫20、伯勤21。

5月26日(四月初四日) 阴雨

今日又装辫,因欲迁归新闸路也。午后同坐一车回老屋,什么拜菩萨、拜灶种种,姑自己掩耳盗铃为之,殊可笑。又祭祖而事毕,即去辫。大雨濛濛,恐明日未必开霁,则育林或未能去也。

发信:复单、益、寿、蔡、秀、勤、致许垄。

5月27日(四月初五日) 晴

命车至小东门南窑一带。地甚僻静,欲得英法两照会之人力车,竟不可得,因至二洋泾桥易车。进城至道前访郭,兼见及金、魏二人及许甫生,旋尚有数人去年不十分反对者亦见之,惟庄不在。因与郭、金、魏三人至奇芳,而庄在焉,并见李拔、陆竹铭二人。至顺源馆午餐,尚适口。出,复欲至奇芳而以人满退,欲至福安,人又满。路上不见庄,未言何往,然想未必失踪也。余等因归。余归致片郭等,询庄以来书否,并书各信。

发信:单不(片)、庚身、郭成埭(片)、复姊书、幼九(片)

受信:三姊、尚声22

5月28日(四月初六日)

得郭片,知庄早已归学堂,为之一慰。

5月29日(四月初七日) 晴

上午出门,略购《黑奴吁天录》等,借以消闲。

5月30日(四月初八日)

竟日无事,亦未出门。

5月31日(四月初九日)　晴

竟日无所事事。

下午偕同吴子□至宰园。地虽小,而颇佳,清净异常,较之游张园,真不啻天堂地狱矣。在园中见季常,知彼于昨日到,行且为县事赴京矣,谱琴也往矣。

伯岳遣仆朱升至李亚宰家取伞,彼伞颇奇,伞柄以刀为之。途为捕侦得知,因索观,朱不与,彼遂夺取,拔伞柄之刀以击朱,欲直拥至捕房。比询明,至李宅问知非流氓拆梢者流,而六马路已知,蔡仲山因以洋廿元保出。唉!捕悻洋势,青天白日如此冒昧欺人,令人发指。国势之弱,夫复何信,唉唉!

6月1日(四月初十日)　晴

上午与显サン同至六马路,意欲寻"十一点"BKF同至虹口去修头发,而其人不在,因归。

至南市,见庚身偕同竞存公学之理化教习岳尔调君(即捕擅至学堂捉人时上课之岳教习)等于道左。因下车,偕之至竞存公学,始知伊理化传习所一席早已告辞矣,现竞存公学兼商务书馆之小学师范传习所两处,谈至五时许归。寿毅以笔作贺礼,因作书以谢之。

得兄信,知幼未往东。

晚早睡。

朱升今日至新衙门来喊冤去矣。

受信:兄23。

6月2日(四月十一日)　晴

下午至亭子街访"十一点",欲同往修发,而伊适昨日迁居。因至福兴栈,找着季常,与同至修之。

受信:徐24。

6月3日(四月十二日)　晴

至崇广里,尚无一人到。因至健行公学访杨伯谦,不晤。又至崇广里,见季已来午餐,偕同至文伯处。今日为苏州征兵一百数十人登舟之期,各学堂学生人员齐行出发,送至河干,共一千五百余人,几乎十送一矣,以示鼓励。想自是中国贱兵之风,当可少弭矣。予等挤至明伦堂略观,因甚挤,只好出来。同至龙门师范,骥言一切形式上之文明,日本瞠乎后矣。
　　发信:朱(片)、莫(片)、界片、郭、不(印片)、培。复兄。
　　受信:同官 25(报十一本)、单 26(书三本)、同官 27。

6月4日(四月十三日)　晴
　　竟日不出门。
　　受信:勤(片)28。

6月5日(四月十四日)　晴
　　晨至崇实访蔡仲山,因伊叫我写扇,已写好,要交给他也,不晤。乃至正金银行取款。华伙讳言日本两字,真可笑。归至福兴访骥并见寰及蔡蒙,在栈午餐,后与骥同至虹口购领袖等归。又至六马路见之,与蔡同至大马路浴。于浴堂见严信宽、姚雨岩。
　　受信:郭,附雄飞 29。

6月6日(四月十五日)　晴
　　晨出外照相,并至开明,还宿逋。闷热极,有六月之象。
　　晚大雷雨,霹雳两声,非常之响。旋风暴雨者通宵。
　　发信:30 寿门(四月纪事)。收信:31 同官。

6月7日(四月十六日)　阴雨
　　眼镜又坏,下午至宝善街购之,并购扇面等。
　　看中学讲义,能解者即乙(译)以汉文。

6月8日(四月十七日)　晴
　　晨至福兴栈访季常,不晤。有俞氏家人言顷出去矣,大约是恒农来了,因归。
　　发信:不。

6月9日(四月十八日)　晴
　　访季常,谈至下午始归。今日恰是满月,晚餐两人对吃一桌。

6月10日(四月十九日)　晴
　　今日同乡开职员会,请季报告东京情形,并筹海岛善后之策。
　　发信:界(ハガキ)、不(ハガキ)。受信:稻孙 33。

6月11日(闰四月二十日) 晴

受信:缄甫 34。

6月12日(四月廿一日) 晴

访骥晤蔡蒙。

发信:缄、君如、芸、楚(ハガキ)、九思、菊、伯宽(稿)、界等。

受信:不信 35、片 36 各一。嫂 37。

6月13日(四月廿二日) 雨

至福兴栈访季,又晤蔡蒙。本欲借之浴,以雨大,午后归。

发信:复嫂、复不。

6月14日(四月廿三日) 雨

未出门。

拆订《绣像小说》。

6月15日(四月廿四日) 雨

未出门。

看《文明小史》。

受信:九、华片 38、芸 39。

6月16日(四月廿五日) 晴

至福兴栈,适季恒于今日欲行回湖。乘招商船去,送至河干,回。乃至庚处,庚赠我手编之《日文组织说略》数纸,与同至雅番午餐。午餐又回,同人来看伊。予因是购《新儿女英雄传》,观之劣甚,不堪卒读。

6月17日(四月廿六日) 雨

因雨未出门。

看毕《文明小史》,笔甚平,又亚于《官场现形记》,李伯元之笔墨亦不过尔尔。

看《老残游记》,尚佳。

看《负曝闲谈》等,谓自《邻》矣!前言不对后语处太多,且有"湖州府之嘉兴县"之笑话。

6月18日(四月廿七日)　晴

上午看《负曝闲谈》。

下午整理□、高各信。

6月19日(四月廿八日)　晴

午后至健行公学访伯谦,与同至同乡会,知沈虬斋已来。

购《民报》、《新民报》等。

发信:芸、寿附毅、郭、尚附姊(照)。

6月21日(闰四月三十日)　晴

至福兴栈访沈虬斋,并见赵伯谦,而季常亦来矣,谈顷即归午餐。又往访骥,在栈晚餐。偕季谦至大马路泥城桥看东洋戏,尚好。

归栈已是十二时许矣。即与骥同榻未归。

发信:美$_{四角}$(转)(美、勤)。

6月22日(五月初一日)　雨

上午骥出购船票,缘伊后日须北上也。蔡蒙来。午后与季同至二白渡桥堍一东洋浴室浴。计每人大洋五角。日人至华者真会赚钱啊,又修发,洋七角半。归。

受信:不40、同官41。

6月23日(五月初二日)

午后往送骥行,知伊包不着房舱,然而房舱大概皆空,盖此等王八头留以待大帽子耳,真可杀!可杀!

坐是之故,骥搭之舱又黑暗,地狱一般,伊极愿明日开船时再上船云。

受信:警时42。

6月24日(五月初三日)

看郭、庄,与同至、奇芳。

6月25日(五月初四日)

ナシ。

发信:丁伯渊(附蓬、缄)、复美(片)、尚声。

6月26日(五月初五日)　晴

端阳令节,又要装辫,穿衣冠拜节,真觉可厌。

受信:叔美43。

6月27日(五月初五日)　晴

晨偕武臣同出购雨鞋等等。晴,热甚。至亚宰家午餐。

归,以少给车线,致为所大詈。然细思彼劳力者,终日以力易此区区之钱,即多给他几个亦不为过,较之与捧银送给王八官场者,固宁多给车夫些也。

晚餐后,老太太要到张园看焰火,命余及武臣陪往。十一时许归。毫无甚看头,不过娱乐老人罢了。

发信:郭、庄(手)。受信:三姊44。

6月28日(五月初七日)　晨晴

十时蓬仙与觐圭同来,携来单不代购之早稻田历史、地理讲义等等。因知其居鼎埑栈,即与同至鼎埑栈。苦于不识路,一直行至四马路,乃命人力车而始到。谈次,知东京近况,即在栈中午餐。午后乌云四合,大风骤起,因急归。向蓬借日文《支那文学》数册。车行甚迅,讵行至中途,阵雨滂沱。至住邸,已衣裳尽濡湿矣。

讲义取精用宏,非中学者可比矣,而余所爱者尤以浮田之《西洋上古史》及○○○○之《世界地理》两种。

受信:单不,书,蓬带来(45)、又ハガキ(46)、缄甫(47)。

6月29日(五月初八日)

ナシ。

受信:界定48、九思、菊圃49。

6月30日(五月初九日)

ナシ。

7月1日　(五月初十日)　晴,热

晨培师来,盖十年未见矣!与同至奇芳啜茶,又在外午餐乃别。

余购去年之《国粹学报》等而归。

受信:稻孙50

7月2日　（五月十一日）　晴，热

午后老太太及武臣归绍，余及显サン同車送至河干。

发信：缄（片）

7月3日　（五月十二日）

晨天晴。至庚处，即在竞存午餐。午餐〔后〕大风起，黑云遮，街上尘沙蔽天，玻璃窗坐对席都看不见。移时大雨倾盆而来。开霁后命车至福兴栈访缄甫，据言约须来复可到。至见栈牌上知作民在，盖明日即须回湖也，以其出外未见，留刺而归。又遇雨。自此阵雨觉稍凉些，不似前数日之闷蒸矣！

应半雷电交作。

7月4日　（五月十三日）

受信：達、缄

7月5日　（五月十四日）

晨至福兴栈，知缄甫已至西门其家，亦□找著，济、宸均在，伊等谈兴湖学事。

天大雷电的风，西门街上成灾不能行，因命车至方板桥，仅华里五分之一耳。乃竟七十文，只好任他敲竹杠。

宸请客。在海国春吃大菜。

发信：复达，复不。

7月6日　（五月十五日）

晨又雷雨，不如昨日之烈，旋晴。天尚風凉。竟日未出门。

看《石头记》消遣。

受信：勤51。

7月7日　（五月十六日）　晴

又热矣！今日为我外姑之生辰，越俗恰遇岳家之祭祀必拜之，我今兹固亦不能免也。又胡袍胡裤拖尾，殊可笑！

午后风，且云时遮，知又将雨矣！

偏晚乌云四临，知今晚必有大阵。

上半日开热矣！

看《支那学》，载译数则，物不甚精，虽然尚是十年前之和文，律的以文，可解者多，不似今日所出之书，文俗杂糅，支离灭裂，不可究诘也。我輩初学速成东文，初看书,且不得以此种为入门耳。

　　发信:未蓬仙、朱培甫(扇),复勤。

7月14日　（五月廿三日）

　　发信:伯衡、绿农。

7月15日　（五月廿四日）

　　是日东京开留学生欢迎章太炎会(补记)。

　　发信:培甫、君达(扇)。复汪。部。复達。

7月16日　（五月廿五日）

　　发信:花、椒、布宣。复景。

　　受信:景。

7月19日　（五月廿八日）

　　发信:复景、复念、方青(书),子栽、丁伯渊。

　　受信:念55。

7月20日　（五月廿九日）

　　朱布宣56，尚(ハガキ)。

7月21日　（六月初一日）　晴

　　晨起觉心绪不适。午间与丈母说明。将〈得〉知南洋中学夏期音乐补习会［去］上课已久。为李惠卿、曾志范、李□□三人教授。

　　午后至城内付学费三元。

　　购京版《中国学生会报》等。

　　受信:培58、达59。

7月22日　（六月初二日）　晴

　　整理物件。盖因路远,早晨七时即须上课,故欲迁至道前寄宿也。

　　午后三时,车至道前,人皆往。安顿畢至高材见景庐等。晚餐后至寄宿舍,昔之学堂茶房已皆去,仅余其一,伏侍极不周到,并菜而苦之。□苦学生,殊苦也!

　　受信:椒60。培(本埠)

7月23日 （六月初三） 晴

　　晨五时许起,盥漱毕即至学堂。七时至八时为余等一班考验。内中遇振盛、铁顾二熟人。所谓考验者仅试 do、le、me、fa、so 五音耳。继后遇贵寿舫亦未学音乐,始知其即寓崇广里也,与同乡会为比邻。

　　午后帮景庐写试验分班名次单等。

　　补写日记。

　　写信。

　　发信:君达、朱布。

7月28日 （六月初八日）

　　发信:单(硤)、褚、博

　　受信:菊 ハガキ61、绿52、兄(书)(无信)

7月30日 （六月初十日）

　　发信:复九萃、复绿。

8月1日 （六月十二日）

　　发信:念(片)、幼、武臣、培。复不。

　　诸(书)63。不44

8月3日 （六月十四日）

　　发信:椒、褚(片)、界(庚)、不。

8月4日

　　发信:开明ハガキ　朱布ハガキ

8月5日 （六月十六日）

　　发信:不(念信稿)。念。

　　受信:布65。

8月6日 （六月十七日）

　　发信:布宣。受信:不66

8月7日 （六月十八日）

发信:复不。受信:不 67。

8月8日 （六月十九日）

发信:显、三姐。受信:武臣 68

8月9日 （六月廿日）

发信:念(二)69、70。栽 71。勤(明信片)(72)
归、君如 73

8月10日 （六月廿一日）

发信:念。

8月11日 （六月廿二日）

发信:武臣、君武、作、幼楞、不、勤(栽)。
计长、(又)复布。
受信:不 74　蓬(ハガキ)75、幼 76。

8月16日 （六月廿七日）

菊圃来,与同往太安栈宿。
傍晚阵雨大来。
受信:百 80、不 79。

8月17日 （六月廿八）

至《小说林》看九思,同[至]出午餐。午后回校。

8月18日 （六月廿九日）

收拾物件,搬回新闸自□。至太安栈访菊,适伊欲迁,因同迁福兴栈,是晚即宿栈。

受信:美 81、蓝宋 82、芸(新民)83

8月19日 （六月卅日）

晨约田同乘火车,至则开矣,因三人乘轮至常。

一九〇六年

8月20日 （七月初一日）

晨抵常,至三姐家。□见闻等。晚宿儒英小学校。至幼家见嫂。

8月21日 （七月初二日）

晚大阵雨。

8月22日 （七月初三日）

下午偕菊乘轮回申。

8月23日 （七月初四日）

晨到申。下午看蓬仙,见之。

回新闸。浴。

发信:三姐(片)、同官(一元一角)。受信:念84、伯勤85。

8月24日 （七月初五日）

晨至栈,偕菊至西门访恂士,未见。在同乡会午餐。

至四马路科学会社,晤孟崇年。

8月25日 （七月初六日）

又至西门见恂士矣,谈大半日。

受信:不86

8月26日 （七月初七日）

至西门。

受信:美87。

8月27日 （七月初八日）

未出门。

发信:同、姊、□、念(片)。

8月28日 （七月初九日）

买箧包等。至六马路取物。收拾行囊。

受信:念88

8月29日 （七月初十日）

至福兴栈。

知钱已到,出门未晤。湖州公款将明日来云。

发信:念、绿、不。

8月30日 （七月十一日）

又至福兴栈,知界、廉已来。晤廉而不见界。

剪发。至郭处交沪学会银。

午后整行囊。

受信:不89。（以前均在竹箱。）

8月31日 （七月十二日）

整行囊半日。午后忽肠痧,刮之色紫,不能成行,以行李已至福兴,重复禁止廉深勿速下船。

发信:布（片）。念（片）。

9月1日 （七月十三日）

热甚不出门。

9月4日 （七月十六日）

受信:念90

9月6日 （七月十八日）

购票。二等竟得,甚喜！在福兴午餐。

理鞋等。

有陈全平者,吉之婿也,未见,其夫之亦来,幸不令予见。

发信:复念。受信:念91。

9月7日 （七月十九日）

晨出购领胸多物。

整理竹箱。

午后三时行矣。行李车至福兴处,与柳如一同下船。

至济处还账。

至博物馆辞行。

上船知二等每间六榻。余箱物已在。
途晤林臣。
命车至一枝春,孟丈今日请陈全英也。丈与亚宰送予同乘马车至船,十时许去。
发信:情、闻、纽、勤、不(圃、年)、培、蔡(汪)、蔡书二本(民)、蓝、宋、蓬、寿、鼎、萬、椒、吉、埉、庄、归、同官、姪、青箱、尚、均、ハガキ

9月8日 （七月廿日）

晨船已在黄海中矣！小有风浪,颠簸。

9月9日 （七月廿一日）

风浪较昨平,与柳如至三等,眼看□颤,知其发寒疟。三等横竖拥挤,直与小火轮之□□无异。迴视二等已不啻天上矣！

午餐晚餐均食,晨餐未食。

下午二时抵ナガサキ,牌示明日午后四时开船。无论上海开得迟早,而一路上无有一定时刻开到也,故停得若是其久。

晚,海水浴,此是第二次。

同房两人大无公德,夜半归开窗棂,令人忧,深可恨！

发信:显、衡、二、(一)湖、(一)沪、不。

9月10日 （七月廿二日）

早午两餐均食。午餐后人皆上岸。甚少,两桌拼做一桌,尤不满。

下午四时开舟,向门司出帆。无甚风浪。

晚餐不食。

看《聊斋》消遣,则心固。

晚上熟睡,不甚觉船颠,听他们说还是颠得了不得云。

9月11日 （七月廿三日）

晨七时抵门司,十一时开舟,无甚浪。看《聊斋》消遣。

书徐奎生信,仍劝之出来。

9月12日 （七月廿四日）

午后偕柳如上岸,同至半壁山,浴假温泉。

9月13日 （七月廿五日）

雨。剪发。

六时开,浪渐大,晚间至不能安眠,不能上甲板。闻同舟人言,船尾浪高丈余云。

9月14日 （七月廿六日）

上午仍有浪,午后二时到税关,验过后,有陆日升者,阿兄请来迎余,与同乘火车至东京,时已近暮。兄以友人招宴未归,直至九时始归云。

晚宿大盛馆。

9月15日 （七月廿七日）

偕兄同至リセタ,见青柳、马恒高、田求苗,报名,购教科书。

午后欲回大盛馆而迷途,不得凵而僱人力车也。

仍宿大盛。稻孙亦宿此。

发信:显、不。

9月16日 （七月廿八日）

午后偕稻孙同出购衣、鞋等。

是晚宿兄处。

发信:谦等片

9月17日 （七月廿九日）

进校上课。

往寄宿舍,与界同房。廉、骥等均在早稻田面前之东北馆夕タシ上,□□同高桌,困高床。

受信:不92起在日本。蔡93

9月18日 （八月初一日）

晚至东北馆,偕逵卿出外购琐物。

受信:不94。

9月19日 （八月初二日）

晚间至ピエッチ馆看柳如。

购《民报》《国学讲习会略说》等。

芸(附界)、不、子九(附谦) 宴(附苗)。勤、栽、稻、九、逵、黄、闻、田、蔡(均ハガキ)、念ハガキ95。

一九〇六年

9月20日　（八月初三日）

オセスミ

发信：不、徐仆、复念（ハガキ）、民报馆、稻信 94。

9月21日　（八月初四日）

下午整理书籍，未上课。

发信：九（ハガキ）、复九（ハガキ）。受信：子九、子逸 97。

9月22日　（八月初五日）

以一、三上课。

受信：得《民报》信 98。念（片）99。

9月23日　（八月初六日）

大雨。人力车至兄处。

晚餐兄特命杨德治馔以为饯别，两别之举。

晚宿兄处。

发信：子九（片）。闻田、仲华。

9月24日　（八月初七日）

晨间与兄谈论，兄劝以学史地，正合吾意。

晚餐后归校，自此与兄嫂又永诀矣！

秋重之灵祭，又オセスミ。

9月25日　（八月初八日）

第一节动物未上课。因通译有病不来，放。第二节历史讲中世史：十三世纪东欧之国情。日语略授单语。第四时日语，本田先生以母病不到。地理讲朝鲜。

看《时报》，知湖州水灾，乱民大闹，程、武两县大乱。

发信：寿门（二书）、伯宽。受信：得念书三本、无信。

9月26日　（八月初九日）

发信：念（ハガキ）、绛、武臣、仲华、亚宰。

9月27日　（八月初十日）

矿物，青柳作翻译，句句可解。

9月28日 （八月十一日）

今日兄行矣！

植物无通译,听不明白,不能笔记。

下午未上课。

至《民报》社,定《国学讲义》及《革命评论》。

晚偕新时同至神乐坂购物。

发信:仲华(片)。

9月29日 （八月十二日）

午后偕界同往交宿费,异常像,□啥〈煞〉有介事。

至东北馆印公社报告,厚纸太少,而致不能用,改日再改印之。

9月30日 （八月十三日）

与廉同往,先至本鄉馆见□江。同乡会开会三宜亭,更举成员:

干事长:冯骥才。

评议:缄。

书记:英士、畀定。

会计:吴家潘。

三时评偕介眉先归。至介处,袖小口当座簿子,托其取银,约在礼二来拿云。命车归。

10月1日 （八月十四日）

照常上课。

夕ガ边坏,易以铁边。

发信:念(子九片)。受信:稻片100。

10月2日 （八月十五日）

(中秋放学)大雨。

至介眉处取银。晚餐乃归校。

受信:念(片)101。

10月3日 （八月十六日）

午后未上课。

发信:念(附稻信)、不(片)　显(附三人)、念(自寄)。受信:稻片102。念片

103。

10月4日 （八月十七日）

十一到十二时富田ノ语移拦昨下午一时
至二时。

10月5日 （八月十八日）

照常上课。

10月6日 （八月十九日）

八至九土ノ语移十一至十二。
发信：绛。

10月7日 （八月廿日）

未出门，整理书籍。
子九来。
见朱宗莱致宗吕片，知今日已到。

10月8日 （八月廿一日）　晴

晨纳费一元钱上广东班之英文，教师王君国櫺。课本用ナショナル，又编讲义，教得尚好，惟少兴味耳。数学藤野有病请假。
本田、富田两日语均授拗音。
末了西村一节未上，因欲赴同乡会故，今日饯别黄君仲殁（海岛事□）、张云节，朱二贞三人，在三宜亭开会，而至精养轩晚餐，命车往。食毕偕骥、介同归，抵舍已十时矣！在人力车中，沿途秋风飒飒，颇觉其寒。沿途看□□□□，无当意者，顾亦足乐也。
得念片，知已抵申。不信，知就嘉兴秀水小学堂地理教员。西狩片，知前信已得，且愿结交。
自今日后不可再间断。
发信：念。显（片）。受信：不 106。三姊 107。太炎 105。念（片）104。

10月9日 （八月廿三日）　晴

晨之英文未上，盖新教育尚极浅，去年曾习过也。
动物，剖解一狗，允用クロロホーム（炭素 C、水素 H、盐素 Cl_3），先闷毙之，乃剖。时讲堂哗闹几不能居，噫！我国人何少见多怪乃尔。

富田教语用耳之练习法,说一句令二人各书于黑板。
末了,地质的新教无精义,不过照书讲讲,故未上课。
晚倦极,早睡。
发信:蓬(片)、稻(片)

10月10日 （八月廿三日）
晴,下午阴,晚雨。
算学今日教完加减乘除等,明日须做习题云。
历史又教到古兴〈学〉复兴时代。
末了图画班未上。
购《政治讲义》及英文教科书等。
早,英文又未上。
发信:太炎、蓬(片)。

10月11日 （八月廿四日）
雨竟日。
矿物教石陵矿物。唱歌仍未上。第五节,富田以浙粤人无不明白ナニヌネノ与ラリルレロ以及カキクケコ与ガギグゲゴ,又タチツテト及ダヂヅデド,故令之读五十音,而有某者,竟不分ウエオ——カキ—ク—ケ—コ等乱读,毫无规则,噫!何苦贻讥日人乃尔耶!
命车至本乡,将小口当座摺交二小姐,托稻孙明日至正全银行取银。
发信:复念、复不、复姊。受信:蓬ハガキ108。

10月12日 （八月廿五日）
天晴。晨至学堂,见院中有湖南某者,攘臂大呼,众论嚣嚣,不知其何谓?既而知其不肯穿制服戴高帽子耳,可笑!
操赖。
植物(松),今日有通译矣!（上次以无通译,致不能抄讲义）。下午看《中外日报》,知湖州灾事,交关利〈厉〉害,轮舶尚不通云。
下午第一点钟富田日语,以时不及(敲钟尚未出舍)未上。此第二时至学堂,见某者又攘臂大呼,固不解何故,只觉其可笑耳!
购《民报》。《民报》首有章太炎《无神论》一篇,驳耶稣之自相矛盾,极好。次为□□① ノ《道德》,亦佳绝,迥非时流诸人可以言及之也。

---
① 原文如此。

10月13日 （八月廿六日）

午后偕渭侠同至福寿馆看布宣,纵谈多时。九时矣,命车速回舍,门已户口肩,幸小使未睡,故月下之门尚得敲开。□友人中,今能以正言相谈者,不庵及布宣两人耳。

受信:不109(蓬来)。

10月14日 （八月廿七日）

至本乡,钱未取。午餐大嚼。

晚餐后命车回校。

至东北馆。

发信:不(片)　布、布(片)

10月15日 （八月廿八日）

午后未上课。

晚至东北馆见子逯等。

发信:显七、寄觐圭以伯衡信。受信:亚宰。稻(片)110

10月16日 （八月廿九日）

午后倦起,昏睡半日,未上课。

晚早睡。

受信:得之铭111 寄来亚宰信112。

10月17日 （八月卅日）

阴雨。今日又为日本假日,オセスミ。

晨至本乡取银。出至神田布宣处午餐,共话异常投契。

偏晚偕布同出〈至〉晚莼园吃支那料理。逢大雨,命车归校。得不信。知伊嘉兴教习已辞,仍回硖。又得婠信,知徐府一切均已见过云。

见浙同乡章太炎演说,历举浙人之文集等,□诸历史,实有道理。

发信:布宣(片)　受信:绿113、婠114、不115、寿116、寿(ハガキ)117

10月18日 （九月初一日）

第二节矿物,泷本、镫二人未来。

下午未上课。

发信:念、显、绿、杏生(片)、亚宰、云铭、稻(不信)、布宣(ハガキ)、阆声(片)

10月19日 （九月初二日）

仅上得第一节，富语以下均未上。

午后二时半偕廉深、逵卿同至新桥迓，伯恒、芸生、界、骥则早晨即至横滨栈桥去迎矣。候之上火时始来，则仅一伯恒。盖芸生诸事都已弄妥，正拟成行，而其夫人忽来，涕泪相阻，是以不果，是亦无可如何也。

在东北馆晚餐。

发信：八九、复蓬。受信：蓬（ハガキ）118。

10月20日 （九月初三）

本日为早稻田开校纪念日，オセムミ。

上午在东北馆。午后觉惫，卧床半日。

受信：宴（119）（ハガキ）、仲华120。

10月21日 （九月初四）

阴，午雨。

上午偕徐逵青（卿）、赵季谦至三崎馆看屋，越亦要搬也。相得一间六叠者定之，每月宿、食料共十元五十钱，若干，月首付则仅须十元也。余定明日迁，而赵则云初七迁也。

下午访西狩，道貌蔼然，确是学者样子。入室见满架皆旧籍。西狩方握笔作内典学文字，与之谈及近人一切，并代布宣定《国学讲义》一份。后观云来，余乃走，至布宣处晚餐后乃归。雨甚大。

发信：绿（章演说）、复宴。

10月22日 （九月初五）

上午至东北馆。

下午整理行囊，以备迁居。傍晚时迁三崎馆，下女无理，殆欺予不谙日语也，可欺！

粮等界定送之来，而此间又有陈サン，因与言明ランプ、ドビン等均须自备，晨吃パン，而オチチ则须另算也。以行箧中所带不多，只好月底付账矣！

10月23日 （九月初六）

阴雨竟日，赖学一天。

上午人乏困，甚热。卧床上取《新小说》之《二十年目睹之怪现状》视之，籍以遣闷耳。

下午整理物件。

今日季谦亦迁来矣。

晚间写信。同船来之朱逖先、汪心田、朱逖仙三人均在此,晚间来谈,相识者尽在此,不觉岑寂矣!

外出购"ランプ"、"ドビン"、"コープ"之类。

10月24日 (九月初七)

今日上午功课为:(1)土语、(2)数、(3)土语、(4)史,两牌示曰土肥、藤野两教师因病放课。预科历史,今明两日放课,讲师(通译)因病放假两日,而上半日遂无课。

雨大甚,途中袜履尽濡。

下半日又赖学了。骥来,与同出购书籍、桌椅等。

发信:奏、蔡、丈、兄、稻、毯(均ハガキ)、布、惠、复仲华、钟、严、鼎、菊圃。今日新发之信均告其迁三崎馆事。

发信:秦、蔡、丈、兄、稻、毯(均ハガキ)、布、孟、复仲华、钟、寿、鼎、菊圃。

10月25日 (九月初八)

晴。整理书籍衣服者大半日。又赖学一天。得念信。

《革命评论》四期来。

发信:《革命评论》社。八九、丈、复兄、朱布宣。受信:稻ハガキ121、念122。

10月26日 (九月初八)

晴。上课:一、本语(上)、二操(赖)、三算(上)、四植(上),教竹。

午后第一节富语(上)、第二节本语(上)、三节土语,土病放课。

购得《经传释词》一部,甚喜!

晚间看日语《解剖及组织》。

10月27日 (九月初十)

晴。起太迟,第一节本语未上。操照例赖。三,富语上。四,西语(上)。

午后命车至神田访布宣,至则见宾客盈屋,挤满一室,并且皆是观迁福寿馆者。夜宿福寿馆,与布宣大谈。

《人生地理学》觅之久矣,今有布宣为我购得,妙甚!

10月28日 (九月十一日)

晴。午间至本郷午餐后,与稻孙奕围棋五子棋等。在大盛馆午餐乃归。

至东北馆,则冯、潘、徐皆不在,乃归。

10月29日 （九月十二日）

（一）算、（二）地理，乏味之极。（三）西语，教单字。（四）富，第一本完，理书。(五)图(赖)。（六）富,和语汉泽。（七）土语。

自是日始,凡发信、上课等,均不像前之杂乱。

发信:稻。

10月30日 （九月十三日）

(1)动,教雁、燕。（二）史,改革新故事。（三）土语,在理科讲堂,属高三班,在后者亦能看得明白,而明窗净几,地高颇佳。（四）富语,移下半日。（五）地理,以毫无道理(赖)。（六）本田语,以□事休假。（七）富语,即上午者变更于此。

受信:稻(ハガキ)123。

10月31日 （九月十四日）

（一）算,（请等数之说明）。（二）土语。（三）史,详述加罗大帝王统。（五）皆富田语。（六）图,(赖)。

发信:复稻。受信:念124、显125。

11月1日 （九月十五日） 晴、晚雨

（一）历史。（二）矿,（云母）（方解石）。（三）算,（面积）、（体积）。（四）土语,练习"キ"、"カ"、"ハ"等字用法。（五）歌,教扬子江调。（六）富。

课毕至东北馆,向廉借段氏《说文》,归观之,觉段注之佳。段为说明引申一层,有许多字现在必须用二三字者,实则用古文则一字可赅者甚多,□□吾国人人之不识字也。

11月2日 （九月十六日） 晴

第一节无课。二、体操以昨晚雨,甚滑,休课,即不休予亦不操也。算学教□、斤、吨等。植物教竹叶与根果,在理科讲堂,地固佳矣。无奈□□,实在蹩脚真所不懂,闷极。

富语教生书。本语仍教单字。土语已教第二本国语读本矣！

晚至东北馆访廉,不在。

晚颇寒有风。

受信:稻(ハガキ)126。

11月3日 （九月十七日） 晴

今日为明治生日,オセスミ。

上午至东北馆看廉深。

午后布宣偕□□等来□望,即与人去访觐圭矣。

物理。

晚间写信。

补写日记。

11月4日 (九月十八日)

发信:念(复)、显奥(坿奥)、沅(子九、蓝田玙),均ハガキ。

11月5日 (九月十九日)

(1)算,诸等。(2)地上。(3)西语上。(4)富上。(5)图赖。(6)富。(7)土(上)。

发信:显(片)、稻。

11月6日 (九月廿日)

(一)初(未上)。(二)史上。(三)土语。(四)地、赖。(五)本语,单语单字。(六)富。

11月7日 (九月廿一)

(一)算,未上。(二)土语,上。(三)史,教完中古史。(四)富。(五)又。(六)图赖。

11月8日 (九月廿二日)

(一)史,始教近古,为葡人之东方殖民政策。(二)矿,教石灰等。(三)数,诸等乘除。(四)富语未教书,仅以我、你等字作句。下午未上课。

傍晚到バク様处,谈至九点归。知廉深明后日将迁青山家云,余闻内有空屋,因也有迁往之意,盖三崎馆太难也。

11月9日 (九月廿三日) 雨

(一)操,雨天停。(二)算,诸等除法问题。(三)植,实物观察:蚕豆、豌豆、柿、核。(四)富(上)。(五)本,(单字单语)。(六)土。

11月10日 (九月廿四日)

(一)本语,仍单字单语。(二)操(赖)。(三)富,(上)。(四)西村,修饰语教"ノ"、"ナ"、"イ"之用法。

11月11日 （九月廿五日）

同乡开特别会。

晨子九、冰如同来。

余上午至稻处午餐,冰如亦在。午后三人同至三宜亭开会。今日为议湖州学会及学堂办法事,计举定学会干事如下:

会长:沈谱琴、孔杏生。

书记:沈士远。

会计:沈筠抱。

庶务:蔡云青、潘芸生。

散会已六时,顾、季谦、季常、予四人同乘电车至神乐坂吃鸡锅子,风味颇佳。

今日本田植物校外教授,须游植物园、博物馆等,余以不注意于此,均不到。

11月12日 （九月廿六日）

(一)算。(二)地,均赖。(三)西语,教"卜"、"二"、"セ"、"力"四字之用法。(四)富。(五)图赖。(6)富语。(7)土语。凡未注者,以后日追记,不能记忆上课与否?

晨冰如又来言,午十一时回静云。

11月13日 （九月廿七日）

阴雨,天气日冷矣,御寒衣不可陆续备矣。

(一)动物(未上)。(2)史,西班牙人新世界殖民事。(3)土语(上)。(4)操,(雨天停)。(5)地,(未上)。(6)本语(上),仍授单字单语。(5)[7]富(继拗音)。

11月14日 （九月廿八日）

(1)算,先生病告假。

(2)土语(上)

(3)史,宗教改革之反动。

(4)富,单词练习。

(5)又,上。

(6)图,赖。

予本欲迁青山方,与伯衡、廉、柳同居,今知该处所余之空房一间,伊不肯出租云,只得作罢论。闻说界定处之张之明,月抄须迁,则余或迁其处。计每月宿、食料十二元,牛乳外加。间壁楼上,思人家家里地方较静僻,颇思迁往,特未知能如愿否?

一九〇六年

11月15日 （九月廿九日） 晴

（一）史，仍授宗教改革之反动。

（二）矿物，燃烧矿物。

（三）数，整数之性质。偶数，奇数，即言某数除尽某数一事，□□□□□归入除法，每条作一例者。

（四）歌，未上。

（五）富语，上。

晚间至莫サン处。

11月16日 （十月初一日）

阴雨。今日补记两礼拜末之日记。

（一）富语，未上。

（二）植物，未上。

（三）算，藤野因病请假。

（四）西语，上。敲钟许久，不见伊来，询之事务所云，□□休假。有别人往询之，然伊未见，牌上已改换为明日，因□□上课而□极□，教□□几时，即闻□□，草草了□，毫无精神。

（五）富语（　发音）。

（六）本语，（七）土语未上，以午餐过急，致滞食，腹痛甚，归便乃卧半日，始觉稍舒，晚饭没有吃。

购得高村瀺川之支那史。日本之支那史教科书，以此为最良，此尤是十几年前之书，即至□□，此等书殊不可得（指新出版之支那史）。意者近来倾心西欧，均于向沐文化之国，秋扇弃之耶。

11月17日 （十月初二）

午后至布宣处，晚餐后购□□氏□文等而归。子九来言，稻孙已在东北馆相待，盖今欲整顿同乡会，不可无章程，现拟以数人先成草案，择廿三日宣布改正云，因往。借得厚纸一枚，因书。是晚予及稻、九、庵均宿东北馆。

11月18日 （十月初三）

上午偕子九同至购厚纸，归写印修正案及邮封等，直至晚。子九、稻孙亦至晚始归。

11月19日 （十月初四）

（一）算，教多数除尽之例。（二）地（赖）。（三）两语，上。（四）富语，助词"ニ"

之用法。(五)图(赖)。(六)富语上。(七)土语,上。

11月20日 (十月初五)

(一)动(赖)。(二)史,上,教西班牙非波王承父力吕五世,又更扩张其版图一节。(三)土语,(土肥教得太多,且彼不通汉文,于书中意义尤不能明白,兼有如ガ某者,为之□译,彼以为尔等皆知也,有些地方更忽略过,所以非常ココリマス。(四)操,赖。(五)地,赖。(六)本语,上。(七)富语(上)。

11月21日 (十月初六)

浴。(一)数,上。(二)土语(日语读本第二本将完矣,□为了□□)。(三)史,荷兰独立。(四)富,专取。(五)富,上新书。(六)图,赖。

11月22日 (十月初七)

(一)史,赖。(二)矿,上。(三)算学,小、整位练习。(五)歌,随意,赖。(六)富,赖。

布宣来。

拆订早稻田讲义。

11月23日 (十月初八日)

オセスミ。

今日开特别会于清风亭。予上午至子九处,午餐时,偕子九、子逵、稻孙等同至会。由稻孙报告,修正案较前略有更动,并添举职员三人,评议珩、九,庶务稻也。上火后始散,归。幸夜饭尚无杠。

至珩处,闻廉深言,现八旗会馆会长还是良弼,此间汉人之学六军者,满人于其家属一起调查详详细细,此间每一人毕业则铁[良]即调进用之。并闻此间留学生欲购硝酸、硫酸,均须使馆凭据,始可买云。唉!哀哉!哀哉!哀哉!汉种挈此刹那间矣?唏!唏!!

11月24日 (十月初九日)

第一节本语,二节操均未上。三节富语上。

午后整理书籍等件。

晚阅《民报》第一期《民族的国民》一篇,汪氏之作。惟媲之章氏则远弗如,然较之松江一班词章新党及《江苏》之口头禅,则不可同年而语也。盖纯遵学理以立说,非空谈之比,当今社会污下至此,是等提倡公论之报,诚不可少也。

11月25日　（十月初十）

晴。上午在珩处。

理发。

傍晚风起,恐明日又要冷了。

浴。

下午又在珩处晤子九。

囊中仅余数钱矣,明日又要向人告货矣。

11月26日　（十月十一日）

(一)算,未上。

(二)地,亚洲讲完。

(三)西,翻译的高等小学国文教科书,令我等翻作日文,易(异)常困难。

(四)富,上。

(五)图,赖。

(六)富,赖。

(七)土语,国语二完。

11月27日　（十月廿二日）

(一)动,赖。

(二)史,抄书,上。

(三)土语,国语读本三矣。

(四)操。(五)地(均赖)。

(六)本,上,(仍口语与短音)。

(七)富,上。

11月28日　（十月十三日）

(一)算,(小公倍)。

(二)土语(上)。

(三)史ユクノ之乱及三十年战争首二节。

(四)富,(读日文)。

(五)富,(上)。

(六)图。

晚间将ユクノ战争事,取《万国史纲目》、《世界近世史》两样历史参考书对照,始弄明白,梁仲荣所谓《世界近代史》,伪处颇多,甚矣译本书之不足恃也。

11月29日 （十月十四日）

（一）史，三十年战争完。

（二）矿，石腊〈蜡〉油。

（三）数。

（四）歌，赖。

（五）富，书取。

至大盛馆，稻未归，询毯，知钱尚未取来，须明日云。

11月30日 （十月十五日）

（一）富语，（二）植。均未上。

（三）算（命兮），上。

（四）西村（上），又取商务初学（级）小学国文教科书，令人译成日语，临去时乃言现须换庚班，此间以本田任之，众皆不肯，然卒无法学，且此班学生必须如老生，教得不懂若西村，乃始惬心也。

稻孙送钱来，在珩处候我，因在珩处晚餐。

12月1日 （十月十六日）

是日未上课。

午后至布宣处，与同至购外褂。晚食后归。

12月2日 （十月十七日）

今日《民报》开纪元节大会。

晨五时起，叫醒季谦，襄㳺等人，又至东北馆青山方嵩，均敲不开门，盖时太早，予出时尚残月在天，道路无人，犬吠鸡鸣之声相闻，旋归。又往起矣，因同至锦辉馆，尚未开门，移时乃入。后陆续来者约五千人云。八时开会，首由某君报告开会。次由太炎读祝辞，乃孙君演说《三犬□□[①] 之要素》，太炎演说《运动□督抚之不足恃》，又日人宫崎滔天等演说。宫崎氏至今尚束髮，末了乃的以一般不甮国民狗血喷头痛骂国人一顿收场，殊扫兴。二时散会，余乃至布宣处，傍晚归。

满人传言之间谍盖不少云。

12月3日 （十月十八日） 晴

起得太迟，第一节数学未上。（二）地，赖。（三）本语，西村竟去矣！大家真为

---

① 原文如此。

吾乐!仍未上。(四)富田,教小学读本第三矣!(五)图,赖。(六)富,会话。

新购得《世界语讲习》一种,以其文法简便,颇愿学之。

12月4日 (十月十九日) 晴

(一)动,脊椎动物始教完,今日始系教无脊椎动物矣,(蜗牛)。(二)史上。(三)土语,上。(四)操,赖。(五)地,赖。(六)本语,翻译,汉译和,以"犬走——道"一语译为"犬ガ道ヲ走リマス"。有某生大与之辨,言若如此译,需改作"犬走道"云,相争不下,遂止。教□天王之手段,何其厉也。(七)富语,教"ニ"、"テ"之用法。

同乡章程编好,寄稻。

数日不得浴,今日浴,殊爽快。

12月5日 (十月二十日) 晴

晨起迟致(一)算学又未上。(二)土语,(上)。(三)史(上)。(四)富语,小学读本。(五)富语又教"ニ"、"テ"之用例。(六)图(赖)。

晚得菊圃信,知已返粤,将偕念同至南洋云。来信极言,有人类,先有男又有女,又昌言斥"守节"一语,未为无见,惟吾总谓,今日中国之社会,万不容再以此等新奇议论,破坏此一息尚存之道德也。

至珩处,知该青山家新建屋,造好后,余颇迁往。

12月6日 (十月二十一日)

(一)史上 英吉利革命。(二)矿,石腊〈蜡〉油,硫黄。(三)数上。(四)土语,上一节。(五)歌,赖。(六)富语上。

12月7日 (十月廿二日)

(一)富,赖。(二)植,种子之散佈。(三)数,□分加减。(四)本语,汉文和译。(五)富语,上。(六)本语,和文汉译。

12月8日 (十月廿三日) 晴

(1)本,(赖)。(2)操(赖)。(3)富,用具单语。(4)土,上了二课。

午后至布处,得不信,知伊明年通事又变局矣。

12月9日 (十月廿四日)

晨起太迟。上午至珩处。午后写了几封信。

三时偕莫、冯乘电车至三宜亭,今日开本月例会,乃到者仅七人:(1)余;(2)稻;(3)珩;(4)季;(5)九;(6)郑泽民;(7)英士,乃不报告开会,迟至八时乃散。余及季至稻处晚餐,吃了两碗鸭面。上午晴。下午时阴时晴。

12月11日 （十月廿六日）

（一）动(未上)。（二）史(上)。（三）土语(上)。（四）操(未上)。（五）地(未上)。（六）本语(上)。（七）富语(上)。

傍晚至稻处,将折子交他。

12月12日 （十月廿七日）

今日闻中国义军已起,将克萍乡,张之洞派兵二千往犯,败而归云。今日此际正大好机会,但祝其早克各直省,而光复故壤耳。

12月13日 （十月廿八日）

（一）史(上)。（二）矿(上)。（三）数(上)。（四）土(上)。（五）歌(赖)。（六）富语(上)。

12月14日 （十月廿九日）

（二）植物,未上,然知已讲究,而草野更添出一章也。（三）数,小数乘除。（四）本语,上。

12月15日 （十月卅日）

（一）本语(赖)。（二）操(赖)。（三）富语,上。（四）本语,上。

12月16日 （十一月初一）　晴

上午至衡处。下午至稻处取钱,知稻已移第二寄宿舍,今日新迁。晚餐稻飨予以牛肉ナブ,味颇甘美。命车归校。浴。

闻铃声,知为号外,急购观之,知萍乡势不甚佳,而醴陵、浏阳义军,声势颇顺,不下数十万人云,兵精粮足,可无忧虑矣!而满军已由长沙、南昌两次出发,目下正在激战中云。

各国兵船均在鄱阳湖。

观此,则我国光复伟业或可成乎？但愿其非谣传。

12月17日 （十一月初二日）

晨起闻雨声淅淅。第一节算术,教士数乘除等。(2)地,ロシア,(赖)。(3)本语,汉译和,(上)。(4)富语,卜之用例,(上)。(5)图,(赖)。(6)富,上书(上)。

上午大雷电,阵雨。午后渐晴。晚有星,谅明日当可晴矣。

晚间又闻铃声，以为号外也，乃购一纸。知系《报知新闻》夜报，全不相干。今日闻江苏、山东均起兵矣！并闻义军由法兰西出发云。晚骥才来。

12月18日　（十一月初三日）　晴

第一节动物上，教蚕之疾病。二、史，荷英之东洋交通。三、土，其祖死，暂假。四、操，赖。

阅《万朝报》、《报知新闻》、《读卖新闻》，知萍乡革命军有三万，人势颇盛，张帅已派第卅二联队往犯矣！又日本兵船伏见、□□① 二艘，一由汉口，一由安广，均至岳州，以水淺陸行云。

(五)地,上课堂半日,始知大□□今日不来。(六)本语,上生书。(七)富,卜之用法。

晚间抄书。

忽闻祥　二信 ┌ 无湖南
　　不祥　　└ 萍乡匪首生擒。

12月19日　（十一月初四日）　晴

(一)算,上。(二)土语,上。(三)史,上,通译未来。(四)富语,上。(五)富语,书取,讲了一点钟故事,真讨厌。(六)图,赖。

今日见贴出有一信,大致言统军者某某二留学生(一农,一工,大学,今秋殿试落第)。统敢死队者,为士官学校毕业生某,其他留学生颇不少云,经费则由商家担任。

今日日本报上无大消息。

12月20日　（十一月初五日）　晴

(1)历史,仍无通译,教彼得强俄事。(2)矿物,水成岩。(3)算,先生赖。(4)土语,赖。

见有贴云,今回恢复军布告天下檄文甚长,抄者甚多,至不能容足,余茧足而待,好容易抄得。檄文为中下等人设法,故不免陈说天复神圣帝王之语。

午后珩、柳、廉等人皆来看此檄文。第五节歌赖。(6)富,赖。

《中央新闻》载,谓前所说官军胜,恢复军将平定诸说,按之事实颇相反云。得萍、醴间铁道占领之电报。《朝日新闻》言,不日将镇静云。该报为政党报,殆官官相护者耶！

---

① 　原文如此。

12月21日　（十一月初六日）　晴

上午未上课。近日心乱异常,闻我军胜而喜,闻敌军胜则忧,而鹤唳风声,迄无一定,颇觉无意绪,不高兴读书云。

午后(一)富(翻译)。(二)本语(上书)。均上。

至黄サン处。

晚得报社号外,直译之如下:"昨二十日,在上海玉利南清艦队司令长官来电曰,湖南暴徒渐次击退而归于镇静,今湖北兵之一部在长沙府巡抚,专严取缔,防土匪之进入。"

噫!大事〈势〉去矣!但愿此信且不确实耳(号外存)。日闻闻东洋大学成城等曾言沪道致公使电云:长沙失守,武昌被围,长江一带震动,□□□□□易奉救援留东学生,□□□□□,然得知是人伪造,人咸恨之。余谓此等鼓吹亦未为无助耳!

12月22日　（十一月初七日）

晨出看名报,皆止昨晚《民声》号外之电,惟アサヒ另有一电曰(系廿一日上海特派员所发),南清乱事无消息云。则昨日之电,意者两军激战,我军假败(或者是到澧、萍、长沙,而被军迎头来犯,至小失胜耳),渐退守萍醴,待时而动。而清军惯例,欲报□清□□凯旋,多加几个保举,绿色之顶复红耳,故张扬之词若是耶!

午后至布宣处,谈次至晚,乃归。

12月23日　（十一月初八日）　晴

今日阅各报,一无消息,惟《二六新闻》著论曰:今清国北京、上海官场全言已平,然若不能用力攻击,则终难镇定耳。

得《民报》电信,知近日日本政府取缔各报馆,使不得鼓吹支那革命事云,则或者其中有不可知之事,余但愿前日之号外不确耳。阴(历)十一月初一二时,《时报》言,有五志士陷房,已遇害云。噫!

12月24日　（十一月初九日）

晴。本日休年假。

今日又一无消息。

作复郭信。

偕季谦二人同名摄影。

12月25日　（十一月初十日）　晴

今日阅名日本报言,长沙已克,在取湘学生有十六人来,星夜驰归。前屡谣者今竟成事实矣！可喜可贺！惟知江西失败,而湖南势颇盛云。

今日季谦近东北馆,三奇馆仅余余与朱调生二人矣！

晚间得号外言:"湖南暴徒虽经官军一次击败,而其势益、猖獗,长沙现正在激战中"云云。则长沙虽未克,然敌军欲死守孤城,恐终难矣！

晚与同人聚餐,共八人出小饮:季、恒、谦、廉、九、逵、德、逸民。

12月26日 （十一月十一日） 晴

晨阅日本报,知义军现势大盛云。阅《新闻报》知北洋又获数头目,虽然此小小失挫,固亦不能免之事也。白臾(衡)告我,见南方报,张之洞札部下示,详言义军四面散布之情形,并已联合某某多国,许以扶助,将未开商港二十余处以为报酬云。此等办法真文明了,惜者札余未得见,得见欲取而抄之。

十月三十日《中外日报》言,萍至万路已为匪踞。

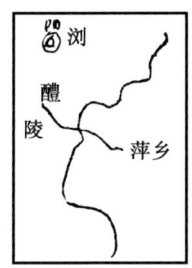

12月27日 （十一月十二日）

晨见《民报》号外,知我军现在大占优势云,萍、醴确克,长沙不日可下。江西袁州反正来归者不少云。又得真檄文一张(号外,存)。予见此即往民报社,更索取数纸,并缴捐洋一円。霎时去尽,又购五张,又将尽云。是事闻之大快,以足破数日之闷闷矣！

12月28日 （十一月十三日）

今日无甚事。

晨至珩处,英士亦来。

晚间校对黄帝纪元,始知所谓四六〇四年者(本年)系据日本△△氏《万国大年表》之讹,因此书倒溯神武纪年,与言复、殷各王丁年有差也,因欲取《史记》《竹书》诸书证之。

12月29日 （十一月十四日）

晚餐在珩处。食以火腿鲜肉合煮,其味极美。

看《国粹学报》。

12月30日 （十一月十五日）

取照颇不佳。

以银行信用円月三千失，亟至稻处设法，稻言须有保证书、禀、据、图章，因即函致燕南，托伊一保，一面以明日将付房钱，稻因言伊处可先设法一二十元也。拟明日至银行去合于。是晚宿稻处。

12月31日 （十一月十六日）

晨起偕稻姪同至银行取钱，出同至神田味莼园午餐，食物极劣，不堪食，姑以充饥肠而已。食毕同至吴逸民处，知伊患牙病甚，睡而安息云。

予□至布宣处，并晤觊圭。

一九〇七年

1月1日(十一月十七日)　晴
　　晨起,旅馆主人进屠苏酒、杂煮。出则见家家门松注连植立殆遍,睹此阳历新年之况,令人不胜生故国之感。
　　阅《朝日新闻》,知革命军声势尚盛,无大妨碍,为之一慰。又知直隶大名府又有起义者,袁督命第四镇兵往扰之。
　　得不庵信,自十月廿二日寄信之后,一直以内中言语之故,恐其被祸,今得此函足慰矣。
　　晚阅《毒蛇牙》,是小说也,译笔尚可观。
　　阅《火里罪人》上卷。

1月2日(十一月十八日)
　　晨起推窗,见藤下飘飘矣。今日信息毫无所得,报纸亦未见。
　　晚间愈寒,时窗板已闭,推观之,见大雪纷纷,庭树皆作皑白色。犹未止也,映月色更显得其白,真娇艳无比。
　　竟日坐火钵之侧,畏寒也。

1月3日(十一月十九日)
　　晨起冷极,较昨为甚。至珀珩处,探国事消息,迄无所得,为之闷闷。
　　闻说昨夜大地震,余在睡梦中,未得知,可笑。
　　晚冷围炉,煮猪爪与朱棣等共食,颇有兴味。晚间与朱逊先等谈天。

1月4日(十一月二十日)　晴
　　积雪渐融,惟颇寒。
　　晨阅新闻,知我军无甚损伤,势颇僵。湖南官军类皆通情,反正而来归,惟湖南新军则素抗我师耳。
　　午后至蓝、棣处。

1月5日(十一月二十一日)
　　今日毫无信息得着。
　　得嫂函,知将离星洲,将抵爪哇矣。此就发信时日而言,今当已早至爪埠矣。
　　菊圃亦到南洋矣,来信述迩处情形,恍如亲游然。

1月6日(十一月二十二日)　阴

上午至神乐坂,地泥泞极,日本之马路遇雨时,实较我国石子路为尤甚,而牛込一带,其路因系开辟未久,其路更劣。足迹嵌入,常泞滞而不能拔出云。

午后至朱逖先处。凡《广雅》《说文通训定声》、段公《说文注》等,悉悉有之,朱氏亦有心人哉。晚偕朱サン等至陈仲权处,不晤。见《时报》,知满廷又欲捕孙逸仙先生矣,哼!谈何容易!闻我军前本欲以秋操时起义,以哥老会未整备停当,将改中国岁杪起事,今之不取长沙,正是留以待后耳。又知袁贼之弟已伏诛于我军(在直隶),快!快!!快!!!又闻东三省马贼亦起事矣,虽非一党,亦足助我声势也。

本日同乡会开月会,予未到。

1月7日(十一月二十三日)　晴

阅报知我军声势颇甚,河南、山东、四川、云、贵、两广均已作好,然则待中国年底动手之说不虚矣。但冀早日奏光复之功,使吾中华民国永得生存于斯竞争之舞台耳。

午后未出门,拟欲将上年数月之讲义逐一誊出。稍整理房间。

日本报上又载房廷知留学生之多反正也,欲取缔之。噫,可笑。知湖南首领某至安庆,又举义旗云。晚得号外,言王胜与孙逸仙连盟起事,以长沙为根据地云云(号外存)。

1月8日(十一月二十四日)　晴

今日报章,无甚事事。

午后取赵サン博物教科书所录出一点之讲义,与余所抄者对照誊出,先将动物弄好,又弄矿物一半时,已十一时许,即睡。

1月9日(十一月二十五日)　晴

今日看报,一无所事,而见《国民新闻》上忽著一论,痛言我国之不可革命,满汉之不可分畛域。噫,隔河观火,因有此等不知内情隔靴搔痒之言耶!

伯恒已迁,即在学校对面某中客店楼。

午后将矿物讲义弄好,欲再弄植物讲义,适赵本已断断续续,无以对照,因暂罢弄。

晚卧被中,看《攘书》数页。

1月10日(十一月二十六日)　晴

上午至东北馆访赵サン。下午归,看《中国民族权力消长史》,甫二三页。而

潘、赵サン忽来,赵サン先走,继バクサン又来。傍晚至学校,看时间割,以太迟,休憩室门已闭。因至蓝サン处,即在羽前馆晚餐,谈至九时半始归,见逖先在。

卧被中看《攘书》数页。

晨至学校,见有牌挂出,知明日富、草西二师休假云。见校中壁上,悬有直隶宣告革命檄文一纸,殆未起事以前之物,故口气不像平常檄文。

今日日本报无甚消息,但言颇盛而已。

1月11日(十一月二十七日)　晴

今日须上课矣。晨七时许起,觉冷极,至盥洗处,则见水皆冰,出门则见地皆冻。至学堂,看时间割,知今日第一节为富田语,第二节为植物,均于昨日牌示休假者。乃归。补记日记。

1月12日(十一月二十八日)　阴

(1)本语(赖)。(2)操(赖)。(3)富(不)。(4)土(上书)。收拾物件以备搬场。

1月13日(十一月二十九日)

至稻处,托伊设法廿元,因予将迁居,此间房钱不可不付清也。晚餐后归,而天雨矣。

1月14日(十二月初一日)

(1)歌,赖。(2)地(俄罗斯完)。(3)本语(翻译)。(4)富语,富不来矣,要换志水文雄,礼三上课。(5)图,赖。(6)富(不)。

晚略诵《寻常小学读本》。收拾物件,以备搬场。

1月15日(十二月初二日)　晴

(1)动物(害虫中之ツマグロヨコバヒ)。(2)历史(普鲁士勃兴)。(3)土语(教书)。(4)操(赖)。(5)地(スカンチナウイア)。(6)本语(上生书)。(7)富语(不)。

三时稻来将钱交我,与同至伯衡处,拉同出啜料理,吾素不谙点菜,吃了一个大外行。归,同至庭深处谈天半日,余觉腹痛甚,乃卧被中取《二十年目睹之怪现状》观之,聊以养心。

受信:姊。

1月16日(十二月初三日)　晴

晨起太迟,致第一节算学不及上。(二)土语(国语第三完)。(三)历史(承昨)。(四)本为富语,今改志水文雄教,老儒也。此课上生书。(五)志语"ニ"ノ用法。

(六)图(赖)。

至周伯匋处,适陈黼章来候蓝欣禾,遇之。闻申新戮数志士,甚秘密,报亦不载云。闻之愤懑填胸,致晚餐未食。

吴传先来催速迁,约以明日。

阅《中外报》,忽而萍事不载,不知何故,意者官场秘密耶？有一节非常面白者,录之如左:"中政府阻留东学生归国。十一月廿二日北京电云,中国政府已命驻东京华使,不可准中国留学生于新年之时归国,必须留东肄业。其故实因恐学生之数有一万六千左右,一经归国,必将复见革命之事故也。闻革命党首领孙某,前《苏报》主笔□□□(此必章太炎先生),在东京集议,留学生往赴会者已有五千名,而欲从孙者则有三千人。"译十一月廿三日《文汇西报》。噫,满政府举动可笑,可恨,可怜。又知某处卫兵,惨遭奇刑,所谓废刑讯,如是如是;卫兵卫兵,不可稍怀弍心乎!

1月17日(十二月初四日)

(一)史(赖)。(二)矿,岩石之变化。(三)数,センセイオヤスミ。(四)土语,《国语读本》第三矣。(五)歌,赖。(六)志,赖。下午收拾物件,欲乔迁也。傍晚迁风光馆。

1月18日(十二月初五日)　阴有雨

(一)志(赖)。(2)植,十四章,菌。(3)算,センセイヤスミ。(4)本语,翻译。(5)志语,"ニ"之用法。(6)本语。

1月19日(十二月初六日)　晴

(一)本语,赖。(二)操,赖。(三)志,教第四本,言本田将教第五本云。(四)土,センセイヤスミ。至周伯匋处午餐,伊自制干贝炒鸡子,风味甚佳。午后偕周、蓝二サン出外洗浴。归,整理衣服书籍。晚调生、逊先、心田、季谦均来。

1月20日(十二月初七日)　阴

上午整理书籍,下午弄毕,觉乏甚。傍晚周伯匋来。看《中国灭亡小史》。

1月21日(十二月初八日)

阴雨,路泥泞难行。(一)算,センセイヤスミ。(二)地,丁□讲完并德意志。(三)本语,翻译。(四)志语,"カラ"用法(一)(二)。(五)图,赖。(六)志语,上生书。

本日见学校悬有揭示,言此期学费,限阳一月廿二日止必缴,因至稻处设法十元,以济眉急。

阅《时报》,知萍事日渐不振,为之愤愤。

张督颇不以改革官制为然,然吾亦颇然其议,盖清在一日,自应持一日消极主义。虽然,张之洞乌足知此,仍是其向来之头脑耳。

知又戮一人(名忘),系日本留学生。

傍晚至稻处时,坐车内望早稻田,四野垦辟,阡陌连绵,新月初升,晚霞映树,景色如画,幽韵极矣。知明日必晴矣。

1月22日(十二月初九日)　晴

(1)动物(蚁)。(二)史,七年之后(完)。(三)土语(上书)。(四)操,因路泥泞未操,至讲堂操队伍步伐,余上。(五)地,トイツ。(六)本语(上书)。(七)志(上书)。

1月23日(十二月初十日)

(1)数,(无)。(2)土语。(3)史(英法对于殖民地之比较)。(4)志(カラ用法)。(5)志(上书)。(6)图(赖)。

1月24日(十二月十一日)　晴

(1)史,センセイ赖。(2)矿物,土壤总论,物质之循环。(3)数,习题。(4)土语。(5)歌(无)。(6)志,カラ用法5.6。

出外至"龟之汤"浴。

晚得号外(《平和新闻》),知湖〈河〉南卫辉府又起义军。又上海所逮之张、黄两志士,北京外交团只应在租界行刑,而端贼等必欲使之交出。哼!试问你们大清的两江总督做得到否?

1月25日(十二月十二日)　晴

(一)志语(赖)。(二)植物,十五章海藻。(三)数学,问题。(四)本语(无)。(五)志(书取)。(六)本(无)。

散课后偕逖先同至图书馆去看书。因取《鲒埼亭集》观之,见其表彰前明遗事,不遗余力,榭〈谢〉山真有心人哉,且榭〈谢〉山为太冲弟子,固渊源有自焉。徒以身在伪朝,欲留遗迹以示后人,不敢不委屈其辞,以求不湮沦于贼手,故书中多有褒美珠〈诸〉申,颂扬建虏之语,而又时用反面写之口气,如叙郑成功之死,而曰,"幸早死数年,不然,则及于三藩起事之时,大清命运原可危也。"又有"幸大清天命攸归,不然恐不能长保君位。"等语,而榭〈谢〉山苦心,盖可见矣。晚,摘录历史上讲这话事实。

1月26日(十二月十三日)

　　第一节本田ヤスミ。第二节体操,无。第三节志语,上书。第四节土语,上书。晚餐后偕吴凤章同至仲权处。阴雨竟日,不能出门,道路泥泞,行不得也哥哥。

2月11日(十二月二十九日)

　　祭日休假。

2月12日(十二月三十日)

　　阴历过年,休假四日。

2月13日(丁未年正月元日)

　　今日为阴历元旦矣(休假)。天晴且暖。午后至蓝田玙处,见周国黼、徐逵卿及杨泰和均在,周伯匋不见。

　　略温习算学。

　　晚在东北馆与楼サン及莫、冯、赵、潘诸君作颠倒对诗戏。

　　晚不安眠。

2月14日(正月初二日)　晴

　　ヤスミ

　　晨起迟,以昨晚眠不得之故。午后伯匋、季谦、柳如、调生皆来。

　　竟日觉头中抽痛,乏味万分。

　　晚看地里〈理〉,以平日不用心,虽忙来抱佛脚,仍茫无头绪,奈何奈何,为之愁闷。

　　发信:索五贺片。

2月15日(正月初三日)

　　ヤスミ

　　晚间做历史题十二个,随做随忘,最难记者人名、地名耳。日本之以假名谐西音,动辄五六字,尤难记忆,真コマリマスヨ。

2月16日(正月初四日)

　　未上课。

　　至伯匋处,午餐后归。晚至伯衡处。

　　平日不用功,兹届试验期,一无把握,且欲温习,而不知从何着手。闷闷,心绪异常恶劣,不能看些少书,索性借访友以散闷耳。

略温算学。

2月17日(正月初五日)

午后至季谦处,晤伯衡,知同乡会事多纠葛,闻知闷闷(有十人来函,言欲大加更改云)。

2月18日(正月初六日)

今日未上课。

雪,至晚已厚积二三寸矣。ユキガフリマシタカラ今日ハ大层寒イデスヨ。

晚间与吴传先薄饮勃兰地二杯,觉有些头晕,与酒无缘,一至于此乎?

发信:国学社片。

2月19日(正月初七日)

(一)动,蜘蛛、蚯蚓(毕)。(二)史,因近古史已教完,而其下又须下学期教,故随便敷衍了一点钟。(三)土语,上书。(四)操,不上。(五)地,不上。(六)本,上书。(七)志,上书。

同乡会李明等十人之信寄来,知彼等欲改同乡会为恳亲会,总之皆无谓之事,多一桩讨厌一桩耳。晚在季谦处。

2月20日(正月初八)

午前至各处告贷,皆是囊中没有一文钱者,最后乃至朱逖先处,借着二十钱,亦慰情聊胜无耳。在朱处午餐。

午后至晚,理书物。晚至季谦处,互相考问。

2月21日(正月初九日)　晴

今日考矣。

十至十二,矿,四题:(1)燃烧矿物之名;(2)金与黄铜矿之区别何在;(3)火成岩与水成岩之区别;(4)地震之原因(略有小误)。一至二,日文汉译五则。志,甚ヤサシ,无误)。二至三,书取,土(汉字不能写者甚多,且有误)。晚温植物,略摘其要。卧被中略将算学法则翻之。此次平时太不用功,以致生如此之结果也。

2月22日(正月初十日)　晴

八时至十时考植物,三题:(1)豌豆花之构成;(2)何谓胚乳;(3)叶何以于植物生育为必需之物。

十至十二时考算学,五题:(1)小数乘除;(2)分数加减;(3)、(4)四则;(5)分数题。

晚温历史,将前教师所嘱令预备之三十题,略略一做,便觉头昏脑胀,虚火上炙,难过万分矣。度明日考历史或至交白卷亦未可知。

2月23日(正月十一日)　晴

十至十二时考历史,四题:(一)宗教改革之结果;(二)荷兰与支那、日本交通之事迹;(三)美国之起源;(四)波兰之衰亡。

当时觉脑中空极,不能掏出一二,幸伯甸犹能记忆,因向之窃取,草草交卷,乏味之至。在伯甸处午餐。

2月24日(正月十二日)　晴

今日出外购得《汉风》杂志,皆搜辑先民有价值之文字(如关乎种族等),仿《昭明文选》分门,发扬幽光,至可瑰宝。又购得明遗民朱舜水先生之《阳九述略》,述我民族亡国时情状之一斑,亦国粹中紧要之书也。

2月25日(正月十三日)

(一)考汉文和译,必大错无疑也;(二)地理,题如下,错得一塌糊涂,且第三题未做;(三)图画,画一火钵,旁置茶壶。此班余从未上过,今日尚是初次试铅笔画也。可笑,画得龌龌龊龊。

受信:嫂3。

2月26日(正月十四日)

今日考语法,题如下(错定):

问:音乐ノ杂志。着换ヘノ着物。司马迁ノ《史记》。三ノ字之意义。

问:"ハ"字是何种助词?

问:ナカ〈ガ〉ラ之意味。此外尚有填字等等。

考动物,凡　题(不甚佳)。

午后沐浴,半月以来肮脏之身异常不爽,一经洗濯,顿觉神清气爽矣。至稻处,晚即卧大盛馆。

2月27日(正月十五日)

晨,自稻处出。至神田书店游观。乃至聚丰园吃料理,然为时甚早,腹不枵,吃不下,因勉强塞了两碗饭下去,甚不适意。

十一时间至布处,午后三时借布同至正金取银。因明日需付房租也,取后乃归。以午餐积食未消,晚餐不能下咽,未食。

购得小说《恨海》,卧被中观之。写情之处实为佳绝,观至终篇,令人坠泪。以吾之旧目光观之,觉其远胜西洋写情小说之专摹写恋、妒者十倍也。盖道德发达,我国究胜于欧西耳。

受信:百觞4。

2月28日(正月十六日)

晨起至伯甸处,不晤而归。整理物件。

晴,风甚大,然天气已呈春象矣。

3月1日(正月十七日)

(一)志语(教读本),言此后不教《寻常小学读本》矣,须改用《小人岛》(李伽噺也)云。(二)志语(教文法从名词代名词起)。(三)数,仍做了三个分数杂题,言下礼拜起教比例矣。(四)本语(翻译)。(五)歌(赖)。(六)土语(上)。

发信:复姊、伯勤。

3月2日(正月十八日)　晴

(一)本语(ヤスミ)。(二)操(赖)。(三)志语(教《寻常小学读本》)。(四)志语(文法)。

午后浴。

至图书馆查《通鉴》首编甲子纪元表等所载黄帝纪元合之,至今年确系四千六百〇五年。首编之年虽未足为凭,然黄帝至今,年历修短,言人人殊,今此数既为一般人所沿用,姑假定为是,亦无不可耳。由是而予拟作之纪年检查表,尚可着手矣。晚间取纪年检查表,略将共和以前之年分〈份〉先行编就,直至三时始就寝。

晤许缄甫。

今日总会寄来第九次选举票,余选总干事为西狩氏。

受信:景5。

3月3日(正月十九日)　晴

以昨晚睡得太迟,故早晨觉好梦模糊,黑甜乡滋味不忍弃之,直至十一时许方起。

得菊圃信,详述爪岛情形,历历如亲睹者,然阅毕为之惨然,叹吾华民太不振作,到处吃亏。将来正不知伊于胡底也。

稻孙来,因同乡会修章事,今日需开职员会,商议一切。至场,则终时仅二钱、一赵、一陈、一汪五人,不能商议,徒耗半日工夫,可谓乏味已极矣。

受信:菊圃6。

3月4日(正月二十日)　晴

　　(一)数(讲比例)。(二)地(西班牙)。(三)志(上书)。(四)物理(大桥翻译,令人一字不解。)(五)图(赖)。(六)志(《小人岛》)。

　　晚至东北馆。

3月5日(正月二十一日)

　　晨起见雪,午后晴。第一节,志,文法,名词形体上之区别。(二)历史,法革命,可较前听来得有趣矣:(1)革命之原因;(2)发端;(3)贵族逃、国王拘;(4)新宪法及过激党。惜多写于黑板,俟学生抄毕时已将敲钟,匆匆大略讲一点耳(讲至新宪法制定)。(三)物理,依然不懂。午后未上课。至正金取银,因拟迁东北馆,此间需付房租也。

　　听讲历史。正不知吾国之孙公何日大撞革命之钟,卷三色之旗,以灭虏而朝食,殊为焦盼。

　　濑川季雄之汉译《西洋通史》(此书日人谓日人所著欧洲史之佳本,然亦惟近世来得精详耳),除地名、人名杜撰太多外,尚为译本中之优者,因购之。欲购德人Schwill之History of Modern Europe,竟不可得(日人言此书为输入日本英文近世历史中之佳本),拟托布宣矣。

　　购科学讲义,内容尚可,惟多用旁行斜上体制,效法欧人中甚可鄙者也。

3月6日(正月二十二日)　晴

　　(一)数学(比例)。(二)化学,渡译尚能明(书未定,渡后记言,每星期一点钟,四月之间计不及廿点钟,故书颇难定云。现暂无书。)今日试验四事:(1)マグネシウム线之燃烧;(2)硫酸铜及阿莫尼亚之化合;(3)砂糖、盐酸カリ浓硫酸之燃烧变炭;(4)硫黄、盐酸加里之含磨,一切均详讲义上。(三)史,与诸君主国ノ战争,共和政体宣言,路易处刑。听讲至此,叹以路易以柔懦寡断,犹然以祖父遗孽之故,致干民怒,不克保其首领,且犹是布尔奔家之统,而犹若是,政〈正〉未知今日巍巍高居独夫椅上之异族小丑,何日伏天朝之民诛耳?(四)志语,《小人岛》,意难解矣。(五)土语(上)。(六)图(赖)。

　　浴。晚季常来。作复郭信。

3月7日(正月二十三日)　晴

　　天渐暖和矣。(一)史,恐怖时代,世态一新(反动,山岳党终)。听讲至此,不禁叹罗伯卑尔辈虽无道,然今日欲建中华民国,固亦不可少此种人也,否则彼认贼作父,戴仇为夫者,将来殊觉其讨厌耳。然能无此,固大好事。(二)操(赖至周处)。(三)数(做此题例凡四)。(四)志语(书取、翻译)。(五)本语(闻是カキトリ,然吾未上)。(六)志语,上《小人岛》。愈读愈难解矣,闷闷。

同乡会决计不能再维持,非破坏重建不可,故我与季谦二人现先报告辞职,午后三时发出邮片。

薙发,欲旁分而卷之,作英国装,然竟不可得,只得学マンナカ矣。头发亦各有所长,不相假借耶？一笑。

发信:景庐、君达。

3月8日(正月二十四日)

(一)志。(二)志。(三)数,做问题。(四)本语,练习。(五)歌,赖。(六)土,无。

午后理书物,缘拟日曜迁东北馆也。

受信:稻7。

3月9日(正月二十五日)

(一)本,作文未上。(二)操,未上。(三)志语,《小人岛》。(四)语法,音便。

午后偕吴传先等出外摄影,仅服一平常之绅士服耳,而日人之耳而目之者,已不知凡几,思之良堪失笑。

晚,稻来,为余讲《小人岛》二三页,缘此书为小说体之文章,初学者颇难明了,而志水又是日人,讲解不明,故余请彼为之达旨也。

是晚,稻即宿我处。

受信:稻8。

3月10日(正月二十六日)

晨起,稻孙同至本乡午餐,午后归。理物,晚间迁东北馆。

《民报》十二号出矣,太炎先生又有《社会通诠商兑》一篇,驳严氏之说。夫严氏为今世一般人所看重,所译者又为哲理深邃之书,其有颠倒原文,淆乱真意之处,人固难以识别。今以章氏之学识、之卓见,纠而正之,固有功社会不浅也。此外汪、林二君驳梁氏文者,亦皆精思伟论。《民报》自太炎来后,固大放异彩,一至于此,真令人佩服。

有《大江七日报》者出,寄意在提醒汉人迷梦,说明满虏诡谋,兼录大事,俾留学生得知祖国要闻、虏廷毒计。自《苏报》、《国民日日报》、《警钟报》消灭,报界久沦奴籍,今得此足大放异彩也。

3月11日(正月二十七日)

第一节数学未上。(二)地理,意大利、土耳其。(三)土语。(四)理科,运动、力。(五)图,未上。(六)志语(上书)。

3月12日(正月二十八日)

(一)志语(无)。(二)史。(三)理科。(四)土语(无)。(五)地。(六)本语。(七)本语。晚辑〈纪年〉检查表。

3月13日(正月二十九日)

(一)数(无)。(二)化学(酸素、水素之试验)。(三)史(拿翁初出现时之武功)。(四)志(无)。(五)土(读本)。(六)山口图,无,即有吾亦不上。

晚得景庐寄来《国粹学报》《甲申传信录》《黄氏行朝录》《郑所南集》种种。

晚辑纪年检查表。

3月14日(二月初一日)　阴雨

(一)史(拿破仑任头等统领后事)。(二)操(赖)。(三)数(无)。(四)志(无)。(五)本,书取未上。(六)志(无)。

整理书籍物件。傍晚シュ、キヨニサン来,晚餐后去。

阅《国粹》,丙午下半年的似较上半年为趋实,且有有关系之文,如《论中国宜建藏书楼》、《编辑乡土志叙例》等是也。

3月15日(二月初二日)　阴雨

晨起太迟,卧被中看《国粹报》。

(一)志,(二)志,均未上。(三)算,无。(四)本(练习)。(五)歌(未上)。

受信:稻ハガキ9。

3月18日(二月初五日)

受信:丈10、兄、大伯母11、姊12。

3月19日(二月初六日)

以释奠先师日,放假。受信:不庵13。

3月20日(二月初七日)

受信:汪策云15、稻14。

3月22日(二月初九日)

春季皇灵祭,放假。

3月24日(二月十一日)

至稻处午餐。

3月26日(二月十三日)

受信:不庵16。

3月28日(二月十五日)

上了一节历史课,即至大盛馆,偕同穟孙往观博览会第二场,工艺、器具为多、然予尚不谙此道,竟亦莫明其妙,竟如刘老老〈姥姥〉之进大观园矣!惟中有教育水族馆,水栖动物甚多,入观之,颇觉有趣。

出,午餐后同至动物园。归大盛馆,与稻、穟同出,食西洋料理而归。

4月1日(二月十九日) 阴雨

(一)数,比例配分法。(二)地(无)。(三)土语。(四)物(无)。(五)图,赖。(六)志,上书。

发信:显民。

4月2日(二月二十日) 晴

(1)志语,语法、动词语尾变化。(2)历史,奴隶禁止卖买问题,英文是ビクトリア。(3)理科。(4)土语。(5)地(无)。(6)本,赖。(7)本,赖。晚至伯匋处。归,看历史。

4月3日(二月二十一日) 晴

神武天皇祭,放假一日。

午前至伯衡处。午后,睡数时醒,电灯已亮矣。

晚,廉深来。

4月4日(二月二十二日)

因学校将行春季运动会,放假五日。数日前,忽欲〈遇〉一西洋鬼子叫做赫德的,竟明目张胆大张广告,声明将假早稻田大讲堂宣讲神理于今日午后云。余等初不知其有何神通广大,讵意往听,尽是一派胡言乱道。夫耶教亦岂无玄理之可谈,而乃专门说我将在天堂和你们相见,曰耶稣爱你们。噫!所谓美国神学博士之学固如是乎?吾谓彼若非不学,必轻视吾华人,以为若辈岂足与论至道者耶,二者必居一。于此,由前而言,则其人可鄙;由后而言,则其必〈心〉可诛,而愚者惊叹为足以羞日本之博士,夫亦可以自反乎?

4月5日(二月二十三日)

ヤスミ

　　昨午后,神田亦有一西洋鬼子叫做穆德的演说。今日问往听者,言末了以彼询问愿否向善而不起立者,悉被赶出场外。夫善谁不愿向,然何必聆汝几句诳骗三岁童子而不能信之肤浅议论,遂必做出改过迁善之举而向汝耶？噫！崇拜彼者其谛思！谛思！！

　　今日午后,又有上海市井荡子谢洪赉者,亦施其马扁手段在早稻田演说,余颇不屑往论,知其无高论也。闻归者言,所述毫无条绪,较诸昨日赫氏又勿逮矣。寄语洪赉,尔在申商务印书馆诳骗许久,人不知之者,以书虽不佳,尚不失为不学无术之一愚人,今苟不来此摇唇弄舌,亦未始非藏拙之一途,何不自爱乃尔！

4月6日(二月二十四日)　阴雨

ヤスミ

　　是日为彼等运动之期,余虽有入场券而未往观。

　　至稻处,不晤,怅然而返。

4月7日(二月二十五日)

ヤスミ

　　又至稻处,与同至博览会第一会场观览。先至第一号馆看教育品。余最爱其中各处语言表及世界大事横列古今表数种。又游美术馆,稻所爱者,而予丝毫不懂。其他蔬菜馆、家畜馆等皆走过。傍晚小餐而归,与〈于〉稻处谈天道之无常,人生之易迈,不禁悲从中来矣。是晚宿稻处。

4月8日(二月二十六日)

ヤスミ

　　晨,自稻处归,乃至布处。晚乃归。今晚同乡十余人饯别稻,稻是晚宿トホッカン。

4月9日(二月二十七日)

　　今日又穿鼻矣。

　　晚二小姐饯别稻孙,余亦得叨陪老饕,真有福哉！

　　归,毯孙送予至神乐坂,同坐甲府电车,与火车相仿,而人颇少而快。余尚是ハジメ也。

4月10日(二月二十八日)

近忽想再入清国部之普通科。三年毕业,再入优级师范科,盖如此,则所得较多而略谙普通,于将来为人师,亦不无小补,惟力子无着耳。行且与阿兄函商之。

青年会英文事前往报名,今不愿再去矣,彼实在卑劣万分也。他日如有习德文机会,则习之亦说不定。

受信:景(书留)17。

4月11日(二月二十九日) 阴

大雨竟日。

稻孙是日行矣,午后往送之汽辕,临别时不禁黯然。

4月12日(二月三十日) 晴

4月13日(三月初一日) 晴

今日校中举行春季远足会,ヤスミ,余不往。

晚看《国粹学报》之《五石脂》,虽系零星轶事,而足补史缺者颇多,且玩其诗歌、观其人物,可咏、可歌、可快、可恨之事颇多,令人崇拜英雄之念。盖明末死难之臣,不特对于国家之伦理同兴,即种种私德亦均可风。满珠猾夏,廉耻日丧,求如此者,竟不可得。异族乱华如此。可畏可畏!

发信:《民报》社、郭、公伟(片)索书事,毯(稻信)。受信:稻不编号,神户(寄毯)。

4月14日(三月初二日) 晴

大风而颇热。可衣单衿之衣。真所谓"二月春风似剪刀"矣!

4月15日(三月初三日) 晴

日和风煦,春景大佳矣。

第一节算学(配分比例教完)。(二)地。(三)土。(四)物。以均无足听,未上。归,作致稻函。补记日记。(五)图画(又赖)。(六)志语语法。

发信:复稻通。受信:《民报》18。

4月16日(三月初四日) 晴

4月17日(三月初五日)

晨起太迟,致第一节算学未及上。(二)化学(无)。(三)历史,七月革命。下午一时以校中推戴大隈重信做总理,举行推戴式,因放课。予不愿往观。以早晨接狩片,言近作《新方言》,仿戴氏《转语》二十章,以今方言证诸小学者,嘱予有暇可往谈及此事。因命车往访狩,适彼出,未晤,怅怅而归。至图书馆阅《戴东原集》。盖欲检《转语》二十章之序例也。又观明季遗民朱之瑜先生之《谈绮》,类皆与日人谈文化之作。归至伯匋处,旋归。晚,检抄历史。

发信,复狩。受信:狩片。

4月18日(三月初六日)　木　晴

第一节历史,以翻译未来,故未教。(二)操,赖。(三)数(比例综合法)。(四)志语法ラ行变格,口语四段活用。(五)本语(未上)。盖非练习即书取,甚无意味也。(六)志《小人岛》将完矣,言来周将诵《世界读本》矣。

发信:复毯。《国粹学报》社索书目。

4月19日(三月初七日)　金

受信:狩复片。

4月22日(三月初十日)　月

午后访章公,并初次晤刘申叔(据章信补录)。发信:毯片。

4月23日(三月十一日)　火

发信:绿、景、达、稻(照片)。

4月24日(三月十二日)　水

发信:复毯片。

4月26日(三月十四日)　金

发信:景(片子),书留。

4月30日(三月十八日)　火

发信:大华书局(片)。不(照)、毯(片)、《民报》(片)、景。受信:《民报》复片21。

5月1日(三月十九日)　水

(自此日后记日记,发信收信永不误矣。)

(一)算学,百分数完。(二)化学,教炭素。(三)史,イタリ统一事实。(四)志语,《世界读本》。(五)(六)均未上。

今日脑筋坏极,思考作用全然消灭,镇日昏昏闷闷。

阴雨竟日,樱花满地,春景倍佳也。

晚略诵《世界读本》。余以前讲堂所授尽未抄出,今日拟先将化学抄出,而未抄齐全,拟至周大钧处借抄。行至中途,昏黑难辨,有如瞽者,竟踏泥团下□,为之一侧,致全足没入,不能登席,因归,睡。

发信:复毯。受信:大华复片22。

5月2日(三月二十日)

仍阴而小雨如丝。(一)史,南北美战争之事实。(二)操,雨天休。(三)数,利息算。(四)志语,サ行变格。(五)本语,未上。(六)志,《世界读本》。《复报》九号出,购观之,见中有《无情弹》一篇,因缅想当初爱国、明新诸校之提倡国民教育,实为于此刀山剑树之林中,忽然开廓,放一线光明也。此校容存,则一成一旅,他日光复河山,扬辉国外,前途何可限量,而孰意其由桢甫生,遂遭彼长林丰草中禽兽之蹂躏耳。言念及此,正不知中华民国之成在何时耳?

至欣禾处看《神州日报》。觉胜《中外》、《时报》等,且不用满奴纪元,又口气之间时露种族感慨,而言又颇含蓄。意者在内地,亦不得不投鼠忌器耶!

5月3日(三月二十一日)　金　晴

晨醒,见朝暾满窗,心中不禁为之一快。

今日为靖国神社祭日,オヤスミ。

晨至神田访朱。得不庵信,知彼禾府校又难安身,其母、夫人又病,不禁为之一叹!并得伊赠我之《瀛寰全志》,盖我观其旧译地名也。

午后归。今日冯、赵二君以与东北馆粗牾〈龃龉〉,因而迁出早稻田馆,调生即迁其房,并携琏先来居云。

发信:复不、朱(片)。受信:不庵信二通(廿三、廿四)。

5月4日(三月二十二日)　土　晴

(一)(二)本、操皆未上。(三)志,动词完,继以助动词。(四)志,《世界读本》。

发信:不(片)。

5月5日(三月二十三日)　日　晴

至二小姐处午餐。午后在毯处,请渠为我解释《世界读本》。晚九时许始归。

天气颇热。

5月6日(三月二十四日)　晴

竟日闷热异常,几有阳历五月下旬气象。

(一)算(利息算习题)。(二)地理,北美洲完。(三)土语,高小。(四)理(赖)。(五)画(赖)。(六)志,《世界读本》。

今日《天讨》出矣,因至《民报》社领取。又《民报》第十三号亦出矣,购观,中有太炎之《记印度法学士钵罗罕氏开印度西婆耆王纪念会事》。太炎惓惓友邦,深慨彼此同病相怜,毫无菲薄意,此等度量,自非他人所能测矣。

晚至蓝サン处。归,周身皆汗。浴。乃眠。

5月7日(三月二十五日)　雨

天气较昨日凉矣。

(一)志语,能性被性助动词。(二)历史,南北战争事件,拿翁三世之南美政策等。本田请假,其余物理、土语、地理各班均未上。

受信:布复25。景、达26。

5月8日(三月二十六日)　晴

天气ヤハ°リ凉。

(一)算,未上。(二)化学,硫黄。(三)历史,Schleswig(德)(英作 Sleswick) Holstein 事件。(四)志,《世界》。(五)(六)均未上。

湖州会近又由铁耕诸人组织,强欲我为书记,我以屡有龃龉,故心滋不愿,今晚铁耕亲来相劝,情殊难却。奈何!奈何!

受信,铁耕27,民报复28、嫂29。

5月9日(三月二十七日)　天阴,然不雨

(一)历史普墺〈奥〉战争事件。(二)操,赖。(三)算,赖。

5月11日(三月二十九日)

发信:稻、景、达(复)。

5月14日(四月初三日)

受信:铁片30。

5月18日(四月初七日)

受信:铁片31。

5月21日（四月初十日）（廿八日事）

广东骚擾ト軍艦。広東省饒平県ノ匪賊蜂起ニ就テハ昨日北京特電ヲ以テ報ジタルガ其筋ニモ同一ノ電報着シタル由アリ。右ニ就キ英国領事直ニ本國ニ向ツテ軍艦派遣ヲ請求シタリトイフ。

受信：不庵32。

5月26日（四月十五日）

（补记）本日《朝日新聞》云：頤和園警戒，北京附近ニ革命党員多数入込メリトテ軍機大臣ハ警戒ノ为メ頤和園ニ軍队ヲ派遣セリ。

量此事虽无大要，而我民党之气焰足寒胡酋淫娼之胆矣。

5月27日（四月十六日）

补记。本日《朝日新聞》曰："會匪ノ武器密輸（留学生ノ政ヘ告）二十六日上海特派[員]：発日本留学ノ警察学生ハ會匪ガ日本ニテ銃器七千ヲ買入レ牛荘ヨリ密輸セントセリ警告シ既ニ五百ハ押ヘテ林公使ニ交渉シタリトイフ尚政府ハ各国駐在公使ニ電報シ商人ガ革命党ト聯合シテ武器ノ密輸ヲ爲サザル樣外務省ニ交渉スベク命ゼリ。

広東省，騒擾（同上）去廿二日夜広東省饒平県黄岡地方ニテ厘金徴收ノ事ヨリ騒動起リ匪賊之ニ乘ジテ乱ヲ起シ官吏ヲ殺害シ衙門ヲ燒拂ヘリ總兵黄金復鎮撫ノ爲メ同地ニ向ヒタルガヤキハラ汕頭ニ接近セル爲厳重ニ警戒中ナリ。

5月28日（四月十七日）

予許久不看日本报矣。今晨陈君仲权谓予曰革命军又起矣，本日各日本报皆载之。而每日电报皆详，因取观之，则有一电曰：《朝日新聞》饒平県匪乱後報廿七日上海特派員発。兩广总督周馥氏ハ饒平県，匪乱尋出予ナラザルヲ聞キ昨廿六日招商局汽船二隻ヲ以テ軍隊ヲ送レリ饒平県衙ハ現ニ陥落ヤリト傳ヘラル为メ。

此电各报皆有，而每日电报则多一电，系香港发来者，言革命军大都皆三合党人。有三万许，诛清吏，保教堂云云。

二汕頭ノ商人ハ同地方ノ貨物輸送ヲ停止シ且現金ヲ香港ニ送ラントス又各国領事モ軍艦ノ派遣ヲ請求セリ又曰（录在前者ノ廿一日栏）。

受信：布及不庵33。此信在32复前所发。稻34。

5月29日（四月十八日）

本日所知光复事件，今将アサヒシンブン录左（下）：

（一）南清暴動公報広東領事発廿八日署，広東省饒平県ニ于ケル暴動ハ其後益益猖獗ニシテ遂ニ饒平県城ヲ占領セリ。該暴動ハ孫逸仙部下ノ革命党ナルガゴトシ。

（二）饒平県匪乱後報 廿八日上海特派員発。広東饒平県ノ匪乱ハ福建省内ニ蔓延スル虞アリトテ福建省漳州府ハ厳戒中ナリ。

本日《时事新報》言,又英艦二艘、法艦一艘由香港向汕頭進発。又英（佛）、軍艦各一,在広州ニ淀泊中。

受信:景35。

5月31日（四月二十日）

今日《朝日新闻》曰:岑春煊不愿赴广东,虏廷不允,盖因彼善杀同胞也。

南清暴动情报(台北)廿七日汕頭発电报二据ルニ去ル廿二日夜数千ノ匪賊,饒平県黄崗各官衙ヲ包囲シ火ヲ放テ官吏数十名ヲ殺シ又税関ヲ襲ヒ税関長ヲ斬レリ,廿三日詔安ヲ陥レ廿四日饒平ヲ陥ル知府行方不明トナル尚ホ臨漳モ陥落シ官吏殺戮サレタリ匪群ノ旗悉ク"中華革命軍"ト書シ中華革命政府大都督孫文ノ名ヲ以テ軍令ヲ各地ニ貼布シ中ニ記シテ曰ク我軍ハ民ヲ剽掠スル者ヲ斬ル姦淫スル者ヲ斬ル阿片ヲ吃スル者軍ニ臨シテ逃ゲル者,皆悉ク之ヲ殺ス民安堵セヨト,而シテ其頭目ニハ留学生風ノ断髪者多シ軍紀極メテ厳重ニシテ毫モ犯サズ黄崗城ノ入ルニテハ人ノ出入ヲ　査シ商民ノ出入ノミ自由ナリ。又地方,富豪ヲ集メテ資金,調達ヲ協議シ居レリ一般人民ノ加盟ヲ欲スル者ニハ銃器、軍服ヲ給シ共,然ラザルモノハ去リテ策ヲ勵メト諭セリ。官吏以外一人モ殺サレタルモノナシ。廿七日朝匪群潮ノ如澄海ニ向ヒ進軍ス,又潮州ヲ襲ハントスル形勢アリ,潮州ヨリ汕頭ニ避難シ来ル者引モ。

6月2日（四月二十二日）

受信:《民报》复36。

6月8日（四月二十八日）

受信:兄37。

6月11日（五月初一日）

受信:兄片38。

6月14日（五月初四日）

受信:《民报》复40。

6月15日(五月初五日)

受信:《民报》复40。

6月16日(五月初六日)

本日,由福建学生开陈不浮追悼会,请章、刘、张诸人演说,大致皆讲辟功利。

6月24日(五月十四日)

受信:兄二通(书留)41、42。

6月27日(五月十七日)

受信:显丈(书留)43。

7月1日(五月二十一日)

自今日起不准脱班,如脱当打手心。

7月2日(五月二十二日)

考事告蒇。

7月3日(五月二十三日)

是日谦、调、锦诸公行,送之至Yokohama,泊蓬莱家一宵。

7月4日(五月二十四日)

晨送诸公登舟,三等舱,人员已满,勉强拥挤,腾空久之。余上岸时,仅季谦一人有榻耳。气郁薰〈熏〉蒸,煞是苦境。

7月5日(五月二十五日)

至布宣处一日谈,一切狠觉有趣。足为蹴损,不良于行,一跷〈蹻〉一拐,殊可笑。

7月6日(五月二十六日)

受信:季谦片44、伯甸片45。

7月11日(六月初二日)

　　晴而不晴,阴而不阴,时日出、时雨降,风颇大,有似深秋景象。晨至廉处,购得《天义报》第一期,观之亦精美绝伦。

7月12日(六月初三日)

　　受信:谦,长崎发ハガキ46。

7月20日(六月十一日)

　　受信:申叔复47,不信48。

7月26日(六月十七日)

　　受信:郭49。

7月31日(六月二十二日)

　　受信:百觞复51。

8月3日(六月二十五日)

　　受信:毯片52,不53,伯匋54、菊55、调56。

8月7日(六月二十九日)

　　受信:贝57。

8月8日(六月三十日)

　　受信:《民报》复58。

8月9日(七月初一日)

　　闷热竟日,好不难过死也。前时胯间大痛,今日渐愈也。是伤月余渐将告痊矣。

8月10日(七月初二日)

　　仲贤来。仲权来。午后雷电。晚又大雷电(约二时半),霹雳一声,扫却无数闷暑气,可喜。

　　受信:民报复59。

8月11日(七月初三日)　晴

　　今日又至医生处诊腿脚,计已数次矣,此后渐痊,可不必往看矣。午后颂贤来。至布处,晚餐后归。

8月13日(七月初五日)

　　受信:恂士ハガキ60。

8月15日(七月初七日)

　　发信:调生。自此日起发信必记。

8月16日(七月初八日)

　　发信:复大。受信:大片61。

8月18日(七月初十日)

　　发信:《民报》、朐。

8月19日(七月十一日)

　　发信:复炎。朐。受信:炎复62。

8月20日(七月十二日)

　　受信:赵63。

8月21日(七月十三日)

　　受信:赵64,郭65。

8月22日(七月十四日)

　　发信:复季谦、不庵。

8月23日(七月十五日)

　　发信:复炎、申ハガキ。受信:炎、申ハガキ66。

8月24日(七月十六日)

　　发信:季谦。

8月25日(七月十七日)

　　发信:民报社、大片、复郭(书留)、丈母丈人(连十四日退回之信)K。复百觞。

8月26日(七月十八日)

　　发信:复稻。复姊。复籥。复兄。受信:《民报》复67。

8月27日(七月十九日)

　　受信:社会讲习会片68。

8月29日(七月二十一日)

　　发信:复杨鼎丞。不(片)。

8月30日(七月二十二日)

　　受信:はや69ハガキ。

8月31日(七月二十三日)

　　发信:复はや。刘、张。《民报》(购书)。复不庵。
　　受信:不庵(不列号)。

9月1日(七月二十四日)　阴雨,午后晴

　　自今日始,必日日记,无间断,亦厉恒之一端也。特未知新学诸君将笑予为宋儒之奴隶否?

　　昨日迁富士馆。地方大不如东北,无电灯,无电话,屋又不洁,且尘封之,惟有二佳:(一)开窗凭眺,便是旷原,望其远者,则有青山隐隐。(二)屋极静僻,居人极少,不虑烦器可厌。然至学堂开后则后说不足恃矣。

　　午后浴,归时途遇向杰□之子□○,与同出吃料理。

9月2日(七月二十五日)　晴

　　迁居后物件尚乱摆,今日整理一日。
　　受信:《民报》复片70。

9月3日(七月二十六日)　晴

　　上午未作一事。午后理信件。晚作数函,寄赠郭、不二君以《新方言》。《复报》

十二号出,购观之。

9月4日(七月二十七日)　晴
　　发信:丈母附丈人。觐圭。不庵。景庐(附不庵)。济沧。寄景《新方言》二本。

9月5日(七月二十八日)
　　昼作致不庵信未毕。晚间适仲权来,言留美学生电致会馆,言日法、日露、英露诸条约成后,今将实行保护支那矣,不禁为之气结。唉,吾侪之国,自此亡定矣!虽然,吾谓自此以后,宜结交各国无政府党,专以破坏政府为事。
　　得传单,知后日何震发起,将为徐、马、陈、秋四人开追悼会。欲思作一联挽之,以不文所苦,思半夜不得。后半夜又以屋顶响,恐是贼,竟夕未安眠。

9月6日(七月二十九日)　晴
　　至恂士处,午餐吃鸡鸭,甘美之至,因饮酒过多,颇不适。归后未晚餐,早睡。
　　受信:觐圭。复ハガキ71。

9月7日(七月三十日)　晴
　　晨六时半起,盥漱毕即乘人力车赴キンキカン。其时尚早,候门时久之,见有人入始入。入则见人仅三五,盖尚早也。至开会中,人约到有三千光景。首由何サン报告开会。继章サン述历史。继刘、章、张诸公及另三数人演说毕。由张继读祭文。祭文古雅,类周秦笔,量章作也。惜太长,未抄出。刘サン演说,主张暗杀。张サン主张无政府。章则嬉笑怒骂也。今日始知绍狱之成,蒋观云实为之首,其人真可杀也。
　　散会后,至朱サン处不见,归。又去见之,宿彼处。竟晚狂风怒号,屋为之震,不能成眠。今日饱甚,果不思食。

9月8日(八月初一日)　晴
　　怒风仍怒号,垂晚时渐息,黄昏复作。
　　午后自朱处归。见条子知周伯勋已来,昨日访过我两次矣。
　　至学堂,得《天义报》第五册,何女士所赠。顾心颇不安,受之。
　　浴。至蓝サン处,见周サン。晚腹中仍果,不甚想吃。
　　黄昏大雨。
　　晚看《天义报》:《李卓吾学说》。噫!吾国竟有若是通人乎!《焚书》一编,吾渴想早睹之,日前已托人由上海购就带出,未知能如愿否?

9月9日(八月初二日)

清晨大雨,旋晴。午间又大雨。午后晴。晚间大风起,然不如前两日之烈。

午前贝サン来。

午后整理一切,检《说文》以一字二义而古本二字之字(如怂愛、曩曓)。

早睡。

9月10日(八月初三日)

午前晴。午后至晚,时晴时阴,有阵雨。

本日学堂中教科书及担任各讲师姓名已揭示矣。

午后陈仲权来。

发信:刘、何。《民报》社。

9月11日(八月初四日)　阴雨

今日は始业式を举行す。并シ私は不到である事。

午后汪サン来。晚餐后贝サン来,私は贝サンと一绪ニ东北馆へ行キマシタ。

9月12日(八月初五日)　晴

今日要上课了,但我未上。午后颂贤、朱允皆来,晚餐后布去。我至仲权处。吾此次入フツウカ,又许多人多要批评,但我固不期速成而骗卒业文凭也。燕雀焉知鸿鹄志哉!然彼等批评殊讨厌也。

受信:不庵72。

9月13日(八月初六日)

(一)日语,师赖。(二)数。(三)日本语。(四)伦理,无书。实践伦理,须抄。午后未去,至本乡购ノートブック,因至大处,午餐后归。

知杭绅樊介投书○○,诬○○学堂校长孙藕〈耦〉耕鸡奸学生,买通各官绅并孙某之兄等作证,意图杀孙。此事闻之已数日,初谓人面兽心叵测者多,或孙绅果若是。然今日闻杭人言,则知此中大有怪处,孙绅当是被诬耳。噫!以革命杀之,死后犹得美名;今以鸡奸杀之,竟令人谓其死有余辜。噫,毒哉!

9月14日(八月初七日)

是日未上课,自下星期始,除日语外,必期不落班也。

午间得刘信,知明日彼会社会主义讲习会又将开会,延堺利彦演说,并研究中国民生问题。明日必当往キマセウ以聆崇论闳议也。午后至恂士处,知彼定廿一出帆,十八九到ヨコハマ云。伊约我明日午饭,我以会故,托辞以告。因改明晚,允之。恂士处归时至布处,晚餐后归。

受信:申叔 73。

9 月 15 日(八月初八日)　晴

午至江户川亭赴讲习会,到者有五十人,首由刘光汉演说中国民生问题,述农民之失业及前途之隐忧。次请堺利彦演说,张继翻译,略言社会自有政府富豪而后,贵贱日分,贫富日区,今欲平此阶级,宜实行无政府至共产主义云云。后刘申叔又痛陈立宪之害,言欧米物质上固较我为文明,而政体一切尚以更比我野蛮者,末乃归重无政府。满堂拍掌之声如雷。末张继言将办一报,汉、日、英文并用,期与各国无政府联合云云。五时散会,即至恂士处,饱餐一顿而归。

9 月 16 日(八月初九日)　晴

五时日语皆未去。地理(ハジメ)。史(ハジメ)。

9 月 17 日(八月初十日)　雨竟日

日语二时皆上。数学教加法ハジメ。矿物讲水晶之性质。地理(气候、人种、宗教)。

受信:《民报》复 74。

9 月 18 日(八月十一日)

大雨者大半日,窗纸皆湿(因仆ノヘヤ朝西故)。富士馆门口已开河矣。看此情形,又与上月下旬相像。若再降霖雨,吾侪不能下楼矣。

本日日本语五时皆未上,图画一时亦赖去,惟上历史一时而已。本日教エジプト之建国。

午后三四时间,日出晴矣,因开雨户アマド而清书。矿物历史讲义,去年听讲草抄后即搁过一边,久后致自己亦不能识,今年务矫此弊,立时清书,免贻后悔,不识高明以为然否。(此句可笑!)

晚大风,知明日必晴,而地燥矣。

上午检类似之字。

购得《新世纪》三、四两号。打破阶级社会,破坏一切,固亦大有识见,惟作者于中文太浅,历史不知,每有不轨于理之言。

受信:大 75。

9 月 19 日(八月十二日)　晴

上午未上课。除日语外固有一句钟数学未上,尚不要紧也。周伯䚵来,午餐后去。午后工〈功〉课:(一)歌未去唱。(二)矿物,去的。讲完水晶种类,乃及食盐。
浴。晚至东北馆访贝、汪两サン。归。补记日记。

今天天气较前数日热,又须衣葛矣。

本日朱サン因足疾进病院。

9月25日(八月十八日)

受信:景庐76。

9月26日(八月十九日)

发信:郭,附《略说》二本,一请寄不庵。

9月27日(八月二十日)

发信:复董。

9月28日(八月二十一日)

受信:H.C.77。显民78。

10月1日(八月二十四日)

余之有日记,自乙巳冬东渡之日始,荏苒至今,已将二载,其中所记者多断断续续,琐琐细细,至不足观。夫日记者所以觇一己知识之进退也,已往之事,不复可见,日记者即留过去之片影于纸上者也,故以今日之我而欲觇昔日之我,舍日记末由。然若杂记功课,泛记阴晴,千篇一律,又何取焉?故自今以后,余之日记务芟陈言,力求改良之法。凡无关①

发信:董,护照。中国书林,问《国粹》。

10月2日(八月二十五日)

发信:申,问会事。

10月3日(八月二十六日)

购得《新世纪》五至八号,于晚间卧被中观之,觉所言破坏一切,颇具卓识,惟终以学识太浅,而东方之学尤所未悉,故总有不衷于事实之处,较之《天义》,瞠乎后矣(此由《天义报》中如 Liu Kuang Han 君诸人中国学问深邃之故),而要之大辂椎轮,于现今黑暗世界中不得谓非一线之光明也。

---

① 原文如此。本日日记未写完。

阅《訄书》"儒墨"、"儒道"篇。"儒道"篇中言老氏阴鸷,大害人心,其罪尚在孔氏之上,的是卓见。惟吾谓老子卓识,亦见有在,天地不仁,刍狗万物,此等言语,岂孔氏所能梦见乎?惟以与纯粹无疵之庄周较,固瞠乎后矣。

受信:不庵79、菊圃80。

10月4日(八月二十七日)

本日相传为孔丘诞日,校中以此为中国之一纪念日也,因放课一天。

发信:《日华新报》。m、p。

10月5日(八月二十八日)

受信:社会81

10月6日(八月廿九日)　大雨倾盆

午后偕大、世二人同赴会,满身尽湿,裙更如在河中取出者。

是日山川均君演说:"△△△△△"。①

后有福建金君言,虽主无政府,而爱国心之学则不可少。张、刘皆有答言,而以刘言"爱国本假名词,强者曰爱国,无宁曰扩张权利;弱者曰爱国,无宁曰抵抗强权"。此二语为最痛快。

受信:《民报》复片82。

10月7日(九月初一日)

有友人周伯匋毕业ワセダ预力,欲送センモンブ,以愿书必须使馆盖印,因托予交林铁耕办此。此一日事也,乃前日函询已否办妥,而昨晚忽得其邮片,言未接或失掉耳(耳字真妙)。又摆架子曰以后有此等事,务必请本人亲持□台者为是。噫!使馆中果无善类也。

受信:伯匋ハガキ83、《日华新报》84。

10月8日(九月初二日)　火

本日友人陈让樵等来矣。知《国粹丛编》已代购,内有李贽《焚书》等,卓识伟论,必大有可观者,甚喜。

10月9日(九月初三日)　水

大雨竟日,沟浍又盈。

---

① 原文空缺。

晚间从校后エンシユーシヨシヨ归来,因大雨路不能行,命人力车,然观其轮陷泥中时,路既泥泞难行,彼劳働者既欲顾足,又欲顾车及车内之人,其苦当不可胜言,以此易钱,不为纂取(缘有损于己有益于人也)。奈何世人皆吝钱于车夫,而独喜敬钱于大老官耶! 余坐车内不甚与之争直,而人皆以我为软。哀哉!

受信:郭复85,中国书林高86。

10月13日(九月初七日)　月

今日未得讲习会はがき,未知开会否。

受信:恂士87。

10月14日(九月初八日)

受信:三姊、九思88。

10月16日(九月初十日)　水

晚取刘氏《中国文学教科书》观之,见错字甚多,因取《说文》等书斠正之,然立说每误,谬处亦颇多。刘氏固近今之硕儒,章氏以后,当推此公,惟博而乱,是其病耳。即如此书,若学堂中欲採行,则必须重行斠正方可用,不然,今之先生什九不识字,以多误字之书投之,鲜能有济矣。

发信:恂士(附菊),书。不庵。

10月17日(九月十一日)　木

自今日始至阳历十月廿六,十日之间,ワセダ因创立二十五年纪念,放假十日,二十日将为大隈的铜像除幕式,真无所不用其媚矣。

今日蒋观云之政闻社开会,闻梁启超上台衍〈演〉说,即被张溥泉殴打,又黄可权之臂为凳子所掷伤云。快事! 快事! 保皇贼奴,宪政猾贼,今日吃了些眼前小亏矣。

10月20日(九月十四日)　日

今日要除什么大隈的什么铜像的什么幕了,大众欢忻雷动,吾幸不往一瞻,颇堪自负。

吾们识得中国字太少,自今晚起拟将《说文》等书之字抄录一遍,再行研究。

10月28日(九月二十二日)　月

发信:复丈、复樊廿,录。

11月1日(九月二十六日)

是日知清廷竟将苏浙铁路卖与英人,订交涉者为汪大燮等云。廷寄有云:"邦交首重大信,订约权在朝廷","仍许浙江士绅入股"云云。

11月3日(九月二十八日)

本日因浙路事开省同乡会于锦辉馆,余亦与焉。是日到者约四五百人,首由金保稚述一切(并知电报,见怀中日记内)。后举代表四人。有杭人汪橹者反对,言以若干人若欲多举,则十人八人亦举得出,惟肯归国而热心任事,则颇不多见,其实二人足矣。不然之者多。因定四人,为章□□(宁人,不详其名)、金保稚(绍)、陈时夏(宁)、汪橹(杭)。汪言吾不能归,众皆大哗,打了起来,仍以次多数蒋观云补之,若彼再辞,则轮居任允矣。本日太炎亦到,偕 Kung 君同来,Gao 君亦来,见此情形,炎遂先去。后我亦归,当无甚结果也。可笑!晚至布处○○○○①。

11月5日(九月三十日)　火

闻章太炎当日到会,系有一番意见欲表白者,见太腐败,故先去云。闻伊拟迟日开一会专研究此问题,闻说主张罢市(龚未生云)。

傍晚闻赵季谦、张柳如来,劝吾明日赴会,不知何故。因至柳处,知将捐钱并签名约代表归国,无效则全体归。噫,可笑!试问全体归国,招摇过市,有不被野蛮官场捉去当革命党者几希。

闻金保稚系蒋党,此次归国系运动云,果尔,则其人真混账矣!

11月6日(十月初一日)　水

今日午后湖州同乡会开会矣(吾不到),然吾闻 Kung 言,金保稚确系政闻社人,此次归国系为其私事,欲于沪上设《政论》机关,一面学熊范与之故智而上书云。彼欲骗钱,乃借此事招摇撞骗。果尔,则可杀!可杀!吾们的钱为浙路事,虽出一千八百亦不为多,若给这獠,则虽一钱五厘亦不能给他的。

今晚有若干人(嘉兴人颇多)赴省会事务所,以为必有一大番哄闹,《政论》党人当大出丑,而不料彼等早已闻风而遁矣。打不成,可惜(友人归云)。

闻十一省代表均不归,翻手为云覆手〔为〕雨,变化真多哉。闻此次卖路,因清廷又将行废立,故卖路塞外人之口舌,并悉亦塞保皇党之口云,他们的家丑却要吾们受灾,可哭。

---

① 原文如此。

11月7日(十月初二日)

今日闻人言,政闻社诸獠今晚又将开秘密会于娱乐园,意其或又要翻新招矣。有友人去听而归,始知金、蒋二獠业已取消,盖众怒难犯矣,而章、陈二人仍须往云。此事"民党"一方面自然占足面子,然吾谓此非仅占面子之事也。盖章、陈二人虽非政闻社,或是熊党,或八杨党,那也是不兴的。湖人对于此等阴谋毫无动静,反代之劝捐,噫!闻太炎将于来日曜日开会云。

11月10日(十月初五日)

是日太炎为铁路事开会。

一九〇八年

1月1日（丁未年十一月廿八日） 阴

今日为新世纪第八年元旦，日本风俗循例食杂煮、鱼子等。计余在日本凡过三个元旦矣！

访伯匋。晚在仲权室内与薇生等谈话，电灯之"玉"破裂，爆成玻璃粉，众急逃出（共五人），幸未触电，真幸事也。与仲权、薇生、凤章、晋良五人共卧楼上，谈至夜半方寝。

1月5日（十二月二日） 晚

晚チ″〈シ″〉シン甚强，四面震。

1月6日（十二月三日）

访彭仙，在彼处者竟日。

晚让㠫来，言得秘密消息。言溥伦来早稻田之上一日，有七人（不知姓名，不知其职业）伺彼于途，及车过，开其窗投入炸弹而不发，即时被逮。日本政府亟命各新闻勿登，至今此事不知下落云。次日，日政府命伦勿往早稻田，为备患计。伦不听，故当日牛込一带警察侦探悉数调往早稻田大学前巡逻侦探，真可谓勤劳王事矣！又闻伦归之舟，一二等其他人勿得乘坐，又闻伦至申，未敢上岸云。

1月7日（十二月四日）

晨起，见雨雪纷纷矣。

1月8日（十二月五日） 晴

1月10日（十二月七日） 晴

至杏木写真毕，又至神田看味荪。

1月11日（十二月八日） 晴

访彭仙，因彼处有日人谈事，便归。访奂卿处等。

1月12日（十二月九日） 晴

午后，社讲习会开会于清风亭（一时ヨリ）。先太炎讲《齐物论》之理，意谓平等必难做到,惟各任自然,不相强迫,斯为得之。又谓天下无极端之真自由,亦无极端之真不自由云云。次某君(不知其何人)演说排满为革命之始步,日人山川均演说代议政体卜革命,言代议政治之最不堪。末由汪公权提议拟请日人大杉荣教 Esperanto,余颇欣然。盖余学此蓄志久矣,恨无机耳,今有之,不亦快哉!

1月13日(十二月十日) 晴

校已开课,我未上课。午后至图书馆阅书:——《格致古微》、江声《尚书集注音疏》《老子翼》。《古微》附会不经,《集注》颇佳。《老子翼》注解多,将可供参考。至大处吃火腿,觐圭等皆在。是晚宿大处。

1月14日(十二月十一日) 晴

仍未上课。自彭仙处出来至沄洲筱处,法学馆盘桓竟日。归见薇孙在中村馆。

1月15日(十二月十二日)

今日始上课,而图画一班又脱矣。大雪竟日,伞寄存伞处,午间往取,竟易破雨伞。噫,公德?!傍晚时至民报社,定《中兴日报》半年,价五円。晤陈陶公。九、十时间地震,甚强。

1月16日(十二月十三日) 晴

是日下午唱歌、矿物均不上,信步行至神乐坂,路泥泞甚。命车至神田购书等。晚,归途不识路径,又无处雇车,步行许时,革履尽冰透,路滑甚也。

1月17日(十二月十四日) 晴

1月26日(十二月廿三日) 晴

午后开社会主义会。是日溥泉因前礼拜六平民书房事未到。首由汪公权报告开会,次由太炎演说,理论不如实行,举内地逆伦①

2月2日(戊申年正月一日) 星期日 阴

自今日以后,务将每日思想、杂事杂记,无任间断。

下午布宣来,我与言中国今日办学,宜在村镇办起。凡农民子弟,以及剃头的,倡〈唱〉戏的,开酒铺的,种种都要受平等教育才好。因为社会改良,必以利多数人为事。错□下流社会人之子弟,曾与利□何异乎?近今办学者,固不乏有思想之

---

① 原文如此,未写完。

人,然仅为中等社会谋教育,未为得也。至为已成年之乡人,则宜专以白话授之日用有关之智识,斯为得之。布以为然。

前月函问芸生,讨甲辰年《⿹⿸》①。昨日电说,托人带到,因检一过。余因此报中有刘子数作,皆关乎学问之物(如《论小学与社会学之关系》一篇,其尤著也),拟撷录之以资考证。

2月3日(戊申年正月二日)　星期一　晴

晨起迟极,放屁放屁。

午后出外购得《史通》、《老》、《墨》等归。

晚餐适有诸人饮酒,不觉其酡酶之大醉也。

晚阅《史通》,先取前儒所痛斥为非圣无法之《疑古》篇而观之,觉其伟论卓识,独具眼光,钦佩无量。兹将其所疑十条列之如左:(1)尧时群小在位,天下未必太平;(2)舜之受尧天下,与莽、丕无殊;(3)舜之巡狩苍梧,与桀放南巢、赵嘉〈迁〉迁于房陵无殊,其死也殆为文命之志。

下补书。

2月4日(正月三日)　星期二　晴

阅《史通》《载文》篇、《惑经》篇。

晚偕仲权、冕伯、毯孙、晋良、亚青、让旃同出食脂油糖年糕。虽未必能及内地者,然旅异国而得其故乡风味,固觉其甘美不可名状矣。

2月5日(正月四日)　星期三

晨小有雪,旋晴。

午后至图书馆,捡〈检〉俞曲园《诸子平议·老子卷》阅之,记其特到处如下:"道可道,非常道;名可名,非常名。"两常字皆读为尚,尚与上同,盖与"上德不德"同旨。"谷神不死"之"谷"字,正作"穀",养也(此河上本所解,惟河上本"谷"作"陷")。检此益证"玄牝"之为女阴也。此外特识甚多。惜时已晚,不及多观,明后日当再往观之也。

是日校已开课而未去。

2月6日(正月五日)　星期四　晴

吴传先来谈竟日。

是日仍未上课。

---

① 此为钱玄同创造的合字,意为《警钟日报》。

2月7日（正月初六日）　星期五　晴

　　晨起至学堂，八至九为土肥日语，土不来。第二节体操固拟上之，惟以无方帽子不去。以下各节如伦、日语等，均统统赖光。

　　阅《史通》。

　　余谓近日 Esperanto 日盛，闻去秋在英国 Cambridge 城开大会时（丁未阳八月），其已译出各书，如科学、工艺、文法、航海诸书，均有编成者，而以专门字典大多。看此情形，新语通行之日，知必不远。以后中国小孩，授以普通科学时，吾谓定以新语授之。缘汉文定名，触处皆非，如谈化学其尤甚也。若以英、德、法、日本诸文者授之，则学文法既须费时日，而又不免起崇拜强权以为文明之劣根性（如近日上海各学堂是也）。何如以 Esperanto 之世界语书之文法简易者授之乎（窃谓自小学始，除国文外，必兼有新语，与国文同视）！

2月8日（正月初七日）　星期六　晴

　　未上课。

　　至伯匋处。晤张无宋，与谈及政府利弊事。张坚执无政府、社会主义不能行于今日，谓今日资本家专横，贫民无以为生，固是很不兴的。中国逐满事成后，建立共和政府固宜以美国为前车之鉴。惟宜改良法律，使资本家不能横霸，破产劳动者不致颠连无告，斯为得之。若实行无政府，谈平等，当以异日。中国今日宜亟求脱满政府而自立，俟强后方可谈也。余告以若实行中华民国之光复，革命愈难于今日，其时贫民尤苦矣。彼终不信。

2月11日（正月十日）　星期二

　　今日放学。

　　至清事馆竟日。

2月12日（正月十一日）　星期三　晴

　　上课。日语先生又不来。凡我上课先生必告假，而我不去之时，则彼必到堂。

　　上历史、算术两班。下午余图画一班，未曾去。

　　整理书籍物件。

2月13日（正月十二日）　星期四　晴

　　未上课。午后蒋得臣来，携来遯先叔独笑氏一函，因其未封，因阅之（可谓无道德心）。内深以彼生之语为然。是谓 La novaj Tempoj，所持之谊，视前不可谓无进步矣。其说颇是，因拉杂记之于此。

屈伯刚来,我函托彼之《国粹丛编》、刘编《伦理经学(《易》)教科书》第二册及《说文通训定声》均购到,甚喜。

晚四鼓时有贼行窃,灭电灯,余初不之觉,继工女等来言,乃起,检阅物件,则衣服、カバン狼藉一地,然不失其一。惟箱中六十余钱被窃云,尚算运气。然不免因之而风声鹤唳,不克安眠,直至天已大明,顿闻铃声已响,始呼呼睡着矣。

2月14日(正月十三日)　星期五　晴

今日本拟上课,惟以昨晚泥棒之故,直至天明始得安睡,一寤醒来,时已十下,故不上课。上午伯匋来,留以午餐。午后传先等来。

昨晚之ドロボ——系从余邻室陈骥庭房中窜入,乃窃予处及邻室何姓所居者。何氏失去金表、眼镜、钞票等,遂与旅馆大闹。此真是无理取闹,彼贼岂旅馆所纵入耶?尝谓此等事非窃贼之咎,实由于社会无良教育,而重之社会不平等,金钱之为资本家略夺。嗟!彼贫民之言曰:民无以为生,欲不为窃盗得乎?嗟夫!

闻传先言,所谓南京端午帅也者,应浙抚之请,所派来弹压浙匪之兵到嘉时,嘉绅等开明伦堂欢迎(可笑),而该兵等在料理店,因言语肇衅,县衙捕其二,而全军遂排队而至县衙,向内〔射〕击,在路逢人便斫,梦姜之弟曰作明者几膏锋刃。按中国近年学时毛〈髦〉,真以稀为贵,观此亦可以知乎 Tai yen 之言曰①

2月15日(正月十四日)　星期六　晴

上了两点钟课。其一为体操,予自去秋学校开始以来,今日为第一次上课,实以将要考故。夫予虽无似,当犹不至以学问为考之预备,而顾尔尔者,实以非考不能进下学期,不得不敷衍从事了。其实体操实非所愿,一则为野蛮先生所束缚,毫无生趣;一则早稻田之清国部体操,实由吉田公重这厮欲骗钱了,何曾有好样教出来,吾又何犯着去?

午后至伯陶、心田各处去。访大三次,晚乃见之,告以明日社会主义开会。

2月16日(正月十五日)　星期日　晴

今日伯刚将携来之风鸡火腿煮食,拉予等数人往食,味颇甘美。

午后至讲习会,则印人某君(今日所请来演说者)及太炎均未到,迟之至四时顷,因勉强开会。由汪君公权述数月来世界各国民党失败之事,复言俄国革命党,世人竞言是虚无党,其实不然。虚无党者特俄国革命党之一派耳。若概俄国革命党全体以虚无之名,非确论也。至于所谓虚无党者,其党人多砥砺旧节,舍身济世,不同虚伪之繁华者。以上所述汪氏言,见诸 Krapotkino 集中,是国人所罕知者也。语毕即散。章云下礼拜(廿三)再开,印人必到也。晚彭仙来。

---

① 原文如此,未写完。

知波斯国王又被杀,葡王之事甫出,彼又继之,革命之传染,其神速真不可思议哉!

2月17日(正月十六日) 星期一

是日考读方(大宫),故上午上课。

下午赖。至清事馆晤伯匋、伯衡。向伯衡借语学以归。余意欲检大杉荣之Esperanto讲义也。

是晚本拟为贝季美祖饯,因彼将赴英伦也。而彼往神田未归,不及设馔,因订明日。

今日天气严寒,傍晚时飘雪数点,旋止。

2月18日(正月十七日) 星期二 晴

上午上课。

午后赖。晚间与让㴞、仲权饯别贝季美于太和馆。

得赵谦庭来片,知已抵美,现在费城(Philadelphia)云。

2月19日(正月十八日) 星期三 晴

晨得《新世纪》寄来《新世纪丛书》七种(第一集)一册、《萍乡革命军与马福益》一小册,又《社会学书报目录》一册,余去年所函索也。计佛金一佛朗三十生丁,约合日币五十余钱,因寄邮票六十钱去。《新世纪》各书籍议论思想,自较以前崇拜功利诸说为进步,而余所不满意者有大小两端:(大)希望未来幸福之心太盛;(小)文笔太劣,不可解者颇多,而要之其排斥强权,提倡无政府主义,固亦不得谓无进步矣。

午后传先、颂贤均来。

2月20日(正月十九日) 星期四 晴

出外拟购《平民新闻》第十八号,而尚未出。归于途外晤伯刚,因与同至季美处,知其明晚横滨出发,旋同至伯刚处午餐。

不浴者约将十日矣,今日浴之,觉心广体胖。

2月21日(正月二十日) 星期五 晴

上体操一点钟。

午后偕让㴞、仲权、伯刚及苏人戴云涵送季美行,至新桥,见"如汗牛之充栋"者在焉,方帽一顶,像啥〈煞〉有介事,真真阿要难为情。

归在日比谷小食西洋料理乃归。

2月22日(正月二十一日)　星期六　阴,晚间略飘雪

学校休假三日,今日始。

薇生来。晚间余与处州刘君辨无政府之能行与否,刘言不能行。彼所非难者约有数端:(一)无政府斯无国,无国何以对外,必致外人之瓜分而平民苦矣;(二)地有肥瘠,瘠处不足食。若至肥处力田,而肥处之田已先为人定好,不许瘠人来耕;(三)有残疾者不能力田,社会上无不尽义务而享权利者,将无人供其食。成人之体格有强弱。因人有生而弱者,不可一概而论。

余答驳者:(一)本国政府与外国政府其欺平民同,故即有国而富强,而平民终陷苦境,吾侪今日当为多数平民之革命,不宜为少数人之革命;(二)当法太炎《五无论》无畛域之办法,且地为公有,无此疆彼界之分,决无拒绝外来人之理;(三)怜有疾之人,人同此心,老幼喑聋,社会上宜公养之;(四)体格之强弱由于不平等,故农家子弟最健,读书人家——已不足道,而宦家子弟一出门便生病矣。无政府对此,人人平等,人人受同等之教育,必无甚区别;(五)生而弱者,由于生理学之不讲求,种子发明,是等事少矣。刘终不信。总而言之,刘之误点在以无政府时代之制与今制同,故有此误。

2月23日(正月二十二日)　星期日①

晨伯刚等来,留之午餐。

午后至讲习会。今日刘サン已到,到会者已较多。余往时公权、申叔等均未来,独来宾印人某君(即演说者)已先到了。二时开会,前由申叔述现今上海社会皆以立宪为数,因前顽固者今见立宪之手段温和而趋之,前革命者今以立宪名目之好听,得之较容易,亦退而就之。又功利主义之《天演论》几为家弦户诵之教科书。凡编教科书者皆以富强功利等说为主干。故吾侪宜亟以无政府主义之书药其毒云。

次由公权述非军备主义,痛言军人之贱及日俄战争之后卖淫妇之多。次由印人演说Marx、布隆东、某氏(未悉其何人)三人学说,译者吕君。

毕,有某君言,吾于无政府无问题,惟共妻主义,则血族结婚,极妨生理,愿请高明解释。公权答以此问题甚大,《新世纪报》近对于此事大为研究,不久将有书出,可供吾人之参考,盖非一二言所能概也。

次由汪公权说以后拟讲三书:(一)马克斯《共产党宣言》;(二)乐波轻之《无政府主义之哲学》;(三)杜尔道《致中国人书》。时已暮,遂散会。

晚间余至布宣处。

2月24日(正月二十三日)　星期一

今日大雨雪。今日仍ヤスミ。

---

①　本日日记之上,钱玄同书"侘尔斯兑""克洛颇特庚""马尔克斯"三个人名。

略将历史温理,而脑筋大胀,不能用心,因至清事馆访周伯匋,适彼煮火腿,老饕有福,饱餐一顿。

晚八时归,大学背后之路,本高高低低,不甚好走,兼之一雨便滑。而荷车时时通过,泥淖松而浮,尤觉难行,况于天晚雪冻及予之近眼,其苦也何如!然人生在世,苦乐本平均,但使乐可偿苦,则亦不以其苦矣。予既得食火腿之乐,故亦忘路恶之苦矣。

余尝谓孟子代舜辩护大有语病。夫舜既知象之将杀己而犹喜,则其喜之伪可知矣。若以伪喜为否,则舜直一无脑筋之人。吾侪虽贱舜之巧伪,而亦未能以此冥顽不灵之思想妄加之。孟轲言必称尧舜之人而代之辩护,乃有是失,斯诚孟氏之未思及矣。昔尝以此说矜独得之秘,岂期今日阅《焚书》,知李氏已先我而言之矣。李氏之言曰"若舜不知象之杀己,是不智也,知其欲杀己而喜之,是喜杀也,盖不诚也。"(卷二《与友人书》内)始知吾言古人已先言之。

2月25日(正月二十四日)　星期二　晴

本日起校中考了:(一) 体操。因昨日大雪,适路泥滑,不能考,因俟异日;(二) 会话。系高桥协考,不用口来对话,由师书问句于黑板而答,答以纸。与去年考不同;(三) 日文汉译。本田信森考。题均易,无所用其戚戚,然即难,吾亦不用其戚戚。盖只要免于落第,不必事补考之劳足矣。争甲争乙,伧夫之见,吾虽不肖,亦不至此。

2月26日(正月二十五日)　星期三　晴

今日考三择:(一) 语法(大宫);(二) 历史;(三) 图画。

今年考,各教习不甚来。皆大橋、関二ホンヤク来监场。大橋稍可恶,関则任尔作弊,彼见之,反背其首,佯若不见者然。真妙。

2月27日(正月二十六日)　星期四　晴

考四择:(一) 书取(高橋);(二) 算学(五题);(三) 矿物,仅二题,甚易;(四) 体操,仅考"気ヲ附ケ"及"前ヘ込メ"

2月28日(正月二十七日)　星期五　晴

本日考汉文和译(土明)、伦理、地理三项。伦理之题如下:1. 自我トハ何ゾヤ;2. 身體ニ對スル関係。

我将该教习痛骂一场:(一) 题言自我者,对人而生,自有此心而后乃有自私自利心,而帝国主义乃兴;(二) 对于身体之义务无他,即求学以改良社会,使人道进化,非为祖国、功名利禄、一己之私等;(三) 今之伦理学,皆偏重个人(自私自利)、国家(强权功利)伦理,此极不然(反于进化)。二十世纪之时代宜求社会之平民教育,如孔、孟之徒应排斥务尽,以绝忠君爱国之念。所言皆掇《新世纪》之唾余。其实《新世纪》所言,自吾观之,尚非尽善。特对于此等人物,以此教之,已是对牛弹琴矣。故吾此篇使彼伧观之,必瞠目结舌,不知所措矣。

傍晚未生来,宿此。晚间伊大发寒热。

2月29日(正月二十八日) 星期六

雨,雪,路滑难行,殊怅怅。

昨日考毕,了却可厌之债。本拟今日出外访友谈谈,岂期天公不做好,竟如是。

晚间觉不甚舒服,九时即卧,讵疟疾大来,竟夜不宁。乱梦颠倒时一夜耳,而做梦似经过数日之时间。醒来见天色依然昏黑,一灯孤照,觉甚无聊赖,病人脑筋昏乱固如是也。

3月1日(正月二十九日) 星期日 雨

昨晚发疟疾后,至今日未退,卧床一日。上午请余君光凝来此诊察,因日本发寒热者少,彼见此疾须大惊小怪,所费不赀,而疾好反迟,故请中医用中药也。

晚间稍得安眠。

竟日头胀抽欲死。余每病必如此,诚困困也。下身酸极,虽卧犹觉吃力。

3月2日(正月三十日) 星期一 阴雨

未能上课。卧床者仍一日,热始退矣,而脑仍觉有些痛,多言便不舒服。

未生言日本报载有中国人(名サム)、〈挪〉威人及□□① 人(忘之矣)密欲来东(美ヨリ),米国政府警告日本,言彼是无政府党,要気ヲ附ケ一点②,现其三人已到上海,闻不久将来云。现长、神间大戒严。此三人既欲来,必是刺天皇无疑。果其睦仁被刺,真猗欤休哉。内中有中国人,中国人居然亦在二十世纪舞台上出现矣。可怜!

晚大风,意明日地必干矣。

阅28号《新世纪》,见有吴敬恒《与章炳麟书》,诘向〈问〉章作之《邹容传》中言吴告发一事。想章必有答,惟未知如何作答耳?

未生症愈而又患足疾,迁至中村兄附近,可就同仁医院诊疗。

3月3日(二月初一日) 星期二 阴

今日能起床而盥沐矣。

午后伯匋来。晚间卧被中,看《新世纪丛书》《革命》之篇及《思想自由》篇。未上课。

---

① ② 原文如此。

3月4日(二月初二日)　星期三　大雪竟日

未上课。午后作致景庐信,未完。

3月5日(二月初三日)　星期四

晨起见大雨如注,旋即天晴矣。

出外购物,路如开河,真难走。旬日前向某制本店将久津、畑山两部《无政府主义》装订,伊许我上月廿五日即装好,屡次去催,迄未装成。今日去,彼又云须再二日,知二日后必不能出来ル也。社会无教育,故人多无信义,中外古今同出一辙。可叹!

午后作致静谦书,与之言世界大势所趋,已至无政府 Anarchism,并告以 La Novaj Tempoj 诸报之特色,托其购《拉丁文通》。未上课。

晨卧被中阅《国粹》卅二期,内《书法分方圆二派考》篇(申著)中言:篆体属于圆,隶属于方。真书出于隶,故方;草书出于篆,故圆。(行书者由草书变者也。)南派属于圆,北派属方。兼南北者为褚河南,兼方圆者为八分书。

3月6日(二月初四日)　星期五

未上课。前初二日所记三无政府党员来日事,兹得初二日之《朝日新闻》,而阅之,记录其文如左:

　　無政府党來ル_{長崎}其主義實行ノ爲メニハ各国ノ主權者ヲ暗殺スル目的ノ無政府党員墺国人すてふみん、挪威人ふれーねす、支那人さーちひきちぎりセ号ニテ上海ニ到著ノ報アリ。彼等ハ同船ニテ横濱著前米本国ヨリ我外務省ニ急電アリ。爾来横濱、神户及當地ニテ。非常ノ警戒ヲ爲シ居タル注意人物ナリ。

　　又有一節係另一事。露国無政府党搜查。在米本邦人社會党暗殺主義者ト気脈ヲ通ジ居ル露国無政府党員まくりいん,外二名此程米国ヨリ本邦ニ渡来セシ旨或筋ノ通知ニヨリ厳重搜查シタレド風說ノミニテ實際ハ未ダ来著セザレ模樣ナリト聞ク。

又初三日《朝日》报言南美之"亚尔然丁"共和国大统领"同克因泰那"(ドンクインタナ)遂容二十磅爆发物之爆弹落其足下,而未被害,真奇事。然世界上帝王大统领自兹以后真有人人自危之势矣。

3月7日(二月初五日)　星期六

未上课。

3月8日（二月初六日） 星期日

下午讲习会开会于清风亭。首由刘申叔演述クロポトキン氏之无中心互助之学说（大抵本于クロ氏之《互助》一书,见《新世纪》）。

次由汪公权演述杜尔斯德《致中国人书》。书甚长。大致言支那人不可弃其农业立国之美德而学欧人立宪、警察、陆军诸邪说。次由太炎述クロ氏及杜氏之言均不免有弊,择其善者而从之可也。若因其圣人、哲人而遂谓其言之尽是,斯非也。

末由某君演述マルマス之《共和党宣言》。① 中有某君以日本语演说粤革命。意此其人当是广东人或新由南洋来,不能通官话欤？

3月9日（二月初七日） 星期一

未上课。

3月10日（二月初八日） 星期二

未上课。

3月11日（二月初九日） 星期三

未上课。

3月12日（二月十日） 星期四

未上课。

3月13日（二月十一日） 星期五

未上课。

3月14日（二月十二日） 星期六　晴

未上课。偕味生同至太炎处。申叔、何震及其太夫人及曼殊等均在。谈次,知溥泉已往法国去矣。

太炎之《新方言》又有所续,已成。较之初印本体例加密,分释亲属、释形体诸卷。余以排印则多为铅字所无,排起来又多不成字。木版既不能如愿,若为石印,以自己手书付之更觉其可贵。有孙少侯之子在某某(问味生)小学校,是日适亦来太炎处(年十六七),言日本天皇之《教育敕语》系刊诸《伦理教科书》后者,彼以カメ注其旁,为日人所得,大诟之,谓天皇之敕语岂容添注カメ！噫,立宪国！

---

① 根据2月23日日记,此处应为"マルクス之《共产党宣言》",作者所记有误。

3月15日（二月十三日） 星期日 晴

午后至布宣处，晚归。今日为日本社会党森冈永治、竹内善朔、阪本清马三君释放之期，申叔等为开会于"小石川白山御殿町植物园草亭内"。日前曾在〈有〉邮片招往，吾本拟与昧生同行，而昧生适以嘉府开恳亲会事未克往，予亦不往矣。

3月16日（二月十四日） 星期一 晴

不上课。逖先来矣，携来食品颇多，老饕亦有吃福哉。

《周礼正义》（孙仲容疏）彼已代为购得。计诸经新疏，余所有者为：《易》《书》《诗》陈奂《诗毛氏传疏》《礼记》《左传》《公羊》《穀梁》《尔》郝懿行《尔雅义疏》《论》刘宝楠《论语正义》《孟》《孝》《仪》胡培翚《仪礼正义》《周》孙诒让《周礼正义》。逖先又携来江声之篆书《释名疏证》等，见之喜极。江之疏《释名》，于后起之俗字，悉更以《说文》正字，其有不备者，则以叚字通之。后儒病其改字太多，余则谓刊刻古书自应如是，亦正文字之一道也。

3月17日（二月十五日） 星期二 晴

不上课。是日薇生去矣，迁至田立高，与陶君焕卿同居。闻不久仍须迁他处云。

3月18日（二月十六日） 星期三 阴雨

竟日不雪矣。未上课。整理物件者竟日。

3月19日（二月十七日） 星期四 阴雨竟日

不上课。整理物件将毕矣。

此次试验成绩表出，体操落第亦意中。予惟伦理竟考其甲，殊属不解。宫田修课未必有此高思想，殆竟吓破鼠胆耶？

晚餐逖先以海盐土产之海货曰"沙虎"者（形如小蟹）饷客也。物初系浸诸糟中者，取置热酒内，浸许时以吮，其腹中为流质，甚鲜美。予因之饮酒过多，颇觉头眩不适。

3月20日（二月十八日） 星期五 阴

天气渐觉其暖矣。今日仍不上课。上午伯匋来。

3月21日（二月十九日） 星期六 阴，午后渐雪

未上课。今日午餐逖先、冕伯以家乡带出来之火腿、酱肘子等饷大众，在太和馆食之,余亦在焉。

午后至伯匋处。

归见眛生在焉,言明日将往太炎处,当同往。

3月22日(二月二十日)　星期日

上午与眛生至太炎处。意欲请太炎来讲国学(先讲小学),炎首肯。惟以近日有蜀人亦请其教,言当与蜀人接洽云。午后至讲习会。今日请宫崎民藏到会演说农业与平民之关系。宫崎氏在日本创土地复权同志会,彼系主张共产主义者。后又演述运动农民之方法。申叔演述法律之害人。太炎言人之恶起于有知识,诚欲尽善,非使人野蛮不办。末申叔复提议 Esperanto 现拟开之。大杉出狱,亦在尔矣。

3月23日(二月二十一日)　星期一　晴

日暖风和,大有春象矣。

第二学期,自今日始上课。

上午四时之日语……上的。午间觉腹痛,手冷,大有疟作之势,因停止上课,故午后未上。

晚餐与迪先、勉伯、让庼四人回答〈吴〉吾孟班女士及张焕伯席,焕伯适出,即独请吾〈吴〉氏一人。

3月24日(二月二十二日)　星期二　晴

热甚,大有中国四五月景象。上课的。午后至金ノ汤浴。在外间脱衣,竟不觉一点冷。

眛生来,冕伯尚有余之火キ,因煮面大众食之。眛生是晚宿此间。

3月25日(二月二十三日)　星期三

上课二时后即不上。午后至太炎处。眛生昨言四川人那边已去接洽过。知太炎系令人看段注《说文》云。因与太炎讲及最好编讲义,用誊写板印之,太炎似首肯。太炎言程度较高者可看段注,次即看《系传》,一无所知者止可看《文字蒙求》矣。

3月26日(二月二十四日)　星期四

未上课。

3月27日(二月二十五日)　星期五　阴

伯匋来,午餐后去。下午眛生来,今晚仍宿此间。未上课。

3月28日(二月二十六日)　星期六　阴

午后未生又来,今晚彼仍宿此间。未上课。

3月29日(二月二十七日)　星期日　阴

上午有一湖州人来(名徐家麐,字幼甫),是徐和甫之子,仲华之弟。真是面目可憎,语言无味,然亦固其宜也。午后至太炎处,询讲小学事。言昨日四川人业已拟定。场所:帝国教育会;日期:水、土曜;时间:二时至四时。先讲小学,继文学。此事告成,欢忭无量。浙人凡五:1. 余;2. 遂;3. 大;4. 复生;5. 未生。

Esperanto事亦将定夺,大约每星期五时(土曜无课),分二班,一用英文书教授,一用日文书教授。因太炎要迁,故场所即定于麴町永田町六ノ廿一。归访大不遇,乃至伯匋处少谈。

阅《中外日报》,知《国粹》四年一期已出。因函步匋,托其代买。

3月30日(二月二十八日)　星期一　晴

未上课。日间访大数次,未遇,疑其考毕后出门,或彼转于素乐等处,因至杭人孙向宾处访之,竟见。因同来中村馆,今晚宿余处。

3月31日(二月二十九日)　星期二　晴

今日毯孙迁居于本乡。未上课。上午偕让堷同至植物园。天气颇暖,大有中国四月情形。

午后至申叔处,今日商议エスペラント教事,计在报名者已有十余人。太炎竟告知伊明日必迁。

4月1日(三月初一日)　星期三　晴

未上课。晚未生来。

4月2日(三月初二日)　星期四

至小石川大塚町太炎新屋处,知未迁来,日内寓民报社云。至神田路购书籍。午后归。

4月3日(三月初三日)　星期五　晴,午后渐阴

午后至太炎处(至民报社,太炎已迁出麴町)。晚归。

4月4日（三月初四日）　星期六　天阴雨

午后国学讲习会开会于清风亭。今日太炎所讲者为古音旁转、对转诸端。商议定为已〈以〉后礼拜三、六两日开会于帝国教育会，一星期共五小时：三：三至五；六：二至五。未知与エスペラント有冲突否也？

4月5日（三月初五日）　星期日

今日为清明日，仍雨。真是"清明时节雨纷纷"矣。

午后未生来，晚宿此处。仲权适外出，今晚不归。因抱被至仲权房与薇生作夜谈。晚间有送电报者来（约十一时光景），门已闭，彼大叩三下，声甚响且急，令人惊骇，疑为盗至。此等地方极害他人，岂是文明气象！

4月6日（三月初六日）　星期一

上午阴，渐放晴光矣，大喜。

午后至申叔处，今日为エスペラント教授开始日。今日且不教，先由大杉荣演说。学エス亦非甚易之事。大约谙英文者三月小成，半年大成。不谙者半年小成，期年大成云。改定时间为每星期月、水、金三日之五时半至六时半。甲班（谙英〔文〕者）月、水、金，四至五半。乙班（未谙Eノ）用课本为Ekzeγcaro de la lingvo Esperanto（世界语练习）乙班。余在乙班。惟水曜日时间与国学讲习会又有冲突，因至神田董修武处商议。伊言此水曜日只可照旧，后当再与同人酌之。未知能改期否，若必不能，则吾决计上国学班，赖エス班矣。盖此次请太炎讲小学、文学，大非易事，以后难再，真是时哉不可失。二者比较，エス究非难得之事，况又有仲权等去上班，竟可借抄矣。

晚至大处，路滑甚，几陷坎中，因宿大处。

4月7日（三月初七日）　星期二

晴，渐又暖矣。

午前十时许归。旋毯孙来。

下雨渐阴，晚又雨矣。毯孙今晚宿我处。得特生片，知明日已定帝国教育会矣。

4月8日（三月初八日）　星期三

天又雨矣。每逢讲习会必雨，天真厄我哉。午后至教育会。今日系讲《说文》序。言下次须教部首云。

天甚冷。早睡。

4月9日（三月初九日）　星期四

晨起，见雪花大飞，可谓奇怪。旬日之前天气已极暖，忽有如此大雪，真异事。据日人言，樱花开时节而如此大雪，亦所未见云。道中地上雪盈尺余。午后出门仅行至学堂面前而鞋履尽濡，且途中积雪非冻即融，冻者固滑，而融者其浮面仍与雪齐，尤觉难行，因归。

午后雪渐止而雨纷纷，未知今晚何若？深冀明晨之晴。及晚，闻雪块不平声下地声甚响，屋为之震，知屋脊之雪渐融而积于[头]檐头者，因之滑下也。如是者一夜。得太炎信，言帝国教育场所太贵，每月需价二十五円，而太炎现迁大塚町之屋，楼上有十一叠之屋，可供讲习之用，地方风景最佳，有如园林，大喜。因函告董特生。

4月10日（三月十日）　星期五

黎明时掀帘望窗外，见曙光已现，喜其晴矣。特雪融，路上之泥滑难行，殆亦苦事。午后至外，见旧书肆有石印《春在堂全书》，需价四円五十钱，余固久觅此物，今见此板，其字迹尚明晰，因购归阅之。盖俞氏书之多，实差与杂（四百余卷），而精者实占少数，如牙牌数、灯谜、时文、楹联等亦与《群经平议》等一同刊入，真太混杂矣。

晚得董特生来信，知已租定神田大成中学校屋，每月赁金十円云，则太炎处一时只好作为罢论。况闻太炎迩因无钱、亦未迁往该处云，则固不妨，姑缓也。

味生来。

因思每周礼拜三世界语及国学振起社班冲突，二者既不可得兼，则吾宁舍エス而取国学，故今日函汪公权与刘申叔，言不去读矣。

4月11日（三月十一日）　星期六　晴

路上渐干矣。

午后至太炎处，告以已定大成中学校事。旋董君来，与同至大成。今日自二至五点共教三点。教部首始一终桀（五篇止），始知部首诸字，今不用者往往即为某俗字之正体。如癶即拋，屮即拐，雠即俦之类，余别以小册识之。

课毕，与逖先同至范拱薇处，旋归。检阅石印《春在堂集》，字迹虽尚可看，然颇有误排之处，而误字亦颇不少，此由原刻本不见佳，一翻石印，模糊之处，经不学者修改，遂成谬误。如今得此，虽慰情聊胜于无，然他年终当购木板者观之也。

4月12日（三月十二日）　星期日　雨

至毯孙处。午后四时出至外，四时雨已止矣。未知明日可晴否？晚归。

4月13日(三月十三日)　星期一　雨,晚益大

今日沈复生去矣。

4月14日(三月十四日)　星期二

晴,光放矣。未知能老晴否?晨,有面目可憎,语言无味之求德臣来。今日早稻田开运动会,余与大同往观。

4月15日(三月十五日)　星期三

阴,风大,颇冷,意者明日又将雪乎?午后略有小雨,旋止。上午阅《史通》,自《编次》至《浮词》。下午偕未生至民报社,旋出至大成中学校。今日仍讲部首,始木终象(六至九)。始知宀(縣密之縣)从(人林立之林)皆应有本义,特今借义行而脱本义耳。而世人竟呼宀曰宝盖头。以从为古众字,小学日微,无人能识字矣!

归途欲乘电车,而以人拥挤过甚,因步行。顾余不识路径,因沿电车道行。自神田里初传町直行至靖国神社,仍沿电车道行,一路樱花盛开,而地颇少人行,至半藏门,乃转弯而向麴町道去,过麴町二丁目而至十丁目,乃至四谷学笛町,路愈迷人,亦晚,乃命人力车归。

得不庵信,言醇酒妇人尚在政法之上,进学堂不如往妓馆,谅哉言乎。得景庐赠我《国粹学报》第四年大纪念号。

在民报社见《万朝报》,有一节言太炎辞革命事而为僧侣,且与张之洞之侦探通情云云,是必汪公权所为。人之无良,一至于此,殊为可恨!太炎前之迁出,本因小有口角(为溥泉事)。此事本汪理屈,而今又为此,是真小人之尤矣。

来信:景庐、不庵

记信于此始是日。

4月16日(三月十六日)　星期四　晴

午后录部首诸字杂记稿。余不善抄讲义,故讲堂所述,归家时即自己亦不知道,因此须四面翻书,始可得之。今日弄好六十余条。

4月17日(三月十七日)　星期五　晴

夜抄部首二纸。

4月18日(三月十八日)　星期六　晴

上午又录《说文部首杂记》,录出一纸。

下午至大成学校,今日部首教毕矣,乃取许书各部之字其有关于训诂者(转注、假借等），或炎师意见有与前人异者说之。今日教"一、上、示、三、王"五部，就中新解者，如禅字谓非禅袭也。禅袭之禅当作单。单，《说文》云："大也，从吅甲阙。"不得其解，后之说者悉皆荒谬，盖《毛诗》云："其军三单"，《传》云："单，袭也"。此是单字本训，至作嬗，作禅，悉是借义云云。

4月19日（三月十九日） 星期日 晴

颇热。午后毯孙来，与同至丸善购蒟蒻板一付，价仅一円九十钱，而东西干净，实较真笔板等为善。

清谋先来，谈及伊家中及伊岳家旧书颇多，欲估之，度必有可观者。逷先今夏拟归国去看之。

室中乱摊得不像样，客人又多来，天又闷热，无聊。

4月20日（三月二十日） 星期一 晴

整理书籍。

4月21日（三月二十一日）星期二 晴

整理书籍、衣服。

4月22日（三月二十二日） 星期三 晴

上午未生来。

午后先至太炎处。太炎出一篇曰：《驳中国用万国新语说》，将《新世纪·万国新语之进步》一篇驳尽，且中多精义。又将神瑛三十六字母改用小篆取最简单者用之。将《广韵》二百六韵并为二十二文（上、去、入规以〇），亦用小篆最简单者改之。言反切上一字字母下一字字母所成，仅用韵母字母即可相切，故作此形，期可如日本カナ之注音，法甚善也。因交我令即印出。与太炎同至神田。余归先写一张，明日拟用蒟蒻板试之。

今日教玉部至中部。

4月23日（三月二十三日） 星期四

上午大雨，午后晴，晚间又阵雨。

逷先患胃病，今日赴胃肠病院疗治。印太炎稿。岂知蒟蒻板已坏，印出来有模糊之处，且亦不能多印。而欲者又颇多，并拟输入内地，因拟石印。午后偕未生、冕伯同出询问。据说二十丕其，洋板印，不施表纸，一千部价廿四円云。惟彼云必须另用一种薄滑脆之纸，胶如漆之墨书之，颇难写，不能成书。回忆中国有以前人书画石印者，则即用平常纸笔写之，有何不可。恐是彼店欺人之谈，因函未生，托其明日再询问矣。

4月24日（三月二十四日）　星期五　晴

在太炎处者竟日。知刘林生与汪寄生拟调和章、刘间，章颇愿。因致函规刘，托刘林生携去。申叔亦本无不可，而何震、汪公权二人坚执不可调停。申叔内受制于房闱，外被弄于厮养，默默无言，事遂不果。噫！立宪党与革命党应该冲突者也，而谈排满者与谈无政府者乃或起冲突，而其故又极小，不过为银钱事，使外人闻而解体。可叹！可叹！

4月25日（三月二十五日）　星期六　晴

今日教艹、蓐、井三部，知[知]葡萄当作蒲桃。萄系另是一字，葡系俗造之字。蔷薇之蔷不应作蔷，蔷音啬，别是一物。

印刷事，董修武以石印太贵，言彼有熟识之店，石印甚廉。言须改询彼处，明日复我。看其究竟如何。

4月26日（三月二十六日）　星期日　晴

午后董修武来言石印一样贵，定需排印，止需九元，加表纸十二元云，随他去弄罢了。以后太炎再有《音韵札记》诸篇来，当即用誊写板〈版〉付印，给了他们，吾们自己随后再好好的用石印，岂不妙哉。因拟输入内地并需要者多人，则用石印而卖之，亦大合算之事也。因以此意函致未生。

4月27日（三月二十七日）　星期一　雨竟日

闷甚。未生请我书《李陵答苏武书》一篇，因书之。

4月28日（三月二十八日）　星期二　阴雨

晨，董特生来，言印稿中五十八篆字需我写好刻木戳付印，云又要加四元，唉！真是何苦来。早知如此，印石印岂不大便，因写就寄之，然吾们将来仍须重付石印也。

穟孙来。

得菊圃信，知《新世纪》中《人类原始说》《礼运大同义释》篇系彼所作。著作自较《新世纪》"燃"、"真"诸人为高，但多穿凿附会之谈。年来之人不肯实事求是，总是喜欢纤巧，遇一二字之巧合者，硬要附会，是一大病。观其来信，知此公近日亦颇有《新世纪》看不起中文之思想矣。唉！

4月29日（三月二十九日）　星期三　晴

点《史通·叙事》《品藻》《直书》三篇。

《新世纪》四十号到。愈出愈奇。前拟用万国新语代汉语,已觉想入非非,今复有创中国新语者,其编造之字身、句身,以知字能识万国新语为目的,此等可笑之事,太炎谓其发疯,诚然。

今日教小部至此部(二篇上),囗囗部之毁训乱也,工交囁。因思此事颇可译为同盟罢工之用。

5月2日(四月初三日)

今日从"正"部教至"言"部,未终。

5月4日(四月初五日)

阴雨竟日,颇闷。

逊先来。晚吉田印刷所寄来校对稿(即太炎作),仅八叶,计全篇约二十一叶,今此仅三分之一耳。满纸误字,几不能改,因他原稿糊涂,其实亦因初排,彼知必校,因尤撒烂屙耳。

5月5日(四月初六日)

晴,天甚热,且闷,恐还要落雨。

晨将校稿寄出。午后至太炎处,傍晚归。

知孙军克复临安、囗囗① 两府,颇喜。惟未知究属确实否,因此电系宫崎处传来,而《民报》社反无电也。

5月6日(四月初七日) 晴

今日逊先出病院矣。

本日《说文》自"言"部续教至三下之"又"部。

未生来,知公权那面竟欲施放种种陷害人之手段云。爱国志士、革命党、社会党、无政府党,果如是之阴险,而权利心若是之甚耶!

5月7日(四月初八日) 晴

晨,吉田印刷所又寄上一至八叶再校稿,误字虽稍改些,然错的仍不少。又将第九叶以下约五叶光景,因太炎原稿太糊涂,故寄归,欲我誊为楷书云。真讨厌!排印一事,固较木板为易,然亦有大不好的地方,即少僻之字,或《说文》正体写法,多为彼所无(篆字更不必论),强使刻之,率大小不一,字体位置不匀,且点画之间,多有谬误。故吾谓草刻杂志报章如是可也,若欲认真刻书,木板既不可必得,则求

---

① 原文如此。

其次,石印可也。盖如今印刷局所有之字,多就一般时下文章所通用者,且字体一遵《康熙字典》,俗讹之体,杂出其间。吾谓必欲铅印者,则若有资本,自开印刷局,自铸字,不假乎于他人,而后可以无误。至于纸张,则最好是日本美浓纸,其次则米纸、竹纸皆好。装订必以华装为最合,洋纸洋装实不相宜也。

至于误字之多少,殆由于校对之精否。或谓西文字母止廿六个,故西书罕见有误,华文字多,故多误。是殆不然,试问日本印刷误字究少于中国,而近来书籍中嵌印西文者,其误尤甚于汉文可知。

5月8日(四月初九日)　晴

将稿子抄好寄出。

5月9日(四月初十日)

本日《说文》自"宀"部至"目"部。

5月12日(四月十三日)

大雨竟日,闷热之至。

晚为逖先录《别赋》一通。

未生、焕卿皆来,宿此。

闻吴稚晖又有复信致太炎。(吴第一信及章答信均载《民报》十五期。)

5月13日(四月十四日)　晴

阅《朝日报》,知孙军在云南大占优势,满奴锡良着实得要不得云,哈哈!(晨将抄稿寄出。)

午后至太炎处,适炎有答日本《东亚月报》中梦庵一信,索取梦庵原作,名曰《寱语》,中言佛教无裨于中国之革命救亡,又颜回之箪食瓢饮陋巷,为败坏中国之民德云,利禄思想,装满脑筋。如是如是,真可怪也。尤奇者,彼身为僧,而若是诋斥佛教,真怪事也。

索阅吴信,满纸皆无赖语,真可笑。

与太炎论中国字体宜厘正事,予谓宜以五百四十部首之体写正,而后各以所属之字,从各部首而更正,则无谬而可划一矣!太炎谓然,惟如癶嵞等,依《说文》颇难改是实,择隶体之近是者用之。盖楷书本由隶变,用隶改则亦较易也。顾蔼古有《隶辨》一书,集诸隶作,颇足供参考。而卷末复以五百四十文之有隶者另附一卷,择其近似者大书之,其他写法注于逐字之下,颇佳。

今日教"皿"部至"叙"部。

晚,九至十三页之稿又来,幸少误字。

5月14日（四月十五日）

为心田书尺页四条，左太冲《咏史》八分之四。

晚至大处。

5月15日（四月十六日）　晴

今日日本报载云南消息，事如左：①

午后为逊仙书《五柳先生传》、《庄子列传》、《老莱子传》。

5月16日（四月十七日）　晴

今日《说文》教"歺"部至"竹部"。"竹"部之"笑"字，自来聚讼纷纷，无由折衷，质之太炎先生，亦谓此字究不可知，若如作笑，李阳冰谓："竹得风，其体夭屈，如人之笑笑"，则直作"夭"字可矣！《论语》"申申如也，夭夭如也"之文，固可引申也。余谓江艮庭、俞曲园诸公皆谓即"芺"字之讹（严铁桥似亦谓如此），证诸《汉书·王壹传》之"关"字（"丷"即"艹"，大隶书"夭"每如是作）②，其说似长（惟俞谓"芺"尚是假字，正当作"咲"，汉碑之"咲"，即其变体，则未免杜撰矣！汉碑作隶，多取侧媚，罔顾字形，不得据为典要也）。然"笑"字自《玉篇》《干禄字书》《五经文字》皆如是，作此字，或亦有所本（"笑"字则是李阳冰等所妄作，唐玄度等承之，不足信也）。段氏补于"竹"部，亦可厚非，窃谓如今写此字，必欲强求稍是，则"笑"体似可从也。

晚伯衡来。

5月17日（四月十八日）

阴雨竟日，闷闷。将《说文》部首从篆体厘正书之，拟明日就正于章先生。

阅《春在堂杂文》，见有《雷甘杞〈说文外篇〉序》，言"其书十五卷，先举《四书》中字，次及诸经中字，凡《说文》所无者，皆于《说文》中求其本字，各有辨证，疑则盖阙，而《玉篇》、《广韵》中字之常用而不可少者，亦附考之"云云。其书未知曾付雕否？看来颇佳也。

5月18日（四月十九日）　晴

6月1日（五月初三日）

自本年本月起，以后日记绝对的不许赖，赖夕ナラバ手心ヲ打ツ。

---

① 原缺。

② 此处钱玄同记忆有误。《汉书·薛宣传》："设酒肴，请邻里，壹笑相乐。"颜师古注："关，古笑字也。"

时晴时阴,有小雨,盖梅雨期ニ入シナリキ。

上午毯来。

下午陶夷来。

为讲习会印太炎《古双声说》《古今音损益说》五纸,未毕。

未生来,言傍晚时,张之铭来访我与毯云,未知何事。疑是存博物教材集成馆中吾ノ书事,因作函询之。

发长矣!刘之归,又自悔曰:凡物必任其自然,吾发之长,发之自然性也,割之使短,涂之以短,非发之性,夭遏其自然之性,矫揉造作,不合于鲍生之旨矣!

6月2日(五月初四日)　晴

上午复印二张,二稿既印毕矣!

午后至太炎处,晚归。

得岳信,知我之旧书,均存古越藏书楼,归取时殊讨厌也。

6月3日(五月初五日)

晴,天气颇热,宜衣葛矣!上午偕逊先同出外,至时新号料理粽子を食ル赏端阳也。

今日《说文》自"右"部讲至"瓠"部。

晚至大处,归已十一时许,路上阒无行人矣!

6月4日(五月初六日)　晴

△△为逊仙写《长恨歌》一篇。

午后颂贤来。

6月6日(五月初八日)

至太炎处,见太炎正为《四破论》一篇,破(一)进化、(二)公理、(三)自然、(四)△△。此文若出,足箝《新世纪》诸獠之口矣!

本日《说文》教自"宀"部至"西"部。

《驳义》发出,每人得三十五本。

晚视心田肾囊病,闻未痊可云。

6月7日(五月初九日)

至伯衡处,将《驳义》送彼一册。又访伯匋。

晚颂贤、大来。

6月8日（五月初十日）

晴，闷甚。午间大雷阵雨，旋止。

上午至本乡，购书、信笺等。

6月27日（五月二十九日）

日本堺利彦诸君被捕事，我函询申叔，今日得复。申函并谓：世界语夏期讲习班仍旧开设，由大杉荐人代，有愿肄此语者，仍可于日内报名，云云（根据申函补记饼）。

7月1日（六月初三日）　天气颇冷，阴雨竟日

上午季谦来。

午后购得《平民科学》二、三、四编。

至大成听讲"水"部、"冰"部之《说文》。

因申叔处又将开エスペラント班（夏期），自（阳历）本月一日起，至八月十五日止，每日晚间六至八时教授，颇愿往习，因往其处。知近日报名诸君，都将考校课，故不果行，须初五、六间云。

与申叔讲时事，伊总主张进步说，因甚以《新世纪》为是，又谓世界语言必可统一云云。果哉其难化也！然不斥旧学，贤于吴朓诸人究远矣！

7月2日（六月初四日）

阴雨竟日，冷甚于昨，大有九月初气象。

将《说文札记》"玉"部至"丨"部、又"正"部至"行"部录出一篇，不明者多。一则积日太久，脑中弥觉糊涂，一则初抄时更外行也，好在不久尚要听第二遍，再版再订正矣！（有许季弗、周……① 等，要趁暑假在《民报》社另班开讲听讲。余与龚、逊二人拟再去听。

未生来。

8月1日（七月初五日）

晴。午间微雨，旋晴，热甚。

自今日始，大成课改上午，每星期四上，冀避下午之酷热也。

今日讲王氏廿一部说，《庄子·逍〔遥游〕》至《人间世》毕。偕未生同至杨铭处，四时归。

---

① 原文如此。

购《天义》十五号。得申叔寄来《衡报》七号。

8月2日(七月初六日)　晴,热

今日将第一次所教《说文札记》录一录,自"攴"至"隹"。

未生来。

晚至大处。

8月3日(七月初七日)　晴

热甚,竟日不能看书。

8月4日(七月初八日)

上午至《民〔报〕》社上《说文》课,自"口"部至"辶"部。晚归。

8月5日(七月初九日)　晴,午后有雨

上午至大成上《庄子》课,因炎师来迟,学生均去,不克上。

午后至穟孙处,晚归。

逊先《音学五书》于今晨寄到,参考又得一书,甚喜!

8月6日(七月初十日)

竟日未出门,头昏甚,不能看书。

午后未、焕同来。

傍晚起阵雨,全夜不歇,大风乍起,有如海啸。

8月7日(七月十一日)　上午晴,下午大阵雨至晚

上午至《民〔报〕》社听讲《说文》,自"彳"至"言"。

下午为太炎录《岭外三州语》一篇。太炎因广州人多喜诋嘉应、惠州、滇州人为非汉种,故因温仲和州志,刺取若干语之有合于故训雅谊者,为《岭外三州语》一篇,附《新方言》后,以和齐民族。今日嘱予誊之。

归,晚卧床,觉风声雨声益大,屋为之震,声如欲圮,不能成眠。直至天明时,始稍安眠。

8月8日(七月十二日)　晴

至大成听《庄子》,《人间世》至《应帝王》。

午后至大处,晚始归。

8月9日(七月十三日)　晴

8月10日(七月十四日)　晴,傍晚阵雨,黄昏雨
竟日未出门,将前录《说文札记》四下抄毕。

8月11日(七月十五日)　阴雨竟日
上午至氓社上《说文》课,"言"部至"殳"部。
在炎处见吴敬恒第二次复炎信又来,竟是满纸谩骂,而于告密一事绝不提及矣! 不知炎何以答之?
午后归。
晚不成寐,夜半四时顷大地震,屋几倾。

8月12日(七月十六日)　阴雨竟日
昨晚不能安眠,今日颇觉神思昏昏。
上午至神田聆讲《庄子》,《骈拇》至《天运》。
午后以雨不出门,以神思昏不做事,惟看《阅微草堂》遣闷而已。
午后二时又地震,甚强。
阅《文史通义》《俗嫌》、《针名》两篇。

8月14日(七月十八日)
《说文》"殺"至"羽"。

8月15日(七月十九日)　晴
本日上《庄子》课,《刻意》至《知北游》。

8月16日(七月二十日)　晴
本日抄五上、五下未毕。
毯孙今日迁中村馆。
晚至大处。
黄昏大雷电雨。

8月17日(七月二十一日)　晴
本日抄五篇下《札记》毕。

晚间有狗肉王八之汪楞伯来,气极,因至大处。

黄昏有雨。

8月18日(七月二十二日)　晴,日中雨,旋晴

上午至《民报》社,听《说文》"隹"至"死"。

见张溥泉致章师信,中言已作世外人,从此种麦种菜,不与外人交接,此言未尝不中听。特又言:张继原是屁也不值的东西,不过比中国狗肉的四万万人高多了。又言:中国人种不久将灭了等语。真是放屁!试问张继,连谁国之人之屁也不值乎!心醉欧风者,虽谈无政府者亦若是。噫!章师复之曰:"做世外人很好,莫若做法国人才好。"

8月19日(七月二十三日)　晴

《庄子》教《庚桑楚》至《寓言》。

8月20日(七月二十四日)　晴,甚热

竟日不出门,亦不做丝毫事。

8月21日(七月二十五日)

本日《说文》教"丹"至"角"。

剃发,头光为僧,不亦快哉!

8月22日(七月二十六日)　晴

本日《庄子》讲完。下次当讲《离骚》矣!

午后至余杭处。

余杭言:晋人清谈,人品最高,无国家思想,而有种族思想云,理学诸儒便远不逮清谈,及至进化、功利诸子出,又不逮宋儒矣!世风日下,信夫!

8月23日(七月二十七日)　晴,热

至图书馆看江沅《说文解字音韵表》,张成孙《说文谐声谱》二种。江氏依段氏十七部之说,将《说文》之字,按其以某声一一分配于各部。张氏分为二十部,其分配从某声字之例,亦大致相同。又看王锡侯之《字贯》,此人因作此书而杀头。曾闻人言,其驳《康熙字典》,又有人言其玄烨、胤禛、弘历(王,乾隆时人),诸字皆不缺笔。今取观之,其书陋妄,直与《字典》等。而《凡例》所云,更不如《字典》,酋名之避,皆特书于卷端。书中亦无驳《コーキジテン》语,不知何故被禁?意者因其序中有"《字典》字,多有难检之说"耶?

8月24日（七月二十八日） 阴雨竟日

理书物者竟日。

8月25日（七月二十九日） 阴雨

《说文》教"竹"至"、"。

晚归，见《新方言》稿已印好数张寄来，校见其中没有之字甚多，在此间排印，此事总难也。

略校二、三张即睡。

8月26日（七月三十日） 上午阴，旋晴

今日讲《离骚经》、《九歌》。

下午为炎师校《〔新〕方言》印稿。

8月27日（八月初一日） 晴，又热矣

8月28日（八月初二日）

《说文》"丹"至"木"部未毕。

8月29日（八月初三日）

《楚辞》：《天问》、《九章》。

8月30日（八月初四日） 晴

8月31日（八月初五日） 阴，夜有雨

上午织周来，下午季谦来。

午后录《札记》稿"木"至"贝"。

9月1日（八月初六日）

《说文》"木"至"才"。

9月2日（八月初七日）

《离骚》《远游》《卜居》《渔父》《九辩》《招魂》《大招》《惜誓》《招隐士》《七谏》。

本日冕伯等来矣！

9月3日(八月初八日)　雨

抄《札记》稿六下,"食"部、"邜"部。

9月4日(八月初九日)　雨

《说文》"叒"至"鼫"。

9月5日(八月初十日)　晴

本日《离骚》《哀时命》《九怀》《九叹》《九思》(ヲハリ)。
晚汪心田煮火腿,招我去吃,老谗有福。

9月6日(八月十一日)　晴

午后至未生处。
晚冕百又煮火腿,老饕又有福气吃。

9月7日(八月十二日)　晴

毯孙今日乘火车赴札幌。
抄《札记》稿七上。
午后至未生处还《札记》稿,至董特生处取借去之《札记》稿。
晚至大处。

9月8日(八月十三日)　晴

《说文》教"曰"至"录"。
予主张顾氏所言复三代古韵之说,惟苦于切音之术。炎先生谓,字纽止须除去舌上、齿头、轻唇、半齿便是,存廿二纽文 〔手写古文字符〕。纽文止须依王氏廿二部,作二十二字,上下相切,仍与切今音同,惟纽文均文字之音,亦须读古音了。
晚抄章先生《说门》。

9月9日(八月十四日)　晴

今日起教《尔雅》矣!

9月10日(八月十五日)　晴

抄《札记》稿七下未毕。

晚汪心田又煮火腿,嘱吾往食之。

李叔美忽来东,闻拟入成城,先习日语等,拟习海军云。然伊体格未甚佳,恐难合格也,今晚来访予,即宿余处。

9月11日（八月十六日） 晴

因各人校课(学校已开)多有冲突,故今日停上《说文》课,容再议之。

晨送叔美至季芇处。

午后大来。

9月12日（八月十七日） 阴雨竟日

上午抄录七篇下毕。

午后至大成上《尔雅》课。

归至《民报》社,因雨故留宿。

有法报上言,哥仑布未至美洲之前,法显已先往云。太炎先生因作文以考之。

9月13日（八月十八日） 阴雨,午后晴,黄昏又雨

午后归寓,适蓬仙在。

晚餐有何君者,海盐人,又煮火腿吃。

9月14日（八月十九日） 晴

抄太炎先生《庄子札记》及《说稽》一篇。

傍晚叔美来,与同出吃料理,晚宿我处。

9月15日（八月二十日） 晴

午前至心田处。

午后抄《章先生与尤莹问答记》,未毕。

未生来。

吉田印稿再校,直至今日始来,计离初校(阳八月廿六)已二十日,可谓速矣！而新铸之字多不成体统,且脱去者不补,小注不加点,校对之下,非常昏惘,因与未生、逖先同携稿至炎处商量。余等主张不与该庄印而自用石印,交上海印(因此间石印必须用不可思议之纸墨写也),华式装订,既可无讹字,又形式上亦较雅观。炎亦以为然。拟明日与董修武商量,未知做得到否。

钱尚未来,焦急万分。黄昏再作致显信以催之。并函涟兄,嘱代催显。

9月16日（八月二十一日） 晴

上午将吉田印稿校毕。

今日午后之《尔雅》课赖了，其故因印《新方言》之事，余与董、章二人以前辩过好许久，他们都见我讨厌了。今日我尚〈倘〉在场劝说，将反致偾事也。又如改石印，事成将使我写，尤不便帮说，故竟赖一班，让逖、未、大、范诸人去说。

9月25日（九月初一日）

午后屈伯刚来。

9月26日（九月初二日）

今日《尔雅》吾未去。

抄《说文札记》八上，未毕。

9月27日（九月初三日） 晴

今日见有法部主事江某奏请废汉文，用"通字"云。通字系用罗马字母二十改其音呼者。噫！近日闻学部纷纷调王照、劳乃宣入内拟简字，复有此獠出现，何王八蛋之多也。

今日《说文》教"夥"至"人"，未毕。

午后大及逖同至董处，商议退店法，归言可望成云。

晚至大处，与论小学事，伊言际此内惑于简字，外惑于エスペラント之时，吾辈宜风雨鸡鸣，为砥柱中流之计，故此后小学必宜教识字，由象形而指示、会意、形声。日识四字，不三年而籀书九千字尽识矣（字形）！于是渐教以转注、假借（字义）而音韵，及中学毕业，而普通文字，必甚好矣！余甚谓然，拟与不庵议之。

9月28日（九月初四日） 晴

上午至贝锦霞处。

下午屈伯刚来。

10月3日（九月初九日） 晴

晨屈伯刚来。

今日脑力大减，脑筋大乱，故《尔雅》课竟赖了。

晚至布宣处。

归见叔美来。是晚宿我处。

与汪心田、徐冕伯诸人对神仙对，直至三更始寝。

10月4日（九月初十日） 晴

《说文》教"人"至"衣"。

傍晚叔美又来,旋归。
闻潘芸生来东,因访之。知彼与莫叔覃同来,拟入早稻田专门□学政法。又有程敬吾及安吉赵君,拟来学师范云。

10月5日(九月十一日)　晴
午后至周伯匋处吃火腿。

11月1日(十月初八日)　晴
上午上《说文》课,"丸"至"兔"。
在太炎处见《国粹》八号中,有朱九江弟子简竹居《礼说》一篇,其意盖刺今之学校诖时,男女混杂、政以贿成、夺情起复诸端,皆引经据典而驳之。陈义虽太陈旧,然以砭今时之弊,即此亦佳也。闻简近在〈为〉礼学馆所招,辞不往,亦隐居高士也。
数日前《民报》与日政府冲突事,今尚不了,而门前逻者数十,惧《民〔报〕》社中人刺唐绍仪。吁可笑矣!

11月2日(十月初九日)　晴
出门竟日。
至青木嵩山堂购得《庄子》《六朝文絜》以归,用之(二字不通得可笑)。

11月3日(十月初十日)　晴,午后阴,微有雨
李叔美来。
午后至大处,见伊卧病在床。前闻伊患臀疾,今更有寒热之势云。
晚抄《新方言》七《释天》一篇(全)。

11月4日(十月十一日)　晴
上午抄《新方言》一张(《岭外三州语》)。

11月13日(十月二十日)
今日《每日电报》号外云,载恬〈湉〉于昨晚死了。然不得真消息,各国公使馆均四面探访(号外一)。

11月14日(十月二十一日)　晴
午后二时顷得《报知新闻》号外,言载恬〈湉〉今日朝晨死,以载沣之子溥仪(八岁)为皇嗣,载沣摄政(号外 2)。闻今晚又有……① 报号外言:……②（号外 3)。

11 月 15 日(十月二十二日)　晴

　　今日各报载载恬〈湉〉死事,纷纷不一,或言已死,或言未死。又《每日电报》谓那拉、阿哥亦死,亦未确否。

　　晚七时顷,得《朝日》号外,言载恬〈湉〉于今日午前十一时死,载沣之子溥仪嗣位(号外 4),此电想必确矣！（案：死期纷纷传说不一,余谓必是阴历十月十九日夜,因嗣立事,秘不发丧,兹立储已定始发,故诡言今日死耳。)

11 月 16 日(十月二十三日)　晴

　　晨阅《朝日新闻》,见载恬〈湉〉遗诏已出,知昨晚之号外真的了。

　　晨十时顷,又得《朝日新闻》号外,言西太后崩御(号外五)。

---

① 原文空缺。
② 原文空缺。

一九〇九年

1月1日（戊申十二月十日）
发信：逖。

1月2日（十二月十一日）
发信：景庐托购□□本

1月5日（十二月十四日）
发信：逖速还某款。告讲书事，告刘事。
收信：逖

1月6日（十二月十五日）
发信：景告刘事。

1月8日（十二月十七日）
发信：显（有稿），书卜乂。
　　　复不庵（有稿）。
　　　逖问押四月款事，告讲书事、讨苘字书、《复古编》事，一字一行本事。

1月10日（十二月十九日）
发信：九思。

1月11日（十二月二十日）
发信：屈伯刚托《国粹丛编》。

1月14日（十二月二十三日）
发信：逖先复。

1月16日（十二月二十五日）
发信：逖附汪。告将讲《汉书》。

一九〇九年

1月20日（十二月二十九日）

　　发信：不庵。逊先附汪。丈母。

1月22日（正月朔日）

　　余今年廿三岁。回忆自十二岁丧父以来，忽忽十年，所作所为，无一是处。今幸迷途之未远，迷阳之可复，故今岁以后，当壹志国学，以为保持种性，拥护民德计。其有余暇，或治他国文字（如印、法、德、英等）。至于当世所谓当行□□之学，一切置之项后矣！

　　午间与晃伯等至鸿宾处吃年糕。午后作致景函贺岁，并劝其今后从事国学。

　　发信：稻二、菊三、景贺岁。

　　贺片：二郑、叔美、复生、周、江、索五、贝。

1月23日（正月初二日）　晴

　　为抄《新方言》事，迁至未生处抄，避邹〈鲰〉生竖儒也。

　　午前至未生处。

　　《新方言》未抄成者，约尚有一百纸，期以二月望间成之。

1月27日（正月初六日）　晴

　　抄《新方言》仅半纸，笔坏竟不能书，闷甚！

　　晚间作致不庵函，主张废楷书论，因今楷字体太谬，而钱楷则字画太多，不如径复楷〈篆〉书。

　　发信：郭附庄、景、毯。

　　来信：逊二信1、2、屈3、毯4。

1月28日（正月初七日）　阴，上午渐雪，晚有风

　　晨归中屯馆。午后为冕百至神田取钱。

　　浴。八日不浴，满身泥垢矣！

　　是晚宿中村馆。

1月29日（正月初八日）　晴，风

　　午前至伯匋处，不晤。至贝ㄙ处索得画笔二枝，为写《方言》之用。午后仍至未生处。

　　晚间在炎师处谈天，余主张废楷用篆说，炎师不甚许可，意其难行也。惟谓《说文》所无之字，作宋体之楷书太不佳，无已，则作隶或八分，庶稍雅观。余亦甚然师言。

今日未抄《方言》。

发信：不拟行篆文事。

屈托《国粹报》第四号。

1月30日（正月初九日） 晴，风

作致不庵信，谈废楷，只用篆、隶（刊书时写《说文》无而不能改之字用）、草三种而废楷事，未毕。

午后康心孚来言，《新方言》或可电光印，因以书废者付之，托其打听。

今日抄《新方言》四张半。

2月11日（正月二十一日）

稻香村十七钱。时新廿钱。

2月12日（正月二十二日）

稻香村十五钱。下宿クッター一双。

2月15日（正月二十五日）

发信：复继廿四史事，显住址事，券□。

毯：寄海岛捐款一纸。

2月16日（正月廿六日）

发信：范、显等信。

2月18日（正月廿八日）

发信：不庵写本字，字（也字）。

2月20日（二月朔日） 晴

午后上《汉书》课。讲完《律历志》，接讲《礼乐志》。

晚作致太炎师信，拟请其将全书悉改正字，让我来誊一遍，将来石印，以为正名之始耳。

晚复声来。

发信：景庐：复彼正月四月、廿二日两简。

2月21日（二月初二日）　晴，风甚大

上午至大处。

接兄信，并补助我正、二月费廿円。近日正在寅乡，且上年年底所借清款，本月阳历月底必须还清，得此恰可偿此债。

晚间作信四通。

发信：复念_{想读德文}。复菊、毯_{告权十円已代还籑}

来信：念廿元、菊ハガキ。

2月22日（二月初三日）　晴

午后录《广雅》札记四纸。

傍晚时至学校后田间散步。

将初来日本时之学堂课本及中国劣译之无谓书卖去，得金四円五十钱。

2月23日（二月初四日）　晴

上午至正金银行取小切手二十円。

午后伯甸来。

发信：毯十円。

2月24日（二月初五日）　晴

午后上课，《礼乐志》毕。（中《郊祀歌》数篇略诠训故）。续讲《刑法志》。

是晚宿炎处。

2月25日（二月初六日）　晴

今日炎师做就《苍颉解诂》一篇。晚间归中村馆，因次录之，拟付排印，期便确，师易瞭。

2月26日（二月初七日）　晴

竟日未出门。

午后未生来。

午后叔美来，还伊清款二十円。

晚逖先到，购到雷氏《说文》《说文拈字》《周书斠补》《文心雕龙》四书。二十四史未曾取到，殊怅！

2月27日（二月初八日）　晴，夜雨

午后至师处上课。本日《汉书·刑法志》完，续讲《食货志》。

晚敬铭来。

2月28日（二月初九日）　阴雨

上午作致卄〈共〉薇信①，托其至申时取二十四史。

午后冕伯烧火腿响〈飨〉客，食者十一人。

晚得季刚信，知彼已至申，将乘甘州丸东渡云。

发信：卄〈共〉薇附继介绍，继托卄〈共〉来取史，毯补官费事。

3月1日（二月初十日）　晴

晨偕逖先同至炎处，拟偕未生同往ヨコハマ接季刚云。已知未生去探听，知船尚未到。

午后归馆。

晚又得季刚长崎片，知明日或后日可到横滨。

3月2日（二月十一日）　晴

整理物件者竟日。

午后又得季刚神户来片，知明晨到ヨコ云。

晚到寄生来信，内附季刚信托我转交。知彼近亦略治经学、小学云。

3月3日（二月十二日）　晴

因季刚今日要到，故至炎处，促未生速至ヨコハマ去接，而季刚早至中村馆。午后与逖先同来炎处。

午后讲《汉书·食货志》，未毕。

晚间有警察来炎处促其去，始知以《民报》罚金若再不交，明晨当下牢，做一百十五日苦工以偿之。因之未生、兼士分头出外筹款，乃始无事而归。

季刚论字重声而轻形，盖高邮王氏之类也。

发信：复寄生。

3月4日（二月十三日）　晴，晚有雨

礼拜日之《说文》班，本应移今日，以昨晚事，今日辍讲。

---

① 本的3月22—23日的日记中均涉及范共薇信中谈"取书"事，此处当系"共薇"的省略写法。

午前归中村馆,得菊圃信,仍是满纸荒唐话,因再作长书以斥之。
晚券〈倦〉甚,早眠。

3月5日(二月十四日)　阴

逊先煮食火腿,共晚餐,八人食之。

3月6日(二月十五日)　阴,晚大雨

录《韵语解诂》稿毕,将拟付印。
午后《汉书》课未上,因头脑甚昏也。
午后伯刚、伯甸来。
晚与逊先论高等小学宜选之古文,计共四年,年以四十礼拜计,每礼拜读二篇,应得三百廿篇,殊难其选,盖又宜以记事、史传、信札等文为合也。

3月7日(二月十六日)　晴,午后阴

上午作复菊圃信,与之绝交。

3月8日(二月十七日)

作致不庵信,论文字、音韵之必不可不复古,又与之谈小学校应选古文コト。

3月9日(二月十八日)

抄《二十二古音表》(即《新方言》之末篇。)

3月10日(二月十九日)　大雨

午后至炎处,聆讲《汉书·郊祀志》,未毕,是晚宿炎处。

3月11日(二月二十日)　晴

今日讲《文心雕龙》八篇,讲毕即归。
午后未生来,逊先待酒,大醉而归。

3月12日(二月二十一日)　阴雨竟日

傍晚时至崔侨处,取归《国粹学报》第三年者,内捡出太炎《南疆逸史序》一篇抄之。因炎师需此入集,向我讨过也。

3月13日(二月二十二日)　晴

大风竟日,午后阴,微雨旋晴

晨九时地震。

本日《汉书》课未上。

至伯匋处，取回《国粹学报》四册。蒙彼等飨我以豚蹄。

晚十二时顷，地大震，屋几倾。余匿床下以避之。震巳烈，时又长。闻日人云亦罕见者。

3月14日（二月二十三日） 晴

至彭仙处。

午后归，未生来。

晚得幼楞信，知彼将去申，而云锡、显民亦将北上，而款项竟未提起，急杀！因即直函显民，并函显奥告急。

3月15日（二月二十四日） 晴，午后阴

昨与彭仙言及今之亲族名称鄙俚不堪，宜作一信书，以古式正之。今日因检取《尔雅》《释名》，对录古称。除姑之子、舅之子、妻之昆弟、姊妹之夫曰"甥"，及女子谓姊妹之夫曰"私"，五条似稍碍难行，其他皆宜取法《尔雅》为正（惟世父、世母似宜称伯父、伯母为是，因古者重宗法，故称"世"，今宜改去此等弊俗）。

晚餐后至伯衡处，十时顷许归。晚十一时许始睡。

3月16日（二月二十五日） 晴

晚间至大处，十时顷归。观（觉）微雨沾面。

是日叔美宿予处。叔美成城放春假，拟迁来余处。

黄昏雪。

3月17日（二月廿六日） 上午雪，午止

天气甚冷。

午后《汉书》课又未上。

是日叔美仍宿予处。

3月18日（二月廿七日） 晴

是日《文心雕龙》讲了九篇九至十八。在炎处午餐。

傍晚时归。与季刚同行，彼走得甚快，余追不上，不知其去向。

晚间叔美未来。

季刚有阮胡子《燕子笺》一部，借来于枕上看，一夜看完。

3月19日（二月廿八日） 晴

康心孚来，嘱予往教女生历史，每周三时云，余未定。

晚间与逖先谈论大同时之情形，逖先总以物质文明发达为词，甚矣文明见之打不破也。

是晚叔美仍宿予处。

3月20日（二月廿九日） 阴，午后至黄昏大雨

午后《汉书》课又未上，闻今日讲《百官公卿表》云。

马幼渔来，在此晚餐。

午后叔美迁回成城，因不能多告假也。

3月21日（二月卅日） 晴，天气颇暖

午后致彭仙处。晚归馆。

夜半大风，恐屋皆倾。

3月22日（闰二月朔日） 晴，天气温和

下午借取逖先、未生、卓身、兼士及余自己五本《文心雕龙》札记，草录一通。

晚间未生来，见范共薇致薇生信，有"取书详情，容越一日再告"之文。啊哟！不好了！取不动了！闻此信肝肠寸裂，五内如焚，因之早睡。

3月23日（闰二月二日） 阴雨竟日，甚冷

自昨晚得范取书消息后，闷闷竟日。吾思显既扣书不发，又不寄钱，索性与他绝了，从此不与往来，亦大好事，兼之 K 之性情亦殊难处，乐得做一世鳏夫罢了。唉！恶姻缘竟如是，为之一叹！

午后为逖先篆书《后汉书·郭太传》一通。

晚得共薇信，知书未往取，行取去云，然闻徐吉生似有不肯发书之意，心中稍觉一宽。然书仍是取不到耳。

3月24日（又二月三日） 晴

天气甚热，午后几可衣春服。

得毯信，又借得二十円，可以略开销料理帐矣！心中为之一宽。

作复毯信。毯欲为我向缃老求救，吾颇然之，因显处之款总无来日矣！

午后《汉书》课未上。

傍晚时散步田间，遇伯刚、伯旬。

发信：共(绍)附幻、吉(书留)。

不(禾)附サ。

穟附幻。

3月25日(又二月四日)　晴

《文心雕龙》今日讲至廿九篇。

师言王、廖、吕三人，皆不信《说文》(治今文故)，而未能昌言排斥，惟谓《说文》序中言："汉时称隶书为苍颉时书"之语，实在不错，许君惑于刘歆之古文云。然近来廖季平固昌言排斥《说文》矣！

是晚宿师处。

3月26日(又二月五日)　晴，一夜雪，甚冷

上午至神田，购得康有为《广艺舟双楫》及《大义觉迷录》两书。又见有近人新刻木版大字之《桃花扇》，甚爱之，惜索价二円，以无钱故，只好不买。

归，阅《双楫》，内述隶宗汉，碑宗六朝及隋，而卑唐以下。甚好。惟以古文为刘歆造及孔子作隶书等语，彼亦云然也。

3月27日(又二月六日)　晴

午后《汉书》课又未上。逖先归，闻后须讲《诗经》云。

3月28日(闰二月七日)　晴

上午晃百来。

拟抄《太炎全集》一部(自己作)，自本日始抄之，共抄二纸。

晚借逖先同至时新吃料理，而未生来。竟晚不成眠，直至天明始安眠。十一时始起云。

3月29日(又二月八日)　阴雨竟日

徐文藻来，午餐而去。

午后李永铭来，言季谦在公使馆得确信，知下月初四日将大地震云。东京为雾岛、阿苏、富士三火山脉交接之处，盖最烈云，然如何样子其实未知，大约初三日可知云。案外务省竟以此事知照公使馆，可知其烈。且东京有炮兵工厂，若一震开，则全市将成灰烬。故余不避胆小之名，倡议避地，苦于无钱乘火车，因质去无用衣物，得数円，然犹未足。

3月30日（闰二月九日） 晴

傍晚时未生来。

竟日心绪不宁，避难事又众论纷纷，无目的地，为之闷闷。

3月31日（闰二月十日） 晴

心中烦懑甚。上午散步田畎间，颇有所感。

午间冕百、晋良、叔美均来。

偕徐、良二人同至时新号吃料理，酒饮过多，觉头脑甚眩。

归，为遴先书隶古《古诗十九首》一纸，未毕。遴嘱我书，欲寄归，畀其子读也。

下午始讲《毛诗》，余以心绪恶劣未往听。

晚未生来。得不庵信并《韵语》刻成之样张一，刻得甚佳，然吾拟重刊一行篆、一行楷者。知共薇为我取书事不成，闷闷。

4月1日（闰二月十一日） 晴

地震之说愈听愈真。午后冕百来，群议商避之策。冕百等均主看了初三之报而走，吾为〈谓〉假使初三不登而初四竟震则如何？故宜早避为是。

傍晚时至神田访赵季谦，欲探取此消息从何而来，不遇。购得林译《不如归》一本，途遇凤章，因同至神田具美园晚餐。

4月2日（闰二月十二日） 晴

晨起甚迟，昏沉万分，因散步田畎间。

今日与遴先决行，至佐原处，因彼处无山，离火山稍遥远些也。午后三时三十分（与遴先同行），发两国桥（两国至佐原车料三等，1.06成田乘换），五时三十二分到成田，天色已晚，即寓贞松馆者一宵。惟该栈房系三层楼，地震压下来甚危险，故仍拟至佐原（因到成田时拟不再至佐原也）。

黄昏，雨。

计是晚宿、酒料（朝夕餐共）每人六十五钱也（三等）。

4月3日（闰二月十三日）

晨八时四十分发成田，一时间抵佐原（途经之停车场凡三，曰久住、滑河、郡），入平井楼而居之。该馆下女欲无礼，邻舍日人皆无状者，殆非正经下宿欤？闷甚！阅《诸子系统说》及《文例杂论》《人雕说》《大夫五祀三祀辨》《旅西京记》诸篇。午间起，大雨如注，至黄昏不歇，未知明日究震否也？

4月4日（闰二月十四日）

晴矣！日间与逖先同出，至郊外田间避震，盖在野地，无屋可倾，较不要紧也。行至一处，上有庙，庙后如山者，因上观之。因其上悉种果蔬，知非山，特平地之稍高者耳。

晚间甚热，竟不震。

傍晚时户外大噪，盖二日人相口口，一专打，一专骂，一不回手，一不回口，殊可怪。

4月5日（闰二月十五日） 晴

归。九时四十五分发佐原，十时四十分抵成田，十一时五十分成田发，二时五十五分着两国桥。乘电车归。微雨旋晴。抵中村馆。得毯孙寄来阿嫂去年游罗马王宫之日记数纸。

晚九时许地震，一动便熄，然其势甚烈。

今日《朝日新闻》言，东京昨晨九时解严，未知何故警戒？殆即地震耶？

夜半困勿著，起作致毯孙信一封。

4月6日（闰二月十六日）

阴雨，晚大风竟夜。夜半又不成眠。

4月7日（闰二月十七日） 晴，大风

天甚热。

上午作致不庵信，言信札称呼格式之宜改良。

午后札《文心雕龙》稿二纸。

屈伯刚来，知初三之晚，沨州筱处，有李盛铎之弟某，接得使署邮片，言地震①确实，劝之逃。其时冕、让、鸿等人适在沨州筱处，故阅信而连夜逃云。屈当时亦拟逃，旋止。

晚，老康来，嘱弟去教女生的历史云，须从董卓教起云，面倒臭イダ。

未生来，晚宿此间。

4月8日（闰二月十八日） 晴

上午去上《文心雕龙》课，今日恰好讲完了。

午后在太炎师处，见小将军信，云古今说解之差，由于籀书时音读之讹云，然其

---

① 原文中"震"字用籀文书写。

说恐不足成立。晚餐后归抄《小学答问》半张。

昨晚受寒,今日鼻塞,殊闷闷。

章师为逖先篆书《说文序》一通,颇改本字,予询之古人书胡可意改,彼言他书不可,独许氏书彼既以正名自任,不应俗借杂糅,故可代其改本字五条。此说甚是。若自己做字典,窃谓可以《说文》之说解改从本字也。

4月9日(闰二月十九日)　晴

下午抄《小学答问》一张。闷甚,因散步田畎间。归后取《汉书·[司马]相如传》中《羽猎赋》校改《文选》,因《汉书》所载多存古字,非若《文选》之妄加编第者可比也。

晚至伯衡处。

4月10日(闰二月十二日)

晴,傍晚雨,夜半雷雨风交作。天气甚暖,晚更闷。

上午为逖先书《古诗十九首》二纸半(隶古)未了。

今日晚餐康心孚请我在牛込市谷甲良町琦丰园吃局,盖请先生酒也。同座者为康及罗述祎君(罗即与康共办此校者),尚有日人三:一为理化教习,一为西史教习,均已教完,故即以饯之,尚有一人姓砧部,即大成之总理也。余以不谙日语,不与半〈日〉人谈半句话。

购得《昭代名人尺牍》,计廿四本,四円。内惠、戴、钱、段诸人信札俱有,读之如对古人。江声致孙渊如信一通,用篆字,甚可爱。

4月11日(闰二月二十一日)　晴

天甚暖热。

上午未生来,下午彭仙来。

心绪恶劣万分,盖为钱事也。

篆书《小学答问序》一通,初拟将《小学答问》用篆誊录一过,故篆书其序。继思此稿恐尚未定,将来增减,则抄好者势必改得一塌胡〈糊〉涂,殊可惜,故姑缓。

晚篆书《广雅》半张。因我想检取《广雅》中之俗字,故拟以《说文》所有者作正书,其无者作楷,庶可一目了然。今日动工,未知做得成否也?我年来做事,从无一成,盖缘心绪恶劣所致。

晚得共信,知书竟取不动,未知是吉生卖去耶?抑彼实在不知耶?闷闷。

4月12日(闰二月二十二日)　晴

午后日上窗,暖而闷,因出外散步埂间。至屈伯刚处,归途遇心田,因同至其处晚餐。九时归。今晚冕百宿中村馆。

闻屈言,近有一班斗方名士,如郁广云之类,起了一个诗社,招集诗翁分韵作诗,而有一位诗翁请其师王观察也者(即王运卒,原是革道)也来光临。其日王观察俨然有俯视群人之想,入门傲不为礼,而是日诗题为《春柳》,王观察末了交卷,有"云里于今有凤毛"之句,为无锡人杨某所消,哈哈!

4月13日(闰二月二十三日) 晴

天气如昨。

午后外出散步埂间,旋归。篆书《服〈鵩〉鸟赋》一纸。

脑力大减,脑筋昏甚,竟有不知如何是好之现象。想做事而做一事未半,辄觉厌弃。唉!死期将至矣!

晚至大处,十时半归下宿,觉头胀甚烈,将发疟,因即卧。

4月14日(闰二月二十四日) 晴

有风,晚大雨。

晨未生来。

午后李叔美来。

篆书《蕲黄母名》《王荆公画像赞》。今后拟常作篆书。

拟将《急就章》书一通,分篆书、隶古、草书三行,惟草书未得。拟先将篆、隶两种书就,晚间写了一张。

4月15日(闰二月二十五日) 上午大雨,旋晴

上午至炎处,上《文史通义》课,时太迟,故仅讲约△① 篇。

晚餐时归。李叔美有事来访,旋去。

用小字临《峄山碑》一通。又书《急就》二纸,止写得篆字一行者,隶古亦未写。

4月16日(闰二月二十六日) 晴

傍晚时马裕藻来,晚餐后去。马氏言:行隶古等事,必临以帝王之威,始克有济。余思亦不必,然止须其理正确,则真理自有明白之一日,故在野讲学,效力亦不小也。

4月17日(闰二月二十七日) 晴

上午叔美来。

午后闷甚。至心田处,心田已移居矣!

---

① 原缺。

晚未生来。

4月18日（闰二月二十八日）

难过之至。

因明日要做先生了，故晚间止好先编好一点讲义，然止编得一页余，未知敷用否？

4月19日（闰二月二十九日）

上午持历史讲义至老康处，与商宜用教科书，康言多不能用，惟夏氏差可而又未全，或亦用夏氏所有者为蓝本，而循其例编，余亦为〈谓〉然。康氏同我至大成女学校上课，此余第一次做先生也。今日因未印出，故即书黑板教，仅书数行，旋即下堂。归，访汪心田，不遇。

4月20日（三月朔日） 晴

至图书馆竟日，抄得顾亭林《救文格论》八纸。又见翁方纲云，伊得十二段《汉石经》，计六百七十五字，刻石于南昌学宫云，始知之，而翁氏自己有《汉石经残字》一本，说明一切，因将残字抄归。晚至心田处，借夏氏历史教科书，预备要编讲义，作为蓝本也。

4月21日（三月二日） 晴

晚间编历史讲义二纸余，皆董卓之乱事。

4月22日（三月三日） 晴

晨起将编好之讲义书原纸上，共三纸，持赴老康处印刷。

午后二时二十五分，至四时十五分，至神田教历史，自董卓废少帝起，至王允杀董卓止。

晚至大处，旋未生亦来，谈至更深，因即卧兄处。

4月23日（三月四日） 阴雨

上午归，将前日图书馆所录《汉石经》十二段誊清，未缮毕。

午后得兄信，并三十元小切手，为之一喜！又劝归国，为之一愁。因作复信，备言不愿回国之理由。

晚间作致不庵信。

4月26日(三月七日)　晴

今日女生班辍一次学,因不及编讲义也。

4月27日(三月八日)　晴

上午扎逖先之《说文札记》数页。

午间得毯来信,并小切手,嘱我代向正金取银者,伊借我五十円,我因还下宿仲权等,计数又罄矣!午后至正金取银,算帐尚欠出一百余円。晚未生、叔美均来。作复毯信。

4月28日(三月九日)　晴

午后辑讲义二页,至曹操迁都许,而董卓之乱终矣!约心田同出吃料理。晚间得邓实寄与太炎之《音学辨微》,及张皋文《墨经解》,皆影印,手书工极。张书系誊正本。江书犹是手草,如见本人也。又唐人写本《唐韵》,玩其字似悬腕,近人恐不能作,或是真品欤?

4月29日(三月十日)

热甚。阴,午后大雨。大风,落叶满地。

晨至心孚处印讲义二纸。午后出讲二纸毕。

晚收拾房间。

4月30日(三月十一日)　阴雨竟日

春阴凝寒。

午后用隶古书陆士衡诗一首。

晚间扎《说文札记》之一册,抄朱逖先者。

5月1日(三月十二日)　晴

今日逖先进胃肠病院。

检《国粹学报》各传,作目录以备检察。

剃发须。

午后至大处,适遇多人弈象,即归。

抄江声《六书说》(隶古)一张。

傍晚未生、心田来,知冕百因与盐见方闹,已迁芳明馆云。

5月2日(三月十三日)　晴

　　上午至芳明馆看冕百,与同出吃料理。午后抱明日之佛脚,编《曹操灭群雄及汉室之亡》三纸,直至晚一时半始了。因恐明晨迟起,不及写,故即于今晚先写于真笔板原纸上。写毕而卧,已三时顷矣!

5月3日(三月十四日)　晴

　　上午至康处印讲义,并还其《国粹丛〈学〉报》。
　　午后至女生处上课,未讲完。
　　傍晚时叔美来,约同出吃料理,彼惠抄〈钞〉。

5月4日(三月十五日)　阴,午后微雨旋晴

　　抄江氏《六书说》两纸未毕。《汉石经》今日又抄些,抄完了。作致阿兄信,备言不归国,并请求毯孙官费事。

5月5日(三月十六点)　晴,三时后阴雨

　　闷热之至。午后至伯衡处,借得《国粹学报》二本来,因《黄史礼俗书》中阙数叶,拟抄补也。
　　晚编历史《赤壁之战》三张未毕,即取原纸录之,始睡。

5月6日(三月十七日)　阴雨

　　上午至康处印件,知今日靖国神社祭,该女校放假云。

5月7日(三月十八日)　阴雨

　　晚至大处,与谈礼仪,大谓仪节有宜复古者,宋学言伦理大有可采,先得我心。

5月9日(三月十九日)　晴

　　午后突有吴琼者,来索《中兴报》资十三円,不能久待,只得允其十五日マデ来取,因函叔美商之。晚至伯刚、冕伯两处。

5月9日(三月二十日)　晴

　　至师处者竟日,见《守山阁丛书》之石印者,字甚清朗可看。
　　与师言礼仪必须复古,师言惟祭礼则今日万不能行,盖房子构造法大异也。又如士相见礼,虚文太多,可从省。愚谓婚礼若照《仪礼》最为文明。盖夫妇之行礼

〔于〕归,至时惜之一揖耳,不但拜天地等奇文,即交拜之事亦无,而六礼皆无,慎重其始,及其事成迎入,仅此一揖,可谓简单矣。必宜仿行。若士相见,则本可从省。丧礼仪节,恐人所难行,惟衣服则宜从古。又古者宗法社会,故父为长子三年。又如父母之服不同,及对于国家政府之服,今概宜变法,必不可依《仪礼》也。

5月10日(三月二十一日)　晴

傍晚时冕百、心田均来,均以无从设法为辞,怅甚!

午后至大成教书一时即归。

晚至大处与设法,伊言或可借到八円云。觐圭来东京,于大处见之,谈至十一时始归。街上行人少,店皆关矣。

5月11日(三月二十二日)

晨七时尚未起,外间突传进书留信一封,拆视,谂为横滨恒大两替店所来者,中附显信,盖显汇寄三百元来也。正苦债台高筑,得此为之一慰。

至屈伯刚处。午后叔美来,云及筹款事无甚眉目,好在三百将到,只要十五日以前到,那便大人丈夫了。与叔美同至吃料理,归书《小学答问》二张半,倦甚即睡。

5月12日(三月二十三日)　阴雨

上午书《小学答问》一纸半。

午后取《声母千文》与《通训定声》核之,始知不合者甚多,由于《声母千文》恰好一千字,而书实不止也,且误会尚多,盖不能得用,必须重加编过也。

晚间心田来。

三百円寄到,为之一慰!

5月13日(三月二十四日)　阴雨,午后晴,晚又雨

上午至蓬仙处,旋归。

取得三百円来,将下宿、料理各宿欠一概还清。

午后至文求堂,购得《峄山碑》一张,二円五十钱。又邓完白篆书四帧,一円四十钱。至神田书店,见有新刻木板《桃花扇》甚佳,索价一円八十钱,因购之。又购得新刊《燕子笺》一本。又购《广阳杂记》一部,夏《中国历史》一部,未全。晚未生来。

女生之课未去上。

5月14日(三月二十五日)　阴雨

交十円与王火腿,托其购长锋小楷羊毫笔,及《墨子经说解》《音学辨微》等书。

又托代定《国粹报》一年。

5月15日（三月二十六日） 晴

天气甚暖。上午至冕百处，直至傍晚时方归。

5月16日（三月二十七日）

大雨竟日，晚大风，屋为之震。

上午让旃、右铭、冕百均来。午间叔美来。

晚餐后雨霁，因出外散步，路滑难行之至，而学堂背后之路，竟是没鞋，而土又极滑，甚难走，因即归。晚抄《小学答问》三张半。

5月17日（三月二十八日） 晴

下午至神田去上课，一时间脑力甚昏，四肢无力，颇觉难过，归。在神田购得邓牧心《伯牙琴》一本，《禁书总目》一本，又近人选《历代名人书札》《国朝名人书札》各一本。归，叔美在，因同出吃料理。

晚未生来。

阅《名人书札》，见所选者都非佳文，由此等选者，胸中只知有苏轼、袁札〈枚〉诸人耳。即如近儒论学之信，何啻千万，乃皆不入选，可知其陋。

5月18日（三月二十九日） 晴

上午让旃来。

午后书《小学答问》二张。

晚得共薇来信，知不庵病于硖。又得李季高、史庚身来信。

点邓牧心《君道》《吏道》篇，其议论实犹在黄太冲《原君》《原臣》之上。盖黄氏之言犹近于今之新党之论，邓氏则打破一切，直欲上返皇古。快哉！快哉！

5月19日（四月朔日） 晴

书就篆字名刺一，嘱松屋刊之。

本日始置簿一册于坐〈座〉右，题曰"昌言录"。自今以始，凡看书时遇古人之名论，辄移书此簿，以作坐〈座〉右铭。

本日阅《亭林集》，撮书三条。

晚欲编讲义，而脑力大坏，竟不能从事，因早睡。

5月20日（四月二日） 阴雨

晨作书与心孚，备言脑力之坏，讲义难编，且需急抄《答问》，今夏又拟归国，故拟告辞,得其复信不允,因再作书,由邮寄去。

叔美来。

抄《答问》三张半。

5月21日（四月三日） 晴

借凤章外出吃料理,归至彭仙处谈及,知不庵病,咯血于碳,止告假一星期,又来禾上课,如今血虽不吐,而头甚痛,知不庵至诚于此,可见吾愧不如焉！然力疾从事,究非所宜,因作书以规之。彭仙言阳〔历〕六月杪拟旋,因拟与同旋。归浴,冕百来,又与之同出吃料理,酒甚佳,料理店云是花雕云。

叔美来。

5月22日（四月四日） 晴

今日抄《答问》三纸。

午后至伯刚、冕百两处去。归,心田来。

晚餐后叔美、晋良、冕百、让旃皆醉醺醺而来。

5月23日（四月五日） 晴

今日之事如左：

晨叔美来,欲与老伯同至邮便局寄函也,午后去。

午间马幼渔来,借与逖先存夏炘《古音廿二部》……,其罗列分析甚明,拟抄之。

午后至冕百、心田、伯衡三处,与冕、心、叔、晋五人同至一家春吃料理。与冕百同至中屯（邨）馆,让、未均来。

得不庵寄来《韵语》刊成之样纸,甚佳。

5月24日（四月六日） 晴

上午至文求堂,见有江声《书疏》篆刻元本,喜极,即与之定。十六円之价虽昂,必须购矣！又见《古籀拾遗》一部,大板写刻佳绝,首为孙自己篆书序,因一并与约而购之。至神田购得张、陶二夫人墓志一本。归热甚。下午偕心田、冕百同摄一影,余自己也摄了一张。三人同至时新吃料理,余大醉而归。

晚得阿兄信,草草涂复之。

5月25日（四月七日） 晴

晨早醒,四时半即起身,又作致阿兄信一通。出门拟购江《疏》,而银行门尚未开,因先至屈处。

十时许至文求堂,购江《疏》《古籀》二种。又购得《古韵标准》一本,系罗台山刊本,有校语,刊得甚精。

午后幼渔、冕百、叔美、伯刚、未生等均来。

5月26日(四月八日)

阴雨,下午不雨。食既,日仍未出,晚又雨。竟日不舒齐。

抄《答问》三张。

下午心田来,与同至同仁医院看冕百。

幼渔云,张皋文作篆,系专写汉碑额。余思此法甚善,盖篆字固以《峄山》、《琅玡》为正宗,但真迹已不可多见,即徐鼎臣临本亦多难写。因检《隶辨·碑考篇》所载各碑额□□若干录出,备照购也。

5月27日(四月九日) 晴

上午冕来,与同至同仁医院。下午与同出吃料理,晚书《答问》三张半。

5月28日(四月十日) 晴

午后叔美兄来,言彼借李某之衣,而误取其同室伍某者,伍疑其贼,因欲殴之。会长(同窗会)刘某嘱使外避,因来我处。我意事不可不辨明,而今后亦非退学不可。是晚宿予处。

5月29日(四月十一日) 晴

今日闻刘某搜叔美之箧中有革履一只,指为窃盗,又袜数十双,亦疑其窃,并于铺下搜出唐某之衣裤一身也。此明是中赃局面,吾谓不必辩,辩亦无益,老实退学以了其事,最为不错。而叔美意未然。午后刘某来,吾见其人极调皮,恐亦非助叔美者耳。

晚至冕百处。

5月30日(四月十二日) 晴

上午偕心田至邃先处。午与心田同至神田午餐。购《名人小简》四册以归。

叔美行李刘某已送来,惟同人金谓退学必须自退,不能由刘退,因代美作函,请伯刚、伯匋同去商酌其事,始知悉刘一人所为,同窗会皆不甚服之。噫!人心叵测,竟如是乎!

未生、卓生来。

5月31日(四月十三日) 晴

晨为叔美事,作府会公函,致成城学校同窗会,大致辨事之伪,及刘某之靠不住,惟驳论情节,吾未甚悉,美因携请季茀、伯刚改之。

午后得兄信,并补助费一百円,分开料理费三十円,计归国用度可敷矣!为之一喜!作复念信甚长。

晚叔美来,伯恒亦来,因将信录好,嘱我誊写发了。

6月1日(四月十四日)　晴

本日扫除。

上午偕叔美至冕百处,与冕同出吃一家春之料理。

午后逖先来。

叔美事,闻使馆亦疑刘某作幻,故来函询之。因嘱我重将昨日之信录一通,美自携至使署,丐其取销〈消〉云。晚未生来。作致共薇信。

6月2日(四月十五日)　晴

至神田正金取银。

在青木嵩山堂购得《荀子集解》一部,又《汉学商兑》一部。归看《汉学商兑》,方氏盖以姚鼐之事,故专与汉学诸公为难,以朱子为傀儡,与之对敌,真亦可笑矣!购日本之《草诀百韵歌》,谬妄之至,贻误后学不浅。购《近世支那文学史》一本。向旅馆租定三叠房一间,购ツクエ一张,因专为避嚣抄《答问》之计。所摄影来,甚佳,余生平第一次佳者也。因烧一打,拟分赠友人。

6月3日(四月十六日)　晴

本日抄《答问》二张半。

昏倦甚,不耐多作字,缘昨晚少困也。

晚与让旂、季谦同出,饮于时新,让为东道主。

至冕百处。

6月4日(四月十七日)　晴

上午未生来,午后去。

阿兄处今日又寄二十円料理费(六、七月)来。

叔美处同窗会复信已来,满纸皆虚骗之语。其最凶者云,退学系同人公认,并非刘某一人出花头。又李家驷者,亦认定美为贼。噫!以后事真难办矣!

晚与心田、冕百同至吃料理,大醉而归。

6月5日(四月十八日)　阴,午后雨

上午冕百、逖先均来,与同至冕处。午后至伯刚处,与刚、陶二人同至一家春吃

料理归。

6月6日(四月十九日)

  本日抄《答问》二张。

  午后未生来,约冕百与同至时新吃料理。

  晚为叔美作书二通,均由同乡会函致监督、公使二人者。逖先归。

6月7日(四月二十日) 阴雨

  上午未生来,午后三时去。

  阅《式训堂丛书》中《竹汀日记钞》,皆叙所见古书金石。

6月8日(四月二十一日) 晴

  本日抄《答问》五张。

  晚至冕百处,归晤马幼渔。

6月9日(四月二十二日) 阴雨竟日

  本日抄《答问》五张半。

  晚间很不舒服,颇像寒热,竟日不成眠。

6月11日(四月二十四日) 下午雨

  上午至康心孚处。

  下午至炎处。是晚宿其处。

6月12日(四月二十五日) 晴

  下午归馆。

  今日与师讲修明礼教与放弃礼法之问题。

6月14日(四月二十七日) 晴

  闷热甚,起甚早。

  未生托我写隶古部首一通,因有杭人曰蒋抑卮者要也。

  晚至冕处。

6月15日(四月二十八日) 晴

  上午书《答问》半张,未生来。下午伯衡来。傍晚彭仙来。彭仙今日考毕矣!

6月16日（四月二十九日）　晴

晨伯刚、伯陶来,邀予至其家,杀鸡为黍而食我,明日他们都要回国去了。

午归即至布宣处,晚归。

6月17日（四月三十日）　上午微雨,旋晴

上午抄《答问》半张,难过极,作字不成书,乃辍。

午后至文求堂购碑,得晏如居。不知何人摹汉魏碑廿四种,大都缩小(《天发神谶》竟成半寸之小篆),中如《开母庙》篆、《鲁孝王刻石》等均在焉!以三円易之。又购得魏时曹子建碑,体杂篆书,余以其写法之易作隶古也,故买之。

晚未生来。

6月18日（五月朔日）　晴

晨,彭、冕均来,彭借二篆字碑去临摹。午间与冕、逊同出吃料理。

午后在冕百处。

竟日难过万分,不能稍舒服,为之残念!

晚未生来。

逊先今日购得《茗柯文编》,阅其赋,庶几汉人矣!而其散文出入韩文,颇有桐城气息。

6月19日（五月二日）　阴雨竟日

抄《答问》三张。

得不庵寄来刊好《韵语》,以其中有二三字刻坏,又其余字写时笔画不正,拟改刊之。

6月21日（五月四日）　雨

稍抄《答问》。

取《苍颉解诂》,用原书证其误否,因拟抄而付刊也。

晚得阿兄来信,知百円川资已到,寄在张元节处,阿兄托伊代购船票也。

6月22日（五月五日）　晴

晨蓬仙来,午间偕逊先、叔美、冕伯同至时新吃酒,赏端阳也。

午后让旃等来。

晚至大处。

午后张元节来,交来阿兄之百圆。

6月23日（五月六日）

稍抄《答问》。

晚间让来。

晚至冕处。

6月24日（五月七日） 雨

又甚不适，又知十五日オリエンタル船票三等，特别三等均已罄，甚不快。

至蓬处竟日，知我退学。早稻田之学阿兄已疑，已函青柳致问矣！吾于是益不得不进早稻田矣！但青柳言，如须照前续算，须缴足一年学费，并须补考二项，甚不上算，不如考插班，但考插班如理化、代数、几何我均不懂，从何考起耶？！闷闷。

晚早睡。卧阅章氏《妇学》篇，虽多旧论，然足矫袁氏女弟子何氏复仇荡检论，及向来女子无才便是德之谬说。

6月25日（五月八日） 雨

抄《答问》二张。

午后大、冕均来。晚至冕处。

6月26日（五月九日） 阴雨

抄《答问》。

叔美为我购得特别三等（十五莫舟），甚快！逊先也购得矣！价二十二元五角。

6月27日（五月十日） 雨

患咳疮〈呛〉甚剧，午后至师处诊察，是晚即宿其家。

6月28日（五月十一日） 晴，晚雨

上午归中村馆。

午后至神田取小切手，拟付船资也。至郑宰平处，即在其处晚餐。购《归玄恭文续钞》二本，《国粹丛书》之一也。中有《诛邪鬼》一篇，痛诋金圣叹，深中下怀，归氏即作《万古愁》曲者。观其曲，笑骂帝王，奚落将相，固狂狷之徒，而于金圣叹等轻薄子，痛诋之不遗余力。余以为，明末修明礼教者顾炎武、颜元，放弃礼法者傅山、归庄，盖非李贽、金喟之徒所能望其肩背矣！

6月29日（五月十二日） 阴雨

上午至蓬仙处，拟请其下半年住中村馆，即居逊先房内，蓬不能定。

抄《答问》半张许。

自书细篆名片一,觉尚可用,因出付刊之。

晚访冕百不遇。

6月30日(五月十三日)　晴　午后雨,旋晴

本日抄《答问》三张半。

午后蓬仙来,伊明日将行矣!

7月1日(五月十四日)　阴,有雨

午至神田购药。

早稻田事,渭侠来言可不考,但需写履历书云,心为之一慰!

上午贝锦霞来。

7月2日(五月十五日)　雨

抄《答问》一张半。

因咳甚,前日请师开方服之,今日吃药。

7月3日(五月十六日)　晴

抄《答问》二张半。

仍服药。

晨六、七时顷大地震,屋几倾。

午后心田来,晚间与同至片山做洋服,索价嫌贵,因与汪同至神田访季谦,据云神田更贵,拟仍来ツセダ做之。

晚至冕处。

7月4日(五月十七日)　阴有雨

抄《答问》五张余。

仍服药,呛稍愈。

午后至汪楞伯处。闻汪言,田吴炤来参观ワマタ大讲堂,青柳陪之(还有一个翻译),因正在上课未入,而田竟昂然直入,指先生问翻译曰:"这个是先生么?"翻译因向青柳曰:"アレハ先生デスカ?"青柳甚觉为难,领而曳之使出。彼盖以为监督之大如天,无所不可也。

7月7日(五月二十日)　阴雨

抄《答问》二张半。

7月8日（五月二十一日）　阴雨

　　抄《答问》五张。

　　得第四期《国粹报》，中有章实斋《书朱陆篇后》，痛诋戴震者。

7月15日（五月二十八日）　晴

　　晨九时顷与叔美同至新桥购二等票往滨，车中遇陆连生，知亦同行。又见贞党马宗预亦在其中，只得掉首不理。十时顷上船，见逖先房间已占好，与叔舜同间。

　　余因王火腿之言，只有坐等，直至一时许，王火腿始来，而特别三等殆满，乃为住置于二等。同室者一张姓，江西人，一贾姓，福建人，皆政法毕业生，殆皆归国去考者也。湖人蒲瀚亦在其中。

7月16日（五月二十九日）　晴

　　是日下午四时顷抵神户，停十余分钟即开。

7月17日（六月朔日）　晴

　　晨八时顷抵门司，一停便开。午后至长崎，不停亦不入口。

7月18日（六月二日）　晴

　　上午舟中练习救火，将各门尽开，令水手压装水皮管者片刻。夜半十时抵吴淞口。

7月19日（六月三日）　晴

　　黎明四时顷抵上海（上海天气甚热）。六时幼梧来迓，同至福兴栈。知丈人在申，武承亦在申，而内子在绍兴，要嘱我归云。

　　十一时许，丈处家人至福兴栈相迓，因去。丈言，叫我归绍者，一以念信言已约不庵来绍相伴，一以我之书事，而我亦雅不愿居申，往绍亦得也。

　　午后至中国旅馆访逖先，悉伊购得摹宋拓《峄山碑》一部，代为之喜。又购得《百汉碑砚》一部，并为我定约一部也。

　　至虹口访叔美，不遇而归。

7月20日（六月四日）　晴

　　晨往访伯勤、叔美。

　　午后访邓秋枚。

7月21日(六月五日)　晴

午后五时顷,偕武承同乘轮赴杭。

7月22日(六月六日)　晴

舟中窄且热,已关难过,更有几个混账东西叉麻雀,气煞!

晚七时抵杭上岸,与武承小食并洗澡,归宿舟中。是晚闷热,真难过万分矣!

7月23日(六月七日)　晴

晨,乘六时五十分江墅火车发拱,七时卅七分着南星桥,即乘轿渡江,十时顷抵西兴,易篷子船。晚九时顷抵藏书楼,W、D、S均平安无恙。

7月24日(六月八日)　晴

是晚丈母请。

宾主共五人:(1)我、(2)凌润斋(他们的帐房)、(3)王子京(他们的先生)、(4)佑、(5)武。吃得大醉,不省人事。

7月25日(六月九日)　晴

中饭佑长请饭,宾主共五人:(1)我、(2)凌、(3)车润田卜云リ人、(4)佑、(5)武。

晨佑长来,与同出至三区萃英小学及中学校参观。中学校规模之大,直更过于早稻田,闻尚未竣工云。中学校中有范爱侬〈农〉,其人者系在物理学校住过,亦系徐党云。见伯苏所造之浑天仪及象□①,无师传授,自看书籍,能手造是物,真聪明绝顶矣!

7月28日(六月十二日)　晴

上午至淮臣夫人处,见之并及其女,其女在〈为〉女学生,人颇出傥。

晚餐吉老请酒,陪宾三:(一)李莼复之子,系一烟鬼、(二)何幼孙者、(三)为吉孙姑表弟某君(忘其姓)。主人四:(一)吉、(二)佑、(三)武、(四)丈同辈者徐子章(名维文)。宾客共八人云。

晚十一时始归,偕吉同归。

---

① 原文如此。

7月29日(六月十三日)　晴

得逊轩信,知其将有杭行,并嘱我补抄藏书楼中《抱经堂》约数十张,殊苦。

7月30日(六月十四日)　晴

午前得蓬仙信,即复之。

8月20日(七月五日)

是日离绍,晚六时顷登舟,丈母嘱人送我,因有三箱书要带出也。与 W 临别,不觉黯然。

8月21日(七月六日)

晨九时抵西兴,易轿渡江。十时半抵南星桥。

一时半乘火车赴硖石。车至斜桥,适蒋遵伦、蒋觐圭大醉而来。四时半抵硖,伯宽已早在火车相迓矣！至不家,并晤炳章,甚快！

8月22日(七月七日)

是日热甚。与不庵作竟日谈,并晤许可庄。

午后雷云大作,以为阵雨也,而竟无。

8月23日(七月八日)

不庵邀我游审山,山巅一庙,甚小巧精致。登庙中一屋,清谈竟日。月余以来,与市侩学究相处,恨极矣！得此殊足一涤尘襟也。午后雨,逊先忽来见访,诚不速之客矣！

是晚逊先亦宿不庵处。

8月24日(七月九日)

午后一时顷发硖石,乘轮至申。自火车开行,而轮舟竟无客矣！此一舟中连我仅四人耳。

8月25日(七月十日)

晨八时顷抵申,即寓福兴栈中。知已购十三船票。至老丈处。

午后幼楞亦自无锡来。

见书箱已送到福兴栈矣！甚慰。但桂圆箱已破裂,须易之,又甚面倒臭！

午后三时郭景庐来访,三年不见,一旦叙旧,诚乐事也。
晚黄昏,李彦士来访,五年不见,突而弁首矣!

8月26日(七月十一日)

购得大函铁木板箱二,上午将书装入。
四时顷走访李彦士,与同出购物,伊享我以料理,强我视剧,殊非所喜,乃固辞之。

8月27日(七月十二日)

晨出外,途中遇索伍,知其亦明日走云。舟中有伴,不寂寞矣!甚喜。归适景庐来,谈至日中去。
午后至老丈处辞行。
至秋枚处,伊交我《墨子间诂》四本,嘱我转交先生者。
晚六时顷,景庐又来访,并上船相送。余七时顷下船。

8月28日(七月十三日)

晨九时发上海。
舟中有绍人陈中字致均,裕藻之阿旧〈舅〉也,与索伍亦相识。

8月29日(七月十四日)

无风无浪,极为舒服。

8月30日(七月十五日)

夜半四时抵长崎。
午后四时发。

8月31日(七月十六日)

晨七时抵门司。
午十二时发。
舟中遇陈嵘君,湖人,留学札榥〈幌〉,与毯孙相识。

9月1日(七月十七日)

午九时抵神户。二等舱中上岸乘火车者大半,而在舱中仅余二三人。闻索伍言,特别三等中竟无一客矣!独剩伊一人。
天雨,且无钱,故未上岸。

9月2日(七月十八日)

晨十时顷发神户。

太平洋中颇有风浪,因卧少时。

9月3日(七月十九日)

午后二时顷抵横滨。验物毕,即偕索五乘火车到新桥,赁人力车而至中村馆,到已六时顷矣!知凤章尚在该馆中。

发有臭气矣!因尽剃之,光如僧,岂不甚快。コチマデ完。

9月9日(七月廿五日)　木　天晴

今日为予降生之日,自今日始,为廿三岁实年之第一日也。以昨晚得逖先信,言彼在校中教文学史,嘱我请益于先生,今晨因往。先生作函告逖先,函录下。午后作致逖书,即以师信寄去。士衡来见,青箱致彼信问及我,因于晚间作函与彼。

9月10日(七月廿六日)　金

所作事忘,不能追记。

9月11日(七月廿七日)　土　天晴

毯孙于今晨十时顷赴札幌去了,未生来。

9月12日(七月廿八日)日　天阴

晨未生来,假我朱氏群书(朱丰芑之书),予因取其中《小尔雅约注》一卷,中言某借为某,当为某者,取《小尔雅》注之眉端。朱氏之学虽不逮乾嘉诸老,然其疏证群书一以求本字为归,此则昔人未发之事也。其间求者虽未尽是,然大辂椎轮,创始者能如是亦大功矣,固赖后人之为之补苴也。

上午微雨,坐下宿中无聊万分,遂出外信步走去,乃上电车至神田。购得顾炎武《日知录》,洋版细字者固不能看,盖印此者,原是从前供场屋之用也。第吾家之书尚未寻出,余亟欲一观,因暂购此册。又至本乡文求堂购得《周易述》,系雅雨堂刻本,版甚劣,恐更系坊间翻雅雨堂本者。书共八本,中惠氏未注之卷悉缺,缘卢氏刻书时,江郑堂尚未补疏也,以二円得之。三时顷归栈,大雨至,天斗(陡)凉,襌(单)衣觉寒矣。

9月13日(七月廿九日)　月　阴雨竟日

出门路滑难行,而早稻田普通科适于今日举行第三年始业式,余以他故,不能不仍入兹科,故不得不张盖前往。知西洋史上学期已毕,本年系讲东洋史,教科书用三轮德三所编者,因出外购求各教科者〈书〉。归略视之,盖日人所编中史不特浅陋,抑且伪谬不适于事情,如说清世学术乃云:"明之学者尊空疏之理论,至清初,顾炎武倡考证学,因圣祖、高宗二帝之奖励,此风风靡于全国,学者从而辈出,有《康熙字典》等之大著出。"此等言语直不值稍有识一笑。

午后士衡来,言拟倡办杂志,余极首肯。余意兼可藉此发表吾党意见,并廓清异端邪说。

9月14日(八月初一日)　火曜,丁丑　天晴

自今日始,又要从事学校生涯矣。原吾人留学异国,学习普通最为无益,抑且有损。如年长而稍有知识者,则普通各学大致已知,是戈戈者闻而思卧,复益以伦理等可笑之学,更为听不进,固不愿专力于此,徒耗时间,靡光阴,岂不可惜!而为试验计,又不能不忿然度外置之。若年幼者来学,普通知识向所未备,能从事亦良佳,且彼亦甚愿。然今之青年,性皆浇薄,殆毕业后竟为一异国人矣,亦可叹!故在中学年龄若必从事普通,必宜在本国学习。所可恨者,中国迩来事事不犹人,亦且远逊于古昔,学术退步,思想闭塞,塾中学子,犹远不逮昔之扑作教刑之蒙师所授,良可慨也!故在今日欲得佳子弟,惟有父兄自教而已。余此番重入早稻田,原非得已,故迁学校也,实传舍视之而已。我所喜者固在小学,然算术、代数诸端,亦尚思研究。顾凡属学问果欲灼知,惟有闭门读书而已,学校中固不能得人才也。

午后整理书簏,偶检陈澧《东塾读书记》,中有言古人多用假借之故数语,颇有精意如左:①
所言甚是。第后〔子〕长书出,至今千(?)② 余年矣,虽此后所用借字不如前此之多,顾群经诸子以及子长、孟坚、相如、子云所用者,尚皆沿而不正。而号为文人者,方思仿用,自命写古字以愚世俗,虽以近世巨儒之迭出,小学之昌明,而迄不能革是病者,由不知正本清源之法耳。许君《说文》必列本训,学者诚能由此推求,凡训诂之不关本义,假借(即引申义)者必求本字于许书,斯舍假用正之事可举矣。斯义近人亦多知之者,第既知之,求得之,而不肯施用者,一恐骇俗,一则沿自来说经之弊,其意若曰昔贤犹尔,有何不可?殊不知如王氏父子者,训诂固精矣,要之比于古人,贩〈则〉张揖、李登之雒耳,于字之本原非所注意。且皖南学者有意与吴中学派(如江声等)反对,故凡于字之本字、借字、正字、假字悉不注意,此则戴氏、王氏皆然。段氏较严,则以注释《说文》不可过宽也。此等处即不论其心,第就事而观,亦皖不如吴之处,吾辈所不宜效法者也。

夜追记数日日记。

---

① 以下原文空缺。
② 原有问号。

9月15日（八月初二日） 水 天阴

晨起过迟，未往上课，盖此等无俚〈理〉之课，亦实不足听也。阅《日知录·艺文卷》，言"古无一日分为十二时。"古之所谓时者，谓春、夏、秋、冬也。杜元凯《左传注》始有十二时之名，即今一日之分十二支也，如下：

夜半：子，11、12钟。鸡鸣：丑，1、2。

平旦：寅，3、4。日出：卯，5、6。

食时：辰，7、8。隅中：巳，9、10。

日中：午，11、12。日昳：未，1、2。

晡时：申，3、4。日入：酉，5、6。

黄昏：戌，7、8。人定：亥，9、10。

愚意此宜从古者也。古人年、月、日、时皆有专名，纪年必用岁阳（如阏逢、游蒙）、岁阴（如摄提格、单阏）；纪月必用月阳（如毕、橘）、月名（如陬、如）；纪日乃用甲子，纪时即用夜半、鸡鸣等，各有界限，不容混杂。《史记·历书》"太初元年，年名焉逢摄提格，月名毕聚，日得甲子，夜半朔旦，冬至。"此最明晰，此后人所当取则者也。今世乃言甲子年，乙丑月，丙寅日，丁卯时，甚非古也。

士衡来。

今世人士见人作字异通用者，辄诮以好作古体，以艰深文浅陋。余谓此亦有别，有实不知古字，陡见他处一二古字，遂强以彼例此，以"悥"为"忧"之古字，"叀"为"专"之古字，遂妄造"偘"、"俥"之文。又或就隶体以彼例此，如"昔"字本作"𦥑"，遂伪"散"之占体作"𢾭"。如此之流，多半出于斗方名士，一物不知，强作解人，自以为古雅，不知俗又甚焉，此宜诋骂者也。又有"阅"，此字今已沿用本字，特古书中（未完，容后补书）①

9月16日（八月初三日） 木 天晴

热不可耐，至章师处者竟日，黄昏时归馆。

9月17日（八月初四日） 金

9月18日（八月初五日） 土 阴雨

禹中时，为毯孙至正金银行取钱，顺便至京桥区购《八代诗选》。归途遇郑宰平，因同往其下宿少憩，便至饮食店食馎饦以当午餐。归，未生在寓，谈至晚，雨益大，留之宿此，不肯乃去。晚得阿兄信，知十一月间确要归国，明岁定寓潜园矣。

---

① 本日日记书眉有以下文字：以"何"为"荷"，以"狄"为"然"，书"許"文字为"鄞"。

9月19日(八月初六日)　日

是日稍装理卧室,以阴雨竟日,未出门。人定时叔美到中村馆。

9月20日(八月初七日)　月　阴雨竟日

日中以前至校上课,日昳时往校,见授课之时改变,遂归未去。晡时未生来。日入后伯衡来此,赠我崔怀瑾《四谛通释》(崔氏旧作)。崔氏为归安人,俞樾弟子,好治今文经,闻近方作《史记探原》一书,未见,未知其审。

9月21日(八月八日)　火　天晴矣

今日上课六小时,俱到。日入时至章师处,将崔氏《四谛通释》赠之。章师近改订《訄书》,取集中诸文复多椒入。惟余意周秦诸子固即为其人之集,但古人交通事少,书札往来乃极罕事,又为人作序及长篇之信辞亦未有,故与人言语均可入子。后人事多于古,似宜分开,以发表意见者为子,而其他著作皆入集部,似为妥洽。

黄昏时归,至神田购山冈时之助英文法教科书一册,校中需用也。归得寄生、不庵信。寄生以吾谓薛、沈二子所言亦有可采,颇不谓然,谓二子讲学,学愈沦亡,因指薛氏释《行露》"谁谓雀无角"兼采俞、段二说,以为一人作两首之论。又谓沈维钟之《新文典》尚有一二语可录,比于薛之剽盗,故应差愈。此吾所见本亦同。然沈、薛之学,固猥鄙不足道,然沈氏解矮子之"矮"以为当作"亚"等论,亦间有一二可采者。此二人余均未见。然世固有号为三世传经,己又著作等身,而出语每多剽窃,且多误钞者,一出心得便满纸误谬,不复可观,世方尊之为国粹学者;又有少秉义方之教,幼年多读诗书,每下一义,颇能言人所未言者,而性行乖张,到处自是,气焰逼人者,若斯之流,殆亦未足语于斯文也。

不庵信言,念明岁归国,拟请其为稻孙改译著,并为新、猛二从学子[为]蒙师云。

9月22日(八月九日)　水　天晴

晨起已在禺中之时,不及上课,遂竟日未上课。上午作复不庵信,劝其明年就念馆,以图休息养身。盖不庵者,在中国今日教育界中可谓第一流人物,徒以多病,兼为赡养老母妻子耳,不得不依人作嫁,于是不免"为人"。吾意因其十余年讲宋学,数年来讲新学,于小学、训诂之学,彼未措意,颇思劝彼稍作休息,以从事故训也。

日昳士衡来,谈至黄昏去。补录数日来日记。

9月23日(八月十日)　木　天晴

今日作复寄生信,如左:

"八月初十日,夏报旭初足下,得复书,悉近治朴学,慰甚。所示薛蛰龙解"雀无角"句之谬妄,为之欣然。然薛之可笑处正多,即如每解一物必缀以西文,而以学名名之,此最可怪,岂必作蟹行书始得谓之学名,而书以颉籀之文便为鄙倍之名称乎?物理、化学之定理,算术、代数之公式,此世界从同者,若夫物之本名、学名各随其国之沿称而殊,初非有一定之名称也。薛氏于此等最浅近之理且未能知,其于诠解名物训诂不能谛审,故其所耳。沈氏《新文典》稍胜,如解"亚"字谓即俗书"矮"字,此义甚谛。然固一是而百非,其他谬妄处触目皆是,如以"份"易"分",将"備"混"苟",用"于"为"些",认"乙"作"鸭",无一是处。尤奇者,彼之所谓假借,既非许书本无其字依声侂⟨托⟩事之说,复非后世同音通假之例,只是不明其本字,复无义可引申者,便谓之假借。夫许书之假借,即后世所谓引申也,虽无本字,然溯厥由来,必有其语柢。后世同音通假,则故有其本字矣。中国文字自颉籀以来时有增益,至小篆出而功用大备,许氏集古籀秦篆之大成,以作《说文》实中国文字之矩矱,故今日所有之文,无论借字、俗字,稽诸《说文》,无不各有其本,断无有凭空突起无本可求之假借字也(有之,必宋元以后之俗音、俗义,治正名之学者所当屏绝也)。除草、木、虫、鱼之本名无义可稽,止取其声者外,其他名、代、动、静诸词必有语柢可寻。沈氏不明斯旨,于彼所不解者即妄云假借,可叹孰甚。至其分部,依《字典》而不遵《说文》(近数期改从《说文》分注矣,彼盖亦知依《字典》分部之终难通也),亦可觇其弇陋之一端。之二子者,本不知学,剽窃一二故籍,便欲从事著作,宜其慎也。乃若三世传经、号为博览群籍之刘申叔,年前于国学界中颇负盛名,当时吾等不求甚解,以耳为目,不知其柢蕴,乃近检报中诸作,见其前后矛盾之处甚多,凡说谊平正无疵者,什九袭取前人成说。至彼自矜创获之处,率皆荒唐误谬,见之欲笑者(《文学教科书》笑话尤多)。若斯人者,较之薛、沈二子殆亦在伯仲之间。夏前书奖晋二子者,非有他故,以世多尊刘而贱二子,故为之不平耳,与足下之抨弹初非别驰也。近儒学派,吴尊旧闻,皖尚心得,论其发明之多,皖固胜于吴,然穿凿武断之弊亦有甚焉。如王怀祖父子之训诂,诚精确矣,俞荫父即多穿凿,此由其好矜心得,意欲凌驾前修,遂不免于独断,要之训诂之学惟其是而已。前人所说有精当不可易者,便无须更易新解,皖学以尚心得之故,其末流必至穿凿附会,较之吴学之拘牵旧说,弊亦加甚。又惠定宇、江叔沄之解字必取正于《说文》,以方皖学之以《说文》与《字林》、《玉篇》等并视者,例亦少严。鄙意吾侪今日治故籍犹未升堂入室,凡对于昔儒旧解止可暂时遵奉,非确知其有误而自己证据又极明晰者,故不可轻訾古人。至于侪辈中之智愚贤不肖,本非能一致,即其最下者,亦岂无芥尘之足采?谦盅为怀,始得获切磋琢磨之效,若夫性成自是,刚气凌人,虽负大才,人亦何敢与偶?夏比来颇见此辈,心窃非之,时值定、哀,不愿明言,有作微辞而已。拉杂布复,不尽欲言,倘有所得,希时赐教。努力加餐,益崇明德,幸甚,幸甚!夏再拜。"

晡时,赵季谦来,邀余同往访莫伯衡,不遇,因同至神田,饮于食肆,人定时始归。

9月24日（八月十一日） 金 阴雨竟日

阅《文史通义·妇学篇》及《书后》。中国自唐以来，古制论亡，故有女子无才便是德之谬说（日本视女极卑贱者，以学于唐代，仿行弊政之过也），年来渐觉其非平，然藉以打倒谬说者，有用日本贤母良妻（非真贤良也）之教育者，是以火止火（奴隶），且有甚焉。有倡西洋女子教育者，是荡检逾闲（妓女）也。盖论自来女子教育，惟中国古昔最得其平，虽有阳尊阴卑之说，但学《诗》，学《礼》，无分男女，后妃、夫人、命妇、内子悉皆通《诗》《礼》，男女真平等也。章氏兹篇系痛诋袁枚诸人者，所言极有至理，今日之办女学者果能行斯道而去其非者（如阴阳尊卑诸说），是神州女学大兴而为世界之冠，男女真平等矣。

晚吴凤章饮余于太和馆食肆。

张致名来，伊以母丧归，今兹出来以衣洋服，服仅缀黑纱于袖，虽较之神州衰麻简略过甚，然亦孝子丧亲之纪念也。闻其归后未装尾，制白布日本衣，蒙以麻，上带麻绖，余谓此犹存古意。今之弊俗，有麻凉帽、麻外套、麻靴者矣。清室猾夏，虽更衣冠，而丧服固未更，何若并此而废绝古式耶？余昔者丧父时，麻白衣服皆用圆领、草履、麻绖，腰束以草绳，遵遗命也。比母丧而仓卒将事，亦沿俗制，至今为梗耳。

9月25日（八月十二日） 土 天阴而不下雨

至图书馆看严氏《全上古三代秦汉三国六朝文》，洋洋巨观，后有选文者，必取裁于是书矣。兹将其凡例略撮如左：

"………"①

愚意其书之细目既有编之矣，诚能依其七十类而更编一目，下注明某卷某页，以便检查，则更佳矣。我颇思为此，但连抄写须阅半载耳。日入时出馆，馁甚，饮于神田稻香村，归已人定时。得〈知〉幼渔来，嘱我教其子国文云，以未知程度教法，未能遽允，移书讯之。

9月26日（八月十三日） 日

阅《文史通义·横通》《繁称》《匡谬》《黠陋》《俗嫌》《砭俗》《古文公式》《古文十弊》及《外篇》中《记与戴东原论修志》诸篇，大略看了一遍，未曾施朱点也。

日昳士衡来，黄昏去。作致共薇书，言《小学答问》决计用木刻为是。

9月27日（八月十四日） 月 大雨

中村馆之门口成渠，非徒跣不能行矣，缘江户川河道本浅，一经大雨便漫上来了。

---

① 原文空缺。

阅《汉学师承记》余仲林、江叔沄、孔众仲、汪容甫诸传。灯下抄先生与蒋生书,用小篆书之,不尽用篆笔,仿江声书《释名疏证》《尚书集注音疏》之体。有笔锋而作篆,其时间与作隶相等。余惟隶书总是难改,若作隶古则实进退无据者。以言合六书,则日月诸文不能作圆,必不如篆也。以言神速便利,则较之今隶笔墨加倍。而自古无此书法,自我作古,势必难行,故愚谓雕刻书籍、正式书写,总宜用小篆,特不必矩嫛《绎山》《琅琊》耳。只是笔画不误,更能随体结绌便得。秦世书碑,当非用毛笔,故能无锋而四面皆等(然恐徐铉、李阳冰等自谓宗《绎山》者体制如此耳,今所见《泰山》残石固不尔也),汉篆已更其体,如碑额《祝其卿》《上谷〔府〕卿》坟坛题字、《开母》庙阙,皆有锋芒姿势矣。本朝邓石如作篆亦有锋可证。然作大字尚可无锋,若作半寸小字,则非以隶笔作篆不可。要之,六书之要本不在此,今古时势不同,用物有异,自不能执秦书以例今日也。世有妄人以笔尖剪去而作篆,可笑实甚!康心孚曾语我曰,作篆宜用长锋羊毫为之,盖羊毫质好藏锋,而书挥洒自如,斯言良是。

9月28日(八月十五日)　火　天晴

今日为中秋节,与凤章以火腿、乌龟、肘子等合煮,邀未生来共视〈食〉之,算过中秋。抄先生与朱希祖书,亦未毕。

阅《荀子·劝学篇》,略取刘氏补释录于上端。刘氏之注穿凿皮傅者多,且多有不必改字者,然亦间有可采,因录于上端,期看时得案以检刘氏原书耳。

9月29日(八月十六日)　水　天阴

至学校上物理、地文、英文法诸课。晡时士衡、涣〔焕〕卿均来,黄昏去。晚雨,天甚寒,早卧。

9月30日(八月十七日)　木　大雨竟日

校中于阳十月初四日行编入试验,一切均未看过,不得不略作预备。今日稍阅代数,而以向未演过,仓卒欲其速成,竟不可得。囟甚胀痛,惘惘若有所失,因辍书不看,取师与朱希祖书抄毕之。

偶思颜、李当明之季,倡六艺为教,以三事三物为归,章先生称为郇(荀)卿以逊之大儒。愚谓自汉至明学校不修,教育废弛二千年矣,颜氏生直〈值〉鼎革,痛心有明历代,非从事帖括,即只谈心学,乃毅然以复六艺之教为务,若斯人者,诚存古开新之大功臣。无如其教不昌,门〔人〕李塨、王崐绳殁后,其学日衰,私淑者仅一程绵庄,然已不逮于师远甚,使非戴子高之提倡,窃恐后人无知者矣。谨案:颜氏之学,虽偏重于学习,而于读书一方面太加轻视,然此亦时势使然。当时如侯方域、陈其年、钱谦益、吴梅村辈,日日读书,而卒之非得罪名教,即降于异族,是空读书者反受书累也。今之晦盲否塞更甚于明世矣,非行颜氏之教,固亡以振兴实学。惟颜氏当时考据之学未明,故于六艺每多不谙古制(此亦不必为贤者讳),今则自经乾、嘉诸儒以来，礼、书二端大明，数则畴人子弟，若梅氏、江氏、戴氏、钱氏，皆极精到，晚近西算输入，多足辅者，惟古乐沦亡耳。射、御两端，亦有宜变通者。总之，吾侪今日作事，宜师古，宜复古，宜存古，而决不可泥古。古圣作事，往往因事制宜，求其合于情势，故所作往往少弊（封建宗法之制为古代之大弊政）。后世事不师古，好鹜新奇，凡有造作更张，多不合情势，第求苟简，故中国后世不如古代，即是故也（自唐以后，凡百事物，无一不日退一日）。时至今日，西学输入，凡唐以来之叔世弊政，相形之下，无不见绌。趋新之士，悉欲废之，有心人有忧之。愚谓新党之浇薄诚可鄙，但此等弊政得赖是以扫除，亦未始无裨，弊政去而古之善政乃可见诸实行矣。宜师古者，即因圣王制作具有精意之故焉。宜复古者，即后世事物不如古昔者，宜复古焉。宜存古者，古制有不适宜于今日者，未必尽属弊政，乃时势不同之故，如井田等是，虽不能见诸施行上，而宜保存，庶几后人得有追想其祖宗创造之丰功伟烈，庶几种性民德赖以不坠也。故愚谓凡文字、言语、冠裳、衣服，皆一国之表旗，我国古来已尽臻美善，无以复加，今日只宜举行者，风俗习惯古（未完，容后续）①

10月1日（八大十八日） 金

李三先生于今日迁往神田矣。

10月2日（八月十九日） 土

午后，至师处，谈及中国文学史中有价值能独立之文人，都计得一百九十人（目另列）。又请先生将学术总纲各序书出如下（照抄入）②。

10月3日 （八月廿日） 日

竟日无聊万分，日入时，马幼渔之阿舅来，要请我去教幼渔之子云。

10月4日（八月廿一日） 月

试验，今日上午起。

10月5日（八月廿二日） 火

试验。

10月6日（八月廿三日） 水

日昳时试验竣事。日入时至师处，出饮于神田，黄昏归。

---

① 原文如此。
② 原缺。

10月7日（八月廿四日）　木　天阴

禺中未生来,晡时去。黄昏莫伯衡来,人定时去。灯下作各处信,并将一九〇文人目录抄寄逊。

10月8日（八月廿五日）　金　天晴

屈伯刚来,得《金石萃编》、《墨子间诂》前半部。至伯衡处假《艺文志》,归阅之（颇寒）。

10月9日（八月廿六日）　土　天晴

整理书籍。晡时屈伯刚来,携来火腿,共煮食之,叔美亦来。

10月10日（八月廿七日）　日　阴雨

禺中时蓬仙到,知余托代带之簿籍已带出,匆匆一语即至清荣馆。日昳时余往访之,见其有携出《许学丛刻》,因假之归。

10月11日（八月廿八日）　月　阴雨竟日

禺中蓬来,因约定上州屋人,遣其至横滨取书箱也,旋去。

10月12日（八月廿九日）　火　天晴

禺中时至蓬仙处,未生寻来。晡时与蓬仙同至予寓,蓬仙〈士衡〉①亦来。今日候书未到,《尔雅札记》未生已拿来,今后拟从事札录矣。晚大雨,黄昏士衡去。

10月13日（八月卅日）　水　天阴,旋日出

今日学校特来相告云,又须补试体操云,因去试验,仅予一人,在楼梯背后略行试验便算,真可笑。日昳偕蓬仙同至神田,询上州屋人书箱事,言明晨可运到云。余出,即购《文心雕龙》归,饮于神田。黄昏至师处,旋归。

10月14日（九月一日,丁未）　木　晴

书运到,购篋装之,直须柳箱四、皮箱二云,因铅版《廿四史》共四百本,须实装二箱,忙忙理书,殊觉吃力也。士衡来。晚得小将军复信。

---

①　此处似有笔误,联系下文,当为士衡。

10月15日(九月二日)　金　天晴

晡时大来,旋去。余闷甚,外出食于神田。黄昏至师处,旋归。

10月16日(九月三日)　土　晴

阅张行孚《说文发疑》,言以两形相合,分之各成字者,为会意;分之但不成字,或一成字,一否字,均为指事,其说甚确。旋阅《汉书》,试将西汉人之号录出,大致皆取伯、仲、叔、季、倩、次、长、子、公、君、卿等字命名,犹可见古人质朴,非如专取美名之意,颇足师法。余子小名呼曰"阿荃",外舅所命,兄名之曰"秉雄",亦不佳,现居外家,骄奢之态自幼习见,此后必致纨绔,余数年后归国拟即迁至他处,或与逖先、幼渔诸公之子友,此愿如遂,拟名曰"骍",与迁同,字之曰□①,姑书于此,以备忘。

10月17日(九月四日)　日　晴

士衡来,与同至师处,欲取《诸子讲义》,而师及曾君均不在,即归。晚,作复小将军信如下:

"九月四日夏白旭初足下,得书具悉。夏之斥申叔,初非故作丑诋,以世方震胲〈骇〉其书,虽薄其行而仍重其学,就如旭初来书亦有'有所望于将来'之语。夏以为申叔籀书,骛博而无主,故观其所著率多影响浮夸之谈,兼情钟势耀,凡遇一字一名之近译籍者,必多方附会。如以'我、彼、天、地',为即罗马字母之'哀、皮、西、地'(见《国粹学报》22期《正名隅论》),日本字母之'阿、伊',为即'我、尔'二文(见《文学教科书》)之类,触处皆是,更仆难数。而邹生简字、新字之说,尤为彼所赞同,故言新党之谓,固推申叔,而附和新党以破坏国学者,亦申叔也。又其《文学教科书》谬妄尤多,如'朱'为'人'加'木'上;'牢'云'牛'在'屋'下;'敏'右从'文';'焚'上作'林',此说字形之误也。'能'为无力之'熊','必'为'弓檠',此说字义之误也。'竹祸'归入'彻纽',此说字音之误也。其他如论字形之起原,开篇可谓荒谬绝伦。故彼之著作,不特无足重,且易迷暗学子,夏之斥之,大非得已。若云心理变迁使然,则学问之事,非可以意为褒贬,果无隙者,故未能作文致之辞也。旭初以为然否?夏居恒慕颜易直之教,以为居今之世,诚能致力六艺,为实事求是之学,不特保存国故,尤足挽救颓波,恨秉质梼昧,不能窥正学之全体,第思于小学上竭其愚才,冀有一得,以为正名之助尔。六书转注之义,戴东原以建类一首为义类,枚叔师以为声类,窃谓皆非也。循戴君之说是转注,乃专为《尔雅》训诂而设,始也为建类一首,初、哉等字为同意相受,姑勿论六书之设必在造字之初,未有义近引申之字,即就其说言之,始字亦何可谓为初、哉等字之首?借使改之曰:始哉首基云云,初也,

---

① 原文空缺。

亦未始不可。今考以始为初哉等字之首,说已不当,又况初为裁衣之始,哉为草木之初(才之借),首为人体之始,各有本义(基肇以下皆仿此),其泛训始者,特引申之义尔(即始字,亦由女之初,引申为泛训之始)。今以为同意受之于始,则又误矣,若云《说文》,'老'训'考','考'训'老';'但'训'裼','裼'训'但',凡在训者,皆转注,同意相受则然矣,而老、考、但、裼,果以何字为首乎?(考字从老,犹可曰老为考首也,若但、裼二文,果孰为首乎?)故知戴君之说必不合于六书之本旨也。枚叔师以类为声类,以为考、老同在古音幽部,凡同音部而互训者,是为转注,转注所以——恣文部之孽乳,其说似亦未谛。盖六书之制,必有缺一不可者。若孽乳之文,实由后世方国殊音,南朔异语而生。揆诸厥初,宜无事此。且上古圣人方虑文字日滋而难于记意〈忆〉,故特立假借之条,使得依声佗〈托〉事以节制之。夫以未有之文,犹未欲遽为制字,而使引申于他字,宁有已造之字,以名称多歧之故,反欲一一为之制字哉!矧近儒之分古韵为十部、十三部、十七部、廿一部、廿二部者,果与三代正音吻合与否?尚未可一定,又安可执是以论六书耶?故师说亦未可通也。若朱丰芑以引申之义为转注案今之所谓引申者,即《说文》之假借,后世同声通借为假借,改许君明楬〈揭〉之假借字为转注,斥许君所立界说为非,此则尤为蒙所未喻者。以五经无双之大儒,又亲作《说文解字》者,而谓六书界说犹道来未明,真轻量先哲亦泰甚矣!况朱氏转注之义,既混于假借矣,至其所谓假借者,又非造字之初所当有事。夫故籍多舍置本字,而用通借字者,其故有三:(一)古文字少,正字未备,乃用通借凡《说文》所云古文以为某字者皆是,后正字虽制,而借字沿用既久,遂不复改从正字。(二)许氏以前未有分别部居之书,故用字多歧(此陈兰甫说)。(三)郑康成所谓仓卒亡其字,或以音韵比方为之。是三端者,第一即《说文》依声佗事之义,第二、第三实由后世之误用,焉得特树一识〈帜〉于六书中也。朱氏之误,无俟繁言而可知矣。夏以为转注正义,惟江艮庭之说为最当,其言曰:五百四十部首即一首也,凡某之属皆从某,即同类相受也,其说可谓明白畅晓矣。朱丰芑谓其说惟可施于老、履、广、瘩数部,他如木部,有植物,有器物;水部,有地事,有人事;日部,有日星之日,有日时之日;尸部,有横人之尸,有屋宇之尸,首虽一,而意不同。此亦不然。盖字非一时造成,初注之文,必受诸部首本义,其后部首意有引申,则凡从其引申意假注之字,亦受诸此首矣。如木之本意为植物,部中诸字,初注者皆受意于植物,迨木意由植物而引申为器物,则受器物意而注之字,亦从木。日之本意为日星,部中诸字,初注者皆受意于日星,迨日意由日星而引申为时日,则受时日意而注之字亦从日矣。其他水、尸等部,以及凡部首兼数意而所注之字亦兼有数意者,悉准此。要之,造文之初仅有本训、转注,界说亦只指受诸本意者言,迨后部首之义既有引申,凡由其引申义而制之字,亦受诸此字,此固一定之理。(江君以建类一首为部首,其说诚不可易。)江君特以许书五百四十部首当六书之建类一首,其言似□有误。特五百四十部者,乃许君就古文、大篆、小篆所有之文分别部居适得此数耳,非仓颉初作书,保氏教国子,史籀著大篆时便预立五百四十之纲,而各于其属制同意之文也。中国文字,以形为纲,凡实物之名,如日、月、山、水、草、木、虫、鱼等字,必成于最初,其后来事物之受意于此者,即以此为部首,故虽未有分别部居之书,而此等格律不断,其必有规。《说文》叙所云,仓颉之初作书,盖依类象形,故谓之文,其后形声相益,即谓之字,数语可为铁证。朱氏又谓:'保氏果以是立教,则凡形声之字,皆即转注之字,六书何以条分?'此说亦非。六书皆为造字而设,指事、象形、形声、会意四者为组织字形之则,转注为造字系统之则,假借则引申其意为他字,以不造为造,后二书与前四书本相关联也。盖一切文字,皆宜受意于形母,以为转注;一切文字,皆得侘事于本义,以为假借。夏兹录诸说,窃有取江君之言,质诸旭初,以为当否?倘谓不然,愿赐大教,幸甚!幸甚!

尊解《法言》之文,逆旅中皆无其书,一时无从相证,请俟诸异日。讲习会会友近约有十余人,其中自不乏愿学之士,特乃者卤廷岁试留学生,热中者群相奔赴,苦于平日所习,止琵琶与鲜卑语,八面锋之句调,亦且忘之已久,计非略识之无,犹无以见采于尸居余气之徒,故亦有来听讲者,言之可笑。夏以校中可厌之课不可不略事敷衍,乃者又惮外出,常终日蜷伏旅馆中,师处亦不常去。季刚则两月以来仅遘一次,争之一字,万不致怨。以学而论,我亦远不逮彼,因所遇难堪,而寡所喜,此人情之常。夏以早年孤露,不谙世情,比年以来,尤遭嫉忌,汪容甫所云:"笑长啼短,尽成罪状;跬步才蹈,荆棘已生。"我实深尝其味者,故居恒郁郁寡欢,特终不敢盛气凌人耳。若夫身遭母丧,兼亡命异域,犹且不耐寂寞,游于女间,此则稍有知识者尚不为,而学佛者为之乎?书此并祝□忌,不蕜。夏白。"

10月20日〔18〕日(九月五日)　月

黄昏,伯衡、季谦来,伯衡为予言,学篆当从不忮入手,余甚以为然,因言阮氏复刻本今犹在杭州府学云。莫氏取本朝文,止取唐甄、汪中、谭献、章炳麟四家,觉过严,桐城义法,究未可厚非。

10月21日〔19〕日(九月六日)　火　阴雨,甚冷

竟日检取《石鼓文》(徐渭仁双钩,张燕昌摹天一阁本)观之,觉其古趣盎然,姿态毕现,实出《峄山》之上,因诒书逊先,托购阮本。

10月22〔20〕日(九月七日)　水　晴

至图书馆中看《全上古三代秦汉三国六朝文》,后汉、三国、晋诸代者。衣夏服而往,寒甚。归,甚不爽,黄昏时即睡。

10月21日(九月八日)　木　天晴

士衡、蓬仙均来。

10月22日（九月九日） 金 天晴

至蓬仙处，谈及文章，蓬仙言拟学骈俪文，极企汪容父云，余甚韪之。

10月23日（九月十日） 土 天晴

禺中蒋德臣来，旋去。

10月24日（九月十一日） 日 天晴

禺中至师处，恰值彼讲文学，时听者有廿人左右，无书，惟凭口说。今日大致是讲叙录之学，师言千古书籍，传播之功归三人，一孔子，二刘向，三冯道。道之学，虽无能为孔、刘之后，但创刻木板之功，甚不可没，盖自是而书籍无亡失之患矣。又言，今世四部势不能返为七略，郑樵、章实学〈斋〉，虽有复古之志，但识有余而学不足（纪昀贱儒，不足道矣），故徒托空言。但今日书籍浩繁，欲编一完全无疵之中国书籍叙录，其实甚难，盖目不暇给，虽孔、刘复生，亦不能尽善尽美矣。今若空论之，则史部仪注（?）① 类，宜入礼类，史部书籍太多，势不能复入《春秋》类矣。（以下专指四库）② 子部九流甚为难分，计今日可分者惟四家而已。

儒、法、道、杂，合为一家，盖自汉武以后，学者总不敢批评孔子，凡百子书皆全有仁义道德之言。是儒家也，然如韩愈之拘牵，犹读《庄子》等书，是兼治道家也；而著作中每多关政治之言，是法家也。其他一人之意见，无流可归者，是杂家也。如《绎志》、《潜书》等等皆然，是非合一不可矣。

名家，此后论理学可入。

阴阳家，如《皇极经世》等入之。

小说家，古之小说，实纪一方风土人情者，故《艺文志》中有《周说》《周纪》《青史子》等书，后世之方志宜入此。章实斋欲以正史拟志，至以诏令等实本纪，可笑之至。近世言社会主义者，多详社会现状，亦可入小说。若《红楼梦》等，实非古之小说，只可用四库例，附存之而已。

墨家，今已亡。案师漏去农家，□③ 家未讲，容问之。

将来外来之哲学亦无从分派。

大致抄节要如此。

日中散课，知日曜日日昳以后，有高等师范生请其往教《说文》云。余至神田，定购《民吁日报》三月，即归。幼渔之阿舅陈君率幼渔子来，问我何日去教？答以近日即来，因不识路径，故偕其同去，旋归。

黄昏初，访伯衡不遇，至蓬仙处谈天，即宿伊处。今日购得《诸子讲义》计六篇，

---

① 问号原在"仪注"二字之侧。
② 本句原文眉批。
③ 原文空缺。

1.《原学》2、3、4.《原道》上、中、下。5.《原儒》。6.《原名》。闻先生尚需出《文学讲义》云。

10月25日（九月十二日） 月 天晴

校中放假一周，今日开课矣，余未去，至本乡购物，在文求堂购得杨廷瑞《说文经斠》，以七十钱易之以归。灯下取师所录一百九十文人之目清书之（用篆），未毕。补记日谱〈记〉。

10月26日（九月十三日） 火 天阴，傍晚微雨

士衡来，谈名称事，余以名称悉宜一准于《尔雅》，其有不备，则取唐以前书籍中所见者补之。第此事固非可急行，吾辈教授童子，必宜照此。自己与人书札，遇知者，则用之，若平常未学之徒，徒骇人目，一时不得不暂从俗称，例于妻之兄弟姊妹之夫，互称曰"甥"，此则俗儒所骇，止可仍从俗，称曰"妻兄弟姊妹夫"而已，惟去其太甚者可矣。

晚得号外，知伊藤博文为韩人击死，快事！快事！

10月27日（九月十四日） 水 天晴

日中以前至校中上课。日中，叔美来，旋去。晡时至早稻田图书馆中，观钮匪石皇象本《急就篇释文》及王筬友《教童子法》。钮释似较孙释为详审。王书毗于科举俗学一方面，故所言极［尤］鄙俗者。惟其言教授童子识字必自篆书始等语，则极有足砭塾师者。灯下录《尔雅札记》三张。

10月28日（九月十五日） 木 天阴

札《尔雅札记》六纸，人甚惛，因至青年会中阅报。晚，至蓬仙处。

10月29日（九月十六日） 金

至文求堂购得《声类表》《勾股割圜记》《策算》，值一円，价尚廉，惟《声类表》欠首叶，因移书逖先，托其抄补。黄昏，至伯衡处。

10月30日（九月十七日） 土 天晴

10月31日（九月十八日） 日 晴

禺中叔美来，日昳去。

余即至文求堂，购邓完白篆隶真草四帧以归。邓氏篆书多用隶笔，极自然，非如剪笔尖者之矫揉造作也。其隶楷俱极浑存，草书潇洒自然，予甚爱之，故购之以

归。

　　黄昏蓬仙来,向我假《史通》、阮孝绪《七录序》等以去。

11月1日(九月十九日)　月　晴

　　禺中至正金银行取学费,趄而归至师处,晡时归。

11月2日(九月廿日)　火　天晴

　　士衡来,为予言世界文明古国莫古于中国,文明之备亦莫备于中国,若云能亡,未见其然。愚谓此说诚是,但不可大意,骄则必亡矣。中国文明之备,果能循是发扬而光大之,不特不亡,且可永存昌大也。然声名文物,一坏于唐,再坏于宋,沿及元、明,逮至本朝,虽中经乾、嘉诸儒之提倡,而意只在考古,不在复古,且髡发左衽,形式已变,故学术虽复昌明,而仍无裨于实际。十稔已还,东西留学生,上海僮仆,学堂洋奴,相继辈起,首倡废国文、废旧书之论,而退率遂大剧。近来莘莘髦士,试作便条且多不通者矣,此诚可叹,亦可见文化之易移乃如是也。愚谓立国之本要在教育,果使学术修明,必赖文字正确,士生今日,诚能潜心正名之事,实为扼要之所在也。文字一灭,国必致亡。借观印度、波兰,可为殷鉴。若云文字纵亡,语言犹在,未易废也,此亦不然。今之语言渐不典则,犹赖有文字以匡之,若弃文存语,是无皮之毛,无往不可附也。故今日急务,实在复保氏之教为最要。

　　士衡又谓中国现在宜亟重农而贱工商,以为九年之蓄,此说予甚韪之。晡时,士衡去。

　　灯下抄晋鲁胜字叔明《墨辩序》一篇,用篆书写。

11月3日(九月廿一日)　水　晴,天颇暖

　　日昳访伯衡、蓬仙,皆不遇。访伯刚,遇之,旋出。至师处,黄昏,归宿。

11月4日(九月廿二日)　木　阴雨

　　昏瞀之至,头如蒙絮,因取左太冲《咏史》诗八首,改去其中《说文》所无之俗字,一确于许书。

　　阅《艺舟双楫》,包、康两家均极推许邓顽伯之篆书。余谓康氏排去烧笔尖之篆字,以阳冰所作为薄弱矫揉,其说诚是,顽伯出而一新耳目,亦不错。但闻顽伯之后,凡作篆者,几无不学顽伯,而皆得其形似,无足称者。别开生面,以寡陋听见,仅吴仓〈昌〉硕一人而已。包縩甫用心虽勤,而太板滞。汪子渊辈更不足道矣。盖创始者,必出全力以成之,所见所写均多,自能成一家言。继之者徒知学其形似,其不逮也宜矣。今欲师顽伯者,惟当师顽伯之所师,以石鼓、钟鼎、《少室》《开母》及汉碑额等熟思精审,自能成一家言也。顽伯生少温《以后》,虽能别开生面,但结体仍以秦篆为法,长脚曳尾,未见其佳。夫《绎山》《琅玡》《泰山》今已仅存断石,通行者率

皆徐鼎臣临摹之本,至不足道也。陈硕父之篆,余仅见其《诗毛氏传疏》之署检,别开生面,姿态自然,余酷爱之,惜不可多得。俞曲园称其……① (检《春在堂》)。信然,信然。

11月5日(九月廿三日)　金　天阴微雨

黄昏至伯衡处,归途至青年会,遇余华容,谈良久乃归。作与邈先书,论写字事。

11月6日(九月廿四日)　土　天晴,颇冷

禺中伯衡来,留之午餐,日昳去。黄昏往访蓬仙。《民吁报》寄到,议论纪事,多彰直笔,对之官场强权,尤嬉笑怒骂,可谓砥柱中流者矣。

11月7日(九月廿五日)　日　天晴颇冷,晡后阴

周伯甸煮火腿,邀予往共食之。乞得紫毫笔二支,余此番东渡匆匆,未曾购置,致近来无从作小楷,今得此足供一二月之需矣。知幼渔将出,因作书恳其代购紫毫、羊毫笔。昨晚向蓬仙乞得伊抄之《汉书札记》以归,今晚草抄之,拟再核一通,乃正抄。

11月8日(九月廿六日)　月　阴,雨

至校中上了二小时英文课,梅秀诚太郎所教,闻此教习乃大学部有名讲师,然讲后糊涂殊甚,午后未去。日入时,陈致均来问我何时去教书,因答以火、金、土三日,晡时来教。复草抄《艺文志札记》毕。师以巨、佢训大,皆借为父,引《说文》父,巨也,以为今字释古字。但《说文》佢训大,□似便可,引申训大,无须更转于父字也。

11月9日(九月廿七日)　火　晴

禺中为毯孙至正金银行取钱,至神田购《困学纪闻》《几何学讲义》等以归。日昳至幼渔〔处〕,教他二个儿子识《文字蒙求》。还有宁波赵莘耕之女,年八岁(马子大七岁,小五岁),同学《文字蒙求》象形部,亦多难讲之字,如氏、厷等是,只好略过缓讲,先举日、月、山、川诸文讲之。黄昏至蓬仙处。

11月10日(九月廿八日)　水

大风竟日。

---

① 原文空缺。

日中以前晴,甚闷热,日昳后雨,乃寒。

士衡来,余为言今日作文,必宜确遵律令,如布政使司之不可称省,甲子不可用以纪岁(如明毅帝殉国之事,当云阏逢涒滩之变。中日战争之事,当云阏逢敦牂战争,八国联军陷北京之事,当云上章困敦国变,不得如旧言:甲申、甲午、庚子也。)(岁阴阳对过,无误,不必再查。)① 称古人,姓下或缀以名、以字,皆得有一定称谓。墓铭碑状非日常应用之文,犹且不可率尔,矧常文乎? 左、迁称人之杂,后世无闻者是也,必称名者,姬旦、孔丘亦宜从质,非可特异也,故综核名实为最要义。

"通经致用"之说,自康、梁以此诳词眩惑天下,近则治朴学者几视此四字为禁脔矣。然文字、学术当法古也。礼仪、风俗、宫室、器具虽不能全数复古,而当法古者,必居多数。吾辈特不谈政治耳,苟若谈之,又宁能放弃成周、汉、唐之政治耶! 然则"通经致用"其言未可厚非,特不可泥古而不通耳。思古幽情发达,则种姓固,民德淳,故凡自好之士,忧国之徒,举以国粹为倡,盖先民遗留其物不灭,如睹先民也,特不可以□□相诳耀耳。况吾中国声名文物,唐以前均臻极盛,今后文化大开,故当更胜,但自宋、元以来,道衰文敝,今后固当遵修旧文也。

11月11日(九月廿九日)　木

晚至伯衡处,将师集取归。

11月12日(九日三十日)　金

整理杂物者半日。晡时至幼渔处,去教书。余意童子占毕之始,必须另编一书,取《说文》九千余文,别其象、指、会、形四种,首教象形,更宜以纯体之形及显而易见者先教,其他象形字有晦涩怪僻者,如 🜨 、🜚 等,尽可置后教之,即非童子所能知者,亦可后教也。

11月13日(十月初一日)　丁丑　土

人疲劳之至,太阳筋甚痛,用盘牙重嚼,便觉震动。日昳,叔美、蓬仙均来,谈次即去。幼渔处未去,因不适也。

11月14日(十月初二日)　日　天晴

日本《朝日新闻》言,有美国人曰显理媲蒲衣(ヘンリーピブイ)者,在日本十余年,学书画颇能之,遂通日本文,知汉字之有价值,《说文》为汉字重要之书,因购读之,知五百四十部悉为象形文字,与日本汉文家高田忠周相识,以输汉文之真价值于欧米人为己任,昨年十一月赴英,来年夏时须再来日本云。欧人年来知中国者渐

---

① 原有着重号。

多,渐有研究作学问之心,不仅如昔年之视中国为无教国矣。将来细细研究,必能在日本之上,盖脑筋聪明,过于日人,而求学黾勉精细之心,亦过于日人也。昨阅《民吁报》,知近有欧人愿入经科大学者,可知也。但欧人今日尚非研究汉学之时,必先从篆书识起,了解形体、声音、训诂之原,而后可以治学,不然者,又与日人无异矣。刘申叔昔年曾作《颜氏学案序(?)①》,言习斋当日,大约曾奉西人为师,故谈六艺,然则六艺者,实欧西之学矣,尤奇者,礼、书两门之界说,介于大国,惟强是从。(检原文)② 习斋有知,能不痛哭?

11月15日(十月初三日)　月　天晴

士衡、焕卿均来,晡时去。余作复逖先、不庵书。

11月16日(十月初四日)　火　天晴

晡时至幼渔处教书,归至神田,购物等而归。余惟字必以篆为正,若必作隶,必宜改从隶古,方为得之,若寻常书写不用隶古者,窃意无论俗所谓破体、帖体,皆无不可书,盖自《干禄字书》、《五经文字》、《九经字样》、《字鉴》(《字学举隅》更不足道矣)诸书所说(除义对学佛斋等不成字者③),断断辨一点一画之正讹,总不过求媚于科场计耳。否则所谓宜古宜今之体,其实两无当也。盖不从根本上解决,如何能正?根本解决者何?即改用隶古是也。试思今之所谓正体者,果如何耶?神字从月,今隶从小篆申,未为巨谬也。然北碑有作䘽字,人咸知其非,以为讹体矣。然乘字从奴持干(章说盖与兵同意),今作庚,与䘽何异?庚字可写,䘽字独不可写耶?兼作燕,寡作寡,知其误矣。然卉作无有以异乎?乔作乔,知其非矣。然弄作奔,又将何说?与作与,非矣。易、易作乌、鸟,则如何?他如:

为正	为误
伲、荒	凯
應	厓
玉	玊
替	贊
官	師
魯	皆
眉	寔
在	本
並	此

---

① 原文有问号。
② 此处三字原书于书眉。
③ 此句书于书眉。

敢	致
父	夂
福	流
覀、要、票	霸
幸	羽
乖	奮
莫	葵
服	股(般字)
羊	敬
表	懷
異	鬼
乖、乘	北
首	爲
春	乇
他	蚰

等字,岂非分得极无理乎?

归旅馆,耳鸣头眩,人甚不适。

11月17日(十月初五日)　水　天晴

11月18日(十月初六日)　木　天晴

士衡来,晡时去。

11月19日(十月初七日)　金　天晴

偶检故箧,得三姊书,告家中行辈世次一纸。吾族本寒,予生又晚,诸兄姊行次,每不了了,兼年来游历四方,更易忘,爰记如左方。(庶伯母应作何称?房字古应作何称?俟质。排行之称,亦俟质。)①

长房者,世父示朴公也。

次房者,先子(?)学吕公也。②

排行	房	男、女(出)	名	号	娶、适
1	长	女,世母任出(?)③	启绅		适乌程钮承□季粤。
2	次	男,嫡母姚出(?)④	恪		

---

① 原文写于书眉。表中□号,均为原文所有。
② ③④ 原有问号。

3	长	女,世母任出			
4	长	男,世母任出	启诰		
5	次	女,嫡母姚出			
6	长	男,世母任出	启詹		
7	次	女,嫡母姚出			
8	长	女,世母翁出	启缯	仲绨	适仪征吴丙湘次潇。
9	次	女,嫡母姚出			适元和张济和鼎臣。
10	长	男,世母翁出	启廉		
11	长	男,庶伯母□出	启昆		
12	次	男,嫡母姚出	恂	念痀	初娶仁和董氏,继娶萧山单士厘。
13	长	男,世母翁出	观龄	颐圊	
14	长	女,世母翁出	云辉	织孙	适常熟俞钟銮金门
15	长	男,庶伯母祝出	澎	幼楞	初娶□□,归。二娶山阴金,三娶□□沈。
16	次	男,生母周出	夏	季	娶会稽徐婠贞。

下一辈者:

房	男、女	名	号	娶、适
念	女(董出)	德莹	韵辉	适□□徐昭宣颂唐。
念	女(董出)	瑛	润辉	适仁和董鸿祎恂士。
念	女(董出)			
念	女(董出)			
念	男(单出)	稻孙	稻孙	娶□□包丰
念	男(单出)	穟孙	穟孙	
幼	男(沈出)	辰	(又名棣孙)	
季	男(徐出)	迁		
幼	男(沈出)	申	(又名莩孙)	
季	男(徐出)	弘		

(此表恐有错)①

奉川公——圣辅公——国华公——天相公——港舣公(讳字威)——

---

① 原有着重号。

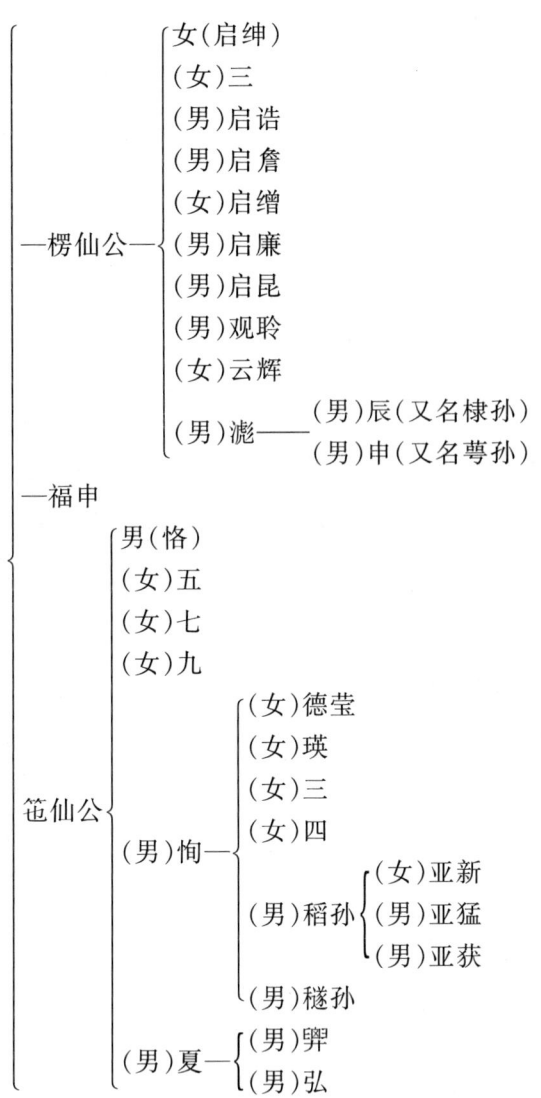

11月20日(十月八日)　土　天晴

11月21日(十月九日)　天晴

两访蓬仙,不遇。阅日本报,知《民吁日报》又遭封禁,唉! 唉!!

11月22日(十月初十日)　月　天晴

　　晨至师处,取得《定师》一篇,乃师新作(为萍青所办《教育会杂志》而作也),属我移写寄逊先。日昳归寓,蓬仙来谈,言吾侪今之治中夏故籍,苟不得其门,冥行盲走而治之,险不以《字典》《韵府》等书为鸿宝矣,由是观之,今之西学果可恃乎? 因言早稻田日本讲师某教《近思录》，欲言中夏字形，其谬有极可笑者。

言人字，古文作 〇 案此，此今隶人旁之空心字耳，象人首、身、手、足之形。又作 〇，即仁之古字。仁为相人偶，社会不能一人独立，故从二——而连之以示人群之意云。

又言智，古作知。智者聪明，能脱口而出，故字从矢，言其速也（矢口）。或加 〇 作智，〇 为古白字，盖智者必明白。又或作 〇，〇 为古日字，明白尊如日也。

荒谬不经，一至于此。日本自唐以来沐浴中国文化者千年而犹然，况其治西学止三四十年以来乎？其不足信固也。即欧人自著之书，亦多不可信，盖合乎古昔律令与否，固未可知也。余甚韪其言。蓬仙又言，近日《读卖新闻》载有《二千五百年前史发见记》，诞妄绝伦，自命通人，将二千〔年〕来以前之史抹倒，所据者为《穆天子传》，乃妄以黄帝为犹太人，真不值一噱。至其解释文字，乃全用拆字诀云，日本小鬼真可笑啊！

11月23日（十月十一日） 火 天晴

日入时马幼渔来，知彼带出书廿二箱云，具见其好学矣。前托逖先代购《文选》、《文章缘起》、《石鼓》等，均由此君带到。伊并言，汉之碑额，苏州可得，盖裱帖者，其额多不要，裱匠因积之，合裱一处以待售，彼已托人物色矣。并闻有何氏者（赵㧑叔之友），曾有双钩本碑额，伊现带到云。严选《全上古三代秦汉三国六朝文》，伊亦代我购得（送我），计洋二十円。得此一部，唐以前诸别集均无须购置矣，选本更不足道矣。良友聚谈甚欢，从此，此间又得一好友矣。

11月24日（十月十二日） 水 阴雨竟日

得真笔版印师文三篇，《辨性》上、下、《明见》，盖讲《释典》所作也。闻所印甚少，逖先、蓬仙、拱薇诸处以无从寄去，拟自印之，惟苦于太多，交关仔メンド——クサイナ——。日昳时叔美来，即去。

11月25日（十月十三日） 木 天晴

访幼渔，谈竟日乃归。见伊带到之书甚多，宋、元、明儒诸学案亦带来了，共二十二箱云，具见其专心好学矣。

11月26日（十月十四日） 金 天晴

午后往访伯刚。黄昏访蓬仙、伯衡。

11月27日（十月十五日）　土　天晴

士衡来，嘱拟办一教育白话报之章程。黄昏时为拟之（盖用以教俗民，非官话不可也）。（注意：此即《教育今语杂志》）① 晚月食。

11月28日（十月十六日）　日　天晴

草录章师文七篇。日莫（暮），伯刚来。

11月29日（十月十七日）　月　天晴，有风

上午草抄师文三篇。

遥远之"遥"，《说文》所无，吾谓古止远字，以双声转音为"遥"，初无本字也。"遥"字《说文》既无，则作"摇"、"陶"、"踰"等字均可。

《汉书·礼乐志·郊祀歌》"将摇举"，如淳曰："遥，远也，摇或作遥"。

《左传》昭公廿五年，"远哉遥遥"，《汉书·五行志》作"摇摇"。

《汉书·赵充国传》"兵难陶度"，郑氏曰："陶，遥也，三辅言也。"师古曰："陶，读曰遥"。

《汉书·陈汤传》"横厉乌孙，踰集都赖。"如淳曰："踰远也。"师古曰："踰，读曰遥。"

《唐韵》"远"云阮切，"遥"余招切，皆喻母字。

（不必再查，盖均检原处，抄无误也）。②

堂〈堂〉徒郎切，殿堂练切，（均《唐韵》）《说文》殿，击声也。堂，殿也。（此条未了）③

黄昏时，大雷电，大雨。冬日雷，不得谓非怪事也。人定至平旦大风，玻璃窗锵然大响，不能成寐，时将日出始睡着。

11月30日（十月十八日）　火　天晴

以昨夜之大风，致大雨竟干矣，地下甚燥。至师处还集，师言《訄书》拟改过，将集中诸信札说理之文入之，更名曰《检论》云。（检，法也，与《法言》、《典论》同义云）。集中说小学之文另行归开，此外，如传、序等等无可归类之文，则入集。集之名不古，拟仿《艺文志》贾谊、蒯通之例，直书章炳麟云。在师处，见善化皮锡瑞之《经学历史》，皮氏乃治今文者，其书似讲义体，较之刘申叔之《经学教科书》有类稿案者，盖远胜之矣，略看一过，拟购之也。

---

① 此语书于书眉，着重号原有。
② 此句原注于书眉。
③ 作者原注。

杭州中学堂教员有杨誉龙字云成者,闻师言,其经学文字颇好云。

12月1日（十月十九日）　水　天晴

幼渔代购之严选《全上古三代秦汉三国六朝文》于今日送来,无纲目可检,甚苦之。士衡来。《国粹》九号到,中有李详《正史源流急就篇》,可资童子读,惜其末了,言《明史》亦颂扬胡廷,不无奴隶之语,是非更之不可。

12月2日（十月廿日）　木　天晴

至幼渔处借得毕沅《经典文字辨正书》、钱大昭《说文统释自序》、三希堂中史孝山《出师表》以归。毕书不知谁氏所为,甚为浅陋,恐非江〈沅〉君手笔,如"呪"当为"詶"之俗体,今以为"祝"、"咒"二字之俗。"筠"乃"筎"之俗,今以为"药"之俗。"㝵"为"詡"之俗,乃以为"吁",皆非是。（不错）①。又如隶有隶变之字,自汉世碑碣以至今日,其形之变体,实更仆难数,固不必如颜元孙、张参、唐元度、李文仲、龙翰臣辈,不本之是务,而断断致辨于一点一画之间从事,总小功之察也。只是合乎郛书篆体者为正,不合者为讹便是。且此与异形别体不同,初不必举一二以实此书也。此等字若取之,挂一反漏万矣。然毕氏之例又不划一,如秊、旁、祭、祆、禂、壯之为俗,祜、璚、每、毒、蘸之为通,分得可谓无理之极。又如禮字从曲,唐元度以为正字从囲,作禮,今隶从曲,作禮,其不合六书故也,乃以为禮通禮俗,此何理也？钱氏书凡六十卷,未有刊本,仅存序一篇,其中详辨后世言文字之失卅四则,可以博而赅矣。计兹序一篇,并自注有五十二番,可谓序中之煌煌巨制矣。（不错）②。史孝山《出师表》,阁帖中本有之,米元辉定为隋书,字皆章草,古趣盎然,草书之可为法者,皇象《急就》以后独此而已。闻人言,有后人集王羲之草书为千字文,余未之见,度既为集缀而成,必非联绵可知,是亦可资以补不足矣。幼渔家藏有日本刊本《太平御览》,版式绝雅,不类日椠。尤可喜者,旁无日本读法钩子,闻言家中旧藏,已阅三四十载,若然,则犹是明治以前旧印,今盖不可得矣。

12月3日（十月廿一日）　金　天晴

12月4日（十月廿二日）　土　天晴

上午至神田取银。午后,蓬仙、伯刚、未生等均来。

12月5日（十月廿三日）　日　天晴

日昳,访幼渔,谈定名事,愚谓化学元素及米突、立脱、格兰诸法,只可译音,人

---

① 作者原注于书眉。
② 作者原注于书眉。

名、地名,宜名从主人,不得专译一国所用者。幼渔主张西学之学名,悉仍旧称,无庸移译。余谓若尔,则一种文章中有两种文字矣,益不可也(此惟日本人乃可耳)。

12月6日(十月廿四日) 月 天晴

阅点《文史通义·文集》《篇卷》《繁称》《匡谬》及《校雠通义》卷一,阅点毕。章氏之学,所谓综核名实者,所言类皆引绳切墨,句句可行,宜乎谭仲修之佩服也。黄昏,访朱大。

12月7日(十月廿五日) 火 天晴

12月8日(十月廿六日) 水 晴

12月9日(十月廿七日) 木 晴

12月10日(十月廿八日) 金 天晴

12月11日(十月廿九日) 土 天晴

至幼渔处,借取《宋元学案》以归,因蓬仙需此也。

12月12日(十月卅日) 日 晴

叔美、季谦、蓬仙均来。

12月13日(十一月初一日) 丁未 月 晴

士衡、奂卿均来。

检《抱朴子·诘鲍篇》阅,将鲍生《无君论》抄其一页。鲍生之论痛快之极,老、庄之言犹含蓄,彼痛君之恶,实痛快之至也。葛洪斥之,诚为可笑!然平心观鲍生〈葛洪〉之言,虽崇有君,特尚宗上古黄金时代,犹不如今日欧洲政治家之强盗也。使葛而生于今日,睹野蛮盗贼之国际交涉鬼蜮手段,当亦为一无君党矣。

思宗教、哲学、科学,言至极端,皆不能不亽(立)一神,如景教之上帝,科学之原子,哲学之(　　)① 皆是。吾国儒教敬鬼神而远之,称天以亽(立)说,特彼之天为渺茫不可知之物,至宋儒谓天即理,乃类哲学家言矣。中国宗教家惟墨翟可当之,敬天明鬼是其明证,但不谈天堂,苦身劳形而无所报,神州即宗教一端,亦高尚乃

---

① 原文如此。

尔。虽人心不古,其教不昌,然固非西儒所及也。

12月14日(十一月二日)　火　天晴

抄顾宁人《救文格论》二纸。"默"字,《说文》所无,《广雅》"默,黑也。"案《文帝纪》《汉书》,"衣弋、绨弋,有黑义。"则去偏旁作弋,于义可通也。(检《文纪》)①。

12月15日(十一月三日)　水　天晴

访幼渔竟日,未生亦来,知其已迁大塚町五十番地矣。

颜、李以六艺为教、斥宋、明心性空谈,诚大儒也。惟此二公生当明季,耳闻目染,无非野狐禅,故犹有未谛者,如《颜习斋年谱》卅五岁那一年……(将来检抄)②,李氏谱廿二岁……③,其荒谬更在……⑤。又如颜氏四十……⑥"重诗书,轻□□⑦",二条皆不免□⑧人之□⑨也。因思当时不稍染元、明之陋习一分一毫者,独顾宁人一人耳。

人定以后,雨、雪。

得恂士书,并照片一复〈幅〉,长髯矣。

12月16日(十一月四日)　木　天晴,甚冷

至图书馆,拟看《畿辅丛书》中李刚主之书,岂知竟不可见,甚为怅然。因取赵凡夫《说文长笺》观之,其书主用本字,如"也"作"𠃉""注"作"、","入"作"𠂇","象"作"豫","别"作"𠔙"皆是。穿凿纰谬处固多(如妄更五百四十部之目及所改本字都不甚叶等处皆是,然中肯者亦甚多),然在明人不可谓非伟著矣,较之同时之梅膺祚《字汇》,……等等,岂可同日而语! 明人承元世周伯琦、戴侗、杨恒诸人后,创始者自不能免乎武断之病。吾辈论人,当观其时。吾辈生乾、嘉诸老之后,小学之事,炳然大明,然非可以今日智识所及责明季人也。

顾宁人之丑诋,彼自不喜《说文》故,然使彼确信《说文》为字书正宗,恐将与赵凡夫为知友矣。盖顾氏固以力志复古为务者,复三代古音之说,鳅生以为笑,通人则服其卓见也。凡夫之书本字,何莫不然哉! 至《提要》之论,固不足道;顾氏复古音之说,《提要》亦以为非也。纪昀贱儒,乌足以语此。刘继庄《广阳杂记》评之曰:"寒山赵凡夫先生六书之学,近代人无出其右者,其《说文长笺》虽未尽合于理,然亦弘博可观矣。"(已检原书,无误矣。以后凡作三"○"者,皆无须再查。④)斯论最为公允。

又检王伯厚之《姓氏急就篇》略抄数纸,未毕,以日暮急欲归。其书全仿史游书

---

① 作者原注于书眉。
② 原文空缺,作者于书眉注此。
③ ⑤、⑥、⑦、⑧、⑨,原稿文字淡失。
④ 作者原注于书眉。

例,七字句,三字句,四字句,参伍成文,句法古朴有义,较之流俗所传《百家姓》,盖不啻霄壤之别矣。

《李刚主年谱》庚辰年(四十二岁)① 下有云:"以子侄将入学,乃著《小学稽业》,自六岁起,至十四岁止,幼仪书数乐舞,皆有仪注谱法。"余度其书必有善良教法,大足供吾侪参考者,屡欲阅其书,竟不可得见,闻戴子高所作《李先生传》,《小学稽业》言已刊行,盖行世极少,谭仲修盖亦未见。按谭氏《复堂日记》四:"习齐〈斋〉先生,命世大儒,遗书散失,子高所辑亦多空论。窃意先生当日于六艺行习实迹,必有次第规制,当日所订必阔疏,若得大凡,而采近代疏通证明之言以裨益之,岂非不朽之盛事,惜乎其不传也。"是谭氏亦未见《小说稽业》矣,姑移书秋枚询之,书曰:

"秋枚先生左右:别将四月矣,为学日益,国光孔昭,幸甚!幸甚!夏思明季诸儒最可师法者,惟顾宁人、颜易直两先生耳。顾氏之书今已行世,惟夫颜先生躬习正学,以身率教,尧、舜、周、孔、三事、六府、六德、六行、六艺之道,炳然大明,刚主、昆绳承之,圣道益著,诚使当日及门者众,其学由北而南,渐乃普遍全国,礼、乐、兵、农、水、火、工、贾诸科,一一见诸实行,则唐虞、三代之隆,不难复睹于今日,蛮夷滑夏,祛除匪难事矣。惜乎绵庄以后,其教日微,向使无戴子高《颜氏学记》一书,则不仅其学终绝,即有言及颜习斋三字者,人将莫知为谁何矣。贵会前刊《颜李年谱》、恕谷《廖忘编》及戴君《学记》,此诚莫大功德。惟颜君致力实行,传书甚鲜。李子著书约有三十余种,王氏亦有遗书,未识藏书楼中已得若干种?诚能一一为之刊行,俾颜学复兴于世,则有功圣道无涯矣。夏近渴欲得颜氏《四存编》,李氏《小学稽业》二种,未识海上书肆易得否?务祈拨冗示复,幸甚!幸甚!书此敬承曼福。不既,钱夏再拜言。"

12月17日(十一月五日)　金　天晴

访幼渔竟日,借得钮匪石《急就章考异》归。

12月18日(十一月六日)　土　天晴

晚访彭仙。得先生复信,言女子……②(检△△号之邮□)。③

12月19日(十一月七日)　日　天晴

检取穗卿《中国社会ノ原》及观云《中国人种考》,拆合一处备观。夏氏治学宗今文,且重视谶纬,颇能自成一家言者,拟看之也。

士衡、伯刚来。

---

① 着重点原有。
② 原文如此。
③ 作者原注之于书眉。

12月20日（十一月八日）　月　天晴

禺中地震。阅《神州日报》,言萧山捞湖村有农人在圹畔掘得古碑一,内有韵语云:

有妫之后	畺（疆）圻是拓
益者三友	泽云其落
外观有耀	其绶若若
大康失德	仲丁以托
中菁贻羞	汪洋肆恶
时逢犬马	化为一鹤

殊奇妙不可解。

伤风鼻塞,人极难过。午后检《国粹学报》,阅戴子高、汪仲伊《握奇图解序》,明顾职方《画像赞》、沈小宛《族谱论》、张皋文《吴兴施氏族谱序》、沈小宛《义塾附祀先儒议》数篇。《仪礼·丧服》记姑之子,郑注外兄弟也;舅之子,郑注内兄弟也。外兄弟者,谓姑孙适而生,故曰外兄弟胡正义引李氏（无名）说。内兄弟也者,对姑之子为外兄弟言也。然则今之俗称姑表兄弟者,正当言内兄弟、外兄弟耳,今俗以妻之昆弟为内兄弟,大谬。

12月21日（十一月九日）　火　晴

嗽甚。

12月22日（十一日十日）　水　晴

咳嗽甚利〈厉〉害。

12月23日（十一月十一日）　木　晴

至师处就诊,以伤风之故云。咳嗽如故。

12月24日（十一月十二日）　金　晴

午前十时顷,早稻田来片召往,至则青柳因不上课,诘责恐吓,以一笑置之。咳嗽仍旧。三少爷来。傍晚,土衡来,周伯陶来。

12月25日（十一月十三日）　土　晴

午后土衡来。今日咳嗽仍未愈。晚得兄信,知伊决计归田,拟向政府告长期病假,三姊为谋常熟一旧园,若成,明冬当迁入云。得小将军信,不以江氏之说转注为然,仍主戴氏说,拟再移书驳之。

12月26日(十一月十四日)　日曜　晴

　　午后走访蒋德臣,欲向其借抄普通科讲义,两访不晤。又访屈伯刚。访幼渔不晤,于其家私得《四库提要》一部以归。

　　数日不出门,闷坐室内,早眠晏起,尤非摄生之道,故今日特出行。咳呛仍未已。

12月27日(十一月十五日)　月　天晴

　　午后去看蒋德臣,向借《投影画讲义》以来,抄数纸。上午士衡来,章程以〈已〉印好矣。(饼案:似即《今语什〈杂〉志》章程。廿六,二、九记。)

12月28日(十一月十六日)　火　天晴

　　访幼渔,午后归。士衡来,伯刚亦来。

12月29日(十一月十七日)　水　天晴

　　得郭景庐寄来九宫格,从此可临篆额、《石鼓》矣。

　　晚作复寄生信,如左:

　　"十一月十七日夏白旭初足下:得书知转注之义,足下以戴氏之说为近是,疑江氏以百为部首之言未谛。夏惟许序之言六书界说,乃达保氏之旨,其五百四十部,则许君因九千文分别部居而得之数,故"建类一首"一语,及后文"立一为端,毕终于亥"云云,语意实不相涉。前之所言,乃示造字之规则(木类之字皆从木,金类之字皆从金,草类之字皆从草,皆有一定规则,不容或紊),后之所言,则自赞其书耳,初非六书之中颇重转注也。

　　要之,指事、象形、形声、会意四者,皆造字之一法,转注则示造字必从其类之则,假借则引申其义于他字,以不造为造。六书皆言造字也。戴、段诸公,以前四为体,后二为用,其说非是。若疑全书皆转注为未确,则九千文之本训皆可引申为他义矣,非全书皆假借耶? 至以"老"、"考"二文例转注,此本随举,非有深意。足下疑其何不提挈纲领,而指"一"、"丄"以当之? 则试以许书言,象形之始见者,为"玉"、"气"二文,形声之始见者为"元"、"丕"二文,会意之始见者为"天"、"祭"二文,何不举以为例? 而必远引七篇之"日"、"月",十一篇之"江"、"河",十二篇之"武",三篇之"信"以当之乎? 准是以言转注,不引开卷之"一"、"丄",而远引八篇之"考"、"老"又何疑焉? 又转注之注,江氏以为挹彼注兹之注(犹之挹老之义以注考),似胜于段氏义可互受相灌注而归于一首之说,如段氏所云,非以《尔雅》为转注不可,是终无解于"建类一首"四字也。

　　夏抽绎众说,觉江氏所云最为无弊(钱献之、张乳伯、陈兰甫、孙仲容皆从其说),若云取戴氏之说而匡救其偏,则王母山已为之矣。彼以同部互训者为转注,异部互训者即非(此或非母山之说,记意〈忆〉不审,行箧无书,无从对核),然终非如其言造字之初所当有事也。至绎义斥拘老之匕,而反其向为考之说,与裴务齐、戴侗所言相类,实以隶书解古义(于文老从匕,考从丂,字形本截然不合,惟隶书作老作考,乃有似乎十四可转耳),蒙未敢苟同也。

上来所说,如不谓然,愿再赐教,幸甚,夏白"。

12月30日(十一月十八日)　木　天晴

12月31日(十一月十九日)　金　天晴

晚,季谦邀至王火腿处晚餐。归,天颇暖,不能成寐,阅夏氏《中国历史》第一册。

一九一〇年

1月1日(十一月二十日)　土　天晴

未生来。天颇暖。

1月2日(十一月二十一日)　日　天晴

1月3日(十一月二十二日)　月　天晴

晨访伯刚、伯陶。午餐后归。

1月4日(十一月廿三日)　火　天晴

1月5日(十一月廿四日)　水　阴雨

晚季谦来。

看梁卓如《子墨子学说》,虽强与欧西附会,可笑实多,然亦可取,千虑亦必一得也。

1月6日(十一月廿五日)　木　天晴

季谦来,午餐后去。傍晚访蓬仙不晤,怅归。路泥泞甚,竟不能行,苦极。

1月7日(十一月廿六日)　金　天晴

临碑额篆字六纸,临徐渭仁双钩杨震碑二纸,临双钩《石鼓》一纸。双钩《石鼓》不若阮刻佳,故置不临。杨震碑字体娟秀,娇艳之极,余甚爱之,故临之。碑额之篆,有方、有圆、有长、有扁、有粗、有细,而用笔均极古朴,绝非李、徐等铁线篆所能望其肩背也。

季谦请客,邀余作陪,同座者郑素伯、赵季衡、赵伯辊、吴逸民、吴凤章,首座者姓曹,卒业将归也。

士衡、伯刚来。

久不记日记矣,每每阅五六日后始一记之,而因力近来复大衰,过辄忘,故七月以来,虽订作日记之条而不践约。自此为始,当实实勉行记之,期不间断。

每日拟临篆、隶、章草三种,章草皇象本《急就章》尚未购得,姑且先以赵氏临本出之,盖草体写法,首宜练熟焉,每日至少每样必须临一张。

1月8日(十一月廿七日)　土　天阴

阅刘申叔《论孔子无改制之说》(题目不错①)一篇,大致看了一遍,觉其所驳多属强辞。吾谓解经必宗两汉师说,经纬应并视,此夏氏所已言者。吾谓康氏孔子作六经,尧、舜、禹、汤皆无其人之说,自然不可为训。刘氏讥康氏,谓"不外欲以孔子所改之制傅会新法,实则孔子自孔子,新法自新法"。("　"内不错了②),此言甚确。但刘氏谓孔门弟子皆有制服之语,亦未免自陷其盾矣。

戴子高有诗云:"巨儒二百载林立,吾独倾心大小庄,亦有北方颜李学,天衢朗朗日重光。"③ 盖戴先生为陈奂、宋于廷弟子,通知两汉师法,知素王改周受命之说,欲明孔门微言大义以致之用故云。然吾意庄、刘之学诠明圣义,颜、李之学实明圣事,盖此皆孔学之真传也。戴氏独能窥见,不特为吾乡之巨儒(迥非严元照、俞樾之仅知训诂名物者比矣),亦国朝三百年来独见圣学之全者欤(颜、李与庄、刘皆各得其半,先生出,乃集其大成云)。汉、唐训诂,固为诠释古书,然所明者,经训而非经义。吾谓诚有人等,合乾、嘉诸儒之经训,今文学派之经义,而以颜、李之毅力行之,则圣学昌明不难复睹矣。徐适字仲容,治颜学者有言:"汉儒之于圣学驿使也,宋儒则驿传改换公文者也。"④(不错⑤)其说皆是。盖魏晋玄言,宋明理学,谓以别称一家言则可,若以为即圣学则非也。

凡言教育者,重实行不重理论,故哲学家言不能供教育之用。今日治学,虽不必确宗孔学,然孔氏立教以六艺为本,固与玄言有异。吾谓诚能兼取孔、墨最好了。孙仲容谓颜学近于墨子(此言见于刘氏《习斋学案序》,刘氏好作伪,果为孙氏之言与否,固无从知之也),语虽无证,但刻苦厉行,其人格盖大有类于墨也。

颜氏之病在于不肯读书,其告王法乾曰:"礼、乐娴习,但略阅经书数本,亦自足矣"(见《存学编》)。(不错⑥)颜氏此言盖未知本矣,夫古圣立言垂教之旨,悉存于经,经语简古,今人阅之不能明也,是非阅汉人之注,汉注亦简直,仍有不能明也,则必详加讨论,务使圣人之学不落于恍惚模糊之地乃可,故如国学诸儒考订礼、乐制度,实大有行于圣经也。颜氏生当明季,实学久沦,复不肯看书,此是其失,至谓"尧、舜诸圣人所据何书"(不错⑦)亦《存学编》语,殊不知尧、舜为制礼、乐制度之人,前此草昧未开,自我作古也。若吾侪今日既欲学尧、舜之学,乌可不治古书乎?特不可沉溺于典籍而不从事实习耳。

---

① 作者原注。
② 作者原注。
③ 着重号原有。
④ 着重点原有。
⑤ 作者原注于书眉。
⑥ 作者原注于书眉。
⑦ 作者原注于书眉。

1月9日(十一月二十八日)　日　天晴,甚热

幼渔、士衡均来。

余思得今俗书"另"字无从下笔。案此字有二谊,一为单独,一为别异。训单独者,宋翔凤《过庭录》云:"黄山谷《品令》(茶词)云:'凤舞团团饼,恨分破,教孤令。'孤令,单独也,今俗作孤另,非。"案:宋说是也。愚案孤令之令即零星之零字,零从令者,自可借用令字。至俗书之另字,当是草书之误,不善作草者书令或作 $\rlap{\,}$,后书成整方便成另矣。字典中古文大率皆此类也。今市井簿记书零用犹作另用也。其训别异者,直是别之破体耳。委巷之字多有作半字者,如條作条、雖作虽、類作类、衆作众(《说文》有仦字,然非市井所知)皆是。别之作另,亦其一耳。今所谓另项、另外,本当作别项、别外,徒以与孤令之讹字同体,遂亦误读令字耳。

思俗书之字,亦非全无根据而作。如義作义,此借用乂字而误加点也。贤作乑,由草书"乑"者而误也。對、聖、難、觀等字之为又旁:对、圣、难、观,盖俗书有此约束也。當作当,草书肖字之误也。異作异,借用异字也。凡重字,古多作"二",首见歧阳石鼓。今世作楷,犹多沿用作"乙",或说此即古文上字,日本书重字作"々",盖即草书上字之误。上或作"𠄞",书成整匚乃误为"々",非无故为之也。(又穷作穷,力字即草书身字作力之误)。

1月10日(十一月二十九日)　月　天阴

晨蒋宗泽来。

余惟今后行用之字只可有四种。一篆书。用以书牌板,刻书籍字之结构,以石鼓、秦石(《泰山》《琅玡》残字)、汉篆(《少室》《开母》《国山》及碑额)为宗,并可参取彝器、瓦当,惟字体必当确遵许书,不可有一笔任意增减改易(石鼓、彝器虽系古物,其文字或有《说文》所不载者,然既无说解,年代久远,剥落其〈甚〉多,薛(尚功)阮(元)吴(大澂)孙(诒让)诸子各自为释,其果合与否,未可知也,则宁置之而取《说文》之可解者用之。秦石、汉篆任意增减,但可师其笔法,必不当师其结体也)。若李少温一派,矫揉造作,毫无生趣。字之大小配置既需整方,势必不能确肖其形(如⊙作日、严作严、羊作芊,皆不能酷肖其形),亦无当也。

二隶古。即依篆体作楷,惟须立一例,先将部首各字写定,凡从之者悉不得作二体(如臼字臼,口字作口,凡从臼者不得作口)。其有必不能不改者,必须定一例,如心作心,心旁依汉隶作忄,则宜定一例不得妄作数体也)。如此,庶几字有定体(昔陈长发、罗台山、张度皆有志作此,即病于此,故所书终不能一律,明黄谏《从古正文》,系专作隶古之范本,其书未见,未知一律否),虽不能如篆,隶之正确,要亦隶书改良之一法。此专为刊古

书之有俗字者用(古书之俗字,其《说文》正书者宜改从正书,如确当作塙,垫当作埝,熟当作孰,烹当作亯,愈当作瘉,悦当作说,其有正字未曾检得者,如谥,糨等字止可暂时从俗,外作方围以别之(如今书庙讳字之例),庶免篆隶造书。至其字之结构,与隶书同。

三隶书。此则不问隶省隶变,总之,碑碣所书,石经所刻,无不可书(惟字形太远者,如佛作仏,學作乎等直是市井破体,乃不可书耳)。又有隶书妄加偏旁者,如魏孝文帝吊比干墓碑等亦不可用,盖此等字与隶变不同,直是《说文》所无之俗书,与夫容作芙蓉、颇黎作玻璃等同耳。总之,出于汉碑者近是,断不必无端区分于其间,曰正曰俗也。余尝愤颜元孙、张参、唐元度、李文仲、龙翰臣辈不通六书,强于一点一画之微,别其正俗而又进退无据。试取《字学举隅》中之字言之,彼以为雄正雄俗,雄诚俗矣,然[雜]本从[厶],今从厶,得为正乎?又雄既俗,而弓作强,何以为正也?隆正隆俗,隆诚俗矣,然隆从降,今乃以降为陮,可谓正乎?從正徔俗,徔诚俗矣,然[字]从[手],今分[手]作[从],直不成字,可谓正乎?宜正宐俗,宐诚俗矣,然宐从多省,今下作且,可谓正乎?况宜者尚见汉碑石经,若宐者又宐之俗书耳(或说宐之训许书误,当从《尔雅》肴也为本训,其字当作[图],从[几][且],古文且字即俎字,[夕]肉之省也,则宜字当为正书矣)。卮正卮俗,案[卮]从[巴],其从已从巴,皆隶变耳。若以巴为[旦]蛇字故云俗,则已固[弓]之隶变耳。从[旦]固非,从[弓]亦岂是耶?况卮既为非矣,则色、绝亦皆从[弓],而作色、绝何以是也?卑正卑俗,案[宰]字从[宀]从[十],作[宰]尚存甲字,特[一]不成耳。若作卑则十既误为十,[甲]成何字乎?衰衰为正,哀衰为俗,案[衰],从[衣],象形,丑旦日冊四形等非耳。羁正羁俗,案[羈]从网,作西固非,作四亦何尝是也,况其下又误[馬]为[易]乎!於正扵俗,案[於]本象形乎,从才非,从方岂是耶?曳正曳俗,曳从乙,今作乀,可谓正乎?况曳从[申],曳既非,[申]作申何以是也。齊正齊俗,案[齊]乃象形字,亦与亦何是非之足分?兮正兮俗,案[兮]作八八皆可也,有何正俗之分?乖正垂俗,案[乖]从[个]从[公],垂固俗体,乖亦何尝稍近正耶?

诸如此类,盖到处皆错,凡字不从根本上解决,徒然以补苴弥缝为能事,乌克有济!尤奇者如《干禄字书》之通五经文字之经典,相承《字学举隅》之承作,盖谬之甚者。不知本《说文》以立论,并且还要依违于俗书,岂不可笑。故现之今隶,不必纯以小篆谨严之规则矣,则无须更分正俗,任意写可耳。此类之字形结构,自西汉分隶起,以至东汉、魏、晋,南帖北碑等皆可书。隶、楷二种本不应分。若八分书则众论纷纷,莫衷一是。然此等皆书法家之多事纠缠耳。总之,上非篆文,下非草书,则合于隶可也,况《说文》序中固未及乎(隶、八分、楷,以及西汉分东汉分,晋分,唐分,总之皆名曰隶可耳)。此类之用,如随意作书札,抄杂件均可,乃为不暇作篆及隶古者设法。若有如江叔澐者，生平不作隶、楷俗书，则固最好耳。

四章草。此类乃为仓猝应急及笔札抄讲义之用，字体以皇象《急就》为宗，兼采《阁贴》中等草书，如汉章帝、张芝、二王、史孝山、孙过庭，皆可采而补所不备，至初唐为止，鲁公以后即不可用。张旭、怀素以及明世祝允明、王褘所作，更宜禁绝。总之，一涉联绵，便不可用，而形体萦绕，如游龙夭矫，不便其起讫者亦不可用。盖文字之作，原为实用，匪云饰观也。若张旭等人所作，既无定法，又复联绵难分，非释文则人不能知，直字之蠹耳，必宜禁绝。论理草书必不能合六书正则，惟不为检押以定一格，则无以为法，故必检定。且章草多作隶笔，而字体复多合篆（如 [蔡] 作 [叁]，卜作 [卜] 等），乌可忽视！盖草、篆原流相因而体制自别，非若隶书之无定格者可比也。案，程邈虽作隶书，盖仅减省篆体为之，初无定法，故《汉书·艺文志》未见有书，今观汉碑字体无定书，有全合篆者，有全不合篆书者，盖任人作之耳。或谓此或碑碣如是，官书经典殆未必然，必有定法，此亦未是。不然，何以蔡邕刊石经，欲正书体乎（石经今虽不存，乃观蔡氏重摹十二石，其间异体之字已有了）？盖当时止是合六书者为篆，其变体减省者为隶（如鲁孝王刻石、裴岑纪功碑，用笔直与篆无异，特字体减省耳）。在程邈初意，原欲以此为俗书，非以为正书，无如汉人耷陋，不能复古，高文典册，悉作徒隶之书，沿及于今，二千余岁迄无更改耶！故吾谓欲作正体，惟有依许书正体作篆，隶则无定，但取前人已书者皆可用。草书之兴，既为解散隶体，而《急就》即为其定体。史游原迹虽不可见，然辗转临摹，大致必无大误，则据皇象本为定可耳。

隶古之出，初非得已，盖既无篆体之酷肖，又与初创隶书之意相背而驰，本两无当者。惟今日隶书之用，既非初创时行用之意，则其体亦不得不更。隶古定体，初思专取汉碑所有各字，择其最合篆者用之，庶几别成一种。虽自我作古，然其体固旧时所有者（此即张弨之偶），岂知一检《汉隶字原》《隶辨》诸书，始知有若干字隶形全无合篆者，因别创条例成此一种，一时思想固然，然究觉不便不妥，他日或别有所见以更之，亦未可知也。姑记于此，以俟后来思想之变迁与否。

至于四体之中，无论作何体，总不应写《说文》以外之字。

又如行书一种，介乎真草之间。其实可废。盖章草既行，则减于行书而正于今草。行书通行之，实因嫌草书之萦绕难书，又关真书之不能应急也。若作章草则行书自可废。

至于雕刻书籍，作篆者无论矣，若作隶古者，其出之于名人手写景印者则固无定式，若铸成铅字排印者则或如宋椠之作欧体书，或径作汉人隶体，皆可。盖惟此二种最为整齐，较为像样也。至于今书匠之作宋体字，于古无征，言乎书法美术均无一当，且不能作圆笔而俨然与真、草、隶、篆并峙，最为无当，实应废之也。

1月11日（十二月一日） 火 雨雪，天甚冷

学校今日已开课。上午因往上其四点钟之课，下午未去。取《国粹学报》分门

抄订，期便于观阅焉。

思国朝今文家，盖可分为三派：初庄存与、刘逢禄、凌曙、陈立、宋翔凤、戴子高辈皆恪遵董、何家法，不杂其他夸词。廖平、康有为辈乃欲合以西人之言，强相比附，不辨家法，不遵师说，惟以一字一句之可附于西学者是尚。至谓六经非因古史成文而参以笔削，尧、舜、禹、汤皆无其人，为孔子之所臆造。此其立说之无据，无怪治古文者之欲屏斥之。平心论之，此派即谓今文者亦应排斥耳。钱塘夏曾佑则以纬释经，经纬并视，此复与庄、刘辈有异，然实谓今文学最要之务。盖纬书虽多汉人缘饰之语（如为汉制法等），然尼父微言大义，悉在于是。吾谓欲治今文宜参取庄、夏二家之法，庶几素王别作之精意可得。至其杂入鬼怪妖罔之谈，如孔子感黑龙而生等语，此实古代帝王必应缘饰之事，明知其伪，然非如此，固无由解古史也。夏氏感帝王"感生、受命、封禅"三事，必有孔子为素王，礼亦宜然，此说最精。《春秋》为汉制法，固汉人缘饰之词，然黜周王鲁之说，实素王为后王制法，初不容疑。必云孔子定六经，与中垒校书无殊，此说吾亦未之能信。刘申叔更以六经为孔子教科书讲义，此以今日之制臆想古初，可笑已极！若果为教科书，则孟子何以言《春秋》天子之事，且有"知我，罪我"之说乎？若使今之编教科书者作是语，岂不可笑！孔子是否教主，固尚在不可知之例。要之殷周受命之事，必不能一笔抹杀，谓其必妄也。董、何之语谓其不可凭信，则孟子之语又当何如耶？总之，非常异义可怪之论，断不能以浅儒之见臆断之也。

1月12（十二月二日） 水 天晴

上午至神田取钱，在青木嵩山堂购《墨子》以归。又见刘申叔说《公羊》书四种及朱丰芑《群书》六种，购之以归。

思日前幼渔为我言，罗马古音早已亡却，今日欧洲所读，多以法国音为准云。因思此盖无法之事，譬如中国今日古韵未明，亦只可暂用《广韵》一般。吾谓华人人名地名译为西音，今多以英国拼法谐中国官音，此两非也。官音乌足以代表全国耶？势非用《广韵》不可。至欧洲字母，各国读音各异，又安可以英音为准？譬如 j 字，英如群母字（如及），法读为影母字，故以英音为准之说止可洋奴倡之，法音为准之说止可外交官倡之。其实当用《广韵》谐罗马音耳。

作致逖先信，言篆书形体，言依许书说解为确，故如畏字当依《九经字样》，作 ![字] 等是，至象形字当取彝器参用，如日月二文，小篆都作 ![日月], 此必当依钟鼎改为 ☉ ![D] 方合。

1月13日（十二月三日） 木 阴雨

午后士衡来。

编历史，其信史当首黄帝，孔子删书断自唐虞，此自则圣经自是权变，本殊古史。《史记》首黄帝,自当以黄帝以来为信史。伏羲、神农见于《易》者,其言甚雅训,然自伏羲至黄帝,其间究历若干年代,若干帝王,则无从知悉。盖三皇之说已言人人殊。且《易》以外者大都皆不雅训之说也。此以前宜据纬书、子书(至《淮南》止)所言编于卷首,其言荒诞不经,自意中事。盖上古柸柸榛榛,民神杂糅,所言当如是也。此为神话史,固不可以其言不雅训而遽删之也。惟后世自《路史》以后所妄造者宜屏勿容。又如刘申叔附合西方古种之说,止可存疑于著作,万不可羼入教科书也。至神话,则据以推测上古社会情形,自无不可,然强为解说则不可,如天皇氏九头等说,不可以头为头目,如刘申叔所言也。

俞曲园曾问业宋于庭,故治经多以今文为宗,故于"王鲁"之说极为相信,并言左氏不传经,《周官》非周公之政典,盖宛然今文家也。章先生乃力辟今文,崇信壁经。正如当日戴子高为陈奂弟子,奂治《毛诗》,陈〈戴〉乃治《齐诗》《公羊》也。余虽受业章先生,然观以辟今文之说,亦颇不谓然。《周官》真伪,非吾浅见所能窥。若左氏实不传《春秋》者,盖彼所记载全是史书,偶涉释经,大抵陈义甚浅。俞氏谓其窃闻绪论而然,信也。故考《春秋》时之古史,可以《左传》为准。至于解释经典,盖非《公》《穀》不能知也。昔人谓《左氏》之事详,《公羊》之义长,《春秋》重义不重事。其说信。

1月14日(十二月四日)　金　雨雪

上午至校中上课二时,便归。

刻橡皮戳一个,书共和年者分十列,每列均可转移,每列书一二三四五六七八九十千百年等字。盖用以打书上之共和岁年甚便也。刊资需一元五角,可谓贵矣。

下午人甚无聊,取严选之文内中名人之字注于目录之下,以备检查。

在讲堂上见于二生帽中藏雀,更有一生阴轩其帽,雀飞出盘旋于满室,因噪而捕之。咳!堕落学风,一至于此,诚鸟兽不可与同群者矣。吾不暇笑也。

1月15日(十二月五日)　土　雨雪竟日

午后季谦来,旋去。

灯下作《今语杂志发刊辞》一篇。

正统之说,辩者纷如,因均无意识者。吾侪虽当据所南所云中国为正,夷狄为伪,故如三国及五代十国,止可如六国时并列(除后唐、晋、汉),无分正闰方合。若必欲强取以纪年者,则三国止可用魏,因其上承汉下启魏也。五代止可梁至周,因其五代相衔(唐、晋、汉夷狄,惟当改其称谓,直呼其名,至其上承梁下接周,固不可以其夷狄而去之,犹元、清之例矣),而上承唐下启宋也。温公用此以纪年甚是,朱子强欲帝蜀寇魏之说,则船山已驳之矣。朱子《纲目》实误学《春秋》者。《春秋》义已高深,而后人不能学之,以固非史也。至南北朝,固当如所南之说,专用南朝,隋文帝虽非承陈,而陈固其所灭者,以之继陈,当非蜀、晋之迥不相接者比也。要之,纪年自当用共和,惟当注历代帝王于下,云某朝某帝某年耳。若夷狄入主时无中国帝王者(如元等),则当云伪某某人某年,直呼其名耳。

1月16日(十二月六日) 日

雨雪交作,午后三点时乃晴。日出。晚有月,明日当晴矣。

至巢居,士衡不在,晤涣卿,将卷交出。访师,师不在。因取其《经学历史》(皮)以归阅之。皮氏言汉学宗今文而不信古文,惟其立说确固,殆不如刘申受辈,而尊崇御纂,崇信《提要》,是其可嗤者也。其引《史记》以证明今文为圣经真传,则迥非无根者可比。要之孔子《春秋》确是有意笔削,断不能以史文视之。其言"《春秋》是经,左氏是史。经垂教立法,有一字褒贬之文;史据事直书,无特立褒贬之义,体例判然不合。"其说最确。又言"孟子以孔子作《春秋》比禹抑洪水,周公兼夷狄,驱猛兽,又引孔子其义窃取之言,继舜、禹、汤、文、武、周公之后,足见孔子功继群圣,全在《春秋》一书。尊孔子者,必遵前汉最初之古义,勿惑于后起之歧说"。据孟子之言以断《春秋》之为心,其说盖实不易之论矣。后世之崇古文而诋今文者,盍亦观孟子之书乎? 西汉今文学家言不足信,孟子之言亦不足信乎? 孟子受业于子思之门人(?),实为圣人之嫡传。其说如是,殆不可易。章师遵〈尊〉崇古文,于皮书眉端多驳斥语,要之亦多不足以折服之之语。至引"庄子云:《春秋》经世,先王之志。经世者,纪年也。先王之志,本以纪往事,非为后代制法也。道家者流,出于史官,庄子之见,高于儒家孟子远矣"。① 此说实未可从。要之史家之《春秋》,即如《公羊传》所引,不修《春秋》是也。此固所以记往事者,若孔门之《春秋》,则固孟子所谓天子之事,史公所谓笔则笔,削则削,游、夏之徒不能赞一辞者,一是史,一是经,原不可合为一也。庄子所言盖古六经而非孔子之六经也。

涣卿出示南洋信云:有荷生殴打华生,华生群起报复还打,遂被荷官拘去,判监禁数日,并侮辱教员。唉! 中国如此受人欺侮。

思士字、土字、末字、未字之分别。土字既从二,则必当二画并长,作土方合。士从十一,上长下短,上短下长或两画长短相同均可,惟长短相同则将与土字混,故必区别之,或作土或士(段氏有此说)。未字从木,重枝叶,自当二画并长作未,不容一长一短。末字从一,在木上,则任上长下短上短下长及齐长均可,惟齐长则与未字相混,当作未或末也。然本末字实应作 末,其作末末,不但易与末字混,且朱从一,在木中,作朱作末亦皆可也。故吾谓本、末、朱三字当作 本末朱,庶不致混。因避混而变形者,造字时固有是例矣。如方円之方作囗,缺其一面,盖与口字相避也(或谓囗本当作○,然篆、隶古本无有角之方形,则囗与○初非有异也)。惟如俗儒之土、未字上画短下长,士、末字上长下短,则绝无根据之分别,与刀姓作刁正同不成字,不可从也。

---

① 着重号原有。

1月17日（十二月七日）　月　天晴

将东汉之十四博士之名字记于此，以备忘：

《易》○ 施雠长卿、孟喜长卿、梁丘贺长翁、京房君明……（4）；

《书》○ 欧阳高子阳、夏侯胜长公、夏侯建长卿……（3）；

《诗》○ 辕固○○、（齐）申培○○、（鲁）韩婴○○……（3）；

《礼》○ 戴德延君、戴圣次君……（2）；

《春秋》○ 严彭祖公子、颜安乐公孙……（2）。

托凤章与一日人老头子姓长谷川的讲好，请他教代数、几何，每样每礼拜六点钟，计每月五円三十钱也。拟明日去。下午三点时季谦来。

刘申叔之《中国民约精义》取古来之说与《民约论》相比附，合乎卢氏者甚，不合者非。故《礼运》大同说及许行并耕说，悉斥为不合。此等可笑著作，稍有知识者不齿，即梁卓如尚未必如此。刘固自命为博通国故者，乃如此，岂不可笑之者也乎哉！又如刘氏《国文典问答》既服从鄙夫以言以中国象形字为不便，并且更举严氏所谓丐词者，竟以春风风人，夏雨雨人名动之引申而指为不合，谓动词之风、雨二字须改造新字，此等不通之见解，偏出于通小学之口，岂非怪事！

思《熹平石经》若在，岂非很好。隶书字体既赖以定，而今文经之真面目可睹矣，岂非盛事。今日六经的本子，文字既屡经改窜，致复古文之真已不可得，矧今文乎！

1月18日（十二月八日）　火　天晴

上午至正金银行为毯孙取钱，归访师，正在讲书，乃归访伯刚，留晚餐。毕，往访蓬仙，归已十时矣。

1月19日（十二月九日）　水　晴

午后三时顷，伯刚来，旋去。

晚得恂士、稻孙信，知阿兄等已于初七日赴湖，暂寓李菘畇家大约是凤池山庄。盖因潜园本有人住在内，尚未搬出也。

1月20日（十二月十日）　木　阴，晚雨

人甚不爽，竟日蜷伏室内，既不出门，亦不看书，真无俚之极。

有人言《马氏文通》、严氏《英文汉诂》二书所定之名多不可解，阅之生厌。余反诘以日本所定者如何？曰便觉可解得多。噫！东学党害人一至于是。不佞自己幸未染此习，所谓近似者易乱真，其言信然。假使日人止用假名，不用汉字，则若非如吴稚晖之丧心病狂，人亦必取之定以中国字之新名矣。故今后童子宜将古书多读。至欧洲之学，宜径用原书，万勿乞灵于日籍也。日本之学多属裨贩，东涂西抹，有何

足道！思之以益重我学拉丁文之心矣。余以谓欲学欧文，必从拉丁入手，始为有本之学。故欧西学校无不重拉丁，不通拉丁者为不合格也。吾国学欧文者，固然多是洋行 Comperadore〈Comprador〉之流，日人读英、德文者重文法而轻语言，固为胜矣。然日人治学多不标本探原，故如正则诸校，学英文仍不由拉丁。虽然，此逐末之道宜然，岛国民之见解本不过如是，若中夏亦然，诚非道理耳（斋藤秀三郎专事教习惯文法，虽较之中国大略教一本"ネスフィルト"文典者为非囫囵吞枣，然不务其本而如此教，终为逐流忘原也。）

偶翻梁氏《中西学门径书》，中以诸子分两种：一儒家，一非儒家，而谓其学皆出于孔子，谓九流皆出六艺故也。①此实康门大谬之处。夫九流诚出于六艺，然六艺本先王之政典，孔子因之删订笔削作为一家书，此实儒家特别之六经耳。旧时六经诸家所共，孔门六经儒家所独，安得以诸子本六经，即谓其出于孔子耶？盖六经为孔子所作，尧、舜、禹、汤，皆亡是公、乌有先生之说，本康氏之谬谈。要之，谓经应宗今文，惟当恪守西汉先师成法，近则二庄、宋、刘、戴（望）、陈（立）诸子耳。古文无师说，刘歆一家之言不足据也。然康氏之说亦未足据也。

上午勉强点墨子《兼爱》上中下三篇。句读悉据《间诂》。墨子之书脱衍错简最多，使非有毕（大约孙氏为之）、王（念孙）、俞诸家释于前，孙氏集大成以后，正不能句读。句读且不能，何论其书之微言眇论哉。

1月21日（十二月十一日）　金

赵季谦来。

1月22日（十二月十二日）　土

得汪旭初信，知彼仍不以江声转注为然，其所主张，盖与师说相同，以声音小变，孳乳数字为转注，谓数可同义者互相训释，训考时以老为首，训老时以考为首，一首乃不定者。余颇不然其说。他日拟再通书驳之也。

得逊先信，言许迈孙所刊《意林》确未刻好。近有人拟为谭氏刊《半庵丛书》二编。其目如左：
○○○董子重定本
○○○景宋本《淮南鸿烈解》附释文
○○○《意林校释》
○○○《说文声律》
○○○《復堂文馀》
附《半庵丛书》目录（谭献自刊）
○○○《诗本义》
○○○《西夏纪事本末》

---

① 着重号原有。日记书眉云："撮举其意，不须更检原书（已对过号），惟当修饰词句耳。"

○○○《白香词谱笺》
○○○《医中词》
○○○《复堂文》
○○○《复堂诗》
○○○《复堂词》
○○○《复堂日记》
○○○《合肥三家诗录》
○○○《待堂文》
○○○《池上小集》

然恐亦徒托空言,因谭氏之书悉为其子货去,稿亦不易得也。

1月23日（十二月十三日） 日 天晴

午后一时未生来,旋去。四时顷朱蓬仙来,余与言文字既包罗万象而言,则不论八股、灯谜、淫猥小说悉当列入艺文矣。但亦有难者,则此等书籍悉为害于世道人心,似不可陈列其中。惟文体则轼、谦之文虽非大雅,然语录固白话体矣。颜习斋《四存编》中《存人编》(本名《唤迷涂》)乃多俗语,律以文章,均不足道。但今日宜宗文以载道之方,凡有学又有文者如顾亭林之《日知录》、唐甄之《潜书》,胡承诺之《绎志》,固其上也。文不逮其学者若李刚主,王崑绳之徒,亦其选也。有学而无文者如宋儒语录、颜氏《存人编》,究以学为重,则不文亦尊其书也。至于有文而无学无行,或其文有窳烂者,是已等诸自《郐》以下矣。若夫无学无行又无文,其人复为世道人心之蠹者,直不录其书,如金采、钟惺之徒是也。

1月24日（十二月十四日） 月 天晴

五点顷马幼渔来。

1月25日（十二月十五日） 火 阴,晚大雨大雪

上午(十点)周伯陶来,午后去。

取孙氏《古籀拾遗》阅之。略点数篇,期易醒目。钟鼎文句古奥,字体亦古奥,孙氏此书乃纠正薛、阮、吴(荣光)三家之失,故金文原本却未摹入。拟购三家之书观之,孙氏《名原》,正不知何日出版？跂予望之。中国古书每每不施句度,此实最不便者。案《说文》既有识绝止之"丶"字,而《学记》又有离经辨志之文,是断句度之事为古人所有矣。愚谓今后刊书,无论自作、刊古,概当施点。惟浓圈密点则必当禁绝,此实批时文之法以及东洋小鬼之刻书耳,必当禁绝之也。

今晚拟至长谷川处上代、几课,岂知事不凑巧,偏偏这个老头子又要做什么算术书籍,数日之内不教书,须至阳二月三日ハジメ矣。闷闷。

1月26日(十二月十六日) 水 大雪

天甚冷,人甚懒。竟日不出一步门。取《古书疑义举例》点一过,备阅时醒目也。中有见到之处,随记数条于下。俞曲园谓孟子之"流连荒亡",流连一义,荒亡一义,谓是变文成辞,初非异义。案:俞说是也。但俞谓亡当读如《荀子·富国》篇"芒轫僈楛"之芒,则非,愚谓荒从㐬声,㐬从亡声,荒,即亡之假借耳。赵歧注解亡字曰:"若殷纣以酒丧国也,故谓之亡。""从兽无厌",若羿之好田猎无有厌极以亡其身,故知荒亦亡也。以羿事证之,知赵注不误。俞反谓赵注非,失之。① 俞氏又谓《蓼萧》篇:"既见君子,为龙为光",训光为日(言龙与日并,人君之象),谓是变文以协韵。言"此言远国之君朝见于天子"。案:《广雅·释诂》,龙、日皆训君,可为俞说之确证。

"两事连类而并称例"中引《日知录》一节,当入"因此以及彼例"中。"以双声叠韵字代本字例"、"以读若字代本字例",此二条皆假借,实即郑玄假借之说。《说文》读若字,义虽有通者(如 〓 读若隐之例?)要之不通者为多(如鄹读若許,此例甚多)。② 古书则可,后人为之则不可。有志正名者,不得以古书推诿也。

阅《群经评议》:"其义则丘窃取之矣",谓"孔子作《春秋》,其义则所谓笔则笔,削则削,游、夏不能赞一辞者,孔子何取之哉。取者,为也。(见《广雅·释诂》)窃取之犹言私为之。后世治《春秋》者不信三科九旨诸说,而但曰经承旧史,史承赴告,则止有其事其文,而孔子之义付之悠悠矣"。③ 案:俞氏训取为为,可为〈谓〉一字千金。盖孔子作《春秋》,孟子言之最明,后世传之者止有公羊子。近世有鲰生谓孔子不改制,而孟子此文之"取"字即今文家亦不得其解,故训不明,遂启伪学之侵入,谓即据孟子,亦言取而不言作矣。俞氏曾闻宋于庭之绪论,通公羊氏家法,故能解此也。

1月27日(十二月十七日) 木

俞曲园《古书疑义举例》:"《韩非子·外储说左》篇:'吾父独冬不失袴'。旧注曰:'刖足者不衣袴,虽终其冬夏,无所损失也'。谓'正文本作吾父独终不失袴,今作冬者,涉注文冬夏而误'"。按俞说非也,冬即始终之本字,《说文》"冬四时尽也?"引申为终末之义,《韩非子》盖作本字耳。

1月28日(十二月十八日) 金

---

① 此处书眉上原有:"不必再检原书,只要改通文理耳。"
② 此处书眉上原有"俟查。"二字。
③ 此处书眉上原有"不错"。

一九一〇年

1月29日(十二月十九日)　土

1月30日(十二月廿日)　日

1月31日(十二月廿一日)　月

2月1日(十二月廿二日)　火

2月2日(十二月廿三日)　水

2月3日(十二月廿四日)　木

2月4日(十二月廿五日)　金　晴

晚往访彭仙,归得不庵、拱薇信,知其任禾校长,欲加改良,聘余及逖先往教文史。不庵书尤谆谆相劝,疑不能决。拟明日与彭仙商之。

2月5日(十二月廿六日)　土　晴

午后一时访彭仙,与问禾事,伊颇主张去之说,我于是决归。即作复不庵、共薇信。晚仰先来,伊亦拱延之一人也,问我去不去,我答已允。

2月6日(十二月廿七日)　日　晴

十时顷访彭仙不遇而走访伯匋。三时顷未生来,借得皮锡瑞《经学通论》五册观之。融会全经,分别今古,的是治经必需之书,以之为治经学之先导尤佳,不致误入歧途也。

2月10日(上章阉茂厉陬月朔日)　木　天晴

思正名必以书本字为最正当,惟有数种不能书本字者:

(1) 固有名称:如老女曰负,不可改书曰妇;诸侯之女曰翁主,不可改书公主。

(2) 地名:如黄州、光州,不可书为一名。

(3) 人名、如诸葛倞,不可书诸葛景。

(4) 一字读二音者:如焦侥,不可仅书侥字。

(5) 双声连语,一正一音转而书借字者:如艰难,不可书艰艰。

2月11日（正月初二日） 金 晴

季谦、幼渔均来。晚访蓬仙。

2月12日（正月初三日） 土 天晴

伯匋、士恒均来，晚七时顷蓬仙来。

2月13日（正月初四日） 日 天晴

在幼渔处竟日。士恒亦在幼处。

2月14日（正月初五日） 月 天晴

十时顷焕卿来，旋去。草录师文数篇。

2月15日（正月初六日） 火 天晴

晨阅俞荫父《丧服私论》。计仰先来。

2月20日（正月十一日） 日 晴

午后渐阴，稍有雪，旋又晴。

午后外出购《何子贞临张迁碑》以归。何氏之字甚古朴，余酷嗜之。

2月21日（正月十二日） 月 天晴，有风

上午点张孔伯《说文发疑》数篇。张氏之书虽寥寥两册，然甚精审，其论转注，力伸徐楚金、江艮庭、许宗彦之说，可谓精确不易，世尚有泥于戴氏互训之说者，真所谓焦明已翔乎廖宇，罗者犹䕷泽也。《释笑》《释箸》二篇最精审不易。其以"乃"为"𩫖"之本字，则不如朱丰芑以为"艰"字之得。"丽"为"離"本字，则不如我师以为"訡"字为得矣！其以《说文》九千文谓多是古籀，其说亦有见。

午间有运送站〈店〉主曰林田与次郎者来，盖计若命之来也。午后人甚无聊，写篆字（临缩摹《开母》）七张，隶书（临何子贞《张公高碑》）九张。傍晚访伯陶。晚餐。访朱大。

2月22日（正月十三日） 火 晴

士衡来。午后叔美来言阿兄有电致胡使，传吾允禾聘，并寄百圆来，于是归志决矣！

2月23日(正月十四) 水 晴

幼渔来。蓬仙、伯刚来。

2月24日(正月十五日) 木 晴

为《教育报》作《文字源流》一篇,未毕。晚伯刚、伯衡均来。伯衡今日甫到也。

2月25日(正月十六日) 金 晴

上午至斐然处交卷。午后至神田购《龚定庵集》以归。

2月26日(正月十七日) 土 阴雨,午后晴

晚作数书。

2月27日(正月十八日) 日

天晴大风仍竟日,至晚不辍。上午士衡来。午后至伯衡处。晚餐后访蓬仙,见遵伦又来。

向伯衡借得戴子高《谪麟堂遗文》一册以归。

3月1日(正月二十日) 火 晴

抄师文。晚幼渔、伯刚均来。

3月2日(正月二十一日) 水 晴

至神田购《高等地理》,不庵要也。

向伯刚购得旧拓三,阙名,清晰之字尚多,与缩本大异,始知重刊缩摹者皆不足信,始知徐纮临书《绎山》不足道也。

晚餐伯衡、伯刚、伯匋等饯行。

3月3日(正月二十二日) 木 晴

士来,与同出摄影作纪念。午后访伯衡,并晤季谦。

3月4日(正月二十三日) 金 晴

访师,请其书字,因书近作诗二首,并写扇面一页。

晚归,访伯匋、彭仙。

3月5日(正月二十四日) 土 晴

午后季谦、树恩饯行。晚餐叔美、宰平、颂三饯行。幼渔、士衡、奂章均来,未见。

3月6日(正月二十五日) 日 晴

晨士衡来。康心孚之弟名宝恕,字心如者来,知心孚现在北京银行教习。

一九一二年

9月1日（七月二十日）　星期日　晴

余自上章阉茂之年正月，应梦耕之招，归自日本。至嘉兴中校讲教小学，日记遂于是中止。其年五月，学子与梦耕牾，梦耕去职，予亦离禾。至海宁中学校，仍授小学，兼及《左传》。翌年重光大渊献，伯兄念疴先生长湖州中校，招往讲授《左传》，遂携妇子居故乡。其年八月，汉族遗黎兴义师，将逐客帝。九月望日，浙江复。其时天下未定，黉舍中无复学僮，予则闲居无事，念胡服既革，趋时者必竞尚欧洲装束。夫丁今之世，国家多故，短衣窄袖，以趋便利，诚无咎。然章先生有言，后王有作，轻屦利屣以从事，大衻高冠以燕居，行者居者宜异服，斯固不易之论。伯兄亦言，宜考古代冠服之宜于今者，详述其制，俾为冠昏丧祭之古式礼服。因取清世经师之说深衣者，如江慎修、任子田、宋绵初、黄元同诸家之书，择是而从，复参以司马君实、朱晦庵、黄太冲之说，参酌宜古宜今之制，为《深衣冠服考》一册，分衣、冠、带、履四篇，并附《周尺考》一篇。十一月十三日，南京竖民国临时政府，改用欧洲通行之太阳历，是日适丁太阳历玄黓困敦年之一节季冬一日也。二节孟春客帝退位，中华全复。三节仲春浙江教育司成立，逊先、幼渔、坚士胥在其中，招余往，典保存文献之事，遂至杭。因循半载，睹邦人之不乐道古，未足以语。

时则土地虽复，人心之污浊则较清季愈况，颜公所讥弹琵琶、学鲜卑语者，世方以为能，弃国故，堕礼防者，比比皆是。余志既与世违，亦难窃位而已。自九节仲秋一日始，复作日记，以今后毋间断期。回思此两载中，土地复，政体更，岁首移，徽识易，平日愤异族主我，嫉君主世及，至此乃可消释。而邦人诸友毁信废忠，芟夷国华，亡国之征，已大显著。长是不改，将不五稔，悲从中来，聊复书之。

今日伯兄招张冷僧、朱逖先小饮，并召我往，禺中至圣因寺。在兄处见谭复堂丈《意林》校本。其中谭丈亲笔校录者，分朱、墨二色，又有朱笔字，不知谁氏所写，绎其文义，似是谭丈倩人移录者。书为马彝初所新购，彼携借伯兄一观。逖先因怂余及冷僧分录一本，因借归。

沈钦韩《汉书疏证稿》，莫子偲借去之八册，后归刘□□①丈。其子志更初名毓盘，字子庚，陕归后，改此名，即以为字去岁在陕西遭乱，书籍尽失，仅携得一册归。今以赠伯兄，兄以浙局刊本误字太多，拟取此残存稿本中所有者，校正重刊数卷，附于局刻本后，斯诚佳事也。

黄昏归，购得石印《六代华岳庙碑》，与中岳嵩高灵庙碑文句略同，字体亦同，皆寇谦之所书也。书法奇古，尚在《爨宝子碑》之上。又购得石印《爨龙颜碑》，字多模糊，不逮拓本，且亡额亡阴。

---

① 文字原缺。

9月2日（七月二十一日）　　星期一　　晴

　　昨日稍中酒。宵复受寒，人不甚适。阅泰兴陈潮《东之文钞》（见《国粹学报》中），谓：噫，《说文》，饱出息也。其训痛伤声者，借为癋。《说文》，癋，剧声也。其说于义甚合。但噫在一部，癋在十五部，恐不可通。

9月3日（七月二十二日）　　星期二　　晴

　　在逖先处假得拓本之尺四种：
　　一、清营造尺；
　　一、周尺_{曲阜孔氏藏}；
　　一、虑傂尺；
　　一、宋三司布帛尺。

9月4日（七月二十三日）　　星期三　　晴

　　幼渔近长浙江第一中校，属予往授小学，每周六小时，先已允之。六日将始业矣。三年甲、三年乙、四年、五年生，旧本教部首，今定□授。其一年、二年生，旧为杨孝洛所教，以《字学举隅》为课本，谓"忽"为"恖"之隶变，以《说文》与古文、籀文为对称，可笑可骇！今亦改授部首。拟先以许序教之。日昳，至中校，自写部首及许序，付誊写版付印之。黄昏，检《说文序》及五篇豆部以下，取段、严、王、朱四家之书一览，为讲演之预备。

　　陈百年来，欲我至高等学校教小学，共四级，每周每级一时，凡四时，月修四十金，允之。

9月5日（七月二十四日）　　星期四　　晴

　　日穉，至幼渔处借《国粹学报》，将章师之《八卦释名》中所定卦名本字录左：
　　乾，借为𩃬，𩃬者，日始出，光𩃬𩃬也。与昊声近，春为昊天，称天者多言昊。
　　坤，本字。
　　震，本字。
　　巽，借为𩿪。𩿪，遣也，遣，纵也。放纵使走为𩿪。巽为风，《释名》，风，放也。
　　坎，本字。
　　𩼇，借为盘，盘，明也。
　　艮，借为垠，垠，岸也。
　　兑，兑字本义当训通道，即俗书隧字，从𠕇。𠕇，山间陷泥地也。人行之曰𧾷，从几，言足迹成蹊也。通达之达，即𧾷之借。

　　鐕孙以电话相招，约予往图书馆话别，彼明日将行也。往，并晤不庵。又至逖先处，借得余前年在海宁所编小学讲义，因为定假借五例，今不复记忆，欲检视也。

9月6日（七月二十五日）　　星期五　　晴

余生于共和2728年疆圉大渊献，七月廿五日，故以太阴历计，今日为余之生日。然疆圉大渊献之太阴历七月廿五日，实为其年太阳历之九月十二日。太阳历双廿四气定岁，故年有定日，较太阴历为近确。国家既改用此历，则自今岁始，当改以太阳历九月十二日为余之生日矣。

今日初至中校授课。凡二小时，学僮颇桀傲〈骜〉不驯，专与师长寻衅，退铃未鸣，辄任意出讲堂，饮茶鐺尿，斥之，不听，且颇恨恨，以怒容相向。盖自共和政令刊布民间，无识者咸以破坏秩序为贤，祸浸及于学僮矣。身颇不适，喉痛、头微热。盖天气既热，复用全副精神与学生对垒也。甚苦，甚苦。

9月7日（七月二十六日）　　星期六　　晴

甚热。至中校授课一小时。闻学子以英文教师郑表万口操温州语言，不能解喻，且谓其学问甚劣，不堪作师，必欲幼渔为易之。其实非为此故。盖旧时劣教员杨学洛、唐德业、戴承胙等人，因为幼渔所辞绝，愤而纵奥学子寻衅，图逼退幼渔，则己可复入耳。不庵亦在中校授课，借寓藏书楼中。日昳，往访也。黄昏，又至中校，遇幼渔之弟叔平来自上海，携有寄售之《乙瑛》《封龙山》《曹全》《孔宙》诸碑旧拓，《曹》《孔》二碑，非我所喜，《乙瑛》则颇思得之也。

9月8日（七月二十七日）　　星期日　　白露　　晴

今日白露，距立秋一节矣，而热度乃在九十度以上，不减于中伏。日昳，雷，有雨，旋晴。热仍未减。竟日无聊不能作一事。下午三点许甫时外出澡身。

至不庵处假《艺文志》，拟取其《小学指要》授高等校三年第六学期学生。因此级明年二节便须卒业，不能详教。《艺文志·小学指要》较许序简，故用之。

9月9日（七月二十八日）　　星期一　　晴

甚热。日昳大阵雨，骤凉。禺中至中校上课一小时。郑表万为学生所逼，不能安位，已辞去。幼渔乃改延包君培之。包约十六日日曜始授课。今日先至校中召集三、四、五年级生演说学英文之法。包君故讷于言，学生遂又腹诽之。

日昳至高等学校，授二年级生课一小时，讲授许序。毕后，拟授以《六书略例》《说文》部首。三年生不久将卒业，拟以章师论语言文字之学首篇首部为之讲演，俾知小学之要，次则以《艺文志论》《小学指要》《六书略例·通借条例》授之而已。

木翁自禾归，谓仰先办二中颇得手，学生竟习为洒扫之事。蓬仙颇高兴，将携眷过禾云。

9月10日(七月二十九日)　星期二

阴雨,天气颇凉。因昨宵中寒,今日甚矣。惫,中校课未往授。

幼渔来,悉学生又无礼于英文教师郑昂生。我谓照此情形,非破坏不可矣。日前《新浙江潮日报》分送攻讦中校讲师之传单,有人亲见唐德业撰稿,是彼处心积虑,不破坏不止。正当乘此与之一战,一面将劣生除名,一面宜调探杨、唐、戴三凶之诡谋而布之于众,乃为治本之策。沈衡山对于此事畏首畏尾,专事敷衍,得令之横乡曲之见,以幼渔所为为非,更可愤疾。

9月11日(八月一日)　星期三　阴雨

颇寒。仍惫,故中校又未往。

9月12日(八月二日)　星期四

阴雨。今日仍未复元。高等校有课二小时,未往。

得章师信,知已脱统一党,现寓东安门金鱼胡同贤良寺内。书中谓有人劝师讲学,为移风易俗计。师意齐民可以理义喻,游民不可以道德化,非道之以政,齐之以刑,不足使洒尽全国恶。又谓观张、方事,知韩、彭菹醢不为过,观熊、范、黄、宋结湘党事,知蔡京树党人碑事亦可同情。

9月13日(八月三日)　星期五　阴

今日至中校授课二小时,尚相安无事。

报载,教育部拟有新定之太阳历,从每年365日分为十三节,每节廿八日,分为四周,得364日。余一日为除日。予谓此法诚便,然当以立春日为岁首,则四时方正。或自冬至日起尚无不可,然已不合农时矣。若如欧历之以冬至后十日为岁首,则于学理、人事两皆无谓,不当率循也。闰年亦不必说明。但从立春首日计至大寒末日,若为365日者余日一,366日者余日二可矣。余日之名,取《左传》"归余于终"之义。

9月14日(八月四日)　星期六　晴

辰时遏先来,告中校四年级生因要求幼渔更换化学教师,幼渔不允,遂率一、二、三年级生罢课。惟五年级生不为所动。衡山俾人往谕,亦不听。盖外间已布置周密,自今日始发难矣。

9月15日(八月五日)　星期日　晴

午后微雨,旋晴。午前至沈家,尔后偕士远同至中校,谓罢课事有经子渊、汤尔和二人出面调停,约今晚来校云。经久思取教育事而代之,汤则代陈仲恕,亦谋此席。此番中校风潮,反对幼渔者,不过杨、唐、戴三数不得志之旧教员,大部分实系反对衡山。今即由此二人来调停,岂有此理! 且看明日如何。微闻经即衡山请他来者,衡山可谓呆矣。

9月16日(八月六日)　星期一　晴

　　晨六时顷未起,不庵有电话来,未知何事。顷木兄来,谓昨晚汤尔和到校告学生,谓此间之事有意识,因为教课而非饭厅宿舍故,且谓明日照常上课,以后教科书有不满足之处由汤负责云云。各教员以为侵入教务范围,愤极,顷已全体辞职矣。即至沈尹默处,共作质问汤尔和书。幼渔通电各中校(2至11)乞主公论并解职。

　　今日高校有二小时课,无暇上,亦未上。

9月17日(八月七日)　星期二　阴雨

　　天气较昨更寒矣。

　　赴图书馆作《全体教员致沈司长书》,质问其何以任汤尔和来干涉教科,遏先亦辞职教员,何以托其来留教员,可教员受辱,理应辞职,不宜无耻而仍教诸语。

　　晚归无事,取平日剪下报章上之件贴于无用书本上。分三本,名为《杂叕》。分三种:

　　甲、关于学术之件;

　　乙、关于章程、法令、纪事之件;

　　丙、关于一切杂件。以免纷失。

9月18日(八月八日)　星期三　大雨

　　至图书馆,为幼渔作书致章先生及京、沪、本城各处学界人物,报告此番办学宗旨及失败情形。

　　包邃先来,约看屋,屋在东清巷。两楼两底,柴房灶披俱全,井与房东合用,屋尚可住,每月租八元也。押租八十元。拟托包君往说,欲稍贬些。

9月19日(八月九日)　星期四　雨

　　晨至高校上课。毕,至尹默家,幼渔顷即寓尹默处。移时不庵、而翁亦来谈。至九时乃归。

9月20日(八月十日)　星期五　晴

　　阿兄进城午餐,偕兄、关来卿、成孙、而翁、不庵至王饭儿吃。家常便饭,胜官礼酒席多矣。饮毕游城隍山。归约坚士即至尹默家与幼渔话别,幼渔明晨归矣。

9月21日（八月十一日）　星期六　晨阴雨,禺中止

晨访寿门,托觅屋。归访不庵,尹默亦在。不庵谓明日早车将归硖,须旬日再来云。

归知应驷孙来杭,伯徐托其带饼饵、酱菜,并以年糕一簏贻其伯如也。

9月22日（八月十二日）　星期日　晴

晡后有雨。午后访应驷孙。悉伯徐近胃纳不开云。归欲访尹默,因微雨遂归。

托张槐清抄《文始》一卷已毕。灯下取与原稿校之。此书章师来信敦催,现定先随便录出,以后当由我渐渐一张一张的写起来,一二年后写毕付石印矣。

9月23日（八月十三日）　星期一　晴

取阮刻石鼓剪贴无用本上,期便于观抚。

午后至高校上课,有一学生无理取闹,问鲔从有声何以读唯？告以此系双声转。彼谓非是,并谓江河与工可乃双声,不知河可乃叠韵也。总之此等地方并非有意识之质问,真是无理取闹耳。

9月24日（八月十四日）　星期三　晴

昨日坚士谓扇子巷有一屋,月租卅元而不须押租。屈益宏拟与我同住,并拖仰曾来住。因往访屈,悉屈已觅得人家,有楼,花厅一所,并租用具而租金不计,因是首议作罢,怅怅而归。至寿门处,亦不得耗。归为王垚所缠。吾辈既为汤尔和事而辞职,岂有不惩罚汤尔和而遽归之理！王亦看[看]轻人矣。

9月25日（八月十五日）　星期三　晴

晨赴湖上午餐。兄宴馆员于壶春楼。晚宴乃家宴。惜乎中饭吃得太饱,晚餐不能多食也。

是晚宿圣因寺。

周广业校桐庐《五经》、万季野《纪元汇考》（原稿玄字不缺笔,首有龚鼎孳印）、精刊《南宋杂事诗》,皆精绝之本,王店忻氏出售于图书馆者。又,《毛诗稽古编》《六逸丛书》亦精印本。

9月26日（八月十六日）　星期四　晴

晨归。晓风侵肌,稍觉不爽。

至高校授课,学生与我争,谓杨雄必姓才旁之扬,余告之,不信。此等学生实不足与言学也,会当以段玉裁杨雄姓当从木旁说示之。归至尹默家,仰曾谓忠清巷赵

氏有空屋,三楼三底,墙外灶,价不昂,极拟住之。因偕往看,颇合意,嘱仰曾为我说定之。

9月27日(八月十七日)　星期五　晴

午后传先来,谓不庵同车来,移时图书馆电话来招,乃去。偕不庵同赴尹默家中,晚餐后归。

蒋谨旂为而翁购得《经韵楼段注说文》一部,价七元。字迹清□,可爱之至,由不庵携来也。

闻王𡉏仍聘唐、戴、李、杨诸人教书,然则前日污我,殊可恨,竟污我以《字学举隅》。

在尹默处见冯巽占来作说客,因詈之,欲其忿而去王𡉏也。王𡉏专事瞎说,对甲说乙就,对乙说丙就,对丙又说甲就,其敷衍诈伪如是。

9月28日(八月十八日)　星期六　晴

午后阴有雨。

晨,不庵来,因同往图书馆。余趁便印《纪年表》(以真笔板)。因余拟作一表:首岁阴岁阳,次共和纪年,次帝王纪年,遇群雄蜂起(如秦末、新末、隋末)及列国并峙(如七国、三国、五代十国之类),悉平书不分正闰,即赵王伦、萧詧之类亦与晋惠、陈高祖平列,欲破成王败寇之见也。惟夷狄在所必摈,直斥其名,上加以圈,仿董醇《甲子表》书篡贼之例也。五胡十六国,北朝,五季之唐、晋、汉,又契丹、元、清皆然。

午后不庵赴湖上去了。归见万年,知赵屋不成,缘张□舲亦要租也。快怅之至!

9月29日(八月十九日)　星期日　晴

人极无聊。晨访尹默、兼士即归。访寿门,谓屋不易觅,得数所悉非合者,甚闷。归遇逖先,以《李仲璇》《孔羡》二碑来,以二元得之。拓工尚精。《李仲璇》《曹子建》皆隶楷之兼篆书,吾侪作八分正书,可效法焉。

步陶屡以书来,促书邹、刘传,今日购纸为书之,未毕。

9月30日(八月二十日)　星期一　晴

人颇不快,高校未去。午后至尹默处,因仰曾来条,谓新见一屋,较赵屋宽大,偕往一观,地点太远,月十四元,房东颇有洋气,我殊不愿。且仰曾虽约同屋,而彼乃暂居,无事即可归鄞,我则以此为家,未能遽允之也。

将邹容、刘西园传写好,明日拟邮寄步陶。

得介恫书,并附元年历书一册,有类教科书(说明日月蚀之作用、潮汐、气候等等)。介极口诋之。吾谓第一年如是亦佳,如年年如此便讨厌,干支节气附后,不注每日之下,此甚不通者。复介绍一种欧洲新发明之通历,以春分始,吾谓春分左右正和煦之时,斯时放假辍业,岂有合宜！盖元旦必当如立春,孔子行夏时之语,固万世不易之定理,中国以农立国建国,岂可不依农时乎！

10月1日(八月二十一日)　星期二　晴

与朱而出觅屋。得一屋,三楼三底一厢房,墙外灶,颇小巧清洁,缺点者惟无井耳。押100元,月租9元,拟稍与磋商之。又一屋两楼两底,开间较大,月五元,而楼屋倾危。又一屋五楼五底,气象甚大,月十元,而楼板甚劣,白蚁蛀烂,皆不足用。晚将《李仲璇》、《孔羡》两碑裱式写出,函托伏生付装。

10月2日(八月二十二日)　星期三　晴

昨日之屋仍不稍让。午后至寿门处问其屋事,尚未可得。

知昨屋之主非正经人,因作罢论。

10月3日(八月二十三日)　星期四　晴

晨至高校上课。学生复以杨雄姓相缠,说之再三,终不见信,甚至引出字典以与吾相抗,并谓太炎论语言文字之学一篇文不可解。无理取闹如是,可叹！复有一班促我速教。总之,是不要学小学耳。我愤甚,归拟辞谢之。

10月4日(八月二十四日)　星期五　晴

四时顷寿门来,与同出觅屋不得,饮于酒肆。寿门为我言陈英士、杨谱笙之不法,可杀。并谓去年俞宸澄赴湖为军政分府,非欲泽湖,实欲钦湖民之财以断黄兴耳。子九堕其术中,遂往为民事长耳。饮毕偕朱寿门同至尹默家。

10月5日(八月二十五日)　星期六　晴

季市来信,谓将办一教育学术杂志,嘱我书部面,今日书就寄之。季市书谓前在教育部定小学校课程,国文皆部首,习字兼篆隶,师校、中校皆有小学而卒被教育部教育会删去,凡通之议论,彼等固皆不欲也。可叹！

浴。

俞宸澄来,大为陈其美强辨,并谓章师无法律知识。不值一笑。

10月6日(八月二十六日)　星期日　晴　大风

取夏炘《六书转注说》而草草抄之。此书在《景紫堂》中,惟图书馆有之。马二亦有是书而有缺页。图书馆不能久借,即草草录出,字体正否,字形成否,皆不计,抄时只计其速,故其丌、羛谊、部𠂤、类颣等字造〈错〉出,自己看看之用而已。

又访佚生。至尹默处晤伯衡、寿门。渭侠结婚,今日宴在杭各友于聚丰园,我亦与焉。

天寒,购瓜皮帽。欧礼平顶礼帽及圆顶帽颇有威仪,可用,其软而顶中陷者已不甚大雅,若乌打帽岂可正用！今人都喜带此,可笑。瓜皮小帽是明世有之,名六合一统帽,见《日知录》,其形盖即古皮弁之变。六合,犹六合一统,即武也。上结,犹□也。今于满制之马褂右重衽衣,尚犹服之,顾于明明汉冠之六合一统帽则弃之,无谓极矣。

10月7日（八月二十七日）　星期一　晴

今日照阴历为孔诞。然孔子生鲁襄公廿二年十月廿七日,为其年秋分节后八日。若从阳历计算,非十月一号即二号,因秋分节在阳历非九月廿三即九月廿四也。若暂定一标准,或以十月一号当之尚可,今[尚]教育部因本年阴八月廿七为阳十月七号,遂通电各省,令自今年始永以阳历十月七号为孔诞日,不特卤莽灭裂,太无历史知识,以理言之,亦不当也。如武汉起兵之日为去年阴历八月十九,实阳历十月十日,然今年阴八月十九为阳九月廿九,顾可永远以阳九月廿九为国庆日乎！

10月8日（八月二十八日）　星期二　阴

傍晚有雨,甚寒。

思高等学校学生终不可教,作书致百年辞职并缴还聘书。此种学生头脑中尚迷信《字典》,只合令杨学洛教《字学举隅》耳。

得幼渔书,知为张菊生所招,赴商务馆。甚慰。然彼以商贾之道来,未可遽以名山之业付之也。

10月9日（八月二十九日）　星期三　晴

收谭校《意林录》,过录八纸。

前托马四所裱《武荣碑》裱得有差,取《金石萃编》、严编《全后汉文》用朱笔一校,模糊及勒文均注之,误少表处则一格著数字以明其误。

昨夜半,梦将段、孔、张、朱诸家音韵表各韵中所列之字作一表,一一对照,以明其异同。醒而仍思此事。虽梦也,然心中固愿一作此表也。

兄赠我《表忠观碑》新拓本。

购得石刻本《干禄字书》,《干禄字书》《五经文字》《九经字样》,皆唐时功令之书,欲其宜古宜今,故所说都不甚合,然较之满清《字学举隅》则远胜矣。吾谓今日厘正隶体,除非程邈原文悉在,或蔡中郎熹平石经尚完好,如开成石经则虽误亦当遵用,否则惟有据篆体改正,择汉碑中近是者而从之耳,虽唐石经,犹不足凭也。

10月10日（九月一日）　星期四

今日为国庆日。晨起至图书馆少谈，至大街拟购《东塾丛书》，竟不可得。

至商务印书馆，购先生影片一纸，以一寄景庭，一留此，此尚是在日本时所照也。

10月11日（九月二日）　星期五　晴

晨教育司欲摄影，因往法学协会摄之。毕，访尹默不晤，归。

仰曾来，再三邀我复职，峻拒之。师道陵迟如此，如何可再教书乎！

今日教育司仍休假。

取《大共和日报》上章师各文函电等，割下粘空本上。

傍晚英存之来访。

10月12日（九月三日）　星期六　晴

上海商务印书馆有陆炜士者，编一字书，名《新字典》。此等书删节《康熙字典》，去古字，增俗字，必无价值无疑。且以书之方分，必更下《康熙字典》无疑。余有志作此，故虽极谬妄之书亦在必看之列。预约七角，昔购一券，今日书到杭，因往取之，并至梅花碑购《史记》一本归。《新字典》荒谬之处更在我意料之外，此等书出，其汉文将斩之先声乎？《史记》拟取崔先生《探原》照改照删，还其今文真相而读之。

晚有碑贾携《谷朗碑》来售，拓工尚是中村，可笑！因以八角得之。又杨沂考真草篆隶一张，其篆书为四箴半寸小字，与字帖之四箴大篆可称双美，并购之。梅花碑，《东塾丛书》亦不可得。甚快怅！

10月13日（九月四日）　星期日　晴

今日不庵进城，邀予及而翁、尹默往谈。晡时余先归。复外出浴。《中华大字典》亦《新字典》之流，凡谬书，均不可不看，庶可斥其妄诞，今日亦购一预约券。

闻蓬仙来杭，未获相晤，甚怅！

10月14日（九月五日）　星期一　晴　颇暖

渭侠来。悉蓬仙之《玉烟堂》，善藏甚固，未能假我，颇怅怅也。

10月15日（九月六日）　星期二　阴　晡后雨

校《意林》毕，尚余第△卷，系谭氏补抄，而校本当抄而过录之。午后访尹默，出石印完白隶楷三种，隶书浑厚茂密极矣，楷书学齐朝，与董洪达造象如出一人。又隶书一种,有礼器県阁气息。盖完白隶楷实为第一,篆实逊之,行草则仅能成逸品而已。包慎伯、康有为皆推崇过当也。

晚《文始》第八卷某君抄本灯下校之。马老二来谈至更余,即卧教育司内。

10月16日(九月七日)　星期三　晴

晨偕马二同至尹默家谈竟日。

见尹默家见石印缩本钱坫书联一,瘦硬,变化极矣。世皆多李潮,然李潮除瘦硬外别无长处,其字长脚曳尾,流毒千载,其末流至有以烧剪毫尖作篆书者。虽完白山人力求复古,而结体仍不能出李潮范围。吾谓完白用笔取瓦当汉篆,而结体从阳冰,钱坫用笔专取瘦劲,实宗少温,而结体乃上张宗彝。《石鼓》钱实胜邓,至杨沂孙出,专宗《石鼓》,兼采鼎彝之意。盖清世篆书,钱、杨允为二大宗,邓之篆书当在第三也。晚校《文始》八。

10月17日(九月八日)　星期四　晴

马二今日归申矣。

《邓完白隶楷三种》,有正出版,楷书瘦劲,绝类北齐之董洪达造象。隶书二种,一瘦一肥者。顽伯隶书颣然瘦者吾谓似礼器,尹默谓是学《曹全碑》阴,吾实未取遽信。

为胡仰曾书琴条四匡,体备真、草、隶、篆四种,写得不成字,可笑,草则尤所不习者。

10月18日(九月九日)　星期五

今日阴,重九也。

晨起即偕而、默诸人赴坚匏别墅。此屋我第一次来,其中层级起落甚多,屋中陈设装潢颇少雅气,而地处宝石山之中央甚佳。

晤潘尊行,数年不见,与之谈论,其人实颇有崇小学,尤有见到语。惟彼于章师《文始》颇不谓然。此则我所不敢苟同者。闻其英文亦颇佳云。

傍晚偕不庵同至图书馆住宿,竟日不能安眠。甚苦。

10月19日(九月十日)　星期六　晴

人颇倦。午后归司。陈百年复来相嬲,坚属复职,固辞之。

黄昏,取《史记》,依《探原》所订正说删正数卷。

10月20日(九月十一日)　星期日　晴

晨得兄书,属偕而、默诸人往坚匏。阅《朱舜水先生集》及关于舜水纪念会之书。舜水纪念会,日本人所设,盖舜水殁后至今垂250年也。闻有朱仲平者,舜水后裔,此次自日本与会归,携归有舜水遗刀、信诸物。大兄拟提一议案,建祠以扬大汉之先烈。现拟先设一会以集议此事云。

晚归,连日患咳嗽,走去走归,颇惫。黄昏,仍移录《探原》于《史记》。

10月21日(九月十二日)　星期一　晴

晨至梅花碑,欲购《说文古籀补》竟不可得。至商务馆购历史挂图二:(一)历代分合图;(二)历代统系图。悬示儿子,亦尚可用。惟纪元概称民国前,可谓谬极!诚欲芟除历朝帝王纪年以趋约易者,舍用共和外固无术也。归访佚生,不晤。访寿门,见之,托其速为我觅屋。

晚看皮鹿门《诗经通论》,谓《关雎》为康王晏朝之刺诗,是作诗义,定为国风之始,是孔子删诗之义,可谓精确不易。经文固当以今文说为正,如毛传者,专言训诂,可采者多,微言大义则非其所知矣。

10月22日(九月十三日)　星期二　晴

有碑贾来,以《龙门二十品》旧拓求售,拓工尚精。以五元易之。《龙门》为方笔极轨,中如《孙秋生》《魏灵藏》《始平公》《郑长猷》,其最上品也。余自十四五以来,日作媚书,丑态百出。今愿专习方笔以药之。访逸生不晤。

晚取《新学伪经考·艺文志》一卷点之,康氏作此书年少气盛,往往有过火语,文笔亦不甚经意。然辟伪经之谬,可谓东汉以来所未有。崔氏承之,壁垒益严。崔氏经学耆儒,故言多平实,较胜康矣。

10月23日(九月十四日)　星期三　阴雨

闻人道章师已到上海,因函幼渔问之。与而翁大辩论今古文,而主以事实、典制求古经真面目,孰知《周礼》本歆所伪诏,《左传》本左丘《国语》变相,亦大半为歆窜乱,古文[事]之典章、事实本不足训乎!

点完《汉〈艺文志〉辨伪》。

阅日本刊《朱舜水集》。当时日本视中国为上国,何尝有藐视之意。虽极琐屑小事亦必虚心下问,岂若今日之自大,动辄以东亚先进国自居乎!

黄昏,点阅《伪经考》。

10月24日(九月十五日)　星期四　阴雨

竟日点《复堂日记》,凡五卷。谭先生以文人而从事经术,经术故非专家,而持论极多精采。生平服膺者为颜习斋、胡石庄、庄方耕、章实〔斋〕、汪容甫、龚定庵诸人。盖择涂〈途〉既正,自不致有歧路亡羊之误耳。于近儒之不信《周官》称孔子作《易》者为"破六艺以张横议",此殆指康有为。盖有为当时海内方目为狂人,谭君亦为时论所囿耳。(此论在庚寅岁,为清光绪十六年,正新学伪经说初出之时也)。谭氏既服膺庄、刘、龚、邵诸氏之释经,是笃信今文家说者,使不惑于时论,则见康书,当亦赞叹为"洞明古学,不读三代以下书"矣(此谭氏赞龚孝拱遗书语)。谭于孝拱《诗本义》推许甚至,则为〈对〉于《伪经考》万无不然之理。

10月25日(九月十六日)　星期五　晴

至佚生处,见有邓完白隶书《西铭》石印。雄浑茂密,可爱之至。归至尹默处。

购得谭氏《半庵丛书》一册,复堂文、诗、词、日记,春间已购单行本,以龚橙《诗本义》无单行本,故要购《半庵丛书》也。二编目谓有△△△△等书,实胜初编,惜乎其未刊行也。购得木版《春在堂》一部至《春在堂诗编》,此曲园精著尽在矣。所当补购者惟《茶香室经说》耳,余皆不甚重者,余已有石印本,直至《曲园墨戏》,可不购矣!

灯下取《春在堂》,颜曰〈其〉书面,以备检查。

闻四瓦爿饼辞职已准,继之者为章士钊,已定矣。

10月26日(九月十七日)　星期六　晴

午前整理房间,将图书馆、沈士远二处借书,择不看者还之。

点《复堂日记》半卷。

刻日记版子一,于记日处书△节△日下附注太阴历△月△日干支△曜。干支廿二字,古本借用以纪旬,不过一种标帜。昔人迷信此中有神怪之理,固非,今之妄庸子以改用阳历,又谓欲废之,亦不通,可笑也。又刻一书标签,上横文曰"吴兴钱夏处籀书"七字,下列数行曰△录(记录之本字)△㕚(部居之本字),书名、撰著人,若干卷,若干册。盖拟仿阮孝绪《七录》之分类,以录统部,不用清四库,四库以部统类也。册行则卷之称谓当废,章实斋已言之。然自来仍计卷,而册数又任书贾率订,无有一定,故卷册当并标。汉后史乘数倍于经,故不用刘向、王俭经史合并之例也。四部之分太陋,不足为训。张之洞、徐仲凡所分更庸妄,不足道矣。凡古人分类,必有精义,断不可任意妄改。七之为四固已大谬,若张、徐之妄则与梅膺祚改《说文》部居实异。刘、王、阮之分合表如左。①

10月27日(九月十八日)　星期日　晴

点《古书疑义举例》四卷半,记之如左(下):

禹、稷当乎世,华周、杞梁之妻善哭其夫,此二事俞氏入诸"两事连类而并称例"。其实,当入"因此以及彼例"中。盖连类并称者,如俞氏所举"日用丁己"为或丁或己之类,两者居一。居一也,若禹、稷、华周、杞梁之妻,则不得谓过门不入者或

---

① 原缺。

禹或稷,哭夫而城崩者或华周之妻或杞梁之妻也。此直与"养老幼造车马"同一例耳。又"因此以及彼例"中所举《礼记》"为妻,父母在,不杖,不稽颡"。如《正义》所言,是母在亦不杖,与下引昆弟"弟"字异。《论语》"宋不足征",《中庸》作"有宋存",当如宋翔凤之言为最当,俞氏据阎百诗所说非也。惟传述有异同,则古书固有此例耳。

"以大名冠小名例"中引《孟子》言,草芥谓草,大名,芥,小名。案非是。草芥借为艸丰,皆大名也。"两句似异而实同例"与"上下文变换虚字例"相同。惟一言实字,一言虚字耳。然《史记·货殖传》"智不足与权变,勇不足以决断,仁不能以取予"三句已前后两引矣。

"涉注文而误例"中引《韩非·外储说左篇》"吾父独冬不失袴",谓冬为终之误。按终始之终,本当作冬(检《段氏说文序》注引)。韩非书用正字,非误也。

偕人外出觅屋,于珠宝巷盐务学堂隔壁得一屋,三楼三底而无后间无后门,灶与正屋平,不堪用。

购《茶香室经说》一部,于此曲园所著书之精者尽有矣。其外有关于学术者《春在堂随笔》、《尺牍》及《袖中》书或有数则,然已不多矣。

书肆〈肆〉有廿年前石印□□① 本《华山庙碑》,索直一元六角。佚生说都中此册近值纹银十两,然则一元六角为至廉矣。第以囊橐不丰,此碑亦非必需之物,故遂不购。

今日秋瑾柩归,途中观者人极多,几至□不可行,可笑。

为尹默书窗纸四大张。余不□作书,大字尤非所能,姑试为之,笔力稚弱,行列竭衰,自视亦[视]可笑。惟忆庚戌冬在海宁为学子书屏,竟不能悬腕,乃扣准字数,自末行写起,今则作寸以上字可悬腕,悬肘。此盖因执笔法近稍改正,盖尹默教我也。

灯下点阅《湖楼笔谈》中小学卷,考定文字之义。又点《古书疑义》一卷半。

10月28日(九月十九日)　星期一　晴,晚雨

晨访寿门、逸生,为屋事也。

午后抄《意林》卷六。盖谭校《意林》据□□② 补。此卷为鄂刻所无,今欲移录,亦非抄不办也。晚仍点《古书疑义举例》毕。俞氏曰"邂逅"二字对文,"解之言解散也,逅之言构合也"。邂逅相遇者,因逅而连言邂也。夏案:准是说知邂逅古作解构、解觏之义(邂逅二字《说文》所无)。盖以相遇为邂逅,犹急曰缓急,败曰成败,害曰利害,失曰得失也。

俞又曰:《书》"黎民阻饥",本作"且饥",《说文》:"且,薦也。"言黎民薦饥也。夏案:黎民荐饥,语不可解。盖俞氏意谓荐饥也,然"荐饥"不当作"薦",俞氏实误。

---

① 原文如此。
② 原文如此。

毕,点阅《悬官录》数纸。又点《广雅释诂疏证补遗》数纸。又点《湖楼笔谈》中谈小学一卷。谈小学卷罕精义,中惟《说文》音义相同者本是一字一条,补钱、陈两家《说文》经字说一条及论反切即双声叠韵一条,及《文增》《文卫》《文类》三篇最精,余如卝、迮、栽、夒、丌诸字,所说亦通。若坺字、盍字,均恐未谛,庄、賍二条皆非。说賍字尤谬。又如以 ![字] 字附合三卦,本是曲说,今更欲改火作 ![字],更误。千〈仟〉从人者,人声也。万何缘从人乎? 且人持一为千,人戴一为万,义亦不可解。何异人持十为斗乎? 万字汉碑已有,或是古字,但形体已不可审知,毋滋曲说可也。俞君之名依本字盖当作欎,否则《淮南》既有作越字之本,亦当改作,乃徇俗而不能改,引诸葛亮、韩愈、许叔重、李阳冰以解嘲,不知许书原文改窜不少,安知非本作"俾侯于鄹"乎? 就令本作许,许君既作《说文》以正名而已,姓反不更正,正是千虑一失,岂可尤而效之! 孔明、退之本非小学名家,阳冰尤荒谬。俞氏以经学大师,精于小学而有此论,盖通人之蔽也。

10月29日(九月二十日)　星期二　晴

午前移写《意林》卷六尚未毕。

士远之姊将归吴逸民。余赠礼物,拟破俗例,不用银元、绛幛之类,取白宣纸画朱丝栏,拟节书戴记《婚义》一篇(当至"所以成妇顺也"),分书六轴,若小屏然,署款曰:吴君逸民与沈君星联结褵,书此以赠云云,作为兼赠二姓之用,书用白纸,老朽固不谓然,世方咸倡自由恋爱、自由结婚,欲大决礼教之防,破名节之论,遮拨仪文,蔑弃旧制,则予此事当亦为新学安人所痛詈矣。

10月30日(九月二十一日)　星期三　阴雨

下午四时访逸生,见《孙夫人碑》,其用笔全与《孔羡》无异,可见《爨龙颜》二张均佳。佚生谓有人托购,吾约之以所余之一张,吾欲之也。

兄来信谓将授亚新以许书部首,嘱我篆之。晚为篆十张,几及半,先收去。

黄昏书《婚礼》凡六条,有朱丝栏以界,书时复不敢任意引曳,似较前书所书窗纸差胜,但笔力终稚弱耳。

10月31日(九月二十二日)　星期四　阴雨

十时携所书亲往赠尹默,下午四时归。

晚移写谭校《意林》第六卷毕。尚余卷二,曾分属冷僧书,彼未毕事。今则人正返硖,拟明日为毕之。

皮鞋底钉刺穿足肉,不良于行,殊苦。

11月1日(九月二十三日)　星期五　晴

天颇冷矣。今日一日校《意林》毕。下午五时顷,亲为送至大方伯。

在枕上翻《新学伪经考》，虽精论甚多，究不无过当之论，其蔑视清中叶之言训诂者尤非，康氏于小学之事谅为门外汉也。又于纬书仍复信之，盖西汉今文家实不道此，何休今文大师独昧此事耳！此意自崔君出，可谓拨云雾而见青天矣。

11月2日（九月二十四日） 星期六 晴

十时顷至尹默家中，复与默辨阳冰篆书之高下。余夙谓学篆不外两种，求古则以《石鼓》为正宗，参以钟鼎文，否则以专汉篆如《少室》、《开母》、孔林坛坟、鲁王墓前石人题字、吴天玺《纪功》、《封禅国山》及碑额之类。斯相刻石久已不存，今所见者，即徐铉临本，亦复枣木屡翻，全非真相。阳冰自谓斯翁以后直至小生，而如城隍庙碑等，专以瘦硬取胜，实不足道。此固非余一人之私言。而尹默则颇尊信阳冰。吾谓阳冰自谓直接斯相，其语太夸，完白自谓不如阳冰，则太自贬，皆不得因其自道而信之。完白篆体虽为清世第一，而以隶笔从容作篆，较之阳冰之矫揉造作，实足胜之也。尹默论书，吾素所倾佩，惟过尊阳冰，则期期以为不可也。

自尹默处出，访寿门，彼云托友转为我觅屋，约四日十时能观云。寄《国故论衡》《新方言》《小学答问》等与步陶，彼近颇□□于小学也。

11月3日（九月二十五日） 星期日 晴

九时顷至图书馆。缘常用之书三箱，日前由大兄为我携至杭州，寄存藏书楼中，今日往取书数种也。取《国粹学报》归，拆之，此报去年已出完，拟为分类装成，以便观览。又取崔先生之《新学伪经考》取来，拟将崔氏案语移录也。

佚生为我刻一印，曰"钱夏字季"，字作今隶，式仿元魏造象，刻得古茂浑厚，顷送来，甚忻喜！

11月4日（九月二十六日） 星期一 阴雨，午后晴

十时顷至一人家（霍姓），与其主人同出看屋，无所得（寿门所托），怏怏而归。

晚拆订《国粹学报》。

11月5日（九月二十七日） 星期二 阴

傍晚后风雨交作，益寒矣。

去年九月十三日杭城光复，为阳历之十一月五日，故今年为浙江光复纪念。官厅不办公，学校不籀书云。

检订《国粹学报》，因忆申叔诸作，虽过于求博，又仓卒成篇，心不细，识不精，而疵颣甚多。要之，其人在近今实不可多得者，况彼治学之途，实能探诸清代诸先生之门径，不同专事目录之事者比，穿凿固有，精当亦甚多，真所谓瑕不掩瑜者也。《国粹报》中除章、孙两家外，生存诸人之作，刘氏实为第三，彼马夷初、陆绍明者，焉足比数！申叔昔年背亲，即致惑于闫〈艳〉妻、宵人，当时恨不手刃其人。然至今日

则时势大变,虽满洲大酋,犹且优以致礼,元恶大憝,如铁良、善耆之类且邀赦免,如申叔之学术深湛者,不当宥之十世乎！然世多瞀惑,睹申叔之废法律、伦纪、废汉字之论,必以为是,言乎国粹,则鲜不遭唾骂者矣。

忆日前尹默言若取许书九千文,书为大小直横之挂轴,堂室斋闼,悉数悬挂,知童子观之熟,则实亦善法,吾颇赞同其说,今日函恳佚生先为书五百四十部首作八幅单条。

作书当准以《说文》固然,然《石鼓》、钟鼎之文颇有足正许书者,如射作 ❲篆❳ 之类,抄许书则不可改,应用时适可改从正体。又如 日 作 ❲篆❳、隹 作 雀、巫 作 ❲篆❳ 之类,亦较近正,亦宜改作。

傍晚访沈氏昆季,见有正书局之《天玺纪功碑》,字甚少,盖非全本。

11月6日(九月二十八日)　星期三　雨

拟请佚生为我篆书五百四十部首八幅(每幅四行十八字),盖欲悬之壁间,异日供儿子辈辨认,佚生已允。

忆幼时,先正授读《尔雅》,即以初哉首基等字书成纸条悬之壁间,俾得熟玩,犹在目前也。

11月7日(九月二十九日)　星期四　雨

取五百四十文书就样本,盖字体必求正确。虽孙本《说文》尤有不足据者。段注本复多臆改,如 虚 为 虎、傘 作 伞 之类,亦不可从。余所书颇有一二文略依金文改正,如 丱 作 ❲篆❳ 是也,日 作 ❲篆❳,从 ❲篆❳ 者悉改作 ❲篆❳,如 是 作 ❲篆❳、束 作 ❲篆❳ 之类,依《文字蒙求》也。❲篆❳ 作 ❲篆❳,则依三体石经之 ❲篆❳ 字,而从小篆加二画,此则杨沂孙已先我为之矣。盖吾作篆以其正也,苟《说文》不正,固宜援正者以改之,如 射 当作 ❲篆❳、单 当作 ❲篆❳,是学贵闳通,不当拘守也(我为此言为知本原者道,若夫斗方名士仅知《六书通》者,固不得以余言为藉口也)。

11月8日(九月三十日)　星期五　雨

点章实斋信札,未毕,余数纸。章氏于古人学术源流诚能窥见,但亦有外行语,如谓北京话与绍兴话、真草隶篆云云,实外行语也。

逸民、士远来柬相招,嘱往定礼。申时往。余谓原文鞠躬宜改为肃了,且鞠躬之名为曲身为重,肃者即揖,揖字从手,是重在手。且微俯其首,与鞠躬之伛偻者大异。席地制废,跪拜之仪诚宜改易,顾肃揖足矣,安必效异国鞠躬之俗哉！

11月9日(十月一日)　星期六　雨

午后至沈氏,为署婚仪二纸。张之内外,以供宾客之观。天气骤冷,午后忽雪

(昨日甫立冬),非裘不办矣。

11月10日(十月二日)　星期日　晴

今日为沈氏婚嫁正日。晨即往,午后二时举行婚礼。婿至妇家,一肃登堂,三肃奠雁,赞者奉女出,婿降出,妇从至家。婿一匌,延妇登堂,相向三肃,妇祭舅姑,与婿齐立向上三肃,向媒妁、来宾一肃。于是礼成。赞礼者胡、赵也,相礼者蔡、钱也,女相礼者,一为胡夫人,一为□□□①也。古礼无交拜之文,庙见舅姑必三月,今只从俗。见媒妁,见来宾,更为新法,实逼处此,无可如何。婿服欧洲之福洛克可□,即民国政府定为大礼服者是,妇则常服加景(欧制纱质,盖与古人之景同类也)。民国所定女子礼服与清之男子外套无异,实不可用,故暂以常服为之。礼成,及昏饗宾,予醉酒过量,竟至大吐,人纳我于舆中而归,自己茫然不知。夜半醒复吐,惫极矣。

余生平极服膺颜、李学说,昌明礼教。顾闻章先生之言曰:丁乱世,则放弃礼法,未可非也。惟修明礼教者,当如颜、李,不可饰伪;放弃礼法当如嵇、阮,不可嫖赌云。丁兹乱世,余固以服膺颜、李者,举止辄如嵇、阮也。

11月11日(十月三日)　星期一　晴

今日晨起复吐,甚惫矣。静卧至午后二时顷,始安适。沈氏来柬相招。盖今日宴媒妁、赞礼者、相礼者及司会计事者。予非甚高兴,诚以中心不快,借此消遣,故仍去。

11月12日(十月四日)　星期二　阴

作书致幼渔,托购《墨子间诂》《东塾丛书》。《东塾丛书》吾家虽有,然如《切韵考外篇》实未备,拟购是本也。

今日为逸民婚后第三日,宾朋援俗例,有暖房之举,予亦与焉。晚往,适与厶獠同席,獠甚无礼,不欢之极。因主人家方欣欣然,未便,因忍不与校,然固不能尽欢。古人云:"乐不可极",信夫。

黄昏雨。

11月13日(十月五日)　星期三　晴

得兄书,知坚匏仅四楼三底,不能容居。因至寿门处,仍托之。又至藏书楼。

连日心绪恶,当在沈家饮酒,不过所谓举杯浇愁耳。忆汪容父自序所云,自度以术学论,不足当其万一,而处境之逆,实与容甫无异。谭先生谓……② 良不诬也。

---

① 原文如此。
② 原文如此。

11月14日（十月六日）　星期四　晴

　　检不庵借我之王树人〈之〉《说文部首韵言》，择一联云："明日大麥（原作来，今从朱氏及师说，以麦为来之正字，麦字亦部首，故改书作麦）刈林臼水；古人不见，录史稽文。"

　　托佚生书之部首，朱丝栏已画好，今日亦送往请书。

11月15日（十月七日）　星期五　晴

　　十时顷，不庵在大方伯以电话相招，因往。知其今日始返硖，一周即来杭。二时同至火车站，以到稍迟，不及乘车，至三时五十分方得上车。余乃归。

　　潘尊行处有足本《说文发疑》，多一卷有余，闻其家有数部阙首册者，而此册裒然具在，允赠我一册，甚喜。

11月16日（十月八日）　星期六　晴

　　出外购得余仲林《古经解钩沉》及《诂经》六集。其中有崔先生之一文，七集中则章、崔悉甚多，惜乎肆中无之见也。又得朱骏声《经史答问》一书，为向所未见。朱之小学精或逊段，然其发明求本字之道，实可为有清大功于学者也。我尝谓：钱大昕＝陈第；朱骏声＝顾炎武；章太炎＝江、戴、段、孔、王诸人也。

11月17日（十月九日）　星期日　晴，晚雨

　　晨至尹默家，出访而翁，不遇遂归。

　　得蓬仙书，知在海宁觅得抄胥二人。计《文始》尚有四卷未抄，即拟寄往抄之。

11月18日（十月十日）　星期一　阴雨

　　思今之贸然改西历者可谓常识不完备（西历推算，于耶稣纪元相联系，不用耶稣纪元之国实不宜用），且元旦不始于冬至，不始于立春，而始于冬至后十日，又二月廿八日，七月、八月连为卅一日，皆根于习惯之畸，无关学理。中国为农国，必当以立春为岁首。吾谓有二种：一即沈括之说，自立春至大寒，以二十四气中之十二气分为十二节是也。一若欲其日数整齐，不假推算，莫如年定十三月，月廿八日，凡364日，余一日则置于十三月廿八日之后，命曰除日。常年除日一，闰年则除日二，断不计七曜之内。置闰之法，以气候为准，是年自立春始日至大寒末日为365日者为常年，366日为闰年。是二说似皆胜于今之欧洲太阳历。

11月19日（十月十一日）　星期二　晴

　　逖先相言，见有空屋招租，与偕出寻之，得三屋，二皆不甚当意。惟一屋有三楼三底,屋甚新且明亮,井灶俱全,在福隆安巷,索值八元一月,极拟得之。

兄来书促速归璇字一篇,此册旧为鼠啮残,晚在灯下仔细补字,卒缺数字,无可奈何矣。盖其中紫云韵原文及明校本《集韵》数跋,均未复可得者,刊时只可作空圈矣。

11月20日(十月十二日)　星期三　晴

至梅花碑,将为大兄购《历代诗选》,不可得。见淮南局刻《经籍纂诂》,初印甚精,书亦尚洁净无污,以三元半易之归。又购得《诂经精舍》五集。不庵至,余往藏书楼往与一谈。寻出外浴。

佚生书联送来。佚生篆书,盖邓完白门庭中人,颛谨处类陈蓝甫。

11月21日(十月十三日)　星期四　晴

友人有自湖来者,为我携出箱一具,今日送到。检取钱坫《稚子四箴》,拟割裂装册,以便临摹。钱氏篆书,谅在顽伯之上,有李阳冰之长,而无其短处,在清世当为第一。盖李斯娇弱也。可与比看者,其惟杨泳春乎?杨字全出《石鼓》,与钱氏正如晋楚两大。少温篆书尽有佳者。日前有一碑贾携《怡亭铭》至,颇佳,尹默欲以谦哉《城皇庙碑》当之,则期期以为不可耳。又检得邓书真草隶篆四小幅,拟整装。取《春在堂楹联》中东二联曰:

△△△△(集《校官碑》)(但不拘体)

请尹默书之。又取一联曰:

〰〰〰〰〰〰　(集《峄山碑》)

请尹默转托刘三书之。刘三者,刘其姓,三其名,亦以为字。书学石门额、封龙山碑,气势开郭,笔力矫健,颇可喜。闻尹默道其人颇懒散,不劬于学,而天分甚高。云陈仲子评其书曰天九人一。

又拟取王树之集部首句之:

……

……

一联,倩马四写之。

《古学汇刻》书二编至,其中有:"《翠墨园语》,为王廉生手录之本,中多考订金石之作,张叔未、黄仲韬等之文也。仲弢有《说文古籀补跋》一篇,颇于吴氏书有所商订。

李氏《越缦堂日记抄》所选,较前册愈精矣。中论宋儒有云:"尝谓自程、朱生后,天下气象为之一变,束发之儒,耻事两姓,曳柴之女,羞醮二夫,尤其明效大验。故虽雅不喜读宋儒经说,尤厌其语录,而从不敢非毁之。盖汉儒守经之功大,宋儒守道之功大也。"此数语真颠朴〈扑〉不破。予谓宋儒解经多不通训诂,并喜以后世之见臆度古人,如文王不称王,周公不摄位,及论卫蒯聩、辄争国事,孔子请讨陈恒事皆是,其言以言性之处尤多纠缠不清,实是二氏之言,全非三物之教。凡此皆非宋儒之好处,惟注重私德、重贞节,尚廉耻,昌夷夏大防之伟论,此实百世所当景仰者。故清世汉学诸儒詈宋儒,予实以为当然。惟如纪昀、袁枚,无行小人,断决礼防便兽行。此等人詈宋儒,实可谓枭獍之尤也。今睹李氏此论,窃喜若合符节。

在尹默处见雁足灯一具,古色斑斓,铜显红色,张泠僧自硖携来,云出售者索值文〈纹〉银一百两云。

11月22日(十月十四日)　星期五　晴

兄来条,谓近日当归湖,招予明日往一聚云。

日入至梅花碑装《四箴》。购得楷书《释名疏证》袖珍本一部,赠沈氏昆季。

又购得《輶轩语》及焕卿之《中国民族权力消长史》,如对故人,不胜感慨。《輶轩语》"语行"篇多肤廓语,"语文"篇重在八比之文,诚不足道,"语学"一篇,虽语不高深,而为初学入门之阶梯,则固大有益。丁今之世,士人于国学但能如张公所云云者,固亦足矣。张在清季大臣中实不可谓非庸中佼佼,畴昔以为臣虏廷,戕党人之故恶之,今则固宜说公道话矣。

11月23日(十月十五日)　星期六　晴

禺中至兄处,伯宽亦来。在兄处见西泠印社新刊楹联汇帖凡十余册,系集明清两朝人书,而清人居十之八。钱坫篆书对联一,亦以钟鼎之形,用小篆之笔。惟所书似颇逊于《四箴》等,意髣木则损其真耶?杨泳春篆书对联亦数付。袁枚大字肥痴臃肿,可笑万分,正如其说经道史耳。

伯宽今晚亦宿坚匏,予亦宿焉。

11月24日(十月十六日)　星期日　晴

午餐毕尚未日中,偕兄同进城。兄至张摩诃和上处。余则至尹默处探屋事消息,知可成,月租七元,押租五十元,决计定之矣。

出自沈宅至书馆,购得七八集《诂经精舍》,章、崔之文甚多,八集中章文尤多。先生之兄仲铭先生亦有说经之作在内。中有先生所作《旅獒解》一文,直谓獒是犬,谓即獙瓠氏犬种。此等我未敢谓然。

腹中不适,即归。

晚作书致伯徐,告以屋事。

步陶来书,问我《说文》数条,并示新学《郑长猷造象》一纸。步陶处境艰苦,处沪上数年,绝不染丝毫滑气。此次来沪,便有志于语言文字之学,且欲以余暇习书。余自度处境虽困,犹较步陶为稍好,而不能力学,虚掷光阴,愧恨交集矣。

《说文》蒂,训爪当,当,盖柢之借字,当柢双声。

11月25日（十月十七日）　星期一　晴

　　晨起以九宫格学《爨宝子碑》二纸、《孔羡》碑一纸，余拙于书，自今以后，颇思日习篆、隶、草书数纸，使无间断，以凤书太软弱姚易，拟专习方笔字。篆书临《开母》《少室》汉碑额《禅国山》，隶书习《张迁》《武荣》《孔羡》《爨宝子》《龙门造象》诸种。草书未能决定，拟学史孝山之《出师颂》，孙北海之《书谱》。记于此以自励。

　　日入时至大方伯取《隶辨》以归。因拟作《四体说文》稿本。其八分一阑，意主近正，拟取汉隶为参考，凡隶书增减改易之笔，或异于六书者悉不复纷改。如篆作录，豊作豐，山作出是也。隶书从重文者，如齐作夫，葵作葵，亦可不改（其易改者仍改正，如从甾之字，仍改作𠧪也）。汉隶可据以正今日之字者诚多，顾亦有更不隶今体者，如致作致、肇作肇、束作束之类，则不宜从也。

11月26日（十月十八日）　星期二　晴

　　四时许至百年处，见《中国学报》第一册，盖王壬秋主持其事者，精采似不逮《国粹学报》。然其今日，此等报章已成凤毛麟角，不问良楛，多一种即多一好处耳。

　　至尹默家，取得去夏先生致逖先书论古文经数事归。草草录之。余以为古文今文，若仅文字为篆为隶之异也，则固古文优而今文劣矣。若就经义言，古文固为伪言。或谓今文经自汉初署竹帛即用隶写，若改用篆书，则去其真。此瞽说也。试问七十子，孟、荀当日所见经典，岂有用隶书者？经既以今文为真，则今文最初必为篆籀无异。世人徒知汉世今文经用隶书作，又见《鸿都石经》亦为隶书，一若今文经之不可以篆作者，则今日今文《易》《书》《诗》《礼》之经虽亡，《春秋传》（《公羊》也，崔氏谓《左》《穀》皆伪传，故《春秋传》之名当归之公羊氏，左、穀则直当曰《左传穀梁传》云）固在，不特非篆，亦非汉隶。今隶直是书匠所称宋体字而已，是亦将曰今文经当书宋体字，不可作汉隶乎？余尝有志用篆书写五经，以成姚子展未竟之志，惟姚氏于经不分今古，余则从今文而弃古文耳。刘申叔为古文经辩护，语多罔诬。然有二语则颇精确，其言曰：①

11月27日（十月十九日）　星期三　阴

　　晨十时顷，寿门为圣因寺招予往谈，遂去。出至梅花碑，购得王谟所刻八十六种本《汉魏丛书》，缺六本，为书八种：《穆天子传》《越绝书》《文心雕龙》《述异论》《续齐谐记》《搜神记》《续搜神记》《还冤记》。穆传《平津馆丛书》所有。《文心雕龙》予亦为单行本。《述异记》以下五种，短书小记，无关弘旨，不甚足惜。惟《越绝书》亡失，稍可惋惜耳。又《论衡》缺一本，《淮南子》缺一本。《淮南》，浙局有单行本可购。

---

① 原缺。

《论衡》则余旧藏有残本程荣卅八种本《汉魏丛书》，此书完书无缺，故虽有阙佚，仍无大损，以三元五易得之。

书肆中人告我曰，《诂经精舍》初、二集为阮芸台阮元所刻，俞君为长时从三集刻此，而是刻俞仍以初集论，故三集有三本，其二即初集二集也。以避阮氏所刻，故均以三集名。其言如此，未知确否？

购得《独立周报》七册，中有今春致康心孚论铸新铅模、编新字书等二书，亦选刻其中。然有一文亦论陆费逵者，其意不但与予相反，且想为〈人〉非非，不可思议。谓中国字分部宜依"永字八法"，分为八部（即、部、一部、丨部、乀部等），字形则改为横形，依其笔画先后碎割其字，一一平书，自左而右。其人名为丁文江，谓可作〇、／、\、八、ノ、丨丨丨。阅竟，无可斥詈，惟有呵呵大笑而已。

睡甚迟，觉头脑胀痛。

11月28日（十月二十日）　星期四　阴

人颇不适。取前此未点毕之《复堂日记》点毕。余思吾国旧时刊书悉无圈点，阅者实不便，惟因浓圈密点之批八股相，故凡刊书者悉以无圈点为雅。余谓浓圈密点，诚乎不可，但《说文》"、"字之训有所绝止，、而识之，又有"レ"字训钩识，《学记》"离经辨志"，郑注……也。是古人未尝无点句勾股之事。余性最钝，遇无点之书，骤看往往有不能句读者，此固余之无学，然作一书总期人之易解，则刻书必当点断也。王怀祖、伯申父子所著书皆有点，以识其断句。章先生书除初刻之《春秋左传读》《訄书》（《訄书》有浓圈密点本，乃书贾射利者所翻刻）及《国学略说》讲义外，无不点者。因忆当日侍坐请益时，师曾有言曰：凡刻书必断句，识断句者用楷则不如用点。盖点则古之"丶"字也。凡遇人名、地名可用篆书以别之，犹欧文于人名、地名则首字用大篆也（篆义本训引书即写之意，俗于ＡＢ呼为大写，ａｂ呼为小写，𝒜ℬ呼为大草，𝒶𝒷呼为小草，吾谓大草小草之名既沿中国草书之称，则大写小写自可称为大篆小篆也）。又引他人语，欧文多用""，日本人变为「」，此法亦善。中国有"乚"字为钩识，可代欧文之"，日本文之「。其欧文之"，日本文之」，则或用ʃ字代之云。凡此皆为便利计，绝非浮慕他国，谓彼有是则我不得独无之谓也。余谓人名、地名用篆书一事尚未可遽定，若书有点以识句断及以"乚"识引语所止，自是不易之定理。惟"ʃ"无钩识意，且引语起首必有ム ム（某某）曰之文，则起处自可不用符号，结处则恐与己语混合，在昔有注以上ム（某）说等字，则可以"乚"以省此注也。

予又以为中国字以《说文》为大备，故九千余文以外，万勿劳再有他字，凡刊刻古书遇有《说文》所无者，确知其正体为某字者，便当更正，而以旧本俗字注明其字，若江声刻《释名例》。其未能遽改者，可作□于其字外，如昔时避帝王名讳，则于其

241

字外作□。夫帝王名讳作□其外者非有其故,不过以□为标帜,使人知此字为帝王讳名也。今帝王既无,避讳之事自然绝迹。用此符号以志俗字,俾人一览而知其字非《说文》固有,似乎可以也。又如疏证小学书籍,如《尔雅义疏》《方言笺疏》之类,最好用篆书,其《说文》所无之字则用隶书(汉隶、今隶皆无不可),否则亦用方□亦可。此似细故,然于正名之道似亦稍有裨益也。

《复堂日记》中有语曰:"天下事有三代下必不可复古者,如士大夫在乡,一涉用人行政,鲜有不乱。"至哉言乎! 自光复以来,破此方人不得在此方作吏之习,于是土司横行,鱼肉乡里,较之昔日乡绅,其势乃过之百倍。噫!

谭先生极尊仰颜习斋、胡石庄,称为大儒,又极推许庄方耕、龚定庵,置之绝学之科,虽与章师论调大有不同,而予则极韪其论。惟于戴东原时有微辞,此予所未尝谓然者。谭先生又信《竹书》为非伪,于转注主曾国藩说,余均不谓然。

崔先生谓凡秦汉经师传授,不可信者甚多。盖愈远而人愈详,如《七略》详于《史记》,东汉人说详于《七略》,逮三朝六朝,以至唐世之《经典释文》,则传述人最为详备,岂有愈远愈详之理,则必不可信。姑无论古文传授本为刘歆臆造也,即于《公羊传》传授,西汉经无道及者,至东汉戴宏乃言之凿凿,则亦不可信也。此说最为坚确。

逖先宗古文家言,每谓汉以后事当信班固,不当信马迁,此说予极不为然。昔阎百诗证明东晋伪古文,毛西河冤词驳之,乃引《隋书·经籍志》以为据,夫隋在晋后,即据梅赜伪书著录,取以为证,固不可信。然班固亦在刘歆后,而欲引之以证古文之非虚,何异毛西河乎!

晚八时,坚士来简,谓寿门在彼,招我往,往即归。

11月29日(十月二十一日)　星期五　阴

昨晚见朱瑞致牍衡山,将阿兄撤任。晨起乘舆赴湖上以告不庵、来卿等。下午四时,偕不庵进城至而翁处。

11月30日(十月二十二日)　星期六　阴雨

今日阿兄竟撤任矣。其钤印册籍,暂由而翁收管云。阿兄今岁在图书馆整理阁书,编纂书目,不为无功,今以逢土酋佞人之怒,致不克保厥终始,真令人愤懑不平者也。余为此言,初非私言,然世方吐弃国华,蔑视文物,如阿兄者,固当在屏弃之列耳。顽固如我乃发愤言,舍一二素心人外,孰则以予言为公允者乎!

晚七时许,冕百自禾来,今晚下榻教育司中。

12月1日(十月二十三日)　星期日　晴

晨十时许偕冕百同往访百年。午餐后至尹默处,闻其明日将赴申,余以兄事近颇愤懑,拟偕往以散闷。

12月2日（十月二十四日）　星期一　晴

晨八时许，偕尹默乘汽车至沪，午后二时顷到。寓福兴栈。余即访马四，以电话达马二招之来谈。访康心孚，招同饮于肆。并邀黄季刚、汪旭初来，黄、汪固好学之徒，而今日之席中言不及义，所言不出戏剧，询之，则以欲图糊口，不暇为学为辞。咳！热中者日竞逐于议员官吏之场，其名为自好者又皆以醇酒妇人消损其精神，民国盖真无人矣。

至此始知章师之言真是确论。章师固言修明礼法与放弃礼法者皆是也。然修明礼法必如颜、戴，否则流于虚伪。放弃礼法必如嵇、阮，否则流于放僻邪伪矣。夫以嗣宗之狂，容甫之介，曾有荒淫女色、优伶，流连不反之事乎？余也抱作颜、李之心，而行同嵇、阮，固有为为之。自问礼法虽放弃，而未尝敢得罪名教也。

心孚言有人忘其名撰《六书微》一书，确信许书次序，谓指事起于结绳，为最初之符号，象形乃在后，颇能言之成理云。丁今之世，方竞言废汉字，用欧文，而乃有喜读六书者，无论所造之深浅，要为难能而可贵耳。

八时顷回栈，幼渔已候我许久时矣。幼渔谓《文始》若作稍稍近正之体，不悉依篆体改正，终有未尽合，但予谓篆隶之分本在字体，许序明言："初有隶书，以趋约易。"是隶书本不能全正矣。昔为师书《小学答问》，字字从篆体改正，既苦烦重，而如日月等字终不能酷肖，故作隶，止可近正，不能全正。惟章师之言本小学上最高等之书，予颇欲师艮庭之例，全作篆体，期于正名之道，十分完备。尹默、幼渔皆以为然。

12月3日（十月二十五日）　星期二　晴

九时步陶来，谈次，知其每日至〈自〉晨十时至晚四时在中华书局，五时至晚十二时在申报馆，馆事毕已及夜半，竟日盖无暇时。然彼以晨七时起，每日读《说文》一小时，临魏碑一小时，日以为常，劬学不倦，深可佩服。予自惟较步陶闲散，而每日不能定读书日程，可愧多矣。

十时顷偕尹默及沈君赓虞往访吴昌硕丈。吴丈当时来访先子时，予方髫龀，至今盖岁及廿载矣。丈病聋，言语不便，榜其门首曰"聋寓"。所居屋颇狭隘，老境颓唐。盖自民国成立以来，对于老成全无敬礼之念。少者、新者崇之如帝天，老者、旧者贱之如草芥。唉！

出访周湘舲君于其家，见《匋斋吉金录》十册，中间秦权有十余精拓影石，可爱之至。予谓端氏当日多设邦沟，屠戮〈戮〉党人，固为我敌，然其宝存古物之功亦足以相抵，微端氏，则数千年古器物落于外人手者，又不知凡几矣。然闻端氏死后，其遗物今方贱卖，中国人之不爱古物，良可慨叹。尹默言，上海通运公司专运古器物售与外人，其最古者如钟鼎，近者如乾隆瓷器之类，皆采售此物。售去古文物，如张弁奉，张静江之类，固当与卖国土者同科殊死之罪耳。

章先生谓满清以立宪而致速亡,斯固确论。余谓中国人最劣之性质在不顽固,不自大耳。计自庚子至今,一星终矣。上下之人,靡不尊欧美,过先祖,贱己国,过僮隶,世有如此而能善立其国于大地者乎！日日詈日本为岛国,为劣种,迥思己邦人心之爱国,有如彼明治初年者乎？昔以此尤满政府,今则民国政府之卑劣,又下于满政府数倍,如吴朓辈,世方相矜宠,吾民曾不知死亡之何日矣！

访邓秋枚,知戴子高客死金陵,其遗书皆归刘慕父,慕父殁后悉归申叔。去岁申叔随端方入蜀,置书于鄂渚。及武汉事起,全毁灭矣。惨矣！

访马四,同出外购《东塾丛书》《墨子间诂》《复古编》《说文辨字正俗》诸书。张谦中在宋时有志正名,不可谓非佼佼者,虽未睹乎音韵,致所诠尚多未谛,然谨守检柙,遏绝妄作,厥功甚伟。其书庵字,不肯作篆,尤当师法者也。李书未甚精核,盖惠学之云仍也,然于正名之事固不为无功。

晚餐,幼渔、叔平饮予等于酒肆,尹默他往。余偕马氏昆季至叔平家,见所藏碑拓多精本。《灵庙碑》有一拓本,较余所得多数十字,首句"太极剖判"之"剖"字极清晰。见《铁云藏龟》,盖拓本影石者。

《昭代名人尺牍续编》中有吴恙斋书,亦作篆籀,足与艮庭先生后先辉映。戴子高书字体悉作八分笔势,亦极雅健,盖完全经生面目也。私幸为章先生所书《小学答问》有合于昔贤之体也。中尚见先学正公致丁修甫一简。

12月4日(十月二十六日)　星期三　晴

九时顷步陶、君达皆来。君达三年不见,身体颀吴,俨然成人矣。闻步陶言,其人天真烂漫,无异往岁,是可取也。

午后一时,乘火车离沪,尹默回杭,余则拟至嘉禾停留,一访蓬仙诸人。三时抵禾中,旧雨相逢,欢然道故,并见陆仲襄先生。蓬仙谓明岁将教小学,拟先取许序授之,以明文字之源流变迁;次则举部居相次之故及转注(从江声说)假借之义又读若例引经例授之;而后举《说文》部首,依六书条例分配而授之。其言教授次第甚是。余昔年愧未志于此也。

蓬仙示我陈仲鱼先生手校《盐铁论》,拟取移录。余极怂恿之。子书自昔读之者稀,故误字最多。自明人以八比文之法读之,不解其旨,妄为批点,妄改尤多。自清中叶诸老先生之校雠,若卢召〈绍〉弓、孙渊如之类,而后其书可读。陈氏亦当时小学名宿,所校必多精善也。

12月5日(十月二十七日)　星期四　晴

下午三时乘快车归杭。迅已大黑矣。

昔年国学讲习会中所述《说文札记》,余及邐先、镜明、士衡、蓬仙诸人所录均在蓬仙处。各人所录详略不同,且有缮异之处,盖由听时各记而有误者,蓬仙汇录一册,取读时便查。已录至四上,因假归录之。章先生讲《说文》,最重明本字,此乃昔贤所未经意者(朱允倩未精,李富孙过于拘滞,且所诠明亦甚少,思取蓬仙录本草草移录,检书校勘,去其重复,正其误谬,异日或当印出,亦使读《说文》者不至有苦其难而不能得益也,至有歧路亡羊之叹焉。

佚生所书五百四十部送来并以书询我:𣪞 ㅈ 二文何以改为 𣪞 𠚍 ?盖我托其写时书一样本,请他照样写也。余按:𣪞 字左旁之 𣎳 本不成字,或云音察,或云从乂朮声,皆凭臆妄说。钱大昕以为即从下古文 𣎳 最是。章先生并谓殺之古文 𣎳 即 乑,古文 𣎳 字之小误。 乑 本好杀之兽,故即引申为杀字用,后又加殳旁为 𣪞,遂为杀之专字。殺,盖形声兼会意也。余谓《说文》中有从古文之体者,如革、弟是也。从古文之体即谓古文写错(如羋 从 丯,丯 即 乂 之古文,此成字也。讹作 羋 从 𢆉,则不成字矣)。𣎳 之为 𣪞,犹革、弟之为 革、弟 也。论例当出 𣪞 而注曰"戮也,从古文之象。"下出 殺 篆曰"古文殺从殳从 𣎳,𣎳 亦声"。今《说文》不尔者当是传写之误,或许书原文本作 殺,不作殺也,(殺下重文 𣪞 𣫉 二字,宋刻大徐本所无,是此篆传写固多增减误谬矣)。今虽未能明其许书究当如何,然既灼知 𣪞 为 殺 讹,则固可考正也。

ㅈ 作 𠚍 者:《说文》丘字,其下本列二说,第一说为合体指事,第二说为独体象形。第一说颇迂曲不合。当以第二说为长。惟四方高中央下之云,当以金文作 𠚍 为正,ㅈ 即 𠚍 变,因讹为 ㅈ 。于是乃有第一说之误矣(隶作 ㅛ 即 𠚍 变,转 ㅈ 为正矣。ㅛ 再变为 𠀐,因讹为丘。近人以丘为讹,改写作丠,不如作 𠀐 为是也)。余谓七篇之晶,非从日,八篇之 𠀐,非从北。许以字形相似而次耳。晶当从王筠说为星之古文,其文当作 ⦾,凡从日者,篆体皆当从 ⊖,独晶字万不可作 ⦾ 也(晶部叠字本可疑,即依许解亦与部首晶字义不属)。八篇之衣亦疑非从二人,全体皆象衣形。但此字二徐本《说文》于正文皆从 从,古文则反从 𢌻,疑莫能明,而衣本训被,覆二人为夫妇之说,亦有可采,姑仍旧说。

12月6日(十月二十八日)　星期五　晴

十时顷至图书馆,得悉已任士衡为长而将以逊先、让斿诸人辅之云。出访寿门,又访佚生,不晤。至书肆,购得魏氏《书古微》一部。魏氏于经术不深,故其"诗发、书古微"虽主今文,而时钮杂古文家谰言,《书古微》中尤多凭臆妄说之处,但其发绝马、郑之说则颇精当。发马、郑之覆者固当推魏为首功,不能以其瑕谪处废也。

12月7日(十月二十九日)　星期六　晴

九时顷伯宽至大方伯,以电话相招往,并晤逊先、百年、让斿诸人。

二时顷归。得尊行惠我《说文发疑》第七卷,真不啻百朋之锡焉。尊行颇劬学,得书必细绎。此册旁有朱笔及墨笔点识也。

晚草录《说文札记》数页,先生谓君公、公侯、公婆之公皆假声字,无与本义。其说甚是。

参差二字有:

篸差

槮差

参缞

三文,盖参差者长短不齐之意。竹之不齐当作"篸差",木之不齐当作"槮差",丝乱当作"参缞"。在最初盖止借"参差"二字双声形说语,不必有本字也。迨后则又造此三文,其在别言,当各如甘字用之。通言或言他物之不齐,则三者皆可用。以字而论,固以用参差二字为古,但此等字初用假借,后造正字,在今日固当用正字矣。朱骏声谓篸等为俗字,未是。

12月8日(十月三十日)　星期日　晴,甚冷

上午十时至尹默处,见石印《完白山人隶书》《温公家仪》,末有赵㧑叔一跋,谓山人以隶笔作隶,实胜少温。此予向持此论者,尹默则不谓然。余谓西汉之隶是篆笔作隶,今日作篆,自当以隶笔为之。盖篆、隶之分,在乎字体之正确与省变,而不系于笔势,故古文大小篆一类也。而《石鼓》与钟鼎异,秦刻石与《石鼓》又异其笔势,甚至秦刻石与秦权笔势又有方圆之不同,篆、隶异其体制者也。而《鲁孝王刻石》《裴岑》《褒斜》,用笔全同秦刻石,与东汉隶体绝异。故吾谓笔势无关于篆、隶之殊。居今日当以隶笔作篆耳。

见有清宣统三年陆叔相重刻赵刻本《谪麟堂集》,与赵氏原刻板式相同,当是翻刻。陆氏子今日犹有刻书,亦异事也,所刻盖精于《风雨楼丛书》本矣。

偶思潘氏所刊丛书有"滂喜斋"之名,滂喜二字不过截取贾鲂书首二字,于小学无与。因贾书为小学之书,故遂于滂喜二字标示小学之义。幼渔师其例,以"凡将"名斋。予拟师之署曰"急就室"。以仓颉以下十四篇今所存者惟有《急就》,可以考见秦汉以来之字。又余尝有志作《四体说文》,其草书一栏,欲得皇象临本《急就章草》为据,是予与"急就"分外有缘,故以为名。

又思戴子高先生于小学宗戴、段、王、郝诸家,于经义宗庄、刘诸家,于躬行实践,昌明礼教,则独尊烜颜、戴之学,是三者皆为学之极轨正宗。余于乡先生中最崇拜戴子高、俞荫甫二先生,然俞氏棣通故训,解晰经典疑义,经诂大明,诚足媲美王氏父子。然俞氏说经虽知公羊之胜左氏,《周官》之为伪书,而议论尚有依违,未能一宗西汉经师之说,而其人太喜狥俗,故于义理之一方面所言无甚可观,固不若戴氏之能深明道术矣。戴氏天不永年,年未四十而卒,故所造或不逮俞君之博通,然观其《论语注》,则精义时见,初非率而操觚者所能望其项脊矣。因拟署一别字曰"哉高",使幼渔见之,又将诮我为斗方名士习气矣!呵呵!

12月9日（十一月一日）　星期一　晴

上午访寿门、佚生，欲倩佚生为书门署曰"吴兴钱夏居此（外）"、"钱夏所居（内）"二条。午后二点顷乘汽车至拱宸桥，易汽船赴湖取家具。

12月10日（十一月二日）　星期二　晴

黎明抵湖，稻孙亦在焉。

午后访曹髥、汪逸宸、方青箱诸人。曹、汪为备酒食招予晚餐，伯兄、稻孙亦与焉。兄家晚餐中有日本煮法之牛肉，所谓牛厫者，数年不尝此味矣，食之颇觉甘美。

12月11日（十一月三日）　星期三　晴

今日略将家具检点编数，便察也。

晚餐伯兄宴曹、汪等人，仍以日本牛锅。余饮颇多，醉矣。

青箱来。

12月12日（十一月四日）　星期四　晴

今日归矣。上午将家具以舟运至汽船。午逸宸来，谓曹髥处有酒食，招余及伯兄、稻孙往饮。四点许舟开。行李有一百余件之多，殊苦累墜也。

12月13日（十一月五日）　星期五　晴

黎明到杭，雇小舟命仆人送家具行进城。余则先乘汽车进，招呼一切。及午桶桶〈统统〉搬完矣。

访寿门。又访尹默。见有碑贾持来《龙门廿一品》一种（多《平乾虎》造象），拓工甚精，远胜我所得者，顾索值竟至廿四元之巨。《龙门》固非难得之品，亦太昂矣。

12月14日（十一月六日）　星期六　阴，午后雨

至新屋，将物件一切装施齐整。桌椅之类尚不敷，拟增购之。

得K书，知十九晨可抵杭矣。

12月15日（十一月七日）　星期日　晴

而、不两人来谈竟日，晡时去。莫存之亦来。访佚生不值。在书肆中见《皇清经解》一部，索值仅十六金，颇廉，拟得之。

12月16日（十一月八日）　星期一　晴

昨见之《经解》，今以十五金得之矣，可谓甚廉。另《同文纲目》一部，须值六元，

以太昂未购。访佚生。

教育部观象台所制二年历书已到,干支附每日之下(但注阴历下),所附阴历并载斗建,较元年胜之。惟附通告一纸,谓:辛亥十一月十三日为阳历元年元日,故此48日间从阴为辛亥,从阳为壬子,互有混杂之处。故阳历不以干支纪年,此实未考古昔及日本之用干支纪年法也。作一书致高卼以纠正之。

不庵寄来章师致伯兄书,谓近亦有提倡国学者,然三统三世,五际六情之诬词以及《禹贡》治河,《春秋》断狱之妖言不去,则国学几等天师符〈符〉耳。我谓三统三世、五际六情之说,此是学派之不同。章师信古文,故恶此等语。至《禹贡》治河等说,何异封建井田等语,无过迂儒主张或政客附会之口头语耳,固可笑,亦不必恨也。

师又谓王壬秋、史林万不逮屠寄敬山云。

12月17日(十一月九日)　星期二　晴

十时至沈宅。至新宅。访复生,云赴沪,须明晚归云。

得心孚信,嘱在《独立周报》内担任国学一门。心孚热心国故可佩,特恐主斯报者未之〈足〉以语此耳。

灯下抄夏心伯《六书转注说》四纸。前以假图书馆本,为兄催还,故拟草草录出,今假马二本移录,仍拟抄得稍工整些。

阅李富孙《说文辨字正俗》,有不必分而强分者,遗漏甚多,未为佳构。

12月18日(十一月十日)　星期三　雨

睛时至沈宅,佚生为此署门额已制成。字作方笔,学小鬻,笔法可爱,因即榜之。购置桌椅等具。浴。

佚生所书部首已装成,因装之壁间。室中悬少温之黄帝祠宇、孔子见老子画像、邓完白字及部首,而翁允赠泰山经石峪字集联一付,尽此等物,富贵中人、维新伟人见之,当亦攒眉也。

12月19日(十一月十一日)　星期四　晴

晨访馥生归。于十一时顷K来矣。忙忙碌碌,布置俗事。灶甫修成,无柴无米,不克炊饭,因购面食之。

得兄信,悉稻孙于　　月　　①日举一女。

朱逷先、尹默、坚士均来访予于私宅。舜水学社中人请逷先撰祭舜水一文,逷已撰就,因明日须用,约我明日上午一写。逷先谓时人多谓舜水宗王学,其实舜水

---

① 原文空。

本不讲学,必若言之,宁谓其近程、朱云。

12月20日(十一月十二日)　星期五　阴雨

晨起为逊仙书舜水祭文四幅。起首为"唯民国元年岁在玄黓困敦仲冬一月△△越十有九日△△",如此写法,自谓斟酌古今之宜,颇不背谬。然使不通之时流见之,纪年有岁阳、岁阴,纪节有干支,鲜不骇怪者矣。

今日司中五十三人钱别哲民,予亦与焉。饮甚醉,归呕吐矣。

12月21日(十一月十三日)　星期六　阴雨

因昨日呕吐,今日极不适,未往司中。取《大共和报》中师作,一一剪下,拟贴入《章先碎金》也。

12月22日(十一月十四日)　星期日

晚屋后火,几及,幸即扑灭,不然死矣。
访尹默,至司中,拟取物件归。
晤应骢孙,与之同来见 K。
士远来。

12月23日(十一月十五日)　星期一

至司中,将随身器具取归。天甚冷,微有雪。

12月24日(十一月十六日)　星期二　晴,甚冷

今日教育司不办公。予于午后三时往访百年。
王□忻氏书目出售,予拟购四书:
《淳化阁帖释文》,八角;
《博雅》,四角;
《疑年录》,四角;
《帝王庙谥年讳记》抄十六国年表,一元。

12月25日(十一月十七日)　星期三　晴

今日馥生挂印了。
予思以部首教童子,未能按许氏原次,盖许氏之书大抵据形系联(如因牛而及从牛之告,因告从口而次以口字之类),间有据义者(如方圆相次是也),亦有以形相似而次者(如辛䇂丱叕亚之类)。童子识字宜循六书次序而教方合(论选字先后自

当仿许,若论教授童子当从班次)。因拟取十五例,取部首诸义分配,第其先后,为教童子之用。

午后三时访尹默。

12月26日(十一月十八日)　星期四

未到司中去。日中访尹默,借取《礼书通故》、《经韵楼集》、《果堂集》等书以归。因夏间作《九拜说择从》,前稿模糊,不能辨认,拟更取诸家之书对之也。

12月27日(十一月十九日)　星期五　午后雪,冷

至司。

《九拜说择从》略纂数条,未毕。

四时后归家,途中访寿门。

12月28日(十一月二十日)　星期六　雪仍未止,冷极

今日至司,束手号寒,惮作一字。四点以后,因图画审查会事,司中开会研究互选规则等等。

晚舆归,舆者滑雪倾倒,盖行路难矣。

12月29日(十一月二十一日)　星期日　晴

访沈氏昆季不遇。

在家无事,纂《九拜说择从》未毕。以最显之象形、指事字教噩〈迁〉,极易辨认。

晡后叶墨君、经子渊来。

12月30日(十一月二十二日)　星期一　阴

未至司。访沈氏昆玉未遇。

将《九拜说择从》草就,"振动"一拜,异说分歧,断从郑玄之说而以段说足之。观贾疏所引,知《大誓》之"王动色变",动字必当训拜,句绝。汉世多以动色连文,实误断其句读也。

逖先来,携来读音统一会□□□□① 一本。无论所主张之荒谬,即其文义尤不可解,盖吴稚晖笔墨也。以此等人而操统一国语之事,文字语言乌得不亡!

《文始》范处抄的一册,周处抄的三册均来,将毕事矣。

---

① 原文如此。

12月31日(十一月二十三日)　星期二　晴

今日为阳历除日矣。至司中一行。余惟《文始》草录将毕,原稿明□二节,遂先入都(为读音统一会事),拟赍往还师。而此书余拟刊二本,现拟与未生说,由图书馆刊木,作宋体字,体稍求近正,如《礼书通故》之例即是。刊后总算民间有了通行本,然后再由余仿江先生例作篆书,勾(鸠)赍影石印行,以为正名之举。此说遏先、尹默皆以为然。

今岁以鱼肉、蔬果、角黍等物祭祖。论除夕之祭,本古人所无。依古制,亦当行四时之祭,惟余自壬寅岁遭母丧后,寄食人庑下,游学异国,不遑宁处,已有十年不祭矣。自今为始,始复成家(去年在湖借居人宅,犹未为独立也)。顾已届今岁之秒〈杪〉,拟自二年为始,以二至二分之日荐高、曾、祖、祢四代。顾细君谓除日宜祭而后食,余惟祭数固示敬然。如余之谢祭十年,可谓大罪。除夕之祭虽非古礼,亦聊以尽子孙之诚,故从之祭,今之拜法,本不合古,而余凤主席地制废则拜跪宜从之说,故改用三肃。盖肃与顿首,祗用处之有宜不宜,不存敬之厚薄。古文,介者不拜则肃,为不能跪也。今世席不敷席,平时高踞几案,履而登堂,独拜时则用簟子,殊可不必,故改用肃。鞠躬之礼亦可用,顾似不如肃之郑重,盖一仅骀背,一则动手,与首相应,且使中国礼仪全不适用,固不妨改从鞠躬,今既有肃,斯鞠躬可省也。

一九一三年

1月1日（十一月廿四日）　星期三　晴
头脑胀痛，手足冰冷，颇不适。
午后三时许，至教育司，旋出浴。
今晚教育司有饮食，因复往饮食之，归，醉而未甚。

1月2日（十一月廿五日）　星期四　晴
路仍难行。作书致季刚、心孚、幼渔诸人，并以《改良国文教授加课小学一议》寄康，俾刊入《独立周报》。
阅《独立周报》，中心孚有《论文学》一篇，陈义甚正。另有苶兹者，著《清史私议》，谓慈禧宜列《本纪》，与吕、武同例。其说甚辨。
又陈启彤者著《六书微》，主张先有指事字，后有象形，谓指事自结绳以一、丿、丶表记，未有定形。其说出于张子中，甚是甚是。
访尹默，有人以包慎伯书《张翰风夫人墓志》石印本见示。包氏之字似得于帖者多，殊不可解。

1月3日（十一月廿六日）　星期五　晴
午前至大街购物归。马夷初来信谓严铁桥《说文校议》之板片共有多种，其姚家所刻之一种，现闻尚在，因阿兄意有购归存湖州图书馆之说，故夷初来告。
丈人自绍来，明日将赴上海。
朱寿门来，未晤，约六时至其家，界定、廉深咸在。饮而归。

1月4日（十一月廿七日）　星期六
未到司。
尹默来，借《全上古□□》① 两种文去。

1月5日（十一月廿八日）　星期日　晴
外出购物，得《称谓录》一册。此书不精，误处不少，然搜罗甚多，取材弘富，亦颇有用也。
晚八时顷，坚士偕仰先来。

---

① 原文如此。

康心孚来书,谓《独立周报》拟扩充,加增篇幅,增门类,来书中嘱我将关于国故之件时时寄去,因先以《学校中宜改良国文教授及加课小学一议》寄之。

1月6日(十一月廿九日) 星期一 晴

到司办事,归访尹默。

1月7日(十二月初一日) 星期二 晴

得康心孚信,知作《清史私议》者为李孟符,陕西人,坚士谓其长于史地之学云。《民立报》作《存廿篇》之秋水为刘姓,[闻其人刘姓],年财〈才〉弱冠,以遭家庭之变居沪江,卖文为生,嗜古籍,且精英、兰文字,信今世所罕见者矣!尝有〈谓〉海内未尝无贤者,特姓名湮没不可知耳。

晚校钞本《文始叙例》,章师原文多古字,刻入《学林》,则多改从今字,今单行刊本,故仍刊正。伯宽谓《文始》写80元,刻300元,约四百元可刊成矣!

1月8日(十二月初二日) 星期三 晴

至司。

午后潘尊行来,欲借《说文长笺》、《古音谐》二书。渠谓《长笺》有残本十册,缺廿二册,拟抄补之。潘君好学之士,所看书辄有笔点,并于眉端笺注小字,遇孤本即抄,勇于好学,吾愧不如也。

归访沈氏昆季。

晚临邓顽伯楷书《窗棂上格言》二张。其字瘦硬绝伦,系有得于齐碑者。余书昔苦妩媚,毫无骨气,自去夏临《爨宝子碑》,近稍洗去旧时眉目。顾字终苦肥,有类墨猪。近颇思稍临齐碑,以瘦劲药之,且作小楷,抄书固不贵肥也。

1月9日(十二月初三日) 星期四

晨乘舆访尊行,将《古音谐》、《说文长笺》借彼读,与同出午餐于肆。

到司,移时不庵来,在大方伯图书馆相候,因与而往访之。

临邓字一纸。

1月10日(十二月初四日) 星期五

晨起即至图书馆,与不庵谈竟日。

午间潘尊行来,匆匆即去,将归湖也。晚膳后始归。

知蓬仙来杭,顷偕而、默、佚同来也。

1月11日(十二月初五日) 星期六

晨九时至佚生家访蓬仙,谈竟日。在佚生家中,见翁覃溪笔札墨迹数通。

午后四时偕蓬仙访复生、逖先,皆不晤。因至逸鸿家晚膳。蓬今晚即宿居氏也。

1月12日(十二月初六日)　星期日

今日蓬仙去了。

午后访尹默。

临《爨宝子》二张,邓字一纸,《孙秋生》二纸。《龙门》中大家精品凡五,《孙》《杨》《魏》《始》《丘》也。学此纵不能变化,要必无俗气、浮气。康氏谓自帖学盛行,人不能为板重之字,几于夔之不祀。其说甚韪。近人临《龙门》者有人,而其方重凝整之风则不能至也。

1月13日(十二月初七日)　星期一

蓬仙索《六书例》,因草录予之,计象形三、指示三、形声二、会意七、转注二、假借六,共廿三例,附通借六例为廿九例。转注有从本义转者,为中部之……① 是也;有从引申假借义转者,为……② 也。盖字者孳乳浸多,部首之义引申渐广,自必有由部首引申义转注者,此本无足怪也。朱允倩于许氏转注界说,是江非戴,本未错谬,徒以未达一间,遂致驳许氏之谬说,余故为揭明斯二例。

1月14日(十二月初八日)　星期二

向尹默借归杨泳春部首以归,临二纸;又临邓书一纸,《孙秋生》二纸。学篆必不如学楷之易,余临楷书虽伤笔力稚弱,顾犹不至不能成字,学篆则竟有此病,赵㧑叔谓□□□□③。

1月15日(十二月初九日)　星期三

得兄来信,知昨日全家抵杭,今日在聚丰园宴关来卿、单不庵诸人,余亦往。

临《始平公》一张,邓书二纸。

1月16日(十二月初十日)　星期四

人甚不适。到司一行。午后四时至尹默处。

有《说文窥管》一种,系刘志更捐入图书馆,书凡十余页,不知谁氏所作(卷首不署名,惟中有沐案之语)。而、不二人拟刻之,以纸卷不多,拟照《小学答问》式刻,仍作余前次所书之八分书体,余允为书。惟此时极反对前此秀媚书,因作方正体八

---

① 原文如此。
② 原文如此。
③ 原文空缺。

分。今夜写了三张。

1月17日（十二月十一日）　星期五

今日冷僧、而翁、沈氏昆季宴阿兄于沈宅，余亦与焉。席间有北菜数具，为平生所未尝者，颇可口。

晤蔡浅愚，谓彼处有《孔子改制考》，又有王壬秋《诗笺》《公羊笺》。并谓王氏于群经皆有笺释。康学出于廖，廖学出于王，而廖则中途变卦，王则其说全同康氏。幼渔来书亦提及王氏有《诗补笺》《周官仪礼笺》，吾极欲得《诗》《礼》二笺一观。盖《易》则精微奥理，未能探寻。《书》则廿九篇，今古文异说尚少。《春秋》《公羊》、《蕃〈繁〉露》具在，《论语》有戴注，《孝经》有皮疏，尚可从缓。《尔雅》为小学之书，《孟子》为子部之书，本无今古文可言（指流俗所谓十三经者）。惟《毛诗》为今文所排斥，而三家大义亦多缺残不具，训诂尤有难言者。《礼》则群经枢纽，《周官》《王制》之争，正今古文分道而驰之处，故极思一观也。

夏弢甫《景紫堂丛书》全部二十册，其中除《古韵廿二部集说》《六书转注说》两种以外，精籍盖鲜，文尤揪滥，盖夏氏学兼汉宋，并不甚纯也。

1月18日（十二月十二日）　星期六

今日为伯兄六十一岁生辰，依阳历当为一月初十日，顾阿兄年来颇愤时疾俗，故用旧历，于今日家宴。计兄嫂二人，其妾二人，余夫妇二人，稻孙夫妇二人，余二子，稻孙二子三女，男女长幼共十五人。顾余颇醉。饮毕全家摄影，余深衣玄冠而摄。余更一人摄之。

是晚宿图书馆不庵处。

1月19日（十二月十三日）　星期日

晨偕不庵至坚匏。今日不庵宴兄，嘱而翁、关氏二兄弟、沈氏三兄弟及冷僧作陪，宾主皆相知熟人，谈甚欢。余复大醉，醉后上宝石山，直抵塔侧，手舞足蹈，载号载呶矣！

晚仍宿图书馆。

1月20日（十二月十四日）　星期一

晨偕而、不二人同至坚匏。

今日关公兄弟宴兄于聚丰园。十一时顷，四人乘舟进城往饮。出至一书肆，兄购得随抄《金石文字》一部，又残本《史记志疑》五册，刊刻精极。兄欲以一元得之，不果。午后三时顷仍回坚匏。是晚宿坚匏，不庵亦在，与稻孙三人谈至一时顷。

家兄以先人所用墨漏及漱盂畀我，谓是李葆丈检出交兄。先人口泽、手泽所存，嘱小子敬谨珍藏之。

255

1月21日(十二月十五日)　星期二

大雨倾盆,晨四时即起身,食毕七时顷,偕不庵送兄侄至火车站。归至教育司小坐,人不甚适。

午后出浴。归家得蓬仙信,问六书界说数条,即答之。蓬仙颇致疑于六书皆造字之说,余谓前四为造一字之矩矱,转注为造字偏旁配合之通例,假借以不造为造,为消极之造字。造之法不同,其为造则一,故曰六书皆造字之法也。

1月22日(十二月十六日)　星期三

取《春在堂全书》,录其总目。石印本乃清光绪廿二年所刊,较初刻木板,增多已多,然犹有不载者,如《茶香室四抄》、《经课续课〈编〉》卷八之类是也。图书馆中有最多之一种,因移录其目,不知尚有遗陋〈漏〉否也?

1月23日(十二月十七日)　星期四

取曲园《自述诗》及其各著序对勘,拟编《曲园著书年谱》。

尹默谓我,笔本不必作院体书,目近宜勿作细楷,抄书可作大字。因取《高湛碑》及吴氏篆书《论语》,斟酌其大小,而画成一格,计每页十六行,每行十二字。盖余亦赞同此说也。

1月24日(十二月十八日)　星期五

晨起见雪旋晴,而天气甚冷,恐终不免有一场雪也。司中未去。

至沈宅谈许久。午后四时顷至大方伯取《颜氏学记》,钟鼎拓片、包子庄(缤甫)所书字以归。

校《文始》数页。

蓬仙来信,以女子师范学校缘起、简章、课程表嘱代登上海报章。《缘起》命意正当,遣词典雅,定是蓬仙所作也。

1月25日(十二月十九日)　星期六

购得何子贞所临《黄庭经》。何君之书法出自鲁公,极饶雄浑之致,于《黄庭》之类,实非同调,故所临仍是何氏自己之字。又购得曾纪泽《四体书》一部,篆书胜乃父,亦吴让之、胡荄甫门庭中人,楷棣虽学北碑,窃谓不算好。草书《△△[①]赋》一篇,笔势虽不见佳,然可取裁之字体甚多。

[①] 原文如此。

1月26日（十二月廿日） 星期日

今日嫂归湖，晨起至湖上话别。还，偕不庵至图书馆假得曲园之《春在堂杂文》五编、六编至《茶香室四抄》以归。

2月1日（十二月廿六日） 星期六

晨至百年处，旋至司。

午后四时至沈家。

刊大字格来，因书《古诗十九首》以授两儿。讽籀歌谣易于上口，原不期其能了解意义，但令常以此唱，免唱鄙俗之山歌耳。

2月2日（十二月廿七日） 星期日

午后至梅花碑，购得王壬秋《诗经补注》△△① 年刊本，与蔡师愚之辑板△△② 年所刊本有异同。

弘儿疾仍未愈，明日拟请陈琥笙诊察。

2月24日（正月十九日） 星期一

两旬不作日记矣！此两旬中渴思编根本教起之教科书，拟先取许书九千文，依六书△△△③ 例，一一区分之。重文可解者亦分之，不可解者入阙疑（正文当阙疑者如"网"、"爷"诸字是也）。分定，乃于其中检取四五千常用之字（不常用亦有当识者，则部首声母是也。），依六书次第，略如《文字蒙求》例，编成一书，名《学文笍》（又思，惟形声字要删，余三书概全录），备儿童及蒙师作参考书用，再于其中检取二、三千文，略按六书次序，编为小学国文教科书，不能尽善，盖为羑〈诱〉俗计，不可过事骇俗也。拟自三节一日起，即从事焉。

今日略将六书略例分配，并附以说，成指示三例、象形三例，拟录登《独立周报》也。

2月25日（正月廿日） 星期二

晨起甚迟，即至司，知昨日始即停止办公，需俟三月一日迁入荡场巷民政公署内，同署办公矣！

晚取朱丰芑说部首诸字有异说者录出，盖于《学文笍》之外，尚思再撰一种《部首约注》，拟取段、严、王、朱四家之注，集取要言注之。惟吾性喜通而恶拘，以为除

---

① 原文如此。
② 原文如此。
③ 原文空缺。

圣经贤传以外，凡汉以来之著作，凡于意有未安，可直纠正于注中。盖许君之《说文》，正如郑君之解经，诚为空前绝后之伟作，而要不能无少罅漏，王氏、朱氏每以〈有〉匡正，可注于原解下也。此书成后，更拟取540文，依类部分，此则径以新说更许解，如魏氏《诗古微说序》及龚橙《诗本义》例，凡用许君原文者下注"许说"二字，其径用他人说改者，则注△△说，而附许说于其下，并指其误，删其不合者亦如之（如乌云从匕，鹿云从比，许君前半皆不误，则并之，而退从匕从比于注中而纠其误）。朱氏说形体虽不逮，然精心纂作，有时犹或胯段，其驳正旧解，独创新义，洞达无阂处，实与王、钱两氏无异，觉段氏尚不免有拖泥带水之处。（当退戊为重文，升丠为正篆）。

2月26日（正月廿一日） 星期三

至司中理物件，取归。

晚仍摘朱氏部首说解。

2月27日（正月廿二日） 星期四

日间至教育司中复取行李。至藏书楼还书，晤不庵。不庵新以四十元购得《津逮秘书》一部，又为逖先购得广州《古经解》《小学汇函》，连《经典释文》，只八元，可谓廉矣！

不庵为余述教科书首册，除数[目]十个指事字外，宜专取象形字，又为广、又、夂、气、冂、母、奆、亼等字。本字较借字笔画较简者，宜复用本字，识字既正确，儿童又易辨认也。又谓寓言近于神话，不可用，宜取故实代之。其说皆极有理。

阅报见康长素新书有《不忍杂志》一种，拟购观之。平心而论，康、梁在甲午至癸卯十年间，不可谓无功于社会，昔年因其立宪党人而恶之，今日则不宜复有此种见解。而梁氏今日，于昔日浮嚣之气亦去了许多了，其《庸言报》持论较《新民》为切实沉静矣！康氏则行文不染日本气，持论也不因人，较梁氏更胜矣！

晚仍校理部首，毕矣！

2月28日（正月廿三日） 星期五

今日将行李悉取归家中。

下午至司中，止均之一人在矣！出购《独立周报》十八号，未到。

晚间委任状及委任令均送到，口气愈大，俨然前清上司面孔。稻孙前言革命之乱暴渐消，亡清之混帐又复，诚哉斯言！然既为乞丐，托钵求食，固已羞辱，亦何必计较嗟来食之声乎！

晚坚士来。

3月1日（正月廿四日）　星期六

今日起行政公署办公。余以适值土曜，明日便须放假，今日开始手忙脚乱，必无甚事，故未往。午后出浴，晤让旃、坚士。

得而翁信，知吴稚晖犹为贤者，江河日下，一致〈至〉于此，可慨！而翁新得宋板《群经音辨》、明刻本始东终甲之《说文》，皆可珍。又闻有王筠《说文释例》原稿，此更可宝。不知浙江图书馆能购之否？

3月2日（正月廿五日）　星期日

午后访沈氏昆季，约明日同往公署，盖闻门禁森严，彼剑拔弩张之勇士，吁，可畏也！

3月3日（正月廿六日）　星期一

今日始到署办公矣！为不肯槁饿，作高等乞丐，看上司之虵虵然面孔，自甘导（贬）损人格，晦气！晦气！亦复何说！

得马老二书，知读音统一会中有主张古音者，有主张《广韵》者，如马、朱、许、周、汪之类皆是。有主张简字及罗马字拼切汉音者，下二之多之荒谬不待言。以便于应用，不失为正当办法，自以第二说为最，第一说居然尚有人主张，亦奇事也。

3月4日（正月廿七日）　星期二

到署枯坐。点阅《切韵考叙例通论》，谓潘稼堂以堃翁切终，竹确切中，为陈氏所讥以僻见字切习见字；陈氏并谓反切非合二字以读一音，其说于切音之理诚未误，然为一般人识字计，则必当用二字读一音之说。诚如许氏所言，上字用支韵、鱼、麻诸韵，下字用喉音（且必须浅喉者），吾谓不妨用极稀僻俚俗字，择定数十纽文、韵文，之后熟习牢记，亦不稀僻矣！本不识字，不过用作符号，俚俗亦复何碍！戴氏《声韵表》，江氏《切韵表》，欲取备音，不得不求诸俗字，此本无可如何也。好在不必明其字义，但令强记字形便得，不犹愈于用点画符号耶！

未生今日到署访我，一年不晤矣！

3月5日（正月廿八日）　星期三

天气和暖。晨起过迟，度必扣钱，与其支支节节扣去数十分时间之钱，不如爽爽快快直扣去一日之钱矣！故未去。

不庵进城，以书相招，往大方伯，知其母病，今日将归硖，偕之往城站，适快车已开，因迟二小时之久，借此谈谈，亦互乐也。

归，整理书物。

3月6日(正月廿九日)　星期四

今日天气甚热。晨起到署,狗糠〈屎〉放出三、五件而归。

向坚士索还渠弟季前此所借书籍、碑碣。

黄昏大风,度明日必雨,且必骤冷。

3月7日(正月三十日)　星期五

昨日如此之热,今日忽然大冷,且雪矣! 寒燠差违盖在廿度左右矣! 天既雨雪,人又极不适,身心两病,极无俚赖,署中未去。

午后出浴,冀入汤或血脉渐和,病或稍止。归,雪已积起,乘舆归。舆者倾跌两次,可见道之难行。

向沈三借《二金蜨堂尺牍》,内皆赵㧑叔致魏稼孙书,信笔之作,时作谐谑之语。沉闷得此,颇足解颐。

赵君评当时各人之书曰:邓天四人六,包天三人七,吴让天一人九,他自己天七人三。又谓己之字,大病在起讫不干净,若除此弊,则其神妙处有邓、包所不能到者。

3月8日(二月初一日)　星期六

今日仍雨雪,天气极冷,以道愈难行,故公署内未去。

整理架上、箱内书籍。

阅黄薇香《论语后案叙》,自述不分汉宋,择善而从,并广引己之采说,上自汉魏,下逮明清,凡厶(四)十条。余以为,为学本不应有门户,清季儒者,如陈兰甫,如定海黄氏父子皆学宋〈宗〉汉、宋,此皆通儒之见,异于党同门而妒道真者。然学必求其是,古人之误,必不当依违,固不问汉、宋也。如高邮王氏,德清俞氏之说经,于汉儒诂训之未允惬者,直证其误。窃谓治宋学者亦宜尔尔也。余于经说宗今文,△△△① 宗颜、李,若自有门户之见者视之,必当丑诋毛、郑、程、朱矣! 然余绝不尔尔也。且尝谓近世今文家,如康长素尊左,诋毛、郑,以诂训为汨乱圣经之物,其说大非。颜、李恶宋儒几于程、朱之学为甚于洪水猛兽,此等议论,不特未当,且有极谬者。盖古文可恶者在颠倒五经,毁师法,宋儒可恶者在空谈心性,弃实学,至以古文家之训诂,宋儒之私德,固吾人所宜奉为埻臬者也。

阅《述学·自叙》《哀盐船文》《狐父之盗颂》《吊黄祖文》诸篇。盖心绪恶劣,读汪先生之文,一一皆如吾,代吾吐其胸中之傀儡〈块垒〉也。惟吾才学万不逮汪君耳。

阅《东塾读书记》,谓何劭公《冠仪约制》但有一加,因汉世自博士以下,至小史、私学弟子,皆一梁之进贤冠。汉时士无三种冠,故无三加法制,士有雀顶公服,又有

---

① 原文如此。

常冠常服,行冠礼可以二加也。夏谓此说甚是。但古人之三加,原所谓弥尊加成。周世冠服最备,等威昭垂,故可三加。后世既无三加,便当一加,以存冠礼之意。若今世便当用大礼帽,大礼服。按,古人冠礼非必限于廿。司马《书仪》、文公《家礼》皆有——①之文。窃谓今世人事繁赜,生活竞争不可过迟,当以中学毕业行冠礼最合。余为此说,与我牾者必多,惟幼渔大致必赞成焉。

行礼仪节,国家现制,定为捝冃(脱帽)、匊(鞠)躬,则必当遵守。按,古人之顿首,今当以一匊躬代之。襃拜(凡再拜以上皆是),不问多寡,概用三匊躬代之。古文之揖,则脱冃而微镇〈颔〉其首,盖既有捝冃之仪,则手自不能更作(当持冃)他事,故肃擅与揖厭皆有难行,若服深衣玄冠,自当仍用肃揖二仪,一肃当顿首,二肃当襃拜也。

3月9日(二月初二日)　星期日

籀文希作帯,𠫓作厼,而 𥊀 疏二文,均附希、𠫓二部,是从重文者,变附入本部也。准是类推,𠑳、儿、彌、诸部似不必分,而戊附弟下,或入弟部亦可矣。

午间访沈氏昆弟,坚士亦无聊万分,相对愕然!

三时顷张苞龄来,询知模范小学校今岁八月始业之新生,拟分甲、乙、丙三部,(甲一级一班;乙二级一班;丙四级一班也)。惟办理亦未甚佳。秋间送秉雄入学以否未定。

3月10日(二月初三日)　星期一

幼渔来信,知彼与杜亚泉,而翁与王照均大冲突。盖杜亚泉力主多数音之说,王照则因其官话字母北方有用之者,欲传播其谬种计,主张废汉字,用切音文字。惟吴朓尚知用《音韵阐微》,已祘(算)难得。用《广韵》,并用陈蓝〈兰〉甫《切韵考》所分《切韵》用字者,除同志三数人外,余只汪衮甫一人而已。

3月11日(二月初四日)　星期二

今日始实践僅约矣!

阅报载章师最近有《祭熊成基文》一篇,不作韵文,而用散体,文亦不甚类师平日所作。盖先生近时竽牍劳形,无暇修文辞,此盖率意之作也。

不庵到。午后三时顷,至大方伯晤谈,晚餐始归。

不庵近亦颇重小学。余则近颇思治宋学,汉宋本无殊途,非儒释、中西之比。徒以学者所见不广,是丹非素,出主入奴,故二派势如仇敌,今世不当复尔尔也。余为此说,非为作调人也。

---

① 原文如此。

3月16日（二月初九日）　星期日

外出购得《通俗编》、汪桢《四声切韵表补正》、《古经解钩沈》、《庸言报》等书以归。

3月17日（二月初十日）　星期一

将己酉年在日本时，与旭初辨〈辩〉论转注往复四函，悉录寄老康。

3月18日（二月十一日）　星期二

上午外出寄快信，并为蓬仙购得《说文发疑》一部。午至署。

拟动手《四体说文》，以唐石经原拓不可得（余仅有马氏翻本），且《五经文字》中，如盲、黑、邠、烹，较之通行之体更不正确，而"本"字作"夲"尤误，亦未可悉遵。今拟隶古，略如《毛诗稽古编》，略去《小学答问》之繁重，通俗略如陈硕甫所刊书籍，及先子刊《积石文稿》、《仪礼章句》之字体为最合宜。

今日先将540文通俗体写定，又将一、二、示、三、王五部八分、通俗两体写出。

3月19日（二月十二日）　星期三

四时后出浴。

黄昏点《书仪》私书、家书式样，其中除客套话可省外，其余格式颇有可用者。官吏公文，国家制有定式，则可昭划一，而免参差杂乱。余谓私书、家书亦宜由社会上学者订定一式，则旧时烂〈滥〉调，时流无礼，悉可捐除矣！

汲古斋有徐思初印段氏《说文》数部，与今日漫漶模糊之本大异，拟购一部。

3月21日（二月十四日）　星期五

尹默寄到章师所拟《国歌》，宜雅宜俗，极好！极好！又章师为仰曾行书《国语草创》序文一篇。

3月22日（二月十五日）　星期六

今日至图书馆，以天雨即宿未归。

伯宽拟驳日本之《古文孝经》，专摘其文字不合许书者。吾谓此不值一驳，纵令文字合许书，宁可信耶？《古文孝经》本伪，与《古文尚书》同。此本为伪中之伪，与晁次道、宋仲至家之《尚书》同，何必驳！

不庵近来颇有志治小学，余甚以为然。

3月23日(二月十六日)　星期日

午间归自图书馆。访沈氏昆弟,晤李仿周。

自今日始,拟书《四体说文》。今日书"一"部至"艸"部未毕。

篆体不须劳定,但依《说文》书写可矣!八分略如《毛诗稽古编》,通俗略如陈硕甫刻书、先君子刻书,艸书无蓝本。マダ。

3月24日(二月十七日)　星期一

今日书"艸"部至"牛部"。

3月25日(二月十八日)　星期二

今日书《四体说文》"牛"部至"走"部。

章仲名来谓,孔教会以我去年曾作《学校中当祀孔议》一文,劝我入会。我意彼等尊信孔子,恐与我不同,未决。观该会杂志所载高要陈焕章之著,实无甚道理。

今日未到司。

3月26日(二月十九日)　星期三

得兄信,知已抵湖,谓下半年我可入都,此行必多住,劝令将书籍尽行携带,此意我极以为然。又知兄将请尹默课孙读经书,余亦极愿以秉雄携往读书也。

4月13日(三月初七日)　星期日

日记间断又旬余日矣!

今日至湖上与不庵晤谈正隶事,不庵谓书"雪"、"香"诸字必须改正。其说甚当,宜从。不庵近依王氏、俞氏注经家法治董子《春秋》、杨氏《法言》,曾以数条相示,甚佳。

归书《四体说文》,前已书至四篇上,今日将四篇下、五篇书之,其中未能定者姑空之,俟写毕后再以朱笔校正。

4月14日(三月初八日)　星期一

今日书六篇、七篇。

4月15日(三月初九日)　星期二

今日书八篇、九上。

4月16日（三月初十日）　星期三

今日未到司。将《文始》稿寄出，告康心孚，谓若印三千部，而价在五十元左右，则竟刻三千部矣！

至大方伯，将一折之《七通》刻"通典、志、考、续、清"诸字① 于每册线订处印之，并记其册数。又购《通考》一部，连去春所购《通典》，《九通》居然全矣！计《七通》十元五角，《通典》四元五角，《考》十三元五角，共计廿八元五角。连修补破烂约以三十元，《九通》居然完备整齐，可谓廉矣！

晚归书九下。

4月17日（三月十一日）　星期四

人不甚适，未到司，整理书房半日。

午后至沈处谈正隶事，余谓偏旁之肉，若亦作肉，未免太烦，《唐石经》 ⿰ 作月， ⿱ 作月，舟作舟，舟字可仍作舟外，月、月二文似只可依之。又谓 D 作月，于六书未合，曷不 ⿰ 中则二横不计其碰写与否，肉字则二点与《唐石经》舟字相同？予惟先子昔年校《积石文序》，书《仪礼章句》，凡肉旁均作月，盖从俗书月字稍稍更正，可从也。又朋字拟依汉隶作朋。

归写十、十一、十二上。

4月18日（三月十二日）　星期五

写十三、四，完了。

4月19日（三月十三日）　星期六

午后不庵来城，以电话邀往谈。不庵今日未出城，谈至八时顷，余归。

4月20日（三月十四日）　星期日

不庵在图书馆，因往与谈。午后四时归，见林士，知阿丈来此，因往旅邸访之。

4月22日（三月十六日）　星期二

未到司，在家中镇日亦未出门。

书许序及部首竟，凡三十二纸。

午后应骊孙来。

---

① 续、清，指续三通、清三通。

4月23日(三月十七日)　星期三

　　天气颇暖。

4月24日(三月十八日)　星期四

　　天气热极,竟与夏日无异,闷得头脑异常之昏。
　　在坊间见一《古逸丛书》,印工纸张均属"初",以十八元得之。
　　仍检《五经文字》,作通俗字。

4月25日(三月十九日)　星期五

　　午前在家中整理书籍。
　　阅报知先生近在国民党中演说,持论又与同盟派相类,且与陈英士周旋。先生易为人所愚,吾窃不取。自宋案出后,国民派报章,无一不似瘦狗乱噬,宁可复教猱升木耶!
　　见兄条,知已于今午抵坚匏矣!
　　阴雨,顿觉寒矣!

7月1日(五月廿七日)　星期二

　　不作日记者数月余矣!今后记之仍以不间断自励。
　　为蓬仙书扇,甚不惬意,当更书之。为均之写短屏四页。又为寿门书屏四张。
　　傍晚至沈、朱两处。又至藏书楼借取《正谊堂全书》中《张横渠集》《朱子语类》《濂洛关闽书》《近思录》等数种。又借得《曾涤生手书日记》石印本四十册以归。

7月2日(五月廿八日)　星期三

　　天气颇热。午前为逖先书扇540部首,为蓬仙书扇《吊黄祖文》,又自己写一把,一面为《吊黄祖文》,一面为《狐父之盗颂》。余学与才不逮容甫亿兆之一,而幼罹穷罚,受诈兴公等情,实与容甫有同情,前既以刘峻《日中自叙》书扇矣,今复书此,其无聊当何如!
　　午后五时顷,送扇子至逖仙家,并晤莫存妻之舅。汤政襄嫁女,今日宴客于聚丰园,往赴。天气热,满座无一识者,即主人也未见过,吃得极为无聊。

7月3日(五月廿九日)　星期四　晴

　　较昨益热,盖在九十度以上矣!午前至坚士处,旋归。午后挥汗校《论语竢质》,书为江艮庭先生所撰,见△△① 丛书中,未见单行本,前曾觅钞胥移录。前所校之上卷校毕,至《述而》止。

傍晚日落西山时出外浴,体稍舒畅。

7月4日(六月初一日)　星期五

晨阴旋雨,天气骤凉,葛衣嫌寒矣!

午前沈坚士来,嘱以章师《正言论》书其扇,即书。午后书毕,送至其家。

灯下校《论语竢质》卷中七张。又校朱子《古文书疑》三张,发明伪古文《尚书》,实始朱子。阎百诗《尚书古文疏证》后附刊此卷。前托单一移录,今辄校之。朱子从文字难易判别古文之伪,可为卓识。

7月5日(六月初二日)　星期六

图书馆前由刘子庚捐入周文之沐润之《说文窥管》一册,稿本未刊,不庵拟属我作篆书刊行,仿江声书例,为正名之举。拟自今日始写之,惟原稿引书字句之间小有误牾,盖凭记忆力而得,未检原书之故。今辄依其原书检对改正,以期完善。竟日在藏书楼检书。晚大雨不能归,即宿楼中。

7月6日(六月初三日)　星期日

晨归。今日始写《说文窥管》,原书系随笔所记,不分先后,今辄依许书部居,次其先后,都廿一条。今日篆书七张。

7月7日(六月初四日)　星期一　阴雨

写《说文窥管》二纸。

今日程光甫之弟培甫完婚之日,午后余往贺,知已成礼。闻一切均依旧制,惟不拜天地,改跪拜为三鞠躬,而祭祖仍用跪拜也。今日恶俗如换指环、读婚约、盖印章等事皆无之,可喜!

晚十时顷方归。

7月8日(六月初五日)　星期二

写《说文窥管》五纸,毕矣!馀而翁一序尚未做。午后三时顷携至沈家,旋至朱家,又至佚生处,取得请渠代刻之"翁尻"一印以归。印放〈仿〉丁敬身派,甚古茂。

归至大方伯,见不庵已来,因即宿楼中,未归。

---

① 原文如此。

7月9日（六月初六日）　星期三

　　大雨竟日,天气极凉,有类深秋,殊奇!

　　晨偕不庵同乘舆至而翁家中,见杨聘之代撰之《胡母六十寿颂》中,多叙其夫死子幼苦节之语,似于祝寿之辞未合。旋同至沈家,见尹默已来,莊分半载,握手言欢,殊忻畅(畅)也。午后五时顷归。

　　晚灯下校《古文书疑》,仍未毕。

7月10日（六月初七日）　星期四

　　人甚不爽,心中作恶,欲呕吐。晨孙象枢来。

　　午间至沈家,遇蔡师愚,见其近作《两湖杂诗》廿首,语多讥谏。师愚为南海弟子,通今文经文,坚士之妻之兄也。

　　延陈琥笙来诊病,云系湿蕴于内云。

　　傍晚不庵来,为晚餐始去。

　　繙黄氏《儆居集》,学兼汉宋,可谓通儒。

7月11日（六月初八日）　星期五　晴

　　天又热矣!上午十时顷至沈家,谈竟日。午后遏先、不庵相继来,傍晚甫归。

　　尹默言,赠序寿序,前人谓其不宜有,寿序固不宜有,赠序实为书札,为类当入书札类,而名为赠言。其说颇当。

7月12日（六月初九日）　星期六

　　晨,子庚来,与同至不庵处,晚归。

　　寄钱与神州国光社,购三年之《国光集》,此集中颇多影旧拓、碑碣、鼎彝,多足资考证,固不仅书画之足供娱赏已也。

　　浴。晚归。

7月13日（六月初十日）　星期日

　　天气甚热。我近来颇觉洛、闽之书足以淑身,谓为学之道,宜博观古人嘉言懿行,不可为馣蒣家臣,不知有国也。故谓仿董、许、郑、程、朱、颜、李无不可合,非意作调人,实通耳。惟陆、王之学遁入虚无猖狂一路,可取者千百中才什一耳,惟犹非绝无可采者,若刘歆则圣经蟊贼,最不足信耳。

　　今日作书与章师,言理学书足以淑身事。

　　致李佃信,托代购康有为《礼运注》。

7月14日(六月十一日) 星期一

天气闷热万分。弘儿病未愈,吵得心乱之至。竟日未出门,均之晨暮凡来二次。应驷孙亦来。枯坐无聊,头如蒙絮,因检《通训定声》,以检《四箴》本字。荣华之荣,不知当作何字?朱谓借为莹,似非甚谛,然无他说可易,姑用之可矣!

傍晚大雷雨,暑气渐减,清凉无比。

7月15日(六月十二日) 星期二

晨至不庵处。午后四时顷大雷电大雨,不能归,即宿馆中。

今日报载江西乱,李烈钧据湖口,与政府宣战。

7月16日(六月十三日) 星期三

晨,均之来图书馆相访,旋归。得章师书,谓洛、闽绪言原多可取,当与汉、晋儒书同观,苟无道统诸说横梗胸中,则正足以修身淑世。

访沈氏昆季。

点阅《近思录》《齐家》、《教学之道》、《圣贤气象》诸卷。

郭景庐寄《礼运注》来,点阅十五页。

7月17日(六月十四日) 星期四

晨,伯宽条来,知将赴硖,因往见。《古学汇刻》第五期中,有章实斋《说文辨伪》一篇,系詈袁枚者。又见有镇海吴善述之《六书约言》一种,于象形字不酷肖者,多所更易,虽失之武断,然亦不无可取。不庵、遏先皆痛诋之,持论似过(此由二人不信钟鼎之故,遂以为仓颉初文已如许书所作也)。午后三时不庵归。

今日阅报,知乱党已蔓延,南京已陷,程、应被逼宣告独立。黄兴为江苏讨袁军总司令。祸事或将延至浙江乎?

晚,迈、坚来。

7月18日(六月十五日) 星期五

晨,至师校为仰曾之母作寿屏八幅,笔墨纸无一称手,较五日所书更劣,中间篆体之字,此北碑所恒有,《李仲璇》《曹子建》见其明证,然俗人见之,必且骇笑矣!文为杨聘之所代作。

今日金融益恐慌。午后四时至寿门处,托换军用票为现银。谣言大起。

7月19日(六月十六日) 星期六

晨,至寿门处,知近日逃申者甚多,汽车、汽船皆为之满,嘉善以上已为南军所占,车站兵皆架炮荷铳。杭州检查行李甚严,铁路公司亦无术以止之,所检者恐银圆输入他方,则杭地金融益窘也。沈尹默、坚士来。

让㳺饯别我及汤仙于西湖图书馆,因往。午后四时顷归。

今日谣言如昨,其实不至有甚事故。

阅报知南北军在□□□□① 交绥,北线冷遹退守徐州。

7月20日(六月十七日)　星期日

晨,孙象枢来。

7月22日(六月十九日)　星期二

闻应飒孙来说,绍兴有乱事,闭城云,恐又不能往矣!闷闷!

7月23日(六月廿日)　星期三

今日家中捆扎什物,有人来约内子于后日作申江游,须亟收拾物件也。

闻松江以上铁轨被松军扼断,上海有战事。

7月24日(六月廿一日)　星期四

今日忙忙碌碌,将东西寄在沈家,弄了一天才了。

应飒孙来。

7月25日(六月廿二日)　星期五

今日又不能成行,无聊之极!晨,至朱家,至寿门处。

7月26日(六月廿三日)　星期六

晨至沈家。午后至朱家。至大方伯看报。浴。傍晚归。

7月27日(六月廿四日)　星期日

晨至遂先、寿门、大方伯三处,旋归。借得《颜氏学记》《颜李年谱》以归。

午后阅《颜李年谱》。

傍晚至沈家。

7月28日(六月廿五日)　星期一

晨至大方伯阅报。

---

① 原文空缺。

买《绎史》一部以归。误字甚多,盖浙局刻书后来多不佳也,其中徐吴所校之卷颇正字体。

午后阅《颜氏学记》。

7月29日(六月廿六日) 星期二

晨至沈家,借四库书儒家、杂家以归。

午后翻《提要》。

阅《颜氏学记》。

孙象枢来。

7月30日(六月廿七日) 星期三

晨至逊先、寿门、大方伯三处。

午后归,至沈处。

归将部首通俗体录出,大致可定。

8月5日(七月初四日) 星期二

晨至大方伯看报。出至大街购物。

午沈氏来条,招往饮,谈至①。

8月6日(七月初五日) 星期三

晨至寿门处及大方伯看报。

绍兴今日有人来,内子拟明日晨即渡江西归。

11月8日(十月十一日) 星期六

孟冬一日。

午间至学校授课毕,出外食、浴。购四明观稼楼刻本《音学五书》以归。此书时时须用,且须圈点。余所有者顾氏原刻初印本,又为先人手泽所存,不忍涂点,故购此归。

将《音论》三卷点讫。

11月9日(十月十二日) 星期日

午前与嫂嫂谈及半年来不快意之事,不禁潸然涕下,念先人之泽,自不肖而斩,虽死不足以蔽辜,死亦何颜见先人于地下哉!

---

① 原文下缺。

午后至幼渔处,与商榷部首六书分类事。夏主张以泛形亦归象形,立、旦等字入于会意,与形声之齿、风、舜、折等字同科。至晚方归。

11月10日(十月十三日)　星期一

今日未至学校,初拟静坐家中,改阅课卷,而以心绪纷乱,卒不能动手。午后整齐架上书籍,点阅《文史通义》数篇。又阅复堂文二篇。

拟取《孝经》郑注,唐明帝御注,及朱子改本,一一对勘,写定一本授雄儿读。尹默读〈谓〉《论语》理甚精深,非可授童子读。斯言极是。

11月11日(十月十四日)　星期二

今日又未上课。晨访关来卿、吴鹤云于图书分馆。鹤云述我坊间集印之著述丛编一种,中有《救文格论》、《金石要例》诸书,甚喜!

取丁俭卿《孝经徵文》、臧嘉东《孝经郑氏辑解》、严铁桥《孝经郑注辑》、洪颐煊《孝经郑注补证》,并知不足斋所刊行之日本"冈田挺之"之《孝经郑注》对勘,觉注要及日本所刊,恐是赝鼎,不可信。严氏过信而采辑,不若臧氏之审慎也。约略对勘一过,拟据释文为准,写出一部授雄读之。

释文中颇有误者,段玉裁有"某读为某误易说"一篇,释文中如第四章之"僻",第七章之"□",十三章之"恺"、"悌"之类,盖皆此例。

阅《礼经通论》、《礼书通故》,首篇乃康氏《艺文志辨》《礼家辨伪类考》,□记与□篇,究是一是二也。

11月12日(十月十五日)　星期三

今日仍未至校,但送一题目至校中。在家中编师范讲义。

11月13日(十月十六日)　星期四

今日仍编讲义,遂未往师校。

坚士告我谓⊥、丁二字,本不可象〔形〕,只可指事。日、月只可象形,然此二字必均为仓颉所制。指示象形,未能强分先后,至形声会意,则后世形声字多,会意字少,似乎当声在意后,故次序班似借乎许。其说与吾异,然亦有理,著于此以竢我再思索也。

思《白虎通》什九皆今文说,拟先治此书,阅陈立疏证。再阅孟、荀、贾、董、逮刘之书,以期得圣经真谛,兼可间执古文家"今文不知礼"之口。

11月14日(十月十七日)　星期五

今日仍至校中授课。购康有为《官制议》归。见其所称周官如□□□□□□□□①（山虞衡麓之卷）之类，是违古制，悉不斥为歆作，盖取其与西政相合也。此即一端，可见其不如李命三，不如崔觯甫。

阅廖季平《今古学考》，此为此君早年著作，已最为确正，而已多怪论，如《仪礼》，经为古文，记为今文，《孝经》为古文，无今文之类，已怪诞矣！

11月15日(十月十八日)　星期六

午后自校归，整理书籍。

□"冃"，《说文》训"小儿蛮夷头衣"，疑未谛。此为独体象形字，制在冕前，岂古人制字先于小儿蛮夷，而成人夏民反无其字乎？疑"冃"实首服之总称，小儿蛮夷亦曰褐耳（《玉篇》有褐，训小儿头衣，此则后起之俗字）。

11月16日(十月十九日)　星期日

晨，颂唐来，偕尹默、坚士同出，购褒衣。归见逖先、裴子均在。

作书与马夷初，论《论语》之鞠躬当作"簌窮"（金诚斋说）。今之鞠躬当正为"匔匔"。又谓冠卷发弁攀发皆见《白虎通》，非笄不可，且冠仅覆丝，亦不得改为冒首，故深衣可服，玄冠不可用，欧洲昔所谓常礼冃(帽)者，今可用，加檐护目，亦无□焉，以正吾前此玄冠说之误。

---

① 原文如此。

一九一四年

9月12日（七月二十三日）　星期六

今日为阳历余之生日。日记从今日起。

十一时顷至中校授课。

午后无事，访韦作民，四时顷归。

9月13日（七月二十四日）　星期日

晨尹默来，午餐后去。

予竟日未出门。

来周始，师校要上课矣。拟以《墨子·修身》《亲士》篇去教，检阅，不易讲，且非将为孔墨异同而相成者说明不可，因改用《礼记·学记》。

9月14日（七月二十五日）　星期一

今日为阴七月廿五日。余生日，若从阴历计算，当在今日。兄嫂特备肴食，并邀幼渔、沈氏昆弟、穧孙来陪。予惟程子之言，生日本不愿加餐，重以阿兄盛意，未能抗违，故食之。

今日为尹默代购罗罗山《小学韵语》，尹默欲使其子读也。此书余未读过，购而视之，大致取朱子《小学》编作韵语。洛、闽绪言最于修身有益。令童稚诵读，信为正蒙之道。惟前人编教𠆢（科）书籍，往往兼及胎教及孟母三迁等事。此乃教母之语，不宜入童子教科中。朱子《小学》犹不免此病，罗氏此书亦正犯此，谓宜稍加删节也。

余来京者一载矣。满拟今秋所入稍丰，则携眷属来京，兼可于课暇稍稍补读未读之书。事几成矣，不料为忌者排挤以去，以致所入不及百金，几为上半年之半，幼渔乃为之推毂，以己中学课程相委。良友厚谊，深可感佩。

自今日始，每周有十九小时矣。

9月15日（七月二十六日）　星期二　热

今日中、师各授二小时。师校英语部学生尚少，不过廿余人。今日先为讲文章学，如原流体制、公式利弊，选《诗谱序》一篇，未教。

清史馆中送来商例七份与大兄、坚士。七人者：一遯先，一冷僧，一吴廷燮，一金兆蕃，一卢彤，一袁励准，〔一〕王桐龄，一清人常荣。除遯先及吴廷燮咸无足取。常荣以清人为己族说法，自有回护之词。然时至今日，犹欲读"应天顺人"，"深仁厚泽"，亦大可笑矣。王桐龄狗屁不通，不伦不类，而抬头空格，誉扬建夷，甚至避去仪

273

字，拟改《仪卫志》为《舆卫志》，而稿中仪字犹缺末笔作"儀"，此真是死做奴隶者，何怪其谓三皇五帝皆无其人。盖不取消自己祖宗，恐为〈谓〉他人父而人不要也。阅至此，愤气填胸，恨我不谙史事，否则必撰一部《珠申史记》，用郑所南正论贬绝其僭天子之称。年即用共和纪元，自二四五七年（明神宗万历四十四年，奴尔哈赤天命元年）至二七五二年（溥仪宣统三年）。上不承明毅宗，不予其继明也。曩见同辈称满洲各酋曰清某祖、某宗，或称其年号，如顺治、康熙，以其不可，而他人则谓统治权已去，无妨循普通称谓，虽章□亦持此论。不料果不出吾所料，竟有此等放屁尻谈出现，然则夷夏大防其可忽乎？

9月16日（七月二十七日） 星期三

今日为总统诞日，学校休假一日。晨访幼渔及沈氏昆季，并见黄君篆丹，篆丹名鹭，元同先生哲嗣也。现为马、沈二家请去教书。借尹默《卷施阁文集》以归。中有《与章进士书》，断断致辨于直省之不当称部院，当称布政使司。余惟清康熙以后巡抚已为封疆大吏，布政、按察反在其属，称布政实有未合。今章氏改称部院，部即兵部侍郎，院即兼都察院衔，是部院二字仍不足以为地方分部之字据，章师谓宜直称巡抚，然官名地名无别，在古虽有京兆尹、左冯翊、右扶风三称，究太含混。余意康熙以前完全明制，自宜称布政司。康熙以后以钦差变为实官，实与元之行中书省相类，而文移公事均以直省为称，虽非法定字据，固已形诸公事，径从俗称曰某省，似亦无碍。至于现在，则某省、某道、某县，见于命令公布，必以称省无疑。或谓省字不通。然法定名称，雅俗乖合，固有不能以文义妄改者，此如公文程式"奉上谕（？）"、"知道了"，必不可摹古而改为"制曰可"、"帝曰俞"也。

9月17日（七月二十八日） 星期四

今日教授又是四时。购得《民国区域沿革表》一册，商务出版。其表系在今年六月道区域未经公布，故各省参差不同。购得，因取新制照改，以备检查。

9月18日（七月二十九日） 星期五

今日学校告假。至打磨厂恒发栈访崔师。崔师谓《左氏》不特书法全非，即事实亦不足信。此言三年前已闻其法，今得假读《春秋复始》矣。师又言，春秋以前，《诗》《书》《礼》《乐》皆古书，为孔子所修，非孔子所作。孔子果作，何以三百篇非一律？康门以三代事实为依托，实中西学之毒。可谓至理名言。午后偕之同至尹默处，由尹默偕往拜会胡次珊。晚在尹默处并晤季刚。季刚谓六书象形指事宜从王荀说。逖先亦云然。逖先谓象形许氏界说明说画成其物，可见动静诸词不等谓之象形。夏思此说甚是。坚士谓古人事物不别言，此说诚是，但散文虽通，而对文则异。象形云画成其物，指事言事，则不能改为画成其事，云指物矣。惟王荀之例分得太烦，大界当从而分例仍以简单为宜。又王氏以省文、倒文、反文等谓之会意，愚意仍宜以为指事变例为宜。至如丰亼诸文,王氏谓之会意,则尤非矣。

黄君又谓音韵,阴声有入,阳声无入,歌之入即泰,有入无入,当从王念孙说,对转图当从孔广森之式,缉、盍亦阴声,缉宜附幽,盍宜附宵。余于前二说均谓然,惟缉、盍必宜与侵、谈同列。此实阳声也,广东人读侵、谈、缉、盍,皆有收音,与其他入声异可证。

黄君又谓,师之于音韵,太欲求其整齐,是其一病。此说我亦极表同情。而廿三部,黄君必谓其决不可复少,此则余以为音韵分部当考古与审音为并重。戴氏之说最精,侯幽、淳真,我实主张合,但现在不敢说。

黄君又谓《广韵》一书,吾人当与《说文》并视,不可妄加增删,盖最古音韵者惟此而已。此说夏尤以谓〈为〉然。

9月19日（七月三十日） 星期六

午前至学校上课。午后无事便归。

阅《春秋复始》,据《春秋》义例以正《左氏》事实之不合古史,其言实有金汤之固,非苟为立异也。此说出,足以阅古文家诋毁今文家不明事实,空谈书法之诬辞矣。不特王湘绮之肤浅,廖季平之怪诞不足道,康长素犹有不尽不实之处,虽刘申受,犹觉其未尽实也。

9月20日（八月一日） 星期日

晨崔君来,尹默、逖先均来。今日心孚邀午餐,在便宜坊吃鸭子,凡九人:我、康、黄、曾、二沈、朱、马,又陈绳武其人也。季刚今日又为余言,凡字中有一二笔象形者即当入诸象形指事同,如爨字,亦宜入诸象形。此说余不敢谓然。季刚又谓今隶止可依《唐石经》及宋本《玉篇》、《广韵》为凭。此说亦是。然吾意究竟另作一体,《尔雅》者固不得谓我写《小学答问》之体,亦不得便以《唐石经》为尽善尽美也。

下午率雄浴,归。晚在灯下更依名动静分形事之说,将540部首重编一过,至七篇止。

9月24日（八月五日） 星期四

今日师范生来实习教国文。

9月26日（八月七日） 星期六

上午上课。午后访季茀,知后日丁祭,总统亲往,外人不得往观。索取祭祀冠服图一本。所定斟酌古今,虽未尽善,而较之用欧州〈洲〉大礼服而犹愈乎!

9月27日（八月八日） 星期日

晨访崔师,知其每周木、金、土八时起即有课,土曜晨有二小时,拟于是日往听之,不知能如愿否?

心孚明日将行,今日予与朱、马、二沈宴之于瑞记。同座者为季刚、通一、豫才,请季茆而未来。

访师显,见有赵㧑叔墨迹四字,曰"读书便佳"。率尔之作,淡墨败笔,而笔笔铺毫,非大书家焉能臻此。

归将崔师更正之弑君36,亡国52录出。

9月28日(八月九日)　星期一

仍取崔君《复始》说之驳《左》者记出。

购得《钦定左传读》一本,预备分四类(十、ㄟ、冂、·)记之,以为复《左传》为《左丘国语》之预备。

一九一五年

1月1日（十一月十六日）　星期五　天气极冷

　　改厂〈历〉三年矣,妇稚犹瞢〈懵〉然,极与新年萧飒,为之废然。①

　　至默处,知师事未易得圆满之结果,大势使然,无可奈何,浩叹而已。

　　至兄处,欲理书,以天冷未理。

　　归点《文选》中沈约《宋书·谢灵运传赞》一篇,季刚谓其中 △△△△ 四字为不辞。今案,此四字或别有解,若果如李善注所谓"△△"②,真是成何说话!

1月2日（十一月十七日）　星期六　大风

　　偕君娛、秉雄进东华门,游清三殿,又至武英殿,看古物陈列所中器物,只有磁器、漆器及字画笔墨数种而已,其他概未之见,岂尽于此乎?抑未移尽乎?抑残留此数乎?毕,出西华门,至社稷坛,岁首三日开放也。

1月3日（十一月十八日）　星期日

　　至阿兄处理书,至晚毕,拟明日运来。

　　晚兄宴家人于同和居。

1月4日（十一月十九日）　星期一　天气稍暖

　　晨访幼渔,约同至李燮和事〈处〉,告师近况。午出城购物。至兄处将书箱搬来。

　　崔先生前撰节读分课经书教案之序曰:"群经皆有古注、今注,凡成一家言者,必有极是之处,亦有极不是之处,互相比较,是非立见"。此通人之论也。愚谓何晏《论语集解》,与朱子《集注》相较,实未易言高下,若陈澔之《礼记集说》不如郑注,自不待言,然亦有郑非而陈是者,如"若夫坐如尸"之类是也。若王肃与蔡沈之《尚书》注,而犹欲谓王优蔡劣,此真经学家门户之见矣!愚谓读汉宋人注,贵于潜心玩索,寻绎经文,探讨义理,不可先横以汉宋之见于胸中也。

1月5日（十一月廿日）　星期二

　　访幼渔。今日喉痛腹亦痛。幼渔告我以经必是史,因举史公自序隐以继《春秋》自任为证,并谓左氏书法及君子谏论,实为刘歆窜入,欲与公羊氏争胜而作。愚

---

①　原文如此,疑有脱误。
②　原文空缺。

谓幼渔此言与余见似同而实大异,吾意《左传》本《国语》,不传《春秋》,故论《春秋》不当言及左氏。而幼渔则谓《春秋》本是传鲁史,别有褒贬义例,则于《公羊》详之。其大不同之点在经是史、非史之界也。

1月6日(十一月廿一日)　星期三

喉痛甚,至沈修是处诊视,据云近日白喉甚利〈厉〉害,恐成白喉,因以杀菌水吸薰喉间。在医院中晤蒋觐圭,见其尚病足未愈。

1月7日(十一月廿二日)　星期四

喉痛更烈,又往诊,据云已成白喉,因将腐肉刮去,洗涤薰吸。

1月8日(十一月廿三日)　星期五

喉痛少间,顾犹未止,再请诊视。据修是云,尚有白衣宜刮,因又刮之。

1月9日(十一月廿四日)　星期六

今日喉痛渐差。师、中两校均今日开校,告假未去。

1月10日(十一月廿五日)　星期日

今日喉痛愈,而连日嗽,胸前隐隐作痛。

1月11日(十一月廿六日)　星期一

今日为大兄阳历生日,招予挈雄儿往饮。
天气颇冷,晚大风,震屋欲坠。

1月12日(十一月廿七日)　星期三

风极大,黄土满地,出门耳目鼻口均冷得痛。
至尹默处,复至章师处,师谓拟编《群经大义》数篇入《訄书》。《訄书》体例为谈经、说史、论政诸文,其论小学、论文学、论玄学则为式相仑(轮)奂云。

1月13日(十一月廿八日)　星期三

今天天气仍旧冷极,傍晚时又刮大风。
至尹默处。午后访崔师。
近细考康、廖、皮诸家之说,复证以王充《论衡》、欧阳氏《易·童子问》、崔述《考信录》,确宜文王只重六十四卦为三百八十四爻,卦辞、爻辞必为孔子作。《彖传》、

《象传》、《系辞传》、《文言传》四篇，皆弟子所作，《说卦》三篇更为汉人伪造，决无疑义。崔师今文大师，而此事不特从古文说，且从后起之古文说，以爻辞分属周公，不可谓非千虑之一失也。

1月14日（十一月廿九日） 星期四

今日天气又冷，伸手欲脱，风止而寒威逼人，殊难耐。晨至尹默处，旋归，整理书籍。

1月15日（十二月一日） 星期五

今日君姝病卧在床，因昨日受寒也。竟日在家整理书籍。

1月16日（十二月二日） 星期六

访君砚，自癸卯秋至苏别后，十一年半未晤此君矣！旧雨重逢，亦殊有兴。

傍晚归至尹默处，知师事已解决，大约门警可撤，五百券可得，深慰！

1月17日（十二月三日） 星期日

晨访崔师，旋至章师处，见警确已撤去。师今日欣然起床。旋夷初来，谈至傍晚始归。

访尹默，尹默谓文体大约可分三种：(1) 论、(2) 史、(3) 诗。诸子疏证、奏议、书牍皆论类也；凡记载之文皆史类也；设词讽谕，兼以藻缋为工者，皆诗类也。此说颇有理。又谓三苏之论，出于纵横；小说记载，邻于子虚，皆流入于诗，故不得复入论、史两类。此说予不为然，谓此等只可称为末流之弊，谓论、史不应如此作，宜也，谓苏论、小说非论、史则不可。且论、史固不当尔，即诗亦岂宜如此？故尤不可附以诗类，若附于诗，是以诗为龙蛇之菹也，不可。愚谓论、史之末流为苏论、小说，正犹经说末流为大全讲章；斥大全讲解之非可也，谓大全讲章非经说不可也。此说尹默亦以为然。

《易经》之易字，朱允倩以为易字之误。章师以为觌字、壬字之借，吾以为皆不必如此说。郑君所说易含三义，其中变易之义，实为易之正义。太史公《自序》，刘熙《释名》皆主变易为说，俞曲园亦作如是解，窃谓此是易之定义，无须深求也。

1月31日（十二月十七日） 星期日

今日尹默、幼渔、我、坚士、逖先、旭初、季茀、预〈豫〉才八人公宴炎师于其家，谈宴甚欢。

2月5日（十二月廿二日） 星期五

今日立春，日记托始于此。

晚至兄处晚餐。

2月6日（十二月廿三日） 星期六

晨访崔君。校课毕访钮颂清，颂清为女子师范国文教习，客岁年底来京也。至兄处晚餐，归为校中草《改良中学国文教授法》草案。

2月7日（十二月廿四日） 星期日

今日午逊先宴兄、稻、默、坚、幼、我诸人于致美斋。

2月8日（十二月廿五日） 星期一

今日人颇怠，未出门。在家整理书室者竟日。晚取《左传》中五十凡勾去，又将分章之误谬者依俞说句正。又将刘、崔两家驳左氏之说作记号于各节，为订左丘《国语》之预备。崔说每与刘同，召陵、城濮之战，炳如日星，左氏乃皆以细事私怨为其开战之原因，崔君以为小说，信非诬也。

2月9日（十二月廿六日） 星期二

今日天气渐和暖矣。校课毕后至兄处，晚餐毕归。

讲《左氏》城濮之战一节，僖廿七年，楚子将围宋一节中"贯三人耳"！孔疏云："耳，助句也。"案此说非是。"贯三人"者，有三人治以贯耳之刑也。此耳字若作助字解，则贯三人者贯何物耶？且此处用耳字为语助，文气亦觉不顺。

2月10日（十二月廿七日） 星期三

今日无足记。

2月11日（十二月廿八日） 星期四

今日课毕至逊先处，谈及现在作古体诗宜用何韵，予以为无论古体、律诗，悉宜以《广韵》为准。盖今日即作古体，而用韵处总宜分平、上、去、入。平上去入既分，是已遵齐、梁以来之律，今则用韵本唐《切韵》无疑。《切韵》已亡，唐韵亦无存者，然则止有用《广韵》耳！但取《广韵》合并，如古合而今分者分之（如东与江），古分而今合之亦分之（如支、脂、之），其余如东、钟，如阳、唐，如鱼、模皆合用，斯可矣！又余以为今人读古人诗，音不谐，固也，若今人读今诗，决不应音不谐，故如东与江，歌与麻之类，今音既不同，则作古诗者亦不得通用也。

2月12日（十二月廿九日） 星期五

今日为溥仪退位纪念日，校中放假一日。晨至尹默处。午后至家兄处，有二十四史书头,宜令人来写宋字,因往起稿。

2月13日(十二月三十日)　星期六

今日仍写廿四史书头未毕。今日为阴历除夕,兄处祭祖,余当往拜,故学校告假未往。晚餐在兄处饮胙肉毕,归家再饮,俗所云吃年夜饭是也。今年阳历正年,家人不习,未曾举行,兹故补行之。

2月14日(正月初一)　星期日

今日为阴历元旦,阿兄招余伉俪至〈暨〉三儿往不老娘○○①午餐。余晨往,仍写廿四史书头,今日写毕。

晚餐本师宴,同座者为尹默、逖先、季茀、豫才、仰曾、夷初、幼渔诸人。

归点《史通》数篇。

2月15日(正月初二)　星期一

今日人疲惫,未上课。午前访尹默,归家觉神思恍惚,精神颓丧,强自镇抑。点《史通》数篇,点讫。

---

① 原文如此,所缺者为胡同二字。

一九一六年

元旦

晨起迟。至崔师处贺年,并访尹默、幼渔,并晤逷先。在幼渔处见官报,乃知自今日始改称中华帝国洪宪元年,是民国历数尽于昨日。溯自壬子元旦,迄于乙卯岁除,整四年也。午后,至中央公园,兼至古物陈列所,其中颇有彝器,然色泽似不甚旧,恐什九皆赝器也。

灯下点阅廖君《群经凡例》中《礼经》、《周官》诸篇。廖氏以《周官》即《逸礼》卅九篇合为六篇,其说无征,且古文经既为伪作,则鲁恭、河间所得岂可凭信?廖君此等处所见太不明晰,远不逮其弟子康君之能取古文诸经摧陷而廓清也。要之《周礼》确为歆造,殆无疑义。《王莽传》云:"发得《周礼》以明因鉴",即其铁证,然其变更均在大处,至小处则歆沿用今文真说处自亦必有(李命三《周礼古学考》专考此□□①,极精核)。今日读此经,惟当取诸于五经(五经制度皆同典谟,制度无异于《春秋》,康君谓此本孔子所定,托诸尧、舜,其说最通)、两戴记中今文说诸篇(戴记中间有古文说,如大戴之《朝事》,小戴之《祭法》诸篇是也),及《孟》《荀》《墨》《韩》《吕览》《贾子》《繁露》《说苑》,及西汉人著作,合者可取以说经,韦〈违〉者便当匡正,不必因其出于刘歆而一字不信,亦不可为歆所蒙,见其中有合于今文者,遂以为真古书也。(其名即已不合,群经诸子之制,皆孔子所定,皆合于王制,俞君谓王制为素王之制,其说最合,本与周公无涉,故《周礼》之官,无论《周礼》、《周官》皆不合也。)廖君于《易》,明《卦辞》、《爻辞》为孔子作,《十翼》为弟子作。(其实止有《彖》《象》《系辞》《文言》四传耳,《说卦》以下三篇伪书。)于《诗》力斥《卫序》。于《书》力斥百篇之序,并证明《史记》所引,悉为后人所窜入,与崔君可云暗合,康氏不能知也。于《礼》深信邵位西十七篇为完篇之说,皆能力辟榛莽,独标真谛者。独以《春秋》虽知《公羊传》之善,而又依违于《左》《榖》二家,《周礼》又直信为真书,此皆千虑一失之处,不逮康、崔矣。

1月2日

昨夜有雪,今日天阴晦,颇冷。

在家中整理书籍。晡时访幼渔,并晤逷先。余谓人之治学,诚非尽用于政治,然必求有裨益于身心。若生于今日,仍复沾沾焉寻瘢索垢,订经传一字之诂训,言《春秋》名字之解诂,不求通经,但欲随王、俞之脚跟,步趋惟谨者,此其迂谬无用,尚不逮喜做文章,喜临碑板者,虽无当于本体,尚不失为嗜好之一种也。而以小学言,

---

① 原文字迹缺损。

若说明六书声韵之流变,辨证文字之通借,以正名为臬埻者,斯不失为明六艺之一倪矣。若犹欲据《书钞》《御览》诸书,剟改许书,增减助字,或博引群书,以诠许义（如《说文义证》之类）,此便是无用之学。

1月3日

晨起迟。将至兄处,先至尹默处,悉今日午后,幼渔将邀兄及沈氏昆季、遏先及余观剧,遂止不往。在尹默处遇心孚来索《中国学报》稿,余告以当世学者,本师以外尚有廖季平、刘申叔诸先生,珠玉在前,则糠粃固不足以登载。余不愿在报馆撰文,实有三〈二〉故,(一)年来虽略略问学,顾均取诸人以为善,如小学,大体古人取自段玉裁、朱绶章,取自本师。古今音韵之条例,古人取自江永、陈澧,取自季子。道术大原,古人取自庄子,取自廖季平。群经义训,古人取诸董仲舒、刘向、何休、刘申受、陈朴园、邵位西,取诸廖季平、李命三、康长素、崔先生。而治身心之学,则远师古人,以新安、姚江、博野为埻。已无心得,何必抄袭古人成说。(二)若不问是非,专务驳难古人,穿凿牵强,如昔之毛西河、袁枚,今则湘江著《翼教丛编》,刻《玉房秘诀》之某伧者,余虽不肖,尚不屑为。兼以余之治经,宗孟、荀、贾、董迄刘向以来之说,排斥新室以后之伪古说,同人中颇有以师未死而遂背,疑为故立异论,以为逄蒙杀羿之举。在余虽自信不敢党师门而妬道真,求学惟求心之所安,然三人成市虎,人言亦殊可畏,故宁藏拙而不登也。又遇林攻渎。

午后观剧。

1月4号　天阴,颇冷

晨起甚迟,已十时许矣。今日因东儿病未已,至尹默处以电话请金子直来诊视。午后一时顷,子直来。孙鹰若、钟骏臣来,问音韵事,并以纸来嘱书篆字。

三时顷,出城取药,购食物。

灯下点校戴子高丈《论语注》一卷。戴氏《论语注》,多以五经今文说诠明《论语》微言,其书为东汉以来所未有,惜其排斥宋贤太甚,不免有有意立异之病。平心而论,何晏《集解》虽多列古说,然所谓古说者,什九皆东汉人变古之说,实无以优于新安,新安所解,虽未能发挥微言,然其独到处,尚非何注之剽袭陈言者比。戴氏所作,洞明微旨,诚优于新安数倍,而有意立异之处,究不免通人之蔽。书板〈版〉久毁,印本希如凤毛麟角。尹默曾向其孙名道骝者乞得一部,余于甲寅岁雇人迻录,错字太多,故需校正。

1月5日

大雪,天冷。起迟。竟日未出门,整理书籍。中国纪年之当统一,近世通人皆言之矣。光复以后,浅人皆用民国前几年,其说始自海上不学无术之书贾,继而黉舍教师亦相率仿效,吾尝笑之,谓若尔则民国未兴以前,中国竟算无史？至今则民国已成前代,吾不知彼等又将创为何种纪年?将曰帝国前几年乎?则自黄帝以迄清宣统四千余年中间,惟周称王,余悉帝国也。将称洪宪前几年乎?则洪宪之名,正如明之洪武,清之顺治,及日本之明治。日本人虽极崇拜明治,亦知当称神武纪元若干年,不能用明治前若干年也。余以为余杭师之用共和纪年,康长素之用孔子纪年,二者皆可用。以共和为纪年者,本于《史记》,盖自此而始有甲子可推也。以孔子纪年者,因中国文化孔子出始订定,始昌明,垂教万世,用以纪年亦不窬历史也。盖前乎孔子者,其历史皆在明昧之间也。孔子至共和不过□□① 百年,称为前若干年,尚无不大顺②。顾世或疑用共和为附会共和政体,用孔子效法耶稣纪年,含宗教性质(此义始用孔子纪年之康君即如此说,其实为看小孔子,我主张用孔子纪年与此绝异),此则不可不辨。吾意则用孔子尤善于用共和也。

清代书家及于近人,尝戏仿《古今人表》例分为九等,区其高〔下〕。一、邓琰。二、包世臣、赵之谦。三、刘墉、张度。四、王文治、姚鼐、钱坫、伊秉绶、吴廷飏、何绍基、张裕钊、康有为。五、陈鸿寿、杨沂孙。六、金农、胡澍。七、郑燮、翁方纲、梁同书。八、蒋衡。九、永瑆。

此表未定。

1月6日

天阴,甚冷起迟。竟日在尹默、幼渔处。灯下校点戴氏《论语注》三卷。

六经皆孔子所作,其中制度皆孔子所定,故《尧典》制度全同《王制》,此义发明于廖、康二子,可以拨云雾而见青天,世犹欲有奉章实斋六经皆史之说者(六经皆史之说,其他姑弗论,而如《诗》、《易》二经如何能说是史?于是说者谬其词曰,《诗序》言作《诗》之故,此亦史也。姑弗论《毛序》之不可信,即以序说为确,即《诗》之有序,犹后世之言本事诗耳,若以《苏诗补注》《绝妙好词笺》为史,虽愚者亦知其非,顾乃以《诗经》为史,岂非谬谈?近人胡绥之又谓,《易》中有"帝乙归妹"、"高宗伐高〈鬼〉方"之类,谓确是古史。其说更为荒谬,不足致辩。实斋长于史识文例,经学本非所知,今人乃奉其说为圭臬,岂不大谬),所谓焦明已翔乎寥廓,罗者犹视乎薮泽也。虽然,廖氏谓孔子以前洪荒野蛮,全无礼教,其说亦有大过。盖经中所言尧、舜、禹、汤、文、武之圣德,诚多孔子所托,非必皆为实事,然必有其人,必为古之贤君,殆无疑义。特文化大备,损益三代,制作垂教,庄子所谓"配神明……③,无乎不在"者,实为孔子,故宰我、子贡、有若皆以为贤于尧、舜,生民未有,故以六经皆周公旧典,孔子惟有传播之功,诚为瞽说,若概以孔前无丝毫文化,其说亦有过当。

廖氏之学洞见道本,一扫汉唐笺疏,魏晋清谈,宋、明空谈之说,信哉二千年来未有之一人。虽然,大体诚精,而小处罅漏亦殊不少。案廖氏最精者为诸子皆出孔

---

① 原文空白。
② 应为"尚无大不顺"。
③ 原文如此。

经,儒亦不能代表孔子,其说最精,与《庄子·天子〈下〉篇》相合,余所谓洞见道本者此也。其他考订经典,则疏漏尚多,如其别,今古文真伪优劣,则不逮康氏之扫尽葛藤独标真谛也,论《周礼》,则不逮李命三也,论《春秋》,则不逮崔觯庐师也。余平生于学,喜言通。士生今日,贵乎择善而从,惟求其是,故不可暧暧昧昧守一先生之说也。

《史记·五帝本纪赞》"书缺有间",《伯夷列传》首"《诗》《书》虽缺",此皆与《孟子》"诸侯恶其害己而皆去其典籍"义同,与古文家谬言秦火经残之说绝不相干。觯师谓"《书》缺有间"句,为刘歆窜入,康君又谓"《诗》《书》虽缺"句为刘歆窜入,皆非。

1月7日

冷,有雪晏起。午前访次珊,为崔师事也。浴。晚餐家兄招在同和居小饮,今日为毅孙儿子妇生日也。

崔先生云:袁术之"术",当音"遂",即《学记》"术有序"之"术",故字公路。

廖君以六书文字始于孔子,其说诚未尽可信,然古人文字通借太多,实是可疑之处。窃疑廖君所云中国有拼音文字一层,非尽不可信,盖由拼音文字易为衍形文字,于是假音译字而通借字遂多矣。

宋六斋谓《鹖冠子》之说纯乎民主说(?)①。《鹖冠子》吾所未研究,不敢为妄谈,使果如宋说,则其书固可贵,不必问其真伪。自考据之学兴,断断真伪……②,吾谓惟经书不可作伪,子书作伪亦又何妨?吾侪读书,但论其理之是否而已,即如郭象偷向秀的《庄子注》,(未完,俟再做)③

1月8日

晴,冷,黄昏大风。起早。午前访幼渔。幼渔近来于经史异途及尧、舜、禹、汤、文、武之事,《尚书》所载不必是实录,实是孔子所托之说,颇信之矣。吾思半年前,吾主西汉今文之说,而不求取经、子贯穿,且屏道于儒外,尹默天分较吾为高,能知从子书中探求道本,顾颇非儒。幼渔虽不如黄、朱诸公之排斥今文,顾于六经皆史之说深信不疑,当日常相辩论,恒不相下,乃自去夏尹默与马一浮高士谈及道本,马君谓皆源于一,九流分别平列,其说非是。吾阅廖君之说,谓百家皆源于孔子,于是各持道本于一散于为诸子百家,故不得以儒自画而屏诸子为异端,于是昔之参商者,今则鲁卫矣。今幼渔又复舍其前说,主张今文,亦深信廖君之言。陈白沙谓:"向求之典册,累年无所得,而一朝以静坐得之"(无误)④ 者将毋同?可知专看书本,无人点悟,无时澄思,终不足以求学有进步也。

---

① 问号为原有。
② 原稿残缺。
③ 原稿如此。
④ "无误"二字旁有着重圈。

1月9日

晴,冷,午前大风。早起。午前至幼渔、尹默处。尹默今年将至医校讲授修身,谓拟取黄儆尻先生《黄氏塾课》为蓝本,似较胜于作《立身篇》《作人篇》等空文者为佳,其说诚是。然吾意学校中讲修身本是惹人厌倦,且庸德庸行,本以实践为贵,不当以文字语言为之。所贵乎讲明者,当求鞭辟近〈入〉里,宜以陆、王等等语,大棒大喝,如醍〈醍〉醐〈醐〉贯〈灌〉顶方为有用也。午后观剧。

余思六经皆孔子制作之事,姑勿论其大者远者如制度之类,《尧典》与《春秋》之制全同,固无论矣,即以用韵言之,三百篇中,始于殷纣末,终于陈灵,以十五国之远,古人本无韵书,而各地言语异声,文字异形,如果出于劳人思妇,旷夫怨女,何能韵部全同毫无歧二?是纵非本无而为孔子制作,亦是固有而经孔子改削。总之,非复劳人思妇,旷夫怨女所作之原文无疑。试看屈宋辞赋为战国时楚人所作,用韵即与三百篇有不同。《易》之《彖》《象》用韵之句,亦与《诗》异者,即缘弟子所作(此亦《彖》、《象》非孔子出之一证。使出孔子,何以用韵反与《诗》异?若云《诗》之用韵,不从方音而从正音,宁真圣人之文辞反不逮劳人思妇、旷夫游女之作哉?不通之至。盖《诗》之用韵,圣人以谐声偏旁正之,故于音最合。楚辞①

1月10日

今日起,校中又开课矣。今日授二小时课。课毕校中摄影纪念。

至兄处,见张度篆联一曰:"山半飞泉匹练白,春初垂柳散丝黄。"瘦劲自然,转折分明。张君为吾湖人,书法名家而无名,其实较十兰高下虽未知何如,而贤于孙渊如辈则远甚。此联结构仿《石鼓》而笔笔断,如"散"下之"月",竟作 ,四断笔,此实古法,汉碑额及《国山》皆然,后人不知其故,强描没其痕迹,可哂之至(邓完白篆书亦是笔笔折断,转折分明者)!

嫂氏邀往六国饭店吃西餐。

1月11日

今日授课二小时,均英语部。国文专修科一小时,因讲义未成——告假。督学生写字课一小时。

1月12日

今日,大学有二小时小学,国文有一小时小学,均因讲义不及告假。至师校交出教材。

---

① 原文此处以下缺损。

午后至阿兄处,见有吴平斋《两罍轩钟鼎款识》,其所诠释有以草书证古文者,余未敢赞同。吴氏所释,似犹不逮积古斋、筠清馆。予谓金器真赝难知,纵欲诠解,终须择形体确于六书可言者,如王箓友、孙诒让之所为倪矣。若如"㞢(借为邦)上华钟"之"㞢",程瑶田释为"周"已可怪,乃闻更有释为"秦"者,此皆不考六书,不辨点画,漫以形似而妄说,可笑孰甚。然金器本不足考,前人崇信过甚,乃由误谓古文字体经秦火而亡,于是抗志三代,考索遗文,不悟孔子书六经本用史篇字体,与小篆初无甚违异,金器纵真,亦不过当时异体,岂足匡史篇哉耶。

1月13号

今日至高校授《艺文志》二小时,觉起首便多支离之谈,如《春秋》、《诗》、《易》分家之类,实不足信。

晚编大学讲义七纸,直至夜半三时始睡,疲惫极矣。

1月14号

晨起已十时矣。将昨夕未曾编完之讲义编完,午间交校付印,备明日之用。

午后,兄招观剧,今日梅兰芳演《黛玉葬花》也。

1月15号

晨起九时。今日大学授课四小时,皆部首。

"能兽坚中"之"中",愚案即体也。《檀弓》"其中退然,如不胜衣",即其义。

囪即彪之古文,彪或从未声,未声疑当在没韵(当再考),则在囪同韵,即在灰韵,亦平入对转耳。

甶在敷,古在滂,彪古今均在明,旁纽双声也。籀文彪作𩇯,从囪从尾,省声,囪作甶,正如目作齒也。

课毕,至东安市场,遇坚士,共入观剧。

晚餐颂唐、尹辅宴老兄于瑞记,招余亦往,因明日为老兄生日也。

2月5日(正月初三日)　星期六　阴

今日大校有课四小时,告假未往授。

访尹默,尹默示余以近编《伦理学讲义》,取裁于五子之书而不流于腐,尹默固高明人也。

尹默于五子中喜濂溪、明道,而不喜伊川、横渠、晦翁,此则其性所近处。

2月6日(正月初四日)　星期日

午后至厂甸,书摊尚极少。

2月7日(正月初五日)　星期一　晴

授课二小时。课毕至火神庙,见书摊尚极少,无甚可观。

归编讲义,供礼〔拜〕三之用。

2月8日(正月初六日)　星期二　阴,午后晴

授课四小时。课毕至火神庙,今日书摊均摆出矣。昨见有清世繙刻宋吴革刻大字本朱子《周易本义》,幼渔欲之,今日以一元五角为购之。

购得横渠《易说》一部。吾近思《易》必以说理者为正,王弼、程颐所说虽未必尽合周、汉以来相传之理,要之贤于焦、京、陈、郑远矣。西汉《易》说今日全无存者,与其如惠定宇、张皋文重理汉《易》,孰若看王、程之书乎?横渠《易说》亦言理者,故购之。又购得郭庆蕃〈藩〉《庄子集释》。

2月9日(正月初七日)　星期三　阴　午后晴

授课三小时。

课毕至火神庙,以九元购得初印本《楷法溯源》一部,又购得《古周易》一本,《通志堂》中零种也。向只好吕祖谦本《古周易》,今乃知吕氏以前尚有……也。①

酉访兄,知昨晚得病,腰部麻木,身体不能行动,医者谓是年老身虚云。戌访尹默昆仲。

灯下编土曜日用讲义。

2月10日(正月初八日)　星期四

阴。午后晴。晚风。意明日晴矣。

授课弍(二)小时。

午后高师学生作文,日且冥始毕。归得心孚寄来《中国学报》第一册,其中申叔之文无可复言。噫!三世传经,结果至此,本师昔谓汉学之祸,昔疑过当,今乃知其信然。缪艺老作《刘恭甫》,谓其子孙流于盗贼,信夫?《学报》中又《龚定〔庵〕集书札》,极谐洽有味。

灯下编土曜所用讲义,至二时半始睡,倦极,头痛,面灰矣。

---

① 原文如此。

2月11日(正月初九日)　星期五　晴,冷,大风

巳,访尹默、坚士,晤徐森玉。

午至大学钞写讲义四纸付印,为明日之用。

申至琉璃厂,今日因风大,人颇少,以四金购同文石印《纲目》一部归。《纲目》仿《春秋》,诚为巨谬,(《春秋》非史,作史者万无仿《春秋》之理。)然其褒贬之处,不犹愈于清主弘历之《通鉴辑览》乎?

灯下点阅皮鹿门《经学通论》数篇。

2月12日(正月初十日)　星期六　晴,冷

授课四小时。傍晚访幼渔,并晤逷先。

晚检阅昔年所借蒋孟蘋之龚公襄批校本《积古斋钟鼎款识》。龚氏书势奇傀,本不易辨,加以以古篆作草,尤不易识,本拟过录,校录数纸,竟不能辨,不耐久校,因暂阁置。

幼渔主序,以叶德辉所作《皮鹿门六艺论疏证序》中,谓朱子谓〈为〉一代之儒,训诂之外复精校勘,为王伯厚之先声。此等盲语真堪捧腹。校勘本不足称学,朱子而仅精校勘,尚复何足道,然如叶某者,即校勘亦未足语,下于艺风老人当数十倍耳。

2月18日(正月十六日)　星期五

火神庙书籍摊摆至今日便收摊矣。购得点石斋石印《四库提要》及同文印《草字汇》,又《周子全书》一部。

浴。

视恂士病,知其甫轻,今日又重。至兄处。

2月19日(正月十七日)　星期六

授课四小时,毕至幼渔处。灯下将经目编次。

2月20日(正月十八日)　星期日　晴,晚雪

至尹默处,晤裴子,谈竟日。

灯下检视经目,欧阳《尚书》三十二卷,章句三十一卷,龚定庵以为三分《盘庚》,刘申叔以为三分《泰誓》,然龚氏本来取消《太〈泰〉誓》,自可自圆其说,刘氏则杂钮古文,均未足凭。吾谓当从王伯申改为三十三卷,《盘庚》与《太〈泰〉誓》皆三分方合。

倦极,和衣睡至夜半,始起脱衣。

2月21日(正月十九日)　星期一　雪

上课二小时,毕至幼渔处,晚归批字。

9月12日（八月十五日） 火燿

今日为余之阳历生日，实至三十岁矣。

晨起出外购物。十一时顷偕雄至阿兄处，因今日为旧历中秋，阿兄以书招往午餐也。至，先拜祖先始食。阿兄已迁受壁胡同之新屋矣。午后归，人极不适，头重足软，假寐阅报，未做何事。

9月13日 水燿

竟日在大学整理书物，因予与邆先同室，当暑假时，余因君嫂挈儿子赴津，亟于退屋，曾将未曾理清之书物暂运至大学存故，己亦暂寓大学，日来以未理清楚故，君嫂归来，余即将该室封闭，今则转瞬将开学，故亟需整理以开放也。

9月14日 木燿

竟日在大学整理书物。

晚归，知四儿身热，然其精神尚活泼，谅无大要紧。

□① 日□② 师有课，讲义未□③，告假一周。（师校于十一日开学，十二日因中秋放假，其日我本□□④ 也。

9月15日 金燿

四儿昨日竟夜不眠，身体热，晨与君嫂同至金子直处诊视，据云是气管炎云。

午后至大学整理书物。

取阅王壬秋庄子、墨子注二序，虽不至如浅人之诋为异端，顾其持论亦多外行语。此公文辞虽有声誉，顾一味模仿，不足自立，学问之事更非所知，较之其徒廖季平不可同年而语。

9月16日 土燿

今日四儿病仍未愈。

晨至金子直处，续取药水、药粉。

午前在大沟沿理书物。

午后浴。

访幼渔，知其患病，患气管炎。

---

① 原文缺损。
② 原文缺损。
③ 原文缺损。
④ 原文缺损。

萧道管《说文重文管见》盖即陈衍所为,所诠率皆荒谬异常,阅之令人先笑,因取批数则。

9月17日　日燿

从此周起须授课矣。今日在寄宿舍编讲义。

9月18日　星期一

大学自本周起授课,予告假一周,自下周起授课,因讲义不及编也。

交明日用之讲义,至师校收到区佩刚寄来 Anar 之文印刷小册四种。

9月19日　星期二

至高师授课三小时,颇惫,余之精力日坏一日,年甫三十而衰颓似五十外人,殊自伤,虽存在一日,致用之心总当尽一日也。

寄书上海,购 Anarĥismo 书报数种。八九年前初读《新世纪》,恶其文章鄙俚,颇不要看,后又以其报主张用世界语及吴、章嫌隙之事,尤深恶之。由今思之,此实中国始创 Anar 主义之印刷物也。即如刘申叔,今日虽身败名裂,一钱不值,然其所作《天义报》《衡报》及与张溥泉同设社会主义讲习会,要是中国提倡 Anar 之先辈,不可以人废也。

9月20日　星期三

午间赴兄处午餐。

午后出城购墨盒一,上镌玄同二字。

同古堂取铜印玺,虽匠人所刻,尚不恶劣,可用也。

晚雨,归家草讲义数纸,睡时已夜半矣。

9月21日　星期四

今日授课四小时,人颇疲惫。

因今岁秋冬编讲义之时甚多,家中异常烦嚣,因于今日移宿大沟沿,拟晚上无事之日仍归家中。

灯下为陈介石书扇,又了去字债两件。计两年来积下未写之字债有廿件左右,前拟乘暇时先将小者、少者了之也。

9月27日(九月初一日)　水曜日

今日大、预皆告假。

9月28日（九月初二日） 木曜日

今日授课四小时

灯下编讲义数叶，甚惫。

9月29日（九月初三日） 金曜日

本日授课五小时。晤幼渔，吾告以经典之精义全不系乎文字，纵令今日中国之书焚毁净尽，但令有精译本之西文五经，则经典即可谓之不亡，况篆书变楷书乎？幼渔以为然。吾又谓人皆言今文经说微矣，其实不然，但令孟、荀、老、庄、墨诸书不亡，微言大义断无消灭之理也。

9月30日（九月初四日） 土曜日

今日授课二小时。午后访陈介石，并晤攻渎。问近来政潮，介石谓徐州主事者若能幡然悔悟，必可免兵祸，否则四次革命军起，兵连祸结，必有一二年之久，生灵涂炭，惨不可言，决难如辛亥、癸丑及今春之速也。旋访幼渔即朝其家，晚餐毕始归。

10月1日（九月五日） 日曜日

晨，兄来大沟沿寄宿舍，嘱午餐往食。早餐毕，至华丰厚为二儿定冬季制服。归至兄处，午餐毕归舍。阿嫂病痢。

晚编下周水曜日《大学讲义》，至一时许始睡，惫甚。

10月2日（九月初六日） 月曜日

今日至大学授课三小时，以钟声较远，下堂不闻鸣声，连讲二点钟，口干脑胀，因之下午预科告假了。

10月3日（九月初七日） 火曜日

午后师校告假。

午后至大学授课二小时。

晚餐，伯兄招至益锅吃西菜，同座者为显舅、秋清、士敖、毯生诸人。灯下编讲义二纸。

癸卯年《新民丛报》有尚同子论纪年，其说以为纪年与代数记数无异，但取通用者可矣，故主张用景纪，深以孔子纪年为不然，谓景纪虽出宗教，然今日已成习惯，已忘其为宗教矣，其说吾甚谓然。夫景教之七曜日及格氏之阳历与景纪纪年有关系，吾国今日亦既承用之，何必于纪年而不用乎？若谓究是出于宗教，吾国非耶教国,与国情不合,则试问今之学校日曜日皆休业矣,曾因是而有景教臭味乎?

10月4日(九月初八日)　水曜日

今日授课六小时,嘻!甚矣,惫。

林攻浍将其《伦理学》讲义见赠,其说以为伦不止五,固亦有见,惟其轻视君臣而重视家族,则与愚见相左。吾谓苟不毁家,人世快乐必不能遂,若谓毁家之后即视父母兄弟如路人,则尤为谬见,破坏家族正是兼爱之故,方欲不独亲其亲,子其子,乌得是谬说耶?

晚编师校讲义[讲义]数页。点阅《六斋集》数篇。

10月5日(九月初九日)　木曜日

今日上课四小时,惫甚。

晚间无事,略取《蓟汉微言》点阅数节。

《六斋文集》中之《报夏穗卿书》最精,判神州长夜之狱归于叔、董、韩、程,其识甚高。惟吾谓此当分别言之,大约叔、韩二人纯为有罪者,董、程则功罪不相掩,董之大罪在于罢黜百家,程之大罪在倡饿死事小,失节事小〈大〉等说耳。至董之昌明《春秋》微言大义,程之……①　则……②　亦大有造于社会也。

10月6日(九月初十日)　金曜日

今日上课五小时,课毕幼渔来谈,谓在学校选就有关学术之文字,如《抱朴子·诘鲍篇》,黄梨洲《原君》《原臣》篇之类,皆宜选授,盖有关于学术思潮也。余极以为然。二年间,尹默曾拟有草目,为大、预教授之用,皆有关于学术之文字。幼渔顷亦在高师国文篇教此类,故云然也。

吾谓神州长夜之狱,宋氏归咎于叔、董、韩、程四人,吾谓叔实不足道,第一罪魁宜在李斯,苟令世无李、董、韩、程四人,则自战国迄今二千年,发展思想,明通哲理,不知较欧人要如何进步!即以科学论,苟令思想发展,则以神州民族之聪睿,决不让西人,乃坏于此四人,于是长夜漫漫,待旦无期,至于今日,与皙种较衡,不啻孩提之童与壮年力士,可叹!可恨!此中间有一二聪睿者,李之后有贾谊,董之后有司马迁、王充、王弼、阮籍、鲍敬言、陶潜、刘知幾,韩之后有周敦颐、邵雍、程颢、张载、叶适、陈亮,程之后有陆九渊、邓牧、陈献章、王守仁、王艮、黄宗羲、颜元、戴震诸人而已。至于近世,始有有思想者,康有为、廖平、宋衡、夏曾佑、谭嗣同及本师章君而已。若梁启超,若蒋智由,若蔡元培诸君,因人成事,尚未足以语此也。

---

① 原文如此。
② 原文如此。

10月7日(九月十一日)　土曜日

今日授课二小时。午后至尹默处,并约幼渔来谈,因拟为大、预选《学术文录》,此事尹默在两年来固拟就一稿,至今已四、五改,此次所录似最完备,凡分六类,(一)历代学术思想之文,(二)传经之文,(三)关于史学之史〈文〉,(四)关于政治之文,(五)关于科学之文,(六)关于文学原流之文。其中有《中庸》《礼运》,有《桃花源记》,在思想不发展之人观之,鲜不以为骇怪者矣。

10月8日(九月十二日)　日曜日

午前大雨,午后晴。游三海,归至兄处。

10月9日(九月十三日)　月曜日

上课五小时。

10月10日(九月十四日)　火曜日

在大沟沿整理各物。晚至兄处。

10月11日(九月十五日)　水曜日

上午至大学教授三小〔时〕课。午后校中放假。阿兄来电话邀往不老娘○○(胡同),因夷初、尹默、幼渔均在,阿兄请其晚餐,往西安晚〈饭〉店也。

10月12日(九月十六日)　木曜日

今日师校四小时全行告假。整理学术文选稿。傍晚至兄处取廿四史来,归编土曜日国专小学讲义。

10月13日(九月十七日)　金曜日

今日上课三小时,告假二小时。
傍晚幼渔来谈。
晚拟编讲义,以身甚疲惫,骨节酸楚,因即卧矣。

10月14日(九月十八日)　土曜日

上课二小时。
编来周月曜日大学二年级所用小学转注讲义,至下午二时许方毕。
访幼渔,即在其家晚餐。归购新印本《广艺舟双楫》,易名《书镜》,更生亲笔题数诗于卷首,颇自高其身价。平心而论,今世书者实推此君第一,然遽谓超包轶邓,亦未免夸大之言矣。

《新青年》第二年第二卷出版,中有吴稚晖《青年与工具》一长〔文〕,陈义极正。

余近来对于转注改从章君之说,惟以为当以挚乳为正例,变易为文,若《尔雅》训诂,决不足当转注之各地。

10月15日(九月十九日) 月曜日

午前取出廿四史置架上,备点阅有关学术升降、社会汙隆诸传也。郑宰平来。

午,兄邀往六国饭店西餐,毕即至兄处晚餐。兄邀夷初、幼渔、尹默诸人在家吃饭,饭毕饮俄国烹法之茶。

10月16日(九月廿日) 月曜日

上课五小时。浴。

10月17日(九月廿一日) 火曜日

上课五小时,惫甚矣。

晚点阅《南史·儒林传》前序、后论,《北史·儒林传》前序、后论,《唐书·儒学传序》,《旧唐·儒学传序》,《宋史·周敦颐传》《陆九渊传》。《新唐》文笔简洁,远出《旧唐》之上,世皆以文句艰涩议之,真不通之论也。

10月24日(九月廿八日) 火曜日

雄儿病今日稍减退,39.4度也,惟精神甚惫,故热度虽退,尚恐体力不足支持,忧虑未能释然也。

师校授课三小时。大校告假。

写酬应字两单幅。

10月25日(九月廿九日) 水曜日

写酬应字一单幅,二炕屏。

今日大校六时,告假。

大儿今日热度较轻,凡三十八度六,可有生之希望矣,为之一慰。

向师校假得《饮冰室丛著》检阅,于旧作删去四分之一,惟新加入《国风报》上文章数篇,至整书数种,如节本《明儒学案》《德育鉴》《王荆公传》数种而已。整书吾多有之,旧作吾有广智之《分类精校饮冰室文集》,较此尚多,而最近之作刊入《庸言》《大中华》两杂志者尚不备焉,殊不足购,还是中华之《饮冰室全集》较佳耳。

一九一七年

1月1日　星期一

余自一九〇七年(丁未)以来,持保存国粹文论,盖当时从太炎□□□① 问学,师遂于国学,又丁满洲政府伪言维新改革之时,举国不见汉仪,满街尽是洋奴,师因昌国粹之说,冀国人发思古之幽情,振大汉之天声,光复旧物,宏我汉□□② 然。(此段以后补做)

天阴,甚寒。午前微有雪。晨起觉腹痛,人极无憀。往访尹默,与谈应用文字改革之法。余谓文学之文,当世哲人如陈仲甫、胡适之二君,均倡改良之论,二君遂于欧西文学,必能为中国文学界开新纪元。余则素乏文学知识,于此事全属门外汉,不能赞一辞。而应用文之改革,则二君所未措意。其实应用文之弊,始于韩、柳,至八比之文兴,桐城之派倡,而文章一道遂至混沌。晚唐以后,至于今日,其间能撇去此等申申夭夭之丑文字者,惟宋、明先哲之语录耳。今日欲图改良,首须与文学之文划清,不可存丝毫美术之观念,而古人文字之疵病,虽见于六艺者,亦不当效。

1月2日　星期二

午前外出购石印胡刻《文选》一部。

今午由张稼庭发起,在中央公园来今雨轩,用立食之茶点饯别胡次珊,余至时往食。食将终,由无脑筋之某甲致辞,无一语可解,真也难为他。食既毕,在来今雨轩后院摄影。北风吹面,冷不可当,两耳几被削去。余病方瘥,咳嗽未愈,喝此西北风约有十五分钟之久,因之增嗽。

午后至兄处。傍晚蔡孑民先生来访阿兄,并与我见。其人状貌温蔼,语言谦和,举止醇谨。人谓其学问渊博,吾谓其道德尤高。尹默谓大学校长得此等人任之,允足为学生表率。诚然!

1月3日　星期三

今天天气甚冷,北风又极大。

因咳嗽未愈,午前至金子直处诊视。

午后访尹默,并晤作民。

客岁之杪,由夏浮筠发起,大学教员各出食资,在北京饭店饯别胡次珊,欢迎蔡

---

① 原文缺损。
② 原文缺损。

子民,定于今晚七时举行。余偕沈、韦二君同往。计来斯会者,中外教员有百余人之多。仍由无脑筋之某甲致送旧迎新之词,并用英语翻译。次珊答辞亦用英语翻译,惟子民先生答辞独否。末有自命为老二毛子之辜汤生演说,此君脑筋顽旧,自谓是出洋老前辈之有特识者,至今尚留豚尾,彼盖以保存国粹(止可称为"大清国粹"耳),不染欧风自豪。然今日一席演说,彼亦从某甲及胡君之例,自用英语翻译一道。此等做法本来荒谬。中国大学校中请外国教员本是彼为客,而我为主,论理彼既来吾国,应通吾国语言,即曰中国今日不配语此,然外国教员不仅为英美人,以中国人对法、德人讲英国话,两面都是不相干的,岂非奇谈。吾谓异日 Esperanto 通行全球,则遇与异国人相聚一堂之时,自可于本国语外,别译为 Esp,若在今日则断当专用本国语也。

季刚所编《文心雕龙章句篇札记》,余从尹默处借观,觉其无甚精采,且立说过于陈旧,不但《马氏文通》分句、读、顿为三之说,彼不谓然,即自来句读之说亦所不取,谓句读一义二名,皆原于"ᐟ"字,故不可析而为二。此说已不免胶柱鼓瑟。又谓句读有系于文义与系于音节之异,故如《关雎》首章,论文义止二句,而毛公以为四句,据此以为句读不分之证。吾谓句读之学本非中国古人所知,伪毛亨以《关雎》首章为四句,本不足讥,今乃引此等陈腐之论,以图打消句读有分之说,不亦异乎!(黄君此说,与胡适之之《论文字句读及符号》直不可同年而语)。

1月4日　星期四

午前以电话与亚新问答,知鞠普今日将到京,甚喜!我与鞠普别已十年,不通音书者亦有七年。此公识见迥异常人,又曾一度至欧,读《新世纪》,与吴、李诸公以文字往来,颇明社会主义。去年广州反抗独夫,鞠普在陈竞存幕中。兹偕陈君来京,当有数旬之勾当,行且往与畅谈也。

今日蔡子民先生莅大学视事。

午访黄伯珣,知浙江新任督军为杨善德,省长为齐耀珊,杨且携北兵万人往。嗟呼,浙民无噍类矣!

午后三时顷幼渔来,我与谈编教科书事(即一日告尹默者),幼渔极以为然。幼渔谓我既有制定国音标准语之志,宜将各国文字之音读拼法尽行研究。又物理学中所论音响之理,亦宜考求,此论极谛,校课稍闲便拟从事于此也。

得大学信,悉六日午前十时,子民先生将与文科教员开谈话会。

购周孝怀之《虚字使用法》观之,书极陋劣,无足取资。

1月5日　星期五

今日为阴历十二月十二日,实大兄览揆之辰,稻、毯两人本拟于今日在六国饭店称觞,因兄昨日忽病而止。

鞠普到京,偕陈竞存寓长安饭店,而以自己铺盖迁至兄处,往来于两地。我今日往谈,十年不见,鬓发已斑,而举止语言无异曩畴,且谓大同主义之主张,今犹昔也,可喜可慰！惟昔者旅欧,极热心于此主义之进行,今则未免□及全球大革命时流血之惨,此自是所处境地有异之故。我主张和平者,然以为改革之际,恐怖时代决不能免。夫武力解决,无论如何文明,必谓石虽尽焚,而玉一无波及,此实必不可能之事。况强凌弱,众暴寡,此等世界,无论如何温和稳健之人,亦必不免发指眦裂,一旦反抗,复仇之思想,讵能尽免。吾谓恐怖时代不足惧,但令经一度恐怖即能进斯世于极乐,万物玄同,相忘于道,即是无上上幸福矣！

我现在所居之屋,自经去冬以来,疾病死亡相继,真可谓凶宅矣！凶不在他,即在我家。又非有鬼之凶,实有病菌之凶。故两旬以前,即告屋主云:此月住荼(自十二月□□① 日阴十一月二十日,至一月十二月阴十二月十九日)一面别觅新居,今距住满此屋之时,不过一周,三四日前觅得一屋,仍在香炉营头条,至寄宿舍至师校均仍迩近,方用喜慰,熟知稍一迟延,今日已被他人租去,殊为懊闷(完)。

1月6日　星期六

十时至大学,孑民先生问对于文字学教授之意见,我谓照部章,此学分为音韵、《说文》、《尔雅》三种,合为三单位(约三百小时)。音韵中含有今音、古音,须一单位始能竣事。《说文》《尔雅》二单位恐有不敷,又训诂之书专讲《尔雅》未免有漏。《广雅》《方言》《释名》之训诂岂可不讲求？孑民先生谓:单位增减无有不可,若《说文》《尔雅》云云,非指此二书为言,"说文"二字实为字形学之代名词,"尔雅"二字实为字义学之代名词,"尔雅"学中实兼本义、引申义而言,故即《说文解字》一书,亦包在"尔雅"学之内,不在"说文学"之内。我谓部章所云既当作如是解,则"音韵学"约占一单位,"说文学"不过三十小时即可讲了,而"尔雅学"虽一七〇小时,尤恐不敷。蔡谓此可酌办。

陈独秀已任文科学长,足庆得人,第陈君不久将往上海,专办《新青年》杂志,及经营群益书社事业,至多不过担任三月。颇闻陈君去后,蔡君拟自兼文科学长,此亦可慰之事。

晡时归家,知觅屋尚未得,殊闷。

黄昏取上学期大学文科一年级《字音学》讲义,改书横行,注语用小字志于每页下端,本文小注均用(一)、(二)、(三)、(四)为标识,缘文字排列之法横便于直,自是定理(今算学、理化学已多改用横行),我既明此理,便当实行改革。二年级讲义过多,不便全行改写,一年级只教过一学期,不过二三十叶,拟自此学期起,新编者悉改横行,其上学期之旧者,当以暇日由我自己重行写印,改从横式,以期前后一律。

得幼渔电话相告,知预科教习周、缪、桂三人,又教德文之某甲均已辞去,嘱我速致函促蓬仙来,继周或缪之后。

---

① 原文空缺。

1月7日　星期日

阿兄病愈,今日稻、穟两人在长安饭店称觞。因鞠普寓彼处,故晨以电话招我。十一时顷往,在鞠普室内见陈竞存。长安饭店之屋不但不能比六国饭店,即较北京饭店亦远不逮,室中温度直与中国房子无异,其酒肴尚远不逮西安饭店。

餐毕,至尹默处。携胡适之《论文字句读及符号》一文(见《科学》第二卷第一期)往,因客冬尹默与幼渔及我,选有关于中国古今学术升降之文百余篇,拟由学校出资排印。尹默意欲用西文点句之法,及加施种种符号,将以胡文所论供参考,此意我极谓然。中国点句之法,惟一二能细心体贴文义之人,稍异流俗,读点字下之中,句点字下之右(或皆识于右,读用点,句用圈),自余无论文理通否,其点句之法,但就字数之多寡点断,故虽句也,若仅一、二字,即不点断,虽读也,若有六、七字,即行点断,甚至尚未成读者,以字数有六、七字亦行点断,此等断句,荒谬绝伦自不待言。吾谓今日点书,苟能全用西文句读,最为上策,否则句读二者决不容不分。尹默诚能将此学术文录悉用西文点句之法行之,其于学生文辞之进步,必大有裨助也。至于问号之"?"、叹号之"!",引号之" "、' '(在直行文字中,日本人改为「」、『』,自可遵用。),略号之"……"(直行作" ⋮ "),此类皆宜采用。吾国人今日知引号之当用者颇有其人,其余诸号大抵不甚措意,虽胡适之此文尚谓问号之"?",中国文中可不用。其实不然。试以《论语·八佾》篇"是礼也"三字言之,此"也"字或以为决辞,或以为疑辞(与耶同用)。苟为疑辞,便应施"?",假使自来刊书有此符号,则此句之解便可确定矣!又若汉高践位之时,《史记》所载之语,若作"诸君必以为便便国家……",则尤足绘出当日发语之神气也(《左传》襄廿五年:"所不与崔庆者",其下亦当有"……")。在尹默处并晤刘三。

今日定下一屋,在西南园,屋少地僻,非能当意。以现居之屋,止能再住六日,急不择音,故定此屋,幸是新近落成,异于破烂之旧屋,此乃可喜之事。

阿弘今日有病,金子直来诊云:恐是猩红热,闻之颇觉懊恼。

1月8日　星期一

上午外出,将致蓬仙信挂号寄去。

客岁之秒,在同古堂刊银印三,今日往取。其文一曰"玄同之钵",二曰"钱氏玄同",三曰"泉玄同",泉、钱相假,自昔已然。钱姓作泉,自十兰始。吾用泉玄同三字,左右相同,故特镌此章。同古堂主者为张越丞,其人镌印甚精,篆法亦佳,毫无市侩气,与其请江湖游客刻非古非今不三不四之恶印,远不如请此公镌刻。张君尤工刻铜,如墨盒、铜尺之类,所镌山水文字与肆中所购者,殆不可同年语也。

上学期我所授课,合师校、大学及大学预科三处,每周有廿七小时之多,觉甚劳惫。自此学期始,拟将师校英语部讲读作文四小时,移归幼渔讲授。今日至师校告王霖之,彼已允许。

午后为租屋事访周支山,托其代觅铺保,约以明晨办妥。

弘儿之病确为猩红热,计自客岁十月以来,雄儿不知从何处传来此病,因之嫱贞、东儿、穹儿,递相传染,东儿且殇焉,所未传染者仅我与弘儿,然二人均患麻疹,及十二月廿六七间,我始起床,以为吾家疾病当随一九一六年俱去,岂知弘儿终不免于传染乎!三月以来,心绪恶劣,至今犹不许我开展,且我自身亦难保此后竟不传染,思至此,愈觉闷闷不乐。

1月9日　星期二

今日师校已上课,余有三小时课,为定屋事,不及往教,告假。午前将房租租织交出,与裱糊匠商定糊棚。

购谢无量所编之《中国妇女文学史》。

午后至兄处,见孙仲舆之《挢画斋统一分治刍议》,中有痛诋法家之说,谓申、商之法,与西人之法治国截然不同。斯论盖本于宋平子先生,吾极以为然。本师章君常以法家自命,卒不免于刻薄寡恩,此即误认申、商之法为卢、孟之法也。

鞠普傍晚来兄处。

今日弘儿之病未见轻减。

1月10日　星期三

午前十时至大学预科,因今日开学也。蔡子民先生演说真善美之论,其言美最详,大意即《新教育意见》(即所谓五大主义)文中所言者,并痛诋学生不抄讲义之非。

午大兄宴鞠普于全聚德,吃烧鸭子。

午后至高师访王霖之,因我迳交幼渔之功课,时间须改排也。

1月11日　星期四

今日新屋裱糊就绪,动手搬行李。

余极无聊,至大学访蔡子民谈话,拟托其购《旅欧杂志》及昔年吴稚晖、李真民诸先生所办之《新世纪》。余前所有之《新世纪》,昔缘文网不能携归,留置日本,寄存未生许。辛亥革命未生扶病归国,行箧悉是他人为之整理,致玄同寄存之物不知流落何许。前此因章师疑吴君为"苏报案"之告密者,遂乃薄其为人。又因其时保存国粹之心理颇炽,而《新世纪》则输入欧化,排斥国粹,坐是又不以其报为然。由今观之,告密之事,早经多人证明其无,则吴君之行自无可议,至国粹、欧化之争,吾自受洪宪天子之教训以来,弃保存国粹之心理已有大半年矣。今日思之,《新世纪》之报,即为吾国言 Anarhismo 之元祖,且其主张新真理,针砭旧恶俗,实为一极有价值之报,故拟托蔡君代觅也。余询蔡君以办大学之方针,蔡君谓拟只设文、理二科,专事研究学术原理,而农、工、商、医、法、政各科,则各为设立大学,于是乃可副分科大学之名。又谓拟就一科中各细分子目（如文科分为中国文、外国文矣，而中国文中文字、文章、文学史又各区分）。每一子目设一研究所，教员、学生、外人皆可在此中研究。玄同按，此法果行，则于学术进步实大有裨益也。

今日因衣箱重物已运至新屋，我携卧具往守，夜半忽觉头晕腹痛，泄一次亦不减，展转床褥，竟夜不能成眠。

1月12日　星期五

天明腹痛未愈，而头胀甚烈，不能起坐，直至十时顷始勉强下床。归旧寓，饮哥罗颠，腹痛始息。

至师校，与幼渔接洽移交功课事。

今午毯孙请鞠普至正阳楼吃羊肉，余亦勉往，以身体不舒服，不能下咽，食甚少。大兄兴致甚豪，当未食时见天井内有数人围大火炉，起右足立凳上以支右手，各据一方烧啖羊肉，其饮酒则就瓶呷，乃与鞠普亦效其法食之（独未呷酒），谓极甘美。余因有病未食。毯孙未来，稻孙则因火旺怕闹嗓子，内脏也不敢吃。

三时顷归旧屋，知行李均已搬还，人亦全往新宅矣。

自今日始，我仍住寄宿舍中。以精神甚惫，往新宅饮粥少许，便至舍就寝，天尚未暮也。嘱校役生旺煤炉，以取暖气，冀祛昨晚之寒邪。

今日高师有课，告假。

1月13日　星期六

晨未起，仆人来告曰：昨晚家中上下，人人患病，弘儿及仆妇某，人事不知，几濒于死，闻之甚骇。亟以电话请金子直来视，云皆是煤晕，缘屋系新构，墙圬未干，潮湿气颇盛，而夜分窗闭，未彻〈撤〉火炉，因之人人无不煤晕矣（然则我前晚之腹痛头胀，当亦缘此之故）！阿弘之病数日来日有起色，今日忽增剧，热度又高，盖本是病人，重之以车震（昨日至新屋系蒙面乘人力车）、煤晕，故增剧矣！闻之颇虑。

晚餐尹默宴大兄于西安饭店，同座者为稻孙、幼渔、徐森玉及我，食毕已九时余。余归舍后复返家一视，则妻子婢妪皆无恙，独老仆又煤晕耳。

致函子民先生，托其代购《新世纪》及《旅欧杂志》。

自民国建元以来，余未尝致书三姊，初因其有神经病，兄嫂全谓无论何等说话，不可与说，纵极没要紧者，彼亦将看朱成碧，遂不敢作书，入都以后，心绪恶劣者三年，亲友处音问均绝，今夕忽然想起，因寄一书。

今日高师、大、预各有一小时功课，仍告假。

1月14日　星期日

晨至直隶书局，购顺德卢信所著之《人道》，其书系主张 Anarĥismo 者。

今午稻孙宴鞠普于江苏会馆，定广和居之菜。江苏会馆之旧址，昔为人家住屋,吾父、吾生母及兄嫂皆曾旅寓者,兄因其屋与鞠普昔有母党之关系,今有乡人之关系,故嘱稻孙在此设宴。余偕婠贞率雄儿同往。

鞠普诵其去岁所作悼亡诗《七律》三章,盖距其夫人之殁已十年矣! 通篇尽是家常话,不用古典堆砌,至情之作,闻之亦代为增感。

至德兴堂印名刺,用中、西文两面印。中文亦用横式左行,此我一年来所主张者,西文作 H.D.Djian,不从时流,用官音绊〈拼〉切之,不睹浊音也。

阅十日之《中华新报》,吴稚晖先生有文曰《感想》云:"不好吾人耕田凿井,自乐于桃源。"吴君之意以为,安此等生活者,在古如苗民,在近世如濠洲之泰斯曼尼亚岛民,皆为他族欲觅殖民地者所夷灭。持论甚精,文尚未完。

弘儿病势今日已减杀。

得蓬仙信,知愿来京,甚喜。

1月15日　星期一

今日大学分科、预科均有功课,因讲义未具,故告假。

致函蓬仙,促其早来。

午后在寄宿舍整理书物。自去年十月中旬雄儿患病,余即归眠,初意旬日即可返寄宿舍,不意妻、子迭相传染,幼子且殇,至今已足三月,而此病仍未与我家违离。幸弘儿之恙,日有起色,今晨金君诊视,谓热度几如常人,但使此后我不传染便算幸事。寄宿舍中三月不住,灰尘堆积,书物散乱,不易检寻,故整理之。

1月16日　星期二

午前在高师授课三时。午后大预有功课,因讲义不及,告假。

至兄处晚餐,鞠普亦在座。日前曾以纸求阿兄书□□无…………,① 一联,今日已书就,即携归。此联句虽陈旧,然命意甚佳,自立之意昔惟勉男子实行,今则虽女子亦当谋自立之道,不可守三从之谬训,而仰仗父、夫与子,是此义不特非陈旧,且今日言此,其义尤广于昔矣! 至于民生在勤之理,岂惟在昔,岂惟今日,虽大同时代,尚以此为二大定理之一,即所谓各尽其能也。

1月17日　星期三

今日午前大学本有功课,因昨日死一学生,今日停课一日,以志哀悼,故未往。

午后大预功课告假。

午前至华丰厚制西式呢裤。

午后携婠贞外出购衣物。

晚访黄伯珣。

---

①　原文如此。

1月18日　星期四

今日无功课。

晨起偕雄儿至华丰厚制外韬〈套〉。

午宴鞠普于瑞记饭庄,并请兄、嫂、稻、毯夫妇诸人同食,婠贞、秉雄亦同往。

鞠普前日说拟觅暇日畅谈数小时,因于今日食毕,偕其至玉楼春茶店啜茗谈天,甚乐,直至晚八时顷方归。

1月19日　星期五

今日上课五小时。

午后四时顷,阿兄来嘱同往兄处晚餐,鞠普亦在座。

1月20日　星期六

第一时高师有课,因讲义不及,告假。第四时至大预上课。

午后二时,大学开会,议今秋以后,改良大学编制事。蔡君之意,预科改为一年,专习国文、英文、算学三门,以补中学之不足。毕业入本科。本科分文理二科,皆三年,所修学科皆为治专门学之预备。毕业入研究科。研究科乃专门研究一种学术,延请华人之精于斯学者为主任教员,别请一极有学问之外国人来指导一切,而不必上堂听讲。预科之算学,及本科各科教授,悉用华文,不得复如前此用外国语教授。此次之改革在欲废去预科中与中学叠床架屋之各普通学科,用意极佳,我甚赞成。

徐君佩铣者,在大学中教西洋文学史,向未交谈,今日与我谈欲研究中国音韵之学。我亦正因改良旧韵,欲觅一精通西洋数国语言之人,审定用罗马字切音事,谈顷,知徐君通英、法、德三国语言文字,并谙腊丁文,颇拟此后常常与谈,以成此事。徐君于改良华文事,主张刊刻用篆文,书写用草书,而废去隶、楷。此余于一九〇八、九年间所曾主张者,嗣因过于骇俗,恐难实行,遂寝此议。不图今日徐君忽同此论,苟能实行,宁非美事!余又以复用本字之说告之,徐君亦极谓然。徐君精于西文,而又极有志于研究本国文字,立论迥非时流所可比伦。

大凡学术之事,非知识极丰富,立论必多拘墟,前此闭关时代,苦于无域外事可参照,识见拘墟,原非得已。今幸五洲交通,学子正宜多求域外智识,以与本国参照。域外智识愈丰富者,其对于本国学问之观察亦愈见精美。乃年老者深闭固拒,不肯虚心研求,此尚不足怪,独怪青年诸公,亦以保存国粹者自标,抱残守缺,不屑与域外智识相印证,岂非至可惜之事?其实欲倡明本国学术,当从积极着想,不当从消极着想。旁搜博采域外之智识,与本国学术相发明,此所谓积极着想也,抱残守缺深闭固拒,此所谓消极着想也。

独秀今晚宴客于庆华春,同座者为沈尹默、高一涵、李大钊、刘三诸公。

子民、精卫、石曾诸公所创之《旅欧杂志》，今日子民先生送来一至七期。

1月21日　星期日

午后访幼渔，与偕至尹默家，商议大学新预科教国文标准，计每周九时，拟以二时授文字学，二时授文法及修辞，五时讲读。讲读中以二时授模范文，三时授关于本国学术升降之文。

尹默阅胡适之《论文字句读及符号》篇，极以为然。去冬以来，吾等本选定关于本国学术升降之文百余篇，拟由学校出资排印，授学生读。尹默拟将此篇句读符号改用新式，以便观览。今已点就《列子·杨朱篇》一篇。

1月22日　星期一

今日为阴历除夕。自袁政府制定以阴历元旦为春节以来，学校中至今遵行勿替。师校自今日至廿五日，放春节假四日。大学及其预科，今明放春节假两日。夫吾国自改革政体以来，既悟前此用阴历之非，改用世界从同之阳历，斯阴历便当废弃，不复省忆。惟民间习惯，沿行已久，一时旧习骤难尽除，则在极短时期中，斟酌社会之情形，于阴历改岁之际，学校放假数日，原无不可，乃定为不通之名曰"春节"，斯则大可骇笑者，从是而以端阳为"夏节"，中秋为"秋节"，至冬节则无可支配，因以阳历要素之冬至当之。所谓复古党、国粹党者，虽此极小之事亦如是，其无常识，真堪悯笑。

午前偕黄伯珣出购怀中时计，值五元。

午后因顷老之召，偕同媕贞及雄、穿两儿前往拜祖先，即在兄处晚餐。鞠普亦在。弘儿因病未愈，故未往。

1月23日　星期二

今日为阴历元旦，人极无憀。午前略出即归。午后至昇平园浴。

日前独秀谓我，近人中如吴趼人、李伯元二君，其文学价值，实远在吴挚甫之上。吾谓就文学美文之价值而言，独秀此论诚当矣！吾更就应用之文字言之，则梁任公之文，人皆讥其以东瀛文体破坏国风，吴稚晖之文，诙谐百出，无论若何俚俗之语，皆可入文，在岸然道貌、以"文以载道"之腐臭语装点门面者，必极诟梁、吴，然吾谓梁、吴文之有用，断非吴挚甫所能望其项背（稚晖是挚甫弟子，吾为此言，似觉失偏，然就稚晖个人分际言之，此论固足令其不安，然自吾侪第三者之眼光观察，此论固不得谓其不平矣）。总之，搭起架子作无病呻吟之丑文，犹欲老老脸皮向人道："我之文中某句，神似昌黎，某句脱胎六一。"是何异东施捧心效颦，而觅薄子告之曰："吾之肤肖西子之如凝脂也，吾之手肖西子之如柔荑也。"丑态百出，令人肉麻，今之桐城派人何以异是！

1月24日　星期三

午前大学有课,因讲义不足告假。午后大预有课,闻今日强行放假一日。余年来主张,文字书写宜改从西式用横列。今秋师校所用讲义,拟即实用,而大学一年级去岁秋冬第一学期所教尚少,约不过二十余页,拟即重行写印,改用横式。午前无憀,即取旧稿用横格录出,以便用真笔板原纸影写。

午后至厂甸略观即返,殊无兴趣。

购石印世海堂《庄子》归,点阅数篇。

法文之 g、j 二母,皆中国之日母也。g 为洪音,j 为细音。中国日母惟有细音,仅用 j 字足矣。德文之 ch 不同于 h,犹 Esperanto 之 ĥ 不同于 h 也,ch、ĥ 均较 h 音为重,以当中国之匣母似无不可。

1月25日　星期四

人极无憀。午前将明日高师所用声韵讲义,捡旧稿略改送誊。

午后至厂甸,仅见一书摊,至火神庙,各物均未陈列。

至澄华园洗浴,室中不用火炉,而用蒸汽管,此事较昇平园为优。浴毕即至其间壁澄园西餐馆饭晚餐。

检阅独秀所撰《梅特尼廓甫之科学思想》篇(《新青年》二之一),觉其立论精美绝伦,其论道德尤属颠扑不破之论。

《新青年》二ノ四,独秀《答常乃惪(德)书》中谓:"文学美文之为美,却不在骈体与用典也。结构之佳,择词之丽,文气之清新,表情之真切而动人,此四者为文学美文之要素。"此说最精。吾谓古今文学美文之有价值者,其体裁琢句,决无全袭前人甘为优孟衣冠者,其最为杰出者,必其全不袭前人者也,如楚骚之与《风》、《雅》;汉、晋歌诗、《乐府》之与楚骚;李、杜、元、白近体诗之与汉、晋歌诗、《乐府》;宋词之与唐诗;元曲之与宋词,皆全不相袭者,斯故足成一代文学。若如近世所谓桐城派之文、江西派之诗,不特无一顾之价值也,偶一见之,直欲令人作三日呕,文学云乎哉!

灯下编土曜日所用《说文》部首集笺。

1月26日　星期五

今日授课五小时。

课毕至厂甸,略有数书摊。晤屈伯刚。

在一碑帖摊上见有杨惺吾影石缩印之石刻五本,始自《石鼓》,迄于元、明,碑碣虽不能供临摹,而可睹全碑面目,且影石缩印,则原石精神尚在,故远胜于两汉砚碑之流。索价十二元,大约七、八元可得,颇拟购之。

火神庙中,珠宝字画皆已陈列,书摊止摆出一个。往年阴历岁首课毕,必往来于火神庙、厂甸之间数次,不以为疲,今岁则略一举足,便觉异常吃力。论心则自去年以来，抛去前此悲观消极之念，颇思今后多读真理之书，以为改良社会之图，不可谓无进步，而顾兹羸躬，则衰弱日甚一日，正不知命在何时？平居常有活五十岁之想，恐不能达此目的，惟一息尚存，此祈求真理改良社会之志，总不容少懈。特志于此，以自策励。

归阅陈白虚之《孤云传》，亦是描写情爱，与章行严之《双枰记》、苏曼殊之《碎簪记》相类，总是写人生之真，绝非如海上狂且，挂做爱情小说之招牌，专用令人肉麻之俪语恶札，描写淫亵，以迎合知识未充、体魄未实之少年者，可同年而语也。

1月27日　星期六

今日高师一小时，大预一小时，均上课。

购《官场现形记》《二十年目睹之怪现状》二书。此二书者皆近时之社会小说也，虽不能及《红楼梦》《儒林外史》，要其描写黑暗腐败之社会，不可谓非有价值之作。

晚偕婠贞、雄儿同至青年会，观大学学生所演之新剧，曰《黄粱梦》者。大学学生因客岁岁杪，北斋寄宿舍焚，书籍、衣服、杂物尽归乌有，拟以演剧之收入，略略补助被灾之学生，用意极是。演剧虽不甚圆熟，亦殊可观。

1月28日　星期日

今日以交通票十三元，购得李卓吾《藏书》一部，李氏此书非必如何精当，但其人在明世，不可谓非有新思想者。王学传至心斋，较之江右龙溪，实已远胜。卓吾出于心斋，宜其思想开展，超轶恒蹊也。

火神庙之书摊，今日始全行摆出，巡视一周，殊无可欲之书。吾此时所需用者，大约家中均有。若版本佳者，吾因不讲究此事，亦不想买。且一年以来思想变迁，觉中国古书有价值者本少，而有价值之书，或适用于古昔，未必适用于今日，故今后本国古籍颇拟少购。

1月29日　（月）

午前至大学上二年级课三小时。二年级之《文字学》音一部分，今音已教毕。形一部分籀、篆、隶、草之变迁，及《六书论》亦已讲过。此时须讲者，惟古音及义之一部分耳。古音不难讲，惟字义究应如何教法，当待研求。现在姑且先就段注《说文》讲授，而以补苴匡正之义别作讲义。

午后至大预上二小时课。

晚编水曜日大学及大预讲义。得蓬仙信，知明晚可到京。

1月30日　（火）

今日高师三小时，上课二小时，告假一小时。大预二小时，上课一小时，告假一小时,皆因讲义不足之故。

旬日前致书蓬仙,告以初到京时,先下客栈,即以电话告我,当来招呼。今日当到,因在舍候其电话,至十一时许尚无消息,大约未来,我亦就寝矣!

1月31日 （水）

今日授课六小时。在预科晤幼渔云,得逸鸿电话,知蓬仙昨晚未到。

晚编金曜日师校讲义。十时顷逸鸿来条,知蓬仙已到,寓逸鸿处,即命车往。四年不见,一旦聚首,畅谈忘倦,直至五时许始就寝,即与蓬仙同榻。

2月1日

假寐二小时许,至八时即起。至寄宿舍,将昨宵所编讲义写完交印。归家早餐。十时半仍至逸鸿处。午后二时许偕蓬仙同访尹默,知蔡、陈二君欲以分科一年级文学(旧称"词章学")请蓬仙担任,而减少其预科时间。文学教授之法,拟与文学史相联络,如文学史讲姬旦、孔丘时代之文学,则文学即讲经典。文学史拟分时代,各请专家讲授,不专属之一人。现在欲请逖先担任三代秦汉文学史,即请蓬仙担任三代秦汉之文学。吾谓此法甚通。前此因"词章学"之名费解,故担任者皆各以意教授学生,实无从受益也。

四时顷,偕蓬仙同至大学,访孑民、独秀。出,同访幼渔,与幼渔同至逖先处晚餐。蓬仙即下榻逖先家。吾于十时归宿舍,即就寝。

2月2日

今日上高师课四小时,告假一小时。于告假一小时中,编明日国文专修科所用讲义。

课毕偕幼渔、逖先、蓬仙同至火神庙出摊看书。今日《甲寅》日刊有李守常《论真理》,其言曰:"孔、佛、耶之说,有几分合于真理者,我则取之,否则斥之。"其说甚正。

2月3日

今日大预、高师授课各一小时。

午,幼渔宴蓬仙于广和居,邀予及逖先、逸鸿又其弟季明同食。

蓬仙谓大学分科讲文学,未知其范围如何? 如系西洋式的讲授,则无从讲起,不特无以逾于桐城派,且恐流于金圣叹一路。此说余未敢谓然。论文学自身之价值,自当以美文为主(即所谓西洋式的),然说理、记事两种,既用文字记载,亦自不可不说明白,前此之文能区此(未完,以后补续)。

晨间稻孙来电话,嘱往兄处晚餐。午后三时顷往,鞠普亦来,知其初游山西归。

2月4日　星期日

昨约与蓬仙、逖先、幼渔今日同至尹默处。晨十时顷,偕蓬仙同往,并晤刘三,知预科中蓬仙名下减去之时间今请刘三担任矣。浴。

2月5日　星期一

今日大学三小时,预科两小时,中上课一小时,告假一小时。

午后四时半,独秀邀予及蓬仙、逖先、佩铣诸人开会,商议文科教授事。毕,予及蓬仙同至逖先处晚餐。九时顷,同出城。

2月6日　星期二

今日师校三小时,大预二小时。课毕,访蓬仙,夜半始归。

2月7日　星期三

今日大学三小时,预科三小时。课毕,访蓬仙,人乏始归,即眠,不及编金曜日之讲义矣。

2月8日　星期四

晨起即觉不甚舒服,午前勉编《〈说文〉部首今笺》数纸。觉头胀殊甚。午后假寐约一小时,外出洗澡。

归觉腿足酸软。灯下又编讲义一张许。十时顷,学生胡嚣来谈,去后,余即卧。夜间乱梦颠倒,睡止两小时,梦中经历已有两三日。

2月9日　星期五

晨起觉身体不适较甚于昨,校中告假一日。

午后身子发烧,婠贞屡命仆来嘱归家养病,今晚因宿家中。黄昏后请金子直来诊,云是气管炎,体温高达至三十九度八。

自申至亥,忽眠忽醒,神思不甚清晰,当由体温过高之故。服金子直退热药,夜半大出其汗,热为减退,人始清晰。

2月10日　星期六

晨十时顷,金子直来复诊,验体温降至三十七度二矣。以头痛未愈,且身体异常疲软,故竟日未起床。

阅寂寞程生之《西泠异简记》,情节尚佳,而文笔冗滥恶劣,远不逮章行严之《双枰记》、苏子谷之《绛纱记》《碎簪记》矣。

晡后,渐寒,黄昏雪。今日校课告假。

2月11日　星期日

天气颇寒,大风。今日起床,觉人尚惫,咳嗽甚剧。十时顷,至大沟沿看报。

午后访蓬仙,渠近日颇开展,对于校课不但无推辞之说,且有欣然愿教之意矣,可喜。

晚十一时归寄宿舍,今晚仍迁舍眠。

2月12日　星期一

今日因是溥仪退位、南北统一、共和纪念日,学校休假一天。此纪念日始于民国元年,二年曾举行一次,三年、四年及伪洪宪元年此三年皆废止此纪念日。盖袁帝不欲有南北之名,以为民国肇建全由于己,南方义师皆为叛徒,与教科书中删去"元年元旦南京设临时政府,举孙文为临时大总统"诸语同一用意,可愤亦复可笑。今者独夫殒命,日月重光,此纪念日亦得恢复矣!(一月一日之纪念日今亦恢复,此纪念日尤为独夫所痛恨,缘二月十二虽南北之名不欲有,而独夫发祥究始于此。至一月一日则全是民国国家之纪念南京政府,又独夫所最痛心疾首之孙逸仙为总统,故尤不愿有之,非亟废止不可也。)

十一时顷,访尹默,彼目疾尚未愈,在尹默处晤见张琪卿,吴韵峰,又邵裴子、夏浮筠。

午后九时顷,至兄处。

2月13日　星期二

咳嗽仍剧,多言即呛不可止,因将今、明两日功课均告假。

整理室中书物。

3月6日　星期二

今日高师三小时,大预一小时上课,大预告假一小时。

幼渔赠我《等韵一得》内、外、补篇凡三册。

午后四时半至兄处,其疾较前日大减。

3月21日　星期三

不作日记者又月余矣。今日为春分节。我曾主张将来改用十三个月之新阳历,当以春分为元旦,自是以后天气和暖、庶草繁芜,人亦欣欣然有朝气。故岁首当始于是时,较之现行之历,冬至后十日过年,年首两月寒威凛冽,毫无生气者,似为合理。吾既有此主张,因自今日始续作日记,只算1917年玄同之日记,用玄个人之新历,始于春分之日,夫岂不可! 呵呵!

今日大学三小时,大预二小时。江慎中之子江琼著有《读子卮言》,谓墨子非姓墨,墨家之名取于"纯墨瘠墨"之义,与儒、法诸名同例。其说甚通。又谓墨翟因主张"兼爱""上同",故废姓氏不举。然则墨翟之思想与今世倡心社之师復(本姓刘)相同。虽论废姓之理由,却是极合真理,将来大同之世,家族制度破坏,姓氏为物毫无用处,必当废灭,殆无疑义。墨翟思想本身,共和与无政府之间,其与心社所主张,后先一辙,原由不足也。①

3月22日　星期四

晨起甚迟,归家午餐。毕,访闵泳沂君,请其代为批改学校作文也。

三时顷至兄处。兄患风痹,两足不能行动者已有一个月矣。两旬前尚有他病,局势极危。后由包蘅村君诊视,渐有起色,而足痹尚未轻减。昨君嫂往视,归谓前、昨忽又发热。余今日往视,热已退,人尚不至大惫。

先君子廷试卷,兄所识语日前嘱我代写。兄又代我作一段识语,专从小学字体上说(先君子卷中字体虽不得不遵《字学举隅》,顾点画之间,颇为讲究,如匚旁异匸,冃头异曰,卄从有分,天夭不同之类。先君子作字最注意于字体。忆昔趋庭之时,每以是诲小子,我日前告兄,我若作识语可本此意也)。今日往,用角花笺,篆、楷迻录。九时顷,兄睡。与俞九思谈约一小时归。

去年《进步杂志》有吴幼陵先生之《李卓吾别传》,甚佳。嘱张从玄抄之,今日已抄毕,携归。校之未及半,人疲惫,即睡。

3月23日　星期五

今日高师授课三小时,午后一时顷,将明日大预二年所用《小学讲义》略事检点,亲自送去付印。归,点阅段注《说文》一篇下,随编《〈说文〉段注小笺》,为大学二年级讲授之用,缘大学讲解字义之学,本取段注《说文》讲授,其所驳正增补,虽已口说,并摘要书于黑板,而广东学生以言语不通,不甚了解,无从去抄讲义,故须略作小笺也。点阅段注十余页,编成《小笺》六页。惫甚,卧。

3月24日　星期六

今日大预授课一小时。

课毕,至分校访子民。丁鼎丞君来访,询知其尊人(名以此)所著《毛诗正韵》顷已开雕,约夏秋间可出书云。丁君论古韵分二十二部,与王怀祖、太炎师之说大体相近。

校毕吴幼陵《李卓吾别传》。此篇叙卓吾学说,大致皆取材于《焚书》,记述甚

---

① 此句原稿涂抹不清,疑有脱误。

详,叙论并行,文章亦极畅达雅洁。前与尹默、幼渔为大预选关于古今学术升降之文,拟将此篇增入。

蓬仙为我言,最古之绰号当为"太公望"。

3月25日　星期日

午后至兄处,兄今日居然能扶卓〈桌〉略立矣。

先子朝考卷,大兄、大嫂、三姊、姊夫、二小姐、毯夫妇及予皆敬题志。兄命将嫂氏所题末行空白携归,要君嫂书"次子妇徐婠贞敬观附志"十字。

3月26日　星期一

今日大学三小时,大预二小时(自明日起大预停课矣)。课毕在蓬仙房内剧谈,至九时顷始归。蓬仙于廖先生以尧、舜、文、周等字为理想时代之代名词之说,颇以为然。孔子以前,榛榛狉狉,极为野蛮,孔子修明礼教,拨乱反正,及《庄子·天下篇》"古之人其备乎"之古之人,即孔子。此等议论,皆言甚是。惟廖君谓六书、文字始于孔子则未能信。此意皆与我同。

晚间颇冷,予今日西装,未穿外褂,归途感寒,颇不安适。

3月27日　星期二

今日师校授课二小时。

午后偕幼渔至琉璃厂购书。予购定《长庆集》一部,值四元。

与幼渔同至师校宿舍。幼渔谓《易》义微《大传》必不可知,今日若仅据卦辞、爻辞解说,必不能明其微言大义;《春秋》之义,苟无《繁露》而仅看一万八千字之经文,必目为断烂朝报矣;《礼》苟无通论之"记",则十七篇不过一张详细礼节单,有何精义?以此推之,知廖先生之解释《诗》、《书》二经,其说大足供研究。恐《诗》文必非仅为几篇贵族文学,《书》义尤非无意识之选本古文也(二十八篇之《书》,首尾残缺,月日不具,尚不足言断烂朝报,直是几篇无足轻重之古文耳。孔子删《书》,直是选了一部古《古文观止》耳)。此说我大以为然。我告幼渔,近观李卓吾《焚书》,知李氏决不可与金圣叹相提并论,金圣叹批《水浒》,全是"天王圣明"、"臣罪当诛"思想,此等庸夫俗子有何价值!若李氏则为泰州派中上等人物也。

购有正书局之原本《红楼梦》(此书幼渔在丁戊之间曾见于《时务报》馆,确为旧抄本,绝非今人作伪)。

3月28日　星期三

今日起迟。分科告假一小时,上课二小时。

徐颂唐续娶广西唐氏,今日午后行结婚礼。课毕,往观礼。在徐家晤幼渔,谓昨日逖先与彼辩论六经今古文。逖先谓经义举不可知,虽子思、孟子所说亦不足信,只可考事实云。幼渔近来翻然宗今文说,与之驳辩。吾谓思、孟之义既不可信,何以左丘明之事实便可信,义可伪造,事宁不可伪造乎?

三时顷,至兄处,兄疾日见起色,近日可扶桌立起略转身矣。

与九思剧谈,至十一时始归。

3月29日　星期四

因明日大预将试验,今日赴校出题目。

在蓬仙处谈良久,尹默亦在。

3月30日　星期五

今日高师有三小时课,告假未上。

午后至预科,在蓬仙处谈至天晚始归。

3月31日　星期六

有俞金门姊丈之婿邵君来京,今晚兄请他吃饭,叫我去陪,尹默亦在。

归取李卓吾《藏书》重行拆订,因其中多有订倒及缺页也。

4月1日　星期日

今日始,学校放春假一周。

4月2日　星期一

午后了字债一件。尹默来。

去冬与尹默、幼渔共选关于古今学术之文辞百数十篇,凡分五类:(一)关于古今学术思想升降变迁者。(二)关于经学大义及传经之历史。(三)关于史学者。(四)关于政治者。(五)关于科学者。拟由大学预科出资排印为文科预科学生讲习之用。每类须撰说明书,当时由我任此。此去年九、十月间事也。嗣以家中疾病死亡相继,阁〈搁〉置未作。兹拟乘春假之暇,一了此事。今晚始作第(一)类说明书,未毕。

4月3日　星期二

午前访黄伯珣。午后作说明,仍未毕。

4月4日　星期三

将学术思想升降变迁文之说明书做完。黄梨洲、戴东原、纪晓岚三人之传前未选定,今拟黄、纪二传用李元度《先正事略》,戴氏之传或用刘申叔所作,因他作均不详"以理杀人"一段议论也。

午后四时半,至尹默处交卷,并邀幼渔来共谈第二类关于群经义旨之文。前所选者大部分均用《正义》之序。幼渔谓当改。我拟今古文各有说者两列,如《诗》、《书》、《春秋》是也(《诗》拟采用《韩诗外传》子夏论诗一节,《书》拟用《大传》七观一节)。此外《易》则汉师今古之说皆亡,即专用王弼《略例》,《礼》汉师今古皆无说,则用荀子《礼论》,《乐》用《小戴记·乐记》(此今文也。河间献王之古《乐记》已不传)。

4月5日　星期四

取《碑传集》所载钱大昕之《戴先生震传》,与刘申叔《戴震传》相校,以刘著为简赅,定用刘著。又邓秋枚有《邓牧传》,将《君道》《吏道》二篇全行载入,叙邓牧事略本《洞霄宫图志》①,定以秋枚之著录入而删去原列之《君道》、《吏道》二篇。又《碑传集》有钱宝甫之《黄宗羲传》,远胜于李元度之《黄梨洲事略》,亦改用钱著。

午后四时至兄处。兄昨、今略倩人扶可自走矣。

4月6日　星期五

午前外出购物,风极大,尘沙迷目。午后人颇不适。晚餐后出浴。

4月12日　星期四

上午十一时,访蔡子民,因子民昨日函约也。往,并晤周启明。子民谓有查君者发起一②。

4月14日　星期六

今日大预授课一小时,偕蓬仙、尹默同至东安市场静悦轩午餐。

大预中新请来一国文教习,为刘叔雅,合肥人。曾在《青年杂志》上登有《叔本华自我意志说》,年纪甚轻,问系刘申叔之弟子,今日在校中见之。

餐后,三人同至尹默家,幼渔、逖先相继而来,幼渔云独秀说玄同的字是写不好的了。此是真情。我亦颇有自知之明。故年来绝不注意此事。尹默尝谓玄同不肯悬腕,此是其作字之大病处,此真可谓一语破的。我因于美术之学无一与性相近,实于养性怡情之道大有欠缺。于是想到平日于写字一道虽不能懂得,顾颇厌恶恶札。故民国元、二年之时颇思写写字,固由一时之兴到,亦缘彼时终日嬉游,不想做事之故。无如字是想写好的,苦是不肯吃的。偶一悬腕,辄以酸痛吃力而放下。故至今于书法一道毫无进步。一年以来,改变宗旨,思为教育事业略效微劳,又因厌恶阶级社会之故,无一日不受刺激,因之献身社会之心日甚一日。改名玄同,即因

---

① 应为《洞霄图志》。
② 原文未写完。

妄希墨子之故,既想学墨子之长处,则其短处自亦不觉沾染。墨子非乐,即其不明美术作用之点,我既欲有事于其他,自无暇再注意于写字。近来方想改用钢笔去写汉字以趋便利,恐书法一事未必与我为缘矣!

五时顷,尹默有事他往,吾等各散,我回宿舍。晚餐后剃头沐浴,归已十二点,倦甚即睡。

我平日看书,从无自首至尾仔细看过一遍者,故于学问之事,道听途说,一知半解,不过一时欺惑庸众而已。现在打定主意,自今日始,将《史记》从头点他一遍,每日至少点一卷,非极忙或有意外事故之时,决不间断。计今年尚有二六二日,论时间正可点两部,今姑从宽计算,无论如何,至九月杪总须点完。点完之后,当续点几部子书,届时再定。

今日点《五帝本纪》一篇,此篇杂撮《尧典》、《孟子》、《左传》诸书,前后语多重复、冲突,如上言"四罪"、下言"流四凶","宾于四门"一语,前后两见,而解说不同,前言"舜入山林川泽",后言"舜入于大麓",即是一事。诸如此类,盖由杂抄而成,非有深意。蒋观云尝谓:《五帝本纪》首数行上言"神麓",弗能征诸信,下言"炎帝欲侵陵诸侯",头绪太不清晰。其实史公抄录"左书"之处,此病甚多。廖君谓史公杂糅各书不相同之尧舜(各有各的托义)混合为一传,此说颇有见地。要之,太史公书之好处全在其作意,最大者如所谓"述往事,思来者"。盖史公深明历史为记载人群遥代之迹,使人得鉴既往,以明现在,以测将来,决非帝王家谱、相斫书也。此外,如纪年托始于共和、项羽为本纪、陈涉在列传,则学革命诛暴之事也;游侠、刺客有传,则愤社会之不平等也;货殖有传,明生计之切要也。本纪始陶唐,世家始泰伯,列传始伯夷,贵让国之高义也,此亦史公之特识也。尹默尝谓史公善写人之性情,蓬仙亦谓《孟、荀列传》以述诸人性情为主,凡所叙述,如孟子之重仁义、邹衍之说大九州、荀卿之斥巫祝、祝祥,皆藉学以明其性情(本来古人学行相合)。我谓二君之论史公皆道着其真相(独秀谓太炎师尝云《红楼梦》善写人情,我谓史公之善写人情,实不亚于曹雪芹,二书价值信足相并),准此所论,则知《史记》一书,全在大处落眼,琐屑事迹之合否本来绝非史公注重之点,故如梁玉绳等沾沾考究琐屑事实,以谓史公疏陋,固是坐井观天,不值一笑,然若因其书有价值之故,遂谓无一事之错误,亦非也。

凡书皆需看白文无注之本,此太炎师之论,尹默亦有此说,我昔不以为然,自今观之,如经之注疏等等,固有参考之用,然止可随时翻翻,当他类书(注尚有可细读者,疏之价值,不过等于类书,备查而已)。若奉为不刊之典,则必为所蒙蔽矣。若《史记》之注,直与无用相埒,阅之徒乱人意。故取归、方合评本点之,以其无注也。归、方之不通评语好在多在末册。书中虽有圈点,幸尚不多。

5月1日　星期二

今日师校授课二小时,大预有二小时,告假,因头脑昏胀之故。

日前购得《唐石经》之七经(《诗》《书》《仪礼》《易》《公羊》及《论语》《孝经》),《五经文字》,拟将五经抄写一过,因经义贵就白文细玩,注疏虽有时足供参考,然若字字点看,则徒乱人意,如章太炎师之于《说文》、廖季平先生之于群经、诸子,其所发明之精义皆由涵泳白文而得,全不似吴学末流、书院课艺之专务盘旋于许、郑、段、王之胯下也。前曾购得秦刻九经一部,袖珍巾箱,颇便携带循诵,然正经缺二(《仪礼》《公羊》),殊令人生不快之感,且此种为明清间读本,眉注直音,前则兼录汉、唐、宋序,其陋可知,其字句之不讲究亦可知,故兹拟自己手写一部五经,字句专从唐石经,其缺漏则空其字,俟写成之后,各据善本用朱笔补之(《诗》《书》《易》拟用相台本补,《仪礼》拟用严州本补,《公羊》拟用汪氏问礼堂本(?)补)。误者、磨改者均一仍其旧,惟《诗》不写伪毛之序,《书》不写汉之伪序、晋之伪篇,《易》退《彖传》《象传》,使各有卷(从朱考亭本),而伪《说卦》以下三篇不写。此外则《诗》、《书》篇目次序,如《草虫》当在《采蘋》之后,《大诰》当在《金縢》之前,均从向来考定之今文篇次迻乙。《礼经》十七篇从《大戴》之次,又行款务求醒目,如《易》之每爻均空一格,《春秋》经顶格,传低一格。计五经字数约十八万,日写二百五十字,则两年可以写毕(250×730=182500)。如此写成一部白文五经以后,并逐字据今文本订正(如陈朴园之《今文诗书遗说》,等于订正经文字句,极有用处),则第二道写定可付印矣。余之拟为此事,大目的固在写定五经(缘中国学问皆出于经,经义不明,则神州哲学无从讲求,而汉、唐、宋世之前注,则发明经义者少,胡说乱道者多。不究白文,无从治经也),别有两种小目的,则(一)我生平作事最为无恒,以此写经之事为日课,乃是励恒之一道,(二)我三、四年主张楷书正体,一若唐石经,诚能迻写一道,则于唐石经字体可以纯熟。今日午后先将每卷款式所谓小名在上、大名在下者,检视旧疏及江艮庭、胡竹村、陈卓人诸家新疏,因拟定一式(均举首卷首行):

《诗·周南·关雎》第一 《国风》一 《诗》一

《书·尧典》第一 《唐书》 《书》一

《礼·冠礼》第一 《礼》一

《易·上经》 《易》一

《春秋·隐公》第一 《春秋》一

将《国学荟编》中之《四益馆杂著》拆出付订。

9月12日 星期三

余于十九世纪八十七年九月十二日生,今日为第卅一岁之第一日。

余之作日记也,始于二十世纪五年年终第一次东渡之日,至于今已越十二年。此十二年中,日记断断续续,从无连写几个月者,此实缘余之无恒心之故。

此十二年中,思想变迁者屡。6—7年夏与不庵、德□以改革教育为志。7年秋—8年春,因张溥泉、刘申叔在东京讲演 Anarhismo,而吴稚晖、李石曾诸君在 Parizo 作 La Novaj Tempoj Noaj 亦提倡此主义,余为所感动,颇信仰此主义。8年春夏之交,溥泉往 Parizo,申叔归国降于端方,其时留学生之在同盟会者大都诋毁 Anarhismo,咸以申叔为口实,余亦渐渐不谈(惟心中实未尝以为非)。其时与董特生、康心孚、龚未生、朱遏先、朱蓬仙诸人请太炎师谈小学,自是直至十六年之春,专以保存国粹为志。惟予之初谈国粹也,实专在文字之一部分,至于尊孔则脑筋中尚未作此想。

十年春归国,在嘉兴中学堂教小学。其时范梦耕谈做□□,颇欲振兴小学,予亦欣然,因遂积极进行,专以提倡写本字,守古体为务,其年秋冬在海宁中学堂亦教小学。

十一年在湖州中学堂教经学。是时回国已一年矣。处祖国腐败空气久,谬见渐生,什么读经、尊孔、中国伦理超越世界种种荒谬之谈,余当时亦颇以为然。是年冬,胡清亡。余因计及新民国建设之事,新思想偶尔发露,以为当读教科书,而经学则以为宜讲群经大义,不为呆读,惟以复汉之心甚炽,故撰《深衣冠服说》一书,今日观之,实在可笑。然在当年固以为天经地义。

9月12日 星期三

大学文科预科所用《学术文录叙》目前已由我撰就,因尚有未妥,于日前改正,今日加点。午后送至大学付排印。

胡适之君于十日到京,今日孑民先生请他在六味斋吃饭,除胡、蔡两君外,为蒋竹庄、汤尔和、刘叔雅、陶孟和、沈尹默、沈兼士、马幼渔及我。

9月13日 星期四

天热,午后浴。

晚取唐甄《潜书》点阅,因文科预科中所选模范文前定由尹默、蓬仙、逖先、幼渔诸君选取。兹蓬仙文已寄来魏晋议礼文十篇之目,尹默送了几篇唐文,叔雅选了几篇《论衡》《三国志》(别的书也选了一点),兼士选了几篇《史通》,幼渔闻认选《颜氏家训》,逖先不知认选什么。我认选颜元、李塨、黄宗羲、唐甄、戴震五人之文,故从今日起拟将此五人之文看他一看。

9月14日 星期五

高师于十二日开校,今日我有课,因讲义不及,告假。

晨起录讲义中所用符号凡例一纸付排印。凡用西文中符号者六,即。,:;?!是。用西文符号而略改其形使便于直行者三,即改''为「」,改""为『』,改……为⋮是。更用｜以表人名,‖以表地名,○以表声韵标目。其注释之语用西文 footnote 之例,记于每页左栏外,如《甲寅杂志》所用之式。

午后至大学,适之已迁往大学,以出门,未晤。

至尹默处,蓬仙来电话,知其今日到京。晚餐后至逸鸿处访之。

9月15日 星期六

晨起甚迟,归家午餐。

三时顷得幼渔电话,知前此我寄存浙江旅津公学之四衣箱,顷由季明家眷代为带来,因即往东站一取。

尹默来电话,知陈独秀、吴瞿安、刘三三君日内即将来京。

9月16日　星期日

访华林,即在彼处午餐。饭菜系俭学会四川学生所制。并晤李石曾、吴玉章、区声白诸君。

归为人书小条幅四张。我两年来早将做书法家之心理抛除净尽,故于写字一道无暇留意,字亦日劣,偏了还有一种不知趣之人要来致求墨宝,在彼得劣字,在我无乐趣,真正何苦来!

9月17日　星期一

晨九时顷至蓬仙处,旋得尹默电话,嘱我二人即往大学阅入学试卷。甫出门,即遇大雨,偏了又是北风,我北向行,雨正迎面而下,弄得衣裳尽皆湿透,寒气侵肤,深虞致病,因匆匆将考卷看完,于午后一时顷即出城,浴身更衣,并饮白兰地酒一杯。

9月18日　星期二

晨起大雨滂沱,道路成渠,甚为难行。

至高师上四小时课。在校中见逖先,知独秀、刘三均已到京。

午后二时顷,晴。四时顷往蓬仙处,畅谈至十一时始归。我根据班固所列之六书次序发现中国造字进化之轨道……今日以此语蓬仙,蓬仙颇以为然。

9月19日　星期三

午至中西旅馆访独秀。午后至大学访适之,畅谈,甚乐。

适之谓自汉至唐之儒学以《孝经》为主,自宋至明之儒学以《大学》为主。以《孝经》为主者,自天子以至庶人均因我为我父之子,故不能不做好人,我之身但为我父之附属品而已。此种学说,完全没有个"我"。以《大学》为主,必先"诚意"、"正心"、"修身",而后能"齐家"、"治国"、"平天下"。此乃以"我"为主者,故陆、王之学均能以"我"为主。如陆九渊所言"我虽不识一个字,亦须堂堂做一个人"是也。此说吾谓极精(适之之说甚长,今略记大意如此)。适之又谓古书伪者甚多,且无论何书,未有句句皆其本来面目者,读书贵能自择,不可为古人所欺。此说亦极是。

五时顷至尹默处,并晤蓬仙、逖先。我将由六书次序发现造字进化之意告兼士,兼士亦以为然。

9月20日　星期四

午后三时顷至兄处,晚餐后与稻孙谈天,渠颇不以《新青年》之偏重鼓吹为然。此说固亦有理,惟谓如三卷五号之《结婚与恋爱》等文有害于青年,此则与吾意大相左也。

在稻孙处忽得家中电话,云弘儿患喉痛。亟归,则弘已睡,热度甚高。婢言喉间现白色,想是白喉。我心甚为焦虑。忆去年雄儿传染猩红热亦在此时,害得阖家遍染此病,东儿且殇夭,至今余哀未忘,而病魔又来缠我耶?

9月21日　星期五

晨起归家,见弘儿喉间白色甚多,亟偕之至子直处诊视,知确系白喉,因注射实扶的里血清。

今日大学行开学式,孑民、适之、石曾(新请来教生物学)、苇仲均有演说。我同幼渔都因到迟,挤不进会场,因在独秀处小坐。归午餐,午后至高师授二小时课。

9月22日　星期六

昨晚弘儿热度不加增,今日白腐稍减。午前再率往子直处诊视,知已无碍,但服药末,便可痊愈。

午后二时顷访适之。

五时顷访尹默,并晤蓬仙。在尹默处晚餐,戏与兼士仿汉柏梁台诗体,将大学中相识之人各如其学问、志趣作一句七言诗,颇有兴味。诗如左①。

9月23日　星期日

午前九时华林来。因我向上海民声社借《新世纪》周报,近已由震沄(瀛)带京,今日华林特送来也。

昨得兄信,以陈志青君来京,约今日在受壁○○(胡同)午餐,并邀尹默。我于十时顷往,午后五时归。

晚将《新世纪》略阅数号,倦极即睡。

9月24日　星期一

阅《新世纪》。九年前阅此,觉其议论过激,颇不谓然。现在重读,乃觉其甚为和平。社会不进步欤?抑我之知识进步欤?

午后五时顷访蓬仙,就在他那里吃夜饭。八时顷访豫才兄弟。

---

① 诗缺,原文如此。

9月25日　星期二

授高师课四小时。

午后三时顷至大学访适之。适之谓现在之白话,其文法极为整齐,凡文言中止词为代名词者,每倒在谓词上,如"不己知""莫我知""莫余毒""不吾欺""不汝疵瑕""我诈尔虞"之类。在白话则不倒置,略一修饰便成绝好之文句,拟编《白话文典》,此意吾极以为然。六时归。

阅报知天津大水,日本租界涨至五尺,外人均竭力谋泄水救灾,而督军曹锟犹往所谓"太乙庙"者(蛇精)三跪九叩祈祷。此种野蛮原人,居然在二十世纪时代光天化日之下干这种畜牲事业。唉!夫复何言?

9月26日　星期三

编纂预科文学、小学讲义七 pago。

9月27日　星期四

编纂大学二年级声韵学讲义,上半年所教今音尚未教完。兹所编有十余页,今音至此毕矣。

9月28日　星期五

至高师上课五小时。

得豫才信,知日本有鼓吹用罗马字拼音之杂志曰"Romaji"。用罗马拼音之新文字撰著之书,豫才所知者有二:

《海之物理学》　寺田寅彦 1.00 円

《实验遗传学》　池野诚一郎 1.50 円

此二科学书想来未必易看,因托豫才转购"Romaji"杂志,以资改良中国文字之参考。

9月29日　星期六

到大学去,看见讲义印得很糟,纸张之坏,字之不全,排印之迟慢,校对之草率,没有一样不糟。看此情形,恐怕初开学的半个月之内,我们必有许多困难的地方。

天黑归家,知外姑于今晨逝世,即发电至绍兴吊唁,并请徐宅代办殓仪。

9月30日　星期日

今天是旧历的中秋节。我这几年以来,很厌恶这个不适于实用的阴历。因此,遇着阴历的过年过节,总劝馆贞不要有什么举动(其实过年过节是极平淡不足道的事情,所以就是阳历年节我也没有什么举动),所以今天家里一切照常。

午后二时访蓬仙。四时偕蓬仙同访豫才、启明。蓬仙先归,我即在绍兴馆吃夜饭。谈到十一时才回寄宿舍。

10月1日　星期一

午前至大学上课三小时。午后归舍。得《新青年》三卷六号。独秀有《复辟与尊孔》一文,陈义甚当。《通信录》中有陶孟和、王——信,对于余提倡世界语之意见大加驳斥。其持论之要点则谓各国语言皆有其民族之特性,世界语为人造之国际语,不足以概括一切民族之思想情感。独秀答语有"重历史的遗物而轻人造的理想是进化之障也,语言其一端耳",此意颇先得我心,俟《新青年》四卷一号将出版时,当拟寄一信去与陶君辨〈辩〉论此问题。

五时顷访少元。

晚得竟成书,附寄华文打字机广告一册。

我今日头脑胀痛,喉间觉得很不舒服,大约是炎热之故。

10月2日　星期二

至高师上二小时课,尚有二小时告假,因讲义不够也。

晤逊先,谈读适之《墨经新诂》,做得非常之好。

午后二时至大学,四时顷归。晚编土曜日所用大学本科之文字学讲义。

10月3日　星期三

至大学授课一小时,尚有四小时告假,缘讲义未印出也。

大学中原定自本学期始,将本科、预科讲义一律改用排印,然主其事者实在办得不高明,故开学三日尚无一人之讲义已经完全印出者。偶成一、二页,又误谬百出。蔡君谓止可将本科讲义暂复油印,因此之故,我今日将土曜日二年级所用之文字学讲义取旧稿略略整理一番。因起首数页适有注音字母等等,因即自己写付油印,今日止写了一张。

10月4日　星期四

今日两校均无课。至大学自己又写了五张讲义付油印,又将旧稿十二张修改,交校中书记写付油印,皆供土曜日本科二年级之用者。

10月5日　星期五

至师校授课五小时。

课毕至大兄处。因外姑病殁之后,外舅别租之教场三条○○(胡同),定明日家奠,婠贞须往一拜。今日由我向嫂氏借孝裙也。

10月6日　星期六

至大学授课三小时,即出城至教场三条去吊丧。午后再至大学料理讲义。晚倦极,和衣睡着,夜半始醒。

10月7日　星期日

午前君达来,五年不见矣,畅谈当年在南洋中学同学时之事,甚为快活。

午后至青云阁富晋书庄购罗叔言所撰著之龟甲文书,因其价无不奇昂,只得先购《殷墟书契考释》一种,值四元八角,其余拓片只可俟诸他日有钱时再买矣(拓片以《殷墟书契前编》为最多值,须六十四元)。晚修正声韵讲义旧稿,为火曜日高师国文部一年级之用,归宿。

10月8日　星期一

至大学授课三小时,午后与适之谈天。

晚访周氏昆仲。豫才见《新青年》三卷六号我致适之信内称《留东外史》为时人所撰小说中之第二流,颇不谓然。吾亦知此等称誉为过情,惟就中国今日之小说论,短中取长,所以如此说法。其实若真从现世纪新文学方面观察,即《水浒》《红梦》犹为过去时代之佳构,李伯元、吴趼人、李涵秋及著《留东外史》者,固尤不足道耳。

10月9日　星期二

阴雨,至师校授课四小时。

归舍后取罗振玉之《殷商贞卜文字考》第二篇"正名"者点阅,圈点及符号即用适之所定者,以后点书均拟用此。

罗氏所考精当者多,吾尝谓清代考金文者以王筠及孙仲容丈为最精,以其能援据六书不抛荒《说文》也。阮元、吴荣光已鲜精采,且多谬妄。若庄述祖之《说文古籀疏证》直是痴人寱语耳！罗氏此书颇足媲美王、孙。

归家宿。

10月10日　星期三

今日为民国国庆日,学校放假。

午前十一时许乘人力车往尹默处,行至西河沿东口,因代总统冯国璋看操未归,止车不令前进,等了将近一小时方才放行。至尹默处并晤独秀,知大学中此届选国文、英文主任教员,英文拟属适之,国文则陈、沈诸君皆属意于我。我非不肯负责任者,果然选到,决不推辞,但常须与季刚周旋,殊嫌无味耳。

四时顷至中央公园,见人山人海,肩摩毂击,略略游行一周即出。

六时半归宿舍,将《贞卜考》"正名篇"点毕。

10月11日　星期四

午后送讲义到大学。拟访适之不晤。

10月12日　星期五

今日是阴历八月二十七日,为孔丘生日。学校放假。自民国元年以来,孔丘生日已屡改不一致。元年之阴历八月二十七日为阳历十月七日,教育部拟即永远以十月七日为孔丘生日,二年重改阴历,忽有某君建议以为须改为阴历八月廿八日,教育部因通电各省改为八月廿八日,从五年起又重新改为阴历八月廿七日,真是可笑之至。

10月13日　星期六

至大学授课三小时。

午后访黄伯珣、夏宇众、张少元,均不见。访周氏弟兄,谈到半夜才回寄宿舍。

10月14日　星期日

至黄伯珣处,与之同出购呢,因需做呢袍、呢褂也。我是不会干净的人,又是怕长衣扫地及棉皮衣服痴肥臃肿有碍走路的人,所以近来颇想改穿洋服以期干净、便利,因别有不便之故而暂止。然棉袍棉褂实在嫌他臃肿累坠,故自今岁始改做呢的,以后如能慢慢的不穿皮衣,则更为便利矣。

10月15日　星期一

至大学授课三小时。向夷初借得孙仲容先生之《名原》。此书新近刻成,惜乎主校勘之事者太外行,凡作篆体之处有一半没有刻出,记以黑木块,殊为缺点。孙氏此书所择文字似不逮罗氏考释之精,其中分象形字为原始象形、省变象形、后起象形三种,则至当不易之论。据此可知《说文》所载确是小篆,郑知同《说文本经答问》所说实在不对。

10月16日　星期二

今日人不甚舒服,脑胀腿酸。师校有课,告假一日。

晚取龚半伦批本阮氏《钟鼎款识》迻录。此书为蒋孟蘋所买,我于民国三年春天向他借来,至今已三年半尚未迻录。顷蒋君来京,拟亟迻录以还之。龚君是绝顶聪明的人,所批精要处甚多。

购《铁云藏龟》。

10月17日　星期三

至大学授课五小时。课毕与适之谈天。晚宿家中。

10月18日　星期四

午编师校明日用之讲义。

三时至大学法科访半农,谈得非常之高兴。晚九时归家中,迻录龚书约十页。宿。

半农拟选模范文一编,分周秦、两汉、晋唐、宋元明、清、现代六期,文约百篇左右。又拟选《诗粹》一种,从《三百篇》选起,选到词曲为止。

10月19日　星期五

至师校授课五小时。

课毕至富晋书庄购《流沙坠简》《殷墟书契后编》《殷墟书契菁华》。观罗刻《吉石庵丛书》第三集内有影印宋叶梦得本《急就章草》,宋仲温补其阙字。余求《急就章草》者十年。初见三希堂中赵子昂修本,因其字太弱,不特疑其草体不合,并且疑其非复子昂原迹。三年前在厂肆得陈氏玉烟堂本,以为莫有更良于此者矣,且以为叶刻之本当已为人间所无,不意罗君竟于十年前在厂肆中购得,今乃影印行世,看了很为欢喜。此丛书中尚有孙仲容《契文举例》《原章》(讲龟甲之书)及元周伯琦《说文字原》,亟购以归。

晚餐尹默、百年、幼渔、逖先四人请客并及我。同座者为伍仲文、许季黻、叶洁若、蔡孑民、马夷初、大兄。夷初未到。吃完洗澡。

10月20日　星期六

大学功课告假二小时,上课一小时。

午后在大学选本届评议会会员。文、理、法本科、预科各二人,工科二人,共十四人。文科当选者为章行严、胡适之。文预当选者为沈尹默、周思敬。三时顷在独秀处开改订大学规程第一次会,列席者七人:独秀、行严、孟和、百年、适之,尹默及我。五时顷散会,偕尹默同至幼渔处。十时归舍。

10月21日　星期日

大兄招往午餐。十一时往,到大茶楼。顷回稻、毯二人新居去吃饭。此新居颇宽敞,有一花园,乃大兄所租预备自己常去坐坐的。

10月22日　星期一

至大学授课三小时。

适之之《尝试集》寄到。适之此集是他白话诗的成绩,而我看了觉得还不甚满意,总嫌他太文点,其中有几首简直没有白话的影子。我曾劝他既有革新文艺的弘愿,便该尽量用白话去做才是,此时初做,宁失之俗,毋失之文。

10月23日　星期二

富晋书庄到了《殷墟书契前编》一部,亟购以归,价须＄59.4,一时付不出,姑且欠他一欠,尽阳历年里付清便了。

10月24日　星期三

阴雨。今日大学有五小时课,因赶紧要编讲义没有去上。

编高师国文部二年的小学讲义"造字方法"一篇,未编完。

六书依班次。逐渐进化的新说略略讲了一点。形、事、意三书本拟略采廖说,以一时未能圆满解决,故仍暂用王筠之说,惟太炎师之说则显然不合,不去用他了。

10月25日　星期四

仍阴雨。午前至大学法科访半侬。他把新做的题他女儿小蕙周岁照像的白话诗,一是长短句的给我看,做得很好,不让适之。观半农来京时路上即事诗十来首,不全是白话的,其中有较好的几首。又有他译的外国无常鬼和贵妇人问答的诗,还没有译完。他新译一短篇小说,题为《最后之一叶》。一直谈到天黑才走。

10月26日　星期五

晨起稍迟。八至九时师校有课,不及去上,告假。

九时以后仍去上课。今天上了四小时。阴雨竟日,人颇不乐。下课后幼渔来看我新买的关于龟甲文之书。

晚餐后华林来。灯下编师校小学讲义。

10月27日　星期六

仍阴。至大学授课三小时。

中饭到东安市场去吃,碰见马隅卿、穆穆斋两君。二时顷,在独秀处开会,续拟选科事。五时许,下阵雨,旋止。天晴了,月亮出来了。我出城到六味斋吃饭,澄华园洗澡。

向幼渔借得郑伯更〈庚〉之《说文本经答问》。阅之,此书专驳□氏许注后王以小篆为主之说,云九千字,字字皆古文,止有明著篆文之三十个字是小篆,说甚偏戾,不足凭信。

10月28日　星期日

天晴,风颇大,冷不可当。晨壮秋来。

午后至中央公园,缘昨、今、明三日有所谓"京畿水灾助赈游艺大会"者,两天玩,一天开彩。入门游览券卖到银币三元,实以入门券而兼彩标也。师、大两校挨给我的有五张之多。夫既云劝赈而又以收券所入供游人得彩之本钱,这真是中国人的慈善事业。园中所有者为妓女之歌唱、变戏法者之捣鬼,还有所谓醉翁亭者,以妓女为饵,拖住寿头、马子,逼他喝一口酒,敲他两块钱的竹杠。其他也不高兴再写。总而言之是怪现状而已。

将《说文》中重文之字,分古文、籀文、或体、篆文各类一一录出,录至第十一篇。

10月29日　星期一

至大学授课三小时。

适之示我以新作白话诗一首,借"唯心论"三字为题,诗用长短句,较从前所作的白话七言、白话词自然得多。我对于用白话作韵语极端赞成,唯以为不可限于五、七言,因字数限定,则必有强为增减之字也。白话填词,我意尤不以为然。适之谓词句有长短,较诗为佳,我则以为词句长短固佳,然其某长某短有一定,则比诗更为束缚也。

午后在大学编讲义,并将《说文》中之重文写完。

一九一八年

1月1日　星期二

昨晚至青年会看天津南开学校学生所演之一丹麦新剧。做得颇好,惜乎思想太陈旧,完全以旧道德为标准。今日本拟偕婠贞及大、二两儿去看,婠贞因家中无人不便出门,且三儿又要吵闹,所以不去。六时顷,余挈两儿同往。昨天买的是乙等票,坐在后面,看不清楚,听不清楚,今日改买甲等票,可以坐在前排了。十二时顷始完。送两儿归,即宿家中。

1月2日　星期三

午后至独秀处检得《新青年》存稿。因四卷二期归我编辑,本月五日须齐稿,十五日须寄出也。与独秀谈。移时,叔雅来,即在独秀处晚餐,同座者为独秀夫妇、叔雅夫妇及独秀儿女。

叔雅亦为红老之学者,实与尹默有同情,其实即适之亦似微有老学气象,然我终不以此种主张为然。又独秀、叔雅二人皆谓中国文化已成僵死之物,诚欲保种救国,非废灭汉文及中国历史不可。此说与豫才所主张相同,吾亦甚然之。我意现在中国止有用杂种文字之一法,对于自己的历史,旧有的学术及普通之常语仍用汉文,但改文言为白话,至于新事、新物、新理,老实用西人名字、西字,以 Esperanto 为标准,因 E 为改良进化之西文,比专用某一国之西文或用拉丁文实在好得多,断不必白费心思,闹什么译音、译义。归宿舍已十一时矣。

略检青年诸稿,有刘延陵论文学二篇,笔杂已甚。又有某氏之论理学稿,推说论理学之名可包名学、因明、Logic,而 L 不足以尽论理学。这是什么理,真是胡说乱道。还有一篇文章是论近世文学的,文理不通、别字满纸,这种文章也要登《新青年》,那么《新青年》竟成了毛厕外面的墙头,可以随便给什么人来贴招纸的了。哈哈!这真可笑极了。选录尹默、半农诸人的白话诗数首始睡。

1月3日　星期四

早晨富晋书庄送书两种来,一为叶德辉之《观古堂书目》,一为满清之《石渠宝笈总目》。叶某书目下注版本,尚可与《书目答问》同为购书时翻检之用。至《石渠总目》直无用之物耳,当还之。

午后因婠贞出门,携《新青年》四卷二号之稿至家中检阅,计可用者不及五十Pago,尚须促孟和、独秀多撰,始可敷用。四时顷至香厂,今日大学同人为新年会,食于桃李园(每人自己出钱),并须于食前摄影,故早去。吃完甫及七时,因至劝业场购得有正新出版之《卫生食谱》一册,系主张素食者。

1月4日　星期五

午后访夷初不晤。至大学取薪水,未得。晚归家宿。灯下录兼士致我一书"论新文学与新字典",上加以按语,拟登《新青年》。又撰一通信,致《新青年》同人者,拟用中西两种句读,西六为,；：·？！(其中·一种太小,不甚醒目,如句后不空拟改用"。",若空即可用"·"),中 二 ：、。。

1月5日　星期六

新年后之北京报纸今天才有。报上说的似乎南北又有决裂之象。午,遜先来,与同出午餐。我与遜先言,公之言古文,幼渔之言今文,我现在看来都是不对。若据以考古代之社会思想及政治状况,就是那所谓今文家造了纬书,古文家造的《周礼》、《左传》也有用处。

午后至大学取薪水。日前嘱人抄录吴朏盦之谈话中论"旅欧俭学之情形及移家就学之生活"一段,以备登《新青年》四卷二号,今日已抄就大半,因取归校点。黄昏撰林玉堂之《汉字索引制》跋一篇,约千余字,亦预备登《新青年》者。

1月6日　星期日

今日为外姑殁后之第 100 日,外舅家中设奠,余偕媢贞及诸儿往拜。午餐后归,拟将置家中各书箱略略整理,以精神疲苶作罢。

晚校点迻录之吴朏盦谈话,并撰一小序,大意谓吴先生以六十老翁而头脑如此之新,今日青年乃反以做肉麻诗为文学,讲陈腐为学问,真觉可愧。云云。

1月7日　星期一

头脑很觉胀痛,不能做事。午后至大兄处,晚餐后归。知俞九思已来。渠赠我朱拓杨咏春篆书陶渊明屏条四帧,今日由阿兄交给我。我已有两年多不写字了,不但是没有工夫写,实在也是不想写字了。从去年夏秋以来,主张废汉字之心大盛,于是更不愿讲究书法之工拙,偏偏叫我写字的人还是很多,每写一回字,买笔买墨、折纸、盖印,实在麻烦得了不得。现在写就一信排印遍发说明,在六年十二月卅一日前交来书件自当觅空一写,自七年一月一日以后决不再应酬新字债,云云。

今区声白寄来彼所办之世界语报一纸,名曰——。①

1月8日　星期二

在宿舍中整理书物者一日。

---

① 原文如此。

1月9日　星期三

至大学上课三小时。刘半农示我以"问鸽"诗,做得颇好,其词曰——①。购得《留美学生季报》,七年冬季之期,其中有卫挺生的——②一篇,亦是主张以白话行文,说白话,于意义上、名称上均优于文言。说得很有道理。还有——的——③ 一篇,却不敢恭维。又购《东方》第　卷第　期④ 一册,首有章行严的演说一篇,其名叫做——⑤,还没有细看。

1月10日　星期四

将《尝试集》序修改一番,即登入《新青年》四卷二号。

高师学生陈宗孝君来。

1月11日　星期五

至高师授课两小时。告假三小时。

1月12日　星期六

至大学上课二小时。独秀交来《新青年》用稿一篇,题为《人生真义》,约千八百字左右,做得很精,又李守常《论俄国革命与文学》一稿,可留为第三号用。

傍晚至研究所讲音韵。以时暮,约谈数语而散,至幼渔处。

1月13日　星期日

上午夷初来。

下午作致陶孟和信,论 Esperanto,写至十时许始完,但写的甚不惬意,脑子甚乱,即再做也做不好,就是这样罢。又答李锡余信,约四百字,《新青年》四卷第二号之稿齐矣,明日当交与独秀。

1月14日　星期一

至大学上课三小时。

闻教育部中人称独秀为无父党——其不曰无君者,因既带共和面具,似不便再说无君是不对了。我想陈独秀果然能如墨子之无父,也就很了不得了。

---

① 原文如此。
② 原文如此。
③ 原文如此。
④ 原文如此。
⑤ 原文如此。

午后三时半访半农,偕其同往独秀处,将《新青年》四卷二号之稿交给他,请他加信寄去。

1月15日　星期二

两三日来咳嗽甚厉害,不能多讲话,故今日高师告假。

拟编讲义竟亦不可能——人极疲软,脑子甚乱也——于是外出购物。至博爱医院诊视。金子直因Pest事,由内务部派往丰镇,因请秦刺海看,据云气管炎。

1月16日　星期三

今日大学功课告假,在宿舍里编了一天的讲义(大学校的)。

1月17日　星期四

编就大学用之讲义十余纸。今日下午亲自送去,因为闷得况〈慌〉,所以借此出一出门。

1月18日　星期五

今日嗽仍未愈,高师告假。

在寄宿舍中又编了十天讲义。

午后三时顷,幼渔、逖先来,一坐即去,他们要去听广济寺某居士讲佛经。

1月19日　星期六

至大学授课两小时。尹默来校,知其近在方巾巷法文夜班学校读法文,我亦颇为心动,批往一试。法校普通科一年,译述科一年半,言语科一年半。闻译述科中系译科学书籍,此实极好之办法。我如有暇往读,岂不甚妙!但恐讲义累我不能如愿耳。

晚宿家中。

1月20日　星期日

晨壮秋来,在我家午餐。

午后四时顷至兄处,晚餐后归。至劝业场购《法语进阶》及《新佛和辞典》,为明日上课之用。

1月21日　星期一

至大学授课三小时。

《新青年》四卷一号已寄到民然楼。Jan. 15之期出版,其中所用新式圈点居然印得很象样子,可喜可喜!

晚至法文夜班学校听讲。今日为铎尔孟之正音及彭济群之会话。我因未曾读过,茫然不解所谓,但觉法文拼音其难几与英文相埒。于此益信 Esperanto 为改良之西文矣。课毕至尹默处。我对于法文虽极愿读,顾此时各种讲义都未完结,实在无暇自己读书,拟暂不往读,然一时竟不能决定,待明天再说。

1月22日　星期二

至师校授课三小时。午后归。排比大学三年级之古音讲义。读法文事仔细想,今年暑假以前决做不到,因此半年之中须赶完两三种讲义,又须编大学之新讲义付诸排印。不要说即晚上七至九时亦不得空,即使空矣,然上课之时虽有,而读书之时绝无。所以决计暂时不去,且待来年矣!如秋后大学中开法文班,则我必往。然此一年之内却想抽些空工夫来预备一点外国文。今日到龙文阁见群益所译日本正则学校英语教科书,实在编得很好,惜乎未曾译全。拟托人函寄日本买他一部原本,苟能在1918年内将日本文细细研究,能够看言文一致之书,又能借日本书之力学得一点英文,则至1919年此身苟得稍闲,必当读法文矣!

1月23日　星期三

至大学授课三小时。

近日闻某舞台有唱"二进宫"之说,他人皆以为异,我则以为此是当然之事,旧戏子难道会唱新戏吗?

叔雅说译书最是无聊且最作孽之事。因为青年若研究欧洲的新学问,显然应该学了西文去看原书,所以译是无聊。至于那班老不死的老顽固和"中外古今"派的学愿,我们何必译了书去开通他、教导他呢?他又不受教,以共和政治为周召共和,伦理为三纲五伦,这种谬种岂可任其流传!如直称共和曰 Re……,伦理曰 Ethics,则青年学了外国文无有不懂。那些宝贝瞠目结舌读不下去也好,免得附会。若勉强定了汉名给那些宝贝去附会,这不是很作孽吗?此说我极以为是。惟我以为与其作 Re、Et.,不如作 Re、□t。

1月24日　星期四

午后至大学,今日并无课,因有某学生去年拿来宣纸一卷,叫我写字,近日屡来催逼,说是阴历年前必须要写的。因此,今日拟至大学一写。不料到了大学,遇见尹默、幼渔、半农诸人,大谈其天。谈到晚八时,竟写不成了,只好出城了,哈哈!

1月25日　星期五

今日授课五小时。

《时报》里有吴稚晖先生致我之书,论注音字母者。渠因《新青年》四卷一号我有《论注音字母》一篇,大概吴先生之意以为注音字母既已制造,就此可用,不必再改。我对于此事也并不坚持非改不可之说,使吴先生所撰之注音字母字典一旦通用,我以为也是很好,因我对于汉字,半年以来认定它是非废不可的东西,既主废矣,则此短时间暂时用了就是,不完不备也是无关紧要的。

1月26日　星期六

至大学授课三小时。

午后为某君写短屏四张,了却去年字债一种。

孑民先生邀我到长安饭店去吃大菜,同座者为丈人、柏筹及向不吃饭之屈映光,还有一位解元公刘琨。

下午八时半出城,见冯代总统之红汽车方出中华门至东站出京了。

蔡先生说我倘若回南,则拟办一理想的小学,其中有外国语,有 Esperanto。外国语是欲藉以输入欧化,Esperanto 则培养为将来之国文。吾谓此事如果做,做到,那真造福不浅了。日前叔雅倡不译书之论,今日尹默并谓非废汉字不足以救亡,与豫才持论全同,此皆极正当的议论。而蔡君又有此说,或者提倡此说之人渐多,竟能由理想而见诸实行乎?

1月27日　星期日

昨晚少困,今日精神很乏。午后访少元,与谈声韵之学,就在中学里吃夜饭。

1月28日　星期一

至大学上三年级课二小时,还应该上二年级课一小时,不知何故,等我拿书上堂的时候,他们忽然都走了。因此,只好不讲了。这班学生本不愿听我的讲彖〈篆〉——因为大都是某君的信徒——我也乐得少教一小时。

与蓬仙谈语言得音之源。我最反对《释名》《白虎通》那些以声为训的话。据我看来,语言的起源多从那自然的动作里发生的,如呼母为妈妈,此音实由表示索乳之状态而发生者也——呼父为爸爸,则又由妈妈而少变之——怒、武、马诸字皆读 U 音者,因人怒时或用力时必鼓其嘴也。此说蓬仙颇以为然,我意诚能循此求之,则穿凿经传之训诂或可扫除也。访半农。

今日在蔡先生处见吴稚晖先生,他说近来在某乩坛谈音韵之学,忽有李登、陆德明、江永降坛,此事吴先生因与提倡科学甚有阻碍,本欲秘而不宣,无如为信者载诸报章,因此吴先生深为愤恨。吴先生以此扶乩者全不懂音韵之学,因谓此怪物固非李、陆诸古人,然亦决非扶乩者所伪托,大约别有一物为祟。李石曾先生则谓此事在科学上或亦可解,不必委诸渺茫无稽之怪物。

1月29日　星期二

至高师授课三小时。

午后进城,见前门一带皆排旗。东车站出来的兵望新华门那边走的,着实不少,知道那位代总统已经回京了。

至大学,欲访孑民先生,未晤。

至丈人处,知吾娅宋柏筹已于昨日进法文夜班矣。在丈人处晚餐,因饮酒过多,觉得很渴。

1月30日　星期三

至大学上课三小时。回家宿,灯下编讲义四页。

1月31日　星期四

阅报知讨伐谭、程之事已下命令了。婳贞近谓等过了阴历年之后,颇想写写字,并学写信。我以为字固须学习,而艰深之文言实在不必学,学白话就很对。因购《少年杂志》与阅之。今日午后在家略讲几篇,他说不识之字、不懂之句皆甚少,可见要普及教育、识字容易,非改白话不可。

访逖先,借得明版《玉篇》,以其卷首有"切字要法",吴稚晖先生需此,拟抄出寄去也。

访百年及马氏兄弟。叔平将《名原》中未刻诸字查检阮、吴诸人之书,校补已得十之七八,甚好,甚好。因即借来看看,并拟迻录。

2月1日　星期五

起来迟了,第一时高师课来不及上,只好告假了。

本日在高师上课四小时。

至聚丰园午餐。晤稻孙。渠谓近在大学教日本文,其计划拟尽三个月工夫使学生能看日本书。并谓日本有最新出版之字典,末有《康熙字典》索引,故虽不识日本字者亦能检查。我闻之甚喜,颇想购之。人颇疲倦,不能作事。

2月7日　星期四

精神不快活已极。

访半农,与之谈中国文字源流。半农对于注音字母不甚赞成,谓最好用"福乃惕克"① 标注中国音。此固至当不易之办法,但汉字未废以前,小学教科书非仿日

---

① 原文如此。

本汉文旁注假名之法,实难正其音读。故吾谓注音字母在暂时尚用得着也。

2月8日　星期五

至高师上课五小时。傍晚时至大学取薪水。

灯下阅叶德辉《观古堂书目》,此书乃日前富晋书庄送来兜卖者。叶氏思想品行学问均为我所深鄙。此书初送来时,以其可补《书目答问》之缺,购书时可查版本,故暂留下,今以无钱购买,拟还书店矣。其自序首数行有曰:"十七世祖和靖山长伯昂公以元故臣,明祖屡征不起,子孙承其家教,不以入仕为荣,故终明之世,各房皆以科第显达,炫赫一时,独余茆园房世以耕读相安,丁男亦不繁衍,至国初始有登仕板者"。此数语直是自暴其十七八代的祖宗都非做异种的奴隶不可,决不愿同种光复,真要叫人笑死。

2月10日　星期日

今日为阴历丁巳年十二月二十九日,此月小建,故今日即为除夕。我最厌过年,尤厌过阴历年,因阴历本比阳历野蛮。中国幸而已改阳历,岂可依旧顾及阴历? 至从阴历过年者必有许多迷信可笑之无意识举动,大为〈与〉革新社会之道相反。故我家逢阴历年无所谓过年,但因阴历岁首数日店铺什九皆关门,不能不预备数日间之饭菜及点心耳。然大兄之家近年来却极端复古,至阴历年除夕,且悬祖先遗像,供以酒、饭、菜、点,而人人跪拜如仪。吾虽满腹不愿,亦有不能不勉强敷衍者。今日午后三时顷,偕妇、子、使女同往兄处,举行典礼,晚餐,兄①

3月1日　星期五

至高师上课五小时。

见《高师周刊》载有"本校第一期静坐学生共五十余人,现届毕业之期……"悲哉! 悲哉! 大学中静坐者已有三百人,高师中又有此第一期之五十余人者,三百五十余青年又为拜物教,即道家之邪说所陷害矣。

此《周刊》中尚有蒋某与学生关于静坐之问答,满纸荒谬之谈,自不消说,但记得其中"放屁"二字凡四见。又有一个学生因静坐之故,患咳嗽甚剧,又大便带血。这就是静坐会的成效了。唉! 作孽,作孽!

晚甚倦,早睡。

3月2日　星期六

至大学授课二小时。

午后三至四时至研究所讲演文字形体,所讲者有三事:

---

① 原文空缺。

(1)六书之名始于东汉,未必能赅括造字之法。
(2)六书之次第应从班氏,依此次第可明造字方法之进化。
(3)论象形与指事之别。王菉友及太炎师所论皆有不合,吾意以段氏"形专事泛"之说为比较的可通。

晚访周氏兄弟。

从下周起大学中开一法文夜班,我初意颇想去读,后来想想现在去读断难持久,现计暑假以前如大局无变化,则对于大学当做之事有三:

一、编完《六书论》。
二、编完《说文段注小笺》。
三、编付印之新讲义(此新讲义中形音两部虽有旧稿,尚须大大改作,至训诂之部则尽须新编)。

即此三事已大足劳吾四五个月之神。法文文法甚繁,发音又多歧,非每日专心用他三四小时之功断难熟记,故此时乃不能读。

现计下半年各种讲义均已齐全,腾空时间,拟将日本文重行温习,以为看新书之捷径,如尚有余时,则将世界语函授讲义每日读他一ぺーじ。我半年以来认定汉文必当废灭,以为非改用エスペ不可。故对于エスペ无论如何必须熟读。从明年(1919)起,则读法文,法文为文明先进国最新之学问,合理之事业惟法为最多,且法文中字为エスペ所采用者亦几及十之七,则读了法文于エスペ之发展上亦大有资助也。

3月3日　星期日

竟日未他往,在宿舍中整理讲义。

3月4日　星期一

今日大学有三小时之功课,二小时上堂,一小时告假,因讲义未够也。

蓬仙示我以小学讲义,对于章君之说而小变之,谓建类言形、一首言音、同意相受为义。建类之形即形声之形,若飞禽之类从鸟、隹;植物之类从屮、艸、木、林;昆虫之类从虫、䖵、蟲;行走之类从足、走、彳、辵、行。一首即语根,同意相受即意义相同。

傍晚归舍。云贵来。包景彭偕一沈君同来,沈君为余幼时塾师沈鉴远先生之子。

我近日想这汉文实在是要不得的东西。论其本质,为象形字之末流,为单音语之记号。其难易巧拙已不可与欧洲文字同年而语矣。而二千年来孔门忠孝干禄之书居百分之五十五,参拜□牝之道家及不明人身组织,说什么阴阳五行、三焦这些屁话,狠毒过于刽子手的医生,其书又居百分之二十,诲淫诲盗、说鬼谈狐、满纸发昏梦疯之书又居百分之二十五。此等书籍断不可给青年阅看,一看即终身陷溺而不可救拔。至于述说新理之书固然是没有。然此等文字亦实在不可以记载新文明之事物,故吾谓新书尽可不译了,原文读原书,最为不错。至于汉文一时固未能完全废灭,然在中学未毕业以前之学生总以不读古书为宜,拟选白话中所用之字及普通文言中所常用而为白话中所欠缺之字约三四千左右(人名地名不尽在内),为自国民学校一年至中学四年之应用。总之,对于汉文限制字数,改变文语,以专读新编之教科书,等等。古之白话或

（未完）

一九一九年

1月1日　星期三

　　我从一九一〇年春天从日本回国,日记就此中断。到了现在将近九足年了,这几年里头虽然有时记记,总是记上几天又不记了。现在打定主意,从今年起,活在世界上一天总要记一天日记,总希望以后不要再间断。

　　我记日记有两个缘故:

　　一,我今日以前于勤、恒两个字太不讲究。早上起得太迟。白天除上课外,不是和朋友闲谈,就是在街上游逛,浪费光阴,实在可惜。从今年起,想把《字原学》的新讲义动手编述。每天还要抽出一点工夫自修英语。若每天把所做的事记他出来,则某日编讲义,某日读书,某日因事访友,某日浪费光阴,自己都可记得。常常翻翻日记,要是浪费光阴的时间多了,自己看看也觉得有点难为情,便可慢慢的走到做正经事的路上来了。

　　二,我从一九〇〇年(十四岁)到一九一八年(卅二岁),这十九年里头,思想屡屡变迁,自己也记不清楚。大致说说:——

　　一九〇〇——〇二(十四岁——十六岁),想做打灯谜、做诗钟的鹦鹉名士,又想做考经解的书院生。

　　一九〇三(十七岁),想做新党却主张保皇。

　　一九〇四(十八、十九岁),思想一变主张排满革命,办《湖州白话报》,要做那开通民智的事业。

　　一九〇六(二十岁),想研究教育,到日本去学师范。

　　一九〇七(廿一岁),遇见张溥泉、刘申叔诸人,又想研究社会主义。

　　一九〇八——九(廿二、廿三岁),忽然要保存国粹。从章太炎师问小学,专文字名称,一切主张极端的复古。

　　一九一〇(廿四岁),回国做教员。思想仍与前两年无异。

　　一九一一(廿五岁),由文字复古进而至于尊孔读经。问业于崔觯父师,讲求今文经典。这年冬天,革命军推倒清廷,建立民国。我因为前此主张光复汉室之后一切应该复古,于是做了深衣玄冠来穿戴,又要复古礼制。

　　一九一二——一三(廿六、廿七岁),还是写古体字,讲今文经,复古衣古礼的思想。其时,因为在浙江教育司里事务清闲,常和沈尹默、周佚生相见,见他们的字写得很好,于是又想来研究书法,因此临魏碑。

　　一九一四——一五(廿八、廿九岁),写古体字。复古衣古礼的思想渐渐淡了。今文经还是研究,其时又添一种腐败思想,则时而想学《文选》的骈文,时而拿什么桐城"义法"的鬼话去教中学校学生。

　　一九一六(三十岁),因为袁世凯造反做皇帝,并且议甚么郊庙的制度,于是复古思想为之大变。起初对于衣冠礼制反对复古,夏秋间见《新青年》杂志及陈颂平、彭清鹏诸公改国文为国语的议论,于是渐渐主张白话作文,而于孔氏经典尚不知其为不适用共和时代也。

一九一七——一八(卅一、二岁),此时始知孔氏之道断断不适用二十世纪共和时代,而废汉文等等思想发生,现在差不多还是这种思想。

上面记的十九年来思想变迁,不过说个大概,已经前后如此不同了,今后思想还不知道怎样的变迁,要是天天记日记,则变迁的痕迹很可明白,而变迁的缘故也可以记得了。

昨天晚上在家里吃了年夜饭,就睡在家里。今晨到寄宿舍里清理书物。想要进城,因为天气很冷,风又很大,于是中止。

午后四时至六时,点《模范文选》里的《说文序》,检《音韵阐微》诸书,把注音字母三十九母各找一同音的字注出,预备将来做关于注音字母的文章时,如注音字母的铅字没有做成,便用这汉字暂代。

1月2日　星期四

午前十一时到同兴堂吃饭。这是高师新年宴会,大家自己出钱的。吃完到大学。接到适之丧母的讣文,自拟新式,省去罪孽深重,亲视含殓,年宾世戚,泣血稽颡等字样,其文如下(圈点符号照原式)①。

新式讣文从黄克强、陈英士以后,此为第三。

访叔平谈象形文字。访半农、秭陵,就在他们那边吃晚饭。

1月3日　星期五

接百年来信,附白话文章一篇,题目叫做《恭贺新禧》,要登《新青年》的。百年以为贺年最无谓,可以改为十月十日贺中华国民做人的纪念。这意思我极赞成,因此我更想到那袁皇帝定的什么春节、夏节、秋节、冬节,真是荒谬绝伦的东西——实在应该删除。将十二月廿二日、一月一日、二月十二日、七月十二日诸纪念日休息祝贺,岂不较有价值。因本此意,做他几句,附在百年的文章之后。

午后因媗贞要出门,我在家留守。五时至商务印书馆买《傀儡家庭》,此书即罗性含译之《娜拉》,商务所出,为独秀之姪陈海所译。

又到注音字母传习所里去,买了几十本《注音字母报》和《模范语》第四册。《注音字母报》虽是京音,而非国音,但王蕴山办此报,竟能支持两年,始终不懈,对于注音字母实在是很尽力的人。倘各省都有这样的人,则注音字母之发达,必然一日千里,教育之振兴亦必一日千里(完)。

---

① 原文缺。

1月4日　星期六

午后到大学,半农、尹默、逷先都在。半农在一本……杂志里,查出太平天国的许多书目。我们竟从来没有晓得,这都是给那大盗曾国藩销毁了的。我劝半农把这目录抄他出来,登在大学月刊上。这是太平天国一代的掌故,和什么《大清会典》之类价值完全一样,编史的人很该参考的。这杂志里还有一个把天主堂改为天后宫的碑,是爱新觉罗·胤禛时候的东西。

取空格纸四百余张,把国音四百余音写出,以便填字,因为教育部里委托我审查《国音字典》。我打算就趁此按音填字,编他一部新韵书。

1月5日　星期日

阴历十二月十二日是大兄的生日。年年的那一天他必备有酒肴,叫合家的人都去吃喝。今年提早了几天,定于今日(阴十二月四日)在东兴楼吃午饭。十一时半我同婠贞、秉雄、秉弘前去,秉穹因为略有小病,所以未去。

吃完,我访士远,叔雅也来,叔雅说他用古文译苏克尔的《宇宙之谜》,译了许多,简直不行,于是丢在ストーブ里烧了。重用今语来译,比古文自然好一点,然而也不很好。总之,区别词之谓词中国没有语尾变化,译书时候最为困难。因此叔雅要想改良中国话。我以为,中国的语言文字总是博物院里的货色,与其用了全力去改良他,还不如用了全力来提倡一种外国语为第二国语——或简直为将来的新国语,那便更好。我的意思,以为今后中国人要讲现在的有用学问,必当懂几国语言文字。最要紧的便是那英、法、德三国的语言文字。此外如有余力,如俄、如意的语言文字也该学习。要是为境遇、财力、年龄所限,至少也总得要懂一种外国语。惟有真正没有功夫、没有机会读外国语的,则惟有用国语译一点新书给他看看。

用国语翻译新书,无论如何尽心竭力,总不能和原文一样好,这是没有法的,所以要真讲学问,只有看原书之一法。到了不得已而看翻译的书,其人必无深造之希望。则译本虽然不精,只要没有什么错误,就此看看也不妨事,究竟总比不看好些。至于国语的大用处,当限于普通信札、报纸等等。以中国现在普通语言——即所谓官话也者——如根柢其有不备,古文、方言和外国语里的字都该采用。除了文法、音读应该定一标准以外,语言的材料是断不可有限制的,必当尽量自由采取,方能勉强够用。那什么古文、骈文之类,当然送进博物院去。这个意思叔雅也很以为然。

六时顷,士远与我同到中兴茶楼吃晚饭,同席者尚有尹默及徐森玉。森玉说现有陈衍、林纾等人为大学革新事求徐世昌来干涉。因此徐世昌便和傅增湘商量,要驱逐独秀,并有改换学长,整顿文科之说。哈哈!你们也知道世界上有个北京大学!大学里有了文科学长吗?恐怕是京师大学堂的文科监督大人罢!——这几天徐世昌在那里下什么"祈天永命",什么"股肱以膂",什么"吏治",什么"孔道"的狗

屁上谕！这才是你们的原形真相呢！（完）

1月6日　星期一

午后到教育部访颂平。因为我审查《国音字典》,发现出几处不统一的地方——当开读音统一会时是拿了一部《音韵阐微》,选上六七千个常用的字来审定读音的。后来稚晖先生做这字典,又取《音韵阐微》上未曾审定读音的字,比照已审定的加入注音,下记"準△",但其中尽有记"準△"而所注之音和△字下注音不相准者,这是非改正不可的。我想审查的时候,非将准音的字一一与所准者核对不可,预计此事非有三周之时间不能做完,所以今日去和颂平说明,以一月杪为审毕之期。颂平示我以山西督军阎锡山复国语研究会的信,信中很主张国文改为国语,并闻阎氏在山西出白话告示,编《国语读本》,提倡注音字母,国民学校的《国语读本》已经编了四五本了。这样的督军在现在总要算是好官了。即使是沽名钓誉也该恭维他的。请问别的官肯如此沽名钓誉吗？他知道这是有名誉的事,则其知识比起那"子惠元元"、"祈天永命"的伪总统来岂非大有霄壤之别么！灯下审查《字典》子集之前半。

1月7日　星期二

看《国民公报》,蓝公武有一封给傅斯年的信,同我大过不去,说《新青年》中有了钱玄同的文章,于是人家信仰革新的热心遂减去不少。他因为《新青年》五卷四号里我答朱我农的信,引朱我农的话道(?)"宪政党说中国没有 Republic……"。他看得气极了,于是说我的话"有屁气",骂宪政党,他自然是最恨的。但是没有把文章看清楚,竟把朱我农的话当做我的话,也未免太可笑了！此外,则对于我主张废汉文的话大骂了一顿,这是照例要骂的,也无足奇。

午后到大学,半农、尹默都在那里,听说蔡先生已经回京了。关于所谓"整顿文科"的事,蔡君之意以为他们如其好好的来说,自然有个商量,或者竟实行去冬新定的大学改革计划,废除学长,请独秀做教授。如其他们竟以无道行之,则等他下上谕革职,到那时候当将两年来办学之情形和革职的理由撰成英、法、德文,通告世界文明国。这个办法我想很不错。

和半农同访周氏兄弟,豫才说：如其大东海国大皇帝竟下了吃孔教的上谕,我们惟有逃入耶稣教之一法。豫才主张用耶教来排除中国旧儒。我本来是不赞成的,但彼等若竟要叫大家吃孔教来研究那狗屁的"三纲五常",则我们为自卫计,惟有此法而已。颂平说：他入耶稣教全为反对丧礼,这是和豫才一样的意思。

1月8日　星期三

看一月五日《时事新报》,其中有骂我的图画,说我要废汉文用西文,苦于讲话不能酷肖西人,乃请医生把我的心挖了换上一个外国狗的心,于是我讲出话来和外国狗叫一样。如此骂法，我颇觉得好玩，还有两条"敢问录"，是骂我和半农的。看来以后还"敢"陆续来"问"，我希望他天天问几段，看看倒是很有趣的。

到直隶官书局，买了一份《英字方笺》。我今年决定自修英文，此类参考拟以后还要买他一点。买了几本拔萃帖，拟将看报时要留之件剪贴也。现在要贴的先分五本，其名如下：1.梁任公的今语文。2.他们骂我们（粪土附）。3.无〔政府主义〕、人道主义。4.杂件。5.Kropotkin自叙传。

1月9日　星期四

从昨天起，天气闷热而不下雪，我觉得头昏脑胀，因之心绪甚恶。师、大两校皆从今天起开学。今明两天我有师校的功课，去信告假。午后到大学，晤半农、幼渔、叔平、百年、秣陵、孟和、尹默诸人。孟和说：严范孙很说《新青年》好，但不赞成我骂"桐城谬种，选学妖孽"。这真是可笑万分！我做《新青年》，严范孙有什么资格配来管我？况且文章的价值是怎样的，难道他又懂得吗？

去秋同人所编的国民学校《国语读本》第一册已印成，惟其中有一张印坏须重写，今日就在大学里写了寄给马隅卿。

百年说关于社会学的书，法文的最多，英文的也还有一点，德文的最少。

访叔平。归宿舍，检出陈望道、宋云彬两君致《新青年》的信，写上几句答语。晚上睡不着，烦闷异常。

1月10日　星期五

今天头胀仍旧同昨天差不多，心绪甚恶。审查《注音字典》子集毕。

午后五时杨太宣来谈，说他要办一个杂志。梁士诒每月肯出三百元津贴费，吴稚晖答应每期做两三篇文章。惟印费太贵，每期印一千本，每本一百Page，需本钱二百元。每本定价三角，七折批发，恐怕要弄到赔本，所以尚迟疑不能遽出。

1月11日　星期六

午前十至十二时在大学上课。九至十时也有课，因为起迟，告假了。

尹默来，知"整顿大学"之说已归消灭，独秀已照常办事了。

大学学生所办之《新潮》杂志第一册已出板〈版〉，中以傅孟真、罗志希两君之文为最有精彩，傅评马夷初之《庄子札记》，罗评林琴南之〈翻〉译小说，都说得很对。

独秀说六卷一号之《新青年》中有叔雅译的《苏克尔精神之不可思议》，约一万多字。此外稿件已经很多，十五日可以寄发。

在独秀处见李平君，此君号叫孤帆，鄞县人。

访幼渔。尹默也在那里看叔平所藏的魏碑。

1月12日　星期日

午后二时偕媀贞同到欧美同学会看陈天骥与黄瑜梅女士结婚。他们的介绍人赵简庭君忽来请我做四个字一句的祝词。我不但向来不会做这类文章,即使会做,现在也是绝对不做的。他缠绕不休,我只得严词拒绝了。

访豫才兄弟,半农亦在。

今日呛得很利〈厉〉害,嗓子很不好过。

1月13日　星期一

大雪。到大学上课三小时。

晚为《新青年》六卷一号作《随感录》二条,论上海通信教授典故之事。

又答区声白、查钜猷二君的通信。得季市来信,他说很赞成《新青年》的主张,劝我们于编青年读物之事,更编幼儿读物。我想这确是很要紧的,即以我自己家中而论,秉雄已十三岁了,他竟没有一部可看的书。不得已自然还是吴稚晖先生的《上下古今语》,但此书究嫌体例太旧,给成年失学的人看固佳,若应受正当教育之幼儿似乎尚不相宜。除了新编更无别法。

1月14日　星期二

昨天(阴历十二月十二日)是阿兄的生日,他年年过生日都要请我们吃饭,今年已在一月五日先吃了。我和媀贞本想昨天回请他,因为昨天是稻孙、毯孙请乃父,所以改在今天在西车站请他的,吃西菜。阿兄、阿嫂、稻孙、毯孙、我和媀贞共六人。

《国语读本》第二册急须着手编纂。去夏编第一册是尹默、幼渔、季明、半农、百年和我数人所编。我们几个人空的时候很少,并且常识太不完备,现拟请傅孟真君加入,本约今天午后三时在大学商议。我吃完了西菜便到大学里去商量之,结果拟请傅君先搜材料和选字。傍晚到独秀家中去,就吃他的夜饭。九时到澄华园洗澡。

1月15日　星期三

今天又下了一天的大雪。接到兼士的来信,附有《文字学革新之研究(字形部)》研究一篇。他主张打破前人《六书》分例之法,对于字形之组合下一定义曰①,又定研究之法＝——②,其说颇为新颖。我一时尚不能下断语,拟细细的研究他一番再讲。

午后把明天、后天高师所用的讲义稿看他一遍,即送校写印。天气很冷,我觉得身子不大舒服。

---

① 原文缺。
② 原文缺。

1月16日　星期四

到高师上课二小时。今天天气很冷,我又呛得很利〈厉〉害,觉得身子很不舒服,因此出去洗澡。

晚上下雪珠,道路很滑。

接到高师英语部毕业生刘式经的信,知道他在甘肃？……他也主张改文言为白话。寄来……学生△△△的试卷？一本,题为△△△△△△△①。

1月17日　星期五

到高师上课四小时。

课毕访士远,尹默。士远说今天到教育部里去听范静生演说美国教育——讲一件故事,便令学生当场扮演,与专靠书本教授之法大异。又美国男女同校,自小学到大学皆然,男生、女生之座位并不分在两处云云。

1月18日　星期六

到大学上课三小时,晚到附属中学访张少元、夏宇众二君。

1月19日　星期日

因连日咳嗽,今日到金子直那边去,想请他诊病,不料他到山西去检查肺病去了,要二周以后才回京,我因此病甚不要紧,也就不请别人诊看了。

1月20日　星期一

到大学上课三小时。

逖先为大学月刊做了一篇研究孔子之文学思想,是口语体的。大意谓人之思想进化,初则信神,继则信人(他人),继则信我。欧洲古代信神,自文艺复兴以来信人思想大发达,而信我思想亦同时发生。中国自孔子以前是信神时代,孔子之学说不信神而信人,在当时原是进步,但他以信古尊圣为言,以致二千年来滞于信人的一时代,至今尚未走到信我的时代,比到欧洲瞠乎后矣！文中于复古尊圣大加抨击,我以为此文极有价值,替他圈点一通。

半农做了一篇考居庸关文字的文章,今日脱稿,别录副本,请我代为校对,晚上到他家里替他校对。

1月21日　星期二

上午到高师上课三小时。逖先做了一篇论 Religion 之译名,他以"宗教"二字为

---
① 原文缺。

不妥,要改译为"神教"。我对于他这篇文章却不大赞成。我以为对于一切新名词,如以日本译名为可用,则用之可也,如嫌其不好,则径写原名可也。现在再来闹这些译名问题,实在觉得无谓,又他译的"神教"二字,我以为也不很高明,未必优于"宗教"二字。

晚访周氏兄弟。

1月22日　星期三

午后到大学里去买《国民》杂志一册,这杂志也是大学里的学生办的,但宗旨和《新潮》很不同,大致偏重保守一方面,看了觉得没有什么精彩。

《新青年》五卷五号已寄到。

访士远。在其家晤穆斋、隅卿,知天津之孔德中学现归稚晖先生在办,但稚晖先生仿照外国饭桶学校的办法,科目止有法文、算学、科学三种,两年毕业到法国去,饭食均由自理,大家都不以为然。我以为这种饭桶学校也该有的,但名为中学,实在不该如此办法。

1月23日　星期四

在高师授课两小时。

精神极为委顿,头脑昏胀,骨节酸痛。

晚至澄华园剪发、洗澡,觉得稍微舒服一点。

1月24日　星期五

今日高师有课,因头脑昏闷,告假一天。

审查字典。

午后三时,半农来,说已与《新青年》脱离关系,其故因适之与他有意见,他又不久将往欧洲去,因此不复在《新青年》上撰稿。半农初来时,专从事于新学。自从去年八月以来,颇变往昔态度,专好在故纸堆中讨生活。今秋赴法拟学言语学,照半农的性质,实不宜于研究言语学等等沉闷之学。独秀劝他去研究小说、戏剧,我与尹默也很以为然,日前曾微劝之,豫才也是这样的说。他今日谈及此事颇为我等之说所动。四时顷逖先来。逖先也劝半农从事文学。逖先自己拟明秋赴法,也是想研究文学。但此二人所学虽同,而将来应用则大不相同,半农专在创新一方面,逖先则创新之外尚须用新条例来整理旧文学。逖先问我究竟怎样的志愿,我年来精神衰弱,精力萎顿,几于等死,故向上之心虽未消灭,而进行之象毫无表现。虽平日亦未尝不有一种打算,万一身子渐渐好起来,则必渐渐实行。今日即以此志愿告逖先:——

大学教授满五年有出洋考察的资格,我必静候取得此资格之时方始出洋。我从一九一七秋天被聘为教授起,须到一九二二年夏天方满五年,距去尚有三年半。

这三年半之中，我想从一九一九春到一九二〇夏自修英文，略略记得几千生字，勉强可以查字典，看浅近书。此事如做到，则一九二〇年秋起必须到大学里去读法文，读上两年，到一九二二年夏天，大概总可以略略知道一点，这是关于预备西文方面的话。至于学问方面，则我现在的意思颇想研究社会学和历史学。在这三年半里头，想买点日本关于社会学的书来看看，此皆为己之学。至于为人之学，则从今春起急须编纂《字原义》新讲义，极迟至明夏必须将新讲义全书印成。

傍晚至大兄处，十时归宿舍。

去秋所编大学文预科《文字学音编》，其中论注音字母一段有误，今晚重行编过两页。

1月25日　星期六

晨起甚迟，大学功课九至十一时告假，十一至十二时去上课。

晚略略检查《国音字典》，因精神不振，颇觉烦闷，只好睡了。

1月26日　星期日

昨天睡得还早，不料今天起身仍是极迟。这一两个月以来，我天天觉得头脑昏胀，胃节酸痛，因之人亦异常懒惰。豫才说治神经衰弱症可以吃 Sanatogen，今日到信昌大药房里去买了一瓶来，计价三元八角。

审查字典丑集完，又看了寅集三张。我以为ㄗㄘㄙㄓㄔㄕㄖ七声母其下之馀、师韵母，似亦不可无之，邢岛主张就ㄙ旁加直作"ㄙㄧ"，亦是一法，可采用也，又ㄐㄑㄒㄏ四组之齐齿呼，其下仍当有"ㄧ"之介母，否则其他各纽皆分等于韵，独此四纽分等于纽，例有不合也。

1月27日　星期一

今日到大学授课三小时。

在大学中接得朱我农君来信，对于 Esperanto〈世界语〉、罗马字拼音、注音字母，皆有议论之语。他是最主张罗马字拼音的，是最反对 Esperanto 和注音字母的。

《新青年》为社会主义的问题，已经内部有了赞成和反对两派的意见，现在《每周评论》上也发生了这个争端了。

晚访幼渔。

1月28日　星期二

廿八到卅，这三天日记没有记。

1月31日　星期五

下午同了秉雄到大兄那边去吃祖宗教，晚餐大兄招我父子二人到北京饭店吃饭,凡五人,钱念劬、单受兹、董亚粹、钱玄同、钱秉雄。

2月1日　星期六

一天没有做什么事,就是下午逛了一会儿厂甸。

2月2日　星期日

今明两天,大学有游艺会,我今天在家里吃过午饭,带了秉雄去看(会在大学法科中),有打拳、变戏法、奏乐——有外国的ㄉ－－ㄗ ㄚㄋ,ㄋㄞㄋㄋ－ㄣ,有中国的古琴、琵琶——唱昆曲、科学游戏等等,晚上做新戏,名"不如归",大概是以日本之《不如归》小说为蓝本而改为中国材料,并且加上许多无意识的话,实在不见佳。

2月3日　星期一

午前访沈氏兄弟,因知《新青年》五卷六号已到,我应得的在他那边,故往取也。

见李子九的信,他极赞成《新青年》,他寄来一篇论去兵的文章,拟采登《新青年》。

晚到大学法科看新村正戏,命意亦不见佳,多十五六年前老新党之见解。

2月4日　星期二

上课三小时。下午逛厂甸,其中土地祠已经摆出三四个书摊,我买到了一部大板的《助字辨略》,印得很精。

冷不可当,两手冻僵,致不能握笔,身上也觉得不甚好过,因此到西车站去吃了一顿西餐,顺便喝了一杯勃兰地酒,为驱寒而喝酒!或可以说是喝药酒,不算犯进德会会规罢!

灯下作答周时敏去夏来信,为登《新青年》之用。

2月5日　星期三

今日头痛脚软,精神很不振作。

午后到大学去,无一人在。启明留下一信,内有他做的四首诗,要登《新青年》六卷二号。他的诗做得比适之、半农都好。这四首中以《小河》一首长诗为尤佳。

晚到颂平家里去,因稚晖来也。稚晖说此次耶稣教会里欲舍去他那种罗马字拼的方音而用注音字母,这实在是一好消息,可为注音字母之推行增一大助力,惟因此非积极将方音所用之闰母加深不可。今日先加苏音母音闰母,计有十一个: ㄗ 东韵,ㄨ 江韵,ㄜ 灰韵、哈,ㄐ 元韵,ㄨ 先韵,ㄋ 歌韵,ㄡ 尤韵,ㄅ 屋韵,ㄋ 质韵,ㄠ 默韵,ㄒ 狎韵。

2月6日　星期四

上课二小时。

今天琉璃厂、火神庙里各有摊,已经摆了许多,我买了一部泽存堂本《广韵》,拟于各纽记上端记明何声何呼,以便检查。

晚又到颂平家里。又沈商耆来谈上海音,黎劭西来谈长沙音,稚晖据以增添闰母。

拟定注音字母之次第如下:

声母ㄗ〈ㄘ〉'ㄙ,ㄓㄔㄕㄖ,ㄐㄑㄒㄫ,ㄍㄎㄏπ,ㄉㄊㄋㄌ,ㄅㄆㄇㄈ万,

韵母ㄚㄞㄠㄢㄤ,ㄛㄟㄡㄣㄥ,|ㄨㄩㄝル。

2月7日　星期五

今日上课四小时。

逛厂甸,书摊上的书虽多,然我所要的实在没有什么。一则他有而我要的书,大概我都早已有了,二则我两年来对于旧书渐渐觉得和他无缘起来,仔细想想那四部书籍虽汗牛充栋,但有用的书一千部里也拣不出一两部来。若非研究历史,实在用不着去买他。

2月8日　星期六

今日大学有三小时功课,上课一小时,告假二小时。

下午到厂甸转了一转,没有买什么书。

2月9日　星期日

今日午后国语研究会开第三次会,我也到会。我今日在会中主张先办一国语的杂志,同人均甚赞成,先组织一个办杂志的委员会,定十二日开会商量进行的办法。吴先生在会中提出拟将注音字母改正之次序(与六日所拟又有不同,详下),由本会名义呈请教育部批准,众皆赞成。

晚浴。

ㄅㄆㄈㄇㄢ万,ㄗㄊㄘㄉㄋ,ㄍㄎㄏπ,ㄐㄑㄒㄫ,ㄓㄔㄕㄖ,ㄗㄘㄙ,|ㄨㄩ,

ㄚㄞㄠㄢㄤ,ㄛㄟㄡㄣㄥ,ㄝル。

2月10日　星期一

上课三小时。莘(蓬)仙今日在大学中和我大大辩论。他不以我做《新青年》为然,又不以我排斥纲常为然,我和他十多年的老友,也不和他使气的多辩。总之,人各有志,各行其是便了。

晚访周氏兄弟。

2月11日　星期二

上课三小时。

在厂甸买了△① 部书：——严译《天演论》，初刻本。王柏《书疑》。木板《红楼梦》（没有圈点的）。《音韵阐微》。

归家晤壮秋，他要我托人在防疫委员会里替他谋一点事。

晚审查《字典》。

9月12日② 星期五

八时起看报，九时改孔德学校教本。十时马子久来。十二时回家吃饭。

下午二时到大学去，遇傅孟真，闲谈了两小时。四时抄写C校③教本两课，付印。七时兼士来电话叫我去商量编"语法"事，因此就谈了四小时，在他家吃了晚饭。听说蔡先生今夜十一时可到京。十一时返宿舍，睡。

9月13日 星期六

九时起看报，士远来。十时、十一时整理物件。十二时回家。

下午二时到商务印书馆买盖葆耐《英语发音练习》。三时访启明，与谈用罗马字母拼汉字音事，并晤豫才及孙伏园。出至《益世报馆》买《建设》一、二两册。六时至杏花村吃夜饭。七时至澄华园洗澡剪发，看《建设》杂志文三篇，买茶叶回寄宿舍。九时写《文字学》讲义的"说明"一篇，约四百五十字左右；写信给适之要张……。④

9月14日 星期日

九时起。十时看报。十一时回家吃饭，十二时赴大学。下午一时士远来谈，逖先、兼士亦来，四人共商编《新语典》事。五时偕士远、兼士同到中央公园吃茶、吃点心、吃夜饭。与士远谈为劳动社会编辑注音字母书报事。九时回舍，为兼士录注音字母之音读及与旧纽旧韵之相配。夜一时睡。

9月15日 星期一

九时起，看报。十时回家一转。十一时访黎先生。十二时至东安市场吃午饭。

下午一时到大学访守常。二时幼渔、士远、尹默、启明、半农、逖先诸人皆在大学中。与幼渔、士远、尹默商量《学术文选》印刷事，以前拟改横行，今因别种原故仍排直行，并且用简式园〈圆〉点（、○）省去"——""～～～"等符号，期于早日印成以应急需，又改《学术文选》之名为《中国学术论著集要》，七时出城至南味斋吃夜

---

① 原文空缺。
② 自本日至本年11月18日日记为钱秉雄先生据原稿整理。
③ C校，指孔德学校。
④ 原稿残破。

饭。九时回舍,梅贻瑞、徐名鸿二君来。十时章厥生来辞行,后天要动身到日本去了。十一时将《庄子·天下篇》用、○式的句读符号重行点过。十二时睡。

9月16日　星期二

　　七时起。八时上高师课(英一)。九时上高师课(国三)。十时到医生金子直处去替乂取药。十一时回舍看报。十二时回家吃饭。

　　下午一时去为嘉兴来的学生敖弘德、徐光熙、钱肇基等五人做保证人,填写保证书。三时后在北大没有干甚么事。六时精神甚不舒服,到中央公园去玩玩,就在那边吃了饭,看了几份报。八时访陈颂平,不遇,遂回舍。九时,今天买了一本《少年中国》第三期,看此杂志。十时与章厥生话别。黎劭西来信,要我将《国音字典》内不妥当的地方记它下来,即在刊误表中改正。此法甚好,我当赶紧为之。十一时整理书架,十二时睡。

9月17日　星期三

　　九时起。十时写 C 校国文读本五页。十二时回家吃饭。

　　下午一时代婠贞写了三封快信。三时到大学去,有天津……和……来信要我(不止我一人)去演讲,并派代表某人来接洽。我答允他于　月　日去讲《注音字母与教育普及之关系》。独秀昨日出狱,此时我和百年、逖先、幼渔三人去看他,精神谈话无异囊时,惟面庞略瘦耳。六时出城到青云阁买了一部王先谦的《庄子集解》,遇夏宇众和刘雪崖,到南味斋吃夜饭。九时接到法文专修学校寄来新组织的商榷书一本。到澄华园去洗澡,十一时睡。

9月18日　星期四

　　九时起看报。十至十二时上高师课,回家吃饭。

　　下午一至三上高师课两小时。三时回舍觉得很吃力,睡了一小时。四至六时校《国音字典》后访黎劭西。七时至西车站吃夜饭。八时校《国音字典》。九至十一时点校《中国学术论著集要》(以后省称《学论》)。十二时睡。

9月19日　星期五

　　九时起看报。十至十一时检点《学论》抄稿,电请同文印书局之曾劲青来,与商排印《学论》事。十二时回家吃饭。

　　下午三时至五时在舍整理书物。六时至青云阁买了本《新中国》第五号,又替士远买了一部《说文通训定声》。七时至杏花村吃夜饭。八时回舍编辑《新青年》六卷六号稿。夜一时睡。

9月20日　星期六

八时起,回家。九时上大学法科参加欢迎蔡先生的会,学生欢迎蔡先生,职教员欢迎蔡先生,行开学式,杜威博士演说。十二时和启明同到文科食堂吃午饭。

下午一时,我和启明谈话,百年亦来。六时到东安市场,遇半农、隅卿、亚牧诸人,看他们滚地球。七时在沁芳楼吃饭。八时回家,说是婠贞下午到东城看房子去了。九时访夏宇众,为大学预科要请他教文法的事。宇众有个朋友,要《说文》部首韵语上的句子。回舍写信给宇众说明①,十二时看报睡。

9月21日　星期日

八时起,回家吃粥。九时为敖梦姜君之子弘德免费事往访蔡先生,先生允许免费,因即往告敖君。十时至北大。为开国文□□□□② 到会,今日议□□□□③……织教员会。(2)尹默辞□□□□④。

下午一时抄C校读本,付印。二时北京中等以上职教员联合会在北大法科开茶话会,欢迎蔡君及其它各校校长复职,并请教部、警厅之人来与会,摄影。散会,七时至沁芳楼吃饭。八时回舍将今日开会编成记事,送《国》、《晨》两报去登。十一时看报,睡。

9月22日　星期一

八时起。九时整理物件。十一时看报。十二时回家吃饭。

下午二时,回舍,编辑《新青年》稿。六时访赵述庭。七时至青云阁买物。八时至南味斋吃饭。九时至澄华园洗澡。十二时睡。

9月23日　星期二

十时起看报。十一时到同文局去校文稿。十二时回家吃饭。下午二时至五时在大学。六至七时写C校国文课本。八时出校至玉楼春吃饭。九时回舍,倦极即睡。

9月24日　星期三

八时起。九至十一时在高师上课,课后在师校与周时敏谈天。十二时回家吃饭。

---

① 原稿残。
② 原稿残。
③ 原稿残。
④ 原稿残。

下午一时在家看夷初《修辞学》讲义。二时至同文校对《学论》印的《庄子·天下篇》。五时至大学。六时在中央公园阅报。八时回舍点《学论》。十时至富晋书庄买了一部石印的《王阳明集》。至杏花村吃饭,看王阳明的《大学问》。十一时回舍又点《孔子世家》。夜一点睡。

9月25日　星期四

九时起看报。十时至高师上课两节。十二时回家吃饭。

下午一时又至高师上课两节。三时替士远买《庄子集解》,我自己买了一部浙局刻本《王阳明集》。四时,至富晋书庄退昨天所买《王阳明集》。替士远买《说文通训定声》。五时,到大学后看印就之《摹拟篇》及《学论》。六时出城至玉楼春吃饭。七时回舍,点阅王阳明的《大学问》。九时到澄华园洗澡。十一时回舍,校《学论》之《孔子世家》。夜二时睡。

9月26日　星期五

十时起看报。十一时收拾书桌。十二时回家吃饭。

下午三时至宝禅寺街广善寺访马觉非并晤克水。六时至马幼渔处,就在他家吃夜饭,到十时回舍,看了九张《传习录》。十二时睡。

9月27日　星期六

十时起。志强来。看报。十一时到大学去。

下午二时写孔德学校教科书。三时与启明谈天。六时出城。七时在南味斋吃饭。八时回舍,点阅《学论》。十时睡。

9月28日　星期日

九时起看报。十时为《国音字典》事写信给劭西、颂平二人。十一时,觉身体不舒服,无聊之极,找一本调查方言表来□□□□□□①。十二时到金子直处看病。

下午一时回家吃饭。二时到海昌会馆追悼蓬仙。五时访夏宇众。九时回舍写信。十时睡。

9月29日　星期一

十时起看报。十一时到哈达门买牛肉汁、鱼肝油,到金子直处那边去注射。十二时到东安市场替兼士买□□□□②至沁芳楼吃饭。到大学去写了一张孔德国文。与兼士谈编《语典》事。

---

① 原稿残。
② 原稿残。

六时士远邀尹默、兼士、心孚和我到沁芳楼吃饭。九时回舍。十时清理书物。夜一时睡,睡不着,到五时才睡着。

9月30日　星期二

十时起看报。十一时到高师图书馆去。十二时回家吃饭。

下午二时到大学去,晤守常。五时回舍点《学论》。八时到六味斋吃饭。九时到澄华园洗澡。十一时回舍,睡。

10月1日　星期三

九时起,看报(此时高师本有课,因起迟不及去,不得已告假)。十时到高师上课。十一时出外买物。十二时回家吃饭。

下午二时回舍整理衣物。八时至南味斋吃饭。九时回舍。十二时睡。

10月2日　星期四

九时起,看报,顾石君来。十时,高师有课,请假,写孔德读本。十二时回家吃饭。

下午一时到大学去,接到日本出版的《新村》杂志。三时到教育部去赴国语统一筹备会委员会。五时访逖先,在那里吃了夜饭。八时访幼渔,十时出城回舍。十一时校《撵拟篇》印本,十二时点《学论》。

10月3日　星期五

九时起,毛夷庚来谈。十一时看报。十二时回家吃饭。

下午一时在家查《宋元学案》。二时回舍点《学论》。六时家里送饭来吃。九时到澄华园洗澡。十二时睡。

10月4日　星期六

七时起身。八时到大学去。九至十一时上北大课。十二时在大学吃饭。

下午在大学。五时到沁芳楼吃饭。六时到青年会看端本女学校的戏,戏名叫做《碧玻璃》。九时出城到观音寺买物。十时回舍整理书物。十二时睡。

10月5日　星期日

九时起,郑介石来,看报。十时出门还账。十一时崔斛师来。吴鸣岐来。十二时回家吃饭。饭后在家。

下午三时至胡适之处,因仲甫函约《新青年》同人今日在适之家中商量七卷以后之办法,结果仍归仲甫一人编辑。在适之家中吃晚饭。九时出城回舍。十一时睡。

10月6日　星期一

八时起,到大学去。九至十一时在大学上课。课后在大学吃饭。

下午一至三时在大学中将《全上古》写其书头。四时访守常后赴教育部国语统一筹备委员会。六时散会出城到青云阁买了一本《解放与改造》第三期。七时在明湖春吃饭。八时回舍看报。十时修改《文字学讲义》。十二时整理书物。夜一时睡。

10月7日　星期二

九时起,看报。十一时回家,因媎贞要到徐宅去。中午吃饭,饭后在家中查《龚定庵集》,为《学论》也。四时到孔德学校去,因今日该校师生欢迎蔡先生。比到,则正散会,即偕兼士同至其家。六时至九时在沈宅。十时回舍。十一时睡觉。

10月8日　星期三

九时起。看报。十时到沈家拜寿,在沈宅吃素面。

下午一时回家,因媎贞同穹去拜寿,须至晚方归,故今日在家中守家。校《学论》。下午七时在家中晚餐。十一时,媎贞归。即睡在家中。

10月9日　星期四

今日高师放假。九时起。十时到西车站吃早茶。十一时到大学去,见李守常。在大学中吃午餐。

下午一时到幼渔家去。五时访逷先未遇。到东安市场遇幼渔、沈氏兄弟、孔德诸教员。到球房滚地球,邀同观戏。八时与兼士同在玉泉茶楼吃饭。十时出城回舍。十二时睡。

10月10日　星期五

九时起,看报。十时毛夷庚来谈。十二时出外寄贺节(双十节)片。回家吃饭。一时在家二时回舍。三时到公园去。四时到北大法科去吃公宴。八时出城,回舍,又往家去。九时到澄華园去洗澡剃頭。十二时回舍睡。

10月11日　星期六

今日大学功课,告假。

九时起看报。十时,写孔德教科书。十二时至六味斋吃中饭,即进城。

下午一时交出孔德教本付印。二时到教育部开"国音委员会"。六时出城到玉楼春吃饭。七时回舍,收拾屋子。十二时睡。

10 月 12 日　星期日

　　八时起,到教育部赴国会〈语〉委员会。九时至十一时,在会中讨论语典及辞典事。十二时,回家吃饭。下午一时至三时,在家看报。四时回舍。五时到同文局去,曾、胡均不在。六时回舍修改北大讲义。七时至杏花村吃夜饭。八时至十时到澄华园洗澡。十一时回舍,睡。

10 月 13 日　星期一

　　七时起。八时到大学去。九至十一时在大学上课。十二时在大学吃饭。

　　下午二时修改北大《讲义》。六时出校到东安市场买了一部《随园诗话》,即在沁芳楼吃饭。八时出城回舍。九时看报。十时校《摹拟篇》印稿。十一时睡。

10 月 14 日　星期二

　　九时起,看报。十时至西车站吃早茶。十一时至同文校《文字学》。十二时回家吃饭。

　　三时回舍,心神不宁,精神不爽,不能做事,无聊之极。将俄文字母仔细辨认,拟就罗马字的汉语一纸,采用几个俄文字母。八时至第一春吃夜饭。九时回舍,点阅《检论》中的《订孔上》《清儒》两篇。十一时睡。

10 月 15 日　星期三

　　八时起。九至十一时至师校上课,课毕回家吃饭。

　　下午三时到大学去,与守常谈天,在守常处晤徐君,他和我谈汉文改良事。四时,北大国文研究会与教育部国语统一筹备会开联席会议,讨论《语典》事,我与会。七时校《新青年》稿。出城至玉楼春吃饭。九时回舍写信给伯潜,又因天津学生联合会和天津女界爱国联合会会前此曾约我十九日去演讲注音字母,今因双十节之风潮,学生正在罢课中,因去信约缓日来讲。十二时睡。

10 月 16 日　星期四

　　九时起。看报。十至十一时在师校上课。回府吃饭。

　　下午一至三时上高师课,课后麦家骏来谈。四时为《摹拟篇》文事,至高师图书馆查书。六时至幼渔处查《太平御览》,即在幼渔处晚餐。九时出城回舍。十时点阅《蓟汉微言》。

10 月 17 日　星期五

　　九时起。看报。十时至西车站吃早茶。十一时至法国邮政局寄天津信。回家吃饭。

下午三时校《摹拟篇》。六时吃饭,饭后到澄华园洗澡。十时编《新青年》稿,十二时睡。

10月18日　星期六

八时起。至大学。九至十一时上大学课,课后在大学吃饭。

下午二时与士远同访幼渔。六时到东兴楼赴胡适之饭局,他今天请群益书局老板陈子寿,又因陶孟和回来了,为他接风。十时回舍,睡。

10月19日　星期日

九时起。看报。十二时回家,无聊之至。

下午二时出外吃饭。三时至昇平园洗澡,又至青云阁。六时至六味斋吃饭,真真无聊万分。十时睡。

10月20日　星期一

今日孔子生日,学校放假。九时起。看报。十二时回家吃饭。

下午二时送《新青年》稿到同文去。三时回家,因今日沈尹默夫人请婠贞吃晚饭,我在家编第六卷六期之《新青年》稿。十一时睡。婠贞夜间一时归来。

10月21日　星期二

十时起。吃完午饭。

下午二时到大学去,适逢各学校联合要求薪水发现洋事,夷初、士远两人写与各校联络之信件忙不过来,于是帮他们写写。兼士来商量许多关于编订《学论》的事。七时偕士远、尹默、兼士、幼渔诸人同到沁芳楼吃夜饭。十一时回舍,睡。

10月22日　星期三

八时起。九至十一时上高师课,课毕回家吃饭。

下午二时到北大去,抄写孔〔德〕教本。六时出城。买了一部《杜诗镜铨》,一部《四史疑年录》。七时吃饭。九时回舍,收拾书物。十二时睡。

10月23日　星期四

九时起。十至十二时上高师课。回家吃饭。

下午一至三时上高师课,课毕回舍,看报,校《摹拟篇》。四时为《学论》上宋儒之取材,查《宋元学案》。五时至青云阁购《少年中国》妇女号,又购石印《宋元学案》一部。六时吃晚饭,七时至澄华园洗澡,看《少年中国》。十时回舍,查《宋元学案》

各案之姓名、号,预备写在每册封面上以便检查。

10 月 24 日　　星期五

十时起,看报。十一时编《新青年》稿。写《答陈颂平信》。

下午一时回家吃饭。二时回舍,续写《答陈颂平信》。四时至北大交下星期一用的《文字学》讲义稿,暂付油印。六时出城,至西车站吃饭。七时回舍,编《新青年》稿,做了一篇《论中国当用世界公历纪年》。夜二时睡。

10 月 25 日　　星期六

今天北大告假一天。九时起。看报。十时编《新青年》"什么话"完结。

下午一时送《新青年》稿到同文去。二时吃饭。饭后到国民日报馆去,知已停版矣。到青云阁买了一部《草堂诗笺》。进城买 Palatol,出城至商务买《国音字典》。五时回舍。六时收拾书桌。

10 月 26 日　　星期日

九时起,看报。十时毛夷庚来。十二时回家吃饭。

下午二时至教育部之国语统一筹备会,知《国音字典》出版了,买了几本回来,自己留了一本,送了几本给熟人。七时吃饭。八时用《音韵阐微》校《国音字典》。十一时睡。

10 月 27 日　　星期一

八时起。九至十一时上大学课。十二时吃饭。

下午在大学。五时在图书馆借得王船山书数种,做为编《学论》采取王氏学说之参考。六时访尹默,就在他家吃了饭。马季明来劝我入"青年会",我就入了,同时几个熟朋友都入了。十时回舍。十一时睡。

10 月 28 日　　星期二

九时起,看报。十时写《宋元学案》书封面。十二时回家吃饭。下午一时尹默交来《摸》一篇,亲自送至同文。二时到大学。三时到东安市场。四时回舍。六时吃饭。七时编订《学论》目录。十一时睡。

10 月 29 日　　星期三

因需陪秉弘去看病,故师校告假。八时起身回家,陪秉弘到孔德学校去,邀请陈亚牧同到法国医院去看病。十一时亚牧来,同去看病。

下午一时回家吃饭。二时回舍。三时至大学去看报。五时出城回舍。人倦,在车上睡着了。适括〈刮〉大风,因此得了感冒,呛得了不得。六时写孔校教科书八页。八时在舍里叫了一碗面吃。十二时睡。

10月30日　星期四

九时起,看报。十至十二时赴高师上课。

饭后一至三时仍上高师课,课后回舍。五时回家,查关于《学论》的目录。十一时睡。

10月31日　星期五

十时起身,回宿舍看报。十一时到西车站吃早茶。十二时回家吃饭。

下午二时到高师。三时开国文教授会。五时回家。六时到桃李园,同人公钱筱庄。八时到澄华园洗澡。十时回舍。十一时睡。

11月1日　星期六

告假。七时起。八时到东车站买票赴天津。十一时到天津总站,下车乘人力车至青年会,访学生联合会,晤一敖姓者,为我打电话给谌君,并为我在青年会中预备一间房间。下午一时谌志笃来邀往食堂吃饭。二时,谌偕往三戒里李锡锦家,他们有一个小组织叫做"觉悟社",要我讲新文学,我因为仓猝不及预备,于是讲了两点:①文言与白话之名不能对立,国语文学中可采取古文及方言、外来语。②白话文很经济。同时他们还请了徐季龙、包世杰来讲基督教救国论。五时回青年会,吃夜饭。七时同往南开学校礼堂,先由徐季龙演说《学生救国运动》,九时我演说《注音字母与教育前途之关系》。十一时回青年会。十二时睡觉。

11月2日　星期日

七时起身,出门乘电车到车站,八时买票上火车,十二时到京,回舍。

下午一时吃饭。二时至昇平园洗澡,看报。五时,咳嗽甚利〈厉〉害,到金子直处去看病,是气管炎。六时回家吃晚饭,九时回舍。十时睡。

11月3日　星期一

八时起。九至十一时上大学课。十二时吃饭。

下午一时刘半农叫我看他做的《文法通论》。二时访守常。四时章洛声送来《新青年》六卷六号通信栏排好稿,叫我校对。六时至东安市场吃饭。七时出城回舍。八时看报。九时收拾书桌。

11月15日　星期六

八时起。九至十一时上大学课。十二时吃饭 。

下午一时在北大与启明、半农谈天。五时至尹默家,与尹默、士远、幼渔、季明同赴青年会,因为今天是该会欢迎新会员入会之会,有大餐吃。吃完大餐,他们打球,我看报。十时偕尹默同出,至其家。十一时回舍。十二时睡。

11月16日　星期日

九时起。至孔德开校务讨论会。下午一时会毕,偕启明、士远、逖先在市场吃点心。三时一同至康宅吊丧。五时回家。六时吃饭。八时洗澡。十时归舍。得兼士寄来《论"的"字"底"字之用法》一文,嘱我转交《晨报》馆,因附寄数语。十二时睡。

11月17日　星期一

因咳嗽未愈,今日大学告假。九时起。看报。十时将昨晚之稿连兼士之作誊清送《晨报》馆,十一时至瑞记定座,因婳贞欲请客。吃午饭。收拾书籍。下午四时至高师图书馆看书。五时回家与婳贞同至瑞记饭庄,六时在那里宴请政襄、显民、柏筹、佑长、林士。八时回家。十时睡。

11月18日　星期二

九时起。十时回舍。看报。十二时吃午饭。

下午一时洗澡。四时到大学去,在大学与守常、志希、半农谈天,六时访仲甫,不遇。至市场遇隅卿、尹默。八时回舍。

一九二〇年

1月1日　木曜日

九时起。

十时至十二时为《国音字典》事访黎劭西。十二时回家吃饭。

二时至六时收拾屋子。

七时回家吃饭。

八时至十时看《新青年》。

1月2日　金曜日

九时起。

十一时至同兴堂吃高师之年酒。

二时回舍。买得《曙光》第二册。三时至四时看《曙光》。

五时出门洗澡。看《新青年》，从五时看到十二时。睡，竟睡不着，甚烦闷。

1月3日　土曜日

五点钟的时候，听见炮声不断，很疑心他们又要举行第二次悖犭（逆）之事，把心提起了，更睡不着，直到天亮才睡着。

十时起，即回家。知弘、穸二人昨日打架，穸将弘耳颊殴伤，因即电请金子直来诊视。下午二时，金子直来。三时至金处取药，四时至大学购得《民风》廿号、《闽潮》二号、河南出版之《青年半月刊》第一号。又得志希赠我《新潮》二卷二号一册。

六时至厚德福，叔平请我们吃年酒也。

十一时睡。

1月4日　日曜日

九时起。

十一时回府。

一时许访周氏弟兄。

六时至大陆饭店。今日我与士远、揖明，请人吃年酒。在饭店中忽得消息，谓南苑兵变，电话交通断绝，甚为惊慌。八时出城，至青云阁打听，乃知南苑之兵并未进城，不过前门一带商店恐慌而关店门，致起纷扰耳。

购得《新青年》七ノ二，《国民》二ノ一，《新社会》七。枕上观之。十二时睡。

1月5日　月曜日

精神很不振作,十时才起身。

看《晨报》,知昨晚之事全是子虚。十时回家。二时洗澡。看《时事新报》新年增刊号。

八时写信。

十时半睡。

1月6日　火曜日

九时起。夏宇众来谈。

二时至中学,因今日少年学会请启明讲演,题为《新文学的需要》(?)他们那边和启明都不甚熟,要我去做陪客也。

四时往大学。

六时至春华楼,今日马五先生请吃年酒。得"屰"(逆)耗。

九时归舍。陈斐然来。

十一时睡。

1月7日　水曜日

九时起。看报。

二时,收拾书籍。

六时毛夷庚来。

七时至金子直处,为阿弘取药。

九时改孔德国语教本。

十二时睡。

1月8日　木曜日

九时顷,王仲超及夏宇众来,要我担任附属中学第三年级之国文,允之。我因近年颇想改革中学国文教授,故允之。

看报。

下午收拾屋子。

晚六时出门洗澡。

十二时睡。

1月9日　金曜日

九时起。十时访名鸿。十一时到北大。十二时到青年会吃饭。一时访宇众不晤。访崔先生亦不晤。因闻各校学生今日下午一时排队往教部驱逐傅岳棻,未知若何情形? 于二时半往教部。在牌楼外远望见各校校旗甚多,人亦不少,因即至通俗图书馆暂候。(借《京本通俗小说》阅之以消遣)。四时三刻复往教部,则学生已走。只见教部大门上贴一字条曰:

> 安福狗傅岳棻──罪当死

五时许访王仲超未晤,与夏宇众谈天,至九时始归。拟油印《文学改良刍议》,以教中学生。因行款、句读须改正,灯下誊了一道。二时睡。

1月10日　土曜日

九时起。看报。

十一时写孔德读本。梅仲符来。

十二时回家,同秉弘到金子直处去看病。

一时访徐名鸿,并晤迟明、予同诸人。

四时顷,陈斐然至名鸿处,因孔德请隅〔卿〕教高小一年级之国文,因偕其同去访隅卿。

八时偕隅卿诸人到东安市场看他们打球,买了几种新出的杂志,归宿舍。

1月11日　日曜日

晨九时起。

一时到北大晤守常。

二时半到孔德抄讲义数页。

八时出城,在琉璃厂购《昭代名人》以归。

十一时睡。

1月12日　月曜日

八时半起。

九时至附中(今日开学),演说进化之理。

下午在寄宿舍看书。

六时至全聚德,应隅卿招饮也。

十一时睡。

1月13日　火曜日

晨九时起。

十时访独秀。

十一时至北大晤周启明。

二时——四时在附中上课。

得黎劭西寄来汪怡庵的议案,主张将注音字母先行修正,再行颁布《国音字典》。

七时顷出外浴。

十二时睡。

1月14日　水曜日

八时起。

九——十一,上高师课。

一——三,上附中课。

三——四,在附中四年一班自治会成立会中演说。

五——六,为高师要想请一国文教习事,访陈独秀,托其代请高语罕。

六——十一,尹默宴同人于东安市场沁芳楼,食毕,看他们打球。

二时睡。

1月15日　木曜日

今日高师有课,因讲义未曾备好,告假。

九时起,为《国音字典》事访黎劭西。

午后三时至七时收拾书物。

九时取去年五月以前之《晨报》末页,检录其文,作一目录,以备检查。

1月16日　金曜日

收拾屋子者一天。

1月17日　土曜日

本日大学之课告假。

收拾房间。

晚八——十一时抄孔德读本。

1月18日　日曜日

九时起。

十一〔时〕——访黎劭西。

十二〔时〕——送读本至孔德。

二——六时,国语统一筹备会开会,因汪怡安提出议案,对于注音字母拟改修正,讨论之结果则:丨ㄛ = io,ㄨㄛ = uo,ㄩㄛ = üo。"东、冬"韵唇音作ㄅㄨㄥ,ㄆㄨㄥ,ㄇㄨㄥ,ㄈㄨㄥ。"歌"韵及"入"韵"觉""药"韵之唇音作ㄅㄨㄛ,ㄆㄨㄛ,ㄇㄨㄛ,ㄈㄨㄛ。

1月19日　月曜日

八时起。

九——十二,上大学课。

二——三,上中校课。

1月20日　火曜日

下午一——三,上中校课。

八——十二,修改高师讲义,后天用的。

1月21日　水曜日

八〔时〕半起。

九——十二,上师校课。

一——三,上中校课。

七〔时〕到金子直那边,为阿弘取药。

1月22日　木曜日

九〔时〕半起。

十——三,在师校上课。

七〔时〕回家,知小毛头又病了,阿弘甫好,他又病了。真真ㄕㄧㄠ啊。

八——十一〔时〕,修改北大讲义,后天要用的。

1月23日　金曜日

九时起。回家知三儿已退烧。

十〔时〕赴大学,补看去夏北大国文门毕业试卷,看到下午四点钟。在校中购得《钱江评论》第三、《少年中国》第七,大略看了一看。

六〔时〕至东安市场,购得《新社会》第七、《新中国》二ノ一。

七〔时〕回府,知三儿之病已经好了。看《新社会》,其中有《论女人服饰》一篇,极有道理。

八时洗澡。看《新中国》二卷一号,其中有《国语文学与故训》一篇,非常可笑。十一时睡。

1月24日　土曜日

八时起,九——十二,在大学上课。

一——五时补看去夏北大毕业试卷毕。

六〔时〕赴东安市场买得《新群》第二号一本。

八〔时〕回舍。

九——十一〔时〕,抄孔德读本。

9月12日　日曜日

〔午〕前①

一

二

三

四

五

六

七、起身。

八、至幼渔处,将与幼渔、不庵同赴世处。

九、在幼渔处晤郑介石,渠谓现在着手编《文法》。

十、三人同至世处。

十一、三人同至尹默处。

十二、三人同至青年会吃饭。

〔午〕后②

一、三人仍回尹默处。

二

三、三人同至叔平处。

四

五

六

---

① 午前一、二、三、四、五、六各条均空缺。
② 午后二、四、五、六、九、十一、十二各条均空缺。

七、回寄宿舍。

八、陈斐然来谈。

九

十、睡觉。

十一

十二

9月13日　月曜日

九,起,看报。

十,将《国语文法系统表》粘订。

十一,回家。

一——四,剪发、洗澡。买《民铎》尼采号,略略翻阅。

八——十,得缪金源来信,问《国音字典》事,复之。

十时睡。

9月14日　火曜日

八,起,看报。

十一——二,在中校上课。

四,买得《诗所》回舍,翻开看看。

五——八,至公园。

九——十一,整理书物。睡。

9月15日　水曜日

八〔时〕半起。

九,回家。

九〔时〕半,访斐然。

十一——五,在教育部修改附录。

六——八,在公园。

九时,看报。

十至十二时,整理书物。睡。

9月16日　木曜日

八,起身。

九,写信。

十,看报。

十一——六,清理书物。

七——九,洗澡,看《三叶集》。

十二——睡。

9月17日　金曜日

八,起。

九——十,中校。

十一,看《少年中国》一ノ十二。

十二,回家。

一——二,中校。

三——六,教育部,校《字典》。

七——八,公园。

九——十,写信。

十,看报。

十一,睡。

9月18日　土曜日

八半,起。

九,至北大。

十一,至东安市场。

十二,至教育部。至 D□,赵元任、汪一庵、黎均荃会商国音发音表事。

七,出教育部。

一,睡。

9月19日　日曜日

九,起。看报。

十,郑奠来。

十一,回家。

十二,今日觐主请不庵吃饭,叫我去陪也。

三,偕不庵同至公园,与士远、尹默、幼渔、逷先诸人聚会。

九,回舍。

十二,睡。

9月20日　月曜日

八半,起。

九,访斐然。

十,至"Kㄨㄛ"。

一,至高师。

三,至北大。

五,访守常。

六,与幼渔、不庵、士远、兼士同至幼渔处。

十,回宿舍。

十一,修改《国音字典附录》。

一,睡。

9月21日　火曜日

八半起。

九,访斐然,未晤。

十,至"ㄎㄨㄛ",修改《附录》。

十二,又访斐然。

二,至"ㄎㄨㄛ",同上。

六,出城,至青云阁,购《改造》及《□□□□①》。

八,回寄宿舍。

九,写信给黎劭西。报告国音不增ㄧˊ、ㄨˊ、ㄩˊ、ㄦˊ四音事。

十,看《诗所》。

一,睡。

---

① 文字原缺。

一九二一年

1月1日　土曜日

前日大雪,昨晚又雪。今日大风,冷得异常。午餐不庵请吃西车站,餐毕,即偕至其寓中,与之谈至晚八时方归舍。

我在两三年前,专发破坏之论,近来觉得不对。杀机一启,决无好理。我以为我们革新,不仅生活见解,第一须将旧人偏窄忌克之心化除。须知统一于三纲五伦固谬,即统一于安那其、宝雪维兹也是谬。万物并育而不相害,道并处而不相悖,方是正理。佛有小乘、大乘,孔有三世之义。其实对付旧人,只应诱之改良,不可逼他没路走。如彼迷信孝,则当由孝而引之于爱,不当一味排斥。至于彼喜欢写字刻图章,此亦一种美术,更不必以闲扯淡讥之。彼研馈故纸,高者能作宋明儒者、清代朴学者,亦自有其价值,下焉者其白首勤劬之业,亦有裨于整理国故也。至若纳妾、复辟,此则有害于全社会,自必屏斥之,但设法使其不能自由发展便行了,终日恨恨仇视之,于彼无益,而有损于我之精神,甚无谓焉。

1月2日　日曜日

晨七时,大学来电话云,蔡夫人死于法国医院。

十时——五时理书。

至春华楼午餐,晤幼渔、逖先。

晚看《史记探源》,觉得崔君所云伪之二十九篇,其伪乃无或无疑者,但此外恐尚有伪造者为崔所未发觉者。

1月3日　月曜日

晨九时起,十时至下午五时理书。下午四时秉雄来,告以须再过三四日方回家。

五时至澄华园洗澡,吃饭,九时归。因幼渔昨来电话,谈及孔子删《诗》《书》是否整齐杂语,因想确已如此。盖"五经"者:《易》=《通书》;春秋=《明夷待访录》;《礼》=《书仪》《家礼》;《诗》=《文选》《古文辞类纂》;《书》=《史记》《通鉴》(须仔细说明)。

抄《文论集要》目录,寄幼渔,他要油印给学生看也。但旧目列……五类实属不合,当改之。

我以为《春秋》有"大义"、"微言"之别,"大义"为正名主义,"微言"为进化主义。

去年年底向富晋书庄购得《周金文存》及戬寿堂《殷虚文字》,今日往取之。

1月4日　火曜日

晨九时起。访劭西，与商注发音表事。把ㄐㄑㄒㄒ四母详细讨论，觉得的确不是舌前音，因舌前音之 c 于 r、ç、j 诸音，均须用舌前抵及软颚，而ㄐㄑㄒㄒ止是舌叶后部抵及牙床也，盖即古之照、穿、审。故ㄐㄑㄒㄒ实与ㄓㄔㄕ为类，因略进，故应作 tʃ – ɪ, tɕ – ɪ, cj – ɪ。至广与ㄐㄑㄒㄒ同在舌叶，故亦非 ɲ, 当作 ɲɪ-。其实ㄐㄑㄒㄒ大可作ㄓɪ, ㄔi, ㄕɪ, 而广大可并于 ȵ 也。广兼有泥、娘、疑三母之字。泥母当然为 ȵ, 娘母大可复古作 ȵ, 惟疑母作 ȵ 似有不合，然见、溪、晓既可变为照、穿、审，则疑何不可入泥乎？我又说发音学字母太琐细了(符号太多)，则写时不易，因主张应用则用罗马字母拼之，因定为 ＿＿＿＿①　劭西亦以为然(劭西本主张表音用细记，书写用粗记，如 aI 作 ai, a∀作 ao 之类)。我以为既用ㄈㄚ，当然用细记，若用粗记则用罗马字母最为适宜。劭以为然。

在劭西处吃饭。

午后三时往吊蔡夫人之丧。因威廉恸哭失常度，故已将柏林、威廉迁入东安饭店，勿令拘"孝子"之伪礼，甚是甚是。蔡宅收礼之谢帖，尚作"杖期夫"，"泣血稽颡"等字样，此殆亲人为之，若子民在此，则必改良。观其＿＿＿＿②　文，可以推见。我以为丧礼丧服，我辈若身处其地，非实行改良不可。黄一③、欧、胡适之已改良于前，我们不可不自勉也。

四时至大学领薪水。在国文教授会中拟一四十一纽发音图。六时访幼渔。幼渔主张把《文论集要》各文一律按时代排。余极然其说，但以为须将历代论文之作，好的和有关系的都选入。十一时归，人极疲惫，睡。

1月5日　水曜日

晨十时起。北大学生吕家骐来。

通学斋送来《经义考》，索价二十余元。拟购之，因宋、元、明人关于经学的著作具载此书，且有序跋，可以窥知其内容也。宋、元、明人说经，勇于疑古，是其特长。我们要整理国故，很应该参考参考也。

至春华楼午餐，晤王霖之。

买《宋六十家词》，石印汲古阁本，预约券价六元四角。

午后二——六时理书。

七时至富晋书社，见有《昭代名人尺牍续编》，购归。此等书籍虽无实用，然我对于近代学者及文人之信札颇喜把玩，觉得很有趣味，阅之颇足怡情，故购之。价 7.5。

---

① 原文如此。
② 原文如此。
③ 原文如此。

八时浴,九时半归。

发伯潜、子逸 and 迟明信。

1月6日　木曜日

理书者一天。

1月7日　金曜日

午前回家。午访叔平。下午理书。

1月8日　土曜日

午后一时赴部。购得《随园全集》,大略翻阅,此公论人品,论见解,不足取处甚多,然颇聪明,故论议颇有特别之处。其言《仪礼》为伪书(见□□□□①),《中庸》亦伪书(□□□□),及《随笔》中《经学迂谬》一篇,其言实有金汤之固。

四时访适之,他给我看一部《汉宋奇书》,下刻《三国》,上刻《水浒》,此《水浒》与金本大不相同———似可证其为最古之本。无卢俊义一梦,其下即征四寇,惟王进、王国并见,盖已存金本而窜乱矣!若能再得一部《忠义水浒传》(李),则将三种对勘,不难做一部《水浒探源》矣!不过金本实有文学价值耳。又在适之处见一部《实斋遗书》,浙江图书馆排印,印得甚劣,然拟购之。有一日本人,寄一本旧书来,名曰《□□□□□》,□□□□时作的书,适之叫我审查何处之书,我约略看了一看,有些像南京音,然不敢断定。

1月9日　日曜日

午回家。

一时顷偕两儿至稻孙处,因稻为红履公预祝寿(阴十二月十二日)。今日约宗族、亲戚、朋友往其家去食也。五时毕事,偕不庵同至其家谈天。不庵谓拟用客观的眼光,将宋五子之学整理出一个条例来。我极赞同此举。

1月10日　月曜日

十一十二,上大学课。

三—六时"国会"开新年茶话会,并听王蕴山的话匣子。

晚访张少元、夏宇众。

看《宋元学案》欧阳修之《易童子问》,彼谓《系辞》中……② 证其决非一人之作,实具卓识。我尝谓宋人病在武断,而好在勇于怀疑,清儒好在求证谨严,而病在拘

---

① 本日日记缺文,均为原文所有。

② 原文如此。

牵。然论思想之开展,宋儒实胜于清儒也。清儒如定法者,宋儒如革命者。

1月11日　火曜日

九——十,上高师课。

购得《崔东壁遗书》看看。彼对于经,信为确实事实,且动辄用主观的尊圣之见评判,皆其所短。然此等毛病,二千年来之学者皆然,亦不足为病——即王充、刘知幾、李贽亦岂能免此——。而其辨斥传记传说之不足信,精当处极多,其辟妖异尤具只眼。彼谓作《易》之卦爻辞者不知为谁,及《仪礼》非周公、非孔子所作,其言皆极精当。我以为此书实与《新学伪经考》同有摧陷廓清之功,而亦同有学圣之病。晚浴。九时归,编高师讲义。

1月12日　水曜日

今日头晕心跳,不能用心。

以廿七元购得《戴氏遗书》一部。又购得《汉宋奇书》一部,一元。

晚八时访黎劭西,商量"发音表"之定法,今天商量定了,拟日内即撰成,并付印公布。

1月13日　木曜日

十——十二;三——五高师。

六,访崔师。

八,访黎劭西不晤。

商务因《字典》新本一时难成,拟将旧本照校勘记改正,先济应用,而将附录附后。会中应跋数语,今夜作之。

1月14日　金曜日

十——十一,师。十一——十二,ㄒㄧㄚㄇㄣ[1]。

下午到北大去,在士远房中坐了好一会。

1月15日　土曜日

精神疲惫已极,北大告假一天。

理了两个钟头的书,吃力到了万分,不理了。

1月16日　日曜日

回府午餐。

---

[1] ㄒㄧㄚㄇㄣ,国语统一筹备会衙门。

下午访叔平。

晚归。

1月17日　月曜日

十——十二,北大。

午到第三院访不庵,仍回第一院。

下午三时兼士来第一院,与谈。

四时上衙门。

《殷契类契〈纂〉》出了,取来一看,其书实不逮吴氏之《说文古籀补》,但也很有用。浴。

1月18日　火曜日

九——十,高师。十一——十二,到衙门。

接守常信,知仲、适两人意见冲突。盖一则主张介绍劳农,又主张谈政;一则反对劳农,又主张不谈政治。其实是猪头问题罢了。

1月19日　水曜日

编北大讲义。

下午送讲义去,晤幼渔。

为《新青年》适、仲意见冲突事,往与守常商量。

五时回府,顺便去访士远。

八时回宿舍。

1月20日　木曜日

十一——十二,高师。

今天是阴历十二月十二日,为红履公之初度,他叫我去吃午餐。

下午告假。

三时——六时访不庵。

七时,有一个什么王博谦请我吃饭,为《国语报》事。同座者有颂平、一庵、雨庵、劭西。

十时归。草《注音字母音素表》(声16、韵18)。

1月21日　金曜日

十——十一,高师。

十一时至北大,晤兼士。

高师国文部学生,设了一个读书勉进会,他们约我今日下午四时往,开文字学谈话会(四——六时)。

七——九,浴。

十,归,编讲义。

1月22日　土曜日

九——十二,大。

午回府。

1月23日　日曜日

因十二日(阴)为大兄生日,今日我夫妇、父子四人,请兄嫂吃大陆饭店。约不庵夫妇、稻、穟夫妇,九思、志靖、二小姐作陪。

1月24日　月曜日

十——十二,大。

下午到部。

今晚赵博士请我及一庵、劭西三人到他家里吃饭,我们研究发音表事。

1月25日　火曜日

九——十,师。下午到部。

晚撰《发音略说》。

1月26日　水曜日

撰《国音发音略说》,未竟。

1月27日　木曜日　雪

十——十二;三——五时师。

1月28日　金曜日

九——十,师。

得家中电话,知雄患喉痛,即归。延沈医视之,据云流行感冒,又扁桃腺炎。

午后到部。

1月29日　土曜日

九——十二,大学。晚浴。

1月30日　日曜日

晨得家中电话云，雄昨患白喉甚剧。急归，知已延沈医注射血清，今日白已大退矣！因沈医所开嗽口药无着，故至金医处购之。下午三时复至家。四时访叔平。晚人极疲倦，即卧于家中。

1月31日　月曜日

十——十二，大。回家午餐。雄喉渐见痊可。惟痛尚未止。午后赴部。

2月1日　火曜日

九——十，师。十一时至北大。午回家。雄喉已愈矣！午后出城，收拾屋子。

2月2日　水曜日

上午预备讲义。

下午至高师，至北大送讲义去。晚六时至幼渔处，晚十一时归。

幼渔示我以郝懿行《＿＿＿＿》① 我想此书现在颇有用（编字典时更有用）。

2月3日　木曜日

十——十二，三——五，均高师。

吴瞿安说，昆曲中唱北曲，仍照中州音读，侵、寻、监、咸、廉、纤诸韵，必收 m。南曲遇入声字，必读如今江南之入声（但北曲中虽无入声，而遇旧入声字，必须按《中原音韵》所云"作△声"读，而南曲则虽有入声，而入声字可通作阴、阳、上、去诸声用。又"车、遮"诸韵，确是ㄔㄝ、ㄓㄝ，不是ㄔㄜ、ㄓㄜ。"桓、欢"韵为 oen，"寒、山"韵为 æn，但"先、天"韵非 iɛn，而为 iæn）。我想这是错的，若"先、天"果作 iæn，则周氏必与"寒"、"桓"合并矣！浴。

2月4日　金曜日

十——十一，师。十一，至大学领薪。下午三时至ㄒㄧㄚㄇㄣ，杨遇夫、黎均荃往河南去传播国语已归矣！

晚九时至青云阁，购得邢澍之《金石文字辨异》（＄7），其书搜罗碑文异体，并非详备，惟假借字胪列甚多，可资参考。又购得《续复古编》一部（＄6）。

---

① 原文空缺。

2月5日　土曜日

九——十二,大学。

十二时偕不庵同至大兄处。今日大兄约蒋觐圭夫妇、单不庵夫妇、我夫妇及我两子、张智扬女士同往午餐。午后在大兄处。

晚至不庵处,渠谓有志自修德文,研究博物,又谓欲以科学的方法整理国故。余甚然之。

2月6日　日曜日

十时郑介石来。十二时至金子直处还药帐。至富晋书庄,见有陈簠斋尺牍(石印原迹)。略翻,见其中多考证金文之物,购之以归,价十元。下午三时回家。四时访叔平,他送我一部《碑别字初补》。十时回舍。

6月1日　水

上午八时至十时,取《越缦堂日记》随手翻阅。

李慈铭写日记底精神我是极佩服他的,我并且认为我们该写日记,也应该有这样强毅不懈的精神才是。可是他对于学问底见解,我是很不佩服的。他是一个笃信郑玄之学底人,所以对于近代学者驳难郑玄底议论,他很不满意。他又不以"疑古"为然,所以笃信《毛诗》《左传》《周礼》,深不以常州学派诸公底讲今文之学为然——这都是我所不佩服的。

今天大兄、大嫂邀我们夫妇及儿子到中央公园来今雨轩吃饭,从上午八时到下午五时,吃这顿饭的原故是因为佢们今天合做生日。其实大兄底生日在阴历十二月十二日,大嫂底生日在阴历五月二十九日,都不是今天,佢们因为先父底生日是□□① 年阴历四月廿五日,亚猛(佢们底孙子)底生日是□□② 年阳历六月一日。今天刚刚是阳历六月一日,阴历四月廿六日,佢们于是乎就借这个日子合做生日来了。佢们今天所邀的人,只我们夫妇及大、三两儿、稻孙夫妇及其子女。毯孙夫妇及其子女、单不庵夫妇、徐颂唐夫妇、俞志靖夫妇及其女、德瑛(佢们底女儿)及其子女,和我底丈人徐显民先生。下午五时许人渐散,单留我们夫妇及两儿、毯孙、志靖夫妇及其女枝蕙八人,又到长美轩乘凉吃晚饭。

十时访士远,打听今天教职员到教育部去讨债底消息。士远没有回来,于是在季明处坐了将近两个钟头。后来打电话问兼士,知道新任教育次长马邻翼今天虽然到任,但是同他说话他总是一味圆滑敷衍,不得要领,最后答应本周金曜可以先发一些——并没有确实数目。代表认为不满意,非逼他负责任清积欠不可,谈判到

---

① 原缺。

② 原缺。

下午十一时尚无结果。代表今晚大概是不回家了。这种消息传来使我们不充代表底人听了就够气闷,够难受了,思想代表诸人向教育部谈判三日,迄无一线光明之望,其精神上、躯体上所感受的苦痛真不可能以言语形容了。想到这里,觉得今后大概非出于散伙即必走入自办国民大学、国民专门学校之一途,若希望政府(?)来维持实在是绝无希望的了。

十二时回家,为张承哉写扇面。

6月2日　木

上午九时许,不庵来,同他到士远家中打听昨晚情形,知道明日(金曜)先发27万,大约可以偿还一个半月底欠薪。今天下午他们仍旧要开会,到教育部去和马邻翼交涉,不庵也去。下午到寄宿舍。今天精神昏乱,身体疲苶,脑力体力都不能用。三点多钟出外洗澡。黎劭西寄适之所作《的和得》一篇文章来,他根据《水浒》《红楼梦》《儒林外史》三书,主张把"得"、"的"二字分用。

"得"表　　　　　"的"表①

如此办法,我很赞成,打算以前〈后〉做国语文就照这样办。

下午九时访黎劭西。催他把词类分书的办法做一篇文章详细说明。我主张中国国语将来若改用拼音,则词类分书当取法于英文,在仍用汉文之时,可别构一法,即不以词性之异而分书,而以句中地位之异而分书,如：②

用此法有三善：——

1、汉字整方而又以二音之词为最多,若照英文写法零零落落不甚好看。

2、词底分合有待于详细讨论之处甚多,断非短时间少数人所能全数解决,若以句中地位分书,则此层可勿庸顾虑。

3、中国人于句之构成极不明了,因此闹到对于文理不通者,竟说不出何以说他不通的原故。又新标点容易弄错亦是此病,若照此法将每句中各部分分写,则文法易于明了。

晚雨。十一时归,倦极即睡。

6月3日　金

上午十时叔平来,谓孔德学校七年级生为功课事竟全班相率不来上学,此事实在闹得太没有意思了。叔平处今天十二时顷开临时会讨论办法,嘱我必到。我于十一时到沈宅,十二时偕叔平、兼士等到校开会。大家都主张召集七年级生,劝拒

---

① 原文空缺。
② 原文空缺。

们上课。午在青年会吃饭,晤徐润之,他说①

6月5日　日

上午到寄宿舍看报。午到第一楼,在旧书摊上买得启明从前翻译的希腊小说《红星佚史》一本。

今日底《京报》上有国务院底通电二件,完全是颠倒是非,混淆黑白之谈。第一电说教员、学生打伤马邻翼并伤军警,第二电说欠薪②

6月6日　月

上午九时到寄宿舍看报,关于我们底事没有什么消息,殊令人闷闷。

访崔先生,把薪水交给他。

洗澡。

访宇众,他留与〈我〉吃晚饭。晚九时,我们两人同访陈小庄。据他说,现在有一班名流如张仲仁、谷九峰、张蓉西之流,想要出来调停这回底"学潮"。

晚点阅杭世骏《续礼记集说》中所引姚际恒《礼记通论》之《儒行篇》(以后省称为姚论某某篇,如此篇即称为姚论"儒行")。我买这部书来,原是要在此中辑出一部姚际恒底《礼记通论》来,所以专看姚氏之说,打算现在先把他随便点一道,第二次再加新标点,并且专将姚说剪下,排印成书。这是我和适之两人的主张。

看费密《宏道书》第一篇《　　　》③,这位先生的文理实在诘诎塞涩得很,说句老实话,"真是不通。"一般人都说颜习斋文章甚坏,然而比到费密不知要高明若干倍。适之盛称费氏,说他比颜氏好,我所不解(论到根本主张,颜、费固然相近,但论到学问见识,费亦远不及颜)。

阅《越缦堂日记》。

6月7日　火

前几天向张少元借到姚际恒的《诗经通论》。适之也要借看,今日上午送去,并将以前借他的《续礼记集说》送还给他。

访介石,问他"六·三"请愿时候的情形,他约我出外午餐。

午后到寄宿舍看报。今天底《晨报》上有启明给伏园底一封信,所说的话很耐人寻味,如左④。

通学斋送来《章实斋遗〔书〕》不知与浙江图书馆排印的《章氏遗书》异同如何?因访适之,向他借这书来对勘。

---

① 原文如此。
② 原文未完。
③ 原文缺。
④ 原文缺。

今天消息仍旧沉闷,报上说徐某怕学界中人混充公府(?)人员混进新华门,于是稽查门禁甚严。如此张皇,真要叫人肚腹笑断,我要评他一句道:"你也配!"

9月12日　星期一

今天同了婠贞和三个儿子到瑞记去吃午饭,吃完了以后到中央公园去照了四张相:(1)仁佗、婠贞、秉雄、秉穹、秉充五人。(2)仁佗、婠贞二人。(3)秉雄、秉穹二人。(4)秉充一人。

晚上到沈家去谈天,并晤不庵。

9月13日　星期二

上高师课一小时。

买了一部新式标点的《西厢》,是奉天图书局出版的,有郭沫若的序,说明《西厢》在文学上的价值。书中……① 颇有删改,是因为要适用于现在舞台的原故。

下午洗澡。

在寄宿舍中将解而司《汉英大辞典》中的标准拼音录出,并用国音字母对照。总计此书所列之标准音共420个。

9月14日　星期三

上午到沈家去。北大将行第二次预科招考,有信来叫我和沈兼士君担任出国文题目,今天就在那出题:

(甲)文言译白话。取材于《世说新语》。

(乙)白话译文言。取材于《儒林外史》。

(丙)将一段文章标点。选了《稼轩词》的序。

到寄宿舍去预备明天选修科中的讲义。

买了一部《十三经注疏校勘记》,十六元,一部秦嘉谟辑的《世本》,七元。一部《春秋董氏学》,二元。(重刻本,新近完成。)

今天精神疲苶的很,心烦意乱,颇觉难受。

9月15日　木

晨赴高师寄宿舍修改讲义。

午后到教育部去晤汪怡君。我和他商量ㄨㄤ一音对照发音学字母作 uoŋ,此中的 ɔ 字应比照英语发音学的排列,认彼为降韵(标准读法为半降韵)。汪君现在也主张将"不送气"、"送气"列入声带栏中,从高元之说,高说则本于张惠晓也(汪君前数日不赞成此说,主张依旧说列为"阻的方法"栏中)。

---

① 原文空缺。

下午三时至五时上高师课。

9月16日　金

今天是旧历中秋（袁世凯名之曰"秋节"，不通），校中放假。

访马衡君。

访沈氏弟兄，与兼士同出文本科第二次招生之国文题。题为《晚周诸子之学说其影响之后世者若何？》

下午在家中整理书架上的书。天气闷热，我的精神又不提起来，因此止整理了一点多钟就觉得吃力得很。

9月17日　土

上北大课二小时。

吴虞君请在广和居吃中饭，同座者为沈士远、沈尹默、沈兼士、马裕藻四人。

洗澡。

购《改造》△卷△期①。其中有梁启超的《△△△△△》② 一文，说汉明帝梦金人而求佛经之说全不足信，《四十二章经》是魏晋人所伪造，证据极为确凿。此公的文章本来浅显畅达，而头脑又很清晰，今后诚能不骛心于政治，而专门做整理国故的事业，则造福于学子者必甚大，决不在胡适之之下。但恐其"急功名"之念尚未清除，一有机会又要做官僚、做政客了。

9月18日　日

上午九——十二时在孔德学校讲演"国音之发音"。

下午三时，偕沈士远、沈尹默两君同到中央公园，在园中晤胡适。他从南边回来有一星期了。我和他谈到经典，我以为章炳麟师治经，笃信刘歆之伪古文，固非，但是他的治经的方法甚为不错。他只把经典当作一种古书看，不[说]把彼当做甚么圣经看，他对于经典持批评的态度，不持崇拜的态度，这都是很正当的。康有为的《新学伪经考》，用汉学家的考证方法，攻驳刘歆之伪古文，方法谨严，证据确凿，我至今还很佩服此书。至于《孔子改制考》，则理宜分别观之，他说晚周诸子都托古改制是不错的，但如孔孟之"言必称尧舜"，自然可以说托古，至如《尧典》《皋陶谟》中所叙之事迹，则不当概目之为托古。因为以政治理想托之古人，则诸子皆然，故可信据，若托古而伪造事迹，而且照历史的记载法，则似乎不近情理。我以为我们对于《尧典》《皋陶谟》只应作为古史看，不必于此中〔寻〕孔丘的微言大义，若不信《尧典》诸篇之事迹为真，则惟有下列之两种讲法尚可言之成理：（一）他们本是古代

---

① 原文空缺。
② 原文空缺。

官书,所叙事功多是铺张粉饰,不可据为真录。(二)他们也是孔丘以后之人所伪造,其价值等于《大禹谟》《五子之歌》……胡君以吾说为然。

9月19日　星期一

北大今年第二次招生于今日考国文,我派着监场及阅卷。上午八时到北大第二院去监场。此次来考之人较第一次多三分之一,预科六五六人,本科八人,分五个试场试验。下午一至六时阅卷,同阅者有吴虞、沈士远、沈兼士、顾颉刚、毛准、郑奠、单不庵、马叔平、刘文典、朱希祖诸君。

顾颉刚君对我说,他已将前人对于诸子辨伪之说抄成一书,以子书之名为纲。我以为这样办法很好。我们对于经典之辨伪也应该照这样办法,以期便阅。但此等辨伪之原书其内容甚精者,如《尚书古文疏证》《考信录》《新学伪经考》之类,亦当重印,但必须加标点符号。

9月20日　星期二

今日高师功课一小时,告假。

上午八时到北大第三院看卷子,同看之人与昨天一样,看到下午二时许,居然将六百五十六本卷了都看完了。

下午三时参与北大教职员欢迎蔡元培先生之会。

五时许偕沈士远、马裕藻两君到中央公园去。

9月21日　星期三

上午访沈士远君,并约单不庵君到沈家将《国故论著集要》宋学以前各文之抄稿分成三部分,由我们三个人担任圈点校印之事。

下午浴。

晚上修改讲义。

9月22日　星期四

上午十——十二时高师有功课,告假。

关于《国音发音表》尚有待酌订,我拟写信与黎锦熙、汪怡君商量。

下午三——五时上高师课。

9月23日　星期五

上午九——十一时上高师课二小时。

下午二时将衣箱运回家中。

三时赴孔德学校参加欢迎蔡元培先生之会。

六时偕沈士远、沈尹默两君至中央公园。

9月24日　星期六

上午十至十二时,北大全体学生欢迎蔡元培先生,因此我的文字学功课二小时临时休假。

购《北词广正谱》。

浴。

看《困学纪闻》。

下午七时访黎锦熙君,谈至十时回家。我对黎君说,中国的语体文完全告成,必在废弃汉字改用拼音之后,现在的语体文仍是古体文之变相,其中单音之词甚多,省略之字(如"的"字、"和"字等)亦多,其故由于写了汉字虽较文较简,原无妨碍,自然大家都偷懒不肯多写了,例如"示悉"两字,写了汉字自可明白。①

9月29日　木

上午访沈氏兄弟,到北大去。下午洗澡。

买江标的《宋元书板本行格表(?)》②、杨守敬的《留真谱》。

下午三——五时上高师课。

晚叔平钱尹默于沁芳楼,招我作陪。

晚点阅《书林清话》。

9月30日　金

上午九——十一,上高师课。

下午到国语统一筹备会去,与汪一庵、黎劭西商量发音表中几个问题。

晚,幼渔、逖先、士远诸人饯尹默及康心如于射阳春,招我作陪。

10月1日　土

上午十一——十二,上北大课。

下午出城洗澡。

晚访沈氏兄弟,并晤幼渔、叔平。

10月2日　日

今日午□,我在京汉车站食堂为尹默饯行,邀士远、兼士、幼渔、叔平、季明、不庵六人作陪,我和尹默两人吃素菜。

---

① 本日日记书眉原有"未完"二字。

② 应为《宋元本行格表》。

北大研究所国学门近来打算积极进行,做出一点成绩来,而因经费无着,无从措手。蔡先生不久将赴沪,他答应向南中富人如刘翰怡之类告助,要叫我们先拟一个进行的计划,以便开口,今天下午尹默为此事邀我们到他家里去商量。

10月3日　星期一

今日北大举行转学试验(其他同是大学学生转学至北大者),上午监试国文,下午阅国文卷,我都被派到。

上午十一时至第一院晤周启明,我和他尚未见过,他的病(肋膜炎)现在好了,双十节以后可以上课了。他给我看一部用罗马字拼日本语的小说,写得很好看,因此更动我制造拼音新汉文的兴味。

下午三时到教育部,见黎均荃来信说,直隶教育厅有国民学校缓授注音字母之通令。此等人对于现代既极懵懂,对于国故亦全然不晓,只会胡闹,其见解正与反对男子剪发,反对女子放脚者相同。我今天看见《新青年》九卷三号中有吴稚晖先生"答《君疑问》"一篇,谓"△△△△△"① 痛哉！言乎？至哉！言乎？然至今的此等糊涂蛋的教育厅厅长,使吴先生闻之更不知要如何浩叹了！

晚点阅《荀子·天论篇》付印。

10月4日　星期二

上午访沈氏兄弟并晤蔡元培先生。

下午在家中整理书物。

10月10日　星期一

今日刮大风,骤冷。

上午至沈宅,访士远、尹默兄弟,幼渔亦来。士远因今日是中华民国的生日,特于午餐吃面,以志祝贺。午后七时,携秉雄到青年会看燕京大学学生演新剧,剧名《这是谁的错？》九时半演毕,我们就回家。

10月11日　火

上午十时至北大,从今天起,北大新学年开学了,上课则从下星期起。

我近来颇患腹疾,有旬日矣,每吃即腹痛,每日平均须泻两次,忽红忽白,殊不舒服。今日上午至金子直君处想要看病,不料他自己病了三星期了,尚未起床,只好作罢,明天去请沈麟伯看了。

下午至寄宿舍整理书物。我住在后铁厂寄宿舍中有三年了,这三年之中,书物乱堆,从未清理,弄得纷乱之极,无可寻检。而且椅子上、凳子上、床上、地上,到处

---

① 原文缺。

皆是乱书乱纸,扫地也难扫净,客来竟无处可坐。我自己身处其中,张开眼睛看看亦觉得不舒服的很。可是书物既乱且多,欲理亦无从理起,所以一直把这件事搁了起来。近来对面屋子住的白眉初搬走了,我便搬到他的屋子里去,于是看书会客移在新屋,而慢慢的将旧屋中纷乱之事物整理清楚,移入新屋,自易着手矣。数日以来有空即做整理书物之事,但整理完竣恐尚须一二星期也。

晚归家,抄那珂通世所编之《崔东壁遗书纲目》,未毕。

10月12日　水

上午十时至沈宅,幼渔、兼士、介石、不庵相继而来,为商量北大预科国文之分配也。大家都在沈宅吃午饭。

午后三时至北大,就沈麟伯君诊病,沈君谓是肠炎,叫我明天早晨起来吃蓖麻酒〈油〉,使之大泻,先取〈去〉肠中积秽,明晚再用盐水灌肠,又开一药方,叫我从后天起吃药,吃了三天,再吃蓖麻油,泻上一次,当可痊愈。

四时到寄宿舍稍整理书物。七时至春华楼吃夜饭,晤徐森玉君。八时访黎劭西君,因高师国文部要请他去教语法,幼渔嘱我去说也,黎君允任此事。我近来拟有用发音学字母作汉语字母与注音字母对照之表,止用24个字母(见后),日前抄寄黎君,他今天对我说完全赞成,而且希望于制定注音字母草书的委员会中将此事提出,与注音字母并用,这样办法我自己是很赞成的,但不知道通得过吗?

10月13日　木

晨起吃蓖麻油二大匙,午大泻,颇觉爽快。

上午十时到寄宿舍,午汪一庵来访。

下午为北大之"国故概要科"编教案。此科共二单位,约讲六十小时,而所选之文将及百篇(将来尚须增补,则在百篇以外矣),势不能一一讲到,故所制教案分"讲"、"节讲"、"参考"三种,云讲者须全讲,云节讲者择要讲之,云参考者但概括的说明本篇之要点,令学生自己去看。

午后四时孙伏园来访。

六时教案制毕,携至士远处,并约不庵同往商定。

晚十时回家,腹又痛,如厕粪带赤色,知腹中积滞尚未净也。

10月14日　金

高师旧班从今日起开课,我今日有二小时,因患目疾告假。

上午十时至北大,晤幼渔、叔平。

午后二时访崔师。

三时至寄宿舍整理书物。

一九二二年

我从一九〇五年(乙巳)年底到日本的时候起写日记,以后时写时辍,直到去年(一九二一)除夕为止。现在决定从今年(一九二二)起,天天写日记,不再间断。我想近七十年来,中国有两个人,都是天天不间断的写日记,写了一辈子,一个是曾国藩,一个是李慈铭。论这两个人的道德、学问、文章,都不算上什么,可是他们这种"勤"与"恒"的精神是很可佩服的。去年胡适之买了一部李慈铭的《越缦堂日记》,他忽然观感兴起,大做起日记来。半年之间,已经做了七八百页(每页约四百字),他这半年之中的"读书录"尽载其中,而每每所办之事,亦详记无遗。他是看了李氏日记而兴起的,我又是看了胡氏日记而兴起的。我平日有两个最大的毛病,就是"懒惰"和"无恒",活了三十五岁,不但一件正经事也没有做过,就说读书罢,也从没有好好的看过一部书。所以我对于国故,如文字学,如辨伪之学,如白话的文学,心里都很喜欢研究,但是一点成绩也没有。固然,我这几年以来神经衰弱,精神郁伊,不耐久坐,不耐多思,但是"懒惰"和"无恒"究是还是根本痼疾。不将此疾根本扑灭,虽日服鸡卵、牛乳及一切滋养物品,还是治标的办法。现在拟定几条自励的办法如左:

一,每日写日记,揭载每日作事、访友、所读之书,及读书之心得,既备遗忘,且可观今者见识之变迁。

一,另作起居注,将每日之中,某时干某事,某时起,某时睡,一一写明,过后常常看看,当可将睡、起、作事无定时之恶习渐渐改良。

一,每日至少必有一小时自己看书。

一,多走路以便身体壮实。

一,自己根除忧虑,以期精神活泼,渐趋于乐观。

1月1日 下雪

上午十一时回家,壮秋及其母到我家来拜年。下午一时许访士远,不遇。访叔平并晤隅卿,就在他家晚饭,他并且邀士远来同吃。晚十一时回宿舍。

1月2日

今日至国语讲习所上课,下堂以后,有学生安毓文来谈,他是学过世界语的,他劝我在讲堂上提倡提倡世界语,此亦无所不可。但我以为世界语极应提倡,而国语及其拼音文字亦非竭力提倡不可。我因安君一说,忽然想起,何不拟一种采用世界语字母的国音字母呢?午后回舍即草新纂国音字母二种。(一)用罗马字母的。

(二)用世界语字母的如左。(补)①。

洗澡。

看《太炎最近文录》,此均民国元年时代,章师对于政治的意见,其中多悖于进化潮流之论,在不知当时情形者观之,必大不满意,或且诋师为媚袁亦未可知。然师在当时忽发此等议论,实有下列之四种原因:

一、师熟于中国历史,而于历朝之典章制度尤所究心,故其政论不免有笃旧之倾向。

二、师为倡单调的种族革命论者,对于共和政体本非所满意。

三、辛亥以前革命党中,光复、同盟两会早已互相仇视,师与光复党接近,对于孙、黄诸人感情素恶。

四、陈英士暗杀陶焕卿之事,师所最切齿痛恨者。

以是种种原因,于是发为文章反对阳历,反对建都于南京,反对学法政之新进,甚至于反对约法,甚至于倡亡清大僚富有政治经验可以起用之论。若习闻师平日之见解言论,又深知当时党中情形,则对于此等偏激之谈,必能曲谅。然刻此书之钱须弥却是无耻小人,彼于元、二年间与□伦张丹斧辈在《大共和日报》上,专作媚袁之文章,于是假借太炎先生为自己饰非文过之地位,其刻此书,于每文之后均附数行评语,媚袁丑语,令人肌肤起粟。

灯下剪贴姚际恒《礼记通论》中之《明堂位》及《中庸》。姚氏诋《中庸》为装大空头,说大话,极有眼光。

1月3日

午前回家。

午后至孔德学校,开校务委员会。与士远同至东华公寓吃晚饭。此店系新开,中菜、西菜都有。今天吃西菜,颇佳,风味与西车站食堂相近。吃完至士远家中,幼渔、叔平亦来。

1月4日

晚访劭西,因庵日前说"ㄗ、ㄘ、ㄙ"中之声化韵母,查斯威式之《发音学初步》,应为"ㄨ",而非"ㄐ"。劭西处有此书,故往问之,检阅果然,是则我之《国音沿革略》第二篇中关于此点尚须修改了。

访少元,向其借徐乃昌之《随盦丛书》中之《菉斐轩词林韵释》,此书与《中原音韵》为同类。拟采其韵目编入《国音沿革略》第三篇中。

---

① 原缺。

1月5日

午后二时,孔德学校开教科书编纂会,是会干事本是幼渔,他因为事忙,今日会中决定请隅卿襄理。此会设了两年,只编了一——四年级的《国语读本》数册,而内容实不见佳。我主张以后应该改变办法,凡担任编某年某科教材之人,非对于此册负完全责任不可。所谓完全负责者,即从最初着手,至最后定稿,必须一人始终其事。否则胡乱编了一册,交了卷,便不管了,大家审查一下,发现许多不适用的材料,七张〔舌〕八嘴,批评一阵子,终于一场没结果,实行"等——成"一句老话,这真不成事体了。我又主张七八年的中国历史,须彻底改造,各种学科的知识均应提高。

偕幼渔、叔平、士远同饮于东华公寓,寻至士远家中谈话。

1月6日

下午洗澡。回家。

访幼渔,向他借《粤雅堂丛书》中《菉斐轩词林韵释》。此书与《随盦》本似有不同,拟借来校对。此书必出于《中原音韵》之后,《粤雅》、《随盦》两本都说是原本于宋刻,决不足信。粤雅本前面附有平水韵韵目,更为可笑。有秦思汶一序,证明非宋代之书,颇有道理。

1月7日

国语讲习所,在阴历年前须结束,至多不过再有半个月。我所教之《国音沿革略》其讲义编成者,尚只五分之一,打算日内赶紧把它编完。高师选修科文字学中音韵一部分亦拟用此,尽此旬日内编成,则高师选修科方面,即不须预备讲义了(形义部分拟即用蓬仙之《文字学形义篇》)。空出时间来,便当着手编详细之《国音沿革概论》,给北大国文门、高师国文部用了。今日编《国音沿革略》之第四篇《守温字母、广韵及反切》,编了一天,共写成三十多张,约得一万余字,此篇尚未完。

1月8日

国语讲习所为学生要求免ㄎ(考)事,今日上午开教务会议讨论。我从十一时赴会,讨论结果仍主考试,凡应考者给毕业证书,不考者给修业证书。

午后回舍,拟了一种新案国音字母。用发音字母,而改去难写之体及种种符号(如 aI 改 ai,öu 改 ou),作为发音字字母乙种,较正式标音的稍粗疏(正式的为甲种而并无大谬,共用字母　个①　如左(抄补):午后五时至九时,又编了十张讲义,第四篇编完。

---

① 原文缺。

打算做一篇《国音字母新案五种》(a,发音学字母甲种。b,发音学字母乙种。c,用罗马字母。d,用世界语字母。e,赵元任所拟用之罗马字母)作为《国音沿革略》之附录,以精神疲倦未作。(完)

1月9日

今日为大兄生日(他生于△△△△年△月△日①,为阴历癸丑年十二月十二日),他邀我们夫妇及儿子到东华饭店吃午饭。饭毕至北大领薪水。傍晚回家。

张仲人阖家将于明日南旋,今晚国语讲习所中教职员在西车站给他饯行。我与适之相遇,他将顾颉刚辑的稿本郑樵《诗辨妄》借给我看。浴。看顾辑《诗辨妄》,其辨斥卫序及伪毛传,颇有精当语,兹录其辨《十月之交》为周庄王时诗一节如左,……② 此实特别之篇,但其他拥护伪毛之语亦甚多,不但与驳斥伪毛之处冲突,而且与辨妄之名不符,疑莫能明也。

1月10日

这一天做了些什么事,当时未曾记下,不必伪造,只好"阙如"了。

1月11日

午前、午后都在国语讲习所中上课,午前系补课。至高师领薪。傍晚回家。访士远。

1月12日

今日高师有课,告假。

午前将至两校领薪水,先访崔师。他又编了几张《五经释要》,顺便替他带到北大付印。

午后至国语讲习所上课。

浴。咳嗽、怕冷,大概有点感冒,晚上喝了两杯勃兰地酒。

1月13日

今日高师有课,告假。午前定国音韵母三表,然后拟交北大铅印。午至大兄处,因两侄今日为其父称觞,日前大兄来信叫我们夫妇俩都去吃。午后三时才吃完。我向大兄要了《韵目表》和《史目表》各十部。五时偕婠贞一同回家。访叔平及士远,均不遇。访不庵。九时顷,沈宅仆人来说,士远已归,遂偕不庵访士远,十一时回家。

---

① 原文缺。
② 原文缺。

1月14日

上午在北大上课。午士远来,约同至东华饭庄午餐,共五人:玄同、士远、幼渔、启明、不庵也。喝喝酒,谈谈天,一直谈到电灯开了才散。

往幼渔处取《朱子语类》,此为吕留良宝俗堂本,句读皆圈断,很是便看。这部书本来是不庵要买的,现在他已买了一部价较便宜者,此部将退还,于是我就来买彼了,索价廿八元,或者尚可稍稍让价。

在商务馆买得天津华石斧的《国文探索一斑》。拿回一看,实在不成东西。此人自命为研究龟甲、钟鼎文者,此书自谓将汉字之古今变迁,及为他国文字所取,如西夏、越南、朝鲜、日本——说明,其实毫无精采,不过他列了几个表,骗骗不懂的人罢了。但此人在天津居然负了博通古文的盛名,岂不可笑!

洗澡。

1月15日

浑身酸痛,精神疲苶。本想将《国音沿革略》之第一卷重作,竟因疲苶而不能运思下笔。

上午,郑介石来,将他所编《中国文法之研究》送了一份给我。他说新近又编了一种《中国文法十讲》,已在大学排印,不久可以印成。

买得一卷八号之《妇女杂志》,此志为商务馆所出版。以前内容极坏,从今年起大加刷新,看此第一号,尚不能如《小说月报》(从去年起)之彻底改革,但较之以前,却不能不说它大大的改良了。中有 Mr.顾绮仲与 Miss 张勉寅夫妇二人共述伫们结婚之经过,Miss 张此次是再嫁,伫们俩居然能够打破旧礼教之桎梏而结婚,且侃侃自述,毫不讳饰,必是见理极明之人。

拟取《中州音韵》每韵之音列成一表,如《切韵考》之式,先取支、彻韵之平声,试为排列,以头痛而罢。晚浴。

1月16日

上午上北大课。午至幼渔家中吃饭。午后四时许回家。至观象台取历本,以时已晚,彼已关门,未曾取得。六时顷至蜀园饭庄,因族人壮秋与张振华女士自由结合者已四、五年,顷因彼母常以旧眼光蔑视张女士,不以子妇待遇。因拟写一婚约,叫我做证婚人,我对于彼二人之婚认为极适当。今日借一餐饭举行签字,介绍人为湖州人张藻生、桐城人吴天民,饮〈饭〉毕浴。

1月17日

上午上高师课。下午到教育部去。

1月18日

上午在北大上课。午偕士远至东华饭店吃西餐。下午到"ㄍㄐㄙ"① 上课,课毕,有潮安学员陈亦修来谈,并出示《潮州方音》一本。彼欲改用注音字母拼之(原书用汉字),余与一庵、劭西三人共酌定一潮安音表,彼音之特异处,无附 n 声之韵,大抵国语附 n 声者,彼附 ŋ 声,国音附 ŋ 声者,彼为鼻韵。又有 mb、ŋg 等复声。

到商务印书馆,定购《儿童世界》两份,其一畀三儿看。这是一种儿童文学杂志,郑振铎所办,内容颇佳。

1月19日

上午在高师上课。下午在ㄍㄐㄙ上课,ㄍㄐㄙ之课今天完了。劭西来谈,云国语研究会拟出《国语杂志》,第一期即可出板〈版〉。第二期拟定为汉字改革号,叫我做一点文章,昌言废弃汉字之论,并拟请适之、子民诸公撰文。此事若因鼓吹成为事实,则国民之福也,文化之福也。至观象台购日历。

回家。访士远,不遇。访叔平。

1月20日

上午在高师上课。下午高师功课因讲义不及印出,告假。

阴历年关将到,我本年以来,欠各庄之账在一百元以上,午后一一付清。晚浴。

1月21日

今日北大有功课,告假。

去年夏天,友人高承元,撰《国音学》一书,索序于我。我因循未做,现在此书将出板,商务印书馆之方叔远来信催序(此书卖给商务),今天做了一天,尚未做完,明日当可做完寄出。序中分两点说:

一,将他书中的特点提出说明。

二,他主张国语革命,多造复音词,我从他这个意思说,将国语文字应该改用拼音。

1月22日

上午将《国音学》序抄完,约有五千字左右。下午用快信寄交商务印书馆。

下午三时回家,听到一件事,令我神经大受刺激,烦懑不安,其事如左:

某君家中有妻,彼此素无爱情,八九年前来京读书,于三四年前与同校中某女

---

① 即国语讲习所。

士发生性的关系。某女士本是寡妇,曾与前夫生有二女,大者约十岁,小者七、八岁。某女士自与某君自由结婚,又生一男。一年前某君之母北来,对于此事并无明确的表示,但常常向其子聒闹,欲令其子接家中之妻北来。其实,此老妪对于南方之子妇,感情向来甚恶,而对于某女士,因其生有男子,亦并不欲逐之,不过伊极希望南方之子妇来此,可以常常与某女士吵嘴,令某女士不舒服而已。伊何以要如此,大概因某女士为寡妇,且与其子系自由结识,未曾坐过花轿之故,而其子因每月所入不多,至今尚未……(以后补续)。晚访士远。

1月23日

上午在北大上课。午幼渔、士远、兼士、逖先、玄同五人在东华饭庄吃饭,下午三时回家。

傍晚出城洗澡。

郑介石借给我一本《国学卮〈厄〉林》第一期。此杂志系九年夏间武昌高师所出版,编辑主任是黄季刚。在浴室中翻阅,其中竟有提倡君臣之说,可谓荒谬绝伦。汪旭初寿某管带"诗举人"及自眩〈炫〉之语,看了令人肌肤起栗。其中自然还是季刚的文章稍微好些。然彼所撰之音略,说声之发音几无一语不谬,彼自以为订正江永之说,实在其误甚于江永。我常主张国学必须受[化]新文化洗礼之人,才能讲的明白,今观此志,而益坚吾说矣。

1月24日

上午在高师上课。购得费密之《弘道书》、《荒书》及《诗抄》。此人生于明末清初时,其学与颜、李一派极近。又买了一部铅印粉连纸的《陆象山全集》。

兼士说现在的新诗喜用"光明"、"花"、"爱"等字,其弊实与旧日之游仙诗、吴文英诸人之词之用一大堆陈套语者相同,此说我极以为然。我近来觉得世界上决没有神秘的学说和思想,凡用神秘字样的文章,都是以艰深文浅陋,不问新旧,其弊相同。

晚浴。

1月25日

上午在北大上课。

与启明及兼士谈及汉字改革问题,我主张应分两层做——但两层需同时做:(一)改用拼音,(二)句法欧化。启明本主张欧化国语者,但对于改用拼音一事,总觉得甚难。我以为事在人为,只要打起精神去干,决无何等困难也。但汉字未灭之时,必须大大地采用简体字,极古与极俗均可采用。例如"集"可作"亼","环"可作"⊖",而"戴"可作"㐵","钱"可作"戋"也。午后回家。三时顷访不庵。七时顷访叔平。十时顷访士远。十一时回寄宿舍。

1月26日

上午上师校课。

为张振华女士前妻二女孩事，昨约其夫钱壮秋，于今日午后来商安顿此二女孩之法。我打算把伊们送入香山慈幼院去。壮秋来，谓已定入某教会女校。如此亦佳，总之决不让彼伧买去做婢也。

作致颉刚信稿，谈孔经问题，未完。

晚浴。

1月27日

北大从今日起放假四日，卅一日开课。

高师从今日起放假三日，三十日开课。

今天是阴历除夕，大兄处又须拜祖宗，又得去敷衍一次。但我觉得，我自虽可牺牲，而婠贞总不必一定要牺牲她。至于二子，总以不牺牲他们为宜。秉充则远哉遥遥的去，更觉无谓，然不得已也。上午回家，知秉充从昨宵起身体发热，则今日必不能出门，而婠贞亦可藉口不去矣，二子亦可不去矣。

午访叔平，渠代购之《随盦丛书》及……已到，"随盦"中有《箓斐》及《阳春白雪》两种最有用。下午一人到兄处拜祖宗。晚至季明家，因彼今日约士远、兼士、幼渔诸人往不① 家中吃饭也。

1月28日

午回家，偕婠贞同至东华饭庄，今日不庵夫妇宴大兄嫂，叫我夫妇、稻孙、幼渔、士远、兼士、黄鸣祥及张智扬女士作陪也。吃毕回家，见秉充病渐愈，良慰。出城访崔师，不遇。晚得叔平电话知《切韵》已印成，已先寄到一百部（共四百部），即往中华书局取来。读王国维的跋。

1月29日

上午访崔师。

午，进城至东华饭庄，今日为马幼渔、沈士远、兼士、朱逖先四人公宴大兄，叫不庵、稻孙及我作陪也。食毕回家，知秉充病已好，良慰。访士远。

1月30日

上午回家。妻、子均往大兄处拜阴历年，未见。午后浴。晚至高师看戏，今日之戏为：《好儿子》，汪仲贤；《幽兰女士》，陈大悲。

---

① 指不庵。

1月31日

上午在高师上课。

下午逛厂甸,厂甸中已有数书摊摆出,我略购书二种,均价极廉者,而书则颇有用:

一,粤雅堂本《菉斐轩词林韵释》,一角。

二,江晋三《先秦韵读》,二角。

晚至高师看戏,戏为:《终身大事》,胡适;《双解放》,汪仲贤;《幽兰女士》,陈大悲。

2月1日

上午在北大上课。

午归家午餐。午后访不庵。晚访士远,不遇,即出城。晚修改《国音沿革略》,为高师选修科之用。今日精神甚疲,早睡。

2月2日

上午在高师上课。

今日午后一时至五时,畅逛土地庙、厂甸、火神庙等处之书摊。今年书摊较前数年为少,书亦较少。我买了一部汲古阁本的《乐府诗集》,价十四元。印本尚好,纸亦不甚脆,还算便宜。我两年前亦在厂甸兴中买得一湖北刻本,纸厚、墨浮,手一碰便黑,厌恶之甚。久思得一汲古阁本,今日购得,甚为欣喜。又购得四印堂初印本《稼轩词》,价一元八角。四印词我所有者,宋人词中自以辛氏为第一。此种印本甚好,故又要购之,以便带在身边,随时讽诵。晚浴。

2月3日

上午、下午均在高师上课。

今日买得《击壤集》,十元;《曾国藩日记》,十四元;丰城熊氏新刻本《切韵指掌图》,七角。《击壤集》是纯粹的白话诗。我求之数年,总因价昂而不买,然价则逐年昂贵,及今不买,将来恐非二、三十元不办矣,所以就买了一部。曾国藩底文章学问无一可取,至其所谓"功业",则民贼之功业也。然其人办事、治学之毅力,实可钦佩。其手书日记四十册……我自从去年买了李慈铭的日记,就想买此书,今日遇之,故买一部。熊刻《切韵指掌图》即坊间石印之本,此书余屡购屡失,故今日又重购之。晚浴。

适之来信,示我以高元《国音学》序稿,他说声随的韵容易消灭。我想此话甚有理,中音变化与注音最为相像。他又说声音减少,复音字加多是进化,此说甚精。

2月4日

上午在北大上课。

午回家。充儿病痊愈矣。穹儿又患小热了。

三时以后逛厂甸,今日未买书,但买了银砖钟一块,价二元。取归磨之,实不见佳,不免上当了。

2月5日

今日逛了大半天的厂甸,买了:

《潜书》,一元二角。

段大令定本《毛传》,二元五角。

石印《日知录》,一元五角。

《论语正义》,四元五角。

段定《毛传》有一样好处,他把"传"与"经"分成两起写,则读经较便也。

晚浴。

将新买之《毛传》略略翻阅,见传中常常有话与《左传》《礼记》诸书相同,清儒据此等处,以为毛公亲自见子夏传诗,最得真相,不知此已狼狈为奸者。我以为孔子之言,惟《论语》前十五篇为可信,其他……

2月6日

上午北大。午后回家。访不庵。晚访士远。

2月7日

上午高师。午后至教部。傍晚逛厂甸,购得日本《玉篇》,三元。

2月8日

上午北大。午回家。

下午购得:古逸《玉篇》《广韵》,四元;《周官新义》,一元五角。

梁任公之《历史研究法》出版了,此书内容甚佳。因购数册,自留一册,而赠不庵、士远、介石、孔德各一册。

浴。

2月9日

上午高师。

下午逛厂甸,购得白纸《荀子集解》,三元。《巢经巢诗集》,二元。《韩诗内传》,

六毛。《春秋比》,四毛。昨以书问稻孙辩汉音、吴音,兹得其复,曰……

2月10日

上午、下午均高师。

今日风甚大,厂甸书摊甚少,我教了一天书,吃力得很,就不逛了。晚剪贴姚际恒《祭法》、《经解》、《孔子闲居》三篇。

2月11日

上午北大。

今日厂甸书摊之末日,我买了尸、老、韩、荀、庄、□、吕、墨八子,浙局初印本,共十一元三角。其中惟《尸子》当是伪书,余皆真书。稍暇拟将周秦诸子中真的几部点阅一过,而将近人如王念孙诸人之考订训诂,宋以来直至胡适之订疑诸论节要抄入,以便观览。

又购得粤雅堂本之《声类》,一元四角。张祖廉之《娟镜楼丛刻》,一元五角。此等遗老所刻之书甚为可厌,惟此书中有《龚定庵遗文》及《定庵年谱外记》,故购之。晚看此二书。

浴。

2月12日

晨十时孟和来,约我今夏赴津南开大学暑期讲演会,将文字学讲演廿小时。允之。整理书籍。午后点阅《四部正讹》数节。归家,晚访士远。不庵将朱子之《孝经刊误提要》录成一文,甚好。彼谓尚拟将朱子辨《诗序》、辨《尚书》之文如此录出也。

2月13日

上午北大,启明谓上海伊文思书馆到有外国《十三经》整理过者,大喜,价十元。因托渠代购之。午后回家。浴。

2月14日

上午高师。下午整理书箱三。灯下点阅《墨子间诂》四、五、六、七四篇。晚八时夏宇众来谈。

2月15日

上午北大。

午后回家。访不庵,谈及汲冢问题,他说古书上除汲冢外,无以书殉葬者,故即古本《竹书纪年》亦可疑,且魏史自当溯及于毕万,不应远及于夏,岂彼欲作通史乎?

我以为此说亦甚有理。我以为《春秋》一类之历史,实为古史官逐年编次之大事记。此等大事记当是逐年记下,积久成帙。若此书从夏禹起直到魏安厘王时,逐年编记,未曾间断,断无此理,若确为魏史,则上溯千数百年以前之夏,而逐年编次,亦去事理甚远,故此书实甚可疑——纵不可疑,而确为魏史,然伊尹、大禹、桀、纣等事,言之凿凿,终觉难信,要之,诸子托古改制之尧、舜、文、武固不足信,然民间传说之尧、舜等人亦岂可信耶!

向不庵借得朱子《孝经刊误》归,拟抄之,又向渠借《习学记言·经序》,拟择其中疑古之论抄出。

2月16日

上午高师。

下午整理书箱,将五洲同文之《廿四史》清理一通,欲为制书套八十个,询价需十七元。晚浴。

2月17日

今日精神不振,高师告假一天。下午整理书箱。晚浴。

访章厥生。到《晨报》馆购得十年十二月、十一年一月之《晨报副镌》各一册,又《戏剧》二卷一期一册。

2月18日 土

上午北大。午叔平邀食〔于〕东华饭庄,同席者为麟伯、士远、兼士、幼渔、隅卿诸人。食毕回家。午后三时,开研究所国学门委员会,结果将《北大月刊》改归出版委员会办理,每年十二期,分四门出版:(一)国学,(二)文学,(三)自然科学,(四)社会科学。晚餐同人自己出钱,在东华晚餐,中菜西吃,倒也很好,为玄同、适之、幼渔、启明、士远、兼士六人,食毕至士远来〈家〉谈天。

2月19日 日

上午李醒君来,此人为广州注音字母学校校长,去冬来国讲所听讲也。归家午餐,午后二时至北大开歌谣研究会,会议结果有二事:(一)先出月刊,以三、四年来所征集之各地歌谣,为第一次之整理(整理初稿),又将古谚谣(《诗经》起)整理刊入。(二)定音标,因用注音字母及万国音标两种。下午五时访不庵。

2月20日 星期一

上午北大。

与士远同到幼渔家吃中饭。我托幼渔代买《双照楼词》一部,今日已购来,共二十本,价四十元。闻尚有续集,不久可出,价约六十元。与幼渔谈及《韵镜》和《切韵指南》,其中"分合"及"开合"等名多不可解。我以为我们现在对于此等书,只好暂不理会。暂以江永、陈澧二家之说考残本《切韵》再说。

回舍得颉刚信(节抄)。①

壮秋来言,他夫人与伊的前夫所生之二女,顷将送至笃志学校(教会所设)。我心一慰,此后当可免沈獠之看相了。

购得《互助论》。拟再购一册《早离》。

浴。取归、方《史记》照崔删改,删改了十篇(完)。

2月21日　星期二

上午高师。

下午到教育部开注音字母正草书法研究会。定用黎劭西所拟三种(一)印刷体,(二)书写体,(三)草体,由部令公布之。

买得共学社出版耿墨今译之《托尔斯泰小说集》,并购一部畀秉雄。精神不佳,早睡。

2月22日

上午高师。午偕士远在东华饭庄。傍晚回家,知三儿又病了。浴。

2月23日

上午高师。逖先借给我《韵文集》一册。购得《章氏丛书》,校之,异同甚多。

购罗素《科学中之哲学方法》,王星拱译。他将今词"的"字全用"之"字,我以为较用"底"字好。又购得《东西文化及其哲学》。浴。

2月24日

上午、下午均高师。晚回家。访士远。

2月25日

午前北大。午至金子直处为穹儿买药,他患淋巴腺炎也。下午回家。午后四时顷至教部大礼堂,看女高师演戏,人已挤满,闻须七时方开演,而二时顷已有许多人来云。戏为《归去》《冬烘先生》《孔雀东南飞》。

---

① 原缺。

2月26日

午前王伟人在同和堂开吊,往吊之,送葬仪四元。

午至兄处,今日兄请逖先、兼士、幼渔、叔平、士远、觐圭在家中吃饭。午后五时偕士远、不庵同至士远处。

兄处有……簿数册,今日分送每人各一或二册,此物若积了多少,则物价、户口等等,也未尝不是一种史料。但止一册,则无用,又不是以古董玩赏。而其纸为开花纸,我拟拆开,将其反面写字。

2月27日

上午北大。

午回家。赵元任所译《阿丽思》有趣味,文笔亦极流利诙谐,已出版。购得一部畀充儿。秉充去年三月十日生,是日为阴历二月,然今日亦阴历二月一日,家中人煮面食之。午后至国——会。晚在教育部看女高师演《孔雀东南飞》及《叶其锐》。

2月28日

上午高师。

下午进城至北大出版部购《章实斋年谱》及《阿丽思梦游奇境记》。回家。浴。

3月1日

上午北大告假。整理书物。浴。

晚将《孔雀东南飞》依新式诗写法写一稿本,拟日内请启明改正。我年来精神太郁伊〈抑〉,近拟取前代的好文学(白话的)看看。晚时并拟寄出。校《韵文集》毕。

3月2日

上午高师。下午回家。访不庵。晚访士远。

3月3日

上午下午均高师。

今日下午爱罗先珂在女高师讲《智识阶级之使命》,因天下雪,我又有课,以是未往。

浴。

晚作复费树人信,他是……他问我关于《国音沿革》上几条也。

3月4日

上午北大。午回家。

午后在北大第三院听梁启超评胡适之的《中国哲学史》。他对于适之叙哲学发生不满意,说他引《诗经》为证,于时代背景不合,《诗经》中的诗,有距孔、老、墨、荀、庄、孟子有四、五百年,谓其诗与诸子有关,无异谓辛稼轩、姜白石诸人的词与胡适有关了。他对于《老子》,疑其非孔子以前之书,举"大兵凶年","侯王"、"王公"、"仁义"等字样,以证其在孔子之后。又以老子之子名宗,宗为魏将,谓老子是孔子的老前辈,而其子在孔子卒后△△△年三家分晋后始为将,亦有可疑。而《史记》叙老子与老莱子与太史儋三人,是否一人,大为可疑。又《论语》《孟子》诸书,总不提及老子,亦可疑。此说极有价值。彼又谓《列子·杨朱篇》决不足信,此说极是。然蔡先生早已言之矣。

晚在士远处。

3月5日

到大学去一天。

午前听爱罗先珂讲演《世界语及其文学》,适之翻译。午蔡先生宴爱氏,同座者为胡适、孙国璋、周豫才、幼渔、士远(主)、我、启明诸人。

午后听梁氏评《中国哲学史》。适之亦到,今日评孔子、庄子两段。梁氏以为胡氏言孔子、庄子的哲学,都从知识论方面看,殊属非是。彼又谓孔子所谓学非读书之语,乃是……这话我很以为然。彼以为胡氏引孔子杀少正卯事,此非事实,此说胡适承认之。

晚至士远家谈天,尹默书一词寄我"……"① 良友规劝,我甚感之(我平日太不乐天了)。

3月6日

北大假。(整理书籍)

取刘半农文二篇,加以按语,拟登日刊。

3月7日

高师假。上午去教育部。看《国语文学小史》。浴。

3月8日

北大告假。编《切韵》——李舟《切韵》讲义并作异同表一。

---

① 原文空缺。

3月9日

高师告假。编讲义毕。下午回家。至北大。访幼渔。

叔平今晚宴罗遗老于明湖村,同去者为世、士、兼、幼诸人。

3月10日

竟日高师。浴。

看适之《五十年中国文学》。

3月11日

上午北大。下午回家。晚访叔平,又访士远。

3月12日

上午戴逵荪来谈。下午回家。晚浴。

3月13日

上午北大。下午访士远并晤不庵。五儿种牛痘。

3月14日

上午高师。下午回家。

下午开国学门研究所委员会,商量月刊事,结果无专号之名,而有专号之实。晚访士远。

3月15日

上午北大。午回家。

午后到教育部开干事会。

业、彳、尸、日称为叶尖声,均作 $ı\grave{}$、尸、ち、厶称舌叶声,均作 $ı$。从斯惠脱氏说。今日与劭西、一庵商量定妥。浴。

3月16日

今日停课一日,开八校全体教职员大会,于美术学校,讨论经费及罢课否之问题。我未往。

购得吕留良、吴名〈之〉振、△△△之《宋诗抄》。商务石印本,价八元五角。此书为研究宋诗之重要材料——适之说。

阅杨万里诗,白话诗最多,他又喜欢描写自然,我以为陶渊明以后一人而已。浴。

3月17日

竟日高师。

晚至第一舞台看戏:(一)武术。(二)音乐。(三)《平等吗》。(四)跳舞。(五)《可怜闺里月》。

3月18日

上午北大。午回家,红履公婆适来。

晚黎劭西请卫挺生在西花春吃饭,约适之、一庵、雨庵及我作陪,谈国语问题。卫氏亦主张京语者,殆张一士之流。但我与适之均不主张国语统一,但求普及。又卫主张废入声。我与适之则主张五声全废。讨论结果,终未解决。

往第一舞台看高师戏:(一)武术。(二)音乐。(三)《爱国贼》。(四)跳舞。(五)《幽兰女士》。

3月19日

镇日大风。整理杂物。

晚赴第一舞台看戏,今日女高师戏:(一)①。(二)音乐。(三)《一点虚荣》。(四)跳舞。(五)幻术。(六)《赤钳恨》。

3月20日

精神不好,北大告假。

午回家,今日阴历二月廿二日,为婠贞生日。

午后四时回宿舍,整理书物。晚浴。

3月21日

精神极坏,高师告假。

午后四时北大研究所国学门开会,今日讨论季刊问题。请适之为主任,议决五月中第一期出版,用横行,标点符号必须完备。

晚访士远。

---

① 原缺。

3月22日

上午高师。

今天忽然又下雪,很冷。午归家。

今日午后四时沈麟伯与贺惺华女士在中华饭庄结婚。要我去赞礼。午后二时偕婠贞及秉穹同住。证婚人为沈士远,昨与约,他读婚书及我赞礼均须用国音。

晚至沈家看新房,他们是新式结婚的,新娘系天足,人又极出ㄊㄧㄠ。但有李彦士、潘梓民等人还要闹房,演脱鞋,窘新娘诸般丑态。他们自鸣得意,其实侮人者适以自侮耳。我看得实在有些不耐烦,于是走了,去访士远。

3月23日

头痛忌寒,高师告假。

有袁龙江者,去年曾来告帮,予以数元。今日又来告帮!告帮倒也无妨,未尝不可给他几块,可否〈是〉他满口胡柴,什么所长,什么校长!什么!什么!而且口口声声同乡。我讨厌极了,严词绝之,并挥之使走。

午后浴,觉得身体稍稍舒服一点。

刘廷芳前来书,嘱我以对于基督教之意见告彼,今日作书如左:①

晚张禄庭来谈。

3月24日

头痛忌寒,心跳神痴,不能上课,高师告假。午后浴。

晚点阅《宋诗抄》中之戴昺《农歌集》点毕。又取费念慈刻影宋本白氏《讽谏》与一隅草堂本《长广(庆)集》,文字多异,错字极多,非校不能读,然亦有一隅本可两通者(点毕)。

3月25日

上午北大。午回家。

午后又至北大,到国学门研究所翻《守山阁丛书》,中有《大金吊伐录》一书,丑哉!中国文人如此丑法!

晚访不庵。

3月26日

午,俞志靖夫妻请红履公婆,在西车站吃饭,余夫妇作陪,挈阿穹往。午后回

---

① 原缺。

家。晚访士远。

今日爱罗先珂在俄——校演讲"　　"①,为警察所干涉,几乎开不成会,秉雄去听的。

红履公家中近失窃,窃去衣箱八只,他们夫妻甚懊悔,红履公因之最近昏晕者两次了。

连日大风,黄沙蔽日,天气寒冷,丝棉袍子至今未脱,不舒服得很。

3月27日

上午北大。午回家,阿兄嫂适来吾家。浴。

3月28日

上午高师。

下午上ㄒㄧㄚㄇㄣ。因孙伏园来信,拟于《晨报》附张上辟《国语消息》一栏,拟为《国语——会》作机关,因往告之也。晚偕劭西饮于雨华春,谈到"汉字简笔"之必要。我两年前即拟为此事,因循未果,今则社会上之需要之时期至矣(第一步白话,第二步标点,第三步简笔,第四步拼音)。我今晚试为之,取《国音字典》中删其甚僻之字,结果大失败,盖非采取草书不可。宋元以来之破体字如秤,如矣,如头,如长,皆变自草书也,惟"又"旁一类之字为破体所新创耳。

3月29日

上午北大。午后回家。

访不庵,他对我说《八家四六文》中之洪北江《再与孙季述〈述〉书》真好,此等骈文断非堆砌典故者可比。又云,近于报端见李烈钧《满江红》词一首,满纸全无真言。若岳飞之所为,如"八千里路云和月"等语,何等真切。据此,此公对于文学实已采得骊珠矣。彼言不懂纯文学者,伪也。

晚九时访士远。

3月30日

上午高师。午十时郑介石来。午后回家。

午后四时至北大,赴国文教授会,今日为考试事开会也。

晚偕幼渔、叔平、隅卿、士远、兼士共六人,食于东华饭庄。

日前借得世界语《新约》一部(向启明借)。今晚取其中人名、地名与汉译对照,并取注音字母译世界语之音,以比较其与汉译译音合否。

---

① 原缺。

3月31日

上午高师。下午师选,告假。

午至教育部。近来有"非宗教大同盟"出现,我们很反对他,作一宣言,今日《晨报》已登出了。

下午整理书籍,检取"李滨"、《玉烟》《吉石》《草字汇》《草字摘要便览》,为简笔字之预备。

不庵有《朱子诗序辨说纲要》,甚好。顷由高师油印出来。看了这种读古书的方法,觉得清儒如王、俞辈尚有不及,而守家法者,更无论已。晚浴。

4月1日　土曜日

取《李滨》弄其偏旁。

午后刘昂来。午后五时回家。访士远,彼有小热。访幼渔。喉间梗痛,夜间发热。

4月2日　（日）　天阴雨

至金子直处看喉咙。

午,兄请余夫妇暨雄、穹二儿、不庵夫妇、志靖夫妇在西车站吃饭,余喉间勉强应酬而已。午后身体发热,疲乏得很,卧床不起。

4月3日

喉间发现白点,就疹〈诊〉,金谓未必即是白喉,但不能说定,然喉痛万分,即咽水亦觉不便。

午回家略啜小米粥,以不能下咽而止,栗寒得狠。午后出城,浴。归,又睡了。

4月4日

喉间白点未退,甚不放心,请金医注射白喉血清。发热似稍退矣。午回家。

4月5日

看病,白点全退,金谓不碍事了。回家。午后访叔平。

4月6日

看病。回家。

午后访士远,则尹默来了——今天上午来的。我看见他有一部……之《法文字典》,旁有发音字母注音,甚爱之,托尹默代购。

4月7日

精神甚为疲乏,尚未能看书。也未曾出门。在舍中睡睡,休息休息。

《民国日报·觉悟》上有章师之讲演稿,今晚校阅并加标点符号,拟明日送至北大油印。

4月8日

看病。回家。午后至北大。至叔平家,渠今晚宴尹默也。

4月9日

精神依然疲苶得很。午回家。午后访不庵。晚下唇忽暴肿,面部凹凸不平,有类风块,身上亦奇痒,夜间不能成床,烦闷得狠。

4月10日

今日起学校开学了,我因病本星期两校均告假。看病。

上午至大学还启明十块钱(买外国《十三经》的)。午回家。午后访尹默兄弟。

下唇之肿已消,而上唇肿了一天,忌寒,背痛,精神乏极。

4月11日

咳嗽未愈,唇肿渐消,而颧骨又浮肿了。心绪依旧恶劣得很。午回家。午后浴。晚整理《国故》印稿。

4月12日

精神仍极惫。看病。回家。午后至北大检取《国故概要》。

拟偕士远游公园,彼不在校,因即归舍。晚取江沅书之音符,择其可代"声学"者录出,录完。

4月13日

精神甚惫。拟约士远游公园,彼无暇,因作罢。

因高元主张用国音字母作中国音符,则声之每阻之通声须完备,韵之前四后四均须完备,吾颇然其说。拟就ㄙㄨㄒㄧㄎ之十阻,定其通声,应加二母,ㄓㄡㄋㄙ之八韵,应加三母。即声:——加者记○

高说不尽如此,应改正。

晚浴。今天天气很暖。晚忽又忌寒,又咳嗽忽又甚剧,精神乏极了。浴后取江沅书将古字检出许多,未录完。

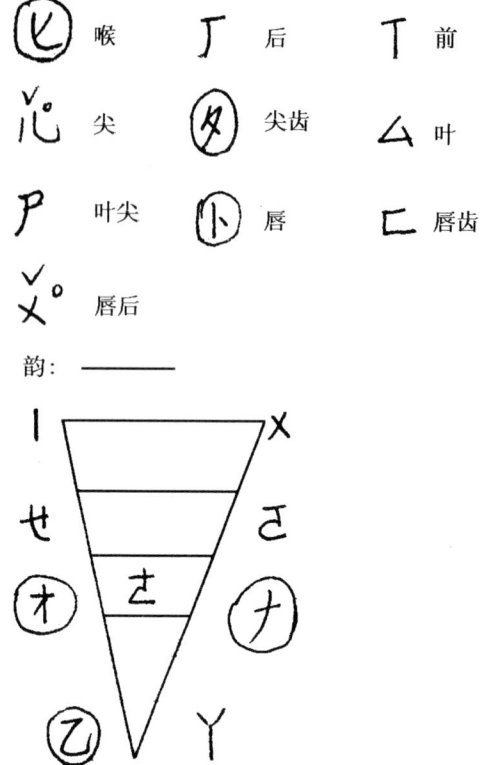

4月14日

咳嗽甚剧,至金处就疹〈诊〉。出访尹默,其家对门有新屋,已租定,以张凤举(黄)、沈士远二人为主体,而马季明、钱玄同、沈尹默亦可置一书桌其中,共讨论读书之事,这也很好。回家吃中饭。

士远来条,约下午至其家,渠并约幼渔、不庵、叔平诸人吃晚饭,因即往。叔平出示新撰《石鼓为秦刻石考》一篇,引证极确,断制极精,自有石鼓考以来,未有若斯之精当者也。我以为石鼓之考证得此,可以作为定论。彼将以此文刊入季刊中。

晚风甚大,我咳嗽极盛,士远留我宿其斋中。

4月15日

晨起回家。昨闻交通票又靠不住之说——因奉直战事,略露端倪也——故告媕贞,将家中所有交票取出,兑换现金。做此等事本无聊,偏偏一年要做上几次,这大概只有做了我们贵国的百姓,才会有这种特别任务的。偏偏我又是最怕揽这一类玩意的!唉!出城兑现金,钱庄、银号每家仅能兑十圆,要多兑,非到来日方可,而今日是礼拜六,银行不开门,明日更不必说,且到后天再看吧。在西河沿东口走了四五十步路,足痛身疲极矣,真是活受罪!归,即卧。傍晚时有高师国文部学生某君来谈,我告以治学既不可崇拜某人,亦不可蔑视一切,应该用研究的态度,为客观的评判。

呛仍如昨,足、腿关节忽酸痛。

4月16日

看病。回家。访士远,他正在搬家。

4月17日

上午到交通银行去换现洋,回家。午后甚疲乏,略困觉。

看梁《文化》。

晚浴,剃发。病未愈,本星期两校续假一星期。

4月18日

上午到高师去访幼、兼。看病。

回家。至教育部访劭西,谈简笔字问题,我打算我干,专此事,劭西专干词类连书事。

晚劭西请我在绒线胡同一家小青菜馆吃夜饭。

看梁《文化》。

4月19日

今日早晨起来大咳一阵,吐出许多痰,忽觉气逆,呼吸甚为吃力,一动便大呛,卧藤榻看梁《文化》,聊以养心,而心中忽然思家,于是回家了。

下午访尹默,并晤不庵,偕之同至西车站吃素大菜。连日口中无味,因吃此,觉得甚好吃。今日天津铜元票忽然不通用,盖打仗事渐紧张也。士远不在家,他今天去听山格夫人讲生育限制问题去了。

4月20日

看病,回家。今日不甚气逆,但呛时胸腹仍痛,一动便大呛。下午访士远。看李日记。

4月21日

上午选国文主任,选举要到北大,晤逊、启、瞿。

今天天气甚暖,我向来不怕冷而怕热。今年因为生病,甚怕冷,别人这几天都穿夹衣,我还是厚卫生衫裤和棉袍子,今日觉得太热了,洗澡,换竹布衫裤。关节甚为酸痛,脚底肿胀,踏地不舒服。

晚访少元并晤宇众。看李莼客日记。

4月22日

咳嗽较昨日稍愈,看病。回家。午后访不庵,访叔平,知其将迁居小雅宝胡同。阴雨,归舍,衣履尽湿。

4月23日

咳嗽渐愈。

午至劝业场玉楼春吃饭。看了好几种报,知双方正在用电报为翻脸之预备。午后浴。傍晚至公园。访劢西,不值。

晚取字典部首之作偏旁用者,定用简字。取《国音字典》(删其他不用之字),书以简笔字,书至人部之半。

4月24日

因病未愈,续假一星期。

晨至金处就诊。回家。午后访不庵。

晚归舍,弄"急就"偏旁,觉得用演绎法,先取字典逐字写之,则偏旁感困难者到处皆是,应先定偏旁也。

4月25日

咳嗽渐愈。到教育部与劢西谈弄"急就"偏旁。国文部学生某君来。

4月26日

至金处就诊,呛是差不多可以算好了,但关节很疼。午回家。午后访尹默,不值。到教育部去。出城洗澡。

晚弄"急就"偏旁毕(宋克所补者尚未弄),简笔字之偏旁(广义的),非取材章草不可。破体字的只有一小部分,太不够了,古体字完全是别一写法(与偏旁无关),今惟因以其转为形质之故,虽简单,而大半不能变成笔笔断之楷体,故惟章草最宜也。

4月27日

关节胀痛,入晚益甚,坐片时,起坐便觉腿痛脚胀,不能行道。晚睡至不能辗侧。午回家。

午后访沈氏兄弟,并晤幼渔。

向适之借得渠去年四月以来至今年三月的日记,共六巨册,晚卧枕上观之,看毕。适之精力真不可及,此六册中关于学问之材料甚多。

4月28日

　　手足关节仍胀痛,今日午前至沈麟伯处就诊,他说这是流行性感冒之后一点余波。午回家。午后访尹默并晤叔平。出城洗澡。

4月29日

　　关节痛。上午至孔德学校,赴校务委员会(?)。因蔡先生因事未到,故未开会。从今晨起,闻有炮声,从西南来者,知奉直的确开火了,此声入晡渐希〈稀〉。午后至尹默家,并晤兼士诸人。

4月30日

　　洗澡。夜间炮声隆隆,较前日为响。

5月1日

　　日来关节甚痛,行步甚艰,看来非一二日所能奏效,故又续假一礼拜。
　　今日是劳动节,八校放假一日。
　　因前日之发散药,不见效,今日复往视,他叫我吃 Atophan,系治尿酸之药,又用樟脑酒擦关节。
　　午回家。午后访尹默,并晤叔平、不庵。
　　晚看李日记。

5月2日

　　今天脚痛极了,腿弯肿痛,寸步难移,非扶杖竟不能行。午回家。午后访尹默,并晤不庵。傍晚出城。晚看李日记。
　　今天一天不闻枪声,耳根甚为清净。

5月3日

　　今日脚略可行,午后洗澡。归途忽见"吴佩孚阵亡"(正重号号外)之消息。此殆奉军不利而捏造者,或因奉军师长许兰洲阵亡之说而抵制者。张少元颈间生一痛,今日操刀割之。我今晚去看他,据他说有内务部方面确息,谓长辛店一方面已无奉军,王怀庆今天派人前往收溃兵,云是奉军必不利矣。
　　午后三四时顷又闻远远有炮声,至夜半一二时始息。
　　取梁任公《孔子学案》抄之,此种只有清华油印本,别无登载。我本想抄,近拟借此实验简笔字写法,故抄之。卧阅李日记。

5月4日

上午抄《孔子学案》。午回家。午后访不庵,罗叔言得到一个手卷,为唐人写本《老子》,共五段。叔平向他借来,由不庵校在今本上。今天他正校完,我看见了。

三时许忽闻枪声甚近,约有三四分钟,系奉军之溃军欲进东便门,关了城门,从城上放枪,吓退他者也。闻今日外城均闭。至沈家,方梦超来,知直军昨日总攻击,今晨西路(长辛店)、中路(固安、黄村、丰台)奉军已全败,吴佩孚已到丰台云。移时士远归,所闻亦如是,家人甚惊恐,嘱我今日勿出城,因宿家中。

5月5日

晨访叔平。午出城。午后浴。

适之又送来今年四月之日记及译钢先生文一篇。

5月6日

午回家。午后访不庵,大兄、嫂适至单家。

5月7日

今日阴历四月十一日,丁未四月十一日,为秉雄生日,他的生日依阳历计算是一九○□年五月　日也①。当然应是阳历,但今日是星期,阳日非星期,故今日请他到东华饭店吃饭,中菜西吃甚佳,还吃了一瓶葡萄酒。

访沈士远,尹默、幼渔均来。

5月8日

适之来电话,索还前借去之日记。因重翻一过,把其有用之语,记出之。

午到沈麟伯处看脚,今天又甚不舒服,因此又请假一星期,以资调护。

回家。午后浴。

5月9日

午回家,知三儿又患喉症,身体发烧,扁桃腺大肿,有白点。上午沈来看,不敢断定,说恐是白喉。然彼去冬才患白喉,打过针,似未必是。下午他又来看,说不是白喉。

访沈氏兄弟,并晤叔平、不庵、幼渔诸人。晚风极大,衣甚单薄,不敢出城,宿家中。

---

① 原文如此。

5月10日　水曜日

今日三儿略好,白点尚未退。

午前访沈氏昆弟。午后出城,浴。

两日以来将适之的日记中有用之语抄出若干,附于其后,共廿纸。

看李日记。

今天报载张作霖免职,东三省巡阅使取消了。

5月11日　木曜日

午回家,知充儿舌面生瘰,喉间发红,身体微热,甚为忧人,兼担心他是穹儿传染的。请沈麟伯来看,说道不要紧。穹儿喉间白点已无,惟热度未减,沈说心脏太弱,须吃"ㄅㄍㄚㄌㄣ"。雄儿数日前眼红,今日至医校就诊,云须用硼酸洗之,再用光明水点之云。内子又患经阻,日来我家夫妻及子五人无一不病矣!

午后出城浴。

买得《京本通俗小说》,价一元六角,此书既为古小说,又其字体甚破,有用也。

5月12日　金曜日

午后访幼渔,向他假得《群书疑辨》,看见一部李命三的《群经》,丑死了,真是混帐书。

四时回家,五时访士远兄弟。

5月13日

昨晚回来受了凉,今天甚不舒服,什么事也不能干。午后浴。

5月14日

午回家。午后访尹默,并晤逖先,我们三人同访叔平。

5月15日

今日起北大考,考两个星期。我今天考(两班皆然),因脚不便,托人监考,自己不到。脚渐愈,整理书物。傍晚浴,剪发。

5月16日

今日不服药,不擦腿,脚又不良于行了。高师假。午回家。午后访沈氏昆仲。看郭订本《西厢》。晚抄《考信录》□□目录。

5月17日

午后回家。晡时浴。晚抄《考信录》目录。

5月18日

上午上高师课。午后到衙门去。晚访劭西。

5月19日

上午上高师课,午后告假。到衙门去。晚浴。

5月20日

午回家。午后访沈士远,并晤张黄、黎稚鹤、尹默、幼渔、不庵诸人。晚甚冷,衣薄不敢冒风,宿家中。

5月21日

上午赴兄处,兄今午请客,叫我作陪。客为:吴昌陵、张元节、杨仲璋(文苍之子)、单不庵、施伯夷、施绍约也,吃蕈菜鲥鱼,饭后吃莓。出城洗澡。

晚书简字初稿。

5月22日

午回家。午后出城洗澡。晚书简字。

5月23日

今日本为高师国二之考期,因学生要求"堂下考"前将题目给他们,本星期作为考试之翻书时期,不上课了——实我为脚痛之故。

购得《湖畔》一册,近年新诗集之出版者有:——①

午回家,午后访士远,旋即出城,将《京本通俗小说》下册中拣选简字。晚书简字。

今日于《黄报》上见夏穗卿《老子序》,此书为丙午年出版,我曾购得一册,今已亡矣,夏序兹粘于左方:②

---

① 原缺。
② 原缺。

5月24日

整理室中书物。

检得日本《忠义水浒传》之售处,录如左:① " "

傍晚洗澡。

晚作《三国志演义新序》,未成。

5月25日

昨晚睡得太迟,今日神思极倦。天气又闷热,觉得头甚痛,脚甚胀,高师请假。

午回家,访士远,偕彼及尹默、凤举、稚鹤同至正昌吃冰淇淋、洋点心。

浴。

于破纸堆里,捡〈检〉出日本罗马字母拼法一纸,粘于左方:——② "△△△" 但此系旧式,其新式则以朱笔注于下方:③ "△△△△"。

5月26日

天气闷热,风沙迷人眼,头昏脚胀如昨。上午至高师考国一。下午高师之选修科告假。

午回家。午后访叔平。午后四时至孔德,开"校务讨论会",将此会改为"常务董事会",定常务董事七人,校长为当然董事,余六人为——沈尹默、钱玄同、蒋梦麟、胡适之、马叔平、李石曾。会后至士远处谈天,叔平、兼士、尹默、不庵均来。

5月27日

假。下午浴。人不适。

5月28日

兄邀我夫妇及小儿辈至东华饭店午餐。午后回家。访士远昆仲,并晤幼渔、兼士、适之、叔平。

5月29日

假。撰《〈三国演义〉序》一篇完,约三千字左右。

---

① 原缺。
② 原缺。
③ 原缺。

5月30日

假。(黄中恺、朱炎、洪逵、张宗祥)。

午回家。午后访不庵,他留我晚餐,并邀士远来吃。知欠薪明日又不可得了。交部发出七万,教部十一万,余为兑换卷〈券〉。教部部员以他们和我所掺兑换卷〈券〉多少不匀,扣住不放云。

5月31日

今日为阴历端节,回家吃黄鱼粽子。午后出城,浴。

6月1日　木

五个月以来,虽说勉强写日记未曾间断,但每每是隔日补记,近日精神坏极,隔日之事即不复能记忆,故所记都是干燥无味之"浴","访某人","回家"之类。我之作日记,一则因为记每日之行事;二则亦借此温习作文章。今拟自本日起特别改良之。

头胀身酸,精神恍惚,高师假。上午略略整理书桌。

下午想弄简笔字,打算从今日起,每日必弄若干字,然竟以天气闷热,头胀,心不耐烦未果弄。访劭西,晤国二学生李燮治。

晚归,买得《晚报》,知王八蛋通电要滚蛋了,这固是极好之事,然而王八蛋肯甘心情愿洁身远行吗?怕靠不住吧!

近思简笔字以外尚须大大的裁减汉字。其法可将古、俗之一字通作数用者均合之,但以国音音同(不分五声)为准。

古者如:"琥珀"作"虎魄"
　　　　"胭脂"作"燕支"?

今者如:"舅、舊、旧"同作一"旧"之类。

如此,则有二美:(一)可少识字。(二)同音字减少。减之又减,而拼音字成矣。

6月2日

今天闷热极了。

上午十时幼渔来,午与同出吃饭。午后归舍,闷热之至,头昏脑胀,无事可干,购扇书之:(一)为宗杲,(二)(三)为柳、辛词。午后四时大风雷,热气稍散矣。至孔德开常务董事会。知王八旦于今日午后三时许走了。蔡先生去送。因彼今日请顾维钧吃饭,蔡陪之。他在席间表示走意,蔡等因知居然肯如此干脆,于是去送行。王八旦一走,黎大约要来吧!闻此消息,心中一快。顿将烦闷消除,较之顷间雷风之变更有效。

至沈士远处吃他的晚饭。

6月3日

今日为去年之纪念日，八校临时假。上午至两校取钱。午访尹默、不庵，回家。午后访叔平。傍晚出城浴。看晚报，知章师有复孙传芳电说："△△△△△"，与日前复曹、吴电："△△△△△"①，可谓词严义正，和楚伧辈实不可同年而语。我觉得国民党中，章、蔡两公最有见识，照此看来，究竟学者之可贵也。

晚略写简字，倦甚，即睡。

6月4日

晨起看报，知黎尚未来。他大概因为：（一）孙方面恐启异议；（二）在津议员未足法定人数。报载蔡先生等发电致孙请其退位。蔡此举极有理，而且他是国民党老人，能说如此公道话，比叶楚伧诸公死推孙文者，甚至恭维张作霖者，何止天渊之判。

午至兄处，兄今日约蒋觐圭、张宗祥、单不庵、曾尹辅诸人至其家吃饭（聚丰馆菜）。午后偕不庵同至东城，未回家，至沈家。晚偕——尹默、士远、兼士、叔平、季明诸人同至东单二条聚丰馆吃饭。

归，购得《努力》五号，适之说："△△△△△"②。这话极有理。

我想凡同从一声之形声字，其（国音）音同义近者，可概写音符，如：

倫、轮、伦等概作仑之类，然义虽不同，而音同者，古俗均有借用：

古：③

俗：如"鳝鱼，醎肉，白麵"作"善鱼，咸肉、白面"是也，又如常借代，"蔡"借"菜"（𦰏）之类，只以音同为主，亦可采用。如此，则汉字可速减矣。

兹拟日本假名之国音字母拼法：

ㄗㄚ	ㄧㄌ	ㄨㄨ	ㄐせ	ㄛㄛ
ㄎㄅㄚ	ㄑㄌㄧ	ㄎㄅㄨ	ㄎㄅㄅ	ㄎㄅㄛ
ㄙㄇㄚ	ㄒㄖㄧ	ㄙㄇ	ㄕㄇㄅ	ㄙㄇㄛ
ㄉㄊㄚ	ㄔㄧ	ㄗㄚ	ㄊㄊㄅ	ㄅㄊㄛ
ㄋㄋㄚ	ㄦㄏㄧ	ㄋㄋㄨ	ㄗㄋㄅ	ㄋㄋㄛ
ㄏㄏㄚ	ㄏㄏㄧ	ㄈㄈㄨ	ㄏㄏㄅ	ㄏㄏㄛ
ㄇㄇㄚ	ㄇㄇㄧ	ㄇㄇㄨ	ㄇㄇㄅ	ㄇㄇㄛ
一ㄚ	ㄧㄧ	ㄩ(ㄨ)	ㄐㄝ	ㄧㄛ
ㄌㄚ	ㄌㄧ	ㄌㄨ	ㄌㄅ	□ㄌㄛ
ㄨㄇㄚ	ㄐㄧ	ㄨㄇ	ㄐㄅ	ㄨㄛ

---

① 原文缺。
② 原文缺。
③ 原文缺。

ガㄍㄚ	ギㄍㄧ	グㄍㄨ	ゲㄍㄝ	エ゛ㄍㄛ
ザㄗㄚ	ジㄓㄧ	ズㄗ	ゼㄗㄝ	ゾㄗㄛ
ダㄉㄚ	ヂㄓㄧ	ヅㄗ	デㄉㄝ	ドㄉㄛ
バㄅㄚ	ビㄅㄧ	ブㄅㄨ	ベㄅㄝ	ボㄅㄛ
パㄆㄚ	ピㄆㄧ	プㄆㄨ	ペㄆㄝ	ポㄆㄛ
クㄚㄎㄨㄚ	クㄛㄎㄛ	キヤㄎㄧㄚ	キユㄎㄧㄨ	キョㄎㄧㄛ
シヤㄕㄧㄚ	ㇱユㄚㄨ	ショㄚㄛ	ツㄚㄗㄚ	ツォㄗㄛ
チヤイㄣ	チユイㄨ	チョイㄛ	ニヤㄋㄧㄚ	ニユㄋㄧㄨ
ニョㄋㄧㄛ	ヒヤㄏㄧㄚ	ヒユㄏㄧㄨ	ヒョㄏㄧㄛ	ミヤㄇㄧㄚ
ミユㄇㄨ	ミョㄇㄛ	リヤㄌㄧㄚ	リユㄌㄨ	リョㄌㄧㄛ
グㄚㄍㄨㄚ	グォKㄨㄛ	ギヤㄍㄧㄚ	ギユㄍㄧㄨ	ギョㄍㄧㄛ
ㇲヤㄣㄚ	ㇲヨㄧㄛ	ㇲ゛ョㄎㄧㄛ	ビヤㄅㄧㄚ	ビユㄅㄧㄨ
ビョㄅㄧㄛ	ピヤㄆㄧㄚ	ピユㄆㄧㄨ	ビョㄆㄧㄛ。	

6月5日

大假。

晨得家中电话，说奶娘昨晚"霍乱吐泻"，今日略愈，甚不放心，即归家，则奶妈已渐愈，但无力安眠而已，殆不妨事矣。午后至大学交讲义，预备后天起上课矣。

浴。

6月6日

师假。

午回家，知奶娘病已愈，甚放心。

人极昏闷无聊，东翻西弄，摊得一塌胡〈糊〉涂，终于没有看到半点。唉！闷热之至。购凉席、枕席、绒毯、线毯，竹藤床新而且凉，今夜殆可安睡矣。晚浴。

粁、粨、籵等字只作记号用，新字典中无音是也，《国音字典》中竟音为千、百、十、分、厘、毫，大谬，如此，则籵籿粍……之分别何如？

度	Kilo mètre	粁	Kilometro	ㄎㄧㄌㄛㄇㄝㄊㄦㄛ
	Hecto mètre	粨		(?)ㄏㄝㄎㄊㄛ
	Déca mètre	籵	Dekometro	ㄉㄝㄎㄚ
	Mètre mètre	米（粎）	Metro	ㄇㄝㄊㄦㄛ
	Déci mètre	粉	Decimetro	ㄉㄝㄎㄧ
	Centi mètre	糎	Centrmetro	ㄘㄣㄊㄧ
	Milli mètre	粍	Mieimetro	ㄇㄧㄌㄧ

	法文		世界语	
量	Kilo litre	竏	Kilolitro	
	Hecto litre	百		
	Déca litre	什	缺	
	Litre litre	(𫝀)	Litro	ㄌㄧㄊㄦㄛ
	Déci litre	㳙		
	Centi litre	甅	缺	
	Mieei litre	竓	缺	
衡	Kilo gramme	兛	Kilogramo	
	Hecto gramme	𠤪		
	Déca gramme	兙	缺	
	Gramme gramme	(克)	Gramo	ㄍㄦㄚㄇㄛ
	Deci gramme	兙		
	Centi gramme	甅	Centigramo	
	Milli gramme	兞	miligramo	

6月7日

至北大上课，两班均无人，殆因我久不上课，故今日不来。因嘱教务课通知土曜日去上课。

午回家。午后访不庵，兼士亦来，晚同至士远家。

闷热之至。

6月8日

师假。今日天阴，凉，人略适。

阅报见黎"鱼"电，痛陈督军之不可不废。黎在此时实非有表示不可，顾报上多谓其唱不可行之高调！高师来信云，蔡等拟联合学界致电黎，促其来京，征求同意。我复以同意。我实在觉得孙之可丑，而无聊之国民党人如叶楚伧诸人，实在要令人作三日呕。

下午整理书物。晚浴。阅李日记册十五，注意页九及三十九。

中华教育改进社将从七月中在济南开会，嘱我为会员，我数月来因病，身心两疲，迄今未复原。又今年暑假中尚拟将《国音沿革五讲》改定付印，尚须撰《国音沿革概论》数篇，尚须精心结撰《历史观的汉字改革论》一文，故辞却之。陶孟和前嘱夏间至南开讲演文字学，高师夏令讲习会亦来约，均辞之。

汉字改良，一为笔划简少，二为文字省并。凡同（国音同）音字古俗曾通用者，均通用之，只用一以删其余。但如此，似乎对于古书未便更改，此大不然。今之六经、三史、汉赋之流，文字迥非其旧，而且各色各样，异文甚多。读《三家诗异文笺》，

《春秋异文笺》之类，及将《史》《汉》之《相如》《杨雄传》与《文选》对照，则异同甚多。自来主张复古者，如冯姓作邟、土姓作戴，亮、愈借作倞、廂、尚亦无不可，则改之何妨？在文字者，记号而已，记号之形体变，则当然改之也。

文字本是一种工具，我总觉得他不妨杂（而且应该杂）。英文是很杂的文字，但用处甚便利。日本古文是不甚杂的，——只有汉文与他们的邦语，近数十年来之文字是杂了，故较前为便用。

中国将来之拼音新字中，对于新名词当然用西洋原字，但此事大可从汉字未废时做起。尽管汉字中嵌西文，但字上均注以注音字母，以便读音。在不识西文者，单看注音字母也成。这种字母应加符号，但必须使不懂符号者，在符号读之，其音亦当相近，例如：

ㄚㄋㄚㄎㄧㄙㄇ　　　ㄌㄛㄒㄓㄧㄎ
Anarchism　　　　　Logic

无政府主义、无谓主义、无强权主义、安那其主义均废。玄学、辨学、论理学、逻辑均废。"ㄌㄛㄒ、ㄓㄧㄎ"在不知符号者读为"ㄌㄛㄓㄧㄎ"亦不算大错。

顷得一个意思，可以做在汉字革命号的文章中：——汉字变迁有二条路：

一，由假借而趋向音标一途；

二，由隶草趋向破体小写一途。

这两条路，二千年来天天在那里走，除科举的功令，迂谬浅陋的老儒（死拜《字学举隅》等书为金科玉律者），和宋以后好古的小学、经学、古典文学者先生外，无不趋于此两途。但唐以前之小、经、文学家并不如此，夏先生说唐以后与唐以前是两个世界。我意极以为然，宋以后之小学家以清之段、王二氏为最高明，他们知道字不拘于形，但似乎古人假借乱写则可，我们则不可。此犹李卓吾等尽管非孔，而仍欲戴尊孔之面具一般。宋以前则不然，如刘知幾便老实骂了。

6月9日

上午高师上课，下午高师假。

与幼渔同至春华楼午餐，谈及纯文学。我说宋人之诗胜于唐人，其描写"自然"也，如苏、陆、范、杨皆是。幼渔谓读宋人诗上口极易，不似唐诗之艰涩，此言很有道理。此即宋诗近于——或直是——白话之证。

至衙门。晚浴。

6月10日

上午至北大上课，两班人均甚少，未教而回家。午后访士远。

6月11日

今日黎元洪来京。

午至兄家,兄约我、不庵、觐圭、冷僧、姜选青、包尹辅、谢公强诸人同食……五月(阴)中有嫂、丰、穟三人之生日也,我们家中除三儿外均去。三儿因今日孔德三、四年生饯别王淑周诸人,他须赴会也。

下午先回家。晚出城浴。易夏衣。

6月12日

上午北大。午回家。午后访不庵。晚宴孔德教员全体于东华饭庄,主人为马氏三、沈氏三及我。

6月13日

高师假。

午叔平约至春华楼吃饭,同坐为尹、幼诸人。天气甚热,下午不能作半点事,神思昏昏。浴。

傍晚至公园,亦无丝毫凉意。晚不能安睡。

6月14日

热极了,尹默书房中的寒热表至98度!上午北大。午回家。下午访士远。大二今日将国音一部分讲完,即作一结束,从星期六起即停止讲授。

傍晚大风,渐凉,今晚可安睡矣。

6月15日

高师从今日起放假了。

午后访劭西,知国——会恐将被裁。我说裁了亦好,裁了以后最好请国研究会敲起锣来,以私法人机关而讲话,可免受教部拘束,而且不必再去审查那些无聊的教科书,岂不甚好。

晚浴。

6月16日

午后浴。傍晚至公园。灯下编北大讲义。

6月17日

今日北大告假。

午回家,知五儿病,身热,腹痛,请沈来看,云非白喉即疹子,甚忧。

午后至北大交讲义。

偕夫人同至福生吃冰淇淋。

傍晚访士远。

6月18日

午回家,知五儿已请金子直诊治,据说是疹子,不要紧,心为之一宽。大儿日前呕血两口,咳嗽多痰。今日据金说,今晚取体温计验验看,若不逾三十七度则无妨,过一分则即有肺病之嫌疑,又云须验痰。甚虑,二儿死于肺病,大儿但希其不步彼后尘耳。

午后访叔平。晚浴。

6月19日

天热。

上午上北大三年课,人甚少,这一班就此结束。本来照学校布告,教至本星期六即须放假也。

午回家,五儿病渐愈,甚慰。大儿昨晚验温度不到三十七度,大约无妨,痰则未留,故未送验。

午后访不庵。晚访士远,偕他同至公园。

适之《努力》(7)说,无论谈政谈学都是实验主义,此说极有理。

6月20日

上午理书。午后浴。晚至公园。

6月21日

上午理书。下午浴。晚至公园。

6月22日

热。上午十点到衙门开会。午至大学。午后回家,知五儿已愈,甚慰。访叔平。晚汪怡庵请在他家中吃饭,同坐皆"ㄍ、ㄙ、ㄔ"会中人。

6月23日

上午理书。下午浴。乌云四盖,大雨滂沱,凉,甚有趣。回家,旋出城。

6月24日

午至东华饭庄,今日旧五月廿九,为大嫂生日,不庵宴伊,请我们作陪,共十一人。不庵夫妇、大兄夫妇、稻夫妇、毯夫妇、我夫妇、蒋太太。

午后至孔德,访陈斐然。

回家,大酉来辞行,他廿九日赴申到美。

至士远处。晚大雨滂沱,不能出院,不能归。不庵近在咫尺,亦不能归,故宿沈家。

6月25日

晨六时顷醒,见略有晴意,即雇车至舍,主人尚未睡。不庵则已归矣。

上午理书物。下午又理书物。浴。

晚点阅《儒侠》《案广(唐)》《黄老》《道教原始》四篇。章先生之文真难点,且句子亦欠明了,可见古文实在不行。

6月26日

上午又大雨倾盆。

点阅《蔡校长》。下午整理书物。浴。

晚校《蔡校长》。重抄《儒家与方士》篇。蔡校长所引《杨朱》篇都与原文未合,殆因无书,而凭记忆或由日本文转译,故文句颇多不合,兹检对改正以免疑。

6月27日

天晴了,不甚热,很舒服。午回家。

午后访尹默,他正在抄唐诗,他打算选一部唐诗,将唐诗之精华都选入,名曰《唐诗英华》。我觉得很好,以他的旧文学功夫,确能做此事。

访士远,与士远、幼渔、叔平、不庵、凤举五人同至公园。

晚点阅《儒家与方士之揉合》,将其中所引《史》《汉》诸段原文检对,亦有错者,即为改正。

6月28日

晨访遇夫,借苏舆校俞序,勉强将此篇圈出。此篇文气晦涩难懂者甚多,殆由于脱误之故,以后可删去不用。将《儒家与方士》《蔡校长》两篇点济。

买得《学津讨原》,此书共八十元。

回家。访士远,与同至叔平家吃饭,叔平今晚宴客,为沈大、二、三、麟伯、君哲及其弟兄数人。

大酉来电话,谓闻夷初为教厅长,拟为小酉入清华索写快信,我并邀世写快信去,晚十时顷为此事访世。晚标《学津》册数。

6月29日

晨大酉来,我未起,未见。伊留条而去,知 nga 在昌芍处,已由陈仲恕、汪伯唐两人去信请托矣,此事殆十有九可成也。

为幼渔代取《学津》送去,即在彼处午餐。

在马处见陶兰泉续刻《双照楼影宋词》,其中有辛稼轩词,有出于四印斋本以外者,其一种即四印斋之娘家也。

午后四时出城浴。

6月30日

午回家。

午后三至五时,至米市大街基督教会之树德小学校中讲注音字母。季明介绍。访士远并晤秣陵。

晚雨,不能出城。宿家中,窗闭,甚闷,不能安眠。

7月1日

上午回舍,倦甚,睡了二小时。午后整理书籍。午后四时顷雷雨,旋晴。傍晚浴。

7月2日

上午略整书籍。

午宴兄嫂于西车站,共十二人。兄、嫂、稻妇、毯夫妇、单夫妇、我夫妇、大、三儿、二小姐。午后回家。

访叔平,午后四时顷又大雷雨。在叔平处晚餐,十时顷访士远。

7月3日

头痛腹泄〈泻〉,精神委顿,起甚迟,日将中矣。午后浴。四时顷回家。六时顷访沈大、二,与同至公园。

7月4日

头痛稍愈,腹中仍似未清。

上午取章师论学信整理之,凡廿六封。有原信者廿四封,其中前半△△封① (连无稿者二封)。庚戌秋冬在海宁时曾经抄出,但满纸古字,较原信尤难看,拟暇时用普通字体再抄一遍,而将原信装裱保存,至庚戌所抄之半部亦可保存也。

午后至沈士远来〈家〉,因约幼渔、不庵、兼士、尹默诸人出预科入学试验题目也。今日出作文题一,标点题一,尚有解释文义未济。回家。晚季明吃客,同座者

---

① 原缺。

为马二、四、九、沈大、二、三、常撝卿诸人也。

7月5日

看龟甲、钟鼎书。浴。

7月6日

午回家。午后访叔平。晚访士远。此日觉得钟鼎、龟甲颇有兴味,拟弄之。

7月7日

天气又渐热,傍晚微雨遂大闷热。浴。看看钟鼎书。购得《捃古录》。

7月8日

热。午至东安市场购物,回家。午后访士远,并晤幼渔,与同出至公园纳凉。看看钟鼎书。得夷初信,知小酉事竟不成了。

7月9日

热。上午郑天挺来。下午热甚,清理旧信札。傍晚浴。

购得《周金文存》三、四、五、六集。又戬寿堂《殷虚文字》及王遗少之《考释》。

7月10日

热得肆。不能做事。午后昏昏睡了好半天。傍晚回家。访士远与叔平均不值。至公园纳凉,吃了一瓶皮〈啤〉酒,又多吃了些饭菜,觉胸间颇胀。夜闷热之至,不能成寐。

7月11日

昨宵热甚,不能成眠,胸膈苦闷,口苦舌痛。今晨五时即起,匆匆盥漱,便赴公园。七时顷回家。八时访士远。十时访不庵,适兼士来,同出大学考本科题目。十二时正拟归家午餐,而仆人忽来,谓乳母为房东之亲戚殴伤,等我速归。身病天热,还要闹如此无聊事,真无聊。归家劝开,则奶妈已渐无事,而女主人忽盛怒!吃了半碗酱油汤浇饭,身本不舒服,加之这种无聊事,更吃不下。午后访沈氏兄弟,并晤启明、不庵。傍晚天阴,意若将雨乎?出城洗澡。购小饼干,吃了几块,便算夜饭。

7月12日

今日胸隔〈膈〉较昨略愈,而舌痛口苦如昔。晨食小饼干数枚,中餐未食。晚至西车站吃了一顿素大菜。

午前十一时至金子直家诊病,他不在家。盖暑日内务部上午办公,故彼于下午诊病也,但我今天身体已不发烧,故下午不打算去看了。午回家,无聊之事口舌尚未毕,真无聊。午后访尹默及士远,士远于禄米仓租屋已定,日内即须迁居。午后至晚大雨,渐凉。

7月13日

昨晚屋中大漏,舍中坍墙,一宵不能成寐。今日天晴矣,但热得肆。陈斐然来(上午)。午后进城至北大三院,托听差代为觅屋。回家。浴。

7月14日

看甲金文书。甲文中有田匚匜匣四字,□匚当是神龛,非甲乙丙丁分别在此四字也。而甲字作"十",与才字相同(古十字作丨,十不用),故后来书十即作田。罗氏以 ☉ 田盘为 ☉ 甲笾(籩),殆是。至秦之 ⊕ 隶作甲,皆田之变。《说文》之 ⊕（小篆之误,甲兵虎符固作 ⊕,又峄山之戎）即 ⊕ 之误。古文之 ⊕ 更是刘歆们之胡闹了。

面部有瘰,至金处取药。回家。

访士远。与张凤举、沈尹默谈文学。

7月15日

午前还了几个人的字债。热。

兼士忽来电话云,北大预科国文试题昨付印,印毕原稿不见,疑有泄漏,须重出,真麻烦。

午后至士远家,拟题目,拟毕回家,与秉雄说文学之应注意。

访叔平,与谈甲文、金文,谓王遗少固佳,但若不将六经打倒,则无办法,我以为"应用甲、金二文推求真古字、真古史、真古制,以推倒汉人之伪古字、古史、古制;不应该用汉儒之伪文、史、制来淆乱甲金之真字、史、制也。宋人不足道,阮以来至孙皆淆也。吴大澂、刘心源稍好,王尤好,但仍未彻底"。

7月16日

看甲文、金文书。

甚热。午后浴。傍晚回家,赴徐超候之宴,同座者为马叔、季、隅、沈麟伯、杨某及李木斋之二子。徐,广东人,很讲究吃,菜甚好。

秉雄要学世界语。近有世界语夜班,从明日起每星期一、三、五晚八至十时,九月十日毕,因命之去学。

7月17日

阴雨,傍晚晴,凉矣。

昨晚腹泄〈泻〉数次,今日又泄数次,甚委顿。午后浴。

今日心绪甚乱,龟甲文不能看矣,取文学书看看,忽然感到孤独的悲哀。

傍晚至金子直处诊。回家则 K 亦病矣,云胸闷腹泄〈泻〉。

访士远。夜凉。

7月18日

午回家,K 病渐愈矣。午后访士远。

7月19日

头昏心乱,无聊万分。午后浴。傍晚回家。

看郭沫若之《女神之再生》与《湘累》《棠棣之花》。我苦极矣,今后打算:看文学书以怡情悦性,看金文、甲文以收摄乱心。

7月20日

上午至北大一院。午出城。午后无聊极矣,卧床,乱翻文学杂志等以自遣。傍晚浴。天气阴沉闷蒸,无聊。

7月21日

上午回家,知毛头昨晚忽腹泄〈泻〉如红白痢,今晨已请金子直看过了。

上午雨,下午阴。午后访士远于禄米仓廿六号之新屋,室甚洁而高阔,惜乎无厨房耳。晚偕士远同至东华饭庄吃饭。

购别〈鳖〉脚《桃花扇》一部,枕上观之。

7月22日

阴雨竟日,闷、潮。竟日不进城,又无心绪做事,闷热极矣,随便看文学书、看报以自遣。浴。

7月23日

阴,晚大雨。

晨得幼渔电话,谓题目又泄漏了,因约至沈老大家再出。

张黄之弟——与其妻 Miss 龚来了。

回家知毛头泄尚未愈,闷闷。我今天又泄了。

晚整理《国粹》中之刘,未毕。

7月24日

竟日阴雨,室外道路极难走。

今日北大考,上午八〔时〕半至十〔时〕半考国文。监试毕,回家。知毛头昨晚又拉红,电询金,谓无妨,但只可吃液体,藕粉与粥都不可吃。

下午阅卷,卷(预科)凡一四〇本,今天九个人(沈大、二、三、马二、四、钱、张黄、叔〈平〉、不庵)。逖先看本科卷。

晚浴。

7月25日

晨回家。上午阴雨,下午晴。晚又有雷电,恐又将雨。天甚凉,可衣夹。

阅卷未毕。晚偕沈大、二同至公园。今日阅卷(预)者十一人,昨九人外加二、周作人、杨适奎。

金医至家为小儿洗肠。

7月26日

晴,渐热。卷阅毕矣。

回府,毛头尚未愈,甚惫,只能卧,坐不住。嫱贞甚不放心,其实无碍。今日秉雄往取止泻药。

晚二马、沈三、单、逖请我吃饭,尚有士远,只有我和士远不花钱。晚浴。

7月27日

上午得家中电话,谓毛头甚惫,且呕吐,嘱归。归即请金,始知止泻药甚烈,不可多吃,多吃则强止,不自下出,而至上出矣。但脉息甚好,决无虑。

访尹默。

7月28日

午进城,至东安市场购物还回府,知毛头渐渐好了,放心了。

午后访士远、叔平均不遇。即出城,浴。天热,且揩且出汗。晚至公园。

7月29日

天热。午回府。午后访士远,与之同至公园纳凉。

7月30日

　　天甚热,埋头作文:《新案国音字母》,原草未毕。
　　晚剃头且浴,浴毕至公园。

7月31日

　　昨宵热极,不能安眠,未知小儿之病如何？晨六时即起回家,知已愈矣。婠贞上菜市,竟抱儿同去,心始释然。
　　访士远及尹默。午偕沈氏兄弟至真光食堂吃饭。
　　午至第三院回,杨明来电话,云有屋在南河沿一号。往观,则开间太小,上屋朝东,皆不适宜。归家,知秉雄早看过矣。
　　访幼渔。
　　晚至公园,晤庄君达,三年不见他了。浴。大雷电,大雨、凉。可安睡矣。

8月1日

　　午回家。午后访尹默,访士远,知其昨晚腹泄〈泻〉,病了,起初来势甚猛,疑是虎列拉,医诊云非是,始放心。
　　晚逛公园,又遇庄君达。

8月2日

　　上午至衙门,整理屋子,整理报章。傍晚浴。
　　思通行之破体字有△△① 种,归即写出,本拟作一议案(推行破体字的),以此入之议案之中。
　　《时事日报》购七月十一、二、三、四,寄两角。

8月3日

　　白天尚好,傍晚渐闷渐潮,汗出不止。午回家。
　　午后访尹默,访不庵,访士远,偕士、尹、幼、叔同至真光屋便晚餐。

8月4日

　　潮热,极难受,头昏脑胀,四肢无力,不能作些子事。午后浴,随擦随出汗。难过极了。浴毕归舍,昏倦之至,睡了一个钟头。傍晚至公园,亦不觉其爽快。

---

① 原缺。

8月5日

　　晨五时顷起至公园,已炎日高张,无处可坐,勉于水榭西边之荷花池畔坐立十余分钟,亦无聊,即出园回家。

　　九时访士远,不敢出,直至下午三时偕士远同至尹默家,因今日他们家的小孩子请马大哥,有钱大哥、钱三哥等也。我坐了一下子,至正昌吃冰可可。出城浴,晚有风,天渐阴,渐凉,意者明日当好过乎?

　　看《茫茫夜》。

　　今年写日记总觉未间断,但大都是隔日所记,故只能记每天的行动,而看什么书及感想则未之及,今拟从今以后注意此二事。

8月6日

　　上午晴,有风。下午阴,凉矣。

　　上午到衙门开干事会。午后回家。访尹默。晚看《沉沦》。

8月7日

　　阴,有雨,较昨又凉。

　　今日至北大阅上海来卷,计二百余本。阅者八人:钱、沈大、二、三、马二、四、单、张也。午后三时阅毕,回家。

　　至尹默家与尹默、士远谈文学。

　　《沉沦》看毕。

8月8日

　　阴雨竟日,天气甚凉,可以衣袷。数日以来冷热相去太远,精神疲倦,身子软弱。今晨腹又泻,似中寒,午饭晚饭均吃酒以祛之。

　　午后卧床看《文学十讲》。罗译本,文句多诘诎,且有文意不贯处,疑误译。我虽有原书,然不通日文,究竟错否,实未能定,我因此更觉读外国文之必要。

8月9日

　　午后进城,访叔平。晚回家与秉雄谈文学,至十二时,未出城。

8月10日

　　晨起访斐然于孔德学校,知彼已迁居矣,不晤。嘱其弟打电话,于电话中与之谈。

　　访士远、叔平,均不晤。访尹默。午后出城浴。

8月11日

午,兄在尹默家中请尹默吃饭,共九人:三钱、三沈、二马、一单。多吃了一点酒,大出其汗。

午后在尹默家中看《樵歌》,其中白话好诗甚多,而且此人胸襟洒脱,气象阔大也。

傍晚回家,知屋已租出,我们住到廿号便须搬家也。

出城。灯下草一议案,题为《减省现行汉字笔画案》,至四时始毕。

8月12日

昨晚睡得过迟,睡不安眠。午后回家,夫人去看房子。访士远。晚七时又回家。早睡,仍不安。

8月13日

午后回家,访不庵。旋腹痛欲泄〈泻〉,回家泄〈泻〉之。访叔平。睡不安。

8月14日

上午,衙门中开干事会,预备开大会时之一切。我去。

午后归家。知本家太太说西老胡同有房一所,索价四十五元,议稍打价而租之。午后四时出城洗澡。晚仍不安眠。

8月15日

衙门中开大会,今日议案凡四十六件。上午开会,各省代表报告,组织一整理议案委员会,推十一人干此事;——胡适、沈颐、陈懋治、□□□①(山西代表)、赵纶士、廖立勋、汪怡、王璞、钱玄同、陆基、江仁纶。今日□、张二人主席也。其中重要议案有三件:一,黎锦晖:"废止汉字改用拼音案"。一,秦凤翔:"注音字母独用案"。修正为本会赞成。今年中华教育改进社通过"国民学校初年级试用字母教授案",请教育部推行。又本会提倡注音字母单用之试验。一,钱玄同"减省汉字笔划案",议决通过。组织一个汉字省体委员会,拟定十三个人为委员:钱玄同、陆基、胡适、王璞、杨树达、方毅、廖立勋、黎锦熙、沈兼士、周作人、赵纶士、□□□(山西)、□□□(忘记了)。一,徐昂、王璞提议"ㄋ、ㄍ并合案",议决ㄍㄧ……ㄍㄩ下加或读ㄋㄧ……ㄋㄩ等。阴雨竟日,入晚愈大,未归家,晚仍不安眠。

---

① 原缺。本日缺文均同。

8月16日

大雨竟日,入晚更大,直至次晨始止。

上午回家,知西老胡同邢氏之屋大约可定,价在三十元至三十三元之间。下午壮秋当有消息来,心稍慰,因现在之屋仅能住至十九日止也。下午访士远,雨愈下愈大,不能入城,宿沈家。

8月17日

晨雨止,出城,上午章厥生来。

午电壮秋询屋事,知昨屋因又是与房东同居,殊不便。故昨日午后他们又看了一屋,在马神庙大学夹道(李氏之屋)北口十三号,共有十七间房子,租价三十三元,已定了,甚放心。下午甚疲乏,假寐。醒,进城回家。傍晚又下大雨。访尹默。

8月18日

晨九时至教部,开会报告一切,即闭会,照相。我偕幼渔出外吃饭,旋归家。偕秉雄同至壮秋处,偕壮秋等同至新屋。叫他们写租摺,他们说主人未归,未便,实则此本我们不合处,盖介绍人与房东仆人中有黑幕也,只好退出。至北大访陈麻子,托其找铺保,借听差雇大车事,幸得妥洽。再至壮〔秋〕处叫介绍人来,前往取摺。晚七时始取来而未誊上,我因自誊之。九时至北大,则人不在,只好出城,明日一早来盖水印矣。

8月19日

晨六时起即回家,取房钱三份至北大,嘱听差至天增木厂去打水印,我至壮秋家候之。九时顷来,即觅介绍人持摺交与房东去对,并付房钱,一面即借了听差三人,大车二两〈两辆〉。使二人偕二车至家搬行李,一人打扫新屋,我在新屋中候行李。十二时顷秉雄先来,搬了两次,搬至下午,七时搬毕,阖家均来。余出城浴。

8月20日

上午回家。午后拟至尹默处,途中适遇沈氏兄弟、张氏兄弟及叔平,他们要去看孔德,我遂同去,看毕,二沈、二张同至我家中看新屋。旋同至尹默家中。

8月21日

今天孔德学校开学。孔德今秋起迁入〔北〕大三院,因房屋修理尚未完工,故须迟至九月一号开课。上午九时开会,我亦参与会事。偕启明、士远同至士远家中,晤风举兄弟。我对启明说,今之教科书皆是教低能儿者。启明以为然,他觉得天才与低能同受教,实在太屈了天才。我以为天与低皆占少数,果课本专为中材而设,原也不错,惜乎其皆为低能而设也。

下午五时回家。寻出城洗浴。

8月22日

整理书物。下午五时回家。七时访幼渔。九时大风雷电,急出城至南池子,而大雨滂沱,自膝以下裤衣尽湿,仿佛腿脚洗冷水浴一般。

8月23日

下午浴,浴毕访尹默,并晤士远。

尹默选《古今诗歌》,起首篇选元之小令套数(杂剧是诗的戏剧,应归入剧类)。他说明、清以来之诗,无能出唐、宋之范围者,就中如金冬心、郑板桥、龚定庵等,虽异于他人,实则未能成家数,故不入选,其意盖欲取各代之特色也。其说甚是,但我以为散文诗似可列入也。

8月24日

上午至商务购得:一、爱罗童话。二、周译小说。三、安特来夫《小人之忏悔》。四、《意门湖》。一、二、三种兼购一册,畀秉雄。

下午进城,途遇大兄嫂,知兄手风已渐愈矣。回家,五时顷至公园,七时访叔平。

购得《奇觚室》,三十元。《疆村》,十六元。

8月25日

舍中今日糊篷〈棚〉未毕。

下午胡季常来,仰曾之弟也,为其兄的书事,原来《国语学草创》,仰曾有一篇有改本,他们打算托商务重印。我说最好加上标点符号(百年已加过),并校正出版,此事我愿任之。晚浴。

8月26日

上午胡季常又来,送来仰曾改稿。午糊篷〈棚〉毕。午后回家,晚访士远。

8月27日

整理书籍。晚浴。

8月28日

天气又渐闷热。上午理书。

午适之来电话，云有话要谈，因约其至春华楼午餐。知彼近注《诗经》，已成《周南》一卷，上栏为诗，下栏为注，注简单明了之字义。每篇之后附以旧说此诗之文，从毛序至龚序，而用己说断之。适之谓丰坊伪诗传殆有假古人以实行其对于旧说革命之意，故伪。申培子序亦间取其说，亦殊有见地。

午后回家。傍晚访尹默。

8月29日

天气闷热。上午理书。灯下拆订《诗纪》《乐府诗集》二书。傍晚浴。

灯下拆订《朱子语类》。

取世界语讲义译为国语，可用复音字者，努力用复音字。

8月30日

上下午均清理书籍。下午五时顷回家。六时顷访幼渔。

天气仍热，但有风，故较昨为爽适。

8月31日

阴雨竟日。整理《国粹》中刘、章、罗、王诸人之著作，拟付订。

9月1日

为巽伯书扇。清理书籍。一部五洲同文的《二十四史》中之《旧唐书》，为雨漏霉烂了三十余本，付文雅堂拾掇之。

午后浴。

9月2日

晴，有风、凉矣。

午后回府。访幼渔。访兼士，渠示我以《△△△△△△》① 一篇，拟登《国语月刊》。

访士远、叔平，均不晤。访尹默，在其家晤士远、黎稚鹤，又新来之徐耀辰。

---

① 原缺。

9月3日

晨得杨遇夫来信,知黎劭西来了,即往访之。

午后浴。傍晚至公园。

至东安市场购《少年维特之烦恼》及《鲁森堡之一夜》而归。

9月4日

午前为叔平、逖先两人书扇。

午后四时进城访叔平,在其家晚餐。餐毕,天大雷电,以〈大〉风大雨约一小时余,霁,出城。

在叔平处见有叶□□[①]来信,他说"🜹"是"电"字,"🜺"是雹字,又说□□□是春夏秋三字,"夏"像"蝉"。

9月5日

晨幼渔来电话云,季茀(女高师校长)嘱我去教国语发音学,每周二小时,一年教毕。允之。午后回府。

四时顷至孔德参与国文教授会,我主张教科书非彻底改造不可。为目前应急计,自然只好先在旧编中选若干课应用一、二、三、四年级,他们叫我先选十课。

晚餐约叔平、尹默、隅卿至东华,我和叔平二人吃了一瓶葡萄酒,渐醺,觉甚适。

9月6日

晨,启明来电话,嘱往士远处谈天,因此就去了一天。

9月7日

整理书籍报纸。

浴。

晚录《文学旬刊》目录。

9月8日

取孔德学校教本,一年级的译为汉文,觉可用者实在很少,其故由于计较字母出现之先后,均依字母顺序(始ㄅ,终ㄩㄥ),而又以汉字为对象也。午后回府。傍晚访士远。

---

① 本日日记缺文均为原缺。

9月9日

午访劢西,谈至晚十时方归。天阴雨。

9月10日

上午叔平来访,与同至吃饭。午后浴。

购得《创造》第二期,看了郁达夫的小说《风铃》一篇。

天气忽又潮热,傍晚至公园纳凉,在长美轩吃晚饭,喝了一瓶啤酒。

9月11日

午前至部,答杨遇夫问我音韵上之事件。午后回家。傍晚访士远并晤尹默、幼渔诸人,知七校校长通令蔡辞职,然其中实有黑幕,即王、李二人持"打翻狗食盆,大家吃不成"主义也。北大方面有主张公推蔡维持者,此说甚是。

下午有风,渐爽。

看张资平的《木马》(《创造》二)。

9月12日① (火)

我对于写日记这件事,每年必有两次的冲动,可以造一个名词叫做"定期冲动"。一次是一月一日,一次是九月十二日。一月一日是一年的第一日,九月十二日是我的生日(阳历)。我每年到了这两日,对于我自己一定要起一种从今以后我应该"湔除旧污,奋发有为"的希望,要知道此后是否做到这种希望,就全靠有详细[有]日记了。我若把每天的思想和行为详详细细的记在日记本子上,过后常常翻检,不但可以知道我的思想有无进步,行为是否改善,而且看了过去的幼稚思想和腐败行为,更可以令我毛骨耸〈悚〉然,肌肤起栗,努力前进,趋向改善之途,所以我每年到了这两日总要起一种写日记的冲动。可是说也惭愧,提起笔来写日记,写了十天半月(至多维持到两三个月),便搁笔了,搁笔以后心中便想,这一次是没有希望了,等候下一次定期冲动的时节再说吧。如此一次一次的冲动,提笔,搁笔,等候,这四种经过的方式依式复演了好几十次,直到今年一月一日那次冲动,才算把这四种方式只演了前二式,侥幸尚未演到后二式。直到今天,又到了冲动期了,论过去的这八个月十一日之中,虽然并未演至"搁笔",可是大概都是过一两日乃至一星期以后追记的。我近年以来,记性一天坏似一天,早晨的行为和思想——尤其是思想——到了下午已经有些影响模糊,记忆不真了,何况一两日乃至一星期以后呢!再加以向来就有偷懒和不耐烦两种恶习,所以即便是有想到的也懒得再写了。因此过去八个多月中的日记,除了偶然记些思想学问以外,只有"洗澡"、"回家"、

---

① 本日日记之首,钱玄同书有"亲〈新〉生命"三字,并加圈记。

"访某人"等等《春秋》式的——断烂朝报式的、流水账簿式的——记载了。

今年一月一日那次"定期冲动"的时候,本下了两种决心:(a)须将每日的思想和行为记载出来,天天记下,不复间断。(b)借了写日记我练习作文,这一层应有说明:我对于做文章这件事,我的理想和事实相差太远了。我的理想以为不仅要提起笔来能够畅畅快快的发表我的思想情感,或是叙述一件事实和一样东西,而且还要做得有"文学的意味",不做那枯燥无味的记账式的文章,一言以蔽之,就是"不仅是文章,而且是文学"。可是在实际上我有时(几〔乎〕常常如此)竟连那枯燥无味的记账式的文章都做不出来,那里还谈得到什么文学?但是我对于文章,我自己觉得未必竟是老天生成不堪造就的做不出文章的——唯一的原因,实在由于太不练习了,"平时不念经,临时抱佛脚",那怎么行呢?我要治疗这个毛病,惟有写详细日记之一法,天天写,天天写,一定愈写愈畅达,等到写日记成瘾了,自然而然的要运思去描写,久而久之,奇巧的结构,滑稽的意味,都来奔赴笔下,那么做出来的文章,便不仅是记账式的而是文学的了。

这八个月以来决心"a"总算勉强做到一部分,天天记下,不复间断(虽然过了一两日乃至一星期以后记的),不过太《春秋》式的了,因此决心"b"就连一星半点也没有做到。

我是世界上唯一的"不勤"和"无恒"的人。我何以会做成这样一个腐败人呢?虽然有些地方未始不是我的环境把我逼成这个样子,可是我现在想,我决不应该诿过于环境,且不说这并非全是环境害我的,即便全是环境害我,我也不应该一味的说归罪环境的话呀!我应该责问自己,我难道是没有灵性、没有知识、没有能力的人?我难道是猪一般的蠢物?我为什么不和环境奋斗?我为什么这样的自暴自弃?我现在已经是三十六岁的人了,"人生七十古来稀",我不是常常觉得我这种朝露之身未必能享高年吗?且退一步说,即使我能享高年而活到七十岁,我的一生已经过去一半了。前一半的成绩如何?鉴既往以警将来,应该如何的努力!应该如何的前进!环境是什么东西,偶然给他一包围,就装出一种弱小的绵羊的态度,以弱者自居,这不是很可耻的心理吗?

我现在自己既然明白过去的我的罪恶,那么前途的努力是决不容再濡滞须臾了。我的努力就从写日记这一件事做起,我从今天以后的日记,应该比过去的八个多月的大大的改良。过去的八个多月的日记的成绩硬要夸讲〈奖〉他一句,不过勉强做到"不间断"这个字而已——但是还是虚伪的,因为是补记。今天以后的日记,务须将今年一月一日的两种决心充分的做到。

可悲的我呀!在人生的道路上去日苦多,来日苦少,"谏往"是不可能的了,赶快"追——来"吧!从今天——一九二二年九月十二日,我三十六岁的第一天——起,可别再像过去的三十五年那样消耗完大好的光阴了。从今以后应该努力的定为十事如左:

一、天天写日记,务必详细,不可忽略,尤其不可间断。

二、对于我的职务——学校的功课,"国语统一筹备会"的事务——务必尽忠竭力,不可稍存玩视之心。

三、我志愿要做的两件事——整理国故和改革汉字——务必努力做去,不可尽着迁延了。

四、常读古今中外的文学作品。

五、常读古今中外的哲人的格言名训,如禅宗的语录,王阳明的《传习录》,托尔斯泰的《我的忏悔》之类。

六、我志愿要读一种或一种以上的外国文,这个目的务必设法达到。

七、对于我的三个儿子,应该尽我的能力使他们得到健康的身体和正当的知识。这是我对于人类的义务,不是对于儿子的"庭训"。

八、凡对于我施行种种戕贼自身的罪恶,应该一一痛自涤除。

九、工作(读书、授课和有事之访友均属此)八小时;游戏(散步、游览和无事之访友均属此)八小时;睡眠八小时,务必渐渐依此规定而实行。

十、朋友们有事相嘱,应该立刻去办,他们来信应该随到随复,这也是义务,不可"漠然置之"。

我不敢妄自尊大,去和奥古斯丁、卢梭、托尔斯泰诸大哲人相比。但我今后若能痛涤前非,将上列十事一一都逐渐实行,则从一九二二年九月十二日到我死的那一天的玄同日记——这个名目或者将来要改也未可知——我也要老着脸皮,给它一个别号,叫做《我的忏悔录》。

以下是今天的日记:

上午九时起看张资平的《恋爱初期之失败者》(《创造》一卷二号中)。

到高师取四月份上半月的薪水,听说日内还有半个月可发。在校中晤陈斐然。

到六味斋吃午饭,我数年以来往往在外面吃饭,因此经济的消耗以饭钱为最多,手头丰裕的时候吃得好些,自然更费了。我对于把钱亢在箱子里面菲饮食恶衣服的人们,是极端反对的。但像我那种吃饭的生活,却实在太奢侈些。我的钱本不多,省下几个饭钱多买几部书,不是很应该的吗?况且我觉得我吃的饭菜实在太油腻了。以后应该吃得清淡些才是,最好渐渐做到吃素(不忌鸡蛋和奶油)的地步,如此不但省钱,而且于身体有益。午后二时洗澡。看王统照的《死后之胜利》(《小说月报》十三卷六、七号)。五时访马叔平,在他那儿吃晚饭。十一时回舍。蔡先生被七校校长——其实只是高师的李建勋和法专的王家驹二人——勒令一同辞职。今日发出通告如左:"

"①明天午后二时北大开全体大会对付此事。

偶然想到梁任公先生的《罗兰夫人传》中有"彼拿破仑之母也,彼梅特涅之母也……"等话为世所诟病,其实这也没有什么不通,我们不是常拿母亲、儿子等等字样比喻因果的关系吗!

---

① 原缺

9月13日　（水）

上午九时起。看报，知由值百抽五之关税中拨付教育经费廿九万元的办法，已由黎总统批准，这件事体或者有实行的希望了。

十一时刘子庚同了刘农伯的兄弟刘小菊（？）来，我同他们到春华楼去吃午饭。

到富晋书庄买得姬觉弥的《重辑仓颉篇》一部。这部书是把《流沙坠简》中的《仓颉篇》残简和《急就篇》中所有的字（因为《汉书·艺文志》中说，《急就篇》是用《仓颉》中正字，所以《急就篇》中的字都是《仓颉篇》中所有）和扬雄、杜林所训的字编为上卷（除残简外都是单字，依《说文》部居次列），把他书所引的《仓颉篇》编为下卷。因为这是杂有扬雄《训纂》、贾鲂《滂喜》所读的字，又以《仓颉》本文为经，而以扬雄（《仓颉训纂》），杜林（《仓颉训纂》和《仓颉故》），张揖（《三仓训诂》），郭璞（《三仓解〔诂〕》）的训诂列在他的后面低一格。这样编法颇便查检。姬觉弥是一个不通文墨的流氓，这书虽无特长，但他一定做不出，大概是王静安替他做的。

北大的挽蔡大会我没有去。

午后写日记。到六味斋吃晚饭。晚点阅姬觉弥（？）《仓颉篇序》。录王国维的《史籀篇序》，录罗振玉的《仓颉篇残简考释》（上二篇均在《广仓学宭丛书》第一集第五册中）。王君谓《史籀》是春秋战国间秦人所作，不是周宣王时候的书，《史籀》也不是作者的名字，极有见地。但是他说这书的第一句大概是"大史籀书"四字，又引《周礼》、《逸周书》等书，来证明他所谓"古者读书皆史职"之说，不但证据靠不住，而且大可不必如此附会。《周礼》、《逸周书》都是秦汉以后的人所伪造，决不足信。《史籀篇》之为秦书，但看他的字体，较远于钟鼎而近于《诅楚文》及石鼓（马叔平证石鼓为秦物，证据极确，可为定论），便是晚周时代秦文的铁证。至其何以名为《史籀篇》及首句是否"大史籀书"四字，固然无可考征，实在也无关弘旨，不必穿凿求之也。至王君叙录中说"籀文"是西土文字，壁中古文是东土文字，他别有《汉代古文考》一篇畅发此论，其实大错。我以为"籀文"较"小篆"略古，"钟鼎文"较"籀文"略古，"龟甲文"又较"钟鼎文"略古，而实一体相承、为殷、周、秦三代的真字。那壁中古文则刘歆诸人所伪造者，其价值等于东晋伪《古文尚书》《汗简》《古文四声韵》中之古字而已，决不可以迷古。

《秦史籀》，不知若干字？

秦李斯作《仓颉》，七章
赵高作《爰历》，六章　　都不知若干字。
胡母敬作《博学》，七章

汉间里书师，合上三书改编为《仓颉》，五十五章（每章六十字），三千三百字。
汉司马相如作《凡将》，列汉《仓颉》中字及其他。
史游作《急就》，都是《仓颉》中字，三十一章，一九五三字，除复重字三三五，得1618字。

李长作《元尚》,都是汉《仓颉》中字。

汉扬雄作《训纂》,《续汉仓颉》,于五十五章三千三百字之外加三十四章,(每章含有六十字),二千○四十字(又捃去汉《仓颉》中重复的字,则实际上所加必不止二○四○个字)。

$$55 + 34 = 89 \text{ 章}$$

$$3300 + 2040 = 5340 \text{ 字}(释音以后称为《仓颉》中篇)。$$

后汉班固作十三章,不知字数,《隋书经籍志》有《太甲篇》、《在昔篇》,大概都在十三章之中。

贾鲂作《滂喜》,三十四章,每章也是六十字,二千○四十字。(班固的十三章包括在里边)。

三仓 { 汉闾里书师《仓颉》,55 章,3300 字,上卷。
汉扬雄《训纂》,34 章,2040 字,中卷。
汉贾鲂,34 章,2040 字,下卷。

共 3 卷,123 章,7380 字。

《三仓》上中两卷凡 5340 字,均为《说文》所取资(见许序),班、贾之书许或未见。其下卷(《滂喜》篇)之二○四○字许或但[①]

9月14日 （木）

昨夜不知甚么原故,整夜不得安眠,因此今天精神甚坏。上午九时起,到聚丰园吃汤包当午饭。

午后回家。四时到北大领四月份下半月的薪水。访尹默,士远、兼士、幼渔、叔平、稚鹤、耀辰、凤举、振南、龚绿(振南的夫人)都在那儿,大家都吃尹默的晚饭。振南夫妇明天要到日本去了。

与尹默争论小学生徒写汉字用毛笔与"ㄆㄣ"的问题。他说这和纸是有关系的,要是生徒只能用"ㄆㄣ"写字,则一旦到了内地,内地买不出〈到〉外国纸的地方甚多,岂不受累?他这话自然也有理由。但我以为,今后写中国字总宜渐渐改用"ㄆㄣ"和"ㄧㄣㄎ",以期便利。故学校兼用毛笔墨汁则可,若作国文功课而必须用毛笔、墨汁。

9月15日 （金）

上午九时起。到高师领四月份下半月的薪水。

到复兴园吃生煎馒头和馄饨当午餐。

买得商务出版的《国音指掌图》。图中共列 3630 字,普通常用的字大概都有了。贴在墙上,随时可以检查,很是适用。又买得一九一七年(民六)菊饮轩排印本《章实斋文抄》一本。不知道与浙江图书馆所排印者有重出否,暇时当一校之。菊

---

① 以下原缺。

饮轩不知何人,其后有跋,文理不甚通,纪年处不写民国五年而写丙辰,大概是一个遗老,然则其不通也固宜。

买《通鉴辑览》一部。这种民贼家谱,搁在书架上原有些不值,不过有时要查一点邻猫生子的事迹,不得不备一部罢了。

《民国日报》上登了一篇新闻(?),预测张作霖和吴佩孚最后的成败。说了张作霖许多好话,真令人肉麻,还有几句"曲终奏雅"的话。真是欲盖弥彰了——但是你们不知道,你们的什么孙大总统已经受曹、吴招抚了吗!你们应该替你们的大总统留些余地才是啊!原文如左:"   "①

午后四时洗澡。至春华楼吃晚饭。

晚将国音之四百余音(据张蔚瑜之《国音分韵检字》),用我拟的国音新音标——采用国际音标——拼出,又用 Esp 字母拼出,为中国名词采入 Esp 中之用,对于现定的国音略有删拼,如左:

一,删万-并于ㄨ-(W),这是字典中已经加"或读"的,就是"万ㄟ"下加或读"ㄨㄟ"。

二,删"ㄩㄛ",并于"丨ㄛ"(jo),这是修正字典时应改正的,如"ㄐㄩㄛ"改"ㄐ丨ㄛ"。

三,删"广",并于ろ(n),这是修正字典应加"或读"的,如"广丨ㄢ"下加或读"ろ丨ㄢ"。

四,删"兀",原读元音,拟提加或读案,如"兀ㄞ"下加或读"ㄞ"。

五,删"ㄜ",并于"ㄝ"(e),现定国音中"ㄜ"韵之音甚多,"ㄝ"韵只有"ㄓㄝ"、"ㄔㄝ"、"ㄕㄝ"、"ㄖㄝ"四音,北京读为"ㄓㄜ"、"ㄔㄜ"、"ㄕㄜ"、"ㄖㄜ",其他各处大抵这二类之音也没有分别,如江南二类均读"ㄓㄝ"、"ㄔㄝ"、"ㄕㄝ"、"ㄖㄝ"。四川二类均读"ㄓㄝ"、"ㄔㄝ"、"ㄕㄝ"、"ㄖㄝ"。我以为这两类极应并合,一律用"ㄝ",从四川音读。因"e"(ㄝ)是极普通之音,未便缺少,"ə"(ㄜ)则大可省去不用也,但此说现在必难得多数人之赞同(因与北京音不合也)。我打算提议先将"ㄓㄝ"、"ㄔㄝ"、"ㄕㄝ"、"ㄖㄝ"四音下加"ㄓㄜ"、"ㄔㄜ"、"ㄕㄜ"、"ㄖㄜ"四个或读,将"-ㄜ""-ㄝ"两韵之字并合为一。将来用新音标时再一律改用"e"。至北京读"ㄜ"(ə),江南读"ㄝ?"(ë?),原是无妨,国音本不能绝对统一也。即如此,"ㄞ"定为"aj",而各处读之者必有"æe"、"æI"、"æi"、"æj"、"ae"、"ai"、"aj"、"ɑe"、"ɑI"、"ɑi"、"ɑj"及其他种种不同,然实无害其为统一也。

六,删"丨ㄞ",拟将"丨ㄞ"并于"丨ㄚ"(ja),"-丨ㄞ"并于"-丨ㄝ"(je),拟提加或读等如"ㄒ丨ㄞ"下加或读"ㄒ丨ㄝ"。

七,删无用之音,如"兀ㄨ"、"兀ㄚ"、"ろㄨㄤ"诸音。

---

① 原文缺。

9月16日(土)

阴雨竟日，黄昏大风，雨也更大，天气甚凉，可穿夹衣。晨九时起。看报。至师校领五月上半月薪水。今日是阴历七月廿五日，我生于(一八八七年)九月十二日，照阴历说是丁亥年七月廿五日。大兄和婠贞都是只记得阴历的，今天午饭，大兄约我去吃中央饭店之西餐，计大兄大嫂，婠贞和我四个人。午后二时访不庵。五时访叔平。六时到东安市场买了一瓶克利沙酒回家，因婠贞说家中预备了一些酒菜，叫我回去吃点，给我做生日。晚宿家中。

9月17日(日)

刮了一夜的大风，今天骤然寒冷，连夹衣都觉得不够了。

上午九时起，到舍。吃复兴园的生煎馒头当午饭。午后洗澡。

四时顷戴逵荪来，他现在在浙江教育厅中当科长，此次马夷初派他来当教育部学制会议中的浙教厅代表，他说还有浙江教育会的代表是经子渊。

五时郑介石来，他又送我火腿和茶叶。他说今年浙江水灾很重，山中共发了三次水(并没下甚么大雨)，他们诸暨秋收丝毫无望，他家里的房子幸未沉没，所以人都无恙。

六时访黎劭西，不晤。夹袍之上加以薄大氅，还觉很冷。从劭西处出来即到西单牌楼北首的嘉禾春吃了晚饭，并且喝了半斤黄酒，藉以祛寒。

灯下修改用 Esperanto 拼中国音的拼法，结果则我所修改的国音个个都将它拼出，没有一个相混的，其中有几个国音所用而 Esp 所没有的字母，都用相近的替代：——(一)，"w-"用"V-"代。(二)，"ɥ-"亦用"v"代(与"w-"不至于相混)，因用"ɥ-"者只有"ㄩㄝ"、"ㄩㄢ"两类，国音有"ㄩㄝ"，无"ㄨㄝ"，则"ve"不会误认为"we"。"ㄩㄢ"作"ven"，似混于"ㄨㄣ"，但"-ㄨㄣ"本已读"-un"了，只有"ㄨㄣ"国音尚读"wen"，此则在 Eep 拼法中，大可改为"un"，故亦无碍。(三)，"y"、"y-"均用"vi"代(即"ㄩ"作"vi"，"ㄩㄣ"作"vin")。(四)，"dz"用"z"代。(五)，"-ŋ"用"-m"代(明——……即是如此)。(六)，"-ʒ"用"iʒ"代，"-z"用"iz"代(因此二音本应作"iʒ"、"iz"，援"eʳ"代"er"之例，当然可以如此改变)。其字母形式不同者，则：x 作 ĥ，dʒ 作 ĝ，tʃ 作 ĉ，ʃ 作 ĝ，ʒ 作 ĝ，ts 作 c，ɑ 作 a，aw 作 aŭ，ew 作 eŭ 是也。

9月18日(月)

晴，天气较昨天要和暖些。九时起。十时幼渔来，他说不庵答应担任哲学系宋明哲学的功课了。与幼渔同到春华楼吃午饭，遇吴鸣岐。午后整理书物。五时到中央公园，遇士远、尹默、稚鹤、凤举、耀辰诸人，在园中兜了一个圈子，遇汪一庵。走到水榭后面的木桥上下看荷花池，则已"黄蒿……波间"了！我上次到公园是九月十日那天，因为天气潮闷而去乘凉的，记得那天一件竹布长衫都不大穿得住，今天则夹袍子上加了薄大氅还觉得有些寒冷。十日之间气候骤变,真有"炎凉之感"!稚鹤约士远和我到西车站吃晚饭,吃了一些白葡萄酒。

《绿光》第二期有一段用 Esp 译的《老残游记》,把"老残"竟译作"Sro Mankomanks",是"不完全"的意思,则再转译为中文,竟成为"不完全先生"了!岂不可笑之至!翻译人名、地名本来只有译音之一法。"老残"只可译为 Laǎcan,或译为 Tje Bucan（铁补残）,或译为 Tje In（铁英）,决不可译"残"字的意义的。

新音标中有五个字母为罗马字母所没有的,如用罗马字母时,其替代之字母如左：

s 作 sh,ʒ 作 zh,ŋ 作 ng,ɥ 作 ü 或作 vh,ɑ 作 a。

dʒ、tʃ 即依此拼作 dzh、tsh。sh、zh、ng 均英文拼法,国际音标之 ɑ 与 a 有后韵和前韵的区别。罗马字母中只有一 a 母,新音标中 ɑ、a 两音既不并存,则自可用 a 代 ɑ,ɥ 母无可代替者如——（未完待续）

9 月 19 日（火）

九时起,即至复兴园吃生煎馒头作午餐。回舍看报,十七八九（？）日的《晨报副镌》上有劭西的《　》①一篇甚好,拟请其转载《国语月刊》第七期"汉字改革号"中。上午十时三十分ㄍ、ㄎ、ㄔ会开干事会,我没有去。十一时回家。三时到北大取五月份薪水。到孔德学校开常驻董事会,到会者四人：沈尹默、马衡、蔡元培、钱玄同。七时顷访叔平,吃他的晚饭。日本文学家片上伸来,明天在北大和孔德两处演讲,孔德的演〈讲〉题叫做《游戏的必要》,意在矫正职业化的教育,极有道理,我打算明天去听。

9 月 20 日（三）

上午八时起,到高师取薪水。到复兴园吃生煎馒头。到ㄍ、ㄎ、ㄔ会去取薪水。十一时访叔平。一时访尹默,与尹默、稚鹤二人同到北大三院去听片上伸演讲,到时已将及四时,则要讲完了。五时片上氏到孔德学校演讲,我们本来打算请他讲给教员和较大的学生听的——他亦是这样想——,不料没有和校中接洽,竟连最小的小学生也排在听讲的里面,而且坐在前面。他讲了半个钟头,实在讲不下去了,于是草草完结,这是很可惜的事。

今天午饭未吃,听片上讲毕后肚子甚饿,到东安市场,见开成益食公司在它的楼上,新设吃素餐的地方,于是上去吃了一元钱的菜,口味比六味斋好。

9 月 21 日（四）

上午十一时吴又陵来。

---

① 原件如此。

十二时到春华楼吃午饭,晤马隅卿、邢翼之。

观音寺西口外不知一个什么人(?)死了。他死了之后,他的门口就摆满了许多无聊的东西,而且挤满了人。闹到往来的车子都不好走,常常要"岔车",这个怪现状已经闹了十来天了。今天这死人(?)的臭皮囊要拿出去了,于是从观音寺起穿过大栅栏直到前门大街,把道路都塞断了。我吃完了饭之后,走到大栅栏前门大街一带去买东西,真真难走。我想这个人死后还是如此害人,则生前之横行一世可以想见。中国的什么丧礼,也和拖辫子、缠小脚……一般,实非大大地革命一次不可。

抄《急就章草》一遍,以明杨政所刻叶梦得本为主,其缺少之字则以宋克、赵孟頫诸家临本补之。

下午六时黎劭西来电话,说张玉生约他在雨华春吃午饭,他约我也去谈谈,我即去。喝了一些玫瑰酒,吃涮羊肉锅子。我约劭西同编孔德的国文教科书,他答应了。我们现在决定,一年级不用汉字,单用字母,我以为这是实行改革文字的初步。

《觉悟》登出蔡先生的《　　》一篇①,系转载《教育杂志》第△卷第六号者,讲得极有道理。

9月22日(五)

上午十时许得士远电话,说不庵在他那儿,要叫我去谈谈,并且吃他的饭。我于是就到他家去,并晤刘子庚。凤举、耀辰也都在那儿。午后幼渔也来。

下午六时士远、尹默、耀辰、凤举、幼渔、玄同六个人到开城吃素饭,吃了一瓶白酒,大家会钞,每人一元。吃完他们都去打球,我回寄宿舍。卧看蒋百里的《欧洲文艺复兴史》。蒋君文笔极明快,但是这部书恐怕不能算佳著,文章虽然浅易,读之竟不能得到什么印象,一半由于他叙得太简略,一半由于八股式的——模糊、含混——文句太多。

9月23日(六)

上午仍看蒋书,未毕。到春华楼吃午饭。下午回家,知三儿又患扁桃腺炎,今日上午已往金子直处诊视过了。三时到北大送补考题目去。访尹默及叔平皆不遇。

出城,在劝业出场买到手杖一根,系山东潍县出产,形式、光泽都很好,价二元五角。也还便宜,这种杖的杖干刻字或刻花,据说价值大有不同,廉者至为一元二角,贵者至五十元,因字的多少或花的粗细而不同。我不大爱刻花的,所以在刻字的中间拣选,但所刻之句大都不能令我满意。勉强拣了一根刻"巨石清泉从所好,和风甘雨与人同"的买了,这两句也很平常,但尚无"诗书"、"孝友"等可厌字样,所以买它。在杏花村吃夜饭。

---

① 原件如此。

今天精神极坏,出城时竟睡着在车中,所以晚九时便睡了。

9月24日(日)

晨八时起清理书籍。

Renaissance 一字,日本译为文艺复兴,中国沿用之。我觉得不好,我主张直用原字,或用国音字母译原字之音。若直用 Esperanto 此字,或译 Esperanto 此字之音则更好。

Renaissanes {英音为 rəˈneisəns 可译为ㄦㄋㄟㄙㄣㄙ
           法音为 rənesã:s 可译为ㄦㄋㄜㄙㄝㄇㄢㄙㄤㄇ
           É文(〈世界语〉)Renesanco 可译为ㄦㄋㄜㄙㄝㄇㄢㄘㄛ

十一时叔平来,立刻即去。

到复兴园吃馒头、烧饼、馄饨代饭。午后洗澡。

看蔡先生的《对于教育方针之意见》。商务印书馆印的《四部丛刊》,其中有数十种可以零卖。我今买到:——《论衡》一部(影通津草堂本)价三元。此外尚有数种我想买的,因书未到故未买。现将他们的书目粘在后面,以备他日要买的时候的参考。又买得《宋诗抄补》一部,二元,九五折。此书系补吴△△①、吕留良、△△△之《宋诗抄》,首有李宣龚一序,说原书"署签为海宁管芷湘庭芬钞补、蒋生沐光煦编辑"。

到春华楼吃晚饭。

许季茀(女高师校长)叫我任女高师国文部的国语发音学功课,一年教完,每周二小时,约计需教六十小时。今拟一讲义,目录如左:

国音要略十二讲:

第一讲,国音和国音字母。

二讲,国音字母和汉字的将来。

三讲,发音机关述略。

四讲,单声。

五讲,复声。

六讲,单韵。

七讲,复韵。

八讲,附声之韵。

九讲,声化之韵。

十讲,所谓"五声"。

十一讲,国音声韵和前代声韵的异同。

十二讲,国音字母改良问题。

附一,国音字母的正草二体表。

---

① 原文空缺,下同。

附二,国音字母和国际音标对照表。

附三,国音拼音表。

我打算在这讲义中灌输汉字革命主义。

前些日子黎劭西谈起《国语月刊》,上海方面有些办不下去了,打算移到北京来办,由他和我来担任编辑,这事我甚乐于担任。我自问编报的才具颇不弱,十八年前编辑《湖州白话报》,四年前编辑《新青年》,成绩都还不坏。现在来编辑《国语月刊》,当不至偾事。我今天想移京编辑以后的《国语月刊》,他的内容当有下列的八门:

一,国语上种种问题的讨论——国音、语法、词类、声韵、文字等等。

二,国语状况的记载——如社会的推行,官厅的提倡,但此类须有别择,那官厅的无聊的非诚意的文告不必登载,因为我们不是他的承宣官。还有像那山西的提倡国语,客气些便不去登他,老实些便应该将他那不合之点,加以极严正的批评,以唤醒一般人的迷梦。

三,国语文学四作品——诗歌、小说、戏剧及其他有文学意味的文章,不论创作与翻译一律同等看待。国语是靠国语的文学而发芽滋长的,所以国语的文学是国语唯一的生命(儿童文学在此类之中)。

四,前代白话文学的整理——加标点符号、分段、翻译、考证等等。

五,别国的文学革命史——如欧洲各国白话文学的发生之类,日本的罗马字运动,亦归入此类。

六,言语学,发音学。

七,"小学"的整理。

八,通信。

拟以此意告之劭西。

9月25日(月)

天气颇暖。

上午到高师国文部阅书室中翻阅《四部丛刊》,因商务印书馆近将《四部丛刊》中选了八十余种,单行发售。我要将此八十余种的版本检查择购也。

午后三时访士远,晚出城。

买浙江局刻朱熹《诗集传》一部,这是从前他们作儿童读本用的,虽是朱注,而每诗上端又刻有毛序。我要将各家诗说抄在上端,买了此本则毛序可以省得抄了。晚捡《越缦堂日记》第△册第△页所记① 牟默人《诗切》说诗数十条抄上,又民国元年的《中国学报》第　期② 中有江叔海的笔记,其中亦有引牟说数条,亦一并抄上。

---

① 原缺。

② 原缺。

9月26日（火）

天气仍暖。

上午抄龚橙《诗本谊》之说于昨日所购《诗经》读本之上端，抄毕。

下午三时回家，知秉充被奶妈带出去玩了，我要看看他，等到天黑（六时）才回来。正要走了，秉雄回来了，他问我许多话，我和他讲讲，不知不觉地已经讲到十一点钟了，因即睡在家中。

夜半雷电交作，风雨甚大，天气骤冷。

9月27日（水）

上午十时到东安市场买了一本《孤军》，这本是陈承泽（字慎侯，号说难）办的报，未出而陈君已死，现在由他的一班朋友办下去。但这些人，都是我不知道的，他们的持论颇严正。

午出城洗澡。

买得《四部丛刊》中景宋本《毛诗》，及景明△△本《李直讲觏文集》。李觏学说与王安石最为相近，他对于《易》与《周礼》都有新见，论"礼"之由生，以为是根据自然，不是违反自然，这是他的特识。适之很佩服李觏，他说"李觏在北宋是一个极重要的思想家"，又说"他的思想最有条理，最有精采，最可代表江西学派的精神"。他在一九二一年十一月曾经做了一篇《记李觏的学说》，订在他的日记中，夏天我曾经借看，至今未还。今买到李集，因取出他这篇记载，抄它出来，今天抄了三千余字，约及全文之半。用省笔字写，不到三个钟头就写三千余字，要是用满酋旻宁以后的这种楷体写，恐怕这点时间连一千个字也写不到哩！于此可知，省笔字之不可不提倡。

竟日天阴有雨，天气冷，非穿棉衣不可。晚早睡。夜半醒来听窗外风声甚大，起初疑是火车放汽声，其响可知。

9月28日（木）

"一夜北风紧"，今天白天尚未息，气候更冷了。

午后到高师看国文考卷，此次卷子约有六百本左右。由钱玄同、单不庵、马幼渔、朱逷先、章嶡生、夏宇众、徐名鸿、梅仲等八个人分看，看到六时，尚未看完，明日当续看。

杨遇夫约在他的家中吃晚饭，同坐者为汪一庵、陈颂平、陆雨庵、张玉生、黎劭西诸人。

9月29日（五）

昨天一夜肚子不好过，今晨起来更觉剧痛，不能走路，但昨日试卷还有许多未看,今日上午必须看完。晨七时许起身,即力疲,到校看卷子,其他诸人亦渐来,至午十二时居然看完了,如释重负。

下午二至五时口试应考国文部的学生,口试八人,共分四组,每组一人"察言",一人"观色"如下:

> 第一组,章厥生察言,梅贻瑞观色。
> 第二组,朱希祖察言,单不庵观色。
> 第三组,钱玄同察言,夏宇众观色。
> 第四组,马裕藻察言,徐名鸿观色。

我自己肚子疼得难受,实在懒得多和人家讲话,来应考者只令其讲两三行书,就算完事了。

买得《四部丛刊》中明嘉靖本《墨子》。

又买得汪静之的诗集《蕙的风》。洗澡,在澡堂中将《蕙的风》看完。这种少年新诗人的诗,确是一种葱笼清新气象,可羡可妬。彼的第二百页中有《小孩子》一首,我看完了觉得我很不道德,很对不起我的秉充,我实实在在是剥了他的真与善了。我每回家见到他,因为要引逗他笑,总是给他两个铜子,伊们还要教他鞠躬拜手的谢我,我觉得难受,常常止住伊们,但我自己剥了他的真与善的罪,决不比教他道谢的末减,我真是明于责人,而暗于责己了!

晚卧床中看孙伏园译的Tolstoj的《呆伊凡的故事》(载《新潮》 卷 号)①

9月30日(六)

腹痛渐止。

午回家。

午后三时访士远,并晤许多朋友,连我八个人,同到东华饭店吃夜饭。八个人是:钱玄同、沈士远、沈尹默、沈兼士、徐耀辰、马叔平、张凤举、马隅卿。在饭店门口遇见大兄。

有一位十七岁的青年,面色苍白,背脊几乎要驼了。他的身体真是弱不禁风的样子。他穿了很厚的衣裳,他的头上戴了一顶瓜皮小帽,上面缀着一个小的红帽结子。这个青年的祖父,是三十年前竭力主张变法,主张欧化的老新党(当这位青年出世的时候,他还竭力主张中国的教育应该根本改革)。他的父亲是在日本受过完全的普通教育的,日本文很好,英文也很过得去,他很喜欢研究美术(至今还是如此)。这位青年生在这样的家庭里,竟成了那样的态度,而且他除了读过"四书五经"之外,近年所最亲近的是许多钦定式的旧书的旧名,和什么"吾人天地之中合赋璇玑玉衡赋"等等。呜呼!谁实为之?孰令至此!我看见了他,或者想起了他,常常要替他暗洒一掬同情之泪,但是有什么用呢?我也是一个卑弱无能的弱者啊!并没有勇气和毅力去提拔他啊!

---

① 原缺。

10月1日(日)

我年来主张改造国音字母,曾经拟定好几十种,今日决定二种。甲种,采用国际音标。乙种,采用公语(即 Esp-,我今后称彼为公语)。字母如下:

	甲	乙			
ㄅ	b	b	ㄏ,ㄏㄧ	x,h	ĥ
ㄆ	p	p			
ㄇ	m	m			
ㄈ	f	f			
万	v	v			
ㄉ	d	d	ㄓ(ㄐ)	dẑ	ĝ
ㄊ	t	t	ㄔ(ㄑ)	tŝ	ŝ
ㄋ	n(广)	n	ㄕ(ㄒ)	ŝ	ŝ
ㄌ	l	l	日	ʒ	ɥ
ㄍ	g	g	ㄗ	dz	x
ㄎ	k	k	ㄘ	ts	c
ㄫ	ŋ	♀	ㄙ	s	s
ㄙ'	z	z	ㄝ(ㄜ)	e	e
ㄦ⊥	r	r	ㄞ	aj	aj
1⊥	j	j	ㄟ	ej	ej
x⊥	w	ŭ	ㄠ	au	aŭ
u⊤	ɥ	w	ㄡ	ew	eŭ
			ㄢ	an	an
l	i	i	ㄣ	en	en
x	u	u	ㄤ	aŋ	aq
ㄩ	y	y	ㄥ	eŋ	e♀
ㄚ	a	A	ㄦ	er	er
ㄛ	o	o	日⊤	ʒ	ĵ
			ㄙ',⊤	z	z
lㄚ(lㄞ)	ja	ja	ㄨㄚ	wa	ŭa
lㄛ(ㄩㄛ)	jo	jo	ㄨㄛ	wo	ŭo
lㄝ(lㄞ)	je	je	ㄚㄞ	woj	ŭaj
			ㄨㄟ	wej	ŭej
lㄠ	jaw	jaŭ	ㄨㄢ	wan	ŭɑn
lㄡ	ju	jn	ㄨㄣ	wen	ŭen
lㄢ	jen	jen	ㄨㄤ	waŋ	ùa♀

ㄧㄣ	in	in		ㄨㄥ	oŋ	oŋ
ㄧㄤ	jaŋ	ja♀				
ㄦ	in	i♀				
ㄩㄝ	ɲe	we				
ㄩㄢ	ɲn	wen				
ㄩㄣ	yn	yn				
ㄩㄥ	joŋ	jo♀				

声母二十二个

	两唇	唇齿	舌尖	舌叶	叶尖	舌前	舌后	声门
塞 鼻 分 通	p　b m 　 w ɥ	 f　v	td n l r	 s　z	 t　ʒ	 j (ɥ)	kg ŋ x (w)	 h

韵母 6 个

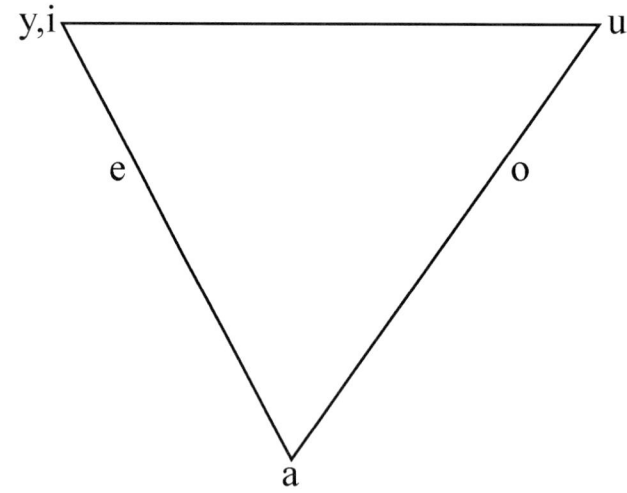

说明：

一，凡公语所用的音，一概列入国音之中。我主张未来的国语中遇到现代学术上的名词（如文艺复兴、伦理学、虎列拉、□麻室斯等），从别国输入的器物（如披霞娜、沙发、咖啡、朱古力等），别国的人名、地名等等都应该写公语，所以凡公语所用的音都列入国音之中。

二，国音的ㄐ、ㄑ、ㄒ，理论上虽是舌前的 cj、cç、ç，实际上和"叶尖声与舌前声结合"的 tʒj、tði、ði 没有分别，今删去。

三，广母之设儿等赘瘤。从学理上说"ㄐ、ㄑ、ㄒ"为"ㄍㄎㄏ"之变，则"广"当为

"兀"之变,即归疑母之"齐撮呼"。应该用广母也,但实际上疑母之"撮口呼"今变"ㄩ"及"ㄩ⁻","齐齿呼"之大多数,今音"ㄧ"及"ㄧ⁻",只有少数字音"广ㄧ"及"广ㄧ⁻"耳。今用广母者大多数为旧泥娘两母字,这是狠不对的,泥娘两母正当用ㄋ。今北京音即是如此。北京对于疑母"齐齿呼"中国音之"广ㄧ"及"广ㄧ⁻"之字也知读入ㄋ母音"ㄋㄧ"及"ㄋㄧ⁻",这是大可照他的。今年八月十五日"ㄍ、ㄊ、ㄔ"会大会中还通过一案,将《国音字典》中用广注音之字,概加用ㄋ注音之式读。今无广韵母,今亦删去。

四,ㄝ母"开口呼",只有国音音ㄓㄝ、ㄔㄝ、ㄕㄝ、ㄖㄝ与音ㄓㄜ、ㄔㄜ、ㄕㄜ、ㄖㄜ(此音无字)之字各处或均读ㄜ或均读ㄝ或均读e,或均读ʌ,大都不分别为二音。ㄝ母用"开口呼",只有这四音大可与ㄜ母合并。四音北京读为ㄓㄜ、ㄔㄜ、ㄕㄜ、ㄖㄜ。因ㄝ＝e ㄜ＝ə,e母用处甚多(公语中常用,国音中如ㄟ如ㄝ,如ㄩㄝ均非用e不可),且为罗马字母所有,ə母用处甚少(国音ㄡㄣㄥㄦ之前一音可e可ə),且为罗马字母所无,故今删ㄜ存ㄝ。

五,"ㄧㄞ"韵中只有三音,音"ㄧㄞ"之字可改为"ㄧㄚ",音"ㄐㄧㄞ","ㄒㄧㄞ"之字应改读"ㄐㄧㄝ"、"ㄒㄧㄝ",故今删"ㄧㄞ"。

六,"ㄩㄛ"韵字都应改音"ㄧㄛ",故亦删去。

七,我主张国音照公语拼法,每一音中设有两个元音,国音之复韵都是ㄧ、ㄨ、ㄩ三韵和别韵复合:

ㄞ——ㄚㄧ
ㄟ——ㄝㄧ
ㄠ——ㄚㄨ
ㄡ——ㄝㄨ
ㄧㄚ——ㄧㄚ
ㄧㄛ——ㄧㄛ
ㄧㄝ——ㄧㄝ
ㄧㄠ——ㄧㄚㄨ
ㄧㄡ——ㄧㄨ
ㄨㄚ——ㄨㄚ
ㄨㄛ——ㄨㄛ
ㄨㄞ——ㄨㄚㄧ
ㄨㄟ——ㄨㄝㄧ
ㄩㄝ——ㄩㄝ

复韵附声者,那复韵也是这样:

ㄧㄢ——ㄧㄝㄋ
ㄧㄤ——ㄧㄚㄫ
ㄨㄢ——ㄨㄚㄋ
ㄨㄣ——ㄨㄝㄋ
ㄨㄤ——ㄨㄚㄫ

ㄩㄢ═══ㄩㄝㄋ
ㄩㄥ═══ㄧㄛㄋ

比 i、u、y 三韵舌再上升便是 j、w、ч 三声,公语不用 y 韵,而对于复韵之 ai eu 等韵改为 aj、eǔ(ǔ = w)等。今用此法,故析ㄧ、ㄨ、ㄩ 三音为二类,一为韵之 i、u、y,一为声之 j、w、ч。凡复韵中之ㄧ、ㄨ、ㄩ 概改用 j、w、ч(但ㄧㄣ、ㄧㄥ、ㄨㄥ、ㄩㄣ四个韵母中之韵只有ㄨㄩ,别无他韵,故仍用 i、u、y,又ㄧㄨ非ㄧㄝㄨ三韵复合,而是ㄧㄨ二韵复合,故第二音不作 w 而作 u,此韵不可拘复合韵母之形式求之者也)。这样一来,凡复韵都改为附声之韵了。

八,ㄓ、ㄔ、ㄕ、ㄖ与ㄗ、ㄘ、ㄙ之韵前为ㄖ化之 i,后为 z 化之 i,今即借ㄖ、Z 二声母为韵母。

九,国音之"儿"本有声韵二读,声为ㄦ,韵为 eʳ,eʳ 是声化之韵,今改作 er 以期易说易写,亦为附声之韵。凡独立有意义之儿,如儿、耳、尔、二等都用 er 韵,那作词尾用的,如花儿、盘儿、一会儿、慢慢儿等都用 r 声,(r 声在国际音标中分为三母,ɹ 是舌尖通声,r 是舌尖颤声,R 是小舌颤声。严格的说国音应用ɹ,但英语中读舌尖通声之 r,在《正音辞典》中亦用 r,不用ɹ,则国音用 r 未始不可。)

十,国音塞声中的ㄅ、ㄉ、ㄍ是清塞浊流,本是 p、t、k,ㄆ、ㄊ、ㄎ是清塞清流,本是 pᶜ、tᶜ、kᶜ,这浊音的话是狠不容易说明的,而"c"符号又在〈是〉很麻烦的。今将浊音的话丢开,清塞清流之ㄆ、ㄊ、ㄎ,只作 p、t、k 不用"c",清塞浊流之ㄅ、ㄉ、ㄍ,则改用浊塞声(浊流)之 b、d、g,以期易说易写。

十一,ㄓ、ㄗ是准清塞浊流,本是 tʒ、tz,ㄔ、ㄘ是准清塞清流,本是 tð、ts,今 tð、ts 仍旧,而 tʒ、tz 则改用准浊塞浊流之 dʒ、dz,以期易说易写,且与ㄅ、ㄉ、ㄍ改 b、d、g 一致。

十二,国音不用"万",凡旧微母之字已改用"ㄨ⁻"了,今因此音为公语所用,故仍留之。我以为旧微母字,实可照山西音用"万⁻"拼也。

十三,"ㄤ⁻"之"ㄤ"韵可省去不用,单读其后之韵,即"ㄤㄛ"、"ㄤㄞ"、"ㄤㄠ"、"ㄤㄡ"、"ㄤㄢ"、"ㄤㄤ",可改为"ㄛ、ㄞ、ㄠ、ㄡ、ㄢ、ㄤ"也。但"⁻ㄤ"音甚多,"ㄤ、ㄧㄤ、ㄨㄤ、ㄥ、ㄧㄥ、ㄨㄥ、ㄩㄥ"皆是,故今仍留"ㄤ"母。

十四,公语字母有"h"、"ĥ"二母,ĥ = x = ㄏ,h = h = ㄏH,故今增"ㄏH",然国音读"ㄏㄚㄙ"为"ㄏHㄚ",实际上本为"ㄏH"音也。

十五,国音声母无"ㄙ'",以公语有"z"而列入,但国音对于"ㄙ'"虽不单用,而ㄗ声及ㄗ、ㄘ、ㄙ之韵中均有此音,则此音实为国音所有,本应列入也。

十六,存在复韵与附声之韵中的"ㄚ",本有前韵之"a"与后韵之"ɑ"二种,今概用后韵之"ɑ",以图省便("ㄞ"、"ㄨㄞ"、"ㄢ"、"ㄨㄢ"是"a","ㄠ"、"ㄧㄠ"、"ㄤ"、"ㄧㄤ"、"ㄨㄤ"是 ɑ)。

十七,"ㄧㄢ"、"ㄩㄢ"之"ㄢ"实际上非"an",而为"ɛn"或稍降为"æn",然无论为"ɛn"、"æn",决不可用降而且后之"an",今用略升之"en"于音较近。

十八,"ㄨㄥ"、"ㄩㄥ"本是拼错,改正不成问题。

十九，公语之"R"母，照规矩应读舌尖颤声，但我疑凡罗马字母之"R"一母，各国各从其习惯而读之，本无定准。公语之"R"母，法人可读为小舌颤声之"R"，德人可读为舌尖颤声之 r，英人、日人、中人可读为舌尖通声之ɹ也。若采用公语字母为国语字母，则"R"母便可读成舌尖通声。

廿，公语之 a = ɑ ≠ a。

廿一，用公语字母作国语字母，则少"ㄫ"、"ㄗ"、"ㄩᵗ"、"ㄩ"四音的符号，恰好罗马字母为公语所弃者，有"q"、"χ"、"w"、"y"四个字母，与此四音都可附合，今即采用，说明各字。

1，"ㄫ"是舌后鼻声，"q"是舌后塞声，同属舌后阻，故用"q"为"ㄫ"。

2，英文读"χ"多作"z"音。"ㄗ"音"dz"其第二音即 z，日本之"ザ"、"ズ"（"ヅ"）、"ゼ"、"ゾ"其声是"dz"而用"z"拼，今即据此用"χ"为"ㄗ"。①

3，英音之"w"是两唇兼舌后通声，"ㄩᵗ"是两唇兼舌前通声，同属两唇阻，同为通声，故用 w 为"ㄩᵗ"（或疑"w"读两唇兼舌后阻通声，似太普通），未便改读。然德文固别读为两唇通声之"v"或又变为唇齿通声之"v"，则国音改读彼为两唇兼舌前通声之"ɥ"，有何不可？

4，用"y"为"ㄩ"不成问题。

依上所列，甲种用 28 母，乙种用 32 母，今均照罗马字母次序排列如下：

甲种 28 母：——a、b、d、e、f、g、h、i、j、k、l、m、n、ŋ、o、p、r、s、ʃ、t、u、v、w、x、y、ɥ、z、ʒ（比 26 个罗马字母多 ŋ、ʃ、ɥ、ʒ 四母，少 c、q 二母）。

乙种 32 母：——A、B、C、Ĉ、D、E、F、G、Ĝ、H、Ĥ、I、j、Ĵ、K、L、M、N、O、P、Q、R、S、Ŝ、T、U、Û、V、W、X、Y、Z。

甲种 28 母，依音排列，则如下：

甲种仿国音字母式排列如下（各音次序，依音排列，不从现行字母之次）：

单声母 22 个：

p、b、m、f、v、t、d、n、l、r、s、z、ʃ、ʒ、j、ɥ、k、g、ŋ、x、w、h（ɥ、w 不与 p、b、m 为类，而与 j、x 为类者，因为此排列似乎较易了解也，但亦与学理无悖）。

复声母四个：

ts、dz、tʃ、dʒ。

韵母六个：

i、y、e、u、o、a。

声化韵母二个：

z、ʒ。

附声韵母三十个：

（一）韵前附声（声 + 韵）七个：

je、ju、jo、ja、ɥe、wo、wa

---

① 本节节首有"待查"二字，并加圈。

（二）韵后附声（韵＋声）十三个：

in、yn、en、an、er、ej、aj、iŋ、eŋ、oŋ、aŋ、ew、aw。

（三）韵前后附声（声＋韵＋声）十个：

jen、joŋ、jaŋ、jaw、ɥen、wen、wan、wej、waj、waŋ。

乙种同甲种，但字母形式有异耳。

午后洗澡。看适之的《读书杂志》第二期，中有陆侃如的《〈大招〉、〈招魂〉、〈远游〉的著者问题》一篇，极好。他说《大招》《远游》两篇是东汉人所作，证据极充分，其证明《远游》抄袭《大人赋》尤为精确，可作为定论。

看《蔡子民言行录》。

我主张凡制度、名物之在现在及将来非一国所专有，而为全世界所公用者，概称"公……"，例如：耶稣纪元称公历，Esp 称公语，Metro 称公尺，Litro，称公量，gramo 称公衡。写到这里，猛想起国际音标，可称公共音标（依中国习惯"公音标"二字似乎不辞，故曰公共）。对付遗老遗少，则凡已为民国正定采用者，概称"国……"，如阳历称国历，Metro 称国尺之类，以示彼所用阴历与营造尺非我国之物。

女高师明天要开学了，六日起要上课了。《国音要略》讲义非编不可了，今天又将目录改定如下：

第一讲：国语和国音。
第二讲：国音字母和汉字的将来
第三讲：发音机关述略
第四讲：单声一
第五讲：单声二
第六讲：单声三
第七讲：复声
第八讲：单韵一
第九讲：单韵二
第十讲：单韵三
第十一讲：复韵
第十二讲：附声之韵
第十三讲：声化之韵
第十四讲：所谓"等呼"
第十五讲：所谓"五声"一
第十六讲：所谓"五声"二

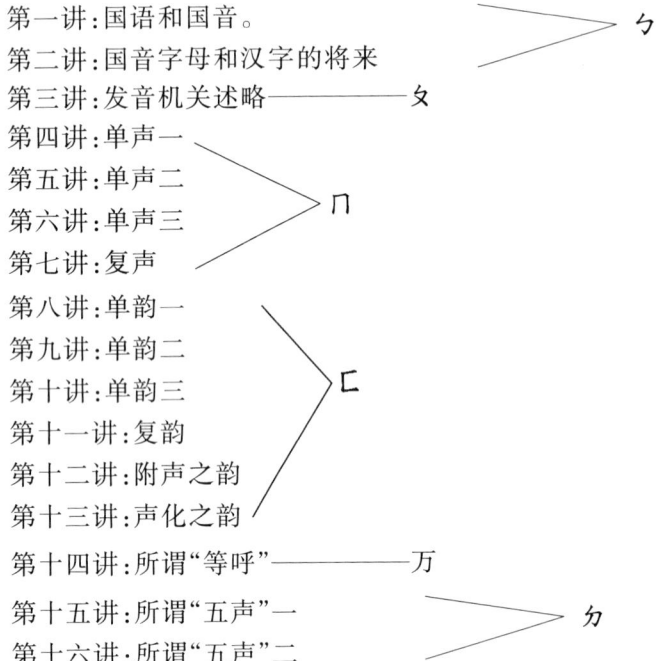

第十七讲：国音声韵和前代音韵的异同一
　　第十八讲：国音声韵和前代音韵的异同二　　ㄊ
　　第十九讲：国音声韵和前代音韵的异同三
　　第二十讲：国音字母改良问题————ㄖ
　　　　附录一，国音字母正草二体的书法。
　　　　附录二，国际音标表。
　　　　附录三，国音声母表。
　　　　附录四，国音韵母表。
　　　　附录五，国音结合韵母表。
　　　　附录六，国音拼音表。
　　如此则每讲字数较少，一讲容易编定，且编时为便利计，可将次序倒乱，俟全书告成修正时节，当合为八讲（今用ㄅ……ㄖ记之，以备考）。
　　适之来信说，近拟先将《诗经》中的"虚字（？）"研究明白，再行动手作新注，现在研究"维"字。
　　他又说陆侃如可以整理《楚辞》，这话不错。但他又说张煦可以整理《老子》，我却不敢相信。张煦驳梁任公的《老子时代问题》和缪凤林驳适之的《诸子不出于王官论》同一可笑！这样的见解，配整理《老子》吗？
　　适之在《蕙的风》的序中说："我们受旧诗之……狠感谢的"。这话很有道理。我近来觉得我们现在做白话诗，不但应该脱尽古诗、律诗的俗套，而且应该脱尽从前的白话诗词如民歌的俗套。我们现在做其他的白话文，无论是文学，或是文学的或非文学的，也是不但应该脱尽古文、骈文的俗套，而且应该脱尽从前的白话文学（如禅宗及宋儒的语录、宋明人的笔札，曹、吴诸人的小说）的俗套。不是说彼等没有价值，我承认禅宗语录、曹、吴小说等之文学的价值，是不废江河万古流的，彼的很高的价值不仅在内容，而且也在形式，彼的形式是创新的，不是传统的，所以可贵。我们若去摹拟彼，便是彼的传统文学，有什么价值！孔丘确是圣人，因为他是创新的，不是传统的。秦汉以来的儒者，直到现在的孔教徒，是蠢才。因为他们是传统而不是创新的：这是我常说的话。学说如此，文章也是如此。还有一层，我们不是承认《国风》是最古的白话诗，彼有很高的文学价值吗？但我们决不作韦、孟的讽谏诗（？）和束皙的补亡诗一类的东西。我们极端反对"点窜《周南》《召南》字，涂改《郑风》《卫风》诗"那样的把戏，因此所以也决不作李涵秋的《广陵潮》和陈蝶仙的《泪珠缘》一类的东西。我们极端反对点窜"《红楼》《水浒》字，涂改敬梓、承恩文"那样的把戏！
　　前代的白话诗文很幼稚，文理不完备处甚多，古文则尤甚。前天口试学生，偶然翻到柳宗元的《郭橐驼传》中"凡植木之性"一句，觉得实在不通。

10月2日（一）

　　北大、男高师和女高师都是今天上午开学。我因为女高师尚未去过，今天专到那边去参观开学式。校长许季茀与教处傅佩青演说后,他们一定要我演说,我只好随口胡诌几句:诌的是改古文为今语,是为改良,不是求通俗,今语比古文精密,不是比古文浅俗。午偕幼渔同至某处吃西餐。

午后回家。访叔平。

前托杨遇夫去交涉印刷苏舆《春秋繁露义证》,今已印了三十部来,每部价三元一角。

胡适之说《诗经》中"于以采蘋"、"于以采蘩"、"于以求之"、"于以用之"等句,都是问语,与下句成一问一答。"于"与"焉"通,"于以"即"在哪儿"之意。其说极新颖,但"以"字却未曾得圆满的解决。今天杨遇夫来信说"于"是"在","以"是"哪儿";"以"通作"台",《尚书》之"如台",《史记》作"奈何",是"台"是"何"义,从以声,则"以"亦有"何"义,其说甚精。用此说解"于以求之,于林之下";"于以采蘩,于沼于沚"等"于"字皆极顺适。

10月3日(二)

上午到高师领六月份上半月薪水。

下午访士远并晤尹默、幼渔、不庵诸人。

十时许拟雇车到东安市场买水果,不料出了家大门往西南一看,只见火光烛天,据说东安市场正着了火,于是只好不去。第二天听说所烧面积甚小,只有后门一带十几家遭了火灾。

今天的《晨报副镌》上有周豫才的一段文章,现在把他贴在后面,以备参考。①

10月4日(三)

午后二时访崔先生。

四时到巜、厶、亻会。

七时访章厥生,不遇。

八时回寄宿舍,听差说家中有电话来叫我回去。我吓了一跳,暗想不好了,不是有人打架,必是有人生病了。我又不能安定了,亟忙雇车回家,到家一问,则毫无要事,打电话给我,是叫我明天回家吃中饭,于是一块石头顿然放下,安定之余不禁失笑。灯下看托尔斯泰的《人依何以生》?②

10月5日(四)

上午访幼渔并晤陈君哲。

今天是阴历的中秋,家中杀鸡食之,算是过节,我在家中吃午饭。

---

① 原缺。
② 问号原在书名旁。

今天是沈士远昆仲的祖母的生日。我们有十二个人，每人出份子二元，送了东华饭店的菜券去，算是祝寿。午后我到沈家去（我不向那可怪的老寿星像行礼），两个儿子也去，一直到十时才走，他们回家。我回寄宿舍。

蔡先生处送来《越缦堂日记》前编的原稿，十五册，起甲寅三月，讫　　三月①，中有未记及遗阙者。

女高师送来我二日的演说稿，由学生笔录大意者，与原意相差太远，拟重做一篇，写了几行未曾做完。

10月6日（五）

高师从今天起上课，我今日有一年〔级〕和三年〔级〕的功课。但一年级生尚未取定，三年级生的文字学是补修的，列入选修科。选修科报名尚未截止，故两班均未上课。

午后在琉璃厂一带买了下列几部书：《太平广记》，黄刻本，十八元。《小尔雅训纂》（宋翔凤）一毛五分，《春秋大事表》二元七角，均南菁《经解》之零种。《九种纪事本末》，石印本，十元。《周礼正义》，孙诒让，十元，粉连纸，修改本，较我从前所买洋纸者字迹清楚得多。《玉台新咏笺注》，一元。《草韵汇编》（陶南望），六元五角。《唐人说荟》（石印本），二元一角。

又定了毛边纸印的《颜李丛书》一部，照预约价七元。这书是四存学会排印的。四存学会，是国贼徐世昌所设的"青年的陷阱"，但此书决不因四存学会而贬损其价值。

五时访蔡先生，为了别人一件莫明其妙的无聊事。

洗澡。

"第三身？的代名词"，我现在的主张是这样：

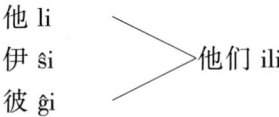

她、牠二字大概止可一律读他，在声音上仍无分别，实不适用，若照赵元任的主张她读ㄧ，牠读ㄊㄛ，则不如用伊、它两字较好。但它字也不甚适合，不知道字原的人，未必认得这个它字，知道字原的人，又觉得他与它不能算作两字。所以我主张还是照"觉悟派"的主张用彼，但佢、佢们及伊们、彼等这些分别都是无须有的。

我还有一种纤巧而行不通的办法，即中国的"第三身？代名词"有三个字，其言与公语的这三个字极为相近，即：

他改为俚 = li

伊仍作伊 = ɕi

---

① 原缺。

彼改为其 = gi

至公语复数之 ili，则用他们，如此则"他们"一字不像专原于"他"，而只属于"伊"和"彼"了，但此法必无人赞同，我只好记在这儿，给自己看看罢了。

10月7日（六）

昨晚睡得太迟，今天人很不舒服，头昏脑胀，心神不宁。

午后回家。

五时访叔平，在他那儿看了一个研究钟鼎文书的稿本，是广东东莞人容□（庚）所作，体例一如《说文古籀补》。据说此君尚是青年，拟入北大研究所。

10月8日（日）

女高师周刊编辑部来电话，催我交演说稿，上午做成即送去。

买到第六期的《国语月刊》，中有萧景忠的《辟破坏国语教育的谬说》一篇。做得实在不成东西，那个所谓"破坏国语教育者"的话，固然没有道理，但"辟"者的话几乎没有一句不可笑的。假若这种文章多了，国语的前途可就要糟了。

下午回家。

五时顷访士远。

10月9日（月）

今日学界游三海，我有高师的徽章，又有北大的游览券，但未曾去。一来呢，今天的风很大，我有些怕吃"七香散"。二来呢，我这几天以来，精神既坏，身体也极疲弱，不耐多走。这都还是枝节，其实我听到什么"游园"、什么"三海开放"这些话，便不免要生气：这本是国民公有的游览的地方，什么总统，什么政府，小小的一个人，小小的一个机关，硬占了这么大的地方，反要做出一种"圣王仁政"、"普泽下于民"的混账态度，去说什么开放！这真是什么话！谁来希罕你的开放！反正不过一个游览的所在，难道我就应该领了你的开放的"纶音"来"瞻仰天府"吗？哼！

我所拟的公语中对于国语名称拼音的办法现在又略有更动，如左：

ㄅ——— b
ㄆ——— p
ㄇ——— m
ㄈ——— f
ㄉ——— d
ㄊ——— t
ㄋ——— n
ㄌ——— l
ㄍ——— g

ㄎ —— k
ㄏ —— ĥ, h
ㄓ —— q̂
ㄔ —— ĉ
ㄕ —— ŝ
ㄖ —— ĵ
ㄗ —— z
ㄘ —— c
ㄙ —— s
ㄦ —— r
ㄧ⊥ —— j
ㄨ⊥ —— v
ㄩ⊥ —— j
ㄧ —— i
ㄨ —— u
ㄩ —— i
ㄚˊ —— a
ㄛ —— o
ㄝ —— e
ㄞ —— aj
ㄟ —— ej
ㄠ —— aŭ
ㄡ —— eŭ
ㄢ —— an
ㄣ —— en
ㄤ —— an
ㄥ —— en
ㄦ —— er
ㄖㄒ —— i
ㄙㄒ —— i
ㄧㄚ —— ja
ㄧㄛ —— jo
ㄧㄝ —— je
ㄧㄠ —— jaŭ
ㄧㄡ —— ju
ㄧㄢ —— jen
ㄧㄣ —— in

|ㄤ———— jan
|ㄥ———— in
ㄨㄚ———— va
ㄨㄛ———— vo
ㄨㄞ———— vaj
ㄨㄟ———— vej
ㄨㄢ———— van
ㄨㄣ———— ven
ㄨㄤ———— van
ㄨㄥ———— on
ㄩㄝ———— je
ㄩㄢ———— jen
ㄩㄣ———— in
ㄩㄥ———— jon

万并于ㄨㄥ（在公语中实是ㄨㄥ并于万），兀‑删，ㄐㄑㄒ并于ㄓㄔㄕ，广并于ㄋ，ㄛ并于ㄜ，|ㄞ并于|ㄚ及|ㄝ，ㄩㄛ并于|ㄛ，均无庸再说。今所并者：ㄩ并于|，ㄩㄥ并于|ㄥ，-兀并于-ㄋ，日ㄒㄙㄒ并于|。

说明

ㄩ与|国音前升韵，不过ㄩ是圆唇，|是平唇罢了，故ㄩ可并于|。

ㄩㄥ|ㄥ的关系与ㄩ|相同，ㄩㄥ是两唇兼舌前阻的通声，|ㄥ是舌前阻的通声，故ㄩㄥ可并于|ㄥ（有些方言中读ㄩㄩㄥ为——|ㄥ也不算没有语言上的根据）。

ㄣ与ㄥ，|ㄣ与|ㄥ，方言中大都混合，故可混合之而作 en 与 in，只有ㄢ与ㄤ，ㄨㄢ与ㄨㄤ，似应分别。但杭州、南京、安徽等处也将彼等混合了，故亦可混合之而作 an 作 van。至|ㄢ与|ㄤ、ㄨㄣ与ㄨㄥ、ㄩㄣ与ㄩㄥ，则中国的元音本不相同，|ㄢ作 jen、|ㄤ作 jan、ㄨㄣ作 ven、ㄨㄥ作 on、ㄩㄣ作 in、ㄩㄥ作 jon，更无混淆之可虑了（文句尚须修改）。

日ㄒㄙㄒ本是|之变音，故复旧用|（广东还是读古音的）。

此未弄好，不必誊上。

午后三时赴ㄍㄊㄔ会，今天开干事会也。他们打算办第四届国语讲习所，仍旧约我去担任国音沿革的教科〈课〉。我因为今天〈年〉必须将北大、高师所用的《中国音韵沿革》编成，而且还要编女高师用的《国音要略》，决没有セフ再来修改国语讲习所所用之《国音沿革略》，尤其没有工夫去上课，因辞之，但答应讲演一次，讲《国音字母与汉字之前途》。

灯下抄宋濂《诸子辨》十五页，考证真伪者殊少，大体多是带了卫道的眼镜，来发攘斥异端的议论罢了。

一九二二年

国音之今读与我之改读,现用国际音标与ㄙㄨㅗㄧㄊ氏之音标对照如下:

国音字母	今读		我之改读	
	国	ㄙ	国	ㄙ
ㄅ	p	P'	b	口
ㄆ	pᶜ	D⁰	p	D
ㄇ	M	F	M	F
ㄈ	f	>	f	>
万	v	⋝	v	⋝
ㄉ	t	℧¹	d	℧
ㄊ	tᶜ	℧⁰	t	℧
ㄋ	n	ꝫ	n	ꝫ
ㄌ	l	ω	l	ω
ㄍ	k	ɑ'	g	ωɑ
ㄎ	k⁰	ɑ⁰	k	ɑ
ㄫ	ŋ	ㅈ	ŋ	ㅈ
ㄏ	x, h c	ㅊ	x, h c	ㅊ
ㄐ	cj	ㅁ		⋂
ㄑ	Cç	ㅁ		
广	ɲ	ㄥ		
ㄒ	q	⌒		
ㄓ	ðʒ	Sʔ	dʒ	℧ʔ
ㄔ	ðlð	ʔlʔ	tð	℧ʔ
ㄕ	ð	ʔ	ð	ʔ
ㄖ	ʒ	ʔ	ʒ	ʔ
ㄗ	slz	℧ʔS	dz	℧S
ㄘ	sls	℧ʔS	ts	℧S
ㄙ ㄙ	s_z	₃ˢ	s_z	₃ˢ
儿ㅗ	ㄦ	∪	r	∪
ㅣㅗ	j	⋂	j	⋂

457

ㄨㅗ	w	∽	w	∽
ㄩㅗ	ɥ	（?）	ɥ	（?）
ㄧ	i		i	
ㄨ	u		u	
ㄩ	y		y	
ㄚ	a		a	
ㄛ	o		o	
ㄜ	ə			
ㄝ	e		e	
ㄞ	ai		aj	
ㄟ	ei		ej	
ㄠ	au		aw	
ㄡ	öv		ew	
ㄢ	an		an	
ㄣ	ən		en	
ㄤ	aŋ		aŋ	
ㄥ	əŋ		eŋ	
ㄦ	əπ		ar	
日ㄒ	i³		ʒ	
ㄙ'ㄒ	iᶻ		z	
ㄧㄚ	ia		ja	
ㄧㄛ	io		jo	
ㄧㄝ	ie		je	
ㄧㄞ	iai		ji	
ㄧㄠ	iaw		jaw	
ㄧㄡ	iv		ju	
ㄧㄝ	iɛn		jen	
ㄧㄣ	in		in	
ㄧㄤ	iaŋ		jaŋ	
ㄧㄥ	iŋ		iŋ	
ㄨㄚ	ua		wa	
ㄨㄛ	uo		wo	
ㄨㄞ	uei		waj	
ㄨㄟ	uei		wej	
ㄨㄝ	uan		wan	
ㄨㄣ	uən		wen	

ㄨㄤ	uaŋ		waŋ
ㄨㄥ	oŋ		oŋ
ㄩㄛ	yo		
ㄩㄝ	ye		ɥe
ㄩㄢ	yɛn		ɥen
ㄩㄣ	yn		yn
ㄩㄥ	ioŋ		joŋ

10月10日（双十节）（二）

午前十一时回家，十二时到孔德学校。今天天安门的国民裁兵大会，孔德学校也是其中一份〈分〉子，我就加入它的教员之中，齐集北大一院。午后一时出发，走景山东街，出后门绕皇城根，往东往南直——进中华门，到时已三时半。今日（检报抄了罢）

我从早晨起身到达天安门之时，尚未吃过东西，肚子饿极了，到后片刻即到开成吃其点心。五时回家。七时出城洗澡。

今天走到〈得〉很累。我十九岁那年，在南洋中学做学生时，曾经排了队，如此远行过，距今已十七年矣。我的身体既弱，我的性情又懒，年来出门必坐车，已成习惯，偶然多走几步，便觉很累，与废物何异！到王府井大街时，大家齐声唱"打倒军阀"！"救国救民"！"裁兵运动"等语。我不禁联想及于当年做学生时，唱"请看那印度、波兰，马牛奴隶性，……"和"最可耻一种奴隶心，波兰人终被俄征服，最可鄙一种依赖心，印度人人堕进地狱"等军歌。这种军歌周氏兄弟从一九〇七、八〔年〕在东京时，撰文痛骂（登在《河南》等杂志上），一直骂到现在。我当时看了他们的议论，才知道中国人骂印度、波兰才真是可耻可鄙，才算是马牛奴隶性。我的狭隘的爱国心，崇拜军国民主义，轻视印度、波兰的谬见，赖读周文渐渐破除，现在想来，真不得不感谢良友也。

10月11日　星期三

从今日起北大和女高师都上课了。我因为要预备讲义，连男高师三处都定于从来周起上课。午前至北大、高师两处领薪水。

午后又洗澡。

10月12日　星期四

将两校旧讲义检阅数篇暂付油印。以应讲时之需（因新讲义未编成也）。

午访汪一庵，取回《韵镜》及《四声切韵表》。赵元任有《国语罗马字的研究》一篇，登《国语月刊》第七期"汉字改革号"中。其印稿顷由黎均荃寄京。一庵将它交给我看，我便带了回来。

午后四时回家。

六时访幼渔,借《切韵指南》和《四声等子》。

八时访叔平。

十一时许回宿舍,卧被中看赵文,看了三点多钟才看完,已夜半三时许矣。头很胀痛。兹录其目录如下:

第一篇,反对罗马字的十大疑问:

一,言语文字不可轻易改革。

二,文字尚形。

三,同音字多。

四,罗马字不能写文话。

五,文字统一,言语不统一。

六,外国字不能拼中国音。

七,开闸放西文进来的危险。

八,罗马字不够用,所以字形太长。

九,罗马字没有汉字好认。

十,罗马字已经失败。

第二篇,国语罗马字的草稿:

(附方音罗马字母)

第三篇,凡是拟国语罗马字的,应该注意的原则(廿五条)。

一,为永久实用计。

二,准统计定利弊的轻重。

三,顺天演趋势。

四,牺牲理论上的规则。

五,学习的时间不妨长些。

六,不作精确研究的器具。

七,一国的文字不是专为音韵家、字典家底方便而设的。

八,无用处不细分辨。

九,文字须要容易学写,容易印刷。

十,限于廿六个老字母,不造新字形。

十一,不加符号。

十二,一个字可以有两种或几种读法。

十三,单字母可以代表复合声音。

十四,最常用的声音、符号须要简易。

十五,从世界习惯。

十六,求分辨上无妨碍处,字形要求短。

十七,单音不用拼字。

十八,文字要容易辨认。

十九，有用处尽细分。

廿，尚形。

廿一，尽字母全用。

廿二，用"浊音"字母，当"清音不送气的音"。

廿三，字形要醒目不易混淆。

廿四，词头连写。

廿五，加声调算字形底一部分。

第四篇，关系国语罗马字未定的疑点（十二点）

一，Ｘ底用处。

二，"ㄧㄡ"拼法。

三，"ㄩㄥ"拼法。

四，"ㄨㄣ"拼法。

五，"ㄜ、ㄝ′"底读音。

六，"ㄋ、广"问题。

七，北京语体（？）入声。

八，取用实际读音作拼法标准。

九，q 母问题。

十，大写。

十一，象声字拼法。

十二，西文拼法。

第五篇，国语罗马字推行底方法。

赵君所拟国语罗马字如左：

ㄅ——b	ㄓ——j	ㄧ——i——y①
ㄆ——p	ㄔ——tc	x——u——w
ㄇ——m	ㄕ——c	ㄩ——V——yv
ㄈ——f	ㄖ——r	ㄚ——a
ㄪ	ㄗ——Z	ㄛ——o
ㄉ——d	ㄘ——ts	ㄜ——e
ㄊ——t	ㄙ——s	ㄝ——e
ㄋ——n		ㄞ——ai
ㄌ——l		ㄟ——ei
K——q		ㄠ——ao

---

① y 之上有"阳平作"三字。

ㄎ——k	ㄧㄚ——ia	ㄡ——ou
ㄫ——q	ㄧㄛ——io	ㄨㄚ——ua
ㄏ——x	ㄧㄝ——ie	ㄨㄛ——uo
ㄐ——j	ㄧㄞ——iai	ㄨㄞ——uai
ㄑ——tc	ㄧㄠ——iao	ㄨㄟ——uei(－ui)
ㄬ——n	ㄧㄡ——iu	ㄨㄢ——uan
ㄒ——c	ㄧㄢ——ien	ㄨㄣ——uen(－un)
ㄢ——an	ㄧㄣ——in	ㄨㄤ——uaq
ㄣ——en	ㄧㄤ——iaq	ㄨㄥ——oq
ㄤ——aq	ㄧㄥ——iq	(ㄨㄣ单用及在ㄍㄎ
ㄥ——eq		ㄏㄓㄔㄕㄖ后者作
ㄦ——er		uen；在ㄉㄊㄋㄌㄗ
ㄖᵀ——r		ㄘㄙ后者作un)
ㄙˊᵀ——Z		
(但 P 只作 Z，		
不作 ZZ；ㄖ		
只作 r，不作 rr．)		
(ㄩㄜ)——		
ㄩㄝ——re		
ㄩㄢ——ran		
ㄩㄣ——rn		
ㄩㄑ——ioq		

阴平——加 h

阳平——开——复写声母。

齐——i 改 y

合——v 改 w

キ——v 改 yv

上——复写主要元音

支——无号

入——加 h'，平常则作 h，与阴平同。

轻——无号(同去)

10月13日　星期五

今日本拟编讲义，不料昨夜睡得太迟，头痛心乱，竟不能作些小事。

午后五时访士远，适马夷初来电话，约他去办家俱，我于是就与耀辰、风举谈天。

七时夷初来电话，邀我到开成去吃素菜，同座者为士远与许昂茹，吃完他们去打球了，我就出城洗澡。

10月14日　星期六

今日头痛渐愈。午后一时起编《国音沿革》第一讲。

七时劭西来电话，邀我到雨华春去吃涮羊肉。

九时回舍，仍编讲义至夜半二时。睡，尚未编完。

10月15日　星期日

上午幼渔来。通学斋送牟庭的《雪泥〔书〕屋遗书目录》来，其中《诗切》一种，有二序，撰第一序时，书名《诗意》，《国风》、《小雅》凡六易稿，《大雅》、《三颂》凡五易稿，乃成定本，改名《诗切》。《诗意序》作于一七九五，《诗切序》作于一八一六，《国风》定于一八一二，《小雅》定于一八一三，以上均第六次稿。《大雅》及《三颂》定于一八一一，为第五次稿，均见其子牟房跋语。他自撰小序颇多新意，可惜这书没有传下来！

编了一天的讲义，头痛极了，到午后八时勉强算编完。自己觉得太不行了，拿胡适之的《中国哲学史大纲》和沈兼士的《文字形义学》的第一篇，一看更觉得自惭形秽。本意明日拿到北大去排印，愈想愈不高兴，最后决定非修改决不付印了。刚刚编完即大懊丧，赶紧将它搁在皮包中，今天不敢再去看它了。因为明晨九时北大有课，今天精神又极疲乏，拟早睡，以资休息。不料睡在床中又想到今天所编的坏讲义了，愈想愈懊恼，烦闷已极，竟睡不安宁了。唉！

10月16日　星期一

昨夜未曾安眠，今日上午四时就醒了，因此一天的精神疲倦，而且头痛。九——十二时至北大，授课三小时。

午回家。午后四时到中央公园去。

七时访士远，并晤尹默、兼士、耀辰、风举诸人。

风举主张我们做中国文，对于中国缺乏的词儿，都可取西文来补充，不但名词（人名、地名更不消论，当然用原文），就是介词、连词有时也可采用西文。例如送一部书给别人，若写"送给某人"，未免麻烦，大可作"to……"（英）或"a……"（法）。我以为此说很对，我常常觉得中国人对于男女的普通称语，实在不大适用，称男人曰先生,已嫌笨重了,又称女人曰女士,尤觉生硬,其实大可称为 Mr. 与 Miss。

10月17日　星期二

昨夜酣睡,今天精神不大疲乏了,头也不大痛了。

至商务印书馆去,买了几部《四部丛刊》另种,如下:一,《吕氏春秋》五本,一元四角。二,《说苑》六本,一元八角。三,《列女传》三本,一元。四,《华阳国志》三本,一元二角。五,《列子》一本,四角。六,《象山全集》十本,二元六角。七,《阳明集要》十二本,四元。八,《南雷集》八本,三元。

洗澡。

10月18日　星期三

上午九——十二,上北大课。

九时半正在上课,忽闻楼上人声鼎沸,不知何事。迄下课,始知一部分学生为学校征收讲义费之事,表示反对,竟至用武力解决,将会计课的门打破,而且有人被殴,蔡先生亦被围住质问,各教授解劝无效。从九时半至十二时半,第一楼中[层]各层楼梯均被塞住。他们就在楼梯上开会,拍掌狂呼！极喧哗之能事。蔡先生愤而辞职。沈士远、李守常诸人亦相继辞职。兹将临时通告贴在下面。①

午回家。

午后四时访叔平。

七时偕叔平同访士远。

10月19日　星期四

上午十——十一时,上高师课。

下午一——三,上女高师课,听讲者甚多。课毕至 g、t、tʃ 会。

闻北大学生开全体大会,对于蔡先生辞职的办法,多数主挽留,少数主推翻,因此打将起来,不知如何收场？

洗澡。

看沈兼士的《国语问题之历史的研究》原稿,录之如后:

（Ⅰ）中国文字的原流变迁分为四级；

一,文字画,如 ⿱⿰𰀀𰀀𰀀 。

二,象形文字（象形、指事）。

（一）写实的匸（方）法,如二、一、日、月、井、门、𨸏、燚。②

（二）象征的匸（方）法,大、凶、采、个、禾、凡。

---

① 原文缺。

② 沈兼士原作用象形字,钱玄同抄录时用简化字,今从钱氏。

三、〔表〕义字(会意),初、盔、盗、闲、闻、仁、德、信、男、或、沙。

四、表音字

(一)半音符的(形声)。

a,音符的原义和半音符字无关的。从非声者有赤义,从番声者有白义,从于声者有大义,从酉声者有臭义。

b,音符的原义和半音符字有关的。斯,析也。㿋,散声。淅,水索也。澌,流冰也。誓言,悲声也。皆有析义(会意兼声)。

c,音符下表声音不关意义的,江河。

(二)纯音符的(假借)

a,单音的变为复音词,附加的音,只借一个同音的字来表示,没有另外造字的,处所、果敢、悉蟀。①

b,山川鸟兽草木之名,双声叠韵重音的形容语、助语之词,感叹之声,空桐、流离、旁皇、容与、而、焉、虽、夫、於戏。

c,同音通借。勼聚借鸠,仁谊借义。还有一字因双声叠韵变为数音,最初的那个字,已经"约定俗成",固定而不可变的了,那变出来的音,也就用借字表音的方法了,如"无赖"变为"无聊"为"无俚"。奘变为京,为将。

(Ⅱ)发生的弊病:

一,文字本身之分裂——字体之趋于约易。补救的方法——表音字中的纯音符字,改用注音字母,其他应规定一种简笔写法。又脚可作止(ㄐㄧㄛ)。而停止作止(ㄓ)。鼻可作自(ㄅㄧ)。而自己作自(ㄗ)。嘴作口(ㄗㄨㄟ)。牙齿作牙(ㄧㄚˊ)。

二,语言文字之纷歧:

(一)古今异言,方国殊语。补救的方法——取有势力的多数人民所使用之语言,规定为国语。

(二),靠"四声"等等来分裂一字数义。补救的方法——改以字为单位的语言为以词为单位的语言,尽量采用口语中的复音词,并规定语尾用法。

"总括一句话,选取一种'通语'为国语,而以文言、方言补助之。制标准语时,尽量采用成熟的复音词。表示国语的文字,用简笔汉字及注音字母。"

兼士文中又说:扬雄《方言》中所收的语言共有五类:

(一)通语、凡语、凡通语、通名。这一类是没有地域性的普通话。

(二)某地某地之间通语,四方之通语,四方异语而通者,这一类是通行区域较广的方言。

(三)古今语,古雅之别语。这一类是纵方面言语生灭之际,所残留的古今异语。

(四)某地语,某地某地之间语。这一类是横方面言语,因地域交通之关系而发生变异的,如地方言。

---

① 原稿处、果、悉三字侧有△号。

（五）转语——或云语之转——代语。这一类是兼包纵横两方面,因声音转变而发生的语言,例如"庸谓之倯",是叠韵相转;"铤,空也。"是双声相转。其实前面的（二）（三）（四）里面,转语很多,这不过是古人举一反三的一种互见的例。

10 月 20 日　星期五

今天高师我有四点钟课,但均未开班,故无事。

早晨,北大来电话叫说我去赴会,我不知是什么会,大概总是为风潮事。我是最懒得到会的,尤其懒得到讨论事务的会,因为我的见解往往与别人不同。到会后若发表意见,不但人家不来采用,而且有时还要挨骂;若不发表,又何必去枯坐。而且别人互相吵嘴,亦觉头痛,反正服从多数是在现代的人们应守的信条。那么会中如何决议,我当然服从就是。我因此今天不到会了。

头痛,身体怕冷,无聊得很。

午后点阅黄生《字诂》,并及黄承吉的附安〈按〉书。黄生对于文字的见解是很高明的。章先生说他……实在很对,他那位裔孙黄承吉对于文字也有特见,但文理未免太冗,太晦了,有些地方简直不通得很。学者的文笔如此,真可怪。

黄承吉最精的话录之如左：……①

晚餐马氏兄弟四人（幼渔、叔平、季明、隅卿）,请夷初在东华饭店吃饭,陪客是谭仲逵、李守常、邵裴子、钱玄同、沈氏三兄弟。席间谈论,知此次风潮的去向于政局有关,什么曹锐、边守靖、温其霖、杨度都是黑幕中人。学校处置此事,今将通告二纸粘在后面,以备查考。②

10 月 21 日　星期六

北大事未了,今日国文系教员都告假,我当然也在告假之列。

午后编女高师的《国语语音学》讲义第一讲,今天编了三千字光景,约将一半。晚高师国文部三年〔级〕生杨映华来。

10 月 23 日　星期一

早晨打电话给北大问上课与否,答云："事情尚未弄妥",因此仍告假。

上午将《国语语音学》第一讲的稿子弄好,午后送去写印。三时回家。

五时许访不庵,并晤子庚,在他那儿看见逖先、幼渔两人出名的信,说今开评议会,学生声明者、未与闻者有二千四百人之多,会中认为满意,因即据此去挽留校长,从明日起照常上课云云。

有王△△者（据说和我家有世谊,但这些事是不在我心上的）在不庵处,不庵邀

---

① 原文缺。
② 原稿缺。

他同东华饭店吃饭,宾主共五人,王△△、刘子庚、钱玄同、单不庵夫妇。吃完仍至不庵家,谈至夜半一时方归。

10月24日　星期二

上午十——十二时上高师课。下午点崔东壁《丰镐考信录》,点了两卷。此书我和适之、颉刚诸人本拟加标点分段落重印。我去年特地买了一部《畿辅丛书》本的,备作重印之稿本。荏苒一年竟未标点,十年前曾借季茀的一部,他那部是日本版子的,曾经重野安绎圈点(用、　。└三种标点)。我本拟照那部的圈点先过录一遍,再用新标点校正,则可省事些(虽费两次手,但可少用一点心),今季茀索还此书,我拟赶紧过录以还他。借此粗枝大叶看他一遍也很好。①

10月25日　星期三

上午九——十二时上北大课。

午回家。

六时约黎劭西在雨华春吃饭。

10月26日　星期四

上午十——十一时上高师课。

下午一——三上女高师课。课毕人极疲惫。近日来凡上北大及女高师之一年级课,课毕必惫,盖由于讲堂小人数少之故。上高师课即不如此,可证。

洗澡。

晚点《考信录》。

△△日——廿六的《今报》日日有记北大风潮事,一时丑诋沈氏兄弟。因此报为成平(舍我)所办,成去年因新知书社事深恨士远,故做此论调。

买得《东方》△△卷△△号,中有启明的《　　　　　》② 一篇极精当,拟告劭西转载《国语月刊》第八号中。

10月27日　星期五

今日精神甚为疲惫。上午九——十一时上高师课。下午二——四时高师本有课,因为吃力得很,故告假。点《考信录》十余页。五时访叔平。

日来本拟编女高师的讲义第二讲,但一提笔已心乱,竟不能成一字,自昨日起精神更坏,此数日内大约未必编得出。拟点崔氏书,以宁静我心。

闻梁任公有任师范大学(高师改组)校长之说,果尔,则甚好。

---

① 本日日记上有眉批:"此段文理欠亨,须重做。"
② 原缺。

10月28日　星期六

上午十——十二上北大课。午回家。下午三时访不庵。五时访尹默、叔平均不遇。再访不庵。九时访士远并晤尹默。十二时回舍,点《读风偶识》数页。

10月29日　星期日

头痛精神疲倦,竟日无聊。

今天将点牟默人的《诗意('诗切'旧名)序》和《诗切序》,又他做的《诗经小序》,以宁静我心。《诗意序》中说:——

说《诗》者有七害:一,《乐》;二,《礼》;三,《左传》、《国语》;四,《史记》。五,《尔雅》;六,误读"四子书";七,《小序》。

又有五迁:一,六义;二,正变;三,分什;四,笙诗;五,叶韵。

这真是大胆有识之论。

我主张采用国际音标作国音字母。年来所拟屡有变更,今日所拟的记之如下:

ㄅ	b	ㄏ	x	
ㄆ	p	[ㄏ-丨-]	h	
ㄇ	m	(ㄐ)	dʒj	
ㄈ	f	(ㄑ)	tɵj	
万	v	(ㄬ)	nj	
ㄉ	d	(ㄒ)	ðj	
ㄊ	t	ㄓ	dʒ	dJ
ㄋ	n	ㄔ	ts	tc
ㄌ	l	ㄕ	s	c
ㄍ	g	g	ㄖ	ʒ	J
ㄎ	k	ㄗ	dz	
ㄫ(有-ㄫ,无ㄫ-)	ŋ　N	ㄘ	ts	
		ㄙ	S	
[ㄦ⊥]	r	ㄚ	ɑj	aj
[厶′]	Z	ㄟ	ej	
[丨⊥]	j	ㄠ	aw	əw
[ㄨ⊥]	w	ㄡ	ew	
[ㄩ⊥]	ɥ　Y	ㄢ	ɑn	an
丨	i	ㄣ	en	

468

ㄨ	u		ㄤ	ɑŋ	an
ㄩ	y		ㄥ	eŋ	en
ㄚ	ɑ	a	ㄦ	er	
ㄛ	o		ㄇㄒ	ʒ	J
(ㄜ)	e		ㄙ'ㄒ	z	
ㄝ	e		ㄨㄞ	wɑj	
ㄧㄚ	ja	ja	ㄨㄟ	wej	
ㄧㄛ(ㄩㄛ)	jo		ㄨㄢ	wan	wan
ㄧㄝ	je		ㄨㄣ	wen	
(ㄧㄞ)	je		ㄨㄤ	wɑŋ	waN
ㄧㄠ	jaw	jaw	ㄨㄥ	oŋ	ON
ㄧㄡ	ju		(ㄩㄛ)	jo	
ㄧㄢ	jen		ㄩㄝ	ɥe	Ye
ㄧㄣ	in		ㄩㄢ	ɥen	Yen
ㄧㄤ	jɑŋ	jaN	ㄩㄣ	yn	
ㄦ	iŋ	iN	ㄩㄥ	joŋ	joN
ㄨㄚ	wɑ				
ㄨㄛ	wo				

我极端主张以 Esperanto 补充国语，故 Es. 所有之音国语中皆不使缺少，查 Es. 所有而为国音所不用者，惟三音 v、h、z 是也。国音虽无此三音，然 万不删就有 v 了，厂与ㄚ拼时本应读 ha，不应读 xa（高承元的主张，我以为很对。但他主张用小舌阻法通声之ʁ，则我觉得不必如此，大可用声门阻法通声之 h 也），则 h 声也有了，z 声虽不用，却有 z 声化ㄝ韵之ɹ，今拟省便作 z，又ㄗ声之后半亦是 z，则 z 声也不缺少了。表中加添之音记[ ]，删去之音记(　)。

10月30日　星期一

上午九——十一，bd①。午回家。

午后四时访叔平。

竟日天阴，入晚大风。出城时已十时许，衣裳太薄，略略中寒。

10月31日　星期二

昨晚变凉，今日精神疲倦，而且腹痛，ㄅKㄕ②的功课告假。午餐时吃了一杯勃兰地酒。午后洗澡。

午后四时至巜ㄊㄔ会，访劭西，和他同到雨华春吃涮羊肉锅子。劭西示我以美国人 Charles T. Luthy 的 Universal Alphabet 一书。他也是取罗马字母稍稍改变者，和国际音标相像，但他有大写、小写二体。我初看以为较国际音标适用，略一研究，觉其不如国际音标远甚。例如：英文之 ā、ī、ū 明明是 ei、ai、ju 等复音，而他仍合为一字母，此不合音理者也。一个A母化为 A、A、A、A 四体，一个E母化为 E、E、E 三体，此不便书写者也（草体作 A、A、A、A 与 E、E、E，亦极不便写）。

11月1日　星期三

上午九——十二，bd。午回家。在家中收拾书房，取出应用的书籍。

11月2日　星期四

上午十一——十一，巜ㄕ③。下午广巜ㄕ④ 本有我的功课，因为那边要预备明日开游艺会的事，临时停课。

洗澡。

看上半年巜ㄕ国文部二年级的考卷廿七本，晚看毕。

11月3日　星期五

上午九——十一，下午二——四均 g ƒ。

以十三元买得丁福保之《佛学大辞典》，其中对于译音之字，有好些都将西人用罗马字母拼出原文之音附入，我很用得着它。

---

① bd，代指北大。
② ㄅKㄕ，代指北京高师。
③ 巜ㄕ，代指高师，下文 Kㄕ、g ƒ，亦同。
④ 广巜ㄕ，指北京女子高等师范学校。

洗澡。

睡后觉得喉痛，甚为烦闷。

11月4日　星期六

喉痛尚不甚利〈厉〉害。上午十——十二，bd。午回家。午后收拾家中书房，将应用的书籍都取出来了。

五时访尹默，他说《邶风·泉水》中"女子有行，远父母兄弟，问我诸姑姊，遂及伯姊"此两句中"父母兄弟"与"诸姑伯姊"是俞曲园所谓"△△△△例"①。其说甚通。

九时访不庵，及回寄宿舍已经是夜半二时了。

11月5日　星期日

喉痛渐愈，渐患咳嗽，而且有点头痛。

午回家。午后四时出城，在石渠书房购得王先谦的《释名疏证补》（？），价一元二角。

洗澡。

晚访少元，值其患病已经睡了，我就回寄宿舍了。

11月6日　星期一

今日精神甚坏，bd 请假。

下午点阅《诗声类》及江晋三之音韵学书（在《广仓学宭丛书》中）。

一周以来常常翻阅顾、江、段、钱、孔、王、章诸家论古音之书。我近来对于信仰了七年的黄季刚之古音说根本怀疑。又对转旁转之说亦觉难信，以为讲古音最闳通者，韵为顾氏，声则钱氏。顾氏以为古人四声△△△△△△△②及钱氏《古今音说》一篇（《潜研堂文集》卷三）所论最有特色。总而言之，韵创古无四声之分，尤其无入声之可言，声则塞通二声古音皆有清无浊。惟顾氏对于韵部定得太疏，此因其不明时代转变，将汉魏音与周秦音并为一谈之故。此则当取后来诸家（江永、戴、段、孔、王、江有诰、章）之说补正之者也。兹假定古声十类，古韵二十类如左：

十声——夊°滂、ㄇ明（两唇）、ㄊ°透、ㄋ°泥、ㄌ来（舌尖）、ㄙ°心、ㄔ°清（舌叶？）、ㄎ°溪、兀°疑、ㄏ°晓（舌后）。还有一个影声，乃是纯粹的韵，没有声之可言。

二十韵——一支（用章君标目，下同。）ㄨ鱼、ㄛ歌、丫泰（单韵）、ㄞ之、ㄟ脂、ㄠ宵、ㄡ侯、丨ㄡ＝丨ㄨ（或丨ㄛ）幽、丨ㄝ至（复韵）、ㄢ寒、ㄣ谆、丨ㄣ＝丨ㄝ真（附ㄋ声之韵）、尢阳、ㄥ蒸、丨ㄥ＝丨兀青、ㄜ兀东、ㄨㄥ＝ㄛ兀冬（附兀声之韵）、丫ㄇ侵、丨ㄝㄇ谈（附ㄇ声之韵）。

丁履恒所定古音十九部与章君的二十三部对照表，丁所无者旁注：

---

① 原缺。
② 原缺。

(甲上)　　东　　　(甲下)　　冬
(乙上)　　侵 缉　(乙下)　　谈 盍
(丙)　　　蒸
(丁上)　　阳　　　(丁下)　　青
(戊上)　　真　　　(戊中)　　谆
(己上)　　脂、队 至　(己下)　泰
(庚上)　　支　　　(庚下)　　歌
(辛上)　　咍、之
(壬上)　　幽　　　(壬下)　　宵
(癸上)　　侯　　　(癸下)　　鱼

《戴氏遗书》共十五种：一、二、《毛郑诗考证》四卷，并考正《郑氏诗谱》一卷，为五卷(遗书之一)。三、《杲溪诗经补注》二卷，此亦未成之一种(遗书之二)。四、五、《考工记图》三(按实二卷)。六、《原善》三卷。七、《孟子字义疏证》，三卷(遗书之九)。八、九、《方言疏证》十三卷。十、《声韵考》四。十一、《声类表》九卷，并卷首为十卷(遗书之十四)(按《声韵考》不云遗书之十四)。十二，《原象》全十卷(遗书之十五)。十三、《续天文略》上、中二卷，《水地记》一卷。此两种皆未成之书。十四，《策算》一。十五，《勾股割圆记》三。《文集》十(遗书之二十三)。

此据段玉裁之戴氏年谱(页四十一、二)所记。段氏又云："遗书之一、二、九、十四、十五、二十三，未识次第之意，其他则不列次第，后之人勿疑已刻有二十三种也。"案：依此目，实十四种，段云十五种者，殆分《毛郑诗考证》与《考证郑氏诗谱》为二书，故云然。

《水经注》。

11月7日　星期二

上午十——十二，K尸。午后四时回家。

晚上整理家中书架，宿家中。昨夜半起大风，今日风未止，天气骤冷。

11月8日　星期三

上午九——十二 bd。午回家。午后四时出城洗澡。

晚点阅胡秉虔《古韵论》。

今日仍有大风，天气仍凛冽。

11月9日　星期四

上午十——十一《尸。下午广《尸的功课，因讲义未成告假。

点阅音韵书籍。

今日风仍未息，天气仍甚冷，下午四时觉颇畏寒，因而出城去洗澡。入晚风息。

11月10日　星期五

上午九——十一,下午二——四均ㄎㄹ。看《戴氏遗书》及《经韵楼文集》中论音韵各文。

洗澡。

与幼渔商量,打算要由北大刊行《音韵丛书》。但此事别无他难,就是要钱为难。幼渔说可先取短篇当作讲义去排印。我想如此甚好,如钱大昕之《养新录》卷　,及文集卷　,① 夏炘之《古韵表集说》,戴东原之《声韵表》等,可逐渐先印。

11月11日　星期六

上午十——十二,北大。回家。午后访幼渔。

杂看古音各书。

11月12日　星期日

抄录钱大昕《音韵答问》及王念孙《与李许斋论古音廿一部书》,预备作排印之用。

午,不庵请大兄,在石驸马大街之太平湖饭庄吃西餐,邀我作陪。同吃者共十人,不庵夫妇、大兄大嫂、稻孙夫妇、毯孙、蒋觋圭夫人、我和婠贞。吃完已在下午四时许。

回宿舍看音韵书。晚洗澡。

11月13日　星期一

上午九——十二时ㄆㄉ。午回家。午后四时访叔平。他说要做一部《彝器款识举例》,我很怂恿他做,因为这是很有用的书。

杂看古音各书。

11月14日　星期二

今日是高师的成立纪念日,放假。

我买了一部《毛诗》。将江晋三的《诗经韵读》录在下面,但韵部标目不用他的,用黄季刚的,因为有一副现成的木戳子也。随录随将合韵之字别纸记出。从上午十二时做到夜半一时,除去吃晚饭一小时,整整做了十三小时的工作。将《国风》《小雅》《周颂》都录完,手膀酸痛得很。

---

① 原缺。

11月15日　星期三

上午九——十二ㄅㄉ,因去迟,九——十不及上课。午回家。

午后四时至ㄍㄊㄔ会,听赵元任所读的国语留声机片,贤于王璞的数十倍。赵君口齿极清晰,音调极讲究,但所读入声字总不免矫揉而不能自然,此亦可为国音中决不能容入声之一证。

与勷西同至雨华春吃晚饭。

杂看古音各书。

北大曾将夏炘《古韵表集说》两卷油印,今日捡取一份,归舍标点,上午已点毕。

11月16日　星期四

上午十——十一Kㄕ。下午广Kㄕ功课因讲义未成告假。

看龙翰臣的《古韵通说》。此书甚好,他是主张用双声来解释段氏所谓"合韵"的。他最佩服钱大昕的《声类》。

继续前天,录江晋三的《诗经韵读》,录完《鲁颂》、《周颂》及《大雅·文王之什》。取一部《广韵》,将顾氏《唐韵正》所改者录入,录完上平声,将《诗本音》上注明顾氏部分用——东、支、鱼、真、宵、歌、阳、青、蒸、侵十个字,作他的十部的符号。顾氏原书止注《广韵》韵目,看时不甚便利也,注了《周南》《召南》《邶》《鄘》《卫》《王》《郑》七篇。

草一《古韵分部异同表》,列十九人:郑庠、顾炎武、江永、段玉裁、戴震、孔广森、严可均、姚文田、王念孙、江有诰、丁履恒、刘逢禄、张成孙、苗夔、龙翰臣、朱骏声、黄以周、章炳麟、黄侃。四年前曾经做过,那时所列尚少于此,而且所列入声尚有错误。今日先成一初稿,尚须细细检查,方能写定也。

姚、刘、龙三家均将入声字特别列出,可资参考。

11月17日　星期五

上午九——十一时高师,下午高师有课,因吃力即告假。

回舍录江晋三《诗经韵读》,录毕。

洗澡。

看音韵书。

11月18日　星期六

上午十一——十二北大。

午回家,家中饭已吃完,因至开成吃素面。遇马叔平与徐森玉。适之做了一篇北大《国学季刊》的发刊宣言,约一万多字,他叫我看,我下午在家中看了一过,指出几处毛病,请他改正。

阿嫂到我家来,说毯孙生了一个女孩子。

天黑出城回舍,看音韵字。

11月19日　星期日

精神极坏,心绪甚恶,竟日在寄宿舍,看看音韵书。下午洗澡。

点阅严氏《说文声类》,他分为十六类,可使各类彼此俱相通转,其自序中所谓:"其合也一统无外,其分也毫厘有辨",是也,然各类既无不可通,何不竟合为一韵,分之奚为!

11月20日　星期一

上午九——十二,北大。午回家。

午后又至北大访士远,和他同至灯市口瀛寰饭店吃西餐,价廉物美,大可吃得。

灯下改女高师第一讲之稿,并编第二讲,约二千字光景。

11月21日　星期二

上午十——十一,下午一——二,高师。

与兼士谈古音上的问题。我觉得段玉裁、孔广森以来,所谓合韵、对转等说固应一扫而空,改用钱大昕双声相转之说,但古音分部问题亦尚须研究。又用谐声字的音符来定古音的办法,亦有不合此音符者,其读音岂能久而不变?试以后世之字作旁证,譬如"甲"字,《广韵》,在△韵①,其末当有塞声之P。但制造局新制之"钾"字,其甲声但表 Ka　　m②之 Ka 音,若将来有人考钾字之音,谓其首音当为 Kap,举《广韵》在　韵③作证,宁非笑话!又如"贓"字俗作"赃",贓音ㄗㄤ,庄音ㄓㄨㄤ,二音本不相同,因江南人往往读"庄"作ㄗㄤ音,故贓声字改从庄声。若将来有人据赃从庄声,而谓赃字本音为ㄓㄨㄤ。要知音符亦因时因地而有变迁,岂能单单据此以定古音哉!兼士以为然。

灯下改正讲义数节(此段文理或须略略修正)。

11月22日　星期三

上午九——十二,ㄅㄉ。午回家。午后在家中改了一段旧讲义。四时半访不庵,不值。访叔平并晤太玄。

出城洗澡。

---

① 原缺。
② 原缺。
③ 原缺。

11 月 23 日　　星期四

　　大雪、天冷。上午九——十一，巛尸。下午一——三女高师。三时至巛古彳会，晤雨庵、劭西。

　　灯下点阅《说文声类》。

　　连日身体异常疲软，精神不振，今日天气又冷，因此早睡。

11 月 24 日　　星期五

　　今日精神甚坏，高师功课告假。

　　午进城至大佛寺，买了一部《法华经玄赞》(因马太玄说此书中有引《切韵》也)。又买得一本《翻译名义集》。

　　下午三时至女高师，听爱罗先珂演讲，题为《女子与其使命》。

　　洗澡。

11 月 25 日　　星期六

　　上午十——十二，北大。午回家。晚访叔平并晤太玄。

11 月 26 日　　星期日

　　杂翻音韵书。洗澡。

11 月 27 日　　星期一

　　上午九——十二，北大。午回家。晚访不庵。

11 月 28 日　　星期二

　　今日高师告假。

　　《国语月刊》第八号已出版，而第七号是"汉字改革号"，他们专等我的文章寄到即可付印出版。我看了"八号已出版"之广告，实在觉得难以为情，因打定主意，今天明天告两天假，将此文做出，今天即做此文，题目叫做《汉字革命！》。

11 月 29 日　　星期三

　　今日北大功课告假。

　　下午四时《汉字革命！》做完了。于是打电话给劭西，约他同到雨华春吃晚饭看稿子。此稿后半太潦草了，当非修改不可。

11月30日　星期四

前昨两日撰稿甚疲,今日上午十——十一高师请假。洗澡、剪发。

下午一——三系女高师课,到则知女学生因青岛……今日下午四时签字,伊们约各男校同至外交大楼,质问一切,因而停课。

至ㄍㄛㄜ会,将《汉字革命!》之稿,交张玉生君写了油印。因国语讲习所要我演讲,拟即以此塞责也。

晚改稿未毕。

12月1日　星期五

上午九——十一,下午二——四,均高师。购得亚东四版发行之《儒林外史》,改用嘉庆年,标点分段均大加修正,又加了适之的一篇《吴敬梓年谱》。

至ㄍㄛㄜ会。

晚洗澡。

12月2日　星期六

上午十一——十二,北大。午回家,大兄到我家来,刚刚遇着。

北大预科生,山东人徐△祥到我家来访,谈罗马字母拼国音事。

傍晚出城修改《汉字革命!》,居然改完了。

夏天把右脚脚指〈趾〉擦破了,一直溃烂没有收口,但也不甚感痛苦,从今天下午起忽然脚底溃烂起来,一时蔓延五趾,竟致不良于行。

黄昏改稿时觉头胀身烧,甚不好过。

12月3日　星期日

昨宵因脚趾溃烂,竟至发烧,今日精神甚惫。午前至金子直处就诊。

午,大兄约至北京饭店吃饭,共五人(大兄、大嫂、不庵、稻孙、我),餐价每人二元,归各人自出,酒及另〈零〉碎归大兄出。

午后回家,访幼渔。

晚餐兼士请罗叔蕴在东华饭庄吃饭,我在陪客之列,同坐者十余人,为卫礼贤(德国人)、蔡子民、陈援庵、蒋梦麟、马幼渔、马叔平、沈士远、张凤举、朱逷先、胡适之诸人。偏是身体不好的时候,一天挨了两顿饭馆子的饭,中饭还能饱餐,晚餐竟有"敬谢不敏"之趋势了!看来明天是上不成课的了。

12月4日　星期一

足痛甚剧,致书北大,本星期告假。午至金子直处换药,回家。午后出城洗澡。

购得《创造》第三期，拟作病中消遣之用，然今日只看了郭沫若、成仿吾二人对于胡适之、沈雁冰、郑振铎打的笔墨官司，又成仿吾斥做《晶报·礼拜六》红的文娼的文章，便觉精神疲倦，只好不看了。脚烂之影响竟至精神疲倦，我的精神真是碰不起东西！唉！

晚点阅《古书疑义举例》。此书为读周、汉古书最重要之锁钥。近来我们提倡整理国故，提倡学生们看书，此书实宜早日重印。一九二〇年十二月，我丧次子之时，曾取《续经解》来标点，后我搁起，现在找了出来拟即点完付印，归北大出版。

点阅万斯同《群书疑辨》中《诗说》《诗序说》《古文尚书辨》三篇，《隶书考》（下）（？）。

12月5日　星期二

足疾如故，更觉不能踏地，真所谓寸步难移了，苦哉！今日作书致高师，本星期请假。午略略整理书桌。立的时候太多了，脚更痛了，午后要想捺住头皮看书，而神疲脚痛，因此睡了一会。

晚点《古书疑义举例》。

12月6日　星期三

脚痛如故，脓出甚多，又至金子直处就诊。回家。傍晚出城，回寄宿舍。

取《切韵》，将其每韵中每音旁记明声纽，记了豪、皓、歌、哿、麻、马六韵，知《广韵》戈韵末尾数字确系后增，《切韵》中止有伽鞾二字，而韵无反切，盖亦非陆法言之旧。

12月7日　星期四

足疾如故，不能行动，闷闷。

取石印《春在堂全书》来写封面，写得极详细。又取《杂纂》中一百种书的书目，都完完全全的写在五本小书面上。聊为捺住性子计，若在平时，未必有此耐性也。此等一、二分之小字，不写它大约有十年光景了。

俞先生的学问，我总不敢菲薄他，他固然又做了一些无聊的书，如《右台仙馆笔记》之类，但这何足为大学者病！他只要有一部《古书疑义举例》，便足以千古矣，何况有用之书尚不至〈止〉此。太炎师说他的"以笔札泛爱人"，这件事能免的人恐怕极少，钱竹汀不也是如此么！太炎师总可以说最不肯维难人的了，但如同给乔国老做《英文字典》的序，给田桐做一部什么哲学书（？）的序之类，不是"以笔札泛爱人"么？近有少年略能抄辑类书，做几句似通非通的文章，写几个半古不古的字儿，便大骂曲园的《诸子平议》中的某某平议，真可谓不知〈自〉量！

12月8日　星期五

足疾仍未愈，还是不能行动。心中烦闷之至，取《广雅疏证补正》录入《广雅疏证》书眉。录未数条，即不耐烦，又取《滹南遗老集》，标题〈点〉不及两页，又点不下去了。

捺住性子姑且做一件"九仞"的山上之"一篑"的事。《国故概要》亦将印成，仅缺《荀子·正名》一篇未付印。今日取出标点，居然点完了。此篇数年前曾请适之代点，他删了几段，我当时觉其"似有未妥"，后来也就忘怀了。今天自己标点才知道断断非删不可。适之所删者为——

一、"辞让之节得矣"——"何恤人之言兮，此之谓也"。

二、"君子之言涉然而精"——"以极反侧，此之谓也"。

三、"有尝试深观其隐"——篇末三段，而尚将——"凡语治而待去欲者"——"然且为之，不明其数也"留住。其实此段亦与《正名》无涉，亦应删去才是。

适之曾经说过刘向父子校书，将书籍乱编乱归，故《七略》最不成个东西。我从前还不能证明其说，今点《正名》篇，觉得他所说极是，即如《正名》篇有"……是圣人之辨说也。《诗》曰'颙颙卬卬，如珪如璋，令闻令望，岂弟君子，四方为纲'。此之谓也"云，其下节之末又有"……是士君子之辨说也。《诗》曰：'长夜漫兮，永思蹇兮，大古之不慢兮，礼义〔之〕不愆兮，何恤人之言兮'，此之谓也"之语。骤看似乎前节是说"圣人之辨说"，后节是说"士君子之辨说"，两节相对，其实内容全不相干。前节确是讲"正名"，后节确与"正名"无涉，伪造后节者专模拟前节末尾数句以朦人耳。况且荀子所谓"是圣人之辨说也"，乃承上文"今圣王没，天下乱，奸言起，君子无势以临之，无刑以禁之，故辨说也"而言，圣人即君子也，只是说，圣人不得已而对于正名之事有辨说，并非说怎样是圣人的辨说。作伪的人文理不通，于是做了"是士君子之辨说也"一段来作"是圣人之辨说也"一段的对照，真是离题千里，可笑之至！

我以为真的《正名》篇文是从"后王之成名"句起至"是圣人之辨说也"句止，此下各节固非《正名》篇文，即所引"颙颙卬卬"五句诗也不可靠，因与《正名》之义亦无涉也（因此又想到《荀子》引诗恐怕还有许多不是原文的）。此次标点即将"辞让之节得矣"以下直至篇末完全删去，惟"颙颙卬卬"五句诗暂时不删，一则句子很少，二则无关弘旨，三则非我一人之书，尚不得不稍稍依违也。

点完《正名》篇之后，心绪渐宁。

取《章氏遗书》看看。标点了十篇——《书朱陆篇后》，《博杂》，《史学例议》上下，《书郎通议墓志后》，《郑学斋记书后》，《与邵二云论学》，《报孙渊如书》，《论修史籍考要略》，《修湖北通志驳陈熷议》。还依着《校勘记》改了许多字。章氏口齿轻薄，往往为人所诟病。我以为有学问的人，到处遭白眼，除非真是极有修养的人才能"不较横逆"，否则激而发几句刻薄的讥论，也是意中事。有人说清代绍兴有三个名人，都是口吻刻薄，喜欢骂人的。（一）毛大可，（二）章实斋，（三）李莼客。我以为此三人之中学问最高者为章氏,次则毛氏。毛氏虽常常要诡辩,但特识亦甚多,论到思想开展,恐非清儒所能为。惟李氏最不足道,他除了会做几句骈文以外,究竟有什么学问!论到思想见解,则更可笑,一生隶〈逮〉住一个郑康成(?),以为上接孔子之道统而已。他自诩是治史学的,不知他的史学在那〈哪〉里,比钱竹汀还差得远哩,不必说赵瓯北了,更不能和章实斋相提并论了。

杨遇夫来信说王先谦的《后汉书集解》将出版,现在要设法售预约。

12月9日　星期六

足痛稍愈,还是不良于行。午回家。

看适之的《吴敬梓年谱》。

傍晚访士远并晤尹默、凤举、耀辰、叔平。

归舍点阅章实斋的《与陈鉴亭论学》《与周永清论文》《又与永清论文》。

我现在觉得清代学者中,思想高卓者实有二人,一戴震,一章学诚也。《国故概要》中应将戴之《原善》、章之《原道》三篇、《原学》三篇加入。

12月10日　（日）

上午十时忽得电话,谓大兄嘱我今日到东单二条○○聚丰楼去吃中饭,我因为昨日多走了几步路,脚痛加剧,今日本拟不走动了,但这却是不能不去的,没法,只好去了。到,则见秉穹也在那儿,据说大兄嫂到我家中,婠贞和秉雄却不在家,伹们就把秉穹带去吃饭了。今日之宴突如其来,昨日不但我无所知,即不庵亦不之知。前星期吃北京饭店时,大兄本有吃生蛎黄之预约,今日殆践此约也。据说还有一个原故,是为三个人的生日,谁们呢?钱稻孙、钱秉穹、蒋觊圭是也。吃完我送秉穹回家。因出门时无车,又走了几步,竟大大的痛起来,恼恨之至。回家以后又极感无聊(!),反正脚已大痛了,索兴〈性〉多到几处也不过痛罢了。况且访访朋友,谈谈有味的话,或者还可以稍补精神上之"痛"!因此去访不庵,吃了他的晚饭。十时顷又雇车到东安市场买了些椰子饼、核桃饼之类,才出城回舍,灯下看《文史通义》数页即睡。不好了!睡了脚大痛大涨〈胀〉,一夜不得安宁。苦哉!苦哉!——但此等肉体上的"痛",实在也不算什么,玄同!你忘记了么,你的精神上不是无日无时不"痛"么?!

12月11日　（月）

因为脚痛,因想不如把它洗洗,洗去溃脓败血,或者好过一点,而且今番竟有一个星期不洗澡了,反正今天还是上不了课(北大又告了一天假),于是出去洗澡。

我近来觉得章实斋的书大有研究的价值。他的《原道》三篇和《原学》三篇重事功,重△△①,和李觏、叶适、陈亮、颜元、李塨、费密诸人的见解是一类的。我在一九一三、四年时,曾把《文史通义》的《内篇》点过一遍,当时完全注重"论文章公式利弊",一方面又喜其《黠陋》《匡谬》《古文十弊》诸篇文章之名隽可喜,而《内篇》的一、二两卷,则并不措意(除《诗教》篇)。一则当时本不留意这些,二则当时狂热的信仰刘逢禄、邵懿辰、康有为、崔适诸人之今文经说,并且有倾向廖平之趋势,故对于六经皆史之说,弃之如遗。再说一句,我以前只承认章氏是论文大家,决不承认章氏是学术思想大家。现在的见解又不同了,觉得章氏论文固极有见地,而对于中国学术之本原,尤有卓然独到之见,极应该细细的、好好的将他的学说研究一遍。今日又买一部浙本《文史通义》,打算从头起好好的标点一遍,细细的研究一遍(以前是倒乱先后次序去点的)。在浴室中看《校雠通义》第三卷,和适之的《章实斋年谱》。适之据章氏《报孙渊如书》中"△△△△△△"②数语,谓"六经皆史"是说"六经皆史料"。此说我不以为然,不但有增高解释之失,实在和《文史通义》全书都不相合。今天我想研究之后来作一篇——《述章实斋的六经皆史说并且评判它的得失》。

想到这里,忽然记及龚定庵也是主六经皆史说的,应该参考,归舍即检翻吴、朱两刻本之《定庵文集》,标点了——《六经正名》,《六经正名答问》一、二、三、四、五,《说中古文》,《家塾策问一》,《家塾策问二》,《尊史》,《志写定群经》等篇,而标点的原因是为了要研究他的六经皆史之说。但标点时又不专注意这点了。现在把要记出之点记在后面:一,他在《尊史》篇说"周之东,其史官大罪四,小罪四,大功三,小功三",兹表列如左:

大罪四 {
一,不保存帝魁以前之史。
二,亡《商颂》七篇。
三,不宣明周诗之本义。
四,不整齐历法。
}

小罪四 {
一,不保存《连山》、《归藏》。
二,不保存古韵。
三,不保存仓颉古文。
四,不能修明先王命祀。
}

大功三 {
一,保存帝魁以后之史三千余篇。
二,保存一百二十国宝书。
三,保存《礼经》十七篇。
}

小功三 {
一,保存天官之学。
二,保存九章九数。
三,能著《历谱牒》及《世本》。
}

二,《释训》一篇,"最冗、最诞、最侨鄙、最不词、如夹潒言"。(《六经正名答问二》)。

---

① 原缺。
② 原缺。

三,他论《尔雅》有很好的一段话:(一)"《尔雅》者,释《诗》、《书》之书,所释又《诗》、《书》之肤末,乃使之与《诗》、《书》抗,是尸祝舆儓之鬼,配食昊天上帝也。"(《六经正名》)

四,他对于汉儒传经的分别家数,有一句很俏皮很精当的话:——"汉定天下,立群师,师置群弟子,利禄之门,争以异文起其家,故《易》《书》《诗》《春秋》之文多异。"(《志写定群经》)。他在《志写定群经》一文中,屡说"《易》《书》《诗》《春秋》",而不及《礼》,不知何故?他打算写定群经的办法,是依汉志的"六艺九种",而选传记群书若干种配之如左:

六艺九种	所配附之书	不配之书	不配之理由
易无配附一	(附)焦氏易林		
书(廿九篇配六附一)	配①周书十八篇 ②穆天子传六篇 ③书序百篇 ④三代宗彝之铭十九篇 ⑤秦阴一篇(即阴符经) ⑥水经一篇 附 尚书大传(曹标辑)		
诗	配①屈原赋廿五篇 ②汉房中歌 ③郊祀歌 ④铙歌	诗小序	不能得诗之最
礼(六经)配七附一	配①大戴记 ②小戴记 ③周髀算经 ④九章算经 ⑤考工记 ⑥弟子职 ⑦汉官旧仪 附 周官五篇	周官	不能而为志士之空言
春秋配四附二	配①左氏春秋 ②春秋公羊传 ③郑语 ④太史公书 附①世本(洪饴孙辑) ②董仲舒之书第二十三篇(卢文弨校本)	穀梁传 国语 越绝 国	不受春秋制作大义 古之杂史
论语无配			
孝经无配			
小学配一	配许慎说文		

12月12日　星期二

今天高师告假。

脚痛似稍好,而患处及未患处忽奇痒,且牵动大腿,甚不舒服,不知是好是坏。

点阅《文史通义》《易教》三篇及《书教》上篇。

因阅章、龚二氏之书,忽忆及宋平子是最崇拜永嘉学派之一人,因取阅《六斋卑议》和《六斋无韵文集》。

12月13日　星期三

今日北大告假。

足痒如昨,脓水则渐少,胯间忽生一核,但不痛不痒,触之则微觉不适。

标点《文史通义·书教》中下。下午四时洗澡。

因昨晚看宋平子的著作,今日便取石印本《宋元学案》中之《△△》①《水心》《龙川》三案看看,只看了几段《水心学案》。

灯下点阅木版《宋元学案》中《庐陵学案》之《易童子问》,加以标点符号,未毕事。

12月14日　星期四

脚痒加剧,仍是牵动全腿,患处流水甚多,今明两天高师和今天女高师的功课都告假。本星期六和星期一北大均放假(十七日是北大二十五周年成立纪念)。且看下星期二能到高师去上课否？午回家。

午后四时访幼渔,访不庵,访叔平,访士远,均不遇。由叔平门口出来雇不着车,于是又走到不庵门口,他尚未回家。这几步路走得大上当,水流愈多,且愈痒愈热,但心尚不死,再雇车至禄米仓,想士远虽尚未归,而凤举、耀辰或在也,至则果符吾意,于是一慰。移时士远归,不庵亦来。十一时归舍,天冷风大,精神不支,倒头便睡了。

在家中看《水心学案》中之《习学记言》,觉此书实可与王充《论衡》比肩,无怪宋平子之佩服也。此书以前无刻本,去年北大以二百六十元买到一部抄本,即四库本之底本。不庵曾抄录一部。近闻夷初言黄体芳曾刻此书。孙诒让家中有抄本,甚精。黄刻本夷初有之,但极不易得,我打算将来借夷初的黄刻本校此抄本,可加标点符号,排印出书。永嘉学派为儒学中一极有价值之学派,此书辨章前代学术,考订古书真伪,均极有特见,洵宜表章之也。

---

①　原缺。

12月15日　星期五

昨天因为走了几步路,兼之晚上回来的时候很冷,今天精神竟疲弱得很。唉!不过脚上一点外伤罢了,乃竟至干涉全身,而且竟至身体如此的碰不起,自叹且自伤矣,夫复何言,而且向谁言呢?

脚上又出许多脓水,午后洗澡以清洁之。

前数日看《文史通义》,忽然想起张尔田的《史微》来,此人乏味,实在恶劣万分。其书,我本认为不足道,但我从前是戴"今文家"的眼镜的,今日想,那时或者有偏见,而且也不可以人废言,他固然是极可厌的满清忠奴,但罗振玉、王国维何尝不是和他一样呢?因此将《史微》检出看看,可是竟有些看不下去。但我此时深信,治学不可有意气,还不敢因为今天看不下去,就又来一笔抹杀,异日再看吧!

身疲心乱,回寄宿舍以后东翻翻西弄弄,什么也看不下去。向高师借得《四部丛刊》本《欧阳文忠公文集》、《唐柳先生集》二种。柳宗元的《非国语》别为《别集》,又《正集》卷三十一中有《与人论非国语书》两首。

12月16日　星期六

今日北大放假,为筹备二十五年成立纪念事也。它若不放假,我也非告假不可的。

心绪仍是纷乱。

中国文字在最近之将来,恐怕不但改用拼音非一蹴可几,即注音字母与汉字夹杂书写,亦未必就能完全做到,但我有一牢不可破之见解,即新名词总以少译义为宜,我以为从前译佛经,满纸音译的字是很有道理的。那"孙行者的师父"所译的经,对于六朝旧译之译义者,往往改从音译,而且务使所译之音与原音吻合,不求其简,不求其像中国名词,这种精神是我们所极应效法的。我主张今后国文中对于新名词,能写原字,上也;用注音字母译音,中也;用汉字依音全译(照"唐僧"的办法),下也——虽下,然犹贤于义译和不完全(而且像中国名词)的音译,要好过几万倍。我所谓原字,系指公语(ㄙㄆㄜㄦㄢㄊㄛ)而言。今日拟一《公语字音汉译表》稿,尚未弄好。

洗澡。

12月17日　星期日

今明两日北大开廿五年成立纪念会,发出入场券,俾人参观。我得到今明两日各三张,因送到家里去。妻、子三人都去参观,晚间尚有新剧(托尔斯泰的《黑暗之势力》)、跳舞、电播音乐、灯谜、烟火等等。他们既都去看,我便不能不守家了。今日就住在家里。

看《颜李遗书》。

足疾未愈,患处忽又奇痒流水。人甚不适。

秉充近来身体甚好,且面庞甚胖,嬉戏跳跃,异常活泼,可爱得很。惜乎不懂教育的人,常常要用大声呼叱他,用可怕的脸去吓他,这样欺负天真烂漫的小天使,是最罪过的!

12 月 18 日　星期一

午访幼渔,向他借得北大所购得之抄本《习学记言》,因此书尚在他的家中也。此书我以为极有价值,拟觅人抄出一部。

午后出城洗澡。

精神甚坏,胸口隐痛,无聊得很。

12 月 19 日　星期二

今日高师告假。

昨脚趾患处已收口者,有一处又破裂了,今日又肿胀得很,穿鞋踏地均甚痛苦。

好久不往青云阁去了,今天去买了两种新出的书:(一)章先生的《国学概论》曹聚仁笔记,(二)《近代文学十讲》下册,厨川白村著,罗迪先译。又至直隶书局以十四元五角购得石印《百川学海》一部,前有刘翰怡一序,内容不用说,即论文理就很不通,该画门槛的有三四处。这种花天酒地,狂嫖滥赌的公子哥儿,扮扮卫道的遗少,固很适宜(卫道的人当然要会嫖会赌,遗少当然是公子哥儿扮的),但刻书却不是这样一窍不通的人所配做的!

12 月 20 日　星期三

今天写信致三个学校——北大、高师、女高师——说明足疾未愈,不能走动,本星期仍行续假。

午回家。稻孙夫人于前月中生女,今天满月。她请些人去吃饭,婠贞亦在被请之列,我恐家中无人,故回去一看。精神甚坏,午后睡在床上,拿了一本《国学概论》想去看它,不料竟看不下去,眼睛频频要阖,似睡非睡的有两三小时之久。傍晚婠贞归。我觉得无聊万分,因往访不庵。自患足疾以来,几两旬矣,因足疾故,常常蜷伏寄宿舍中,不能出外访友,因之说话时极少,于是大觉气闷了,但偶一访友,多讲几句话,又觉得非常之吃力。今天因无聊而访不庵,但谈天之结果,一定又是很累的,但也顾不得了,且谈了天,解了闷再说罢。

归舍已夜半一时许矣,忽又想起日前所拟《公语字音汉译表》,应写成一总表,于是在灯下草成一张;其中应补的字及应改的字尚多。

12 月 21 日　星期四

洗澡。

精神甚坏,心绪不宁,取陆心源之《三续疑年录》,将公历记入,记了两卷。陆氏此书疵类甚多,最大者有二:一,年纪常常算错;二,年代常常倒排(照它体例,是以各人生年之先后为次序的,但倒乱者甚多)。其它则一人生于前朝,死于后朝者,照它的例生卒均注明朝代,生晋年号某年干支,卒宋年号某年干支。但也有一写一不写的,也有生卒都不写的。又如后唐,忽称后唐,忽称唐。元顺帝之至元年号,忽标至元,忽标后至元等等,亦是体例不配。大概他做的时候是乱翻、乱抄、乱算的,这且不去论它,它那什么永徽三年、开宝五年之类,真把我弄的茫然了。用民贼来纪年,已是混账万分了。而那班王八蛋的民贼,他们还要三年一改,两年一换这大为野蛮之野蛮,偏偏这班不肯做好事的"读书人",还不肯写明白些,如永徽之上不肯冠"唐高宗"字样,开宝之上不肯冠"宋太祖"字样。真是恶作剧,我气极了!今天先把《三续疑年录》中每个年号之旁记明那班民贼的谥号。我一面记一面想,我十余年来想做的那部《纪年对照表》,的确非做不可了。我以后看历史书及韵书,当随看随将公历注在旁边(现在看书就常常如此)。民贼纪年真混账,万万不适用,这实在不用赘说的了。不知何以到现在大家还不觉悟,有些人总是不愿意用公历制,他们的理由有二:

(一)说这是外国的纪年,(二)说这是基督教的纪年。

其实什么外国不外国,这不过是一个符号。这个符号已为世界所公用,我们何苦要守这种无聊的爱国论去排斥它!(他们对于二十世纪等字样却又不反对!)讲到基督教,这一层尤其不成问题,我们又不写什么"救主降生"字样,又何嫌疑!反对基督教的无政府党,不也用它吗!这是我们很应该取法的(他们对于七日休息一日之基督教制却又不反对了!)。退一步说,即使上列两种理由说得有理,也何妨自创一种中国纪年呢?"共和纪年"、"民国纪元前"都可用啊——这两种纪年我现在也不赞成了,觉得大可不必,但若用此,总比民贼纪年要合理得多,要适用得多。

清代整理国故之学共有三派,他们的价值是相等的,哪三派呢?

甲,浙东学派。

乙,徽州学派——即所谓汉学或朴学。

丙,常州学派——即所谓今文派。

这三派中成绩最大的都是最后的那个人,即——

甲派——章学诚。

乙派——章炳麟。

丙派——康有为。

12月22日　星期五

足之痛痒渐减,殆渐可愈矣。

午后访劭西。

晚回舍翻阅去年在《续礼记集说》中辑出来的姚际恒的《礼记通论》,此书疑古精神极烈,特识极多,颇拟将彼排印出来,编为《北大丛书》之一,嘉惠学者实非浅鲜。

12月23日　星期六

午回家,途中购得新出版之盛国成的《世界语自修?》,并为秉雄购一册。此书本是192□〔年〕出版的,我本有之。今此本为胡愈之诸人所重订,内容与前有异,故又购之。书中列注音字母对照,注音多误。

陈百年回国了,今日我们十一个人——沈尹默、钱玄同、马幼渔、朱逖先、马叔平、徐耀辰、张凤举、马季明、沈兼士、单不庵、沈士远——约他在士远家中谈天,下午二时吃点心,六时吃晚饭。

12月24日　星期日

洗澡。

启视足趾患处,则多处已收口,只要小心一点,少走少碰,忍耐几天,大概可以全〈痊〉愈了。下星期拟再休养一星期,来年起上课。

购得华学涑的《秦书集存》,他做的那什么《国文探索一斑》、什么《秦书八经原委》都不好。这书却还有用,体放〈仿〉《说文古籀补》,依《说文》次序,将秦代金石刻辞中字一一次列,颇便考查。

作信致黎均荃,驳《国语月刊》一卷六号中萧景忠的《辟破坏国语教育的谬说》。又八号中均荃有《怎样消灭我们的罪恶?》一文,措辞易滋误会,亦附带的说几句诤言,约二千字光景。

汉代的今文家、古文家和清代的简直差得很远。汉代的只会造假书,今文家的董仲舒造《春秋》,归之孔丘;古文家的刘歆造《周礼》,归之周公。于是把历史完全捣乱,这是遮满青天的云雾。清代的是拨云雾而见青天的古文家的章炳麟,痛驳微言大义之说,不信孔子有作经之事实,这是拨开汉代今文家的云雾。今文家的康有为,发明古史不足信之说,不信周公有制礼之事实,这是拨开汉代古文家的云雾。所以有汉代的今文家、古文家而古史之真相蒙,所以有清代的今文家、古文家而古史之真相露。清代的也有乌烟瘴气之处,此则中汉代之毒的原故。就是章君,能拨孔子作经的云雾,而仍躲在周公制礼的云雾之下。康君能拨周公制礼的云雾,而仍躲在孔子作经的云雾之下。此其蔽也! 我们现在应该取他们拨云雾之点,而弃他们躲在云雾下之点,则古史真相才能渐渐明白的披露了。

我近年总想推翻"六经之说",将这五部书分入各类如左:《易》(以象辞为主)——孔丘哲学。《书》——历史。《诗》——文学。《礼》——历史(?)。《春秋》——历史。若论这五部书的内容,则是这样:

《易》——卦、卦辞、爻辞。不知何人所作,实为占卜之用,和弈棋经、牙牌数等一样,没有什么道理。《象传》、《象传》系孔丘所作,借卦象以寄其宇宙论、政治论、伦理观、人生观之学说,故为孔丘的哲学书。《系辞传》以下当以欧阳修所论为最得:是杂凑许多学《易》者的笔记所成者,故冗复和冲突处均甚多。

《书》——不编年之断烂朝报,与孔丘无关。《尧典》《皋陶谟》《禹贡》三篇殆周秦间人所伪造,全无史料之价值(其他或尚有伪篇,亦未可知)。

《诗》——最古的一部诗的总集,孔丘曾见之,或者他曾经收罗而编定,也未可知(因《论语》中有"《雅》《颂》各得其所"之说),但他所见只有此三百余篇,删诗之说决不足信。这些诗,大约是前九世纪至前七世纪这三百年中的作品,决不会再早。

《礼》——所谓《仪礼》是也,此书固非周公所作,也不是什么孔丘托古改制的改作,实是周秦之间或汉人所杂抄。袁枚、牟庭相、崔述所言最有特识,其书价值当与《书仪》、《家礼》相等。

《春秋》——此指一万八千之经而言,编年之断烂朝报也,与孔丘绝不相干。所谓"孔子作春秋"者是孟轲的鬼话,全不足信。《尚书》、《春秋》二书,在历史作品方面没有丝毫价值可言,远不能比《国语》(包〔括〕《左传》)、《史记》诸书。若论史料的价值,《尚书》还比不上毛公鼎、齐侯□(镈?)等物,因为文字传习必无错误也,勉强说也不过和彼等相等而已。《春秋》则与《竹书纪年》相等。

我极想采王充以来直至现代凡"疑经"之论抄为一编,为推翻"六经"之参考资料。

我以为现在辨伪经实与辨伪子、伪史尤其重要,因为子、史向不为人所尊视,打倒几部伪的,大家并不觉得什么,打倒伪经,实为推倒偶像之生力军,所关极大也。且此物不推翻,则非信为真正古史,即尊为微言大义,于历史上、于学说上皆有损害也。

12月25日　星期一(月)

本星期再续假一星期。大约我之足疾其随一九二二年同归于尽乎!固所愿也!

心绪纷乱,竟日不能做些子事,一页书也看不下去。唉!

12月26日　星期二(火)

午回家。傍晚访不庵,送《习学记言》。去请不庵转托黄鸣复君代抄一部,此书计有廿四五万字。我打算送黄君抄费卅元。

12月27日　星期三(水)

购得《四部丛刊》本《世说新语》,又购得梁任公《学术讲演集》(?)第一、二两册,又购得《小说月报》①卷十二号。看豫才的《社戏》一篇。

洗澡。

12月28日　星期四(木)

午劭西来电话,约至雨华春吃午饭,往,则有陈颂平,汪一庵、张玉生、黎劭西四

---

① 原缺。

人在焉。

赵元任来信(致汪一庵)问ㄝ音究应如何读法,他信中举了ë、e^{-1}两音。我主张并ㄜ于ㄝ,而精确之对照音用e^{-1},实用之字母则用 e。今《国音字典》中ㄝ韵只有𧕥、ㄧㄝ、ㄩㄝ四音。ㄜ韵又有ㄓㄜ、ㄔㄜ、ㄕㄜ三音。在官话区域中实无此分别。

北京一律读ə音,四川一律读 e 音,江浙一律读 ɛ 音。斟酌此数处之中,似以e^{-1}为最宜,又因 e – 1音用 e,亦为最近也。

人称代名词第三身有应分男性、女性、中性之必要,而近人所用,彼此不同,我所主张的字形与字音是这样:

性别＼音与字形＼别数	单	复
男	他 ㄊㄚ	他们 ㄊㄚㄇㄣ
女	(甲) 伊 ㄧ (乙) 她	(甲) 伊们 ㄧㄇㄣ (乙) 她们 ㄧㄇㄣ
中	(甲) 它 ㄊㄜ (乙) 牠 ㄊㄜ	(中) 它们 ㄊㄜㄇㄣ (乙) 牠们 ㄊㄇㄣ

甲乙两种,我认为一字异体,而不认为异音。伊读ㄧ,它读ㄊㄜ,向来如此,《国音字典》上亦如此,不待论。她、牠二字"古已有之"。她为毑之异体,章师读她为毑,正是"ㄧ"音(《广雅》)《玉篇》以毑为姐(ㄗㄧㄝ)之或体。章君不从,见《新方言·释亲属》。牠为牷之异体,见《均韵》。牷有ㄊㄨㄛ与ㄊㄜ二音。见《玉篇》与《集韵》。我以此根据证明她可读ㄧ,牠可读ㄊㄜ,均可与伊、它为一字异体。今夜本此意作《"他"和"他们"两个词儿的分化之讨论》,拟登《国语月刊》第十期。尚未做完。

12月29日　星期五　（金）

《"他"和"他们"两个词儿的分化之研究》一文做完。

午与幼渔食于春华楼。午后至《晨报》馆,去登明年的贺年片。在今年十二月卅一日登一天(因为明年的一月一日至五日无报),价二元。

一九一九年陈百年在《新青年》上做了一篇文章,名为《恭贺新禧》。他主张改贺双十节,我赞成此说。那年和第二年(一九二〇),我们实行了两年,后来我觉得事实上不甚方便,于是单独"恢复旧制"了。我又以为若认为这祝贺为无意思的,则固不必贺新年,亦何必贺双十。据我看贺新年也不算全无意思,我们在现在的中国贺新年有两种意思:(ㄅ),这是我们中华民国的新年,不是满清忠奴——遗老——

们的新年。满清忠奴尚未死尽,我们对于我们的新年很该看重。(夂),一月一日是民国政府成立的纪念日,实是我们应该祝贺的。至于常日少往来的朋友,到了新年向他贺年,这也不能说全无意思,因此我从今年起恢复贺年了。《晨报》可登贺年片,甚为便利,我今年的即登《晨报》,所以明年的也还去登《晨报》,这两年的款式如左:

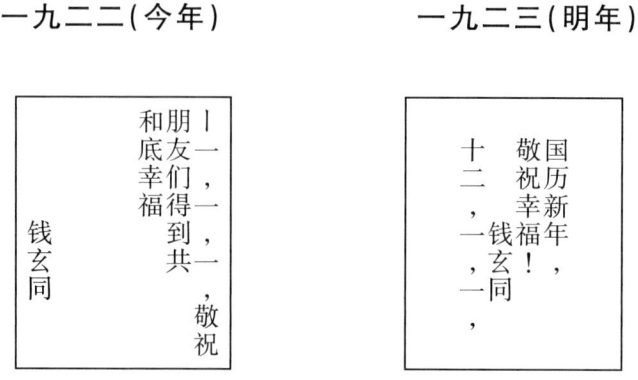

我是主张用公历的,但有对抗遗老的意思的东西,我必写民国纪年。我贺新年的意思以前于(夂)种居多,故两年都用民国纪年。今年而且大书特书"国历"字样,这是我的《春秋》笔法!哈哈!

将《国语月刊》中沈兼士和陆雨庵两文原稿勘阅一过,拟明日寄交均荃付印。

看见一本第十二期的《学衡》,第一篇题为《读墨微言》,是柳诒徵做的,居然在今日还要将吹孟老爹的死灰期使复燃:说什么"无父无君是禽兽也"的话,这真只配和张尔田们去谈学了。孟老爹的话,二十年前的梁任公已经将它驳倒。而今日尚有学校中人拾其唾余,以为瑰宝。呜呼!人们知识之相差,抑何其远到如此!即此标题亦甚不通。微言者,深邃〈邃〉幼渺之言也。此篇之言,即出于柳氏自己,亦尚不配称微言,而况拾人唾余乎!

12月30日　星期六(土)

午前至巜㐅ㄔ会,① 将《汉字革命!》下半之稿交张玉生写印。午与黎劭西食于雨华春。午后洗澡。

我写日记始于一九〇五年△月△日②,到一九二一年止,都是时写时辍,所写的本子大的小的,洋纸的,中纸的,…色色俱全,因为如此,便不容易叠齐,不容易观看,不容易保存。我想我二十年来思想见解变迁得很多,梁任公所谓:"以今日之我

---

① 巜㐅ㄔ会,指国语统一筹备委员会。
② 原缺。

与昔日之我挑战"，我比他有实〈时〉还要利害，而且前后往往成极端的反背，试举数事：

一，一九〇三以前，尊清。一九〇四以后排满。

二，一九〇八——一三，主张复古音，写篆字，做顾炎武和江声第二。一九一八以来主张用破体小写。

三，一九一五——一七，主张以《广韵》为标准音，谓国音音宜繁多。一九二〇以后极力提倡国音，谓国音宜简少。

四，一九〇八——一五，主张保存汉字，极端排斥国语改用拼音之说。一九二一以来主张国语非改用拼音不可，极端排斥汉字保存论。

五，一九一二竭力反对汉字改写横行。一九一七以来竭力主张汉字改写横行。

六，一九一二——一五，主张复汉族古衣冠。一九一六以来主张改穿西装。

七，一九〇九——一五，主张遵修古礼。一九一六以来主张拨弃古礼。

其他如对于文学艺术，对于清代朴学，对于今文经说……大都是"以今日之我与昔日之我宣战"者，所以我对于梁任公这句话，不但不嘲笑他，而且深以他为然。这似乎是为自己解嘲，但我的意见，实在觉得一个人的前后思想变迁，虽〔未〕必一定是好，亦决不能说一定是坏。故我终不以为我之善变，自认为不应该而内疚神明也。

我以为一个人一生的经历，至少总有做一篇写实小说之价值，故日记实在〔是〕极有用的东西。我这十多年的日记，虽然时写时辍，但既有此断简残篇，便有保存它的必要。可惜所记的器具太不整齐了。我打算用一色的格子纸，将它抄出，以备装订保存。内容所记一照原文，决不讳饰，之所以存昔日之我之真相也。连记年月日的方法，也依各时代之主张而照写。如一九〇八以前，对此并无特别主张，则依普通写。一九〇九、一〇两年主张纪年，用阏逢摄提格等，纪月，用毕陬等，纪日，用某日及干支，纪时，用夜半等，均照写（一九一一年无日记，其实那时还是这样主张）。一九一二——一六主张阳历，某月称某节，亦照写。惟一律加上标点符号，每节之首均低一二字地位，这都是为看时便利起见也。从前所记在民国以来都以阴历为主，而附注阳历，此亦照写。但装订时拟以阳历为标准，这也为观看便利之故。

今晚抄了十多张，以后闲空无聊之时，拟即以此事为消遣。

今年（一九二二）一年的日记，居然没有间断过，但也是随时用纸乱写，亦拟一律改抄（从明年起当即用选定之格子纸按日写下，免得重新抄过）。至于字体，因图省事之故，一律用行草。一九〇五——七，彼时本不注意及此，则照普通之体写，间亦参杂俗体，一任写时之便利。一九〇八——一七，起初则主张写古字，后来虽不甚主张，顾仍不主张写俗体字。今抄以行书，则古体字自不必写，但亦不撺俗体，以留彼时之精神。一九一八以后力主写俗体字，则即用俗体字写之矣。

12月31日　星期日

午回家。

傍晚访士远,今天他们那边弄了些玩意儿,算是过年。秉雄亦往,喝酒吃年夜饭,吃年糕,放花筒爆仗,捉曹操……闹得高兴得很。但我除了吃喝以外概未加入,足见颓唐,殊非好事!

夜半二时方出城回舍。

钱玄同日记

(整理本)中

1923—1933

主编/杨天石

整理/阎 彤 王燕芝 左 瑾
陈盛荣 刘贵福

图书在版编目(CIP)数据

钱玄同日记.整理本.上中下/杨天石主编.—北京：北京大学出版社，2014.8
ISBN 978-7-301-15839-5

Ⅰ．钱… Ⅱ．杨… Ⅲ．钱玄同(1887—1939)—日记—1905—1939
Ⅳ．K825.5

中国版本图书馆 CIP 数据核字(2009)第 167675 号

书　　　名：钱玄同日记(整理本)(上中下)
著作责任者：杨天石　主编
责 任 编 辑：张文定　封越建
标 准 书 号：ISBN 978-7-301-15839-5
出　版　者：北京大学出版社
地　　　址：北京市海淀区成府路 205 号　100871
网　　　址：http://www.pup.cn
新 浪 微 博：@北京大学出版社
电　　　话：出版部 62754962　发行部 62750672　总编室 62752032　邮购部 62752015
电 子 信 箱：zpup@pup.cn
印　刷　者：涿州市星河印刷有限公司
发　行　者：北京大学出版社
经　销　者：新华书店
　　　　　　787 毫米×1092 毫米　16 开本　90.5 印张　插页 12　1700 千字
　　　　　　2014 年 8 月第 1 版　2021 年 8 月第 2 次印刷
定　　　价：280.00 元(上中下)

未经许可,不得以任何方式复制或抄袭本书之部分或全部内容。
版权所有,侵权必究
举报电话: 010-62752024　电子信箱: fd@pup.pku.edu.cn

1930年代在北平寓所

1929年全家在中山公园

1933年在北平寓所

1933年在北平寓所

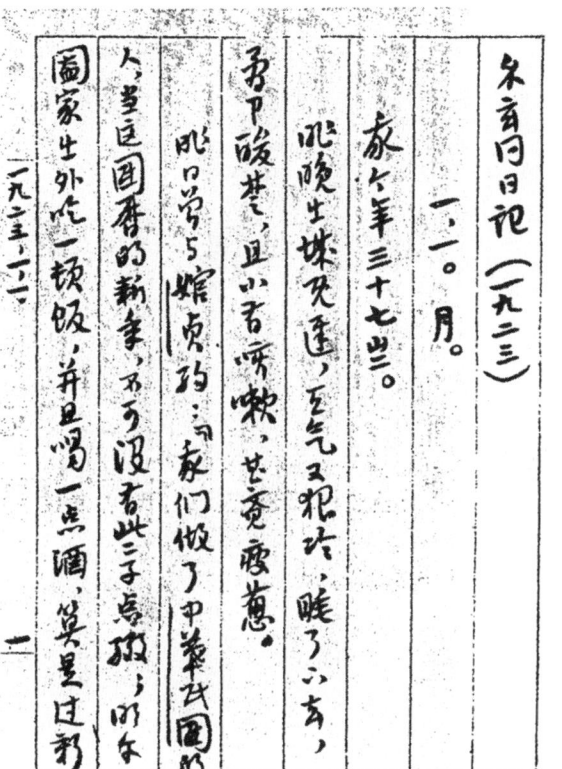

日记手迹(1923年1月1日)

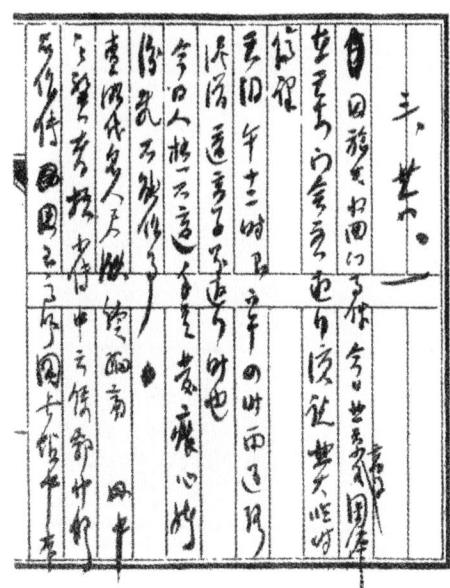

日记手迹(1923年3月26日)

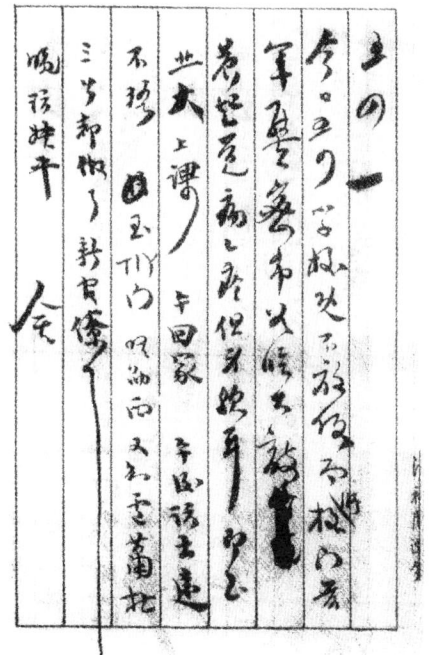

日记手迹(1925年5月4日)

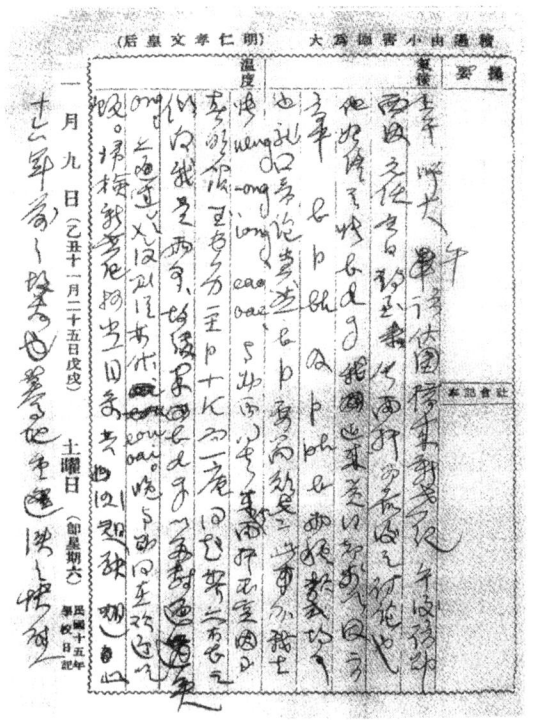

日记手迹（1926年1月9日）

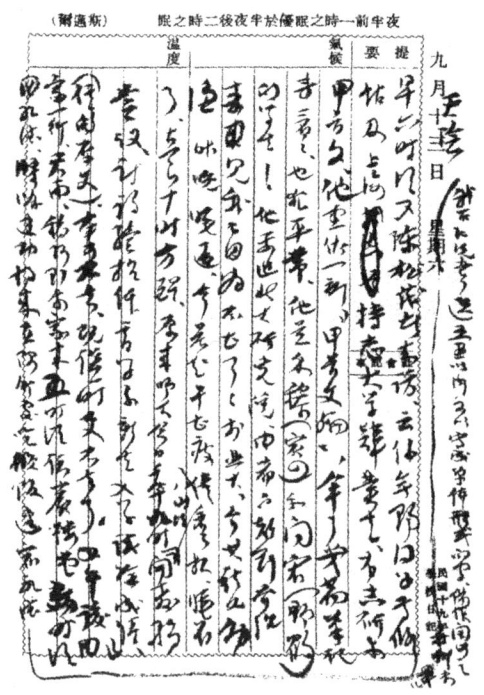

日记手迹（1930年9月13日）

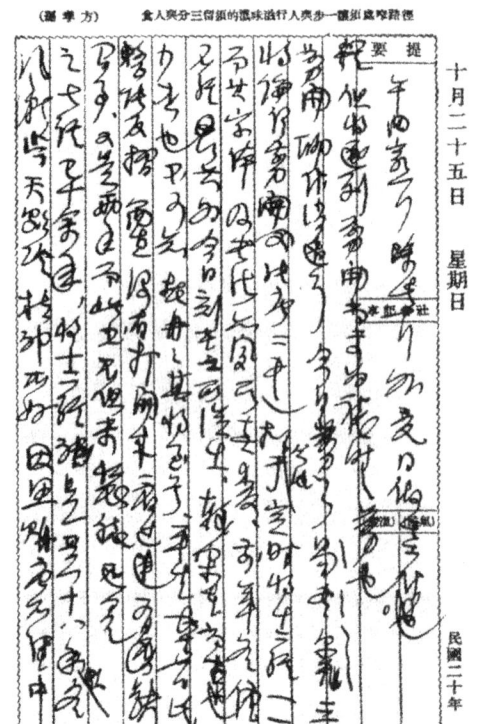

日记手迹（1931年10月25日）

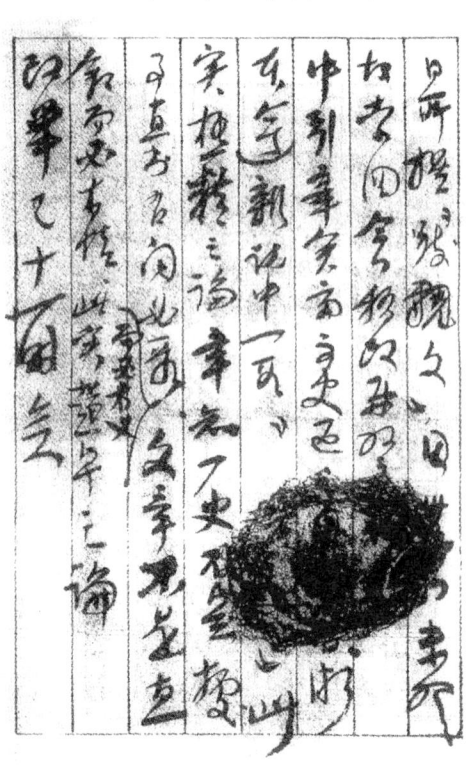

日记手迹（1933年1月5日）

目　录

前言	杨天石(1)
整理体例	(1)

（上）

钱德潜先生之年谱稿(1887—1905) ……………………… (1)

一九〇五年	(9)
一九〇六年	(13)
一九〇七年	(79)
一九〇八年	(111)
一九〇九年	(144)
一九一〇年	(203)
一九一一年	(缺)
一九一二年	(219)
一九一三年	(252)
一九一四年	(273)
一九一五年	(277)
一九一六年	(282)
一九一七年	(296)
一九一八年	(326)
一九一九年	(336)
一九二〇年	(358)
一九二一年	(367)
一九二二年	(383)

（中）

一九二三年	(493)
一九二四年	(565)
一九二五年	(609)
一九二六年	(665)
一九二七年	(684)
一九二八年	(702)
一九二九年	(730)

1

一九三〇年 …………………………………………………………………（742）
一九三一年 …………………………………………………………………（780）
一九三二年 …………………………………………………………………（839）
一九三三年 …………………………………………………………………（896）

（下）

一九三四年 …………………………………………………………………（981）
一九三五年 …………………………………………………………………（1059）
一九三六年 …………………………………………………………………（1168）
一九三七年 …………………………………………………………………（1234）
一九三八年 …………………………………………………………………（1304）
一九三九年 …………………………………………………………………（1371）

附录一：
本书主要人物字、号、称谓、略称、昵称、绰号及外国人译名异同表 …………（1375）

附录二：
回忆父亲——钱玄同先生 ………………………………………… 钱秉雄（1399）
振兴中国文化的曲折寻求
　　——论辛亥革命前后至五四时期的钱玄同 …………………… 杨天石（1403）
论钱玄同思想
　　——以钱玄同未刊日记为主所作的研究 ……………………… 杨天石（1419）

一九二三年

1月1日　月

我今年三十七岁。

昨晚出城既迟，天气又很冷，睡了下去，骨节酸楚，且小有咳嗽，甚觉疲惫。

昨日曾与婠贞约："我们做了中华民国的人，当这国历的新年，不可没有些子点缀；明午阖家出外吃一顿饭，并且喝一点酒，算是过新年。"因此，今午回家，和婠贞、秉雄、秉穹同到东华饭店吃西餐，喝了一瓶葡萄酒。

周作人（他废"字"，以"名"行了。从今以后，我就称他"作人"，不再称"启明"了。）来信，叫我今日上午十时许到他的家里去，有ㄕ|ㄦㄨㄅㄛ吃；他并且约沈士远、沈尹默、沈兼士、张凤举、徐耀辰诸人都去。但我因有这"家宴"的预约，只好不去了。

下午，访叔平，并晤幼渔、季明、绳父；不庵也来。见潘尊行给不庵的信，说对于甲文、金文将有著作。信中略述研究所得，颇有特见。在叔平处见商务印书馆新近印出之陈介祺《十钟山房印举》，可喜极矣。我必定也要去买一部来。

与叔平谈及近人研究甲文、金文之得失。我以为唯吴大澂、罗振玉、王国维三人最精。但他们都还有两种毛病：

（1）好引汉以前的假书以证真正古文（孙诒让专用《周礼》附会，尤谬）。

（2）总不能抛开《说文》，所以常常要引许慎种种支离之说。

现在我们应该在甲文、金文中求殷代的历史，在金文中求周代的历史，以匡正汉儒（兼今文家、古文家）之胡说。凡国名、地名、礼制、礼器……等等，汉儒大概都是闭眼胡说；前人根据这些胡说来证金文，是谓"以伪乱真"，实可嗤笑。现在一般人所称谓周代的书籍，有史料的价值的，只有今文《尚书》的一半①，《诗经》全部，《国语》（包〔括〕《左传》）之大部分而已。《周礼》《仪礼》都是假书，都不足据。战国诸子书中所言古事，十之八九是托古改制，十之一二是荒诞的传说；他们所说黄、农、虞、夏、汤、周如何如何，无一可信者。

1月2日　火

昨晚仍觉非常的疲惫。今晨起身后，觉得神思恍惚，无聊极矣。随手乱抓书籍乱看，看了太炎师的《驳康有为书》和《讨满洲檄》二篇。

下午，做了一些《纪年表》。决定对于古今一切民贼都直称其姓名，而于栏外注明他们的谥法。又，死称"死"，杀称"杀"，废除"崩""殂""卒""弑"等字样。

---

① 着重号原有。

晚,夏宇众来,壮秋来。

1月3日　水

北大今日开课,男女两高师均明日开课。我本拟去上课,因足疾初愈,走路还不甚便利,且不能久立,恐多动或致复发,故本周再续假几天;来周必可上课了。

午,回家。幼渔约我到他家去吃饭,即从家中去。并晤不庵。

傍晚,出城,洗澡。

昨天和宇众谈及近日政界,觉得魑魅魍魉,白日现形,真可谓晦盲否塞极矣。宇众因谓教育界亦极可悲观:南开主张读经,东大有《学衡》和《文哲学报》。这都是反六七年来新文化运动的现象。我觉得这种现象并不足悲,而且有了这种现象,新文化更加了一重保障。你看,袁世凯称了一次皇帝,共和招牌就钉牢了一点;张勋干了一次复辟的事,中华民国的国基就加了一层巩固:这都是很好的先例。我今天洗澡的时候,想起昨天的话。因此又想到:满清政府杀了谭嗣同等六人,便促进了变法的事业,它(ㄊㄚ)又杀了徐锡麟诸人,便促进了革命的运动。照此看来,凡革新事业,多一个牺牲的人,在时间上便可提早实现。那么,我们若肯为了"纲伦革命"和"汉字革命"而牺牲,甚且至于流血,则新家庭和拼音新文字必可提早实现。这种牺牲是最值得的。我于是便问我自己道:"玄同!你肯这样光荣的牺牲吗?"但答案却是"……"!

今日忽患泻肚,共泻了三次,疲倦得很。

1月4日　木

因为昨天泻肚,今天的精神极坏,什么事也不能做,无聊得很。

上午到ㄍ、ㄊ、ㄔ会去。

下午,因为身子怕冷,又去洗澡。

1月5日　金

昨天白天,已经有些咳嗽,而且觉得吃东西没有味道。晚上上床以后,竟觉身子不大舒服,有些像发烧,以致睡眠不安。

午,幼渔来电话,约至春华楼吃饭,他对我说,常熟瞿氏铁琴铜剑楼影印元版《中原音韵》已经出书了。我去年曾买有预约券,因即往取。又徐世昌印行的《颜李遗书》已经出了十二本,我也买有预约券,也把它取来。

取影元版的《中原音韵》与坊本对校,知坊本错字极多。以前我看坊本觉得不可解的字,元本均不误,则此元本真可贵也。一面校,一面即朝坊本每音上用国音声母记明其声;我打算重编一部《中原音韵》,每韵各音以ㄅㄆㄇㄎㄌㄊ……为次;又,一韵依开齐合撮而分为数类。如此,则便于考查了。俟此书编成,更拟将《切韵》、《广韵》均用此法重编。

下午为两儿到商务印书馆去买东西,忽然看见一本"在时间的轨道上开倒车"的杂志,叫做什么《小说世界》,其中撰文者为包天笑、李涵秋、何海鸣、胡寄尘、林琴南诸人,而又有沈雁冰、王统照诸人的文章。我看了这种不成材料的东西,实在动了感情了,灯下草《"出人意表之外"的事》一篇,约千余言,邮寄给孙伏园,请他登入《晨报副镌》。

到春华楼去吃夜饭,遇着郑宰平。多年不见此人了。他现在在交通部做官。我问起唐仲芳师,据说他仍在司法部,他家仍住在米市胡同。

1月6日　土

今天咳嗽得很利〈厉〉害,胸间隐隐作痛。

上午将《中原音韵》、《中州音韵》、《菉斐轩词林韵释》三书略略对勘,知以《中原音韵》为最好。凡《广韵》浊塞声和浊通声的字,周氏都将平声归入清声的阳平,仄声则与清声字完全归并在一处,卓氏虽也和周氏同样的归并,但有时忽将清仄与浊仄分成二纽,这是他为例不纯之点。菉斐轩似无此病,但其书似较周、卓二氏之书均略后;因为周、卓二氏对于笼ㄉㄨㄥ和隆ㄌㄨㄥ、鬆ㄙㄨㄥ和松ㄙㄨㄥ等还是依《广韵》分洪细两读,而菉斐轩则一律读洪音为ㄉㄨㄥ、ㄙㄨㄥ等,与今音相同,故知其书较后出。《粤雅》《随庵》两丛书本均云出自宋本,此绝不足信。

午,至金子直处诊视咳嗽,据云是支气管炎。回家。

午后三时访幼渔,在他那儿看见吴瞿安所抄铁琴铜剑楼藏本元版《中原音韵》,与此次印出之本颇有异同,或者这是另外一个本子吗?暇时拟迻书瞿安一问。

五时,访叔平,并晤沈麟伯,吴范寰。

十时,回舍,得黎均荃信,知去年十二月秒〈抄〉寄去四次快信,五篇文稿都收到了。

在由幼渔家到叔平家的时候,坐在人力车中忽然起了一种不快之感。我觉得雇用奶妈,这是最不合人道主义的一件事了。假如有一个人,生了一种毛病,医生说:"你的食物不能和常人一样,应该吃什么什么,此外都不能吃。"于是此人好容易去找了许多他一人吃的东西来。此人除了吃这些东西是不能维持他的生命的,而忽然有人说是"我要吃这些东西",就不问三七二十一的拿去了,以致此人没有东西可吃而死。大家对于拿去东西的人,一定是痛骂他的。但雇用奶妈者的罪恶,实在比这拿东西的人还要大得多。病人吃的特别的食物还可以用钱买的;至于奶妈的儿子所吃的奶是不能用钱买的:这是一。病人吃的东西,本是社会上公有的,不过某人生了病,他就特别需要罢了;至于奶妈的奶,本是伊的儿子私有的食物(这句话,到了共产主义实行的时候,儿童都归公育了,那自然是不适用的;可是在私产制未曾消灭的时候,别的私产是可以攻击的,独有奶妈的奶是伊的儿子的私产这句话,真是天经地义,没有人可以来攻击的,没有人配来攻击的),你将它抢了来,这真是头等强盗的行径了:这是二。我们试闭目一想:襁褓中一个呀呀啼哭的婴儿,他的生命只靠着吃他的母亲的一点奶,忽然来了一个衣冠强盗,给他的母亲几块"饥不可以为食,寒不可以为衣"的钱,伊就丢了这个婴儿,跟着别人去,拿这婴儿的私产送给别人的儿子去吃了!你静听!静听!那个可怜的婴儿因为没有奶吃,发出极悲惨的"啼饥"之音!你听见了吗?唉!清平世界,荡荡乾坤,何来如此可惨的景象,可惨的声音!唉!玄同!说什么废话!你的小儿子——秉充——的奶妈是怎样雇来的?那个奶妈的儿子已经死了,你记得吗?我昨天想到这里,今日写到这里,两次都有些毛骨悚然!然则如之何而后可呢?以往的事只好不说了,——有时忽然想起,弄得内疚神明,以致脸皮火热,眼泪直流,这还是无法消灭的,——今后惟有时时警惕,绝对的实行生育制裁之一法而已,——然而这点可算消灭从前的罪恶了吗?……

1月7日 日

今天咳嗽似乎稍好一些。

午后洗澡。近来因足疾、咳嗽,觉得精神异常之坏,吃东西也觉得乏味;今晚特地到东方饭店去吃了一顿素的西餐,颇觉可口。

灯下校了两三篇《国语月刊》"汉字改革号"的稿件,预备两三日内寄给均荃。

1月8日 月

上午到巜、ㄊ、ㄔ、厂①去,知我去年年底为《国语月刊》之"汉字改革号"所撰《汉字革命!》一文已经油印完了。下午又去,拟校勘一过,做一"勘误表",不意面目可憎、语言无味之江仁纶,尽管向我说恶趣味的话,我真火冒起来了,校不下去了。只好拿回寄宿舍来,晚上才将它校完。晚餐和劭西同吃雨华春的涮羊肉。

对于《小说世界》,还想做一篇文章,名曰《介绍小说世界给拖辫子和缠小脚的人们消遣消遣》。今晚略略做了一些,尚未做完。

1月9日 火

上午到巜、ㄊ、ㄔ、厂去,交印《汉字革命》的勘误表。

午,与幼渔、遏先同在春华楼吃饭。

下午,将"汉字改革号"中归我负责整理的稿件整理一过,拟即寄交均荃付印。

晚,洗澡。

1月10日 三

上午,吴瓯来、章厥生来。

午,回家。

傍晚,访陈百年和马幼渔。钱坫的《诗音表》是讲双声的。此书极不易得,前几

---

① 巜、ㄊ、ㄔ、厂,国语统一筹备委员会。

年文雅堂送来一部《钱氏四种》中有此书,以价太贵未买。而幼渔曾雇人将《诗音表》抄出一部,故幼渔捡出拟付排印,嘱我将抄本校勘标点,今日他将它交给了我。

适之送给我一部袁承业刻本的《王心斋集》,我正盼想买此书,他恰好送来,可喜可感!

借看一九二二年五月至十月适之的日记,将其中数条抄出如别纸。托适之向钢和泰先生借到△△△△的△△△△△三册,其中第△册△第△页,中有论ㄓ、彳、尸、ㄖ和ㄗ、ㄘ、ㄙ的韵一段,我亟须参考,故借它来,它是法文的,打算请一个通法文的人替我将此节翻译出来。

1月11日　四

看《晨报副镌》有一位△△先生的《△△△》一篇,也有痛骂《小说世界》的。前几天孙伏园来信说,周氏兄弟和他不久都有骂《小说世界》的文章发表。这△△不知是谁?《小说世界》要是能够因我们这一场大骂,青年们少许多人去看它,这就好了。我们对于青年别的事情的拯救,或者没有这能力,这劝他们别看坏书的警告,我们一定是能做的。我那篇未完之稿,日内尚拟写全,再送《晨报副镌》登载。

幼渔雇人抄下之《诗音表》,抄得太坏了,要作排号的底稿,非重行抄过不可。我今天仔细一看,觉得此书以改印横行较为便看,于是用横行格子自抄之,今天抄了十分之六七光景。此书对于某字属于某声错误甚多,且还有毫无道理的错误,我疑此为钱氏未定之稿,那毫无道理的错误,大概是原稿上写错的。钱氏所定古声考录如左:①

傍晚又校《国学季刊》中印稿十丕其。

1月12日　五

高师告假。约幼渔到春华楼吃中饭,遇胡复东。遇胡适之,请他给《ㄍㄩ》的"ㄏㄍ号"做些短文,他答应就做。他说郑振铎、顾颉刚诸人拟刻《诗经丛书》,专取立说新颖,而又不易购买者,如姚际恒的《诗经通论》、崔述的《读风偶识》、方玉润的《诗经原始》、龚橙的《诗本谊》等。他知道我去年买到一部牟庭的《雪泥屋遗书目录》,中有他的《诗说》,劝我录印,我极以为然。今日午后至晚,即将此书抄出,随抄随分段、加标点符号,至晚十二时而毕事。

1月13日　六

北大仍告假。午,回家。午后四时访适之。七时访叔平。回舍,得适之寄来为《ㄍ、ㄩ》的"ㄏㄍ号"所作文字,有卷头言。

---

①　原文缺。

1月14日 日

午后访劭西,和他谈了八个钟头,吃了他一顿晚饭。他说他少年时,本信仰程、朱,一变而信仰陆、王,再变为信仰释氏。三年前尚极注意佛学,且彼时遇到繁闷无聊非看王学书籍以兴奋精神不可,但此时事情忙了,觉得此等假借外力来兴奋的办法大可不用了。我说我也有此等情形,我最佩服颜习斋,我也佩服王阳明。我遇到精神烦闷之时,惟颜、王的议论可以作吗啡针用,昔年如此,至今犹然。二氏学说之确□浅深如何,其说在今日有用否,却是别一问题,做吗啡针用者是"干!干!!干!!!"的精神,和他们那样卓越的人格是也。

胡适之的卷头言,自然是作提要用,但他只说了简笔字的话,而注音字母独用、词类连书,改用世界字母拼音之说均未之及。我恐阅者或有误解,因跋数语于其后。

1月15日 一

到北大上课三小时,觉得甚惫。午回家。

午后四时半赴北大的研究所国学委员会,直到七时许方散会。我坐在那儿,觉得非常疲倦,屡屡打呵欠,精神可谓坏极。

八时许,访士远。我对他谈的话,有可记者:

(1)经学中之今文家和古文家都不足信。古文家祖师之刘歆,大造古董之说是我极相信的。所以康有为的《新学伪经考》,我现在仍旧认它为一字千金之伟著。但东汉之古文家,对于五经的观念实比西汉的今文家要正确,而且能够渐渐找出条例来:西汉的今文家把几部文学和历史看得非常希奇古怪,所谓"非常异义可怪"也,东汉的古文家则渐渐能以古史视之矣。东汉以后有两位史学大家,一为唐之刘知幾,一为清之章学诚,他俩对于经的观念更为正确(虽然章氏六经皆史之说尚有谬误)。章太炎师以古文家自命,他讲经虽不能斩尽葛藤,然实贤于夸大之今文家,如康有为、夏曾佑等。古文家言诗之表示法为赋、比、兴三体,言古代识字法为象形、指事、会意、形声四法,这本是用归纳法归纳出来的,实为今文家所未梦见者。(2)二梁——漱溟、启超——说孔家生活最不计较效率,此点贤于墨家与欧洲学人之论。这话我极以为然,这确是孔学最优之点,但"亲亲而仁民"之说,实不适宜于现代,论学理,亦不逮墨家兼爱说之圆满。我们于前者当从孔,而后者当从墨。

1月16日 二

上高师课二小时。午后,整理书物。

四时黎劭西来电话,说吴稚晖先生在ㄍ、ㄊ、ㄔ会,因即往。吴先生去国两年,近始回国。谈顷,知以后行踪尚未能定。我请他给《国语月刊》的"汉字改革号"作文,他已答应。他说,此次到欧洲,觉景象甚悽惨,但回国以后,看看中国,更觉悽惨。在上海，见一堆遗老遗少们的恣睢猖狂，魑魅魍魉，白昼横行，因而觉得国学当缓讲，国文可不学，并且仇视汉字之心益切，真慨然言之。他又说，他始终觉得文字愈庞杂愈好，所以世界文字，以日本文为最好。我以为这话也很有道理。我和劭西怂恿他，即将这些意思发表在《厂ㄍ》改革号上，他答应了。陈颂平约吴先生在雨华春吃晚饭，我和黎劭西、陆雨庵三人作陪。

九时，出城洗澡。

张少元有姚际恒的《诗经通论》一部，从前借了来转借给适之。我当时只将序忽忽一看，因序中有"△△△"一语，即武断此书为无甚价值，今取回细看，知前说甚谬。姚氏此书驳斥旧说均极精。他不论汉宋，一律要驳的（惟对朱熹实有有意吹求之处），他不论汉宋真伪也一律要采的。所以那丰坊伪造的《诗传》，他也常常采用，虽然谬了，定称它为伪传，这可见他的实事求是。惟他所采的和自己的说头没有十分卓越的罢了。然摧陷廓清之功，焉可没也？

1月17日　三

上午，上北大课。午，回家。《国故论著集要》已印齐，午后，馆贞外出，我看家，即将它折叠备订。这是初稿，此次印了三四年才把它印全。我觉得其中应增应删应换之文甚多，即如李觏、费密、章学诚、龚自珍都应补入。《宋史》之《王安石传》、《朱熹传》必须改换，又如刘知幾之《疑古》已选入，而《惑经》未选入，此必须加入者。我近来想，《惑经》篇之功，更在《疑古》篇之上，因为它是根本攻击《春秋》之"笔削"者。自孟轲造了些谎话，说什么孔子作《春秋》同时用"天子之事"，"知我罪我"，"乱臣贼子惧"，"其义窃取"等话来圆谎，于是后来闹出什么正名分丫，什么"游夏不能赞"、笔削丫，什么微言大义丫，什么非常异义可怪之论丫，什么三科九旨啊，什么为汉制作丫（！）……种种鬼话愈说愈多，而从没有一个人敢说孔丘未曾作《春秋》的话了。刘氏虽尚未将孔子作《春秋》的话明白推翻，但如《惑经》篇之种种驳法，则已将《春秋》说得一钱不值了。真是有功国故之文。

傍晚访适之，借到周春的《杜诗双声叠韵谱》，此书在《艺海珠尘》之中。

购得一本《春在堂尺牍》，系用曲园先生手写隶书的稿本石印者。印刷甚劣，且其中之信都已刻入《春在堂全书》中。此册似是无用之物，但我颇好学者手迹，曲园先生又是我所极服膺之人，因此册尚留有手迹面目（有印时描坏的），所以买它。

晚，将《汉字革命》稿又略略修改了一些，决定明日寄出。

汉字在将来总是废得成的，不过究竟在若干年之后，则此次实难有把握，我那篇文章上以十年为期，这不过聊作快语，以鼓励同志罢了。实际上恐未必能够这样的如心如意，但我们若能用拿破仑的字典删除"难"之一字，则必有达到目的之一日。在汉字未废的时代，吴稚晖先生所谓日本式的文学，实在是最适宜的文字了："暂时尚不能不写汉字的，则写汉字。可以不写、无汉字可写和汉字不足以表示音义的，则写注音字母。外来语应无限制的输入，以写原字为最好。若译音，只可用注音字母，万不可用汉字。"外来语之输入，不但名词能，介词、连词之类也可输入。

张凤举主张送东西给别人，不必写那噜苏的"送给"一词，可用英文之 to，或法文之 a。此法我极以为然，不过我以为用 Esp 之 al 则更好。若为普及计，则译音亦可，如 to 译ㄊㄨ、a 译ㄚ、al 译ㄚㄌ。

中国人，对于男女竟没有普通的敬称，现在"先生"一词，似乎可算是男人的普通敬称了，但有人用它，似乎并不当做普通的敬称，如称先生与称君很有分别是也。至于称女人的"女士"二字，更觉生硬不适，我以为大可采用 Esp 之 Sro 与 Sim 词，音译则作ㄙㄧㄋㄛㄦㄛ与ㄙㄧㄋㄛㄦㄧㄋㄛ，或用英文之称谓亦可。但我主张女人不要区别"小姐"和"太太"才是合理。男人称 Mr.，女人一律称 Miss，音译则作ㄇㄧㄙㄊㄜ与ㄇㄧㄙ。此法行则有几种好处：可使国语与世界接近；可促进国语改用拼音文字；可使国语的新词儿日趋丰富；可以免得那班吃饱饭没事干闲扯淡的人，吵什么音译意译的话。其他①

1月18日　四

上午，上男高师课。下午，上女高师课。看《晨报》，忽然看见蔡先生的启事和辞职呈文。现在把它们粘在左方②。这种表示是极应该有的，年来八校凡有对于政府(?)的交涉，总是索薪问题，薪固该索，但大于索薪之事竟绝不闻对于政府(?)有所交涉！蔡先生此举，不仅保存了自己的人格，实在也保存了八校的人格。那麻木不仁〔的〕学生和利欲熏心的教职员，被这吗啡针打了，或者可以稍稍转机，使"五四运动"之精神复活乎！

午后四时，孔德学校开校务委员会。我以前曾经写过一封信给蔡先生，主张孔德学校中应该增加 Esp 一科，从五年级教起，而法语则改为从七年级教起（现在法语从五年级教起）。蔡先生[者]拟在今日的会中讨论，因此，我于三时半女高师授课毕后急急忙忙的赶了去，一到才知道，蔡先生已于今晨出京了。Esp 的问题今日拟不讨论。我本为这事而去，既不讨论，我也无心与会了。因复驱车而行，到巜、ㄊ、ㄑ、厂、稍坐，即往杨遇夫家，他今晚请客也。同坐者为汪一庵、陈颂平、沈朵山、黎劭西、陆雨庵、尹硕公（炎武）诸人。

日前和劭西谈及修改《国音字典》和写定国语词类两事，都应该积极进行了，但这两事，应同行并做，且有互相帮助之处。我主张，我来专做修改音典事，他去专做写定词类事。但修改字典，我以为应将古韵书之音与今日实际之音并重。当初审定读音系根据《音韵阐微》，此书里漏疵谬之处甚多，不能全行依据，应更考《广韵》一系和《中原音韵》一系之音订正。但此书亦有一种长处，即注明"声纽"和"等呼"是也。今拟先据此书为本，修正《音典》之音，然后再取《广韵》和《中原音韵》等订正补苴之。今晚无聊，取《音韵阐微》于每一"反切"之上，标明国音拼法，未曾标完。

听说下午北大全体学生开会。

---

① 原文如此。
② 原缺粘贴文。

1月19日　五

上午，上高师课。下午，二——四时高师尚有课，因爱罗先珂先生定于三时到国文学会来演讲，我便不上了。

上午，十一——十二时，吴稚晖先生在国语讲习所讲演。我十一时去听，他正讲罗马字母之来源，由最初之埃及体直至现在之体，一一胪列，他是证明罗马字母的来源，也是毫无学理的根据的，但写在现在，实在很适用的字母，以证明国音字母的不可轻视。

午，所中宴吴先生，我也在陪客之列。

午后，与吴先生讨论国语文字改良问题。他始终反对国语改用罗马字母拼音。他主张于英、德、法三种语言中，采一种为第二国语，使它的势力澎〈膨〉涨发达起来，为中国将来应用的文字，则第一国语便可不必用全力来从事改良。他又反对译书，他主张用"注疏"之法来注西文原书，以代译书。这本是他好几年以来的主张。我对于第二国语和和注疏西籍之法极端赞同，但以为第一国语仍应竭力改良，加意整理，使它渐趋进化，渐适实用。

又吴先生对于注音字母和白话文，始终认为是通俗教育的利器。我则以为通俗教育上，固应采用注音字母和白话文，但它们的功用，决不限于通俗教育，白话文是今后表达高深优美的文学的利器。注音字母不但是统一国音的利器，而且还有〈是〉拼音新字的草稿，这也是我和吴先生不同之点。

晚约劭西同至雨华春吃饭。

《黄报》上载彭允彝的通电，对于蔡先生的辞职呈文，居然振振有词的辨驳起来，其文如左：①

别的报上还载有彭允彝将趁此机会免蔡先生的职，而且竟有筹安会发起人之杨度继任之说！

汉字在目前，自然有些地方还是不能不用，但地名，无论命名时有义无义，在实用上是全靠声音作记号的。这实在应该首先改革，改革的第一步，应先加注音，第二步才将汉字省去，如此渐渐的改变，可免去许多困难。但地名的语音，不能全注国音。我以为省、道、县之名，应该用国音，自县以下，镇、村、乡等等，应斟酌情形办理，可〔注〕国音或注方音（可注国音的自然应注国音，否则只好注方音）。至于街道名称，我以为应一律注方音（但有些地方的方音，有出于国音之外的，可略略改变，选近似的国音注之，总期不出国音四十个字母以外。）至于广东的侵、谈韵字，尽可拼作ㄚㄇ、ㄧㄇ等，它的入声字尽可拼作ㄚㄆ、ㄝㄋ、ㄧㄜ等，总之凡用四十个字母能表示之音都不妨照拼）如：

北京：西河沿，不作ㄙㄧㄏㄜㄧㄢ。
ㄒㄧㄏㄜㄧㄢ

---

①　原缺引文。

　　　　　小雅宝胡同，不作ㄙㄧㄠㄧㄚㄅㄠㄏㄨㄊㄨㄥ。
　　　　　ㄒㄧㄠㄧㄚㄅㄦㄏㄨㄊㄨㄥ
　　　　　高义伯胡同，不作ㄍㄠㄧㄅㄜㄏㄨㄊㄨㄥ。
　　　　　ㄍㄠㄧㄅㄚㄏㄨㄊㄨㄥ
　　　　　地安门：不作ㄉㄧㄢㄇㄣ。
　　　　　ㄉㄧㄢㄇㄣ
　　　苏州：临顿路：不作ㄉㄣㄉㄨㄣㄉㄨ。
　　　　　ㄉㄇㄅㄣㄌㄨㄥ
　　　　　养育巷：不作ㄧㄤㄩㄒㄧㄤ。
　　　　　ㄧㄤㄏㄛㄤ
　　　　　黄丽坊桥：ㄏㄨㄤㄉㄈㄤㄑㄧㄠ。
　　　　　ㄨㄤㄏㄈㄤㄐㄧㄠ
　　　　　马医科：ㄇㄚㄧㄎㄛ。
　　　　　ㄇㄛㄇㄧㄎㄨ

又如街字，在北京应音ㄐㄧㄝ，苏、湖应音ㄍㄚ，不可音ㄐㄧㄞ。巷字在北京应音ㄒㄧㄤ，而苏州则应音ㄤ，湖州则应音ㄨㄤ。

看晚报，知各校学生因今日下午众议院投阁员同意票，特排队前往请愿，勿投彭允彝同意票。而吴景濂竟指使军警乱打，乱刺，闹得头破血淋，这是中华民国的国会！

1月20日

午前上北大课。学生很少，大约他们在那儿开会。

午后二时至五时，在国语讲习所讲演"汉字革命"。在未讲以前，忽然有人说起：沈朵山对于汉字革命是很赞成的，但觉得"革命"这个词儿太骇人听闻了，不如换个较和平的词儿好。我听了这种"又霸又怕"的议论，真是又好笑，又好气。因此未免动了一点感情，演讲的时候，故意说了几句"激烈（？）"的话。说的时候，自己觉得脸上热烘烘的。我想，鼓吹汉字革命，难道就会被枪毙吗？何以他竟会吓得如此？若果因此事而被枪毙，这真是为主义而牺牲，是最光荣的牺牲，是最值得的。

1月21日

天阴，大有下雪之象。午，访崔觯甫师。几十天不见，他老人家更龙钟了，扶着桌子才能立起，并且还是摇摇晃晃的。七十老翁，精力既衰，生活又窘，而且孤身一人，无依无靠，很觉可怜！

我今天精神甚坏，心绪甚乱，下午东翻翻，西写写，扰攘了半天，觉得有些坐不住了，天已经黑下来了，姑且出去洗个澡，看心神能稍宁静否。

洗澡回来，觉得心神略定，取旬日前借来的适之的日记看看，将有关考证和有趣味的几节抄在后面：

(ㄅ)《新儒教的成立》的目录

适之拟论《新儒教的成立》一文，其目如左：

1. 释"新儒教"。
2. 古宗教与"墨教"。
3. 各地的"民族的宗教"。
4. 政治的背景。
5. 董仲舒，——今文家的新儒教。
6. 刘向与他的同时人。
7. 刘歆与王莽，——古文家的新儒教。

(ㄆ)《中国究竟进步了没有？》的大纲

这是适之做的一篇英文，共分两大段：

1. 唐的文化太受史家过誉了（西洋人尤甚），其实并不甚高。唐代没有印版书（中唐以后始有小部杂书的刻印，但大部书的刻板始于五代），很少学校，没有学问，没有哲学。
2. 唐以后的文化太受史家诬蔑了，所以人都觉得唐以后中国没有进化。试举若干例：

    a. 刻板书——活字板，木活字，铜字，铅字等。

    b. 棉布机。

    c. 瓷器。

    d. 学校。宋仁宗（一〇四四）以后以至明清之"书院""精舍"。

    e. 学术。宋之经学、哲学，

    　　　　明之哲学，

    　　　　清之学术真足以压到〈倒〉千古。

    f. 文学。韵文：词——曲——戏剧。

    　　　　散文：小说。

即此诸例，已很可证明，这一千年中中国的进化了。

此文为驳 Wells 的《世界史纲》而作，可算是一篇重要的文字。（录原文。）

(ㄇ)李伯元

李宝嘉，字伯元，号南亭亭长。生于清同治六年丁卯（一八六七）四月廿九日子时，死于清光绪卅二年丙午（一九〇六）三月十四日巳时。寿四十岁。

(ㄈ)《品花宝鉴》的作者

嘉应杨掌生的《梦华琐簿》第卅四页说《品花宝鉴》是常州陈少逸所作。他说：

"余丁酉（一八三七）夏从严州友吴立臣(达)案头见之。……闻季卿言少逸馆内城一尚书郎家，咫尺天涯，未能一握手为笑，殊恨无缘。"

又注云：

"《宝鉴》是年仅成前三十回，及己酉（一八四九）少逸游广西归京，乃足成六十卷。余壬子(一八五二)乃见其刊本。戊辰(一八六八)九月,掌生记。"

适之云:这一段甚可贵。我的壬子本《品花宝鉴》初到我手时,我即认为初板,并定为咸丰壬子,今乃并著者姓名与籍贯都得证实了。

又云:杨氏与陈少逸同时,但他已说《宝鉴》中的十伶,"皆不知所指,不能求其人以实之。素兰、春喜、玉林虽有其人,皆与此书所述不称,必别有所谓也。"我们不能不敬重他的慎重态度,因此又可以知道今日欲想考证此书中人物之难。大概我们可以大胆说田春航即是毕秋帆,而苏蕙芳未必即是指他的相好。袁宝珠与徐度香,据《儿女英雄传》里邓九公说的话看来,大概是实有其人。其余的人,只可存疑了。(杨氏说,名伶吴今凤(桐仙)自言杜琴言即是他,但杨氏亦不深信此说。)

(ㄅ)适之题《越缦堂日记》诗(六言)九首

(十一,七,廿一,病中作。)

(1)

五十一本日记,写出先生性情;
还替那个时代,留下片面写生。

(2)

三间五间老屋,七石八石俸米;
终年不上衙门,埋头校经校史。

(3)

宁可少睡几觉,不可一日无书;
能读能校能注,先生不是蠹鱼!

(4)

前日衙门通告:明朝陪祭郊坛。
京城有那么大,向谁去借朝冠?

(用《杂占》四绝句之二的原意,36,页55。)

(5)

最恨"孝廉方正",颇怜霞芬、玉仙;
常愁瓮中无米,莫少诸郎酒钱。

(6)

这回先生病了,连个药钱也无。
朋友劝他服药,家人笑他读书。

(用(38)页56的话)

(7)

猪头私祭财神,图个"文章利市";
祭罢放串爆仗,赶出一窝穷鬼!

(8)

买了一双靴子,一着就是十年!

当年二十四吊,今回二两九钱!

(用(38)页20的话。他记物价及生活程度,皆可供史料。)

(9)

铁路万不可造;彗星着实可怕。——

四十年前好人,后人且莫笑话!

日本学者今关寿麿来谈。他送我一部自作的《宋元明清儒学年表》。我们谈甚久。他说,二十年前,日本人受崔述的影响最大;近十年来,受汪中的影响最大:崔述的影响是以经治史,汪中的影响是以史治经。其实日本人史学上的大进步大部分都是西洋学术的影响,他未免过推汪中了。他又说:崔述过信"经"。此言甚是。

我对他谈的话,也有可记的:

"我们的使命,是打倒一切成见,为中国学术谋解放"

"我们只认方法,不认家法。"

"南方史学勤苦而太信古,北方史学能疑古而学问太简陋。将来中国的新史学须有北方的疑古精神,和南方的勤苦工夫。"

"中国今日无一个史家。"

"日本史学的成绩最佳。从前中国学生到日本去拿文凭,将来定有中国学生到日本去求学问。"

今关说,日本史学与《本草》两项成绩最大。

1月22日 一

上午上北大课。午,回家。午后,厦门大学有周忾民(名辨明)者,寄一篇油印的文章给我,名为《中华国语音母和注声的刍议》。他也是主张用国际音标作国语字母的,所论很有道理,拟登入《国语月刊》。晚抄《诗音表》,抄完了。

1月23日 二

今日高师授课时间,适值他种科目的试验,因而停止。

蔡先生发表一篇宣言,附粘如左。①

蔡先生自己实行这不合作主义,并且劝大家也实行,我认为这是极正当的。但中国的智识阶级,是怎么样的人!劝他实行不合作主义,不但是对牛弹琴,实在还是与虎谋皮。他们除了"宫室之美,妻妾之幸"(底下一句用不着)以外,还有什么人生观!他们[对]只会索薪罢了!要他们暂时牺牲高官厚禄,如何做得到!

晚访凤举,并晤耀辰及士远,他们是不赞成蔡先生这回的举动的。凤举尤其以北大干政为非。这都和我的意见不合,我们辩论了良久。

---

① 原缺粘文。

1月24日 三

上午,至北大上课。学生因今日下午一时参议院投新阁员的同意票,定于上午十一时全体出发请愿勿投彭允彝同意票,因而临时停课。午,回家。午后四时,再至北大探听消息,则彭允彝已通过了!但学生却未曾挨打。在北大看见为君,他说彳君说,蔡元培与彭允彝是中国青年界之两大蟊贼,蔡之行为,为老、孔诸人所倡奴性的退让道德之代表,彭之行为,代表魏忠贤诸人摧残士类的凶暴行为之代表,现在防蔡氏主张之侵入于青年的脑筋,当如防 Pesto 之侵入于人身一样。我听了之后,连连打了几个寒劲(?)〈战〉,吓得噤不敢声!呜呼!他人方詈公为洪水猛兽,为毒兽(谐其名之音),即此时彭党之言论,亦尚以公在五、六年所提倡之新学说归咎于蔡君,然公竟已诋蔡君为 pesto 矣,岂中国之 Bolsheviki 真非实做"过激党"不可耶!英国的侵略政府,尚能容印度的 Gandi,俄国的专政政府尚能容 Talstoy,而自命为中国新青年的领袖者,竟不能容蔡元培!

洗澡。昨、今忽又患咳嗽,到晚上很觉得怕冷。

1月25日 四

咳嗽甚于昨日。上午,高师授课时间,又值他种科目的试验,因而停止。下午,上女高师课。因咳嗽讲话很费力。

今日四校长——女高师许寿裳、医专周颂声、美专郑锦、工专俞同奎——辞职。高师没有校长,不成问题,法专之刘彦与农专之章士钊均为彭党,当然不辞职。

至巜、击、彳会。拟访不庵,因而先至东安市场之开成素菜馆吃晚饭,遇叔平、绳甫、尹默和徐森玉诸人。七时许访不庵。

1月26日 五

今日咳嗽如昨,精神委顿。上午高师授课时间,又值他种科目的试验,因而停止。下午高师还有课,因咳嗽而请假。下午,敖宣生(名弘德,梦姜先生之子,现肄业北大理本科二年级)来。

整理书案。

洗澡。

1月27日 六

上午,至北大上课。午,回家。下午四时,访幼渔,不晤。在他书架上捡得毕拱宸的《韵略汇通》,取之以归。此书本为附中之物,近日那边来索还,故取归也。书取归以后,想起此书在韵学史上是很有关系的。打算将它草草抄出,单抄字不录注,计两三日当可抄毕。今晚抄了些。

1月28日　日

今日是阴历十二月十二日,为大兄七十岁生日。我阖家去祝寿吃饭,大兄家中有几门阔客,为胡惟德、孙宝琦、沈瑞麟诸人。大兄怕烦,约了我与大嫂、单不庵、包尹辅、亚新、亚猛、亚获,还有一位包小姐,躲在稻孙家中吃午饭。晚上他又留我夫妇和不庵吃饭。

晚十时,与婠贞同回家,即宿家中。在大兄处,见伯父的殿试卷一本。三姊夫寄来墨拓常熟沈石友家中所藏砚瓦数十方,中有吕留良的砚瓦。

1月29日　一

上午至北大上课,去迟了,只上了十一——十二两堂,九——十这一堂不及上了。秉充忽患喉痛,甚为焦急,恐怕要变白喉。赶紧请金子直来诊视,据说不要紧。我因咳嗽未愈,也请他诊视。

下午,取药。晚,出城洗澡。

1月30日　二

高师于上星期已考完了,今天无课可上了。抄《韵略汇通》,未毕,心乱眼花,不能多写,只好搁笔了。

1月31日　三

今天精神甚坏,咳嗽未愈,北大功课告假。学生今日外出讲演,暴露彭允彝、吴景濂之罪状于市民。回家,知秉充喉痛已渐愈,为之一慰。在家中和秉雄谈话,有三点可记:一,你爱研究那种学问,你就要研究,决不要因联想及于生活问题。二,你似乎是爱研究文学的,虽研究文学,但在中学时代,这点点普通知识,是不可不注意的。三,无论研究什么学问,"历史的观念"和"科学的方法"总是必要的。

晚,访叔平、不庵,均不遇。访士远,遇着了,并遇不庵和兼士。士远说他算着手编《中学适用国学书目提要》,我极以为然。

2月1日　四

咳嗽未愈。今日女高师尚有课,告假了。(北大与高师是从二月一日放至廿一日。女高师是从二月五日放到廿五日。同为三星期而日子不同。)

上午郑介石来,谈及湖北某君之凌虐其妻等事,此君大概是要实践文人无行这句旧话的!下午,洗澡。

晚,访叔平,并晤太玄。

独秀批评蔡先生的文章,粘附于左方①(△日所记彳君的议论即据此而言)。

2月2日　五

今日天甚暖。竟日抄《韵略汇通》,抄成十之九。毕拱辰这位先生,文理实在欠通,一篇序,一篇凡例,其中虚字既多欠妥适,实字更多费解的,居然就这么"灾诸枣梨"。我不但觉得可笑,并且还佩服他的大胆。

晚餐赴宾宴春,应黎劭西之约,同坐者为□小舫、张春霆、沈步洲、汪一庵、刘棣华、黎劭西、杨遇夫、沈朵山、陈颂平、陆雨庵诸人。

△△日《时事新报》上有△△△、△△△、△△△、△△△四人一篇文章……(此段应重做)

2月3日　六

晨起抄完《韵略汇通》,刚抄完,通学斋忽然送了一部《韵略汇通》,却不是最旧的明板〈版〉,乃是最新的民国板,是一个山东人王富揆于去年九月排印的。他看见我编的《国音沿革讲义》说:"兰廷秀的《韵略易通》,我没有见过。"他于是就访求此书排印发行。可是这位王老先生,太没有学问了,而且文理也太不通。此书的封面上写着什么"教育部批令准办印售《韵略汇通》"。还有一篇什么《集金赎注歌》,实在要令人失笑。书中有妄改的地方,还有毕拱辰修改兰氏原书的说明(即凡例)没有刻入,毕氏之序亦被删削,不知道他所得的原本是如此呢(张少元的那一部序是完全的,凡例是有的)?还是他妄删的?不过此等冷僻难得的书得他印行,总是很好的事,我们不应该对于他过事吹求。

午回家。午后五时,赴西长安街五族饭店吃饭,应陈颂平之约,同坐者为:汪衮父、陆渭清、张杏生、胡适之、黎劭西、杨遇夫、汪一庵、陆雨庵诸人。我和汪衮父是初次见面,他大谈其中国的古音古字。综计有三点:

一、歌、戈、鱼、模古音(唐以前)都读丫音(这事他有一篇文章,拟登《国学月刊》第二期)。

二、他说古本多复音字,造字时硬改为单音,约有三例:

1. 取上字之声与下字之韵,合成一音,造为一字,如髑髅为头,舳(丨又)舻为俞,浘滩为电(電)之类。

2. 或单用下一字如犺狸为狸,或单用上一字,如　　为　　②。

3. 将一个复音字分为阳性和阴性二义,如凤皇,则云雄为凤,雌为皇;鸳鸯则云雄为鸳,雌为鸯。

三、他说六书皆造字,非前四为体,后二为用,驳戴、段之说。他说转注略与曾国藩相同。他又说:

---

① 原缺粘文。
② 原缺。

象形、指事以造字为造字。

会意、形事〈声〉以拼字为造字。

转注以改字为造字(改老之下半为考)。

假借以不造字为造字。

以上(一)、(二)两点很有道理,很值得研究,转注之说,我不相信。他又说中国语本是复音,孔丘始改为单音。改的原故是因为复音类为夷狄之语,故《春秋》要"讥二名"。又如"寿梦作乘"之类,均孔丘所改。此说我都不信。"讥二名",本是公羊家的胡说,《春秋》中决无此文(《春秋》本是一断烂朝报流水帐簿,没有什么"要义"可言,更没有"则丘窃取之矣"的事)。至于"寿梦作乘"之类,我以为还是用前人"急言徐言之异"之说为近是,否则如前人译　　　为菩萨,　　　河为恒河①,San Francisco 为桑港,今人译 Hamburg 为汉堡,以及译 Tolstoy 为陶斯道,译 Shakespeare 为叶斯璧的办法,省略或并合几个音,以图省字便了。我又想或者俞字即读舳舻、头字即读髑髅、乘字即读寿梦亦未可知。

席间汪氏问适之,听说北大有提倡过激主义之说,信否？适之答道:"人数到了二千,自然形形色色的都有,这是不希奇的,北大有提倡过激主义的,也有主张复辟的。曾见有一北大教授在中央公园内颠头播脑的朗诵八股。又有一教授结婚,此人是道德学社的社员,他有一位'道友'送他喜联,书纪年为'学会　　　九十九年'!"适之又说:"北大的人提倡过激主义,倒不希奇,读八股和信道教这才希奇哩。"这句话说得真妙。

适之说,有一个四川人做"许行的研究",做了好几本书！内中所言真是荒谬绝伦,举两段：一、许行是主张劳农专政而反对无政府主义的,《艺文志》中"圣王、并耕、悖上下"三语,第一语指陈仲子,二三两语指许行！二、许行之徒"细屦织席",当时社会靡然从风,不仅男子,即女子亦然,如孟轲之母之织机,陈仲子之妻之辟垆皆是,足见当时男女同样劳作,并且完全平等。这真是"什么话"。

有一位自命为新人物之某公,他对于新道理本是丝毫不懂的,不过以骂孔丘而得名罢了(他骂孔丘的话什之八九都非平情之论,所举证据一半与孔丘无涉,一半出于伪书之中)。他有两个女儿,大女儿前几年与一个参议院议员结婚,他和二女儿住在大女儿大女婿家中。最近他做了一件荒谬的事,说了一句荒谬的话。

荒谬的事——他的二女儿和大女婿的兄弟一同出去看了一次电影,回家以后他大发雷霆,要将二女儿逐出。

荒谬的话——这几天参议院议员杨永泰,正大用金钱买议长票,一票值到五六千元,此公对他的女婿说:"你为什么不去投一张选举杨永泰的票？有五六千块钱的进帐哩！钱是最好的东西,为什么你不要,难道你想在首阳山上立碑吗？(!,!!,!!!)"这是新人物！这是骂孔丘干禄的人！

自从蔡先生出京以来,我受到的刺激真是不少了。除了胡适之、徐志摩以外,

---

① 原缺。

几乎没有不是不满意于蔡先生。像陈独秀这种唱别调还是有理由的,一班人不是说蔡先生不值得和彭允彝等对抗,就是说教育本与政治无关,何必牵入政府漩涡里去。这种熟计利害和巧于规避的心理,真是亡国灭种的心理。我近来觉得个人的修养真不可少,不必远谈欧美,即宋明学者的修养,能够取他们几点为法,便已毕生受用不尽,此乃人命关头,吾侪实不可不力勉。我近日来常常看《传习录》等书,即是此意。父亲在日曾给我一个别号叫做"有不为斋",当时是因为康有为渐出风头,父亲是反对此人的,故以"有不为斋"为我的别号。我在十四五岁时,曾请周□□①将这个斋名刻过一方图章,曾经印在《说文释例》等几部书上。后来渐渐不用了,现在觉得这个别号极有道理,《孟子》原文是"人有不为也而后可以有为",这"有不为"绝对不是消极,乃是"有为"的基础。"有不为"的"有为",才是正当的"为",要是"无所不为"的"有为",则势必至于一面主张无政府主义,一面可以替曹锟做走狗;一面挂着新人物的招牌,一面可以劝人去拿运动选举的金钱;一面做民党的要人,一面可以与复辟匪徒张作霖通声气;一面大骂北京政府是非法政府,一面可以作黎元洪的顾问……我因此打算将这别号复活,籍以策励自己。日内拟买一图章,请叔平镌刻。这四个字,甲文中都有的。

2月4日 日

买得《小说月报》卷一号,中有郑振铎的《读〈毛诗〉序》,甚好,其他尚有顾颉刚、郑振铎、周予同诸人的《读书录》,又有△△△诸人之△△△△△。今年的《小说月报》,打算兼做整理旧文学的事,这是极应该的。洗澡。

2月5日 一

午兼士来访,和他同到春华楼吃饭,并晤幼渔。兼士交来汪衮父的文章原稿和抄稿各五篇;(1)《释金》、(2)《释彝》、(3)《释身》、(4)《△△》。午后将汪氏《歌△△△》一篇的抄稿校对标点,错误太多,且汪氏举例之处几乎每句都有罗马字母拼成之字,偏偏抄成了直行,校时直撇、横撇讨厌极了,于是发愤将它重新抄过,由我自己来抄,抄了一半光景。

2月6日 二

精神疲倦,四肢无力。晨九时《国学季刊》编辑委员会开会,讨论第二期的编辑事。到会者为胡适之、徐旭生、周作人、马幼渔、马叔平、沈兼士、单不庵、钱玄同、郑介石诸人。午偕兼士、叔平二人同至东华饭店吃西餐。午后回家。晚出城洗澡。抄汪文未毕。

---

① 原文如此。

2月7日 三

今日仍是头疼,频出脚汗,四肢无力,昏昏欲睡。午前回家。日前大兄生日,马、沈诸人送他一张东华饭店的酒席券,他今日就请他们吃东华的西餐,共十一人:马幼渔、马叔平、沈士远、沈尹默、沈兼士、马夷初、单不庵、钱玄同、钱念劬、单受兹、钱稻孙。本有朱逷先,他到湖北去了,所以没有吃着。前六人是客,七八两人是陪客,九、十、十一,是主人。午后至北大国学门研究所,借《东洋学报》及《交太韵》。四时顷访不庵。十二时出城回舍,精神疲倦,似瞌非瞌,而西风扑面,甚觉难过。

2月8日 四

今日仍是头疼身软。上午抄汪文毕。下午洗澡。看《东洋学报》……① 所说极有道理,足补康、崔二家所未及。《左传》为刘歆伪造,得此证明,真可谓"铁案如山推不动,万牛回首丘山重"了。

访劭西,赵元任用他所拟的《国语罗马字》编成课本,教美国人,他寄了一份给我,今天从劭西处取得。劭西为《汉字改革号》做了一篇文章,题目叫做《△△△△△》,做得非常之好,其中所言多补我的《汉字革命!》之所不及。

2月9日 金

身体软弱,精神萎顿,不能做些子事。下午,洗澡。

2月10日 土

午,回家。下午,访尹默。晚七时,访士远。在士远处,听到一个离奇的——其实并不离奇——消息,说今天的阁议(?)中议决对付北大的三个办法:

ㄅ,锁闭北大中一切学生的机关;

ㄆ,递解北大学生五十余人(一说二百余人)回籍;

ㄇ,拟定于章士钊、谷钟秀、荫昌(一说章炳麟)三人中择其一为北大校长;如均不愿就,则由张绍曾自兼(!)。

十一时,回寄宿舍,得黎锦晖(他的号"均荃"二字,来信声明取销,故今后改称"锦晖")寄来"汉字改革号"中各文印成之样本,并附几篇尚未付排之原稿,叫我审定。

2月11日 日

锦晖寄来的"汉字改革号"的稿件中,有《读者意见》七篇,都是很不高明的。今天拿它(ㄊㄚ)们来稍稍修改一下,六篇勉强可登,有一篇行文既不通,立意更荒谬,

---

① 原文空缺。

万不可用。

在雨华春吃晚饭,晤董鲁安。晚,访劭西,不值。

2月12日 月

下午,洗澡。劭西那篇《汉字革命军前进的一条大路》中选了一段叶圣陶的小说《低能儿》,要用注音字母,赵元任的国语罗马字,钱玄同的国语新字母写出,我答应他来包办这工作,今天晚上将它(ㄊㄛ)办完;办完时,已是夜半四时了。

2月13日 火

昨晚睡得太迟,今天精神很不振作。

今天上午十时半,巜、ㄊ、ㄔ、厂开"经济委员和常驻干事的联席会议",我到会。

午,偕黎劭西父子和张蔚瑜同到雨华春吃饭。

下午四时,回家。在家中,和秉雄谈谈讲讲,不知不觉的已到十时半,于是便回舍睡觉。

2月14日 水

头痛,身软,心绪恶劣。买到《国语月刊》第九号,大致将它看了一遍。

下午到巜、ㄊ、ㄔ、厂。

七时,到各书店还书账。本节(旧历壬戌中秋到年底)应付之书账,达一五〇元之多,今天居然付清了。九时,洗澡,剪发。

2月15日 木

上午九时至十一时,到各处去领薪水。

十一时,访尹默。他说,他近来和张凤举、徐耀辰、沈士远、黎稚鹤共组一△△社,每人每月出资二十元,打算编印一点书籍,而尤注重于文学书。这是极好的事,真是"当务之急"。我以为我们应该选一种旧文艺的读本以供青年学子之需求。这事我还可以帮一点忙。

下午一时,回家。三时,偕秉雄和秉穹同到大兄处;因今天是旧历除夕,不得不去"吃祖宗教"也。到,则祭祀已毕,兄嫂都已走开,我们便不干那磕头的无聊的事了。

七时,兄嫂携亚猛约我到中央饭店吃晚饭。

九时,复至家。十一时,出城,到寄宿舍。

2月16日 金

昨晚,商店祭神时的炮声闹了一个通宵,简直没有间断过。睡得很不安宁。

上午九时,遏先来电话,他说前天晚上由上海到北京;今天上午,他约我们——士远、尹默、兼士、幼渔、叔平、百年、凤举……在尹默家中谈话。我于十时到那边。

下午一时,回家。二时顷,稻孙夫妇来。
四时顷,又至尹默家。七时,偕尹默、幼渔同至叔平家吃饭。

2月17日　土

今天上午,厂甸已经有书摊摆出来了;但土地祠和火神庙两处还未曾摆出。

我买了一本陈骙的《文则》和一本张岱的《有明於越三不朽名贤图赞》,都是铅印本。看《三不朽图赞》。

洗澡。

2月18日　日

上午九时回家。

午,请大兄在西车站食堂吃西餐,因废历壬戌十二月十二日为大兄七十生日,我尚未请他,所〔以〕今天补请他。宾主本定十二人,因润辉不到,故为十一人,如左:大兄、大嫂、稻孙、丰保、毯孙、嘉贵、亚猛、玄同、婠贞、秉雄、秉穹。

下午逛厂市,买了两种书,如左:《诗传遗说》,一元;《二程遗书》宝诰堂本,九元。看见一部石印梁巨川的遗墨,此公为梁漱溟之父,投积水潭而死,自己声明是殉清的,见解虽顽旧,但意志极坚卓,独秀说他"　　　",极是。我因此将此书买了来,价二角。

2月19日　月

阴冷,微有雪。下午在土地祠中买了一本蔡锡勇的《传音快字》,这书到了现在虽全无用处,但却是中国拼音文字史上的一种材料。又买了一部支那本的《古尊宿语录》,价七元。又买了一部日本的《　　》,价一元。

洗澡。

2月20日　火

午后逛厂市,遇大兄、大嫂。遇叔平。购得:莎彝尊《正音咀华》二本,七角;江永《四声切韵表》翻汪龙本,一本,七角;叶维庚《纪元通考》四本,一元二角;马建忠《文通》一八九八本,商务印书馆排印本十本。

父亲给我的遗产中,有汪龙刻本《四声切韵表》。十年前,我一心一意迷信写楷篆,以罗有高刻本为最好,因以汪刻本送给幼渔。近来幼渔说起,汪本实较罗本为好,要再觅一部竟不可得,今日见此翻刻本,姑且买之。

《文通》后序之年、月、日为"光绪二十四年九月初九日",而此排印本之前面,书"光绪二十四年孟冬",则此为最初之印本也。此书凡征引书句概排小字,而说明语则排大字。在当时未用引号而作此款式,本为醒目计,不料商务印书馆后来重印此书,竟将引书之小字改成双行,意与旧时夹注完全相同,骤看则下节引句好像是上节说明语之注脚了。我年来访初印本者数年,今于无意中得之,价又甚廉,颇觉可喜。

2月21日　水

午回家。下午三时逛厂市,买了:《考古质疑》叶大庆,三角;《制义丛话》,二元;《龚定庵年谱》吴昌绶红印本,五角。《制义丛话》一书,为考八股文之极重要材料,伯父楞仙先生著《制义卮言》未刻,我曾怂恿大兄刻之。大兄近年以来,虽事事极端复古,而对于刻此书反以为不应该,其实这是错的。我以为八股文这样东西,影响中国八百年来的政治、文学、道德、思想者至钜,它的自身虽是最没有价值的东西,但研究历史的人,岂能将它抹撒〈煞〉不谈? 故复古是极不应该的,而《制义卮言》是极应该刻的。八股文的史料只有这两部书,这《制义卮言》我将来还是想刻的。又以八个铜子买了一本李命三的《行状》。这本《行状》的文理,几乎没有一句是通的,真有些看不下去,但李氏是做《周礼古学考》的人,此《行状》中,却将李氏对于今文古文的意见叙入,所以我要买它。买来看了才知道,李氏虽主今文,但不信康氏伪经之说。看驳康书的议论,看了他的议论,更觉康氏见识之卓越,《伪经考》价值之大。

2月22日　木

方梦超忽然请我们夫妻今天在中央公园来今雨轩吃午饭,已可怪矣,而知单上第一名竟是薛之珩(北京警察总监)! 这未免太不拿我当人看了! 我本想在知单上写几句得罪他的话,因为他是沈家的亲戚,他今天所请的还有沈氏弟兄,马氏弟兄诸人,我姑且捺住性子,勉强写了"代知"两字,至于赴宴的事,是当然不干的了。

下午逛厂市,从二时逛到五时,走得脚痠极了。买了下列的五部书:《伯牙琴》(知不足斋本),四角;《通志二十略》,九元;《范石湖诗集》,十四元;杨诚斋《易传》,四元;《通俗字林辨证》,——〔唐埙〕著,四角。

晚洗澡,剪发。

今天,又在商务印书馆买得陈承泽的《国文法草创》(?),又新学制用的小学前期、后期及初中学用的国语读本,和初中用的历史、地理读本。在澡堂中,将初中三种读本略略翻阅,国语选材甚佳,地理也很好,惟有历史最不行。国语为周予同、范祥善、吴研因所编,地理为王伯祥所编,历史则傅运森所编。看这编者之名,则其优劣固应如此。

2月23日　金

上午收拾书桌。士远来电话,邀我到他家中去吃午饭,熟客有他们弟兄三人、张凤举、徐耀辰、马幼渔、周氏弟兄二人诸人,生客则有郁达夫一人。这位郁老先生,虽则研究新文学的人,可是名大皮〈脾〉气太大,简直和黄季刚差不多。我有些怕敢领教,只好"道谢啦"。

下午逛厂市,今天天气很冷,且有风,故游人较少。我今天买了一部巾箱本的杨慎《丹铅总录》,价三元。晤夷初、不庵、适之及屈伯刚。适之邀不庵和我到春华楼吃晚饭。

带经堂书摊有一部裱好的《唐石经》,索价一八〇元,拓得很精工,不知较大兄所买者优劣何如?又不知其中有用王尧惠补刻者窜入否?拟取《唐石经校文》一对。不庵说,如果是好的,拟给北大图书馆买去。

晚看邵雍诗及金和诗。

2月24日　土

今天比昨天更冷。

午回家。

下午三时至厂市,因天冷,人很寥寥。我也觉得有些站不住,大略看了几个书摊,没有买什么书。晤夷初、叔平、季明、隅卿、伯刚。

五时洗澡。

晚点阅学津讨原本程大昌《考古编》中之《诗论》十七,都已"点"完,第二次看时再加"标"。

今天,李宗裕君请我吃晚饭,我"道谢啦。"

2月25日　日

天气仍是很冷。

下午逛厂市,买了四部书:《孔经新义四种》(《大学》《礼运》《中庸》《论语》)刘次源,四角;《春秋三传驳语》毛士述,八角;《铁桥漫稿》严可均,二元七角;《秋蟪吟馆诗抄》附《来云阁词抄文抄》,金和,一元二角。

刘氏之书,曾于五年前在幼渔处看见《礼运新义》一种,系蓬仙所有,蓬仙死后,其书均由其弟莘夫运回海宁。此书内容,我并未看过,但听幼渔说,刘氏谓小康有小康之礼,大同有大同之礼而已。

毛士述不知何时人,我今天所买到的只有《左氏驳语》,而无《公》、《穀》,则非全书也。书凡四卷,至哀十三年冬为止,不知《左氏驳语》已全否?

《秋蟪吟馆诗抄》,我以前所买的,为一九一六年用仿宋字体写刻本,书凡七卷,只有诗,而无词与文,为梁任公删选之本。今天所买的,为一九一四年用铅字排印本,诗比梁选本为多,且多诗集(△△集)一卷,词集(△△△△)一卷,文集一卷。

因天冷风大,不耐久逛,略一周览即回宿舍,取两种金集对勘,录其异同如下:

《燃灰集》,梁选本删廿一首:1.《朴园看牡丹》。2.《止酒篇》。3.《喜晴诗》。4.《颜鲁公放生池怀古》。5.《邻园海棠尽落》。6.《名医生》。7.《真仙人》。8.《大君子》。9.《印子钱》。10.《春日同长洲孙月坡(麟趾)、滁州马晴斋(云)、孙竹厫、吴次山、秦雪舫(耀曾)、伍辑之(瑞朝)、兄荷生,饮青溪酒醉歌》。11.《盂兰盆会歌》。

12.《破屋行》。13.《同学李生屡试见抑,慰之》。14.《戚夫人》。15.《王嫱》。16.《正月十五日唐子元至自含山,使来招饮,有所待,不得赴,怅然赋此》。17.《叶园海棠作花较早,清明次日,雪甚,花竟半损,酹酒吊之》。18~21.《展上巳修禊诗四首》。

《椒雨集》,(梁本增九首):1.《六月初二日,纪事一百韵》。2.《马总戎(龙)闻余将去,欲以一帐处之,并有馈金意,书此见志》。3~9.《南师》九首,录七。删三首:1.《避喧》。2.《宿乌江》。3.《病疮》。

《残冷集》,(梁本删七首):1.《淮南食鲥鱼有作》。2.《学山寄一札来,其词未毕,即书其余幅答之》。3.《足瘃篇,柬叶翁乞药》。4.《题铭东屏太守丐趣图》。5、6、7.《七夕》五首(删三)。

《一弦集》,(梁本删卅三首),增一首:1.《渡江口号》。2~4.《戒梅三首》。5.《送子元、季苻渡江》。6.《题永道士壁》。7.《驱蝗行》。8~11.《八月十五夜无月,寓楼独饮不复成醉,率尔有咏四首》。12.《莲蓬人示子岷》。13.《再作有寄》。14.《题丹徒张耕农(治)诗稿》。增一首原误。

《南楼集》,梁本删二首:1.《大榕》。2.《梦月夜重游笔架山歌》。

《奇零集》,梁本删三十三首:1.《题薛慰农山长百钱挂杖图》四首。2.《子元来应秋试,喜晤,即赠》四首。3.《子元下第,归含山,慰之》。4、5.《张海初(曦照)移寓秦淮水榭,宴集同人,薛慰农山长即席首成二律,依韵奉和》。6、7.《再呈海初大令,仍用前韵》。8.《读〈刘青天传〉》。9.《过雨花山偶占》。10~17.《张春陔(盛藻)太守买得六朝宝镜一枚,以属薛慰农山长留赠秦淮花谱之当首选者,索赋》。18~22.《尹松期喜兰成癖,数年以来集异品几二百盆,余来沪在花后而闻其花事之盛,不禁神往,辄赋五绝句》。22~23.《沪上杂诗》。

晚八时,许豪士及陈德荣来,因梁冰弦在厦大教国文,欲调查北大国文教程,他们来向我打听也。

商务石印汲古阁本《乐府诗集》已出版,价五元。我今天买了一部。这书我大前年买过一部湖北局板的,手一碰便沾煤黑,讨厌极了。去年在厂市买了一部汲古阁本,但烂板甚多,纸张薄而且脆,也不适用。今得此本,却很适用了。以前买的那两部,打算卖掉它们。

有浙江师范毕业生凌独见者,编了一部《国语文学史》,芜杂谬误,触目皆是,真是胡闹,现在居然由商务出版了!足见商务方面没有识货的人——这话错了,他们本来只希望赚钱,哪有闲情别致去顾管内容的优劣呢!书首有前后两个浙江教育厅长(夏敬观、马叙伦)的序,即此一端已足见其鄙陋可哂了。

2月26日　月

今天起,各校都开课了。

上午上北大课。午回家。

午后逛厂市。今天天气略暖而风却极大,灰砂眯目,略略一看,买了一部周济的《宋四家词选》。有吴志忠的《真意斋丛书》①,用活字排印者,中有三书:1.杨衒之《洛阳伽蓝记》。2.《兼明书》。3. ② 据说此书极难得,书只六本——而且是衬纸的——索价至八十元之巨,幼渔要给北大买,叫我去讲价,竟用七十二元买来,真可谓贵矣。洗澡。

2月27日　星期二

上高师课。

下午二时逛厂市,买了两部书:1.《诗本义》欧阳修,通志堂本,一元。2.《读书分年日程》程端礼?三角。另外又买了一部《六祖坛经》,我本有此书,是铅印本,没有句读,很难看,今天见有金陵刻本,有句读,所以买它。

六时,约劭西到雨华春吃晚饭。

2月28日　星期三

上午上北大课,未回家。

下午二时半,到㕥ㄆ厂开辞典委员会,及散会,已五时半矣,拟逛厂市已不及矣。

四存学会排印之《颜李丛书》已出全了,以前拿过十二本,今天去拿第二次出的,版本与第一次出的大小不一,订线又极参差,且无序,无总目,错字极多,真是极可厌之物,这是提倡颜李学派之徐大总统(?)们所刻之《颜李丛书》!我拟将其中《畿辅丛书》所未刻的和没有单行本的几种抽出,补入畿辅本和单行本之中,其余便丢弃它也不足惜,因为实在蹩脚得不成样子。

3月1日　星期四

上午上高师课。

下午上女高师课。

三时半以后逛厂市,买了两部书:1.《申报》馆排印本《儒林外史》,即天目本。我以前还有一部没有批的,也是《申报》馆排印本,此书被陈飞卿借去尚未还。一元二角。2.石印《小学汇函》本小徐《说文》,八角。

连日很想吃西餐,今晚到西车站去吃了一顿。

晚得顾颉刚长信,论《诗经》,论伪史,均是极精之论。使此公整理《诗经》,固然最好,若使他编历史课本,尤极适宜。

3月2日　星期五

上午下午均上高师课。

---

① 应为"真意堂"。
② 原文空缺。

午至海王村公园,买了将近一块钱的耍货,预备拿回家去给秉充顽的。

四时后逛厂市,厂甸今晚收摊,火神庙明午收摊了。今天花了三块钱买了一部蹩脚板子的《玉篇广韵》(湘南刻本)。我打算要在《广韵》每个反切上,用国音字母标注今读也。标注之目的,是为那些不常用的字应依常用的注音去读它,例如德红切之"东、△△△"① 诸字是常用的,今从ㄉㄨㄥ,则同切之"△△△"② 诸不常用的字,也应该准东等而也读ㄉㄨㄥ。国音字母中,于读音统一会未审定之字即用此法,然错误甚多,因为常用字中,在《广韵》同一反切者,今音往往有甲乙二音之异读,准音字应准甲、或准乙,此际极应斟酌。有些字狠好办,如甲音为此切之常读,而乙音则为一二字之偶然异读,则当然应准甲音;若甲乙二音势力平均,则准音便非仔细斟酌不可。虽然此等斟酌实亦不难,但国音字典中则不合者甚多耳,嗣后实应改正才是。但国音字典所根据者为《音韵阐微》,而《音韵阐微》则真为极疏陋多错误之韵书,决不足据。我拟据《广韵》《集韵》《五音集韵》《韵会举要》《中原音韵》《韵略汇通》《五方元音》诸书,大抵普通字据《中原音韵》等三书,而较古较不常用的字则据《广韵》等四书,拟今后于暇时取上前七书,而各于每音上面标注今读,以备查考,其一音之中,今有甲乙二读者,则以一音标于首,而以别一音记于读此音之字之旁。

七时许至观音寺洗澡。车至高师门首,见学生与警察大闹,因今日为废历元宵,学生们议定晚间提灯游行,宣传打倒军阀等问题。事为警厅所知,预先劝阻,学生不听,故今晚五时许,高师前后门即有军警多人,剑拔弩张的站在那儿。在澡堂中以电话问尹默,知北大出门时未被阻拦,而高师则有打伤学生之说,法专没有出发得成,究竟详情如何,非到明天不能知道。

太东(?)新出版有陶乐勤标点本《儿女英雄传》,序文(有三篇)行文既不通,陈义亦荒谬,这且勿论,标点方面所闹笑话甚多,不仅句读弄错而已也。这种书真是误人不浅,拟作杂感骂之。

3月3日　星期六

上午上北大课。午回家。

下午至北大图书馆访不庵,七时和他同到开成吃素饭。八时访士远,并晤尹默。

3月4日　星期日

收拾书桌。大嫂患流行感冒,我今天去看看她。大兄约至德国饭店吃晚饭,计:单不庵、钱念劬、钱玄同、钱稻孙四人。我喝了两杯啤酒,有些醉了。

今天到商务去买了一部《四部丛刊》本的《朱文公集》。又买了一部洋装的《饮

---

① 原文空缺。
② 原文空缺。

冰室丛著》,共四本。社会上骂梁任公的人很多,我是不骂他的,我而且认他为在过去、在现在的中国思想界、学术界上都是极有功的人,他和适之两人的造福于中国青年人,真可谓后先辉映,我极希望两贤不要相厄才好,但是……

3月5日　星期一

上午上北大课,午回家。

下午四时到巜古彳会去送了两部尹□□四版的《儒林外史》,作分别词儿之用。分别词儿的工作,我负担了△△回(△△回——△△回)①。

洗澡。

晚,将汪衮父的《歌戈鱼虞模古读考》一篇,加上标点,预备交给季刊去印,未曾点完。

3月6日　星期二

上高师课。

课毕续点汪文,点毕,并作一跋,说明二事:1.《吕氏春秋　　②》篇所言齐桓公伐莒,读莒字,"公呟而不唫",这是莒的元音读丫的证据,也是《广韵》鱼模韵字在周末时读丫的证据。2.《说文》乌字,下引孔子"吁呼"的话,可认为汉朝人读乌为丫之证,不可便认为孔子时乌为丫之证。

3月7日　星期三

天阴,入晚雨。

上午上北大课,午回家。

下午三时访适之,见他正在做一首表章崔述学派的大文章。他是给《国学季刊》第二期做的,中间几句极趣而极确的话,大意是:"赖债是很危险的事,宋明儒者分明是出于禅宗的,他们要赖债,不料被颜学'汉学'诸公查账查了出来,加利算还。戴东原的考证之学,分明是出于朱晦庵的,他要赖债,不料又被章实斋查账查了出来,给他宣布了。"

下午六时访士远,并约尹默一同至德国饭店吃晚饭。

3月8日　星期四

大风,灰沙眯目。上午上高师课。下午上女高师课。到巜古彳厂。

洗澡。

昨天在适之处借到一本《通报》(英文的),其中只有一篇文章是卡尔格仑研究

---

① 原文空缺。
② 原文空缺。

《广韵》的读音的,我打算请人把它译出来以供参考。今日晤不庵,他说他认得一个北大的学生,或者可以译,姑且拿去译译看。

3月9日　星期五

天晴,甚暖。上午、下午均上高师课。

翻阅万季野的《群书疑辨》,觉得此公实事求是,不肯轻信古人之卓识还在顾亭林之上,这部书实在很值得,而且应该把它表彰的。

3月10日　星期六

上午大雪,下午阴,晚小雨,路滑难行。

上午上北大课。午回家。午后五时,访幼渔,与他同访叔平,并晤隅卿。

3月11日　星期日

天仍阴,入晚云开星见,明日当可放晴了。

今天精神疲惫,手足怕冷,既不高兴出门,又不耐烦看书,无聊得很。

大兄约今日再至德国饭店晚餐。下午五时许至大兄处,知嫂病渐瘥矣。到德国饭店去吃饭的共有五人:单不庵、钱念劬、钱玄同、钱稻孙、钱亚新。吃完之后,和不庵同到他的家里去谈天破闷。

不庵有友人曰黄景韩,得到旧抄本叶适的《习学记言》两本:一、卷五~卷八;二、卷四十七~五十,系黄梨洲手校本,这真是可宝之物。他已经送给不庵了。我近来正找人抄这书,因此借了它来,打算将这几卷照此校勘一道。

3月12日　星期一

天气晴和。今天精神仍极疲惫,北大告假。

本想将女高师的讲义编它几张,因心乱而罢。

下午洗澡,翻阅《南雷集》。晚用黄本《习学记言》校,杨子江乃杨州之"杨"字,两抄本(黄本、四库底本)均从"木",可见此字在明时尚未改为从"手"之"扬",而四库底本之旁粘签曰"扬下同",可见清弘历时已误作从手之扬,所以这位不通的老爷——或大人——要粘这不通的小签也。

3月13日　星期二

上午、下午均上高师课。

3月14日　星期三

今日北大告假。午回家。下午四时,出城回舍。

3月15日　星期四

上午上高师课。下午女高师课告假。回舍编女高师讲义第二讲,未毕。

洗澡。

3月16日　星期五

上午下午均上高师课。课毕有高师学生杨鸿烈者来谈。

约劭西同至雨华春吃晚饭。

晚写定国音表四张(声、韵、注今韵、声素),作北大、高师两处新班讲授之用。

3月17日　星期六

北大告假。今天是阴历二月一日,秉充是前年今日生的(依我说他是阳历三月一日生的,但婠贞对于阳历总是不会记得的),我买了些外国点心给他吃,午回家。

午后到校,交出国音发音表稿付印,到图书馆中访不庵。

晚七时出城回舍,续编讲义第二讲,将编完了,只剩了三张发音表序,又稿子还须校阅一过方能付印。编到夜半四时半,已闻鸡啼,精神也实在办不到了,于是睡了。

3月18日　星期日

昨晚睡得太迟,今日精神甚坏。

午回家。到陈百年处,因为他今天请吃中饭,同坐者为士远、尹默、兼士、风举、耀辰、不庵、幼渔、叔平、逖先诸人。下午三时,和尹默同到他家中。七时约士远、尹默同到德国饭店吃晚饭,遇大兄偕毵孙夫妇,知嫂病渐瘥,但已起床了,已吃"老米饭"了,这未免太早一点罢。

晚校阅昨编之稿,补撰韵母二表,眼倦欲睡,工作未作,止好睡了。

3月19日　星期一

上午上北大课。

在校中见有书贾送来两种抄本书:1.龚橙《理董许书》手稿两册。2.天光居士的《古音表》四册。龚书昔见《谭复堂日记》道及(卷八、页廿一),今忽遇见,喜可知也。龚自珍的思想见解、学问本已过人,其子橙更远胜乃父,这是推翻《说文》的著作,他不但推翻《说文》,而且推翻六书,他改六书为六典——一曰文,即许之象形。二曰事,即许之指事。三曰意,即许之会意。四曰音,以音韵类文字也。五曰义,即训诂。六曰假,即许之假借。他以为形声字为秦汉以前所无有,而且是莫须有的,转注也是莫须有的。照他的意思,古代只有——其实也只须有——几百个象形、指

521

事、会意字,此外则皆为假借,此真是空前之论。要是秦汉间的中国文字竟如龚氏所主张,则汉字之改拼音也久矣。书分九卷,每卷列五项:1.改次部首,2.改误文字,3.并改文字,4.存删文字,5.补许古文。前七卷言"文"字,第八卷言"事"字,第九卷言"意"字。书前有一长序。原稿二册,一为一八四〇之初稿,一为一八六一之最后定本,均龚氏用他自己改定的楷书手写,颇不易看——我是写过《小学答问》的人,尚且常常看不下去,况他人乎?——我想先将其序用今体抄出,再行整理。此书索价百元,兼士已允由北大国学门研究所购买。

天光居士是清乾隆间人,此书作于一七七四年,系将《广韵》字——有选择——用顾亭林之古音十部表重排者,索价三十元,似乎略有些不值。

午回家,在家中校阅讲义稿。下午四时出城洗澡。

晚抄龚序。

3月20日　星期二

上午、下午均上高师课。

校《国学季刊》第二期中汪荣宝之文,未毕。劭西来电话约至雨华春吃晚饭。

3月21日　星期三

上午上北大课。午回家。

下午三时,访士远。今天气候和煦,光阴明媚,我和他同到中央公园去走走。走到水榭后面的木桥上,我对他说,我们从去年看了"秋露如……清"以后,一直到今天才继续又来此地,却变为"春蚕……绿波"了。

近两三个月以来,沈尹默、张凤举、徐耀辰三人于礼拜日对于沈氏、钱氏诸子女为文学的讲演,这诚是极好的事,但青年——尤其是中国的,尤其是现代中国的——一心注意文学,我恐怕他们难免要走到伤春怨秋的路上去,我尤其怕他们有颓废的人生观。今天听士远说,他也加入演讲之列,但他却不是讲演文学,他讲过墨子的思想和《史记·刺客传》,我以为这很足以和文学相调剂,我很赞成他。

3月22日　星期四

上午高师告假。下午上女高师课。课毕至琉璃厂访购洪榜的《四声韵和表》与《示儿切语》均不可得,只好托通学斋代访。

壮秋来。

颉刚寄来《〈诗经〉的厄运和幸运》第一段,系《小说月报》三号之样张。颉刚之疑古的精神极炽烈,而考证的眼光而〈又〉极敏锐,故每有论断,无不精当之至,尚在适之、任公之上。此等人材极不易得,若设法使其经济宽裕,生活安全,则以彼之天才,对于整理国故,必有绝大之贡献。

3月23日　星期五

上午上高师课。下午高师课因讲义未曾印出,临时告假。

洗澡。

校阅《汉字改革号》中印稿(他们寄来叫我自己校对),今晚校毕,明晨当用快邮寄与黎锦晖也。

壮秋来。

3月24日　星期六

上午上北大课。午回家。下午三时,访适之、士远、叔平,均未遇。访尹默,遇之。六时至公园。

晚为《之江日报》纪念号(四月一日)撰文,题为《浙江人和历史学》,大意为治学、办事最要有历史的观念,养成历史的观念须研究历史,浙江自宋以来至今,代有历史家,其他如心学、考证学、文学,浙江人研究它们的也于历史发生密切的关系,如心学之黄梨洲,考证学之太炎师,文学之二章(实斋、太炎)是,故浙江人实长于治史。文中希望今后浙江再出许多历史家,尤其希望浙江人治学、办事,大家都注重历史的观念。文约不足二千字,今晚已做完,明日当用快邮寄与陈让斞也。

3月25日　星期日

整理书桌及书架。

下午五时至中央公园,遇沈氏三弟兄及方梦超、梁素伍、沈方等四人为素伍在长美轩祖饯,因素伍不久将赴德国留学也,我于是便充了一名陪客。

晚抄《理董许书》,虽然还不曾全弄明白,然大致有点懂得了。

3月26日　星期一

因旅大收回的事件,今日北京商、学各团体在天安门会齐游行、演说,北大临时停课。

天阴,午十二时至下午四时雨,道路泥滑,适商、学界游行时也。

今日人极不适,手足发胀,心绪纷乱,不能作事。

查《昭代名人尺牍续编》第△册中之《龚孝拱小传》,中云,系谭仲修所作传,因至高师图书馆中查《半厂(ān)丛书》中之复堂文,乃竟无之。因忆章学诚遗书所附谭氏之传,《金和诗抄》所刻谭氏之序,均不在《半厂丛书》中,章传之末注有"复堂存稿"四字,因作书询章仲铭先生。

洗澡。

3月27日　星期二

上午、下午均上高师课。身体仍极不适。买了一部程绵庄的《春秋识小录》。

3月28日　星期三

上午上北大课（其中一小时告假）。午回家。下午三时访适之。四时赴孔德学校之会。五时到市场吃饭。六时访叔平，并晤太玄、士远。

3月29日　星期四

上午上高师课，下午上女高师课，课毕至巛古夕会。约士远同逛公园，在长美轩吃饭。

3月30日　星期五

上午高师告假，下午上课。课毕至巛古夕会访杨遇夫，和遇夫、劢西同逛公园，在长美轩吃晚饭。九时出公园，到澄华园去洗澡。

3月31日　星期六

上午上北大课。午回家。下午三时到北大第二院听陈百年演讲《新旧与是非》，去得太迟，已经将要讲完了。至第一院图书馆访不庵，检阅《四部丛刊》本大徐《说文》，原来即是孙刻的原本，但孙刻被顾千里"辨白然否"（?）过了，不足信处甚多。故此原本极有用也。

六时至东安市场晚餐，遇天雨，雇车极难，只好喝茶以待，直到九时雨止，才得雇车出城。在市场中遇马隅卿。

灯下抄校《理董许书》，觉所谓咸丰辛酉之本尚非定本，所云甲冬修改（之甲必是甲子），又有乙丑云云，故书中彼此龃龉之处甚多，恐怕不容易整理，要是实在不容易整理，则只好先将序文抄出，其他部分暂时搁起，等有空时再来整理它了。

4月1日　星期日

看颜习斋的《朱子语类评》。

看费密的《宏道书》。

下午六时，壮秋来，即去。六时许逛公园，八时归舍。灯下校汪荣宝文印稿（再校）。

今年以来，我颇觉内心有修养的必要，事功有看重的必要，历史尤要〔有〕研究的必要，故最近一个月中，常常翻阅王守仁、黄宗羲、颜元、费密、章学诚、宋衡（初名恕）诸人的著作。近来觉得王学、颜学的精神，的确远胜于读死书的朱学和所谓"汉学"。在承平之世,专事个人的逸乐,放弃对于社会的职务,已经不为社会出力,惟知独善,已经极不应该了,若正逢乱世,盗贼出没于里间,饿莩充斥于道路,自命为有知识的人,还要以无为为当然,以不问政治为名高,实在等于没有心肝。我近来大有所感,觉得魏晋的清谈、宋明——大部分——的心性,现代的文艺,真是误尽苍生、害死自己的恶魔,我决不看轻心学、决不看轻文艺学,但以为从事心学必如王守仁,从事文学的必如ㄊㄛㄎㄙㄊㄏㄒ才是真心学,真文学,否都是误国、误身、误家的清谈而已。现在,时世之乱过于五胡乱华、女真满洲入寇之时数百倍,国势险危,民生疾苦,报纸日有记载,非如魏、晋、宋、明交通闭塞,消息不灵之时可比,吾真不解今之君子何以对此现状竟能充耳不闻不问?熟视若无睹?以无为为当然?以不问政治为名高也?

看《读书》,读其第△期,胡适之称梁漱溟的《东西……哲学》一篇,他说:…① 这话我极佩服。我觉得梁氏……"三条路"的话,确乎太武断了,但我对于"二梁"——漱溟、任公——提倡孔家生活一层,却仍以为极是。我总觉得陈独秀、胡适之诸人的排斥孔氏太过。

4月2日　星期一

上午北大(第一时赶不及了,告假)。午回家。

下午访士远,和他同到开成吃素饭。

晚点阅戴东原的《孟子字义疏证》数页。这书我从未看过,今天一看,原来陈义固极精,但文笔太冗漫了,实在比章实斋的文章还要不明白。幼渔、尹默诸人都极恶章氏之文,其实此公比费密、比戴震都高明得多,不过颇有八股气味耳!幼渔、尹默诸人都是讨厌句子太长和摇曳生姿的文章的名人,讨厌章实斋之外,还讨厌梁任公,但我的见解和他们不同,只好〈要〉我看下去,看得明白的文章,我都不讨厌。

4月3日　星期二

上午高师,下午尚有一小时,告假。午到西车站吃饭,应孙伯恒之约也。吃完饭到北大交讲义稿。回家取衣。到女高师交讲义稿。出城洗澡。

看《颜习斋言行录》数页。

4月4日　星期三

上午北大。午回家。

下午三时,访不庵于北大图书馆,和他同到东华吃晚饭,吃完同访士远。我对士远说,辨伪诚是整理国故中第一件要紧事,但辨伪的意思完全为求真相,就是对于大家都说是张三做的文章,我们觉得有些可疑,于是考证,考证的结果断定这是

---

① 原文空缺。

李四做的,不是张三做的,如是而已。至于张三、李四的好坏优劣,这是另一问题。李四的话也许简直是胡说,也许略有道理,也许和张三有同等的价值,也许过于张三远甚,决不可一概抹杀。譬如《礼运》和《周礼》,说它们不是孔丘和姬旦做的,这是不错的,至于它们的价值,不但《周礼》的组织远非姬旦所能梦见,即《礼运》的思想,恐怕也比孔丘要进步了。

4月5日　星期四

上午高师,下午女高师。洗澡。看陈同甫给朱晦庵的信,觉得此公的识见,实在高于老朱百倍。他说:…① 这几句话,真足以表现他的精神,我现在觉得他比永嘉诸子更高明些。永嘉诸子自然不像老朱那样迂腐,但尚有贵王贱霸的议论,陈同甫最为爽快,他说:…② 这真是快人快语,斩尽许多葛藤。

晚再校汪文印稿,毕。

4月6日　星期五

今天是清明节,学校放假一天。

上午幼渔来。午饭后到真光剧场看女高师新剧:(1)哑剧——《怀乡》。苏武牧羊时之心理。(2)跳舞。(3)新剧——《赖婚》。《赖婚》本是电影,她们照它的情节编为此剧。演得尚好,惟幕数太多(约有十幕),则不知剪裁之病也。此本西洋剧,她们把其中人名、地名、服饰都改为中国式的,那么有些情节也就非改不可了,她们没有改,未免与国情太不相合了。如乡下绅士穿西装,已觉不合,而家中有〈又〉大开跳舞会,这是现在的中国绝对没有的事,必应改削者也。

到东安市场吃晚饭。买了一部汪辉祖的《龙庄遗书》,价一元六角。我到今天才知道《病榻梦痕录》和《梦痕录余》是他的年谱。

晚访叔平,并晤太玄。太玄对我谈了许多佛教上的话,但我听了之后绝不足以启我信仰佛教之心,反坚我信仰科学之心。我最近觉得"东方化"、"西方化"的说〔法〕实在不能成立。总之科学未兴以前的文化,都是博物院的材料,看到中国有宋之朱学和清之汉学,印度有因明学,这都是科学的精神的渐渐发舒。我更相信赛先生绝对不能〈是〉西洋人所私有,的的确确是全世界人类所公有之物,所以说这是"西方文化",实在绝对不通,这分明是世界文化。

4月7日　星期六

上午北大。下午又到真光,又看女高师的新戏:(1)哑戏——《怀乡》。(2)跳舞。(3)新戏——《何处是光明?》。这戏是以本年一月(?)中,京汉铁路工人罢工,

---

① 原文空缺。
② 原文空缺。

和律师施洋被杀两桩事做材料的。

晚访叔平,并晤太玄。太玄对我说了许多佛教上的话,我听了之后很起了一种反感,觉得那些玄妙的话头,确是科学未曾发明以前的东西,今后万无存在之余地。

4月8日　星期日

昨天买了一部《汪龙庄遗书》,今天看他的《病榻梦痕录》。

洗澡。

4月9日　星期一

上午北大。午回家。下午整理家中书籍。

前天(八日、阴二月廿二日)是婠贞的生日,大哥请她今晚在西车站吃饭,共六人:大哥、大嫂、亚获、蒋觐圭的夫人(大嫂之妹)、婠贞、玄同。

4月10日　星期二

上午、下午均高师。

洗澡。

4月11日　星期三

上午北大。午回家。下午清理家中书籍。

4月12日　星期四

上午高师。下午女高师。

至巛ㄊㄗ会,开辞典委员会,会中议组织重修字典委员会,他们推我主任其事。

4月13日　星期五

上午高师。下午高师本有课,因八校教职员联席会议议决,今日下午教职员全体到教育部去索薪,高师临时停课。

洗澡,剪发。

4月14日　星期六

上午北大。午回家。下午在家中清理书籍。晚访幼渔。

4月15日　星期日

天甚暖。午后清理卧室。晚洗澡。

4月16日　星期一

阴,晚雨。精神不振,北大告假。

午,陈斐然来。

草《对于重修字典的意见》一文,未毕。

看适之的《实验主义》。下午五时,至ᚷᚴᛁ会访劭西。六时出城,忽想及日前托劭西之弟　　　　①所译《国际语音学会大要》中关于说明音标的几节已经译成文,在劭西处,因直返城,至劭西家中取它。黄昏雨益大,无车可雇,即宿于劭西家中。

4月17日　星期二

晨七时许起,即回宿舍,上午、下午均高师。

洗澡。

翻阅杜威讲演。

大风,甚冷。

4月18日　星期三

上午北大。午回家。

毯孙日内将赴日本,不庵今午在东华饭店给他饯行,邀我作陪。下午后,和不庵同到他的家里。

天晴,仍冷,晚更冷。

4月19日　星期四

昨晚出城时天气甚冷,今天头痛神疲,高师和女高师都告假。

午回家。下午访尹默,不晤。洗澡。

买了一部俞平伯的《红楼梦辨》,看了几篇,这书做得很好,可以与阎百诗的《尚书古文疏证》比美,可作"考证学的方法"读。

4月20日　星期五

今天高师开运动会,放假一天。

看《红楼梦辨》毕。

下午到北大领薪水。访不庵。

---

① 原文空缺。

4月21日　星期六

上午北大。午回家。

内弟世闾来。下午,我、他和秉穹三个人同逛公园,看美术展览会的书画中,有李毅公所绘杨妃出浴图。有一张裸体女子的油画,他们将它亢〈园〉起来了,我问他们为什么要亢〈园〉起?他们说这张不能陈列,真是可笑得狠!在公园中晤叔平。

4月22日　星期日

整理书桌。下午逛公园。

晚七时至美术学校看女高师的游艺会,有许多式样的跳舞,有新剧,剧名《宝珠小姐》。

4月23日　星期一

上午北大。午回家。

4月24日　星期二

上午、下午均高师。课毕回家。

至北大买《国学季刊》第二期,携至中央公园,看完颉刚之《郑樵著述考》,回舍看颉刚之《郑樵传》及适之《科学的古史家崔述》。

4月25日　星期三

上午北大。午回家。知奶妈今天要走了,秉充即于今天断奶。

下午至北大图书馆访不庵。五时出城,向高师图书馆借得《六经奥论》一部。

洗澡。

4月26日　星期四

上午高师,下午女高师。

至ㄍㄨㄟ会。晤汪一庵,知道他的病——猩红热——已经痊愈了。

偕黎劭西同至雨华春吃饭。

顾颉刚寄我《诗经的厄运与幸运》之Ⅱ,共△△① P的印稿。

提笔为《国语月刊》二卷一号做《国语字母私议》一文,单将字母写出,没有做下去。我决定将ㄢ、ㄧㄢ、ㄨㄢ、ㄩㄢ作 an、jan、wɛm、ɥɛm,至于精细的标示,ㄧㄢ、ㄩㄢ可作 jæn、ɥæn。

---

①　原文空缺。

4月27日　星期五

上午、下午均高师。

4月28日　星期六

上午北大。午回家。下午四时访尹默。晚洗澡。

4月29日　星期日

午回家。午后访幼渔不值。下午清理家中书籍。晚出城,回寄宿舍。

4月30日　星期一

上午北大。午回家。

前此定购《申报馆五十年纪念册》的《最近之五十年》到了,极大的本子,翻阅极不便利,不知他们何以要如此?

看了其中适之的《五十年世界之哲学》一篇,此外,蔡、胡两篇早已看过原稿了,张君劢《△△△》一篇,说严复译错事,尚有用,陈颂平的《△△△》,忽然做了文言,亦不见佳。其中不堪的文章甚多,妖妄之尤者如张一麐之《△△△》,竟大做其无情操之文章,大谈其果报!这种昏蛋,也要算作现在知识阶级的人物,真是倒霉。有一个什么华封老人,做了一篇《△△△》,真不成东西。其他《申报》馆中人,自己吹牛的文章更不值一哂了。

今天的《努力》(△△号)中有张君劢答丁在君的文章,他说有上、中、下三篇,此次所登,止上篇的上半。我狠欢迎这种辩论的文章。

洗澡。

5月1日　星期二

今日是劳动节,各校均放假一天。心绪异常纷乱,不能稍稍运思,本想今天乘空编些女高师的讲义,乃竟如此,可叹!可叹!

至春华楼午餐,晤幼渔。

六时至公园。

八时访马老四,不值,访不庵。

从上月以来,我极看重科学,看重事功,看重历史……① 补做。

5月2日　星期三

上午北大。午回家。

---

① 原文空缺。

下午在家中接到湖南出版的《△△△△》一册，看其中《△△△△△》一篇。

五时到«去彳会，与黎、杨二人同到公园。

九时洗澡。

向不庵借到周中孚的《郑堂读书记》半部，略略翻阅，经部无《易》类，小学类中只有关于音韵一部分的书。又阎百诗的《古文尚书疏证》，他屡屡提起而不录此书，我想不是未成之稿，定是传抄之本已残缺了。此书仿《四库提要》的体例而外，亡清乾嘉时代学者的著作采录甚多，大足供学者的参考。惟此公见解甚扬，对于庄存与、刘逢禄、宋翔凤、魏源这些今文家的著作极致不满之意，甚至如王引之《经义述闻》，因为它驳了《诗传》义和《礼》注，竟说："……"，煞是可笑！刘翰儒校刻此书，忽然补了些某人为某科进士，某人官至尚书，谥某某的话，这伙没有心肝的遗少，只懂得这些邻猫生子的事实！

5月3日　星期四

上午高师，下午女师。

今天接到五月一号(?)的《时事新报》的《学灯》，看见张君劢答丁在君论人生观的上篇已登完了(△△期《努力》只登了一半)，我就看了一遍。

三时女师课毕，至公园，刚才坐下就下雨了，只好回来了。

晚翻阅《尚书古文疏证》五下末数页论《诗经》数节，原来此公也是疑《小序》之一人。此公疑古的方法远非乾嘉诸老所能企及，此书真可作实际的"辨伪的方法论"读。

5月4日　星期五

今日男高师放假，非因五四运动，因有一个什么府上，一个自命为总统的黎元洪也者，特沛天恩，将他那个什么府开放了，让你们这班小民好去仰瞻他那天府的崇闳，这真是岂有此外了，因撰一文(何日所撰应查《晨报》)骂之。

上午有雨，下午晴。

洗澡。

5月5日　星期六

上午北大。午回家。午后六时至新明看女高师演《娜拉》，甚佳。扮娜拉者为陈照宇，尤见精彩。

5月6日　星期日

下午二时访士远(他昨天到的)。四时至百年家中看画。

六时出城，至新明看女高师演《多情英雄》，这戏的演本糟透了，同坐潘介泉君(昨天也同座，不知其为谁，但知其为苏州人而已，今日招呼方知之)，他很怂恿我做文章评之,我也很打算做。

5月7日　星期一

北大告假,因今日为"五七",本可放假也。午回家。大风,灰沙甚大。出城洗澡。

晚作评女高剧一篇。

5月8日　星期二

上高师课。课毕访孙伏园,将评女高师剧稿交之。

大风,黄沙蔽日,几桌皆尘,不舒服极矣。

5月9日　星期三

今日北大告假,因甚累也。

本拟作长信复颉刚论经书事,不意心绪甚乱,竟不能下笔。

洗澡。逛公园。

5月10日　星期四

上午高师。下午女高师告假,因颇累也。

检数年来所用之音韵旧讲义数种,拟即修改付铅印,缘新讲义真难编出,而四年以来不用讲义之法,实觉师生都感困难,故"日暮途穷,倒行逆施",只好先印旧讲义矣。

5月11日　星期五

天气甚热,晨起即觉不适。

上午、下午共上男师课四小时,累死了,觉周身酸痛,且发热,脚心尤甚。课毕,遂至公园吃冰其林。

晚八时,出城,洗澡,略觉爽快。

5月12日　星期六

昨夜不能安睡,晨起觉身体甚乏,坐起则臀部觉痛,立起则足心较痛,今日北大只好告假了。

今日热似渐退,但下午起又觉怕冷——但今天天气也确乎凉些。

十一时,至金子直处诊病。午回家。

下午,大兄家嘱我等阖家于十六号下午六时至新西安饭店吃饭,我觉得届时家中只有皇帝与秉充,总觉不好,因拟留老三守家,而大兄谓明日当先请他在德国饭店吃,我想只好答应,但我明日能够到德国饭店吃白牛肉么?到那时候瞧着办吧!

下午,在家为孔德四个学生写扇子。

六时出城,至新明看女高师演《赖婚》。她们说七时起,我到时只六时半,而前五六排已不得坐矣。此时所演,布景自较 月 日真光所演为佳,但表情似稍不逮,末二幕"就是他"的指明,应该大家都有情绪紧张之态方佳。看戏者之无聊掌声,无聊笑声,自然一一照谱行事。我又看出,他们看戏实有两种观念,一种游戏的观念,一种是阳秋的观念,故他们看末幕(安琪遇救以后)之剧场呼声对之,此等心理推之至极,便是所谓某人上戏台杀甚惨了!① 演到一时许方完。

左眼甚痛。看梁任公的《先秦政治思想史》中最重要的几段(儒、道、墨、法家思想)。

5月13日　星期日

今日身体略略见好。

午回家,偕老三同到德国饭店应阿兄之招,共十三人:兄、嫂、稻、稻夫人、穟夫人、施伯彝夫妇、施泽福夫妇、施泽福子女二人、秉穹、我。因他们忌十三人之数,故分为两桌。我今天的胃口其实尚未见好,而且略有咳嗽,我以敷衍阿兄,勉强吃了两块白煮牛肉,吃完,陪老三回家。

四时访不庵。六时出城,至新明,想看"美专师范系游艺会"的戏。买入场券,据说头等三元,二等二元,三等一元。我想头等太贵,三等离台太远,只好买了二等。买了票不就剪,说是要到对门去抓彩。买二元票者,可抓二个"彩卷子",都不中。原来抓彩处剪票,剪了票给我一个号头是 K25。再进门,便有人将入场券收去,只留号码单给我,所以那券上写些什么字,我概不知道,但记得后面密密层层有许多戏名而已,究竟从几点钟起开幕,我都没有的确知道,但记得今天早晨看《晨报》的广告栏中六时开演之语。

我因为惩于昨天说明七时开演,而六时半到场,前五六排已无座位,故去时深怕号为六时开演者,而我于六时半方到,必更无容足之地,不料进去一看,人少得很。因入场以前,买得一张《努力》、一张《向导》、一张《京津晚报》,于是闷坐呆看,直到七时一刻,方觉顶上一亮,原来开了一个电灯,七时半大放光明,大概台的电灯全开了。正当七时半之顷,台上忽挂出一牌曰:"今晚七时半开演",但直到八时尚未开演。

七时半以后来的人渐渐多起来了,可怕地零落的催开幕的掌声渐渐地来了。一直候到八时,台上尚毫无动静,偏偏左眼睛甚痛,大有睁不开之意,心中烦闷,加以天气很热,身上穿着夹袍,颇觉不舒服,而自早晨看《晨报》以后,虽蓄念要看此戏,但照《晨报》告白上有新剧又有旧剧,我时时刻刻提防不要先演旧剧才好,因为若先演新剧,则我便可于看完新剧之后便走了,若先演旧剧,则便糟了。而且照报

---

① 以上义有未通,疑有脱误。

上所说的节目而论,比昨天女高师要多得多,若过八时才开演,似非至二三时不能演完也!我明天九时便有功课(明天决不能不去了。昨今新明必有北大学生在,他们若见我戏尽看,而课尽不上,这还成什么话),眼睛又痛,精神又颓丧,又提防着要先演旧戏,……以此种种,觉得精神上不安极了,遂毅然决然牺牲那两块钱,出场而归。

灯下将高师、北大两处三年级的讲义旧稿略略修改,以便付印。

照今日在演戏场中所得的感想,若运用观察力将各点分别很忠实记出,便是一篇很好的写实小说。我在场中闷坐时,忽起作此小说之感,惜乎我未带铅笔和笔记簿,打算今后无论到何处,总将此两物带走,庶可记下一些材料。我近日读梁任公、张君劢的文章,很觉得:研究自然界为科学;研究人生为艺术,故颇觉悟文学的有用,至于丑恶的描写,以梁任公论道家思想之言解之,亦极有理,故我也不敢轻视郁达夫矣!但如《金瓶梅》,似乎总是病的小说,不是健全的人做的。舜何人也?予何人也?予何必不做小说哉?

5月14日　星期一

上午北大。午回家。下午至公园看晋振会。六时复至北大二院,拟赴田边音乐会,以人多挤不进而去。出城洗澡。

5月15日　星期二

目疾未愈,精神亦仍衰颓。上午九时~十一时,北大二年级考。午回家。

林玉堂交来《读汪荣宝书后》,甚佳,拟登季刊三号。

午后阴雨。四时至晋振会观览,晤兼士,与同至长美轩,移时又雨,因即出城。

昨晚少睡,今日精神极坏,因早睡。

5月16日　星期三

上午至金子直处医咳嗽,医目疾。精神甚劣,北大告假。

午后至晋振书画展览会,知有清宫藏本所谓《吴彩鸾写本唐韵》也者陈列也。此书实在〈乃〉《切韵》之增加字本,《广韵》卷首有王仁煦增加字之说,即此本也。此本名为《刊谬补阙切韵》,王仁煦撰,长孙讷言笺注,裴务齐正字,实犹在《唐韵》以前。首载王仁昫及长孙讷言二序。长孙序似与《广韵》及敦煌本《切韵》所载均有不同,然未校对,未能定也。其书凡195韵,东冬钟江名为大韵,每韵中每一反切又名小韵,卷首题云大韵195,小韵"三千……",下注云清韵若干、浊韵若干,知守温以前只有清浊之分,陈兰甫不错也。列韵次第与《切韵》、《广韵》二系均不同,则王国维之说尚有未谛。最特别者,升阳、唐、药、铎等于江、觉之后,又升蒸、职于附n、附t韵之后(　)是痕、侵之后,抑仙、侵之后?则不记忆矣(　)。又末尾附m及附p之韵,似与《广韵》次第微异,除此以外,大体同于《广韵》,而异于《切韵》,然则敦煌本之《切韵》及徐、夏诸人之次第,或是倒乱,本亦未可知,或《唐韵》又光复之也。有真、寒、歌、无谆、桓、戈，则与《切韵》同。又韵目用字多异，则知小徐所用多异者，未必尽因作篆而改之矣。泰夬等四韵次第似亦有异。总之此韵当与敦煌本同视，此固非陆之原本。敦煌本除第一种以外，亦非陆之原本，而第三种或更不逮此之早也。此种自上声三十几以后，直到入声之末，完全无阙，上声之首，及十几至二十几之间，似有阙少，然是否有缺抑折叠未展，却未可知。上平东韵以下，有五六种折叠未展，不知此中有残缺否也？

六时，大兄约至新西安饭店晚饭，共十四人：兄、嫂、稻、稻妻、糁妻、我、馆、雄、充、单、单妻、大昕、颂唐、其妻也。

5月17日　星期四

上午，介石来谈。高师告假。午回家。下午二至四时，考北大之三年级。

逛公园。看半农寄来之三十六字母排列说，其中所言，有许多我不同意，拟作书后并登入《季刊》三号。

洗澡。晚十一时，陈斐然来。今日目痛加剧。

5月18日　星期五

上午、下午均高师。下午五时，壮秋来。今日眼痛略愈，但精神疲惫得很。晚收拾书桌，竟气喘得很！

阅报知临城土匪竟撕了三票(均华人)，曹锟、吴佩孚、齐燮元、田中玉、张福来之肉其足食乎！报载□□①站土匪又有拆轨道行为，幸当时觉察，车止不进，而土匪迁怒于站长，竟绑去索价五万。又载打磨厂△△△△，又有绑票之行，从此中国无宁日矣。唉！谁实为之？

5月19日　星期六

上午北大。午回家。午后访士远。今天天气甚凉，本拟于七时至新明看人艺社新剧，因怕冷，故未去。

5月20日　星期日

下午洗澡。晚六时许，至城南公园，即先农坛。我从没有到过这儿，原来风景极好，远胜于中央公园，今天来时，正是将暮之时，尤觉可贵。

八时，至新明，看人艺社演新剧：(1)哑剧——《说不出》。(2)正剧——《英雄与美人》。今日剧场秩序尚好，但无聊之掌声仍偶然有之——不过，说是"偶然"，便已大大地进步了。

---

① 原文空缺，下同。

5月21日　星期一

上午北大。午回家,下午至帝王〔庙〕观阿博洛学会陈列之绘画。逛公园。灯下作《古道将复兴矣》一篇怪文章,拟送登《晨报》副镌。

今天精神甚坏。

5月22日　星期二

上高师课。

下午二时,黄百新(从杭来)到高师来访我,他说杭州学界情形,真所谓魑魅魍魉白昼现形了。

六时至汪一庵家,他今天请国语会同人吃饭也。

今天精神仍极坏,眼睛又痛起来了。

5月23日　星期三

精神甚惫,眼痛如昨,北大告假。午后洗澡。五时顷回家。

六时宴黄百新于东兴楼,共有八个主人:马幼渔,叔平,沈大、二、三,厥生,逖先,我。听说《平话》第四期中,因有质问张冷僧的话,竟被张氏运动夏超查禁,真所谓荒谬绝伦,拟作文痛骂之,而登于《时事新报》,"布告天下咸使闻知"。

5月24日　星期四

上午高师,下午女师。

5月25日　星期五

上下午均高师。晚作答顾书。

5月26日　星期六

上午北大,午回家。下午回舍,续作答顾书。

5月27日　星期日

竟日作答顾书,毕。晚浴。

5月28日　星期一

上午北大,午回家。午后至〈〈古彳会。

5月29日　星期二

　　上午高师国文系二年级学年试验。午后至ㄍㄨㄞ会。晚餐与黎劭西共饮于雨华春。洗澡。

5月31日　星期四

　　上午高师，下午女师。

　　课毕，至ㄍㄨㄞ会。拟作《读了胡、梁两先生的国学书目以后》，欲属稿而心乱未作下去。

6月1日　星期五

　　今日为教育界邀请名流报告学校难支之危象，各校停课一日。午后洗澡。逛公园。访沈老大。

6月2日　星期六

　　上午北大。午回家。

　　看胡适之的《镜花缘引言》，他说这是中国唯一提倡女权之书，甚是。

　　下午四时至公园。晚八时，至新明戏园看人艺社演《不如归》。晤马隅卿。

6月3日　星期日

　　天气甚暖。点校姚诗。午后五时至公园。七时回家。

　　九时，偕秉雄同至德国饭店晚餐，我问他将来的志趣，他说愿治文学，愿如莫泊三那样用冷静的头脑观察社会作文学之资料，又说愿干政，但不愿身入政治漩涡。

6月4日　星期一

　　上午北大。午回家。午后四时出城洗澡。

　　灯下点校《诗经通论》。

　　今日天气比昨天更热，头脑甚昏，心绪甚乱。

6月5日　星期二

　　上午高师，下午高师假。雅。

6月6日　星期三

　　上午北大。午回家。下午至图书馆访不庵。

6月7日　星期四

上午高师假。下午高师考。回家。雅。

6月8日　星期五

上午师国一考,下午师国三考。晚浴。

6月9日　星期六

至北大,学生甚少,不上了。午回家。
晚至新明,看人艺社新剧:《终身大事》《幽兰女士》。
晤隅卿及幼渔。
今天巡警罢岗,名为索饷,实则冯玉祥、王绍庵之阴谋,欲借此逼黎元洪走也。

6月10日　星期日

做《广韵音表》。雅。洗澡。

6月11日　星期一

从今起,北大、高师均无功课矣。午回家。《广韵音表》。

6月12日　星期二

《广韵音表》。洗澡。

6月13日　星期三

午回家。午后至北大。接郑介石电话,知黎元洪已被迫于今日下午出京矣。雅。访叔平。

6月14日　星期四

女高假。
下午,至劝业场看报,知昨日黎元洪出京,将印信大小十五颗交其妾黎本危携至德国医院。盖黎本非欲辞职,欲至津组织政府,殆己身先走,而印则由其妾秘密输出也。不料机事不密,他一走,就有保派人电天津省长王承斌到车站截留索印。从昨日下午交涉到今晨,费十许时工夫始将印拿去,因逼黎氏辞职而后放黎行。
洗澡。

6月15日　星期五

　　天气很热。午后回家。至北大研究所,借明乔△△① 的《元韵谱》来。至公园。晚取李氏《音鉴》,拟为之做《音表》,未成。

6月16日　星期六

　　天气较昨天更热,头□脑胀闷极了,不能看书做事。上午不庵来。午,叔平来电话,约至西车站吃饭。下午为刘子庚书扇。晚浴。

6月17日　星期日

　　弄《广韵音表》。上午幼渔来,与同至春华楼。

6月18日　星期一

　　今日是阴历端午。午回家。午后访叔平。晚至新明看戏:(1)《东道主》。(2)《维持风化》。

6月19日　星期二

　　午后回家。访士远,并晤夷初、不庵。与不庵、士远同至德国饭店晚餐。

6月20日　星期三

　　午后,洗浴毕回家。四时,至北大一院,开《国学季刊》第三期稿件审查会。雅。

6月21日　星期四

　　天气甚热,头脑昏昏,屡欲睡。女高假。做《广韵音表》。傍晚至公园,晤士远、幼渔、叔平。

6月22日　星期五

　　上午做《广韵音表》。午至春华楼,与幼渔同餐。午后至衙门。晚浴。

6月23日　星期六

　　午回家。午后三时,访士远,又访叔平。与士远、尹默同至德国饭店晚餐。灯下做《广韵音表》。人极不适。男高、女高均于今日放暑假了。

---

　　①　原文空缺,应为"明乔中和"。

6月24日　星期日

人极不适。上午徐名鸿来。下午为幼渔书扇。傍晚,至沈大处,与沈大、沈二、单不同至德国饭店晚餐。

6月25日　星期一

午前访章洛声,知《读书杂志》第△△① 期中有刘掞藜与胡堇人二君驳吉冈论古史的文章和顾的答信。云:尚欠二千字光景,嘱我补白。我姑允之。

午回家。在家中看刘、胡之文,于刘文中得彼信仰梁任公说《尧典》一事,胡文中得他信《岣嵝碑》一事,拟借此作一文。

浴。灯下起草。

6月26日　星期二

作一二千字之文。

下午壮秋及伊来,云:其母、妻已于昨晚到京了。

傍晚,至公园纳凉。晚有雨。

因天气热,困不着,起,见东北角红光烛天,不知何事？次日看报始知清宫大火,而溥仪辈要守他们的什么臭规矩,将神武门等紧闭,故延烧二三点钟云,哈哈！

6月27日　星期三

上午,将昨稿修正,题为《研究国学应该知道的事》,计分三层:(1)要注意过去的辨伪成绩。(2)要敢疑古。(3)研究古史不可存"考信于六艺"之成见。下午进城送去。

回府。访叔平,访不庵,不遇。访沈老大,和他同到德国饭店晚餐。

6月28日　星期四

阴雨。为崔先生校《五经释要》印稿。

6月29日　星期五

午后一时,至先农坛。三时洗澡。五时回府。大嫂生日将届,不庵今日预祝,请他(不庵)家对门之西人所用之厨子做大菜吃,邀我也去。我于晚七时去,共八人:不庵夫妇、大兄夫妇、稻夫妇、穟妇、我也。

---

① 原文空缺。

6月30日　星期六

北大于今日放暑假。

晨,不庵来电话说,草城山主人已将姚际恒《诗经通论》抄毕,抄费三十元,应即付出。因即进城付之。

晤洛声,知《读书杂志》已印出。我的稿已排不下,此大好事,因此文我本不惬意也。

午回府。午后出城,至商务购国语留声机片,价廿二元。

午后出城,为秉雄、泽霞、杨国贞三人书扇,秉雄的写了两首李后主的词,沈的写了一首辛稼轩的词,杨的写了一首郑振铎的新诗。

晚至新明看:《鸣不平》《英雄与美人》。此次之《英雄与美人》中之林雅琴由女生吴瑞燕所扮,女生肯扮私娼,确比前数年进步矣。前数年适之所编《终身大事》中之田女士,因跟人逃,女生竟因此而无人肯扮!

7月1日　星期日

午后访黎劭西。晚七时,至粉坊、琉璃厂北口路东之"陶园",赴郑介石之请也。同座者为:"沈氏三、马幼渔、林公铎、陈君哲、单不庵诸人。浴。

7月2日　星期一

午回府。午后至北大。午后六时,逛公园。八时,访沈大,并晤单。

7月3日　星期二

《努力》社送来顾颉刚的《△△△△△△△》[①]　一篇,论"禹"极精核,闻拟登八月份《读书杂志》云。

下午收拾卧室。晚浴。

7月4日　星期三

午回府。下午五时至公园。八时,访士远,未遇。访不庵,旋士远来,我们商量将《中国学术论著集要》再版事,改为《国故概要》,以从简易。现在先由我等(沈、单、钱)三人分别修正第一册之圈点以付印。

7月5日　星期四

天气很热,不能作事。

---

①　原文空缺。

午前为秉穹书扇,写周作人的《画家》(?)。

至《𡕝ㄞ》会访劢西,请他为秉穹用草书注音字母书扇,他写了沈玄庐的《劳动歌》三首。

与劢西同到雨华春午餐。午后理书架一格。将《广仓学窘丛书》卅二册于封面标明书名。

壮秋和伊来。

晚至公园,应幼渔、士远之约也。

7月6日　星期五

浴。

7月7日　星期六

午回家。午后以电话约访士远,顷到,则彼因百年之母死,前往助丧。因电询叔平,知其已归。即访之,并晤兼士及森玉,他此番到洛阳去又买得几个《汉石经》残字。

傍晚大雨。访不庵。

7月8日　星期日

作致郭后觉一书,讨论"您"、"那"、"还"三个字的问题,拟登十二期。

7月9日　星期一

剪发、洗澡。下午四时回家,则壮秋第一妻双英在焉!

陈百年之母于前日死,今日"扶三",六时顷往吊。

7月10日　星期二

下午到《𡕝ㄞ》会。下午大雨。电话约壮秋来,商榷其可厌之家事。逛公园。

7月11日　星期三

洗澡。下午五时,大雨。雨过(六时)回家。七时顷,至西车站应孙伯恒之请。

7月12日　星期四

午回家,则尖嘴老太婆率其子妇至我家告状,可恶得很,因不进门而行。至第一院,与兼士、尹默、幼渔同出国文试题。

7月13日　星期五

上午,白启明来商榷彼之《豫△△△△之注音》①。访崔师。下午洗澡。审查白氏第一册毕。晚访宇众,并晤名鸿。

7月14日　星期六

午回家,则尖嘴老太婆又率其媳妇孙女到我家,可恨极矣。在秉雄房中略憩便走。

午后访叔平,他腿部擦破,为细菌侵入,幸开刀早,否则将步蔡先生之后尘矣。

七时访尹默。

7月15日　星期日

上午至金子直处取医脚药。下午阴雨。下午还字债,计两个人的扇子,四个人的单条。

仔细想,拼音汉字中"辨声调"一层暂时实不可少,但教法尚未尽善。如彼将阳平叠声,而纯韵母之字则叠声法便不能用(若将兀声及入声取消)。

7月16日　星期一

阴雨竟日。人甚不适。牙痛增剧,心甚乱。

定用 V、W、X 三母作阴、阳、上三声之符号,而去声则叠韵母,入声删,轻声无号(厂用 h)。午后,倦睡二小时。

7月17日　星期二

阴雨。上午八时至大学,与马幼渔、陈君哲、谷锡五、罗东里监印国文试题,共印二千七百张(北京报名者,已达一千九百人之多),下午二时印毕。四时回家。五时出城,洗澡。

7月21日　星期六

下午回府。

7月22日　星期日

上午夏宇众来。

下午六时至公园,去晤伏园,并晤吴雅晖。伏园说吴有一信致蔡先生,又有一

---

① 原文书名未写全。

文名曰《箴洋八股化之理学》,系对于梁任公之《国学书目》、张君劢之《新宋学说》而痛诋者,均登明日《晨报附刊》。吴先生当面所说亦均此类之语。当兹之时,非有此等语言发聋振聩不可。我近来觉得民国五六年时,《新青年》中之独秀其功实伟。

7月23日　星期一

午前幼渔来。午后回府。

7月25日　星期三

因明日将考,今日拟宿家中。

午前回家,偕夫人同至西车站。午请大嫂吃西车站,为之祝寿也。计七人:大兄、嫂、稻、㯃夫人、不庵、我夫妇。午后回家,将国语留声机片带回,十六片都唱了一遍。晚宿家中。

7月26日　星期四

上午七时半到第二院,今日北大考试新生也。计有二千余人。第三院试场廿个,皆男生,皆英文,皆预科;第二院试场三:(一)本科(本科有女生一人),(二)预科女生,(三)德、法文预料。我因脚掌烂,不能多动,故止在二院监场。本说八——十时,忽然于九时三刻光景由注册部来通知说延长半小时,于是三院第一试场之临时被抢卷者大哗,几致用武。午后在二院阅卷。

六时回家。四妹来,言明日将行回南,五妹同去云。

出城洗澡。

7月27日　星期五

八时进城,回府,九时至第二院阅卷。牙甚痛,四时出校,购碘酒涂之,此治标之法也,俟阅卷毕,当设法拔去之。

晚回家,与秉雄谈到十二时许方睡,宿家中。

7月28日　星期六

六时起。七时至第二院阅卷,阅至下午五时,未毕。出城洗澡。牙痛。

7月29日　星期日

上午八时到第二院阅卷。午后三时顷看完了。拆弥封,知逖先长子朱偰,国文六十五分,德文七十六分,数学八十四分,及格了。

晚与尹默、兼士、幼渔、百年,同至德国饭店晚餐。牙痛甚,不能成寐。

7月30日　星期一

　　上午回府。午访幼渔。午后四时,与幼渔、巽伯同至八宝胡同之伊东处拔牙,在彼处晤蒋百里。晚浴。

7月31日　星期二

　　上午到衙门。午后二时访尹默。五时访叔平。

8月1日　星期三

　　午回家。下午访幼渔。并晤隅卿,与同至四时春晚餐,并约叔平同来。

8月2日　星期四

　　午后一时半访伏园。二时进城回家。三时半至马宅,同巽伯同至伊东处刮牙。雅。

　　晚整理《国音沿革讲义》。

8月3日　星期五

　　上午至衙门。午后浴。潮热。六时访不庵。

8月4日　星期六

　　潮热得很。午后回家。

　　林玉堂译的《卡而格伦》寄来了,季刊三号之稿差不多了。

　　午后五时访叔平,并晤王遗少。脚痛甚。

8月5日　星期日

　　上午郑介石来,至春华馆午餐,晤隅卿。午后浴。今日脚烂未愈。步履难行。

8月6~11日

　　此一星期未记。所做之事可记者,为阅北大上海卷及女高师卷。

8月12日　星期日

　　午后至总布胡同燕寿堂,吊陈百年丧母之孝。六时偕不庵同至其家中。九时访尹默。

8月13日　星期一

今日至高师阅卷。今收到预科国文卷有一〇九三本之多,阅卷者九人:玄同、幼渔、尹、兼、名鸿、宇众、不庵、凤举、稚鹤。今日未看完。浴。

8月14日　星期二

仍至高师阅卷,至下午六时始毕。午前九时,监研究科文字学试场,考者共九人,有一女生,有一旧生林鸿材。阅卷毕,偕幼渔、不庵同"雅"。

8月15日　星期三

上午至会,劭西、不庵均同□。
见赵元任信,他的字又改变了。兹将其信译录如左。①
午宴黎、汪于一品香。午后三时回家。六时访叔平。
午大风,午后雨,天渐凉矣。

8月16日　星期四

上午夏宇众来。午后浴。灯下为马太玄、隅卿、夏宇众三人书扇。

8月17日　星期五

午一庵宴庄百俞及刘少城于便宜坊,同坐者为朵山、步洲、劭西、雨庵诸人。午后偕劭西至先农坛啜茗。

8月18日　星期六

上午回家。闻士远来,午后二时访之。六时至黎大家,因黎二今日来也。座中并有刘少城、白□□②。黎二议撰一前年废汉字之议案。

8月19日　星期日

午后浴。晚访不庵,谈至一时始归。

8月20日　星期一

阴雨竟日。午后得黎片,知国语组已于今日上午九时始开议,我便不去了。
不庵来电话谓,幼渔昨日下午至尹默家,车至无量大人胡同,伊忽觉头昏目眩,

---

① 原缺。
② 原缺。

因舆之至沈二家,昨夕未归家,盖脑病又发作云。

午后壮秋来。

草《修正国音字典议案》。

8月21日　星期二

天晴了。午洗澡。五时顷访幼渔,病已渐有起色矣。六时回家,宿家中。闷热甚,终日不成寐。

8月22日　星期三

晨六时,披毯至书房藤榻始睡了三小时。九时醒。十时顷访不庵于第三院,与同至四时春吃午饭,并约士远。

午后同至士远家。逖先来,伊新自陕西归,赠我以《姚伯多造像》《景教流行碑》。他说游了周之文、武、成、康,汉之文、景、武、宣诸陵云。

晚餐,偕沈大、二、单同至德国饭店。

8月23日　星期四

上午至衙门,大会议案来了十多件,没有要紧的。

灯下校潘尊行文排稿。

8月24日　星期五

午后洗澡。五时回家。八时访叔平。

王氏《切韵》已印成,今日借来抄出目录。

鲁迅送我一本《呐喊》。

8月25日　星期六

午后至衙门,写印两议案:1.请组织国语罗马字委员会案。2.请组织增修国音字典委员会案。

约士远、不庵至公园。

8月26日　星期日

午后至衙门。浴。

8月27日　星期一

午后至衙门。黎均荃提了一个"请教育部令全国学校使用新文字案",亦主张用罗马字。此案必难通过,但常常提提,亦很好。

晚约士远逛公园。

看鲁迅的《阿Q正传》。

8月28日　星期二

上午十时,开《ㄍㄨㄛˊ会第五届常年大会于宣外之学界俱乐部,由各处会员报告国语推行状况毕,即着手组织审查议案委员会(仿去年故事),分音韵、字体、辞书、教学、推行五组,委员指定二十八人(查《晨报》),明日起开审查会,归入某组,由会员自认。

午赴沈朵山、步洲兄弟之宴。

方叔道赠我以赵元任《国音新诗韵》的样本。已印成十之七八,其中有"△△△△△",很用得着。

浴。

8月29日　星期三

上午十时,开音韵、字体、辞书三组审查议案委员会(合开),成立了三个委员会:"国语罗马字委员会"(但须改名为"国语罗马字拼音研究委员会")、"增修国音字典委员会"、"增修'新式标点符号案委员会'"。我加入这三组讨论,而教学组亦同时开会云。

吴稚晖今天到会了,但没有他的事。

午访汪一庵,黎劭西之宴在汪家中。午后二时回家。三时至孔德学校开常务董事会。五时访顾颉刚。七时至公园,忽遇两儿,与同至长美轩吃饭。在园中遇伏园及斐然。

8月30日　星期四

今天上午,开推行组审查议案委员会,我不与焉。午后至部。晚大雨。

《太平洋》四卷一号寄到,中有吴稚晖之《一个新信仰的宇宙观及人生观》,极好。

得周辨明的《中华……制》①,系就赵氏之说而修改之者。

8月31日　星期五

今天开大会,报告审查结果,吴氏主席,全体通过,会毕摄影。

会中宴吴氏于湘泽春。

午后回舍。徐名鸿来。

很累,睡了一会。浴。

---

①　原缺。

9月1日　星期六

午后回家。大兄自西山回家,来我家中,约我夫妇明天去吃西车站。

傍晚五时,访颉刚,借《东壁遗书》下半部给他,他已将此书标点,拟明年由亚东出版云。

9月2日　星期日

午后浴。六时回家与夫人同至德国饭店。

九时访士远,知日本昨日大地震,闻受灾甚重,死亡甚多。不知穟孙如何?颇念之。

9月3日　星期一

上午得林玉堂电话,知他已携眷来京,寓官场胡同四十号,约我今日去吃夜饭。

午后二时到衙门,自己写印议案,六时毕。赴林宅,同坐者为陈通伯及张△△(嘉兴人),主人夫妇。

九时访士远。

今日阅报,知日本灾情非常重大,地震之后,继以海啸、飓风,又因电线破裂,四处火烧,东京几成焦土,横滨殆全没于海云。

9月4日　星期二

午后回家。晚访叔平。

9月5日　星期三

阴雨。无聊得很。

作跋林玉堂文,老老实实说明因为西方文化是世界文化,中国要与世界文化融洽,非与西文融洽不可,故须改用罗马字。

9月6日　星期四

午后回府。五时到教育部去。晚作跋林文未毕。浴。

9月7日　星期五

午后访孙伏园。午后极倦,睡了好几个钟头。将林玉堂一文之案语做完。

黎劭西昨天函约我,今天在雨华春吃晚饭,并约均荃。比至,则白涤洲、苏耀祖……等数人均在,彼等皆与《儿童报》有关之人,这还不算,又主人忽变为中华书局之高某,满口生意腔,可厌极矣。

9月8日　星期六

今日得到自驻日使馆消息,知穟孙安全无恙云。上午回家。午赴逖先之宴。下午五时逛公园。晚八时,至新明戏园看《平民的恩人》、《良心》两剧。

孙伏园寄来察哈尔之许锡五一文,假造冒牌罗马字之注音字母者,很不高明,明日拟作文论之。

9月9日　星期日

为许锡五之字母作一文,述ㄍㄊㄕㄏ中审定体势之经过,并说明与其造冒牌罗马字,不如直用罗马字。检大会钱、黎两案,加一案语。均打算登《晨报》。

下午六时,杨鸿烈来谈。

9月10日　星期一

北大今日行开学礼,本科定廿四日上课。

上午得家中电话,知幼楞之子棣孙来,大兄今午请他在西车站吃饭,午去,共八人:兄、嫂、我、婠、棣孙、我三子。

午后进城,至北大,晤孙公。四时访幼渔。九时访士远,并晤不庵。

9月11日　星期二

上午郑介石来。下午洗澡。晚,巾卉请我在撷英吃饭,同座共十人:周作人、钱玄同、黎锦熙、沈兼士、萧友梅、陈大悲、孙伏园、朱逖先、黎锦晖、高□□①。

灯下校刘复《守温字母》稿印样。

9月12日　星期三

今日为我生日。午回府。午后四时,访不庵于图书馆,与同至四时春吃晚饭,饭毕,同至不庵家中。九时与不庵同访士远。

9月13日　星期四

午后四时,以电话约士远去雅,雅至九时许归。

灯下阅北大国文系三年级文字学试卷二十余本,有数本落第,其中有一本竟打了〇(零)分。

---

① 原缺。

9月14日　星期五

上午九时,巽伯来,携纸乞书。十一时浴,剪发。下午三时回府。五时至士远处,昨日尹默以电话约我帮看医大入学试卷也。晚餐偕士远、兼士同至德国饭店吃饭。阅卷至十一时,出城回舍。

9月15日　星期六

上午十时至士远家,帮看卷子。下午六时雅。

八时至新明看《换魂奇术》、《维持风化》。演《维持风化》至第三幕时,忽有叫好之声……(可粘《晨报》之文),十二时散戏,归即草一文骂之。

9月16日　星期日

前昨两晚睡得太迟,今天头昏脑胀,心烦意乱,不能作事。

上午杨宪武来借《云南丛书》本的《诗经原始》给我看,闻原本板片在陕西云。《云南丛书》可以零买,我又托他代购《韵略易通》矣。

十一时访孙公,将《好!》稿交给他,在他那边看得唐焕章王八旦之妖书,名曰……①,借之而归。

下午雷雨,旋晴。灯下阅上学年北大国文系二年级文字学试卷四十九本毕,无落第者。

9月17日　星期一

上午为巽伯写字。写了一段胡适的《杜威先生与中国》(两种哲学方法)。又丁文江的《玄学和科学战争的历史》(……这是我近来的主张)。

下午一时进城,回家。三时访幼渔。四时许至北大图书馆访不庵,与同雅,并约士远。

9月18日　星期二

午浴。午后二时,至金子直处医屁股,据云是脱肛,可先用药水罨之,若不效,则非割不可。三时许回府。

四时许至孔德,访隅卿,并晤尹默。五时许到士远处。九时回舍,整理书桌。

9月19日　星期三

整理书籍。杨鸿烈来。

---

① 原缺。

9月20日　星期四

整理书籍。下午回府。至孔德。访尹默、访不庵。

9月21日　星期五

午后浴。与劭西同饮于雨华春,始吃涮羊肉。

9月22日　星期六

八时回家。九时至北大,为浙江学潮事,幼渔、夷初诸人发起召集开会讨论,今日发出三养电:一、致张载阳,问其如何办理。二、致张冷僧,质其负浙人。三、致何炳松,叫他滚蛋。偕士远同至德国饭店午餐。午后四时半至孔德,听吴稚晖的演讲。八时出城。林玉堂撰《　　　》一篇。主张以 r 标上声,颇可供参考。

9月23日　星期日

上午徐名鸿来,杨鸿烈来。午回家。午后访幼渔,见夷初亦在,有张冷僧致稻孙之信,中有语云:"……"① (!)夜半草斥冷僧之信,成。明晨当再修改之。

9月24日　星期一

上午将信稿改正成功。午回家。午后二时访幼渔。三时至北大,访不庵。均示以信稿。在北大油印信稿一百份。六时访士远、尹默诸人。

9月25日　星期二

今日为夏历中秋。上午料理一切还账事。

沈家祖老太太生日,午往祝寿,在沈家吃了两顿饭。午后,夷初等在沈家商浙潮事,拟推裴子德为厅长,不允。

七时回家,抄致冷僧书。晚宿家中。

9月26日　星期三

晨七时起,偕秉雄至东车站送世□回南。将骂张信、蒋伯潜信寄出。

九时至十一时,赴高师监场。今日复试各省送来之学生,预科国文试题为我出:"我们现在用怎样的眼光去研究国学?"下午一时阅卷,与徐名鸿二人同阅,四时顷阅毕。

至衙门,与劭西同至雨华春吃涮羊肉。

---

① 原文空缺。

高师国文部学生范士荣,赠我以兰廷秀之《韵略易通》,又借我一部……①。

9月27日　星期四

午浴。下午清理书案。研究国语字母问题。看赵、周、林诸君的文章。我想阳平无声,确不甚好看,不如加 h 为妙。

bh　ph　mh　fh　dh　th
nh　lh　gh　kh　xh
wh　ㄓ　ㄔ　ㄕ　ㄖ　ㄗ
ㄘ　ㄙ　附 ㄓ　ㄔ　ㄕ　ㄖ　ㄗ 另立条例如下:
(2)　　cc　ch　sh　jh　zz　tz　ss
(1、3、4)　c　cz　sz　jz　z　ts　s
　　　　　ㄓ　ㄔ　ㄕ　ㄖ　ㄗ　ㄘ　ㄙ
CZ、SZ 二母取诸波兰文。

9月28日　星期五

上午考师大国文研究科之文字学。午后阅卷,昨日考国文卷共五十六本,与逖先分而"食"之。六时访士远,与同至德国饭店晚餐。颇觉冷。

9月29日　星期六

午回家。午后二时,至北大开对付学潮会。今日加入孙伏园与许季黻,发出请章厥生代表见张载阳,请撤何柏丞电。又致冷僧艳电,促其速撤柏丞。

晚访幼渔。回舍得一讣文,知唐仲葛师逝世矣,原来他老人家竟于去年由清室赏给三品衔,然因民国之司法部……② 也!明日开吊。

9月30日　星期日

上午至米市胡同四十八号吊唐师。晤郑宰平,知唐师无子,讣闻上有二名者,一为女儿,一为嗣子也。

下午编王仁昫讲义。

晚餐请经生、志辀在西车站吃饭,共八人:经生、志辀、稻孙、毯夫人、兄、嫂、我、婠。本有经夫人,他不会吃大菜,故未来。

灯下续编王仁昫,毕。

---

① 原文空缺。
② 原文如此。

10月1日　星期一

上午至北大,上课三小时。午回家。

有湖北人费同泽者来访,谓考师大国文研究科英文不行,他是习德文的,呈送所编德文文法前来,意欲设法考取,允其托幼渔代办矣。

午后二时至幼渔家,因夷初约我辈数人今日至幼渔家商浙学潮事也。结果拟推百年往长高中,百年未径允。见有浙江高等同学数人致士远及百年之信,全为何柏臣洗刷,可笑之至。张冷僧有快邮代电复我们养电,满纸官话,可恶!夷初今日作一长函驳此快邮代电。

约不庵同至四时春晚餐。

灯下整理《广韵分类》之讲义。前云分339类者,非,应收至299类,因单是唇音字不应分作合口类也。又江字韵,依刘镒分开合二类。又将旧讲义所取标类之字,改其冷僻难识者,一律用习见字(但有一二无习见字者,仍用古字),工作未毕。

10月2日　星期二

上午将《广韵》二〇六韵分为299类表写完。下午浴。五时访劭西,与同至雨华春吃涮羊肉。

10月3日　星期三

上午9～12,北大。午回家。午后访俞经生。

10月4日　星期四

今日下午女师有课,因讲义未备,赖了。

午后二时访俞经生,与同至公园摄影。

晚七时,至德国饭店,赴阿兄之约,共七人:兄、嫂、我、稻、稻夫人、毯夫人、单不庵。

10月5日　星期五

上午9～11,北大。午回府。午后二时,又在第一院开会讨论浙江学潮事,毕,偕不庵同出晚餐。

知沈祖老太太今日下午死了。

阅晚报,知犬势交者已选出了!

10月6日　星期六

下午浴。

10月7日　星期日

　　上午闻厥生已到,因至迎宾馆访之,问浙潮事。下午回府。四时至沈宅吊孝。晚八时访叔平。

10月8日　星期一

　　北大告假。午回家。午后出城,看季刊稿。

10月9日　星期二

　　今日高师、女师均未上课。看季刊三号稿一天,未济者,止两篇矣。女师之课,改在今天(礼二)了。

10月10日　星期三

　　今日,犬势交者登大宝矣,哼! 报载谓:该人来时,顺治门有三小时交通断绝云,哼!

　　九时有北大学生丁增礼者来。十一时进城,回府。下午三时访叔平。

　　今日晚饭,加拉罕请吃饭,我未去。

10月11日　星期四

　　上午九时犹在睡梦中,幼渔忽来电话,谓陈百年之父来大闹了。我们不得不筹对付的方法,已约沈士远、尹默、逖先来,并叫我速去。十时半至,则一幕已毕,移时此人走矣。他拟了一个哀启(代百年出名),将罪名一律推在百年身上,而他老夫妻是很好的。我们谓百年非辨明不可。傍晚出城。浴。

10月12日　星期五

　　上午9～11,北大。午回家。午后三时,雅,并约士远。

10月13日　星期六

　　高师告假。至北大取讲义稿,因299类表尚拟更作也。

　　午后二时至翊教寺平民中学,听梁文马公演讲黄梨洲、顾亭林、王船山、朱舜水、颜习斋学说之梗概,其实他只介绍了五人的人格。

　　五时至教部,阒无一人。

　　洗澡。灯下改表(改字,凡《广韵》韵目字,尽用),未毕。

10月14日　星期日

　　头脑昏闷,精神疲倦。上午高师学生苏观海、杨宪武来。下午将表做完。阅高师国文系转系卷十本。

10月15日　星期一

　　上午9~12,北大。午回府。午后访经生,不晤为怅。雅。到衙门,晤杨遇夫,知黎劭西家中遇兵劫。

10月16日　星期二

　　上午9~11,高师。下午女师请假(因讲义未成)。至北大,亲写206韵,分299类表付油印。访不庵。访叔平。撰《世界语与国音》一文,未竟。

10月17日　星期三

　　上午9~12,北大。午偕沈二、三,马二、四同至四时春午餐。午后回府。至东亚公司购得日本人宫原民平氏之《北京声音辨》一册,他对于北京音调言之甚详,如"一"字有"△"① 读之类,颇有用。

　　浴。灯下续撰《世界语与国音》一文,未完。

10月19日　星期五

　　上午9~11,北大。

10月22日　星期一

　　上午9~12,北大。午回府。

10月23日　星期二

　　上午9~11,师大。下午女师。至衙门去,晤江范五与杨遇夫。

10月24日　星期三

　　上午9~12,北大。11~12告假,至第二院投评议会之票。午偕尹默、士远同至德国饭店。午后三时,至第二院看开票。晚回家。宿家中。

---

① 原文空缺。

10月25日　星期四

上午十时出门,至迎宾旅馆访厥生。下午浴。

10月26日　星期五

上午9~11,北大。午回家。午后访红履公,因他病,听说发热云,其病势似不轻。但他们初请杨仲璋看,杨请他吃肉桂、肘子,他们于是不敢吃,而请曹元森云。但此等狗医生中什么用呢?

10月27日　星期六

上午9~12,师大。下午三时,至燕寿堂,沈老老太太开吊也。他们那位叔太爷一定要闹什么点主的鬼把戏,请蒋梦林点,顾孟馀与马幼渔襄题,那老进进出出磕了许多头,岂不可笑也乎哉耶!

晚七时,至新明看戏:(1)《泼妇?》。(2)《社会钟》。看第一场时,他们实在野蛮得利〈厉〉害,掌声、足声、嘘声(无缘无故的嘘声),痰声……弄得我气胀死了,只好不看了。回来编女高师的讲义了。

10月28日　星期日

上午编女高师讲义,毕。下午编国音沿革中乔中和李汝珍二人的音韵说,带便将李氏《音鉴》中之音用ㄅㄆㄇ……改列(他是照双声列的,我是照叠韵列的)。

10月29日　星期一

上午9~12,北大。午回府。午后四时又至北大,访不庵,途遇毯夫人,云兄今晨股际忽现一外症,疼痛非常,家人大惊云。晚访叔平。

10月30日　星期二

上午9~11,师大。下午2~3,女师。至衙门,晤杨遇夫。浴。

10月31日　星期三

上午9~12,北大。午回府。午后三时访兄,肿仍如故,仍饮曹元森之药。我觉得曹之水膏药实在无效也。五时访士远。

11月1日　星期四

汪荣宝以前送来文稿五篇,《国学季刊》登其二,尚有《释身》《释彝》《转注说》三篇未登,顷颂平来信促"速赵",因取那三篇抄出之稿校对之,此上午事也。

午杨宪武偕王□□① 来。

午后回府。四时至第一院,孔德学校董事与北大教育系教员开联席会议,讨论以孔德为北大试验事也。列席者六人,沈二、陈大齐、马四、钱、戴夏、高定寿也。晚访不庵,并晤马五、马七。

电询毯夫人,知兄病昨宵痛甚,今晨因稻孙之劝,已进德国医院施割矣。

11月2日　星期五

上午9~11,北大。午约沈大、二、单,同至德国医院〈饭店〉吃饭,吃毕,同至德国医院访兄,他睡着了,故未招呼。稻孙详述病情,据说昨开刀于生殖器旁,出脓两海碗。今日我亲见其尿色赤过于葡萄酒,竟类酱油,其下沉淀有脓。他们说屁股上又发作,明日尚须割云。五时回府。六时出城。

11月3日　星期六

上午9~12,师大。10~12临时停课。开大会讨论经费问题事。

午后至女高师,他们十五年成立纪念会,有种种游艺也。

四时至衙门,晤叔平。五时访兄于医院,知他今日屁股上又割了四处,两处是正患处,两处是保险刀也。见,据说大致可免危险云。八时访不庵。

11月4日　星期日

午浴。剪发。午后五时省兄,未见。据说今天更好些。八时访士远。

11月5日　星期一

天阴雨,甚冷。今天头痛,心绪甚坏。上午9~12,北大。午回府。午后三时省兄,见面。今天他更好些了,据说已无甚危险矣。

四时至部,想访颂平,不晤。

11月6日　星期二

上午九~十一,男师。下午二~三,女师。至衙门。

11月7日　星期三

上午九~十二,北大。午后访沈二,并晤沈大,与同至[吃]猫肉。

---

① 原缺。

11月9日　星期五

　　上午九～十一,北大。

11月10日　星期六

　　上午九～十二,师大。下午进城,访不庵与士远,与之同吃猫肉。

11月11日　星期日

　　上午九～十二时,至师大听梁任公讲演……大约分三次或四次讲毕。今天应讲为"晚明心学之反动产出顾黄诸公与顺、康两朝学问与政治之关系"(应参考讲演录重撰此数语)。

　　午与沈大、单四同至春华楼。午后三时,开△△△△①会于北大。晚偕沈大、沈二、马二、马四同吃猫肉。毕,访单大。

11月12日　星期一

　　上午九～十二,北大。

11月13日　星期二

　　上午9～11,男高师。下午二～三,女高师。至衙门。访劭西,不晤为怅。

11月14日　星期三

　　本日北大请假。收拾屋子者一天。

11月15日　星期四

　　下午访老黎。

11月16日　星期五

　　上午九～十一,北大。午回家。午后访孙公于《晨报》馆。晚浴。

　　撰《汉字革命与国故》一文,起了一个全不相干之头,做不下去,只好不做了。

11月17日　星期六

　　上午九～十二,师大。午后撰文,做了许多,觉得甚不恰意,仍未做完。

---

①　原文空缺。

11月18日　星期日

上午九～十二,听梁文？公演讲① 今天讲的是"清初顾、黄、王、朱四人之人格及学问,及于康熙时代之五派学说":(1)阎、胡,承顾(考证学)。(2)梅定九、王寅旭,承利、徐(西洋科学)。(3)万,承黄(史学)。(4)宋之理学,张杨园、陆桴亭、陆陇其。(5)颜、李(崛起,反对汉与宋)。

午偕沈大、单四同至六味斋吃饭。傍晚,和他们同访红履公,好多了,据说再有一个半礼拜便可完全收功了。

晚在不庵家谈。沈大说,他最近与金兰芳订婚,这是极好的事,鳏寡相配,应该开此风气也。

11月19日　星期一

上午九～十二,北大。午回家。下午至图书馆访单四,与同至四时春吃夜饭。毕,与同访沈大。

我今日对沈大说,我近来自己制了两条信条:一、殉主义(不问大小)。二、必争"一寸"之高(用适之《评庄子》篇语。)

11月20日　星期二

师大、女高师本星期起均罢课了,故今日无事,便将《汉字革命与国故》一文做完,一共二千字光景,真是不知所云,姑且封好,明天送交伏园。

晚餐约黎大同饮于雨华春。

11月21日　星期三

今日北大因有两班均无讲义,未能讲,临时请假。

午拟访伏园,先至广和居吃饭,不料就在广和居遇见伏园,他请朱我农、蒲伯英、陈大悲三人吃饭,我于是便做了一个不速之客,吃完饭又到伏园处坐了一会。晚浴。

11月22日　星期四

午回家。午后至北大,自写印讲义。晚偕沈大同吃猫肉。

11月23日　星期五

上午九～十一,北大。午偕沈二、马二同饮于四时春。傍晚访马四。大风。

---

① 句中？号原有,下同。

11月24日　星期六

午回家。午后在北大,自写印讲义。晚访沈老大,与同吃猫肉。大风,甚寒冷,精神不适。

11月25日　星期日

上午九~十二,听梁文?公讲演,尚未毕(讲乾嘉时代的学派,共六派):1.吴派惠,2.皖派戴,3.扬州派汪、焦,4.常州派庄、刘,5.浙东派全、章,6.佛教派汪缙、彭绍升。

午偕沈大、单四同饮于六味斋。午后浴。

今日仍不甚舒服,身冷腹胀。

11月26日　星期一

上午9~12,北大。午回府。午后四时,访不庵于图书馆。

因五儿面上发现红瘢,请金子直看,傍晚取药。晚宿家中。

11月27日　星期二

午出城。午后浴。

11月28日　星期三

上午9~12,北大。下午至衙门。访劭西不晤。访士远。

11月29日　星期四

天气甚冷,竟日未出门。

治《韵镜》。我知道八等确是胡闹,他胡闹之原因有二:(一)套声(此潘来已言之)。(二)套韵。

晚与劭西同饮于雨华春。

11月30日　星期五

上午9~11,北大。午回家。午后访幼渔,教他国际音标。

12月1日　星期六

上午杨宪武来。

午后二时,至西安门华北大学听梁文?公讲"颜习斋与现代思潮"。

晚五时,至宣外大街忠信堂饭庄,应《晨报》馆之请吃饭也。浴。

12月2日　星期日

上午九～十二时,听梁文？公演讲,此次讲完了。

午后与不庵同出吃猫。四时访士远,和他同出吃猫。晚弄《韵镜》。

12月3日　星期一

上午9—12,北大。午回府。

午后二时,到部,汪一庵约其亲戚朱□□来谈,因有一本法文的△△①,现在请朱译出,看错不错也。六时一庵约我们在雨华春吃饭。共五人,我、黎、汪、朱,尚有一个rai报(李杰,俊夫)也。

晚将《韵镜》表弄完。

12月4日　星期二

今天师大及女高师均请假,因我狠反对五校给黄大人口中赏了六千(总数三万)元便开门,故开门后第一次上课,我表示反抗的至意而不去也！

咳嗽数天矣。午至金处看病。下午清理书桌。

清理国语字母讨论号,作致郭后觉信。

12月10日　星期一

北大请假一日。因②。

12月11日　星期二

上午师大。下午女师请假,因梁文？公约在来今雨轩午餐,替戴东原做生日也,宾客甚多,有林宰平、蒋百里、王国维、陈渊泉、孙公、高鲁、陶知行、胡适之、沈兼士、马幼渔、朱逷先……诸人。

四时至北大,因高仁山约今日在哲学系开会,讨论关于孔德国文教材问题。

12月12日　星期三

午前北大。午回家。午后复至北大,将稿子改定,即送交常惠。

12月13日　星期四

午后进城,至北大将昨稿略略修正,并在该处校对。劭西来,约至雨华春吃晚

---

① 本日日记中的缺文,均为原缺。
② 原缺。

饭,吃后又至北大,校至十一时顷,初校方毕。

12月14日　星期五

上午北大,又将末校校毕,可以完事矣。午回府。

午后四时半至林玉堂家,他今天请适之夫妇吃饭,约我们作陪也。同席者为——适之、冬秀、杨袁昌英、陈渊泉、顾孟馀、张鑫海、孙公、陈西滢、主人夫妇(林玉堂、廖翠凤)、我也。食毕,访沈老大。

12月15日　星期六

上午师大。午后编女高师之讲义,校季刊三号之样张,约黎劭西至雨花春。

12月16日　星期日

上午回府。午后至北大,做照料员。晚回府,即宿府上。

三儿至北大看电影,中有一小儿自四层楼为人扔下,跌成两段,吃了一惊,睡梦中大跳大叫,神经为之不安。

12月17日　星期一

今日为北大廿五周生日,放假一日,我去做研究所照料员者一日。

晚花一元钱,在第二院赴聚餐会,菜殊不佳。食毕回府,知三儿患咳嗽,身子发热。

12月18日　星期二

上午师大。下午因研究所需摄影,故女师告假,进城摄影。四时许至孔德,问秉雄以老三病状,据云略愈。与隅卿谈。

12月19日　星期三

上午北大。午回家。下午写讲义。大兄昨至,搬至东安饭店,约今日叫我和伯宽同去吃饭,六时顷去。

12月21日　星期五

上午北大。午回家。下午写讲义。五时顷访沈大,同出吃猫。

12月22日　星期六

上午师大。下午访张恩龙,不值(菊圃之子)。四时许回府。五时访幼渔。

12月23日　星期日

上午丁丁山来,董鲁安来。下午浴,剪发。灯下编《广韵音表》。

12月24日　星期一

上午北大。午回家。午后至北大写讲义,到研究所借《王韵》。买圣饼及玩具袜。灯下编《王韵音表》。

一九二四年

1月1日　星期二

去年的日记太不成东西了，从今年起应该堂堂地做人，更应该好好地写日记才是。

午至东安饭店看大兄，他留我吃了一顿午饭。下午二时至第一院领薪水。回家。

大兄约我再去吃夜饭，五时又去，不庵亦在焉，大兄、大嫂、不庵、我四人同吃。

九时顷与不庵访士远，不遇。同至不庵家中，谈至一时顷始归舍。

1月2日　星期三

昨日与家人约定新年的"家宴"。今日我陪婠贞、秉穹、秉充吃西车站食堂。星期日（六日）我陪秉雄吃德国饭店，故今午到西车站食堂去，婠贞、秉穹来，而秉充未来。

吃完我回寄宿舍。拟将《广韵》之字，依所分之音类，平上去入合在一表，名曰《广韵音类》。今天写了东合才冬合三类。

晚访沈大。

1月3日　星期四

写"钟"、"江"二类。

1月4日　星期五

因咳嗽未愈，本日北大告假。

午回家。幼渔到我家中来谈。下午二时顷访幼渔，谈及青年颓废的现象。我以为除了提倡科学的人生观，别无他法。

九时出城回舍。

灯下写"海齐"表，未完。

1月5日　星期六

本日咳嗽仍未愈，师大告假。

上午将"海齐表"写完。

午至金子直处诊病。

回家。下午二时顷到观象台买日历和历书。历书已卖完。他们说今年的历书不记阴历,这却是一大进步。

四时顷访士远,他从去年年底以来改穿西装,写中国字改用 pen,而且写横行,又服膺颜习斋之教,时时"习勤",想"找事做",这是极好的气象。灯下与他讨论《中国思想史料集要》之取材,并约不庵来商酌。

十时回舍,写成"支摄"表。

1月6日　星期日

今天咳嗽还是狠利〈厉〉害,咳时胸间作痛。

上午丁丁山来,因未起床,未见。

下午洗澡,薙须。

五时回家,与秉雄同至士远家,我们三个人同到德国饭店吃晚饭。与士远谈《中国思想史料集要》中,关于经的今古文问题,我主张作为附录,因此公案实与思想无甚关系(今之今文家,如夏穗卿等谓,自刘歆出而教典变为历史。此说我不以为然。经本非教典,刘歆也未曾将它认为历史,以经为教典者,今之今文家承康长素之说也,以经为历史者,今之古文家章太炎之说也),而又为二千年学术界中一极纠葛之问题也,士远以为然。

在富晋书庄买到观象台历书,果不注明阴历月日,但于阴历每日下,附注干支,则不但渣滓不清,而且实为蛇足,尤奇于阳历每月下注以"乙丑""丙寅"字样,因阳历大致比阴历早一个月,竟认阳历为建丑,此则尤可怪笑!又封面上注"△△△△△"一句,亦可笑。拟作一短文曰:《读教育部观象台的"中华民国十三年历书"》,纠正它。

1月7日　星期一

咳嗽未愈。北大假。

午士远来电话,约与幼渔同去吃猫,吃毕至士远家。

午后五时访叔平。

1月8日　星期二

上午师大假。

午约幼渔同至春华楼。

下午三——四时女师,去上课。因久未上课,止此一点,不妨一上也。

至衙门,晤劭西、一庵。

得秉雄电话,谓亚相之姑爷蒋△△,昨佢俩来我家,媋贞觉得,出〈初〉见面,〔给〕钱也难为情,打算今晚请佢俩在西车站吃饭,不意我一去车站,方知今日请不成,因改期明日了。

一九二四年

1月9日　星期三

　　北大假。

　　午约幼渔同至春华楼。

　　整理书桌及书籍。

　　晚至西车站,请蒋姑爷俇俩吃饭,主人即我与她也。

1月10日　星期四

　　午至金子直处诊病,回家。

　　下午三时访士远,他新买了一个很好的留声机器,我带了赵元任的国语机片去,十六片都开了一遍。士远又开了他买的两张外国音乐片。

　　士远将梁任公之讲义给我看,其中叙方密之,其《通雅》中有……① 数语。此公真是三百年前之汉字革命者。士远怂恿我表彰之,并戏为我取一别号曰:浑浑然密密之。

　　与士远同出吃猫。

　　回舍整理《语刊》稿。

1月11日　星期五

　　咳嗽未愈,今日北大告假。

　　上午整理《语刊》稿。郑介石来。午得家中电话,知亚胜命在旦夕。蒋△△及亚桐到我家来,约下午二时同去买棺材,我因此进城去,到二院访总务课之盛伯宣,托其代办。回家吃饭。二时"俇俩"来,婠贞和亚桐去办殓衣,我和△△访伯宣,三人同至东珠市口之贵寿桅厂买棺材,价二百元。

　　四时半到师大借得《通雅》一部。六时约劭西至雨华春,劭西同时并约师大国三学生数人,也上那儿去讨论词类问题。

　　回舍整理《语刊》稿。

1月12日　星期六

　　咳嗽未愈,师大假。

　　上午徐名鸿来。

　　午回家。

　　下午三时红履公来吾家,吾适外出,未见。

　　至北大。

　　看《科学》八卷八号赵元任之《再论注音字母译音法》一篇,他主张采入国语之

---

①　原缺。

西文不译，而从国语罗马字读音，称为"妈乎"主义，我觉得这样很好。

晚浴。看梁任公的实际实用主义三篇。

通学斋送□□轩原刻本《通雅》来，索价二十元。

1月13日　星期日

上午丁丁山来。

整理《语刊》二卷一号稿。

沈老大请秉雄今晚吃猫，叫我去陪他，七时往，共二桌八人。

(1)沈令恒、乾、鼎，尹默为主人。

(2)钱秉雄、钱玄同、沈令震、士远为主人。

师大交来梁任公第四次演讲稿，归，阅之。殊记得影响模糊，略略修改之。

1月14日　星期一

昨晚睡下，睡不着，觉得咽酸异常难过，咳嗽又烈。晨八点醒，身体酸痛，疲惫得很，真起不来，北大只好再请一天假了。

午至金处就诊。回家。

下午四时至北大，交出星期三所用讲义。

访不庵于图书馆，谈及书的装订以洋式为宜。他主张凡向来一册订数种书者，均应拆开，其说固是，但如《说郛》《玉函山房》《汗〈汉〉学堂〔经解〕》等，往往一书只有一页者，此法未能行也。

和不庵同吃猫。

十时归舍，点阅费密《弘道书》中之《统典论》。

1月15日　星期二

上午高师，下午女师。

至G.T.T.X①，晤汪一庵，晤黎劭西。一庵的讲义已出全，他送了我一部样本，要我做序。与劭西同登楼去雅。九时顷归舍。听差说，家中来电话，叫我五点钟回家，我吃了一惊，不晓得有什么事，比到家，则知系以电话叫徐世凯，而打者误传也。可笑。

宿家中。

1月16日　星期三

上午北大，咳嗽未痊愈，殊觉吃力也。午后三时访士远，恰好他要到校去开教务会议，故即行。

---

① G.T.T.X，国语统一筹备委员会。

洗澡。

1月17日　星期四

今日为旧历十二月十二日,大兄之生日,稻孙招我们去吃午饭。我实在不愿与他们周旋,且怕遇见尖嘴老太婆,因不往。两儿亦不愿去,因托言校中考试而不去,仅由婠贞携五儿去。我则回家看屋,整理《语刊》稿。四时半婠贞归,大醉,大吐,极不舒服,据说由稻孙灌醉!

六时顷,访士远,同去吃猫。九时半,吃完猫,回到沈宅,招不庵来共听赵元任的话匣子。

1月18日　星期五

上午北大。午回家。午后出城整理《语刊》稿件。
《韦氏大辞典》于今日取得。

1月19日　星期六

今日为戴东原二百年阴寿之阳历纪念。梁任公、胡适之等在后孙公园安徽会馆开会,我对于师大请假而往。会毕与不庵、逖先、抚五、兼士至春华楼吃饭。

四时顷回家,尖嘴老太婆在,而赶紧逃了。五时访适之,向他借得刘刻《章氏遗书》之《文史通义》,《内篇》卷首有张尔田、孙德谦、刘翰怡三个王八旦之序文。

六时至北大开读书会。

在适之处见一月十一之《民国日报》,有吴稚晖致章行严一书,提及章、吴癸卯旧事。据云,此信未全,尚有大半在《新闻报》上云。

1月20日　星期日

整理《语刊》稿。

1月21日　星期一

上午北大。午回家。午后出城,浴。
晚点阅《宏〈弘〉道书》。

1月22日　星期二

上午师大,下午女师。
至衙门,faaq Sawei xho ta daw Üüxuatcuen 去吃涮羊锅了。

1月23日　星期三

上午北大。午回家。午后四时至北大查一月十一、二两日之《新闻报》,得见吴稚晖致章行严信之又一部分(似尚未全)并章答吴信。

晚访士远。

1月24日　星期四

清理书物。

晚整理《语刊》稿件。黄正厂〈广〉的《字母问题》一文又臭又长,他反对国语罗马字,反对 Esperanto,口口声声"唯物史观",其实毫无道理,我觉得不登则难为情,登则未免惑人,故登而略加案语(冷冰冰的),并寄劭西,请他也加案语。

1月25日　星期五

上午北大。午回家。下午访士远。

1月26日　星期六

上午 8—12,师大试验。午后二时至第三院开会,方言调查会成立。回家,七时约劭西同吃猫。买得□□① 译的詹姆士的《实用主义》。

三儿忽患身热。

1月27日　星期日

洗澡。回家知三儿昨患白喉。又请金医打针矣,而退白矣。

1月28日　星期一

上午北大。午回家,知三儿白喉渐瘥,而忽患猩红热,急延金医治疗。晚宿家中,三儿白喉、猩红热之外,又加以气管炎,咳嗽终宵。

1月29日　星期二

师大正在实验期中,今日无课。女师上星期已告结束,今日不上了。上午至北大将校稿校毕。午饭与沈老大同出吃猫。

下午出城,阅《颜氏学记》之《或庵》一篇。

---

① 原缺。

1月30日　星期三

北大功课,星期一已结束,故今日不上了。午回家,三儿猩红热未愈,昨晚忽患腹泻,一晚十次,今日上午又五六次,甚为忧虑。午后三时,再延金诊,晚宿家中。三儿服金止泻药后渐见愈了。

1月31日　星期四

午至金处取药,出城。下午二时至第三院开歌谣研究会,五时毕回家。六时访叔平。九时访士远。

2月1日　星期五

午回家,三儿病势减轻,可以放心矣。洗澡。

2月2日　星期六

午回家,三儿渐见瘥矣。至金处,续取药。四时访幼渔。

2月3日　星期日

午回家,知五儿又患身热,不知究竟如何,深为忧虑。三儿大致已愈,惟以咳嗽尚未痊愈耳。

午后访士远,不值。访叔平。晚浴。

2月4日　星期一

午回家,则五儿略瘥矣。午后至衙门晤劭西。晚访叔平。

2月5日　星期二

午回家,则五儿昨晚大发烧,今日面见红点,疑是猩红热,甚焦急。电话请金来,据云,摸不准,姑治之。下午至金处取药,傍晚访叔平并晤森玉、幼渔。

2月6日　星期三

下雪。午回家,五儿略瘥。午后访幼渔。

2月7日　星期四

上午至金处取药,回家则五儿大发作矣。急延金来诊视,则确是猩红热矣。下午金处取药。

2月8日　星期五

午回家,五儿渐瘥,而热度未退净焉。下午回舍,理书。

2月9日　星期六

午回家,知五儿热已退尽,殆无伤矣,但患咳嗽。至金处取药。回舍理书。约黎劭西去雅。

2月10日　星期日

午回家,知五儿忽患脸、手、足都肿,疑是肾脏炎,那天四儿即由猩红热骤转至肾脏炎而死,吾甚虑之。

下午逛厂甸,今年火神庙摆摊甚贵(须55元),而土地祠则止须〈需〉2元,故多摆在土地祠矣。火神庙中惟有富晋、开明二摊而已。

晚浴。剪发。

2月11日　星期一

午回家,五儿之肿渐利〈厉〉害,甚虑之。至金处取药,据说是肾脏炎。

昨宵大雪,今午渐止。上午不庵来电话,知其前日已到京矣,下午访之,与他同出吃猫。

2月12日　星期二

午回家,五儿之肿略消,稍稍放心了,下午逛厂甸。

晚浴,冷也。

2月13日　星期三

午前至金处取五儿之药。午回家,五儿又略消肿,可以放心些了。

甚冷,不适。下午逛厂甸,遇不庵。

晚浴,冷也。

2月14日　星期四

大风,甚冷,不适。午回家,五儿肿又消了些。

下午访百年。晚访不庵。

2月15日　星期五

风仍很大,书摊甚少。

下午浴,冷也。

灯下作复冯省三的信。

2月16日　星期六

午回家,知五儿肿将退尽,惟面上尚微肿耳,咳嗽未好全,即至金子直处取药。

Hiann Knung Changtien Wan Hsitsao

2月17日　星期日

下午逛厂甸,晚大兄叫我到德国饭店吃猫。共九人:

兄、嫂、稻、丰、毯夫人、不庵、我、棣、志靖。吃毕,至不庵家。

2月18日　星期一

午回府,五儿之肿全消矣。

下午逛厂甸。

晚约劭西雅。

2月19日　星期二

下午逛厂甸,今年买书甚少,故前数日不记。

今日为末日,买了《温州经籍志》《采薇僧集》《谈天》二部(一部咸丰本,一部同治本)。

晚浴。

2月20日　星期三

Uu,hwei jia。Shiahun, yü-Jrhtziq ho Tsyen-Jrhueei lai daw goodi jia joq. Unshr faaq Bu-an ho ta t toq chüy chrh mao。

2月21日　星期四

今天精神甚坏,天又刮大风,怕冷得很。

下午在寄宿舍理了半天书籍,亦觉甚为疲倦。

晚浴。

2月22日　星期五

今日北大课告假。

午回家。

下午访不庵于图书馆,和他同至鸿运楼吃饭。晤隅卿。

2月23日　星期六

今日师大告假。午后浴。

2月24日　星期日

午后访尹默,与他同出吃猫。

2月25日　星期一

上午北大。午回家。浴。

2月26日　星期二

上午师大。下午女师假。至金处拟注射。他说非先泻清肠中宿粪不可,故今日服蓖麻油,以备明日之打针。

2月27日　星期三

北大请假。午回家。午后至金处,未打针,再服泻药,因昨日之蓖麻油未泻也。撰汪序。

2月28日　星期四

撰汪序未毕。下午至金处打针,打了两针,一痔疮,二脱肛,甚痛,回舍。颇委顿,不耐构思,但仍做了些,仍未定。

2月29日　星期五

北大请假,午回府。下午至教育部,劭西约晚餐,至司法部街华美北号,他要请呼延位吃饭。晚回舍。

3月1日　星期六

高师请假,将汪序誊完。下午回府一行。晚浴。

3月2日　星期日

今天沈老大和金兰芳结婚(下午三时在什方院),我送他礼物三品:
1 爱的成年
2 生育节制法
3 配萨里斯

结婚仪式无主婚人,无交拜,而同时向双方亲属行礼,结婚人她和他都有演说。来宾中我以"无后为大"演说以代祝辞(适之证婚),又有谭仲逵和诸女士演说。

毕,回家。又偕婠贞同至新居腊库甲27号去吃喜酒。

3月3日　星期一

上午9—12北大。午回家。志辉来谈他似有要进高师附中之意。五时至研究所购《观堂集林》,价六元。电话约黎劭西至华美北号晚餐。晤陈斐然。晚腹泄〈泻〉。

3月4日　星期二

上午9—11师大。下午女师因无讲义,假。腹泻怕冷。婠贞来电话知亚胜已死,二小姐亦病,他们都在道济医院。校阅抄本姚际恒《诗经》。阴,雪,冷。

3月5日　星期三

上午9—12北大。午回府。下午至安定门头条0020号道济妇婴医院访二小姐,知丧事都已了矣。

访不庵,与他同吃猫。至真光看《赖婚》电影。今日腹又泄。

3月6日　星期四

下午五时至教育部,今日汪一庵请我到虎坊桥锦江楼吃晚饭,作序之故也,同序者有黎、陈、陆诸人。

3月7日　星期五

上午9—11大学。午回家。下午清理北大的古音旧讲义十份,以备发给四年级之用,可以省印。访不庵于图书馆,同到他的家中去吃他的晚饭,今日腹又泻。

3月8日　星期六

上午9—12师大。下午起编女师讲义。

3月9日　星期日

上午继续编女师讲义,下午洗澡。看丘浅次郎的《进化与人生》,我觉得此书与《上下古今谈》是现在青年的包医百病的圣药。

3月10日　星期一

午前9—12,北大。午回府。午后访不庵于图书馆,他要请堵福诜(申甫)、徐伟

(仲苏)在东华吃饭,邀我作陪。徐未来。

3月11日　星期二

午前9—11师大。午后女师因今日杨荫榆接印,放假。

3月12日　星期三

午前9—12,北大。午回府。下午至衙门,见有所谓"国民代表"(谁请你们做的!)王士珍、江朝宗等人呈请尊孔,说宪法(?)中有"尊崇孔子"字样,并请"废止学校,蒙读经书"之令,并请以山东浑小子江希张之什么《四书白话新解》作教科书。又有什么妄人呈请祀孟母,唉! 与劭西同至雨华春。

3月13日　星期四

午后二时至金处打针,据说小了许多了。三时顷回府,四时顷访不庵,与之同至东华晚餐。

3月14日　星期五

上午9—10,告假。11—12北大。午回府。午后访不庵于图书馆,与之同至鸿运楼吃饭。

3月15日　星期六

午前9—12师大。午后整理了一个半书架,各书均用废纸书书目,每书一片,以便将来凭片整理,各书待整理就绪再誊片,则"疑古室藏书目"便成矣(从今以后,拟陆续不间断地整理,总期暑假以前将书籍清理完毕)! 晚浴。

3月16日　星期日

午后三时回府。四时顷访叔平并晤森玉,六时访不庵,和他同出吃猫。

3月17日　星期一

上午9—12,北大。午高梦旦、孙伯恒在西车站请客,我亦与焉。午后整理书籍,六时访叔平。

3月18日　星期二

上午9—11,师大。下午3—4女师。毕,回府。今天请俞志靖吃饭,带便补祝去年红履公之生日,在西车站,共八人:

云、婠、红、受、稻、粹、靖、辉。

3月19日　星期三

上午9—12,北大,午回家。晚偕不庵吃猫。

3月20日　星期四

整理书籍。下午夏宇众来。晚浴。

3月21日　星期五

上午9—11,北大。午回家。午后至北大自写讲义。晤鲁迅,谈了半个钟头,甚快。与不庵同至鸿运楼晚餐。

3月22日　星期六

上午9—12,师大。下午2—4,因师大将与燕大(?)开辨〈辩〉论会,今日预选选手,须作评判员,未完而我走,因尚有北大事也。四时至北大,因研究所来信,谓将讨论编高中课本及国故丛书事。至始知即陈援庵、方梦超诸人所谓之印刷局欲倚北大为名者。我殊不愿加入,因于会间发了几句"正谊不谋利,明道不计功"的高调云。

约黎至德国饭店晚餐,商《语刊》事。上海方面如后觉、正庵等均有反对拼音字之倾向,此甚为虑。

3月23日　星期日

整理了一天书籍。晚浴。

3月24日　星期一

上午9—11,北大。午后三时访适之,并晤颉刚、介泉,谈至十时方走。
忽然心绪万分不宁,晚间睡眠不安。

3月25日　星期二

上9至12,师大。下午3—4,女师。至衙门。心绪纷乱,坐立不宁,忽然觉得非回府一行不可,因回府一省视,觉稍安定,知毛头干咳嗽,且身体发热云,但似不要紧。

3月26日　星期三

上午9至12北大,午回家。今日为阴历二月廿二日婠贞之生日也,家中食面。

午后至北大图书馆访不庵,和他同至东华晚餐。毛头仍身热。

3月27日　星期四

　　整理书籍者竟日。大兄约今晚在东安饭店晚餐,祝婠贞寿也。共七人,兄、嫂、我、婠、粹、棣、穹也。

　　婠谓猫头今日热度更高,且看明日如何,如不轻减,当请子直诊视也。晚浴。

3月28日　星期五

　　上午9—11,北大。午回家,知五儿病势似不轻,因热度甚高而干咳嗽无痰,甚狼狈也。电约子直来诊,四时来诊之,云是肺炎,但尚不甚重,五时往取药。

　　九时回舍。

3月29日　星期六

　　上午9—12,师大。

　　午后二时回家,途经第一院门口,则见军警林立,汽车塞途,如临大敌。(自一院至东斋,二、三院门口则冷静之至!)盖学生界因"承认苏俄"之举拟今日排队出行,事前为军警所知,因有此等怪现状也。

　　回家知五儿病状不甚减轻,但亦不加重。秉雄要到北京饭店买莫泊三小说,又需买自来水笔,故偕之同往。笔则往永兴洋纸行购之,我自己也买了一支,价五元七毛。

　　四时访尹默。八时访不庵。

3月30日　星期日

　　上午八时,家中忽来电话,谓五儿昨晚病状颇觉危险,叫我今天回家,并须速延子直。亟回家,则金已看过,据云肺部肿略退,但热度仍甚高(39度余),所谓危险者,盖痰吐不出,呻吟辗转也,金谓须用吸入器吸之。

　　购药等等。

　　午后五儿能安眠矣,热度渐低,约38度光景。

　　五时访叔平。第一院门口仍有兵警!

3月31日　星期一

　　上午北大(9—12),见剑拔弩张者仍有! 午回家。下午再去,居然没有了,可笑!

　　五儿自昨日下午以来,热度未高,但咳嗽仍甚烈,痰还是吐不出。

　　午后三时顷出城,回舍整理书籍。晚浴。

一九二四年

4月1日　星期二

　　上午师大请假。电约金复诊毛头。二时往取药,据云好多了,三时回府。

　　访不庵,与之同至东华晚餐。

　　拟将戴氏《声类表》重新抄过,画了一表,托北大油印数百张,以备填写。晚间写毕一、二两卷。

4月2日　星期三

　　上午北大(9—12)。午回府。毛头略瘥,可放心了。

　　三时至衙门开干事会,会毕偕劭西同至华美北号晚餐。

　　晚抄《声类表》卷三。

4月3日　星期四

　　电请金再诊毛头,三时半往取药,回家知毛头渐见痊了,据金言可无须再诊,但取药可矣。

　　访不庵,同至鸿运楼吃饭。风大,很冷。

　　晚抄《声类表》卷四,未完。

4月4日　星期五

　　上午9—11,北大。午回家,午后至金处取药,毛头不拉屎,又明日应取药,而我拟明日整理书物,故今日先取也。

　　访不庵,同出吃猫。

　　上午冷,下午渐暖了。

4月5日　星期六

　　今天是植树节,各校放假一天。

　　整理了一天书物。晚浴,剪发。自去冬以来,将发留长,分头,近因洗浴不便,乱则时时脱落,故剪去之。

　　天暖了。

4月6日　星期日

　　大风。至金处取药(毛头的)。午回家。下午出城又理了半天书物。

　　晚浴。

4月7日　星期一

本日北大假。上午将《广韵》音读表写出,进城回家。三—六时至北大写印此表。

《东方》纪念号的(廿一卷二号)出版了,其中有吴老头儿之△△△△一文最有道理,今天把它完全看了一过也。

因明日亚新将与翁之龙(叔泉)结婚,今日发嫁妆,媕贞需往,而明日则大、三两儿均要去,媕贞更不待言。我本怕去,因此便不去,明日来守家,看毛头,今日即宿家中。黄昏媕归,据云种种均用旧式(如古色之类),稻夫人且特制披风、红裙云。

4月8日　星期二

上午访士远,此为他新婚以后我第一次去访他。

下午回家看毛头。六时秉雄归,我即行出城。

听说今日结婚兄嫂均不到,故得自由证婚,且有人演说云。其实既一次〈切〉从旧式,此等真大可不必。统而言之,旧则旧,新则新,两者调和实在没有道理,制度是有机体,牵一发而全身动摇也。我以为真应该将

东方文化连根拔去,

西方文化全盘承受才是。

今日为国会纪念,师大放假,北大不放。

4月9日　星期三

今日北大告假,理了一天书物。

晚冯省三来。

4月10日　星期四

整理一天书。晚浴。

4月11日　星期五

上午北大9—11。

午回家,为毛头取药。

访不庵,与之同出吃猫。

归舍作《结婚的演说》二则,拟登《晨报》副刊。

4月12日　星期六

上午9—12,师大。午后访伏园。晚七时访叔平。

4月13日　星期日

为世专事,他们学生昨来信,约今日上午至公园水榭开会,结果由夷初提议暂维至暑假,以后恐不能维持。到者除学生外,有——方老五、杨适夷、马夷初、徐旭生、赵述庭、李石曾、钱玄同诸人。会事至十二时,与方五同至长美轩,六时许散。我回家。九时一刻与秉雄同至真光看 Salome 氏的电影。

4月14日　星期一

上午北大,9—12。午回家。午后取毛头之药。归访不庵,与之同吃猫。

4月15日　星期二

头胀目痛,精神极坏,男女师均告假,略略收拾书物。
上午杨映华来。
晚浴。

4月16日　星期三

上午 9—12 北大。
午回家。
午后三时访士远。六时又回家。八时访叔平。
今日亚新回门,稻孙又找去吃晚饭,我既怕与他们周旋,又不愿做长辈,故未去,仅婠贞一人去。

4月17日　星期四

整理书物。

4月18日　星期五

上午 9—11 北大。
午回府,午后出城整理书物,黄沙蔽天,风之大真可怕了。
晚浴。

4月19日　星期六

上午 9—12,师大。
午后回府。
访沈老大不值,访胡适之亦不值。晚,访叔平,值之也,并晤不庵也。

4月20日　星期日

沈老大请吃中饭,由金兰芳手制。共△人:尹默、幼渔、凤举、振南、耀辰、稚鹤、作人诸人也。

上午风极大,下午渐小。吃完,他们同到我家中,又到稚鹤家中也。

五时尹默、耀辰、凤举、作人、玄同五人同"雅"于公园,他们三人别有饭局,我与耀辰同"雅",步月而归。

4月21日　星期一

上午9—12,北大。午回家。午后访不庵,晚与之同至市场新开之稻香村吃,不料パ不可当,甚为上当也。

4月22日　星期二

上午9—11,师大。

下午3—4,女师。黄沙蔽日者竟日。

四时后访劢西,与之同至雨华春雅。

归作书致君益,谈《语刊》事。

4月23日　星期三

上午北大,9—12。午回家。午后访不庵,和他同至公园雅,而风渐起,气候渐冷,只好早归。灯下做《杂感》一则,拟投《晨报》也。

4月24日　星期四

整理书物者一天,下午风甚大,灰沙飞起。

午访伏园。郑介石来柬,约至钱粮○○之聚寿堂晚餐。初不知何事,比往,始知客人止有四人:玄同、尹默、兼士、幼渔是也,为商量保全女高师之饭碗问题,因拟先发制人,与杨为难,真是无聊之极。如此大风,叫人赶来尝此苦!七时出城。浴。

4月25日　星期五

上午9—11,北大。午回家。

午后访适之,因闻其病也,据说是刚从跑马厂回来(去养病也),此刻正在睡觉,因此就京〈惊〉动他了。

访不庵,与同至鸿运楼。上午风大,下午渐小。

4月26日　星期六

　　上午9—12,师大。下午回舍整理书物,下午仍刮风,虽不甚大。

4月28日　星期一

　　9—12北大。午回家

4月29日　星期二

　　9—11师大。3—4女师。至衙门。至公园。

4月30日　星期三

　　9—12北大。午回府。午后访士远。五时顷访适之。喉间患不适。

5月1日　星期四

　　今日患失音。

　　今日为五一节,放假。但我却放不着,为冯省三之《高等世界语读本》撰序,未毕。

　　午后劭西约至华美北号吃饭,商《语刊》事。

　　午后得孙公送来吴虞信,真好驳极了,于是撰一"读后感",和他开开玩笑云。

5月2日　星期五

　　仍失音,北大假。午回府。

　　访不庵,与之同至东华。

5月3日　星期六

　　失音如昨,师大假。

　　将冯省三序撰毕,时已午后五时(未吃中饭)。六时送去,渠本在大纯公寓,顷已迁至云隆公寓。

5月4日　星期日

　　病未愈。

　　午后浴。六时回府,因今晚芳邻黎稚鹤请吃晚饭也,同坐者为马二、四,沈大、二(未来)、三、张、徐、小徐诸人也。

　　八时顷忽得绍兴来电,知丈人于今日申刻中痰逝世,亟电话告泽士,渠来,口口声声言要回去云,约以明日电询林士再定。

5月5日　星期一

病未愈,北大假。

午前十一时发电询林士,要令泽士归否,因伊要归也。发快信与林士询病状,与章子能、应雅敬、宋柏筹托其代办礼物。

午回府,约劭西至公园商谈《语刊》事。

5月6日　星期二

师大假。女师假。咳嗽未愈,故午归家,知昨晚得林士回电,嘱泽士勿归云。棣孙来云将归。午后访不庵并晤逖先(初从南来),三人同至四时春吃晚饭。

5月7日　星期三

咳嗽未愈。北大假。访孙公。

午后浴。

得家中电话,不知何事,比归,则知5月4日林士有快信来(在电报前)报告乃父病危,此本"明日黄花",而婠贞误为促其归绍(因信中有"请告家姊"之语)云。宿家中。

5月8日　星期四

六时起,八时出城。惫甚,重睡。

晚九时新月社演太谷儿戏剧 Chitra 于协和讲堂,为太先生祝64岁之寿旦,由梁任公赠名曰"竺震旦"。(《晨报附》,十号的)①

5月9日　星期五

咳嗽未愈,以旷课太多,今日至北大授课,本是9—11两时,因四年级将完,故于11—12补授一小时云,然惫甚矣。

午回家。

午后郑介石至我家来访。

五时访不庵,同至东华。今日杨适夷因与女生韩权华(诵裳之妹)通信、吊膀,为《晨报》所登,今日辞职。

5月10日　星期六

咳嗽甚,痰多。今日师大又告假,诊病,午后访崔。洗澡,6时回家。7时访幼

---

① "十号的"三字下原有着重点。

渔。

5月7日　星期日

午后回府。

访适之。

5月12日　星期一

上午北大,午回府。宋柏筹于昨晚到京,寓我府上云。

下午有冯志溽来访,隔壁连襟也。

访沈老大。

5月13日　星期四

上午师大。下午女师。

三时顷师大国文部开会,因即课毕而赶出城云。

郑介石请在忠信堂吃晚饭,我因其必是商量女师事,故不往。

给夫人写扇子,写了一首《春江花月夜》,因那一面由稻孙夫人画花而稻孙代写款,竟写了"甲子孟夏"字样,我于是大怒,故书十三年,而且倒填年、月、日,五月卅一日,以显阳历之色彩云。

5月14日　星期三

上午北大。午回府。

午后四时访不庵,叔雅亦在,三人同至东华吃饭云。

5月15日　星期四

午后进城回府。

至孔德,因今日将开董事会也,然因李石曾不能来,故致流产云。

浴。

5月16日　星期五

上午9—12,北大。

午回家。

午后访不庵于图书馆,并于对门新潮社晤孙伏园。与不庵同至公园雅。

晚回舍,接校中来信,知后铁厂之寄宿舍当于六月十五日以前迁移,此间既已取消云。颇焦急。

5月17日　星期六

上午9—12,师大。

午后浴。惫甚,早睡。

5月18日　星期日

精神甚坏。

午至梁家园寄宿舍中访总务长陈裕光,缘访得西北园九号之寄宿舍中有一南屋空出也,陈云当可,但须问明方可定夺云。

下午写字债。

5月19日　星期一

上午9—12北大。午回府。

下午访沈老大。

5月20日　星期二

上午9—11师大。下午3—4女师。四时到部,七时与劼西同至德国饭店,吃其晚饭。

晚十一时半伏园忽来,给我看蓝志先一文,仍辩谈其二十年之"汗牛之充栋"(冯文)为手民(?)之误,且云我侪今日犹以此等事为谈资为太不长进。哈哈!

今日师大来信息,知西北园之南屋可属于我矣,因嘱听差裱糊之。

5月21日　星期三

上午9—12,北大。

午回府,知毛头昨天腹泻云。

四时顷雅,遇冯志滂、钱壮秋。

晚访叔平。

十时顷雷电大作,天大雨,明日当可凉爽矣。

5月22日　星期四

午回府。

午后又雷雨。晚又雷电而无雨,天气渐觉凉爽。

下午收拾什物。

5月23日　星期五

头痛身倦,北大请假。

下午浴。晚餐骆绍宾请吃饭在忠信堂。逖先(未来)、遇夫、劭西、兼士、幼渔、仲侃、介石诸人。

5月24日　星期六

9—12,师大。

午后三时回家。

五时访沈老大,不值。雅。

七时半访叔平。

5月25日　星期日

人甚不适,咳嗽殊甚。至金处诊病,下午甚不好过,倦睡。

5月26日　星期一

上午北大。

午回家,访不庵,与同至公园而雅。

5月27日　星期二

上午师大。下午女师。

与劭西同至公园"雅",归来颇有"天寒翠袖"之感。

5月28日　星期三

上午北大。午回府。午后访士远不遇。

洗澡。

5月29日　星期四

略略搬动书籍便觉惫甚,下午将书目片整理一番,若者宜"舍",若者宜"家"。

有师大学生二人来问清代学制,这真是"吴郡大老倚闾满盈"了。

5月30日　星期五

上午北大。

午回府。天气甚热,难过得很。访士远,向其借梁任公之讲义。访不庵,与同至公园雅。因热不能成寐。

5月31日　星期六

连日咳嗽未愈,今日师大告假,至金处诊病。

洗澡。

下午回府。

访尹默。

访玉堂,大谈其罗马字的问题。

6月1日　星期日

回府一日,因婠贞赴沈二、三太太之宴也。在家与秉雄谈性的问题,晚偕大、三两儿同至德国饭店。

6月2日　星期一

北大第二、三时假,止上第四课,因咳而无力,而第四时则须讲完,故不得不去也。回府。午后出城整理书物。

6月3日　星期一

师大、女师均假。

整理书物。

浴。

6月4日　星期三

北大第四时授课,二时假。回府。

晚与不庵同雅。

晤叔平及隅卿。

6月5日　星期四

上午整理书籍,下午至金处诊咳。

至衙门。

到北大取钱。回府。

至师大取钱。

6月6日　星期五

今日是端午,北大假。

上午出外还账,至青云阁、佩文斋,知《胡适文存》与《独秀文存》均被禁了(!)
浴。

6月7日　星期六

师大假。师大自下星期起停课了。

整理书物,身心甚惫,甚心乱,不知婠贞喉痛如何?四时回家。

五时访适之。

6月8日　星期日

昨晚上唇忽肿,今日上午就诊,云系丹毒,以药敷之。

整理书物。

天雨,凉。

6月9日　星期一

上午北大均告结束矣,他们本星期四起停课,我星期三即不上课矣。下午一时骆绍宾来我家,渠欲谋清华,欲我托适之也。

林士来信,致其大姊,太无礼了,因移书让之,书如下①。

访不庵于图书馆,与之同雅。天气甚凉。唇肿消矣。

6月10日　星期二

清理书籍,自晨八时至下午七时,足足做了十小时工(除出外吃午饭),疲惫极矣,每日八小时作工是甚当的,可见吾辈之弱□也。

晚洗澡剪发。

天气颇凉,午后大风。

女师今日让逖先考,故不去上课。

6月11日　星期三

清理书籍。

三时半回家。

午后四时北大国文系毕业生请到茶话会,并摄影。四时半孔德开常务董事会,与叔平、隅卿同至东华晚餐。

天气仍凉,仍有风。

---

① 原缺。

6月12日　星期四

理书籍。

6月13日　星期五

理书籍。

6月14日　星期六

理书籍。傍晚回家。

浴。

6月15日　星期日

天很热,做不了事。

午后访叔平。

晚骆驼社(周、张、徐三人)宴客于水榭,现代评论社(《太平洋》与《创造》)诸君皆与焉,初识江绍原、郁达夫。吃时大雷雨。

6月16日　星期一

上午9—11北大国二,下午2—4,国三。

天大雷雨,午回家吃饭竟走不出堂屋之门云。因阴历明日(五月十六日)为汤丈母之六十阴寿,嫱贞欲祭之,今日因至聚丰馆叫菜云。

晚访叔平。

6月17日　星期二

上午9—11师大国三试验。下午本是女师试验,学生要求不考,故遂不考云。

浴。

6月18日　星期三

午回家,得林士信,口气甚和平。

午后访沈老大。

遇夫约今晚在长美轩商师大国文本科科目事,四时半往,同座有马、沈三、黎诸公。

6月19日　星期四

理东西。

6月20日　星期五

理东西。

晚浴。

6月21日　星期六

理东西。

午后五时回家。

六时雅。

八时访叔平,不庵亦来,知大兄前星期日夜半起如厕,忽晕厥一个钟头之久,但今愈矣。

6月22日　星期日

理东西。

晚浴。

陈乃乾所印行本《崔东壁遗书》,果系写了石印者,既花此本钱,偏做此不利人之事,果何为哉?

6月23日　星期一

理东西。

卧榻臭虫多怪,昨宵简直没有睡,故今日移新居去睡了。

6月24日　星期二

理东西。

下午浴。

五时回家。

六时至公园董事会。赴现代评论社之约,席中有周鲠生、郁达夫、李石曾、易寅村致辞。

6月25日　星期三

理东西。

下午七—九时雅。

6月26日　星期四

理东西。

晨骆绍宾来。

十时—十二时至衙门开修订字典委员会。

晚七—九时雅。

6月27日　星期五

理东西。

浴。

6月28日　星期六

今日将后铁厂搬完了。

下午五时顷将不用及尚未整理完竣之书物装了两大车,运回家中,比一切放好已将近九点矣。弄完了以后,出外吃饭(累死咯)。

访不庵。

6月29日　星期日

整理新屋中物件。

6月30日　星期一

上午十时,伏园来电话,说方老五要去看他,约我也去,我须于十一时去。三人同至广和居吃饭,伏园做东。一直谈天谈到下午四时顷。我进城访幼渔,因曾以五十二元托其代购陶湘所刻词也。幼渔适在北大开会,因驰往交钱,再去取书云,顺便回府。

7月1日　星期二

上午至部开关于国音字典修订问题的会,共四人:我、黎、汪、王也。

下午略略整理书物。七时电约不庵同至公园"雅",天气颇凉。

7月2日　星期三

上午回家。天雨。至图书馆访不庵,借抄本《续礼说集说》①,与不庵同至东华吃饭。下午整理书物。浴。

7月3日　星期四

整理书物者竟日,将十个书架安排好,书亦大致归类,计(1)子书两架(ㄅ一

---

① 此处原稿有笔误,应为《续礼记集说》。

ㄖ)、文学书两架(ㄌ—ㄏ)、史书两架(ㄒ—ㄙ)、学术书三架(丨—ㄢ)、杂书一架(ㄣ—ㄦ)。而新书则搁在公家府内也(大致如此),杂物则堆在顶上也。

7月4日　星期五

上午阴雨。杨适生来。郑介石来。

下午整理十个书架顶就绪了。

天气狠凉。

7月5日　星期六

上午不庵来,旋去。他定明日回南云。

下午浴。

七时回家,九时回舍。

7月6日　星期日

上午甘蛰仙来。张梦飞来,他想考北大本科也,听他谈起,知亚猛今秋将往考孔教大学之附属国学云(！！！！)。

下午雨,旋止。

傍晚雅,而雨忽至,亟出门。

晚大雨倾盆而下,而天不凉,盖入霉天矣。

7月7日　星期一

天仍潮热,时晴时雨。

午至衙门访劭西,与同至雨华春吃饭。

下午三时至祖家街西口外北京师范学校为泽士报名事,因无照片为凭,故未报云。出,回家。五时访沈老大。

七时半雅。

灯下作《增修国音字典的办法》,以天热蚊多,做了不多一点,便做不下去了。

7月8日　星期二

上午郑介石来,他要我下半年在女子大学预科二年级担任两点钟文字学,一年教毕,内容包括发音学、音韵学、形义学。允之。

午访伏园,不晤。

下午倦甚,困了一个钟头。下午起阴雨,觉稍凉。浴。

7月9日　星期三

整理《语刊》第四卷第一期《字母讨论号》上之稿件者,竟未毕。

阴雨。

7月10日　星期四
晴,潮热。
午访劭西于部,他约我到华美北号去吃饭。饭后又赴祖家庙为泽士报名。毕,回家。
访沈老大,吃他的晚饭。晚九时,雷电大作,亟归舍,幸未遇雨也。
夜有雨。

7月11日　星期五
午介石请在东华吃饭,为女师事也,同席有二沈一马。
下午访叔平,与之同至东安市场之太和春吃饭。
天阴,潮热。

7月12日　星期六
阴雨竟日。
写搁在舍之书片。

7月13日　星期日
天晴。午后浴。
六时回府,七时雅。
浴。

7月14日　星期一
上午十时至衙门晤劭西、一庵,与劭西同到西车站吃饭。
修改国音字典之京音问题,上海方面大为恐慌,六(陆)弗廷、王璞均有信来。
下午天又阴,有濛濛细雨,旋止,回舍整理书架。阴,雷而无雨。徐名鸿来。
黄昏以后大雨。

7月15日　星期二
大雨竟日。闷极无聊。上午七时顷大雨倾盆。略小。不得不出门吃饭,而前铁厂后坑、大沟沿等处尽成泽国,国门关略可走。厂甸水深几及尺。至厚得福晚餐,雨益大。归时车份至四毛云。
整理书架者一日,

7月16日　星期三

　　上午仍雨,下午止,但未放晴。

　　整理书架者一天,什有七八就绪矣。

7月17日　星期四

　　自此日至廿六日这十天未写日记。

7月27日　星期日

　　晚六时进城回府。八时至第一院地窖子里印题目,印至一时半方毕,今日预科考,数目有二一五〇人也,至本科则51人也。

　　宿家中,热不成眠。

7月28日　星期一

　　六时半到第一院,今日膝甚痛,不能多行。本来派在第二院,因即驻第一院矣,缘该处止有五教室,多在一排也。8—11时为试验之时,十一时回府一行,下午至第二院阅卷,因昨宵未能安眠,不过看了几十本而已。出城浴,晚早睡(浴时大雨)。

7月29日　星期二

　　上午八时半进城回家一行,即赴第二院阅卷,今天大家大约看了有1500本光景,明日必可全完了。天时而日出,时而大雨。

　　傍晚又回家一行,即出城。

7月30日　星期三

　　上午八时至第二院阅卷。中饭时将一杯勃兰地酒一口吸尽而大醉,头晕,兼之天气潮热,汗出如浆,甚不舒服,至三时行矣时,差不多尚有数十本,不怕他们看不完了。

　　回家一转,出城即浴。

　　晚甚不舒服,不能安眠。

7月31日　星期四

　　潮热,时雨时晴。

　　下午访劼西于其家,与同"雅"。正吃饭间有微雨,吃完又晴了!

　　眠较昨晚稍可,但仍不甚安适。

8月1日　星期五

潮热。

因咳嗽、便闭,至金处就诊。

上午回府知秉雄今晨五时乘自转车偕沈令扬、马咸上西山去了。

午后访叔平,与同雅,并晤隅卿,正吃饭时又下雨了,今日之雨较昨日为大,移屋中食之。

九时出公园。浴。

8月2日　星期六

上午十时进城回府,知秉雄昨晚未归,宿碧云〔寺〕中,张凤举在彼处也。

至研究所开"方言研究会"。下午访启明,刚到便雨,入晚弥甚,不能归,因宿启明家中。

8月3日　星期日

雨竟日。

上午十时由启明家出城回舍,电询沈令扬,知秉雄等已于昨日下午一时归矣。

8月4日　星期一

晴矣。

午后回家。

访士远及幼渔,均不晤。访尹默,晤之,与之同吃猫。

8月5日　星期二

午后回家。

傍晚访幼渔。

8月6日　星期三

崔先生前二、三天来信谓膀子跌伤,叫我去一谈。今日去,他问了许多衣衾棺椁的事。

下午浴。

8月7日　星期四

下午回家。

晚十二时。忽得湖州会馆郑仲轩君来电话,谓崔先生病重,约以明晨往视。

8月8日　星期五

上午十时至湖馆郑仲轩室中,李子载、张藻生、赵清泉均在,云崔昨晚忽腹泻,身子不能动,病势颇危。张藻生系医专毕业,据说昨晚注强心针亦无甚效,盖年老油干火尽也,恐不可救云。因商定三事:(1)添一用〈佣〉人服持;(2)发信并寄川资三十元致其侄伯南(嗣子)促其速来;(3)弄钱。(3)归我办,我即电幼渔托其问幼轩,设法约定明日拿来云。

下午浴。

8月9日　星期六

上午访汪一庵。午后回家。婠忽患身子发热,她近两旬以来月经来之不止,身体极弱,兼之夫己氏不懂做客人的道理,对于我家仆人无礼,她常常生气。此于病躯实大不利焉。

三时顷,访幼渔,为崔取得百元来。偕幼渔同访尹三人,同去吃猫。

电询湖馆,知崔昨今大泻,病势颇危云。

8月10日　星期日

上午十时送钱至湖州会馆,交赵清泉君代收,闻崔师昨晚谵语,病象极危。我往视之,肉消骨露,为状至可怖、至可惨,不忍多视,遂出。尔后回家。婠病略瘥,今日未发热。

三时顷访启明,并晤俞平伯。

8月11日　星期一

下午浴。

六时至公园,因叔平电约也。在公园见三儿,知婠病渐瘥。叔平谓王国维因研究所对于大宫的事件之宣言中有"亡清遗孽盗卖古物"之语,且直称溥仪之名,大怒,于是致书沈、马,大办其国际交涉,信中有"大清世祖章皇帝"、"我皇上"等语。阅之甚愤,拟逐书责之。因偕叔平同至其家阅之,果然。王并且大掼其纱帽,说研究所导师不干了,前送登《国学季刊》之文亦非收回不可。但马意似主挽留,将于明日开会讨论此事,我姑缓之。

8月12日　星期二

晨九时得秉雄电话,知婠病加剧,精神甚为委顿,欲改延沈麟伯治之,因即电话请沈。沈谓必须困,故自今日始即困。

午归家,午后婠病象渐见轻。

七时顷出城至湖馆,因早晨电询崔病,知已弥留,殆无生望,因托幼渔去弄钱,弄到200元,拟即送去。八时至,则知崔师已于七时顷溘逝矣,所幸衣衾棺椁均由国学部制办,故临时极不匆促,即行入殓,至十一时半毕事,为位而祭,人人都磕头,惟我一人鞠躬而已。

崔师(73岁)

  1852—1924

  (1852.6.27—1924.8.12)

  (清咸丰二年壬子五月十日—甲子七月十二日)

8月13日　星期三

上午十时回家,姳病似略可。下午四时出城至湖馆,清理先师书籍,将他的《五经释要》原稿取来,以便续编整理。

晚浴。天潮热之至,晚雷雨,始渐凉。

清初之西泠五布衣:

  吴颖芳(西林)

  丁敬(敬身)

  金农(冬心)

  魏之琇(柳洲)

  奚冈(蒙泉)

8月18日　星期一

上午金来诊,洗涤,注射。小腹内有一块,金云似胎儿,因设为三种:(一)子宫筋肿;(二)子宫内膜炎;(三)胎儿结胎于子宫之外。若为第三,便成棘手。

8月19日　星期二

今日身体忽大发烧,晚至三十九·七,恼怒胡言,至为可怖。

8月20日　星期三

天明烧退,三十七度五。下午金来诊,洗涤,注射。

嫂来视。

8月21日　星期四

恐怕今天要发烧(疑为二日疟),故预服金鸡纳二粒。

我出城一行,至湖州馆,访崔六齐与其子伯南,彼等谓关于怀师著作及书籍拟移交于我,此诚欣然者也。

午后浴。

归,润来。稻来。

今晚胃痛甚剧,通宵不眠。

8月22日　星期五

今日仍不发烧。三十七度五。嫂来。精神委顿,胃痛不思食。午后延金来,今日注射一大针,不洗涤。

润、丰均来。

取药。至公园略坐,晤陈宝榆。晚胃痛,大呻吟,转侧不能安眠,精神危顿。

8月23日　星期六

兄、嫂来,拟延曹巽轩中医诊治。

午后二时兄来,润来,移时曹来。

今日形势似甚险恶,缘胃病不思食,而精神极委顿,金云血不止而不食则无以支持。傍晚至盛伯宣处预订一切,唉！润宿我家,今夜尚平安。

8月24日　星期日

今天上午沈大、黎来,马咸来,马巽来,沈大太太、三太太、马二太太、五太太、陈太太来。我出城至宿舍一行,在外购物而归。午后润去。

今日仍不思食而胃痛增剧,夜半十一时至五时呻吟呼号达旦,委顿之至。曹医之二次药,伊止吃了头煎一半。其余均不吃,明天似乎只可请狄博尔了。

8月25日　星期一

天明胃痛稍止,略能安眠,不思食。晨兄嫂、稻来。朱太太来。至寄宿舍一行。我去金处看手,顺便携归止胃痛药三包。沈三来,未遇。午,润来。

今天白天胃痛两三次均不甚剧,仍不思食。托稻去请狄博尔。下午五时顷稻来。移时丰、新及叔泉来。九时狄来,略一诊视,云小腹内之硬块似系胎儿,结胎于子宫以外者,根本治疗,非拉肚子将此胎儿取出不可,云明日须抬往医院一为检查云。此事真令我为难,照道理自然应该照办,但婠是绝对不愿的,狄与稻语时用中法合璧之语言中忽露拉肚子三字,婠闻之大惊骇。其实即抬进医院检查便做不到,何况……然则如之何而可耶！！！！！！！！！！ 稻语明日或请叔泉同学绍兴王君来家检查再说。

润宿我家中。

8月26日　星期二

婠病与昨相仿,惟胃不甚痛,仍不思食。晨,嫂来。润去。稻来。午,丰来,云稻请王某,王云家中实不便检查,狄既如此说,实不必检查,惟有实施拉肚子之一法云。兄来,偕嫂归。幼渔来。傍晚润来,旋去。

晚胃痛又大剧,通宵不寐。

8月27日　星期三

晨兄、嫂来。

午出城至舍,二时归。

因昨晚胃痛甚剧,今日先为之治标,下午延金诊,现服开〈胃〉、止痛、安眠诸药及补血丸。明知此是头痛医头,脚痛医脚之办法,但根本治疗(即开刀)微特本人不愿,即照此身体亦似不宜痴心妄想,此之先为之止痛、开胃,俾精神稍臻健康,渐有起色,再告之以根本治疗当开刀。但此是如意算盘,照此身体恐已不能支持,姑尽人事而已。一星期以来,终日恼怒,又不欲食,实日趋死路耳,咳!五时顷金处取药,至公园一行,因天气渐凉,游客渐少矣。

今晚尚能安眠。

8月28日　星期四

晨兄、嫂来。

午黎来。

下午四时半嫂又来,五时半去。

今日精神益委顿,而恼怒益甚,仍不欲食。

9月12日　金

今天是我底生日,是我三十八岁底第一天。一两年来的日记写得太不成东西了,从今天起要大大地改良才是。媬贞底病还没有好。我现在还是在家里睡。上午九时兄、嫂来。

今天底《晨报副刊》上,有适之底信,谈《努力》继续出版的事,信中对于独秀最近表彰拳匪,深致不满,这是和我、和启明底意见相同的。

下午六时出城,到龙云斋付《毛诗正韵》印资五十元,还不到一半(共120元),这是先由我垫付的。到寄宿舍略坐,即进城回家。

9月13日　土

今天是阴历底中秋。上午不庵来,午与不庵同去吃德国饭店。我和它久违了,今天去吃觉得味儿格外好些。三时半到寄宿舍。四时洗澡刮脸。八时到子直处,取媬贞所吃的安眠药。九时回家。看俞平伯底《〈灰色马〉跋》。

觉寒冷。夜半大风。

9月14日　星期日

上午十时访叔平,下午三时回家。

午时访不庵,与他同吃德国饭店。十时回家。

买陈万里底《大风集》、朴社影印《元剧三十种》、黎劭西底《国语教学法》。

9月15日　星期一

看郭沫若底《孤竹君之二子》(《创造季刊》一卷二号)。

下午炏孙夫人及兼士夫人均来望绾贞的病。六时到寄宿舍。八时访叔平。

天气渐凉。晚归时穿两件单衣,颇觉寒冷。夜半大风。

9月16日　星期二

上午雨,天骤凉,穿大衣还觉不暖。九时有一补考的学生来,说今日补考"文字学",上午、下午均有,而上午从八时起,已误时刻。但我昨晚至寄宿舍,实未得学校通告。事既如此,只好赶紧到寄宿舍去,找讲义出题目。下午的题目仍送交注册部,而上午的只好送交此补考之学生,让他在寓中去做了。好在补考的只此一人,尚无妨碍。午回家。下午四时顷幼渔来。

9月17日　星期三

下午尹默、不庵、叔平同来。翁叔泉承其外姑之命,来为婠贞诊病开方,计开胃药一种,止胃痛药一种,医神经药一种,补药一种,打针药(补血)一种。明日当往利亚购买。

偕不庵同访适之,在适之〔处〕见丁在君,我和他是初次见面。与不庵同至森隆晚餐。

归家检阅大兄所纂《吴兴钱氏家乘》,此书体例太芜杂,记载无条理,看了真觉得眉目不清。中国用历代帝王纪年,本已极不适宜,而此书中于此复多纷歧,忽云"年号几年",忽云"年号干支年",而在民国时代,止书干支年,今为便于计算,改用公历纪年,记于左方。

　　六世祖奉川　　　　？
　　六世祖母沈　　　　？
　　五世祖圣辅　　　　？
　　五世祖母王　　　　一六六一—？
　　高祖大章　　　　　一七〇二—一七六七
　　高祖母蒋　　　　　一七一七—一八〇三
　　曾祖允凤　　　　　一七四八—一八〇五
　　曾祖母邹　　　　　？

曾祖母李	一七五三——一七九五
曾祖母张	一七七〇——一八四一
祖孚威	一七八八——一八三五
祖母费	一七九二——一八五〇
伯父振伦	一八一六——一八七九
伯母任	一八一九——一八四七
伯母翁	一八二六——一八九二
伯母祝	一八五七——一八九二
父振常	一八二五——一八九八
嫡母姚佩玖	一八二八——一八六四
生母周	一八五二——一九〇二
兄恂	一八五三—
嫂董	一八五一——一八八二
嫂单士厘	一八五八—
兄观龄	一八五七——一八七三
兄澎	一八七五—
嫂归	一八七六——一八九九
嫂金	一八七五——一九〇二
嫂沈	一八七九—
玄同	一八八七—
徐婠贞	一八八六—
侄稻孙	一八八七—
侄妇包丰保	一八八三
侄穮孙	一八九〇
侄妇施翠贵	一八九五
侄棣孙	一九〇四
子秉雄	一九〇七
侄萼孙	一九〇八
子秉弘	一九一〇——一九二〇
女秉工	一九一一——一九一二
子秉穹	一九一三
侄华孙	一九一四
子秉东	一九一五——一九一六
子秉充	一九二一
侄孙女亚新	一九〇五稻
男亚猛	一九〇六稻
男亚获	一九〇九稻

女亚觉	一九一一稻
女亚澄	一九一二稻
男亚狷	一九一四稻
男亚狮	一九一五稻
女亚靖	一九一六樢
女亚慎	一九一六稻
女亚补	一九一七樢
女亚淑	一九一八甸
男亚猗	一九一八稻
女亚满	一九二〇稻
男亚献	一九二〇樢
女亚荣	一九二二樢

9月18日　星期四

上午十时出门，至利亚药店购药。至德国医院，付狄博尔诊察费十元。至金子直〔处〕取安眠药。至寄宿舍。下午二时回家，嫂及润均来。晚访士远。

9月19日　星期五

做了一天"看护夫"。

晚访不庵。有周妈者，本梁太太身边之妈妈，婠贞思得此人料理她的饮食一切。不庵之车夫知她的住处，今日托他去找，若将她找来，不但我有时可以走〈开〉些，并且饮食问题可毋庸我及秉雄搜索枯肠，而终不得当意也。

9月20日　星期六

上午九时大兄来。收拾家中书籍。

下午出城，至舍，洗澡。八时访叔平。今天《晨报》载，十八日孙传芳攻浙江，浙江军官潘国纲降。夏超逼卢永祥去浙。卢已赴沪。《晚报》又有浙省议会致"北京总统府国务院"之电，谓"浙江非用武之地"，（然而何省该用武耶！？）又谓卢督已离浙，浙人治浙，请饬孙军勿来。这种卖省的口吻！孙传芳说，我偏要来，ㄕㄧㄚㄋㄜ！果然有"新任孙传芳督理浙江军务善后事宜，兼闽浙巡阅使。此令。"矣！！！

9月21日　星期日

上午十时到寄宿舍，将《毛诗正韵》运交研究所。午回家。下午五时访不庵，与同至德国饭店，因红履公宴，约吃猫也。

今日《晚报》载，警厅命令饬各报称直军为国军，浙军、奉军为逆军。此为大典筹备处以后之妙举（称蔡锷、唐继尧之名下应加逆字）。吴佩孚此时殆真踌躇满志矣！

9月22日　星期一

今日北大试旁听生,命我与兼士出题。我有监场口试阅卷之义务,但因走不开,只好不去,而托不庵代理。但今日周妈已来,若将一切来嘱咐停当,大概我明日当可出门矣！故若明日阅卷,则我当任阅卷之劳也。叔平来。不庵来。傍晚张梦飞来,他以华侨去考北大也。

晚至舍。以八块四毛钱买了一部扫叶山房石印之《太平广记》,携归,灯下写书部首。

9月23日　星期二

上午整理书物。

不庵以车来,嘱至第一院,去则叔平亦在,因同至森隆午餐。餐毕至第二院,阅华侨旁听生之卷,朝鲜人甚多。连日少睡(因猫夜睡不宁也),阅卷时神思昏倦,因即睡了两个多钟头。六时偕叔平同至新开路义兴做"公装"。七时至舍。

9月24日　星期三

晨起为婠贞出城买物,十时许回家。整理书房。

下午四时幼渔来,六时去。

六时出门访不庵。

9月25日　星期四

下午至舍。

五时访孙伏园,他说鲁迅近来发明三条真理:

一、真理的数目,和鞋店里的鞋子一样多,因为人人都可以得到一双合他的脚寸的鞋子;

二、文学是从胃里出来的,文学家和香水瓶一般,一拿上手,便可闻到香味;

三、世界是傻子造成的,因为聪明人只会批评,不肯做事,所以他不是组成世界的份子。

9月26日　星期五

上午整理书房。

下午至舍。洗澡,剪发。七时半访马叔平,试"公装"壳子。

9月27日　星期六

上午八时至十时整理书房之书。

十一时访不庵于第一院,与同至森隆午餐。三时至舍。四时半至衙门,因得劭西信,知渠昨日由海道到京,与之雅。他说:

上海方面,对于国语赞成国语统一,赞成注音字母,而对于"白话文"则怀疑。

对于字典修改之京音、国音,主张可加京音,但国音必须列入,且须列为第一。

锦晖大病,每晚均不能眠。乐嗣炳已出中华。郭后觉管别的事,《语刊》专由马国英办理。

9月28日　星期日

上午十时访士远。下午一时至宿舍,略将书桌和床榻清理一番,且将讲义捡出,因北大从十月六号起要上课,而师大闻亦在那时开学。女师前周已上课,但我拟亦从十月六号起去上课也。五时访不庵,与之同出吃猫。

9月29日　星期一

上午十一时出门,至利亚为婠贞购药。至金子直处取安眠药。到寄宿舍。三时回家。张梦飞、云士兄弟来。六时至叔平处试衣。七时访不庵,与同至森隆晚餐。

9月30日　星期二

上午至图书馆访不庵,他约我同到他家里去吃午饭。午后至舍。近来又有两三夜不得安眠。因"猫"有小病,夜卧不安也。至舍酣卧约三小时。

《实社自由录》第一集的目录:

		页
论著:世界革命	华林	一
面包问题	志道	三
素食与道德	凌霜	六
欧战后之女权	华林	八
学术属之于至公	又	十
生活革命之大潮流	震瀛	十一
世界最大多数之幸福	华林	十二
竞争与互助	凌霜	十四
欧西文物之进化	华林	十六
乡村教育	又	十七
恐怖之威权	又	十八
欧战什感	超译自由报	廿
学说:爱国主义	高曼女士著 超海译	一

无政府主义	高露曼女士著	
	霜译	五
谈学	真	十四
《礼运·大同》释义		十八
托尔斯太《答日本友人书》		廿二
结婚与恋爱	高曼女士原著	
	震瀛译	廿六

传记：托尔斯太之平生及其著作

　　　　　　　　　　　　　　　凌霜　　一

　　（一）绪言　　　　（二）传略
　　（三）著述　　　　（四）著述之性质
　　（五）结论

　　世界语发明家柴门合甫博士事略　霜述　　十

纪事：李石曾先生与实社社员之谈话　　　　一
　　　与克鲁泡特金氏相见记　　　华林　　四
　　　虚无党之行径　　　　　　　华林　　五

通讯：复了僧君　　　　　　　　　太侔　　一
　　　答思明君　（附来书）　　　凌霜　　四
　　　答思明君　（附来书）　　　凌霜　　六
　　　答鸿贵君　　　　　　　　　震瀛　　十一
　　　答天放君　（附来书）　　　太侔　　十三
　　　复某君　　　　　　　　　　剑农　　十六

小说：侠女行　　　　　　　　　　华林　　一
　　　侬之血　　　　　　　　　　又　　　二
　　　侠情　　　　　　　　　　　又　　　四

介绍：教育工会试办简章　　　　　　　　　一

10月3日　星期五

上午至舍。打电话想找启明，他不得空。又想找叔平，又不得空。

10月4日　星期六

周妈又要走了，不得已，只好去找奶妈。（上午十一时至舍。下午一时去访她）。她住在崇外东四块玉五十七号。此为城内之乡下。购地图，坐包钟点车而往觅之。好容易找到了，她已搬走了。搬到广渠门（沙锅门）内安化寺六号，居然找到了，找了三个钟头云。

劭西约至雨华春晚餐。同坐者为汪一广、李仲侃、罗膺中。

10月5日　星期日

十时半访适之。下午四时归。六时访不庵,与同至森隆。

10月6日　星期一

上午9—11北大。十一时为婠至利亚购药,不得。下午至舍。晚访叔平。

10月7日　星期二

清理家中书房者竟日。下午五时访不庵,同至森隆。

10月8日　星期三

八—11北大。下午女师有课,请假。11至逸信洋行,为婠购铁汁之药(翁方)。据说无适合者,因电翁,说可买而补之。下午二时又去买,则售货者出门,只好明天去买了。

下午一时至舍。

六时半访叔平,他送了我二方图章,如左:①

10月9日　星期四

上午访叔平。下午至舍。晚洗澡。

10月10日　星期五

上午至金子直处,为毛头取咳药。下午至舍略睡。收拾书桌。晚访不庵。

10月11日　星期六

至一院交讲义,见幼渔及不庵,与同至森隆吃饭。午后至舍。傍晚至师大,晤杨遇夫与单不庵。

毛闹了一夜,不得安眠。

10月12日　星期日

上午至舍。下午卢自然、萧家霖、○○○② 三人来谈。去后酣卧。

晚点阅《史记·五帝本纪》未毕,用同文影印殿本点阅,拟每点一卷之前,先照《探原》删改。删去[　]。其外改者,添加者,则照改照添。暂用尖点(、)点之,而人

---

① 原文空缺。
② 原文如此。

名地名及引语之符号概用之。这是看《廿四史》的起点。

依《史记》,则五帝、夏、殷、周、秦之关系如此：

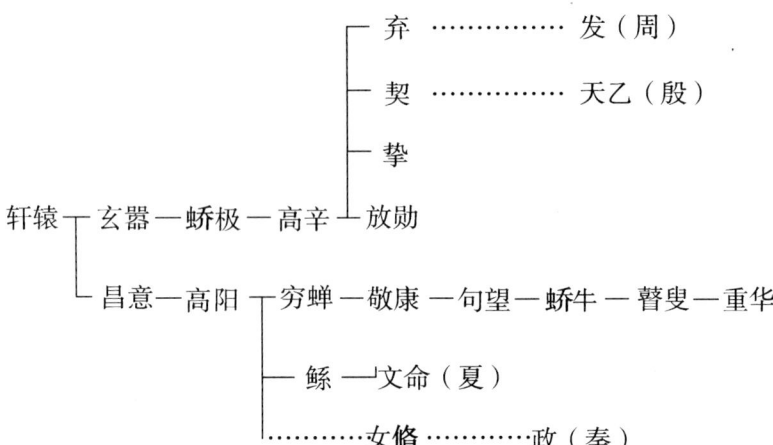

一九二五年

1月1日　星期四

　　从上年十月以来,因为婠贞底病老没有好,我的心绪很坏,好久没写日记ㄌㄜ。现在打算从今年今日起叫它复活起来。这 ○① 年以来,虽然常写日记,可是记得有些意思的实在太少ㄌㄜ,希望从今以后的日记,一是别再间断,二是总要记得有些意思才好。

　　昨天闲明来信,叫我今天上午十时以前上他家去吃屠苏酒、ㄕㄛㄏㄧ(杂煮);ㄒㄧㄦㄨㄎㄛ。今天遵时前往。同吃者有:马幼渔、沈士远、沈尹默、张凤举、张振南、龚绿子、陶晶孙、陶虞孙、章矛尘、孙伏园诸人。所吃是纯粹日本风味,连吃时所用的工具都是日本的。吃完屠苏等以后不久又吃饭,实在吃不下,只吃了些菜。下午四时回家,看《颜氏学记》数页。

　　婠贞从去年七月患子宫病,月经每一来出血甚多。这次闹了半年,身体弄得狼狈不堪。十二月二十九日入协和医院用"ㄦㄟㄉㄧㄜㄇ"(Radium)治之——共烧三十二点钟(十二月三十日上午十时至三十一日下午五时)。用药以后,身体很软弱,今天还没有出院,但日有起色,我们请润辉、亚粹母女二人去陪伴,家中则昨今两日都是秉雄去,我没有去。

1月2日　星期五

　　上午十时半到协和医院看婠贞。今日比昨天秉雄回来所说情形又有起色,食量也渐渐加强。下午一时出城,到师大寄宿舍,三时回家。五时又去,八时回家。婠贞本拟明天回家,而从今午起忽又出血,不知何故?医生说大概不碍事,因上药之日,子宫口微有创伤,吃点止血的药大概可以止住,明天出院或者可以不至于有变更。医生说此次用ㄦㄟㄉㄧㄜㄇ医治,以后论理月经应该从此停止,但子宫患处并未根本割除,生恐再过几年以后,此瘤或转成恶性的瘤,则医治殊甚棘手。最好莫如调养数月,身体健旺,将子宫割去,这是永绝后患之根本解决法。

1月3日　星期六

　　上午偕老三同至协和医院,本拟今日出院,因昨日又有血出,昨夜小便中血更多,未免害怕。据医云,此非月经,乃是前日上药时破子宫之伤口之血,无伤也,但因此仍请其吃止血药。今日稍少,为谨慎计,定星一出院。云、润、粹、良、新、获均来。下午二时偕润、粹、云、穹同至森隆吃大餐。毕,回家一行。出城洗澡剪发。

---

① 原稿如此。

幸德秋水之《基督抹杀论》,已由叔雅译出,今日购得一本。

1月4日　星期日

命老三到医院相伴,据说润未往,粹在焉。上午访适之,访士远。

下午回家看适之的《戴东原的哲学》原稿(未做成)。

1月5日　星期一

晨亟须回家。北大请假。十时半至协和医院,润在,粹上课去了。据说今日下午一时要注射血,故需明日回。至午,杨大夫来。据说雇来抽血之人,其血甫于半月前被抽,此时为期太近,不可再抽。若需打血针则当另雇一人来,今晚可打。但若亟须回家,现在不打也未始不可,最好后日出院。嫱甚不乐再居,决心要回家。老实说吧,我也不愿为此,这真是直接吸贫人之血了,非资本主义之美国乌克臻此,恐苏联必无此等办法。下午四时一同回家,由润送之来。八时出城,今晚即宿寄宿舍。

1月6日　星期二

上午九半至十二半,师大。得稚晖先生贺年片。他自己写了。①

下午三时至协和医院付账,共一五四元二角五。

购《华国》第二期第二册,中有太炎师之《中学国文书目》。

至春华楼吃饭。晤幼渔,他说日前在伪宫发现莽、董原物。四时回家。

六时至东安饭店。今日为废历甲子年十二月十二日,大兄之生日也。他叫我去吃夜饭,共十三人(故分两桌):

大兄[1]　大嫂[2]　稻[3]　润[4]　颂唐夫妇[5,6]　叔潜夫妇[7,8]　亚献[9]　不庵夫妇及其子[10,11,12]　我[13]

宿家中。

1月7日　星期三

上午八半—十一半,北大。下午二时半—四时半女师。女师两班学生均打麻烦,要免考。其实予岂好考哉?予不得已也。因与之约,如学校认为可免考,必免,否则只好考。闻国三幼渔、士远不考。文预二,介石不考。然则有例可援,或可免考矣。

国三学生忽要求不许讲书,要闲谈。原来伊们日前曾闻川岛夫人说钱先生甚严厉,我们一响,他便瞪眼。此说由启明转告我。我说并不如此,学生有话尽可谈天。川岛告之,遂有此闹。因之,向伊们胡说八道了一点钟。

---

① 原文如此。

课毕至丁丫门晤汪、黎、陈诸公。与汪、黎同出吃饭，商修改《国音字典》事。陈告我谓夷初对于某书馆所编国语读本中有章太炎的《六书说》一篇，说讲得不对，应删除。此可谓荒谬，民国时代尚有钦定学说耶？

宿城外。

1月8日　星期四

下午一时到清室善后委员会查点物件。我今天第二次到（十二月廿五日未去，一月一日放假），一到，云已派作组长，其实是杨遇夫，因他不到，我是候补者，便补缺了。查乾清宫三东屋之南炕有一箱玛瑙碗，有宋砚等，有三个空箱子，箱中物当是庚子年洋方〈鬼〉子拿去者。炕桌上有好几匣青玉，上刻的金字，那些狗屁诗赋之类。往往每一匣缺了几片，内有签云"光绪二十六年八月初四日缺几页"。此必是洋口方拿去及口①[子]走后宫内人查点物件，遇有缺者，记此签也。四时毕事，回府。七时访不庵。宿家中。

1月9日　星期五

上午九半—十半，北大。下午一时至金子直处为婠贞取药末。伊肛门之侧出脓水也。

二时至北大。到《语丝》社晤小峰、川岛并晤维钧。

三时半至四时半，北大。五时回家。七时访不庵。宿家中。

兴趣甚为无聊。

婠之血又来，本来协和医院或者还要来一两次亦未知，但这样伊又懊恼了。

1月10日　星期六

家中红煤丝毫无有矣，而日来京保间火车被孙岳、李景林两方军队扣住专用，而城中大车又因要抓，不敢出来。故城中虽红煤即偶有，亦不敢送。上午打了许多家的电话，均弄不好。结果居然在很近之东安门河沿一家买到了半吨，价十元。

十一时半出城吃饭。一时半至女师，声明所教甚少，可以不考。又至衙门一行，晤陆老爷及△△。三时半至师大上课，五时半毕。七时洗澡，宿城外。

1月11日　星期日

九时半出门为婠买菜，十一时回家。下午一时至第二院，赴"国文系一年级读书会"之恳亲会，闹了些玩意儿，如对神仙对之类，五时许散。访叔平，并晤尹默。神仙对为：

墙头新柳　又垂条

---

① 《易》曰"高宗伐鬼方"，钱玄同这里用"口"字代"鬼"字。

我对了：

　　两手老松　　还耸缕

可笑之至，方出"头"字时，我尚不知何义，对了"手"字及出"墙"字始知为"墙头"，无术以连之，因对了一个不对之"两"字，不意结果还是如此不通。

婠贞昨宵血又多，今日兴趣甚坏，我亦无聊之至。宿家中。

1月12日　星期一

师大、女师大均因试验，从今日起停课。

上午9半—11半，北大。

下午四时至新潮社晤小峰夫妻、平伯、绍原。五时访士远。十时至宿舍。忽自家中来电话，云太太病重，请您速回，甚惊。只因〈得〉回家，则婠今日热度忽甚高，至三十九以上，卵巢剧痛，血亦甚多。

1月13日　星期二

上午访翁，请其来诊并打止血针。他午来，据云用过镭锭后，因卵巢收缩，可以有此现象。但若是细菌侵入子宫，致成脓毒症亦说不定，姑止血之，而吃退热药。

下午出城，过佩文斋，购了一部《十朝东华录》，石印，六十四本，价止七元半，甚廉也。

晚回家，闻五六时又闹过一次，热高，腹痛，血多。

灯下阅《语刊》稿，未毕。宿家中。

1月14日　星期三

上午8半—11半，北大。午后访季明，约他同找杨大夫，说明婠贞病状，伊说五时后来看。来看认无伤，发烧与作痛乃是卵巢收缩之故，不必虑。晚阅《月刊》四期稿，仍未毕。宿家，婠今日热渐退，血渐少，痛亦渐减。

1月15日　星期四

上午往协和取药，访叔泉，请其今晚再来打针。午出城。下午在宿舍看《国语月刊》二卷四期之稿，毕。晚回家，闻婠今日血又加多云。宿家。

1月16日　星期五

上午9半—10半，北大。下午3半—4半，北大。今日为启明四十初度，川岛、绍原、小峰、伏园送菜到他家去祝寿，约我及平伯作陪，北大课毕即往。本有女高师同乐会，以时间冲突，只好不去了。

十时归家，宿家中。婠热度渐减，血仍如故，痛亦未尽消。

1月17日　星期六

上午为婠贞至利亚购药。下午至师大。三半—五半,试验也。晚浴,宿宿舍中。今午验婠温度三十七。

1月18日　星期日

午回家,婠谓昨血仍未见减少,顷腹又痛,精神极为不适,惟热度不算高,三十七.二。

三时至市场、森隆,今日《语丝》又宴会也。到者十人:
玄同、玉堂、平伯、绍原、伏园、启明、品青、川岛、小峰、衣萍。

1月19日　星期一

婠病未见减退,痛如故,血亦如故,热度仍高。上午访叔泉,他说午后可来打针云。二时来打。午,寄宿舍一行,傍晚归。

1月20日　星期二

婠血未止,但今日状态似稍安闲。卵巢痛势见减,但下午热度又见高,至三十八度。晚访不庵,十一时回家眠。

1月21日　星期三

昨日下午,婠贞热度忽至三十八度余,已觉不妙。昨晚二时我视伊状态似尚清楚,讵意从今日上午九时顷起,谵语大作,大哭大闹,热度高至三十九度六,血亦甚多,我真无术以调之。挽邻居黎老太太来解劝亦无甚效。十二时杨大夫来注射一次。下午红履公婆来,又相对而大哭一场。下午服退烧药,直至晚八、九时顷方退至三十八度。我竟夜未脱衣,未安眠。我午后一时出城,五时顷归。

1月22日　星期四

婠热度未见更高,但亦不甚低减,在三十八度至三十八度半之间,血仍甚多。伊兴趣仍极坏,怨言不绝,将他人待伊情分一笔抹杀,一若我是十九年冻馁伊似的!!!但"不受人怜,不求人谅",我早佩此格言矣,任伊诬蔑可耳,反正也辨不明白也。

上午十一时出城,为伊购物,下午三时回家。傍晚甚为疲倦,在秉雄床上睡了几个钟头,睡不安宁。夜仍未安眠。

1月23日　星期五

婠热度不高起,上午三十七度半,下午稍高至三十七度八。血略见减。午访叔泉,请他再来打一针。至宿舍,三时进城回家,六时叔泉来打针,据说不久当即可止矣。七时顷出门至北大,女师大、男师领薪。此次居然发了一个月,为两年以来所仅见者。十一时回家。

今日为夏正甲子岁除,大兄家照例又要拜一次祖宗,去年(旧癸亥)岁除,我已躲过了,今年也就不去了。

今晚总算困了几个钟头,但很头痛。

1月24日　星期六

上午十一时访叔平,在他家吃了两顿饭,谈了一天,我直到晚十时半方回家。

婠今晨热度减尽,血亦止矣。晚八时顷忽又高一度(38),旋出汗退烧,是殆余波,不足为患矣。据婠贞说,红履婆来说,昨他家祭祖,我母之红纸条儿旋贴旋落(他家无我母像,每年岁余祭晚,我嫡母之右侧贴一红纸条曰"庶母周太孺人之位")。不知红履婆究竟如何说法?婠言本不尽可凭,但无论如何,总是要想用迷信鬼话恐吓我而已。岂知此等卑野之迷信,钱玄同岂犹能信之?多见其心劳日拙而已。

1月25日　星期日

上午访士远,午归。红履公来。下午在家中略略收拾书房之书,未出门。

1月26日　星期一

上午访季明,不晤。访尹默。日内觉头中神经作痛,午后往金子直处取药。下午始逛厂甸,买了一部《韵略汇通》,价六元五角。《侯官严氏三种》《宸垣识略》一部。杨映华来。

1月27日　星期二

十一明,访翁之龙,请为婠开补药,购之。午后至舍收拾书架。四时顷逛厂甸。

回家据说伊的脚心又有些热,诟谇备至。买来的补药也不以为然,闹了好半天,直到十二点后始安静。此非病也,乃是因二十五日红履公来说一句话:"你固然痛苦极矣,别人亦疲惫极矣。"因此语是对于我……表同情了,故甚愤恨——岂不可笑。

1月28日　星期三

午出城至舍,整理书架。三时顷夏宇众来谈,七时方去,余亦进城。八时半回家。入大门又闻诟谇之声矣,唠唠叨叨,闹个不休,真是精神病的现象,嘻!无聊极矣。

1月29日　星期四

昨晚大雪,今日下午一时方止。午出城至舍整理书架,不甚有精神,三时即停止工作。东亚公司来电话,谓旬日前我去定的一部厨川白村的《象牙ノ塔ヲ出テ》已到矣,因往取之,并购《文艺思潮论》《苦闷ノ象征》二书,亦皆厨川氏所著也。六时复出城,剪发,洗澡。十一时归,冷甚。灯下取《流沙坠简》释文抄之,聊以消遣。

婠今日略和平,晚归不闻诟谇之声。上午因大雪,下午虽止,厂甸书摊甚少。

1月30日　星期五

午出门。午后逛厂甸,从今日起摊都摆齐了。今日买了:

闵尔昌ノ《五续疑年录》,三元五角

《续汇刻书目》"闻"集,一元

董说ノ《西游补》,二元

闵书已〈以〉及民国十一年死的人,可谓最近矣。此后应补入我一时忆及有三人焉,夏曾佑、崔适、林纾是也。

见《雕菰楼文集》一部,索价三十五元,颇拟购之,明日当再往磋商之。今日天冷、风大、人累,从二点逛到四点半,惫甚。因回寄宿舍。取《五续疑年录》,记上公历,未毕。八时访不庵。十二时回家,婠今日态度渐平和。

1月31日　星期六

上午十一时至厂甸,以三十元购取《雕菰集》,虽贵,亦甚乐也。

十二时进城,至东兴楼,今日启明、凤举因陶孟和夫妇回京、郁达夫将赴武昌教书,因为此宴。宾主到者,计廿三人:

陶孟和△　沈性仁△　郁达夫　沈尹默　沈兼士　林玉堂△　陈通伯△　徐志摩△　邓叔存△(以蛰,完白之玄孙)　陈百年　李玄伯　徐旭生　马幼渔　马叔平　皮皓白　周鲠生△　刘光一△　杨遇夫△　丁巽甫　江绍原　周作人　张凤举　钱玄同

吃得非常之高兴,我吃了十几杯黄酒,颇有醉意。我近年来精神感受痛楚极矣,明知此事无可避免,但又不得不用物以麻醉之。故颇思从今年来一方面对于排除旧思想,鼓吹新文字以及整理国故等事——总名可曰"疑古",仍当更加继续进行,而自己的精神有时太痛苦了,不能不设法麻木之或慰藉之,故对于"吃不饱的点心"一类东西亦颇注意焉。这样虽然似乎有荒唐,但用麻醉剂麻醉神经,使少受刺激、痛苦之法本医师所常用,不算不合于科学也。

三时至衙门晤劭西、一庵、颂平、雨庵诸公。雨庵先生以六十一岁之老翁,谓实

不堪家庭之烦闷,谓自四十以来,二十年中烦忧难解。此公系和平改革派,而年已过六十,已经思想略略清楚,犹是如此,况我乎,唉!唉!

五时许再至厂甸,购得《六经奥论》一部,价六元,又《淮南旧注校理》,系吴检斋之作,买了一本,价一元三角,遇夫谓此书甚佳云。晚十时回家。

2月1日　星期日

午出城。下午二—五时逛厂甸,购得梁△△① 的《仓颉篇△△》,一元七角。见一书款曰《篆文大观》,实即大徐之《篆韵谱》也,书共△△本,题签者亦有△△人,为徐铉、杨伯孙、△△△、△△△、△△△、吴大澂,岂不可笑之至。

拟取钱、吴、钱、陆、张、闵六家"疑年录"及△△△② 之《四史疑年录》,重为排比,先以书片书之,一片一人,其式如左(以俞樾为例):

姓名	音	ㄩㄩㄝ
	字	俞樾
字		荫甫
年		86

生年	公历	1821	干支	辛巳
	帝王	清宣宗道光元		
死年	公历	1906	干支	丙午
	帝王	清德宗32		

钱大昕　《疑年录》
吴　修　《续疑年录》
钱　椒　《补续〔疑〕年录》(再续)
陆心源　《三续疑年录》
张鸣珂　《疑年赓录》(四续)
闵尔昌　《五续疑年录》
刘△△　《四史疑年录》

2月2日　星期一

十日访幼渔。十二时至森隆,今日为我等十人(我、沈二、三、马二、四、玄伯、旭生、百年、叔存、遇夫)请了十七个客(陶孟和、沈性仁、郁达夫、林玉堂、通伯、志摩、皓白、鲠生、尧一、巽甫、绍原、作人、凤举、适之、抚五、士远、杨振声),而性仁、志摩、鲠生、巽甫、凤举、士远六人未来,又吃得醺然。四时出城至厂甸,已在收摊,略视即

---

① 本日日记缺文,均为原缺。
② 原稿如此。

走,购得《光绪东华录》一部,价二十元。晚回家。

2月3日　星期二

十时为家中叫煤。十二时出城至春记,昨与叔平约去"共产"也。下午逛厂甸,购得《采薇僧集》,三吊。《薛浪语集》,四元。《杨诚斋集》,九元。晚回家。

2月4日　星期三

十时访百年。十二时至姚家胡同,大兄今日请我们去吃"牛头",假坐稻孙家。同坐者有觐圭、不庵。他有六十四年的陈酒(咸丰辛酉?),我吃了七八杯,大醉,三时出城,本想略逛厂甸,而因头晕脚软,终于只好回到宿舍中去睡觉,睡到八、九点钟光景清醒,枕上阅《定庵集》,不能起床,未吃晚饭,今晚宿寄宿舍。

2月5日　星期四

晨醒,人清楚矣。十一时至厂甸购得《同治东华录》一部,价三元。于是十二朝《东华录》全矣,但不知"宣统东华录"以后尚有人做它否?这种书体,不配称历史,但总不能不算是史科,虽然体例芜杂,议论荒谬,事迹隐讳不具,照现在那班王八旦修"清史",此第二十五部之"清史"修成,讵能比《东华录》高明若干耶?

午回家。午后三时至中央公园来今雨轩处哲学研究会,此会为适之、百年、不庵、旭生、宰平、正叔六人所发起,邀我等共作发起人。今日到者廿五人(梁任公未到,而来信谓愿署名发起人之中,故算廿六人),即作为成立大会,票选干事二人,百年、正叔当选。会毕,偕不庵同至其家。晚归。

灯下取吴伯宛、黄顽之《定庵年谱》,凡龚文有年可记者,于薛本目录之下记以公历之年,并记定庵年岁,草草弄毕(诗词未弄)。

2月6日　星期五

上午九时至第三院,赴研究所之考古学会。

午出城,下午逛厂甸,买了△部书:《南洋中学藏书目》,陈乃乾编,一元;《切韵考》,李邺(新出版),五角;《王船山年谱》,刘毓崧,二元;《音韵类要》,王鵕,一元五角。

2月7日　星期六

午李仲侃请,在颐乡斋吃饭,又吃醉了。午后逛厂甸,今日为厂甸之末日矣。媚贞今日又届上月月经之期,仅卵巢觉痛,无血来,殆将愈矣。镭锭殆见功效矣。

2月8日　星期日

今午孙制壮在西车站请客,我亦与焉。午后洗澡。

2月9日　星期一

上午北大。午至孔德访尹默,向他要钱买两部《清经解》也。午后出城为孔德购此二书,正 52、续 60 也。自己买了一部续的,则 55 元也。晚在家中点本数、写书根,只写了一百本,未毕。

2月10日　星期二

下午出城至宿舍。

2月11日　星期三

上午北大。下午女大请假。整理寄宿舍之书籍。

杨映华来。

2月12日　星期四

今日为溥仪退位之日,清室善后委员会放假。我本轮值,一个月未去也。今日又可豁免也。

午出城。下午整理书籍。

晚访不庵,和他同至吃猫。

向不庵借取他向夷初借来之黄刻《习学记言》,以校抄本,校了半卷,昏然熟睡矣。校之拟付北京印书局刻之也。

2月13日　星期五

今日北大请假。

上午至舍,整理书籍。

下午六时进城,访叔平不值,访不庵。

夏穗卿先生之书出售矣。我买得五种:

1. 《孔子改制考》因为原本也　　$2
2. 《觉颠冥斋内言》　$2
3. 谭仲修丈校本吴刻《龚定庵集》　$8
4. 《谪麐堂集》　$2　原。我有一部,系莫伯衡所赠。伯衡圈点书籍,甚可厌,故又购此。
5. 《静庵文集》　$1

2月14日　星期六

午前为家中买菜。

午后二时访士远。

五时许出城至舍写《雪堂丛刻》之封面。

晚洗澡。

宿寄宿舍。

2月15日　星期日

上午九时国研考古学会开茶话会,与陈万里送行。他要到敦煌去,我未到。午周鲠生、丁巽甫、陈通伯、皮皓白、刘光一宴我们于东兴楼(《现代评论》社之人也)。下午三时北京书局假北大研开会,讨论编辑初中国文课本事。晚郑天挺请,在春记吃饭,均到。

宿家中。

2月16日　星期一

上午北大。下午至语丝社晤孙、李㫺、蔡、章㫺、吴。孙拟令我搜集吴稚晖之文,刻一文存,由新潮社出版。我愿任之,但搜稿不易耳。日前百年亦道及此事,他想要在北京书局出一部,亦令我搜。但孙拟全用,陈拟撷英,两种不相同不妨也。六时访劭西于衙门,并晤一庵与明,同至聚仙居吃饺。宿宿舍。

2月17日　星期二

上午师大。刘子庚赠示以他校印的《南唐二主词》。下午略读之。

晚访不庵。

宿家中。

2月18日　星期三

上午北大。下午女师大。有△△△者平民中学之△△①,以谭仲逵之介绍而来访,要我在本学期前往讲演。

宿家中。

2月19日　星期四

下午至清宫点查懋勤殿,中有百箱左右之奏表等等。今日点查了五箱。

访叔平。

宿家中。

---

① 原缺。

2月20日　星期五

上午、下午均北大。

课毕访士远不值,访不庵,和他同出至森隆吃饭。晚出城,宿城外。

2月21日　星期六

洗澡。

午后师大。

晚伏园、启明设宴于西长安街之宣南春,为志摩及绍原饯行。志摩将往印度,而绍原则往湖北也。座中有吴老头儿,谈得非常高兴。

晚理书。

宿城外。

2月22日　星期日

上午回家。午至翁叔泉家,他生女儿,今天满月请客也。狂风甚大。我又喝醉了。回家又大风,遂致咳嗽。

傍晚访士远。

宿家中。

2月23日　星期一

上午北大。午后出城至舍。咳嗽甚利〈厉〉害,精神委顿,心绪极乱,不能稍作事,时时偃床休息。夜半似觉身热。

宿城外。

2月24日　星期二

昨晚不甚舒服,今日喉间作痒。师大告假。精神仍极无聊,也没有劲儿整理书物。而因咳也不敢多动,大概不言不动要好过些。东翻翻,西弄弄,忽检《制义丛话》阅之。午至金处诊视,他说气管炎,拿到四天的药来。下午忽取二十年来日记整理之,虽断断续续,然我之历史在焉,拟用一色纸重抄之。

晚回家。

2月25日　星期三

仍咳嗽。北大、女师大均请假。下午至舍。

晚浴。宿舍中。

阅报知溥仪于前(廿三)晚由日本保护逃至天津。据《京报》所言,日人将利用之为满洲皇帝,以遂其吞并东三省之野心,使东三省为朝鲜第二。果尔,则非演三百年前之故事不可,建虏又要寇边。如要以七大恨告天,中国又要派袁崇焕、熊廷弼矣……

2月26日　星期四

　　因咳嗽,故清宫未去。昨闻昭仁殿点查物件毕覆勘,忽少明版《玉台新咏》一部,究竟未知如何?难道真有临时偷东西的人吗?

　　去冬曾思阅史,打算点(仅"、"而已,第二次再改为新标点)《二十四史》一过。将二十四部打通了看,本纪作一项,世家作一项,书、志作一项,列传作一项。中国旧史本来只是史料而已。我们看它不过知道一些没有系统,乱七八糟的事实,再自己从此中钩稽整理,始能略得一二,故无论看何种体裁均无不可也,纪传体可,编年体亦可,纪事本末体亦可。自然纪事本末体较好些,但正史之志、表及专传(儒林、文苑等等)仍不可不看也,故又拟看纪事本末。但同时又发生一种幻想,即袁枢用剪刀剪司马氏《通鉴》,究竟不知有无丢向字纸篓去底东西?若有,究竟丢了多少?丢的是哪些东西?因我底九种纪事本末石印的字嫌小,逐字逐句看似乎伤目,拟取苏局大字本,照袁枢所次,点阅一过。点毕而后可知袁氏字纸篓内之物矣。于是,打算这样读:

　　《史记》。上古三代之史,《左传纪事本末》不足以尽之,《史记》兼有《尚书》《左传》《国语》《世本》《国策》……诸书,阅此包而足矣。本拟看马氏《绎史》,以太繁,且《史记》中所记尚有当丢掉者,《绎史》所引《史记》以外之材料,十〈百〉分之九十五以上不足信,故仍以看《史记》为宜。

　　《通鉴》(照《通鉴纪事本末》之次看)。

　　《续通鉴》。

　　明清两朝很为难,或者止可看《明史》及《东华录》。

　　各史之志(《史记》八书可不看,不但是伪书,且实在编得不成东西也)。

　　《通典》
　　《通志·二十略》} 参考。

　　一面又想看学术史。旧学术史惟有《宋元》《明儒》两学案可看,清则勉强可用《汉学师承记》(唐鉴之书混账极了,只可当笑话用)。宋以前止可就各正史中求之(如《儒林传》,但不限于《儒林传》)。

　　现在且不论。拟先将黄、全两家之书从头点阅(用"、"),须逐字看去,逐字看了一过,尽管随看随忘,总可略得眉目。我平日看书,总是乱翻,这是狠不行的。从此须看黄、全之书,当力改之。书中凡遇纪年,均注公历于其旁。点木板的。至于"△△初"、"△△中"、"△△末年"之类,因不能得其确年,暂且不记于木板,而记于石印者上云"约○○○年"。昨晚点阅序、跋、校例、考略,今日点阅卷首之《百卷序录》及《安定学案》之胡瑗、阮逸二人。

　　我行年卅九矣,人生几何,去日苦多。过去之岁月,蹉跎荏苒,浪费得真可比此。〔此〕后桑榆暮景,炳烛之明,非急起直追不可矣。近来婠贞之病暂时可告一段落,伊近日来精神等渐渐如常,或者在短时间内我心亦可暂安乎(然后其他乱烦之事不能保其必无,但祷告上帝——希望其必无而已)?趁此时候不用功何待!即以近来心绪之乱论,或者正正经经看看书,亦可少安乎?昨今点阅《宋元学案》时,殊觉心泰也。

晚七时进城访不庵。

晚宿家中。

我说宋以前对于"六经",除最无思想之博士和经师外,凡有思想之学者并不认为一物,最高明者,如王充、如刘知幾皆是也。刘知幾只认《尚书》、《春秋》是史,决不连类而及于《易》《诗》(三《礼》倒是应该说为"书志"之源,但是他没有说)。可见刘氏不以"六经"为一物也。自宋以后便不然了,经师学究且不论,以章实斋、龚定庵、康有为、夏穗卿、章太炎之高明,犹认为一物或认为历史,则六经皆史;或认为哲理,则六经皆哲理矣。这实在可笑极了。汉之古文说、今文说尚不如此(惟崔东壁不认为一物,他不信孔子删定"六经"之说,可谓有特识)。梁任公渐能打破,然而这还不太行。至胡适之、顾颉刚始能大解放。不庵谓此其故,实由经义与八股造成,此说甚是。按《十三经》(及《大戴礼》《国语》)当如此分配:

《易》——哲学。《经》(单是《经》)又当互见于术数类。

《书》——历史。

《诗》——文学。

《周礼》《仪礼》《大戴礼》《小戴礼》}法制史。但两《戴记》尚应裁篇,别出《曲礼》、《王制》之类入此,《礼运》、《乐记》、《大学》、《中庸》之类入哲学。

《春秋》《国语》(《左传》)}历史。

《公羊》《穀梁》}哲学。依二传解经,《春秋》实非史,《公羊》当与《繁露》同矣,《穀梁》实在[1] …… 公羊走。

《论语》——哲学。

《孝经》——哲学。

《尔雅》——字典。

《孟子》——哲学。

因而论"经"之名非打消不可。凡拢着说"六经"是什么东西都是胡说,因为此几部书其性质本不一致也。

---

[1] 以下字迹模糊,无法辨认。

2月27日　星期五

北大假。午孙席珍来,云将办《平民周报》,要写捐,因捐之五元。

下午访隅卿、启明、尹默、大齐、叔平。他留我吃晚饭。十时出城。舍。

2月28日　星期六

编女高师讲义。师大告假。

晚点阅《安定学案》毕。

舍。

3月1日　星期日

午阿兄请,在同和居吃烧猪、烧鸭。

下午回家。四时至森隆,今日语丝社与江绍原送别也。

八时半访不庵。

家。

3月2日　星期一

上午北大。下午四时访隅卿。晚江绍原及其夫人朱玉珂宴我等(启明、平伯、小峰、漱六、伏园诸人)于森隆。

舍。

3月3日　星期二

上午师。

下午整理书架。

晚浴。

回家。

注《疑年录》之公历。

家。

3月4日　星期三

上午北。下午女。

课毕访劭西,同至聚仙居"雅"。

食毕,至舍整理书物。

舍。

3月5日　星期四

整理舍中书籍者竟日,清宫未去。

晚八时访尹默,因师母出售一部明《六十种曲》印本,颇不坏,索价八十元(一百廿本),拟令孔德买之也。

晚阅王白田《朱子年谱》。

宿家中。

3月6日　星期五

上午北大。

下午因写讲义(国音表)告假。

五时访不庵,晚与他同访幼渔。看王念孙古音书稿本四十九本(未全),拟设法抄出一部。

家。

3月7日　星期六

下午师大。课毕,忽思购一部校本《史记》全部点之,先从列传。今晚点了《伯夷》、《管晏》、《老子韩非》、《司马穰苴》、《孙子吴起》五篇。

舍。

3月8日　星期日

今日点阅《伍子胥》《仲尼弟子》《商君》《苏秦》传四篇。

家。

3月9日　星期一

上午北大。课毕至孔德访尹默,告以师母之明《六十种曲》已代为以七十五元购得之。

午邹海滨鲁在石达子欧美同学会中宴客,我亦与焉。四时至衙门,因前数天汪一庵约今日与黎、钱二人开三头会议,商量字典修改方法,而汪已〈以〉人不舒服不能来,以致不开。遂与黎至聚仙居"雅"。

舍。

3月10日　星期二

上午师大。

下午浴。

3月11日　星期三

上午北大。下午女师大。

忽见有《笑里刀》者,系不定刊,篇幅小得奇怪,只当《语丝》四分之一。尽是无聊的骂人,其中有一篇名"疑古"所作,系骂适之之《〈淮南鸿烈集解〉序》做文言者。我于灯下草一函投登《京副》,说他虽名"疑古",但〔我〕不取消此名,尚将大用特用。而此函故意写文言,并声明此是个人绝对自由,不应怕少年人而不做文言文也。此不过捣乱之意耳。

为字典修改事与汪、黎三人开会商议,并至聚仙居去"雅"。对于音,讨论之结果,旧音可改或易改从京音者改之。

舍。

3月12日　星期四

昨得清……会来信,知今日我轮到做组长,那是非去不可。上午将师大讲义略略一检,检毕送出。正拟成行,忽闻有人打电话说师大放假。据之知中山于今晨九时三十分逝世故也。想来清……会亦必放假。但电话打不通,只好姑去一次,到则果放假。因再出城至舍。

八时访尹默并晤凤举。

九时访叔平。

家。

3月13日　星期五

上午北大。

午回家。

下午北大。

课毕访不庵,他说叶水心的疑古有一种成见,即凡当时理学先生所尊奉的书他总不信。此说甚是。

与不庵同至森隆。

晚出城,将数年前所买之翻同文《史记》一部携至舍,依崔改之。拟将凡关于整理《史记》之件皆记在此本之上。如王应麟、王若虚、梁玉绳、崔述、崔适之疑《史记》,均记于此册之上。暇时并将它标点一过。至于日前所购校本《史记》,亦将标点过录之。缘校本文字最讲究,但本子太大,且大小字迹不甚分明,又太古雅(行款),不适于皮包口袋之携带,故非二本并用不可。今晚依崔了些,大概明日依一天可毕也。①

舍。

3月14日　星期六

将《史记》弄完。差不多弄了一天。

师大假。徐旭生、李玄伯来信,约下午四时至长美轩,开《猛进》之茶话会,往赴之。有玉堂、凤举、赵志云、李润章、李圣章、高叔钦……等人。

宿舍。

3月15日　星期日

明日为婠生日,今天请家人吃西车站。计请了八人:兄、嫂、稻、恂妻、毯妻、恂妻、翁、翁妻。而翁妻未到也。

傍晚访士远,他今天搬至闷葫芦罐儿七号。

访叔平。

家。

3月16日　星期一

上午北大。

午出城。

浴。

晚做《半农给启明信书后》,备登《语丝》廿期。未毕。

今日是阴历二月廿二日,婠贞生日也。

舍。

3月17日　星期二

师大假。

将《半农信书后》做了一天,晚毕。十一时回家。她们都走了——婠贞生日,沈氏三人、马二、五、朱、黎、陈八人送了一桌席,故生日婠贞请他们的伊们吃饭也。

3月18日　星期三

上午北大。

下午女师。

晚七时至新明看女师大演剧:(一)《卓文君》。(二)《环珴璘与红蔷薇》。

---

① 原文如此。

舍。

3月19日　星期四

今日中山之柩十一时出发,国民党人亲自抬棺材,停至中央公园社稷坛。我本想去看而甚懒,遂不果行。后询秉雄,知甚挤,我幸未往云。

在舍整理书物。

晚七时又至新明看她们演剧,今日是《少奶奶的扇子》。

年来我总想编讲义而总未编,油印本愈印愈不成东西。今拟不管如何,且据十年前所编的经一次改动而愈改体例愈芜杂者,先行略事整理,给北大排印五百部,以作此两三年内之用。今晚看戏归来,取出旧油印稿,拟日内即动手之。

舍。

3月20日　星期五

上午北大。下午北大告假。

因家中书房日前忽倾圮,已告房东,非拆造不可,故非将书籍搬出不可也。拟暂搬至东屋秉雄之外间,今日下午弄了半天。

晚访叔平。

天阴寒,甚不舒服。

家。

3月21日　星期六

上午搬东西。午兄来,与棣孙同来。棣孙去夏归娶,今又来了。闻想进学校学鬼话,预备出卖云。

下午师大。

晚浴。

舍。

天仍阴,入暮雨。

3月22日　星期日

得颉刚来书,论及《春秋》如左:①

颉说颇精。惟我对于所读续经是否真鲁史尚不能无疑,而孔丘卒实与孔子生,同为后人所记也。

我忽疑做《国语》(连所谓《左传》)者并非左丘明,亦非一人所作。左丘明见于《论语·公冶长》篇,其人即非孔子之前辈,亦必是孔子之朋友或同时人。殆儒者将

---

① 原缺。

627

不知谁何又非一人所作之《国语》仰攀此公耳！唐啖助(?)、宋郑樵诸人皆疑为非左丘明而别一左某。疑非丘明，是也；而别指一左某则无征。不信其为左丘明，即不必复以为此公姓左。谓此公为左丘明，本出太史公。既不信史公说，而不必为丘明，则"左"字亦跟着可疑，不必再保存它也。大抵《国语》与《尚书》性质相同，非一时一人之事，非一时一人所作。二书确有优劣可言，则在文章及体例耳。又《春秋》之名氏错杂，月日脱漏，此毫不足怪。即孔子果作史，恐亦不免如此。《左传》及太史公书总比《春秋》高明了不知多少倍，而此等处则亦庞杂之至。《汉书》比《史记》体例更高明，而尚有车千秋等称。今人做文章，忽而孔丘，忽而孔子，或仲尼，或孔二先生，或孔老爹，一篇之中，称谓纷歧，复何足怪！不庵言《宋元学案》中记各人之籍贯，地名忽古忽今，全谢山且然，何况班、马。班、马且然，何况东周时代之鲁国史官。

上午阴。午后四时又雨，入晚晴，大风。

午回家，与婠贞、三、五两儿同至聚丰馆赴大兄之宴。

三时偕妻、子至报子街同和堂赴汪怡庵娶儿媳妇：他，汪煦公旭；伊，丁。

晤黎劭西，他说日前遇鲁迅，谓汉字革命之提倡实有必要。他主张别读中国书，是同样的意思。纵使过高，亦是讨价还价也。此说甚是。

六时出城至舍，点阅《经义考》卷"△△"专言《春秋经》一卷。

晚归家宿。

3月23日　星期一

上午北大。午访幼渔。

晚至青年会看女师演《酒后》与《一只马蜂》。

家。

3月24日　星期二

上午师大。

晚至青年会，看女师大演《娜拉》。

家。

3月25日　星期三

上午北大。下午女师大。累死咯。

今夕女师有《罗密欧与朱丽叶》一戏(莎)，未往观。

舍。

3月26日　星期四

今夕女师又有《暮萝姑娘》一剧，亦未往观。

浴。

舍。

《国音沿革讲义》,不知何日能成?而年内两校(北、师)之油印讲义既不成片段,且误字甚多。拟取十年以来所编所改之稿略一修改排比,即行付诸并木。昨今正着手检出旧讲义也。

3月27日　星期五

上午北大。下午北大学生追悼孙公,上不成课。

至孔德审阅《孔德旬刊》第一期稿。

晚访不庵。出城途中车仆,跌出车中,右足踝伤。

舍。

3月28日　星期六

上午至金处医脚。

下午高师。

晚语丝社在太和春吃饭,启明因病未来。今天多了一位张申府。

家。

3月29日　星期日

今日哲学研究会第一次开会,适之讲演《禅宗以前的禅》。九一十二时在中央公园董事会,我亦往。下次由林宰平续讲禅宗。有戴懋德其人,竟因胡、林他们提到五通,所谓"天眼通"也者,他竟质问此事是否真确,并举老太婆式的谣言,所谓班禅在京而天津有人见之,又铁柜中之物柜外能见之。昏乱如此。此亦美国留学生也,曾著昏乱之《周秦哲学史》,以驳适之为目的,其实真不值一笑也。

午讲毕,同人至社稷坛吊孙公。本拟入门瞻遗体,以人多太拥挤而止。六人(我、胡、单、太玄、徐旭、查勉仲)同在长美轩"雅"。

午后回家一行。

晚访不庵,与之同至森隆"雅"。

家。

3月30日　星期一

上午北大。午一人至公园见孙公尸并听了三片半孙公的话匣子。午后回府,即出城购《左传读本》一部,先抹其五十凡及俞所订年等。

舍。

3月31日　星期二

今天上午师大追悼孙公,放假。

午回家。不庵来信,云拟请△△来宾周子扬在东华吃午饭,嘱我先陪,即往。所请之客二人:一周子扬;一是湖州人△△△。陪客为适之、玄同、玄伯、旭生、援庵、△△。主人四:叔平、兼士、不庵、朱逷先也。午后三时偕夫人,小世兄同逛公园,看孙公尸体,听了两片话匣子,在长美轩"雅"而归。

晚访叔平。

家。

4月1日　星期三

今日各校学生祭中山,故休假一日。

在家理物。

家。

4月2日　星期四

今日中山出殡,各校送殡。休假一日。

夫人及小世兄均至西四牌楼去看热闹。我一个人在家整理书物。

下午出城至舍。

晚劭西来。

舍。

4月3日　星期五

人甚不适。北大告假一天。

浴。

撰《青年与古书》一文给孔德。

舍。

4月4日　星期六

下午师大。

晚至孔德交稿。

家。

4月5日　星期日

将《中山先生与国民之敌》一稿修改成篇。

晚至孔德看二号文稿。

晚访不庵,他已睡,因改访叔平。

家。

4月6日　星期一

因昨日清明(植树节)而是礼拜,故今日停课一日以补假。

上午不庵来吾家访吾。

午至语丝社交稿。

下午至舍。

舍。

给黎子鹤写条幅,虽至四条,而界以朱丝,竟几及千字,为之写《五蠹》篇首节。

4月7日　星期二

上午师大,止国三一小时,其国二两小时因学生参观,各校临时停课。回舍拟撰一《印度字母华译对照表》,先取丁滑头之《佛学大辞典》所载录出(共有九种),而益之以(1)玄应所引;(2)《涅槃》悉使章;(3)《天竺字源》三书所载。但丁氏本于日人△△△△①,此书实不甚可凭,丁译又印得甚错,拟取各原书校之,但甚麻烦。故未济。

晚访不庵。

家。

4月8日　星期三

今日为国会开幕日,学校放假。

午访适之,他新得到王梓材与冯云濠二人之《宋元学案补编》四十二卷抄本,嘱我交与不庵发抄并设法印行。

下午回家整理书务〈物〉。

晚访不庵。

舍。

4月9日　星期四

理舍中书架顶上之报。傍晚得劭西电话,叫我到公园去"雅",比至则除劭西、一庵以外,更有适之、梦麟、巽甫、通伯,乃临时混合者。

家。

适之要我开清代今文书单,晚在家中写之。

---

① 原缺。

4月10日　星期五

上午北大。毕,回家整理书籍。

下午北大。毕,访士远不遇。出城,晚浴,剃发。剃得很不好,而且弄得绒衬衫上尽是头发。

林玉堂来信一通,拟登廿三期《语丝》,他赞同我那"欧化的中国人"之说,他承认中国民族是根本败类。这话甚是。

舍。

4月11日　星期六

午至春华楼吃饭,忽遇有马志恒(子久)。其人,黑呢马褂、蓝绸袍子、脑满肠肥的样子。此人是民八北大国文系毕业生,与薛祥绥们同去向周树模磕头者。他对我说,现在在审计院里,又说在华北大学本有几点钟功课,因事忙而不去。他同来的有好几个都是官僚打〔扮〕的人。我鎻(ㄍㄣ)倒头吃饭,真是林玉堂所说者"我的鼻孔没处呼气",匆匆吃完便逃走了。饭钱还是在柜上给的呢。

昨天晚上的头剃得太不好了,今天重剃,把它剃光了。故又重浴。但依然剃得不好,因为前面太长了。

三~五师大。

四时后访劭西,与同至聚仙居,在一间小楼上,其下之隔壁为大锅炉,热,出汗涔涔下,头昏心跳,竟夕不好过。本拟作答玉堂信,以此中止。

舍。

4月12日　星期日

昨晚一热,今日仍觉心跳。午后回家吃了些宝丹。四时顷一个人雅。

晚餐黎子鹤请吃饭(宣南春),宾主共十人:三沈、二马、钱、麟伯、二张、主人也。回舍作《复玉堂信》,未毕而睡。

舍。

4月13日　星期一

北大假。

在舍将回语堂的信写誊了一天。

舍。

4月14日　星期二

精神甚惫,师大假。

剃头这回剃好了。洗澡。
家。

4月15日　星期三

上午北大。午回家。午后女师。毕,至衙门与劭西、一庵同至公园,今日劭西请客(他荣任女师大国文部主任矣)(长美轩)也。三沈(大未到)、幼渔、逖先、一庵、启明(未来)、玄同。

家。

4月16日　星期四

上午出城至舍,知今日善心爷处又派做组长,非去不可。

十二时去,做第三组组长。组中除隅卿(摄影者)一人外皆不认得。点查如意轩,一间为厨房,无庸点查;一间堆了许许多多木板箱,点了两箱,皆雕漆器也(乾隆时物),其中有两箱五色墨(红黄蓝白绿),墨之一而刻一古装之人而上端书篆书"回氏"两字,不可解。

四时出,偕隅卿同至孔德阅第三期之稿。七时访叔平。十一时回家继续阅稿。天甚热。

4月17日　星期五

上午、下午均北大。

将罗什、玄应、慧琳、智广、惟净五家之梵文字母用罗马字母对照,写一表油印之。他日将所谓旧佛书中关于字母者能列一总表则尤佳了。

午至孔德交稿件。

天甚热,身甚难过,课毕即"雅"。七时出城洗澡。

舍。

4月18日　星期六

午进城至北大取钱。回府。午后二时半至师大上课。六时至公园"雅"。晤一庵、劭西。

今日比昨日更热。连夹衣都有些穿不牢了。

舍。

4月19日　星期日

今日天气略好。

下午阴,傍晚回家。访叔平。大雨,通宵大雨,凉矣。

家。

4月20日　星期一

上午北大。午出城。下午浴。

晚杨荫榆请在西安饭店吃饭。

舍。

向启明借得《金主海陵王荒淫》,系《京本通俗小说》第廿一卷。缪筱珊嫌其淫而未刻,而叶德辉乃取而排印,除淫之一部分外,均与《金史》本纪及后妃传同,颇可疑。

4月21日　星期二

上午师大未上课。

得吴叟信,允许将戴氏之中山书目登入《语丝》,因作介绍语千言。灯下即抄此目送交小峰。

家。

4月22日　星期三

上午北大。下午女师。

毕,至衙门偕黎、陆二公同"雅"。刚吃完晚饭而雨至矣。

舍。

4月23日　星期四

写定一个国音沿革草稿的目录,共分卅六篇。

晚访叔平。

家。

4月24日　星期五

阴雨竟日。

上午北大。下午北大。

鲁迅所办之《莽原周刊》于今日出版。下午在北大晤鲁。据别人说,他近来愤慨之至,大有鼓吹革命之意云。

四时访不庵,与他同吃猫。买夏纸,折了卅六个夹子,为储卅六篇国音沿革草稿之草稿所用。

舍。

4月25日　星期六

上午整理沿革稿。

午后师大。毕,至公园,今日语丝社又有约也。

舍。

4月26日　星期日

午赴忠信堂,今日陆雨庵夫人六十生日也。下午偕劢西同至公园,劢西说章行严做了总长竟来干涉国语矣。他说:《中学国语读本》(颉刚所选者)狗屁不通,中学万不可用白话。至于小学,反正够不上,说什么且不论,又注音字母也不成个东西云云。他们既如此,我们索性来干他一下子,鼓吹汉字革命,主张将《古文辞类纂》扔下毛厕。拟俟伏园回京与之商酌,在《京报》出一《国语半月刊》。

家。

4月27日　星期一

北大假。在家收拾了一天书。

晚出城浴。

舍。

4月28日　星期二

第二时师大国三,因去已迟不及上。

三四两时国四,考。

家。

4月30日　星期四

上午访叔平,与他同至花旗银行为婠贞换友华银行之票。午回家。

午后至师大附中演讲——《中学生读古文古书的问题》。毕,约劢西、一庵同雅。

舍。

5月1日　星期五

今日为五一节,放假。

我在舍中整理书物,编女师大的讲义。

舍。

5月2日　星期六

午回家。午后至ㄒㄧㄚㄇㄣ①。

三时至五时,师大。

雅。浴。

舍。

5月3日　星期日

精神甚惫,头甚痛。

今日下午研究所国学门开恳亲会于三贝子花园,我去。我好像从民三春天同了婠贞、大二两儿去过之后,还没有去过ㄌㄜ。彼时四儿方在怀孕期内,今则他死了八年半了。我进去很不认得了。今日会中提议出《国学周刊》一种,举出几个筹备员,我亦在内。会毕,偕伏园、启明同至启明家中。晚九时正拟归舍,忽觉人不舒服,脑涨欲呕,面唇俱白,汗出不止,适有山本医院的女医生某在周家,请她来看,她说是脑贫血,即令躺下,以冷水湿手巾擦脑部,罨头部,又吃了一瓶汽水。于是渐见复原而甚惫,即宿周宅。

5月4日　星期一

今日"五四",学校既不放假,而师校门前军警密布,如临大敌。

晨起觉病已痊,但身软耳,即至北大上课。

午回家。午后访士远不晤。至ㄒㄧㄚㄇㄣ晤劭西,又知雷、萧、杜三公都做了新官僚了。

晚访叔平。

舍。

5月5日　星期二

上午九—十师大。十一十二国四,因须实习故不上课。本来也已没有多少,不讲亦可也。

午至春华楼吃饭,晤幼渔。

下午在舍,精神甚为颓唐。

傍晚进城访不庵。十二时归家睡。

5月6日　星期三

上午北大。

---

① ㄒㄧㄚㄇㄣ,汉语统一筹备委员会衙门。

下午师大。

借劭西同乘电车（第一次）至公园（长美轩）赴适之之约。劭西与谈行严之倒行逆施。适之允为作文致函，并允为《国语周刊》撰文。归舍得稚晖信，亦答应为《国语周刊》撰文，甚为欣然。即移书伏园，请他去运动邵飘萍，并购买商务的新式横行字母。

舍。

5月7日　星期四

今日本派着做组长，告假未去。

下午至孔德帮他们理书也。

不庵亦在彼处。毕，偕不庵"雅"。晤适之、通伯诸人，知今日学生在天安门开国耻纪念会未成（为军警所阻），改赴景山开之（国民军把守该处者也）。毕，即赴章行严家中打毁云云。

家。

5月8日　星期五

北大。矮五老爷之子徐世度（苏甘）来京过访，午归。下午又是北大也。

浴。

舍。

5月9日　星期六

今日各校学生全体齐集天安门赴执政府请愿，罢章士钊、朱深并释放学生，以故师大无课可上。

下午四时至南池子飞龙桥十三号北京书局开会，商量翻印古书事情。到会者百年（主席）、幼渔、兼士、不庵、援庵、我也。会毕，偕不庵"雅"，晤适之。家。

女师因五七日开纪念会，杨荫榆到场，学生不承认她为校长，令之退席，她大怒。次日开除学生六人，遂酿风潮。学生决心驱杨。今日下午三时有赵世兰、孙觉民走访，请问意见。

5月10日　星期日

在家整理一天书。徐苏甘又来。

晚访叔平。

舍。

5月11日　星期一

北大告假。

午后回府。三时到孔德写书片。四时半到研究所开《国学周刊》筹备会,定每期二十四页,横行,于来学年开始时出版(《歌谣》并入)。

会毕,借劭西同"雅"。他说女师大昨晨已开大会驱逐杨荫榆。现在学生把守大门,大门口贴有开除校长等布告。事已至此,调停亦无望。明日下午四时学生又须开大会,要请教员们到场表示意见,但这大可不必去。拟明日下午一时到女师大向自治会代表声明意见可也。

舍。

5月12日　星期二

八时女师大又有两代表来(一)程毅志;(二)刘亚雄。

上午师大一小时,四年级永不上矣。

至北大交讲义。回家。

一时至女师大,与劭西、遯先及林砺儒四人请了自治会代表来,向她们说我们决不罢课,一定照常上课。此外暴力之来,老实说是无力抵御的。而四时大会竟不到了。

晚访不庵。

家。

5月13日　星期三

阴雨竟日。上午北大。

今日报载章行严有"桐城派的骈体"的辞书呈。下午至女师大,她们说今日三四时顷开评议会,恐怕杨荫榆要来,非守门不可,故遂不上课。

至筓门。与劭西同至女师。本来今日国文系应于下午四时开会讨论劭西所拟之《女师大国文学系四年学程草案》,因有此变故,故由幼渔提议改为讨论国文教员对于学潮之办法。到者只六人:钱、马、沈三、黎、鲁、王璞也。又到了理科主任文范村元模来。商量结果,先由黎、文二人以主任资格去向杨荫榆抗议开除学生之不当及违法因由评议会议决也。仍由该二人以友谊资格"劝退"。

毕,访伏园,谈至十一时始归。从北半截胡同南口至北口,道途泥滑,皮靴全数没入泥中。路无灯,无车可雇,很难走。自十六七年以前在日本时,因访蓬仙,更深回家,走丰多ラ郡之泥路以后,久不偿〈尝〉此风味矣。

舍。

5月14日　星期四

日间清理书籍。

灯下为孔德作一文,曰《我所希望于孔德者》。鸡鸣将毕,觉疲甚,只好睡了。明晨再续完罢。

舍。

5月15日　星期五

今日北大假。因昨晚直到天明方睡,故今日人甚疲惫也。十时许起身,将昨宵未竟之稿写完。午赴孔德交稿。下午与不庵诸人共替孔德整理图书也。晚大雨。十时顷回家,正值暴雨,衣履湿透。

5月16日　星期六

今日仍帮助孔德理书一天。师大假。夜半一时顷回家。

5月17日　星期日

今日孔德六(?)周纪念日。上午一往。即出城。下午开会,晚演戏。本拟往,且派着有招待之职务,但因阎第要光临,故不去而守家之。但下午婳携猫去(大、三当然在校),家中除我外尚有红历一枚,而晚则连红历亦去。我一人守家,真感到孤独之悲哀。晚十二时许佢们方归。

家。

5月18日　星期一

上午北大。下午出城,约劭西雅。
舍。

5月19日　星期二

上午师。

5月20日　星期三

上午北大。下午女师。

5月23日　星期六

5月24日　星期日

午至宣南春赴晏阳初之约,为中华平民教育促进会组织——平民文学委员会事。到者为庄泽宣、高仁山、林玉堂、黎劭西、刘廷芳诸人(适之、秉三约而未到),举适之为委员长,我副之。午后与劭西同至公园晤吴叟。阿三忽来说,房东已定于下星期二起叫瓦匠来拾掇房子。然则从明日起须速谋整理书籍矣。

家。

5月25日　星期一

上午北大。午后在家理书物至七时。晚略事休息,访不庵。十时半归家再清理。夜半三时睡。

5月26日　星期二

晨七时即理书物,累了一天,居然大功告成矣。

晚出城浴。

舍。

师大假。

5月27日　星期三

昨日累死咯。故昨晚及今日腿脚极痠胀也。

上午北大。下午女师大,因怕麻烦,故仍未去。

下午至孔德晤隅卿。访沈大并晤沈二。

舍。

家中南屋从今日起顶全拆。

5月28日　星期四

昨晚腿脚还是很痠。下午赴衙门晤劭西。

晚赴李玄伯会贤堂之宴,同坐者为张溥泉、二马、二沈、逖先诸人,他们要商议到河南去发掘宋故宫(坟宅)事。

家。

5月29日　星期五

上午、下午均北大。

课毕回家。

晚访叔平。

舍。

5月30日　星期六

下午师大。毕,至什刹海赴语丝社之宴。平伯出示章太炎、戴子高、孙仲容三君致曲园信一册,携归细阅之。启明将范寅的《越谚》借给我看。

舍。

5月31日　星期日

上午洗澡。午后至石驸马大街廿二号中华平民教育促进会总会去给他们摄成电影片,两人一组,共四组:(1) 熊希龄与晏阳初;(2) 黎劭西与傅○○;(3) 高仁山与林玉堂;(4) 钱玄同与刘廷芳。摄毕,与劭西同至棲凤楼之△△△△。晚访不庵。

家。

阅晚报,知上海英捕房因学生游行枪杀数人。此恐将引起大运动矣。

6月1日　星期一

上午北大。下午至孔德,旋即出城。昨晚未得安眠,精神甚惫。早睡(九时半)。

家。

6月2日　星期二

阴雨竟日。晨七时顷暴雨,道阻不能出门,师大假……

6月3日　星期三

今日学生因上海"五卅事件",学生集天安门大游行,向外交部请愿。停课。

下午至衙门。回府一行。出城。

下午访伏园,得悉《京报·西北周刊》停,《国语》成矣。拟来周出版。

6月4日　星期四

今日起各校罢课,从事演讲、募捐等等。

6月5日　星期五

此数日来,上海罢市、罢工日见其盛。

6月8日　星期一

作一文给《语丝》卅一期,题为《关于反抗帝国主义》,未毕。

6月9日　星期二

上午将文誊毕,即进城送稿与小峰。

回府一行。

晚与劢西同请邵飘萍、孙伏园、胡适之、苏耀祖、李小峰、萧家霖诸公在长美轩吃饭,为《国语周刊》事告成也。

6月10日　星期三

今日天安门开国民大会,孔德亦加入。我于二时到孔德,与隅卿、维钧及学生数人同出散传单。至王府井大街,乌云四合,逛飚大作,大雨倾盆而作,夹以冰雹,我们在内右一区中躲雨,而国民大会诸公则成水淋鸡矣(大世兄即其中一个)。他们到外交部与执政府请愿。

五时访小峰,校阅我文之排印样。

回家。出城。

6月11日　星期四

午后访伏园,访劢西,他做成《△△△》一篇,有三千余字。和他同至一小大菜馆"雅"。

6月12日　星期五

上午将《发刊辞》做成,下午访伏园交稿。进城回家。

至孔德,并晤幼渔,访不庵。

6月13日　星期六

今日见报,知十一日英人又在汉口枪杀华工矣!!

午后至北大晤鲁迅,与同访小峰,知卅一期《语丝》因篇幅过多,故今日未能出版,恐须迟至下星期二方能出版矣。

三时出城。五时访伏园,并约劢西与同至昭明印刷局看校样。与劢西同至春华楼。

6月14日　星期日

上午回家。午至孔德。午后访不庵不晤。出城洗澡。

6月15日　星期一

数日前本有今日全国罢市罢工罢课之说。听说未曾接洽妥当,故改期于廿五日(旧端阳)举行了。

上午访伏园。午后访宇众,访劢西,与之同"雅"。公园中遇苏甘。

6月16日　星期二

下午洗澡。新做了两身白布学生装,今日试穿之。回家。访不庵。

6月17日　星期三

午后回府。到孔德。

6月18日　星期四

洗澡。毕,访劭西。回府。出城。晚编《语周》第二期稿,未完。

6月19日　星期五

上午夏宇众来。午将《语周》第二期稿编成。午后三时送交启明。四时许雇车访周二,不意行至近西四处,车为一板车(土车)之轮轴所撞,左倾,余摔于地,左臂左侧痛甚。往金处诊之,他说今天不能知其详,姑湾〈弯〉而包之。因即回家,竟夕痛甚,不能安眠。

6月20日　星期六

九时到金处,他说是脱臼,接了数四〈次〉,甚痛。他说不知骨损否,宜用X光镜照之。我因又痛又疲倦,懒得干了,回舍睡下再说。因今晚须校《语周》第二期稿,我不能往,因约杜来告之。

晚劭西来。

6月21日　星期日

今日不甚痛,但臂湾〈弯〉肿殊甚,运转亦极不灵,不知何故？午秉雄来。杜、萧来。晚伏园来。

6月22日　星期一

晨至金处看,臂湾〈弯〉大肿,他说非用X光照之不可,因介绍中央医院陈新周氏,十一时往,照了成ㄣ形。他说非上蒙药不能接,不然太痛。回家吃饭。访幼渔。回舍。

6月23日　星期二

上午九时顷夏宇众来。

金来电话,嘱速往中央医院就诊。往则陈新周谓今日太晚,上蒙药前非打空肚子不可,应于今晚来住院,明日医治。懊丧而归舍。下午杜来。下午四时顷回家,五时顷赴院,本想住特别(三等),每日二元,没有。只好住优等(二等,五元),又没有。他们说住最优等(头等),而以二等论,就此定规了。

6月24日　星期三

九时顷有人来灌肠。十时秉雄来。十时半上蒙药接臂,不过二十分钟光景。醒时微倦并不吐。但早饭与午饭都不吃。午后二时顷吃了一杯冷牛乳及冷开水。晚吃饭一碗、粥一碗。闷热,白蛉来,蚊子也有,困不舒服。

6月25日　星期四

上午十时顷出医院。

今日本有罢市一日之说,但终于不罢,不顾天安门又将游行队而已。启明来信谓甚确。

访幼渔。回家。晤苏甘。午后三时顷至舍。看《语周》三号稿。晚劭西来。

6月26日　星期五

晨六时起,将《语周》三期弄完发出。十时至中央医院去,他说已经稳固了,但肿未消,尚须用药水包之。镍质包臂去矣。他叫我常常将它伸缩之。午回舍。午后杜、萧均来。

6月27日　星期六

上午至金处。回家。下午洗澡。

6月28日　星期日

下午访启明。

6月29日　星期一

午回家。午后访不庵。

6月30日　星期二

午访伏园,即进城至孔德。三时访叔平并晤董燕堂。晚访不庵。

7月1日　星期三

上午至金处取药水包臂。回家。访幼渔。

7月2日　星期四

今日编《语周》四期未毕。

下午杜同力来。

洗澡。

7月3日　星期五

今日是马厂誓师纪念日,故《语周》四期于上午虽已编成,顾报馆停报未能交去。

下午回府。访小峰。访士远。

7月4日　星期六

晨将周刊第四期稿交出。午劭西、一庵来。伏园来。与劭西同"雅"。移时一庵、伏园均来,并晤鲁迅。晚十时偕伏园同访小峰。

7月5日　星期日

洗澡。

下午回家。访叔平,与之同"雅"于长美轩。

7月6日　星期一

上午至教部。午后访叔平,又访不庵,知其将归,将接与子送回南方而自己则秋后再来也,已定后日启行,今晚饯之于长美轩。

晚忽觉臂弯处痛甚剧,大惧。

7月7日　星期二

今日忽然又很悲哀。左臂痠软欲脱,抬不起来,大惧。昨日本与陈颂平、黎劭西、汪一庵、沈朵山、陆雨庵共六人,共约今午在长美轩请赵元任。上午至教部,届时往食,毕,其夫人杨女士亦来。余痠甚,不耐多坐。

下午回府。傍晚访士远。

7月8日　星期三

今天不得已只好又将膀子络过,果然痠得好些。本不想出门,天雨尤不出门也。

编《语周》第五期稿。傍晚斐然来。

645

7月9日　星期四

编《语周》五期稿。浴。

7月10日　星期五

至师大阅卷。卷凡九百本,阅卷者八人(杨遇夫、沈兼士、马幼渔、黎劭西、夏宇众、钱玄同、朱逖先、徐名鸿),种类有四(1.作文;2.方法;3.标点;4.翻译。)。今日所看太少,明日当大努力。

傍晚回家。访隅卿。

7月11日　星期六

卷子看了一天。晚十时方走,尚未毕。今天少一黎劭西,多一刘子庚也。

7月12日　星期日

晨六时半往阅,今日又添了董鲁安、陈斐然两人,而子庚、逖先均不来。午后二时毕事。"累死ㄌㄛ!"回家。出城洗澡。

7月13日　星期一

上午至金子直处,他说如此不能屈伸,恐筍〈榫〉头接错,大惧。至衙门。忽然因汪一庵一言痛骂沈步洲——无耻,盖积之久矣。

下午访启明。

7月14日　星期二

下午杜同力来。洗澡。

7月15日　星期三

上午十时回家,为手臂屈伸之度过少,至翁之龙处,请外科李宣果以 X 光照之,据说骨无恙,而筋直矣。非用力屈伸之不可者也。

下午访启明。

7月16日　星期四

上午至衙门。下午编六期稿。

7月17日　星期五

上午将六期稿送出。午洗澡。午后回家。四时顷访士远不值,访隅卿。

7月18日　星期六

天甚热。上午至衙门。午后进城至孔德。回家。访士远。今日天安门又开国民大会,开学联会与后援会。打得落花流水而散,是亦不可以已乎?

7月19日　星期日

天闷热——至人甚难过。

上午张目寒来。午后浴。晚约尹默同去"雅"。

决定下半年孔德我担任十年、十一、十二年的国故各一小时。两年授毕,第一年一小时,第二年二小时。定名为"中国思想变迁要略"。书名似可改为《中国思想史料(教材)集要》。

7月20日　星期一

昨宵雨,今上午仍雨。午后晴,但仍闷热。精神极不适。

7月21日　星期二

编《语刊》第七期稿,未毕。

7月22日　星期三

上午浴。午后本拟访启明,因天雨而止。入晚大雨倾盆而下。

将《语刊》七期稿编毕。

7月23日　星期四

大雨一日不住,且不尝〈曾〉小过,不能出门,在舍之斗室中清理臂伤以后之各种报纸。闷极无聊。中饭没得吃,夜饭吃烙饼。

7月24日　星期五

阴雨。上午将七期稿送出。回家一行。午后仍回舍。晚仍食烙饼。

7月25日　星期六

阴雨,午后渐止。

午后四时顷至昭明看稿样。

7月26日　星期日

上午阴而无雨。午后雨至黄昏。

午,劭西约饮于华美北号。

午后三时进城回府。五时在东安市场对过之清华园浴。七时至第一院地窨子印题目。十一时半毕。校中以汽车送无车阶级者三人:沈士远、钱玄同、陈君哲回家。我第一次坐汽车,颠簸诚不适。又马神庙夹道两头均不能进车,至北头停下,下车而足陷入淤泥中。甚矣,坐汽车之苦也。以明晨须监场,故今日宿于家中。

7月27日　星期一

阴雨,午后渐止。

晨七时到北大,本派在第二院,后因二院到者太多,因往三院。八时—十时半考国文,共一千八百余人。午后阅毕。上午拖泥带水跑到,许多时候,疲乏得很,身甚不适。晚出城又浴。

7月28日　星期二

晨八时到北大阅卷,一日未毕。

晨雨,渐晴。

晚回家一行。

7月29日　星期三

晨八时到北大阅卷,至下午四时顷毕事。回家。晚访隅卿。

今日天气忽晴忽雨,午后渐晴。午白昼晦冥大雷,夜半又雷雨。从隅卿家出来时尚有星,比及半途已雨,抵舍则雨没踝矣。

7月30日　星期四

天气晴朗。上午至衙门。下午编八期稿。晚浴。

7月31日　星期五

上午夏宇众来。八期弄好,午送出。

午后访启明。天晴,晚又雨。九时半出周宅门时尚星月灿然,比至舍已云甚厚矣。甫至即雨。

8月1日　星期六

这几年来总算天天有日记,但都是隔几天一记的,所以真成了起居注——断烂朝报式的起居注。这样看日记太没有意思了,现在打算从今天起,每天底日记都要当天写出,而且要努力改造成为非断烂朝报式的起居注。但一日(今天)底日记都是二日追记的,希望以后不要再是这样。

早半天又大下其雨,午后渐晴,入晚又阴,夜半大雨,雷电交作,天气潮闷得狠。上午作答王乡全的信(《䖝》① 九)。

午后四时杜学勤、萧涤尘来略谈,即往明明,校《䖝》八期。我回家。晚访马季明,不遇(他三月要动身到美国去了)。访尹默。我近来想做一件事,便是打算印诗赋词曲以外底有文艺意味的文章,约分三种:(一)全书如《世说新语》《洛阳伽蓝记》《入蜀记》《吴船录》《徐霞客游记》《陶庵梦忆》《浮生六记》等。(二)删取一部分,如《水经注》等。(三)选录单篇的文章、信札等等——这是我们底《文选》。无论何种,均须标点分段,印时形式必要美观。给青年读这类文章,是希望天才和中才不至化为低能。形式要美,是希望读的人不至于"黄炎培化",尹默颇以为然。

阅晚报,知杨荫榆今日奉了章行严底命令,竟带了武装警察到女师大,解散自治会、开除三班生、封锁寝室、断绝饮食,荒谬至此,我何能再与牠〈她〉合作。拟明日在《京报》和《晨报》上登一启事,以表明态度。

8月2日　星期日

上午大雨滂沱,午后渐止,晴矣。晚星月皎洁,天气凉爽。

十一时回家一行。午后至《京报》和《晨报》登一声明:

钱玄同声明:

从十四年八月一日起,我不再做被杨荫榆聘请的女师大底教员。

洗澡。

灯下拟看柳耆卿词。取汲古阁、彊村两本读之,未及三首,心绪烦乱,只好掩卷矣。柳氏《黄莺儿》一词用韵颇可注意,"主、谷、树、语、诉、据、去、舞、处、与"为韵,"谷"入鱼模韵,原来见始于《中原音韵》,宋时已是如此。可见《广韵》之不足代表宋音也。

看"这个大虫"(The Tiger 底翻译)第三期。梁漱冥〈溟〉去请章行严批评他底《东西文化及其哲学》,不料,章氏不论此书,而斥其用白话谈学之非。梁氏无端碰这一鼻子灰,真是活该!

夏浮筠也来反对白话,他给章信中说:"先严在日,曾言中国文字欲其与世界进步之局势相叶,必须改易,但白话决不能为役。"不知穗老此言究作何解释?我看来所谓必须改易者,恐怕和他主张"改教"的意味相同,乃是与吴稚老赓同调,主张直用西文耳。他说"白话决不能为役",恐怕是觉得改了白话仍非彻底办法也。

灯下写日记。

8月3日　星期一

晴,午后渐阴,凉爽。

---

① 《䖝》,《国语周刊》。

上午张目寒来,他说他和台静农、韦素园、李霁野等人拟办一周刊,定名曰《探灯》,九月一日出版,不仅谈文艺,兼及学术,要我常常投稿。允之。午后访启明。

十时归舍,睡在床上看《后汉书·逸民传》《孔融传》。

8月4日　星期二

今日更凉。白天阴,晚渐晴,拨云雾而见星月矣。今夜月偏蚀(阴历六月十五日)。

上午十一时到第一院即回家。午后一时至孔德,借《粤雅堂丛书》中之《陶庵梦忆》(明张岱)。见校中新购有——《龙溪精舍丛书》,潮阳郑国勋所刻。其中有——《两汉三国学案》十一卷,唐晏编,前十卷以经为纲,卷十一为《明经文学列传》。唐序作于"甲寅"民国三年,公历一九一四年也。

五时访士远,十时归舍。

上月在启明处见有日本废姓外骨所著之书。此人本姓宫武,后废姓,而单称"外骨"或称"废姓外骨",或称"半狂堂外骨","半狂堂"系外骨所开之书店也。我自读师复之《心社意趣书》以来,久想废姓了,今忽又见此,更增我废姓之念。但姓虽废,而玄同与疑古两名则欲兼存之,因此两名我均爱之也。玄同一名,《老子》第△△章、《庄子·胠箧篇》(?)①《抱朴子·诘鲍篇》《孟子》"墨者夷之"章赵岐章据〈句〉,有种种不同的解释,我都要的。疑古,出于《史通》,本是专指"辨伪"的,我则扩而充之,凡过去的政治法律、道德文章,一切都疑其不合理,又可写音同字,作夷罟,写音近(声调不同)字,作逸梏,取冲决网罗之意,废姓而用两名,则写作(1)疑古玄同,(2)玄同疑古,(3)玄同,(4)疑古,均无不可。必须写钱字时,可以照外骨底办法写作——(钱)玄同。

昨晚归来又没有写日记,今晚补写。

8月5日　星期三

天气凉爽,秋天了。

上午整理书桌。

下午洗澡。五时回家。六时半至东兴楼,今日张凤举、徐耀辰两人请一位△△△吃饭。同座者有郁达夫、沈士远、周作人、马幼渔、沈兼士、马巽伯诸人。我吃得大醉,胡言乱语,瞎闹一阵。食毕,他们又到东安市场打地球,我从不会打,也从不敢打(不愿在人前献丑),今日因大醉,居然打了几次,无一中者。出东安市场已过十一时,我尚不清醒,他们怕我路上摔跌,由达夫送我回寄宿舍,可感!并且买了两个密〈蜜〉柑给我吃,可感也!

杜同力五时来,不晤。

---

① 问号原有。

8月6日　星期四

晨七时许醒来,觉头脑昏晕,四肢瘫软,几欲呕吐,只好再睡。直睡至十一时半方起,尚不甚好,直至下午三四顷,方始渐渐复原。不敢——也不想吃午饭。

编九期《凵》。作答吴检斋信,至晚十一时毕事。

六时顷至公园一坐,八时归舍。昨晚当然没有写日记,今日补写之也。

8月7日　星期五

8月12日　星期三

整理舍中物件者竟日。晚浴。天又渐热矣。

8月13日　星期四

上午回家。午至公园来今雨轩,赴猛进社之宴,新识萧子升(《民副》编辑)、褚民谊。

吴叟来矣,尽室而北(夫妻子女共四人),寓外交部街十三号。他今天在席上发表他的"飞机代鸦片论",大骂章行严,说他的儿子当考郥家潭第一名相公,有狗鸡巴肉的(述曹亚伯语)之语。饮毕,由褚民谊摄影而散。

上午晴热。下午阴,微有雨,闷,热潮。

下午回舍。编《巜、凵、》十号。

8月14日　星期五

天气闷热。昨日编了一个下半天的《语周》,甚为惫矣!上午将它送出。下午访吴老大,适川岛约了孙伏园、孙春台及陈学昭女士(春台之……?)来。晚十时半归舍。

今日有命令,方老五免职,闻事前章行严叫陈向威去对他说:你要做女师大校长也可以商量,何必如此骂总长!

8月20日　星期四

上午访稚晖,不晤,为怅。回家。

午出城,编十一期,本拟出骂章号,以吴文未至,只好捺下一期。

8月21日　星期五

上午发稿。午后访启明。

8月22日　星期六

整理书物。晚洗澡、剪发。

今日阅晚报,知刘百昭竟率引警察、老妈子将女师大学生三十人拖出,拳打、脚踢,指掐,无恶不作,伤者甚多。一生本患病卧床(李桂生)亦被拖出挨打,竟日晕绝。

8月23日　星期日

本拟进城回家,不意阴雨竟日,因未果行。

在舍间略理书物。

8月24日　星期一

天渐晴且凉。

午回家。午后三时访叔平。八时出城,灯下作书信答不庵,报告此间一切。

8月25日　星期二

上午尚凉,下午又闷热阴潮了。

下午在舍整理东西。

心思烦乱,想握管做《巛϶》十二期之文,不能成。

8月26日　星期三

天渐晴,有风,凉爽。

整理舍中书物。下午回家。七时访叔平。八时出城洗澡。

8月27日　星期四

编十二期之《巛϶》。此攻章士钊,将来文一一细加酌改。下午白涤州来,送来《京语诠释》数十页,即去。

适之云,有《老章又反叛了》一文,今晚撰成,不及送出,明日当一早送来。

本期字数增加,当出十二页,我有《甲寅与水浒》一文,草草写了二百余字,极不惬意,拟俟排至八页止。看余稿,尚有客于、馀客、于也人信,再行重做。

8月28日　星期五

晨七时许,适之稿来矣。上午送稿,午后回家。下午访周二。晚餐毯孙请在同和居吃。

今日北大开评教联席会议,脱离案仍未报行。闻幼渔对于适之几致冲突云。

8月29日　星期六

午后校稿。晚归。扣准字数,做《甲寅与水浒》。

8月31日　星期一

晨八时至昭明校十二期末四期〈篇〉之稿。

为《吴歌甲集》作序,未毕。晚浴。

晚十二时魏建功来,说明日黎明中学开学,务须去云。

得劭西由沈阳来长信,拟作答语登在十四期。

9月1日　星期二

今日黎明中学开学(上午八时)。我往。稚晖与我均有演说。午回家。

9月2日　星期三

《吴歌甲集序》本日作成,但尚须修饰也,现在择要一节登在《巛出》十三期上。

下午苏耀祖来,知劭西昨已到京,即往访之,晚餐后归。

9月3日　星期四

将《吴歌甲集序》誊出。删头删尾登在《巛出》十三期上。

下午编十三期。作答劭西书,不甚惬意。至衙门访劭西,与之同雅于中央公园。

9月4日　星期五

上午送稿。午访小峰。回府一行。访士远。晚《语丝》社聚餐于六部口之香满园。晚浴。

9月5日　星期六

晨起将答劭西书再改过,送至昭明改排。午后看校稿。六时半至虎坊桥模范讲演所,因陆衣言由申至山西,至北京,开国语运动大会,今夕开游艺会也。我与吴曳均有五分钟之演说,均激烈。我主张用活人的话,拼其音,写成活文字,发表活思想,而打倒古文,打倒汉字,打倒国粹。吴谓"要语不要文,要文不要国"。晚餐时饮酒、演讲时紧张,致又脑贫血之变,仍用冷手巾擦胸嘼头,即回舍眠。

9月6日　星期日

上午至栖凤楼国语研究会,因他们开国语展览会(六、七、八三日),我送《国语周刊》去也。

午回府,偕媈贞、秉雄同至北海公园,因大兄招往其中之漪澜堂吃大菜也。食毕,一人出园,而遭遇乱查一阵,忽出后门(进时由前门)回家一行,即往访周二。

9月7日　星期一

上午至研究所,为《国学周刊》事开会也。午伏园约我及建功同在市场太和春吃饭,回府。

三时顷至孔德,约启明同至尹默家,因幼渔约议,商本学期改订之国文学系课程也。

将历年来之《……之文》退处 c 类(a 为语言文字之学,b 为文学及文学史,c 为古籍校读之学),此甚是。盖文学文必为以纯文学为主,既不可杂以一切文章,亦不得多上那不伦不类之国学也。

启明、伏园在长美轩请耿济之,我亦光陪。有耿勉之、孙几伊、平伯、洽原、颉刚、王剑三、春台诸人。

9月8日　星期二

上午至两校取钱。回府一行。访李书华不晤(他要我到中法大学去教本科之国文也)。下午出城,夏宇众来。六时至稻孙家,他请我吃饭也。

9月9日　星期三

上午进城,回府一行,访士远不晤。午访幼渔。下午二时至孔德上课,二一二·五〇为十年级,三一三·四〇为十一、二年级之"中国思想概要"。课毕,访叔平。

9月10日　星期四

午后编十四期之稿。黎明中学今日开学,今日我即有课,但未去。十四期中我有三文:(1)《ㄅㄙ》①,(2)《驱虎与浇园的赘说几句》,(3)《答杜同力书》。

9月11日　星期五

上午十时发稿,午访小峰。

一时回家,闻媈贞日来又略见红,甚虑。二时许访士远,不值。三时至教育部领女师大之钱。大雨,旋晴。出城回舍。六时至西车站,今日请家人吃饭,到者十人:兄、嫂、稻、毯、翠、献、润、玄、婠、穼。

---

① 全名为《关于ㄅ和ㄙ的读音》。

9月12日　星期六

九时半至西交民巷金城银行取女师大之薪水支票。十一时洗澡、剃头。午后三时至昭明校十四期稿。六时雅(因劲西来电约雅)。至则雨,旋晴。晚八时顷复雨,九时顷又晴。出园回舍又雨。这几阵雨,天渐凉,单衣有些不够。

发信:不庵、林士、渊士。

9月13日　星期日

上午得幼渔电话,知刘博士已到。今日午后二时顷至孔德相晤。午进城回家。

下午二时访沈大不晤,命车至孔德。从我家进骑河楼南行至公府时,警察曰:"往南",此说已闻之屡矣,今日又如此。乃老大不值,命原车拉至孔德,而至吴光新宅前竟不让过去,只得垣首行枢,丂!

二时见到刘博士,五时他去。七时我访叔平。昨晚不安眠,今日倦甚。

9月14日　星期一

午前检取顾致钱书,略于通择其要者而捡出备誊。

下午三时回家,知嫆旧疾果又发,昨宵起血又出了。今午至疗养医院请王味根注射并吃药。甚闷,甚忧。看来此次非割不可矣。

傍晚出城,抄顾、钱信,未毕。

频频打呵欠,眼花手涩,睡又不安眠,竟夕不安,盖神经疲倦极矣,丂!

9月15日　星期二

上午誊写钱、顾之信,仍未毕。心甚乱。

午后二时顷进城回家,知昨晚未安眠,出血又多,今日觉头痛心跳,颇委顿。电请翁之龙今晚再来注射。

四时顷至八道湾。今日周老二宴刘博士,请了张凤举、徐耀辰、孙伏园、孙福熙、川岛诸人及我作陪。席间与半农大舌战,实以祛烦闷耳。半农排斥西洋太甚,国家观念又太发达。

晚又略誊钱、顾,仍未毕。我今晚略能安眠。

9月16日　星期三

上午至师大阅各省区选送及第二次体专、手专的入学试验卷。

午回家。嫆血昨晚起渐见少,昨晚能安眠,今日精神似稍好。

下午二—四,孔德。心绪纷乱,与隅卿、太玄闲谈至晚九时方出城。

收:不庵。

9月17日　星期四

午回家。血较昨略少,拟请翁再注射。午后二时至黎中授课。三时访劭西于教部。五时至舍,编十五期稿。寄不庵(一六六元),答凤田(问"国语")。

9月18日　星期五

十一时访翁之龙。他说顷又去注射,血似少矣,但宜早往协和治疗(最好早割)。午回家,人较昨更精神些了。

午后二时至一院开国文教授会。五时访叔平。七时访刘博士于孔德,他要约我与黎、顾诸君同编一部普通辞典,由群益出版。

9月19日　星期六

午回家。知婠血渐凝固,且甚少。

由渊士介绍而来之绍兴人二欲进北大旁听,今午来访,告以不及。他们大约去考民大了。

午后三时至昭明校稿。五时至衙门访劭西,谈半农编辞典事。

洗澡。

9月20日　星期日

上午名鸿、鲁安、目寒来。

午后四时回家,林士来,说了许多倒霉话,年龄不相当,非所宜[意]也。

访士远,其家有人开会,仅在门下立谈数语。六时访刘半农,并晤沈二、马四、马七、马九、刘二诸人,又和他舌战了几个钟头。

9月21日　星期一

晨八时进城回府,婠血已止。

九时至二院试旁听生,共三十八人,进国文系者十一人。上午考国文、外国文、数学,下午口试。四时访启明。

9月22日　星期二

大风,天颇凉。

抄钱、顾信。

下午四时陈斐然来,他的夫人新近死了。他想向某女士求婚,又怕被拒,来我这里说了许多可笑话,六时去。

电话约劭西在宣南春吃饭,知中华肯铸字母铜模,四十母,做大小十付,四百个,共洋可二十元。怂恿他赶紧去做。

9月23日　星期三

上午将钱、顾信抄毕。午访伏园为铸铜模事。午后二—五时上孔德课,五时回家一行。访沈大。

得伏园电话,谓好铜模该局有之,可以六元购之也,甚喜。

9月24日　星期四

上午编十六期稿。午至《京报》馆晤伏园。午后二时至黎明中学上课。至教部,俟劭西不晤,即返舍再编《〈〈虫》。黄昏毕事。

9月25日　星期五

上午发稿。至《京报》馆晤伏园,知铜模之说乃系看错,甚为扫兴,但可刻之云。午浴。

五时访荻舟,并晤丁名高。七时至森隆吃饭,晤马四、马九、巽伯、郁用、半农等。与半农同至孔德,十二时始回舍。

9月26日　星期六

午后二时许至昭明校稿。四时回家。六时至景山东大街二号,赴赵元任之宴。共七人:赵、杨、杨二老爷、钱、黎、汪、刘。

9月27日　星期日

午前访伏园。

午后回家与婠贞谈论三小时之久。睹其痛忧,观其闷烦,思二十年夫妻究不知此后终能偕老否？悽然,因神经为之不宁。婠忽向我说了几句话,晚与半农言之,他说,可成一诗,俟其撰成,当记于日记,此亦一悲事也,——丂、丂！五时顷访叔平,并晤半农。

9月28日　星期一

昨宵又患失眠（因昨聆婠语而悲悽也）,今日精神甚坏。上午苏耀祖来。十二时忽得家中电话,谓拟即往协和医治,大惊,急归。知腹又疼痛,日前复发——先即如此也。二时小便,又谓微有极淡之红色,大虑。即访季明夫人,约其明日上午同至协和。

至孔德,与半农、隅卿乱谈,聊以破闷。

9月29日　星期二

发张直觉、许紫菀、王铣、王黻丞之信。

10月1日　星期四

编十七期稿。晚至太和春赴《语丝》社之宴。

10月3日　星期六

晚至华美赴国语研究会之宴。他们欢迎半农、元任、玉堂及谭子筹,并邀吴老头子来。

10月5日　星期一

上午偕婳同至协和诊察。据云非旧疾复发,当是月经复至,云不要紧,不必吃药,过三个月后再去看可也。毕,同至西车站吃饭。归途至南池子,见一瓦匠触电而死,甚惨。魏建功有诗叹曰:[1]。

10月8日　星期四

上午看大样,归。将"赋得国庆"草草收束,交与伏园。

10月9日　星期五

上午至北大补考。午回家。午后出城。

有女师大学生李梓如来,为想考师大本国二,而想免考文字学音韵之事。这本是可以的,因为两方面所授不同也,然非与遇夫商不可也。

晚劭西赐宴华美,同坐者为一庵、见思、伯恒。

10月10日　星期六

上午为李梓如事访遇夫,继访劭西。

下午一时许进城回府。二时至故宫博物院,挤得不得了,散氏盘今日方见之。出宫已六时许矣。

七时至周老二家吃"牛肉锅"。

10月11日　星期日

上午八时至东车站送林士,晤一庵,知其亦定今日赴杭也。

---

[1] 原文下缺。

昨宵大概食了松菌,手大悲哀,左右相同,翁之黑药膏殊不适用。上午仍至金处取药水。金云可倒于面盆中,时时以湿手巾蘸湿而捏在手中,则做事时便便利矣。

午前十时、午后二时两次至昭明,始将第二张之大样看完,预备明日补送。晚赴玉堂之宴,在其家中。同座为元任夫妇、半农。

见《晨副》上有奚若大骂"双十节",因作文辨□之,灯下作。

10月12日　星期一

昨晚大概食海味过多,故今日手更悲哀了。午前访伏园,把昨文交给他。午后归家。

午后三时访李书华,约定教授邃先之文学史。

四时访不庵於兄弟饭店,与同至大陆春食饭。

10月13日　星期二

手病,师大假。手仍悲哀(竟日未出门)。下午回家一行,知房确已卖矣,但房东尚未通知云。

10月14日　星期三

今日孔二先生的生日,孔德放假。下午回家。

晚访半农,适建功、颉刚亦在座,共谈吴歌音标事。建功有"吴歌音类"一篇,商量之结果,改正好几处。

10月15日　星期四

手病,黎中假。北大本科今日起上课矣。午乾清门摄影、赐宴。毕,至乐寿堂参观溥仪、其妻妾之涂鸦。五时出宫回府。六时至孔德。八时访不庵。

10月16日　星期五

手病,北大假(手今日又大悲哀)。编十九期稿。

闵元召来。李梓如来,云选考者十人均已录取,每人需保证人二,她要我和劭西作保,允之。

10月17日　星期六

手病,师大假。八时至师大,为李梓如作保。十一时回家,知房子卖事,房东已揭晓矣。究竟如何办理,尚未决定(或联或徙)。

午至撷英赴孙伏园之宴。座中遇徐旭生,他说他现在教哲学史,全部拟编讲义,与适之大同小异。他认为中国人太偏于致用,不及希腊人云。三时至昭明校稿。五时回家。

六时半赴数人会(今日止五人,刘、赵、钱、黎、林也,汪已赴杭,连娝则六人)。(第二次)。

10月18日　星期日

午前大风,阴,冷。十一时访不庵。

午至大陆春赴劭西、耀祖之宴。同坐为伏园、小峰、雨庵、黄○○①、高荣葵、王馥琴。食毕回家。访隅卿并晤半农。

下午一时研究所开恳亲会于北海公园濠濮涧〈间〉,因风大、心乱、身冷未去。

10月19日　星期一

房事纠葛已安贴矣,联。北大仍假。下午进城回府。至孔德,晚访不庵。

10月20日　星期二

师大假。

10月21日　星期三

自今日起上课了,上午北大,下午孔德。

10月23日　星期五

编廿期。跋渭川之《孔子诞日与国语》。跋涤洲《两个白字的音》。

10月24日　星期六

上午师大。下午校稿。《语丝》,森隆。

10月30日　星期五

答"吾如老圃"之信,疑古玄同。记"数人会"(一)。

11月9日　星期一

上午北大。下午初至中法上课,今日讲了一篇文学总略,拟分二种:
(一)文论录要,

---

① 原文如此。

(二) 古今文选。

毕,访沈大。

11月10日　星期二

阴雨。上午师大,午访伏园于《京报》馆。

11月11日　星期三

今日是所谓公理战胜节,各校均假。阴雨,甚寒冷。精神不适。欲做一篇苏州闰音,登入《语周》,做了一些,做不下去,只索罢了。

抄了三首南浔民曲,均甚长,备《语周》之用。

晚与《晨报》社宴于忠信堂。

11月12日　星期四

午回家,下午黎明。编廿三期。复潘汉年关于民歌。

11月13日　星期五

上午北大,午回家,午后至衙门,未见劭西,晚至昭明校稿。

11月14日　星期六

今日为师大成立纪念日,假。下午二时起作"废话"(一),题为《原经》,将十三经都来"原"他一下子,二时做起,做至夜半四时方毕,连标点等有一万字光景。

11月15日　星期日

上午回府。

交稿于小峰,因《论语》、《孟子》两段不惬意,拟改之,故此又携归。

午至撷英,应劭西主席之数人会,到者四人,赵、钱、林、黎,又赵太太也。匆匆一拟未决定,ㄑ、ㄉ、ㄍ拟再改用 b、d、g。下午本想改稿,以精神□□而止。浴。

11月16日　星期一

上午北大。午回府。下午中法假,在北大修改那文。

11月17日　星期二

上午师大。下午清宫做组长,养心殿。毕,回府一行。晚访沈大。

11月19日　星期四

下午黎明。毕,回府一行。晚餐因一庵回京,劭西请他吃饭,有叔平、涤尘、玉生。

灯下编廿四期,作跋白涤州、杜子观两公对于公文改白话事的议论,我觉得不值得讨论,此跋名为"鞋子话",对弁言而言也。

11月20日　星期五

上午北大。午回府。午后至小峰处校稿。五时至昭明校稿。晚访少元。

11月21日　星期六

上午师大。下午回府。晚赴赵元任之宴,讨论罗马字,仍未决定。ㄅ、ㄉ、ㄍ又不用 b、d、g 了。ㄐ作 j。ㄧㄡ作 iou,ㄧㄢ作 ian,ㄨㄟ、ㄨㄣ一律 uei、uen。ㄩㄥ iung。ㄛ一律 ㄨㄛ,连唇音。

晚归舍。作致黎锦明一书,有千余字,投《京副》,末了骂郭沫若、曾琦等。又为数人会事,魏记出,毛夜来,因移书《国学周刊》,退正之。

11月22日　星期日

午后洗澡。晚定苏州闰母表,拟以通信之形式致顾、魏两公,登入《吴歌甲集》。今天为关税自主事件又大游行,晚报说又打坏了人。

11月23日　星期一

上午北大。午回舍。下午中法。

11月24日　星期二

上午师大。午后将苏州音表做成。

11月25日　星期三

上午北大。午回家。下午孔德。晚访不庵。

本日闻奉军师长郭松龄倒戈伐奉,向山海关直进。张作霖也有今天,真快人意也。

11月26日　星期四

编廿五期稿。黎明假。

11月27日　星期五

上午北大。午回家。午后至衙门与陆、陈两公参酌苏音。晚至昭明校稿。洗澡。

11月28日　星期六

上午师〔大〕。

知午后景山有国民大会,驱段。午,玉堂请客,至其家,赵、黎、汪、林、钱五人。赵拟一罗马字案,较前次大进步,大致容恰矣。四时散。回家。秉雄谈国民大会,至吉兆○○(胡同)。攻不进云。

晚《语丝》宴于森隆。八时散,访不庵。

11月29日　星期日

竟日在宿舍,研究关于国语罗马字,搞出四点,寄书林、赵:

1. p、ph、m、f 亦 uo 非 o。
2. m、n、l、d,林主阴主,赵主阳主,均可。请林酌。
3. ㄧㄢ、ㄩㄢ非均 an,即均 en,勿一 en 一 an 也。
4. ㄩㄥ是 ü 非 i。

又拟一儿韵表。

今日天安门又开国民大会,驱段。

12月16日　星期三

黎明请假。今日为北大生日,下午回府,往研究所一观。

12月18日　星期五

北大放假(纪念日,休假三日,十六、十七、十八)。

12月19日　星期六

师大假,作答周老二一信,约六千字左右。

傍晚忽然心血来潮,回家一行,猫病矣,似不要紧,出城赴汪一庵之约会,今日数人会他为政也。罗马字似可"则定矣"了,赵制一全音分声调表,借来抄之,晚四时方毕。

12月20日　星期日

上午ㄍㄨㄟ会开增修字典委员会,通过改京音方案,半年为期,明年暑假终了。

昨案玉堂又略有意见,元任因约我们三人(钱、汪、黎)至森隆(元任东)谈之,定成一案。

下午回府,猫病愈矣。甚慰。

12月21日　星期一

精神甚惫。北大、中法均假。将答周老二罗马字一稿写成交小峰。编廿七〈九〉期稿(全国国语运动大会特号),其中即劭西之八千字长文宣言及十周歌。至印刷所交廿九期稿。至研究所晤建功。晚访叔平。

脸大悲哀,左半癣,大出水。

12月22日　星期二

冬至假。脸益悲哀。午前至金子直处诊视,据说又是湿症。访劭西,他留午餐。午后回府一行。访不庵,知他因妻病明晚拟趁〈乘〉京汉车归南。但今日北仓已破矣,想京津路在一周内当可通也。

12月23日　星期三

北大、孔德均假。

晨得元任来信,又翻案。因电约林、汪、黎同至大陆春晚餐决之(我东,少赵)。林提一案,字母少用,变化多,脸较好看。大家赞成。ü复活,h阳平,r阴平。

晚将日前与颉刚讨论《说文》一书再抄一通,畁《国学周刊》。

12月24日　星期四

黎明昨已辞,故今日未去。将与颉刚论《说文》一信抄完。晚进城一行。访士远。元任又有新案来,与昨晚我等所拟差不多。

一九二六年

1月1日　星期五

　　昨晚宿家中。晨十时赴中央公园之国语研究会十周年纪念会,替他们散了二百张宣言(即《国周》第廿九期)。

　　十一时许至周二家,饮屠苏杂煮シルコ,又八中国饭,共十四人(钱、沈、沈、沈、马、徐、张、小张、龚、半、孙、孙、章、周)。午后大家渐散,只余钱、孙、孙,主人坚留开群言堂,因又骗吃一顿晚饭。十时许出城。

1月2日　星期六

　　上午得元任电话,约今晚在他家中聚会,讨论ㄩ及ㄅㄉㄍ之争点。下午贴《民间文艺》,晚又贴,仍未贴毕。四时许进城,冷极。回家一行,未见婠,即赴赵宅。

　　今日决定——ㄩ—ū、Ǔ—ūū、ㄅㄉㄍ—ptk。

1月3日　星期日

　　将《民间文学》贴好。歌曲二册有余,故事不及一册。

　　傍晚得林玉堂电话,知赵元任又翻昨案ū。其办法我觉得很好,赞成他,但我又须别有应修改之处(如表),并将此意告余四人。

　　复贺年片,共五十余人。

1月4日　星期一

　　上午北大。午回家,未见婠。

　　购得方东树的《书林扬觯》。呵附朱熹的卵脬,真令人肉麻之至!

　　下午中法,毕。晚,访叔平。

1月5日　星期二　天气暖

　　上午师大。下午洗澡,剪发。将前夏与去夏北大试卷七十八本阅毕。

　　灯下将苏州罗马字各韵分声调写之,拟晤陈、陆、顾诸公时问之。

　　思ㄨㄞ、ㄧㄠ应作 oae、eao 两音都变,则与 oa、oei 等及 ae、ao 等韵合矣,因以此意作书告玉堂。

1月6日　星期三　天暖

　　上午北大。下午孔德。午回家。

在孔德晤半农。晚访士远,他近来有感于学界倾轧之风,拟闭户读书,不问世事。我赞成他读书,而不赞成他不问世事。我以为不问世事,对于社会不热心,总大不可也。他说徐旭生若无打落门牙之兴趣,决编不出《哲学史》来。所言谬矣。

回舍得元任两片、初主张 oae、eao,赞成 oŋ、ioŋ,后又从林,主张 oai、eau、ung、ong、ing、eung 了。

见日本△△△△之^①《中原音韵》。

1月7日　星期四　天气甚暖

清理书桌。电林玉堂,他赞成 ian、uye 等,主张 oai、eau,又主张 ung、wung、ong、unq、iung、yung、eung、iunq。

至教育部,晤陆、黎未来。

作致元任信,主张 oae、eao 最好,次之还是 oai、eau,旧案之 uae、iao 不好,仍旧主张 ong、iong。

1月8日　星期五

上午北大。午归家。午后在第一院料理中法大学文选,选《盘庚》《金滕》,均附顾译 cin terng bing

fmo sguaa chien de iy been Uu shyr daw Yanciow suoo uw Fuwyuan Ciegang cianngorg 诸人与 Fuwguan 同至 Tah herchuen "雅"。

1月9日　星期六

上午师大。午访伏园,借来《新世纪》。

午后访劢西,因元任今日约至来今雨轩,为最后之讨论也。他始终主张 b、d、g。我近来觉得都可以,因方音中 b、p、bh 及 p、ph、b 两种款式均可也。就国音论,当然 b、p 要简短些。此外,我主张 ueng、-ong、iong、eao、oae。

与劢西同去来今雨轩,不空,因至春明馆。玉堂力主 p+k。而一庵同赵、黎亦有 b 之倾向。我是两可。故结果 b、d、g 以多数通过矣。ong 亦通过。ㄨㄟ、ㄧㄡ则从林,作 eou、oai。

晚与劢同在欢迎吃饭。

归,检《新世纪》,抄出一目录,共121期(缺△期)。此十六年前之故友也,蓦地重逢,读之快慰!

1月10日　星期日

抄完《新世纪》目录。倦甚,晚九时和衣睡去,四时方醒。

---

① 原文空缺。

1月11日　星期一

上午北大。午回家。下午中法。课毕访叔平。

1月12日　星期二

上午师大。下午清理书桌。晚约劭西同至欢迎饭店去雅。

我主张以后要标声调即写罗马字,写注音字母可勿标声调,加符号究非计,而注音字母将来总是该办方法之物也,实在中华民国即"众话命锅"亦无伤。

师大学生宫璧成(新疆伊犁人)向平民学校学生亲自采访北京平民歌谣,编成一书。劭西拟先在《巛丨》上发表。我以为最好以三体书之,(一)汉字,(二)注音字母,(三)罗马字。劭西亦以为然。

1月13日　星期三

上午北大。午回家。下午孔德。课毕至北大一院校 28 期稿。《指示代名词商榷》之按语太长,排不了,因重做之。

1月14日　星期四

下午洗澡。

思人姓,同音同调者,决非分别不可,因思早先许多废案中可用者甚多,可做"易客散"之用,又开口符号亦可用之于齐、合、撮,又 y-、w- 又变作 yi-、wu-,又 ae、ao 可作 aai、aau 之类,故 eau、oai 可作 iao、uae,及 eao、oae、ong 可作 ung、uen 等可作 un 等。魏 uen,卫 ueih,陆 luw,路 luh,杨 yang,羊 yiang,阳 jarng,文 wen,闻 wun。

1月15日　星期五

上午北大。午回府。午后至北大校廿八期大样。毕。至研究所晤颉刚、伏园、半农诸人。关于罗马字的问题与半农又大吵其嘴,至可笑也!

晚访叔平。回舍,得两校通告,知明日须大举索薪,故停课一日。

1月16日　星期六

上午董淮来。

下午至衙门,晤劭西、一庵、颂平。与颂平讨论苏州音,将日前所拟苏州罗马字于韵母各音调下注明苏读。与劭西同至广和居 ea。

归,忽思《百家姓》而统计其同声同韵同调之姓,计此书列姓 438,复姓三十,单姓 408,今取此依韵排之,未毕工。

1月17日　星期日

继续做《百家姓》工作者一日。

1月18日　星期一

今日各校停课一日。晚得通告,知已筹得二成,明日当上课云。

午后中法亦告假。

午回府。午后至北大取卅八期一千份送至教部。晤劭西,与同至和兰"ea"①,并有周大掌柜的。

1月19日　星期二

上午师大。午后回府。访士远,晚浴。

1月20日　星期三

上午北大。午回家。下午孔德。晚访叔平。

1月21日　星期四

取《国语月刊》存稿,清理了一番,计有关于字母讨论者三十篇左右,其他者亦三十篇左右。拟先将其他者略略看一遍寄交中卉,缘中卉来信拟继续办下去(去春出至二卷三期),由他去办也。而字母三十篇,计可出两期。拟俟数人会之小册子印成再行加入,即出一本《字母讨论号》中下合册,此册仍当由弟编辑。

1月22日　星期五

昨晚因炉子过旺,热得难受,只盖了一条薄被,天明受凉矣,咳嗽了。

上午北大。"补"〔课〕,因人太少,据说多回家度岁,只好不上。午回府。午后回舍。洗澡。晚餐约劭西同至广和居雅。

我们主张罗马字的词类宜短。

回舍得林转来赵片,他主张重字作 x,重二字者作 xv。gex diyx cieex megx bahx mhax sheauxdi duoxdi duoshiehxv Tzayhueyxv。此法甚佳,不仅写法简,且廿六字母全用矣。

1月23日　星期六

上午师大。

因上课前得元任电话,约同人于今日午后三时至他的行宫相聚。故课毕即往

---

① ea,雅。

劢西处通告,未见,留字而走。

至金处诊病,云是气管炎,并为阿三取漱口药水而归家。

午后三时至赵处,今日惟林未来,刘来而先走。

又徐君者来信与赵,主张改 cj 为 jr,我们因为 j 字较不易写,且上有顶子,亦不美观(ㄐㄧ、ㄐㄩ、须作 ji、jiu),故不赞成改也(ㄖ字较少)。着 ce、的 di、了 le、呢 ne、头 tou、子 tz、儿 l,x、xv 通过。

同至森隆饮食,赵他,赵伊、汪、黎、钱。

1月26日　星期二

上午师大考。

1月27日　星期三

上午师大因人少未上。下午孔德。

1月29日　星期五

北大从今日起停课,考试考毕即放寒假也。

1月30日　星期六

下午回家一行。

至长美轩,汪老爷约元任诸人讨论进行俄款(ㄍㄨㄛˊ会)事之信件。

1月31日　星期日

上午杨建武来。

研究儿韵,共分二十七(？)韵。

下午三时顷访启明。

2月1日　星期一

中法今日起放假了(放四星期)。师大(放三星期)。

今日人颇不适,坐立不安,不知所故,但并无病。下午进城回家。至孔德谈天。

2月3日　星期三

上午元任来,他又想翻案,恢复ㄗㄧ、ㄘㄧ、ㄙㄧ与ㄗㄩ、ㄘㄩ、ㄙㄩ,又主张 gio、do、jo、tzo、bo。我颇不赞成云。

午回家,午后二至四时 Comte 考,十年考,十一二年交笔记。晚与尹默同访士远。

2月4日　星期四

晚得元任信,仍主张ㄗㄧ、ㄐㄧ及－uo、－o之说。

2月5日　星期五

午回家,访语堂,不值。午后访元任,说－uo、－o之不可及pㄧ、ㄐㄧ之不宜分。元任又主张分ㄩㄧ、ㄗㄧ、ㄐj为q、c、hs,我可赞成。五时,至衙门访劭西,同ea于和兰。

2月6日　星期六

上午,萧涤来。午,叔平约饮于春华之楼。下午,清理书架。晚,浴。

2月7日　星期日

午,回家。午后,出城,疲惫之至,不能做些子事。早睡。

2月8日　星期一

今日天气暖闷得很。

精神疲惫之至,竟日不能运思。取去夏所撰《吴歌甲集》而删改之,终于改不下去。傍晚,赴教育部一行,晤白涤洲与 Shawshi torng jyh Herlan Haw Chuy "ea" Hwei sheh ii shyr dean duo jong le tournao luye jann chingchuu is jiang Wu Ge Jea Jyi Shuy Shiougae wanjuyn le ranerl "ji jiy ming ii"了。

2月9日　星期二

上午,回家。忽见可厌之徐林士又来了,不知到底要干吗？再弄几封大人先生之八封〈行〉书就有用吗？哼！小伙子发昏罢了。哼！哼！！哼！！！

下午,在孔德将魏建功之《吴歌声类》看了一遍,摘其疏谬之处寄去。

晚五时回家,拟偕婠赴 gaw yransenn jy iamr,（在其家中）esl uan huwran tzoeichwen joong inq chiilai, jyyhas buchuy le。今日决定 j(ㄓ,ㄐ),r(ㄖ)。大约"new shan kee yi"了。

2月10日　星期三

午回家,婠唇未见止肿。

午后,约宫璧成君偕一平民学校之小学生（十三了）来正北京平民歌谣之音,在教育部。

晚,与劭西同在欢迎饭店 ea。

归,阅孔德十年级试卷,思更将十一年笔记亦一看,但精神疲惫得很,只好不看了。

2月11日　星期四

午,回家一行。至孔德交十年级考卷。出城洗澡。

晚,张少元在其家中请客,客为熊泽元(丰记主人,遗老也。今日称清初曰国初),王仲超、□□□①,商印书事。江氏《音学十书》仍由熊任,《从初堂二种》,拟由同人集资印之,石印一百部,价约150元云。

2月12日　星期五

因连日精神疲惫,手脚瘘痕,至金处诊之。午,回家,知媠唇昨晚出脓,今已略见好矣。出城。

今日为旧历除夕,学校发薪八成(去年二、三月者),往各处取之。本拟回家"吃年夜饭",媠亦叫我去吃,但因可厌之林士在,不愿往食,一人至中兴茶楼食之。三年之"年夜饭",均在彼处吃之也。

2月13日　星期六

今日阴历元旦,无聊得很。上午取《疑年录》,将姓名用罗马字拼之,以消遣。

下午,访启明。晚,归,注《广韵今读》。

2月14日　星期日　风甚大。

午,回家。午后,逛厂甸,摊尚少,只买了一部。收拾书架。

灯下注《广韵今读》。

2月15日　星期一

上午,收拾书架。午回家。下午,逛厂甸,得《纪元汇考》万斯同,孙锵校补,二元。注《广韵今读》。

精神疲倦欲睡,早睡。卧被中看《后汉书·党锢传》《逸民传》等。

2月16日　星期二

下午,逛厂甸,买了这几部书:《续汇刻书目》(傅云龙德清人,书刻于光绪二年丙子,他还是续顾菼崖之《汇刻书目》的)二元;《拍案惊奇》,六角;《交泰韵》,三元。《韵法直图》梅膺祚所得(非他撰)《横图》李嘉绍,一元五角。《墨子批选》(李贽),三元五角。《天花乱坠词》三集,一元八角。

---

① 原稿如此。

晚,夏宇众邀饮于其家,同坐者为程柏庠、王仲超、朱□□、吴□□①、汪典存。

2月17日　星期三

今日下雨,厂甸不摆。整理舍物者一日。下午,萧涤来。

2月18日　星期四

今日风大,天虽晴,厂甸游人不多。购得:《康熙字典》,二元。《史记订补》(李笠),三元六角。《音韵阐微》,三元。

傍晚回家。

晚孔德在东兴楼聚餐。

又《声谱》(时庸劢),一元四角。

2月19日　星期五

今日逛厂甸,购取日本板《史汉评林》,十三元。《盛世危言》,四角。《几何原本》,一元。又戴子高《管子校正》,即陈乃乾藏本,价廿元(因清代学术丛书印本纸张太坏故)。

晚,劢西约往华美"ea"(雅)。

2月20日　星期六

午,回家。下午,逛厂甸。晚,浴。

2月21日　星期日

大风竟日,黄沙蔽日,不能出门,在舍中也。毫无兴趣,做不出甚么事来。

稍微写了一点《广韵今读》。

2月22日　星期一

天已清,但风未止,甚冷。

午,回家。下午,访士远。晚约劢西同在欢迎饭店"EA"(雅)。

2月23日　星期二

今日风大甚,天气甚冷。

下午,略逛厂甸,买:《原富》,二元。《是仲明年谱》《李申耆年谱》,一元四角。《簠室殷契徵文》,十二元六角。晚,浴。

---

① 原稿如此。

2月24日　星期三

今日身体甚为不舒畅,精神疲苶。

下午,逛厂甸,买到:朱修阳(学勤)笺注板本的《简明目录》,五元。此似与先大夫过录之本同出一源,行当去问红履公。

逛毕,回府一行。至孔德,知半农新购一书,名《何典》,书共五回,首有词一首,中有"放屁放屁,真正岂有此理",吴叟之所本。半农正标点付印,我想作一序。

2月25日　星期四

逛厂甸,买了四部书:原本《輶轩语》,七角。《书林清话》,三元五角。原本《学算笔谈》,六角。董康影元巾箱本《琵琶记》,八元。又替孔德买了几部书,晚上送去。

与品青、隅卿谈至十一时半始出城。

3月5日　星期五

下午,回家。至孔德。傍晚同嫔至半农家,他今天请我们吃饭,我夫妇、沈二夫妇、三夫妇、马二夫妇。

3月6日　星期六

傍晚,回家。

3月7日　星期日

自今日起始回家理书。至孔德。

访叔平,他赠我石印晋人书《三国志·虞翻……传》。

3月8日　星期一

回家理书。至孔德。晚,约劭西饮于西车站,九时半散。天雨,旋止。

3月9日　星期二

今日未理书。傍晚回家一行,则嫔卧在床间之侧,昨夜起血忽出多云,劝其明日注射之。

访士远。

灯下点阅《鲒埼亭集》中顾炎武、黄宗羲、黄宗炎、毛奇龄(在别集)传。近翻梁任公《中国近三百年学术史》,对于晚明学者之气节、人格、清儒之学博识粹,向往之,故点阅全书。实则因近事而鞿也。①

3月10日　星期三

上午,回家,知婠血未少减。毛头又病,昨宵呕吐,因请金来注射,毛病甚轻。我自己因一个月来精神疲倦,手足发痜〈胀〉,也请他看看,他仍给我吃丸药。

理书。

孔德今日告假。

晚,浴。

3月11日　星期四

回家理书。晚,访士远。

回舍,点阅全氏《李绂、方苞传》。

婠今日又注射,闻血出渐少。

6月23日　星期三

晨兄嫂来。闷热更甚于昨。她今日又大坏,人懊恼异常,寻气。体温增高△度。食甚少,下午大吐。昨日之食未消化,昨日下午所食花生原个吐出。

6月28日　星期一

今日她牙忽大痛,几竟日。

Uaanjean 胸间又汔了,故晚未食。晨、午共食 Soda büngan 将十片。请金来诊老三,是痢疾。须先泻后清,他今日白天代〈带〉晚上拉了十余次。上午为三取药。

下午一时为 Uanjeng 购冰片,车至东安门即被挡,往前出小甜水井而过市场,由市场再步行至济生堂购。Wanbadan　a！五时至孔德,八时至市场为自己购物,又大被阻闭,因 Wan ba dan W.今日来,他住东四七条,故自东城至东华门之路大铺黄土,且不许人走矣。

6月29日　星期二

天气热,闷。晨阅报,知 W.Wang-badan 昨夜十时走了,好啊。上午洗澡,午至孔德。午后嫂、二小姐来。人很疲倦。

她今日尚平静,但饮食又略差。阿三今日未见清减。下午又请金来,打针,灌肠。

阅晚报,知 Wan ba g.今日下午二时亦走矣,hao a！

---

① 此句写于日记右侧,连接处不明。

6月30日　星期三

天气更闷热。今日老妈未用好,毛闹。阿三还是拉得不少。她又不甚好,还头晕了好几次。我自己心绪既恶,身也不甚适。上午至金处取药,至宿舍一行,傍〔晚〕时至孔德一行。

7月1日　星期四

晨又请金来,为三又打两针,灌肠一次。旋往取药,我自己也要了点泻药来。阿三今晚略差,他想吃橙子羹,馆想吃杏仁补〈布〉丁,因往畅园楼购之。

7月2日　星期五

上午出城至寄宿舍。在舍中为沈麟伯书扇。回家。晚至孔德。

7月3日　星期六

今日是马厂纪念日,段为人虽绝不足取,然此事却做得不差,然而今日北京城中竟未挂旗！旗原是专为 deau dah shuay men guah di ia！

今日仍不免兼充老妈,上午为三取药。浴。下午回家。晚至孔德。归后,馆牙大痛,身热,呼□不止。

7月4日　星期日

下午三时顷访适之,不晤。访士远,托其退匣子。至孔德。今日仍兼老妈之职。三病如昨。

7月10日　星期六

这一星期天气很热,精神疲惫,什么事也干不了。未写日记,所可记者,三病在此数日之中已愈,她亦颇有起色云。

9月12日　星期日

今天是我四十岁的第一天。我对于自己的生日只感觉到"马齿加增"的悲哀,在过去的历程上对于社会、对于自己都没有做过什么有益的事,怨愤悲哀。

罗马字昨完。

今天很头痛,精神疲倦。上午八时,大兄来叫雄、穹两儿到受壁胡同去吃中饭,他来时我正如厕,未见。

下午三时半访半农,他为了标点《西游补》及《孽海花》,有些疑难的地方,前几天他约我去商量。在他那儿见到一部 wade 的《语言自通》,很大的本子,所谓 wade

(威妥玛)拼法……

晚回家,听说有警察来讨破东西,似赈灾民,被馠贞严词拒绝。

9月13日　星期一

今日起孔德初、高中上课,两儿已荒课久,不能不去了,他俩骤去,馠大感寂寞。上午我来陪她一下,在家中午餐。

下午至部修改字典(五头:钱、黎、汪、萧、白)。口部之末,囗,土(-5画)。

与劭同食于西车站。九时至孔德。

归,制国语罗马字表,为公布之用

计△表

(1) 字母

(2) 声调拼法(一)单、复、附、卷

(3) 声调拼法(二)

(4) 卷舌诸韵母及其声调拼法

(依注音字母之次)

9月14日　星期二

上午10—11时至孔德上课,说孔成为教主,三次增加,真相益晦:(一)汉(妖妄,微言大义),(二)宋(专制、奴隶的道德),(三)晚清(新今文家,欧化)。

回家午餐。下午至舍,修改字典土部(6—)士、夂、夊、夕、大(未完)。垃圾读 lahsi,用沪音。觉得 nuey syy tol。晚与劭西同食于长安春。灯下校《花影集》八页。

9月15日　星期三

至景山书社,购《湖北先正遗书》本《酉阳杂俎》,即《四部丛刊》本也。

上午在家,午后至教部,今日"大(后半)、女"两部,丑完。"她"字补入,定为 i 音。

七时至舍。阅报。九时顷归。国淦言宗子立家被丘八劫,"那当然"。

拟用郭子衡之"百部字典"法试验,取《国音学生字汇》排之,子集未毕,《国——典》一书虽似甚陋,然选字颇可算得适于普通教育之用。

9月16日　星期四

上午浴。下午至孔德授课二小时,讲孔子之真只合求之于《论语》,前人将孔前之尧……周,孔后之汉、宋儒学皆归之孔,非也。又《礼运·大同》、孟子"民贵"等说,虽可云他们见解高超,但不过这样一句话罢了,取以为格致古微之见则谬甚。

四时开《孔德月刊》编辑会,去年旬刊,今年改为月刊,由张秉真主任。

应劭西之约,至长安春晚餐,罗马字条例他已做成,约共商榷,略更数语。并约华美印刷局之容兆麟(?)来吃饭,令其今晚赶排,后日上午可以校稿,大后日(礼日)

印出,礼一出齐,交部公布,如此或者中秋(礼二)一过,就可公布。

元任来信,用常州音拼写,我用湖州音拼写答之。

向孔德借得《宝颜堂秘笈》中之《朝野佥载》,此为六卷一本,与《四库》合,别有十卷本,莫之"△△△校宋本"丁目云"△△△△"①。恐非吾侪所能见矣。《说郛》《说海》《唐代丛书》等中均此一卷。

《国民晚报》言 nanchang 已克,Fenjen 谓甚确,又闻 shiah Chau Puoo yeou "Dawge"之意云。

9月17日 星期五

下午至孔德授课一小时,即至ㄒㄧㄚㄇㄣ,赵元任适在,与白涤洲讨论北京入声字及助词上之问题。后来我们又排字典"子、ウ、寸、小、尢、尸"部。与黎共雅于芳湖春,黎今日已将会致部函,请颁发 Romatzyh 之函(文言)撰成矣。

赵提出一办法:

男)它   tuo
女)伊(她)   i
中)牠   te
通)他   ta

盖如此,主张用一字的可仍用"他",主三字的可用"它"、"伊"、"牠",主四字者(他、伊、佢、彼)可用"它"、"伊"、"牠"、"他"。调停之法甚好,惟我略有修正,如下:

男)佗   tuo
女)伊(她)   i
中)它(牠)   te
通)他   ta

"佗"本"他"之古体,习惯上本依所谓"他"之古音读 'tuo,古书中惟人名(陈佗、华佗、赵佗……)及橐佗、负佗,读 two,但人名本不相干(如万俟 muohehyi 与"万"(wann)"俟(syh)不相干),而橐佗今作驼,负佗今作驮,绝不会发生混淆,此外都作"他"用而读 tuo 了。今作第三身男性代名词用而读 tuo,于音、义上均极相合。

女性代词,还是用"伊"最好,如此,□可望从字形上养成读 i 的习惯。作"她"固亦可,惟不可读 ta。

"它"作中性用,已经有些习惯了。若再移作男性用,不特有混淆之可虑,且我们本亦无法强别人不用它当中性之用,故还是作中性为最宜。而且这样还有一样好处,因"它"无偏旁,正可与人旁之佗、伊分别而明其为非人类。其音变固有之,tuo 为 te,在音变的系统上说,不过变合为开耳,算不了什么。(实在说,它本开口,读 to,歌韵皆开口字,今北京有许多都读合口者,因一读圆唇之 o 便连带一个较升之圆唇韵 u,变为 uo 而合口矣。若单读 o,则又变为其不圆唇之 ɤ 矣(e)。故北京音 ɤ、

---

① 原文空缺。

uo 两音均是 o 之变音,是则 to 变为 tuo 或 te 都不算有变动也。

还有,"它"本古"蛇"字,《说文》云"△△△"①,后遂引申乃为"没有什么吗?"之义,古由蛇引申,今从牛作牠,命意正复相似,而从牛,则有拘滞动物之弊,由蛇而引申为"什么",则囊括一切事事物物,便觉义蕴闳深,所包者广矣,故中性用"它",意义、声音均甚合宜,作"牠"固也可以,但亦不可读 ta。

多数:佗们、伊们、它们、他们。一男一女,或一人一猫,或概括男女,或不明其中是否兼有男女,则均用"他们"。在单数中,不定其是男是女,不知是男是女,或不必管其是男是女,或有男有女,亦均用"他"。

9月18日　星期六

午后孔德一行。午后二时至华美印刷局,校罗马字拼音法式,计八页ペジ。六时方毕。明日可以印订一百多份。后日可以发出矣!

毕至宿舍一行,知校款(俄款二十万)明日可发矣。八时至芳湖春,没有地盘(先与劭西约),劭来,同至大陆春。

9月19日　星期日

上午至两大取钱,北大七成,师大六成五也。午至华美,知已上板,即可付印矣。归家。下午,品青又送《花影集稿》六张来(即一校),携至孔德。精神疲惫,早睡。

9月20日　星期一

午后至孔德一行,向半农借到北大之盖而司大字典,以备修改大字典之用。今日携至霞门,与沈麟伯同坐汽车去,沈须往顺治门内,故揩其油也。

国语罗马字已印好二百份,请公布之信及百份此书均送至教育会黎、汪、陈三人,拟往与胡汝霖次长及罗惠侨司长一谈,而他们被索薪包围,不克往见。

六时至寄宿舍,九时至孔德一行,晤叔平,经子渊要请他上中山大学去办考古院,他不去。

商务影印《汉魏丛书》今日取得,甚佳。又购得王葆心的《虞初支志》一部。

9月21日　星期二

今日为中秋,孔德放假一天。

午至孔德一行。餐毕至寄宿舍,幸各债户均不来,此节欠钱几及 200 元,而收入鸡零狗碎、七拼八凑尚不及三百元,他们不来取,只索暂不给了。

6 时进城吃晚饭、洗澡。晚甚倦,睡了一忽,中夜不寐,起而写出关于修订字典的意见数条。备五头在修订时之用。

---

① 原文空缺。

9月22日　星期三

午至孔德。午后至衙门,"中、山、川、工、己、巾、干、幺"部。与劭同"ea"于芳湖春,知前日他们终于见到次长,他极表同情,说便可发表。今日黎、汪又去见专门司长罗惠侨,他也没有什么作难,但谓今晚即须赴津,秦汾代理。因催黎明日速与秦接洽,而专门司第三科科长前亦须敦促,俭〈简〉而言之,日内必须公布也。

归家,秉雄言抄讲义有些字非写破体,非写行书不可,因极忿之,谓此是天经地义也。

9月23日　星期四

上午在家阅胡适、胡汉论孔子,觉得都好,适之比《春秋》为正名之书,我现在不以为然。依胡汉所说,孔丘学说要点有三:正名、德化、节欲。

抄《易·大象》备付印思想史料之料。

午后至孔德。本应二小时(11、12两年),因十二年教员(1半—2半)未到,故合班而授一点钟。

阅报知胡汝霖忽辞职,恐G.R.字① 功亏一篑。急往晤黎商之。据云尚存总长室,未分至专门司(归专门司第三科专稿),而任可澄今日又不来。日来因wu bay,Duh-geh不能不走,深恐任、胡一走,此事又归停顿,力促劭西明日向各方赶紧去接头,总期日内公布,一成钦定之书,则低能的书坊便不能不用矣。

与劭同雅于公园长美轩。

购得进步书局石印的甚"巴"之《古今说海》及中华新出之《英华万字字典》(尚有中华万字字典未到),价几二元。

孔德初文〈中〉国文选本十一本已订得,我到手了一部,另购一部购〈与〉劭西。

9月24日　星期五

午后孔德(1.50—2.50)。午后至部弄屮——心部、广、廴、廿、弋、弓、彑、彡、彳、心(起首)。

9月25日　星期六

午后至部,元任约今日到部谈关于字音事,故今日未工作。他主张将"的"字分化为——

di　　　　代名词
die　　　　的(新形容词下)
dih　　　　地

---

① G.R.,国语罗马字。

四个(好像是五个),当再问明改正,亦有理,当细究之。他那 4000 字辞汇中"牛吃蟹"、"像煞有介事"、"瓎珴玲"、"批阿那"都有,这是狠对的。

G.R.由秘书送至任家,尚未发下,甚焦急,促劢西往促之。晚与劢同雅于广和居。将九时走,雇车至青云阁而观音阁闭门,甚以为怪,只好不过青云阁而雇车进城,行数十步,甫至杨梅竹斜街口上,而枪声大作,惊惶之至,遂入杨梅竹斜街,绕道琉璃厂,雇车由西河沿进城,至孔德一行。归家弄皮、哥部首。

9月26日　星期日

晨八时尚未定,苏甘来谈,谓大高殿中的丘八实在 yeeman 得狠,把他的东西任意拿走云。又曰今天 Fengjiun 将使景山中之毅军缴械,神武门内空气甚为紧张云。八时顷,秉雄为其母至东笔市买笔,归言孔德迤北不通行(自三院门口起至银闸),因今日张学良,韩麟春在孟公府吴光新家商改编毅军事也。我因此从翠花胡同、北新书局至市场而往。

下午至寄宿舍。天阴,颇寒,精神不济,看了些报,至华丰原定做一套学生服,价十七元。晚八时至孔德,仍不能通行,又迁道市场而回家。

晚便大出血。

晚上又弄了些皮、哥,尚未毕。

昨晚之事系①

9月27日　星期一

天仍阴,猫好些了。上午将《字汇》写完,用城头上出棺材之法至孔德,北池子——东华门——北河沿,知已可通行矣。洗澡。

午后到部,"心(续)、戈、户"。与劢西谈,拟将《说文》部首,守温字母,《广韵》韵目三者均加入。黎谓音符亦可加入,吾以为似以仅加入初音符为最宜,劢亦首肯。我想最好是这部《国音字典》即用一种我的新式部首。

晚,便,又大出血。

今日 G.R.的函件已经由任家取回,将送专门司矣。

9月28日　星期二

天仍阴,午起雨,甚寒冷。

上午录出《说文》部首 540 字,备注以今音。午至孔德看报。午后至部,因天寒衣单,浑身发冷,意兴甚劣,故今日成绩不好,从手部弄起,此部(至 6 画)未及半而止。

G.R.字,闻秦景阳(代罗惠桥)做专门司司长,方在"做文章",盖为免除外界之

---

① 原文空缺。

反对,尚须更加几句不以代文字之低能话也。未知明日可能画行否?真闷损人!

因身冷,晚餐吃了两杯勃兰地,反正不吃酒屁股亦大出血,然则吃了酒也不过如此耳!

向劭西借得范寅《越谚》。

9月29日　星期三　天仍阴　寒　虽无雨

上午兄、嫂及张云士来,约今晚在宣内头发胡同东口外迆北之兰陵春吃晚饭,盖阿觉将许与云士也。午后上孔德二小时,即往兰陵春。吃毕至衙门一行,晤劭西。八时至半农家,佗(他)约我去看一篇文章,他说"帝"字不与希、罗同源,或是出于巴比伦之"米",我亦未敢谓然。

9月30日　星期四

部(手 7—10)。

10月1日　星期五

午后孔德二小时。

10月2日　星期六

元任来,与商词汇之音。午后,部。手(11—13)。

10月3日　星期日

上午至孔德,遇启明亦来,即在孔德午餐,且吃其酒焉。午后四时出城,取学生衣。洗澡。

10月4日　星期一

今日因昨日是阴八月廿七日,衙门今日为孔老二放假一天。午后访尹默。午后三时半,孔德开初中国文教材讨论会(性质如此,会名已忘之矣)。

买了一本《支那谐谑语研究》,船板胡同,华北正报馆内燕尘社发行,价1.50。

10月5日　星期二

下午到部,尚无消息,但闻确已分到第三科冯子衡处而已。今日手(14画起)、支、攴、文、斗、斤、方、无(卯完)。

与黎ea于协广和,始食涮羊肉锅子。

10月6日　星期三

下午孔德,毕。至衙门,黎云冯正拟稿,也许弄得好,明天可以出来也。

近一周来想改良部首,至今大抵能只就《康〔熙〕字典》原有部首略施改变(匸、匚、月、月之类似仍当并),总期入起笔(上左)或收笔(下右)之部,仍决不入中心之部,又凡起、收两处皆有此部者,一定入起不入收。

10月7日　星期四

上午浴。午后部。月、日,月。与黎同"雅"于协广和,第二次吃涮羊肉锅。

10月8日　星期五

今日孔德假,因中法大学以今、明、后三日为纪念日,故放假也。午至孔德一行。午后至部,木(部首——6画)。

今日以为无问题矣,岂知忽需普通司参事室会核,至普长陈小庄开本司会议,主张交部务会议,幸劝西往解释而罢。然而参事室之余桃公竟大作其怪,谓有妨注音字母,必不可行,由陈、汪、黎三人至其家与谈,亦不得结果。

晚与黎同"雅"于西车站。归撰《樵歌》上我致黎信。

10月9日　星期六

下午,续书致黎信一段。四时顷至孔德。今日孔德游艺公演剧。大、二两世兄不消说都去了,小世兄亦由弘历抱去。我殊无兴趣去看戏,但要去照料小世兄而已。

绍原日前生女,今晚宴余及岂明、平伯三人于畅园楼。晚大大的便血。

电询汪,知余桃公未来,无从交涉云。

10月10日　星期日

今日国庆。满街现萧瑟之象,即国旗之悬挂亦远不逮破南口及孔子生日也(!)下午洗澡,又大大的便血。

10月11日　星期一

今日各机关补放昨日之国庆假。午后至西北园撰致黎信。晚十时顷回家,大致楚楚矣。明日尚须修改一道,即完稿。

"Hair! nuey syy lo!"

10月12日　星期二

上午将致黎信完全弄好,即交黎转衣萍,约有四五千字。下午至部,木(7—9

画),晚与黎"ea"于长安春。

今日方知专门司拟稿之后已呈堂,任令普通司与参事室会核,而余桃公遂作怪。此时只消令此公取消前条,即可发表,而余桃星六及今日均不来,且彼与黎有隙,故故意作怪也。

10月16日　星期六

午郑、李两侍郎宴披肩于芳湖春,请逖、幼、尹、检、玄五人光陪。食毕,至部,晤赵。"水"。

10月18日　星期日

晚赴李小峰之宴。

10月20日　星期二

孔德假。

10月21日　星期三

上午至衙门。午后访兄,云稍瘥。四时又至衙门。"竹"、"米"。

10月22日　星期四

孔德假,午至衙门。今日"系、缶、冈、羊、羽、老、而、耒、耳、聿、内、臣、自、至、臼、舌、舛、舟、艮、色"。今日人甚不适。

10月23日　星期五

上午浴。午后至衙门晤赵,今日未弄。

10月24日　星期六

上午至孔德。午后至宿舍。傍晚访兄,云热已不复发,病已去大半,但精神甚苶。

10月25日　星期日

上午十时即往衙门,今日弄了申集全集:艸、虍、虫、血、丿、衣、西。

一九二七年

1月1日　T

今天天气还暖。上午十时上岂明家去，他是每年元旦一定要请几位老朋友去吃屠苏酒，ZONI 等等的。今年请了十个人：疑古、幼渔、隅卿、士远、尹默、兼士、耀辰、民生、半农、百年。只有百年没有到。先吃屠苏酒 ZONI，都是纯粹的日本菜，后来吃午饭，是中国菜。我吃屠苏 ZONI 的时候，吃得太饱了，午饭竟吃不下什么。下午大家先后都回去了，惟我独留。晚八时又骗了他一顿晚餐，吃"茶 dhòh 饭"，以 noarazuke guh 之，因为那时还是 feqdhah chieq deq loq 也。走的时候又蒙他的太太包了一些 yōkan hame，没有核的桔子，说是给我的小世兄吃的。吃了人家三餐饭，临走还要带了东西回家，无乃可笑乎！

与启明谈中学生读线装书（或他们的选本）的问题，我是主张不读的，因为读它的目的不外乎两类：

（一）要想得到历史的知识；

（二）要拿它作为"模范文"（这个名词很不妥当，因为一时想不出适当的字，故姑用之）的一部分。

我以为历史的知识，求之于线装书是无法得到的，因为它：(1) 只是原料，而且只是原料的一小部分；(2) 文章难懂，耗费宝贵的光阴去研究牠，实在太不值得。(3) 荒谬的部分太多，想得到历史的知识，非新编许多新参考书不可。讲到"模范文"的问题，旧文章最不足以资模范，内容极贫乏，文章又全无条理，哪儿配做模范文呢？

晚十时回家。

回想去年昨日，徐树铮被刺，去年今日的《国民新报》上有吴稚晖先生论他的一篇文章。

半农说他有一篇对于国语罗马字怀疑的文章，将登于《国学月刊》中，他说拼法条例太麻烦了，我说总比法文的拼音条例简易些吧？他说未必，他觉得比法文要麻烦。这真不知从何说起。

1月2日　R

上午老大带老王往金处看病，归云绝非肺炎，可以放心。今日兼取吸入药，以期化痰之速。

午，语丝社在北海漪澜堂聚餐，到者八人：我、周二、李小、其妻、俞、江、品、半。二时许方食，毕已将五时矣！出城至宿舍。进城至孔德，隅卿病矣！我亦腹痛，亟归登坑。

1月3日　y

上午在家略略整理书案。傍晚至孔德一行。六时顷访叔平,和他谈及王遗少驳我之言。他说,《三体石经》之字见于六国之玺印、钱币、陶器,不能斥为伪造。我谓此说适足证我之言。盖此实钟鼎正体之简体耳。文始于六国,而又出于玺印……①,则孔子写经不用牠可知。汉人所见秦以前的古字,除大篆外,唯见此种,故伪造古文经,即用此字耳。

1月4日　H

精神甚坏。上午至孔德,拟打字消遣,也打不下去。下午四时顷,至寄宿舍一行。晚访幼渔,并晤李宗武。

1月5日　S

头胀脚软,恶寒,孔德请假。晨张干中来,约以廿三日演讲罗马字读音,他要赶廿三日以前《新生》出《G.R.运动特号》,嘱将字母表列入,以代讲义,并嘱约人撰文。我搜索枯肠,只想得到黎、汪、萧、董(渭川)四人而已。

下了一天雪,不大。下午洗澡。晚六时顷至金子直家,为毛及我及婠取药。

1月6日　m

大雪竟日,心绪甚恶,精神甚惫,傍晚时方出门。

晨有钱潜者与张义端同来。钱为朝阳大学毕业生,景山书社之一份〈分〉子,他送陈氏《中西回史日历》来(预约),遂与张公同来。他们有一个甚么"世界和平促进会"(?)也者,要我签名,不得已签之。此等事真无聊之至! 钱某市侩气流氓气极盛,此辈亦岂做此等事之人乎!

晚至孔德打了四张字: 周:《小河》《路上所见》二诗。

1月7日　J

下午至孔德上课。五时顷至ㄒㄧㄚㄇㄣ,未晤劢西,听说他病了。

晴,温和,有风而不冷。

晚访叔平,又遇齐念鸿。

1月8日　T

上午至永兴洋纸行。至信义配吸入器之药杯,买米酒、味之素、寒暑计。下午

---

① 原文如此。

张干中来,说《新生》6期定出《GR专号》,定17日齐稿,二十一日发行。

下午三时,出城要买《京津泰晤士报》,知又被禁入京矣!

至梁家园。至衙门,知劭西病,仍未来。至孔德。晚九点访幼渔。为了大学评议会通过,请假者要扣半薪,只好去销假矣!(丁卯新岁上课)。与幼渔谈音韵。

1月9日　R

下午访劭西于其家,骗了他一顿晚饭。他于岁首感冒,今日已愈矣!与之讨论词类分合的问题数点。

1月10日　y

闻王淑周到京,他自困处西安围城中半月,今甫得出者。晚六个主人(张承武、尹默、叔平、玄同、郁周、△△),请两个客人(王淑周、鄞云鹤)及一个陪客(梁蕴藏)于森隆。王说陕西城内一担米卖1300元,后来早食麻渣,晚食野菜。

1月11日　H

下午至孔德,打适之新近给志广的信,未打毕,为淑周拿去。隅卿拟约淑周担任1、2、3年的"注音字母",而自第4年起,请他教G.R.,这当然是很好的事。

1月12日　S

下午至孔德上课。晤幼渔。毕,出城到商务,买了一本英文的《阿Q正传》。至梁家园略坐,与劭西电约至长安春"yea"①。

1月13日　M

早上,丫头与老妈子忽为连极细微事都够不上说而大吵嘴(老妈之牙刷吊〈掉〉在旯旮里地上,她用火筷去夹,身扑在弘厂〈历〉之衣包上,弘骂其碰倒衣包,遂致以生)。叱之,始止,以为无问题矣!下午四时顷出门洗澡。归则秉雄告我,她们竟大打其架,而且上过区了,可笑之至。

今天人极疲倦,晚餐竟吃不下,勉强吃了一点开水淘饭。

今日阴,下雪。

1月14日　J

晨尚未起,闻该二人又吵嘴矣!据太太说,午饭时(我已出门),又略拌嘴。

大雪竟日。午至孔德,午后上课。灯下略写了些卡片。

---

① yea,雅字的国语罗马字拼音。

1月15日　T

今日不下雪,而仍阴,甚冷。丫头、老妈子未吵嘴。

午小峰来信,嘱至长美轩赏雪。往,共十人:我、小峰、岂明、绍原、半农、品青、陶元庆、许钦文、衣萍、耀辰。

五时半至姚家○○(胡同),今日是阴十二月十二日,红履生日也。稻孙书来,嘱往吃牛头及大青鱼。与太太雇了马车同去,至则稻尚未归,有一桌麻将牌(motzianq 或 mojianq)。将八时方吃。同吃者 11 人:我、婠、蒋、太太、颂唐、太太,尹辅、亚觉、亚澄、稻、太太。蒋说了许多倒霉话,我嘿然而已。归入十时半矣。

1月16日　R

今日又下大雪,本想请红履公们在西车站上吃饭(太太的主张),因这样大雪,今日只好恕不了。

午至金处取毛药。

午后至孔德晤幼渔,他说虽上课而仍不免要扣钱,我于是又大不舒服了。唉!丫头老妈子的问题刚过,又要不快意了。人寿几何,何以堪此。本想下午打字,这么一来,性〈兴〉趣又打断了,愈须托幼渔再去设法也。勉强打了蔡的《劳工神圣》与《洪水与猛兽》。品青借给我看《新文化》创刊号。

1月17日　y

下午至孔德,打电话至马宅,知今晚津归甚迟,打算明天去找他。

1月18日　H

午后因事访幼渔,又吃了他一顿夜饭。数年来立誓不吃他的,今又破戒了,唉!

1月19日　S　冷

今日将午,太太到前门去买布,归来稍迟,我留守已过孔德上课之时,只好不去了,请假。下午三时赴部,因萧條〈滌〉将归,我和黎将饯之,在长安春也。十时归,闻太太高声骂人,盖她(二仆)又闹起来也!!

1月20日　m　冷极

下午至梁家园,一星期未去矣!在西昇平洗澡剪发。

1月21日　J　冷极

今天孔德停课,本学期无课矣!我的功课也不考。下午至衙门,未见一人,即东归至市场吃晚饭。冷极,至不可耐。

午后在孔德遇半农,他新近做了一种象形指事式的音标。

1月22日　T　冷

下午至永兴问打字机,德国货大的他有,＄125,手提者须略贵约15—60,美国货更贵,在200以上,但德货较适用,有ä、ö、ü、ç及' '诸符号也。二时顷到教部晤黎。赵未来。晚与黎同吃涮羊锅。

1月23日　R　冷

下午到博爱医院、梁家园、琉璃厂、西单去,兜了一个大圈子,买了些东西。晚至孔德借打字机至家。一夜睡不安,好像发烧。

打算：介、代　形　副
　　　　　de　di　d 或 d'

灯下打函致赵、黎酌之。

1月24日　y　冷

打了胡适之《杜威先生与中国》《我的儿子》《一颗星儿》,三文,共六张。

今天打的成绩倒还不错,可是人很疲乏,脚膀甚痠。

下午四时半洗澡。拉稀,黄昏在家又拉。晚餐张群海因为生了儿子,在森隆请客,两桌,一桌都不认识,一桌七人：尹、品、穆木天、我、耀、许敬庐、苏民生。怕冷。

1月25日　H

总算在家里清理了一个早晨的书桌。下午四时出门至孔德,访启明。

天气略暖,人稍健爽。晚上还是拉稀。

2月2日　水

今日为兔儿年元旦。上午天气尚好。苏郎来吃年糕。下午四时顷,忽忆和平门今日开门,应该去试新去。驱车而出,则厂甸道旁之书摊已经摆了不少了。买了一部海山仙馆本《几何原本》赠徐旭生,价一元。又买了一部百三家本《嵇康集》,亦一元。《李鸿章》,一角。《更岂有此理》,三角。逛书摊时天阴冷,晚甚沉,明日恐又雪。

2月3日　木

今日果雪,也不小。把那篇关于G.R取字母的文章,又写了好些。

上午端仁、信二人来。下午兄嫂来。晚至孔德一行。

2月4日　金

晴。逛厂甸,土地庙中尚无书摊。

买《通鉴外纪》,二角。《东西学书录》,二角。《海上花》(至 28 回),二元。《治平通议》,二毛。

2月5日　土

逛厂甸。很冷。土地庙中渐有书摊,而不多。

买：15 卷本《几何原本》,一元六毛。《海上奇书》(共九期)。《海上花》至第十回,七毛。卢刻《西学书目表》,二十枚。《中俄国际约法》,二毛。第二年《新小说》,一元五毛。

2月7日　月

今日上午将△△。下午未曾……①

2月8日　火

上午元任来,将小册子的材料都引渡给我。叶含章来。午至永兴买铅笔,打听修打字机。王府井大街北首有一家裕记可修,因往梁家园取去修之,价四元五角。再出城,由东而南,而东,而南,实做其搅街之事。然时已将五点,从厂东门往西到厂甸(厂甸未看),大致看了一看便算了。

2月9日　水

风仍大。

2月10日　木

好天,但是没有出城。在南屋改《新生》G.R 号之外来两篇低能文章。太太午后带了小世兄访黎老太太,不晤。但"佢们"未逛厂甸(黎寓厂西门)。晚至孔德。旋访叔平。

2月11日　金

好天。上午至裕记取打字机,至梁家园,打之动矣,而卷纸时又不固,不知是坏呢,还是我外行？晚约劭西在大陆春"雅",他说他的大世兄懂得这个(学工艺的),请他拿回去看看再说。

---

① 原缺。

午后逛厂甸,专逛道旁之肆,尚未毕。购得:

扫叶本《嵇中散集》,五元。

顾氏《四十家小说》(石印),五角。

《广虞初新志》,一元(?)

2月12日 土

好天。午前即出门,逛厂甸。购得书数种:

陶兰泉影印宋巾箱本《八经》,廿元。

杨刻《世说新语》,四元。

王箓友《教童子法》,二毛。《诗谭录》(?),二角。

今日专逛土地庙及往东沿路之摊及火神庙,厂甸道旁未逛。

晚访幼渔。

2月13日 日

天阴微雪。

未逛厂甸。

午后在梁家园写石印《汉魏丛书》书面,聊以养心消遣。

三时访劭西不值。六时许至火神庙,买了:《恒轩吉金录》(书名?),10元。《书目答问》及《輶轩录》,3元。

2月22日 火

整理将近一天的书房。下午五时访大兄,云较昨益衰,因打强心剂,又较兴奋耳。请陆仲安看,他说绝无丝毫希望。

2月23日 水

上午至孔德一行。今日孔德假。

上午视大兄,据云心脏益衰弱,吃了些强心药,略见兴奋,但比昨日又大不如。镇日太太、太太的拉住了嫂嫂这样叫,真令人酸鼻。下午又请陆仲安来,他开了一张补药方,脉案上有"成败不计"字样。下午二时许,陆看病时尚清楚,叫他伸舌他就伸,晚八时顷,我走近床前,他睁着眼睛竟说不看见我了!

我下午至琉璃厂一行,取了旬日前购定之《攀古楼》(十元)。至梁家园一行,再回 Shawlih。晚九时归家,校改《三国志》,不足毛本一册。

2月24日 木

上午九时半,稻忽以洋车来迓,知事不妙,急往,并召两儿归。三看家。雄偕婠亦往,至则仅有呼吸。据说晨六时脉已伏矣!将近十一点咽气。伣们照例哀号了一阵。下午帮着写印报丧条。他们忙着赶孝衣,我则买了黑纱来,为我贤乔梓四位之用。做成就套上,无所谓成服也。

晚访隅聊。

2月25日　金

孔德假。

今日"未"刻,大兄小殓。所谓小殓者,其实已入棺,已盖大盖,不过未钉钉而已。伣们一律照着"非礼"穿孝行礼。我本想不穿白袍了,但终于在殓后上祭时穿了一穿,不过鞠躬而不磕头。关于这一点,总算只失了一半节。大、三两儿也均去了一天,他们都穿着一天白袍,磕了头(!)。

在那边写了一副大兄自挽联,虽然与我的宗旨正相反对。

3月1日　星期二

今天上午北大有课,请假。

至孔德校了些《三国》。

午后约沈麟伯,至孔德为穹看病,云是感冒。毛亦带便看之,他三个月咳嗽未愈也,给他吃点药(还是气管炎,同金说),并谓应该给他吃麦精鱼肝油及帕勒讬。

四时半至受壁,哀启已完。稻请单伯宣、乔大壮、洪芰舲三个臭皮匠,拼凑了一个诸葛亮,咬文嚼字,从六时顷,咬嚼到夜半十一时余,尚未毕。真是何苦来!我是"恕不",回家睡了。

3月2日　星期三

下午上孔德课,讲《孟》、《荀》,毕。晚约劭西在万佳春吃饭及谈天。

3月3日　星期四

今日北大未上课,去信声明,从下星期起上课。

无聊之极,烦闷之至,遍身发痒,不自在得很。神经衰弱之人,甚至乃如此!

下午访叔平,不遇,至孔德而遇之。隅卿病麟伯说是很厉害的流行性感冒。晚访幼渔。

9月12日　星期一

今天是我四十一岁的第一天。年来贫(我)病(我妻)交攻,兼之耳根时时不清净,神经因之而大大的衰弱,于是懒散颓废,日甚一日,真成了一个鲜鲜活死人了!这样活法,实在太苦恼,太无意义了。总想从今以后,再打起精神,好好的做几年

人,不知办得到否? 现在打定主意,从今天起,再写起日记来。总希望从今以后,别再间断了。前些日子集了一付对联,颇有意思:

打通后壁说话,

竖起脊梁做人。

拟请尹默写汉字的,劭西写注音字母的。

因为梁家园的师大寄宿舍要取消了,连日去收拾书物,要搬进到城来,已租定东安门内东河沿廿八号之南屋三间。此本系孔德女教员所住,现在她们不住了,我去租来放书。今日继续去收拾,差不多要完了,一两天之内就可以搬了。

晚约劭西、一庵同在正味吃饭,为商修订国音字典事。吴检斋要我到所谓京师大学校师范部也者去当教授,我说讲师则可,教授则不可。理由有二:(一)他们规定教授的钟点起马〈码〉也得要一星期十二的钟头,我还有孔德、服尔德及他们的"女子第△部"的功课要担任。那三处合起来,至少也有十个钟头,再加上十二个钟头,一星期教到二十个钟头以上,我没有那样的牛马精神。(二)刘哲的聘书,我是不愿意受的(他们规定教授的聘书由校长出,讲师的由学长出)。谈论结果,检斋说就一星期教六个钟头,"声韵沿革"三、《说文》三。劭西说"女子第△部"也是这样的功课和时间吧! 但均未说定。检斋说"师范部"的"学长"张少涵要做国文系主任。"女子弟〈第〉 部"的"学长"毛子龙要劭西做国文系的学长,所以他们都来和我接头,担任功课,但是他们自己还没有拿到聘书,故此时尚不能着手排功课也。

9月13日　星期二

五、六日以来,胃很不佩〈舒〉服,一吃东西就要发胀,打嗝(daangghé),今天更厉害了,故未往梁家园去。

下午洗澡,胃很难过,精神疲倦,在澡堂中时时刻刻要昏睡。

晚餐建功和隅卿在森隆请客,我很吃不下,而且兴趣也很坏。宾主共十三人:凤举、尹默、兼士、幼渔、援庵、膺中、召贻、半农、启明、△△、玄同、建功、隅卿。

```
    援 ○──○ 启
 膺          幼
 凤
    兼 ────── 半
       召
         玄 尹
```

字典片中部首和声符归我担任的,前些日子已经把部首片写到第五篇止(极普通的如:一、上、小、八、舌、干、目、眉、竹、箕等故不写,因为选择普通字片中所必有的)。今晚归来继续写下去(6—9篇)。

夜半大风,屋子都振动,前半夜睡不着。

9月14日　星期三

风很大，天渐冷。

上午写部首片(9—10篇)。胃仍难过。下午上孔德课。课毕到梁家园收拾零物，决定明天搬走。晚又写部首片(10—14)完。钟鼎无"風"字，亦无"鳳"字。（止有"朋"字作"拜"、"珏"、"玨"等。甲骨无"風"字，有"鳳"字，作"🦅""🦅"）"等，最完备。有"朋"字，作"拜"、"拜"、"拜"等。罗振玉说："《说文解字》……取'鳳'为'凡'矣"。按此说甚是。《周礼》虽伪书，但伪古字亦非尽无来历，正与汉简中的古文相同。我以为：——古无"風"字，即借"鳳"字表之，因"风"无形，不能造象形字，故假借"鳳"字当之，其初止作🦅，乃加凡为声。《说文》之🦅为🦅之讹体（🦅又🦅之口体，象形又从鸟，不通）。《周礼》之甗为🦅之讹体。甲骨又书🦅作🦅、🦅，变为《说文》之🦅，后又变鸟为虫作風，又变虫为肉，讹肉为⊙，遂成《说文》中所谓鳳之古文凨矣！卜辞中从隹与从鸟无分别，《说文》隹部诸字，籀文亦多从鳥，罗厶(氏)谓"隹鳥古本一家，笔画有繁简耳"，其说甚是，故🦅中之🦅与🦅中之🦅当认为一形（其实都是象凤形耳，不必说是从隹或从鳥也。)鸟虫均动物，可以随便用，如《说文》之肉本谓鸟兽之肉（《说文》……）(此处应引例，文章亦须重做)，故亦可与隹、虫通用。🦅误作⊙，如腆胑之古文□（无籀)，亦与俗书蜀为蜀同也，故：

至于五典之拜字，本与🦅字无涉，以隶书二体均作朋朋而误合者也。惟朋友之朋，古究是何字，尚难知之。钟鼎有拜（望敦）、拜（㣙鼎），甲骨有珏（卷四廿页)，罗氏谓即《说文》之𠌶字，然此形是人持贝，与友朋义无涉，《说文》所谓凤飞群鸟飞，更不足信。

9月15日　星期四

到梁家园搬书物等,到东河沿,又去年余存在孔德的二十个书箱也搬过去。晚餐检斋请在广和居吃饭,此外就是劢西谈功课事。

9月16日　星期五

上午在家。下午到孔德上课。

9月17日　星期六

上午十时至孔德,途遇元任,约下午三时半以后在欧美同学会中谈。洗浴。

三时半访元任,他约十月十五日左右南下,十一月杪归来。此行拟调查江浙语音及词类,他做了一张江浙音表,没有中心的,是一种笼统的江浙音,仿佛像旧国音一样。我觉得这是不适用的。他说,用此表可将同词类同意义而异音者拼做一个,如天井有"tɕe、tɕI、tɕē、tɕĪ、cçin、cçin、tsin、tsiŋ等,可一律拼为 tientzün。我觉得这办法不对,我们正要求其异,不可混而同之(但若方言而国语化,尽可变点样子,使地近于国语或竟同于国语也,故尽可 tianjiing 也)。他也说此表或可取消。

晚餐我们八个中国主人请十二人日本人还席,又请两个中国人作陪:

高烟畑彦次郎、那波利贞、中野长右卫门

竹田复、后藤俊瑞、长泽规矩也

今村完道、永持德一、小林胖生

智原喜太郎、张凤举、周启明。(未到)

主人(八人):玄同、森玉、幼渔、兼士、劢西、半农、遏先、百年。共吃了五十一元(假洋菜席),每人摊着六元四角也。

9月18日　星期日

天气更凉,入晚竹布长衫竟不够了。起来就觉得精神不好,心绪恶劣。上午至孔德,隅卿以六十元买到一部《警世通言》,也少四回(与孔德本同),据隅说有三回已向满铁图书馆抄补,惟一回终于无法补全。午后四时访启明不值,访劢西。

9月19日　星期一

下午二时许方出门,在荣华斋午餐,他们新添牛尾汤,炸大虾等,殊不佳。食毕,出城至琉璃厂买墨汁等等。忽至梁家园去流连凭吊,他们今日正搬完,明日要交房了。至前门大街买毛掸。至东安市场买面盆、手巾、茶壶等等,新居所用也。回家。晚电约幼渔,不在家。至孔德,隅卿亦不在,移时来谈。

9月20日　星期二

今日所谓……者开学矣。召各学长、教职员、学生至部之大礼堂而致训词焉！！！至孔德，晤劭西，正访尹默，即与劭西约他到衙门（他不到会场），约了检斋往正味午餐，而检斋未到部，故找不到。食毕与劭西同至衙门，连开水也没有喝，他更无论。劭往女师，我访启明。

劭来电话谓男女师无问题，清华不成。盖王公死后，一年以前彼之薪俸非给他家属不可，故虽太炎先生且不能请，鄙人更无论矣！讲师，则王之课已定由叔平担任，故无望矣！

今天中午吃了三杯葡萄〔酒〕，晚饭吃了三、四杯白兰地。

捡出二十年前太炎师所讲、蓬仙所抄之《说文札记》节要录于保息局本之眉。

9月21日　星期三

上午至孔德，晤叔平，新自广东来。下午上课，课毕归，甚烦闷，一人至公园长美轩，忽遇张煦来，面目可憎，语言无味。归，灯下抄《札记》。

大拉其血。

夜半雷有雨。

9月22日　星期四

上午吴山立来。脚丫又闹湿气，腿疾亦未愈。上午至金处诊视，又近来有胃病，常常每吃即胀，即打ㄍ'せ，稍迟吃即馋，亦取药来。在西升平洗澡，毕，至李铁拐斜街之越香斋吃午饭，不料此店系阿九周妈所开，口口声声"大姑老爷"，我乃大窘，缩了头吃王八，吃毕即逃。访检斋，访劭西，均不遇。回家。至孔德。入晚忽雷雨。归，灯下抄《札记》。又拉血。

今日为废历八，廿七，二先生诞日，学校放假。

9月23日　星期五

上午吴山立来。录《说文札记》。下午上孔德课，今日讲壁中古文。我认为不能说全书伪造，盖即依据晚周玺印货币之文而为之者，刘歆们所见小篆大篆以外之古字，大约也不过这个东西，这是周代文字（金文及大篆）之破体小写了，（用王说，但不信他东土西土之说）。课毕出城买笔。访劭西不值，由烟筒〔胡同〕雇车到后门，天已暗黑，走旃檀寺，路又泥滑，岐〈崎〉岖不平，又无路灯（今夕无电灯），到处都是丘八，真令人寒心啊！

访幼渔。

9月24日　星期六

下午到ㄒㄧㄚㄇㄣ,访劬西,遇之,他约我食于正味。因日前黎约沈二公谈法德款补助ㄍㄨㄞ会,不易成。二公劝将编字典时归入叶士钊之国学馆,当与三公商,故今晚钱、黎讨论此事。结果主张以法款在国学院编,罗列古今方国之字典,以美款在ㄍㄨㄞ会编近于实用的字典。

九时以后大雷大电大雨,电〈雷〉声甚响。归途已掉点儿,只好至孔德避雨,直至十一时方能归家。

灯下定古韵之目,段氏平上入三声之说甚是,故共廿八部之外,尚须分出五部,上声为卅三部,如左:

10 阴声止有平:元、文、真、耕、阴、钟、冬、登、侵、覃。

10 入声:月、物、质、锡、铎、烛、觉、德、缉、盍

13 阴声有平上:歌;微、尾;佳;鱼、语;侯、厚;幽、黝;豪;哈、海。

有四个条件:

（一）只用二〇六韵之字（均不用中原等）。

（二）入声韵用入声字（均不用泰至等）。

（三）卅三个字必须合音,读法无相同者（均不用支、脂、之、东、冬、曷、盍等）,（其蒸、真、谆、之、质、青、侵等,音太相近,亦易混淆,故亦不用。）

（四）必须古音本部之字,方做韵目（故灰、齐、檜、居等不用）。

9月25日　星期日

午访检斋,为师大功课改时间事。下午访劬西,访叔平,均不晤。过师大则关了大门,门内警察守门,大搜捡。闻天未亮即搜捡,我下午三时过尚未毕。隅卿五时许过,亦未毕。闻近日市中忽发见一种揭帖,故有此举。女师大及马神庙公寓亦被搜捡。搜女师时,生尚未起床云。师大ㄉㄞ了十余个人,云云。

9月26日　星期一

上午、下午均上师大课。课毕洗澡、剪发。取《说文》部首记以古韵（卅三部）,并记以古纽（暂依黄侃办法,依纽文古今异同例而改之）,打算在饭馆、澡堂等处空时记之。

9月27日　星期二

下午至女师上课,课毕至衙门访劬西,不值。至公园坐坐,看《史籀篇疏证》,关于"壴"字,参看王说得一解说,此"樹"字也。"樹",卜辞及《尌母卣》均作"尌"从力,石鼓作"𣏗"从又,王引罗曰:"樹与尌"当是一字,樹之本义为植木使立,引申之则凡樹他物使植立,皆谓之樹,石鼓从又,以手植之也。卜辞从力,樹物使立必用力。"疑

案:其说是也,今从寸者又之讹变,豆有立义,尌从又木豆,义为以手植木使立,一变从寸为尌,再变,木省作中,作尌,三变尌旁又加木(如亩本为屋形,廪又加广也,此均不识本形者之所为),于是误认尌为别一字,而樹从之,又误认壴亦为别一字而尌从之矣!于是闹出《说文》壴字之解来了,于是误认鼓为从壴会意了(鼓之壴乃象数形)。

买了几本空帐簿,拟录江沅声符,而再用他家参酌注明其异同,以备参考,今晚抄了些。

9月28日　星期三

上午在家抄江氏声符。下午上孔德课。课毕至正味与劭西晚餐。关于字典事拟由劭西明日访坚士谈判一次,再定加入与否。

买了一部江苏局板的《毛诗》,以我此时假定之古音音读注音押韵之旁,今晚注了《周南》、《召南》两卷。

假定:

古纽十九	影	晓	匣(云)	见(群)	溪	疑	端(知照)
	o	x	ꓧ	k	k^h	ŋ	t
	o	ㄏ$_h$	ㄏ'$_{hh}$	ㄍ$_g$	ㄎ$_k$	ㄫ$_{ng}$	ㄉ$_d$
	透彻、穿审	定(澄乘禅喻)	泥娘、日	来	精庄 清初 从床		
	t^h	d^h	n	l	ts ts^h dz		
	ㄊ$_t$	ㄊ'$_{dh}$	ㄋ$_n$	ㄌ$_l$	ㄗ$_{tz}$ ㄘ$_{ts}$ ㄘ'$_{dz}$		
	心山	帮非	滂敷 并奉	明微			
	s	p	p^h b^h	m			
	ㄙ$_s$	ㄅ$_b$	ㄆ$_p$ ㄆ'$_{bh}$	ㄇ$_m$			
古韵卅三	歌	微	尾	佳	鱼	语	
	a ㄚ	ei	ei	ia	ɔ	ɔ	
	候	厚	幽	黝	豪	哈	海
	u	u	ou	ou	au	ai	ai

元、文、真、耕、阳、钟、冬、登、侵、覃
月、物、质、锡、铎、烛、觉、德、缉、盍

9月29日　星期四

上午师,与劭西同雅于万湖春。下午女师大,课毕甚累。本年每星期有二十小时之多,几恢复十六年前(辛亥)在湖州时每星期教廿五小时之局面,然彼时仅廿五岁,今已四十一岁,牛马精神差得多,竟有些办不到了。晚访幼渔。

9月30日　星期五

上午服尔德,下午孔德,甚累,觉气急,濒嗽,盖日前受凉感冒也。

晚与劭西同请兼士在正味吃饭,商欲在所谓国学馆也者之中设一字典部,编一部古今方国的字典,盖因《ㄍㄨㄟ会已连开水也没有喝,不复能维持,而闻国学院有赔款(法、美、日)希望,故拟献地图也。结果请兼存记,相机行事。

买了吴挚父评点本《易经》(取其经与彖、象、文言都分开也)一部,拟注上古韵,今晚归来,注完《象传》。

10月1日　星期六

今日咳嗽甚厉害,痰极多,吐极费事,微咳,胸腹间辄痛,甚苦。午至金处诊视,据云气管炎。午后洗澡刮脸。晚访启明。

注完《象传》及《卦爻辞》。

10月2日　星期日

今日咳嗽少粘〔痰〕,而胸间一震仍痛。

尹默第二女令莹今日与谌亚达在公园来今雨轩订婚,我及婠、雄、充均去,强留守。

晚间抄补平伯《文学史讲义》十一页毕。他主张《商颂》是周诗,因文笔畅达,宋襄本文等等均与前人说同。惟他又说楚自若敖、蚡冒始,而此两公已在东迁以后,则商时宜未有伐楚之事,其说甚精。我又考楚始见《春秋》在庄十,称荆,僖元始称楚,宋襄图霸在僖18—22,《诗》称荆楚正合。《左传》自始即称楚,此自是后人追称,与《春秋》之为当时史官所记性质不同(至于荆平、荆昭之称犹宋襄称商,苏联称俄矣!)。

10月3日　星期一

上高师课。课毕访检斋,至《ㄍㄨㄟ会访劭西不遇。归至孔德晤隅卿。

10月4日　星期二

今日女师大课毕,至公园记部首古读。此为半月来所陆续做的事,每字以古纽、古韵及罗马字拼法记之。天将暮,访劭西于其家,带了许多枣子归遗细君。黎家有枣树,枣子极多也。

10月5日　星期三

上午服尔德。下午孔德。甚累。三时半下课后竟至隅卿床上睡着,睡到天将黑。精神甚疲倦,随便翻翻音韵书。

10月6日　星期四

今日两师取钱,本科教员三元半,每月作四周计。九月止上一星期课,共六小时,女师大给了廿一元,那没有什么不对。男师则既缩一个月为四周,只廿八天矣!又将廿八天之钱作卅分〈份〉分之,于是九月份去七天竟成了不足一周矣(!!!)(!!!)故只得到十九元六角也(!!!!!!)。

上午上师大课二小时。下午上女师大课二小时,甚累,故女师大请假一小时。晚至森隆吃饭,晤幼渔、百年。归至孔德,与隅卿谈。

夜怕冷,盖发烧也,喉间作痛,胃口亦不甚开,咳嗽又利〈厉〉害了。

看段《音韵表》。

10月7日　星期五

连日教书,既甚累,又感冒,又喉痛,故今日服尔德、孔德均请假。仍看《六书音韵表》。

上午至二姑奶奶新居一看。他们于五日迁至报子街西口外南沟沿三十一号。至金处看病,他说喉间有小白点,但不像白喉,姑以水嗽之。出城一行,至春华楼午餐,竟吃不下,盖腹胀,两日来大便甚不通畅也。约劭西至长美轩晚餐,九时归。入晚仍恶寒。

今日将假定之古音,用打字机打了《周南》全卷,前拟之"幽、黝、觉是 ou、oou、ok,今觉其不然,改为 iu、eu、iuk,盖幽系诸韵,后世之音皆作齐齿呼,因之冬亦改 ong 为 iung。试观《广韵》,古冬韵字,十之九以上皆是一东之撮口,是亦宜齐齿呼也,于是鱼、语、铎之为 ɔ、ɔk 者,可即用 o、oo、ok,不必加符号,作 ȯ、ȯȯ、ȯk 矣。如此注音罗马字亦无符号,岂不大妙乎哉!有趣,有趣。

10月8日　星期六

昨晚不能安眠,喉痛更剧,咳嗽亦如故,精神兴趣故极坏,腹胀更甚,胃口不开,至金处取泻药及开胃药。喉又涂药,他说非白喉,不传染。

仍看《六书音韵表》。傍晚访启明。归,灯下取段氏古合韵各字,一一疏证之。有的是旁转,有的是对转,有的是双声转,还有是训读,还有是段氏之误(有此二字从毛则是"合韵",从今文或他书则在木部,凡此拟改从他书)。今晚做一部一三部。

晚大泻,腹中舒服多了。

10月9日　星期日

今日喉病稍减,咳嗽仍依然也,精神略佳,盖昨晚熟睡较久也,今日胃口较佳矣!

看《六书音韵表》及《诗声类》(此洗澡时事)。段氏所分十七部,实际已得三十部,所未析者,仅觉、烛合一(三部之人)、东、冬合一(九部),物、月合一(十五部之人)而已。若将此三部字特别标出,《音韵表》即可用矣。因取孔氏《诗声类》之东、冬,王氏《韵谱》之觉、烛,物、月之分标出(此晚上事)。上午又做《关于……》第四部—第九部(未完)。

下午洗澡刮脸。晚餐食于杨梅竹斜街之某小饭馆,见有二伧父争论韩世昌唱昆曲之好坏,几至攘臂打起来,可笑之至。

满街搭给呆人看之牌楼又大开电灯矣,而呆人竟少!

10月10日　星期一

今日所谓双十节——他们的双十节。天阴乍冷,竟非穿棉不可,咳嗽,又甚累。

10月11日　星期二

因咳嗽故,女师大请假一日。

10月12日　星期三

因咳嗽故,V请假。下午C校中又停课一日。[①]

10月13日　星期四

上午男。下午女。晚至孔德访隅卿。

10月14日　星期五

上午V,下午C。

10月15日　星期六

昨晚服硫黄,拉得不通畅,甚不好过。午后出城访金,取泻药及清胃肠、止嗽药。他今晚要上日本去,约半个月回京。至衙门与劭西同至长安春雅。

10月16日　星期日

晨起又拉。写《音表》庚、秦(未完)。上午幼渔来。下午至孔德,晤隅卿及启明。晚访劭西。闻日来无形戒严,晚十时以后即不易走。九时即归家。

[①] V,中法大学服尔德学院。C,孔德学校。

10月17日　星期一

上男师课,毕,至公园一坐。晚至孔德访幼渔。

晚点阅戴氏《声类表》卷首之《答段若膺论韵书》。段氏以《广韵》之等呼范围《诗》古音,非也。此信末数条驳正段氏《六书音韵表》,除论《小旻》三章应以"厌"、"集"为韵(此江氏注),疐为瘖讹,《正月》十二章隣、云、慇非合韵,乃真、文不可分之证三条不对外,余均精,其论"《诗》中上下句相间为节奏……"一节尤精。他说《宾之初筵》一章之"秩",三章之"恭"韵不入韵,我以谓五章之"咈"亦不入韵也。

10月18日　星期二

上女师课,毕,至公园一坐。晚访启明。晨有全△△者,河南南阳人来谈,以岳飞写的《出师表》为赞,要我看他的《△△△△》及《△△△△》。

10月19日　星期三

咳嗽不愈,且精神甚苶,V、C均请假。

一九二八年

1月1日（十二月九日）　星期日

上午十时偕秉雄同至启明家吃日本年酒屠苏、左呢等。我们共十四人：岂、我、半、耀、凤、民生、湛稷如、沈二、沈大、百年、幼渔、其妻、隅、季明——有福人焉，十三人而已。秉雄，周丰一因为他不久要赴日本去，故请之。他们在里边另为一桌也。食时行酒令二种，周制者为《西厢》，刘制者为《陶渊明集》。食毕抽签赠彩。主人自赠正彩，每客均带附彩去。价约"库平二钱"（得二角八）。我的是一团绳子，三个纸杯，两个沙核桃，为隅卿得。秉雄的是不倒翁及耍货、茶壶、茶碗，为△△得。我得的正彩是一根裁尺，附彩糖（沈大的），秉雄，正彩是一个字纸篓，附彩是书签（△△的）。饮毕，尚未吃中饭，士远忽患脑贫血，静卧半小时，旋归。我今年食量不逮往年。晚六时出城购物，即至长安春赴师大之宴。遇邵次公，他说北大有七个教员、学生是"值课"的。

1月2日（十二月十日）　星期一

午后洗澡剪发。晚归家弄江沅书"之"部十八张。

1月3日（十二月十一日）　星期二

上午吴辛旨来，又有□□□① 来，要我至△△去演讲（寒假中），答以考虑了再说。

午后至孔德，眼镜坏了，中间的梁断了，只好驱车出城，至精益修理，花了大钱二元。毕。访少元不值，访劢西。归又弄江沅书，弄得不多。

1月4日（十二月十二日）　星期三

上午服尔德，音韵班今日结束。

午后至东河沿取书。至孔德。晤沈麟伯。

1月5日（十二月十三日）　星期四

上午师大，下午女师大。今日都给结束了。晚访叔平。他说盂鼎之 ![字] 字，吴释作"匍"，恐非。因甫写作 ![字]、![字]（?）、![字]（?），不作用也。然究是何字则殊难断。他送了我叶玉森的《殷契钩沉》一本。

---

① 原文如此。

1月6日（十二月十四日） 星期五

上午服尔德基本国文（形）会意完，本期即告结束。下午考孔德十一年级，二题：

（1）隶书是否专给徒隶造的？

（2）象形和指事的区别。

试毕，沈麟伯来，他向五芳斋叫了几样菜，送到孔德来吃，钱、沈、马三人吃之。晚访幼渔并晤君哲。

1月7日（十二月十五日） 星期六

上午上中大课，本日将关于古音之韵书说完。又举了钱大昕、章、曾三人四篇说古纽的文章题目。可以结束了。下星期拟"恕不"了。

元任夫妇已回北京，他约汪、黎、钱三人今午饮于芳湖春，他送了调查吴音表六册给我们，说适之反对ㄤㄏㄨㄚㄐㄧㄚ，不就ㄅㄚㄒㄩㄝㄢㄓㄨㄟㄩㄣ，而且写信去骂云。

洗澡。

1月8日（十二月十六日） 星期日

上午至孔德。午，毛大人赏饭吃，在西车站。食毕，我忽与骆绍宾闹当家，大骂毛亨、王逸，说汉儒是丹非素、出主入奴、暖暖姝姝，守一先生之言。盖我看他那种黄门侍郎之低能相，实在难过极了。《东北大学季刊》第二期出版了。承蒙曾运乾送了一本给我（由勍转来），因其中有他的《喻母古读考》也。食毕至青云阁三楼之玉壶春品茗。至商务买了一本清华《国学论丛》第二册，中有赵译高本汉，极关重要。晚访勍西。

1月9日（十二月十七日） 星期一

从今日起，两师举行试验，均停课。

神经极不安宁，不能做些子事。

午至孔德。午后三时访叔平，十时归。悉颉刚遭此次共乱，在粤无恙（他有信致叔平）。惟太玄损失最大，除书外，均被共了（恐颉处亦略被共了）。

1月10日（十二月十八日） 星期二

风极大，天极冷。

上午十时往西南行，南可而西风甚大，车极难拉，然而此味道实在也很有意思。上午试女师国二、三之《说文》，三题：

(1) 隶书是否为徒隶而作？
(2) 象形与指事之别？
(3) 说明"哭"、"止"、"半"、"走"四字之本形。
下午试女师国一音韵,三题：
(1) 前期之韵书与后期之韵书有何差别？
(2) 何谓塞声、鼻声、唇声及侧声？
(3) 说明"ㄅ"、"ㄙ"、"ㄨ"、"ㄈ"四母之发音（两题,均三题任做二个）。晚至孔德。

1月11日（十二月十九日）　星期三

风止,甚冷。

下午困倦之至。在孔德监试,在讲堂上竟睡着矣。下午孔德十二年考,题二：
(1) 隶书和草书之变迁？
(2) 草体象形和变体指事的区别。

晚访启明,吃"牛锅",甚甘美。始练习吃葱,熟者甚佳,生者尚望而生畏。

十时归家,取乙卯重编之《饮冰室全集》,依目录所纪每人之纪年（干支）,改用公历,注于当篇之下,未注毕。此事若人知之,必挨骂,一则梁为今人,一则梁为人不满。我则以为自考证眼光观之,无论今古均宜如此,况梁之学术、思想、政治,无论好坏,总是历史上一个极重要的人,我之对于梁,无论何时,总持敬意。敬其事,敬其人,敬其过去变法之举也。

1月12日（十二月二十日）　星期四

孔德从今日起放寒假,至二月六日（阴元宵）。

上午师大国一考（音韵）。

题为：(1) 前期之韵书与后期之韵书有何区别？
(2) 韵与元音之意义是否相同？
(3) 何谓开、齐、合、撮？（全做）。

午偕劭西食于正味,我说礼文与迷信皆非孔、孟所主张者,秦汉陋儒以古代遗物传于儒学耳。劭说《孟子》假设,万章、公孙丑诸人之问答乃假设,其性质等于俞曲园之说《孝经》,其言颇有理。

婳今日被马太太请去打牌吃饭。下午回家。晚至孔德。

人甚疲惫。

1月13日（十二月二十一日）　星期五

下午洗澡。晚访幼渔。

1月14日（十二月二十二日）　　星期六

上午至孔德。午后因尹默二女叔谌、亚达在燕寿堂,因往之。礼毕访劭西。

1月15日（十二月二十三日）　　星期日

上午至孔德,遇季明,谓顷见囚车赴西市,盖《口尸也！阅晚报知《确弃市了。

午后至撷英,盖因王璞请元任教国际音标,劭西作介,劭并约王、钱两公顺便去谈也。谈之结果,打算即进行字典工作。王、赵、汪三人皆任复阅初稿,而我及劭西则担任将《广韵》全书加入,仍注明纽、等、韵。我任平、上、去,劭任入声。晚至孔德。回家。阅孔德考卷。

1月16日（十二月二十四日）　　星期一

上午考师大,题:……①

午后浴,晚至孔德。今日人颇不适,盖感冒也。

1月17日（十二月二十五日）　　星期二

今天悲哀得很,昨晚即极不适,颇类发烧,十一时顷至孔德而人更不好过了,极冷之至,精神疲惫,时欲倦卧。电请麟伯来看,据云是流行感冒,除药外,更以二十丸之蓖麻油,使之大泻。晚八时归家,十一时顷大泻,稍觉舒服。今晚较昨晚稍安,盖不发烧矣。

张雪门携来《口尸在山中致其妻之信,凡元书纸八张,言十六年专心于教育,若得重见天日,当更从事教育云。阅之令人酸鼻。

1月18日（十二月二十六日）　　星期三

今日稍微好些,盖不发烧也。而咯痰甚累,胸腹间作痛则如故。下午三时出门至两师取钱,至衙门欲访劭西不晤。晤遇夫,知《理董许书》定本竟为日本人买去（黄晦闻物）,价四百元。遇夫于一星期前在桥川家见之,有五本之多云。因与遇同访桥川,则云已寄至大连矣。但若欲借观,亦有此希望云。

至孔德。作函与陈聘之,托其设法弄200元,度阴历年。

1月19日（十二月二十七日）　　星期四

上午在家中清理书物。午后至交行,取师大之钱。晤子鹤。傍晚访劭西,他因为有饭局,故我八时即走,至长安春略食,忽觉欲呕,止吃了半碗饭,以泡菜压之方

---

① 原稿缺。

止。日来病虽微瘥,而胃口尚极不好。至孔德,知借钱事有眉目了。

1月20日(十二月二十八日)　星期五

今日将日前托陈聘之高利贷二百元借到,月息三分,三个月清债。下午请麟伯来看小世兄之病,据说也是流行感冒。晚在孔德。

灯下取《广韵音表》,写四十一纽之总纲。

1月21日(十二月二十九日)　星期六

上午至琉璃厂一带还账。

午归。下午至孔德晤岂明。晚访劭西。

小世兄之热退矣。

续昨晚工作,仍未完。

1月22日(十二月三十日)　星期日

终日烦闷之至,走头无路。上午在孔德。傍晚浴。九时许归。灯下取《切韵》三种,记以纽呼。

今日毛又稍好。

1月23日(戊辰一月一日)　星期一

今日戊辰元旦。咯仍甚。下午毛之热度忽又高。

下午逛厂甸,道旁已有许多书摊摆出矣。

傍晚访启明,吃他的鳌冻肉、藕(you)脯、火腿粽。灯下又记《切韵》之纽呼。

今日烦闷稍减。

1月24日(一月二日)　星期二

今日仍甚咯。毛的热度午前减退,入晚又高。请麟伯,他因有事而不能来。遂用前方取药。午至孔德。

午后逛厂甸,购得《昭代名人尺牍》四元、《小儿语》二角、《财政四冈【？】》二角、《春秋中国夷狄辨》二角。遇黄晦闻,知彼卖与日本人之龚半伦书五册,不仅《理董许书》(此书自标明曰定本),且有其他关于订许之作。他又说他还有一部《伪经考》与《改制考》之稿本,中多与刻本异同,要卖三百元。归访幼渔,告以此事。后知《六典》亦在此中。

1月25日(一月三日)　星期三

大雪。上午麟伯来。午至孔德。下午访幼渔,至黄昏方归。毛还有些发热。

1月26日(一月四日)　星期四

仍大雪。午与黎、汪三主请赵、王、赵太太三客在撷英吃饭。送王迎赵们也。

今晚毛不发烧了。

1月27日(一月五日)　星期五

雪止,上午日出。下午阴,冷,有风。

上午至沈麟伯处为毛取药。访尹默。二小姐来。下午逛厂甸,土地祠无摊,外面亦甚寥寥,以十二吊购《西游补》(申报馆本)。四时顷访启明。

1月28日(一月六日)　星期六

今日天气晴而极冷。

午至厂甸,土地祠中寥寥数摊,内外略一逛,瑟缩不能立。

购:

《兼明书》,一元五角;

《官话字母》,一角;

《照会嘆咭唎国王文》,一角。

又至商务购《戴东原的哲学》及《荀子集解》等。晚访勚西。

1月29日(一月七日)　星期日

今日天气虽冷,顾尚可耐。上午稻孙夫妇来。午出门逛厂甸、土地祠。忽觉甚不快,逛不下去了。急至夫已氏家收拾书,决定明日迁至东河沿。购王仁昫,(因前购之一册拟记纽呼也)二元五;《王忠懿公遗书》第一集十四元。晚至孔德。回家记王仁昫,之入声纽呼,未毕。

1月30日(一月八日)　星期一

上午至夫已氏处将书迁至东河沿。下午逛厂甸,仅将土地祠书摊,已费二小时(三时半——五时半),买书　种:

石印《侯官严氏丛刻》,二角;

《采薇俚集》,五吊;

《集韵校正》,三元;

王筠《教童子法》、《正字略》,一元。

晚访幼渔。归写《新观堂集林》页数。天气甚冷。

1月31日(一月九日)　星期二

下午逛厂甸,购得何△△《△△△》(即做《劝学篇书后》者),此书我不但未见,且未知

707

也。隅卿言三述堂(护国寺街)有《沈曾植日记》两种,不知究竟是否?值得买否?因约于今日引渡至来薰阁而看之,原来不是他,乃是其叔沈宗济及宗济子曾樾之日记,亦不足买。晚洗澡。

2月1日(一月十日) 星期三

下午一时蓄意逛厂甸,岂至不到一个钟头,刚刚看完土地祠的外院而人甚累,甚怕冷,兴趣索然之至,"恕不"了。至教部访黎,约晚七时雅于正味。五时顷至利亚购 Brust Bonbon(胸糖,止嗽用),又至富贵购石鼓及泰山,为明日送逖先寿礼,价二元余。

2月2日(一月十一日) 星期四

今日逖先五十初度(阴正月十一日),我中饭去吃酒。二时许访周公,不值。至嫂处,谈至六时顷方走。出城购墨汁,至景山书社取《春在堂全书》160本,照本售廿七元,可谓廉矣,本25元多,邮费一元多也(照价应售卅二元),因许久无人顾问,将退还,而我适去买,故照本算也。归来翻阅俞书诗编,平伯幼时常提及也。

2月3日(一月十二日) 星期五

今日来逛厂甸,缘白天需将师大卷七十本看完也。假座森隆而看之,看至四时方毕,出城至师大交之。至教部访劭西,他有饭局,"恕不"了。晚至孔德。

2月4日(一月十三日) 星期六

今日逛厂甸,只逛道旁及火神庙之书摊,买得先兄《中俄界约觳注》八角;《诗本谊》(想标点),五角;又《文变》(蔡子民选)其中己亥、庚子间之文,多为我所未见者也。晚约劭西"雅"于正味,并有刘△△,在湖州第三中学教国语者五年(定州人),我托他致意铁群,未忘老友,只缘穷愁,懒通信耳。赵片已得,携归略试。

2月5日(一月十四日) 星期日

下午逛厂甸,今天只逛土地祠,购得首二本之《绛帖》,吾正止需第一册中之《诅楚文》,忽遇此,正中下怀也。以三角得之。

晚赴张少元家之宴,同坐者为马氏三弟兄(2、4、9),伦哲如、谢、欧阳□□□①,皆横通者也。

---

① 原文如此。

2月6日(一月十五日)　星期一

今日狂飙大作。

午前至孔德,晤长泽规矩也。隅卿留他吃饭,与凤举共四人吃,吃了别〈蹩〉脚的黄酒,我头胀之至,甚不舒服,午后归。婠贞被陈百年拉去打牌,晚二时半方归。四时顷风稍小。访周公,九时许归。写俞书封面,未毕。

今日厂甸一会不会有了。

2月7日(一月十六日)　星期二

今日风止而冷得很,滴水成冰。白天在孔德。四时顷至琉璃厂一看,书摊尽拆了。至文雅堂将前日卖〈买〉定的一部李登的《摭古遗文》(五元)拿来。

访劭西。我主张国音字典用高氏之46纽,而每韵不注开、齐、合、撮四字,两类者将第二类另用一字,如(东韵:合作东,撮作雄)。如此(1)用纽韵两字已足,可省"开、齐"等字;(2)隋唐音是否开、齐、合、撮,亦有问题也。劭以为然。归,定之。初拟第二、三、四类,均取最初见韵之纽之首字。嗣以如此,往往要用到极生僻之字韵,又变计选较普通之字标之也。

在劭处,见《说文诂林》样本,共采书约二百种,觉得实在不可不买,价六十元,邮三元。劭允设法,良友好意,至为可感。

2月8日(一月十七日)　星期三

今日较彡ㄨㄢ,起至东河沿清理书,先将湿处来者检视一过,看他究竟这两月来又Ｔ了些什么书去。未毕。晚写俞书封面毕。孔德今日起上课。假。

2月9日(一月十八日)　星期四

清理东河沿之书,由湿引渡而来之书大致理毕。晚约劭西同雅于西车站,归来将《广韵》分类同字大致拟定。两师均今日起上课。假。

2月10日(一月十九日)　星期五

清理东河沿书籍者一天。今日始正式清理而插架矣。凡重复之书及丛书中有之书之单行本,均拟售去。又如《古诗记》,有丁书,则亦可不要它。《科学大纲》译得不好,也想卖掉它。

晚洗浴。孔德假。

2月11日(一月二十日)　星期六

上午出城,为秉雄、德充二人至同古堂取楷书牙笔。至女师,为钟点改动留信与勋。归家。下午理东河沿之书。晚访勋,未值。至孔德。

2月12日(一月二十一日)　星期日
午至长美轩,今日叶大人赏饭吃,吃毕至水榭开会,审查报名研究者之卷。五时方毕。访劬西不晤。

拟假印斯文海丁所得之楼兰《坠简》。隅卿估计照相本钱非六十元不可。拟由十个人担任:三马、二沈、周、钱、朱、刘、张、徐(或俞)。这是真正六朝人墨札,较之枣木屡翻之法帖不远胜耶!晚至孔德。

2月13日(一月二十二日)　星期一
今日各校补放昨日之假。
到东河沿理书一天。晚访幼渔。

2月14日(一月二十三日)　星期二
今日为阴〔历〕正月廿三,大兄周忌也(去年正月廿三为阳之△△)。女师请假一天,至受壁去。傍晚为改钟点时〈事〉至孔德,不得要领。因访劬西并晤遇夫。

2月15日(一月二十四日)　星期三
上午V假。因拟改功课也。访半农即为此事。下午C。毕,至东河沿理书。得半农电话,知V不能改。那当然只好不改了。晚隅卿请日本长泽规矩也、智原喜太郎吃饭(森隆),我叨陪末座。

2月16日(一月二十五日)　星期四
上午师。下午因女师功课未改好,故去而未上。今日居然改好了,新添两小时,星六排入两小时,下星期可正式上课矣。访启明并有曾太史。晚开始写《广韵》片,今日写完"戈"韵。

2月17日(一月二十六日)　星期五
上午V。下午C。毕,至东河沿理书。今晚写"歌"韵。

2月18日(一月二十七日)　星期六
至东河沿理书一天。晚访劬西。

2月19日(一月二十八日)　星期日
上午未出门。午后至孔德,至东河沿理书。甚不适,怕冷(其实天气并不冷),

因洗澡。

2月20日（一月二十九日） 星期一

今日起我个人正式上课,全日师大。毕,与吴辛旨谈天一小时。访岂明,归已十一时半。写"果"韵。

2月21日（二月一日） 星期二

今日四小时皆女,上午《说文》,下午开始讲《国故思想概要》,ㄋㄨㄟ死咯！课毕至玉生堂,看二十年前新书,无可买者。有残本《新民丛报》,壬寅年的选了四本,因其中有《饮冰室师友论学术》也。而四本中有第十三号一本,记吴叟跳阳沟之遗墨,尤可宝贵。其册内尚有记吴叟与蔡钧交涉事,惜未完,而第十四册竟没有,殊可惜也。当年正月向它定的一部《新小说》第一年的,今日去拿（第二年的去年已拿来）,惜缺第二期。当留意补之。随便翻翻,又增我怅触,盖当年看此为十七八岁之时,今则四十二岁了。大世兄都已经二十二岁了。呜呼伤已。晚写了一个"冬"韵。

2月22日（二月二日） 星期三

上午V,"恕不"。下午C。晚写"蒸"韵。

2月23日（二月三日） 星期四

上午师,"恕不"。午约劢至正味。下午女,假一小时,上一小时。至孔德。

孔传统 ——— 荀天人、孟君民、老庄 打破旧制、礼
　　　　┌─ 韩法、李法、大热
　　　　└─ 王充 科方 张衡 科
　　　　　　　└─ 仲长 —— 阮、嵇（安）—— 鲍 —— 陶
朱传统 ——— 王 打倒支离 —— 王末 猖狂 —— 黄史
　　　　　　　　　　　　　　　　　　　　　颜
　　　　　　　　　　　　　　　　　　　　　顾 —— 戴
——— 邵全章（史）、宋、夏、章

2月24日（二月四日） 星期五

上午V,下午C。晚访幼渔,他说皇侃《义疏》……,当检查我的《知不足》。

2月25日（二月五日） 星期六

上午女。午劭约至协广和吃上半年最后之涮羊肉。竟吃不下多少，一因胃口不好开，二则近日胃口更坏也。下午无聊极矣。至商务楼上乱翻许多时候，无所得。洗澡，归。写"止"韵。

2月26日（二月六日） 星期日

天气甚晴朗而暖和，而人觉昏闷。上午至孔德，下午逛公园而觉冷，非天冷也，人不好过也。中饭不能吃什么，吃了长美轩四个包子及柳明斋的牛奶糖二十块。看《广中大学周刊》六、七、八、九四期。隅卿来电话说启明已来至孔德，因至孔德，而大风起，冷矣。今日始不穿大氅，故不免"天寒翠袖"之感焉。晚日本人长泽规矩也、智原喜太郎二人请我们：钱、马二、四、九、沈三、朱、半等在北池子大名洋行中吃饭，竟吃不下，酒也一点儿也没有喝，吃完听说书，说《武松打虎》，也无以听，归。吃了好些草蔴油，夜半，拉，腹稍好过。

2月27日（二月七日） 星期一

冷，再穿大氅。今天是废二月七日丁酉，要丁祭而放学，而放学之消息至午后二时方到师大，于是冤枉多上了三时之课，第四时当然"恕不"了。（2.5—3.5）。至交行取师薪。访嫂，借得先子遗墨十张，均丁酉、戊戌间自苏寄郑，致稻、毯之信，言吃食，甚有趣。其中一封系致兄，言规元二百两已收到，无甚意思，且系红纸。拟石印，只印几张。

出，访启明。

腹甚不好。中饭啃馒头，晚饭在启明家吃了一碗面。

2月28日（二月八日） 星期二

上午、下午均女师。腹仍不好，中饭吃馒头，以糖蘸之，以茶过之，倒呒啥。至孔德。

2月29日（二月九日） 星期三

上午V，下午C。毕，至嫂处，本拟借祖宗，取《知不足》，因天晚而不果。访劭，在其家听无线电话。

3月1日（二月十日） 星期四

上午师。午与劭雅于大陆春。本拟正味，到则已关门，故至其隔壁儿的大陆春也。下午女师。毕，至同古堂，以四元买了一块黑的寿山石章，欲由劭转请齐白石刻"疑古玄同"四字,阳文,要不守绳墨,价共六元(本是每字＄1.95,劭系熟人介绍,则1.5也)。洗澡,剪发,使短,盖连日头痒的已不好过也。印九张信需七元,印一份九角。

3月2日(二月十一日)　星期五

上午V,下午C。晚访幼渔。

3月3日(二月十二日)　星期六

上午女师大。毕,与劭西雅于彰林春(福建馆),菜甚佳。至嫂处借祖宗像,高曾祖、祖乘模、祖母并竹、嫡母像以归,与家中之父像、生母像、父小照,拟请吴郁甫拿去照之,装成一本。又将《知不足斋》取归,捡夷狄章,系剜改,乃知石印本可贵,因初印也。归家,至孔德,晤许守白。隅卿处有孔广林的《△△△》① 一部,索价一百△十元。此书甚奇,盖凡诗题,以曲作之也。怂恿隅卿买之。晚访幼渔,取《知不足》对之。每卷首部印有"□□② 王亶望校写"一行,后均削去,致改三行为两行,又每卷末,初印有校写人姓名,后削去,不知何故,又"玄"字后又改"元"。

3月4日(二月十三日)　星期日

天气甚好。穿夷服而阖等光临公园,吃长美轩之饭。毕,至国生照相,因雄要走了。毕至孔德访晤隅卿、半农、叔平。渐觉冷。至市场购薛刻《黎洲遗著》以归。此书在庚戌年初印时曾购一部,系有光纸,今则连史纸,又多了几种,故重购,拟将那部卖去。归阅之,其尊清之处当系后人所改。

3月5日(二月十四日)　星期一

先父遗墨照好,晨至孔德取,照得甚佳。全天师大。毕,至嫂处还先子遗墨。访启明,他有些小病。晚归家,阅《四部丛刊》本之《南雷文案》,与薛本相对,则改易甚多……。

3月6日(二月十五日)　星期二

全天女师大。三时半课毕,至东车站送阿嫂之行,她偕二少奶奶及亚献上大连去,坐头等车,雄亦来送。知船期改在明晚二时开,故明晨必须上火车也(本定后日上火车,云后日下午四时开船)。

余至青云阁,见半年〈部〉《清史稿》(此书定价一百元)。略将太宗、德宗、宣统三本纪之论曰翻阅,真是狗放屁。他说太宗不忍伐明,而明终不免于亡,太宗可谓

---

① 原缺。
② 原文如此。

对得住明。他说德宗奋发有为而新进太胡闹,以致偾事。他说宣统逊位易代之际是非不能说云云。

冷得很。上天得云,今晚或将下雪。至润明楼吃肘子及五加皮,吃得大不舒服,一夜睡不好,常想吐。

3月7日(二月十六日)　星期三

上午八时廿分秉雄去日本走了。乘火车至塘沽,今晚夜半二时至神户之船当开行。同行者为沈令杨、马威二人。余及三强送他至车站,孔德同学送者甚多。因昨晚之吃坏,今日腹中甚不适,送行之后即至西车站吃了一大杯咖啡。上午服尔德只好请假了。

至孔德晤建功、兼士,建赠我一朝鲜笔,长锋紫毫,名"龙泉剑",试之甚佳。又高丽纸一卷,赤色的高丽古信纸,信封一付。

午吃了两片面包、一杯咖啡。下午上孔德课二小时。晚餐吃两碗开水泡饭,以榨菜及佛手疙瘩过之,腹渐好。

3月8日(二月十七日)　星期四

午前师。午与勋同雅于庆林春(川馆),甚佳。午后女师。毕,至长美轩,吃茶看报。今日天虽晴,究竟还太冷,故所以没有什么人,而我亦有"天寒翠袖"之感焉。

六时日本帝大教授盐谷温宴中国人于水榭,他的致词是做成一篇白话的汉文而朗诵的。诵毕又将他做的一首七绝用日本文唱之。众推汤中(爱理)致答词,他不肯说日本话,用常州蓝青官话作答,恐怕即北京人都不易听得完全懂,而况日本人乎!盐谷赠大家以吴昌龄《西游记杂剧》(日本新印)及他所著《宋明通俗小说传流表》,我因听盐谷读汉语ㄍㄅㄐㄓㄕ,均与ㄎㄊㄆㄑㄔㄒ无别,益觉G、R、用g、d、b、j、tz之好也。

3月9日(二月十八日)　星期五

上午V,下午C。毕访勋西,访幼渔。

3月10日(二月十九日)　星期六

上午女高师假。午,我们回请盐谷温等于东兴楼。因孙制壮适有一局在西车站,他约曾叔度(创国音字母旗语者)在,我与勋西均不能不去,故去此。吃毕,至东兴楼照相题名。下午再出城洗澡。

3月11日(二月二十日)　星期日

上午至孔,下午将借来之高父母、曾父母母母、祖父母、父母母①、祖乘模、祖母并竹,父小照,亲携至摄影社去照,价廿△元②,两星期可得。

购得《政艺通报》△年△年△册③。

3月12日(二月二十一日)　星期一

男师。毕,与吴辛旨谈了一小时,至公园坐坐。在长美轩吃了晚饭。访劢西,因知《说文诂林》第一期已到(十八本)"玉四上"去取也。

3月13日(二月二十二日)　星期二

女师。

3月14日(二月二十三日)　星期三

上午V。下午C。向孔德借阅《荆驼逸史》《南疆绎史》(此伪书,真的至邓实始刻)、《明季稗史》翻翻。《绎史》前载《逸史》(真)序例,归取《国粹学报》第△期所载真序例对之,颇有异同。在孔晤王西征。孔现请他教授十年级国文也。

3月15日(二月二十四日)　星期四

上午师,下午女。回家。心甚乱,天阴欲雨。至孔德而雨,且不小。

3月16日(二月二十五日)　星期五

上午V。下午C。晚访幼渔,借其真的《南疆逸史》,邓实所印,前有邓序,先革后遗,可笑!

3月17日(二月二十六日)　星期六

天气颇暖。上午女师。午后出城洗澡。晚访启明。

3月18日(二月二十七日)　星期日

心绪甚恶,精神亦惫。至孔德。下午访幼渔。

---

①　原文如此。
②　原文如此。
③　原文如此。

3月19日(二月二十八日)　星期一

一天师大。毕。ㄋㄨㄟ死了。归家,知房捐可核减,房东及巡警来取执照去。访启明。

3月20日(二月二十九日)　星期二

精神甚不好,女师请假一天。至孔德谈谈,兼士亦来,谈文字形体。晚访叔平。

3月21日(二月三十日)　星期三

上午V,下午C。与建功谈音韵。晚叔平请建功。隅卿、玄同在润明楼吃肘子,四个人吃一个大肘子,而我归后尚觉腻得很,盖我之肉量大减矣。近来唯吃"菜台"最觉可口。

3月22日(闰二月一日)　星期四

上午师大。下午二一三,女师大请假,三一四去上。毕,至琉璃厂购物。归家。至孔德,访叔平。

3月23日(闰二月二日)　星期五

头痛神疲。上午V请假。在家用罗马字写《关雎》、《葛覃》二首,送智原喜太郎与德田幸子结婚。款写注音字母。启明见之,谓除纪年之"1928,3,23"数字,皆不认识者也(用四尺宣纸—单条写)。

午后至孔德上课,疲倦得很。入晚,天下麻花细雨。陆仲安在春华楼请建功,我系光陪之一。

4月7日(闰二月十七日)　星期六

今日上午女师有课,赖了。午,元任约我与劭西至大陆饭店讨论。

4月8日(闰二月十八日)　星期日

昨天大刮其风,门窗要被吹开,终宵睡不着,今日很疲乏。今日建功、碧书无形式的结婚之日,佢们请我们到什刹海会贤堂吃午饭。毕,至孔德为吴检斋写《说文》部首,未毕。

9月12日　星期三

今天是我42岁的第一天。上午到孔德晤幼渔。午到同生摄影作纪念。

三日秉雄走,那天的像已经得了,但照得太欠佳,光线不好,秉雄之态不好。

午后到报子街同和堂,刘子庚开吊于此也。晤蒋觐圭,他说不庵因与其属员刘某不合,此人说他编得不对云,一怒而亡。

三点与劭西、涤洲同往国……处,访杨少炯。因昨见该处副官黄伯度气味恶劣,态度猥陋,李步青也说他靠不住,黄点房屋时随便把东西拿走,故而见杨面谈,他说让他拿去,如有缺少,杨可想法者也。白是我们托他庶务者也。毕,仍回衙门。晚与劭同"雅"于彰林春。

天气颇暖,着夹的布某山服,竟不可耐。

9月13日　星期四

大概这几天在中海多跑了几蹍〈趟〉,跑累了,而昨天又热,又东也碰一小丁〈钉〉,西也……,气之乎也。噫!蒲柳之质……!故今天人颇疲乏。天更暖如夏天,只能改穿竹布长衫了。前天穿夹的呢夷服,昨天穿夹的布某山服,今天穿单大衫了。然而明天非改夏布大衫不可了,啊啊!

上午至孔德晤逖先。午后一时至部。前日(十一)与黄伯度约今天下午二时去接收也。比到(钱、黎、汪、白、张蔚瑜、王宗鉴六人),则其人不在,委了一个不知何物,气味万分恶劣之某,正在写我们的册子,与之接洽,他说公事(国……处给我们的公函)带来了没有?我们只凭公事办事。我甚怒,欲找杨不可得,让他们去办吧。于是汪老爷回会去拿信,拿来之后往点,已四时许,顺园先不管,锡福堂没有钥匙,于是只好先点永福堂。进屋后对勤务兵说:"拿一把干净的椅子来!""拿笔来",给他铅笔,他说:"不行!非毛笔不可!"幸而我们代〈带〉了毛笔去,否则太麻烦了。于是慢腾腾地一样一样写,铁床非拿走不可(我们本也不要),而枪架四个,倒问道:"你们要枪架不要!?"其无常识至此——我们当然奉璧。天既闷热,我既无所事事,既帮不了忙,而徒然触气,何苦!劭西先走了,我也走了。他回去赶紧要把交给萧子升的计划书做完,明日上午便须交出(还要请懂法文者译之,廿五日以前要的)。我则出城至香厂澄华园洗澡。将及两年不去了(他也关了一年多的门)。洗毕至禄味斋(六味斋之变)吃素晚饭,甚好,也有两年多不去了。食毕,电、风交作,凉爽了。八时许至劭西家看计划书,很好。十时顷回家。

辈音?

改良字典分部法,两年前曾弄过,最近之□□也弄过,总是弄弄,弄不通就搁置了。(约有十回左右了)。今又想弄弄,分"三世":

据乱——仍沿用214部首,但将太不检之字改部,可左上,亦可右下,但绝对不许中(现有攵夊等部当然可有右下了)——但若左上与右下都明明白白有其部者,则仍从左上而不从右下。

升平——归并部首。

太平——打破部首,以笔画分之,同笔之中以首二笔为次。

除太平世非彻底改造不可,暂不干。那"据乱"、"升平"两种工作拟同时皆为之,看哪一种成功也。

月肉既分,舟何以不分?

匚丂既分,匚应从丨丨吗?

9月14日　星期五

上午至孔德,见我要的房间已经收拾好了也。可喜。午后至西四所,那人把锡、永两处之房屋及增福堂移收完竣,忽云西四所有来福,无颐园,不能交。我等大怒。我与劭往见杨少炯,他也大怒,说这班副官都是王八旦、强盗。因即致函会中声明有颐园,我等持往始无问题。但今日却不肯就交,云册未造就也。日前约画图书馆地址之雷寿绵(字纪鹤)来画地图,他忽生异议,云西四所之西侧小屋及外墙及苏禅、万福两门,皆图书馆所有,应如何画法,请与馆方商量妥当方能画。我们主张苏禅、万福两门公用,小屋亦公用,恐馆方不允,拟由我先商陈颂平,而汪老爷忽大发牢骚,以为图书馆之地图乃是狗屁,于是与我大闹起来,结果我不响了方始算了。

晚,钱、黎、汪共"雅"于长美轩。毕,钱访陈颂平,他说馆方无问题。

9月15日　星期六

十时顷至西四所,知颐园尚未接收,直等到十一时过,那个姓黄的才慢去丨去丨地来了。我一看无问题便走了。到前门外取钱。归至部,阒无人焉。午后访劭,他打算访幼渔去交涉,他主张简直要求开居仁堂共走,而苏禅门亦公用。我觉得这恐难办,不意他找幼渔未遇,而幼渔往部访我们矣。而幼意亦正同此。他意同劭。但请会让增福堂与馆,使馆好走直路出苏禅门,而西四所西偏、苏禅门之小屋则会、馆所共有。劭、白意皆允,汪亦无语,我亦赞同,但尚须幼与馆中酌之。但劭未到部之前,幼与汪忽大冲突,盖汪始终持"地图是狗屁论"也。呵!呵!呵!四时许劭得部电,往晤幼,而我未往。

我至商务取十号所购得之《杨诚斋全书》,携至孔德。六时许至北海仿膳,与劭约也。在北海虽夹衣亦颇嫌凉矣。

想想分部首,暂时总还是以部首制为过渡,因取《平民字典》,记以部,未毕。

9月16日　星期日

九时得劭电话,知昨晚所谈已转达幼渔,他无异议,惟谓尚宜与图方同人接洽之。

十时稻来,他今晨四时到平,他因乃父墓碑前托不庵写太大,欲我重写之。

午后二时访幼渔,五时顷至启明,他今晨来信约晚上至其家吃夜饭,有曾太史在座也。刘子庚之子刘雄今晚在△△请吃饭,他尚在衰麻之中(请帖上有"在苦"字样),忽有请客之举,其为告帮,殆无疑义。孤儿寡妇告帮非不可,然我有不能应者三:(1)其父以何因而急死,孤儿寡妇正应向乾得钱者取索;(2)此等孤儿寡妇实在不值得帮助;(3)我自己亦在窘乡。以此便不去。听说不去者甚多,大约都托幼渔代表。十时归,弄《国音常用字汇》午集之"瓜、瓦"两部。

9月17日　星期一

午至衙门。下午与劭同访黄幼轩、陈颂平,我们意见很接近,即与幼渔同。然则图5国2七人之中,已有五人同意矣。只要再问马四与陈垣两人了。晚至孔德,与隅谈。今日人极不适。

9月18日　星期二

上午至孔德。晤建功,知彼不再往鲜。我以为失信固非,然较之杀人如何,彼以杀人之大恶德来,我报之以失信不亦宜乎?下午写令兄墓碑。其文曰:

湖州府归安县钱公念劬讳恂暨 $\substack{元\\继}$ 配 $\substack{董\\单}$ 夫人合葬之墓。

用隶书高方五寸之字,尚有两块小的,一书安葬年月及墓向,一列子孙之名。末行曰:"弟师黄再行敬书"。

四时许到衙门一转。至公园才半小时人已空矣。至孔德无人焉,即归。明日当往布置房间以便好住。

今日人仍不适。

9月19日　星期三

晨八时许送毛至孔德,我自己出来办孔德中我屋之家具,计买了四样东西,花了十八元之多:

三斗桌9;藤躺椅3;竹书架4;竹茶几2。

真买不起!

今日为家中付房租之日,本拟住茶而……故又付之。

午后一时至二时至服尔德补考。孔德十一、二、三年级学生因不愿至成达上课,今日来找常务董事请求援助,董凡七:蔡、李、沈、陈百年、马四、马九、钱也。前三人均不在平,我们对此事实无法解决。我但声明事情不解决,旧生不上课,我不授课而已(启明亦然),故不到,而托马九将此意告学生。下午在孔德布置自己的房间,晚在孔德写了两张条幅(一庵、均夫),一把扇子(来薰阁老板陈济川)。均夫必欲写篆字,写得真不成样子。

9月20日　星期四

天阴有小雨。

九时有北大学生二人来,要我去演讲,暂延宕之。他们有什么敢死队,什么反李运动,什么北京大学不属于北平大学,……复杂得很!真有些不敢请教者也。

十一时许至衙门,下午在衙门中编字典,丑下之夊、夕、大三部。晚赏饭给人家吃,五主八客。

八客:李广方、李有枢、雷纪鹤、柳△△<small>衔书</small>、梁△△、齐寿山、张燮和、陈颂平。

五主:钱玄同、黎锦西〈熙〉、汪怡、沈颐、白涤洲。李广方未吃先去,故饯者十二人也。食毕访幼渔,已九时矣。因知明日他们将开会,故往接洽。

9月21日　星期五

天阴,下午起雨,渐觉寒冷。

上午在孔德。

下午至衙门,忽得一大学院之公事,系柳亚子、郭成爽等人……,这都是十年前已吐弃之论,但以胡适之之"国语的文学,文学的国语"驳之可矣。晚又访幼渔,知今晨他们开会,二陈未到,但三人(马、马、黄)已将此案通过,大致无问题,日内当由我方我,他方他二人形式的会商一次,再用书面作证便得。十一时归家,即草此公函之稿。

9月22日　星期六

阴雨,时晴,颇寒冷。

上午在孔德为萧子升写中堂,共五百许字,打好朱丝栏,就字数找文章写,写了一篇《桃花源记》并诗。

下午一时—二时上大同中学课。午后三时在孔德晤凤举,他竟公然问我,听说你有赞助学生罢工之说,然否?我答以成达若无旧生去,或去得太少,则不授课。他说然则援助罢工矣。我是决不辞职的,孔德学院是必要办的,除非尹默叫我辞,我才辞。旧生若不来尽可退学,援助学生者,当与学生共进退(!!!)云云。

四时许访劭西,知第二项七百元又已寄到。商致图书馆之信稿。他送了我十来斤枣子而归,甚甘美。

9月23日　星期日

上午至孔德。

下午洗澡。五时许,很好的天,忽下大雨,即过,大刮西北风,孔冷。七时访启明。

9月24日　星期一

上午在孔德。午后至西四所一行。至衙门。晚与劭共"雅"于协广和之屋顶花园,吃涮羊肉,因天气孔寒也。

9月25日　星期二

天寒冷。

上午十时乘人力车至海甸,先访季明,不在家,即在其家中等候,他来了,骗他中饭吃。下午二时半—五时半上课。容希白很招呼我。倩大洋楼,像煞有介事,但无水喝(不必说茶了),洗了手没有手巾擦。五时半乘燕大汽车至西直门,坐人力车访启明。

9月26日　星期三

天稍暖。

上午至幼渔办"代表"交涉,妥。午乘人力车至燕大取钱。三时至四时由燕大到清华,我第一次到清华也。访罗志希不晤,晤杨金甫(秘书),他说要我去当教授,我只答应去教三小时音韵。五时半趁燕大汽车回东城,颠簸得颇欠好过。晚至孔德。回家,校阅夏文(刚抄完一部分者也)。

9月27日　星期四

今日服尔德有课,我"恕不"了。上午到衙门,知明日起三海将开放半个月,而竟有混帐东西说要把颐园也开放,这是什么话!我们的办公地方可以摆茶桌已奇,此等事,府院办公处竟不与我们商量,主权何在?后闻或系该办者(如黄永宁之流)所为云云。

下午至琉璃厂一带还节账。再回衙门将致图书馆公函倩人誊正,晚携至劢西家,请他签字。晚七时有某国人岛村某,及小林胖生在新丰楼请饭,我"恕不"了。隅来电话谓孔德学院送我之薪竟减为30,即使照钟点,亦应36。此物明日只可退还,等委员来了再说。

9月28日　星期五

今日中秋。竟日在孔德校阅夏文。晚六个主请六个客。在孔德吃饭(钱仲安行也)。六客:仲安、振青仲之子、张雪门、王叔周、李召贻、麟伯。六主:启明、玄同、幼渔、隅卿、季明、叔平。

9月29日　星期六

上午在孔德。下午一—二时上老妈课。毕,回家。云金孙氏与人打架被打坏了,捉将官里去了。他夫与姐要我们来出头。此有何法乎?至衙门,陆仲安至我家留下四张药方。

9月30日　星期日

上午十时约劭同往访黄幼轩,因其今晚须南下。会中各事(钱、马、章程等等)须托其进行也。出至西四所。日来中南海开放,我们的范围之内不让他们来,而图书馆则居仁堂外之过道大卖其"天津'饱'子","美味馄饨"云。即使居仁堂大门以外之仿膳吃窝窝头等当中饭。晤陈斐然及其"街坊"之"蔡先生"。三时许回家,四时访建功,请其出山帮我们办《国语周刊》,他允之。骗了他的晚饭吃。九时许至孔德,等时候,十一时半至东车站想送黄、陆之行(至京为谭三先生医肾脏炎)。孰知其非由平至津,而坐津浦车,乃由西站乘平浦(平郑徐浦)车去也。将开车时我始悟,亟往,尚送着也(〇时一分开)。

10月1日　星期一

上午至服尔德上课,无一学生。今日轮我当值(星一下、星四下、星五上)。下午往,无甚事事,编了"女"部一些。与劭同"雅"于协广和,未吃涮。至孔德晤建功,他说明日至会访劭。

10月2日　星期二

上午至孔德。午十二时乘汽车至燕大,车破而小,颠甚,且有风,极不舒服。五时半坐一破洋车至西直门,访启明。

10月3日　星期三

上午在孔德校阅夏文。下午洗澡。晚六时至新晨报馆叩见 Miss 孙,并晤该报编辑邓之诚(字文如)谈周刊事。劭今晨电告本言三办法:

一、借星三之晨副,出版四ページ
二、借星三之晨副,出版八ページ
三、托他代印代送,出些印费八ページ

今知(一)孙昨已答应,但我们因为篇幅太少,(二)是报馆不愿(办至八ページ)或用(三)乎?

七时许至广和馆吃便饭,已别久矣,但尚可小吃。顺治门外一股凄凉的样子。

10月4日　星期四

上午在孔德。萧子升之四条屏,写了它一条,写的是范石湖《田园杂兴》。午后至会,建功已来到任。晚访劭西。

在西长安街彰林春便夜饭。出门遇一人告帮,自言教育部官,为赵〇〇(听不真切)。与之四十枚之铜元票一,又掉了一个大铜板,他亦检之,故共与之以四吊二也。

10月5日　星期五

晨阅《世界日报》,知 G、R 已公布矣。至衙门,得大学院指令,亦言此事。数年来,尤其是三个月以来之耽心放下了。十时顷孔祥偈来会,我等将条件与之磋商:印八版,横行,代印代送,排版油墨费我们出,另印一千份,纸费亦我们出,代送者纸费由报馆出。但此时恐有为难,缘《新晨报》现在已消〈销〉到七千份,将来份数愈增,岂非 G、J 越印越多,他们愿意吗?果然下午五时顷孙小姐来电话说,营业说这样每月要赔到一百多元,不愿意,那我们也不愿意了。我主张自印自卖,由京华印。托伊见思去设法,并要求刻新式注音字典字样(正、草两体代〈带〉声调),劭、建均允之。

午赵元任夫妇来会,佢们请我和黎去正阳楼吃螃蟹。午后仍回会写□子,大小三十八块。晚与劭、建同"雅"于忠信堂。至孔德。

10月6日　星期六

上午在孔德。午后上老妈课。毕,至会,与劭定八股主任(见七日)。访伊见思,请其担任驻平特务委员。晚赴李庆芳与邓之诚(文如)之请,在新晨报馆。同座有兼、叔、援、尹高林、杨丙辰、劭、逖、半、……诸人。

购得《诗经原始》2、3《左庵集》5、4,均预约价。食毕至孔德。

10月7日　星期日

风大,冷。

上午有北大法科学生△△△来,说要自动开学上课,请教职员到联席会议商量云。去后访幼渔。下午三时偕劭同至中海,他上图书馆开会,我至西四所,劭与元任夫妇都在内,与赵夫妇同出西苑门。晚打罗马字信六封:赵审核股主任、白训练、魏编辑、沈文书、汪会计、陈事务,我自己宣传,劭组织,尚有调查股主任未有人。

10月8日　星期一

风仍大。

上午服尔德有,恐无学生,"恕不"了。下午到会值班。晚访劭于其家。打算印一本第一、二式小册(目……)。

10月9日　星期二

今天风仍大。

燕大有课,"恕不"了。上午在孔德。午与毛共饭于孔德。尹默来,未谈而去。

下午到国语会。与劭共"雅"于涮。

到会时车至天安门,见国音字母已贴出。

10月10日　星期三

今年十、十一、十二放三天。天气甚好,日暖风和,有类春天。上午至孔德晤稻孙,他要我给北平北海图书馆写招牌(本名北京图书馆)。午后写"大道之行"也。用四尺宣十大张写百〇七个字。将油在教部东照墙上,墙宽二丈余,长四尺余也。二时写到五时方毕。甚累。

三囡出玩,婠亦率毛及女仆上公园去看热闹,我看家。九时婠等回,云人甚多,毛与女仆出门时均被挤倒。

10月11日　星期四

天气仍暖和。

上午浴。下午写《遗嘱》六尺四条,将镌在教育部进门之四扇屏门上也。写毕已昏黑,电灯不亮,殊闷闷。晚七时许至天安门,人并不多,较婠所言昨日之景况殆少得多,道挂红灯笼,而天安门还是漆黑一团,去阴历除夕老百姓之热闹远矣。至公园,见有两处演戏:一进前门西首之打球场,新戏;一社稷坛,旧戏。至长美轩吃了一壶普洱茶而回孔德。为未名社及北平北海图书馆写招牌。

10月12日　星期五

今日天气很好,但我人则颇不适。上午至国语会,知照墙又属市党部,而东院内有些空屋忽然贴起"大学院图书室"来,此何物耶？又杨廉为崇也。看劭西写木牌上的注音字母,用紫色油漆写在字上写,Miss 张用蓝色油漆写在字下,交关醒目好看也。

心中闷气得很,晚饭至忠信堂吃了半斤黄酒。自西徂东,经天安门,依然灯笼虽多而极黑,但人比昨日多得多多。

至孔德。回家作书与吴范宸,盖双十来宾撰文请他把《世界晚报》的英文名称删去,他竟删了,我又想请他加上 G.R.,未知他肯否？

10月13日　星期六

大同假。到会,写劭写"大道之行也"的注音,又《遗嘱》注音,宋畅濂写国统会字报,当重写之。

10月14日　星期日

今日北大学生开会上课,要我到会,我避之,故早出。上午在孔德。午后访黎。

四时顷出至会。将《遗嘱》末幅写好。将《遗嘱》交连喜。至公园。至孔德。晚甚冷。

10月15日　星期一

因咳,上午V假。访魏,骗他中饭。午后与之同至会值日。晚与白同访黎。四扇屏门上做《遗嘱》,甚好看。

10月16日　星期二

咳。因上星期燕大来往,故今日往之。三小时减为二小时,第三时(四半—五半)"恕不"了。至清华,访赵,不值。因乘人力车归。行荒冢累累间,暮色苍茫,景致甚好。途遇耀辰,同进城,乘电车至西城访劭。

10月17日　星期三

今日清华有课,因咳请假。至会,晚访劭。

10月18日　星期四

今日上午V有课,竟忘之矣。假亦未请,可谓荒谬绝伦。下午至会值日。六时至《新晨报》定报半年,优待,故七折。过此则不行。晚餐后访劭。

10月19日　星期五

今日上午我值日,未往而托白代,因心绪不佳(房子问题,今日是付租之日)。至孔德,将△△① 个学生拼名单之汉字及注音字母加入(在孔德写)。下午启明来校。数日来大便不畅(少而干),致昨日唇燥喉干,胸腹间亦觉不快。今晨饮草麻油,油太陈,效用差,下午四时许始拉。拉毕访劭。

10月20日　星期六

晴暖。今日大同五周〔年〕纪念,放假。而上午开纪念会,要我去演讲。我去讲了些骂古文,骂欧化语体文的话,反个人主义,三民主义应尽力社会。九时半往,至下午一时半方散会。

今日北大学生自行上课。午后至会,一日不往。"大道之行"已做成了,甚佳。四时顷出城至琉璃厂购物。访少元。晚饭后访幼渔,谈及十一时半方归。拟再做国音字母第二张,专言结合韵母,及第一式声调符号,第二式的和卷舌韵母只好"恕不"了。明日当与劭言之。

---

①　原文如此。

10月21日　星期日

晴暖。董粹要考清华做旁听生（有五个女生额），今晨来，作书介绍之。G、R公布，文中之拼音条例九条，赵处底稿遗失，无从付印。知大学院曾令各教育局，因托劭西向许重达（北平教育局第一科科长）借之而抄，今日借得，午至孔德一行，午后二时许访劭，取它以归。

今日中海有所谓"国术联欢会"者，皆拳匪也。姢贞携毛往观之。晚浴。

北大学生忽送上课表来，将沈三之形义亦入我名下。奇！

10月22日　星期一

晴暖。

上午至服尔德，今日不上课。钟点改为星五下午，都是老学生，继续上学年讲下去。至孔德。到北海。午后到会值日。会门外"国语统一，言文一致"八个四方尺之文字今日做成。归又至孔德。回家编中华民国国音字母。拟国音字母第二印稿成。

10月23日　星期二

上午访劭西。午至燕，午后上课。回平访建功不值。至孔德。

10月24日　星期三

十一时顷至燕大，与启明同骗季明之午饭。毕，至清华访元任。二时—四时初上课。课毕，再访元任。晚访劭。

10月25日　星期四

V假。竟日在会。北大、师大学生各至家来两次，女师大一次，均未见。与劭同"雅"于东亚春。毕，至孔德访隅卿。

10月26日　星期五

V假。竟日在会。师大学生来，要求上课。只答应可以演讲。晚访劭，归家。十时后北大国文系学生〔来〕，以答师范之法答之。

10月27日　星期六

今日因追悼黎元洪，学校放假，老妈校甬去了。上午至孔德，下午至会。下午四时行，访叔平。四时走时雨，入晚甚大，九时顷归，有风，颇冷。

10月28日　星期日　晴、冷

与劭西雇一汽车至马五家,十个人公饯吴雷川。1.季明、2.黄子通、3.容希白、4.许地山、5.郭绍虞、6.沈尹默、7.沈士远、8.谢冰心未到、9.我。10.黎。

我与黎本因会而请他,但他无暇,故亦加入。四时顷归。在黎宅小憩。出城至西升平洗澡。先至中华,知《清史列传》已经到了一半,拿来随便一翻,真叫做秽史。

10月29日　星期一

上午至西四所。下午至会。我与黎、与前院三署备员——钱均夫、陈颂平、张燮和——开联席会议,商量分配房屋事,结果将有槐树之北屋九间及东屋归我们办国音字母传习所,第三进与杨廉吵之,廉将什物搬开而作事务股。但我认为第三进极西之公报室亦非让出不可。因于晚饭后又至教育会访白涤洲,托其次日接洽此事。

10月30日　星期二

甚冷。上午飘雪。

十时顷乘人力车至燕大,因黄子通约至其家午餐也。下午二半—五半上课。乘汽车至西直门,乘电车至西四,在同和居吃饭。毕,访劭西,知房事已解决矣。我们用公函去向大学院档案管理处要公报之屋。

十时顷归,将《中华民国国音字母》稿编齐,尚待校勘一遍也,其下附《百家姓》及省与特别市之名,又音表,均尚未也。

10月31日　星期三

稍暖午乘人力车赴清华。四时半乘清华汽车回平。车中遇吴鸣岐、杨遇夫。五时十分到西单下车,至衙门。与魏、白同涮于协广和。归至孔德,有好几天没去啦!

11月2日　星期五

李大章今晚到平。

11月3日　星期六

下午请吴雷川在怡园茶话,顺便看居仁堂。晚,图书馆人请吴雷川吃饭,而以《古会中人陪之,在忠信堂。

11月8日　星期四

晨起,平伯、佩弦来,同至食堂吃点心。九时坐汽车进城,比到V,已十时二十分矣。10—12,V。在V,见萧子升,言师大反黎事,他说此不成问题。然欤?否欤?午访黎,黎出示一辞职信稿,为人商榷数处。然此信实有不妥,盖言为巛亼会不暇兼顾,弓拉得太满不易转圜也。午后到会。

11月9日　星期五

上午到会。午后到V。止一坐,未上课。

11月12日　星期一

今日为孙诞放假,故衙门亦未去。午访刘半农。隅卿约魏、周、钱三人在孔德,计《孔德月刊》事,盘桓几及一日。晚访黎,值大章在,他谈了三小时而去,劭允明日就职,盖今日有一百十人去呈请留黎氏也。

黎欲我任国文系主任,今日允之。

11月13日　星期二

本日燕大假。

上午至会一行。访二小姐,婠欲向她借款百元也。下午取款。二时顷至孔德。劭定今日下午二时到院就职。他去就职,台上学生代表不来,仅接收事务方面而已。五时出,六时归家,忽得林砺儒之电话,谓学生开大会,讨论他就职的问题,请速往解释,而劭竟去。去则有王仲超其人也者,等着,陪他上去,大受辱,无聊而归云。我闻此信往其家探听,如此如此。

11月14日　星期三

今日雨雪。

清华请假。上午访幼渔,并晤郑中正。下午至孔德,傍晚出城至商务。购四角号码之《学生字典》以归。

学生反黎。

11月15日　星期四

上午V。晤萧子升,他竟说劭西干不了,最后只可通电下野,恶!是何言欤!不是你把他抬上台的吗?唉!政客!

下午会,晤杨二老爷,他是纯洁的拥黎派,他说今日《新晨报》所登新闻太坏(云有浙籍某教授拟上台,明知张不来,故作拒黎迎张之举)(又云有国家主义派及共党余孽某某等煽动),据云此新闻为国三之曹鳌所登,故其同班之王国良大反对之,今日因此新闻忽大恶化云。晚访劭,彼做一谈话,与之略略商榷,发表于明日之报纸。(今晚他把国文系主任的聘书送给我。)

11月16日　星期五

上午会。下午到V,仍只一学生——李树荣——来上,他说共有三人,一回家,不久即来,一未必上,因彼自己在他处当教员,时间冲突也。

至孔德,人颇不适,咳嗽之甚,有似发烧。五时一七时,至青年会看狗屁之电影,所谓《清宫秘史》也者,盖无聊而又生病之故也。闻师大学生往访大章,请其收回黎之聘书而迎张归,李表示可商云,黎亦有己辞而迎张意。

11月17日　星期六

本日老妈学校未去。

上午到孔德。

下午到会。晚至劭西家,晤林砺儒,云学生恶化益甚,乃至"不烤黎火",因劝退,俟明日之会决定。

11月18日　星期日

上午到孔德。

下午二时至怡园,因劭因校事棘手,拟摆脱而召集新任各主任,假该处商量bannfaa也。

昨甫发信,不意学生已知之(盖林砺儒通消息也),故我进西苑门至蜈蚣桥,即见二学生拦路,说不必赴会,反正我等反黎到底也。然卒往。到者七人:林砺儒、杨据梧、曾仲鲁(?)、熊知白、李顺卿、钱玄同、黎,结果,黎辞,由李大章请几个旧教员来组织一临时委员会。

少涵来电,不来平。晚访检斋不晤。

一九二九年

1月1日　星期二

晨十时半至岂明家,这是他数年以来要请吃的日本屠苏也。今年共十四人,连小孩共十六人。玄同、岂明、士远、尹默及子、兼士、平伯、凤举、子雀、稷如、幼渔、季明及子、隅卿、半农、耀辰也。饮得太迟,故中饭竟吃不下了。晚为一师院新年宴会。出和平门见有"行人车马靠左边行"等木牌矗立于路中。问人知今日微〈未〉有摆摊也。少涵似已久就矣。

1月2日　星期三

下午洗澡。

晚李遇安、王馥琴、陆晶清三人在忠信堂请吃晚饭,同坐者为劭西、一庵、岂明、耀辰,尚有沈二、三未到。

1月3日　星期四

午前至孔德。本拟取旧讲义之各音表检印,而下午幼渔至孔德,因谈及黄昏而归。

配得几本《中山大学语言历史学研究所周刊》第十三、十四期。中有傅孟真《与顾颉刚论古史书》,其中对于我将《春秋》一笔抹杀为非,言《公羊传》中一部分确是孔子思想,我觉得很对。我本不坚持《春秋》为断烂朝报之说,我尝谓《春秋》非微言大义之书,即系断烂朝报,决不能像古文家那样解法耳。

1月4日　星期五

上午至女师大上课。午后V假,因三时在颐园招待也。剪报如左。①

1月5日　星期六

风甚大,天气甚冷,黄天厚地,飞砂走石。

上午九时许,一师院来电话云:十时由学生自治会欢迎少涵,仰各该主任前往参加。因即往枵腹欢迎焉。他们一定要我演说,我全无预备,且亦向不会说空套话,于是文不对题地说了关于国文系的话:(1)本系学生应注意国故思想文化等等及应用的国语文,不可旧而专注重空疏无用的古文,新而专想做文学家;(2)别系

---

① 原缺。

的学生不可以为我不学国文,便闹到文理不通,白字连篇;末云打倒"美文"。

下午至孔德幼师授课。

晚六时杨据梧、沈步洲、胡沅东请在西车站吃饭,座中有少涵、砺儒及各系主任。

1月6日　星期日

起得很晏,快十一点了!本拟下午在孔德写音表付印作讲义,无如身软又怕冷,心乱。只在孔德看了一则报,下午四时顷访岂明焉。

1月7日　星期一

上午一师,下午二师。午后四时清华开中国文学系系务会议,告假未去。

今年阳历,市政府令商人在海王村公园及文化商场等场摆摊,今日逛之。厂甸道左也有十来个别脚书摊,买了一部旧的有光纸的铅印的《古今说海》,价一元五角。这种书也应该备它,但只配买这种别脚板子的也。又以一毛钱替荒谬图书馆买得一部李命三的《明夷待访录纠谬》,序末由著者自印二章,曰"大清世奴"、"尚知君父",哈哈!文化商场内也有些珠宝古董摊和一二书摊,海公园中也有耍货和元宵担子。

1月8日　星期二

今日人疲倦极矣。到东到西要睡着。燕大假。下午洗澡,剪发。在澡堂里又睡着两点多钟头。

晚回家,看师大第二次招体育专修科国文卷廿五本。

1月9日　星期三

上午师大,下午清华。四时归城至衙门。晚至孔德。

1月10日　星期四

上午女大假。下午女师大。晚在孔德写表,第二同音声母表,第三韵母,第四张今韵母。

天暖。

1月11日　星期五

上午女师大。下午V假(此为张少涵就职后之第一次)。午进城至孔德,写第五表国音卷舌韵母表。三时半至一师,开第五次院务会议。六时,会议未毕,先走一步,至国……会。七—九时在国音字母讲习所讲演——《国语拼音与汉字改革》。

九时再至孔德写六七八三表。(1)国语罗马字韵母声调拼法表;(2)结合韵母;(3)卷舌韵母。十一时半写毕回家。

1月12日　星期六

上午师大。午与幼渔同食于春华楼。三—四时上孔德幼稚师范课。五时顷赴岂明家,他今晚赏饭于家。连主人共十一人:罗志希、徐耀辰、朱佩弦、周启明、杨金甫、俞平伯、刘廷芳、钱玄同、张凤举、朱□□① 佩弦之叔、冯芝生。

徐旭生归自迪化,今日在服尔德讲演,明日在文学分院讲演。

1月13日　星期日

晨雪,旋晴矣。天又渐冷矣。

上午有北大学生李中浩及颜□□② 来,他们要办关于儿童的刊物等等,欲作书致蔡、蒋,要许多人签名,我也签了一个,并捐洋五元。

午至孔德,午后在孔德写第一张音系表毕。四时半至西四所晤劭西,并晤曾运乾。晚张院长(少涵)赏饭于忠信堂,有两桌,皆师大之主任及教授也(但我未到)。至孔德。

朱逖先等组织"中国史学会",今日开成立会。我当选为委员。当选者共9人:(1)朱希祖,(2)陈垣,(3)罗家伦,(4)钱玄同,(5)王桐龄,(6)张星烺,(7)沈兼士,(8)陈衡哲,(9)马衡。

1月14日　星期一

午前一师,精神很惫,故下午二师假。午后四时至衙门。

晚陈斐然赏饭,又是忠信堂。同坐者为启明、劭西、萧子升、马幼渔、检斋、凤举、王淑周诸人。毕至孔德。

大风又冷。

1月15日　星期二

下午燕大,归,晚访叔平。

1月16日　星期三

上午师大,下午清华,与劭同车出城同车返。即至劭西商国语研究所事。晚阅夏穗卿文。

---

① 原文如此。
② 原文如此。

一九二九年

1月17日　星期四

上午女大,下午女师大,各二小时。至女师大,见上月余所书之招牌已做上矣,而无上下两体注音,且为右行,悉违原式,甚气。他们既用我之字,何以改左为右且不用注音乎?且思元旦日在周家,因讥笑黎子雀之《新中华报》拼为 Hsin Chun Hua Pao 为《春华报》,黎因促我以 G.R. 拼而予之。其卒也乃改用英文矣。此其玩笑有甚于此矣,噫!四时至师大访院长,五时洗澡,晚九时访劭西。

阅报知任公病笃,恐将不起,国学界又将失一个矣!

1月18日　星期五

上午女师,下午 V。

五时顷有师大学生二人,陈煦、王德华来孔德,他们组织了一个"真社"(文学的团体),送了一个聘书来,请我做该社的"文学导师"云。

1月19日　星期六

上午师大假。下午孔德幼师。晚康叔仁、刘子方、张接武在新丰楼请客,酒食征逐!查勋仲自河南(中山大学校长)来,他很觉得这太腐化了。他说河南中山大学校长即穿毛蓝布中山服云。

从今日起,迁至孔德睡觉。

1月20日　星期日

上午有汕头人陈恺(字名寿)者来(北大学生),他是国音字母讲习所中学生,近制汕头罗马字来求审定,略为之审定一二次,因予未知汕音,故未能精审。他因欲制此种字传播于平民,故不想□用我们的声调条例而用 VWXZ 标阴四声,f j p q 标阳四声(汕共八声)(汕头话〔Swātǎu〕)。

午赴西车站,刘泛弛招饭也。下午三时至辅仁大学,开中国史学会委员会,互选主席及各部主任,逷先来邀也。会毕访劭。晚往曾仲鲁与韩定生请芳湖春,酒食征逐,无聊一至于此。

泛弛云适之昨晚到京。在辅仁晤陈莎菲,住,并知即寓任宅。

在劭家得遇夫电话,知今日下午适之送任公入殓。

阅报知任公先生于昨日下午二时逝世!拟联曰:思想革命的先觉,国学整理之大师。任公先生不朽!后学钱玄同肃锐。

1月21日　星期一

上午一师,下午二师。四半至七半开了三小时之无聊第六次院务会议,为了学生要求缩短寒假,将规定之三星期改为一星期一事,胡沅东与李顺卿叫院长去问办公处"我们如此热心教育,北平大学有无优待办法",丑……丑……。

1月22日 星期二

上午访适之于陟山门大街6号任叔永宅,适谓国府对于任公应有明令悼惜,此说甚是,然而……。下午至燕大。归,回家一行。

1月23日 星期三

上午师大,下午清华。晚国语统一会赏饭给刘佐卿(义款)、萧子升、韩德威、李二章、李大章、张溥泉、沈老二诸人吃。

1月24日 星期四

上午女大,下午女师。讲毕至师大访院长回公事。至中海偕黎等及汪、沈诸人同至华北饭店赴北平图书馆之宴,共有四五十人,今日初与旭生见面。

1月25日 星期五

上午二师。午与沈大同至今日新开之四川小馆曰且宜者吃麻婆豆腐、素豆花等,甚佳,价廉物美,可爱也。下午V。晚二章宴徐旭生于V,我亦被赏饭也。

1月26日 星期六

上午一师。下午孔德"恕不"。至会一行。晚与劭赏胡、徐二人饭吃,在广林春,与谈国语研究所事。

1月27日 星期日

上午回家一行,取《说文诂林》第一、二次出版之四十五本来,与昨日新到之第三期廿一本(合六十六本,完了)写书面。下午浴。中饭驼群赏饭于团城,欢迎徐旭生,"恕不"了。下午浴。晚饭李大章宴于东兴楼,为张凤举、经利彬、张少涵、沈兼士、罗家伦、文元模、钱玄同、徐旭生、胡适之、任叔永。

1月28日 星期一

今天一师、二师均假。午马二、四、九宴适于厚德福,吃熊掌(八元)。午后又浴。晚,国语统一会等十人(钱、黎、汪、沈、白、魏、陈、萧及沈步洲、杨遇夫)宴胡适之、任叔永及图书馆五人(马二、马四、陈、黄、陈垣)于西车站。灯下点阅《观堂集林》第八卷。在富晋书庄花一元钱买到陈去病刻的《南疆逸史》,甚可喜。

1月29日　星期二

今日一师开第七次院务会议,我因要上清华,故未去。

今天毛没有来上课,电询家中,知身发红块且小发烧,请沈往诊,下午去看,据云无妨,大概感冒耳。

上午回家一行,欲访适之,因电询不在家,仍回孔德。午后三半—五半燕大考试,专车往。归访劭。

题二：1. 北音本是一隅的方音,何以元明以来会成为全国通用的官音？2. 说明塞声、鼻声、标声和侧声的发音状态？

1月30日　星期三

上午九时访适之,示致蔡电(适主加蒋),其文曰：南京蔡孑民先生、蒋梦麟先生鉴：梁任公先生为戊戌变法之重要人物,辛丑、壬寅间努力输入近代学说,革新思想,厥功甚巨。民七以后专事著作,整理国故,成绩斐然。今不幸勤劬以殁,至堪悼惜,拟请先生商陈政府明令优郵,以示崇礼先觉之意。是否可行,敬希裁酌。张继、沈士远、胡适、钱玄同卅。

十半——十二半至师大上课,课毕至衙门。将此电专人送交张溥泉,而出城,盖下午三——五清华也,题与燕大同。归,回府一行。

晚访半农,借王仁昫来。

灯下抄其韵目,知陆法言确是193,王、孙均195。

1月31日　星期四

上午女大,下午女师大。毕至衙门。晚与劭同"雅"于且宜。归,研王仁昫。

2月1日　星期五

上午女师大。午偕士远同"雅"于且宜,谈及三时许。下午V,假。回府一行。晚制造《唐宋十部韵书韵目异同表》,毕。

2月2日　星期六

天极冷,风极大。上午至师大上课,不料预一甲学生为反对陈文华,来办交涉,闹了一小时,致第三时未能上课,只上了第四时一小时。毕,即赶进城来上孔德之课。本在三时半—四时半,今日特别提早,一时半—二时半也。毕,回府一行。晚至清华园洗澡、剪发。艾华今晚在彰林春赏饭吃,接帖太迟,故未去。

2月3日　星期日

今日天气仍极冷。

下午访劭西,知昨日大学委员会(在团城)开会,因一师学生为"增加预算"、"恢复公费"事闹到晚十二时方散,故未议此。萧子升云。①

下午七时"国学研究所同人"在东兴楼赏饭。饭毕又至清华园洗澡,因太冷也。

2月4日　星期一

上午师大(本周仍上课也)。午与劭共"雅"于春华楼。下午回府一行。晚在孔德清理书物。

2月5日　星期二

阅报知日前大学委员会竟将国语研究所提案"缓议"了。此明明是搁置,殊属可恶,颇不高兴。

下午四时顷至中海,与劭、萧、孙同至东亚春吃煲饭,大发其牢骚。

2月6日　星期三

上午师大。毕即回孔德,因马九赏胡适吃中饭也。下午归家一行。日前太太旧病又有些发作,吃了几帖药,今日又快好了。小世兄病了,咳嗽几天,据说昨晚又发烧,本拟请沈麟伯去看,而麟伯自病未愈,好在小世兄之病并不重,且过一两天再看吧。

2月7日　星期四

午后回家一行。下午访可敬之陈先生,因预一甲学生与之为难也。其实只三数人,且有背景。陈氏取此三数人之作文卷给我看,大率反对他讲古文,真是无理取闹,我允姑以此意去之耳。晚访启明。

2月8日　星期五

午后回家一行。即出城,至西昇平想洗澡而无空,仍回东城,至清华园洗之。二姑太太今晨南下至上海,大酉归国,板舆迎养也。

2月9日　星期六

今日为废历除夕。上午师大,下午孔德均假。学生亦实无心读书也。上午白涤洲来。下午访劭西。晚七时出城,购中华出板之清代楹联。② 连两支笔、一个带《遗嘱》的中山徽章(买给小世兄),一共八元。

---

① 以下缺。
② 原文如此。

八时至孔德,隅卿约校中同人吃年夜饭,煮了一个十二斤重的大猪头,我吃了一个耳朵,又叫了几样菜,九人同食。隅、玄、卫雨三、王庆芳、王淑周、赵憩之、任子华、张雪门、李召贻。马巽伯来校,见之。

2月10日　星期日

昨宵甚不适,晨觉头昏脑胀。上午回府一行,因系废历元旦,吃了些年糕,取了一部石印的《宋元学案》回孔德,写它的书头,用注音字母。注音字母写书头是最相宜的了,笔画不多而匀,拼法又不像G.R.那么长。午后二时逛厂甸,道旁之书摊几已摆满,土地祠中只有一个。买了△部书。《俪白妃黄》一角;杨刻《世说》二元;《拼音字汇》(王炳耀)一角;《时务报》六本(一一卅期)六角。又以二角买到大兄致梁节庵一便条,拟赠稻孙。尚有黄公度致连　二信,明日尚拟购之。

晚与隅卿同食于厚德福。

小世兄与太太完全好了。

2月11日　星期一　风甚大

午至厂甸,欲购壬寅、癸卯《新民丛刻》及原本《戊戌政变记》等,又黄公度二信,均未摆摊,摊亦极少。风太大,即回家。下午回孔德收拾书物,检《六斋卑议》及《六斋无韵文集》阅之。

人甚累,恶寒,疲倦。从三年至今,逛厂甸逛了十六年。前十四年,有必逛,逛必尽兴,无间风雪。去年已觉略差,今年更差。嘻! 老矣! 衰矣! 年来最可恨者为兴趣之不能持久……嘻!

2月12日　星期二

上午孙子书来。午后逛厂甸。那黄公度的两封信原来前天已经卖掉了,可惜。我本想把它们买来送一封给适之的。今天买了《壬寅新民丛报汇报》廿六本(此系用有光纸石印报小字本)六角。前天看见一部癸卯《新民丛报汇刻》一巨册,尚系广智书局铅印本,惜已卖去。《黄帝魂》一角五分;《公车上书记》五分;《吴评诗经》七角;《中国之武士道》(原本)二角;《哲学》第五期(中有徐旭生的《王船山的道德进化论》)一角;《寒山拾得诗集》(《四部丛刊》本)二角;张骞《礼议》第一期(十七年二月)二角;《校邠庐逸笺》三种二角。

2月13日　星期三

莫刻《陶集》五元。

2月14日　星期四

《仁学》(国民报社印本)一角;《孙明复小集》一元二角;《宋论》一元。

2月15日　星期五

《广艺舟》(木板)一元六角,为赠马幼渔之用。晚饭王文祺赏饭于西车站,未去。

2月16日　星期六

上午十时至琉璃厂,则多未摆好也。在直隶书局购得黄溯初编印之《敬乡楼丛书》十八本,价六元。此书首列《习学记言》八册,末为《六斋卑议》。上有《平阳县志》之宋传及其《辛丑冬(一九〇一)留别杭州求是书院诸生诗八首》,大喜。又在富晋摊上购得《石徂徕集》,价三元五角。午至衙门一行。

午餐陈筑山请,在平教促进会吃饭。下午再逛厂甸,至文化商场,见有《李禄堂诗文抄》、《于越先贤……?》,又见一部《徐霞客游记》,索价二十元,拟购之而未定。至文友堂购得原板之《日本国志》一部,价五元,傅增湘之物也,订六厚册。天甚暖,人甚累,不能逛到也。

晚黄象文请,在藕香楼吃饭。八时许回孔德。看宋传、宋诗、《习学记言》等。

2月17日　星期日

大风,黄沙蔽日。

下午二时至老墙根广画〈化〉寺吊梁公,并参加旧友公祭,熊秉三主祭。适之挽联为:"文字收功神州革命;生命自许中国新民。"毕。至厂甸,ナンデモキナィ,因至富晋书社购《千百年眼》一元;《桄鞠录》一元;《太史公疑年考》六角。

2月18日　星期一

晚饭,大连满铁图书馆之松崎鹤雄、柿沼介(新来)及小林胖生(将归)三人赏晚饭于忠信堂。

2月19日　星期二

《校邠庐抗议》五毛;

《简字五种》三元五毛;

《南村帖考》一元五毛;

《高士传画象》(任谓长画)
《於越先贤像传赞》 }六元。

2月20日　星期三

上午回家一行。今日开第八次院务会议,未去。晚稻孙赏饭于其家,我夫妇、他夫妇及蒋觐圭之妻(其夫未到)、张智扬也。

《周礼政要》(原板)六毛;先兄《中外交涉类要表》、《光绪通商综核表》(原板)六毛;《吴评周易》一元;《侯官严氏丛刻》三毛;此种本系五种:1.《上今上皇帝万言书》,2.《劝学篇》(译斯宾塞),3.《原强》,4.《救亡决论》,5.《论世变之亟》。此缺第二种(白纸),数年前曾购得一部黄纸的,缺第　种,拟将两本配成全璧。

2月21日　星期四

上午回家偕婠及毛赴黎宅喜事。劭西之弟殿庸(锦炯)与张丽侠女士在忠信堂结婚,我做证婚。名为十二时,实行礼时已过二点矣。

午后至厂甸一行,太冷,即归。归家一行。他们回家倒蛮好。

2月22日　星期五

眼睛大悲哀。午后勉往厂甸一行,而大风起,书摊收。我的眼睛也悲哀得很,即归。晚校夏文。

2月23日　星期六

午,与叔平、隅卿同赏沈麟伯,在厚德福,他要出洋留学也。吴郁周父子、陈万里。因眼睛悲哀,故未逛厂甸而归。校夏文。

2月24日　星期日

今日为厂甸末日,午即去。出南池子,见军警林立,戒备极严。盖今日市党部及各工会要在天安门开什么市民大会。据说是援助东交民巷华警罢工及"二一九"惨案(!!!)也。闻天安门开不成,他们非在市党部开,开后仍游行云。虽努力逛了大半天,而火神庙、海王村公园终不及去,但逛道旁及土地祠而已。买了些书回来,不必记它了。

2月25日　星期一

午回家。晚七时,陈君哲赏饭于彰林春。

2月26日　星期二

午回家一行,至中幺○○(胡同)二十五,访可敬之刘叔雅。谈共将近三小时,无聊之至。为之在师大排二小时之"汉魏六朝赋"。下午回孔德,晤百年,他要我回北大当教授,我只允担任二小时音韵。

2月27日　星期三

午后回家。下午二时访可敬之陈先生,为师预一甲学生反对他,他也不愿干

739

也。拟请董袖石,当与杨据梧商之。四时顷至衙门。赏日本人在彰林春吃饭,宾主共十一人:仓石、柿治、小林胖生、松崎、尹默、玄同、遇夫、隅卿。

2月28日　星期四

午回家。下午洗澡、剪发。晚访劬西。

3月1日　星期五　大风竟日

上午王西征来。下午校夏文。四时半至师一部,开院务会议。从今次起,大事则开院务会议。院务会议须有教授加入,常事则开主任会议。今回即算主任会议第一次也。

3月2日　星期六

校夏文。午回家一行。午后孔德一小时。

四时至中海,"作者七人"且不就职而开谈话会一次(钱、黎、汪、沈、白、魏、陈)。

今晨六、七顷,警备司令张荫梧将驻旃檀寺(之直鲁军降兵)第一二五旅缴械,捕其团长张英武、张逊庭,因其与张宗昌暗中勾结,谋在北平暴动也。在城中开火暴动,兵士互有死伤数人。上半天西北城行人不通,大受虚惊,而我们在东城者竟丝毫不知也。

3月3日　星期日

中饭,陈仲骧赏饭于东安市场之东亚楼。竟日校阅抄夏文。

9月12日　星期四

今日为我四十三岁之第一日。本学期师大功课表弄了十来天,昨晚方蒇事。今晨送至师大。教员及薪俸名单亦交文牍课。李石曾于今午在△△赏饭,共请了150人左右,我与劬西雇汽车而往,十一时半去,四时方归。至中海小坐。回家。回孔德。

9月13日　星期五

午后至马宅,腾空了八个书箱,移至孔德。现室内共有木书架三,拟形(甲、金、小篆、隶、草、楷、行等)、义(《说文》、《尔雅》……《经籍籑诂》等)、音。竹架一,文学,□书架八,思想学术。另于木书架之顶放史。

9月14日　星期六

上午回家一行。十一时许,师大又开什么评议会。评议会于十号已声明不接收张少涵移交之院务矣,今日何以忽又开?殊奇!因其奇,反而非去看看不可矣。故迟至十一时半始到,知张少涵不来,而八人之中,林砺儒与文范村均不到,闻已辞。到者为韩景陈临时主席、刘泛弛、曾仲鲁、王献乌、钱玄同五人,邱大年请韩代,共算六人。原来为分赃会议。因八月分〈份〉三十万已领到,旧历中秋要发钱,而新旧教员因如何分法,非议决不可也。又本定十六日上课,兹改为廿三日上课。会毕见校中大贴黄榜,云国文系于今日上午开大会讨论功课事,不知何事,至国文系问钱振声与靳德峻,亦不得要领。午后回孔德,电托孙有去打听,傍晚来,乃知对于新排功课,认为有些要削除,有些要加添。这太麻烦了,他们干么不早说呢!晚为此事至黎家商谈一切。下午在舍整理书籍。

9月15日　星期日

午张怡荪赏饭于西车站,同坐为百年、晦闻、叔平、启明、应麟、君哲诸人。

下午洗澡、剪发,晚又访劭西。

9月16日　星期一

上午八时半到十一时半,师大学生靳德峻、李荫平、吴其作三人来办交涉,要将徐耀辰、黎劭西、杨遇夫三人新添之科目削去,甘大文开除,请黄节教诗学,容庚教龟文,商承祚教金文,高孝曾添《古文辞类纂》。……对付了足三个钟头,允将甘开除,三教授不能更动,且不能不敬,若不敬,我即不干,其他酌办。又请孙有再去剀切晓谕一番。午晤启明。下午回家一行。五时至中海,与劭西谈,七时孙有来云无事矣。

晚作书辞退甘大文。

9月17日　星期二

今日是旧历中秋,国立学校奉令不放假。上午至师大领薪,并发出向评议会辞职之信。下午访严既澄于东安客寓,不值。回家,见甘大文送来之节礼(一),为《敬乡楼丛书》九本,去头八本之《习学记言》与末本之《六斋卑议》,用了一个较装不下之布套套之,很好看。还有一张照片制板之段玉裁赠戴东原篆联,这倒很好。傍晚回孔德而严既澄来矣。

一九三〇年

1月1日　星期三

十年来之阳历元旦,岂明必请吃屠苏酒、日本菜,今年因上月他丧其爱女,故不举行了。

看梁任公之《王阳明知行合一之教》,未毕。梁君此文说王学,可以最明白矣。照他所说,则馀杭所以阳明"非玄远是剀切"之论甚是。

午回家,与大、三儿同至森隆吃大菜,因其有放屁鸡也,但实不佳。晚七时,至劢西家找涤洲,因孔德要印《夸阳历》,在注音上有许多地方宜更正也。黎锦晖带了一队音乐队,十余人,今晚十时顷适到北平,我适遇之。归已过十一时,刮风,甚冷。

1月2日　星期四

上午回家一行。午,孔德之马隅卿、李召贻、卢逮曾、张雪门、王淑周五人,请吃新年酒于中山公园之水榭,食毕摄影。

出至厂甸,略有几个甓〈甃〉脚之书摊,及零零落落的杂货摊而已,因甚冷,故未少停留。至商务馆购得《张横浦集》,价八元。归孔德,则日前托来薰阁找的石印横行《二十四史》已送来,应是一二三本,而只一二二本,少《明史》第四本,价廿元。

1月3日　星期五

看完《王阳明知行合一之教》。把石印的《诳阳历》来注音变字的音。

午后二时回家。晚洗澡。今日天气极冷。

1月4日　星期六

昨夜大刮风,今日天气更冷于昨日。上午归家。午至中海,约劢西同至且宜午餐,毕至西交民巷。

访吴稚晖,他日前来平未晤,匆匆即赴晋,昨甫回平,患疟,但谈锋尚健。他说现在非将注音字母普及不可,所谓普及者,但令人人会拼音而已,有此工夫,方能谈到其他。他说有三处可先行:(一)北平,(二)南京,(三)无锡。他催我们赶紧做闰母。

至琉璃厂(厂甸无一摊,实在太冷也),购浙局《王文成公全书》,五元;汤印《舜水遗书》,五元六角。

因冷甚,今晚又去洗澡以取暖。

得嫂信,知不庵不久了,哀哉!

1月5日　星期日

今日天气较昨稍好,但仍冷得肆!

连日天寒,衣单,故精神极不振作!去年底,本想要从今日起身心一齐□了起,而新年以来,匆匆五日,别的不论,单就起早论可谓是□□□□□,仍非十点后不起身也!午后回家一行,仍回孔德欲看《大学辨业》而未果,实觉冷,故又洗澡。今天一天真是昏昏过去,从明日起上课,或可稍稍振作乎?

1月6日　星期一　天稍和暖

上午至师大讲国音沿革。因天冷,午后又浴。女师大告假。

晚,劭西邀我至其家吃饭,涤洲、子书均在。

今日思得二题:(1)"六经注我"与"托古改制"。(2)"六经皆我注脚"与"六经皆史料"。不知何时做之?章实斋决非"……史料",但他也是托古改制,因为他要"方志立三书",因托"志"于《尚书》《春秋》(合二经为一),托"掌故"于《礼》,托"文征"于《诗》耳。而《易》无用,故曰"上古治详天道……"也。

1月7日　星期二

昨宵大刮风,今日又见冷。

上午回家一看。午至海甸,车中遇吴子馨(其昌),知其近任辅仁大学教员,即租稻孙之屋居之。

午后二—四时半,课。课毕,访颉刚,并晤绍虞,他主张要据袁枚、纪昀二人集中写宋儒的议论集刊之。我以为袁之读书颇具卓识,全集中辨伪疑古之文应表彰也。纪实不足取。宋儒虽可议,然非颜、戴诸公实不配,纪伧尤其不配也。而颉刚借口孟真在广州所编文学史讲义(其实是同于古书辨伪),他说《齐物论》是惠施的,颇有理由。又谓老、庄绝不同,老是权谋,确是法家之祖,《解老》《喻老》为老之解诂,庄则旷达。又谓黄老之老,是老之真相,汉文帝实是以老学治天下者。至魏晋时庄老之老,实庄而非老也。此说二十年前太炎师即主之,再早则谭复生《仁学》中所论亦与此同。我谓实确论也。梁任公在二十年前主该说,十年前则反之,其实前是而后非也。

海甸归,冷得肆,颇不适,早睡。

1月8日　星期三

晨回家。上午至师大授课,讲一、上、示、三、王、玉六部首。

午后回孔德,在隅卿处晤启明及建功,隅意拟邀吴叟日内来孔德讲演一次,以期打注音字母之吗啡针,我甚以为然。

晚又浴以取暖。

向幼渔借邵念鲁的《思复堂文集》，其书与《鲒埼亭集》之重要相等，盖表章〈彰〉学术，搜讨文献相同，宜章实斋之重视之也。看遗献《黄文孝传》及《致李刚主书》，因翻《恕谷年谱》，亦有致邵书，二人意见颇有相合者，盖以陆、王与颜、李之距离较程、朱尚近也。

今日天气稍和，然亦还冷。

1月9日　星期四

上午回家。一天上北大课，课毕，又回家。晚访劭西于其家，因思趁吴叟在平之机会开第一次年会（《ㄍㄩㄨㄏ①》），即作书问吴叟，星期日（十二日）有空否？在家中检《鲒埼亭集》，携至孔德。

1月10日　星期五

上午回家。至师大上课。下午女师大告假。上午得吴叟复信，允矣。下午至《ㄍㄩㄨ会，发开会信。毕，偕劭西、建功、涤洲"雅"于东亚春。

1月11日　星期六

午回家，有叔岳徐谊臣（名嗣龙）之子星门（世南）来平谋事，因在家待之，三时顷来，我五时回孔德。晚七时至东兴楼，温源宁赏饭也，为要拉拢一位李释戡，系为梅兰芳编《嫦娥奔月》等戏者，他要在师大教戏曲史也。

在家检《南雷集》（四部）本及《梨洲遗著汇刻》（未齐），携至孔德。

1月12日　星期日

今日十时，在中海中国大辞典编纂处开《ㄍㄩㄨㄏ第一次年会。建功、涤洲提案。会毕，至西车站聚餐。毕已三时，回孔德。

因今日之会，回思八年之《ㄍㄩㄔ会之第一次大会之热闹情形，不胜今昔之感焉。

1月13日　星期一

晨回家一行。至师大授课，午后女师大请假。

即回孔德，因吴老头要来演讲也。他讲的是少年应求本事，本事者，科学、工艺之谓，至于做好文章，画画，弹琴，此皆人类当然，不足为奇。劭西、建功亦来，因共畅谈注音字母之推行等事。

---

① 《ㄍㄩㄨㄏ，国语统一筹备委员会。

1月14日　星期二

晨回家，婠云昨晚得受壁电话，知不庵于昨日死矣，伤哉！彼"植党营私"之猴子，因不庵不愿为其猫爪子代其取粟于火中者，可以拊掌称快了罢？我但觉为学术界痛惜而已。年来王静安与梁任公之死，我最痛心，因其若在，则对于学术上之贡献尚多也！因思有四人均有某一类人所恶者，年来死其半矣！（一）梁任公，（二）单不庵，（三）黎劭西，（四）顾颉刚。

午至燕大授课，今日将本学期结束矣。课毕，访颉刚，他说《易·系》"庖牺氏"一段，为焦、京之注所窜入，与《说卦》表理，语其文字之精确，堪于〈与〉阎之辟晋古文，刘之决左氏"五十凡"及"书法"等，崔之决《史记》中之"书序"同功。他示我以钱穆之《刘向刘歆王莽年谱》①，意在证明伪经之说不足信，古文可靠耳。真堪与毛西河、洪良品作伴侣也。

浴。

1月15日　星期三

晨回家，即至师大上课。午后至嫂家，知不庵系十三午故，他是五十三岁：

一八七八（光绪四年，戊寅）四月一日（阴二月廿九日）

一九三〇（民十九），一月十三日。

四时回孔德，即至研究所国学门开审查报名各生之成绩决定会（此名欠亨，须重拟）。七时约劭西雅于西车站。

购得《续礼记集说》一部，白纸，十六元。余昔有此书，因拆出姚书而牺牲，故今重购之。

1月16日　星期四

上午回府，因《国学季刊》二卷第二期之英文目录中，译音之字须改从 G.R，故午携回孔德改之。午后又至北大授课。晚访劭西于其家。

1月17日　星期五

上午回府。至师大授课。女师大自昨日起停课矣。购《四部》本《陆象山集》。午后三，府一行②，晤徐星门。

午后四时至某海，将劭西处一大卷闰母材料拿来，我决心要做闰母了。

晚与劭西同雅于且宜。

---

① 发表时名《刘向刘歆父子年谱》。

② 原文如此。

1月18日　星期六

上午回府,旋至某海。午后至国语统一会,取吴、钱之苏州闰母材料。

傍晚至嫂处,知不庵死以前腿臂患疡,呻吟痛苦之至!!!死后其妾尚无信来。再回府一行。归与隅卿闲谈。

1月19日　星期日

天颇暖。午回家,徐星门来。

午后回孔德,买得近出版之《真美善》数册,读其中之《孽海花》,因觉甚疲惫,故卧床读之。

傍晚至隅卿处,魏建功在焉。

1月20日　星期一

午前回家。午后至西升平洗澡、剪发。晚约劭西至西车站吃饭。

归取元任书,拟制闰母,首制苏州的,先编成草案,尚待商榷也。

从本日起,师大停课,师大莫名其妙的不考,女师大学生要求免考,燕大考,北大不考,尚须上一星期课,但我前星期已结束,"恕不"了。

1月21日　星期二

午前回家。午后出城至燕大,3.45—5.45考,六时回城。觉颇累,且怕冷。

晚与隅卿闲谈,拟弄绍兴闰母,因目痛而未弄下去。

1月22日　星期三

上午吴三立来谈,写字。午回府,午后至二东处清理书籍,理好三箱。晚餐,隅卿约了劭西、建功与我去吃饭。目痛加剧。

今天天气很暖,但我怕冷,殆感冒欤？

1月23日　星期四

午回府一行。午后又理书,理了五箱。晚浴。

1月24日　星期五

午回家。下午至二东处理书,装好了六箱。

晚叔平来,约至其家晚饭,又见汉石经碎片数十。《广阳什〈杂〉记》中论音韵者:(木板)卷三:第六、七、八页;三:第38、39页;三:第40页;三:第48、49、50页;

三:第 51、52;四:第五十四—五十七;五:第十二①。

1月25日　星期六

上午回家一行。今日以十七元购得《图书集成》小书箱十六个,备装小书,甚佳。下午理书。

1月26日　星期日

上午陈光垚来,旋回家。午余季豫赏饭于厚德福。午后三时回至二东处清书。

1月27日　星期一

上午至女师大、师大取钱。师大之钱系支票,须往中国银行取之。计十一时往,直至一时始取得,足足等了两个钟头也。

下午回孔德,购得送李景泉一付泥金对联,下午在孔德写之也。写之完后回家。晚浴。

1月28日　星期二

上午回家一行,即至二东处清书。晚约劭西"雅"于东亚春。

1月29日　星期三

上午至琉璃厂一行,在有正书局购得《京本通俗小说》,价一元八角,系木板——原板也。

下午回府一行,馆将于今日下午起床吃年夜饭,并约星门来,要我也回家一吃,不忍重违她意,允之。先回孔德清理屋内书物纸片,六时许回家,吃年夜饭,然体内甚不适,勉强吃了三碗饭,即回孔德。

1月30日　星期四

今日为旧历庚午元旦。晨起至下午二时,均清理孔德书物纸片。因昨晚吃得不舒服,故午饭未吃。三至四时顷,至厂甸一逛,书摊不多,游人亦不甚拥挤,均逊于去年,盖因公安局通知从二月一日至十五日故也。四时顷回家,至门则见大少奶奶适进去,打门而进,老三说星门亦在内,怕拜年,即悄然而走,回孔德。晚至森隆吃饭。

---

① 原文如此。

1月31日　星期五

上午回府一行,即至嫂处,知不庵眷属将暂居硤石,由其戚蒋觐圭、张砺伯两家照应,其书由潘尊行略略点查,将来或售与中央研究院云。

午后至中海,因《国音常用字汇》已编就,将谋付印,须一商也。

唔啥(广苏)ㄇ 呒 ㄋ ㄩ ㄍㄫ 啊呀 ㄚ丫 哎(嗳)ㄞ 呦又 哟ㄠ 喔唷ㄛㄜ ㄟㄗ嗯嗯 又 ㄣㄥ (如此决定)

晚与劭西雅于梦林春。

2月1日　星期六

上午回府一行。午后逛厂甸,书摊较前日略多,土地祠中已有四个。买了五部书:《任渭长画传四种》(石印),三元;戴东原《转语释补》上册(下册未出版),六角,曾广源十八年十二月新出版;《易学象数论》,黄梨洲,一元四角;真齐省堂《儒林外史》,木板,一元;《熹平石经残字》黄小松本,六角。

2月2日　星期日

上午微雪,即晴,天冷,晚阴沉,明日殆仍不好也。

上午回府一行。午张寿林赏饭于忠信堂。饭毕,天晴,因逛厂甸。书摊较少,但土地祠中却有今日起新摆之摊二,买了一部《朱子年谱》,二元,印本尚初。又在直隶书局购得皮氏之《师伏堂笔记》一册,系杨遇夫所新刻,价一元。

头痛。

张少元告我,伦教联新购的姚际恒《春秋通论》,原六册,少一册。

2月3日　星期一

天阴,寒,下午渐见日。

上午清理书桌,午回府。午后逛厂甸,土地祠内又多了几个摊子,但仍未摆全,道旁也多了许多,密密层层差不多摆满了。买了:抄本《韵略易通》,六元;任渭长(木板的《高士》与《於越》),七元。此书买得极得意,盖去年所买者,板既不甚清朗,且《於越》中竟缺了虞翻、孔坦、王羲之、王徽之、张彪、杨伯远妻王氏六人的像,此本则俱完全,且印本极好,而价亦止七元,真大兴哉!任渭长之画图,除阿堵传神,极有神气外,还有可佩服者,即女人画天足也。其中王献之之妻,晋孙氏定夫人,二人均画天足是也。给三强买了一部《笠翁十种曲》,二元。又以八毛钱买了一部《南疆逸史》,送给孔德,此书真本惟此本,陈去病所印,虽印得极蹩脚,价亦极廉,然今亦极不易得矣,买一部来藏在图书馆,我颇认为必要也。从二点逛到四点半,很累,尚不过一半,已暮色苍凉,于是就"恝不"了。洗澡。

2月4日 星期二

上午下雪,午晴,下午仍阴。

竟日理卧室之书,约理好十分之七。未回府。在市场购得王文濡增修本之《通鉴辑览》,增入清代,删御批及史论,又删去灾异等等。其实此等书根本就是昏蛋,不必去动它,动它不但改不好,且将改坏,盖改狗为人,斩其尾,直其身,岂便是人?而反不成狗矣!论其价值,必尚在原本之下,因原本究竟像狗也!惟因其将地名改从今称,似尚适用,又删去狗屁之御批,亦觉清楚些,故购之。

2月5日 星期三 天晴 冷 风

上午回府。下午逛厂甸,土地祠已摆全(今日始摆全),不逮往年之多,约减十之三光景。道旁略略一看,既冷而日且冥,因止,回孔德。买了蜚英〔馆〕《儿女英雄传》、同文〔馆〕《尔雅图》,共九元五角;《春秋董氏学》原板□,五元。

晚访幼渔。

2月6日 星期四

上午回府。午后逛厂甸,逛了十之六七分,而天已暮(一半至五半),足足逛了四个钟头。买了《明儒学案》(莫刻),十二元;《庄谐选集》,一元;《中国之武士道》(原),二角;《春秋左氏古经》(经韵楼另种),三元。此书购后,为来薰阁所见,他们有一部《经韵楼》,适少此种,曾抄补之,见我此单本,意似谓能得刻本配入更佳,因即交换之。盖我购此书,本意欲将它改为《春秋公羊合经》,则抄本原无不可,且即改入经韵本之上,似亦可惜,得一抄本改入,更觉于心较安,而他们得以配全,岂非两利之道乎哉!又购得积山书局印本《镜花缘》,四元五角,未付钱(系富晋之物)。

晚陈亚牧赏饭于大陆春,皆女师大同人也。毕,偕劭西至其家,十一时回孔德。

我逛厂甸,此为第十七次矣。年来精力渐衰,回忆当年学期分三(阳历),阴历岁首尚须上课,往往课毕已下午三时,而常能逛完各摊,今则不行了。现在每天贵宝得很,下午总觉逛不完,故定全体非分两日,或竟三日,始能逛完,周而复始。土地祠——中枢;祠南、路西,道旁各摊——西路;路东、海王村公园墙外(此今日新摆者)——东路;自厂甸而东,文友堂堆房及道旁各摊(今年无有)至火神庙——远东;沙土园各摊——南路。大约中枢、东路、远东为一日,西路与南路为一日。

2月7日 星期五

上午回家。午后逛。单逛西路。《雪桥诗话初集》,五元。又续二集(第六卷缺),三元,绿印本,盖校样也;《急就章考异》(庄世骥),一元;《古文尚书辨》(朱彝尊,附陆陇其《古文尚书考》),四角;《侯官严氏丛刻》,七角(三五年前购得一部,少△△△一种,今日所购,又少△△△一种,两本相配,始成全璧);《方望溪全集》,八角(扁字,铅印,有光纸)。

归、方一派之文,凤为我所轻视,故本不愿买,买亦决不愿花大价钱买好的,但方集中却有许多辨伪之文,故买此最相宜矣。

2月8日 星期六

上午《古礼会开会于中海。

午后逛厂甸,风太大,站不住,摊亦多不摆,且二时许即渐渐收了。故仅在中枢一行,买了配《宋论》,一元二角;又买另种四:《俟解》《噩梦》《黄书》《思问录》《春秋经》附……,七角,而即归。

2月9日 星期日 风定 但天冷

上午回家,即至长巷头条广丰常吊王璞之丧。

午后逛厂甸,单逛远东及中枢,大有所获,如下,买书七部:《宋论》,昨天所买太小,今天买的一部刚刚恰好,可谓巧矣,一元五角;《正蒙注》,一元(仍是昨日另种中者,有这样五种,于是船山之思想、哲学、政治备矣,将来若有机会印思想史料,则船山此五种,可即用作标点底本也);《续高僧传》四集,一元(去冬买过一、二、三集);《南雷文定》,三元三角;《万充宗经学五书》(高邮王氏物,又是初印本),五元;《重编五经文字九经字样》①(高邮孙侣编),一元;《广仓千家姓》,二角。

四时时〈顷〉即回孔德,清理书物,晚写《船山遗书》封面。

2月10日 星期一

午前回家。午董鲁安赏饭于西车站,座中有徐名鸿。午后访卢伯玮于附中。

逛厂甸之东(不往远东去)、南、西三路,无所得,仅购《传经表》(大)五角、《通经表》(小)四角而已。

今日为勐西四十大庆,中海同人送了他两桌席,今晚去其家大嚼一顿,吃毕,听了黎锦晖录的淫词艳曲一大套。

2月11日 星期二

上午回家,连日天冷,逛得既冻且累,今日有些厌倦了,但天气却和暖了些,因又去逛了中枢,买了《孙征君年谱》一部,价六毛也。四时许即归。

王均卿的书糟透了,还远不如御批的,日前所买,如中海要剪,相应奉送可也。

我觉得共和纪年有必要:(1)自共和元至公历前一年,此八四一年之中,均用倒数,实属不便;(2)阴历与阳历岁首不同,公历虽可用,然有些事,阳历在下一年,而阴历尚未过年者,若用公历反不精确,其势不能逐事翻陈书改之,且有些事情其

---

① 应为《重编五经文字》、《重编九经字样》。

年月日不能确知其为某日者,虽欲改之,而势有所不能,故不如用共和为宜。我意最好是这样:共和元至宣统三,用共和(此用阴历之时也),民元以后,即用民国纪年,不再用共和(此用阳历之时也),至公历自可作对照之用也。盖公历必宜纪阳历而不宜纪阴历也。

2月12日　星期三

累得很,上午既未回家,下午亦未逛厂甸,因下午昙,更懒得去矣。

下午在隅卿处,建功来,谈至晚。三日所购之抄本《韵略易通》,送给建功了。

晚访幼渔,他送给我一部《左传事纬》。

2月13日　星期四

天有些阴,暖,化冻,小街僻巷不大好走也。

上午回府。下午逛厂甸,今日是阴历元宵,末日矣,故必逛之。公安局允许延长至二月二十号,但闻各书摊叫苦连天,自明日起,有许多都不摆了,摆的大概是别乡的,且必寥寥如晨星,卖了也未必添新货也。今天只逛西路、南路、东路,远东及中枢均不去。买了十种书:《南雷余集》一本,《戴褐夫集》三本,《归玄恭文续抄》二本,(均国学保存会所印之书)共合一元。《南海先生最近政见书》,三十枚,此即太炎师所驳之原文也(全文),《新民报》所载非全文。此等书,壬寅、癸卯、甲辰间,在湖州无法得,乙巳至上海,丙午东渡以后,醉心革命,视之过于粪土,亦不要得它,故从未有过,今始得之也。《心史》,一角五分,广智印本,乙巳年在上海读书时买之,后无,今天复得之,可喜也(此系梁文□公所印,前有序——序不见于文集)。《翼教丛编》,一元五角,此系反动之物,昔购石印本中有缺文,今得此木板本,可喜。《明夷待访录纠谬》,一角,此亦反动之物,去年购得原印本,不知阁〈搁〉在何处,今见此,故又购之也。《桃花扇》,十元四角,版刻尚佳,不知何板,有o、(圈点),批全,衬字,小书,皆胜于兰雪堂本,故以重购得之也。《传经表》《通经表》,八角。十日所购一大一小,太不好了,今得此,可喜也。《蒙学丛书》,卅二本,汪穰卿所编,印《蒙学报》之汇编本,此书在戊戌、己亥间在湖北时,在先兄处见一本一本的报,今得此汇编,可喜也。二元五角。

2月14日　星期五

午前清理书物。午后回府一行。午后在隅卿处晤岂明,隅卿谓王静三有一明版《列女传》,其上有图,图甚奇,有一人在船头推一人下河,被推之人不穿裤子,阳物翘然者。有画一妇人坐床檐裹脚,而床下忽有一男子出首窥探者。有一妇人卧于床,而门外一书生将掩入者。有明火执仗抢劫者,岂不奇怪!后来仔细研究,乃知为《贪欢报》上之图,书贾割下几张装入《列女传》以骗钱者(静三喜图)。晚浴,剪发。

《明儒学案》,道光元年(△△△△)会稽莫晋刻本,与光绪甲辰(△△△△)湘潭黄氏刻本,均与乾隆四年(一七九三)二老阁郑氏刊本不同,黄、莫相同,黄似即出于莫也。但郑、莫均谓原〈源〉于万刻而不同,不知何故?大概莫刻比郑刻多几个人(其内容谅亦有许多异同也)。而《姚江学案》之刘蕺山《阳明传信录》,即无此五字之书名,而内容亦微有不同也,且将刘氏案语为黄氏案语,似莫刻仍出于贾刻也。余今有《明儒》四种:(1)莫,(2)贾,(3)石印,(4)梁抄。(1)似仍出于(2)。(3)、(4)均据二老阁本。

2月15日　星期六

午前回府一行。至中海。午师大教授会在蓉园聚食,讨论后天上课与否事,因评议会已声明不负责,而今日报载国务会议已通过李石曾为校长,故相率观望,结果是用叶名琛之办法,殊可笑。我因讲义未弄好,故星期一去是不去,但要去请假,而并不赞成他们之办法也。

食毕,至厂甸,仍有书摊,自然少了许多,大抵好的都不摆了,居然又买到一部有那六人的《於越先贤传》,木板,价五元,即以之赠启明,因他那部也缺此六人也。晚访启明。

2月16日　星期日

午回府一行。午后回孔德,清理书物,差不多清理好了。五时顷出城,至商务购《戊戌六君子遗集》及《石遗室诗话》。又至富晋,见有全部《雪桥诗话》(初、续、三),以十八元购之。前几天在厂肆所购初集,及缺一本之续集,赠与隅卿矣。购《石遗》之故,因《雪桥》而起。我想石遗在最近三四十年中为名士,所识新旧人物极多,或亦如雪桥之颇有些史料。购归读之,殊不然,用近来史料眼光去读,这四巨册之《石遗》,远远不及薄薄一小册之《饮冰室》也。

2月17日　星期一

从下周起上课,本周"恕不"。下午回府。晚上无聊的很,到东安市场去看电影。归至隅卿处,他购得《雪桥诗话余集》赠我,于是此书成全璧矣,可喜!

2月18日　星期二

上午回府。下午至孔德。精神不振,写《通雅》封面。傍晚与隅卿闲谈。电劭西家,说,您若要来,请来。但劭西有晚饭局,因于晚八时半往,而劭直至十一时半始回家,谈至一时而归。

今日《华北日报》有吴老致赵次陇一电,他报均无,闻该报明日将停报,故特购而留之。(但次日并未停报。)

2月19日　星期三

上午回家，人极不适。下午至孔德，与隅卿闲谈，借了几种王静三的图来看，以消遣。

2月20日　星期四

上午回家。下午取石印本《明儒学案》（翻"二老"）与梁节本对，凡梁本选者，记以"○"，以见其去取（弄完）。因此发现莫本与二老本大不同，不但《阳明传信录》，连那篇《泰州学案序》也没有，其他多少异同甚多。传文间有删节处，删时大概是就原本每条上做记号，故如白沙……。又有将两书抄成一书者，如徐用检。《阳明传信录》全录，但刘蕺山案语不录，惟留"刊落声华"一条，当是漏删，其理由即上所言者。

晚浴。董萝石□□，以上之"节传"未记明，当补记之。

2月21日　星期五

上午回家。今日为阴历正月廿三日，大兄之三周年忌辰。媎昨忽发雅兴，打电报去问受璧○○（胡同），今日如何做法，答云家祭。她于是又要出花样了，要叫老三去磕头。我说，还是牺牲了我吧，我还可以牺牲，一定再有□不到二十岁的少年，去干这宗无谓之事，那太冤了。于是只好一去。好在稻要下午一点多钟才从清华回家，故非至那时不能磕头，我就乐得和嫂讲了一点话，托言一时半要去上课，走了。但临走之时，嫂又唠叨的要我知媎之能"俭"，她说"但愿眷属都成有情人"，我竟不知不觉紧张起来了，噫！"纲伦地狱中之一冤鬼！"又极不乐。

下午在马九处睡后，晚访叔平，拟问其借得北大所购一百余元之《明儒学案》稿本。

2月22日　星期六　天阴

上午回府，见顾颉刚送来《大同书》全稿，甚喜，携之回孔德，看之。好在甲乙两部已有印本，但须觅人抄丙——癸八部耳，此八部分量不过三之二（甲乙已占三之一），拟即着人抄之。

午后四时至中海开会。毕与劭西雅于且宜。

2月23日　星期日　天雨竟日　入晚变雪

上午将康书交写，日前所托人抄之王念孙父书《韵书》稿已竟抄好了一大半了，今日在孔德雨窗整理而订之。

2月24日　星期一

阴,有细雨。

上午师大。下午女师大。课毕回府一行。

2月25日　星期二　阴,细雨

上午回府一行。午至燕大,四时半课毕访颉刚,则伦哲如所购得《春秋通论》借到,叫我快抄。我借了首尾两册来看,觉得颇有特见,他对于左氏所谓"例"完全不信,但终于孟子之说所蔽,相信"窃取"之义,故以为有"书法",但好在说有"义",有"书法"处不多。

晚即卧床上看此书,颇疲倦,早睡。

2月26日　星期三　上午大雪

至师大上课,泥泞,路滑难行。下午回孔德,晚至隅处谈天。

2月27日　星期四　天阴

上午回府。上午上北大课。下午北大课因无讲义而请假。至两师大取一月分薪。五时回孔德。晚至隅处谈天,晤王西徵、张群海、魏建功。

去年冬至为北大图书部月刊撰文一篇:——《读汉石经〈周易〉残字而论及今文〈易〉的篇数问题》,约七千字,骗到十四元。

婠自阴历过年时起来了,几天之后,又躺了好些日子了,闻今天起打算起来了。

2月28日　星期五　天阴终日　晚雨濛濛

今日上午因师大开李云亭代校长就职大会,不上课,故不去。回府,今日是阴历二月一日,为小世兄之一月大庆,馆要我在家吃面(中饭)。

下午回孔德,订王氏《韵书》抄本。五时至中海。晚与劭西雅于广林春。

3月1日　星期六　阴

未回府。上午看《大乘起信论考证》。翻阅梁任公关于整理佛典之文章,拟购《华严经》等。午后至大佛寺购:《80华严》,《维摩诘经》(什译),《华严原义论全解》,《大乘起信论纂注》(真界),《大庄严论》,《佛所行讲经》,《佛本行经》。

四时顷至中海取钱,晤涤洲。

3月2日　星期日

午回府一行,知婠昨、今又未起床,因腿脚累也。即至大佛寺购《圆觉经》《异部宗轮论述记》《马鸣龙树传》《居士传》(此书叙述极好,汪大绅之评更好,不但陈义好,即白话文也做得非常之好)。下午洗澡。灯下写《八十华严》之封面。

3月3日　星期一

今日上午十一—十二时本是师大功课,而今日十时忽然要做纪念周,且有李湘宸其人来演讲,因之不问十一——十二有没有〈课〉,便不去了。午回府。午后出城,至商务购得《佛家哲学通论》,　　著,江绍原译。此书实不见佳。又吕澂二书,(1)《印史〈度〉佛教史略》,(2)《佛典泛论》。

下午三—五时本是女师大举行学期试验,而学生受王谟、沈步洲等人之煽动,相率罢考,闻今日考者仅九人。主任及教授联名劝告,谓如不来考,只能行引咎辞职。

晚,劭西约至其家吃"酒水",因其母今日生日,但正式请客,当在四月廿日也。

3月4日　星期二

上午回府一行。午出城至燕大,今日颉刚他往,留书相告,故未去。四时半下课,至六时方开汽车,此一时半之中,即在季明的衙门里翻丁氏《佛学大辞典》,行将向半农要回此书矣。灯下写《居士传》之封面。

3月5日　星期三

上午回府,即至师大上课。午后访师母,将还其旧稿,并拟再借其他,且问夏公生卒之年,而师母出门未晤,即归孔德。累得很。傍晚又至大佛寺购《杨仁山居士全书》,又购丁福保之《佛学小辞典》,拿回一查,太简略了,竟不足用。

晚半农赏饭于广林春,皆北大及历史语言研究所人也。

3月6日　星期四

上午回府,即至北大上课。

午又至大佛寺,购《华严著述集要》廿九种。下午又上北大课,见张宗昌所刻《唐石经》,颇不错,凡缺处悉以阮刻注疏本双勾补之。如《五经》《九经》缺字处,概缺不补,大可买得(因究竟比拓片好看些也)。拟问幼渔之[①]。

四时课毕,至广林春为婠贞叫菜,因便至卧佛寺,购得晋译《华严》及《四十华严》,此书被水湿,不易拆开,将来止可重购,于是60、80、40三种皆全矣。灯下写《60华严》及《著述集要》之封面。

---

① 原文如此,似有缺文。

3月7日　星期五

上午回府,师大。午与隅"雅"于春华楼。午后访师母,又不晤,即回孔德。

3月8日　星期六

上午回府。午访师母,晤矣,而夏坚仲处之稿却未借到也。午后至女师大访劭西,知女师大本星期不到十个人考,拟下星期再续考云。

晚八时,温源宁在他府下赏饭吃,为李释戡拉皮条,结果答应了他四小时:(1)宋诗,(2)中国戏剧研究。

3月9日　星期日

上午回府。下午洗澡。

3月10日　星期一

上午至师大上课。下午女师大因三年级尚未考,未能上课,单教四年〔级〕,恐太偏枯,故请假也。

毛又病了,下午回去,知李景泉已来看过,据说不要紧(又是风瘫)。

又至大佛寺购下列各书:《五灯会元》(宋,普济),《禅林僧宝传》(宋,惠洪),《贤首五教仪开蒙增注》(清,通理),《贤首五教仪》(清,续法),《禅源诸诠集都序》(唐,宗密),《黄檗传心法要》(唐,裴休)。

3月11日　星期二

上午回府。午至燕大,课毕访颉刚。归因车甚挤(明日"ㄕㄨㄥㄌㄧ"忌辰也),故乘洋车而归,归已天暮,但犹至大佛寺,买了三部书:李通玄《华严合疏》,宗密《圆觉经大疏》,中峰《广录》。

3月12日　星期三

今天是"总理"忌辰,照例放假。午回府一行。午后在孔德清理书物。晚访幼渔,他替我买到二老阁本《明儒学案》一部,价二十元也。

3月13日　星期四

竟日北大。午回府,四点半下课后,又至大佛寺购《指月录》、《续指月录》。其中佳文极多,贤于胤禛所选语录远甚。

夜与隅谈天,他尚未起床。在北大与林公铎约定,请他到师大讲"论说文",狗学生之请也。

3月14日　星期五

上午师大,毕,饿甚,赶至且宜,吃红油水饺及包子。食毕,大不适。近月以来,恒有此病,食后即不适(至于午饭过后必疲倦想睡,此已数年矣)。但饿尚不怕,今则忽然要发抖了,唉!午后回府一行。晚在孔德点校康氏《大同书》抄本。

3月15日　星期六

午回府一行。至广林春与劭同"雅"。"雅"毕,至某海一行。晚访启明。

3月16日　星期日

午回府一行。午后回孔德,见尹默,知道确乎非打不可了。好!好!

建功来言,郭沫若近有《中国古代社会研究》一书,甚好,其讲甲骨文甚佳,即去买之。

3月17日　星期一

师大忽定出规矩来,各主任轮流做纪念周,今天轮到我,我只好装病了。下午女师大亦未去。

将高邮王氏抄好者(已全抄好)订毕,刻戳,记上书名,日内拟全数交给幼渔去。傍晚回府一行。晚剪发,浴。

3月18日　星期二

今日为"三·一八"四周年,北大、师大、孔德等均放假。闻燕大上半日放,下半日不放,但我也就"恕不"了。并且也"恕不"请假。午与劭西"雅"于东亚春。昨晚剪成平头,甚不乐意。故今日午后再至升平园浴,重剪之。购澄观之《华严悬谈》及《疏抄》六十八本,廿二元　角　分。精神甚不适。

6月12日　星期四

北大"音"考(三题):(1)唐宋韵书和元明韵书的异同;(2)塞声、塞标声、标声、自声、边声的解释;(3)丨ㄨㄩ三母兼列在声母、韵母两表中,试说明它们发音上的异同。

6月13日　星期五

师大"音补"考(二题),卅二人考(卷子丢了)。(1)兰廷秀的《早梅诗》与国音声母的异同如何?试列一对照表,并加以说明;(2)《广韵》平上去入四声,每声韵数都不相同,又入声韵独少,这是什么原故?此班考毕业生之题,亦是三个:(1) m

声随之韵是什么时候消灭的;(2) 36字母与47声纽的异同;(3)《洪武正韵》对于四声各韵的分配与《中原音韵》有何异同?

6月16日　星期一

师大"音":(1) 塞声、塞标声、标声、鼻声、边声的解释;(2) 元音与韵的区别;(3) 唐宋韵书与元明韵书的异同(三作二)。

6月17日　星期二

燕大"音"(二题):(1) ㄧㄨㄩ三母并列在声母和韵母两表中,试说明他们发音上的异同;(2) 说明卷舌韵母的音变条例。又,有一学生单独先考,题为:(1) ㄓㄔㄕㄖ与ㄗㄘㄙ的元音是什么?(2) 什么叫做开、齐、合、撮?

6月18日　星期三

师大"说文":(1)《说文》中所谓古文系何时代之文字?(2) 会意与形声之异?(3) 述皮、革、行、臣四字之新说。(三作二)。

6月19日　星期四

北大"音补"考:(1)《洪武正韵》对于入声的配平上去,与《中原音韵》有何异同?(2) 兰廷秀的《早梅诗》与国音声母的异同如何?试列一对照表,并加以说明。

9月12日　星期五

今日是我44岁生日第一天。

下午三时回家。五时在家中叫中原来人摄全家影,又自己摄一张。

秉雄又为我摄二影:一站在内堂"黄帝初宇"及伊秉绶"大猷龚渤海,雅量谢东山"之下;一坐在一个大藤椅上,日光之下而面向他处,照侧面影。

六时访启明。

两手患湿气已将一月,尚未痊愈。

今日将师大本学年教授(全)及讲师之一部分名单送出,请他们先送聘书,而功课尚未排也。

9月13日　星期六　天阴

早六时顷,有陈松茂者来访,云系无锡国学专修馆及上海持志大学肄业生,有志研求甲骨文,他想做一部《甲骨文编》,拿了几篇笔记来看看,也很平常。他是钱穆(宾四)和闻宥(野鹤)的学生!他要进北大研究院,由希白、颉刚介绍来见我,我因为不甚了了于北大,介其往见幼渔。

昨晚睡迟,今晨起早,甚疲倦。八时顷,看看报,睡着了,直至十时方醒。原来师大今日上午九时"开教务会议,讨论续招体育学系新生入学试验成绩"(信的原文),本可不去,既误时,更不去了。

午后回家一行。天雨,稻孙到我家来。五时顷访严镂堂。六时顷回孔德。涤洲、建功均来,在隅卿处吃晚饭,径宿孔德。

我取江沅书,选五画以内可以写成单体形式的字,备作闰母之材料,未毕。

9月14日　星期日　天晴

午前将昨晚工作弄完,拟再取《金文编》《增订(?)殷墟书契考释》《说文古籀补补》三书中笔画简单之字记入。

下午回家,得颉刚信,知商锡永被广东中山大学所排挤而去,颉、希、孟真诸人均愿招之来平。初拟请清华聘请,而国文系允之,而史学系不允(请他做教授),每周只能在国文系任四小时课,拟商我与劭西,由男、女两师大任何校聘为教授。我是极愿请他,但恐凑不成十小时,因于晚上访劭西,问其女师院研究所中能否请他任研究员,劭谓名额已满,明日当商诸旭生。夜半十二时归,甚冷,夹袍大不适用,前日(十二)尚可穿翻领西服衬衫也。

傍晚郑石君自杭来,见购浙江图书馆新出版之《快阁师石山房丛书》,系山阴姚振宗所著,书凡七种,皆关于《七略》至《隋经籍志》之作,排印成者有二册,闻有十余册云。

9月15日　星期一　晴

上午回家一行。午乘燕大汽车访颉刚,为商锡永事,与颉刚商定,师大聘彼作教授,甲骨文三,金文三,金石名著研究二,字体变迁史二(大致如此,尚待商定)。由颉发电促其速来。

三时顷至燕大办公楼访季明。燕大今日开学,明日上课,四时顷乘人力车进城,访启明,决定:徐元度(霞村),近代西洋文艺思潮二;傅(仲涛),近代日本文艺思潮。

颉刚赠我近著《五德终始下的政治和历史》,系印在《清华学报》第六卷第一期中单印者,已有十万言,尚只得其半。

9月16日　星期二　晴

上午郭禹蘁来。午回家一行。午后洗澡、剪发。晚餐约劭西"雅"于燕京食堂。

9月17日　星期三

打算从今日起,磕头,排功课。上午回家一行。午至李锦泉处看湿气,似乎大干,要好快了,打算再吃些药,以促之。

午后至《新晨报》再付两个月钱，九月三号至十一月二号，但此钱大概冤，它的命运恐怕到不了十一月。

访检斋未遇。至某海，晚偕劲、建同至且宜"雅"。赵表由某海抄出一份，今日借来，归校后，抄赵元任表未毕。

9月18日　星期四

上午回家，没有吃中饭，下午四时方离家，因今日为付房钱之日也。五时顷到润明楼吃清炖白肘子，并且吃了二两五加皮，吃得大饱而归。灯下抄元任之表，将毕。

报载东北态度揭开，有通电（尚未登出），且滦州之于学忠部已下动员令，对于阎、冯翻脸了。

9月19日　星期五

昨宵腹胀不适。上午回家。午至某海，将颉刚致容元胎请商承祚电交发。午后访孙人和，比上年加教南唐二主词二小时。访劲西。访余季豫。天已将暮，至嫂处。晚八时许访幼渔。

今日张学良之巧电已见报，上款只有中央党部、国民政府字样，连汪之先生、阎总司令、冯副司令等字都没有，时局将"急转直下"矣。

大概是昨天五加皮作祟了，将要好之手，今天又很痒，出水。

9月20日　星期六

晨六时顷，缪金源来，拟请其教韩非子哲学及晚清思想概要。十一时至女师大，开图书出版委员会。午与劲西雅于燕京食堂。下午三时至金城取存款100元，用。访遇夫，访大壮，大概是拟请其添请修词学（但应改名，与徐公有……故）、唐诗四小时，分两种，科名未定。

将赵稿抄毕。

报载汪、陈诸公上午四时离平赴石家庄，尚有一部分"扩公"去而复返，我看今明必全走也。奉军今日当抵津。

9月21日　星期日

黎明睡梦中，闻窗外秋雨秋风之声，天气又凉些了。夜睡未安，晨至九时方起，精神不振——手昨晚又痒，不能安眠。十二时回家，偕媖、雄同至德园〈国〉饭店，阿嫂赏饭吃也（嫂、丰、云、顺、疑、媖、雄七人）。

下午在孔德，略理书桌，盖一个月以来病手之故，摊得不成样子也，而今天则理之也。晚浴。

十一时归校，取日前所记江沅书中之字，将赵表换了几个。

报载,今晨四时顷"扩会"诸公全数离平,虽然御用报上(《北平日报》《华报》)尚说汪、阎今日要来平组织政府。天津已接防,并接收政治机关,今晚当可到平。

9月22日　星期一　天气渐凉

上午回府一行,即至师大访易秘书,即往访检斋,商功课事,未决定。午后二时顷,从顺治门至中海,在城门洞中见有人正在贴"拥护蒋总"四字。车行过市党部街之外,见有白布书"拥护中央肃清反动军阀"字样。至某海,则月亮门之铁门上之"中央党部"四字又复为"三海公园"四字矣。

晚上,劭西、涤洲同雅于协广和,吃涮。

9月23日　星期二

多日不往隅卿处矣,今日往谈。午建功来。下午幼渔来。傍晚回家一视。灯下弄关于功课之事。

9月24日　星期三

师大秘书处来函谓:"学生要求上课,故特招集各系主任商议此事。"今日上午九时开议,不名一钱,有何办法？教育系主任丘椿虽指使学生大出风头,大做文章,什么告党国要人书,什么……,其如别人不听何！结果由各系主任全数具名(十一系)致电二李,催款再说。于会议中晤黄凌霜,知其现任师大社会学系主任云。下午回家。晚马太玄来谈。

9月25日　星期四

上午九时顷,吴辛旨来,种因孙子书因饥驱之故,欲就北平圕事,拟辞师大国文系助理员,故与辛旨谈及,欲浼其继任此职,他答应考虑。午回家。下午浴。

晚岂明来信,约至其家晚餐,同坐者有俞平伯,吃牛肉锅(ㄍㄧㄡˇㄌㄧㄣㄨㄋㄚㄅㄝ),极甘美和正宗(ㄇㄚㄙㄚㄇㄨㄝ),我不能吃正宗(怕头胀口燥),而吃酸葡萄酒。

向平伯借得曲园所制《仓颉篇》格版,拟印之。平伯谓曲园书斋至今犹保存殁时之状态,(想是□□四书之式)此甚可珍,我以为极应永久保存,可见学者之书斋状况也。

9月26日　星期五

早八时敖士英来,见赠《浊母考》(名？)一册。回家。

十一时至女师大开研究所会议,我提议储一千元购宋清两代金文书而剪之之事。

午与劭、建"雅"于广林春。下午至某海。晚因黎赠枣,故又回家一行。

夜眠不安,心中烦躁。

9月27日　星期六

竟日烦闷异常,走头无路,唉!

上午回家一行。午至琉璃厂印曲园格。购得艮〈银〉朱一锭,价五元。下午至某海。晚至劭同吃涮。入暮精神始渐定。归至东安市场购得《胡适文存》三集一部,其中有不庵的几封信,读之伤感,忽思不庵遗集及传是后死者之责,他给我的许多信中,容尚有可入集者,今当商之嫂嫂,借其日记作传之重要材料。

9月28日　星期日

晨秉雄来,云昨日嫂嫂处来电话,谓不庵之妾告诉钱单士厘与蒋单蕴珠,意图霸产,故将书籍、房屋、钱财皆断而不与,她自己系不庵继室,理合继承遗产。此蒋觐圭来信,意欲索单致妻吴、妾陈之信看其如何称呼,而嫂误解,因欲索取数月来我向她借来不庵遗札,择其中有"菊"字者,寄之为证。此事他们本办得离奇,书捐圕纪念,固当,不立嗣,亦当,但谁可发言遣嫁其妾乎!既不能,岂能无养赡之费乎?北大欠薪,萧山房子及一点古老的衣服等等,岂可不与之?即可遣嫁,亦不能不与之也!

十一时访检斋,定功课。至佩文斋购《胡适文存》三集,一赠嫂(因其中附单信也),二畀大、三两儿。又购得《秦汉瓦当文字》石印本一部计价三元。

午后至嫂处一谈,谓讼事似宜给钱,将来即使连书也要给她,但其批校及手抄之书,必当存于公家,以作纪念。我这个后死者,一部遗集,一篇详传,必当勉力为之也。

傍晚回府。晚将不庵遗书目录抄出,拟明后日还嫂也。未抄毕。

9月29日　星期一

今日右手中指又大痒大胀,前日手病,以此指为最剧,今其他各指又于皮肉现许多小水泡,恐又须第二次发作也。在孔德一天,上午、下午均抄不庵书目,毕。晚八时出门,至东安市场给毛买兔儿爷,即送至家,他病全好了。

九时回校,取春间向阿嫂借来之不庵遗札廿六通一阅(编排先后),其信自十六年二月至十七年十一月,知自十六年八月(从何时起在浙圕则未详,因是年二月一札后,第二札即是八月十七,而第一札在萧,第二札在杭也),至十七年七月,在浙圕,八月初即与杨立泺闹翻辞职(此有八月五信为证)回萧,十月十一日起就中研事。

9月30日　星期二　上午雷雨,午霁

初至燕大上课(他开学已三周矣),时间为星二下午二半至四半,与上学年同。课毕偕太玄同访颉刚。五时半至清华,乘汽车归。车中遇罗莘田、陈寅恪、杨丙辰。至护国寺下车,访嫂,知昨往清华,须星六方归。访启明,晤冯废名。

从晡起,渐大风,寒冷。

10月1日　星期三　大风竟日,颇觉寒冷

上午回家。午后至某海晤劭西、涤洲。至二房东家取《经韵楼集》,中有跋东原札,陈植所印即此物,但少了几封。

10月2日　星期四　风住,天较暖

上午十时回家一行。十一时访兼士,定为"说文"段注,两家公用,我名《说文》研究",他名"文字及训诂"。午后访谬人胡春林,因为他是蔡、李二公所荐,师大亦不得不敷衍一下也。唉!无聊。——未晤。

至富晋,还其书账廿一元,讫。至深蕃阁,取定杨千里格,又曲园所制《仓颉篇》格,日前向平伯借印者(颇有意思)。

傍晚回家取衣。浴。

10月3日　星期五

晨七时半胡春林来,说可教"文字哲学"(!!!)、"经术文"(!!!),史传文,经学通论等,发了许多谬论而去。

方国瑜来,送《国文学会丛刊》稿□校阅。李绍曾来。

下午回家一行。至琉璃厂、前门大街购物。将五洲同文局本《廿四史》,买〈卖〉给来薰阁,抵洋一六〇元,本中秋留有书箱卅个,连修理共九十四元,还有廿元书账(尚可少些),尚欠我四十元,取了他一部《古泉汇》,十八元(或尚可少些),还可拿他二十多元书。①

晚访幼渔,决定本年北大担任六小时,国音沿革3,又(补)1,《说文》研究2。

10月4日　星期六

下午回府。至某海。晚与劭西共雅于同和居。

---

① 原文此段眉批有"看五日日记"。

10月5日　星期日

南京来薪一个月，北大今日电，五月份上午往取。回家一行。午某海。赏洪煨莲、马季明、赵元任（元任谓适之昨晚到平，将觅屋，家于斯焉）吃饭，在德国饭店，讨论吴梓款事。

下午至琉璃厂，还节账。今天向来薰阁购书箱廿三只，连修理共八十五元，又书箱卅九元，共 124 元。将一部五洲同文局的《廿四史》卖给他，得价一百六十元，尚可拿他卅四元书（今夏购得商务百衲本《廿四史》，故此卖之）。日前向戴月轩定制特大的狼毫大蒜头笔，为写对用，今日往取，价四元，似与数年前徐森玉嘱贺连吉仿日本唐笔形式制造之对笔相同（它六元）。

10月6日　星期一

今日是废历中秋（但真正的望日应在八号，是日月食）。因昨日得学校信，知南京汇到一个月款，因即女师大、男师大取五月薪。还掉一点账。

午归家，午后至嫂处，将不庵遗书目录及遗札廿六通（与其姊）交还。闻嫂言，弄得一塌糊涂，族长及其妾勾结，亲戚又闹什么立嗣问题，恐即书亦不能保。我以为不保亦无碍，但希望将其手稿、批校及抄稿存公家，以资纪念耳！不知做得到否？

借得大嫂一九〇三——九一一之日记来，拟检其中不庵传材（一九〇三以前无存）。

晚访幼渔，谈到十二时，欲归而其街门忽被反锁，盖此铁门内共有三家，一马，一房东，一红卍字会——，因日前闹贼，于是卍处人今早出游，遂即反锁而去，可谓荒谬矣。不得已只可蜷卧其家廊中沙发上。

10月7日　星期二　天颇暖

昨宵睡得颇不舒服，晨七时顷起身，悄悄回孔德盥漱。回家一行。午赴海甸，课毕访颉刚，知商锡永日内即可到平。六时车归，至西直门下车，访启明。

10月8日　星期三

上午回家。午后至师大开教务、事务联席会议，为开学上课，决定十一日开学，十六日上课。会毕，至和平饭店访蒋觐圭，知不庵手稿一簏箱，其中有十余册为其子蒋鹭涛所得，有几本红红绿绿写小字者本子，已被其妾烧了，老妈子云。——这样还算侥幸。

傍晚至某海晤勐、涤、建，与勐、建同"雅"于忠信堂。

10月9日　星期四

在孔德候李景泉来为毛看咳嗽之病，沈麟伯亦来，又须来挂牌云。

连日天气又甚暖,身上不舒服,午后四时顷回家取衣服,至尚升平园洗澡,剪发。

10月10日　星期五

昨宵大风,今日又觉冷了。

上午回家一行。午劭西宴女师大国文系教员于忠信堂。食毕,至北平图书馆,他们因国庆日,十、十一、十二开放三天也。此次专陈列近一两年所购珍本书籍(去年系陈列京师图旧藏,及北海图中梁、王两人手稿之类),其中颇有些戏书、道士书及清代禁书。经部最少,但有陈立之《公羊义疏》稿本。不知有序例否?如有,则可补南菁之缺矣。又见朱竹君、焦里堂二人之手稿,忘记书名矣。毕,至《中国大辞典》处,晤劭、建两君。晚偕劭至其家谈至十时半走,归途甚冷。

10月11日　星期六

上午至故宫博物院购新印之唐人写《月仪》。初以为系临李靖章草,而不知非也。其字我不爱,虽然也许是好的。

回家一行。午回孔德。午后拟闭户读书,及将师大功课表排好,而心乱如麻,这本翻翻,那本翻翻,真所谓猫头上抓抓,狗头上搔搔,什么也看不下去,只可硬下头皮点看《积古斋序》及《商周铜器说》等数篇,最好决计开始做《说文》所〈索〉引、《唐韵》考之工作,将剪成之片按字注明纽韵呼及今读,共弄了"一、上、示、三、王、玨、气、士、丨、屮、蓐、艸"十二部,而"玉"、"艸"两部以字多未弄,弄到半中腰,忽觉头胀耳鸣不止。

晚劭来访隅,与之略谈。晚颇冷。

10月12日　星期日

昨宵耳响,迄今未愈。午回家,因为太太将于下星期二赏人吃饭,午后在家中为她写请帖,和世兄们谈天谈地,直到傍晚始回孔德。

10月13日　星期一

今日耳鸣止。上午回府一行。至师大,访易静正秘书,决定预科国文教员事。下午访夏宇众于其家,拟请其教文学史,他不甚愿意,说容待考虑,明日给我回信。

至某海,晤劭西。

10月14日　星期二

今日非将师大全部课程弄妥不可,故燕大请假。太太在家中赏许多太太吃饭,叫忠信堂的菜。

早晨回府一行,访金源于其家,不值,知其下午女师大有课,因即西行。先访遇夫,决定高等文法二,古书词例二(修辞学的变名,避徐耀辰也)。午后二时顷至女师大,晤金源,决定清代思想概要二,儒家哲学二。金源思想甚佳,与适之为近,教此二门甚为适宜也。三时顷至某海,晤劭西。六时顷访兼士,决定其课为文字及训诂(旧名文字形义学,不通)2,"古文"研究1(此课极新颖有用)。晚九时回孔德,得宇众留信,知其不愿教文学史,约明晨七时许来面谈。灯下将全部课表写定,毕已三时矣。

10月15日　星期三

晨七时许,宇众来,谓决不能担任文学史事,只可罢休了(暂缺,物色人材)。回家一行。即至师大交出全部功课表(缺文学史一人,有唐诗二小时,乔大壮系虚构好有些也,拟请尹默教李义山诗)。因连日排功课,身心均疲,昨晚少睡(三时始睡着,今晨七时许即起,觉得疲倦得很)。午后回孔德,睡。

晚姚维崑赏饭于芳湖春,共十余人,我认得的为检斋、蜀丞、劭西、杨子馀、艾一情,余均不识。有一个胖子,说是余同甲,还有一个大脸有须发俗相者,为王澂炜也。

由兼士、半农二人约戴明扬,北大十八年夏毕业生来谈。刘、沈二人欲托我荐荐他于师大,我觉甚难,他亦不愿,遂作罢。晚早卧,竟夜不安。

10月16日　星期四

今日晨起即耳鸣,鸣了一天,心烦得很,北大有课,请假。上午回家。下午浴。晚天雨,早睡。仍睡不安宁,似乎发烧一般,明日只好去找李景泉了。

10月17日　星期五

耳鸣止,而精神疲惫,咳嗽。上午师大、下午北大均假。上午回家。午到李景泉处医病,他说是"秋温",开方,云吃一剂再换方。午后至某海,晤白条〈涤〉。晚访劭西于其家,十一时归,不能购药,止好明日服矣。今晚睡眠稍安,虽然仍不能甚酣睡。

10月18日　星期六

咳嗽得利〈厉〉害。上午回家,精神疲惫,食欲亦减。北大假。在家中午餐。下午三时至师大,开教务会议。至富晋书社购河南某氏石印(照原物大)之《三体石经》两纸(一石两面),此为中石断本。晚服李药。

一九三〇年

10月19日　星期日

上午回府。午劭西请女师大研究所同人在燕京食堂吃饭,我亦与焉。吃毕已四时许,急归,因约李景泉今日来诊病换药方也。五时许他来看病。灯下抄《三体石经》的伪古文数纸,未毕。叔平今天到平。

10月20日　星期一

咳嗽仍未愈,然不能不上课矣,师大从今日起开始上课,上午二小时。午后至某海,重晤白涤州。四时顷回家,太太至黎家去了,未见。至二房东家找《华国月刊》,因其中有老夫子所笺《三体石经》,在一卷一、二、三、四四期中,而缺一、二两期,会当至中华补购之。黄昏清理书桌及书架。

10月21日　星期二

上午回府一行。午乘汽车至燕大,四时半课毕,即与太玄乘人力车进城。晚访叔平,他是十九日到的。谈次,知不庵遗书现已由叔平、士远、夷初、裴子、子民、适之诸人函请浙江教育厅保护,以单氏为本乡现代学者,其遗书多手批校本,于学术文化颇有关,不可任其散失,应由公家保存,云云。此可略慰者。又其妾已与所私之仆阿根在杭州双宿双飞矣。

10月22日　星期三

上午师大,下午女师大均假。以昨日燕大归来,稍受风寒,本来咳嗽未愈,今日更觉疲惫无力,喊不动也。午前回府一行。午至李景泉处换方。

午后至嫂处,告以不庵书籍由教厅保存事,及觐圭处所得遗稿尚存于人间事以慰之。

精神甚不振,傍晚即回孔德,卧床上随手翻嫂氏日记(今日又向她借得民元—民十六日记十六本,她的日记共廿五本,1903—1927也,今全借来矣)。

10月23日　星期四

上午北大(从今日起开始上课)。午回府。下午洗澡,在澡堂榻上看女师大卷。晚回孔德继续看,共一百多本,均阅毕。又重查师大《国文学会丛刊》第三期稿,毕。其中□□□《□□□□诗非伪》一篇,无聊之至,但不便不登耳。毕,已夜半三时矣。

10月24日　星期五

上午师大,午至女师大送卷。下午北大,毕,回家。晚约劭西同雅于协广和。

归又阅北大卷,未毕。

10月25日　星期六

上午北大,始上"《说文》研究"课,人多得不得了,讲得甚累。

百衲本《汉书》出来了(分三年、三期出书,第一期只出这一种),往取之。

下午疲倦之至。叔平来,无精打采地谈了几句天,他也去了。

商承祚到平,下午来访,门者不知我在家,故未晤。

10月26日　星期日　天阴

十时访商承祚于东板桥二道桥二号其伯父家中,不晤,据说到海甸去了。

午回府,偕婠贞同至东兴楼,因沈三太太赏饭也。盖三太太今春生日,我们太太们送了礼,故□□及考□也。吃完,雨,即回孔德。颇寒,至清华园浴而暖之。看北大两年来考卷,毕,明日可送出。

10月27日　星期一

上午至师大上课,课毕至某海一行。下午访商承祚,又不遇,嗣知其此时适往师大访我也。回家。

晚北平市教育局局长王捷侠赏饭于东兴楼,他大概是请北平教育界人吃饭,故有百年、援庵、少涵、尹默、湘宸、云亭诸人。始见丁锦,是一个很腐化的半老头子。

10月28日　星期二

上午十时又访商承祚,见着了。他答应每周教十小时,甲骨文研究4,金文研究3,金石名著研究3。十一时回家。午至燕大,四时半课毕,即与太玄同乘人力车至西直门,车走田塞间狭路,又飞行太速,坐得极不舒服。至西直门换车,访启明。

10月29日　星期三

上午师大。下午女师大,今日开始上课。未回家。天阴,晚雨。收书桌。

10月30日　星期四　阴雨竟日

上午北大。午回家一行。下午精神异常疲倦,昏昏欲睡,晚十时始渐清楚,看师大选课单一〇一张。

"勿"盖象刀割物出血形,甲文作 ⟨图⟩、⟨图⟩……又作 ⟨图⟩,则割牛也。其后起字为刎　,殉、芴等,亦以 ⟨图⟩ 为初文。然则古曰"物故",昔以为"物"借为"殁"者,实则"物"为古字(引申义),"殁"反是后起之字也。

卧床上看名单、《殷墟文字类编》、《中国古代社会研究》。

10月31日　星期五

　　昨晚甚冷，睡得不安宁。晨起见窗外之雨变为雪了，出房门一步，即不便行。上午师大、下午北大均只得告假了，亦未回家。

　　上午师大续送选课单廿一件来，等着要代〈带〉回去，只好赶紧一看。午后收拾卧室，因手指皮肤组织不好，一碰就破，不能多弄。人疲倦得很。拟将《殷文存》中之❍字摄影，制一锌板图章。

11月1日　星期六　天气晴，但甚冷

　　晨回家。上午北大，下午至某海。晚王有三赏饭于某海，同座者为隅卿、建功、一庵、涤尘、涤洲、善恺、子书、劢西诸人。

　　看《金文编》。金文稽首之❍，有作"𩒀"者，则段氏谓"𩑺"是古"䭿"字是也（金文"首"，皆作"首"，无作"𩒀"者）。悉谓❍盖象人跽而渐下其首也，余昔亦反对段说，以"页"为古"首"字，非也。

11月2日　星期日

　　上午回府。午后购毛线织之衣裤。午后浴。

11月3日　星期一

　　昨晚大风，今天冷不可当。上午、下午均师大，共四小时，课毕尚须开教务会议。毕，已将七时，天冷，又无火炉，冷得肆。至撷英去吃西餐，进白兰地一杯，再浴以取暖。归即睡，今夜不冻，且睡熟，较适。

11月4日　星期二　天稍暖

　　午前回府。午至燕大，课毕，访颉刚，并晤希白。六时归。

　　约劢"雅"于同和居。我主张声母、韵母，亦即声符、韵符，他亦赞成。

　　灯下翻阅甲文、金文书。

　　阅报，知六月份之卅五万汇到矣。

11月5日　星期三　天稍暖

　　上午师大，下午女师大，毕，回家。灯下翻阅关于金文类书，《燕京学报》第五期中有容庚之《西清金文真伪存佚表》，可补王氏《金文著录表》之缺。

11月6日　星期四　天稍暖和,甚潮

上午北大。午回家。下午至北大、师大取薪水,以廿元购《□□鉴古》一部(商务),在商务见有人寄售之《西清古鉴》一部,索价廿四元,闻或可略减,托他们去问,亦拟购之。又《西清续鉴》,廿四元——商务印,迟日亦拟购之,再购《宝蕴楼》,则《西清四鉴》备矣。

晚约劭西、建功、涤洲"雅"于同和居,分配速编成《国音常用字汇》工作。归取容氏《西清古鉴表》,将真、疑、伪及容氏所改名录于书上,将卷一录完。心绪烦闷不安。

11月7日　星期五　甚潮

上午至女师大取薪。午回府。午后北大,课毕,至师大开预算整理委员会,通过减政预算,每系不得过七千学分,主任必须任课八小时,教授十二时,这如何办得到?争之良久,不获,夫复何言!

至商务借石印(重订)之《鸣沙石室佚书》归,拟抄其《隶古定尚书》也。

11月8日　星期六　仍潮

上午北大。午后有碌石人张任政(字惠衣),系北大研究所之生,他约我来谈音韵,在北大国文教授会中谈了约两小时。四时回府,即至师大开第一次校务会议,通过减政案。夫复何言!毕,与张少元同出吃涮羊肉,他惠抄,甚难为情(因为是我约他的)。归抄《隶古定尚书》,未毕。

11月9日　星期日

上午回府一行。午尹默与隅卿赏饭于孔德。赏的人是北大校长及教育系之人,我是陪客。晚餐金九经又赏饭于同和居。白天尚和煦,傍晚冷。

11月10日　星期一　甚冷

上午十时回府。至师大授课全天。因中国文学史教员请不到,而学校现在又厉行减政主义,故拟暂以中国诗歌史代之,今日已布告一年级学生选矣。

晚访叔平。

商锡永转来容希白所拓古物陈列,取中宝蕴楼彝器拓片一本,价廿四元,明日当往给之。此皆从奉天来者,为《西清续鉴乙编》之物。伪器累累,此及《宝蕴楼彝器图释》,均系选真者也。

11月11日　星期二　风,冷

上午回府。午至海甸,课毕访颉刚,晤嵇文甫(初遇)。六时归城,启明赏饭于玉华台,共六人,其四人为隅、叔平、建、耀也。八时访幼渔,向其借罗遗老所印《隶古定尚书》四种。向赵斐云借王释之《殷墟后编》来,拟逐录之。

11月12日　星期三　晴　和

今天是某公的生日,故放假一天。昨晚睡得冷,故无精神。今日屋中安炉矣,从今晚起,可免冷而可在灯下做事矣。下午回府。访劬西于其家。

购得杨东莼及张栗原合译之莫尔甘之《古代社会》及李膺扬译之恩格尔之《家族私有财产及国家之起源》二书。

11月13日　星期四

上午北大。午回府。下午那位张公又来,故又至北大闭门谈道二小时。毕,回孔德清理书案,拟理出甲、金两类书备读也。晚作致蒋鹭涛信,要抄不庵稿。

11月14日　星期五

今日师大廿二周年纪念,他们来信叫我做教职员代表,出席演说,那可"恕不"了。午后回府一行。二半—四半北大。晚沐浴,剪发。

下午阴,晚有雪。

11月15日　星期六　晴

上午北大。午回府。午后至某海,晚与劭、涤,涮于协广和。

11月16日　星期日

午至李景泉处看病,因咳嗽,多日未愈也,虽然不利〈厉〉害。午后至琉璃厂购书物,购得《西清古鉴》,价廿二元。因半农已回京,与劬西共赏他吃饭于广林春。

11月17日　星期一

全天师大,课毕访劬西于其家。晚回孔德,打度量衡(附表二)。

11月18日　星期二

今日因身倦神疲,未往燕大也。午前回府,搜括家中关于金文之书,理了一大包,下午拿回孔德,现在打定主意,"四四自思"究竟干了些什么?来日苦少,万不可再贰以二,参以三矣,维精唯一,专治文字学,三"尢"主义($\frac{\text{尢}}{\text{首}}$甲　$\frac{\text{尢}}{\text{右}}$假　$\frac{\text{尢}}{\text{诂}}$殷),故注意金、甲书也,暇时则练习章草,以其便用。

11月19日　星期三

上午师大,下午女师大,课毕回府。

近来每于晚间卧榻上看郭氏书,觉其见识实超卓,治甲、金文字当以此为正路。我之目的虽与彼不同,彼重历史,我看文字,但治文字,亦非具此眼光不可也。

卧室中看《殷墟文字类编》中之古象形字,极有兴味。

11月20日　星期四

上午北大,课毕回家。下午至景山,购《宝蕴楼彝器图释》,价十六元。归检视则缺一页,明日当往易之。晚浴。

11月21日　星期五

上午回家,至景山书社换书,又购得石印的《缪篆分韵》一部,下午上北大课,课毕回孔德,晤叔平。晚约劭西"雅"于同和居。

11月22日　星期六

上午师大。午回府。午后二时顷至来薰阁,搬了一部《三古图》来,要价卅元,印得不佳,烂板甚多。阅此始知黄晟亦政堂非自刻,系购明刻而补之也(意即□如斋本欤),以其书先有人仔细圈点一遍,圈得颇不恶劣,故拟购之,然亦未定,倘有印本佳于此而价不甚昂者,当易之也。因我与叔平不同,不重在器,而重在文字,但宋人之书,其文字由于临摹本难据信,不过要知其大概而已,然则亦不必购好板也。

四时顷至师大开出版委员会,到者四人,倒有三人各代表一人,钱玄同,温源宁钱代,徐悱峰,王峤山徐代,王□,张少涵王代,康叔仁也。

今日因有风,天气寒于昨日,而办公室偏尚不生火,不知装什么穷!中寒不适,会毕即归孔德。

11月23日　星期日

午后回府一行。四时顷回孔德。打算从今天起,把《国音常用字汇》为最后之决定,以段《说文》、《广韵》为主,而以《集韵》辅之,至于那部狗屁《康熙字典》,十分之九都是谬误,实不足据,但此时欲求速成,又只可查它,真没办法,骂他已经骂了二十余年,近年来加入《国语大辞典》之工作,即欲打倒此等谬误达于极点之书,平日鄙视近年坊间新出之大小字典,意亦即此(抄它之故也)。今年叫人剪《广韵》及大徐本《说文》,则欲解决音也。岂知到了现在,还不能不根据它,平日之疏慵,真该打手心。今晚止弄了ㄅㄚ、ㄅㄛ两音,又抄了《广韵》入声,注以今音为主(依白氏规则化),而将《广韵》入声各韵字填入今韵之下,而注明原为某纽韵等,写了ㄅ、ㄆ、

ㄇ、匚四音。

11月24日　星期一

今日特将师大一天课请假,其意要想将ㄅ、ㄆ、ㄇ、匚弄完,明日可交给劭西先去付排也。岂知从上午十时弄到下午四时,止弄了ㄅㄞ、ㄅㄟ、ㄅㄠ、ㄅㄡ、ㄅㄢ、ㄅㄣ、ㄅㄤ、ㄅㄥ、ㄅ丨九音,ㄅ尚未弄完,而头胀极矣,固缘编者太外行,实亦《康熙字典》太靠不住,而此时欲求速成又非用它不可,真糟糕。五时顷回家一行。八时回孔德,再也弄不下去了,只好写了ㄅ母之"广入读法"。

11月25日　星期二

午至燕大,四时半课毕,即乘人力车至西直门,五时半到,即乘电车至西单,下车即乘人力车至吴处士家,因他昨日来信说有要事相商,礼〔拜〕四以前必须解决,约我昨晚九时,或今日下午至其家也。比至则已出门,索纸笔作一便条,而其无教育之子在内詈老妪,等了良久,始将纸笔出,则水将完之自来水笔也,写了十来个字写不下去了,可笑之至。

约劭西"雅"于且宜。九时半再往,则归矣。问何事,曰"校勘举例"只有一中人,一日人听,故拟取消,改为《仪礼》。我想这不但手续上麻烦,且恐更无人听了。因劝以等下学期再看吧。归孔德已将十二点,又因师大催课程标准,只好将本年度的分为四组十类,列表明日送给他,至三时方睡。

11月26日　星期三

上午北大。因昨日太累,睏得又太晚,故今日精神甚坏,下午女师大请假了。
午后回家一行,即回孔德,同隅卿闲谈,神疲胃满,颇不适。

11月27日　星期四

上午北大。午后至商务购《西清续鉴》,廿四元。又购得小徐《说文》,四部重校影宋抄(?)本,三元四角。又购得《涵芬楼秘笈》第六集,二元五角。至富晋,见有《平阳县志》到平,此书中因有宋平子之文,我去年找了一年,曾托周予同去代购而不可得,今见之略略一翻,中有和太炎师《泰风》一诗等,均向来未曾见过者,拟怂恿北大购之(黄纸廿元,白纸廿四元)。

五时归,清理书架,将甲、金二文书籍整理一架,以便看也。

涵芬六集中共四种,(一)《脉望馆书目》,(二)《唐石经考异》及补,(三)《冥报记》。我所要者,唯有(二)耳,(一)为隅卿所要,(三)是小说,他也该要,故将(一)、(三)奉送了。

晚七时许,日本人——吉川幸次郎来,他是来留学于中国的,好治经学及小学,现在北大、中大听讲,尚欲至师大听讲云。

11月28日 星期五

午回家。午后北大。四时至女师大研究所开研究会议,会毕与劭、建同雅于蓉园。

11月29日 星期六

上午北大。午回家。午后至某海。四时至师大,开课程标准改订委员会,此会凡七人,钱、李湘宸、袁子仁、李干臣、文范村、黄文山、丘大年。从五点开到八点方毕,适因师大欠电灯公司八百元,今日恰好将电线掐去,在黑暗世界一支洋烛下开此等会,妙极！妙极！

11月30日 星期日

上午吴三立来。午后回家一行。访幼渔,取回他借去之《殷墟书契前编》。晚浴。得师大匿名信,告密靳德峻阴谋倒钱拥吴云。

12月1日 星期一

晨徐祖玉来电话,谓有人去告密,亦谓将倒钱云,因托吴辛旨探之。竟日师大。昨日得师大一匿名信,云靳德峻将倒钱拥吴,今晨徐耀辰又以电话相告,果有此事耶？大佳！大佳！晚与劭同雅于蓉园。

12月2日 星期二

上午回家。午至燕大,课毕访颉刚,晤钱宾四(初见)。六时回城,访启明。

12月3日 星期三

上午师大。吴辛旨谓倒钱事诚有之,主动者为靳德峻及易烈刚,日前他们在国文学会中说,我们不要的人(徐祖正、严既澄、李释戡),他偏要请,而且严氏加四小时为六小时,且将中国诗歌史代替一必之中国文学史,情实可恶,当开大会以解决之云云。哈哈！哈哈！

至有正书局购得《陶斋吉金录》正续编,共十二元五角。下午女师大,未回家。

12月4日 星期四

适之日前全家到平,今午至北大,初会之。上午北大。午回府。午后回孔,精神疲倦,躺了一会儿,更不舒服了,头胀心烦,还是起来,但做不了一点儿事。捺住头皮,看《石鼓文考释》。

夜炉火太热,终宵睡不安。

12月5日　星期五

　　上午孙子书来,谓师大倒钱运动确系靳德峻及易烈刚所为,理由有二:(一)援引北大系人,(二)不为毕业生谋事。哈哈!

　　午后回家。午后至北大上课,课毕洗澡。十时归,抄王释《后编》数段。

12月6日　星期六

　　上午北大。午回家。午后至富晋购书:

　　赵烈文:《石鼓》。

　　△△△:《石鼓》。

　　均パ,当还之。四时返孔,建功来,与同至东来顺吃涮及"扒四样"(羊肉、海参、鸡、面巾〈筋〉)。归清理《说文》、《尔雅》等一架之书,未毕。

　　今日在燕大上课,见驱逐史学系主任朱希祖传单及许多标语。

12月7日　星期日

　　精神烦懑得很。午后回家。晚访劭于其家。我打算要从明年一月起,改良国语会。

12月8日　星期一

　　竟日师大。晚偕劭至协广和,涮。

12月9日　星期二

　　上午至北大取九月份〔薪〕,回家一行。午至海甸,课毕偕太玄同访颉刚,三人又同访希白。希白出一物,形如笔,方,首有颖,大类今写钢笔板之笔,长颖又有套,疑是古笔,索价五百元。

　　在希白处购得罗遗少(福颐)所编《玺印文字征》八册,共八元。又借得郭君《臣辰盉铭考释》一篇,拟迻录之。此器与 ✍ 彝同时出土,亦周初物,郭谓"蓁"即"豐",甚确。又谓"✍",从"目下泪",当为"涕"之古字,亦甚当。

12月10日　星期三

　　本日师大、女师大之七月份〔薪〕均取得矣。上午师大,下午女师大。课毕至某海,晤涤洲,谈某会事,我拟明年一月起大加整理。(一)出《国语报》(白主任),(二)设文献馆,为编国语史之准备(我主任),(三)改《国语旬刊》为《国语研究》,(四)设国语师范班。晚访劭西于其家。

12月11日　星期四

上午北大。午回府,见屋上有一纯黑之猫,上了房下不来了,因两家均有狗(钱、金),据说昨晚闹了一夜,狗又汪了一夜。午后出城洗澡,剪发,晚归。老三来电话,云婠已托隔壁金宅听差,用梯子把它抱下来了,因家中有大狗,不能相安,婠拟赠隅卿云。

12月12日　星期五

午回府,见猫,甚可爱。下午北大,归又回府,抱昨日救下垂死之黑猫赠隅卿,他颇爱之。

晚隅卿赏几位人在森隆吃饭,我亦被赏,走出屋子低一步,踏了一个空,摔了一交,左脚往外一蹩,伤,肿了一大块,以白干擦之,归又以热水洗之,皆无效。晚卧不安,因脚痛也。

12月13日　星期六

今日脚大痛,不能行,北大假。午请麟伯来看,云但伤筋,无他患,须用水药包之。午后回府一行。心烦甚,下午回孔德后,写《周礼正义》封面以消遣之,写毕。

12月14日　星期日

脚稍好,但去愈尚有数日也。上午魏建功、孙子书均来,子书携来《儿女英雄传考证》,谓安公子是影文康之从弟文庆,邓九公亦有所指(尚未做下去),又疑《金瓶梅》系李开先所作,似可信,总之决非王凤洲也(嘉靖间大名士凡三人:一李攀龙,一李开先,一〇〇〇也)。

魏〔建〕功谓适之十七日四十大庆,中央研究院诸公有寿序,顾撰而毛子水书。拟国语会与西北科学考查团合送一文,拟魏作钱写(凡十二人,白涤洲、马隅卿、缪金源、丁仲良、黎劭西、黄仲良、钱玄同、徐旭生、周启明、庄慕陵、孙子书、魏建功)。

晚,幼渔闻我足伤而来访。灯下校《六书音韵表》,而将《诗经》各篇分写:十五国风——十三,小雅、大雅——二,三颂——三,用卅三部,内容暂全用段氏,今晚写了《周南》《召南》二篇。

12月15日　星期一

脚仍未好。今日师大假。午回家一行,即回孔德。午后建功来,将寿序做来,有二千余字,用平话体,题为《胡适之寿酒米粮库》,拟定用高丽卷纸书之。五时至戴月轩购笔墨,晚七时写起,至十二时毕。

12月16日　星期二

　　燕大假。午回府。午后至商务取《清代学者象传》。晚约启明、劭西、建功来孔德，看所写的东西。

12月17日　星期三

　　今日上午师大假。下午女师大，出题季考，昨交劭西矣。下午因前日所书平话中两处有错字，因割下重写三分之二，二一四时写毕。晚五时顷去拜寿，见有研究院诸公所赠泥金寿屏，元任作，子水书，大开玩笑。胡夫人赠以戒指与适之，刻"止酒"二字。吃得半中晦，他受戒了。我过去看看，被胡夫人推为"证戒人"。

　　在隅卿处晤李大夫，他说可敷七厘散。

12月18日　星期四

　　今日北大假。午回府。午后腹胀头昏，在家晚餐后方归孔德。将李大夫所说之七厘散用烧酒和了，涂于脚背，以棉花包之而睡。

12月19日　星期五

　　今日北大假。午回府一行。午后洗澡。晚再换药，似乎不很痛了。

　　买了一部扫叶山房石印翻孙本《说文》大约是槐庐本。将王氏《文字蒙求》所谓象形、指示、会意三类一千六百余字，一一注出，象一，指二，会三，会兼声3，因王氏于此最高明些，可据以查《说文》某部中有几个非纯粹形声字，而其字求之於殷、周，应如何也。稍微写了一点儿，未写毕。

12月20日　星期六

　　各学校从明日起至一月十日，放新年假三星期，十二日上课，这是从本年规定的。今日北大仍假。

　　足不甚痛，但行动仍不甚便，敷药后足背甚痒，视之似有小瘰，大概酒精之刺激也。今晚洗足，拟不再敷。

　　上午写《文字蒙求》，午回家。午后回孔德。至晚将《文字蒙求》之字写毕，觉得这位王公实也不高明得很。

12月21日　星期日

　　午回家。无事可记。

12月22日　星期一

午回府。下午至某海,见他们所制"年历",上:孙,中:注音《遗嘱》,两旁:"国语统一,言文一致。"次国音字母,次阴阳历大鼓书,下月份牌。国音字母即用前年所印蓝地白字者,觉得不好,(一)ㄨㄩ须挪下,(二)注音符号之名须出现,(三)G.R.条例须补入。晚归,拟之。

12月23日　星期二

上午回府。午,孙壮赏饭于撷英。午后至文岚簃印贺年片,购金陵书局《诗经》(朱)一部,价二元。拟打《段氏韵目》。

至某海,将昨晚所拟 G.R. 条例交劭西磨勘,写"国语统一,文言一致"八个大字,及中华民国二十年年历数字。晚与劭、建同雅于且宜。

12月24日　星期三

昨宵头胀,晨起忽觉失音,回府一行,即至李景泉处诊视。午后至直隶书局购故宫月份牌,每日印一件故宫的宝物,共365件,很有意思,值一元七角。四时顷至某海,因昨撰 G.R. 条例尚须稍改,因以排横行为宜也。毕。七时至广林春,应宇众赏饭吃也。

12月25日　星期四

午回府。午后在隅卿处谈天,李景泉来复诊,失音稍愈。夜饭偕二子至德国饭店吃放屁鸡。

12月26日　星期五

上午回府,至李景泉处再看,今日失音渐愈,痰渐出,然咳嗽殊甚。午后至直隶书局购得林义光之《诗经通解》,价二元三角。至文岚簃取贺年片。至某海晤建功、涤洲,知劭西病。未到五时顷访嫂。七时顷访劭西,坐下忽觉右胯间痛,似有块,然没有,左脚未愈,右胯又痛不能行。噫!

12月27日　星期六

胯痛未减。午周作人、温源宁、杨丙辰、贺培之四人赏校长吃饭于德国饭店,光陪,毕已三时。访严既澄,不值。回孔德,约孙有来,托其探听师大到钱消息。晚访幼渔。

12月28日　星期日

　　右胯仍痛。上午访严镂堂。午回府。午后至孔德,代李景泉写挽联一付。晚浴,浴毕,胯间贴百效膏。

12月29日　星期一

　　上午孙有来。午回府。下午三时回孔德,因李景泉来,请其复诊也。咳渐止,有时尚须大呛。换方再服两剂也。四时顷,建功来谈,晚十时去。

　　灯下将段氏古韵用卅三部新名目打于新购朱子《诗传》之旁,民国二年曾打过一部段十七部,△年又打过一部江廿一部,二年时对此问题甚不了了,打得欠佳。△年所打太草率模糊,今江书已有购,不必再打,拟专打段,以孔附段,另将王附打于江书。段十七部前分平上入,则卅部。然十五部入声分为物、月,九部分为钟、冬,三部入声分为觉、烛,段氏晚年固以为当分韵,详《答江晋三论韵》一书,故拟将戴分月,孔分烛、冬记于下,此亦可复段说也。

12月30日　星期二

　　晨九时顷,易静正来。膏药贴得太不舒服了,不但污衣裤,且沾须发。上午十一时入浴。一时回府。三时访劢西。七时至同和居,马雅堂、童禧文、徐旭生、刘钧、胡壮猷、樊逵孙六人赏校长饭吃也,光陪。

　　与梦麟商,不庵遗著拟由北大编印,即作为北大丛书,拟组织一"单不庵教授遗著编印会",以幼渔、叔平、梦麟、子民、百年、旭生、适之、玄同、遏先、公铎等任之。

12月31日　星期三

　　大雪竟日。晨起甚迟。午至隅卿处,因张稚亭欲为乃父母点主,已约定徐森玉点,我与隅襄,李赞,今日由隅约他的来吃饭,商量礼节也。

　　午后回家,即在家中晚餐,毕访幼渔,谈至十二时始归。为旭生书扇。

一九三一年

1月1日　星期四

今日雪霁。上午十〔时〕回家一行,即至北大领薪。回孔德,十二时偕隅卿、建功同至女师院研究所聚餐。小陆忽来闹酒,殊可不必,我决不饮酒也。

毕,至女师院领薪。电询师大,说需俟开过校务会议,始能发云。噫,吃得肚子不好,即归。取百衲本《汉书》写封面。晚七时至忠信堂赴师大聚餐会,林公铎喝醉了酒来胡闹,我几与之决裂。他又去大教训了一顿缪金源,说他做诗中胡毒,不遵平水韵,中钱毒。这种无聊的滥名士真可厌。归,隅卿言厂甸略有蹩脚摊子云。

1月2日　星期五　天晴

精神甚坏。上午回家一行,遇嫂嫂带了张云士、钱顺之来拜年。即回孔德。午偕徐森玉、马隅卿、李召贻三人至后门外大街庆和堂,为张稚亭(孔德法文教员)之父母点主。徐点,钱、马襄,李赞,唱了如此一场戏,虽然交涉办到不向我们叩首,而改为鞠躬,然此等腐化事实过于阴历万倍,必当打倒者,我竟敷衍之,我真老朽昏庸矣哉!点毕吃饭,吃毕访适之,不晤。再回家一行,即至孔德,晚在隅卿处晤赵斐云。

两个月前致函蒋鹭涛,请抄不庵遗文之信,蒋于十二月二日复我家稻孙处,昨由稻孙交至家中,今日始见。他答应可抄。先来一目录七纸,乱杂无章,不庵所抄之书及所著之稿乱七八糟和作一起,看了真有些莫名其妙!

1月3日　星期六

天阴,小雪变雨,地滑,晚晴,月出。昨宵睡得颇不安宁,因腹中不适故也。夜半醒,直至黎明又朦胧睡去,睡至将近十一时方起,心烦意乱。午归家。午后三时至师大开第五次校务会议,比至,则见办公楼各门锁闭,不见一人。晤张少元(亦赴会议者),觅得一听差询之,知多数不能到而流会,可谓奇矣。此会重要之事为发薪,而竟开不成,岂此等唯一目的在要钱之人,并此而不注意耶!噫,奇矣!心烦意乱,至劭西处谈天。腹忽痛,因如厕,左手扳住窗台一滑,又一擎,一个月以来左脚蹩,至今未愈,右胯蹩,已愈,今又擎左手,何其善蹩耶!

1月4日　星期日

九时半回府一行,十时半至《古史厂》,开第九次常务委员常会,七个委员(钱玄同、黎锦熙、汪怡、魏建功、陈懋治、沈颐、白涤洲)和两个　　（萧家霖、赵元任),除赵以外全到,开会已十二时,报告经济状况未毕,即至大陆春聚餐。我去年年底有四个提案:(一)办《国语》(旬刊),由白主持。(二)改《国语旬刊》为《国语研究》,仍由魏主持(月刊)。此二皆由京华出版。(三)改国音字母讲习所为国语讲习所,略如十年前的办法二个月毕业。(四)设国语文献馆作为编《国语运动史》之准备。于席间通过。

下午访杨刘,要请他摸手摸脚,他不在家,原来他在上午在家门诊的。回家。晚,访启明。

1月5日　星期一

上午方国瑜来,声明师大倒钱运动已消灭矣。郝禹蘅来。午回府。午后雪颇大,至西升平剪发洗澡,晚止,月出矣。

1月6日　星期二

胃仍不好。午后回家一行,太太上受壁〇〇(胡同)去了,即回孔德。又至二房东家理书,取得《歌谣周刊》四本,此比宋本《诗经》要珍贵多了。天阴,有雪意,颇冷。

1月7日　星期三

上午回府一行。即至师大领薪,出,略逛书摊,阴历一月一——十日摆十天,但甚寥寥,略逛十来分钟即走,大约非废历此时不值得逛也。至商务,购得中央研究院之天文研究所所制之《周历》,以周以〈为〉主,上有天文图,极精美,价一元,购二,一挂家,一挂孔。故宫是艺术的,此是科学的,甚有意思也。下午归,取段氏《音韵表》之《易经》打在吴评《周易》上,今日以两毛钱购得一本吴《易》也(在厂摊)。

1月8日　星期四

午前回家一行。午,隅卿家制王八、鸭子、肘子,约钱、马二、周二、徐祖正去吃,闲谈了一天。黄昏风起,夜半狂风大作,甚冷。

闻建功发烧,未南行。

1月9日　星期五

昨宵大风,今日又大风一日,冷不可当。午回家。午后二时迎风往极西,访劭西,好些了。六时赴岂明家之宴,他昨约今日至其家吃"牛肉锅"及老酒。同席尚有四人,范仲沄、李季谷(宗武)、宋紫佩、□□□[1]。十时半归,他以汽车送钱、李、范三人,可感也。

---

[1]　原文如此。

1月10日　星期六

风止,天仍甚冷,但较昨日略好。午后回家一行。三时至师大开校务会议,因教部来电,谓:"该校校务在新校长未到校前着由教务长徐金渌协助校务会议暂行负责维持",故开会。结果以一文不名,煤火已绝之故,电复教部。会毕至来薰阁欲购《古谣谚》,有一部须四十元,属其跌价再购。太冷,早睡。

闻建功昨又吐血,甚忧念之。

1月11日　星期日

天仍冷,不甚适。午后回家。取汗衫裤等将洗澡。至清华园,则人满。复归家一行。即至劭西处,在沙滩雇车至西四同和居吃饭,比下车,而衣包落在车上了！

访劭西,谈到十一时始归。

1月12日　星期一

上午回府一行。即至三友实业社买包袱,中兴买汗衫裤及袜子。在佩文斋购得刘半农的《敦煌掇琐》上辑二册,木板,价四元。又《集刊》第二本第一分,八角。午后入浴。

1月13日　星期二

上午回家一行。午至燕大,四时半课毕,即乘洋车进城访启明,晤江绍原。

1月14日　星期三

上午师大未上课。回家一行。出城购得《乐府文学史》,罗根泽著,新出版(文化)者也。下午女师大,课毕,至该院研究所开"研究所会议"。毕,又开"图书出版委员会"。毕,与涤洲同雅于大陆春,毕,同访郑毅生(天挺),不晤。同访劭。

1月15日　星期四

上午北大。午回家。午后至某海,即晤罗根泽。晚偕劭西同"雅"于广林春。

1月16日　星期五

胃胀,神疲,午后回家一行,北大告假。灯下草《十八年来注音符号变迁的说明》一篇,将登《国语报》,未毕。

1月17日　星期六

上午北大。午回家。午后至某海,校年历。

今日在北大上课,日本人吉川幸次郎来,携来五代刻本《唐韵》书照片十六页。云系借诸某照相馆者,因约以借一个星期,拟设法复写之。灯下一看,似是《唐韵》,字比《广韵》少得有限,不分上下平,有卅一仙、卅二宣字样,但麤、移不分,每页末了有"十一板","六十七板"字样,殆最早之刻板式欤?

1月18日　星期日

午前将《广韵》交赵斐云去复写影印,据说中研院可出此钱。

午,章演群赏饭于来今雨轩,约百年、兼士、寓南、幼渔及我,商刻崔师遗文遗诗事。文稿诗稿均在演群家,他连原稿及他的抄本均交下。我们主张由北大出版《崔觯甫先生遗著》,好在《探原》《复始》及《足徵记》均已由北大出版,则此当然可也。饭毕回府。

四时顷访何乐夫,谈女师研究所购金文书剪贴,并编目录索引事。

1月19日　星期一

师大尚未上课。午回府。午后浴。

1月20日　星期二

午前回家一行。午至燕大,四时半课毕,即乘车进城,访启明,不晤,访劭。

1月21日　星期三

上午回家一行。即出城至开明购活页文选,共出十七本。下午至女师大上课。毕,回孔德。七时至东亚春,骆鸿凯赏饭吃,坐中有凌子丰等人,闹得真讨厌。购得袁昌英之《孔雀东南飞》……晚卧被中看之,至四时始睡。

在富晋购得《南北小令》一册,忽发雅兴,灯下点之,点了五分之三光景。此系用纯粹普罗调,普罗语言,普罗格式,而由文人作之,以用于妓院等为多,故与波尔之诗词大异。

1月22日　星期四

昨睡迟,今日头痛。上午北大。午回家。下午访建功,他已好了,但以晚出门为宜,晚九时归。

1月23日　星期五

午回家。午后至北大上课。晚马幼渔、叔平、隅卿赏饭于东兴楼,因他们要到〈同〉张伯岸吃饭,此君系二十年前在日本时,常常有事要麻烦他之一人也,故与吾家及恂士、文甫本均相识。

韵书已照来,决由中央研究院出钱照,而我们印之,照得甚佳,胜于原照。十一时顷再改计划书。

1月24日　星期六

昨晚四时半始睡着,今日头大胀痛。

上午北大。午回府。午后二时又至北大,因有刘梦庵(名觉)其人者要来谈曼殊,此等事真无谓,但他已来过数次,不得已约以今日午后在北大相谈,四时许去。即至某海,无人在。五时半访劭,七时与劭同至忠信堂,刘泛弛赏饭吃也。归,将计划书改成,十时半即睡。

1月25日　星期日

昨晚睡得时间较长,今日头总算不痛了。

上午敖士英来。其后访何乐夫,将计划书交之。午回府。午后访嫂,因她来信说姚文甫愿出资印《清闺秀艺文略》,询需款多少?她问我,我去看看,约中国页三百张,毛边,五百部。当函询伊见思也。又问知我生于大石头巷,先严回南,初寓慕家花园,后寓盛家浜,余生之年春天迁居大石头巷,是年七月(阴历)而我生,时为先母来归之第十三年,然则先母乃光绪元年来归也。

六时访启明。

1月26日　星期一

昨晚时睡时醒,不安极矣,今日竟日不适。但师大久不去,今日只好去上课,一天上了四个钟头,甚为疲乏,天又大风,尘沙蔽目,更觉不好过。因午在同古堂购得寿山石图章一对,六元。拟请齐白石刻 玄同钱、古疑 二印,因阴历过年后此公就不刻图章了,因为年老。四时半课,毕回府一行。晚,赵憩之赏饭于交通大饭店,八时顷食毕。浴。

1月27日　星期二

今日燕大举行学期试验,故未去,而将题目交汽车行送去。午回府一行。即出城在琉璃厂一带购书物。四时顷至某海,无人,即回孔德。晚六时访半农,他送我……(封泥)。

昨晚睡得尚安,今日尚好。

1月28日　星期三

上午师大。下午女师。毕,回府一行。晚访劭。

1月29日　星期四

上午北大。午回府。下午至二房东家取得《元曲选》,数年前将它拆订,拟照王氏《戏曲史》为次(以人分之)未订,今日取出一理,拟订之。盖近来颇想读读元明戏曲之类,以益文笔也。晚访建功。

1月30日　星期五

上午无事,回家见犬(病已多日)更衰弱,不良于行,恐将不救。下午二半—三半上北大课。三半—四半请假,因将至师大开校务会议也。七时始毕,约劢西雅于蓉园。日来以六元在同古堂购二寿山石,今日托其转请齐白石刻之。两(?)年前曾托齐公刻章,其时一元九角者,劢往则一元五角,今则二元四角矣,因赠于十元,请其刻五字"钱玄同"、"疑古"。晚呛甚,不安眠。

1月31日　星期六

上午北大。午回家,知狗昨晚忽绕院彷徨无措(后知实在热度高也)。闹了一夜,今晨疲乏,见其浑身沾泥,口吐脏沫,不能站起,颇觉伤心,因即至镇海馆询张杏晴,他说三时顷当来一看,因再回家。他来说系着凉,故始得咳嗽,继患胃痛,后腿麻痹,故不能站(已数日不良于行矣),但心脏未弱,可用硫化镁先降火,令其可食,渐再进药,但可虑者,若忽发癫欲咬,则唯有毙之耳,又若抽风,则亦不救。不意张行半小时,而犬忽大叫跃起,而大抽风矣,头向后仰,知不可救。可怜!可怜!

六时半至东兴楼,赴张○○稚亭兄弟之请,为谢点主也。体不适,即归睡,呛不安眠。

2月1日　星期日

昨宵呛得利〈厉〉害。今晨回家,知小猪〈狗〉昨晚已死,今晨已埋之矣。虽一狗死,亦觉伤感。午后四时访叔平,共弄《汉石经》,未毕(徐森玉约)。晚十二时回孔德写《中原音韵》片,东钟韵写毕。(三号至某海,知《中原》片已写全,我不必再写下去了,况写写颇有问题,非先做音表音谱不易写也,遂暂辍。)

2月2日　星期一

今日未回府。上午在隅卿处。午后剪发,浴。隅卿为我购得《中原音韵问奇集》,价十二元。此书与《啸馀谱》之《中州音韵》,我以为皆《洪武正韵》以后之物,不足据,其反切甚谬,有阳平字而下一字用阴平者,有分等于声而韵不分者,有妄分清浊者,此等不南不北不古不今之反切,皆中正韵之变耳(《问奇集》与《啸馀谱》《中州》是一样的)。灯下依石山福治写《中原音韵》音表,明知其误亦照写,看他究竟荒谬得如何也！今知罗本《中原音韵》实在好（石山福治不用它，不知何故）。

2月3日　星期二

仍呛。上午回府一行。午后至某海，对白涤州、黎劭西说：《中州音韵》原本亦必同于《中原音韵》，无反切及注。反切中如"动洞"与"冻栋"分二组，用清浊不同之字标之，此等皆必出《洪武正韵》以后也（次日——回舍，上午在隅处晤赵憩之，亦说此话。他说其注必在《正韵》以后。盖抄《正韵》也，可谓吾说之证）。晚归写《中原谱》，写了"支思"、"齐微"二韵。

2月4日　星期三

今日呛略愈。上午起颇迟。上午启明来孔德，即在隅卿处吃饭。午后再写"东钟"、"江阳"两韵谱，毕。五时半回府一行。晚在东亚春与幼渔、叔平、隅卿、蜀丞、检斋、遇夫、△△共八人，赏吉川幸次郎及高老爷饭。晚再写"鱼模"表及谱，至业彳尸诸音，均有两类，甚怪之，以为或是庄、初，与照、穿、知、彻之分，然元音决不会分的，及参考兰廷秀书，始知系合撮之分，彼时尚有业凵、彳凵、尸凵也，石山福治不知，余亦不知，可愧孰甚。因思拟先就最近者倒弄之，从樊而毕而兰而周，或易明了，因自兰以后均标明声纽、等呼也。四时方睡。

2月5日　星期四

昨宵睡得太迟，今晨直至十一时方起，而头尚甚胀痛。昨夜半刮大风，今午始渐熄，天冷，出门甚不适。午至同和居，高老爷赏饭也。午后回府一行。晚五时半访范仲沄，他赏饭也，同坐为马幼渔、隅卿、启明、李季谷、陈君哲诸人，吃绍兴菜，鲞，冻肉等，甚佳。

2月6日　星期五

午回府一行。午后在孔德清理书架。晚吉川幸次郎赏饭于忠信堂。天冷不适。

2月7日　星期六

上午至隅卿处，岂明适来，他赏饭。尔后至师大研究所看西北考察团所陈列之器物。天甚冷，不能多站，略看即行。一切我都不注意，惟其中有汉宣帝黄龙及〔成〕帝元延时代之木简六厘，中有极精之章草，颇觉可爱也。又高昌掘得之墓志数十方，大半皆写而非刻，或朱或墨，有些颇精，不亚于魏墓志，有些简直文理不通，且不成文，颇有意思。五时归家一行。晚魏、白两公，赏黎、钱两公吃饭于其家，谈于十二时方回。

韵书已印来,每部八元,由八人(钱、马二、四、九、赵万、赵憩、刘半、魏)分摊。送一份给吉川氏。

2月8日　星期日　大雪　冷

午前回家一行。午至女师大研究所,黄文弼赏饭吃也,共六桌。晤董彦堂,他说甲文中凡云"贞言"者,皆记问卜之辞,其答□即卜兆也。(亦问云"弘吉"等者系正式答语)凡"贞"必将正反两意同问,看卜兆孰吉,正反问语即刻在一甲之左右两面,此系他新近发明者也。马次芳忽至,噫!可怕也矣夫。下午浴。晚得日前所查明之《中原音韵》"鱼模"一韵写完,顿觉㞢亻尸日一块,恐他韵读齐撮者尚多,已写之"东钟"——"鱼模"五韵未必合也。

2月9日　星期一

今日起各校第二学期上课矣。师大此次居然如期开学了,今日去上了四小时之课者也。天晴。冷。课毕至富晋购得丁山之《说文阙义笺》,系根据甲文、金文等以诠释《说文》"阙"字者也。

晚餐与劭共雅于福兴居。

闻北大教育系四教授辞职:(1)戴夷乘、(2)刘海鹏、(3)童禧文、(4)大约是马雅堂。均系德国派,闻邱大年(美)有欲带方镜之意,故掀起此风潮者也。

2月10日　星期二

午前回府。午至海甸,岂知今日尚未开课,白跑一趟,一时到,一时半即赶回城。至某会取得彩印月份牌。至某海,晤劭西,购得柳胡子所印之《元明杂剧》,价三元。晚回孔德,晤建功。

2月11日　星期三

上午师大。下午女师大。四时半课毕。即驰赴北大三院开研究所委员会,与启明会同商"接收"歌谣事。与幼渔会同商整理王氏韵书中〈事〉(请陆宗达)。

2月12日　星期四

今日后颈甚痛(落枕),昨晚喉又痛。今日上午北大假。午回府一行。午后至沈麟伯处去看,他说喉痛与落枕均是受寒者也。晚浴。

2月13日　星期五

后颈仍不适,精神甚惫。午回府。下午北大请假,至研究所阅卷。启明亦来阅,未毕,偕启同至孔德。晚再阅,一共十四本,在研究所看了五本,灯下又看了七本,尚余二本,明日当一看毕之。

2月14日　星期六

上午北大。课毕,回府一行。累极,烦闷极。下午二时回孔德,将研究所卷阅毕。希白、颉刚、建功均在隅处,因往谈,建功骗了晚饭而去。九时顷访幼渔。

2月15日　星期日　上午雪　冷

午回府。午后回孔德。觉得烦闷之至,一事不能做。四时顷访劭,齐白石刻章已来,均白文,甚佳,钱字从錢,尤妙。

2月16日　星期一

上午师大,下午请假,因甚累也。午后干〈赶〉回店帐的事。三时顷回家一行,四时回孔德。今日为旧历除夕。

2月17日　星期二

上午为何乐夫及张国甫书联,何乐夫联为:"访古正摩周鼎去,嗜奇曾盗汉碑来。"此焦理堂赠汪容甫之联,上联因正游焦山访无专鼎也,下联指汪盗宝应某墓孔子见老子画象事。

今日为阴历元旦,燕大恝不了。午回府一行。午后逛厂甸,土地祠中一无所有。道旁,则东西均有普罗摊。购得《文字蒙求广义》,二元。《古史？纪年表》(林春传),一元五角。在长兴书店购得康氏书、碑等,三元一角:《万木草堂藏画目》？七角;《戊戌遗墨》？ 四角;《黄太夫人碑》？[①]二元。(今年因不放假,不能日日逛厂甸,而精神亦不如往年,稍逛即累。计自民三逛起,至今已第十八次了,今年始觉大衰,唉!)晚访建功。

2月18日　星期三

上午师大、下午女师均请假,因精神不适也。午,回府。午后浴。

2月19日　星期四

上午北大。午回府。下午逛厂甸,土地祠中尚无甚摊子,以七角钱购得一部铅印的《三不朽图赞》,此外一无所得。至商务购得《度曲须知》一部。六时顷至启明家,他今天赏饭吃也,被赏之客为胡愈之,此外为朱佩弦、俞平伯、郑石君、李秀谷也。

---

① 　？号均原稿如此。

2月20日　星期五

　　上午九时半徐旭生来,他说因筹画师大,觉经费太不够,故昨晚电宁辞职了,且看复电如何,如能增费,则尚可为。十一时半去。我即至叔平处,他昨日约我今日去看他的演讲稿"△△△△"也。(今晚七时在北研讲)午后二时半至北大上课,四时半课毕,回府一行。

　　七时至广林春,与劢西"雅",他打算即取《广韵》、《说文》两书所用之字,用康熙分部再益以今日常用之字及简笔字,即是国音字典。此亦一法,但尚须待商之事,尚甚多也。

2月21日　星期六

　　上午北大。午回府。午后逛厂甸,土地祠中有些摊了,但未摆全,据说明日可以摆全了。购得宣统三年会文堂石印本胡刻《文选》,五元。(此书近年所印者均不佳,前年(十八年)购得一部,即系此本,系不庵之物,当念亡友之遗意,故又购此部)《秋蟪吟馆诗抄》(铅印本),二元。康南海《诸天讲》,四元。《郋园书牍》(附万毕术),一元。《十三经不二字》,三角。

　　六时回孔德,吴辛旨来。

2月22日　星期日　天晴　暖

　　上午为刘梦庵及沈麟伯写单条。午后逛厂甸,今日为阴历初六,土地祠中摆齐了,(富晋独未摆)但似觉去年更少些,总之"布尔"摊渐少,而土地祠往南那道旁的"普罗"摊日见其多也。文化商场无摊。今日只逛土地祠及沙土园,雅斋、德友堂、文雅堂、松筠阁四家门前有摊。购得《艺概》(原板),三元。《四川国学杂志》第五册(中有刘申叔《古本字考》),三角。《心史》(梁任公印本),五角。《等韵一得》(无补编),一元五角。《归潜记》,一元。(此书稻孙处已无有,板虽存在,但不知何年再印,故照买之)五时顷回府一行。

2月23日　星期一

　　晨回府一行。全日师大。四时半课毕,至土地祠,因风大天冷已渐有收摊之象,匆匆一看。购得《小蓬莱阁金石文字》(初印),四元。

　　晚与劢饮于撷英,决定《国音字典》,将《说文》、《广韵》全体加入。由我先将《说文》万余片每片上将楷体写就,交白、张诸君。将各片改为康熙制而与《广韵》叠在一起,今晚归,将一篇写了大半,艸部以下尚有少数未毕。

2月24日　星期二

　　上午将一篇写毕。有许多古籀及罕用之正篆,在结体有问题者,拟画一之,而参考以张参、唐元度、《玉篇》及《类篇》四书焉。

因闹皮〈脾〉气(迟发一星期薪之问题),故燕大未去而致书注册部主任梅贻宣。午回府。午后逛厂甸。《龚定庵集》(适连史,好),一元四角。《绛帖》,二元六角。《梦□图》,六角。又购得四川(?)①翻刻之一字一行本,三元,备种种之用。晚余季豫赏饭于厚德福。

晚写二篇至口部之半。

2月25日　星期三

上午师大。因精神不好,下午女师假。厂甸亦未去焉。午后回孔德。在富晋买得《说文部首》一本,拟将《玉篇》部次及《康熙字典》将部首各字之列入某部记上,以便查考。四时顷回府。晚浴。

赵万里寄来汉石经《周易》两大块照片,字甚多,即前年年底所见之块之上(?)②半,系于右任之物,他将拓本赠森玉者也。灯下匆匆抄出。

2月26日　星期四

上午北大。午回府。午后逛,购得石印《经训堂丛书》,六元五角。《说文字原韵表》胡重,一元。戴子高《论语注》原版新印者,中有补版甚劣,二元。灯下将二篇字写毕。

2月27日　星期五

狂风竟日。午回府。午后北大。归孔德。灯下写三篇上。

2月28日　星期六

晨九时季明来,劝上课,我谓须先领得二月薪始上课,以后再将分数交上。

上午北大。午回府。午后三时半逛厂,仅在西路道旁看看,无所得,东路得小板《唐人万首绝句选》一部,价六角。亦可爱也。至商务购得姚名达所著《邵念鲁年谱》,新出的。晚访劭于其家。今天徐旭生到师大就职。

3月1日　星期日

午回府。即出城逛,因我觉厂甸虽尚有两天(今日旧十三),但明后日我均无空,明日师大一天,后日燕大,均逃不了,故今日为我之末日,非尽量畅逛不可,从一时逛至六时,中枢、东西南路均逛遍,颇远,东未往耳。得《列仙酒牌》(原版),缺葛洪一人(原48人只47人),一元四角。《李笠翁》十种,七元。《海上花》(原版)全六

---

① 原件如此。
② 原件如此。

十四回,三元。《一字一行》(原)十一元。《宋渔父文》,一元。

黄昏卧被中读《渔父日记》,为甲辰——丁未四年事,不禁怅触廿余年前之心情矣。阅此知二事:(1)黄帝四六〇九年之主张,系出于宋氏,《国粹》第　期黄晦闻之《答公明论纪年书》,公明即宋也。(二)《民报》之前身为《二十世纪之支那》。又知黄兴为青白旗事,几与孙绝交。

3月2日　星期一

竟日师大。午又在厂甸购得原本《官场现形记》三十本,一元三角。四时半课毕至某海,晤子书。五时半回家。晚在隅卿处晤建功、斐云。前托启明购中村不折笔,昨日送来。写魏晋字大佳。

3月3日　星期二

今日为新上巳旧元宵也。午,回府一行,即至海甸,薪果领得,因即上课者也,四时半课毕,乘人力车进城访启明。

弘来。

3月4日　星期三

早回府。上午师大。下午女师大。课毕浴,剪发。

3月5日　星期四

上午北大。午回府。午后至孔德,与启明同去三院"接收"。晚,燕大国学研究所赏饭于东兴楼,毕,偕适之、孟真、建功同至孔德隅卿处。

希白告我鼎堂近又有文寄到,谓汤盘铭"苟日新……"为"兄日辛……"之误,甚新奇而郅确。

3月6日　星期五

北大请假两天,拟撰《左氏春秋考证序》也。午回府。下午略清理书案,即作此文,成三千字光景,未毕。

3月7日　星期六

竟日作某文。午回府一行,晚毕矣,约七千余字,明日尚须修改也。

3月8日　星期日

上午略改数页。启明来,他在隅卿处赏饭。午后回府一行。因甚累,故至海王园一游(从今起每星六、星日彼处设书籍、古玩、玉器耍货等摊也)。至来薰阁,见一部印本甚好之《考古图》,惜缺一卷,拟购之也,价卅元(拟借叔平者而托人描图也)。灯下又改了些,仍未毕。

3月9日　星期一

师大请假一天,在孔德将某文抄成,倒也闹了一天也。傍晚回府。

3月10日　星期二

午回府。即至燕大,将某文送顾一阅,仍取归,因尚须抄一份给师大《国学丛刊》也。晚归孔德,抄之,抄了一半又改了些。

3月11日　星期三

晨回府。上午师大。下午女师。毕至师大开教务会议。毕,回孔德再抄,将毕未毕,又改了些,改完了,明晨当抄毕。

3月12日　星期四

上午抄毕。今日总理逝世纪念,休假一天。午回府一行。午后浴。

3月13日　星期五

午回家。午后北大。晚访建功于其家。前向适之借《李恕谷后集》,欲印其像,今日适之送来,未晤,明日当将该像来照像也。恕谷在康熙时像中尚穿斜领衣。

3月14日　星期六

上午北大。午回家。午后至北研,将李像托照相。师大取薪。三时至某海,晤涤洲、劭西。晚郑介石、郑毅生赏饭于同和居,毕偕幼渔同至其家。

3月15日　星期日　天阴　午雨

未回家。头痛得很,下午取《国粹》像及美术画清理之,拟订也,以此消遣至黄昏十一时。

3月16日　星期一

晨回府一行。全日师大。课毕至某海一行,即回孔德。晚间燕大考卷。

今日购得中华新出版之《杂曲丛刊》,甚好,《花影集》即在此中,但剔去第五卷《诗余》耳。

3月17日　星期二

上午回府。午至燕大。购得《王荆公年谱考》,价五元,及《历代石经考》三元以归。四时半即回城,访启明于其家。

3月18日　星期三

今天是"三·一八",师大两部均放假,恰好把我放掉了。上午回府一行。午后回孔德,又将某文大增,将《今文经与史料问题持〈之〉我见》加入,加了两千多字,别处也加了些,至黄昏方毕。

3月19日　星期四

上午北大。午回府。午后至嫂处,知其将于四月四日赴大连。四时至师大开校务会议(下次将改部务会议,(第一部也))。八时顷访劢于其家。晚不安眠,甚苦。

3月20日　星期五

午回府。午后北大。课毕回孔德,晤岂明及建功。晚浴。归来已十一时,又将某文修改了些,明日必须送出矣,不可再改矣。

3月21日　星期六　天晴　暖

上午北大。午回府。午后至孔德清理书架——清了一架。(甲金文书)。

3月22日　星期日

午回府一行。午后回孔德。天阴,颇冷。适购得《蜀石经》(27元),叔平代购,今日送到,随便翻翻,聊以遣闷。又以廿元购得傅印大字元板《困学纪闻》,赏玩之。余无玩物,惟江艮庭《尚书释名》、陈启复《毛诗》、孙仲容《古籀》,字刻均精,堪以赏玩,今得此而四矣。此书写赵体,且极多帖体字,尤可爱。

3月23日　星期一

晨回府。竟日师大。四时半课毕,访叔平于小营医院,他日前患肝炎也,至乃知昨已出院,即至其家访之,尚未痊愈,随便谈谈,他留饭,即吃之。借其《考古图》来,拟补抄卷四也。

3月24日　星期二

午回府。至研究所付钱,因李刚主半打已印得也。午至燕大,四时课毕,即进城至嫂处,因知二奶奶已来,定三十号走也。即在嫂处吃夜饭。九时顷回孔德,校阅她的《清闺秀艺文略人名韵表》,颇有错,只看了上平,倦极,只好睡了。

3月25日　星期三

今日师大、女师均假(为校稿也)。午回府一行。午后即至孔德,校嫂索引下平、上、去、入,至晚十一时校毕。

3月26日　星期四

昨夜半大风,今午止。

上午北大。午回府。下午访嫂,将稿交还,约他同大、二少奶奶,端仁、义五人至德国饭店吃饭,饯行也。余家三人(我、婠、雄),添小吃,各人加五毛(本一·七五;今二·二五也)。十时吃毕,回孔德,又将某文末段改之,似可已矣。

将《左莽墓志》一份赠嫂。

购得冯芝生《中国哲学史》。

3月27日　星期五

午回府。午后北大,至研究所购《左莽墓志》黑白各一份,价各七毛。回孔德,理书。晚浴。

3月28日　星期六

上午北大。午回府。午后至嫂处,为韵表中尚有一二字未改正也。三时至某海,四时半偕劭同至女师大研究所开——"第一第二两部部务会议联席会议"。五时半——七时半方毕。至富晋阁购得三书:1.《两罍轩彝器图释》,六元四毛。2.《从古》,廿一元。3.《筠青》,为拟录龚孝拱批之用五元六毛。

3月29日　星期日

上午至隅卿处晤森玉,他说下星期内当将北平圕(图书馆)所购之姚茫父所藏龚半伦批本《筠青馆》借我过录,可感也。他又说,傅沅叔家尚有龚书数种,有题字识语等,当一一假我一观云。

午回府。下午在孔德清理书桌。五时顷至商务,购《毛诗白文》,拟将洪适《隶释》及罗遗老《集粹总编》所记鲁诗录上(诗最多也)。又购得《诗经白文》两部,一拟记汉石经,一拟将戴、康二家所改者记于上也。又购四部《公羊》,一亦拟记《汉石经》焉。商务新出有谢国桢所编之《顾宁人先生学谱》,购之。又至富晋购得《积古》一本,倒是原板初印,惜略有虫蛀,拟过录龚批也。

3月30日　星期一

晨七时半起,至东车站送嫂之行。全日师大。因少睡,头痛身疲得很。四时课毕回府。至孔德,晤建功,谈至深宵而去。

3月31日　星期二

上午回府一行。午因半农要赏一位日本人市河氏吃饭,此公系谈ローマジ者,故半约我,有赵、黎、钱、徐志摩、温源宁、徐耀辰、杨□□① 等。但我因二星期燕大放春假,今天不能不去,故约坐而至一时半,雇汽车而去上课。课毕即进城访启明。森玉借来龚批书　种,皆傅沅叔物(本为莫棠所有):《蒙雅》(原稿)、翻雅雨本《尚书大传》、《诗比兴笺》、《一行居集》。

4月1日　星期三

晨回府。上午师大。下午女师大。
《清代学者象传》加了八块钱,换了中国纸的来了。在商务见有当年罗遗老们办的《教育杂志》△本,廉价出售,与之约定要买云。四时课毕,至北大研究所,开研究所国学门委员会导师联席会议。会毕校长赏饭于东兴楼。归,得徐森玉借来龚批《筠青馆金文》及《癖谈》(蔡云著,谈古钱者)二种。今日教书甚累,开会又生气,头甚痛,心乱手颤,灯下始迻录《筠青》以消遣。

4月2日　星期四

上午北大。午回府。兼士向松江购得新拓《急就篇》,价一元五角,可谓廉矣。下午略迻录《筠青》。头甚痛。五时顷浴,剪发。晚访劭。

4月3日　星期五

午回府。下午北大。晚叔平电约去,共订《汉石经》。

4月4日　星期六

上午北大。午回府。午后至北大、师大、女师大三处取欠薪(北3成、师4成、女5成)。至商务购罗遗老之《教育》……等,不满四元。晚刘梦庵来。灯下将龚批《尚书大传》迻录完。

---

① 原文如此。

4月5日　星期日

晨方国瑜来,交来《国学丛刊》第二期稿。回府一行,因连日大便不顺,今晨吃硫苦,故中饭未吃。午回孔德,即弄《字汇》稿,弄了ㄅ、ㄆ、ㄇ三音到黄昏。

4月6日　星期一

从今天起三校均放春假三天。午回府。下午至某海,与黎、白二人将昨稿审定,即付印。

4月7日　星期二

今天太太及两儿逛颐和居〈园〉(毛不去),我九时回去看家。在家中弄完ㄈ。下午头痛心烦,不能再弄。五时顷婣归,即回孔德。

将《诗比兴笺》之龚校识语迻录。

4月8日　星期三

上午回家一行。午回孔德,在隅卿处与启明、建功同餐。晚餐耀辰赏饭于其家,同去者为沈二、三,马二、九,建功、岂明诸人。

4月9日　星期四

今晨六时两儿加入北大之旅行团,逛南口,云明晚归。上午北大。午回府。午后回孔德,为裴文中之父写纪念碑,用龙眠,△号字甚佳。五时毕。至北大研究所,将龚书四种之题跋影印(《诗比兴笺》《二林居集》《筠青》《尚书大传》),其《蒙雅》,隅卿拟在孔德抄,即石印五十部,其签及跋则影印原迹,很好,就照此办。晚餐在隅卿处,赵斐云同食。

晚归家宿,因两儿不在家也。

4月10日　星期五

上午回孔德。午后北大。课毕回府一看,两儿尚未归。五时浴。九时得家中电话,知两儿均归家矣,慰慰。

看陆、冯夫妇之《中国诗史》,颇有见地,惜有些地方尚嫌幼稚。

4月11日　星期六

上午北大。午回府。午后至某海。八时至平大艺术学院,看熊佛西之《模特儿》,以下尚有两出外国戏,不耐烦看了。九时顷访勋于其家。

一九三一年

4月12日　星期日

上午回家。午至撷秀,勋赏饭也,共四人,黎、白、魏、钱,商着手编辞典事,四时散。又回家一行。至孔德清理书桌。晚餐刘叔雅赏饭于同和居,同座有适之、蜀丞、幼渔等人。有许维遹者,北大学生,作《吕氏春秋今解》。叔雅以为极好,拟集资付印,而适之嫌体裁太旧,以为宜加标点、分段,不全录。商德〈得〉不必全录诸家之说,不妨缓出版。两人意见相去太远。我本不愿管此事,因幼渔欲走,因即同走了。幼渔谓仓石武四郎寄赠照井会都之《论语解》来,系非卖品。

4月13日　星期一

晨回都。竟日师大,课毕至商务购元年与五年之《中国学报》,共一元五毛。

向幼渔借得照井会都之《论语解》来,灯下抄宋平子的跋送幼渔,作为借书的利钱。其《论语解》为《续日本名家四书注解全书》中之一种,昭和二年出版,编辑兼发行者为关仪一郎,发行所,东洋图书刊行会也。照井会都(六十三岁)——明治十四,一八一九——一八八一。嘉庆廿四——光绪七。

4月14日　星期二

上午回府。午至海甸,四时半课毕,归城访启明。

4月15日　星期三

晨回府一行。上午师大。下午女师。四时卅分至师大开第一部部务会议,七时许毕。自三时顷阴雨。

4月16日　星期四

上午阴雨。

上午北大,午回府。午后天晴,但天甚冷。精神不振。晚浴。

4月17日　星期五

阴,时有麻花细雨,天甚冷。

精神极疲倦。上午至利亚购□霜。至商务购四部《毛诗》。拟将牟、魏、龚三家之序录于上方,以便省览。午回府。下午勉强至北大教书二小时。回孔德,灯下录牟序、《国风》毕。

胸间作痛,甚惫,明日拟请假,休息。

4月18日 星期六

因精神不适,北大请假。上午回府。

午后至北大二部开研究所之会,未毕而劭忽病,闭目躺住不敢动,云一睁眼即要吐,因陪之至八时始能走。我于是亦归孔德。

4月19日 星期日

精神欠佳得很,心烦意乱,有走头无路之象。上午回家一行。

至商务购《四部》本另种《毛诗》《仪礼》以归,拟记入《汉石经》也。

晚在隅卿处,叔平、建功均在,咱们四人,我和隅卿都叫了几样菜,四人大吃一顿。

4月20日 星期一

晨回府。竟日师大,四时课毕至某海,晤孙有。

今日在开明购得一部《绍兴先正遗书》,价廿八元。吾做了徐府上廿六年女婿,竟不能白得此书,而年来平中此书既少,价亦奇昂(约四十元左右),今购此部尚算廉,然纸太坏也。七时顷与劭同雅于东亚春。

4月21日 星期二

上午回家。午至燕大,汽车甚挤,且闷,外面风甚大,不能开窗,暖热,甚烦躁,又挤之局促一隅,甚不适。午饭刚毕即甚倦,在季明案上假寐睡着了。勉强上了两小时课。本拟课毕访启明,因风大,怕坐洋车,又不高兴等六点钟的汽车,于是乘洋车至清华,而坐他们五点的汽车,车中适遇嵇文甫,大谈其今古文及两汉问题(因近来钱玄同、胡适、顾颉刚与钱穆为今古之问题又龃龉也)。谈得更累,亦闷热(其实是多穿了一件绒毛衫褂而已),六时抵终点之青年会,即匆匆至市场吃了两杯冰水及一杯冰其林,忽觉甚不适,急归,睡,至夜半仍不适也。

4月22日 星期三

昨夜身热,今甚急,且咳不出,师大一部及二部及女师大均请病假。上午回府。午至沈麟伯处诊病,他给了三种药;一清肺胃、二通大便、三化痰。午后三时至北平市教育局开"北京市注音符号推行委员会",因我与劭西提了"本市推行注音符号办法建议案"也。五时顷毕,与黎、白二人同至国语统一会。七时顷三人同至蓉园雅。归,早睡。

4月23日 星期四

今日北大请病假。仍咳不出(昨夜仍发热)。上午回府。午后在孔德替他们写了许多旅行团的旗,甚累。他们廿四、五、六三天全体均作旅行,第一站往坨里,二往颐和园,三往故宫博物院,四往中山公园也。晚服泻药,泻了两次。无聊之至,看《大公报》之小报《平凡英雄》以消遣之。

4月24日　星期五

今日北大续假。晨醒觉喉间极腻,一咳胸胁甚痛,然不能不咳出,咳出于是松动了些。上午回府。

午某海宴褚民谊,他表演太极拳与太极操。下午四时至女师大研究所,会郭昭文女士。她会〈汇〉编《文字汇声》一书,取九千字而依《唐韵》,而以卅六字母次之,另取《玉篇》、《篆韵汇小解》□翻参考之。我劝以加入隋唐残本韵书及《广韵》,她以为然。

五时又回府,因毛今日学校去颐和园旅行,不知其已归否也,七时顷他归。八时浴。

归点阅《潜书》之《法王》《性义》《恒观》《有为》《王治》五篇。

4月25日　星期六

上午回府。午后在孔德弄ㄉ完。晚访幼渔。

4月26日　星期日

头胀欲裂,两眼难睁。上午回府,太太到受壁去矣,因张云士生子,今日请吃满月酒,我不愿往,故仅太太一人往也。午后回孔德弄ㄊ,因精神之坏,竟弄不完者也。

4月27日　星期一

头疼稍减,咳嗽未愈,精神疲惫,师大请假。上午回府一行。午至沈处再诊,云头痛者系大便不通之故,应再吃泻药。于今日五时顷服,十时顷大泻。午后至黄昏弄ㄊ完,ㄋ亦弄了十分之八。

4月28日　星期二

今日燕大请假,因咳嗽未愈也。精神甚惫,晨昏昏欲睡,起得甚迟也。午回府。午后至某海,晤白、黎,晚我们三人同赏"广东教育厅注音符号推行委员会委员陈朗秋"(寓广州市花地孤儿院)于美华。

今日两手又水泡,且微痒,心甚不乐,因之觉头发两腿等处均痒。噫!

4月29日　星期三

北大、女师大假。上午回府。午至沈处诊手,伊嘱以黄菊洗手,每日两次,每次浸五分钟,更以药水一瓶嘱睡眠时将手包好云。下午浴、剃头。晚浸了一次菊花,稍好过。

灯下看北大研究所之报多件,至夜半二时方毕。

4月30日　星期四

北大假。天甚暖。上午回府一行,下午清理床榻衣服。将冬衣送回家中。六时至富晋,将罗遗老所拓之书序(《汉石经》)抄来。七时顷访劲,在其家与白三人决定ㄈ、ㄅ、ㄊ。

5月1日　星期五

今日北大仍假。天暖,可衣单。上午八时方国瑜来,他云欲研究《释名》之声纽也。九时徐旭生来,商下半年国文系课程事,云(一)不分国文系、英文系等,统称为"文学院学生";(二)每系之功课,一星期全体应为六十点钟,公共 10,本系 50;(三)教授薪水提高(不能少于北大),钟点多少可商量,但至多止能兼六小时(照部章)且必得本校之许可;(四)教授须常在学校以备学生之指导。我干国文主任,劲干研究所副所长,允以考虑。

午后回府一行。回孔德清理书桌,写《木犀轩》封面,昨抄来之《汉石经》书序,经一研究,悉为二十九篇书序,而非百篇书序(疑是欧阳《尚书》)。

5月2日　星期六

上午北大。午回府。午后至某海,与劲、涤二人解决ㄓ之大部分。晚访幼渔。

5月3日　星期日

天甚暖。郁闷。上午,十时至市党部街开ㄍ、ㄊ、ㄕ常务委员常会,毕聚餐于美华。

午后回府一行。回孔德。吴三立来,岂明在隅卿处谈。晚浴。

5月4日　星期一

今日为"五四"运动纪念日,放假。阴雨竟日,天凉爽。午后三时起至夜半二时,先弄完ㄓ,又弄完ㄅ。

5月5日　星期二　刮风　天颇凉

今日为"国议"开幕日,故放假也。昨日太累,今晨醒来,精神甚疲,头甚痛者也。午回府一行。午后回孔德,了却几个琐事。

5月6日　星期三

　　晨回府一行。上午师大。下午女师大。课毕再至师大开教务会议,七时毕,至福兴居,约劭同"雅"于此也。

5月7日　星期四

　　上午北大。午回府。下午至研究所,将罗拓《汉石经》中有八张为双勾本所无者,一张勾错一个字者(我勾如尔!!!)付侯某复写之。晚访劭于其家,与白同解决彡、屶。

5月8日　星期五

　　午回府。午后北大。课毕。至红玫瑰照女师大之四寸相。浴。

5月9日　星期六

　　上午北大。午回府。下午至某海一行,晤劭。

5月10日　星期日

　　晨八时起即至师大,因国四毕业同学要照相也,照毕回府一行。

5月11日　星期一

　　晨回府。竟日师大,课毕,偕劭"雅"于美华。在商务购得……三册,均系日本人研究支那学之文也。

5月12日　星期二　暖闷

　　头甚胀痛。午回府即至某甸。四时半课毕即乘洋车归城,访启明,晤孙伏园,他两日前由法国经西伯利亚回国,现寓启明家。

5月13日　星期三

　　上午师大毕业学生来参观孔德,我做"指导先生",故其功课"因公给假"了。天甚暖闷。精神甚苶。午回府一行。下午女师大请假。浴。五时至师研开"第一第二两部教务会议联席会议",未毕,与劭雅于蓉园。

5月14日　星期四

　　天雨,下午大风,凉。

上午北大。午回家即至孔德,因马约周吃饭也。下午弄ㄍㄨ未毕。五六时雨霁,风起地干。至北新购周作人书,配全了。他的书目如下……

电灯线被风刮断。甚闷,不弄ㄍㄨ了。

5月15日　星期五

午回家。下午北大。毕即至女师大研究所继续开"第一第二两部教务会议联席会议"。

毕,与劭同至其家骗饭。

5月16日　星期六

上午北大。午回府。即至孔德,因启明来电话,约建功同雅于孔德也。七时至中华购《人的生活》及武者小路《戏曲集》。我近觉耶稣——路德——托尔斯泰——武者,□□——神会——王守仁——康有为……① 晚汪老爷赏饭于华美,因其编辞典也。与赵、黎等解决两问题;欧罗巴 Europa,ㄝㄨㄦㄛㄆㄚ,不是ㄛㄌㄨㄛㄆㄚ;垃圾:ㄌㄜㄙㄜ(苏);ㄌㄚㄐㄧ(申)。ㄒㄧㄤㄕㄚㄧㄡㄍㄚㄕ。

5月17日　星期日

午回府。午后约劭至某海,共商下学年师大国文系课程标准,六十小时倒不难定,所难者一班昏蛋人无法排除,理想中人无从请来。七时许偕劭同至公园来今雨轩雅。

5月18日　星期一

晨回府。上午师大考《说文》研究。毕业。下午因精神不济而请假者也。再回府取衣而浴。晚餐师大学生赏饭吃,因畏嚣,且不愿见林损之发酒疯,故"恕不"者也。

灯下为毛信校其《以注音符号及国语罗马字注〈金史〉附刊之〈金国语解〉中满译金人名物》。

5月19日　星期二

上午徐旭生来,因要托我请逊先去教书也。午回家。午后燕大。课毕访启明。

5月20日　星期三

上午十——十二时,师大考"国音沿革补"。毕业。下午女师大假。

---

① 原文未写完。

5月21日　星期四

　　上午北大。午回家。下午四时访半农,他发明三码检字法,实与□不能风行,不足道也。

　　晚严既澄赏饭于撷英,同座为幼渔、启明、平伯、子鹤、劭西。

5月22日　星期五

　　午回府。午后北大。晚男师大女生五人(李素、郑淑婉、王朝行、徐明芳、龙守静)赏教员五人的饭于蓉园(钱、黎、姚维崑、吴、孙)。毕同至劭西家。

5月23日　星期六

　　上午北大。午回府。午后浴,剪发。六时再至蓉园,与吴、孙、姚、黎诸人回赏女生。毕再至劭家,决定课程标准,每周六十九小时。

5月24日　星期日

　　上午回家。午,启明赏饭于其家中,有戈绍龙医生者,他很赞成G.R.,因由启明约谈云。晚将日前与劭所定课程标准69小时写出,因明日将开会也。

5月25日　星期一

　　晨回府。竟日师大。课毕至研,开"第一第二两部教务会议联席会议",决定下学年每系课程不得过六十小时,而标准则可在七十小时左右(俟教务委员会参照各系草案决定)。

5月26日　星期二

　　精神疲惫,海甸假。午后访逷先,因旭生要请他任师大史学系教授或兼主任,(但须教宋史及南明)他说要考虑。四时回府。晚弄巜及丂之半至鑛字,除井上字典皆无此字,阿要希奇!

5月27日　星期三

　　晨回府。上午师大。下午女师大。课毕至研究所与何乐夫商剪贴金文卡片之体例。又郭昭文女士谈文字汇全之编法。毕至某海查鑛字,仍只井上有,怪哉!晤劭西、半农。

5月28日　星期四

　　上午北大。午回家。头甚胀痛,四时顷至师大开"附中设计委员会"。

5月29日　星期五

午回府。午后一——二时,北大音结束。三——四,音补尚未结果,来周尚须上一堂也。

课毕至启明家,他约去商沈、马交恶事也。

5月30日　星期六

上午北大。午回家。午后在孔德将残ㄅ及ㄏ弄完。

5月31日　星期日

上午回家。午至东兴楼,以为敖士英请是此时也,不料是晚饭,不得已只好一个人在那儿吃也。吃毕至某海,约黎、白共校ㄍㄍ、ㄅ、ㄏ,毕至东兴楼应敖约。毕再驱车至同和居应徐森玉、赵寄生之约,尚有舒新城在撷英大赏其饭,只好恝不了。一时三局,阔哉阔哉!在同和居晤孙人和,他说师大国二学生在教室门外,榜示议决案有多条云。甚忿,电告吴三立,请其明晨去看,果有其事,即须辞职。

今日购得(商务)威尔士《世界史纲》。

6月1日　星期一

今日为约法公布之一日,学校休假一天。师大《说文》即予结束矣。

上午八时顷吴辛旨来,谓确有榜示,觉甚愤,即函旭生辞职。

本与劢西约今午赏舒新城于同和居。回府。到同和居,始知王西维要赏饭于其家,反约我们去吃,共舒、汤茂如、庄泽宣、刘复、黎等数人。自东徂西,再自西徂东。当旰昼头,跑得很热很累,可笑也。下午浴。

6月2日　星期二

上午回府。午至燕大结束,下半年恝不了。课毕即进城访启明,他约了去商沈、马交恶事也,并约有叔平,商决先由钱、周二人劝隅让步,将"十一年"抛出城去,如不听再劝退。

归,得旭生复信云,学生已来声明贴榜之非矣,望勿消极。然则我且等学生来了再说。

6月3日　星期三

晨,师二两代表来,冯震、陈国钧来,解释贴黄榜之非,并持议决案来。人则有须辞者,有须加者,科则有须废者,有须添者,大概看人废课,有十之六七可行(本已行),而加人添课则至多不过十分之一而已。既如此只好复职。

十——十二,师大,均结束。下午女师大结束。毕回家。甚热甚渴,六时顷至公园坐一小时。晚访劭西。

6月4日　星期四

午至隅卿处,为沈、马交阋(鬨)事,本约启明共进言,结果他也不肯让云,惟有下野而已。下午回家。晚浴。

6月5日　星期五

上午余季豫来。午后回家。三——四,北大音补一小时结束。课毕至师研,开招生委员会。七时半毕,至撷秀,李季谷赏饭也。毕偕幼渔同至其家。从下午起,觉天闷热,身上潮湿,甚不舒服。

6月6日　星期六

因昨宵闷热,今日极不精神,今日时阴时晴微雨,然觉仍不爽快。上午北大《说文》讲至"号"部结束。午归家。午后剪发,浴。

归,弄丩,头甚胀,弄不下去。晚访劭。归家觉凉爽,明日当可好过乎!

6月7日　星期日

上午至隅卿处,晤赵、徐,赵谓罗遗老之《贞松堂集古遗文》已付印,价卅元,现预约十五元,因即托赵订购一部。午后四时顷回家。晚在孔德校ㄎ——ㄅ,校印数十页,又弄丩,未毕。隅卿代我在商务购得陈　之《澂秋室吉金图》,价六元,特价四元。

6月8日　星期一

晨八时,忽得国文系听差朱同电话,云十一——十二时吴检斋考,他不来,叫我去监场,这真是岂有此"理"。六月一日考试委员会议决(我是日因辞职未到)"本届试验时,请各系主任轮流监试"等等,故我去帮学校之忙则可,我岂吴氏所用听差!因即告以速请催吴来。又电告注册课即函促吴来,我不能代为当差云云。十一时回府。即往师大一视,吴竟未往,由注册课员监试!!!

下午我考《国音沿革》(二——四)。课毕至启明家,他约沈二与马九至其家面谈,而钱二、周二、马四三位董事亦在旁,续手在,马九下野。

6月9日　星期二

上午回府。午后在孔德清理书案。连日天热,精神疲惫,兼手病又大发作,昨宵痒至不能安眠,今日精神甚疲也。下午雨,渐凉。晚浴。回来,夜仍盖单毛巾被,受凉了。

6月10日　星期三

今日天气凉,大风。昨宵着凉。午回府。午后考女师大(一——三时)。毕至某海,晤劭。觉头胀不适,晚一人至且宜,吃了两杯五加皮以驱寒,晚早睡,觉身子发热。

6月11日　星期四

大风,仍凉。上午至沈麟伯家看病,据说是感冒,不要紧的。午回府。午后二时顷在东安市场购物,忽然狂风大作,白昼晦矣,雨下不过五分钟而即霁。四时将卅二只书箱运至二房东家。晚七时袁同礼赏饭于德国饭店东院中,然吃甚冷,吃了两杯白兰地酒。

6月12日　星期五

天又渐热矣。

晨九时王文祺来。十一时朱逖先来。十二时半回府。午后二时至琉璃厂购笔墨等。五——八时为圕(图书舘)写碑,上大下小,甚不惬意,拟告森玉重写之(实系写时屡有人来看看,使我心不安之故)。

6月13日　星期六

上午八时半回府。九——十一北大"音"试验。午与隅卿、叔平三人共赏六老爷于东兴楼。食毕再回府。因约李景泉看毛的病也,毛病咳嗽。四时出城至精益修理眼镜。至佩文斋购得柳亚子所编《曼殊全集》五大册,价四元五角。晚访劭。

6月14日　星期日

午回府。午后回孔德,晤建功及颉刚。颉刚说,颇有意于再兴末次之今古文论战,刘节必加入,适之将成敌党。晚浴。

6月15日　星期一

上午回府。午,马五赏六老爷吃饭于福兴居。毕即至北大,考"音补"(二——四)毕。人甚疲惫(天热),又回家。五时顷归孔德困了一觉,头胀欲呕。晚至真光看《怪奴》电影。

6月16日　星期二

上午回府。即至某海,约劭"雅"于同和饭店(在长安街,同和居之重行新张也),更定课程标准草案,五时顷归,誊出,明晨当送印,备后日开会之用焉,其预算案则全请劭西为之焉。

6月17日　星期三

天甚闷热,下午大刮风。

上午浴。下午回府。三时至某海,与劭同至北平市教育局开"注音符号推行委员会",五时毕,同往劭家。七时六老爷赏饭于春华楼。

得讣,悉章厥生死(一八八〇——一九三一)。其子毓寄于1927秋入狱,至今未释,不知何事(某产党事也)?

6月18日　星期四

午前八时卅分至女师大,开"教务联席——会议",十一时半未毕,即回家。午后三时回孔德,倦甚,睡了一会儿。晚七时半农与幼渔赏饭于东兴楼,赏六老爷也。九时始完。浴。天甚热。

6月19日　星期五

晨回府一行。即至北大、师大、女师大三处取钱(薪水也)。至富晋还帐。又书箱账至某海还也。午后至某海。五时访劭。七时访启明。

于启明处见适之咏叶德辉一诗甚佳,并黎挽叶诗抄附于后:

　　题叶德辉遗札
郋园老人不怕死,枪口指胸算什么!
生平谈命三十年,总算今天轮到我。

杀我者谁?共产党,我若当权还一样。
当年誓要杀康梁!看来同是糊涂帐。

你们杀我我大笑:我认你们作同调。
三十年来是与非,一样杀人来"翼教"。

　　黎劭西挽叶诗(附)
当年赠我书多种:
《清话》《疏香》《百一诗》。
自分琼琚终有极,
谁知谈宴更无期。
狂风卷地何嗟及!
飞鸟翔天不下来!

夺命岂缘师《素女》，
问星空复托灵龟。

6月20日　星期六

今日为夏历端午节。天郁闷，热。午前缪金源来。回家。午后至孔德阅燕大卷毕，即交汽车行送去。

晚访劭，劭记下我今年年首说过，当名——菩提一生（廿卅一生）言本年，譬如今日生也。

6月21日　星期日

阴，有雨，较凉。

上午检取北、师、女师两〈三〉处许多未阅之试卷，拟两三日内一阅之。师大共有七项之卷应看，十八十九，音，十九廿音，廿音、十九、廿《说文》，共有三二四本之多云。

午回家。

由叔平转来裴子两信，云不庵之□要求书价1800元，而浙圕（图书舘）已允出1500元，尚差三百元，此事当易办也，因转函稻孙。

下午在二房东家理书。晚浴。

6月22日　星期一

上午北大考《说文》。午回家一行，知婠病又发作，好了一年半了，急电李景泉请治。午骆侍郎赏饭于广和饭店，只有劭西一人作陪。下午至某党部街。晚单阅师大毕业卷一百余本，十一时半至二时半毕，人甚困乏也。

6月23日　星期二

昨宵太累，今晨头痛。上午方国瑜来。午回府。午后樊迻孙来，李干丞来，云定师大国文系教授：——囻，400、商，300、黎，360+100（🀄），高，340（400惟方镜，360，黎、李、张三人，均校长）。其他：最高款340焉。

热，晚至公园，甚凉爽，好过，并约劭来。

师大暑假：六月廿三——八月卅一日。

6月24日　星期三

午回府。午后阅女师大卷，及北大卷共一四一本，毕。（各校卷均已阅毕，惟男师大之未毕业者尚有二百余本，未阅焉）天热闷。下午雷雨。晚浴，剪发。

6月25日　星期四

上午九时顷回府,知婠尚不减少。十时顷回孔德。十一时半,马氏四弟兄二、四、五、九赏蔡先生于东兴楼,并约石曾、启明及我共谈隅事。一时许偕蔡至孔德参观。约蔡四五时顷至某海,因电约劭(及我)往待之。至五时顷未至,(次日阅报知四时顷北大毕业生有　　会,盖被梦麟约之同去故也,蔡即在蒋家,坐蒋之汽车)偕劭至其家。

6月26日　星期五

上午九时至女师大,今日师大一、二部毕业,在女师大大礼堂举行毕业礼也,十一时许毕。在大操场中烈日之下照相。毕,午回府。午后在孔德。今日婠略少。

6月27日　星期六

晨得蔡信,知今日下午五时可来参观。因即电告劭。回府。午后访劭,四时顷与劭同往某海。五时顷,蔡、蒋两公来参观某海,余与劭、涤、汪四人任招待。晚七时至东兴楼,中央研究院历史语言研究所请蔡也。

6月28日　星期日　天阴

精神不适。上午回府。下午访建功。晚浴。

6月29日　星期一　阴有雨

晨八时回府。自八时——下午四时半,师大开"第一第二两部部务联席会议",彻底合并,自七月一号起废一部二部之名,并改研究所为研究院也。散会后至琉璃厂龙云斋印格子板。至开明书局,购得朱一新之《无邪堂答问》。余前有此书,今不知归于何处,故重购之。

6月30日　星期二　大雨竟日

晨八——十时开师大研究院委员会讨论会章。午至撷英,今日以十一人请十一人吃饭,被请十一人:蔡、李、胡、任、翁、赵、蒋、周家梅、袁守、徐僧、赵万,请者十一人:钱、黎、沈、陈、魏、白、汪、赵、萧、孙、刘也。饭毕回府。午后四时至中法大学,应李石曾及李圣章之"杯茗候叙"。晚在孔德与隅谈。

7月1日　星期三　天渐晴

上午方国瑜及王朝行女士来。午约幼渔饮于淮阳春,为谈隅卿事也。下午回府一行。晚六时至广和饭庄应赵憩之之请。七时至春华楼应汪逢春之请,为其

△(字孟函)拜门事事也。

7月2日　星期四

上午吴三立来。午回府。午后浴。晚约劭同"雅"于来今雨轩,并晤涤洲。

7月3日　星期五

上午九时半至师大开临时委员会,讨论关于助教待遇办法,结果助理员不得兼外间职务。则吴三立又发生问题了。午后回家。四时访幼于其新宅"西板桥北头路西甲二号",与刘半农三人共出题目(北大招生题目),本科者理学院一,文法学院一,北平一份,上海及武汉一份,共四题也。

7月4日　星期六

上午回家。午后浴。在孔德理了半架书。晚访劭。

7月5日　星期日

今日巜、𠫓、夕会开第十二次常委会。会毕,同人饮于广和饭庄。毕下午回府。在孔德又理了半架书。晚灯下取林春溥的《古史考年异同表》上记公历,记了一半。

7月6日　星期一

上午十时至女师大取一成五之欠薪。午回家。午后至二房东家理书。大雨倾盆,晚霁。浴。

7月7日　星期二

大雨竟日,入晚更大

上午十时至北大,襄助马、刘印题,因拥挤,待至午后始印,四时印,印毕回家。晚,电灯灭,在孔德理了四分之一架书,一支洋烛看不清楚,只好早睡。

7月8日　星期三

上午雨,晡后渐霁,明日当可晴矣。

午回家。午后在孔德清理书籍者半日。

7月9日　星期四　晴了

午前五时顷刘锡五来,他来了三次,均未晤,故今日来得那么早也,他是北大毕业生。

九——十一时与尹、岂、叔、隅五人解决隅下野问题,每月三百元,二年,中法大学教授兼孔德学校主任名义圕(图书舘)去日本调查。午叫淮阳春菜至孔德与岂、隅同食。

　　午后回家。四时至某海晤劭,并晤徐旭生。晚与劭雅于广和饭庄。归已十一时半,灯下抄《越语肯綮录》二张,未毕。

7月10日　星期五

　　晨起又抄一张。上午下午均收拾卧室书籍。午回家。午后又清理什物。将《越语肯綮录》抄毕。晚浴。

7月11日　星期六

　　上午戚维翰、汪孟涵、敖士英来。午回家。午后至二房东家收拾了四个钟头灰堆,累死咯! 一生〈身〉都是土,只好再洗澡。

7月12日　星期日

　　上午回家。午,黎劭西、孙子书、徐森玉三人赏隅卿在福生吃饭,陪客为钱玄同、赵万里、魏建功,魏因事未至。食毕同至孔德,下午建功亦来。

　　晚将隅卿所校"六幻西厢"之《董西厢》过录,"六幻"本误字较少得多。

7月13日　星期一

　　上午回府。今日为北大招考新生之第一日,余监场阅卷者十余年于兹矣! 本年偷一次懒,恕不监场了。下午拟往阅卷,以精神疲苶未去。洗澡,剪发。

　　购得亚东新印出之吴敬梓《文木山房集》,集中皆赋、诗、词,无散文,末附其子烺之《春华(诗)小草》及《靓妆词抄》,即适之藏本,行款一依原式(不但不加标点,即注与抬头空格亦不改),有适之序及后记。又其所作年谱价一元二角,八折九角六分。又在商务购得影钞乾隆内府原刻之《同文韵统》,价三元。晚访劭西。

7月14日　星期二

　　上午八时回府一行。九时至师大研究院开委员会。因以前有发掘山西之万泉之石器时代古物之事(约半年以前),女师大研究所代表卫聚贤、与山西圕代表张□□①,又美人毕小坡之伥董光忠三人(三处机关去),半路上董、卫大起冲突,今日开会两造大诉其冤,无聊之至。于会场中晤阆仙及侃如、沅君夫妇,商允受师大聘书,但本学年仍不能不往辽宁去。会毕,偕建功"雅"于广和饭庄。同至北大阅书,

---

①　原文如此。

头昏脑胀,竟不能看,好在要完快了。五时又回府一行。于报上见郭氏书已在大东书局出版。六时驱车往购:——(1)《甲骨文字研究》,五元。(2)《殷周青铜器铭文研究》,七元。又购得董康之《书舶庸谭》,二元。(亦大东)

神疲怕热,至公园雅。九时回孔德,疲倦极了,卧床看郭书。

7月15日　星期三

昨宵未能安眠,似有发烧之象,今晨身软口苦,殆中暑也。午回家一行。午后回孔德。头胀身倦,困了一会儿。晚浴。

阅郭书《青铜器研究》,上册竟。

7月16日　星期四

晨睡卧床续阅郭书下册第一篇(新郑……)。

上午建功来,送来罗莘田的《厦门音系》(罗送我的),又借来胡文英的《吴下方言考》,拟觅人抄之也。

午回府。下午至报子街,姚斌庙,五,沈卿云家访一位从上海来的汤太太。她今晨由北大三院之学生良行来电话,说她要打听我的家也。初疑为汤政襄之夫人,媢之亲旧〈舅〉母。去知为汤庚(字学潜)及其夫人,电媢,知亦其旧〈舅〉氏。

四时顷至某海,晤劭西及涤洲、子书,与劭雅于广和饭庄。今日下午隅卿行。

7月17日　星期五

晨九时回府。十一时访建功。四时再回府,与媢同至金台旅馆六十四号看汤学潜夫妇,好奇也,四人共雅于长美轩。晚十时浴。

7月18日　星期六

晨九时赵憩之来,十时回家。

二时回孔德,将郭金文书看完。

晚七时半赏二龙于德国饭店,宾主共十人:稻、翁之龙、张思龙、亚觉、赵翁之夔(士卿妻、之龙姊)、徐唐○○(大姑奶奶)(因病未到)、稻妻、玄、媢、三强。

7月19日　星期日

上午八时吴三立来,十时去。

十一时回府。

午后一时回孔德,写完了一些字债。五时至某海,约劭也,因劭已将师研之历史科学门章程拟好也。

晚与劭雅于来今雨轩,晤董谓川。天热,人不适。

7月20日　星期一

天热。上午八时许回家。九时许至师大研究院开校务会议,上午十时——下午七时。晚浴。

7月21日　星期二　天热

八时回府。上午九时——十二时师大办公大楼开教务会议。毕与劭同雅于春华楼,毕同至某海。晚七时访启明。

7月22日　星期三　天热

八时回府。

午前九时至北平师范学校之"注音符号暑期讲习班"演讲"汉字的变迁与声音",至十时半讲毕。与白涤洲同至某海。

十二时至东兴楼,翁之龙赏饭吃也。因张思龙夫妇明天要回广东也。下午为翁之龙、张菊圃、张思龙书字。又写师大碑两件。热,甚累。字债卖价很臭也。晚浴。

7月23日　星期四

热。起甚迟。午回府。午后在孔德,头昏,看看甲骨金文书。晚偕婳同至忠信堂,赵士卿及其妻赵翁之夔请也,宾主共八人,客六:钱玄同、婳贞、丰余、周赤忱太太、包尹铺、翁之龙也。稻孙送其婿至天津,今日不在平。

7月24日　星期五

午回府。下午校某汇印稿。头昏肠胀。晚浴。

7月25日　星期六

热。上午回府。午后饱胀,昏沉欲睡,甚不适,甚难过。晚访劭于其家。

7月26日　星期日

天甚热。上午回府。午后至沈麟伯处看病,因连日饱胀头昏欲睡也。浴。六时至某海,偕劭同至北海公园董事会,因有八要人赏饭:徐炳昶——师大,李宗侗——故宫,李煜瀛——北平研究,李麟玉——中法,沈尹默——北平大,萧瑜——天然,翁文灏——清华,蒋梦麟——北大,系赏朱家华〈骅〉吃,故大门口大书曰:"公宴朱委员招待处"!!! 毕,热甚,与劭雅于中山之长美轩。

7月27日　星期一　甚热

　　晨六时至师大印题,九时方完事。八——十一考国文,共1300人。午与劭同"雅"于撷英。午后至青云阁——购得罗遗老——《石经余璧》也(三本)。下午又监党义场,应景而已。四时回府。即回孔德,忽思将《金文编》中可写楷体之字写一"金文今写"以备写金器铭文之用,写了第一篇。晚浴。

7月28日　星期二　甚热

　　晨八时回府。九时至师大阅卷,共请了十五个人:幼渔、仲云、鲁安、劭西、兼士、既澄、遇夫、检斋、辛旨、绍宾、金源、蜀丞、宇众、玄同、乐夫也。乐夫因病来函不到,遇夫今天看清华卷,说明明天来,惟检斋一人不到耳(!)阆仙因下学年请假,无钱,不好意思请他来白当差。锡永因事南旋。季豫及守白因无甚用处故不请也。中饭同至撷英雅(公款),晚六时散。今日成绩不佳,不及全体2/10,明天当加油也。八时至公园长美轩纳凉。十时浴。

7月29日　星期三　甚热

　　八时回家。九时阅卷,今日看了约五百本,尚未及半也,大约非卅一日看不完了。殊累殊苦,七时回孔德。晚浴。

7月30日　星期四　甚热

　　上午七时回家。八时到师大阅卷,今日看了约五六百本,综计三天所看约一千余本,明日当可毕矣。七时散工,闷热,累极,至公园坐坐。晚浴。

7月31日　星期五　阴,然仍闷热

　　七时回府。八时阅卷,至下午三时毕。剪发。浴。七时至公园纳凉。九时有微雨,归,甚疲累,倒头即睡。夜半大雨,凉矣。

8月1日　星期六　上午仍有雨　午晴

　　回府。午后二时访启明。晚归,写《今写》第二篇。

8月2日　星期日　天尚不甚热

　　上午十一时回府。十二时至东兴楼,沈尹默请也,为孔德学校立案事赏周学昌教育局长饭,他未到,仅到程樵圻,与会者董事钱、马四、沈二旧、周新四人及杨慧修、李召贻(二为学校办事人)。毕甚疲倦,少睡,头极昏,无聊之至。写《金文今写》第三篇。六时访建功。

晚卧,一夜饱胀,睡不好。

8月3日　星期一

上午八时回府。九时至师大开"招生考试事务委员会",决定第一试录取各卷。国文系录取五十人,中有女生十一人。一时偕劭雅于德国饭店,再至琉璃厂购笔墨等等。回孔德也。晚浴。

8月4日　星期二

上午吴子馨偕唐立庵来,要刻本韵书,索一份也。回府。午后改、排《疑年录》片(顾的),弄了三分之一。

8月5日　星期三

昨宵未能安眠,晨五时半即起,六时至师大印题目,计印题目三次,监试三次,自晨七时至四时方完。嘻!甚矣惫!坐下便打呵欠,头胀。毕至某海。六时至启明处,他赏许多人吃饭也。十时顷回,即睡。偏偏天气又热,更累。

8月6日　星期四

昨宵熟睡,今日精神较好。九时回家。至师大阅卷,三门,董——名著解释,黎——文法,钱——国故思想,各五十一本也。四时阅毕,回孔德。晚浴。

8月7日　星期五

晨方国瑜来,谓云南有二人来平,考察国语教育,拟与钱、黎两公一谈(其中有一人曰陈宗孝,民八高师国文系毕业),黎已约午后在某海相会云。回家一行。午后即至某海。晚偕劭至其家。归,忽思将《华国》一——四期之老夫子的《新出三体石经考》抄出,抄了八张,未毕。

8月8日　星期六　热

上午回家。午后回孔德。有乌石锋者,从杭来,谈不庵遗稿事。又抄章文,抄了七张,仍未完。晚浴。

8月9日　星期日　甚热

九时至师大开招生委员会,决定复试取人,共取了廿七名。午餐与劭雅于撷英。三时半访幼渔。五时半访建功。

8月10日　星期一　甚热

头昏,竟日出汗,无法做事及运思。上午至师大领二校薪(从此次起,女师薪亦在男师发矣)。午后回府。回舍写了一把扇子,又抄了两张师文,太热,抄不下去了。傍晚至公园。晚浴。

8月11日　星期二　闷热

晨回家。九时至师研开谈话会,院长、副院长、两门主任、秘书共五人也,十二时毕,同至新仪门大街,看屋,盖研究院下半年须移入此中也。毕与勉同雅于广和。又同至国语会。回孔德弄《疑年》片。晚浴。

8月12日　星期三　闷热　大潮

身上不住的出汗。上午颉刚来。午回家。午后弄《疑年》片。热甚,傍晚至公园小憩。下午及晚上弄了大半天,《疑年》片毕矣。明后日当依音叠之也。

8月13日　星期四

昨晚雨,今日益凉,上午仍阴雨,入晚晴。

午归家。午后浴。晚访建功。

8月14日　星期五

上午回府。天甚闷热。下午叠《疑年》片ㄅ—ㄌ。五时顷至某海。晚卫聚贤赏饭,研究院同人于蓉园(从院长至书记均有),毕已十时。与勉至公园长美轩茗谈,商明日开研究院会,定研究员及编辑之人选及价钱事。

8月15日　星期六　潮热

上午九时至师大开研究院委员会,此为最近之新定,不特以前女师大研究所之连研究员、导师、编辑之委员会已"舌旁辛",即一个(?)① 月以前加入理科各系主任之委员会也不算,新委员为——校长徐,教务长李,三院院长李、黎、刘,院长徐,副院长黎,二门主任钱、李九人,实只六人,再加两教授,傅侗、朱希祖,再加秘书田静林,共十二人,实只九人也,通过委员会章程及新职。吴三立、孙子书、王朝行、王重民、白涤洲、彭黄相六人,而卫聚贤及李在谦则"舌辛"也。

午与勉"雅"于广和饭庄。食毕至某海。三时回家。四时访幼渔。七时严既澄赏我及黎公于东单三条之俄国某食堂也。十时浴。归,叠ㄍㄎㄏ片。

---

① 问号原有。

8月16日　星期日　潮热

下午五时顷有阵雨。

上午从丩く——山,将《疑年》片叠完。下午四时回府。六时回孔德,倦甚。晚大阵雨稍凉,总算睡着了。

8月17日　星期一

潮,仍热,自下午起至黄昏阵雨数次,均甚大。

上午吴三立及孙子书均来。午后二时回府。三时顷回孔德,倦甚。六时至某海写师大招牌。

春间在北大,见一位腐化教员某所印前人某之腐化书中,对于"四唐"的时间有说明,当时把它录出,名不记得,只记得作者是冒春荣(字葚原),那腐化教员也许是林公铎。

冒春荣 葚原	初:高武德元戊寅——玄先天元壬子(95)	618—712
	盛:开元元癸丑——代永秦元乙巳(53)	713—765
	中:代大历元丙年——文大和九乙卯(70)	766—835
	晚:开成丙辰——哀天祐三丙寅 $\frac{(71)}{289}$	836—906

8月18日　星期二

上午大雨,下午渐晴,仍潮热不可耐。

午回家。晚浴。剪发。在富晋购得《观堂遗墨》二册(二元)。第二册乃致蒋孟蘋及其子○○、徐乃昌、陈乃乾之信,在西升平园阅毕之。

8月19日　星期三

今日天晴且凉,秋高气爽,可爱也。

九时回府。至荣宝斋购得小中堂送张寿林与陆秀如结婚礼也。午后回孔德写三章《女曰鸡鸣》一首,用吴敬梓说。五时访启明。十一时归,为熊佛西写尺页一张,写了五节《世说》之《赏誉》。

8月20日　星期四　较昨又热

晨九时回府,即至师研开教务会议。毕与劭雅于广林春,雅毕,同至某海,出明日体育系续招新生之国文题。毕,即回孔德。晚浴。

8月21日　星期五

　　晨五时半,师大汽车来迓去印题目,八时考,监场至九时。疲倦之至,即离校回府一看。即至孔德再酣卧至午后一时许方睡觉。馁而胀,至福去吃七毛钱之菜(小吃一汤一菜,菜用生菜火柿子)。在彼晤卓君庸,他现在也主张兼采行书及破体字了,可谓有进步。

　　购《四部》本《毛诗》《尚书》,取牟庭说录于上。《尚书》录毕,又录了些《诗经》,未毕。

　　天潮闷热,晚至公园坐坐。归,取先兄遗札标明年、月、日、某地——某地,拟付裱共39通。

　　　　y丨1．姚际恒:《诗经通论》(康44乙酉,一七〇五)。
　　　　m∩3．牟庭:《诗切序》(嘉丙子,一八一六)。
　　　　T ち2．崔述:《读风偶识》(嘉十,乙丑,一八〇五)。
　　　　G巜5．龚橙:《诗本谊》(道20,一八四〇)
　　　　w乄4．魏源:《诗古微》(道20,一八四〇)
　　　　F匚6．方玉润:《诗经原始》(同治辛未)(十年)一八七一。

8月22日　星期六

　　阴,雨,凉。十时顷至师研开校务会议。一时毕,与劭"雅"于广和饭庄。三时回府。晚在孔德取章师各信注上年月日某地——某地,共五十二封,另有一封系骂Sun者,未便列入。

8月23日　星期日

　　阴,上午有雨,午止,凉。

　　午后回府。晚取出薛书之齐侯镈钟及□□钟,依孙所订写之。

　　疲倦得很,早睡,因日前热得难过,此时骤凉,气候一变,觉颇疲也。

8月24日　星期一

　　阴,凉。上午九时回府。十时至师大,阅上海来卷及体育系续招之卷。上海初试约二三三余本,二试国文廿七本,三样东西(文法、名著、国故)共八十一本,体育四十五本,共三五九本左右。共六人,一天把它弄完:钱、黎、董、孙、骆、严,毕。晚访魏。

8月25日　星期二

　　七月廿四日校完某汇巜ㄅㄏ印稿时,曾检丩——凵之原稿尚有二〇六张。因思

——若一天看十张,则三星期可看毕。从那时看起,看到新中秋便可完事,岂知从那时以后接连着考、阅卷、开会、天热,竟搁了整整一个月。现在天凉了,非弄不可了,今天天阴而颇凉爽。午回府。午后回孔德即弄,ㄐㅣ、ㄐㅣㄚ,共四页,前已弄,今天从ㄐㅣㄝ弄到ㄐㅣㄩ,共弄了十二张。晚浴。

8月26日　星期三

上午朱胡子来。午回府。

午后又弄某汇,ㄐㅣㄝ——ㄑㅣㄢ共十四张。偈梵音 gāthā,异言伽他、伽陀、偈陀,译义为"颂"。按伽旧当注 ga,偈为 gat,故 gāthā 译偈陀,因偈尾为 t 音,故简音即同偈也。《康熙字典》将此文归入"其例切"之下,大误也。

8月27日　星期四

弄了两个半天的某汇,病了,昨晚就觉得头胀胸闷,以为睡了一觉当可康复,岂知今日更不成乎?只好暂息一日者也。

晨龙守静女士来。午回府。午后二时至某海,无一人,觉甚疲,颓然卧矣,睡了一个多钟头。四时顷访劼于其家。晚七时吴三立、孙子书赏钱、黎两公于新丰楼。

8月28日　星期五

上午有刘嘉镕者(字铁庵)来,系民十二北大国文系毕业,现在云南教育厅特派教育考查员也,来谈文字学。

午后回府。二时顷至师大,开招生考试委员会,决定上海考生及体育系续招之生。体育不关我事。上海取了八人(六男、二女)。

五时至北海仿膳,徐旭生赏饭吃,共五人(徐、李湘、黎、钱、田),谈研究院经费支出事。八时半我先走,不料走到出口,突见人头拥挤,而军警大骂大打其人,我被挤在旮旯里,气都透不出来,如此者有四五分钟之久。原来有一位老太婆坐在洋车上拉进来,进门槛,进台阶,而她前后都是灰色公拥护,故要大打其人也(!!!)好容易出了围,访幼渔,归甚迟,已过十二时,因吓且热,又适迟困,精神甚坏。

8月29日　星期六

晨起觉精神仍不适。上午王善恺来,他要做师大之研究生。午回家。午后浴。天又闷热,虽然不十分利〈厉〉害。吴检斋来信,大有绝交之意。甚好!甚好!

8月30日　星期日

昨晚仍不能安眠,因困得略早(其实也将近十二点了),半夜三时顷即醒,睡不着,繁〈烦〉闷极了,头胀胸闷。

午回家。午后回孔德,三时续看某汇,弄得夜半一时,ㄑㄧㄣ——ㄒㄧㄝ,共弄了十三张。

天闷热,黄昏雷雨。

8月31日　星期一　晴,仍闷热,黄昏益闷。

上午孙子书来。午劭来电话,约食德国饭店,晤卓君庸与胡适之,揩适之之汽车而回府。下午弄ㄒㄧㄢ——ㄒㄩ,共弄了七张。晚浴。

9月1日　星期二　阴,有雨有风,凉。

晨回家。即至师大取欠薪。下午至某海。晚访启明,并晤伏园。

昨宵失眠,今日头胀胸闷不能运思。

师大的六角眼镜与方眼镜记在这儿:

院长——教育(李建勋)、文(黎锦熙)、理(刘拓)
　　共十一系:
(教二)教育(<u>李建勋</u>),体育(<u>袁敦礼</u>)。
(文四)国文(<u>钱玄同</u>),外国文(<u>罗昌</u>)。
　　历史(<u>陆懋德</u>),社会学(　　　)①
(理五)地里〈理〉(<u>王谟</u>),数学(<u>赵进义</u>),物理(<u>文元模</u>),
　　化学(<u>刘拓</u>),生物(<u>李顺卿</u>)。

9月2日　星期三

阴雨竟日,颇凉。

晨十时顷,新助教(国文系)吴新斋(其作)来。午后回府。灯下弄ㄒㄩㄝ——ㄓ,共七张。

氐佳氏微

这四字五体是如此的:

祇　　ㄑㄧ　　神祇。巨支切。支韵。

祗　　ㄓ　　敬也。旨夷切。脂韵。

秪　　ㄓ　　适也、但也。今用只。章移切。
　　　　　　支韵。(唐时讹变作祇)

衹　　ㄉㄧ　　衹裯,短衣也。都兮切。齐韵。

9月3日　星期四

上午董鲁安偕杨韶春来,周国亭来。午回家。午后弄ㄓㄚ——ㄓㄢ,共六张。

---

① 原文缺。

建功来，与之共"雅"于中山公园长美轩。

9月4日　星期五

上午回家。午建功约饮于雨华台，因赵斐云自南来也（仅此三人）。午后剪发，浴。

9月5日　星期六

上午九时回家。即至文学院办公处（石驸马故研究所）开临时校务会议，讨论支配经费问题，因又到了一个月钱也，十二时毕。下午二时至师大研究院（新仪门大街）开研究院委员会议，为审查研究生资格问题，实则此系教育科学门事，至历史科学门，则无需讨论此问题焉。毕偕劭同至某海。七时同往东兴楼，彭萱相赏饭也。

十时归，商锡永来。忽思取诸家释《毛公鼎》者先抄一对照表，抄了一点郭鼎堂的，已倦甚，即睡。

9月6日　星期日

目疾又发作。上午回府。午后在孔德抄《毛公鼎》，抄完王、郭二家。精神极坏，下午五——七时因目痛，睡了一会儿。七时至东兴楼，马二、马四、刘半、樊逵、周作五人赏陈大齐吃饭（他刚从南京来也）。周作因目疾未到，邀我作陪，同席者尚有张真如、胡适之、胡政东诸人，食毕已九时。叔平邀至其家，谈至夜半一时方归，并晤其子彦祥。

9月7日　星期一　天阴　午雨

上午至师大、北大取薪。下午回家。昨宵睡迟（三时），今晨醒（七时），果不适。目疾未愈。

9月8日　星期二

目不痛矣。上午周国亭来。午回来〈家〉。午后回孔德弄虫丩——亻ㄊ十三张。晚浴。

9月9日　星期三

昨日弄得头痛了，至今日不能弄了。上午回府。

下午至琉璃厂，直隶书局购得木板（新刻）吴挚甫评点本《史记》二十本，十二元，甚廉，因购之。又以一元购得《易经两读》一册（把《经》《彖》《象》列为三样之表式，甚便）。

三时至某海。又至教育局,开"注音符号推行委员会"。毕仍回某海,偕劭雅于涮(协广和)。

9月10日 星期四

上午回府,偕三儿去北大联系证书。午至北海仿膳去吃烧饼、肉末、窝窝头。午后访逖先。三时许归,整理课程标准,大致就绪。七时访劭于其家,为最后之决定。

9月11日 星期五

昨晚雨,今日风,天气又秋了一些。

上午回家。从今日下午起,为接洽功课事而拜访各人,孙蜀丞、罗根泽、冯沅君、吴检斋、杨遇夫。吴、杨未晤。五时至某海晤劭。致函汪、白二公询时间。晚与劭雅于广和饭庄。

9月12日 星期六

今日是我45岁的第一天。

晨八时商锡永来。九时回家。十时访余季豫。下午一时访缪金源,他的夫人姓周,其门口写为"周缪"。三时访兼士不值,均为功课事,因甚疲累,即回孔德。晚浴。

致函严、何询时间。(骆、严、汪、夏、卓、白、郑、寿)

今日连得两封谩骂的匿名信。

9月13日 星期日

午回家。午后访范仲沄、沈三、杨遇夫、吴检斋、许之衡、董鲁庵六人,沈、吴、许三人均未晤。晚访劭,并晤骆,闻师大国文系将有风潮,请劭调查真相,并以匿名信与之,请其彻查。

9月14日 星期一

晨许守白、沈三均来。今日九时师大开学,我未往。下午回家。晚访劭。

9月15日 星期二

晨张安泰来。午回家。午后访适之、季豫、检斋。季豫要减二为四,检斋允矣,但非要名誉教授不可(!),允为办之,于是断然承诺矣。四时顷送课表至师大。(只有西汉文艺与郑之小说史未定)

至公园雅了两小时。八时顷至蓉园,与劭约雅于此也。

9月16日　星期三

　　晨周国亭来。郑石君来赠我以……午回府一行。午后访罗根泽,因他来信要换《散文源流》为《诸子概论》也,故往访,询其《诸子概论》是如此性质,思想？考证？文章？答曰：真者言其思想,伪者则辨之以考证云。甚好,因换之,即至师大注册课改之。

　　三时顷至师研,将来报名者之所交之著作分一分类,至八时顷方毕事。晚浴。

　　购得鲍鼎之《铁龟释文》。

9月17日　星期四

　　九时至师大开教务会议。下午回府。五时回孔德,写完本学年国文系的课程纲要,国文系的分年课程。八时顷至同和居,与劭约"雅"于此也。北大今日开学,上午有事,因事假。

9月18日　星期五

　　午回府。午后北大本有课,因连日奔走甚疲累,故今日拟略事休息,因假之焉。无聊之极,灯下取《三古图》中之《博古图》,照叔平之汤如斋本对其页数,因无题页,错订甚多也。

9月19日　星期六

　　上午十——十二时始至师大上课,午与劭"雅"于广和饭庄。毕至师研,分配成绩与数位讲师及研究员审查,以两星期为期,(九月廿一——十月四)。

　　即在途中购到《北平晨报》号外,因日本人今晨　时突然炮击沈阳,遂占而有之,大肆焚掠,中国兵不抵抗而退。

　　五时事毕,回家一行。晚严既澄夫妇宴郑西谛夫妇,我光陪,同坐者为许地山及其兄敦谷、黎子鹤。十时浴。

9月20日　星期日

　　头胀身倦,不能做事,起身甚迟。午回家。午后四时访叔"雅",为请西谛事,未晤,回孔德。晚访启明并晤川岛。

　　关于日本人事,今日旭生召集院长们会议,主张召集全平国、私立大学校长开会商议,今晚开会,议决　条(次日闻劭西言,尹默主迟且不必开。噫！！)。

9月21日　星期一

　　从本学年起师大星期一之时间改了。从前是……现在是……但今天则有例外,因上午九时四十分校长召集全体学生周会,报告沈阳事件也。故第三时未往,回家一行。十时顷往,上了第四时课。

下午至某海,还了好几处的招牌字债。中饭与劭"雅"于东亚春,夜饭又雅于且宜。

今日下午四时师研本有谈话会,因国难事而断。今日上午十时半,北大有教职员全体大会,上午八时师大有教职员全体大会,均为讨论日本占领东省事件,均未往。

9月22日　星期二

上午十——十二师大。午与劭"雅"于广和。三时回府。五时访文典,谈判西谛事,谐矣。回孔德,胸胀神倦,早睡。

9月23日　星期三

午前回府。下午四时师大开教务会议。毕,至琉璃厂,至富晋还书账。

9月24日　星期四

今日北大学生为日本事开全体大会,停课一日,故放了我也。午前回府。即至来薰阁、龙云斋还账。下午浴。晚访叔平。

9月25日　星期五

午回家。午后一——四北大。毕再至家。灯下弄《尚书篇目表》,未济。

9月26日　星期六

上午十——十二师大。午后回府。再至琉璃厂购笔墨等。晚精神不适,不能看书,疲倦,只好睡。

9月27日　星期日

上午回府。下午回孔德,甚冷,精神疲倦,睡了一会儿。晚大风。访幼渔。

9月28日　星期一

今日上午九时在太和门前开市民大会,为抗日救国事大游行。师大停课,师校叫我参加,我走不动,只好恝不。

回府一行。午后浴。

四时至师大开:1、研究院委员会,2、校务会议(社会学系事),3、教务会议。

晚与劭"雅"于东亚春。

灯下写《尚书编目表》未毕,甚倦,睡。

9月29日　星期二

上午十——十二师大。午后访高老爷,他新从奉天归也,请其任师大课(本是教授),允矣。五时回府。晚饭后回孔德,将《尚书篇目表》写毕。竟日风,颇寒冷,早睡。

9月30日　星期三

午后回府。回孔德,写《毛诗》311篇目。晚刘半农夫妇赏我夫妇吃饭,馆往,我"舌旁辛"。与劭"雅"于广和饭庄。

10月1日　星期四

上午十时师大研究院行开学仪式,未去。上午在北大授课三小时。毕回府。下午回孔德,遂先来。晚与劭共赏高、孙、骆三公于同和居,为功课事也。骆:骈文シシ、《楚辞》《辞赋》シシ。高:《骈文选》《散文选》《唐宋诗选》。孙:《汉朝六朝诗选》《词史》《词选》。

10月2日　星期五

上午至琉璃厂,在北新购得鲁《小说史》改订本。又在富晋购得张凤的《西陲木简》(?)[①]。午后北大。四时毕。回府一行。晚访万里,与幼渔约在其家会西谛也。

10月3日　星期六

今天没有回府。上午师大。午后至某海。晚与劭"雅"于广和。购得萧一山《清代通史》卷下一二两册,尚未完。

10月4日　星期日

午回府。午后至琉璃厂一带购书物。晚浴。

10月5日　星期一

上午师大。午后回府一行。下午三时师大开临时校务会议,为社会学系事,结果暂恢复。六时开出版委员会。晚与劭同至其家。

---

① 问号原有。

10月6日　星期二

　　上午师大。午后回家一行。

10月7日　星期三

　　感到天冷了。上午浴。午后回家一行。午后在孔德看关于经学的书,为做表也。今日下午北平市教育局开"注音符号推行委员会全体会议",未去。

10月8日　星期四

　　上午九——十二北大。午回府。连日受寒,今日闹肚子。午后在某海。又至商务购书。

10月9日　星期五

　　午回府。午后一——四北大。晚约劭"雅"于且宜。归做《论语》。

10月10日　星期六

　　上午回府。午至赵万里家,今日马幼渔与我请西谛吃饭,约赵、魏二人作陪也,在赵家取齐,同至东兴楼吃。下午做《春秋》。晚访幼渔,十二时归,做《诗经》未毕。颇冷而倦,即睡。

10月11日　星期日

　　昨宵患寒,今晨头胀身疲,竟起不来,十时方睡醒。午后至商务购书。午后回府。五时林少铿来访。

10月12日　星期一

　　上午10—12师大。毕与劭"雅"于涮。午后回府。回孔德看书。

10月13日　星期二

　　上午师大。午后回家。回孔德。今日向师大借得"通志堂"中司马光《古文孝经指解》。至商务购新影印《相台孝经》,改于其上。晚浴。

　　今日致函徐旭生,谈聘研究院历史科学门导师八人:(以音为序)黎锦熙、陆懋德、高步瀛、顾颉刚、钱玄同、徐炳昶、朱希祖、商承祚。

10月14日　星期三

　　上午起甚迟。午回府。下午四时顷至师大开教务会议。毕偕劭至其家。取

《三体石经》之《尚书》《无逸》、《君奭》与《书古文训》对勘,确不同,知段茂堂是,而李广百非也。

10月15日　星期四

上午9—12,北大。午回府。午后回孔德,吴三立来。晚审查选课表250张之多。至夜半四时方睡。

《集古遗文》到。

10月16日　星期五

昨宵睡得太晚,今晨惫甚,十一时方起身。午回府。至北大授课1—4。毕又回府。

10月17日　星期六

上午师大。午同劭至撷英"雅"。

下午归,闻房东将欲卖房,婳颇不怿,我亦心烦,即回孔德,草《各省名称的罗马字拼法》一文,将二十八省及西藏、外蒙古三十名拼之,拟登《国语周刊》也。天冷心烦,不能看书做事。晚早睡,又疲倦,又睡不安宁,甚苦。

10月18日　星期日

上午回府,今日本是付房租之日,闻婳言房东家人言,屋未买〈卖〉成,或暂可安云。午后浴。

10月19日　星期一

上午师大。午后回府。晚访建功。

10月20日　星期二

上午师大。毕与劭"雅"于广和饭庄。午后回府一行。

10月21日　星期三

午前回府。午后在孔德。

10月22日　星期四

上午九—十二时师大。午回府。午后五时至师大开教务会议。毕与劭"雅"于协广和。

10月23日　星期五

午回府。午后北大,1——4。晚浴,在浴室中开始审查报考师研之著作,未完。暖。

10月24日　星期六

上午师大。午后回府。即回孔德将研究生成绩审查,今晚审毕,共十二人的也。竟日大风,入晚更厉,屋为之震动。甚冷。

10月25日　星期日

风渐止,天颇冷。

精神不好,因思购《唐石经》中之《七经》已十余年,将《十二经》补足是十八年秋冬间事,又是两年,而此书不但未装裱,还是整张反摺,简直没有打开来看过,连有缺少否也不可知,老冉冉其将至乎?平生甚喜此石经,以其为今日刻本之所从出,较宋本尚古也,而其字体及书法亦凤所喜爱。前年冬仅将《论语》剪开(又张、唐二书),拟今后于定时将《十二经》一一剪开,聊作消遣了。今日剪了《易》《书》《尔雅》三种,但将逐列剪开,尚未为裱时之剪也。

午回家一行,除此一行外,竟日作此工作也。

10月26日　星期一

上午师大。毕下午回府。四时至北大,约杨宗翰(伯平)谈,因本拟请孙大雨教师大的《西洋文艺批评》,而孙转荐杨,今日与谈,杨亦未允,云明后日再行奉答。晚访劭于其家。

冷。

10月27日　星期二

上午师大。午与劭"雅"于涮。涮毕回家。

冷。

10月28日　星期三

午回家。午后回孔德做《〈新学伪经考〉序》,做了二十多张(每张二百格),止起了一个头,未做毕,做到晚一时,甚累,明天还有课,睡。

10月29日　星期四

昨宵睡得太晚,今日勉强起,精神甚坏。上午九——十二北大。午回府。午后继续写某文,修改昨日的,又做了两特点(秦焚未缺、河鲁伪造)及《诗》。

10月30日　星期五

午回府。午后北大假。回孔德,续写某文,三时写起,将《书》《礼》写毕,已夜半二时,甚倦,睡。

暖。

10月31日　星期六

因疲乏,上午师大假。午回家。午后二时至师研开"研究生入学成绩审查委员会",五时毕。至文学院办公处,开校务会议,八时半毕。晚与劭"雅"于广和饭庄,归已十一时矣。

暖。

11月1日　星期日

上午九时北大国文学会开茶话会,毕,与建功"雅"于一亚一。晚浴。巜𠫓ㄗㄨ开第十四次常务委员会,未往。

11月2日　星期一

上午师大。午后至师研了前日之案,计"舌旁辛"者十五名,取者廿三名,毕业生廿六名也。毕,已八时,与劭"雅"于撷英。

11月3日　星期二

上午师大。午与劭"雅"于西黔阳。下午回府。

11月4日　星期三

上午至师大领半月薪。回家一行。下午草某文,续《礼》《乐》。

11月5日　星期四

上午北大。午回府。下午回孔德再草某文,《春秋》也,仍未完。

11月6日　星期五

午回府。下午北大,四时毕,回孔德,将某文了完。尚须修改一过也。(《论语》《孝经》《小学》)

11月7日　星期六

上午师大。午后访郭彬龢于江阴会馆,不值。至师研查明考生之题目。晚回府一行。浴。

11月8日　星期日

上午汪　　、丁声树来。午回府一行。

下午至琉璃厂向开明书店？① 购《初堂遗稿》,系新由通学斋印出者,薄薄的五本书需洋六元也。又至戴月轩购笔墨,四时归。郭彬龢来定《西洋文学批评史》(每周)二小时,各年选也。

11月9日　星期一

上午至师大上课。始知昨宵天津方面日人嗾使张璧诸獠开枪扰乱,至今未定。

十——十二师大。下午二时至研究院口试,共23人,到廿一人。五时许闻外城将于六时闭,即忙归家一看,即至孔德修改拙稿,未毕。

11月10日　星期二

因昨日天津事件,今日北平各大学又是开大会。上午师大停课,即回家一行。下午一时至研究院开毕业生入院谈话会(与劭二人),共26人。四时至文学院开校务会议,以不足法定人数而改谈话会。晚回孔德,修改拙文,仍未毕。人甚累,夜半不能安眠。

11月11日　星期三

午后回府。写赠余让之结婚对,又为晁香林写了三十几字,一尺五寸的大字。四时至师大开教务会议,忽得徐电如左②("舌旁辛"了)。

11月12日　星期四

今日放假。午回府。下午至琉璃厂购曹文颐的《孝经考》。晚剪发,浴。

11月13日　星期五

午回府。午后北大。毕即赶至师大开校务会议,徐已归,王士侃与李干丞往见,说经费一无办法,只好"舌旁辛"也,会议即讨论此事。电告教部,函留徐,明日

---

① 问号原有。
② 原稿无徐电文。

下午由李干丞与三院长赍函往留。其实也不过是那么一回事便了。

11月14日 星期六

今日师大成立廿三周年纪念日,停课。午回府改某文。晚电询劭西。据云代表与徐说得略有活动,而学生适来劝退!

闻今晚七时即戒严,路不能行。

11月15日 星期日

上午汪伯烈来,方国瑜来。午回府。下午访劭。五时回孔德,灯下改某文,仍未毕。

11月16日 星期一

师大学生为校长事开大会,上午停课,顺水推舟,此本意中事,但推继任人选,竟为易培基、经亨颐、张乃喜三人!!!!!!

午回府。午后回孔德,直至更深,将某文全改完了,约三万字。拟信致徐,"舌旁辛",黎电话云已拟信稿,打算"舌旁辛"。

11月17日 星期二

昨宵大刮风,今日甚冷。

上午师大。午与劭雅于广和饭庄,毕同至某海,晤孙子书。他于九一九到东京,此时刚回来了。四时回府。晚过录龚批《筠青》,未毕。

11月18日 星期三

上午十时回家。午后三时至师大开临时校务会议,因学生要"委任"会议维持,我们以为不可,适教部电复会议谓挽徐,而徐复会议之函亦至,即根据此二点而开会者也。会毕已五时半,忙忙即归,迻录龚书。

11月19日 星期四

上午北大。午回府。午后访劭于其家。四时至商务取廿四史,第一批为五种:《后汉》《三国》《五代史记》《辽》《金》也。六时回孔德过录龚校,仍未毕。

闻今日起晚戒严(净街时改为十点钟矣)。

11月20日 星期五

午回府。午后北大。毕访建功,八时归,又录龚书,仍未毕。

11月21日　星期六

上午师大。下午回府。回孔德过录龚批。吴荣光书完。（姚华识恕不录,他云"辛酉"为民国十年,似我见此书于德友堂书摊,亦是民十。当查旧日记,其时叔平寓万宝盖）,又将《癖谈》过录完,又将《蒙雅》校毕（《蒙雅》稿为红格,板心下端有"古微堂"三字）。

天稍暖,好过些。

今日报载学生又电教部,请速准徐辞。

11月22日　星期日

阴,潮。午骆侍郎赏饭吃,在蓉园,请曾运乾（星笠）、杨遇夫、高步瀛、钱玄同、黎劭西、余季豫,连主人共七人也。毕偕劭同至徐府,"舌旁辛"也。四时顷回家一行。晚在孔德抄康氏《重刻伪经考后序》,给方国瑜也。

将龚书送还徐森玉也。

11月23日　星期一　暖

上午师大。下午回府一行。至孔德清理书物信札。

11月24日　星期二

上午师大。午与劭"雅"于某轩。毕,回府一看。即回孔德,与劭商"天地日月山水人,草木鸟兽虫鱼神"之十八体,最后一体拟用世界语,他以为然。因归灯下查之,十八体者:甲骨、钟鼎、篆、隶、楷、草、注、罗、世、八思巴、蒙古、于阗（北）、女真、满、满篆（东北）、猓猡、藏、西夏（西南〔北〕）也。

阴雪。

11月25日　星期三

午回府。午后至琉璃厂购书笔等等。

灯下抄老夫子《三体石经》,因前借检斋《华国》1、2、3、4四期（我自己仅存二四两期）他来信索还,急将第三期抄出,便可还他也,今晚将此册抄毕（1、2两册,前已抄）。

11月26日　星期四

上午北大。午回府。午后四时到师大开校务会议等会。毕,约劭,他从海甸归来,雅于广和。今日《北平晨报》将劭"舌辛"事用特号大字登出,致他人大疑也。八时作致旭"舌辛"信。

《华国》还吴检斋也。

11月27日　星期五

午回府。下午北大。昨宵天津又大闹了,闻今晚六时即戒严。四时半北大课毕,匆匆至市场购点心饭菜,急回孔德。

11月28日　星期六

上午师大。午与劭"雅"于撷英。后回府一行。早回孔德。

11月29日　星期日

上午洗澡。午后回家一行。

11月30日　星期一

上午师大。午后回家。闻北大开大会,打破了头,盖二十八作祟也。

日来忽大大便血,精神不振。

12月1日　星期二

上午师大。午与劭涮于协广和。下午至某海托孙子书借《经稗》,傍晚回家。知今日北大示威团出发也。前托赵万里借王批《□□后编》,日来夜间将其忽忽草录出,翼日当再清抄过也。

12月2日　星期三

下午回家。至北大一行,晤颉刚。师大开教务会议,因痔未往。肤头脱出,虽纳进,血仍不止,微觉怔忡。早睡。

12月3日　星期四

因精神不振,北大请假。上午回府一行,什么事也没有作,心烦意乱之至。

今日下午北大研究所开《国学季刊》编辑委员会,未往,但去信提议改用中国纸印,被否决。

12月4日　星期五

上午至北大,晤幼渔。午回府。午后北大临时停课,因教职员要开全体大会(对日本事)。四时至师大,开教务会议。《经稗》已借得,今当录其目也。

12月5日　星期六

上午师大,请假未去,因昨日闻今日也要开大会示威故也,后知为下午开。午回府。午后至某海,晤涤洲。四时顷至师大教理学院取钱,刚到门,适见示威团出发。

晚抄《经稗》目录。每节均照其所录书名抄出,共引一百十四书,而《日知》《困学》二书所采最多,《春秋》《毛氏传》等亦算入,但每书所采均不多,其去取标准亦不可解,稍新奇之论均弃之。

12月6日　星期日　上午冷

十一时至北大二院参加徐志摩追悼会,奏乐,丁在君致开会词;奏乐,适之报告;奏乐,静默一分钟,散会。见院中贴了不少各种之标语,即对于徐公追悼会亦大肆谩骂丑诋。噫!

毕回府一行。至广和饭庄与勍约也,决定研究生及导师事,明日必到院发表也。在广和得叔平电话,即至其家,适适之与孟真偕来也。

12月7日　星期一

上午师大,人甚满,毫无停课之象,或者不致如此大乎?课毕回府一行。午后至研究院发表研究生(外来廿一人,本校廿六人)及十七位导师各单。四时再至教理学院,见有"教授如爱国应罢课"(下署第二批示威团,系今日去卧轨者)等标语,大概明天亦要步北大之后尘了!至文学院开校务会议毕。晚回孔德,商锡永来。校某序稿。北大从上星期一开会打破头,星二第一批示威团出发,星三第二批,星四第三批(卧轨三日),而校中反蒋、反御用学生之空气极浓厚。学生锁讲堂,纠察队不准教员上课,上星期已不成样,本星期当不上课了。

阅晚报,知卧轨二千余人今午放行了。

12月8日　星期二

上午师大,人似乎略少,大概明后日也有,须上不来课了。

午启明赏饭于隆阳春,同座者为俞平伯、沈起无、魏天行三人。

毕,回府一行。与两儿畅谈,对于国家事,我以为什么都可以,就是不可某产——不可听命于莫斯科。

八时赴孔德,甚倦,早睡。

12月9日　星期三

上午洗澡。午回家。至某海,还《经稗》,与孙子书谈。

12月10日　星期四

上午至师大领三成薪。下午回府。忽得一奇怪[一]情书,可谓出人意表之外者也。头胀心乱。

晚回孔德,拟抄敦煌《尚书·尧典》《舜典》释文,不成,抄"月仪"章义一百字即写不下去了,只好睡了。

12月11日　星期五

昨宵雪后大风,今日竟日大风,黄沙,飞雪,极冷。

上午在孔德学校重打徐氏硖石诗及残诗,决定:——

o 作 oe、oer、ooe、oeh。

æ 作 ae、aer、aae、aeh,

ɛ 作 e、er、ee、eh。

ə(入声)作 eq。

ɔŋ 作——aong、aorng、aaong、aong。

午后回府,忽得一情书,可谓奇极!!!

三时访幼渔,他留吃晚饭。九时许归,冷极,即睡。

12月12日　星期六

晨回府。至师大上课。毕至撷英,劲西电约,他要赏符定一(宇澄)吃饭也。此公与我初会,他编了一个《联绵字典》,甚好,但至隋为止,一个人精力本只可如此也。其人斤斤于辨正俗,谓王氏《广雅疏证》不求本字,不辨正俗为非。此等见解二十年前之我——钱夏——持之甚坚,今则当然恝不了,但此等见解我很能了解。

四时偕劲同至——徐耀辰家吊丧,他日前丧母,今日开吊也。风虽止,甚冷,早睡。

12月13日　星期日

今日风止,天较和暖。

上午十时访严既澄。午回府。

今日得师大两秘书(王士侃、孙廷莹)、教务长(李顺卿)、三院长(李、黎、刘)之信及布告学生,又呈教部文,知他们不负维持之责了,不知道明天能否有火炉,能否上得成课也?

12月14日　星期一

上午师大,尚有火。午后回府一行。回孔德审查师大《国学丛刊》第三期稿,太糟糕了,好在他们只能出七十中页,已有劲之某文,印了十页,只要六十页就行,这些糟糕稿子大约够六十页也。故拙文决计送给《国学季刊》了。

12月15日　星期二

上午师大,尚有炉,云明日必无矣。

午与劲雅于广和,下午回家一行。

今日在师大晤罗根泽,他说顾颉刚要他编成一册《诸子辨伪》,即作《古史辨》第三册,因遂书颉刚,谓当取《群经辨伪》之文亦编成《古史辨》一册也。(拟将《古史辨》作为《辨伪丛刊大成》)。

12月16日　星期三

上午洗澡。下午回府一行。即至某海,电约白、黎晚饭,"雅"于蓉园,谈某汇问题也。

12月17日　星期四

上午回家。即至某海三头会审ㄐㄑ两音。晚,赵憩之赏饭于森隆,西菜,共五人,钱、赵、白、罗心〈莘〉田(先去)、杜□□①(唱昆曲者)。

12月18日　星期五

上午回府。下午至师大文学院,为十八体事也。晚访建功。

12月19日　星期六

晨回府。上午师大。毕,至办公处,为十八体事访方元老。午后三时至某海,三头会审某汇之ㄐㄑㄒㄓ四音字。八时毕,回孔德。

12月20日　星期日

上午回府。午符宇澄赏饭于撷英,尚有劲,共三人。晚重写小篆一体。

12月21日　星期一

上午至师大上课,毕,至办公处将字交出,嘱交与方元老。午劲西约在某轩处吃饭,有一位鲁清晨,系十年前国语讲习所毕业者,现竟因〈任〉河北教育厅督学,此来为注音推行事也,共四人:黎、钱、白、鲁,吃毕至ㄍㄜㄦ会。傍晚回家。晚疲倦早睡。

---

① 原文如此。

12月22日　星期二

由昨夜起大雪,今日上午大雪,下午三时顷止,庭中积雪几及一尺。师大请假。午前回府。午后浴。

晚弄ㄔㄞ——ㄔㄤ,精神不振。

12月23日　星期三

精神欠佳,上午回家一行。午至琉璃厂一带购书物。

灯下弄ㄔㄥ——ㄕㄥ,今晚精神颇好。

12月24日　星期四

晨甚疲,十时起。回家。旋回孔德,下午二时起再弄弄,到晚十二时半ㄕㄨ——ㄕㄨㄥ,成绩尚佳。

12月25日　星期五

午回府。午后回孔德,五时起弄ㄘ、ㄙ。

12月26日　星期六

北大今日起复课矣,回头未晚,可嘉也。上午十——十二师大。午后回府一行。即至孔德,四时起弄ㄚ——ㄦ、ㄧㄚ——ㄧㄢ,已夜半一时许矣。

12月27日　星期日

上午弄ㄧㄣ、ㄧㄤ、ㄧㄥ,午回府。午后弄ㄨ——ㄩㄥ,毕亦十一时半矣,甚累,而失眠,四时方睡着。

12月28日　星期一

上午十——十二时师大。午回府。午后至某海,与黎、白三人会审某汇之ㄔㄕ日三音,十时毕回孔德。

12月29日　星期二　今天天较冷

上午九时顷回家。十——十二时师大,以讲堂太冷,学生亦较前数日为少,故十一——十二时未上。下午至某海,会审ㄕ、ㄘ两音。四点至师大开校务会议。晚与劭雅于某轩。

837

12月30日　星期三

上午回家。午后一时至某海,三人审查ㄙ——ㄩㄥ,大功告成,已九时半矣。

12月31日　星期四

今天因连日累,精神稍差,北大假(因本年已是末日,索性明年再上了)。午后洗澡剪发。三时回孔德。五时访启明。

一九三二年

1月1日　星期五

　　上午回家。午后出前门购物,购得罗振玉《面城精舍杂文》(甲、乙编)一册(此为罗最早之文集)、《隶古定尚书》(《泰誓》上中下、《牧誓》《武成》五篇)一册、《徐志摩自剖》一册、《最近卅五年之中国教育》一册(商务纪念)、《中原音韵》及《太和正音谱》(石印)一部。

　　今日厂甸略有新年气象(有耍货摊,有二三十书摊)。

　　晚草附录一化学表成,明日尚须校对也。

1月2日　星期六

　　昨晚睡得太晚,今日起得甚晚,已过十时矣。午回家,适稻孙夫妇来拜年。午后至市场,于旧书摊上购得《朱骏声文集》铅印本一册,系十余年前康心孚所印也。三时回孔德,将附录二度量衡表及第三特别读音字表草就,定呒(苏"呒不")m,吥n(取苏州吥朵,唔不可用,因广东当它"不"义用也,亦读m),呒ng(见《儿女英雄〔传〕》)。八时以后,精神疲倦,躺在床上看"卅五年"中吴、黎二文,吴仍持笔雅之文,而黎文则排得颠倒错乱(大错简),竟不可读!!!

1月3日　星期日

　　上午十时至巜𠃋ㄔ会开△△会,毕,聚餐于黔阳。我提议:以个人先试编"国语普通辞汇",以为"词音统一","词形定一"之用。下午至厂甸略逛,未购书,至商务购得《朱熹》——周予同、《中国语与中国文》——高本汉,张世禄译、《苏州注音符号》——陆基、方寄观、《常州注音符号教本》——方寄观。四时回家,晚至市场购得《古史辨》第三册(次劣本),精本顾必送来,及石印《广雅疏证》。决定造一"哝"字,读ㄏ,"噷"字,读ㄏㄇ。

1月4日　星期一

　　头痛腹胀,眼又痛,精神不适,不能做事,午回家。午后访劭,并晤乐夫。

　　因劭西文末云"龟走",又有《龟德颂》之作,因思行年四十六矣,年来作事太像兔子之睡,从今年起,当学龟走。又思不庵当年曾取过一个未用之号曰"龟竞",亦指此故事。不庵一生龟竞,密勿勤劬,死而后已,复可效法,亦可纪念亡友,因自号"龟竞斋"。劭谓尚有研究甲骨文之"龟竞",龟则有之,竞则未也[也]。

　　十时归。劭谓"哝"从"哀"声,不好,我拟易"誒"字。(誒、唉、欸三字通见《说文》、《方言》、《广雅》三书。)

1月5日　星期二

今日师大请假。午回府一行。午后回孔德,撰某汇之说明约二千字,尚未完。晚大风,室窗纸破,屋顶漏,风入,蒙被而卧,觉大烦燥〈躁〉,睡不宁。

1月6日　星期三

昨宵竟夜未安眠,今日精神恍惚,不能继续作稿也。午回府。午后洗澡。九时即睡,仍不安眠。

风未止,入晚觉寒冷。

1月7日　星期四

天较前数日冷,昨宵又不安眠,大约不过困了四五个钟头也。九一十二北大。北大从十二月以来就没有去上过课也。午回家。

午后至富晋,购得赵元任著之《广西猺歌记音》,又于道泉编注而由赵元任记音之《仓洋嘉错情歌》二书。至文岚簃取贺年片。至商务购《司马迁年谱》(郑鹤声)、《音韵学通论》(马宗霍亦章门)、《唐人万首绝句选》(仿宋排印,甚精致)。即回孔德。

1月8日　星期五

午回家。午后一一四,北大。晚做附录一二三之说明,并完成说明,尚须修改。

1月9日　星期六

上午至师大,学生要开班会,恕不了。午劼约"雅"于撷英。下午回家。至孔德校ㄐㄑㄒ样本。

1月10日　星期日

午回家一行。回孔德校《伪经考序》稿,已完毕矣。

1月11日　星期一

有风,较冷。

上午师大。下午至某海,交出ㄐㄑㄒ校样。回府。晚本拟弄《声韵略说》,不料腹大馈,简直有些受不住,而他篇亦尚未济,无此脑力做《声韵略说》,只好将"本书的说明"、"附录一二三"及字母的读法,及廿六罗马字读法弄济它,不料已弄至夜半二时许,虚火上升,又不安眠矣,唉!

1月12日　星期二

昨宵三时睡,又大失眠,今晨简直起不来(盖老朽昏庸矣,不能熬夜矣),上午师大只好请假。起床后,即将"本书的说明"再看一过,修改完竣。午回府。午后至某海,与黎同酌定后,将说明、公布令及附录三种交出,惟余《声韵略说》及《声韵表》未成矣,三五日内当完成之。

保古斋送张国金〈淦〉的《汉石经碑图》来,八元,一巨册,假定　十　碑,将七经全文按字数写成此册,甚佳,且文字多据诸家所引今文写之,尤有用也(张氏之学实过于罗也)。

今晚早睡(然亦已近十二时矣,看睡得着否?)。

1月13日　星期三

天气甚暖。

昨宵安眠,故今日精神差好,惟黄昏又觉肚馇,不知何故?清理书室者竟日。午曾回家一行。

因清理历年音韵讲义,忽忆及日前丁声树告我谓林玉堂主张"之"韵是[y],颇有理(未见其文),而"豪"亦当如粤音读 ou 也,段氏第一—五部之关系如此。

之 y——幽 iu——侯 u——鱼 o 或 ɔ
　　　　　　\
　　　　　豪 ou

1月14日　星期四

昨宵又睡得欠佳,今日上午九—十二北大。于大学中晤叔平,悉昨晚九时忽又大戒严,禁止街上行人,不知何故?

晤兼士,谓陈援庵近以一百元购得王念孙《广雅疏证》手稿三册,中多涂抹之语,盖不取其多,务取其必要也。

午回府。午后浴。

1月15日　星期五

午回家。午后一至四北大,本学期完了。课毕,访叔平,吃他的腊八粥(今日腊八)及炒年糕,又忽思饮黄酒,偶一言,他竟买了两斤黄酒,我吃了吃水玻[璃]杯三杯之多,头有些晕,说话未免太多,阅一小时复常态。

1月16日　星期六

上午九时顷回家。十一十二时师大,本学期完了。午至且宜吃饭,晤熊子涤及其弟,略谈定州宣传平教情形。午后二时至师研开委员会,报告历史科学门取研究生及助学金事,四时毕。董光忠导观山西发掘之陶器。五时访启明。

1月17日　星期日

午张雪门来,要我本星期内至他所办之幼稚师范去讲关于国语之问题,允之。

有北大世界语会者,本定于民六,近停顿七八年矣,最近忽复活,今日开会,来信、来电话、来代表相约,因系ㄙㄌㄑ份子所主动,托词不去。

午回家。午后清理书籍。

1月18日　星期一

上午回家。午后在家写李景泉之字,"守数精明",此太史公自序誉扁鹊之语也。

沈令扬来访两儿,知方逆梦超竟死于沈阳,大快! 此人在〈作〉恶多端,该死。去年十月,即向沈阳磕头也。

四时回孔德。理书,晚ㄓㄧㄚㄖㄚ之稿送来,灯下校之。

1月19日　星期二

晨回家,即至李景泉处交卷。午后至某海。交出托孙有借圕(图书舘)之《西儒耳目资》来。晚与劭雅于广和饭庄,归已九时,又略清理书籍。

1月20日　星期三

昨晚又睡不好,今晨起甚宴〈晏〉,上午回家。

午方元老赏饭于忠信堂。毕,至商务取《辞源》续编来,又购得《唐五代词》四册,林大椿选辑;《音学备考》一〔册〕,夏敬观;《印度文学》一〔册〕,许地山;《章实斋年谱》,胡适著,姚名达订补;《经学历史》,周予同注释,此书系十八年出版,当时我买了一部在女师大作教本,破烂矣,拟再购一本收藏,而久买不到,今再版已印出,故买之。四时归孔德,清理书籍。

1月21日　星期四

午回府。午后回孔德,清理书物。七时剪发,沐浴。归,甚疲,心神不收敛,即睡。

1月22日　星期五

连日理书忙,昨晚又不安眠,今日心神亦觉异常散漫,唉! 如此脆弱,如何是好,岂真是蒲柳之恣〈姿〉欤! 晨起甚晏。午回家。午后二半—四时,至张雪门所办之幼稚师范讲①。

毕,访启明。

1月23日　星期六

上午回家。午后至某海,与劭雅于广林春。

归,校ㄘㄙㄚㄧ(至ㄧㄞ)之稿。罗马字母有△个字母,今不用,若——c＝ㄘ;q＝ㄑ,ㄑ;V＝ㄩ;ㄨ＝ㄕ,T(金尼阁已如此);Z＝ㄗ,则单用单,复用复,亦甚佳(ㄓㄔ,ㄐㄑ,ㄗㄘ可算单)。又-ng借用-m(金尼阁已如此)。

1月24日　星期日

上午谢石麟来(师研生),来问音韵。

十时开孔德学校董事会。午回家。午后至某海,写高老爷所撰《获鹿张君墓表》。有一千余字,从三点半写起,写到七点半,尚未完。约尚有十分之二,头胀手酸,不可再写了。即访劭、白,交出校稿,因略有更改,须与二公讨论也。

1月25日　星期一

上午回家,即取银盾亲送李景泉家。午后至某海,写完《获鹿张君墓表》,即至孔德理书。

1月26日　星期二

午回府。午后回孔德理书。

1月27日　星期三

午回府。午后回孔德理书。晚浴。

1月28日　星期四

连日理书,太累,当稍息一天。午回府一行。午后二时许,至师大教理学院开校务会议,未开成。晚访叔平,并晤幼渔。

1月29日　星期五

上午回府。午至福兴居,ㄍㄨㄞ常委赏赵元任夫妇吃饭也。因佢们二月二号欲离平赴沪,出洋至美,为留学生监督也。但今日报载,昨晚日军攻闸北,恐舟车都不能至上海,也许缓行云。说不谈国事,但忍不住又想到商务印书馆正在闸北宝山

---

① 原文空缺。

路,不知遭殃程度如何? 其东方圕(图书舘)若受损失,实可怜也。

建功出示图章(注音符号的),愈刻愈佳矣,仿齐白石,刀法甚好。毕,访严既澄,不晤。回孔德,做《邪母古读考》,搜集证据,未毕。

1月30日　星期六

昨宵又不安眠,今晨头胀不能起身,甚苦。午又访严既澄。下午二时回府,四时回孔德,再检证据,九时毕工。

十时一十二时,校ㄧㄞ——ㄩㄥ稿完。

报载商务、东方全毁,不知究竟程度如何?

1月31日　星期日

上午方国瑜来,送来文化书社之《新学伪经考》一部。赵憩之来,大谈其明清间韵书,他所获甚多,可喜也。午回府。晚写某文未毕。

傍晚微雪。

2月1日　星期一　下雪

午回家。午后至某海晤白、魏二公。灯下写某文毕,明日当再修改之。

2月2日　星期二

午后回家一行,即回孔德清理书,至晚十一时歇。取某文而改定之,三时半睡,又睡不好。

2月3日　星期三

上午回家,即至师大取薪,在各处还账,并将某文送交方国瑜了。

午后三时至某海,为北大山西学生解铁光写一观音碑,有二百七十字,文理欠通,也只好写。

六时访劭于其家。

2月4日　星期四

午回家。午后回孔德理书。晚七时至清华园拟浴,讵知于数小时前着火,只好明天到西升平去洗了。

2月5日　星期五

上午赵憩之来,借两种韵书给我看(1)……(2)……午回家。午后三时至商务书馆,出和平门,便过不去,因师大于一时许着火,此时火焰稍敛也,只好绕道厂西门矣。至商务晤伊见思,知总厂、本馆及虹口支店因受日本损失过大,停业,而分馆暂尚仍旧也。

四时至西升平园浴,八时归孔德,抄《文字根本》,未毕,甚倦,即睡。

今日属禁爆竹,故无此声,与往年最不同者,惟此矣。

2月6日　星期六

今日为旧历壬申之元旦。午回家。午后二时至师大开紧急校务会议,因昨日火灾事也。物理系全烧光了。到时尚不到二时,拟先一逛书摊,岂知昨日因救火之故,不到土地祠,已不好走,再往南简直成了泥塘,只好恝不了。

六时半方毕,偕劲约涤"雅"于撷英。我提拟以"币"(古师字,见《太师钟伯侵鼎》)＝y,又议冂彡兀单用的依赵式写冂彡兀,他俩很赞同,拟即在某汇上用之,便算定规了。

做《声韵略说》之一部分。

2月7日　星期日

午回府,门前大水,原来上午马圈胡同着火也,四日之内,我三遇火矣。

午后逛厂甸,道旁之书摊已不少,土地祠中也有两三个。购得李滨《玉烟堂帖本急就章草法考》及《玉烟堂帖本急就章偏旁表》,三元。廖恩焘,字鸿书《新粤讴解心》,二元。忏绮庵主人即珠海梦馀生,《饮冰室诗话》中曾提及,不知何许人,疑姓罗,因罗惇曧题诗,不写罗字也,拟诸卓君庸询之。《新方言》(定本,原本),一册,六毛。《还读我书室年谱》,二册(此君批《儿女英雄传》,故买之),一元二角。

六时回孔德。方言文学——苏(韩邦庆),平(文康),粤(招子庸及……)

2月8日　星期一

午回府。午后逛厂甸,购得《出使英、法、义、比四国日记》薛福成,三角;《百年一觉》(李提摩太译),一角;《正粤讴》(招子庸),二角;《义乌朱氏论学遗札》(朱一新),四角;《国学汇编》(胡韫玉),一元二角。

灯下做《声韵略说》之一部分。

2月9日　星期二

午回家。午后逛。《中俄界约斠注》(原),二元;《文史通义》(原,可喜也。)七元;《滂喜斋》零种(二本),一元七角本。

晚做《略说》。

2月10日　星期三

上午吴三立来。午回府。午后未逛,做《略说》。

2月11日　星期四

晨得岂明寄来郭书,价日币六元。午回府。

午后逛厂市,购得:《十五音》,一角;《秦汉金文录》(容庚),十五元八角;《说文审音》,二元五角(余有此书,系有光纸者,此系毛太纸者,重购之);《急就篇校正》(王国维),五角;《字学三种》,七角五分(此书虽系翰林所写,但此册均有傅氏图章,可宝也,少时先子曾畀我一册);《知非集》(崔述);《天花乱坠》(共三集),三元。我在松筠阁购容书,又为大儿购《九种记事本末》(此书系人家托售者),两书皆非其所有,他们有非有此书不可之意,故买之。

晚赵万里来,给我《中原音韵》的抄本晒出,每份价一元二毛。他说近有某遗老出售宋本《切韵指掌图》,二千元,拟运动北平圕(图书舘)买之,云的系南宋绍定本,然则我的话要打倒一半了——不过一半。

灯下做《略说》,仍未完。

2月12日　星期五

午回家。午后未逛,撰《国音略说》至夜十二时,总算定了,但还要修改。

2月13日　星期六

午回家。午后逛,购《示朴骈》,三元(拟购赠骆绍宾);《古桐书屋六种》,廿三元(刘熙载);《夏小正考注》及《说文解字旧音》,五角;《尔雅直音》,五角;《增订三体石经时代辨误》,一角五分(王照)。

得方梦超之讣,云"痛于民国二十一年(按应改正为昭和七年)一月二日,即旧历十一月二十五丑时,寿终正寝。"这个奠仪恕不送了,因为我是中国人。

2月14日　星期日

午回家。午后逛,购《清议报》(全十六册),六元;《跋南雷文定》,二角;《攘书》,一角;《百宋一廛赋》,六角;《经解入门》,四毛。略逛沙土园数摊,天太暖。下午飓风,灰沙起,即归。至青云阁、富晋,以一元四角购得四川新刻之汉、隋两《艺文志》,甚为方便。

闻方梦超之死非病,系被日人所枪决,真是活该。

晚看说明及附表一二之校稿,说明尚须增改,今晚改之,未完。

2月15日　星期一

今日有风,天气冷,未逛。

午回府。下午剪发、浴。灯下点阅《百宋一廛赋》。改说明,仍未完。

数日以来,痔疾忽大作,血流漂于前,甚多,不敢稍胀,然不胀即不通畅,真无法想。今晚大吃泻盐,拉了一次,觉肠胃稍适,而血出仍甚多。日来为改千把字的文章,竟非两三日不可,此疾亦有关也。

2月16日　星期二

昨宵风,今日冷,未逛。午回府。午后将说明最后之定稿完成。晚八时访劭,示以稿也。

2月17日　星期三

午回府。午后逛,购得《拼音识字表》,八角。王式而劳者也。晚访启明。
便血约一周,今晚大便,居然无血。

2月18日　星期四

今日起北大上课,请假未去。午回家,吃药。午后逛,购《古音类表》,四元(重刻本,用篆字);《东洋史要》,三角五分。又至直隶书局,以五角购得鲍鼎之[①]

2月19日　星期五

风大,冷。
上午十一时一下午四时,北大。毕,访幼渔。

2月20日　星期六

午回家。午后逛,今日是末日,购洪宪《中国学报》四册,一元;《镜花缘》,五元。
六时至某海,晤劭,关于韵书卡片事,编《国音字典》用者,拟另贴。
灯下录郭书目录。

2月21日　星期日

上午天气尚佳。闻昨日土地祠有今日再续半天(因是星期也),而道旁则呈请再延十日之说,不知究竟如何?下午回家。下午有风,四时往,则双方皆在收摊矣。
至开明书局购鲍鼎的《金文表》(?),价三元半,又至通学斋,以一元六角购《□□□考古四种》,丁寿昌(丁晏之子)之物也,可云贵矣。(此数日前见其摆摊中所有,曾议价不谐而未买者。)

[①] 原文未完。

2月22日　星期一

上午十时回家,即至师大为郑西谛领薪。十二时至李景泉处诊病,他说要发汗,因开了一剂药,嘱明日换方。

下午访劭,并晤涤,晚餐后归,熬药,两煎同饮,即睡,夜半,稍发汗。

2月23日　星期二

上午至李景泉处,岂知他已出门,其实不看亦无妨,只要休养几天也就行了。

午后回家,身体疲倦,而自二时半至六时半,与大儿讲了四小时半的话,更觉疲累了。晚本拟浴,因出门晚餐,不料吃到半中腰,肚子甚痛,实因心中大起伤感之故,只好回孔德,躺下看书消遣。大便一次,又大出血。肚子是好些了。

2月24日　星期三

精神甚疲,晨八时又拉了一通,稍通畅。午回家。午后浴。又拉了一次,似乎好了。晚仍改《声韵略说》。

2月25日　星期四

连日身体不好过,胸腹胀闷,精神疲倦,且北大号称开课,实则就是那么一回事,学生颇少,故本星期请假。

午回家。午后回孔德理书,稍□□体劳,冀精神可振作,而孰知甚觉吃力,远不及二旬以前,灯下因此亦不能再继续改稿矣,唉!

2月26日　星期五

午回府。下午起看刘译《比较语音学》,可资参考处不少。至晚一时许看毕。

2月27日　星期六

午回家。下午起再改《略说》,仍未完。精神甚坏。

2月28日　星期日

精神甚坏,不耐工作。午回家。午后访劭西,谈《略说》中小问题,决定:(改法文)西拉皮克,译为"音主"。(刘译"韵主",唐钺译"领音"。)松,康生能脱,译"音辅"(刘译"韵辅")。西拉勃儿,译"音节"(刘译"韵音")。黎主张"音素表"须用全的(不限于国音),国音所不用者,用红色套印,以便制"闰母",此法甚好,当即做之。

2月29日　星期一

　　天暖。竟日头胀,肚子不好过,精神甚坏,至晚忽大泻,比吃"硫苦"还痛快,很舒服也!

　　上午将"附录三"改定。下午三时回府一行,即至某海,晤涤洲、劭西。灯下,泻后,做"音素表",未成。(参考巴西、穷斯、元任、半农四家之表也。)

　　阅晚报,知太炎师今午来平,寓花园饭店。

3月1日　星期二

　　天气甚暖。皮筒、围巾、棉鞋都穿不住了。午回家。下午至琉璃厂购笔,至开明书店购得周予同的本国史下册。晚访启明。今日精神仍不好,惟肚子舒服了些也。

3月2日　星期三

　　午回家,饭毕,即访幼渔,与同至花园饭店访老夫子,别来十六年矣。近来态度如旧,益为和蔼,背颇驼,惟发剪极短,与当年披发大不相同。季刚亦在,检斋亦在。政客一大帮,与辛亥冬与哈同花园时颇相像。询知师实避沪难而来也。四时许,朱、马、钱、黄、吴、师六人乘汽车逛中南海公园。六时雅于大陆春,将食,忽得噩耗,谓沪十九路军总退却。噫! 晚九时散。余访劭,并晤白。

3月3日　星期四

　　上午至北大上课。午回家。午后浴。连日天气甚暖,从今日起,脱却毛线衫、绒裤,换棉鞋为夹鞋,觉爽快。

　　晚访建功,适遇唐僧,他为沪事将电政府,责以不可因要保全实力而不战而和,要我列名,允之。

3月4日　星期五

　　上午十一——十二北大,下午学生要开大会,停课半日。午回府。下午二时至师大开校务会议,定三月十一日起上课。晚与劭、白雅于广和饭店。

3月5日　星期六

　　午回家。午后回孔德。本不想出门,或校稿,或改《略说》,而心乱如麻,烦懑不堪。晚访启明。

　　明遗民:——(1) 黄　一六一〇——一六九五(明万历卅八,庚戌——康熙卅四,乙亥),八十六岁。(2) 顾　一六一三——一六八二(万四十一,癸丑——康廿一(永历卅六),壬戌),七十岁。(3) 王　一六一九——一六九二(明万四十七,己未——康卅一,壬申),七十四岁。刘、颜二公非遗民,均不录。

3月6日　星期日

上午回府,即至巛古彳会开第十六次常委常会。毕,聚餐于西来顺。午后回孔德,校附录一二及说明,令的再校稿。晚阅王船山的诗。

3月7日　星期一

午回府一行。午后至某海。晚与刼"雅"于西黔阳。归成音素表。

3月8日　星期二

头胀,心乱。午回家。午后回孔德,修改《略说》,未毕。

3月9日　星期三

头胀甚,起甚迟。午后归家一行,即回孔德,稍改《略说》。晚浴。归来翻《黄梨洲集》数种,觉其口气多非真相。(薛刻荒劣,彼所云《文案》,与《四部丛刊》本全不同,不知何故？亦不知其来历。)

3月10日　星期四

上午十一—十二北大。午回家。午后五时始出,晚访建功。精神甚坏,心绪甚恶,《略说》只好暂缓。十一时归,抄《南雷文案》目录,拟将"文案""文定""文约""余集"及薛刻遗著做一对照表,日内尚拟移书隅卿,托其访较早之本,亭林诗既大有改,梨洲文亦□□真面目也(全谢山已言之)。

郑天挺告罗莘田,谓北平音韵家又四派:(ㄅ)、(古音派)马裕藻——陆宗达。(ㄆ)、(古今中外派)钱玄同——魏建功。(ㄇ)音义派刘复——敖士英。(ㄈ)语音学派(?)赵元任——罗常培。此盖即郑天挺之所言也耳。

3月11日　星期五

黄沙蔽日者竟日(雨沙),入晚刮大风。

上午十一—下午四时,北大,晤西谛,知廿四史底本的《周书》恐已烧去,东方图书馆之宋本书早已取出,其他则皆付劫灰矣。天一阁之明登科录数百本,皆付劫灰！

午归家。一天上四小时课,极累,又是雨沙,又是刮风,天又渐冷,桌上灰厚数分,不耐坐而作书,只好卧而观书,看船山《正蒙注》,胡适之谓船山是中国"ㄌㄧㄔㄜ",信然。

早睡(十一时)。

3月12日　星期六

大风竟日。午回家,即至幼渔家,他约叔平与我同访太炎也。三时往,又是宾客满堂。我忽与季刚龃牾〈啎〉,因他称我为"二疯",问我近治音韵有何心得,我答以无(我们的新方法,审音,实事求是而不主宗主,皆与季刚不合者,如何可以对他说!)。他忽然不耐烦的说:"新文学,注音字母,白话文,屁话。"我闻"屁话"二字大怒,告之曰:"这是天经地义!我们道不同不相为谋,不必谈。"喧哗了一场,殊可笑。移时溥泉来,七时顷去。季刚一怒而睡,睡醒即与张同走。至晚八时客始散,钱、马、马、吴四人共师谈学甚乐,知师近著有关于《春秋经说》五万余言,又定本《三体石经考》,拟再为之写了石印,如昔年写《小学答问》故事,惜乎其稿已入季刚之手,恐不可复拿出矣。十一时顷始散。忽拟移书章师,说明十六年来之情形,起笔自一时顷至四时顷,不能再写了,睡。

窗中呼呼的风声,厉害得很,又甚冷。

3月13日　星期日

大风仍竟日,飞沙走石,且甚冷。

昨宵困得太晚(四时半),今日上午竟起不来,实亦怕冷也。午起身回家,午后三时回孔德,头胀心烦,看书消遣亦不能。

3月14日　星期一

仍大风,冷。午回家。晚改某文。

3月15日　星期二

又刮起风来了。午回家。午后回孔德,提笔改某文,又心烦之极,只好罢休。五时访劭,并晤白。黄昏风止。

3月16日　星期三

风止,天尚冷。

晨九时,甘铭、陈时策来,为师大研究生认导师事。

午回府。午后至琉璃厂,购书笔种种,在来薰阁取己巳(民十八,一九二九)重印之《天工开物》(价△△元)来,因此与其丁卯(民十六,一九二七)所印不同,加丁传及跋,内容亦有增订,且知"卷"字之非,丁卯本曾蒙启明见赠,拟畀两儿也。晚访启明。

3月17日　星期四

北大之课又改回来了,今晨九—十二北大。午回府。晚浴,剪发。

以六元八角购华通影印之《天工开物》(八元,八五扣也),其图实太粗劣,大约陶印之图据《图书集成》及《授时通考》补入,虽精神欠缺,为启明所不满,但贤于日本图远矣。

3月18日　星期五

上午回府。午后一一四时北大,毕,又回府。六时许至庆林春,劭约半、建、涤、玄同"雅"也。归觉甚累。

3月19日　星期六

九时回府。十一—十二师大。午约劭"雅"于广和。下午二时在文学院办公处开研究院历史科学门导师、研究生谈话会。五时至某海访孙有,劭亦来,晚与劭"雅"西黔阳,十时归,甚累,即睡。

3月20日　星期日

三日来天天上课,觉得甚累,呜呼!身体。上午回府。午后回孔德。罗根泽来,说《古史辨》第四册《诸子辨伪》拟分为古今两编,甚是。

三时顷黎来,与同往协和访适之,他进院割盲肠炎,已五星期矣,尚未收口。

晚与劭"雅"于德国饭店。

3月21日　星期一

廿一至廿五,未记。此五日中曾写540部首今读表,一依声分,一依韵分,觉其中有数字不能从《唐韵》,如:它 = ㄕㄝˊ ≠ ㄊㄨㄛ,天 = ㄧㄠ ≠ ㄧㄠˇ之类。当以本义之音为主。

3月26日　星期六

上午十一—十二师大。午后至某海,晚与劭"雅"于某轩。

劭偕符宇澄来,符与我谈了两个多钟头,此君见解甚旧,但甚劬学也。

3月27日　星期日

大风。今日稻孙夫妇因婣贞的揽撽之辰,赏午饭于利通饭店,与西车站之风味最为相近。午后至某海,为陈筑山写其夫人之传,备刻石之用也。

3月28日　星期一

上午九—十二，师大。下午至琉璃厂一带，在来薰阁，以五元购得李泰棻的《今文尚书正伪》，木板，宣纸，红印（！！！）《辨尧典》篇，《牧誓》因其父不以为然，故削稿，可谓孝子矣。一展卷，便有两个白字（均系其自书者），一、书名"伪"字作"訬"，二、"来薰阁"作"莱薰阁"（！！！）五时许回府。八时访幼渔。

3月29日　星期二

今日为黄花冈〈岗〉放假。午回家。

下午抄补《义府》一页，因一年前借孙人和之《义府》尚未归还，今日抄补毕，送至劭家，托其车夫送往。

3月30日　星期三

晨得幼渔电话，知昨日他与朱逖先访章师，已定明日下午三时在师大演讲矣。午后至师大历史系，欲与朱接洽，而朱已行，遂与学生们定夺：文学院——国文系、历史系，研究院——历史科学门，合请。三时许至中海，与劭定夺。四时许访逖，接洽一切。五时许访岂明。

3月31日　星期四

上午九—十二北大，毕，回府一行。天暖。

一时至中海，偕劭同乘汽车往迓太炎师，逖先已先在等，三时许至师大，演讲："清代学术之系统"，五时毕。因其家中来电话有人在等候，即归。钱、朱、马三人送归，就骗他的晚饭，晚十一时归，甚累。他说"丘未达"的"达"字是"打针"。又谓"高子杀齐君"，是原文。"杀"通"槃"（即"蔡蔡叔"之上"蔡"字），因作"𣏂"而误为"殺"，又误为"弑"，遂改为"崔子"矣。

4月1日　星期五

今日起两校均放春假，均放至七日止。

甚累，午回府，午后浴。

连日唇焦，今日服泻药，大拉了一阵。

晚起手写《广韵四声谱》，倒写之，今晚写"衔、严、凡"。

天甚暖。

4月2日　星期六

暖，风沙。人甚疲累。上午周国亭来。午回家。午后回孔德，写盐、添、咸三韵,甚累,头胀脚胀。晚约建功雅于森隆。他新见有关于《古韵》的书稿本、抄本二册,系依段氏十七部次列《说文》字者,每字下记《广韵》韵目,只存一一十部,不知作者之姓,其名曰:"澂之",中多引"先生曰",不知何人？引严可均之论甚多,又有引江沅之说者。

4月3日　星期日

精神不好。午回家。午后回孔德少憩。晚访劭西。

4月4日　星期一

精神甚坏。午回家一行。下午回孔德睡了一个多钟头,觉得异常之糊涂疲茶。五时得幼渔自章宅来电话,谓已偕半农访老夫子,嘱我亦去,因即往骗饭,十时半归,写"覃"、"谈"二韵。

4月5日　星期二

精神甚坏。下午二时到琉璃厂,到某海。晚访启明。

4月6日　星期三

午回家。下午在孔德收拾书物、衣。取夹衣出。写"侵"韵。

4月7日　星期四

午回家一行。下午在孔德写"幽"韵。甚疲倦,略睡片刻。五时雇汽车请幼渔代接老夫子到东兴楼,因今日我赏饭也,因拉拢太炎、平伯二人一见面也。宾主共六人,章、俞、马、马、朱、钱也。

归又写"侯"韵,"臻"韵,"真"韵未毕,睡。

4月8日　星期五

上午回家。午至半农家。今日半农约章、马、马、沈、钱、朱六人至其家午餐,因即请老夫子写字,我请他写——"急就高"三字。

他说"志则笃矣,高实未有也。"盖说我自己没有房子也。

三时偕至北大,讲"揭示学界救国之术",分为四点:(1)不可有好奇之见,(2)不可专倚智慧,(3)不可依赖群众,(4)不可偏信偏听。毕,由钱、马、刘三人送回其家,骗夜饭而归。

师有二子:长名导——字夷吾,次名奇——字仲连。

4月9日　星期六

师大学生罢考,今日故未去。午回家。午后浴。

连日甚暖,今日下午刮风,较凉。

晚访劭西。

4月10日　星期日

天寒冷。

午前回家。午陆懋德赏饭于撷英,往。下午有雨,精神不适。

回孔德,早睡。

4月11日　星期一

师大仍在罢考期内,电询黎,云:今日有国文系学生要求讲学(避上课之名与形)。

依然头痛胸胀,精神疲惫。午回府。午后至某海一行。傍晚回孔德,略清理书桌,拟读康氏《五经注》(《礼运》《中庸》《论语》《孟子》《春秋》),点《礼运序》及大同、小康两部,点《中庸序》,又点《论语序》及《学而篇》,及戴注之序及《学而篇》,以后拟康、戴并点。

4月12日　星期二

今日师大仍罢考。上午有国二学生二人刘同友、牛继昌来,欲组织国学研究社,已约黎、商二公讲学,并要我讲音韵,允之,从下星期二起。

午回家。傍晚回孔德,点阅《孟子微》七页。

晚访建功,出门失足踏空,蹩右脚,颇痛。

4月13日　星期三

足痛,不良于行。上午回家。午至某海。郭昭文来。午后劭来,共商关于龟甲、钟鼎、隶草,及须重编《干禄字书》等类,应剪贴之书目也。

晚与劭雅于西黔阳。

4月14日　星期四

因足尚痛,北大两天均连三堂,且要走头〈楼〉梯,今明两日故均请病假也。

午回家。午后至师大,开校、教联席会议,因四年级请考,故开会决之,决考也。

晚回孔德,在商务购得《论语》白文,灯下将《汉石经》所有者圈出,识约二十△处,亦注出。

4 月 15 日　星期五

　　晨得劭西电话,知教部定以李建勋任师大校长。午回家。午后浴。

　　今日精神坏极,非但不能看书、写字,并且不能消遣,一躺便昏昏然欲睡。

4 月 16 日　星期六

　　今日精神差好。上午回府。手又发作,午至金子直处诊视,并至琉璃厂购物。

　　幼渔送来吴检斋抄本《广论语骈枝》,约七千字光景。午后三时起抄之,抄至夜半一时毕,手酸头胀之至。

4 月 17 日　星期日

　　昨宵不安眠,今日精神甚坏。大风竟日,更觉头疼。上午赵憩之来,赠我以原本《五方元音》,感谢之至(也已增加,但远优于手本)午回府。

　　午后回孔德,拟睡一会,而不安眠,起而抄《三体石经》,将陈乃乾所印者全抄了。

4 月 18 日　星期一

　　上午回家。午后一时半至马家,移时半农乘汽车来,偕往迓师,盖中国文学系及研究所国学门请他讲《广论语骈枝》也,我翻译,建功写黑板,三时到,先看明清史料,四时讲,讲了一个多钟头毕。六时许,一行人至幼渔家,他赏老夫子吃饭也。启明亦来,不"谢"了,不"谢"了。很好,很好!十一时,我与半农、建功送他到家。

4 月 19 日　星期二

　　上午至师大考四年级《说文》研究,无应考者。午后归家一行。晚岂明赏饭于其家,同坐者为平伯、耀辰、绍原、废名,还有一位陶望潮,廿余年未见矣。

4 月 20 日　星期三

　　上午至师大考四年级经学史。午后回府一行。二时许至幼渔家,与同乘汽车迓师,四时至五时许讲,仍未毕,星五当续讲一次。

　　徐、黄所挖来之流沙坠简,我亦未看见,今日取示师,章草甚多,可爱也。晚蒋校长赏饭于德国饭店,我恭陪,十时顷我与半农、检斋送他到家。

4 月 21 日　星期四

　　昨宵未安眠。上午九—十二时北大。午回府。午后浴。研究所抄的《广论语骈枝》送来,灯下标点之,未毕。

4月22日　星期五

午回府。午后至马家,半农乘汽车来,三人同往迓师,四时起讲,至六时毕,师约我们同至其家吃南京来的大鱼。刘、马、钱、魏、朱、吴六人皆往,食毕,老夫子大拆其字,十时半始归,甚累,早睡。

4月23日　星期六

天阴,午后雨,寒。

午回家。午后回孔德,将老夫子《三体石经之解》分片而书之,拟将王遗少所释也写上去。未写毕。精神疲倦。

4月24日　星期日

天晴,冷,大风。

晨七时许,桑雪隐女士(师大国三)来谈文学也,她把自己的作品给我看,这实在是问道于盲。

午回府。午后回孔德,将老夫子之《三体石经》抄毕。精神甚疲倦。

4月25日　星期一

疲倦之至。午回家。午后二一四时至师大国文系学生组织之国学研究社讲《广韵》。毕,晚访劭于其家。

4月26日　星期二

上午回家。下午至某海。郭女士来。晚与劭雅于广和。

4月27日　星期三

午回家。午后一—三时又与师大生讲《广韵》。四时许,师大国文系摄影。晚在孔德点《骈枝》毕。甚累,头胀。

4月28日　星期四

上午九—十二,北大。午回家。午后校勘标点之《论语骈枝》,恐引书止处有误,多检原书对之,三时至六时毕,即携访半农,骗他的晚饭。晚浴。归来撰《高子篇高君附笺》一则寄炎师,拟附入也。

4月29日　星期五

天暖。头胀,右臂忽大酸痛。午回家。午后至北大授课三小时,甚累。

晚七时,陈筑山赏饭吃,因前月为他夫人写墓志也,座中遇王东孙及林宰平,宰平告我,珠海梦余生为——廖恩焘,字鸿书也。有一四川人王某大谈其墨教,谓墨分为三者:一、在朝,二、在野,三、上山。在朝者,消灭矣(争不过孔子);在野者,化为哥老会;在山者,化为道教。可谓奇谈。尚有一瞿冰森?

4月30日　星期六

晨,有单次刚者来,携其所写之字之照相,属题字,已有太炎、季刚、适之、公铎题,因题林竹轩诗一首(单,永嘉人也)。

午回府。午后在孔德。晚访幼渔。

5月1日　星期日

天气甚闷热。上午九时回家,十时至巜ㄍㄨㄞ会开会。毕,雅于西黔阳。闷热不可耐。二时许访启明。七时至新陆春,应罗根泽之请饭,座中有劭西、子书、宾四,及刘节(初次见)诸人。

闷热,晚不安眠。

5月2日　星期一

上午九时回府。十时至师大开校务会议。午后二—四时,应学生请讲《广韵》,毕至公园一行,今日天较凉,入晚在公园颇"翠袖"也。晚访劭西。

得砚斋转来《高子篇高君之附笺》,师略改数字,云可用。

5月3日　星期二

师大今日起复课。阴雨竟日。上午十一—十二师大,毕,与劭雅于蓉园。下午二时至文学院办公处,黎、李、钱三人商研究院下半年之办法。三时顷至北大取钱,即回家。晚校《论语骈枝》印稿,偏偏电灯坏了,真糟糕イマス。

5月4日　星期三

五四运动,北大放假一天。午至北大地窖中交校稿,因我的案语中刻字过多,今日不能印出。回家,下午剃头,浴。晚访叔平。

5月5日　星期四

今日为孙中山革命政府纪念日(查卷首),放假。上午单次刚、郑介石、丁声树来。午回家。下午访建功。

5月6日　星期五

上午九时至北大印刷所交校稿,再为最后之校对一次,即上板。十时顷回府。十一时至师大取钱。一时—四时北大。

灯下将老夫子文中之字取《三体石经》原文摹下,因精神疲倦,弄得没有多少。

5月7日　星期六

上午师大。午后回府。下午在孔德。

5月8日　星期日

上午十时至十二时应酬学生。午回府。晚餐,师大国文系毕业生赏教员们吃饭于忠信堂。

5月9日　星期一

晨回府。上午师大。下午至某海,郭昭文来。午后四时至教理学院,开教务会议。

5月10日　星期二

今日师大学生为校长问题事,上午停课,故未往。在孔德清理书物者大半日。午回府。甚累。午后五时至公园。七时访劭。

5月11日　星期三

上午浴。午后四时回府。五时至启明家,他赏饭也。

5月12日　星期四

上午九—十二北大。归,知昨晚德充忽患疔毒,因其右手巨擘略破,入菌,忽有红丝一线直上臂膊,急至金处诊视,今上午又诊,已下去,或不妨事。但午间诊病归来,忽大吐,检视手、头、胸皆有红点,下午延金来诊,知系腥〈猩〉红热。晚六时许,热度最高至四十度二,谵语。

下午四时,偕劭往访师,知△△以来,共割四次,右鼻已通,割出之肉甚多,而将有十五六间回南之意。坐,大谈其《左氏春秋》,谈至十时半方归,甚累,头胀足胀。

5月13日　星期五

本日德充病大约如昨,午请金来诊,云脉搏太速,当吸强心剂,下午七时,热度高至四十度二。

午前十时许回家。下午北大,一一三上,三一四实在精神太坏,故"恕不"了。

竟日胃满头胀,四肢皆胀,疲乏无力。

天气甚暖。

5月14日　星期六

上午九时顷回府一行,即电金来诊。十一十二时师大,毕,至金处取药,金云前昨两日热度甚高,已极发透(通身皆是),希望今日午后不再高,且渐低。五时顷回孔德,因甚疲也。晚八时电家,知又高至四十度二,颇忧虑,晚留家中,未回孔德。

5月15日　星期日　热

晨,毛热略减,但仍有三十九度七。八时回孔德。十时再至家,电金来视,十一时来,云猩红热或无碍,而喉际有白色,若是白喉,须速达。二时顷又来,云已验过,确系白喉,即达一万幺匦。

我下午四时至周宅,今日启明赏饭于其家,日本与绍兴合璧,日本菜极佳。同座为朱、马、沈三、俞、魏也。大家均请老夫子写字,他称平伯为"世大兄"。十时许毕,再回家,毛似略瘥。

5月16日　星期一

昨宵睡得极不安,差乎通宵失眠,今日师大请假。晨即归家,知毛猩红热渐瘥,而喉间尚作痛,昨宵温度三十九度零,渐退矣。午请金来诊,又注射血清五千单位,午后取药。

五时许至朱逷先家,今天他与沈三赏老夫子吃饭也,即昨日原班,惟平伯未来,又添龚镇洲与刘半农。

食毕电家,知平安,即回孔德。今日睡有几个钟头。

5月17日　星期二

师大仍假。天阴雨,凉。上午即回家,知毛病渐有起色,昨宵不到三十九度矣,喉痛亦差减,知目鼻口诸部痛耳,此盖猩红热之余波也。午仍请金来诊,谓喉际白色未全退,但不要紧了,验尿后,略有一丁点儿蛋白质,但不甚要紧。

下午四时归孔德,抄《国音略说》中之声符部分,拟畀《国语周刊》。精神惫,抄得不多。

5月18日　星期三

上午回家。毛白点仍未退,午请金来诊,达第三次(五千)。午后回孔德,抄《声符略说》毕。

晚浴,理发。

5月19日　星期四

上午北大。午后至某海一行,见教育部来文,知某汇已于五月　日公布矣。晚与勋雅于某轩。

5月20日　星期五

上午回家,请又达五千,因白点仍未退,热度亦未低也。下午一——四时北大,毕,回家一行。晚回孔德。

5月21日　星期六

师大假。上午回家。下午至某海。晚访勋于其家。毛热度仍高。

5月22日　星期日

晨归家,婣忽病,大恶寒,热度高,金来诊,谓是流行感冒,无妨也,两三日即愈。毛又达第五次,一万幺匿。午刘盼遂赏饭吃,吃毕即归。下午雄又病矣。我在家,孙人和交来《前汉书》之抄稿,借此机会校之(系吴检斋嘱钞,而作付梓之底本)。晚宿家中,今宵老三值夜,余亦起视数次,颇疲。

5月23日　星期一

师大今明请假。婣贞热略减退。雄热卧一日。五儿热度高。上午金来,谓白喉已注射二万以上,决无妨碍,虽有白点,必无碍,热度当因淋巴腺炎也。今晚仍三儿值夜,我住家,仍一夕数起。

天闷热,颇不好受。

晨八时许至孔德一行,即归。金来,谓雄亦系流行感冒。午后至金处取药,归宿家中。

5月24日　星期二

今日婣贞热退,但疲,未起床。雄热度尚略高,但有时起床招呼一切,午后三儿忽又传染,盖亦流行感冒也。上午闷热,精神疲乏。上午金来,谓五儿白喉虽白点尚有,已过去,此时发热,系淋巴腺炎也。今日他的热度,仍在38、39之间,时高时低。

午后浴。天风,且飘雨,凉,爽快矣。在浴室酣睡约一小时许。四时取药即归。今日因三儿又病,我值夜,甚疲累。

5月25日　星期三

昨宵一夜未眠,且间十分钟必闻呻吟之声,起而招呼,故今晨极疲乏,八时至孔德来酣睡,十二时醒,仍觉疲,但即起。上午金来。午后至金处取药,知三儿所患确是流行感冒(白点退尽),家中只余我一人未传染矣。三时携药归家,六时再至孔德休息。五儿今日仍 38、39 之间。今日婠、雄均全愈,起床矣。

5月26日　星期四

今明两日北大假。昨宵又一夜未眠,今日惫矣。雄神经痛,三喉痛,热亦未全退。毛大致无变动。晨八时到公园坐坐,意欲稍吸新空气,以苏醒疲倦之精神,而仍然甚惫,张目看日觉甚胀。旋至金处为三儿取药。下午至孔德拟酣睡数小时,竟因胃满而睡不着,殊烦闷。

晚ㄍㄨㄣˋ会老会员赏陆雨庵吃饭于长美轩(黎、沈、白、萧、刘、陈、钱),九时回家。前半夜我值,二时以后疲甚矣,婠贞略注意一下子。

5月27日　星期五

今日惫略好,因昨宵略寐也。上午仍延金来。我至孔德略事休息,午后至金处取药,归家。四时许至某海。晚同劭雅于同和居。

今日见《国闻周报》,见徐一士之《读〈康南海先生传〉》,始知彼兄弟系徐致靖之侄,则徐仁铸之堂弟也。

5月28日　星期六

师大假。毛病大致与昨日相仿,淋巴腺肿渐消,故未请金来,仅下午往取嗽口水等也。入晚,婠忽发见彼右足肿背,左足背亦肿,右手心亦略肿,盖肾脏炎也。三儿热未减,喉未减痛,改延李景泉诊视,今日下午服药二次,大出汗。

上午六时许起,八时许至孔德,十时浴。三时又回家,四时至金处取药,六时又至孔德,七—九时睡了一会,九时许回家。晚略睡二三时。

5月29日　星期日

晨六时起。九时请金来诊,确是肾脏炎,有"百分之小数点五"之蛋白质。今日用升汞水为之洗澡。十时许至孔德,十一时许取药,一时许归家。

三时至孔德睡觉,睡得欠安适。九时回家,知八时许毛忽高至 39 度,夜半二时高至 39.3,甚虑之,故通宵未安眠。三强热度稍减,喉痛未减,今日仍延李诊。

得吴检斋信,知章师于二十一日微行出平也。

5月30日　星期一

今日毛温度不甚高,均在卅七度内,人亦尚平稳。因昨宵事,晨八时许又延金来诊,云无碍。

九时拟至师大上课,而精神太坏,至西长安街而变计,改奔金处取药,十时许至孔德略睡一小时许。午至市场购物,即归家。下午未出门。

天气闷热,晚虽无风波,睡亦仍极少。三儿渐瘥,李今日来诊,改方服两剂,不必再吃矣。

5月31日　星期二

昨宵、今晨毛温度不高,均三十七度三,似乎除肾脏炎外,均渐见瘥,胃口亦佳,惟脚软耳。师大今日学生又开大会,放了先生矣。

十时至孔德,酣睡至下午二时半,回家看看。至某海,与劭雅于广和饭庄焉。

毛热渐退,今宵略安,然予仍起四五次,不能安眠。

今日精神甚疲,睡醒后即觉恶心。

6月1日　星期三

因毛昨宵忽感咳嗽,今日又延金来视,云稍有气管炎,无碍也。十时至孔德。午后浴。回孔德。五时顷至富文斋取张伯桢的《康南海传》。西车站食堂今日复张,晚一人往试之,味犹昔,胃不佳,故吃甚少。十时回家睡,今夕尚安。今日精神甚疲,仍恶心也。

6月2日　星期四

天热。

晨九时至孔德。下午续校《昌言》抄稿,因精神疲倦,校了没有多少。看张著《康传》,虽叙事较梁为详,然无眼光,无见解,且文章一气到底,不分段落,文理亦欠佳,故也看不下去。睡。

五时半至金处取药。七时许访建功,十一时回家。

毛温度如常,热已退尽,手脚肿处亦稍消,病殆去矣,今夕尚安。

6月3日　星期五

天甚热。

晨十时至孔德,假寐一小时。午后一——四北大,《说文》研究及音韵均结束也。

毛病渐愈矣。

晚严既澄赏饭于东兴居,同坐者皆女大国文教员:顾随、陈君哲、范文某、许地山、许之衡（未到）、吴三立也，颇以为奇。次日得其信，知其下半年将请我兼女大课也。

十时归家，闷热不能安眠。

6月4日　星期六

今日本拟至师大上课，而学生为校长问题开大会，上午停课。（晚，知休会。）精神极坏，头胀欲裂。晨十时至孔德，取《艺范》将郭系所录签明，因此书字迹较清，写时可资参考——虽然不甚可信。晚访叔平，十时归家。

今日天阴，时有雨，较风凉。

6月5日　星期日

晨九时至中山公园看明岐阳王文物展览会（今日收摊），匆匆一看，即至金处取毛药。午归，偕两儿同至西车站午餐，毕，同至公园，三人再细看岐阳王。四时许访启明，十时归家。闻午后毛热度又略高数分，为三十七度二，意者，吃的太多（今午食水饺子十五只，午后又吃绿豆糕与牛奶）。稍过即退，谅无妨也。晚安。

今日未至孔德。

6月6日　星期一

今日师大学生又开大会（因前日流会），上午无课。晨八时至孔德检点衣服，清理书桌，耗了大半天工夫。下午五时回家，毛热度又高至三十八度一，但夜间却能安睡，大致无妨，明日当再请金诊视。六时许访劭，十时许归家。

6月7日　星期二

晨八时顷至寄宿舍，稻孙来。十一—十二师大，毕，与劭雅于西车站，毕，至金处取毛药。下午三时归家。天太热，当旰昼头，跑得颇头昏。下午即在孔德休息。毛病渐瘥，今晚起仍宿孔德矣。

6月8日　星期三

晨回府一行。上午至琉璃厂一带还节帐。今日为废历端节也。午后访吴检斋，交出《论语》及《昌言》稿，又取得《昌言》下半部来校。三时许访劭。七时许偕劭同访任叔永，似乎款项不至全然落空。八时与劭同雅于德国饭店。

6月9日　星期四

晨赵憩之来，借我《琼林雅韵》，拟发抄。午回府。午后写"郭秦"，至晚毕。浴，剪发，甚疲累。

6月10日　星期五

晨阅报,知师大自今日起罢课矣,定明日出发至京索校长。九时许回府。毛差不多好全了,脚不肿,身不热,且胃口极旺,食物甚多,惟目疾未愈耳。至金处,云不必吃药了,但取包眼硼酸水一瓶而归。至师大文学院及教理学院,均关大门,门内有纠察队持棍,据云阻教职员入内,学生则可入云。

午后二时,以药归家。三时顷至某海,劭亦来,知今晨学生包围李干丞,要全校钥匙,并要旅费二百元云。秘书、教务长、三院长在李干丞家中开谈话会,结果由黎拟一宣言登《世界日报》,其文如下:(我因研院故亦列名)晚又至劭家。

6月11日　星期六

上午回家一行。精神疲倦,心绪欠佳。下午在孔德休息。六时顷访启明。

闻师大今日被军警勹口(包围)北自□栅,南至琉璃厂,交通断绝,学生自校中扔砖石至中小学,而军警则放空枪云。

报载学潮渐扩大,不特北大、师大、平大及中大等卷入,则中小学校亦大有卷入之势,其目标为打倒教育之法西斯蒂化云。

6月12日　星期日

上午回家。午后在孔德点阅《古籀拾遗》(阮卷)毕。

伐　bat　蔑　mat　毃　buk

有　夜　友　……(夕)

D　刀　同字

晚七时又回家,偕婠、三两人吃德国饭店。

6月13日　星期一

眼镜坏,上午匆匆回家一看,即至精益配好。午后浴。五时访劭。七时至同和居,骆侍郎赏饭也。

车过教理院门前,军警早撤,惟厂甸道上砖头瓦块甚多,仍是半开门。文学院亦仍半开门。

在富晋购《长安获古篇》,六元;《怀米山房》,十元。

6月14日　星期二

上午回家。午后回孔德,点阅《古籀余论》。五时许至某海,为劭书"立达书局"匾。郭昭文与丁迪豪代表研究院来某海挽留。晚与劭雅于东亚春。

6月15日　星期三

上午回家。午后回孔德,阅《古籀余论》。

晚访叔平,并晤唐立庵,叔平见赠泰山刻石十字拓本,又周公东征鼎相片,恐是西贝,因"廟"作"🖼",百朋"作"🖼","于"作"🖼"也(当为 🖼 或 🖼)。

6月16日　星期四

头胀身疲,上午回家。午后回孔德,点完《古籀余论》。晚与劭雅于来今雨轩。

6月17日　星期五

午回家。午后浴。晚访幼渔。在幼渔家闻蒋梦麟明日将与高仁山之故妻陶曾穀结婚。

6月18日　星期六

晨回府。午后至某海,写齐任怡之"北风书店"匾字。晚访启明。

6月19日　星期日　大雨

午至蓉园,陆侃如、冯沅君夫妇赏饭,因他们不日将往法国也。食毕回府。即回孔德。

拟写定《急就篇》正草两体,正体,依《唐石经》,草参杨、董(?)宋、赵四本,并注音,先写卡片。注正草两体及音(入声字兼注入与非入,用哪一种将来再定),并注《说文》之部,拟将来写入《说文》之上端也。今日写一二章。

6月20日　星期一

上午回家,浴。写《急就》三、四章。

6月21日　星期二　天热

晨八时半至适之,揩其汽车之油至燕大,(他与她)他要至燕大毕业式演讲,我是颉刚邀往赏午饭也。在颉刚家晤其叔起潜（名廷龙），他抄有龚孝拱的《器铭文录》（十四卷），又龚文三篇（一为考石鼓者），均借归，拟抄之焉。三时顷仍揩油回城（多一商承祚）。回府。六时至西车站，今日钱、黎、幼、半四人赏陆氏夫妇也，并邀适之、旭生作陪。

6月22日　星期三　天阴雨　甚凉

午前回府。午至来今雨轩，顾颉刚、郑振铎、郭绍虞，钱陆氏夫妇也。四时至幼渔家，与幼、适、半共出今年北大招考国文题目，今年不作文，用翻译，并考国学常识若干条。在幼处晚餐。

6月23日　星期四

午回府。午后至某海，为孙蕴璞所办"著者书店"写匾，又与劭合送两匾："信信疑疑"、"亦述亦作"。

在某海晤符宇澄。晚与劭雅于长美轩。

6月24日　星期五

午前丁声树、刘△△来。校《体撰录》毕。午回府。午后浴。晚高老爷赏饭于同和居。

阅晚报，知教部又发表李蒸为师大校长。

6月25日　星期六

晨八时到北大地狱，与幼渔、颖石监印题目，文理所用共印四千（文法2500，理1500），平、武汉、上海、广州四处用。二时毕事。回府。四时至午门楼历史博物馆看洪承畴。五时访劭。七时至同和居应孙秘书（蕴璞）之招，他赏五个宣言者吃饭也。

颉刚交来吴其昌的《殷先王先公三考》，今晨六七时看之，虽有武断，尚觉贤于鼎堂。

6月26日　星期日

上午师国二女生王德箴来。孙子书来。写《急就》5、6。午回家。午后回孔德，又写7、8、9、10章，宋所补本刻石太坏，只能用赵本、宋本补正，宋只有第　　章。

晚浴。

6月27日　星期一

上午回府。访检斋，为章氏刻书事也。至琉璃厂一带购物。午后至某海。天时阴时晴,方自琉璃至某海之时,适当赤日高张,甚热,至某海,即觉腹痛,大便,略好。六时至长美轩,幼渔约雅也。九时半归,写《急就》十、十一章。刘盼遂撰《段玉裁年谱》,今日赠我一册,用段与刘端临书作重要材料,甚好。

6月28日　星期二

　　午回府。下午剪发,浴。六时陈君哲、范文澜赏饭于东兴楼,十时归,写十二、十三章。

6月29日　星期三

　　午回家。天时雨时杲,杲杲日出,颇类梅天。午后回孔德,写第十四章。访劭于其家,十二时归,天甚凉。傍晚六时渐霁。

6月30日　星期四

　　午回府。午后至某海。晚偕劭雅于来今雨,十一时归,取《五经文字》之字体书于《说文》之上。

　　精神甚疲。

7月1日　星期五

　　连宵未得安眠,昨宵尤甚,今日头囟昏胀之至,不特不能运思,且不能做机械工作。上午赵憩之及方国瑜均来。午回家。下午回孔德,录张□字体,心烦意乱之至,掷笔而睡,又困勿着,盖自今年五儿一病,劳顿兼旬,又加恶矣,噫!

　　晚七时得白电话,悉今日分配某报《ㄍㄨㄞ仍继续给一万二千元一年,甚高兴。白、魏、何、钱四人共雅于长美轩。

7月2日　星期六

　　天气闷热之至。上午回家,即出浴。午后至某海。晚,△人赏蔡先生吃饭于欧美同学会,热极,洋房中菜真热得吃不下去。晚八九时顷,阵雨,即止,仍不凉。晚热得不能安眠。

7月3日　星期日

　　上午回家。至《ㄍㄨㄞ会开会,午聚餐于来今雨轩。天甚热,疲倦。下午回孔德假寐,晚浴。剪发。

7月4日　星期一

　　午回家。下午在孔德校《昌言》一写样。晚访启明。晚雨,凉。

7月5日　星期二

上午校《昌言》四,后半原稿。回家。即至文楷交稿。下午至某海,晤魏、白,三人同至长美轩雅。天颇风凉。

7月6日　星期三

上午回家。至景山书社购傅胖所印之薛尚功。下午在孔德拆排《国粹学报》未毕。晚浴。

7月7日　星期四　天热

上午回家。午后至某海,甚热,与涤洲闲谈。晚与劭雅于长美轩。

7月8日　星期五　极热

上午回府。午后浴。下午在孔德点阅《书林清话》数篇。晚,至直隶书购《郘园藏书志》,十二元;《书林余话》,二元。

闷热甚,蚊子又多,竟日未安眠。

7月9日　星期六　阴　闷热竟日

上午回家一行。因昨购之书,《郘》有污,《余》有缺页,故往换。见有民国庚年(十九年)新刻之《杨慈湖遗书》,六元,买之。

下午浴。晚访启明。

夜,仍不能安眠。

7月10日　星期日

上午阴,下午晴,似稍凉。

上午回府。午罗根泽赏饭于新陆春,同坐者为侯△△、黎劭西、马五诸君,还有做《穀梁真伪考》的张西堂,是初次见面,他说他有意做《国语探源》的工作云。下午至直隶书局,以七元购得新刻《慈湖遗书》一部。

7月11日　星期一

天甚热,而甚爽,较两三日前略好过些。

上午谢石麟来。午回家。午后至孔德,开始写《三体石经考》,格子不甚合式,写了两张,写得欠佳,盖日前刻九行十八字之格,以改八行为宜,而十八字最好不要打横格,衬格写之,较为自由(心理作用)。拟明日再重刻一板也。晚浴。剪发。

869

7月12日　星期二

午回家。午后至某海,晤易静正。晚与劭雅于来今雨轩。天甚热,不舒服。夜不安眠,甚苦。

7月13日　星期三

上午三时顷,大雷电,大雨,今日一天阴,时有雨。

上午回家。下午又至龙云刻八行板。至某海,为人写字。晚回孔德,校《昌言》五抄稿。

7月14日　星期四

天雨竟日,下午起凉。

上午在孔德,校《昌言》六抄搞,毕,回府。下午浴。晚校《昌言》二三校样,毕。

精神大坏,心绪不宁,头胀身疲,手疾又大发作,起水泡甚多,明日只能去看矣。

今夏自毛病以来,精神又坏了许多,近来连遇不快意事,什么事?不愿写,致将来再过几年看了这些伤痕,更难过(那时想必更衰弱矣)。噫!噫!

7月15日　星期五

晴,上午凉,午后渐热。甚不舒适。头胀身疲,不知所可。

晨起将《广骈枝》最后□点阅毕,可上板矣。上午十一时回府。下午至文楷斋交三件(《骈枝》最后,《昌言》二、三校样,《昌言》五六、原抄)。

至金处,看手,看神经衰弱。访劭。晚访幼渔,将《体撰录》交他点句。

7月16日　星期六

上午回家。午至撷英,李蒸赏发宣言之五教授,请复职焉。

晚浴。

下午至开明书局,购闵尔昌之《碑传集补》,价十八元。

7月17日　星期日

手较昨为悲哀,渐有不便执笔执箸之势。午回家。下午五时至某海,晤劭。七时顷,一人至公园坐坐。

7月18日　星期一

晨回家,在家几一日,手悲哀。下午五时至金处诊,他说要以药水(醋酸锖及△△)包之,但实在不便,未果〈裹〉包。

晚七时许,约劭雅于长美轩。今日李蒸开教务会议,我因家事未往,托劭代表,据云八月十一起招考,十八考云。

7 月 19 日　星期二

手仍悲哀。午回家。午后访逖先,因闻师大女生要求将他革职,而六主任竟将此事提交教务会议,可谓奇谬,因往告之。

访启明,并晤孙伏园。

晚大雷电,大雨。

7 月 20 日　星期三

手仍大悲哀。上午回家,又至金处取药,他说必须包,明日拟令婠以药纱制一套,将全手包入以代包。下午浴。因手疾,一动也不能动,一些劲也不能使,兼之天渐热,心烦闷已极。

7 月 21 日　星期四

今日北大考。今年监场、阅卷只好恝不了,且俟粤、申、汉三处卷来时,或可襄阅。午前回家。午幼渔至我家中来。下午回孔德休息。

启明送来捧福临,晚涂之,甚粘甚胀,不能安眠,明日拟不用也。

7 月 22 日　星期五

上午回家。又至金处诊视。下午至某海,晤涤洲、子书。天闷热之至,手痒神疲,烦闷无比。三时顷访劭。四时天大雷电,以风,大雨倾盆而下,道不能行,六时许雇汽车归孔德,新华门前轮没其半。黄昏又雨。

劭谓李蒸自济南来电云,招生广告且缓登,不知又是什么玩意儿?

7 月 23 日　星期六

今日阅报,知朱家骅提议,△△议决本年师大停止招生,他们要并吞师大了。午回家,午后浴,剪发,前后一律剪二厘许。

手仍悲哀,一切不便。

7 月 24 日　星期日

今日师大忽开所谓谈话会也者,不知何种性质,故未往,亦未托词不到。

晨八时,赵憩之来,朱逖先来。午后杨慧修来诉王淑周事,无聊之至,干我屁事!三时回家。四时许至某海,阒无一人,海中各机关电话全坏,七时至直隶书局借电话打给黎公——遂往访,知谈话会即为停止招生事,他们屈服得很,好!好!!

好！！！我决定辞职。

十时顷大雷雨,不能归,宿劭家。精神甚坏。

7月25日　星期一

晨九时出黎宅,至金处看手,云渐向瘥矣。十时顷回家。午后浴。天闷热,精神甚坏。黄昏大雷电,大雨。

7月26日　星期二

阴雨,下午霁,黄昏又雨。

手渐瘥,右手大脱皮,左手似稍利〈厉〉害。

试写成本《碑传集补》封面,尚觉不甚利落也。

下午三时,雨止。回家一行。晚访建功,并晤金源。

精神不振。

7月27日　星期三

午回家。下午至琉璃厂购物,至某海。晚与劭"雅"于西车站。

手拟瘥,但时时作痒,手心尤甚。

晚试写《石经考》半页,执笔比昨日又好些了。

7月28日　星期四

上午方国瑜来。午回家。午后访幼渔,并晤叔平。晚七时起,大雨倾盆而下,归途时又大踩水。

7月29日　星期五　上午大雨

午回家。午后浴,浴毕即回孔德。看李日记。

7月30日　星期六

早六时顷,大雷,大雨,霹雳两次。

看李日记。

今日八时起,三儿将往国会街法学院考清华,六时顷适应去,不知其如何?颇念之。八时雨渐止,即回府,知其霹雳后冒大雨而去者也。

十时至GR班演讲三点:(1)汉字造字是循形,用字是循音;(2)宜注意方言罗马字;(3)拼音文字须写成固定形式,不可随时拼写,任意分合。

十二时访吴处士。午后二时至师大,开"校务整理委员会",大骂一顿朱、段。晚访启明,并晤伏园。十时归,雷电又交作,夜半大雨。

今年清华考对对子,陈寅恪之主张也。

7月31日 星期日

上午大雷及雨,较昨更大,过午方渐止,夜半又雨,余卧室檐塌,坠瓦,墙灌水,要倒,地下尽湿,非修不可。与庶务商,他说可挪至小图书馆。我以原屋为适,故允暂将卧榻及书桌移往半月,或两旬,修毕仍回原屋,而在修理期中利用之,以清理书籍,亦良得也。

下午回家。晚回孔德。看李日记。

8月1日 星期一

阴渐晴,竟日无雨者也。

上午八时,赵憩之来。

三儿今日考毕,不知能取否也。

上午回家一行。午后浴。五时顷至琉璃厂购物,至来薰阁购《论语义疏》,价廿二元,此本与《四库》、《知不足》本不同,合于古。

七时至长美轩与劭雅,晤杨据梧。

今晚搬至小图书馆卧。看李日记。

8月2日 星期二

晴。午后五六时间雷雨,旋晴。

午归家。午后至金处,因大便不通畅,手患尚未全好。至琉璃厂一带购物,即回孔德,清理书,三至五共两小时,累得疲乏之至,一躺竟倦极而睡着了。噫！晚浴。阅报知停止招生令已到师大。

8月3日 星期三

晴,天渐热,甚不好过。

午前回府,即至黎处,与他同至撷英,赴师大教授会之聚餐。午后至文楷斋,炎师《左氏》一、二上两卷写样已成,因取来,至于先睹否□□□也。

四时至某海。晚至来今雨轩,袁敦礼、刘拓二人赏饭也。

竟日潮热,汗出如渖,甚不舒服,晚餐归来一擦身,即睡,睡至天明,方觉神志稍清也。

8月4日 星期四 晴 天甚热

晨九时,骆绍宾来。午回家。午后浴,剪发。五时归孔德,为郑宾于书扇及单条。晚至长美雅,晤杨据梧。十时归孔德,抄国音入声。因热,终日出汗,且手又频

873

痒出水,虽不利〈厉〉害,甚觉烦溃,疲倦。

8月5日　星期五

上午郑宾于来。午回府。下午审查赵憩之文,因精神疲倦而未完。

天晴,虽颇热,而气压高,故觉尚爽。入晚渐闷热难受,夜不安眠。

8月6日　星期六

晴,闷热,晚阴,云甚厚。

上午十时回家一行。即至师大开校整会,李蒸回平报告朱、段也,绝对不招新生,而研究院则改研究所,姑勉任之,因:(1)怕回□□德,(2)怕师大方面人疑我,且以我为势利也。午与劭雅于广和饭庄。下午至富晋斋购得无锡秦氏新印字最多之《石经》(不知真赝如何)。晚浴。

8月7日　星期日

阴了一天,下午雨,有秋意,不甚热,但仍闷,因气压低也。

上午写《古书今译》数则,拟投《国语周刊》,未毕。午回家。午后在孔德,审查赵憩之的《中原音韵研究》。晚作一审查报告书。

夜半雨,凉。

8月8日　星期一

上午大雨,下午晴,凉爽,大有秋意。

上午抄报告书。午回家。午后在孔德看《韵略易通》中关于业彳尸之洪细问题。傍晚约劭"雅"于来今雨轩。灯下写《韵略易通简表》,成其半。

8月9日　星期二　颇风凉

晨回府,即至师大文学院开校整会,讨论组织大纲,未毕,在师大吃饭。下午至某海。晚访启明。灯下续写"兰表"毕。

8月10日　星期三

上午赵憩之来,将件交出。回家,午至撷英,师大教授会聚餐,劭西拟致朱家骅电,稿已就,即席略有讨论,因字数过多,定明日发出(尤电)。四时顷方出,即回孔德。晚浴。

因老夫子函催《左氏》稿(因只一份,他虑热河事,平津将危),因于今日嘱大三两儿将卷一、二上、二下之三卷,凡三万言草草录出,以便寄还之用。

写"樊表",未毕。

8月11日　星期四

晨写"樊表"毕。午回家,两儿已将三万言抄毕矣。午后至某海,旋至劭西家,与商师大组织大纲中关于研究所之条文,四时同至文学院。因校长指定教务长,三院长与我五人组,共商组织大纲中　　之条文也。

七时至长美轩一雅。

灯下写"胡文伯表",未毕。

8月12日　星期五　天又闷热

八时许回家。九时至北大,阅申、汉、粤三处卷约四百余本,一日毕事。午李干丞赏饭于来今雨轩,他辞行也。晚与建功雅于长美轩。

归,续写"胡表",未毕。

8月13日　星期六　热

晨写"胡表"毕,赵憩之送他抄的徐孝△△△韵表来。午回家。午后浴。五时至来今雨轩,与李湘宸、黎劭西共赏张小涵、文范村、李干臣三人吃饭。因为他们不日要出洋也,宾客共二十余人。十时回孔德,写"徐孝韵表",未毕。

8月14日　星期日　闷热

人甚疲倦,不适。晨起续写"徐孝韵表"。八时至十二时,丁梧梓来,陈斐然来,午回家。午后二时回孔德疲倦头胀,睡了一会儿,醒来,更觉难过,头昏胸胀,勉强把"徐孝"写完。五时访启明。

八号—十四号,凡七日,写了兰、樊、胡、徐四家简表,皆赵憩之之著作所引起也,草录,日内当刻一格式誊清之。以后当续写周、卓、朱(权)、蔡、毕、乔诸家之表,诸表成,则元明韵书之大略可讲矣。

8月15日　星期一

午回家。幼渔来吾家,谓朱、胡北大方面亦无希望。午李蒸赏饭于撷英,为李顺卿、文元模、张小涵饯行也。下午至某海,涤洲已归,晤之。

晚符定一赏饭于来今雨轩,同座者只二人,一黎、一孙蕴璞也。符云他购得严可均之《说文翼》,欲影印,而缺首卷(一至卌),似忆中山大学有此稿,见其周刊,允为查之而设法焉。

8月16日　星期二　阴

昨宵不安眠,晨极疲倦,头胀欲裂。九时至师大开"校务整理委员会",组织大纲弄完了,即在师大赏饭吃。下午至某海,托孙子书向北平图书馆借得之徐孝《合并字学集韵》已借来。六时回家,晚浴。

8月17日　星期三

晴,气压高,虽尚热而不甚难过。

上午林玉堂来,吴三立来。午回家。午后至师大开"校务整理委员会教务组委员会"。

晚一人至长美轩"雅"。金风起,渐觉"翠袖"。劭西在来今雨轩请客,移时来谈。

8月18日　星期四

晨九时回家。十一时至师大开教务会议,毕,与劭"雅"于广和饭庄。晚,孙子书、王有三赏饭于广林春。

8月19日　星期五

清理书桌等等。午回家。下午开始写《中原音韵》音表。

8月20日　星期六

上午回家。知清华昨日发榜,三儿已取上了。

下午浴,剪发。毕,至长美轩约劭雅。归,写《中原》。

8月21日　星期日

晴,下午阴,夜半大风,阵雨。

上午九时回府。十时至启明家,因季明来信约今日至周家,出彼新以四元购得之刘申叔致端方告密信二十八张,共观之也。其信用有光纸裁成小张(比普通八行字书为小)而写之,工楷,在申叔大概是最好之字矣,阅此始知其讲社会主义时已做侦探也。□□因在周家抄之,竟抄了四个钟头之久(约四千字),晚九时归孔德。

上午八九时间,黄昏十时至一时均〔写〕《中原音韵》表,仍未毕。

8月22日　星期一　晴　又稍渐热

晨八时,商锡永来。上午将《中原音韵》弄毕。午回府。午后至师大开谈话会,讨论对于教部将二、三、四、五、六五个月发半薪事,只到五人(云亭、湘宸、泛驰、玄同、据梧),谈谈而已。五时毕。精神十分疲倦,即回孔德,看看报,睡着了。八时浴。又睡着了,昏昏沉沉,疲软之至。

8月23日　星期二

　　晨八时回家。十时至师大开"校务整理委员会",将组织大纲三读毕,已将下午二时,与勋"雅"于广和,毕,至某海,移时即回孔德,睡了一忽儿,六时许至淮阳春,因沈朶山明日要南旋。钱、黎、魏、白、何、汪、陈七人赏他吃饭也。陈未来。

　　连日精神疲倦,欠伸时作,兼"大赤化",难过得很,晚上亦不能安眠,甚苦,甚苦。

8月24日　星期三

　　晨九时回家,即至师大开会,讨论研究所事,仅李蒸、李建〔勋〕、黎、钱四人,未有结果。

　　历史科学门改纂辑处
　　　　　　　　　　决定
　　教育科学门改
　　纂辑处永不招生——决定。
　　经费三千,李建要二千,咱们只有一千,那如何行呢？未决定。

　　午与勋雅于蓉园。因连日不安眠,昨日大欠伸,且□化,午后至金处诊视,服药后,今晚略能安眠。

8月25日　星期四

　　今日起,清理屋中书物,拟下周起迁回。晨八时回家一行,即至孔德理书物。晚浴。

8月26日　星期五

　　竟日清理书物。午回家一行。

8月27日　星期六　天凉　阴　入晚雨

　　晨九时,将汉、后汉、三国、五代、辽、金六史(百衲)运至家中,十一时回孔德,清理书物者竟日。

8月28日　星期日

　　晨回家一行。清理书物者竟日。甚累。早睡。

8月29日　星期一

　　晨七时许,易价来。上午仍理书物。午回家。午后浴。

晚方壮猷赏饭于广林春,请何□也,同座有吴其昌、刘盼遂、周叔迦、马叔平、萧子升,黎劭西四人。

晚又理书物。

8月30日　星期二

晨七时许马宗芗来,为抄师著事,又要我到东北大学去担任功课,辞以法与精神皆所不许。固请,因答应演讲几次。

上午搬回原屋。午回家。午后至某海。因今日上午有校整会,为李要2000,给我们1000事而不往,结果李校长主张一家1250,其余500元作办公费。下午往探劭也。

晚回孔德,仍清理书籍。

8月31日　星期三　晴　凉爽

上午九时赵憩之来,午回家。午后开始写《三体石经考》,写了三张半(1—4前半),不过一千字左右,而手酸头胀,十时顷倒床便昏睡矣。

9月1日　星期四　凉爽

晨八时起又写《石经》二张半(4后半—6前半),约七百余字。

午回府。午后访幼渔。

晚严既澄赏饭于福生食堂,此外惟劭一人。归又写一张"石经"(6后—7前)。

9月2日　星期五

上午,方国瑜来,吴三立来。傍午回府。午至来今雨轩赴劭约,他今日请孙伏园、瞿菊农、熊佛西、郑□□等人吃饭也。四时回孔德。精神疲倦,晚亦不能安眠。灯下写《石经》7后半之数行,即不能继续,唉!

9月3日　星期六

今日精神之坏,无可比伦,晨醒即头昏胸胀,抑郁恼怒不可遏止。上午回府一行,即至两大学取薪。午后访吴检斋,不值。访高老爷,把功课定了。剪发,浴。

在来薰阁购得郭之《金文丛考》,价国币九元,略一翻视,极佳。

9月4日　星期日

上午侯芸圻来。十一时回府,即访吴处士,不晤。今日系巜古夕会开例会,因只到黎、白、魏、何四人,流会。□约我同至广和"雅"。"雅"毕已三时,再访吴处士,仍不晤,一怒而归。晚校两儿所抄《左氏答问》一二卷,尚未满一卷焉。

9月5日　星期一

续校月前命两儿抄之《左氏疑文答问》一、二上、二下三卷者一日,毕。

9月6日　星期二

九时回家。十时访吴处士,即至师大开校务会议,二时半方毕。□腹孔馁之至,与劭"雅"于蓉园,同至某海。晚访启明,并晤伏园。

9月7日　星期三

上午九时,周国亭来。午回家。午后回孔德,清理书物。晚写了六张《三体石经考》(7后半至9前半,又16至19),因9前半之末行有问题,故越之而写本文(从十六页起)。

今明两日,清华学生办入学手续之日,三儿往一日未得办,因太挤也。

9月8日　星期四

上午回家。午后回孔德,弄功课表,其实照我理想,四年六十小时排一课程标准,甚易且甚完备,且可多余一点时间,可位置特殊功课(拟表如下)。但事实上,今年应四十五时,欲排至六十时且不可能,今天所排共七十时,实无办法,明天会当与劭商之。其症结:(一) 教授须凑足钟点,(二) 为情面设重复课程,(三) 有几位先生只能教特别功课,而不能不顾情面也。

晚浴。

今日三儿又至清华,将一次〈切〉手续办妥,明日当迁往矣。

9月9日　星期五

上午十时访半农,即回家,与大、三两儿同至东来顺三楼露天幕帐之下吃烤羊肉,味甚鲜美,胜于炮羊肉远矣。我自己不会烤,叫伙计烤,吃了四盘。大儿四盘,伙烤三,自烤一。三儿五盘,伙烤三,自烤二。民二初至北京时,大兄即言此物风味之佳。今日始尝试之焉。

午后至某海,与劭共商功课表事,亦无妥善办法。晚访启明,并晤天行。归遇雨,甚大。

9月10日　星期六　上午雨甚大　阴雨竟日

写了三张《石经考》(20—22)。午后三时雨止,回府一行。灯下又写了三张《石经考》(23—25)。

9月11日　星期日

晨八时颉刚来。午天行赏饭于玉华台,同座为郑西谛、郭绍虞、余季豫、容希白、黎劭西、沈兼士、台静农、顾颉刚诸人。三时回家,知老三今日迁至清华矣。五时访唐立庵。六时访杨遇夫。七时访劭。计课表中尚多七小时,当决定孙、严、骆三人均减六为四,范减二为一。

9月12日　星期一

今日为我四十六岁之第一日。上午写定课表。午回家。午后访季豫。访仲沄。至某海晤劭,决定最后之课表。晚与劭雅于同和居。

9月13日　星期二

上午十时至师大开教务会议,将课表等等一起交出。午后四时回府,三强适归。六时回孔德,写定课程纲要及分年表,拟明交油印。

9月14日　星期三

上午将审查赵憩之书的报告抄了一通。又一个月前所做《　　》也把它弄好了。午回家。午后至《☰夕会交二文。访吴检斋。至师大注册课。至来薰、中华、松筠、富晋四家还芦场。六时许至受壁访嫂。觉精神甚疲,十时归孔德,即睡。

9月15日　星期四

上午谢石麟来。夏宇众来。午回家。午后至师大询课表已否排好。晚浴。
今日为废历中秋,晚阴,无月。
竟日精神疲倦。

9月16日　星期五

晨七时睡,闻窗外雨声淅沥,天气颇凉。午回家。下午至某海,晤劭,晚与劭同雅于东亚春。十时归写《石经考》三张(26—28)。

9月17日　星期六

晨起又写《石考》三张(29—31)。午回家。午后二时许三儿归,云明晚走。午后四时至师大文学院取选课单。归,审查签字。约已选者有三分之一(总数为△△人)。六时至商务买了一本《万有文库》零种的《△△△》,编不通得很。又为三儿购《经史百家杂抄》一部,清华作国文课本用也。

9月18日　星期日

今日为"九一八"。

昨宵一宵未安眠。晨七时许起,八时回家,在家午餐。午后二时至北大二院,阅转学考试中国音韵学试卷,共十一本(转三年级者),又帮他们看了几本国文试卷(题为"写一篇一千二百字的自传")。因昨宵未安眠,今日精神不振,头甚昏胀,不能多看。五时许出校,至东安市场。今日因纪念日,该场休业一天,各门均紧闭。极疲倦,晚八时即睡。

9月19日　星期一

晨七时许起。八时至北大,因补考事也。通知助教,仍用学期试验题,堂下做,本月底交卷。即归家。十时仍回孔德。下午一时至某海,晤劭。四时至文学院,有于炳离者,均提出许多冠冕堂皇的话,乃是照例要来一次示威运动也,对付过去了。又有蔡宗淮者,更妙了,尚未听过劭西的宋元明,预先反对,说他讲得支离破碎,岂不怪也哉?(宋元明是二年级必修,此君去年是一年级生也。)晚又访劭于其家。

阴,细雨濛濛者终日。

9月20日　星期二　阴　不雨

七时起,看选课表。午回家。午后回孔德,写了五张《石经考》。

黄昏,雨。精神不振。

9月21日　星期三　阴雨　午后晴　颇暖

下午二时浴,剪发。四时归家。

下午五时至文学院办公处,交选课表。至文学院一行,忽见黄榜高张,与前日于炳离之言相类,下署"九月廿日"。又得一人之函,要求在国文系设唯物史观一课。历史系已有了,岂《圣经》须各处宣传,如道旁之赠《马太福音》者乎!

晚访劭于其家。

9月22日　星期四　晴　爽

十时至文学院看黄榜,且有签名簿置号房,取视之,即于炳离意见书也。他十九日既与我云,而廿日又作此怪,太可恶了,告吴其作,令其劝之。

午后归家。三时回孔德,拟写《十三经》《五经》《四书》等等,而因脑胀未写成。

晚因头胀不能作事。

9月23日　星期五

晨起,收拾书物,今日北大上课,但闻晨九时将举行师生团拜,大概是上不成了。十一时至一院一看,交请假条,午回府。午后至一院与幼渔闲谈,因彼须坐在那天〈里〉指导选课也。

精神疲倦,早睡。

9月24日　星期六

今日起,本学期我开始上课。十一—十二师大两小时。午孙蕴璞赏饭于撷英,座中有符定一,他数年前购得严氏《说文翼》四册(稿本),欠首册(△△),他要影印,但全书篆文皆未写,非整理后不能印也,假以归。

下午四时归家。六时至某海,与劢、涤"雅"于大陆春。

9月25日　星期日

上午赵憩之来。午回家。下午至孔德编《经数表》,至晚三时方睡。

9月26日　星期一

昨宵睡得太迟,今日甚矣惫。晨十时回府。十一—一三,至师大授课两小时,毕,即开图书委员会,至八时始散,归,疲惫之至,十时即睡。

9月27日　星期二

昨宵得眠,故今日精神尚佳。晨九时回家。十一—三时,师大授课三小时。至琉璃厂以一元五毛购得夏味堂之《三百篇原声》,此书与顾、江、段诸公所说绝异。四时再至师大开教务会议,毕已八时,约劢雅于某海,十时归,惫甚,即睡。

9月28日　星期三

今日无课,本学年惟星期三空一日也。午回家。下午编讲义,至夜半,甚惫。

9月29日　星期四

晨起阅报,知北大昨日因请缓缴学费事闹起轩然大波,校长开除九人,并辞职,学生于是罢课,目标由请缓缴费移向援助被开除之学生矣,其实都是那么回事也。我今日第一开始应上北大课,终于"恕不"了,但十时顷仍去。晤唐立庵,他也是来上课而未得上者,谈了一小时,回家。

晚访叔平,并晤立庵。

9月30日　星期五

今日北大仍未上课。上午整理书物。午回府。午后回孔德,发信致六人:幼渔、马竟荃、刘叔雅、周启明、朱遏先、沈兼士也。用我与吴检斋出名,邀他们明晚在大六春商《章丛书续编》垫款事也。三时至景山书店取郑西谛《中国文学史》第二册,今日出版也。

四时至师大开"月刊编辑委员会"。

晚浴。

10月1日　星期六

晨九时,常道直来(师大教务长)。十一—十二师大。午回府。午后二时再至文学院办公处,开研究所纂辑员之会,六时毕,即至大六春。幼渔因病未到,派其子节来代表。叔雅因事未到。结果若八人,每人应摊140元也。此席因遏先将至粤就中山大学历史系主任之职,故临时改为七人公饯朱也。甚疲倦,九时归,即睡。

闻北大今日上课者已甚多矣。

10月2日　星期日

风大,天渐寒,夹袍不够了。

上午七时顷,马竞荃来,一定要叫东北大学几个学生到北大旁听,但只可偷听者也。

建功来。午回府。旋至撷英赴师大教授会之聚餐,毕至商务购《万有文库》本《日知录》,价三元五角,很小巧可爱,但恐错字多耳。

五时顷,访启明。

10月3日　星期一

将午回府。下午一—三时师大。五时访建功,替他代写喜联(他的舅子将要结婚也)。晤旭生,又为他书联,此外又书数联。

甚累。

10月4日　星期二

上午十一—十二,下午二—三,师大。课毕回府一行。回孔德。甚疲,不能做些子事。

10月5日　星期三

今日竟日无课。胃胀难熬,竟日不舒服。上午取《疑年录汇编》中清代人之有关学术思想,若小学、经学者,抄出并记明公历,备选清代思想文等之用。午后二时回府一行。晚将两《经解》三百余种书编一分经目录,聊以消遣,成。

10月6日　星期四

上午十一—下午二时,北大。午回府。晚约劭"雅"于大陆春。

我与勉因师大印刷太坏,今日商定,将他的宋、元、明,我的清,各选若干文(较十余年前所选之〈章、梁合选!〉要多三四倍),分段标点,即交著者书店先印活叶,一学年成书,加目录而装成册,书名《宋元明思想学术文选》《清代思想学术文选》。我想《经学史表》,亦可如此办。

10月7日　星期五

上午十一——下午三,北大,午回府。三时又回府,晚访幼渔。

10月8日　星期六

晨九时回府。十一—十二师大。午后至琉璃厂购纸墨等。四时至某海,晤勉。

人甚疲累,心神散漫。前日之议印活叶讲义,今日在某海与孙蕴璞商定,他已允矣。

10月9日　星期日

上午十时回府。即至某海,还了几件字债,因被人催得很紧也。在海晤勉。晚剪发,浴。甚惫,早睡,夜半醒来,四肢酸胀之至,头亦胀痛,唉!

10月10日　星期一

今年双十节,奉令因国难停止庆祝,故仅学校放假一日,街上连国旗都绝无仅有(!!!)午家,偕大、三两儿同至正阳楼吃烧鸭及烤羊肉,毕回孔德。思行年四十六矣,近来精神日益衰颓,胸胀,头胀,烦懑,恐慌,进步甚快,恐去死期不远,即不死,绝对不能用脑之时恐亦近矣,乘此□□之明,急读数年之书岂可再缓?判自今日始,每日必读几张书,或做学问。今日始购"福□□□□"食之,无使间断,或神经可稍愈。

午回孔德后,本拟点阅《东塾读书记》,点了两张《诗经》不成,换点《春秋》两张也不成,因取段氏十七部改为卅三部者(段全有之),依段(及段从他人者)而打于陈《毛诗》上,先拣字少之部打之,今日共打了十部:质、佳、锡、钟、冬、合、覃、葉、盐、微也,并将段氏第十部依孔改写为钟、冬二部。(打时悉依孔改,但孔所谓句中韵等,故不用,因与段例不同也。)

10月11日　星期二

晨回府。十一—十二,师大补考《说文》研究,毕与勉西至撷英雅。下午回孔德,打了德、侯、庚、文、宵、灰、哈七部。

10月12日　星期三

午回家。午后在孔德杂翻古韵书籍,因头胀胸满,坐卧不安,不能好好的看。

唉！

10月13日　星期四

上午十一—十二，一—二，北大。午回府。下午回孔德后又打了一个歌部。晚李云亭赏饭于东兴楼，吃开馆酒也。看夏敬观《音学备考》之《经传通假例证》，甚谬，十之八九皆非音之关系，拟条之如顾氏《韵补正》。

10月14日　星期五

晨起又写了几家表。午回府。十一—十二，一—三，北大。三时至师大开校务会议，到半中腰忽然来了一个疯子朱恩德，扰乱会场秩序，甚无聊，先走了。晚与劭雅于东来顺吃涮。晚又写了几家表。

10月15日　星期六

上午至师大补考国音沿革。下午三时回府。

四时回孔德，灯下写一本，——将顾至黄各家古音分部，依原为次，而将今分卅三部对照于下，未写完。

写一206部与33部对照表，写完以后，觉此等表在段氏以后大可不做了。

检傅寿彤与邹汉勋观之，觉得实在列不进表中（他们多是宫商角徵羽也），实则至段、戴、孔、江、王以后，不但谈宫商角徵羽者荒谬，即还要减少分部者，亦开倒车也，不必列矣，故苗夔与夏敬观均不必列。

10月16日　星期日

午回家。午后在孔德看《诗声表》，及点阅《毛诗古音考》至《周南》（？）《召南》（？）完。

10月17日　星期一

上午十一—十二时，师大补考。下午回府一行，即回孔德。

看《古韵标准》，其入声实早已分得明明白白，其入声八部与今之十部较，仅少质（质、物合一，觉、烛合一）、觉两韵部，江氏真人杰哉！（然则月之分出，非戴而江矣。）

10月18日　星期二

上午九时回府。二时回孔德，今日师大请假。

研究江、戴之入声配阴，还是弄不明白，细思此实无须。太炎师谓："（大意）利用两配来谈阴阳，及阴阳既分，则两配完成筌蹄。"此说最有理，盖言古韵必言对转，言《广韵》实不必言对转也。

10月19日　星期三

午回府。午后至某海,晤劭西。四时至商务,购得《万有文库》之《中国历史研究法》并《补编》,此《补编》向未刻过,仅登于《清华周报》,我只断断续续见过两三期,今印出,得全读,甚快事也。

看顾氏十部,觉大可用注音字母,加《中原音韵》所加,再加一个蒸韵就可标了。

东ㄨ　支ㄧ、ㄞ、ㄟ　鱼ㄩ、ㄨ　真ㄣ、ㄢ　宵ㄠ、ㄡ　歌ㄛ　阳ㄤ　耕ㄥ　蒸ㄥ　侵ㄤ,凡

10月20日　星期四

上午十一—十二时,下午一—二时,北大。毕回孔德少寐,看梁氏《补编》未完。午回家。下午四时至师大开教务会议,毕,劭赏饭于广和,座中有符宇澄。归甚累。

得《国学季刊》三号,读陆宗达文,知王念孙最近晚年定论:廿二部(依孔、江加冬),有平、上、去、入(反对段之无去论)。

10月21日　星期五

上午十一—十二时,下午一—三时,北大。午回家。课毕回孔德,甚惫,卧床看江氏《唐韵四声正》,早睡。

10月22日　星期六

上午十一—十二时师大。午后至某海,晤符宇澄,商酌其书中之古纽古韵表事,此君处处都是许学,十足的正统清儒派头,若在二十年前,我必引为同志,今则不能矣。今年骗了他好几顿饭,今晚在广林春赏他吃一顿,并约劭西作陪。

归觉甚累,略翻林药园《诗经通解》,看音廿七部之分。今日未回家。

阅报知林药园昨日卒,年四十二岁。

10月23日　星期日　颇冷

十时回家,见三强,有十来天不见他了,他上星期没有回来(因避寿也)。

午后回孔德,甚不适,胸闷头胀,心烦,身怕冷,不能坐,只好外出。至商务,以八元购《万有文库》本段《说文》,照原页石印,本子小而字大,颇悦目而便携带也(倒的确是经韵楼原本影印的)。又为老大购万有本《明儒学案》及《颜氏学记》。六时归,精神略好。唉!

10月24日　星期一

上午回府一行。午后一—三时,师大。毕,到某海,六时偕劭西至广和饭庄,今

日《古夕会赏高梦旦吃晚饭也。主人为黎、钱、汪、陈四人,客人为高、孙壮及△△三人也。

10月25日　星期二

上午十一—十二时,午后二—三时,师大,毕,回家一行。灯下取段《说文》,打以古韵目(暂打廿八部,将来再改正为卅三部。)。打了第一篇,毕。

10月26日　星期三

上午收拾书物。傍晚回家一行。今天打了第二篇,毕。

10月27日　星期四

上午十一—十二,下午一—三,北大。午回家,课毕至琉璃厂,购印泥。购严刻《严氏说文声类》归,将其所通韵者,打明某韵,严书疵类甚多,因批了十来条。

10月28日　星期五

上午十一—十二,下午一—三,北大。毕,至师大开校务会议及学生生活指导委员会。今日李蒸为学阀欲消灭师大事往京,未列席。晚访建功于其家,他拟撰《麖氏编钟考》,主张△△皆韵,谓三晋之音,不分 – n, – m, – ng,皆异元音也,此亦一说。

10月29日　星期六

上午十一—十二时师大。午后三时回府。今天胡适之在北大讲"陈独秀与文学革命"。四时许至某海,因有人委托写寿中堂,往写之也。晚访劭于其家。

10月30日　星期日

午回家,偕两儿同至东来顺食烤羊肉,每人三盘,两个烧饼,一碗粥,甚适。
下午在孔德,杂翻古韵书,未出门。

10月31日　星期一

午回家。午后一—三,师大也。晚访劭西于其家。

11月1日　星期二

上午十一—十三,下午二—三,师大。四时许回家。晚剪发,浴。
今天以七元购得万有本《宋元学案》,畀雄。

11月2日　星期三

上午清理书物。午后回家一行。灯下将王、郭两家金文韵读照廿八部(平上暂不分)分法,用《六书音韵表》体例写成三册,一晚写毕。

晚上胃满,甚不适。

11月3日　星期四

十一—十二,一—二,北大。午回家。二至四时,至二房东时〈处〉取书。

将戴氏声韵表另画格,略如江氏《四声切韵表》式重写,因原书体例眉目太不清,实不易看也。今晚写了东尤屋一卷。

晚仍患胃满,不能坐,只好躺而看书也。

11月4日　星期五　大风　较冷

十一—十二、一—三,北大。午回家。三时至师大开《师大月刊》编辑委员会。晚偕劭西、子书雅于广和。

思将丁氏《全汉诗》及严氏《全汉文》中之韵读一一抄出,先用卅三部记之,看其与《诗经》之异同,晚归略写数诗。

11月5日　星期六

"昨夜北风紧",上午九时下雪,渐大,午后霁,入晚大风,甚冷。

上午十一—十二师大,毕,赵希三(进义)赏饭于忠信堂。毕,回府一行,即回孔德,因风大不能出门,且甚冷,无炉,精神甚坏,因取王(冒名为姬佛陀)重辑《仓颉篇》中"急就正字",取松江本(参赵本)各记草体于下方,王辑将松江本与颜本异同之字两皆录之,此大误也。写完《说文》一二篇之部(即玉册部也)。

11月6日　星期日

大风,很冷,非穿大氅不可了。

上午回家。访董鲁安,不晤。至巜古彳会开会,与同人共至鸿春楼聚餐。

下午至某海,写了四付挽联:高母、凌子平母、沈步洲、韩警尘也。五时再访董,仍不晤。访劭于其家。

11月7日　星期一

上午十一时至北大出板〈版〉课,商唐兰《中国文字发生史讲义》事,因北大为了师大前欠他二百余元,靳不通融(唐之讲义,唐自写而北大不印,师大向之购取),说必须拿一百五十元来放了这儿,才能渐付讲义,北大压迫师大,要消灭师大,闻师大遭不好事而幸灾乐祸,最近更尖锐化了,现在连三等奴才也来作怪,我大怒说,可在我的北大薪水项下扣150元垫付而取讲义,他们居然答应了,原来也不过值150块钱啊！我痛快得很。

午回家。午后一一三时师大,毕,访董鲁安,接洽代路公子课事,他已允之。

购得鲁迅之《三闲集》与《二心集》,躺床阅之,实在感到他的无聊、无赖、无耻。

11月8日　星期二

上午十一十二,下午二一三,师大。五时开校务会议。毕,与劭雅于蓉园。今日未回家。

11月9日　星期三

上午清理书物。午回家。下午至某海一行,晤劭。晚看姚文田《古音谐》。

11月10日　星期四

上午十一十二,下午一一二,北大。课毕浴。晚杂阅古韵书。

北大居然签一收条给我,岂不哈哈！

11月11日　星期五

上午十一一十二,下午一一三,北大。午回家。课毕甚累,即回孔德,杂翻古韵书。

11月12日　星期六

今日为总理诞日,师大放假。午回府。午后至某海,晤劭西,晚与劭雅于某轩。

王重民作了一篇△△△,文颇清楚,惟彼因《滂喜篇》末终于"彦均",而《急就》已有"均"字,因疑《急就》非《苍颉》正字,所谓《苍颉》正字者,谓正体字,此实大误。《三苍》编成之后,未必《苍》《训》《滂》三书毫不倒乱。又两"均"字,或一作"鈞",亦难说。今日以此意告之也。又向彼借得吴承志的《△△》一种,中有云《说文》序中"凡《苍颉》以下十四篇","十"字衍文,引《封氏闻见记》及小徐《系传》为证,甚是。

11月13日　星期日

上午回家。十一时至高宅吊丧,即午饭,晚五时走,因欲等董鲁安来接洽功课,而董直至四时顷方来也。

晚唐立庵赏饭于其家中,共十三人:玄同、叔平、仲舒、子植、芸圻、蜚云、杨仲子、森玉、潘龟公、锡永、刘盼遂、颉刚、唐立庵也。（幼渔未到,到则十四人。）

归取江沅《音韵表》,将月部、质部、冬部、烛部中韵特别打出,质部、月部韵依王致李书,冬部、烛部韵依孔(段致江书,本极赞成孔也)。

11月14日　星期一

上午回家。午至琉璃厂购书。午后一一三,师大,毕即归。

今日购得影印无锡安氏所藏北宋拓本《泰山刻石》(四元)一百　字本,取绛帖之《泰山碑图》对之,尚多数字,此实珍品,得此方见秦刻石之真相(琅邪模糊,且亦止有二世诏,所谓泰山四十字本、二十九字、十字本皆止只有二世诏也。会稽系临本,峄山真伪尚难定(欧阳已疑之),即真,亦临本。碣石全系赝品)。此《泰山刻石》文存十之八,可宝也。与《史记》所载对,当然是《史记》错的。但"△△后嗣"一字,石本"嗣"作"昆",此处必当韵,且必是德部字韵,岂"昆"字训读为"嗣"耶?疑莫能明也。

又购得郭沫若之《金文余释之余》,归,阅之。阅毕。

11月15日　星期二

上午十一十二,下午二一三,师大。五时回家,心绪甚恶,精神甚惫,胸胀,头昏。检《金石萃编》引赵明诚《金石录》,始知昨猜实误,原文是"昆嗣",非"后昆"也,此句脱三句〈字〉,止余一"昆"字,裱者上下不空,故使我无法解释而至误认为"昆",训读为"嗣"矣。双勾本《碣石颂》的系伪物,服作 月,无作 冇,垂作 乇,皆极可疑,尤露马脚者,为起首以"壹、极、烈"为韵(壹质,极德,烈月),且云"初平泰壹",是什么话?太一是神名而云平之,太笑话。《史记》作"初一泰平","平"字凌稚隆以为"宇"之误,是也。孙诒让跋亦极有理。其字盖取《峄山》伪作之,然《峄山》亦可疑,欧阳公疑之,可疑也。《史记》碣石门刻石,以"息、服、域"为韵,"宇依凌改、阻、抚、序、所、矩"为韵,甚是。伪本大加增改,一起手便是"壹、极、烈、息、服"为韵,便露出一通古韵之马脚矣。此必江浙人所作者,若北人则壹丨,极丨丨,可协,烈ㄌㄧㄝ不能协也(江南人读壹丨ㄝ,极丨丨ㄝ,烈ㄌㄧㄝ)。

11月16日　星期三

精神甚坏。上午浴。午后回家。三时至某海,晤劭,嘱中海再剪一部段氏《说文》,与二年所剪北宋本《说文》贴在一张纸上,治了之后,可成三部书:(1)《说文古韵谱》,(2)《重考〈唐韵考〉》,(3)《说文今读》(倒了三次便可成也)。灯下取江氏《楚辞韵读》,将段氏之表写于上方,以便参考,未毕。

11月17日　星期四

上午十一十二,下午一一二,北大。午回家。归甚倦,卧床翻戴东原《经考》,不独无门户之见,且仍是清初顾炎武的精神。

顾——戴——俞,皆闳通人也。
　　　　庄
续写段氏《楚辞表》,毕。晚访叔平于其家。

11月18日　星期五

今日精神甚惫,北大请假。上午十时回府。下午三时回孔德。疲倦之至,头胀不能做事也。

11月19日　星期六

上午十一—十二师大。午得检斋电话,即往访检斋,知章师有《太史公古文尚书说》一卷、《古文尚书拾遗》二卷,稿已到。又有订正《石经考》二则,一谓"甹"即"由"(此与王国维同),一谓"聘"古文作"桼"者,系从"贞",平声,"贞",问也,"聘"亦问也。

下午至琉璃厂购物,四时回家,七时访劭于其家,因李蒸已到,已报告师大可望不改制也。

11月20日　星期日

上午回家。因连日牙痛,便不畅,今日服泻盐,下午回孔德,泻。
觉头痛不能写书,五时顷即访幼渔谈天,十时许回孔德。

11月21日　星期一

上午回家,知毛自昨夜起又病,吐、泻、肚疼,但不发烧,似不要紧,电金来诊,后电询,知系胃不消化,服药即可愈也。下午一—三,师大,四时开教务会议。甚累,不能用功。

购得杨度之弟杨钧(字仲子,又字重子)之《草堂之灵》四册,卧床观之以消遣。其人系夸大狂的名士遗老,大概会写几个字,画几笔画。

11月22日　星期二

上午十一—十二,下午二—三,师大。毕回家,知毛已愈,已起床矣,甚慰。晚剪发,浴。

购得《万有文库》本《金石索》(八元),较通行本多了几张,并且由姚名达加了一个目录,固佳,但较我的石印,又缺了两张:——①

---

① 原文无下文。

11月23日　星期三

午回家。午后至某海晤劭,他正在修改他的四千来图,因共订之,晚与彼雅于某轩。

11月24日　星期四

上午十一—十二,下午一—二,北大,即回孔德取《吉石庵丛书》(前借来薰阁者,顷他已将全书卖出,来取此册,因急录出《尚书释文》原本而归之,今日录了三十张(每音皆提行写,有残缺处则空一行),未毕。吴绸斋与马夷初的校语均极可笑,吴不会吃鸭,也不会看古书照片也。

11月25日　星期五

上午十一—十二,下午一—三,北大。午回府。五时余季豫赏饭于其家,七时杨伯屏赏饭于丰泽园,均仆仆奔赴也。

九时许回孔德,写释文一张,甚惫,恕不了。

11月26日　星期六

上午十一—十二,师大,毕至撷英,常道直赏饭也。二时至某海,五时又至师大开校务会议,八时方毕,与劭雅于蓉园,十时许归,甚惫,即睡。

今日未回家。

11月27日　星期日

午回家一行。魏建功有电话来,因约其雅于淮阳春,他一人花钱。下午回孔德,再写释文,毕。

12月15日　星期四

不写日记者十七日矣,此十六日中未曾用心做一件事,而太太旧疾复发,幸早治,顷已渐愈,但仍须服药耳。

学校方面,昨日报载师大马哲民、北大许德珩均被捕,又有侯外庐、台静农二人。

上午二时,下午一时,午回府。课毕,回孔德改序(自昨日起,开始改唐书之序)。

12月16日　星期五

上午一时,下午二时,午回府。课毕,回孔德改序。

12月17日　星期六

今日师大卅周年纪念日,放假,午回家一行。午后一时,师大校长赏饭于撷英。

阅报,三中全会竟提出停办师大之说,此必某学阀们之所无〈为〉,席面上主张去函力争,用校长及全体教授出名电三中会,电蔡、吴、程天放、经子渊、张静江、于右任诸人,蔡、吴两电,教授由我领衔。

下午至海,符宇澄来,他忽主张古有轻唇音,且亦四十一纽之说,实不能成立。

晚与劭"雅"于同和居。

12月18日　星期日

昨宵大失眠。上午回府。午房东来取房钱,云此房阴历年后开春之时需要,此又麻烦事。午后访敖士英,托其转询。(他说故乡武清遇土匪,将有家中多人来平矣。)

心绪甚恶。北风甚厉,晚眠不宁。下午至黄昏,在孔德看费密《弘道书》,此君见解并不高明,远不逮颜元,不知胡、梁两君何以那样恭维?

今日李云亭赴宁力争。

12月19日　星期一

昨宵又大失眠,今日精神大坏,师大假。午回家。午后至海,为人书学校暑书。晚与劭"雅"于西单新开之大美番菜馆,价八毛,小吃甚多,味尚佳。

12月20日　星期二

师大假。昨宵睡有数小时,今日精神差可。上午十一时访敖士英于松公府,所云与日前他告老三者无异,口气似甚松,或可挽回,因托敖相机行事。

午回府。傍晚回孔德,精神略聚,然未能继续改序工作,卧床杂翻书而已。

12月21日　星期三

昨宵又大失眠。今晨得吴老头快信,知师大停办案已撤销,同时于世、晨两报,见程天放、李云亭、朱骝先来函,均云已撤销,甚慰。

上午作书复吴,告以对于赵制闰符不满,浊音应增:

ㄅ、ㄉ、ㄐ、ㄏ、ㄠ、ㄒ、ㄓ、ㄕ、ㄙ 及万、日。

午回家。午后至海,将吴信交听差送易静正,明日发表于报端。

四时许访嫂,赠以故宫日历一,骗饭而归。

12月22日　星期四

喉忽痛。午回家。下午三时至金处诊视,云扁桃腺炎,取嗽〈漱〉口水以归。精神不振,未改序。

12月23日　星期五

北大假。午回家,下午浴,晚改某序。

12月24日　星期六

喉疾未愈,今日师大仍假。午回府。午后至晚,将序什九弄毕,剩Ⅴ、Ⅵ两部,可稍缓改定。电建功二次,不在家,至市场门口恰遇之,与莘田同行,约之明日往访也。

师大今日开校务会议,未去,请黎代表。翌日阅报,知中央来令,嘱开除卅二名某产党,袁永生、张凤麟、董国万、于炳离、李文保皆在其中也。

12月25日　星期日

喉痛渐愈,忽患咳嗽。

今日为孔德纪念日,上午至前边一行。晤杨兼修。午回家。午后四时访建功,将十分之九之序交出,又索前年照相之魏撰胡适之寿辞来,拟抄登周刊。

我近来颇主张将经偈——→变文——诸宫调——宝卷(唱、话本)之文体复活,以为贤于欧化远矣。

至魏家,知涤洲丧子。

12月26日　星期一

咳嗽未已。上午回家。午后至师大上课,毕至《古彳会取稿纸,拟抄魏文也。四时又至师大,开教务会议。

晚因精神惫,睡得较早。

12月27日　星期二

咳嗽。上午十时回家。十一—十二,下午二—三,师大。教书死累也。晚,早回早睡。

读□① 龚,知彼曾删《法华经》为二书,并删其廿八品为廿一品(删去七品),前书十品,后书十一品,姑无论其当否,要之,此种精神最可佩服,与崔述等等疑古同

---

① □为原有。

也。

晚抄魏文毕,明后日当做跋也。

12月28日　星期三

咳嗽如故。午回家,午后至金处诊,云是气管炎。至某海,晤孙子书,托其见吴,探之,晚得其电话,云吴有悔意,日内当有书来也。

12月29日　星期四

上午十一—十二北大,因咳甚,下午假。午回家。午后回孔德休息。四时至某海访孙有,知已晤吴。晚做魏跋毕。涤洲今晨又丧偶。

12月30日　星期五

咳仍甚。北大假。午浴。午后三时回家。四时至师大,李蒸回平开谈话会报告也,他说经子渊最帮忙。

七时至广和饭庄,因绍宾回平将接眷回湘(他方眼镜戴得很好也),故与劭西共请之也,凡八宾:骆、吴、余、高、孙、董、罗(庸)、郑(奠)、而高"制"与孙病,故均不来。

今得吴复,已谅解。因再复之,事即已,课决停。

颇疲,早睡。

12月31日　星期六

咳仍未已,但师大星六之课已有两周未上,只能去上之也。毕至琉璃厂、商务,购得万有本《水经注》,一元八角也,用四库本。

下午三时,又至金处诊视,云右方小气管尚未瘥,又拿了两天的药来,四时回家。人甚累,晚早睡。

今日见魏文登出,因拙跋过长未登,拟索归再略改之也。

一九三三年

1月1日　元旦　日

今年四十七岁。学校[残]。

上午清理书桌。午[残]教职员聚餐也。毕[中残]摆不多,约有二十个左右,购[残]书一册,归审其中有眉批三处,竟是我的手笔。盖十九岁(一九〇五)春间离湖赴沪,或是年冬季离沪赴日时所失去者。字极稚极丑,文理也不甚通。阅将三十年而复得之,岂不大奇。

五时许回家。

七时访幼渔。

在席间闻李季谷对[残]之。右边因列[残]使各纸长短不一,(因要[残]一也),西文字曾记 a、b、c[残]如此,此状态无以名之。季[残]绍兴话明之曰:"zaqlü[残]"甚切合,可采用也。向幼渔借得戴子高本[残]。

1月2日　月

试用魏笔,不甚佳,毛太软,头不尖。十一时回府,十二日约建功雅于东华春。他示我以潘△△致顾[残],因我托顾探老夫子自开之弟[残]廿二人,十九生,三死。如左:

黄侃蕲州	吴承仕歙	[残]同
汪东吴	[残]	马裕藻
沈兼士	[残]	马宗薌奉天
加孝齐重庆	[残]	陈同煃(新尼)四川
钟正懋[残]四川	马宗霍渝阳	马根宝(文季)桐城
黄人望金华	潘承弼(景郑)吴县	
徐耘仝四川南部	孙至诚河南	共十九人。

已故(三人):袁丕钧伯举　潘大道四川

康宝忠。

不但周氏兄弟、季市失,一批不与,连龚未生、范古农、张卓身、张敬铭也不在内。甚至连景梅九、景大昭也不在内。断烂朝报乎?微言大义手?殊难分。

建功又见[残]字笔一支。

下午在孔德校[残]戴本固甚佳,而四部本(购[残])末笔校于其上,后孙敬修所附[残]□本也差不多,但略逊耳。(夷[残]等字,大都用支、虞、霁、阳代之)[残]中也有不尽然者。虡、狄[残]韵目代字亦间有之。(亦有[残]而蒋本较胜者)。

晚叔平[残]赏饭于其家,同座有唐兰,另有一位赵某,长发蓄须之少年,似有精神病者,其子彦祥之同学也。云与白、魏相识云。其人殊可厌。闻叔平言他什么书都要看,但绝无系统。十二时回孔德,代来薰阁校《越谚》烂版。

咳嗽已逾一周,尚未止。[残]去看。去年年底本自励[残]废话之天。早睡早起[残],在室中读书,岂知两晚以来,[残]至十二时归,三日(连今日)以来均九、十时[残]——

1月3日　火

午回府。午后至来薰阁[残]过书摊,未注意,仅记得前[残]宝铭堂摊上见民九重木刻之《孔子改制考》。那天他索直四元,未买,今日至通学斋一问,新印数十本已卖完矣,急至宝铭摊出四元购之,此亦新印也。纸太薄,版式又劣,错字又多,此本初出版时曾购两部,皆失去,此时仅七、八年购得夏穗卿所藏之原石印本,此已成珍品,故又购此重刻之部[残]也,拟选其中为材料,圈[残]种,其不可作材料者则不记[残]暇时尚拟作《读〈孔子改制考〉》,要逐篇逐节加以论评(读‖=[残]英　此字前译"关于"不如"读"[残]从段氏诂曰:"……"最适宜矣)。将来若有人标点印行,便假作序用,但这个年头儿不知能成否也?

三时又至金处诊视,云右侧小气管炎仍未痊,又取两日之药以归。四时至某海,晤黎、王静如,与德国支那学家(研究中国音韵者)西门△△来谈。五时许先后去。(闻此公与高本汉见解不同,高氏大驳[残]

七时与劭雅于广和居[残]如时局能稳固,今后办师大[残]以颜、戴之精神为主(即少谈空理,多事实地学习)。

北平《晨报》,[残]《世界》[残]天津《大公》二日无报。

今日看天津报,知一日晚日本兵在榆关开火,恐北平不能久居矣。傅胖《中国古代文学史讲义》中有△△一篇,将《尚书》廿八篇析为七类(颇有参考之价值)。

(1) 周诰十三篇:《大诰》——《顾命》十二篇,皆武、成、康时物(《无逸》,或稍经后人之润饰),《文侯之命》当在后。《大诰》《康诰》《酒诰》《梓材》《召诰》《洛诰》《多士》《无逸》[残]《多方》《立政》《顾命》《文侯》。

(2) 鲁书二:可说为周诰[残]《金縢》《费誓》[残]相传的故事[残]凑成的。

(3) 宋述商书四:《盘庚》《高宗肜日》[残],《微子》。

此三类,除《无逸》《金縢》外,都是绝好的史料,与彝器、铭辞相发明。

(4) 列国书二:《吕刑》当[残]所引,非儒家之书)[残]数事。《吕刑》《秦誓》[残]。

(5) "三誓"三:东周时作(申三代征伐之思想)《甘誓》《汤誓》《牧誓》。

(6) 东周述古所作之典书二:《禹贡》《洪范》。

(7) 所谓《虞夏书》二:与三誓相对(陈三帝禅让之思想),东周,《尧典》《皋陶谟》。

1月4日　水

上午将收到四十余贺年片——作复。

午回府,阅《实报》号外,知榆[残]守,日军将迫秦皇岛。心大[残]令馆、毛先南旋,但亦无[残]一无根据,妇孺忽往,将焉[残]不宁。

下午大嫂忽来。我至某海[残]谈天。

自昨晚起觉喉舌唇[残]不知何故?五时至金处,[残]无碍。

到青云阁购得△△之[残]目考。青云阁新设一"江淮食堂",晚食之,甚佳。

灯下细想婠,毛先行,谅为非计,若日前不紧急,学校考得成,则我与大、三两儿当然须考,考毕大家有空再作道理。若紧急则大家同作难民逃,纵受苦亦尚安心也。否则夫妻母子忽居异地,大家都不安,实非计也。

1月5日 木

今日《晨》、《世》两报,因工人要求增工资未遂而罢工,以致无报。战事形势未甚扩大,我军驻石河,日军在临榆相持。

上午十[残],十一——二,北大。午回府。婠意一时亦不[残]可姑缓,看两三日情势再说。

下午课毕回孔德,[残]廿九日所撰《跋魏文》,因卅一日未登,故索回,今日稍改再登。中引章实斋《文史通[残]》(浙本无)《杂说》中一段"[残]"此实极精之论,章知历史不是据事直书,有闻必录,而必有义,文章不是直叙而必有情。此实超卓之论。改毕已十一时矣。

1月6日 金

今日《晨》、《世》仍未出报,阅《京报》,知形势与昨日无异。

上午十一——十二,午回府,下午一——二,北大,均《说文》。本尚有[残]因至二时,一篇下适讲毕[残]回孔德清理书桌。

灯下校读《顾亭林诗集》[残]梅羹赏饭,不往。

鄞县万氏略系:

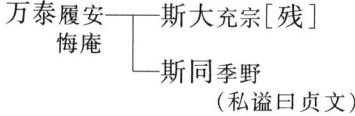

（私谥曰贞文）

1月7日 土

昨宵咳嗽又厉害,今日不适,师大假(亦因第二期已完,本可结束也)。

今日《世》、《晨》均出报矣,但《世》一张,《晨》二张,故前晚改定之稿尚未登。[残]

十时半浴。

午后二时回府。

午后四时至师大开谈话[残],时事紧张也。考试只能照行,但学生如回府,自亦未便拦阻也。[残]师、平、清都是那么办也,故[残]生也。

六时赵憩之赏饭于西[残]。

思"目录学"似可改为"校雠学"。因此名为郑、章两大儒所用也。"校勘学"之名亦可改,但尚未定,似因嵌入"读"字用段注说。

启明来信,云有比利时人所著关于官话之名,日本丸善有售,价十五円。书名:J. Mullie, Structural Principles of Chinese Spoken Language Vol1. (此第一本英译)。

赵憩之研究元明韵书[残]惟《菉斐轩词林要韵》的作者[残]入。廿、四的北平《晨报》,当时未留,顷向孔德借得,今晚抄之未完,精神甚[残],只好睡了。

1月8日 日

上午十一时回家一行。老三本说本星期亦不回家,须至十五日考毕方回,但他昨晚回来了,说全体学生请假,故本届不考了。

今日《古史》开例会,但毫无事可说,大家也到得晚了,到齐即往"大美"聚餐,毕,我至琉璃厂一行,以二元买了吴瀛的《故宫博物院[残]五年经过记》,四时归孔德,抄[残]

精神不振,取《桃花扇》[残]。

在《古史》会中,因温锡[残]所选小说已就绪,劭西嘱我看看,我说这类书这几天可看不下去,我觉得这几[残]者为三类书:一为记(描写)明[残],一为顾、黄、王、颜、刘诸大师的[残],《明儒学案》之东林、蕺山诸学案。

我觉得此时之北平,恐已是崇祯十七年之正月,将我二十年前排满心理又勾上来了。

1月9日 月

上午至北大一行,看考得成否。文理院均考成,法院考不成。学生强制同学签名不考云。

午回家。三儿主张全[残]南,大儿说只算长途[残],俟事定可再来,我[残]家人先行,我自己俟清理书籍完毕再走,然未定。

下午一——三,师大经学[残]及《诗》、《孝》性质,讲毕[残]。访吴辛旨,不值。

晚访启明。

1月10日 火

昨宵一晚未眠,烦懑极矣。今晨六时始略睡。八时许即醒。

上午师大之《说文》,因上次适将二篇部首讲完算一结束,故请假矣。

[残]府决定再住平一月光,[残]物件归好,无用的卖,届[残]体运南。二儿之书亦可一检,不要者可卖与市场书摊,而我自己则日内将着手彻底清理[残](1)家,(2)孔,(3)马三处[残]清理,无用者重复者悉[残]——装箱,俟届时若北平可暂居,而师、北两校居然开,则暂留用,否则运回南方也。

下午二——三,至师大授清代思想,顾亭林讲毕即结束矣。四时访辛旨,取回《周金文存》。建功送还《殷虚书契》。

闻建功夫人及弟妹将随徐旭生夫妇赴桃源,[残]则留平。黎劭西将其[残]女送回湖南,子留学清华不动。夫人更不动,晚约劭"雅"于森隆。

三四日来石河方面,[残]。盖日必先攻热,热河[残]永易旗矣。

1月11日　星期三

昨晚大风,骤冷。

今日颇不适。

午回家一行。

午后至某海,晤劭,晤[残]"雅"于同和居。

九时出居,寒风凛冽,身体战栗,觉较昨晚更冷也。

归校《亭林诗集》。

1月12日　星期四

冷。

上午十一——十二时北大考音韵,题:魏晋、隋唐、元明三时代之韵书,其定音之标准有何异同?

午回府。午后回孔德,将上年终[残]序最后之5、6两部[残]好者,做之未毕。

天气太冷,晚上竟坐不住,虽然炉火熊熊。

1月13日　星期五

冷。

上午十时浴,午后一——三时北大考《说文》研究,题:略述象形、指事、会意、形声四书之造字方法。

如此冷天,北大忽然不生火,据[残]煤,如此紧缩,非绍兴人不会干[残]不怕冷之我,监试时竟有些坐不住,手足均僵冷也。考毕回家,即回孔德,将[残]做完,明日尚须复阅一过,即可[残]。

1月14日　星期六

冷稍可耐,一是无风,二渐习惯矣。

上午十一——十二时,师大考音韵,题:述"诗韵"之来源并评其在音韵史上之价值。

午,劭来电话云,建功在海[残]东亚春雅,见,知其妻、子、弟妹昨日偕[残]人至河南矣。

下午至龙云斋[残]印格低,至商务购万有本《明儒学案》,价三元。载[郑]性序至黎洲之孙千秋跋,此皆二老阁本所[残]但又载莫晋序,可谓牛头不对马嘴[残]似即莫本(莫本不在手头),总之决[残]也。近来觉得《明儒学案》与《颜氏学记》二书应不离身,故均购万有本,以其为巾箱也。

一两日将清书。拟将重复之本出售,但《明儒学案》数本:(1)贾,(2)莫,(3)郑,(4)万,(5)杨,(6)梁。六部均要留。

五时至某海,又见劭,九时回孔德,写"万有本"人名,此本目录糊涂得很,分册亦甚无理,分册无法重订,但目录实太难看了,故于[残]页中出人名。

今日未回家。

1月15日　星期日

上午清理书架。

午回家。

下午回孔德,将康书序再覆阅一遍,又略有改动,算定了。明日送交建功也。

1月16日　星期一

午回家。

午后一——三时,师大考经学史:略说五经之性质。

晚七时访建功,并晤乐夫[残]旭生,大谈学问,此为数年[残]见之事。他说他现在主张老子必在战国时,但春秋间或有周守藏室之史老聃其人,但决非做[残]。

他说,王船山的书,以《春秋□□》《读通鉴论》《宋论》三书为最于[残],以科举时以《鉴》、《宋》两论为兔园册子而轻视之也。他说《春秋》三世乃事实,非假托之理想,齐桓以前为据乱,桓、文至宋之盟以前为时升平,宋之盟以后为太平。此论甚精。

1月17日　星期二

晨九时顷回家。

十一——十二,师大考《说文》:说辵彳行三字之关系。

下午二——三,师大考清代:述黄梨洲的政治[残]。

至直隶书局,以廿元购丁福保的《说文解字诂林》续编一部,此书预约十六元,定价廿七元,当时未购预约,至直隶一问,[残]尚有一部,因以廿元得之。

《春秋》三世:

《繁露》"楚庄王篇"何氏隐元解诂同,文九年疏引《演孔图》云:"文宣成襄所闻之世也"。

传闻	隐、桓、庄、闵、僖	五世96年	公前722—627	共和120—215
闻	文、宣、成、襄	四世85年	公前626—542	共和216—300
见	昭、宣、哀	三世61年	公前541—481	共和301—361

《孝经·援神契》说:"《春秋》三世以九九八十一为限",此已曲说矣。又谓"不悉

八十一年者,见人命参差不可一齐之义"。按实因 242÷3,则八十一年少一年,故又加一曲说耳。

传闻	隐元—僖十八,按八十一年	公前 722—642	共和 120—200
闻	僖十九—襄十二,按八十一年	公前 641—561	共和 201—281
见	襄十三—哀十四, 按八十年	公前 560—481	共和 282—361

孔广森以为——

传闻	隐、桓、庄、闵,按六十三年	公前 722—660	共和 120—182
闻	僖、文、宣、成, 八十七年	公前 659—573	共和 183—269
见	襄、昭、定、哀, 九十二年	公前 572—481	共和 270—361

按如徐旭生之说,略[残]春秋十二公,整齐之可以

衰乱	隐、桓、庄、闵	62 年	公前 722—660	共和 120—182
升平	僖、文、宣、成、襄	117 年	公前 659—542	共和 183—300
大平	昭、定、哀	六十一年	公前 541—481	共和 301—361

因齐桓迁邢于陈仪在僖元,城卫楚丘在僖元(狄伐邢在庄卅二,狄入卫在闵二),自此,贯泽之盟在僖二,召陵之师伐楚在僖四,皆桓公忧中国之心也。"萧鱼之会在襄十二,自是郑服中国。而伯讨遂恕不矣。"宋之盟在襄廿七,已在襄之末年(襄凡卅一)。

1月18日 星期三

上午回家。午后至[残]购得何柏丞之《浙东学派溯源》及 之《全谢山年谱》,全谱似乎很好,何书则无甚道理,他硬把程[残]分为截然不同之二派,谓宋代[残]:

真正儒家——程。
道化的儒家——朱。
佛化的儒家——陆。

而浙东则出于程。夫谓浙系出于程可也,谓程专传浙东非也(他竟谓程专传浙东)。朱、陆、吕皆实出于程也。吾以为三派固出于程,然固截然三派也。至明清之际以后则合为二:

朱学——顾、阎——戴、段
陆学——王阳明——刘蕺山
浙学(浙有金华与永嘉两派)……[残]——万——全——章——
　　　　　　　　　　　　　　　　　　＼
　　　　　　　　　　　　　　　　　　邵

盖文献之学如郑伯熊、陈止斋、唐说斋诸公,历史固熟,而有泥古之弊(颜李一派重实行,固极有价值,然亦有泥古之弊),至黄梨洲用王学,一解放而趋于既务实又不泥古之弊焉(看黄氏《学礼质疑序》可知)。故王学之末流为狂禅,文献之末流为泥古(到孙仲容还要做《周礼政要》)。文献+王学自不致泥古,王学+文献亦不致空

虚,能此者惟黄梨洲耳。后惟章实斋能知此意,却后惟宋平子能知此意,实则争论朱、陆、吕之高下而分门别户,此最陋也。黄不骂朱,章尤阔通,宋骂程、朱系别一义,与自来争门户者不同。时至今日,何柏丞尚欲以金华人之资格而大骂朱熹,谓其愿为淮南王之鸡犬,嘻,陋哉!

五时至某海晤劭,并晤孙子书。亚东的《醒世姻缘》已出版,有八本之多(较《红楼梦》尚多),他送了我一本。晚归阅适之、子书考证,云是蒲松龄,很是不错,我以为此书佳处只是语言与《儿女英雄传》相同,至思想则同样不足取。信狐信鬼,信因果报应之思想宁高于功名富贵之八股先生乎!小说中有思想者惟《儒林外史》耳。

五时至某海晤劭,与雅于广和饭庄。

1月19日　星期四

上午雪,午后霁。

午回家。今日起,将师著写样校之,计七种:

1.《论语》一卷

2.《体撰》一卷

○○3.《太史公尚书》一卷

(未)4.《古文尚书》一卷(未)

5.《左氏》五卷①②③④⑤

(另)6.《三体》一卷

○○7.《昌言》六卷①②③④⑤⑥

今日将《太史》及《昌言》(二)(三)(六)《左氏》(五)校毕。

1月20日　星期五

上午吴三立来,将马二东处之书运至孔德,假小图书馆,拟自明日起清理,新箱共四十个以《千字文》次之。午回家,晚校章书《昌言》四毕,五未毕。

1月21日　星期六

从今日起理书,午回家一次,晚剪发,浴。

略校章书《昌言》五,仍未毕,觉惫,即睡。卧而查《宋元学案》,欲将金华吕氏世系写出,因这是"中原文献之传"也(与永嘉标致相应)。

1月22日　星期日

理了一天书。上午孙子书来,午回家一次。金华吕氏世系八世共廿三人:

吕夷简字,谥文靖(无案)

公著字晦叔　申国公,谥正献《范、吕诸儒》

希哲字原明,荥阳;希绩字纪常;希纯字子进,二人皆《范吕诸儒》

好问字舜徒;东莱公;切问字舜从,荥阳;和问节夫;广问仁夫;二均《和靖》。

本中字居仁,大东莱先生,谥文清。紫微。稽中德元;坚中景实;弸中仁志、弸中为好问子。三均《和靖》。

大器治先,大伦时叙,大猷允升,大同逢吉。均《紫微》。

祖谦伯恭,谥成,小东莱、东莱。祖俭子约、大愚,谥忠;祖泰字泰然。均《东莱》。

乔年巽伯,康年,延年伯愚。均《东莱》。

此廿三人之父子世系如左:

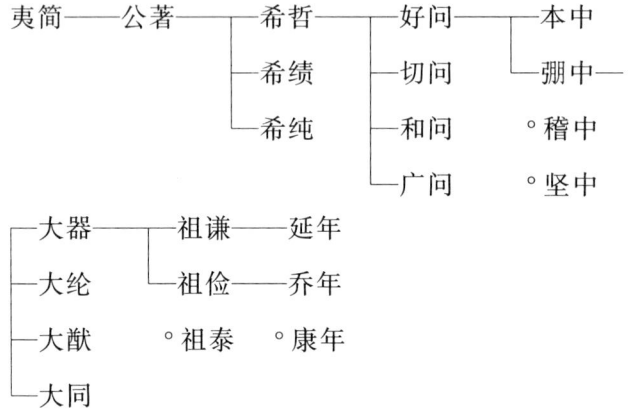

1月23日　星期一

午回家一行。

理书。晚蒋梦麟赏饭于欧美同学会,宴伯希和与斯文赫丁也。

1月24日　星期二

上午回府一行。即至师大取薪。在商务买了——

谢国桢新出的《黄梨洲学谱》。

又在〈以〉三元购《国学基本丛书》之《史记》,即用"万有文库"板印,订洋装纸面四厚册,随时翻阅尚便利,故购之。又购万有本《算经十书》一元六角及胡适《哲学史》一元。至富晋付节账。下午至某海晤劭。晚归写《史记》篇目,并将崔氏删去者以红笔乙之(此事二十年前曾购金陵本删之,此本已失去矣)。

1月25日　星期三

理了一天书,直理到晚十时。午回府。

思象山不满其兄之诗第二句,此为象山高处,因"古圣相传只此心",改为"斯人千载不磨心",则不管古圣传不传了。古圣不传,今亦须提出,古圣不〈所〉传非此,便不当盲从也。"涓流""拳石"为我固有,故能成为"沧、溟,太华"也,即《孟子》"非由外铄我也,我固有之也"也,与顿渐无关,龙溪误。

1月26日　星期四

今日是癸酉元旦。昨晚居然没有一声炮声。此为北平当局差强人意之一点。

昨日黄昏理书，卧室甚暖，浑身出汗，小图书馆太冷，一冷一热，今又咳嗽了。

今日又理了一天书，午回府。理至五时。精神太累了，只好不理了。今天装了六箱，已分类，已登记。

禅宗是佛教革命的宗派，陆、王之学是儒家革命的宗派，直指本心，不局守"古圣相传"，故凡为王学者，好的是平等，如黄宗羲、唐甄是也，即狂禅中之李卓吾，亦能不以孔子之是非为是非，最无用的也不过谈玄说妙而已。朱学好的是科学精神，如黄东发、顾宁人、王白田是也，然必守"为下不悖"之义，最坏的是陆陇其、李光地（陆陇其与李穆堂之比较，便是朱、王二派之优劣）。

经陆、王解放后之史学家，便能自出心裁，不为成法成说为〈所〉拘，开一始祖，如黄宗羲大于章实斋，而龚定庵与夏曾佑皆卓绝之士也，与乾、淳间之薛、叶、陈、唐诸君泥古者异矣。吕氏文献之学最高者在宋代为王伯厚，在清代为万季野、全谢山，万、全皆在黄氏之后，而思想实不逮王，其故即因未受王学之解放也。章实斋能明史学（《浙东学术》篇最好），故直沿黄氏之传。

1月27日　星期五

昨宵不能安眠，咳嗽咳不出，甚不好过。身子又发热，今日午回家一行。一时即至金子直处诊视，在金家已恶寒，二时顷回孔德，大恶寒，蒙被睡了一两钟头，始略好。灯下将《昌言》五校毕，又将《昌言》一校毕，《昌言》校毕矣。

思二千年来，疑古辨伪之大家共得六人焉。（宋以来举成绩最多，堪作代表者）：

汉王充　　唐刘知幾　　宋朱熹

清姚际恒　清崔述　　　清康有为

王、刘所疑未必是，然其精神大可取焉。朱为宋学家，崔则近宋学家，而姚则反朱学者，足见此事不能以派论。凡卓然有以自立之大学者必不必拘其师说，前人已言之矣，如黄东发之于朱子是也。我再举数人：颜李派之程緜庄不徇李刚主之意，直攻伪古文《尚书》；朱出于程，而不信《诗序》，以《易》为卜筮之书。

章实斋兼有吕、陆两派之学，虽极尊朱，然朱之特色，彼实不知，仅言"通经释古"、"　"、"　"① 而已。彼不能疑古，此实不及刘知幾及郑樵（郑樵尚能疑《诗序》），此殆为清学尊古所囿，虽然他不满意于当时的汉学家，他说戴不及朱，我以为还有一点，即朱能疑古，戴不能也。戴之《诗经补注》尚能采朱说，其《经考》尚能采宋明之经说，以至谓《尔雅》不纯，此皆高于段、王者。

---

① 原件如此。

1月28日　星期六

今日咳嗽大略如昨,还是咳不大出,震得太难受。午回府。

午后回孔德,校《左氏》三、四、一三卷。

老夫子所云《左传》之传授如左：

左丘明——曾申——吴起——吴期——铎椒……虞卿——荀卿——张苍。

1月29日　星期日

今天校《左氏》二上下。午回家。

《体撰》一卷,写样毕矣,仅刻样《论语》未校矣。

咳嗽较松劲,明日非理书不可矣。因一日孔德要开学,二日上课,至迟一日下午非搬完不可矣。

1月30日　星期一

理了一天书,又装好六箱。

1月31日　星期二

理了一天书。午回家。

今日装箱的尽是未登记未分类者,但凡理得齐者均已理齐矣。

2月1日　星期三

今日上午将小园(图书馆)中之物件全数运回二东家矣。午回家。午后初逛厂甸,廿年来此为第廿次,在二十日以前,以为此时或北平已有变故,或吾家均已南行,本年之厂甸是逛不成了。不料全不是如此,但在旬日以前以为书早日理完,亦可早逛矣。不料阴历元旦忽病,以致今日方理完——其实真理完者不过三分之一而已(已登记、已大略归类者),共新箱四十,装了三十二箱,又旧大箱八,装了一箱,而已登记者,只十二箱也。只好俟春暖再至二东家理矣。

在厂甸购得：

1. 齐履谦《春秋诸国统纪》,通志堂本,一元,甚廉(被书贾将版心"通志堂"三字刻去,不知何故)。

2.《六朝文絜》,五角,石印,一律黑色,尚佳,远胜于新套印之本。

3.《古今韵略》,一元二角(久欲购此书——已数年矣,因价昂而此书又不值得花大钱买,故未购。此册系巾箱本,尚好)。

4.《景檐阁遗文》,八角(倒是原板,封面有"归安姚偡著,凌子与赠"九字,又有"左台后裔"一印,不知何人也。惜其中为妄人圈圈点点,甚难看耳)。

5. 师复的《民声》1——29合订本,三角。
6.《船山学报》第一期,二角。

又至商务购《世界宗教史》,五角。

至松筠阁购《广韵本变音考》,六角。河北省立女子师范学院期刊第一期抽印本也(曾浩然指导学生做的)。

晚浴。

2月2日　星期四

午前回家。午因沈老大来平(其母病甚重),马氏三兄弟(二、四、五)及陈舅老爷赏他饭于东兴楼,邀其弟及兄与我作陪。下午三时访检斋,将章稿交出,忽遇林公铎。

四时顷逛甸,狠冷,不耐立。购钱馥之《小学盦遗书》以归,一元二角也。

2月3日　星期五

两日来咳又甚,昨宵甚咳,虽不发烧,亦殊惫,今日兴趣大坏,逛了两次某甸便已厌倦,固由好书摊不多,实亦心绪之恶与身体之衰弱也。午回家,午后逛某甸,购

《国学振起社讲义》,一角;

《眷云入门》,三角;

《佚礼抉微》丁晏,《春秋摘微》,五角(归阅末页,知为《南菁丛书》,然则我固有之也);

《石刻干禄字书》,一元四角;

壬寅(最早本)《饮冰室文集》,一元四角,此本我于癸卯年在湖州送考时赶考的书店中买得一部,南北迁徙,卒阙少△本,心烦怏怏不乐,两三年前于某甸见一部,方欲购而已为他人购去。今得此甚可喜。

三时顷至金处看病,即至师大开校务会议,七时毕,至新陆春赴吴处士之赏饭。

归得日本寄来《△△》一书。灯下欲点阅船山《俟解》,以精神委顿,体乏手酸,咳呛大作而未完。

2月4日　星期六

午回家。午后逛厂甸,购得:

《絜斋集》,三元;

洪宪《中国学报》一——五期,一元;

《吴长兴伯集》,三角,

《李氏音鉴》,一元二角。此书购过两次,均已不全,故再购此。

又以三角购得徐刻《颜习斋年谱》一册,因秉雄要,适得此,因购畀之。

六时回孔德。仍觉甚累,今年书摊佳书既少,我亦心绪甚恶,精神委顿,无精力

细逛也。

《宋诗》四册：1. 卷一——三；2. 卷四——六；3. 卷七——十；4. 卷十——十五。

2月5日　星期日

今日天阴，寒，有雪意。身倦，又兼有两顿饭局，故未逛厂甸。

九时刘泗（字全石）来（师大生）。寓西单白庙胡同〇〇四，电西二二〇五。

午回家，即至东兴楼，沈彝伯赏沈老大，光陪也。

下午回孔德，检吴其昌之《殷先王先公三续考》（应云再续考）一阅，此文系去夏颉刚交阅者，因吴欲登《燕京学报》而容庚以为太武断，颉刚因嘱我一阅。当时拿来已看过，今不复记忆，而吴、顾均来催，因检出一看，实则武断处固有之，创获处亦殊不少，甚识力堪与郭相伯仲也，大可登得也。

晚赴唐立庵之约，在其家中，谢刚主亦在座，彼谓近撰《党社考》，搜集材料甚多，自万历至康熙，东林与复社，在明时与阉党相争，入清而自相争，顺治时陈名夏复与冯铨阉争，康熙时徐乾学与李光地争，则自争也。

晚仍极疲。

2月6日　星期一

天阴如昨。上午赵憩之见赠近著《〈字学元元〉述评》一篇。

午回家。下午至厂甸土地祠中略略一顾，以六角购得《干禄字书》一册，不知何种刻本，字大且甚精也。又以三角购得《明十五完人尺牍》及《明两大儒手帖》，皆国学保存会石印本也。又至直隶书局购得光绪十四年长沙杨氏刻本《通鉴》，惜缺首册（三年前书来时，该局在天津焚去书一箱，皆新购之书之首册也），但白纸初印，贤于孝子纸远甚，以三十元购之，拟借一册抄配。不庵前谓此刻最佳，贤于苏翻胡刻也（有目录、释文、考异……八种）。回思己亥、庚子间（余年十三四时）在苏州时，杨君武以苏局刻本以四十元冤我，当时年幼竟不知苏州书局究有若干年之历史，而君武旋举如何如何旧印旧装（其实他亦毫不懂什么也）冤我买，云价极廉，我因向先母索四十元购取。当时先父遗金止二千元，尚拟供我母子十余年之用。先母忍痛予我购之，及购归，始知江苏书局极易得，价止二十二千余，而所购四十元之部，首二卷被人圈得一塌胡涂。因向苏局单印此二卷换入，而印本亦相差不远。他人知之，且时姗〈讪〉笑，谓作冤头，嗣后心中耿耿，直至十年前不庵言彼家中有明△△刻本（即胡刻之娘家？）半部，影配半部，殆不可得，即得苏局本配之亦佳，因即以此四十元之书赠单，盖觉得送出我家，则心安也（既愤君武之欺，又慰先母之忍痛），不意赠彼以后，彼未拿走，寄存蒋觊主家，及其死后，因将售遗书，为其子大昕作教养费，因由蒋氏运至南方，后来其子又死，妾嫁，其遗书以〈已〉由浙江圌出一千七百元买之，此书亦与焉。而我终无大板之《通鉴》矣。曾于未赠单以前先购一部石印的，正、续、目三均有，后亦因闻单言杨刻最佳，因拟出四十元者，而购杨刻，今四十元者已无矣,新购此杨刻,配之木刻半本〈部〉,甚佳,(因先父故时,此正续《通鉴》本在一起之正由大兄拿去,而留此续予我,大抵戊戌年,先兄取去之书有十余部,彼开单相告,己亥冬我奉母回苏,直至壬寅秋先母见背,此数年中我蓄意要将此十数部书购得偿还遗产,因上杨君武之当)。

今日精神仍甚惫,逛不动,故恕不逛矣。

五时至某海晤黎、孙二人,与黎共雅于某轩。

在直隶书局见有新刻之《榕村语录续编》,日昨谢刚主告我谓李、徐交闹之丑历史具于此中,在某海谈及,孙子书谓系傅沅叔所新刻者,但其中关于清者均抬头空格,横通之"学者"竟如此荒谬乎?

2月7日 星期二

天气甚暖。午回家。午后本拟逛厂甸,以精神提〔不〕起而作罢。在孔德校廖著《知圣篇》,因两年前颉刚曾向康同璧家借得廖书最初稿,与后来刻本大异,曾录于扶轮社排印本上。扶轮本即系翻刻刻本也。借来许久,因循未录,今日下午至黄昏移录李刻本毕。

得沈宅报丧条,知沈氏三昆仲之太夫人于昨日逝世,明日接三。

2月8日 星期三

上午回家。午孙人和赏饭于新陆春,午后略逛厂甸(土地祠),精神不振,五时至禄米仓沈宅吊孝,六时半持香送库。毕即偕马四至其家谈天。

沈宅丧事一切照旧。和尚唪经,孝子披麻匍匐在孝幔中。回忆十年前其祖母逝世,士远做承重孙,仅衣白衣且在幔外站着,彼且告我,曾见李石曾之母死,石曾衣福洛克孝袍而包黑纱于臂,谓此实宜效法,此时因母尚在,若祖母之丧不从旧制,母将伤心,将来母死当用此法,而竟……噫!人老……。

婚礼已大改良而丧礼从旧者极多,此何故耶?

2月9日 星期四

今日为厂甸之末日(阴元夕),宜打起精神去一逛也。

上午八时许,师大国三学生邵增桦来。午回家。

午后逛(东亚),购得:

《增订金壶字考》及《金壶字考二集》四元;

《春秋世论》一元四角;

《文变》二角;

《补钞文澜阁四库阙简记录》二角七分;

《龙龛手鉴》五元。

五时至某海,即至北平研究院访徐旭生,日前闻其将至陕西发掘秦始皇墓,并谓本星期一已行，今知其未行，故往访之，他说拟后日（星六）行，先考古绩云。北平研究院中史学研究会的工作，因一月前告假，拟将其民国△年之《王船山△△△》印入《清代思想学术文选》中，他说拟再看一过，或须修改，故送去也。

2月10日　星期五

北大今日开学，我去上《说文》课，只有一位学生，恕不了。午回家。午后至北大圕（图书舘），拟借佳本《船山遗书》，检其各书之序所记年月，因后来印书往往缺序，或张冠李戴，而我的一部，黑色纸张虽非极劣，却也不甚好，意北大或有之。比往检卡目，则止有一部九十七本者。忆十余年前，不庵曾谓皆劣印且不全，配来配去，配成三部（？）皆九十几本者，此殆即其一也——但止有一部了，可怪！事不干我，我不管它。于是想还是检我自己的吧。

至二东家，则主人固不在，司阍之缝人郑毛头亦往其铺中，仅留一小厮管家，钥匙不在，只好算了。

回孔德，忽思孔德之书虽闻已封存一年，姑问之，则云不过锁门而已，书仍在架上，借取尚便，因即圕取全部，一种一种地检其序目，有序者录出。而《俟解》之序，也是甲子而非△△。甲子序首行与板心均言"俟解题词"，非"制义俟解"也。刘伯山殆〈贻〉误，但刘又谓"俟解题词"为　年，则似应别有此一篇序，终疑莫能明也。《俟解》区区数页，是为船山堂堂巍巍之精神之结晶，似应为暮年之笔。甲子或嫌稍早，似以△△为宜。但此序竟在何处耶（又甲子之序不但首行与板心也，玩其口气实非指"制义"而言，或制义二字，此处不作八股解而应作"制春秋之义以俟后圣"解乎？凡此种种疑团，真要"俟解"矣）？

旭生谓《读通鉴论》与《宋论》见解最高明，当是暮年之作。我读其子敔之行述中，徐言甚信，但亦不详其年代也。

晚浴，剪发。

2月11日　星期六

上午电询师大，云学生甚少，故请假了。午回家。午后回孔德取《公羊经》中周鲁及诸侯各国之君之卒葬，分国录之，拟见与《史记》相校，看他缺了多少，已弄完。

日来头胀、胸闷、腿酸、精神不振已多日矣，初以为理书累，或又以为逛厂甸累，实皆非也。理书不过数日，且休息之时甚多，今年逛厂甸特别不起劲也。噫老矣！病矣！！！……

2月12日　星期日

午回府。即至东兴楼，天行赏饭也。

晚访启明。

席间，知半农拟印白涤洲之《广韵通检》，此某海之成绩，彼胡得不谋诸钱、黎而付印,大奇大奇!

2月13日　星期一

上午回家。下午师大,一半——三半。毕至直隶书局取《通鉴》附属之数种。至某海,晤劭,知半农不仅要印《广韵通检》,且已发表白涤洲为其助教,闻之大怒。天下岂有挖他相关之人之书而不与其当事人商量者乎?会当移书白、魏,说明此意,继则对刘抗议。晚与劭雅于某轩。

2月14日　星期二

昨宵越想越气,睡不安宁,晨七时起,作书与魏、白二人,大发牢骚。十时回家一行,即至师大授课,十半——十二半,二半——三半也。四时开教务会议。晚与劭"雅"于西车站。

2月15日　星期三

上午回家。即至北大研究院访敖士英,为房事也。

午后回孔德点《俟解》,勉强毕,头胀胸闷,昏然欲睡,大约睡了两个钟头光景,精神略好。

晚开始继续写《三体石经考》,写了七张,36—42。

2月16日　星期四

精神不好,北大假。

今日写了十三张半,快完了。(43—56前半)。

午回家一行。

2月17日　星期五

精神更坏,北大假。

今日没有写,因身心俱弱也。

午回家。

2月18日　星期六

上午九时往家,竟日在家,晚十时回孔德,又写了四张。56后半——60前半。

2月19日　星期日

上午丁梧梓来,午回家。

午后浴。晚与劭"雅"于同和居。

2月20日　星期一

午回家。午后师大(一——三)。至商务购得钱穆之《王守仁》(万有本)。晚劭赏饭于西车站,约其弟季纯及涤洲,因季纯在定县办平民教育,来言,三拼之字以丨、ㄨ、ㄩ属下,颇不便教,我们决定可依王照、劳乃宣之旧法,属上。即连(ㄌㄧㄢ)、光(ㄍㄨㄤ)、兄(ㄒㄩㄥ)。归写60后半——62,毕。但以前尚缺数页未写,明日当补写完之。

2月21日　星期二

九时回家。十——十二,二——三,师大。下午雪不小,晚霁。晚补写9半、10、11、31半、34半,又重写第5张,共写了四张半,全书完矣。明日当将古文、篆文补上及剜改写错写坏之字,明日一日无课,当可弄完也。

2月22日　星期三

上午访敖士英,午回府。午后补写篆字,因吴抄之稿,字体都不甚密合,须一一检原物对勘,而陈印本及复拓本均有模糊须细细辨认之处,又其引汉简,引《说文》古文等,均须一一检原书照描,故从下午三时弄到夜半一时许方完,尚有数处未检原书,须补检也。

2月23日　星期四

上午十——十二,下午一——二,北大。午回家。

午后三时起点句改错字,及重写写得不好之篆体,弄到夜半一时只完了一半(1—30页)。今日狂风大作,入晚天气较寒。

2月24日　星期五

北大从今日起,至三月三日,补考一星期,停课。

午回家。午后,北大补考《说文》,题:"述文字形体之变迁并说明《说文》中所谓"古文"之来源?"

晚孙子书为白涤洲钱行,赏饭于广和饭庄,共五人:孙、王重民、白、黎、钱。

《黄梨洲集》:

四库本
《南雷集》
八册即此
{
《南雷文案》十卷,又外卷一,康熙十九(永历卅四)庚申,郑梁序(一六八〇)
《吾悔集(南雷续文案)》四卷　康廿一(永历卅六)壬戌,万斯大序(一六八二)
《撰杖集(南雷文案三刻)》一卷　无年月《文定·凡例》言尚有《蜀山集》,我未见。
《子刘子行状》一卷
《南雷诗历》三卷附黄百家的《学箕初稿》二卷
}

《南雷文定》(前集十一卷,后集四卷,三集三卷、四卷四卷)(凡例系自定,但似只有前集,俟查)。首有徐秉义一序云:"今行年八十",则当刻于一六八九,康熙廿八,己巳(年谱谓自定,《文定》在七十九岁)。

《南雷文约》四卷,郑性刻。序中谓康熙五十六(一七一七)丁酉得《文约》底本,过二十余年刻之,约在一七三七(乾二,丁巳)以后,(此年郑性七十八岁。当再考)。

《南雷余集》一卷,神州国光社。

2月25日　星期六

上午回家。十——十二师大。

午后至某海。晚罗莘田赏饭于东兴楼,饯白行。

胸胀,手足胀酸。

2月26日　星期日

上午回家。即至福寿堂,今日沈家开吊也。午刘盼遂与罗根泽赏饭于新陆春。下午至琉璃厂购物。晚浴。

2月27日　星期一

上午回家。午后师大一——三。晚半农饯白石于玉华台,有我。今晚看了十二张(至42)。

2月28日　星期二

上午九时回家。十——十二,二——三,师大,四时开校务会议。晚董鲁安赏饭于西车站,亦饯白也。归,弄完。明日尚须重写一张。

3月1日　星期三

上午再重写一张。

午回家。

下午校《古文尚书拾遗》写样,凡二卷。校了一卷多,甚倦,中止未毕。

3月2日　星期四

上午十——十二,北大补考。题:"述诗韵之来源,并评其在音韵史上之价值?"午回家。午后至北大及师大取薪。至商务购得万有文库本《孟子正义》。启明来电话,嘱往吃王八,四时半往,十时归。甚冷,天甚阴,十二时下雪矣。

3月3日　星期五

昨宵大雪。北大今日尚在补考,故无课。午回家,午后回孔德。将《石经考》再看一遍。老夫子说汉得古文经,凡五处:

(1) 孔壁——《尚书》《春秋》《礼记》(兼经言)、《论语》《孝经》。

(2) 河间献王所得古文先秦旧书——《周官》《尚书》《礼》《礼记》《孟子》《老子》。(《王莽传》引《嘉禾》,《律历志》引"革命",皆不在逸十六篇内,必出于河间所得)。

(3) 张苍所得——《春秋》、《左传》。

(4) 鲁淹中所得——《礼古经》。

(5) 鲁三老所献——《古文孝经》。

又将《古文尚书拾遗》写样校完。又将《广骈枝》写样校完,明日可送出矣。

3月4日　星期六

九时回家,无车,出又无车,走回孔德。问人知大兵抓车运军械至古北口云。恐热河问题将急转直下乎?不得已雇一汽车至师大上课。毕,因五时尚有会,下午又须访吴处士,本拟即在附近吃中饭,不再远行。讵出门口即遇一车,拉至商务,购《王荆公评传》(新出)一册。出书馆即不得车,只得步行而至绒线胡同西口在且宜吃饭。三时访吴处士,将章稿一一交出,即至文学院办公处。五时许开研究所委员会,讨论旧历史科学门研究生结束办法。七时偕劭"雅"于蓉园。只好雇汽车归。

3月5日　星期日

上午回家。即至《ㄍㄨˇ》会开例会,只遇陈中平、汪回南。白今日至陕西,魏、何送白行,黎有饭局,遂流会。与陈雅于鸿春楼。在会中见报,知汤玉麟昨日逃,承德遂陷落。计日人攻热以来,不及十日,不战而叛而降或逃。噫!

下午三时访士远,归作致老夫子信。晚宴沈氏三兄弟于德国饭店。因大、二二人明日行也。

昨日之抓洋车,系日前汤玉麟要二百余辆军用汽车,比送去,彼即运其家具私产之故。

3月6日　星期一

午回家。

午后师大补考经学史："略述自汉至唐经学之派别"。

三时至某海,晚与劭雅于某轩,九时归。手足肿胀,头昏脑胀——早睡。

3月7日　星期二

昨宵未安眠。

晨九时回家。

十——十二,师大补考《说文》:《说文》谓"哭"从狱,省声,"行"从彳、亍,会意,"疋",古文以为《诗·大雅》字,皆有未合,试述新说？二——三,"略述顾亭林的思想"

购松江、玉烟、□□赵(尚须购宋仲温,未购得)三种《急就》,拟每书贴在一张片子上。整理《急就》工作,以前做过两次,均半途而废。其法,系参考各本临写在一片上,临摹凡有摹写不精未合之处,且记异同,总不能丝毫差陋。今思何妨照中海办法,将原料剪贴在一片上乎？今晚剪贴了第一章,忽又思今日向中海要来的片子止有八百张,贴《急就》则不足,若贴《三体石经》大概够了。因即将日前所购陈乃乾影印本(此本亦不全,但先以此为主,其不备者,当临补购剪贴之,今晚贴《多士》、《文公》)。

今晚又抓车。

3月8日　星期三

上午浴,剪发。

剪贴庄公、僖公、《无逸》。今晚又雪。

今日也不甚有车。

3月9日　星期四

上午十一—十二,下午一——二,北大。午回家。

课毕,访敖士英,又回家。大嫂适来。两三日平、津甚紧张。我主张家人走,稻夫妇亦劝嫂走,我意她也该走。四时许回孔德,剪贴《君　》,至夜半竣事。

凡《尚书》四二八片。《春秋》三二一片,共七四九片也。(《尚书·皋陶谟》系□字式,未计入),均依国音排好了。

3月10日　星期五

上午十一—十二,下午一——三,北大。

午回家。下午课毕,又回家。劝绾行。

尚未得结果。心中烦闷之极。忽思大可看《明儒学案》。因取二老阁本点阅。《崇仁学案》点了一半,尚未毕。头胀疲倦极矣,只好睡了。

3月11日　星期六

阅报,知张学良下野了。

上午九时回家。十一—十二,师大补考:隋、唐、宋韵书述略。

下午回孔德,整理《三体石经》片。共古文△△△字,小篆△△△字。

点阅《姚江学案》未毕。

六时回家,知决定南旋矣。雄远去,四月杪归。强不去。

晚访幼渔。

3月12日　星期日

今日将家中书籍全数运至马宅,运了一天。

晚点阅《姚江学案》,仍未毕。

3月13日　星期一

师大假。

上午运婠寄存马处之物。

下午运婠寄存钱处之物。又听了他们母、子二人之倒霉话。噫!

六时至某海,晤劭。

九时归孔德,点完《姚江学案》。自思自家走后,将书箱整理完毕,务须将生活改良。我于衣食住行四事,衣住尚称能苟,食已太"布尔",行尤太腐败之至。以后当痛加改良,衣虽朴,但因懒,不穿短衣,虽不怕冷,而以痴肥之身,萎靡不振之精神而穿一件臃肿之棉袍,亦殊欠精神,以后当以渐穿土布学生装为是,穿皮鞋以期多走路。

王守仁阳明——邹守益东廓、谦之——子德溥泗山(《学案》作四山)——王朝聘修侯、逸生——子夫之。

3月14日　星期二

上午回家,因毛胸口有瘰,眼微红,故携之至金子诊视,说都无碍。上午师大假。

午后二——三,师大,课毕,又回家。晚撰《以一六四八年,岁在戊子为国语纪元议》一文,将登《国语周刊》也。

晚雪,

古北口又失守了。

黄宗羲之弟子万斯同与李塨友。刘献廷之弟子黄曰瑚字宗夏,李塨集中有赠他的序。王夫之为刘献廷严事之友之一。顾炎武与黄宗羲通过信。黄宗羲弟子邵廷采与李塨通过信。

3月15日　星期三

上午雪,至晡时晴。

午回家。午后至某海晤劭,精神甚坏,终日无聊。

晚报载,塘沽日兵已上岸。

晚倦甚。

3月16日　星期四

上午十——十二,下午一——二,北大。

午回家。午后课毕,又回家。三时至师大开"实习指导会议"毕,又开"教务会议",晚与劭雅于广和。

晚倦甚。

3月17日　星期五

上午八时回家。北大假。

午后三时与雄同至东站过磅,再回家与婠等同至东车站。

婠、雄、充三人行,五时十五分开车,稻夫妇及魏天行均来送。再归家叫陈宝泉今晚宿沙滩看家。又弘曆亦收拾未毕,故亦未行。

晚访叔平,并晤侯芸圻。

3月18日　星期六

上午八时回家,即运一部分至马宅。

又运一部分至弘曆处,

又运一部分至魏建功家,于是毁家矣。在建功处谈谈,并骗晚饭。电俞志靖,乞迓。

3月19日　星期日

晨七时起,清理书桌等等。十时浴。

午,温锡田赏饭于西城之半亩园番菜馆,请一位天津人李　　也[①]。下午回孔德,拆洗被褥等等。心绪甚为悬悬,噫中年哀乐本异少年,况我之神经衰弱乎!

[①]　原件如此。

噫。晚九时得秉雄电,知已安抵上海矣。为之一慰。

3月20日　星期一

下午一——三,师大。毕至某海,晤劭。
精神甚坏,早睡。

3月21日　星期二

上午九时至汇文中学,因陪师大四年生参观该校也。下午二——三师大。晚约劭"稚"于森隆。晚大雪。九时归,道路泥滑,甚难行,早睡。

3月22日　星期三

天渐霁。因昨宵雪甚大,今日春暖融化,故道路泥滑难行。
下午理室中书,一架。
晚灯下,剪贴《出师颂》,未毕。
今日起开始理书矣。

3月23日　星期四

上午十——十二,下午一——二,北大。课毕建功到校来谈。三时回孔德。四时至师大开校务会议。毕与劭雅于半亩园。得章师复信,余前书问《石经考》疑义数事,故答复。又书一跋,注明"钱夏,曾书《小学答问》……"(抄原文),又言新收弟子徐震,治《公羊》,信传不信注,一扫妖妄之说云。

3月24日　星期五

上午八时顷至南附中,因陪学生参观也。陪者为我与宇众二人,参观者为宇众、善恺、伯丘、鲁安、伯纬诸人之功课。我先走。至文楷斋取《石经考》写样,并刻成之第一张,刻得尚佳也。因师来函,有数点疑义,前去信问者,应改正也。即赶至北大上课。(北大上午十——十一,假)上下午一——三。毕回孔德,改《石经考》字。晚六时与建功共饯罗心田之行于玉华台。罗有《唐代西北方言考》一篇,有一百余页,无法看,他明天又要走,只好略说大意。他说,唐代西北音正有浊、塞读法之趋向也。丁声树来辞行,未见。历史语言研究所迁上海曹家渡,故他们都纷纷南行也。

3月25日　星期六

上午七时顷起,将"补订二事"重写(因来信要低一格也)。写毕至师大上课(十——十二)。毕至文楷斋交出。下午二时至师大取薪,天忽雨,即归。四时顷晴,至某海一行,即访幼渔,骗他的晚饭。

3月26日　星期日

昨宵大风,今日又竟日大风,甚冷。

走将旬日,除到沪电报以外,尚无信来,甚为焦念。上午浴,午,三强归。与同雅于东来顺。食毕同回孔德。他七时走。下午得信,知到沪时由俞三招待,寓其家者三天(廿──廿二),廿三迁至中社寄宿舍(上海威海卫路△△),房租五十元,每人包饭十四元。此盖如北平公寓中可住家者也。很好很好(此等房子一天一天多起来是最好的),于是心定了。晚七时许访建功,已影写来了。十时半归。甚冷甚疲,即睡。睡了夜半觉冷。

3月27日　星期一

今日仍略有风,仍冷。

午后一──三,师大。毕至某海,与劭雅于同和居。头胀,手足均无力,甚倦茶,九时许即睡。

3月28日　星期二

晨至北大取钱。

十──十二、二──三,师大。

晚作复雄信。精神疲倦,早睡。

3月29日　星期三

自今日起,开始彻底理书。先理孔德底,最多、最杂、最乱。大约非一星期之时期理不完。上午至邮局寄雄快信。下午起理书。

3月30日　星期四

晨又得雄廿八日信。上午十──十二,下午一──二,北大。

毕归理书。晚访叔平。

3月31日　星期五

上午十一──十二,下午一──三,北大。毕归理书。

4月1日　星期六

今日起两校皆放春假一星期。

理了一天书,手皲,身全是灰。

晚浴,剪发。

4月2日　星期日

晨九时寄雄快信。归理书。一时许,三强来,同至森隆吃饭,吃毕偕回孔德。他七时去。我晚上又略理书。天甚暖。

4月3日　星期一

很麻力〈利〉的理了一天。天晴和,少风,甚好。

上午马巽伯来,彼今自杭来参预其妹佳期也。赠我邵芝岩紫毫笔三枝。到晚上甚累。

4月4日　星期二

天阴,冷,又上午理书,觉身甚疲,腿足甚酸软,下午即理得甚少。晚浴,归大雨。晚看大嫂日记,她的日记共廿五本,1903—1927也。今日看了1903一月至四月(摘要史料另本记之也)。晚得沈心诚来书,要至无线电台考事,并约六日晚赐宴,当一切辞谢之。

4月5日　星期三

天阴,时有小雨。今日决定出门一日,非但不理书,并且不看书以散闷。天较昨更冷。

晨起迟。作书告哈李阅,声明不能作考试员,且谢绝沈宴。午派人送出。午后二时访吴处士,三时许至琉璃厂文楷斋探《三体石经考》已刻若干,据云已刻有数页。至荣宝斋购喜联,携至某海写之,赠 花王也(明日佳期)。六时访启明。

4月6日　星期四

阴,午后雨。黄昏以后雨声淅沥不止,较昨更冷,棉袍竟不够,绒袍袿又自箱内翻出而穿之。精神甚疲。

晨起迟,即作书致沈心诚,告以不能去,当另物色人材,并辞今晚东兴之宴。十一时半至某海,向何容一商,他说王向辰当可去,会当与商之。归已一时许,三强已来,即同至东华楼吃饭,他前天一早去逛长城,昨午归清华,云身子微觉不爽。午后二时许至欧美同学会,四时观礼——其实我在礼堂门外未观也。七时三强去。灯下做《尚书今古文篇目异同表》,总算做成了。凡汉古文序或逸篇所有,而晋古文亦有者,因篇名同而内容不同,故列为两行以别之。

4月7日　星期五

今日甚疲倦,一躺就睡。本拟清理书,不意一些也没有做。午饭后即浴,浴前浴后在浴堂里睡着了两次,每次有一小时光景。晚访建功遣闷祛睡。

4月8日　星期六

今日起两大上课矣。上午十——十二,师大。下午至琉璃厂一带购物。晚间精神不振,心烦意乱,今日又没有清理书籍,于灯下将《尚书表》又重写一过。此番可定而付排矣了。

4月9日　星期日

乱纸堆中有有正书局所印龚孝拱对联一笺,其文曰:
"一瓯沧海横流外,
环堵楼台蜃气间。"
后有赵烈文跋:
"杭州龚孝叟橙所书也。叟幼从宦京师,以小楷著名。中年通许氏学,作真隶皆以六书篆分文之,奇宕可喜。庚辰岁次老得是帖,时距叟殁已再更寒暑,阅之怆然。阳湖赵烈文记。"
庚辰为光绪六年(一八八〇),云"再更寒暑",是孝拱卒于光绪四年戊寅(一八七八)也。
昨宵不安眠,晨头胀心烦,怕冷,以为今日必又不能理书矣。上午得秉雄信,稍解。下午至黄昏,又清理了半天书也。

4月10日　星期一

上午作复秉雄信,午寄快信。
下午师大(一——三),毕至某海晤黎,向他借得《东方杂志》△卷△期①,中有钱穆一篇主张墨辩,系② 　　兼爱的

4月11日　星期二

上午十——十二,下午二——三,师。
毕开教务会议。今日腹胀,甚不适。

4月12日　星期三

今日无课,本拟理书,而身疲心乱,只奈作罢。腹胀渐轻。
下午至某海,还前借《ㄊㄅ及劭之书,并以钱《新字典》□卅余本赠《ㄊㄅ。
晚与劭雅于西车站。

---

① 　原文缺。
② 　原件如此,本日日记似未写完。

4月13日　星期四

　　上午十——十二,下午一——二,北大。晚清理书籍。

4月14日　星期五

　　上午十——十二,下午一——三,北大。晚浴。

4月15日　星期六

　　上午十一十二,师大。午后至琉璃厂购书物。至某海,晚与劭雅于某轩。今午江绍原赏饭,复之曰:
　　此办法,拟即印为铅印之信,将来有人赏饭,便以此答之,岂不大妙。

4月16日　星期日

　　午三强来,与其"雅"于森隆。下午至琉璃厂购物。

4月17日　星期一

　　下午一——三时师大。晚访建功。

4月18日　星期二

　　上午十——十二,师大。下午二——三,师大。今日胃纳饱胀,颇不适。晚略理垃圾。

4月19日　星期三

　　上午十一时,秉雄忽到。午本约幼渔"雅"于淮阳春,因闻北大忙于将书装箱,欲探询也,我父子二人即同往。午后三时至师大,开谈话会,因时局紧急,拟定将重要文件及书籍装箱也。秉雄今晚宿三院朱侨处。

4月20日　星期四

　　昨夜半起阴雨,今日上午雨甚大,晡时渐霁。
　　秉雄今日外出觅屋,定居三院。
　　阴雨,天冷,身疲,北大假。也做不了一点儿事。糊糊涂涂的过了一天。

4月21日　星期五

　　上午十——十二,北大。下午一——三,北大。

毕,得吴检斋电话,嘱课毕即往,师有信来也。四时往,师信谓滦州若失,北平必不可保,其稿写样可暂存安稳处或携南,商定答以此时尚不要紧,遇必要时当送入交民巷保存。

至文楷斋,见石经已刻成△页。取一样本归,拟寄师也。

向来薰阁代师大购得《流沙石室佚书》(影写石印本)及《云窗丛刊》,归灯下拟续前抄《隶古定》,数年前借马二者,未抄毕,两月前彼因"装书"取回。

4月22日　星期六

上午十——十二,师大。

下午二时至妙光阁吊李守常。他明日安葬西山之万安公墓,今日设奠也。三时顷至某海,偕劼同至师大文学院办公处,为国二学生高去疾等与潘企莘(教育教员)为难,今日与劼西、湘宸三人,约学生代表来谈,请其疏解也,大概无甚问题也。

灯下抄隶古定《尚书》。

4月23日　星期日

上午浴,剪发。午偕两儿至东华楼"雅"。雅毕至琉璃厂一行。归甚累,天渐暖,浑身发胀,殊疲。思抄录古定之外,尚可先取伪孔传本改在上函,今晚取中华《四部备要》本略改之。

4月24日　星期一

上午汇两千至上海,托董粹转。由中国银行汇,每一千元汇费二元。

下午一——三,师大。何日章来,师大英文系毕业生,图书馆主任,十五年来拜门者,谈师大书装箱事(□□)。四时顷至某海晤劼。灯下阅师大研究所之书目,择较精较要者圈出,预备先装箱也。

4月25日　星期二

精神疲倦,头昏脑胀,四肢发胀。

晨雄来。上午十——十二,下午二——三,师大。课毕回孔德,又清理垃圾。

晚访天行。

4月26日　星期三

依然头胀,手足胀,身疲。清理垃圾者不过二小时光景,弄不动了。

下午四时到某海,因来了一位教育部的社会教育司司长张炯(字星舫,湖南常德人)因事来平,劼识其人,请其来某海看看,并托其催款,约了在平的五位常委来茶话(黎、钱、陈、魏、汪)。晚与魏"雅"于德国饭店。下午起黄沙蔽天,黄昏狂风大作。

夜半不甚安眠（连日如此），睡醒也觉胀酸，甚不适。

4月27日　星期四

上午十——十二，下午一——二，北大。

今日精神稍佳，故课毕以后，又理了两小时光景的垃圾。

晚浴，归写扇子债四把。

4月28日　星期五

上午十一——十二，下午一——三，北大。

因十二——一时之间匆匆外出吃饭，颇觉匆促，因先于十——十一时吃之，不意大上当，一吃便胀，精神疲倦之至。三小时都皆胀，吃力万分，甚为苦。

四时至师大开校务会议。

今日得德充廿四日来信，又得二小姐廿五日致秉雄信，此雄来平后第一次得上海信也。甚慰。

4月29日　星期六

上午九时至北大取钱。十——十二，师大。下午三时至师大取钱。即至某海，与汪一庵同至师大，五时国四照相。购石印仇兆鳌《杜诗详注》七元。

4月30日　星期日

三强上午十时即到，午与两儿同至二房东家取衣，午三人雅于淮阳春。下午至金处看病。因一星期以来头晕脑胀，手足胀，胸满，疲倦也。五时访启明。

5月1日　星期一

大风，颇寒。

下午师大，一——三，毕至某海，晤劭。

5月2日　星期二

仍大风竟日，甚寒冷，身软无力，师大假。下午至二房东处取《白沙集》，晤幼渔，嘱晚至其家骗饭，谈至十一时走。

得二小姐信，知二千已收到了。

5月3日　星期三

今日较昨稍暖，得婠四月卅日致秉雄书，系苏甘所写，此君在世界书局。

傍晚至北大寄宿舍看秉雄,因三日许没有看见他了。

清理关于 ✍ 之件。将自十六——至廿一年师大实施课程列一对照表,以便作课程标准草案。

5月4日　星期四

今日为五四,单单北大放假,把我放掉了。

有风,下午黄沙蔽日,又冷又热。

上午浴。午后至琉璃厂购物,归,做师大国文系课程标准草案,至夜十二时许毕,甚疲。嚱！老矣。

5月5日　星期五

晴,暖。今日为非常大总统即位之日,北大假。

上午秉雄来,与同至东来顺"雅"。"雅"毕访劭。商草案,略有改动,谈至九时归。在劭处见冯芝生《中哲史》汉至清三巨册,借归阅之,无甚精采,清儒中竟无黄梨洲与王船山,而有廖季平,岂不可怪！

5月6日　星期六

晴,更暖。今日上午因邵元冲到师大讲演,临时停课了。上午将课程标准草案弄好。午后至某海交劭。三时至师大女附中开"各系教生行政实习谈话会",未终席而走,与劭偕同至其家,谈至晚十时回孔德。

5月7日　星期日

暖得不可耐。吴老头子前日到平,恰好今日是《古夕会的常委会,昨日用钱、陈、白、汪、魏五常委名义去函请他今日到会。晨九时顷三儿来,嘱其可偕乃兄至大妈处,我便到会去。剧谈良久,即同至同和居聚餐,谈至五时方散。甚暖,觉甚疲,甚胀,手疾又发作,明日当至金处诊视也。

5月8日　星期一

昨日已暖,昨宵更暖,棉被是盖不住也。

手又发作,胃胀甚,上午至金处诊视,下午一——三师大四年级考经学史。毕至某海,晤劭。归取他人的讲义而整理之,拟订也。

5月9日　星期二

上午九时雄来,十一——十二,师大课。

下午二——三,考四年级生,考"清代思想概要"。毕四时开"征文评判委员会",此等事真无聊,此等会尤无聊也。

与劭"雅"于西吉广。

得俞志靖四日致雄信,知婠等甚好。

5月10日　星期三

连日天气大热,身子甚疲倦。今日上午浴,剪发。依然不觉轻快,镇日不能做些子事,殊苦闷也。

5月11日　星期四

精神太坏,不能教书,北大假。李召贻来,告今晨五时许敌机来侦查北平,恐大难将至。上午将五千元至金城银行提出,交中国银行汇沪,较半月前汇费增一倍,须二十元也。汇毕至某海,精神坏极,看看书报,躺在帆布椅子上屡屡睡着。去时为一时许,比醒而走,已五时矣。归孔德,雄来。

5月12日　星期五

上午六时顷,敌机又来,自东北至西南又至西北,最后往西北飞去,约十余分钟,我方射高射机关枪。十——二时,北大,毕四时至师大开教务会议。毕偕劭"雅"于大陆春。

仍甚昏疲。

5月13日　星期六

上午师大因四年级有一人要考国音沿革,故停授,及去而此人不考,而二年级生亦多不来,遂停授。即至某海,借《瓯北诗话》来阅之。下午三时至师大开"毕业生茶话会",系校长所开,有李文苑召来宾。会毕摄影。晚浴。

仍甚疲,昏然欲眠,无聊之极,因取一年前未做好之部首,今续做之,取《国音常用字汇》,先就汇中所有之部首○(圈)出,此外的再准一下子,弄了一些儿即睡了。今日无敌机来。

5月14日　星期日

今日无敌机来。街上要道之侧从今日白天起均置沙包,并挖壕。上午三来,午雄来,同至一亚一吃饭,饭毕至金处诊病,即归。续弄部首,《国音常用字汇》所有的已圈完,复取"准"音磨勘之,至三篇完。其实弄了至多不过三小时而疲倦极矣。和衣倒头便睡,直睡至次早五时许,衰倦至此!

闻今晚九时起即戒严云。

5月15日　星期一

上午松筠阁送郭沫若的《卜辞通纂》及考释来，价十二元。下午一时——三时师大，毕至某海，闻今晚七时起即戒严，故五时即归孔德。得苏甘来电，云

"姊安，盼归"。

大约上海方面闻敌机来北平，故恐慌也。即携此电至北大三院宿舍，给秉雄看。

七时戒严之说，盖因今晚七时故宫第五次迁物，自天安门至前门戒严而误传也。

5月16日　星期二

上午九时半发电至董宅。文曰：

"请告内人，苏甘电悉，平现安，如危，即归。"

十——十二、二——三，师大。下午小雨，至晚霁。归孔德，得苏甘十二日致秉雄信，劝归。

秉雄来。

5月17日　星期三

上午浴。

今午师大研究院毕业生赏饭于蓉园，照例谢绝，但饭后要照相，则去也。三时至贾家胡同访李景泉，访魏建功，一室之中列床三、卧七人，太挤了，且坐于聊天，觉得甚郁闷。五时至文楷斋，知三体石经快刻好了。

得亚粹十四日致秉雄信，说毛病已好了。

天气并不甚热，然甚郁闷，睡下不能盖棉被，不盖又凉，一夜不安眠，精神甚坏。

5月18日　星期四

精神不振，北大假。

晨六时顷闻炮声，询知为齐化门外苗家地日本人打把〈靶〉，约在一时以上。

午刻左右大雨，凉爽。

下午四时顷秉雄来，七时去。

灯下做：

《元明清韵书中之纽异同表》，

《元明清韵书中之韵部异同表》。

快完了。

今日得苏甘十五日致我快信，在发电之后写的（十五日），说盼早归。书箱可托北平世界分局经理邵康钊设法，因他在上海世界教育用品商店也。又得德充十四日致老三信，知道他是十一日得病，十四日好了。上海福州路一四〇号。

5月19日　星期五

精神甚坏，北大假。

今晨九时顷侦机又来，逗留时间较上次为长，四城回绕，十时顷又飞来。十二时又来。

上午将两表做毕，下午誊写之。灯下又做《守温字母与广韵声纽异同表》。

上午阴，下午晴，黄昏大风，颇凉。

写表时，发现一事：——

	周卓朱陈$_3$韵	兰$_4$	章$_4$	徐$_3$	乔$_2$（方同）	樊	何$_2$	李$_3$	辙$_3$（同李）	劳
へ	へ.ㄧ	へㄧ	へ	へ			へ	へ	へ	
帀	帀	帀	帀	帀.ㄧ.ㄩ	帀.ㄧ.へ	帀.へ.ㄧ.ㄩ	帀.ㄧ.ㄨ.ㄩ	帀.ㄧ	帀.ㄧ	
ㄧ										
ㄨ	ㄨ.ㄩ	ㄨ	ㄨ	ㄨ	ㄨ.ㄩ	ㄨ		ㄨ.ㄩ	ㄨ.ㄩ	
ㄩ		ㄩ.	ㄩ.ㄧ							

此即因开齐合撮之硬配也，故ㄧ、ㄨ、ㄩ可算一韵，而其开口无法处办，或へ或帀也。

5月20日　星期六

昨日受凉，今日腹痛，精神不振，师大假。

九时顷至二房东家取书，日机又来十一架（时大风），孔德临时停课。作书致苏甘，午用快信寄出。心甚烦乱，至琉璃厂一带走走。访金子直，问情形，彼云日本侨民及各国侨民均未集中，轰炸似不至于。

代师大购得开明书局新刻之钱坫《△△△》[①]，刻得甚佳。惟商锡永一跋实不高明，最可笑者彼自篆《说文》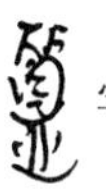字，竟照楷书改小篆，作，岂不可笑者哉！

心甚乱，晚访叔平，十时半归。因恐时晚，彼借戒严司令部之通行证与我，出苏州〇〇（胡同）（彼住此苏州〇〇内之五老〇〇（胡同）三号）西口即遇警察之诘问，但过了东单牌楼，即无人注意矣。

① 原缺。

5月21日　星期日

上午敌机不来。九时雄来，十时三来，同至西车站雅，雅毕至文楷斋，见《古经考》又刻成二十页(页21—40)及章跋，因携至天行处(贾家○○(胡同)48号归德会馆)，谈至八时而走。归孔德，得劭电话，知前方战事甚不利，今日何应钦让李书华告国立四校长，可告学生，允其请假旋里。又前方退兵云集郊外，东城多占屋居，栖凤楼之平民学校被占，正在设法交涉。今天本觉平安，晚闻此信，心甚烦乱，不能安眠，写条致雄，嘱其明晨来，告之。

5月22日　星期一

上午八时，雄来，告以昨闻之语，嘱其向北大探问办法。午十一时浴。下午师大告假，因心甚乱也。四时顷欲至某海访劭，途遇听差崔玉，知彼已归家，即至其家，问师大情形，知下午大致已散，闻师大五时将开紧急会议，后知此语误传，系临时谈话会，我亦有份也。即归家，一路去来见到处是兵车，形势颇不安靖，即归。三强来，谓清华当局已告学生，可自由请假走，定明日往取行李。秉雄亦来，谓北大亦已通知学生矣。三强今晚宿老大处。我拟明日下午或后日早晨先赴津观察情形，再定回平或赴申。晚得叔平电话，谓敌氛甚恶，促速行。心绪甚乱，书籍等物均无法整理，只可不管而先走。惟借他人之书及端午节书账不可不清偿，因将他人之书一一捡出，分别包封，拟明日一一还出，至三时方睡，又倦又失眠，甚以为苦。

5月23日　星期二

昨宵止睡了不过三小时，今日精神甚坏。晨六时许起，七时顷天行来，谓拟今晚全眷回家。八时雄来，嘱其将北平票换中央银行上海票。八时顷机又来，初三飞行极缓，后三极快极低，声震耳鼓。九时顷将借书一部分运至北大，交北大信差送。在北大又见一机高飞。

十一时半至富晋及来薰阁还书账。访汪伯烈、张少元、吴检斋还书，吴云今晚须走，赴杭。因将《石经考》已刻成2/3及章跋样本，交其带去。至师大文学院还书，已三时，电询劭消息，云得津友电话，知局面已和缓矣。归孔德，闻人言见北平晚报坐了汽车发号外，亦云然。三儿已将物件取归。我甚热甚累甚疲甚不宁，躺下与两儿谈谈说说，晚三人雅于东华楼，九时许归即睡。

得天行电话云不走。得叔平电话亦云时局已和，可不走。

5月24日　星期三

今日无甚消息，或谓日兵营又来一千余兵，未知确否？上午十时顷机又来，高而速，看不出几只，最后又来一只，散放传单而去。昨晚睡着几个钟头，今日精神稍振。午两儿来，与同至淮阳春吃饭。

午后至来薰阁与商务,商运董物事。四时顷至某海晤劭。

六时顷访启明,因吴处士走,文楷要钱,往谈此事。

七时半归孔德。

晨阅报,知廿二下午甚紧张,军委会已决定守城抗拒。晚九时许日本代办中山忽访何应钦谈和。

5月25日　星期四

今日某机未来。天甚热,头昏。上午十时顷唐兰来,谈至十二时方走。他说,西周有二太庙:前曰京宫,后曰康宫(周本名京,"曰始于京,王配于京,京室之始"可证)。

京宫为五代:太王、王季昭、文王穆、武昭、成穆。

康宫有九代:康、昭昭、穆穆、共昭、孝穆、懿昭、夷穆、厉昭、宣穆。故《金縢》之"穆卜"谓卜成王为穆也(故成王启书而感泣也),其说极新极确。郭、唐二人最有见解之甲金文家也。

两儿来。下午至某海。

心绪甚乱,会当设法看书,使其宁静。

5月26日　星期五

上午某机又来。午雄来(强往清华也),与之雅于东来顺。

午饭后浴,剪发。

心绪太不宁,灯下取前欲做之《部首今读》做之,并即加写之巜、彳、卩之中,做一——四篇。甚疲即睡。

5月27日　星期六　阴雨

某机未来。天较凉,人较适。

午两儿来,与同至润明楼吃锅烧肘子,三人均甚胀。三强昨至清华,谓学校已布告结束,九月初补考。

得苏甘来快信。今日上午及灯下,续做《部首今读》,今日毕事。晚因做部首,故心定些。

如且ㄗㄨˇ、由丨ㄡˊ等均不依唐韵,因他错也。如广ㄢ、采ㄅㄧㄢ则根据近代人新说而定其读也(广ㄧㄢˇ、采ㄅㄧㄢˇ又定为又读,且ㄑㄧㄝˇ自然是必要,由ㄗ则万不可用矣)。

5月28日　星期日

今日是旧历端阳。

晨九时小酉忽自上海来,来运他家的书物也,即导之至北大三院晤两儿。午四人同至淮阳春雅。下午访劭于其家。下午至商务晤孙伯恒,他说平绥车不通已两日,冯玉祥又要独立了。阅晚报则通电已见,此等伪道学者居然也有人如幼渔者信仰他,大奇!

他正在做《宋元明思想学术文选》,"周、程、程、张、朱、陆"六人的说明。

六时天阴,云合甚厚,急归,途遇大雨。

黄昏忽觉心怔忡不宁,未能安眠。

黄昏雷声殷殷,今日夜半当有大雨。

5月29日　星期一

昨宵雷雨,今日颇凉,空气甚好。午两儿来,与同至东来顺雅,雅毕至来薰阁楼接洽董书事,并晤伊见思。至某海,劭未来,访启明并晤幼渔。八时半归。

取朱允倩《声母千文》写在格子本上,以便注国音。丰——孚。

今宵安眠。

5月30日　星期二

今日天甚凉,单衣不够。

晨师大学生李文保来。午两儿偕小酉来,与同至德国饭店雅,雅毕至来薰阁接洽装书运书事。

至某海晤劭。他的文章做完了,讲朱子最好,讲陆子亦不错,讲张子最差。

上午及晚将《声母千文》写毕(小——壮),不甚适用,会当取段江补王王补二家之书参之(因《说文》固多误,而他改《说文》大都不对也)。

今宵安眠。今日晚报载所谓和议也者,口头已定,今日双方代表出发会于某处云。

5月31日　星期三

上午小酉至徐家运书,托来薰阁代运代装。上午两儿来,秉雄旋即至来薰阁,我与三强同至东华楼。每人吃了一碗炒饭,一碗汤面。我至来薰阁。二时许即装毕。复偕彼二人至东河沿整理寄存那边之董物。六时归孔德。建功与叔平均来,与同雅于淮阳春。

灯下点阅《颜氏家训·勉学篇》。

上午某机又来。所谓某处也者,塘沽也。

叔平谓《流沙坠简》中"钱"字有"釙、戔、戈"诸体。

6月1日　星期四

上午某机又来,翱翔天空者十余分之久。阅报,知有所谓停战协定五项,于昨日上午签字云。

上午九时许稻孙来。

至东河沿,看他们料理得大致清楚了,两儿及小西三人均动手。午后至来薰阁,接洽运送店事,决定明日上午运走。四时至师大开校务会议。

晚与劭"雅"于大六〈陆〉春。

归,点阅《颜氏家训·文章篇》未毕,甚疲即睡。甚疲而甚胀,晚间眠不甚安。

6月2日　星期五

晨七时雷,旋即大雨。午后时止时下。

上午八时,运送店△△来,与同至东河沿取物。

毕即至三院,见小西亦在,午与他们三人雅于东华楼。

得毛卅信,知她们安。

下午两儿又来,傍晚去。

6月3日　星期六

晴。上午将《今读》再韵次一下,午毕。

小西云今日动身。但三强下午去送,知未行。

下午浴。

灯下做《部首古读》,未毕事,先将540部参酌段、江、孔诸家所列,分写入卅三部。

6月4日　星期日

上午晴,天气闷热。上午得二小姐致秉雄信,六月一日快信,内述搬运其书来,云婠日来臂痛,以药擦之已渐愈矣。即携此信至三院示两儿。

午,建功赏董作宾(新从上海研究院来)饭于淮阳春,我开始再吃酒水,因《塘沽协定》既成,民众可少死,食能下咽也。同座者为台静农、庄尚启、沈兼士、赵憩之也。

自一时起,雷阵雨,至晚八时,凡数次阵雨,下午即归。续做《古读》,将昨日分入各部之字,每部均写一表,用十四声:ㄅㄆㄇ、ㄉㄊㄋㄌ、ㄍㄎㄫ、ㄗㄘㄙ、ㄜ也。(ㄅ、ㄉ、ㄍ、ㄗ均浊音)灯下毕事。此为最初之稿,尚不知须修改若干次始能便定也。

6月5日　星期一

阴雨竟日。

上午至三院看两儿,午与共"雅"于东来顺。

二时至北大取薪。三时至师大取薪。

至永兴购打字带,拟打《部首今读》也。多年未用打字机矣。

窗外雨声淅沥,天气甚寒,薄棉被不温。

6月6日　星期二

晴,凉。

上午两儿来,与"雅"于东华楼。

毕,至青年会探小酉,尚未行,但不在家,故未见及。

下午起,至东河沿开始理书,今日先将小学书与经学书检出,尚未装箱。两儿亦开始理他们的书。

六时访劭于某海,与"雅"于广和饭庄。

6月7日　星期三

天气晴,风,凉。

上午敖士英来。

上下午均在东河沿理书,分类装之。今日装了小学书一箱,经学书约二箱。而两儿亦理了一天他们的书,将毕矣。

中饭与两儿"雅"于东来顺。

晚六时访启明,他把捐助刻师之书款百元交我。

6月8日　星期四

晴。今日某机又来。

今日拟清出孔德方面应归入二房东方面书柜中之书,未毕。

两儿来孔德,上午下午均来。

下午为两儿制夷服(大——二十八元,三——二十一元)。中饭与三雅于润明楼。

晚严既澄赏饭于德国饭店。

今日较前数日为热。

下午余让之来。

晚得苏甘致秉雄信,无甚事。

6月9日　星期五

上午机又来。午后浴。剪发。

归,两儿来。

五时至琉璃厂,至某海,六时至广和饭庄,今日钱、黎、孙三人赏胡适之吃饭也(胡将于十一日晨离开,至申赴美)。陪客为傅沅叔、魏建功、刘半农、王静如、赵万里、任叔永、袁同礼也。任、袁未来。

今日在商务购得"四部"本《颜氏家训》。

6月10日　星期六

上午某机又来。

白天晴,下午始雷,阴,晚七八时顷大雷大雨。

上午两儿来,午同至东华楼雅。雅毕同至二房车处,率两儿及两仆将许多木箱抬开移置,以便清理书籍。五时顷回孔德。

灯下点阅《颜氏家训》:自(一)序跋至(十四)《诫兵》。

6月11日　星期日

阴,时雨,凉。

得董良自天津来明信片,知已离平矣。上午十一时至下午四时至打磨厂、琉璃厂等处购果脯、购伞、墨盒、铜尺、购□□、婳、强、充三人印片,购物备两儿带南。归,两儿在孔德,晚饭后方去。

灯下点阅《颜氏家训》:《养生》、《归心》。

6月12日　星期一

晴。上午至琉璃厂,在商务购《四部》本大徐《说文》,价二元。归取凡过十文之部,将11、21、31……之字均标于栏外,备查时可用黎永椿也。始知黎书错误甚多,恒有将重文计及者,甚至重文不计,而脱一数者。

晚魏建功阁家(其妻、女、弟、妹)赏钱家阁家(三钱)之饭于淮阳春。

6月13日　星期二

晴。上午两儿来。午马二、四赏他们饭于淮阳春。共六人(二马、三钱、一魏)。午后至琉璃厂购果脯赠董。取片。晚与劲西,谈何□□,三人雅于大陆春。九时归。两儿又来。

6月14日　星期三

阴。上午两儿来,雄出购三等车票(两人,将五十元)。午同他们至东华楼,我精神甚坏,胃纳不佳,饭后回孔德昏然大睡。两儿将寄宿舍排定,零物办妥,三时顷同他们同上车站,晤尤炳圻、宋真甫,亦此车回南,五时十五分开车,嘱咐他们,一到即发电来。至某海,与劲雅于某轩。

归续记《说文》11、21之数。

6月15日　星期四

晴。续做记《说文》事者几一天,下午四时许完。访启明。

得中社方面来信,系用媚之名义致雄者,不知何人所写,云欲购衣料赠人云。

6月16日　星期五

晴。上午因连日胃胀、头胀,昏然欲睡。上午至金子直处诊视,他说略有脑充血,取药而归。至琉璃厂购物。

下午浴,昏然,倒头便睡。

晚六时起雷电,雨,室中阴晦之至,等雄电,心甚不宁,绕室彷徨,至不可耐。十时电至,知已安抵上海矣,甚慰。心亦渐宁,即写一快信备明日寄出。

6月17日　星期六

晴。上午将历年字债前已装成一柳箱者,运到中海,并北平圕(图书舘)记纸,因圕(图书舘)方面已搁了两年,他们来催,最近拟写也。因此顺便将字债箱搁在那儿,以便随时可写也。

午寄快信,至厂购笔墨,下午再至海,拟写圕(图书舘)记而精神困惫,天晴而热,不能写了。唉!

晚访劭于其家。

6月18日　星期日

晴热。上午取罗常培所论侵、缉、谈、盍四部之古韵分声符说录出,讲得甚是,惟有一二处错了(如髟、　　)①,打片时拟暂用他所分此四字之声母,今日上午先将它草草录出,以资参考。下午起检阅师大试卷。本届国文系毕业生五十三人,伛们历年之卷均未阅,均须阅也。凡九十六本,至夜半阅毕,惫甚,即卧。今日虽惫,但居然不甚胀,且食后尚不至昏昏欲睡,其药之效欤?

6月19日　星期一

晴,午后风,五时许雨,七时霁。昨日尚有七卷未阅,今晨阅毕,即送至师大注册课。午后至某海,知段氏《说文》与大徐《说文》贴在一片上,业已贴毕。先取最后之十四篇下以归。归将此篇先打古韵,打毕,甚疲,即睡。

6月20日　星期二

得三儿十七日信。

下午在某海写蔡撰《北平圕(图书舘)记》。此文系两年前即应写成刻成者,那时在孔德写,被沈麟伯所扰乱,写得太坏,说明重写。不意一搁便是两年,今日拟赶

---

① 原文如此。

成之。但因精力不支,未能写完,明日上午续写可毕。两年前所写被江阴某氏要去,其字亦略有某氏之嫌疑,此次所写全不相像矣。五时起雨,渐大,八九时顷止。

6月21日　星期三

晴。上午至中海,写完某记。下午三时至师大开校务会议,因李云亭来电来信,知今年让我们招考也,故开校务会议,讨论此事,组织招生委员会。晚八时许大雷电,大雨。

6月22日　星期四

晴。总算清理了一天书物。头胀、胸满、身疲、不能努力,噫!午至琉璃厂购物。将酉、戌、亥三部片记国音,已定的不用说,未定的,依唐韵读国音,觉唐韵颇多不适处,恐依《说文旧音》《玉篇》《广韵》较唐韵尚适,如醅ㄧˇ、醇ㄉㄧㄤˋ,实不适也。

6月23日　星期五

上午石砎磊来,要我写"北平女子协化中学"匾,午后至中海书之。十时浴。

午夏宇众与徐传峰赏饭于撷英,交情不可却,勉往。毕至某海写匾,四时访幼渔骗其饭。晚十一时归。

晨得秉雄二十日快信,知阃第均吉,甚慰。

6月24日　星期六

晴,闷热,午阴,渐掉点儿,至晚五时许雨,入晚大雨通宵。

上午八时,访罗根泽,未晤。九时至师大开招生委员会。下午欲清理书物而无力,取十四篇上而打古音,打打又觉头胀,心烦,不能耐,卧而看书亦不能耐。五时访建功,甫出门而遇雨,十时半他家以汽车送我归,灯下又略打古音,仍疲,即睡。

6月25日　星期日

晴热,得三儿廿二日信。上午打完十四篇上之古韵,段氏又闹了一个笑话。

铠一部。

此与起十五部刚刚应该对调!

因头胀、胸满,午至金处诊视。

下午勉清书物。

古音卅三部,日来为最后之决定,决以师为主,而略变之。

(阴八)歌°、微ˋ、佳ˋ、鱼°、侯ˋ、幽°、宵°、咍ˋ

(阴上五)尾ˋ、语ˋ、厚ˋ、黝ˋ、海ˋ

(入十)月ˋ、质ˋ、物ˋ、锡ˋ、铎ˋ、烛ˋ、觉ˋ、德ˋ、缉°、盍°

(阳十)元、真、文、耕、阳、锺、冬、登、侵、谈。

(1) 用师者十二字,不待说。

(2) 不用泰、至、队,而用月、质、物者,因是入而非去,必须改也。

(3) 支、脂、之三字,声言全同,称说毫无分别,故改用佳、微、哈。

(4) 寒、谆改元、文者,以其笔画简也(依江有浩)。

(5) 青近侵、蒸近真,称说易淆,南音尤不易别,故改用耕、登(昔人大都用耕,少用青)。

(6) 东改钟者,因东、冬同音也。

(7) 五个上部,即用此五部所用平声韵目之上声韵目。

(8) 所增五入声韵,最好自然是用其各阳声之入,但不能,因除烛、德二部外,皆不能。

耕入为麦,麦乃古德部字;

阳入为叶,叶乃古宵部字;

冬入为沃,沃乃古宵部字

哈ㄏㄞ	海ㄏㄞˇ	德ㄉㄜ	登ㄉㄥ
宵ㄒ一ㄠ		觉ㄐㄩㄝ	冬ㄉㄨㄥ
幽一ㄡ	黝一ㄡˇ	烛ㄓㄨ	锺ㄓㄨㄥ
侯ㄏㄡ	厚ㄏㄡˇ	铎ㄉㄨㄛ	阳一ㄤ
鱼ㄩ	语ㄩ	锡ㄒ一	耕ㄍㄥ
佳ㄐ一ㄚ		质ㄓ	真ㄓㄣ
		物ㄨ	文ㄨㄣ
微ㄨㄟ	尾ㄨㄟˇ	月ㄩㄝ	元ㄩㄢ
歌ㄍㄜ		缉ㄐ一	侵ㄑ一ㄣ
		盍ㄏㄜ	谈ㄊㄢ

其实这不必拘泥者,故即改用锡、铎、觉三字矣。

晚检出李　　　之《周易　　》①,照段打古韵目,打至第八部上,用卅三部部目:

第三部入部,依段致江书所分,改隶烛、觉两部(删　　　)②。

七八两部之平入,依罗常培所配各音符。

九部分钟、冬各字之列法,全依孔,不依段原文。

---

① 原件均如此。

② 原件均如此。

十五部入声分物、月两部,段列全列,但略依王、江、朱诸家音符列之。

6月26日 星期一

今日上午将《易经》(第九——十七)打毕。

午至商务以六元五角购《潜研堂集》一部(四部本)。

下午至某海。四时至师大开谈话会,李蒸已归,报告去见王世杰之经过也。

(1) 招考无问题;

(2) 迁陕尚未忘情。

晚至景山取郑《文学史》第四册。

晴。疲倦之极,夜卧又乏,又不安眠,甚以为苦。

《易·象传》 冬字与登通("应"字)

《象传》 冬字与侵通("禽、深、心"三字)

《易传》之耕部中有真部字者:

《彖》——天、命、渊、贤、信、人、民。

《象》——民、命、宾。

《文》言——天。

(生日)

钱玄同　Chyan　Shyuanlorng　1887.9.12

徐婠贞　Shyu　GuannJen　1886

钱秉雄　Chyan　BiingShyong　1907

钱三强　Chyan　Sanchyang　1913

钱德充　Chyan　Derchong　1921

呗,吴音呗匿,梵音之歌泳也,又曰婆陟(正音婆陟,讹音为呗匿)

Pāṭhaka　ㄅㄚㄊㄚㄍㄚ

按陟当是ṭhak也。

送我　　　　　者为:

敬赠

钱玄同殿

6月27日 星期二

今日起决心理书,再不赶紧理,转瞬她们要来了,学校要招考阅卷了,要开学了,不但无暇,且若不理,则以后工作之参考仍是十分不便者也。

上午清理书桌中信件及杂纸,以扔为原则。

下午二时起理书,上午天气尚好,下午闷热,时时出汗,头昏脑胀,汗出如浆,不管它,居然不断地理到五时许。天大雷电,大阵雨,七时许霁。晚浴。

6月28日　星期三　阴　凉

下午五时许雷,雷震大作,至晚十时许,持续不绝,一阵一阵地大雨。上午七时李启修(师大研究生)来。十一时萧家霖来。

理了一天的书,至晚六时许困惫极矣,躺了一会,沉沉睡去,醒后仍觉无力。噫!劳心劳力均如此困倦。然则除做废物外,别无他选矣。噫!

下午三时顷,正在理书,忽觉头胀,坐不住,以为疲乏,想略睡了一会,不料睡了下去,忽然胸口跳动得利〈厉〉害,虑为脑充血,急以冷水湿手巾罨之,渐好。

6月29日　星期四

上午阴,有雨,下午起晴。

上午李启修来。我旋至某海,为方国瑜写对联、屏条等等,他今天要回云南去也。毕,阅李启修卷,拟批而还其卷,因彼明日将回广东去也。晚访劭于其家。

午至开明书局,见有燕大新出版之《殷契卜辞》,系容庚所编,特价六元六角,购之以归(皆燕大藏龟)。见希白之序,以简笔字写之。

6月30日　星期五

晴,但不爽,恐尚有雷雨。

理了一天书。

至崇文门一带购物,在德国饭店吃中饭,遇卓天庸,他说,他现在于章草外,又与林宰平集了许多难读字,拟编印云。

晚访启明,并晤伏园,十时半归,途中遇电,遇雨。

购得中华出版之《基本英语入门》,系……所创。……颇有感。思国语何妨如此办乎……!

7月1日　星期六

上午徐维英来(师大研究生),他要找任叔永谋事,要我写信也。

理了一天书。

下午四时许浴。

六时访叔平,并晤唐兰。

得大儿廿八日信。

晨有雨,旋晴,渐热。

7月2日　星期日

晴,热。上午𠫑ㄓ会开廿四次常委会,我提议做"基本国语"事。毕,聚餐于某轩。

下午四时回孔德,精神甚疲,头甚胀,睡了一会儿,仍不见好。今天没有精神理书了。近日常吃酒,如日前在周,昨在马四处均喝酒,以后当止之,绝对断酒,渐改茹素,则与身体当有益也。

灯下复两儿一书,明日当快邮寄出。

补录古音卅三部韵目之国音"声列"、"韵列"两种读法,以明卅三字之音今不同,贤于前人也:

(声列)
ㄉㄜ ㄉㄥ ㄉㄨㄛ ㄉㄨㄥ
ㄊㄢ
ㄍㄜ ㄍㄥ
ㄏㄜ ㄏㄞ ㄏㄞ ㄏㄡ ㄏㄡ
ㄐㄧㄚ ㄐㄩㄝ
ㄑㄧ ㄑㄧㄣ
ㄒㄧ ㄒㄧㄠ
ㄓ ㄓㄣ ㄓㄨ ㄓㄨㄥ
ㄧㄡ ㄧㄡ ㄧㄤ
ㄨ ㄨㄟ ㄨㄟ ㄨㄣ
ㄩ ㄩ ㄩㄝ ㄩㄢ

(韵列)
ㄓ
ㄐㄧㄚ
ㄉㄨㄛ
ㄉㄜ ㄍㄜ ㄏㄜ
ㄩㄝ ㄐㄩㄝ
ㄏㄞ ㄏㄞ
ㄨㄟ ㄨㄟ
ㄒㄧㄠ
ㄏㄡ ㄏㄡ ㄧㄡ ㄧㄡ
ㄊㄢ ㄩㄢ
ㄓㄣ ㄒㄧㄣ ㄨㄣ
ㄧㄤ
ㄍㄥ ㄉㄥ ㄉㄨㄥ ㄓㄨㄥ
ㄑㄧ ㄒㄧ
ㄨ ㄓㄨ
ㄩ ㄩ

7月3日　星期一

晴,闷热。今日寄两儿快信。晨得检斋信,知佢已于七月一号回平了,并寄来二十二年三月所印《章门弟子录》,一看,其中竟有岂明。十时访检斋。

下午理了半天书,今日上午虽出门,当旴昼头晒王八,而精神尚佳,故下午大理乱书,从二时起至五时,太闷热,浑身汗出如沈。晚浴。

大概昨日中暑,兼又日前饮酒之故,故今日大便血(小便黄),从此决不再饮矣。

7月4日　星期二

上午抄傅胖《集刊》中之关于音韵之论文目,因稻孙前来,谓早稻田之青柳笃恒欲"中国音韵泰斗钱玄同"之著作,因以某海报告及此抄目付之。面倒臭!毕,理稿纸。下午五时至某海。

晚劭赏孙伏园与萧家霖在半亩园吃饭,我光陪也。

今日天阴,不甚热。

7月5日　星期三

上午颉刚来,云明日将南旋,赠我新编之《汉代史讲义》中《宗教与学术》一编,凡六十三页,宗教毕,学术尚只三行也。又写中社快信,午发。午后理杂书至晚,因天阴不甚热也。

晚至景山书社购得燕大研究生白寿彝新编成之《朱熹辨伪书语》,为《辨伪丛刊》之一也。

黄昏甚累,只好休息也。

天行来电话,云雄有信致彼,三号到,询我近况,彼四号以快信答之。盖上海方面因旬余不得我信,故挂念也,故今日又寄快信也。

7月6日　星期四

晴,午后渐热。

上午将数日来清出不用或可弃可卖之书物运至河东。午后浴,剪发。晚再理杂物。

《辨伪丛刊》截至现在,已出六种:(以出版年月为次,不以书之性质分类)

○1．宋濂:《诸子辨》　十五年七月;
○2．高续古(似孙):《子略》　十七年九月;
○3．胡元瑞(应麟):《四部正讹》　十八年九月;
　4．姚立方(际恒):《古今伪书考》　十九年二月;
○5．王鲁斋(柏):《诗疑》　十九年三月;
　6．朱晦庵(熹):《辨伪书语》白寿彝辑　廿二年四月。

7月7日　星期五

热,晴,午后阴,有雨,旋晴。头死胀,精神死疲,不敢理书物。

上午九时许至北大取薪。

十时许访董鲁安于其家、未晤。

访劭,骗其饭。下午五时归。

死累,早睡。

7月8日　星期六

晴热,下午四时阵雨。

上午十时至师大取薪。十一时访董鲁安于其家,骗饭。下午三时许归。

头死胀。

7月9日　星期日

竟日大阵雨数次,入晚止。上午至文学院办公处,因师大研究生郭昭文,陈治策、李启修约了谈话也。

午后浴。

7月10日　星期一

晴热。

下午至二东家先清理杂物,甚累,甚脏。晚浴。

十一时浴罢归来,见座位之顶塌了蓬,满楼满桌及手边书架上尽是灰土。

7月11日　星期二

晴热甚于昨。上午敖士英来。与孔德交涉修理屋顶,暂移小图书馆。得雄八日快信,即复快信,午寄出矣。

午后至二房东家理杂件。热甚,累甚,脏甚。晚浴。夜半热。

7月12日　星期三

天甚热,较昨为甚。晚九时雷电阵雨,旋止。夜半仍不凉,闷。

上午十时至师大,开月刊编辑委员会。

下午在某海殆中暑,头胀身疲,昏昏睡着,觉浑身不自在。晚与劭雅于公园(今年第一次去),九时顷见电光,急归。

7月13日　星期四

天气阴、潮、闷热,室中地滑如泼油,较昨更难过。

上午十一时至金子直诊视。午刘盼遂及其弟铭恕赏饭于新陆春。

晚九时顷大电大雷,雷雨者甚久,至夜半二时顷方止。天稍凉爽。

7月14日　星期五

晴,热,然渐爽,不如前昨之难过。

上午赵召贻来。午发中社快信。

午后浴。

晚访启明。

今日身子稍好。

下午得三强十一日来信,云媢九日有病,热度高至三十九度,殆中暑,服苏她之药,旋降。

7月15日　星期六

晴,热,爽。

上午九时至公园柏斯馨小坐品茗,吃点心。阅报知昨日——会决议,本年再给一年ㄍㄘㄔ会一二〇〇〇。我们的事业,可不致停顿矣。可喜。

午至劭家骗饭。

午后五时许归。

八时访建功,他昨日中暑猝昏,有脑充血之象。

7月16日　星期日

热。上午发快信与两儿。午后浴。归即觉不适。下午五时,太阳落山,至金处诊病,觉热,至东河沿瑞成转运公司,因二小姐之书,慢运者七箱,忽被误运至商务,要他们开一条寄二小姐方好取也。真麻烦。晚餐时觉要吐,殆中暑也。

7月17日　星期一

热,身子不好,白天怕热,至市场左近吃中饭也不敢去。晨起盥嗽时略吐,稍好。八时顷至稻香村买了一桶饼干即归。不敢多动,随便看看书,午餐吃饼干,人似较好过。晚浴。

7月18日　星期二

热甚于昨。身子尚觉清爽,胜于昨。劭家之寒暑表,室中至88度。

943

晨敖士英来。

上午发致两儿快信,并致二小姐信附瑞成字条。又寄两儿郑书第四册各一本。

十一时得大儿十五日快书,谓婠自九日至十五日,一星期间热度未减,总在三十△之间①,初延苏她看,继延陆幼安看,最后延蒋医看,疑系伤寒,他很焦急,要我去申。我适须至金子直处,即以此信示之,他说当是伤寒,伤寒照例第一星期渐高,高至最高,第二星期高不动,虽吃退烧药,亦移时即高。第三星期渐降,降至常态。若热度突高则系兼发疹也。伤寒无他虑,然是绝对不许吃固体之物。因即以此意又发第二次快信告之,并电询病状。晚得回电,云"略愈"。

午后至某海,四时顷访劭,因有病,且怕热,不吃他的夜饭,八时归。得三儿十七日飞机信。则雷电交作,夜半大雨,热退。

7月19日　星期三

阴,较凉。

今上下午清理卅年来信札,未毕。午杨慧修赏饭于东兴楼,为孔德下学年中学增英文班事也。

晚浴。

7月20日　星期四

阴,凉于昨。

上午周国亭来。

午得劭电话,知旭生回平,劭约在西单商场半亩园吃午饭,去,见之。并晤张寿林。六(陆)秀如夫妇也在那儿吃也。

午后至某海。晚访启明。

7月21日　星期五

阴,凉,更甚于昨。

我室中寒暑表止七十七八度。

整理了一天信札,将在手边之两柳条箱所有尽检视,约丢掉十分之六,其中十分之四,可存者不过一半,当再为第二次之检视。三十年之信札,在以前丢过两三次,今日又大清理也。大约二房东处烂纸堆中尚有一些。但必无此两柳之多也。其中不庵、蓬仙、适之、颉刚诸人之信,与我的历史亦甚有关系也。除大兄、章师、崔师三人者,数年前已整理就绪,拟单裱为三本,其他凡有关系者(或者历史关系,或讲学,或特别)均拟粘簿(三四年前已粘了一部分)。

---

① 原缺。

7月22日　星期六

晴,又热起来了。但今日有风,故不觉闷。

上午剪发,浴。

下午为易静正写扇。傍晚六时到某海晤劭。

七时至琉璃厂一带购物。

精神甚疲乏,入晚十一时倦甚,倒头即睡。

7月23日　星期日

理孔德方面之物者一日(上、下午均弄)。

午至商务购《本草纲目》(三元五角)(万有版单印。万有中本须八元)、《严话老子》上六角,此书于三十(?)年前购得,后失去,数年前借张少元的原印本和黎劭西的抄本阅之,今忽睹此,系照原本重印(但非套板),故购之也。

下午再弄书物,取崔编《五经释要》写目录拟印,晚又累又急(上海无信来),又觉热(其实不热),甚不耐,且腹不觉饥,故至福生单吃小吃及沙达水也。

晴阴相间,尚凉。

7月24日　星期一

晴,热,下午四时以后阵雨,渐凉。竟日在二房东家理物,将烂纸堆全数清出,放在许破箱子内以便检理也。自早九时半至下午四时,累死咯。头昏脑胀,不能再动,只好休止。

晚浴,甚疲,十一时浴罢归来倒头即睡。

得两儿廿一日所发快信(看信)。

7月25日　星期二

上午电话告来薰阁,将董箱运至东河沿。计:大箱十二(箱架四),小箱五也。

午后访劭。

杨慧修来,云拟聘大儿任五六年级国文,每周各八小时,又兼一班之级任,月薪共六十三元。

今日又得大儿　　　日快信,知婠信〈病〉渐见起色。

晴而昙,热,闷。

晚作书致大儿,告以杨聘大事,告以宜允之。

7月26日　星期三

发秉雄兄弟快信,告以杨聘雄事,并询婠病状。上午至师大注册课,至来薰阁,至商务,至金大夫处诊病,因大便欠亨也。

午后归,得雄廿四飞机快信,知婠热度全退矣,且系自退,非退烧药退之也,甚慰。二时顷阵雨,旋霁,霁后至幼渔家出北大国文题,钦派四人(钱、马、沈三、刘半也),沈未至,幼渔又加魏天行,五时归,甚累,早睡,夜半醒,闻窗外雨声,觉簟席甚凉。

7月27日　星期四

昨宵始雨,今日上午未止,下午止。仍阴,颇凉。上午十一时顷止六十八度。

精神疲倦,再理信札,于信札中得九年周迟明寄来之杭州闰音字母,可资参考也。

晚七时顷访唐兰,他来信约至其家中谈也。十二时方归。

明日午后易价将来取师大南京招生题,尚未出。共须五题:

第一试:(1)作文;(2)翻译,

第二试:(3)名著解释;(4)国文法;(5)国故思想概要。

我二人商定,(1)、(4)归黎出,余归我出,今日出了(2)、(3),而(5)未出,时过三点钟,甚疲,睡矣。

上午取四川翻陈本《说文》,拟略依章公条例,依许氏说解,打形、事、意、声戳于九千文之上端,而事前拟先将王氏《文字蒙求》之形、事、意三书,王氏之分列打在下栏之外,打了指事全、会意未完,因疲而止此。因三日前理东河沿杂物,忽捡出民国三四年顷用此法所分而未写完者,今拟重做之,做毕再取甲、金订正许说,再改六□书而注明之焉。

7月28日　星期五

昨宵少睡,精神较坏。

上午七时顷,女生朱洁来,为她毕业事。十时访吴处士,因师书刻将毕,需再付钱也。前已付五百元(钱、吴、马竞荃、周二、潘景郑),此次拟再付一百元,催黄、汪、马二、沈三、朱而、刘Gr、黄子通诸人)。十一时访劼,商师大南京用题目,定劼拟之(1)改在北平用,我另出一(1),为南京用。我又补出(5),于是定矣。午一时回孔德抄题,三时易价来,取题去也。

晚约天行饭于淮阳春。归,作复秉雄信。

晴,较昨热,然亦不甚热,未至八十度。

7月29日　星期六

发致秉雄快信。

上午九时至北大地窨子印沪、汉用之国文题一一○○份,午毕。由校赏饭于淮阳春。今日坚士亦来监印。

下午四时至某海晤勱。

今日天气甚爽,亦不甚热,最高时为七十六度。

7月30日　星期日

晴,凉,七十六度。

上午浴。

下午四时吴辛旨来,说需回广东去,林砺儒在那边办师范学院,要他去做国文系主任也。

精神甚疲,殆骤凉之故,晚早眠。购阅陈望道之《修辞学发凡》,阅之。

7月31日　星期一

阴。晨八时至公园小坐,九时至北大取钱。晡时起雨,越下越大,至夜半始止,颇凉。

在二房东家理书一日。

晚灯下还扇子字债。

得雄廿八日信,知婼……。

8月1日　星期二

晴,又渐热。上午至师大取薪。至中华,购得《基本英语文法》。午后至二房东家理书,精神不振,身体甚疲,自十二时至四时,不能再理了。晚访岂明。

8月2日　星期三

晴,天又热了。

今天在孔德还了一天字债。

晚访建功,因罗遗老的《殷墟书契续编》将出版,定价八十元。商锡永去办,可以八折,加寄费二元,共六十六元一部。我自己一部,黎一部,师大一部,今日交之也。

得雄卅日快信,允就孔德事,又言婼……

8月3日　星期四

晴热,八十二度。

上午作复雄信,并将北大通告补考信及孔德聘书寄去。午寄此快信也。

下午至某海,知勱有小病,至其家访之。

晚归,打《文字蒙求》之会意字,尚未毕。

8月4日　星期五

　　晴,于昨热。上午将《文字蒙求》字打毕。

　　下午浴。晚,热闷。又访天行。

　　归,得朴社送来《左氏春秋考证》十部,张西堂一序(不甚佳),固然亦有美言也(他能引唐宋人"三传束阁"派之论,有见识也)。

8月5日　星期六

　　今日甚热。晨起即八十二,下午至八十五六,人定以后犹八十四五,直至次日上午四时顷降至八十二。

　　晨七时至公园长美轩小坐,九时满地太阳,即出至金处诊,因昨日中暑,甚不适,且大便不甚通畅也。下午甚热,无聊之极,取德充所抄蓬仙《说文札记》而校之,校第四篇(一、二篇未检出),校了十分之八,至刀部未完,头孔胀痛,即止。

　　黄昏热、闷,无风(下午尚略有风),竟夕未能安眠,起至操场透气者四、五次,直至四时顷始觉稍凉,且甚疲乏,始睡有一会儿也。

8月6日　星期日

　　温度未甚低,晨起即八十二三,至晚五时犹然,十时以后降至80,但自晨九时顷起,即阴昙,时有风,故比昨日舒服得多。

　　上午九时顷吴辛旨来。

　　午后浴。晚五时访岂明。

　　今夜较凉,得安睡。

8月7日　星期一

　　阴雨,甚凉。上午76,黄昏72。上午郭昭文来。

　　午兼士电话,约至德国饭店吃饭,因请马巽伯也。

　　下午将前日所校《说文》四篇校毕。

8月8日　星期二

　　晴,温度渐高,下午至八十。但不甚觉热不可耐,因天气爽也。

　　上午至琉璃厂购纸笔等。

　　因连日大便欠亨,上午服琉苦而泻之。下午浴,剪发。

　　晚七时,哈李阅赏饭于德国饭店,邀国文教员们吃饭,为印题阅卷也。座中有陈受颐(史学系方眼镜)刚返粤而来,言中山大学中古直(㗊)反对办《民俗周刊》。吴康主张读经,古气弥漫云。

八时顷,至地窨子印题目,十二时毕事。

8月9日　星期三

晴,热。

今日北大考国文(上午八——十一),上午去监场者也。下午在北大阅卷,五时因忽有教部未立案之美术学院,勾结大学院要来占领教部档案保管处,且将侵入巜ㄍㄨㄟˋ会。于是常委们在长美轩吃晚饭商此事,结果议定一面呈教部,主张要档案保管处并入巜ㄍㄨㄟˋ,而一面用主席与常委全体名义致函王雪艇,说五年来(十八年、一九二九年)本会议办之事,现在非办不可,故要房,且述将被侵占事。十时归,又热又累,倒头便睡也。

8月10日　星期四

凉,下午阴,雨。

在北大阅卷一日。

8月11日　星期五

天气凉,上午昙,下午四时顷阵雨,黄昏尚阴,八时有小雨。

晨八时顷至公园小坐。十时至某海,下午白涤洲来(他九日自陕归也)海。

今日未往北大阅卷。

8月12日　星期六

阴雨竟日,天甚凉,不到七十度,可衣夹。

旬余不得中社信,颇念,颇怪,晨作致两儿信,十时寄快信。

十时至师大开招生委员会。下午至北大阅卷,则已毕矣。仅转学生考"声韵学"者五本,阅之。精神甚惫。

8月13日　星期日

晴,凉,七十度至七十二度。

因旬余不得上海消息,心颇不宁。

在屋中略整物件,无心作他事。晚五时访劭,共出师大国文题。

8月14日　星期一

今日下午二——五,师大考国文。

上午十时至师大印题,仍油印,一千四百份。

十二天不得中社信,三四日来焦念之至,七时电询"安否",十一时得电云"母病愈,勿念",我恐三位儿子中有有病者,复电虽未言,然大概安也。心稍定。

晚浴。

时阴时晴,凉。午后稍热。恐是三百七十人挤满一堂之故也(我监第一试场,人最多,三七〇也)。

8月15日　星期二

天不甚热,寒暑表不过到七十四度,但因气压低,故觉有些闷热。

晨十时至晚六时,至师大阅卷。七时宴马巽、马节于森隆,请乃父作陪。

午,同人食于撷英。高老爷用大鼓书体译本届师大翻译试题之一:(新亭对泣事),极妙。此君以古文、骈文名而能作此,且肯作此游戏笔墨,贤于黄节矣。拟登下星期六《国语周刊》。

8月16日　星期三

上午阴,尚凉,午晴,日出,下午较热。

在师大阅卷一日,尚未毕。

午食于撷英。

晚六时回孔德,两儿仍无信来,真可怪矣。

七时刘复宴马巽及白涤洲于东兴楼,约我作陪。同坐者有哈李阅、沈麟伯、沈三、蒋梦麟、马幼渔、黎劭西、魏建功,连主人共十人也。累且热,甚不可耐。

以廿四元复写明义士书一部。

8月17日　星期四

较昨略热,因天闷人累,觉甚疲累。晨八时至公园小坐,九时至师大阅卷,午毕。午共食于春华楼。午后至某海。晚访启明。

十一时归。得三强十四日信,秉雄十六日飞机快信,数日之疑大白。

8月18日　星期五

天气热,因闷,觉不耐。

上午收拾小图书馆中之物,拟搬回也。晨移床收拾了一个上午,尚未毕。因北大今日需阅沪、汉卷(六〇〇余本)。又昨日老大十六日之快信中附张国金之信,要我致函吴叟,保举他做龙游县县长,好打人屁股,敲人骨髓,只好写之。今日需用快信寄出,故午后不收拾矣。明日必搬完也。午后即写复两儿信(甚简),复国金信,致吴叟信,三时至邮局寄出。即往北大而卷适阅毕。又至琉璃厂,因巽伯数年前要我写条幅,而纸未捡得,他一半天即须回南,拟明晨一书也。

晚浴。归雨。听差张松言报房胡同有一屋,双辇胡同东口内卅七号程氏之屋,报房较坏,双辇较佳。拟明日一看之也。

8月19日　星期六

　　晨八时顷,弘历来,适因看屋事,她先去看,云,报房胡同之屋太不成样,双辇胡同者尚好。九时顷,为巽伯书屏条。十时顷至双辇看屋,局面较马神庙、沙滩两处要小(院子小,屋也不深)而尚整洁,且门房等均全,论其材料尚胜于沙滩也。索价卅元,二份(一住,一打扫;年茶),房捐在外(闻不及二元云)。下午嘱人与商,减至廿八元,其他照他也,就此定局,明日起租(廿号)。午后回孔德,将小图书馆全搬清矣。午后有雨,凉。晚六时师大招生委员会聚餐于同和居。归,觉颇凉,早睡。

8月20日　星期日

　　晴,甚凉。竟日不到七十度。
　　上午八时顷王华隆来,敖士英来。
　　上午得秉雄十七日快信。上午租摺已写来,因托任子华去找铺保,因孔德今日招新生,无甚暇,故须明日交来也。九时顷至师大开招生委员会决定初试录取之人。午后发电中社,报告房租定,但以廿五日以后动身为宜,因布置一切须稍从容,且日来师大复试恐甚忙也。发电报后,又发快信去,详述一切也。胃胀神疲。
　　灯下无聊,将高老爷之大鼓书用罗马字打之,以为登报之用也。
　　甚疲,且太凉,早睡。

8月21日　星期一

　　晴,晨起甚凉,渐热,午起较热,然亦不过72度而已。
　　报载今日日蚀,北平△时可见①,但未之见。
　　上午八时女生朱洁来。上午十时而翁来,无而矣。他此次是替中山大学到北平招研究生而来者,他说中大国文系主任古直主张读经,容元胎愤而辞职,确有其事。彼文学院院长吴康(敬轩)尚无此主张,陈受颐之说或不足信也。他来了四五天了,约九月初走。
　　晨,铺保已盖水印,即交房东对铺保。午往付房租,房已〈以〉全裱为宜,虽然不甚破烂。计廿一元云。
　　午后五时至海晤劭。

8月22日　星期二

　　今又发飞机快信至雄。
　　下午浴。毕至某海晤劭、涤、魏。晚至劭家,共出明日用之师大卷试题目。

---

①　原缺。

8月23日　星期三

天热,昨宵三时始睡。今晨五时半师大即以汽车来接,去印题目,上午八——十,考国故思想;十一——十二,考名著解释;下午二——四,考文法。至三点钟,实在热而倦得受不住了,黎公亦然,他先走,我也只好走了,幸而还有一位夏公在监场也。回孔德即得雄今日上午电,云"廿三晨动身"。提早赶到也好,因两儿可帮着搬行李也。

少睡片刻,至长美轩吃凉食等。七钟至广林春,张西堂赏饭也。

今日新居裱糊,云明日必完工。

8月24日　星期四

上午十时顷至师大教理学院阅复试卷。三门四类:(每卅五本)

国故思想——我看;

名著解释　书后——我;标点——黎;

文法——黎

倒也看了一天,五时半毕(午两人食于西车站)。

即回孔德少憩。即往新居,则看房子人吃饭了,叩门不开,即至长美轩。白涤洲因明日将出申,今日邀黎、魏、何、钱,共谈中华话匣子事也。

天热,晚凉。

8月25日　星期五

晴,热,七十八度。六时起为高老爷文做了一个头即送登明日《国语周刊》,七时毕。九时顷至新居一视,裱糊已毕事也。十时顷至西车站为她们定两间房间(每间一元五角,优待一元三角五分),即至东车站,十一时七分,车到。她们来了,无恙,堪慰。同时遇李云亭、陈湘圃亦往接易价与常道直也。

午食于西车站。下午即与两长儿运行李至新居。晚与两儿食于淮阳春,归甚热甚累,即睡。

8月26日　星期六

晴,天热,七十八度。八时雄来,即会其至天行处运桌椅板凳床铺等。我至新屋,三、五儿亦均来。十一时运来。我与老三又至东河沿运箱子、水缸等等,午后一时运来。我与毛同至淮阳春吃锅面。二时许金文朝运厨具来。晚金太太运饭碗及虎子来。下午水来,购铁炉、煤等等。午后四时回孔德擦身。至铁道宾馆告她以诸事略有眉目,今晚可去矣。因她说昨宵被臭虫咬了一宵,希望今日能进新屋也。我日来右手中指破,有脓,甚肿胀痛。自西车站出即往金子直割之。

五时顷至师大开校务、教务联席会议,七时半始毕,与劭同雅于西车站。遇张西堂,他今晚将赴豫也。遇刘半农请客。因须往付账也。至,询知五六时顷她已行矣。九时许食毕至新居一视。

热,累。十一时回孔德即睡。

8月27日　星期日

上午九时许回家一行,即出浴。下午精神甚疲,胸腹胀满,不能运思及作事,甚以为苦。

8月28日　星期一

晨七时回家,则大儿偕婠至金处诊视,因婠昨宵不消化,致腹痛也。

八时顷至师大阅南京卷,将近四百本,佳者绝少。文理不通、思想腐化远过于北平卷焉。午由师大定在撷英吃饭,为各系阅卷者设也。

晚六时阅毕,死累,一人至长美轩雅。至八时顷,掉点儿啦,遂归。

晚十时而翁来。

手又坏,流了一手的脓,不能安眠,夜半启视,则右手中指上节半个有脓。

8月29日　星期二

上午大雨,十时顷至金处开刀(两处)。

午后回府一行,婠渐愈,仍回孔德,疲倦假寐片刻。

晚李云亭赏饭于撷英。今晚仍痛,不甚安眠。

8月30日　星期三

上午偕两儿至二房东处取物。午家食。

下午得劭西电话,云教部竟按财部预算每月一千六百余元发来矣。如此,则任叔永之一千元亦有望。此一年中可以好好的做了,甚喜。三时往海,并晤汪老爷,渠报告四次赴京晤王世杰之事也。

下午六时顷,又至金处,又开了一大刀,觉轻松矣。晚与劭"雅"于广和饭庄。

8月31日　星期四

上午十时回家一行,适嫂来。

午至撷英,刘泛弛赏饭也。

午后又至金处换药。至某海。

晚访启明。

9月1日　星期五

孔德今日开学,毛往,云九号补考,可望不留级。

八时回家,九时至师大开招生委员会决定第二试及南京卷,国文系北平取十一人,南京取三人,北平备取八人。

午与劭雅于广林春。并邀ㄇㄐㄙ张来,知栖风楼电话要拆,引渡给我正好(东一二八五),大约三四日之内去装也。

押机费30(给某海);

移机费5;

改户头3。比现装少二元(现装则装费10)。

午后至某海托汪少爷办理此事,四时又回家一行。

晚袁子仁、徐侍峰、易静正三人赏饭于忠信堂,三桌,三十余人,孔热。

归,甚累,十时而翁来。他去后我倦甚,即昏昏睡去。但夜半仍欠安眠。噫!

9月2日　星期六

昨宵倦甚(吃袁、徐、易之热饭实有关系也),今晨起时仍觉疲倦。

访杨慧修,知九号补考,毛应考国文、数学、自然、社会一门,其他不必考,盖即作新生论也(此四门须报教育局,故要考)——高小文凭,恕"不"了。

无论考得上与否,总之目前总入七年级也,为之一慰。因令其决入英文班也。

将午回府,知雄今日已至孔德授课矣。午家食。午后三时回孔德,倦甚,睡了一忽。右夬又起一疙瘩,手未愈而又生此,殊可厌也。五时至金处诊视,毕,至中华购 Basic 课本及字表。

晚浴。

9月3日　星期日

昨宵又痛了一夜,不能安眠。晨起开视,则沿爪之处又化脓,晨八时即往诊,割了两刀,九时许归家。至二东处搬物,十一时至ㄍㄊㄌ会开会,因预算款到,每月有八三三三……元,故决定切实工作也。如:①

在来今雨轩聚餐,天热,指痛,又因昨宵未安眠,精神疲苶,兴趣不佳,故觉不适,不能多运思而想办法也。五时又回家,即回孔德,晚早睡,今日睡得尚香。

9月4日　星期一

上午李文保来谈郝兰皋遗著(未刻者)将出卖事。郭昭文女士来。午回家。

午后回孔德,三时始拟课程表及课程标准,至晚十时许毕事。

看看右手中指指爪而又略有脓,大惧,恐将如张少涵之去爪,六时顷再出〈去〉金处,又于爪与肉割了一刀者也。

---

① 下缺。

9月5日　星期二

上午十——十二,北大补考国音沿革,十二时回家,下午四时至某海,偕劢至其家,商课程标准事。十一时顷回孔德,甚惫,即睡。

9月6日　星期三

晴,闷热。七时许起即誊课表及教员名单送校长。十一时至北大取薪,即回家。适电话工人来,因俟其安毕而去已一时矣。唐兰赏饭于丰泽园,即往。二时食毕至商务购黎著《国语文法》,至师大取薪。三时至北大补考《说文》研究,五时毕。又至金处诊手,因两日未通便,往金处,取甘汞服之,晚大泻三次,惫甚,早卧。

9月7日　星期四

昨宵疲甚,晨八时方起。高松侪(去疾)来。十一时回家。

十二时至撷英,文元模与张贻侗赏饭吃也。

下午至某海。

晴,虽热,但较昨为爽,故不甚觉难过。

9月8日　星期五

上午八时顷李文保来,交来郝书书目也。又至金处换药。

午回家。午后回孔德清理书桌。五时赵召贻来,示我以抄本江永《四声切韵表》原稿,始知其图甚多,不是几类合成一图,且见泸等卷下与戴氏《声类表》同,又有重中重,断中断,外内等字样,极可宝贵。索值仅廿五元,真廉,怂恿赵公速购之。据此可知不特罗刻大谬,即汪刻亦不足贵。因忆及刘鉴及《等子》将《韵镜》套图与江书刻者同一荒谬也。

晚餐后访劢于其家。十二时归,甚凉。归视寒暑表则不逮七十度也。

9月9日　星期六

午前十时半回府。一时三儿归。下午忽又热且闷,较昨宵约高十度。二时顷访余季豫,他因身子太衰弱,坚决地不干,只索罢了。

四时顷至某海晤劢,并亲约董鄂氏来谈功课事,决定请他教"古今白话文学选读",而自元曲至现代白话文学以上则略说而已(《盘庚》及顾译亦可印发而不必讲),如此,则本年无曲亦可弥缝矣。至于宋之白话词、汉晋乐府、唐宋白话诗亦可稍稍涉及。如此,"包藏祸心",庶可对于正统文学"窥窃神器"也。晚与劢"雅"于广和,广和忽添烤涮羊肉,与劢吃了三盘,味亦不恶,又酸菜余 Saandann 亦佳。

晚归倦甚,早睡。

9月10日　星期日

上午十一时回府。偕大、三两儿去东来顺吃烤羊肉,三人吃了九盘也。食毕回孔德。下午四时又回府照相,合家欢,三种纪念:

(1) 九月十二日是我四十七岁生日;

(2) 九月十三日是我到平的二十周年纪念;

(3) 今年自春徂夏,北平紧张,几致家破人亡。妻、子南逃,今幸无恙,又得团聚,可喜可贺,可纪念也。

晚七时半,与劭共请任叔永于德国饭店,为某海事也。

9月11日　星期一

昨宵通宵睡不着。晨六时起,六时半至师大监印各省选送新生之复试题,今日为第一试,国文作文与翻译标点也。十时考毕。在夏宇众室内谈谈。下午一——三时,师大补考经学史。毕回府。累甚。即至孔德。拟略睡,亦睡不着,但甚疲。灯下不能做些子事,只好睡。

9月12日　星期二

今日是我47岁生日。

昨宵总算睡着些时,故今日精神较好。

六时半至师大监印题目:国故思想、名著解释二种,且监场。但

| 新生 | 8—10 国故 | 10—12 名著 | 1—3 文法 |
| 而上学年补考则 | | 10—12《说文》 | 2—3 清代 |

故电请劭西来勷助。请他监印文法题。而我于十时至文学院补考者也。

中饭至广和饭庄吃了一大盘烤羊肉,四个烧饼,酸菜ㄙㄢˇㄉㄢˋ汤,粥,甚觉甘美。吃得也不少,然腹不胀,比吃硬饭三碗要舒服得多也。

三时考毕回府一行。五时回孔德,灯下料理功课表等等事务。

自昨日来天凉矣,至高不过七十度,颇舒服矣。

9月13日　星期三

上午八时至师大文学院圁室阅卷,新生复试卷及体育系□□卷,又复试国文系第二试卷,一百另几本,由钱、黎、吴(其作)、罗(根泽)四人分看,下午三、四时顷毕。

回府。在府上吃了晚饭,回孔德略料功课表等事,甚疲即睡(十时半)。

日来想,师大之分类文学史可省(课程标准中),因反正无人也。严之诗歌未见佳,许尤不足道,孙则声明"词学"而非"词史",最好是高之骈散□原源,更非历史的。罗、孙二人分任之:

乐府、诗歌辞赋、词、骈散文——罗

戏曲小说——孙。

如此较佳。存此意于此，以待机会。

9月14日　星期四

上午六时许起，九时顷回家。

今日起接洽功课事。今年需主任排课，故钟点亦须接洽。上午访唐兰不晤，访吴检斋，访杨遇夫。下午访孙子书，访孙人和。四时顷至师大开教务会议，接开考试委员会，接开研究所委员会。在研会中晤高老爷，亦接洽功课。会毕又电询马幼渔时间。晚与劭"雅"于广和。汪老爷、董鄂氏、罗根泽、黎劭西、严既澄。惟夏宇众未晤，拟明日电询，唐兰处已请其函告矣。

日前李文保交来郝兰皋遗书目录，以子孙郝○○携来北平出售。我拟售与北平圕，今日交孙子书转交袁守和与徐和尚阅看，他们极愿买，我拟约郝、李、孙、徐四人在某海一晤而面洽之。

在杨遇夫处，见梁任公的《古书真伪及其年代》，清华油印本，较昔年沈士远要来之燕大油印本要多些，《十三经》多讲完也，且又讲了《本草》《素问》《灵枢》《甲乙经》《阴符经》五部书，杨谓清华合作社有印本，俟三强归时当嘱其买一部。

灯下排功课表未毕。

9月15日　星期五

晨十时顷回府，即出浴、剪发。旬余不沐浴矣，为手也。

下午续排课表，唐兰时间已来，夏亦来，排已十一时顷毕，孔累，摆七巧板，摆益智图真不易也。

天气又闷且暖，晚八时微雨，以后即雷电交作，大雨。

9月16日　星期六

昨宵大雷雨，不能安眠，约十二时及四时顷，两次霹雳都把我震醒了。晨八时起，尚有雨，九时许渐霁。

十时——十二，师大考音韵。

午后二时访劭。

三时顷，至师大（厂）交课表。至某海，访汪访孙，皆为功课事。在孙处晤顾颉刚，知彼来已半月矣。五时许回府。八时至中原取照相，不见佳，但资纪念而已。

回孔德，倦甚即睡。夜间醒来又闻窗外雨声甚大。

9月17日　星期日

上午阴雨，入午渐止，仍阴。

九时起访高老爷,访孙人和,访杨大人,皆为功课事也。午至师大注册课,决定(因高氏星五有四时,星六有五时,他觉吃力,故改之也)。

下午二时顷回家,嫂适来也。

晚张贻惠赏饭于新陆春。

归甚倦早睡。

9月18日　星期一

渐开晴。上午敖士英来,在孔德办了一些师大功课方面之公事。

午回府。

午后至某海晤劭,预约徐森玉、孙子书、王有三三人,候李文保来,五人同访郝程远,看郝懿行之遗著,毕再至中海。

晚访启明。

九时半顷,忽闻巨响一声,如炮声,又如爆炸声,次晨阅报知系骑河楼东口外,东河沿有人埋炸药爆炸云。

十时顷归即睡。

9月19日　星期二

天气闷,渐昙,热度并不高,不过70,但潮闷也。

十时顷回府。

午后至某海晤劭,李文保来云郝程远要价一万元,未免太贵了。

晚与劭雅于撷英。

9月20日　星期三

阴,凉,有雨意。

上午八时顷至家,下午四时出,浴。

9月21日　星期四

上午十——十二,下午二——三,北大。今年只有此三小时之《中国音韵沿革》,无《说文》研究矣。

午回家吃饭。

晚张少元与程春台赏饭于莺林春。

9月22日　星期五

午回家。

午后回孔德,清理书物。

建功来,云《殷墟续编》已到,与之"雅"于森隆。

十时归,灯下签送课表一百二十余纸,各科均在五人以上。

9月23日　星期六

今日始至师大上课(廿一日起上课)。

八时至家一行,即至隆福寺修绠堂取某书,共五本(我一、吴辛旨一、黎劭西一、师大二),先取他人之四部,携至师大文学院。

十——十一,伪;

十一——十二,光文。

午后至某海。

五时顷复回府,又至隆福寺取自己的一部。归家,三强归,知婠、雄同至嫂家也。彼等归,知亚猛已结婚,新妇为日本人,于九月八日结婚于日本也。晚餐后归孔德。

9月24日　星期日

午至撷英,师大教务会聚餐也。该会拟办一旬刊,名曰《文化与教育》。

三时至师大为三强购万有本《世界史纲》,因他选西洋史功课需此也。即归家畀之,他即回清华也。

我孔累,回孔德休息,杂翻书。

9月25日　星期一

晴,下午闷热,黄昏雨。

上午八时至师大(厂),因学校召集新生训话也。仅校长、教务长、三院长训话,已到时候(八——十),即摄影而散。十一时回家,家食。二——四,师大光文。课毕至某海。七时与劭共请师大方面曾赏我们吃了饭的,回请也。到者四十余人。

劳劳终日,甚累。

9月26日　星期二

昨宵大风,今日凉甚,不及六十度。夹衣嫌冷了。

上午八——十,上师大新生上课,《文字学概略》,讲了两小时之课程大概,未讲及书。

十——十一,清代。

课毕即回家,家食。食毕访严既澄,因罗根泽做民国大学的方眼镜,要请他去教书也。

下午浴。

晚头脑胸满,不能作事。

9月27日　星期三

今日无课,但精神孔坏,起,清理衣箱,因天渐寒冷,收夏衣而取冬衣者也。

上午有浙江浦江人张同光来,他是民十二高师史地部毕业,那时他曾选过我的音韵功课,此次来平,欲与我谈古音问题及罗马字问题。午回家,家食。午后至某海晤劢,三时至商务为家中购字画,以便补壁。

天寒,怕冷,早睡,也睡不好,因冷也。

9月28日　星期四

今日北大本有课,因补考《音韵沿革》,奉注册课会开,着因公请假,故致谨请假者也。十时至三院大礼堂去补考《中国音韵沿革》,考者止二人,此二人之一大概未来,一间大礼堂不到十个人考,然倒考了五六样功课,阿要好笑!监仔半小时场即走。

至二房东家取被,因昨宵冷得不舒服也。午回府吃饭。吃毕至孔德小憩。四时至师大开校务会议,七时半毕,至劢家骗,且骗了一包枣子而归。归已十二时,更深人静,颇有戒心,且天气颇寒凉。

9月29日　星期五

昨宵仍觉冷,今晨迟起,起已八点过矣,尚畏寒,十一时回家,家食。食毕至某海,因有一位黄□□(　　　　　)① 要晤也。此人热心于 G.R,在铁路方面提倡。晤毕,至琉璃厂购物,四时归孔德,今日三——五时北大补考《说文》研究,送题给卢,恕不去了。精神亦甚疲倦。在来薰阁购得刘世川《长生殿》《安阳报告》第四册;北新购得《周作人书信》,其中多有我未见过者也。晚至东安市场,在佩斋购得丁文江、翁文灏、□□□② 之新地图,《申报》六十年纪念,此为现在最精最好之地图也。

精神疲倦,胸满头胀,晚间不能做些子事。唉!

9月30日　星期六

上午十——十二,师大。

午常导之及黄敬思赏饭于撷英,毕回府一行。四时又至师大开图书委员会,七时毕,八时访岂明,十一时归即睡。

---

① 原件如此。
② 原件如此。

10月1日　星期日

　　天暖,又至七十度。

　　上午十时回府一行,即至ㄍㄜㄚ会开第26次常务委员会,在广和聚餐,白未归,魏未到,汪先走,只黎、钱、陈、何及温锡田也。

　　三时半回孔德,休息一会。

　　晚做本系课程标准,未毕。

10月2日　星期一

　　上午八时起,写本年度的课程表,拟付油印。十一时回府,家食。

　　午后二——四时,师大。

　　毕至某海,晤劭。

10月3日　星期二

　　上午八——十一,师大。

　　毕至厂校,有事。

　　午回家,家食。

　　下午回孔德,弄课程标准,未毕。晚餐后胸满甚,精神甚疲,不能做事,糊里糊涂的躺了——然而一夜未能安眠,甚以为苦。

10月4日　星期三

　　今日旧历中秋。

　　午回家。下午至富晋还节账。在琉璃厂一行而归孔德。连日胃胀难受。今日下午至金处诊视取药。晚剪发,浴。这几天又颇暖,有时至七十度,今日下午阴,微雨旋霁,夜半刮风,寒。

10月5日　星期四

　　上午十——十二,下午二——三,北大。午回家。

　　四时至师大开研究所纂集处谈话会。

　　晚与劭涮于广和。

　　今日颇凉,有时不到六十度。

10月6日　星期五

　　午回家。

　　下午至某海。

下午四时至师大开教务会议。

10月7日　星期六

上午十——十二时,师大。

天寒,午雨,骤寒。夹衣三件竟不够了。

午后至师大取薪。

傍晚回府一行。

怕冷,精神不振,早睡。

10月8日　星期日

上午回家一行。午李天生赏饭于撷英。

下午至琉璃厂购书物。

傍晚访天行。

10月9日　星期一

上午料理课程标准等。午回家。婠因昨宵胃痛,服麻醉剂,今日恶心呕吐,困倒在床,然不要紧。午后二——四,师大。毕至某海。五时许回府,婠略好,雄于五时已归(因毛今日随校中旅行至石景山,本应六时到平,七时许可到家,然而因去时大半脱班,守候许久,以致归校已九时,我颇不放心,故待其归家而归孔德也)。天寒,感冒,本略咳嗽,今晚尤甚。精神疲倦,回孔德即睡矣。

10月10日　星期二

因日来患气管炎,午前至金处诊视。

午回家,婠已起床矣。

午后,在家中写字。

晚余季豫赏饭于同和居。

10月11日　星期三

上午为作课程标准事发几位教员之信。

午回家。

午后至某海一行。

至琉璃〔厂〕,购书物(购万有本《宋元学案》)。

10月12日　星期四

因气管炎,北大假。

上午作书致董鲁庵,促其速来解决白话文学选之问题。午回家。

下午至某海。

晚,吴文金赏饭于撷英。

10月13日　星期五

上午为苏曾祥写四吋《读书乐》尺页。

午回家。

午后浴。

晚剪贴《月仪》(未完)。

10月14日　星期六

上午师大假。

午回家。

下午四时师大开研究所委员会,五时半开起,至七时半方毕。

高老爷赏晚饭于新陆春。

10月15日　星期日

上午回家一行,仍回孔德。因以电话询劼,董鄂氏之行踪,他说顷来劼家,恐即归访我也。故归孔德候之。然直至下午五时顷方来,云天津方面决不许兼课,故本学年只好"舌旁辛"了,六时顷去。我即访劼,商此事,未定办法,大约取消此科目而新添功课也。

10月16日　星期一

今日师大假。

午回家,午后至△△△做冬夷服①。

至某海,与劼决定董辞,则请沈从文教西洋文学或新文学,托劼函询郑西谛也。

晚七时黎子鹤赏饭于同和居,请沈老大也。他此来系为考试……而来。

晚剪贴《出师颂》,共三种:A. 故宫;B. 商务;甲. 墨迹,乙. C. 拓本。A有正翻印本,而B、C商务书卖缺,故写之也。未写毕。

10月17日　星期二

上午将《出师颂》写完。

午回家。食稍多,下午腹胀极不适,躺下许久仍不适,不能做事,甚以为苦。灯

---

① 原件如此。

下稍好,取刘氏《俗字谱》,择其中可用之简体字,写于卡片上,未毕。

今日师大假。

10 月 18 日　星期三

上午清理书案等。

午回家。午后回孔德,略略躺。四时至西河沿试衣,至师大为十年前旧生某欲来旁听事访易价。至商务、淳善等处购书物。

晚访幼渔,知隅卿于今日动身来平,系坐轮船来的。

10 月 19 日　星期四

咳嗽虽未止,然已请假一周,今天只好到北大去上课了。

十——十二,二——三。

午回家。午后四时至中海,晚与劭雅于某轩。

今日将《急就章》三种(松、玉、赵)及赵《六体千文》,交王善恺发出剪贴。

10 月 20 日　星期五

上午十一时回家。家食时茹素,昨宵肚中甚不适,今日大拉,如食泻药拉之情形也。故精神甚疲惫,而咳嗽又大作。午后回孔德小憩。四时顷至金处诊视。至正昌购黑面包黄油以归。晚餐即食此。五时顷归孔德以后未出门。觉身似热,因少睡。黄昏食面包,觉稍好,又弄《俗字谱》,未毕。

10 月 21 日　星期六

今日本定至师大上课,因吐病之故,甚为软弱,故只好告假了也。

午回家,三儿归,知彼自上星期日患感冒,至今已一周矣。午后四时至某海,晤劭也。

因身弱吐坏,早睡。

10 月 22 日　星期日

昨宵起大风,今日几竟日大风也。颇觉寒冷,昨六十二度。今降至五十四度。黄昏 52 度,室内不温也。

午回家,知三儿今日上午至金处诊视,云以休息两三天为宜,故明日拟发信请假也。午后浴,剪发。购围巾。天午寒,咳嗽尚未止也。浴毕又回府,因一周不见秉雄,故再回家看看也。晚餐后回孔德,因冷即睡也。

今日仍拉肚,盖肚中未清,咳嗽亦未好也。

10月23日　星期一

风止而甚寒冷,止52度,火炉未装,绒线衣已穿,尚觉冷。

午回府,发信至清大教务处,为三儿请病假三天(23—25日)。

午后二——四时师大课。四时余季豫至师大访我也。五时访劭,同雅于某轩。

因西谛一周来无复信,故嘱劭今日再去信也。

10月24日　星期二

上午八——十一,师大。午后取新式法沙呢夷服,二十八元半也。五元五毛一码之毛呢,共三码,十六元五毛也。夹里及做工共十二元也。四时顷回府,五时至某海,因陈中平忽得一消息,知《ㄍㄨㄟ》之前面档案保管处之屋已被未曾立案之私立美术学校运动教部租与他们,殊影响于《ㄍㄨㄟ》会(大门都没有了),故召集常委而决之。结果先发一电致教部,请其缓议,再详函说明之也。白涤洲适自沪到,因即雅于新陆春也。

10月25日　星期三

上午回府一行,知三儿热尚未退,故再为之续假三天也(已注射二针)。因连日腹泄〈泻〉,咳亦尚未痊愈,故至金处诊视,他说三儿病是疟疾也。

陈光垚送来简字论集,续集及其散文集三种,下午卧床阅之。觉其人之简字虽不适用,然锲而不舍之精神实可佩也。

晚饭后胃又大胀,甚不适,昏昏欲睡,连倚枕阅书亦不能,殊苦。

10月26日　星期四

上午十——十二,下午二——三,北大。午回家。晚访启明。知沈不肯来教,彼上星期日(廿二)《大公报·文艺　刊》同人"雅"于北海,已知之。且知郑、杨(振声)诸公均代劝驾,而此公甚腼腆,不愿教也。

10月27日　星期五

上午得劭电话,知郑复信已来,所云与昨宵启明所言相同。约劭在半亩园"雅",而谈此事也。十一时顷回府一行。知三儿渐愈,明日有考,今日下午须回清华也。午后一时至半亩园与劭雅,因启明昨言愿再代劝,故拟候其复音而定夺也。下午四时至师大开"学生生活指导委员会",因请沈老大,我系主人之一,故半途而走,接着尚有一教务会议,则请劭代表也。六时至丰泽园,因八个主人请三位客人也:——

八主:刘复、钱玄同、马裕藻、周作人、徐祖正、陈君哲、刘树杞,樊际昌

三客:沈士远、沈兼士、白经天也。

10月28日　星期六

上午十——十二，师大。

午后回府。四时至某海。

晚与劭"雅"于半亩园。

10月29日　星期日

上午敖士英来。午至二房东家取洋炉，送至家中。午后至西河沿取夷服。晚浴。

九时归来，取《千字文》分音记于《国音常用字汇》上，凡《千文》所有之字于字外记○（圈），未毕。以后尚须将章草各种（《急就》《出师》《月仪》《学诀歌》及其他）所有之字均于它中记○，俾欲查某音某字之有无章草可查阅也。又，将来各书章草剪贴之片，当然要并合于一起而依音排列，此《字汇》且可作此片之目录也。得岂明寄来沈从文及代我劝驾之杨振声信，知沈氏决不肯就，此事尚须费心也。

10月30日　星期一

上午于杨慧修处晤启明，谓沈决不肯来，因想及迳请杨金甫教"比较文学"，岂不良佳。十一时回府。十二时到某海与劭商，决定如此办，电话告启，他告奋勇说明日亲自出马去请。

二——四，师大。毕至琉璃厂购商务新印出之《四库提要》洋装布面四巨册，五号字印，断句，较△△本① 字大。颇便看也。价十元。惜乎用《万有文库》本，分册极无理，其实四库订四本，若一库一本岂不甚佳。

10月31日　星期二

八——十一时，师大。毕至浙江兴业银行取二小姐还我之运书费百元。

午回家。家中今日安炉。

下午疲倦之至，回孔德睡觉。入晚仍疲，早睡。

11月1日　星期三

晨得启明转来杨金甫信，知彼又不愿干，怎么办呢？午回府一行。即电约劭在蓉园"雅"，解决此问题。一时往，仍决我再亲找杨，如不来，劭再亲访沈从文也。食时尚有一何日章。三时访杨不遇。至某海，又至岂处。五时再访杨仍不遇。即至大美，吴三礼请也。不吃而走，因白太今日在东兴楼回赏上星期之八仙也。我与白

---

① 原件如此。

太极生疏，只好到此也。

11月2日　星期四

八时起。上午北大因事，假。九——十，至师大附中，因师大学生规定须参观附校。今日九——十，有两班去参观附中，两班须率领也。见师大旧生梅贻瑞神气活现的教初中一年女生，将揩字读成ㄅㄞ！

十时三访杨振声，他坚决不肯来，允为再代邀朱佩弦，我并且再托启明代邀，且看下文如何也。

十二时回府，二——三时北大。上午精神颇好，晡后亦佳，不知何故，上此一小时之课时竟疲倦不知所云。三时至二房东家访马九。六时宴马九于淮阳春，共五人：马九、马二、我、雄、魏也。九时顷归，疲累甚，倒头便睡。

11月3日　星期五

今日天气更冷，早晨不及五十度矣。

午回家，餐后浴。在浴室看黄伯思《法帖刊误》。晚有师大及女师大数女生沈琳、翟凤銮、孙垚姑、林卓凤、李琼五人赏沈老大吃饭于东兴楼。余在光陪之列。九时食毕归。灯下将数年前取《流沙坠简》及考释每简上编总号未写完者完之。因两旬来连日看关于草书之物也。毕，久不□睡。今晚至二时半甫睡。觉冷。

11月4日　星期六

上午十一——十二，师大。毕至商务购得周□明编译之《万国通语论》，谓"字宜用拉丁，文法宜用中国"，颇有理，因现代世界之学问皆出自欧洲，而中国文法则最为进化也。

至来薰阁购得王澍之《段帖考正》，一为汪刻（后知不足斋翻本），一为沈宗骞写刻本，沈本固佳（载帖之全文），然汪本亦便（三本时有多处异同），故并购之。

下午四时回家一行，至一亚一叫边炉至家中，全家共食之。八时回孔德，阅敖士英关于中国声韵变迁之文，因明日须还他也。得杨金甫书，知佩弦已允教"新文学"，甚喜。

11月5日　星期日

大风，因此觉寒。实则昨今室内均五十度也。八时半至欧美同学会访朱，云久未来。即访敖士英。十时半回家一行，即至《ㄍㄨㄞ会，开第廿七次常务委员会，共雅于新陆春。下午三时访杨金甫谢媒，知佩弦未进城。四时顷至某海，与劭谈至六时而别。

11月6日　星期一

十一时回家一转,即携致校长信至厂室访易价,请其即发聘书。今晚送至孔德,以备明日我至清华访朱之用。午后二——四时师大。

毕至某海晤劭。

五时至启明家,他今日赏沈大与马九吃日本牛肉锅也。我吃得太多,吃毕又吃羊羹,大吃苦茶,十时半归。

11月7日　星期二

昨宵殆因过饱未成眠。

八——十一时师大。戴逴孙来访,携来朱丹九《辞通》卷五排印样本来,因夏丏尊要我做序也。

十二时乘汽车至清华,十二时四十五分到,访朱佩弦,即在彼家吃饭。二时半至燕大,访颉刚与季明,均不值。至贝公楼国文学系主任室晤郭绍虞,时甫过三时,距燕、清两处汽车开行时尚远(燕,五时三十分;清,五时十五分),即雇洋车归,五时到家,小坐,即出外吃饭。即回孔德。精神疲倦,九时即睡。

11月8日　星期三

上午回府,即至琉璃厂购湛然墨汁,价廉物美,甚喜。

午后至某海,还字债。本拟还去十件八件,不意天气颇暖,室中炉火,以致头昏脑胀,脚出汗,心烦闷,仅将定取四块招牌写了,因有人等候着拿回,不能太缓也。余均未写,即归孔德。

前托王善恺去托贴之《急就篇》三种(松、玉、赵)及章草《草诀歌》均已送来。灯下先将《急就》依次排好,拟先依《说文》次序重列而写入《说文》及王辑《仓颉篇》之上(唐氏谓《急就》尚为刘歆以前之真字,是也),再依韵排草书及破体字,拟依韵排,不依声排,因若用部首及韵两种排列左形及右声,大概聚在一处,可看偏旁也。

又取章草《草诀歌》一片一片均注音注字,全体共一三三二字(注:共一三三〇字,加"草诀歌"三字题目,则一三三三,中缺一字,故一三三二也)。写了约九百字,甚惫。已致〈至〉夜半三时,即睡。

11月9日　星期四

昨宵睡得太晚,致不能安眠,今日精神又甚惫矣。

上午十一——十二,下午二——三,北大。午回家食。课毕至景山书社,购得《定县秧歌选》二巨册,此乃真正普罗文学,用此发展可再出董解元……等人也。

四时顷至某海,晤劭及子书。晚八时王余侗(字仿成)来问治文字学事(王,师大国文系三年级生,孔德学校五六年级之国文教员,且兼一班级任,与大世兄同职也)。十时以后续写四百余字,毕。明晨当依韵排出。

11月10日　星期五

精神疲惫,因室中太暖,忽觉心跳。上午排《草诀歌》(依韵排),午毕。午后回府一行。即至琉璃厂一带购商务影印之《智永千文》。又至来薰阁购罗氏影印之《智永千文》,又至富晋购秦氏翻罗影之《千文》(此备剪贴也)。晚浴。《急就》共卅一章,每章六十三字,共一九五三字。但——重复△△字,故实有△△△字。

11月11日　星期六

上午十——十二时,师大。

午后回府一行,四时顷至某海,为师大附中写匾,因知《ㄍㄨㄟ会之听差赵连喜于六日卷逃部款一月(一千六百六十六元六……六……)而去。

近龙泉寺孤儿院有陈公木者自出心裁制成湛然墨汁一种,价廉物美,入水不濡,能书屏联,甚好。今日始购用此墨汁也。

11月12日　星期日

午前回府一行。

午我与劭西赏戴应观在撷英吃饭,将《ㄍㄨㄟ会常务委员邀请作陪,为房事缪镏也。

毕至某海,为师大文学院办公处、研究院纂辑处写匾。六时至新陆春,罗根泽赏饭也。

11月13日　星期一

师大自今日起,上课时间改迟半小时,北大今年仍与去年一样,闹ㄅㄧㄝㄖㄧㄡ,偏不改。

昨晚起下雪,今日下了一天雪,但天气不冷,到地即化,故道涂泥泞难行。午回家。午后二——四,师大。毕四时师大开校务会议。散后与劭雅于广和,涮。

11月14日　星期二

晴而不甚冷。

八——十一时师大。

午回家。

11月15日　星期三

上午八时半至《ㄍㄨㄟ会,因日前约戴氏往谈房事,并踏勘前面档案保管处房屋也。十一时半散。即至师大取薪。午后一时顷至某海一行。即往北大取薪。四时回家一行。在家中晚餐而回,九时倦甚即睡。

11月16日　星期四

上午十时至北大上课,适值多数出去练习打靶,故恕不了(大家都恕不也)。
午回家。下午回孔德,胃胀精神疲,躺躺坐坐不能作事。
晚浴。

11月17日　星期五

午回家一行。
今日觉又微咳嗽,且连日胃纳不佳,恐又气管炎,故今日午后又至金处诊视者也。下午四时至巜古夕会,因前日约戴应观、张少涵(工学院院长)与本会同人谈话,关于房事缪辂也。魏未来,白昨日往天津与徐溶女士结婚,故亦未来。晚黎、陈、何、钱四人"雅"于半亩园也。

11月18日　星期六

上午十——十二,师大。
午杨慧修赏饭于东兴楼,是请沈大、马九的。食毕回家。
下午四时至北大研究院文史部开部务会议。
六时,赵憩之和台静农赏饭于淮阳春,是请马九也。
九时项归,疲倦,甚昏,十时即睡。吴三礼见惠彼之《　　　》(文字学讲义)上册,又以一元购得彼之《经典释文叙录疏证》一册。

11月19日　星期日

午回家,食毕,胃又孔胀。回孔德小憩。阅吴检斋的《小学讲义》。晚袁守和赏饭于同和居,亦是请沈大、马九的。
此旬日中曾将剪贴之《急就篇》卅一章,拟先逐章逐字记音,章先仿《说文》之部列之,录在《说文》之上,再依国音之韵列之。旬日中已记了四章,又将前剪之《出师颂》亦依韵排之,又拟将所剪各种,一一分写一表,依韵排,一字数见者下记数目字。如此,则将来欲知某书有某字否,可先检此目,再检片也。已知《出师颂》字之韵表写成,《草诀》表亦写了一部分,但未成。
此外,又常翻关于《绛帖》中关于章草之材料。
近思生活太枯燥,必须找一趣味之事调节之,想来想去,还是赏鉴书法,忽将廿年前注意之包、康两家书及《书道全集》中所印之魏碑等取出玩之。实亦与简体字不无关系也。近觉包氏草书功夫极深,康氏气魄极大,笔力极雄伟(因彼反对包氏运指论而主张运腕论也),然至老而一笔不苟的写字,近世惟沈子培一人耳。康氏恐未能如此忠实也。但论气魄雄伟,则康又决非沈所能及,此其所以康为维新钜子,而沈实为顽固老儒也。

11月20日　星期一

上午九时即至家,因恐房东要来取租也。待至下午一时半尚未来,只好上师大课(二半——四半),毕再回家,候至晚八时仍未来,可怪也。且看明日如何。精神甚疲,早睡。

11月21日　星期二

上午八——十一,师大。

午回家。午后二时顷去取房租了,该仆云因主人昨日外出未归,故迟至今日来取。于是疑团释矣。

四时至富晋购秦氏印的《月仪》、《出师颂》、《宝子碑》。

五时顷至师大文学院访严既澄。六时至某海晤劭。《千字文》已剪贴好了,取归。今夕先在各片上排一——千的次序(记之)以便异日若要还原仍不难也。

11月22日　星期三

上午清理书案。

午回家。下午二时至某海,依韵排《千文》。四时顷至师大开教务会议。毕与劭共雅于半亩园。归已十时,再将昼间所排之片,均依黎、白、钱之书逐字次第排之。夜半二时顷毕。

11月23日　星期四

昨宵睡得太迟,今日精神疲惫。

十一——十二,二——三,北大。

午回家。

课毕至富晋购《开母》、《少室》、《禅国山》。忽见有黑白分明之《琅琊台》全文,可怪也。姑购归。日后当询立庵、叔平诸人以释疑团。晚浴。

11月24日　星期五

将午回府。

午,徐森玉赏饭于撷英,宾主共七人:徐、钱、沈大、马九、沈三、魏、马二也。

下午至琉璃厂购书物。

晚"国立北京大学研究院文史部"赏饭于东兴楼,因半农欲请该约起音韵书者,编音韵书提要也,故座中有张少元。

11月25日　星期六

上午十——十二,师大。

午后再去,与朱佩弦面洽也。

三时至罕海晤劭。

五时回家,在家晚餐。

晚写《月仪释文》仍未毕。

连日右旧齿之龈痛,白天尚好,睡下便肿痛。昨今太暖,衣少穿。今晚又咳嗽,但有痰,想无伤也。

11月26日　星期日

天阴寒,有欲雪意。

上午写《月仪释文》毕。严释多可疑文。

午回家。午后回孔德。牙疼,又咳,颇不适。

晚六时沈老大来,因昨约其今晚吃润明楼之肘子也。

在孔德将□□《千字文》录一表(ㄅ——ㄦ),而ㄧㄨㄩ尚未写,因甚疲惫,只好睡了。

11月27日　星期一

午回府。

午后二——四时师大。毕至金处诊病,咳与牙痛。

晚与劭雅于半亩园。

归,将《千字文》之ㄧㄨㄩ韵谱写毕。此书实不足凭,其实章草无论言古及言实用,均当以《急就》为主(但不可如王世镗、李滨及卓定谋之低能耳),而辅以《月仪》及《出师颂》,又《阁帖》中数帖(章帝、张芝、□□诸人)而已。赵《千字文》已不足取,王世镗更自《郐》矣。

11月28日　星期二

咳甚、累,故今日师大假。

午前回家。

午我与黎劭西赏沈老大于广和饭庄,食涮羊肉,而我不能也,因胃坏之故。沈大说明晚将行,欲我写字,因彼嗜杜诗,故书《自京赴奉先咏怀五百字》一横披赠之。五时至六时半书之。

晚魏建功与马隅卿赏饭于撷英,有徐和尚、马幼渔、胡适之、沈老大、沈三诸人。

11月29日　星期三

午回家。

咳,痰涕甚多。心绪甚恶,不能做些子事。心绪烦乱,晚访幼渔,十二时归孔德。

11月30日　星期四

今日咳未止。但仍往北大上课三小时。

午回家。午后课毕,即回孔德。建功新为我购《安徽丛书》第二△(?)①,共廿六册,皆程瑶田之著也。其中《通艺录》盖最多之本矣(影印原本)。

归孔德,卧床上翻阅,觉身体甚惫,咳嗽甚,又怕冷。晚取《急就》各片,依今韵排之,排一韵,即写一韵之谱,今晚将ㄞ、ㄚ、ㄛ、ㄜ、ㄝ各韵弄完。

12月1日　星期五

今日师大又轮名次偕同学生去参观附小,但因自昨晚起,咳嗽之甚,今晨竟不能起床,只好恕不了。

午后回家,即回孔德,仍排《急就》片,ㄞ、ㄟ、ㄠ、ㄡ、ㄢ、ㄣ毕。

12月2日　星期六

咳甚,师大假。

午回家。下午三时至北大取薪。至金处诊视。至某海一行。

晚归孔德,叠ㄤ、ㄥ、ㄦ三韵,并写表毕。

12月3日　星期日

今日仍甚咳嗽。

上午十一时浴,剪发。

午后二时回家一行。四时顷回孔德。五时再回家,偕婠同至撷英,因今晚刘复夫妇赏饭也。彼为赵元任夫妇洗尘,中有白涤洲新夫妇一对,其夫人名徐溶,人甚倜傥,毫无羞涩之态(结婚甫半月)。食毕送婠归,回孔德,甚惫。咳又甚。依所列韵谱,取各片之字,依其草形书一记,以备查。今晚写ㄞ、ㄚ二韵,ㄚ未毕。

12月4日　星期一

昨宵大不宁,今日咳甚,师大假。上午将《急就》之ㄧㄨㄩ三韵,分韵叠成。

---

① 问号原有。

午回府。

午后三时至师大取薪。又至金处诊视。四时至《ㄍㄜㄟ会开第廿八次常委会。

晚《ㄍㄜㄟ同人宴赵元任夫妇于广和饭庄,请刘、胡二家夫妇作陪,又有交通部之陈彝煜,撰一国音电报来会,请审查。今天也请其吃饭。此君实是吾会之忠实同志也。拟赠以特委之名义。

十时归,甚疲惫。将丨ㄨㄩ录表,成。

12月5日　星期二

咳略松,但仍不甚轻减,师大假。上午起甚迟。午回家。午后至某海为赵元任夫妇及任叔永夫妇各写横幅一纸。六时回家,偕媪同至德国饭店,因今日白涤洲及其新夫人徐溶赏饭于德国饭店也。共　对:白、马二、刘复、沈三、魏、钱、黎、赵,沈三夫人未到。

十时顷回孔德,誊丫完,乙完。

12月6日　星期三

今日仍时时咳。午后天阴寒,大有下雪之势。午回家。午后至某海写严既澄托写之王仲芹纪念碑。四——七时,未毕。

九时回孔德,取《出师颂》(凡△△△字)誊一韵谱,毕。甚惫。看报亦无甚精神。

12月7日　星期四

今日北大假。昨晚眠后甚疲,今晨十时方能起床。

午回家。午后至中海,将王仲芹碑写毕(三——七时)。赵元任因欲看陈彝煜之国音电报稿本,言今日离平,因此特展期至下星二,今日下午起至某海看此物。晚与劭雅于半亩园。天阴竟日,仍无雪。

12月8日　星期五

上午雪,到地即化,街上泥泞。午后霁。咳未愈。喘病渐愈,起甚迟。

午回家。

午后四时至文学院,因各系三年级生参观附校,要由教务会议决:"每参观两次,开会一次,请指导教授、附校主任及学生出席,共同讨论。"今日要举行国文学系讨论会,故往,但因黎有课,高未到,附校主任徐传峰因事先走,故流会。晚劭西在家宴白氏夫妇及王向辰、何子祥,邀我作陪。聆白氏为中华所说国语留声机片。归取《阁帖》中汉章帝书写片,写谱。

12月9日 星期六

今日师大仍假。嗽渐向愈而牙痛甚。晨起甚迟。午回家。午后师大有音乐会,婠要去听,三归,偕之往。毛又上孔德玩儿去,大未归。故在家中看家。晚餐后回孔德。竟日精神疲倦。晚录皇象《文武帖》。

12月10日 星期日

上午赵憩之来。午回家,唐兰赏饭于同和居,彼将于明年元旦结婚,要我做证婚人也。下午至某海晤劭。晚访岂明。

十时半归,取夏(?)间所写朱骏声之声母注以国音,先尽《国音分韵常用字表》所已定者,用黑笔注之。其无者,或须改者,以后再用红笔注之。今晚丰——乎。

又思《说文》声母今语亦非弄不可,夏间曾将朱氏声母写出,备注今语。今晚先将《ㄍㄧㄚ》所有者(当然是已定者)记入,丰——乎。

12月11日 星期一

午回家一行。

午后二——四,师大。其实咳尚未愈,但请假已将两周,只好去上课了。课毕至金处诊视。晚范仲沄赏饭于撷英。灯下取夏间所定《说文部首今读》覆视,仍须再改定。

12月12日 星期二

上午八——十一,师大。午后回府一行。即回孔德。续前宵工作:小——壮毕。朱氏武断臆改者甚多,拟再取段王、严、姚、张、龙诸家之书参之。次音符、三音符亦应列,因拟成《说文三读谱》一书,先成部首及音符,再取全书而定之。此片写成则《说文三读》《重订广韵考》《说文古韵谱》都有了,且为国音字典之基本部分也。因拟一写谱片之式,明后日当交某海印之也。

12月13日 星期三

上午浴。午后回家。

四时顷至周家,因今日幼渔约尹默至周家,谈隅卿事,顺便请他吃饭,主人六:二马、周、钱、徐祖正、刘半农;客二:二沈也;陪客一:魏天行也。十一时归。

尹默来已数日,为法款事(□落故),十五日即须回上海。

12月14日 星期四

十——十二、二——三,北大。

午回家。课毕至某海，《月仪》已剪毕，即携归。凡一千一百余片，去其残字，每片记音以便依韵重排，今晚记毕已二时许，睡得太晚，不安眠。

12月15日　星期五

上午清理书物。午回家。午后至琉璃厂开明书局，购得单父、时庸劢之《声谱》及《声说》，《声谱》昔曾购之，《声说》则未之见，近以旧板新印，故购归。《声说》所见亦无特异之处，但已能根据金文，证《说文》之非（于形声字）（或非声而曰声，或甲声而曰乙声之类），是则时代关系，因彼已于王筠后，与吴大澂同时也。这一点不能不认他有见也。

下午四时至师大，开教务会议。晚餐劢西约至其家中吃饭。

12月16日　星期六

上午十——十二，师大。

午后回家一行。

四时顷回孔德，将《月仪》一千余片依韵排，并写谱。晚一时毕事。

12月17日　星期日

今日为北大3△周① 及师大卅一周纪念日，我均未往。仅午餐李云亭赏饭于撷英一往焉。去年他请陈筱庄，今年他请邓芝园演说，皆前任校长也。

午前回家一行。

午餐后至某海与劢谈。精神甚疲，早睡。

12月18日　星期一

午回家。二时至师大，知今日停课一天。即归孔德，途遇翻车，幸未伤，但稍受惊耳。灯下取段氏《音韵表》，先录"《诗》所有之声类及押韵之字"，今晚成"歌、佳、锡、冬、钟"五部。凡音符不尽从许，凡有隶文铭文可正者正之，不依清儒以"初音符"统"次音符"以下之法，拟以此为古韵部之基础。

写《说文三读谱》时适用之也。

晚迟睡，明晨须早起，睡不宁。

12月19日　星期二

上午八——十一时师大。毕至某海昭劢。下午二时回家。四时又至师大开"国文学系第一次参观讨论会"。晚与劢"雅"于半亩园。今晚较能安眠。

---

① 3旁缺一数字。应缺6字。

12月20日　星期三

上午十时到家。午晚两餐均在家中食。晚七时出家。浴。

12月21日　星期四

上午十——十二,下午二——三,北大。

午回家。

课毕至某海。

晚,黎、汪、魏、徐一士、彭心如(?)①、何容、陈懋治、钱、温锡田九人宴白氏夫妇于福兴居。毕至来薰阁购最近出版之郭沫若之《古代铭刻汇考》一书,魏氏告我也。其中以《石鼓文研究》一篇为最详最精,彼于艺苑真赏社所印之《十鼓斋中甲本》(郭称此本为"中□②本",因彼认为此"甲"字为后改也)以外,尚有"古拓照片一帙,计四十有二片","审其印记,知亦明锡山安氏十鼓斋所藏"。研究结果,将鼓次重定,不称第一第二……及甲乙……等,而仿《诗》例,取某鼓首二字为名,为《原文之复原及其考释》,从郭至马氏定为秦物,且因定《西時》为"秦襄公送平王而凯旋时纪功之作",此诗亦即作于此时。

12月22日　星期五

又咳嗽了。牙甚痛,恐龈有脓,因遇凉热均痛也。

午回府。午后至金处医咳,由彼介绍至北平牙科医院(石驸马大街师大文学院之东)姜台永处(朝鲜人)医治,据云确有脓,只能拔去,而左上最里之牙(十年拔去最里者,此为今之最里者)中空,每饭后必剔。他说也应补之,故亦先洗之。毕,又回府一行。

灯下弄哈、德两部。牙根出血不止,含嗽不止,血亦不止,次日询姜,他说此非好血,应出也(直至睡着后渐不出,故次晨嗽口并未多血也)。

12月23日　星期六

上午十一——十二,师大。

下午二时至某海。

三时至姜处洗左牙,为制右方金牙之预备。毕回府。

晚餐后回孔德。

灯下弄"宵、侵、缉、谈、盍"五部,忽思《说文》固不古,《诗》虽古,但字亦不古,其音符实未足凭,非博考甲、金,验之某字彼作某,则古声母实尚有问题也。

---

① 问号原有。

② □号原有。

12月24日　星期日

上午清理书物。

午回府。

午后至姜处去,始知彼星期日下午不看病,已出门也。即至正昌购圣诞节点心,送于大嫂,故五时顷至受壁胡同也。

归孔德后取"王补王",将已写出"《诗》声类"之字旁记以圈,始知王静安颇多谬误,实因彼于《说文》及古韵均甚浅也。

三强因明日清华不放假,故今日下午往观(今日上午招待毕业同学,下午演给本校学生看,三强亦去看也)。

12月25日　星期一

今日虽云南纪念日,但学校不放假,但今日为孔德十六周纪念日,上午九时半回府,即至孔德,已将十一时,纪念会已散,即摄影。午后师大假,回府看家。因婠往孔德看游艺会,大、五两儿一导演一登台,三儿清华不放假,故非看家不可也。在家中弄完侯、厚、登、质四部。

12月26日　星期二

上午八——十一,师大。午后回府。

下午三时至姜处医牙,镶金牙三(一正、二左右辅),共三十元。今日起,比大小制造。

四时至文学院办公处,开校务公议。毕与勋"雅"于半亩园。归甚惫。

12月27日　星期三

大雪竟日,入晚霁。

上午清理书案。

午回家。午后浴,剪发。归惫甚。咳,心跳也。早睡。

12月28日　星期四

咳甚。精神不振,北大假。

天阴寒。

午前回家,在家午餐。

午后至外交部东口甲二号访唐立庵,欲辞证婚人事,遍觅不得所谓"甲二号"者,至某海,问崔钰,始知二、四号之间有一死小胡同,中有二号后门,即是也。此胡同与此门均见之,岂知是即是耶! 在某海,写两处学校匾额。

晚,咳甚。

12月29日　星期五

天阴,寒。午前至北大取薪。至家一行。将午至某海,用章草写赠唐立庵结婚联。丑恶之至。与数年前赠大嫂七十寿诞之立辐(小篆)相同,皆"处女作"也。

下午二时,至姜处诊牙,适有人在内诊,久之未毕,因无时间故未看而行。

三时许至师大取薪。

四——五时师大史学系一九三三班班会请我讲演。讲题为《晚清今文学与学术政治之关系》。

七时许回孔德。倦甚,咳甚。

12月30日　星期六

昨宵孔渴。今日甚寒。

上午九时回府。

十——十二,师大。

下午至某海,为师大新年同学会书联。联为劭西撰:

新雪初晴同来与会

年华方盛乐且未央

四时至师大。将开"国文学系第二次参观讨论会",因我与劭到稍迟,学生已散,我看就算了吧,这本是最无聊的会也。晚校章书红本《蓟汉昌言》卷一,校了七张,未毕。因咳嗽甚,精神乏,即睡。

12月31日　星期日

天寒。咳稍好。

上午回家。

午,师大举行"新年聚餐会"于忠信堂也。午后至文岚簃印名片。

三时至某海。

六时偕劭至其家,骗饭。

十时半归,甚冷。

钱玄同日记

(整理本) 下

1934—1939

主编／杨天石

整理／阎 彤 王燕芝 左 瑾
陈盛荣 刘贵福

图书在版编目(CIP)数据

钱玄同日记.整理本.上中下/杨天石主编.—北京:北京大学出版社,2014.8
ISBN 978-7-301-15839-5

Ⅰ.钱… Ⅱ.杨… Ⅲ.钱玄同(1887—1939)—日记—1905—1939
Ⅳ.K825.5

中国版本图书馆CIP数据核字(2009)第167675号

书　　　名：钱玄同日记(整理本)(上中下)
著作责任者：杨天石　主编
责 任 编 辑：张文定　封越建
标 准 书 号：ISBN 978-7-301-15839-5
出　 版　 者：北京大学出版社
地　　　址：北京市海淀区成府路205号　100871
网　　　址：http://www.pup.cn
新 浪 微 博：@北京大学出版社
电　　　话：出版部 62754962　发行部 62750672　总编室 62752032　邮购部 62752015
电子信箱：zpup@pup.cn
印　刷　者：涿州市星河印刷有限公司
发　行　者：北京大学出版社
经　销　者：新华书店
　　　　　　787毫米×1092毫米　16开本　90.5印张　插页12　1700千字
　　　　　　2014年8月第1版　2021年8月第2次印刷
定　　　价：280.00元(上中下)

未经许可,不得以任何方式复制或抄袭本书之部分或全部内容。
版权所有,侵权必究
举报电话：010-62752024　电子信箱：fd@pup.pku.edu.cn

1934年4月,北京师范大学服务20年以上教职员合影。右起:马裕藻、王相龄、钱玄同、孙世庆、杨立奎、董长龄、恭宪、陈映璜、贾霈

1936年北平章太炎先生追悼会,右起:刘文典(刘叔雅)、钱玄同、周作人(周启明)、许寿裳(许季市)、马裕藻(马幼渔)、朱希祖(朱逖先)、沈兼士、朱镜宙(朱铎民)

1934年在北平寓所

（1937）年于北平

全家合影。右起：钱德充（五子）、钱玄同、徐幽湘（长媳）、徐婠贞、钱秉雄（长子）、钱三强（三子）

钱玄同与夫人徐婠贞

钱玄同夫妇与钱三强

日记手迹（1935年2月22日） 　　　日记手迹（1937年7月7日）

日记手迹（1938年11月1日） 　　　日记手迹（1939年1月14日，为逝世前3天）

目　录

前言 ··· 杨天石(1)
整理体例 ·· (1)

（上）

钱德潜先生之年谱稿(1887—1905) ································ (1)

一九〇五年 ·· (9)
一九〇六年 ··· (13)
一九〇七年 ··· (79)
一九〇八年 ·· (111)
一九〇九年 ·· (144)
一九一〇年 ·· (203)
一九一一年 ·· (缺)
一九一二年 ·· (219)
一九一三年 ·· (252)
一九一四年 ·· (273)
一九一五年 ·· (277)
一九一六年 ·· (282)
一九一七年 ·· (296)
一九一八年 ·· (326)
一九一九年 ·· (336)
一九二〇年 ·· (358)
一九二一年 ·· (367)
一九二二年 ·· (383)

（中）

一九二三年 ·· (493)
一九二四年 ·· (565)
一九二五年 ·· (609)
一九二六年 ·· (665)
一九二七年 ·· (684)
一九二八年 ·· (702)
一九二九年 ·· (730)

1

一九三〇年 …………………………………………………… (742)
一九三一年 …………………………………………………… (780)
一九三二年 …………………………………………………… (839)
一九三三年 …………………………………………………… (896)

（下）

一九三四年 …………………………………………………… (981)
一九三五年 …………………………………………………… (1059)
一九三六年 …………………………………………………… (1168)
一九三七年 …………………………………………………… (1234)
一九三八年 …………………………………………………… (1304)
一九三九年 …………………………………………………… (1371)

附录一：
本书主要人物字、号、称谓、略称、昵称、绰号及外国人译名异同表 ………… (1375)

附录二：
回忆父亲——钱玄同先生 ……………………………… 钱秉雄(1399)
振兴中国文化的曲折寻求
　　——论辛亥革命前后至五四时期的钱玄同 ……………… 杨天石(1403)
论钱玄同思想
　　——以钱玄同未刊日记为主所作的研究 ………………… 杨天石(1419)

一九三四年

1月1日　星期一

上午十一时回家,适遇稻孙夫妇来拜年,三强适亦归。知昨晚清华吃年夜饭,自校长至学生千余人,食毕并演剧,夜半三时始毕,他故今日始归也。

午至公园来今雨轩,唐立庵赏饭也,他今日下午二时在该轩结婚,本约我为证婚人,今已约马叔平,而要我去写婚书也。其夫人为张晶筠,系满人。四时礼毕,我回孔德。五时至二房东家取黄汝成原刻《日知录》及罗印《高邮王氏遗书》来。至家晚餐,餐毕归孔德,依黄季刚《日知录》校记,用朱笔校改于上,未完。取《唐韵考》,依规则于每反切下记今读,便写《说文三续谱》时之检查。今晚将平声写毕,已夜半三时矣。

1月2日　星期二

上午续写《唐韵今读》上声,未完。回家。午张麦林与其妻陆秀如赏饭于广林春,到的客止四人,我、周、黎、郭绍虞也,二时四十分出,拟至厂甸巡阅,出和平门,即遇救火车,过不去了,又是师大失火,怅立十余分。至金处诊病,因咳未愈,且昨日嗓子红痛也。出至某海,晤劲。六时顷再至师大探问,晤李云亭、陈湘圃诸人,知焚去廿余间,为学生自修室,损失尚不算大,比前几次为小。至文楷斋,以十二元购徐协贞之《殷契通释》,凡六本,此书在两三日前见其广告,觉所言颇离奇,姑购之,略翻,觉毫无道理。

归,灯下续写《唐韵今读》上声,仍未毕。甚倦即睡。

午后北大国文系会开"国文系全体师生联欢大会"于北海公园,董事会来函相约,未往(从本年起,凡开会及赏饭等虽不去者,亦记之)。

1月3日　星期三

上午回家,午后浴。晚六时陈湘圃(师大△△△)赏饭于忠信堂,归甚疲,十时即睡。

看《殷契通释》四本半,大多数字都认为方名,连"之、于、王、寮、牛、羊、马、彤、日"等字都系方名,殷商一代大事,不过吃人而已,说由王朝卜,应食某方人,即命某方献人来,用火烧,沉于水,……如此考古,真怪事也(全不顾文理,全不解字形字义)。

1月4日　星期四

因昨宵早睡,故今日精神尚佳。

上午九时回家。十——十二，二——三，北大。午家食。

北大课毕至某海，与劭、涤两人商ㄍㄊㄔ会本年进行事。

六时访启明，并晤伏园。十时半归，写答贺年片六十余张。

1月5日　星期五

今日上午九半——十半，师大学生第五次参观，参观北附中，须我带往，实觉无聊，故未去。

午前回家，即至二东家取《翁日记》，因当时想看同、光时朝政也，书共四十本，第十七册以后封面尚未写，携至孔德补写。

三时至姜处诊牙，金壳子已做好，今日试之。四时师大有校务会议，为火灾事，觉无意见可发表，懒得去，托黎代矣。同时北大研究院文史部有部务会议，即往，会毕约魏天行雅于淮阳春，商ㄍㄊㄔ会进行事。今日《大公报》载有楚钟鼎之照片，剪下如次，中有"畲"字，最可注意。

1月6日　星期六

九时回家。十——十二，师大。二时至姜处医牙。三时至某海，晤劭西，谈明日开会事，我提十案：

1. 增修国音常用字汇案。
2. 编纂国语标准辞汇案。
3. 规定"纷歧"、"混淆"与"未定"的辞形案。
4. 编制基本国语案。
5. 规定国语文中采用西方原字的拼法案。
6. 搜采固有而较适用的简体字案。
7. 规定极详备的辞类连书条例案。
8. 修订闰音符号案。
9. 制定方言罗马字的拼法案。
10. 规定《说文》《广韵》《集韵》的今读，以作新编国音字典的初步案。

1月7日　星期日

昨宵不安眠，今日精神较坏。晨九时回家。十时至ㄍㄊㄔ会开第廿九次常委会，黎、白、魏诸人均有提案，结果拟即全案交由魏整理，定于十三下午再在某海约齐七常委为"议决"也。午聚餐于西来顺，三时毕。再回家，晚餐后归孔德，精神不振，早睡。

天很冷。

1月8日　星期一

　　冷。

　　午前回府一行。

　　购得《图书评论》△卷△期,中有孙次舟评卫聚贤之△△△△①,谓孔子未作《春秋》。卫书固谬,孙说亦不可通。彼竟谓《春秋》与《左传》本是一书,体与纲目同,其书系左丘明所作,与孔子无涉,汉世公羊家误分之而作《公羊传》!!!

　　午后二——四时师大,毕,至某海晤劭,并晤魏。晚师大教授会在撷英聚餐,商火灾事,出资赈学生,结果每教授捐四分之一,全数约五百元也。精神不振。清理书案。

1月9日　星期二

　　昨宵未安眠。今日八——十一师大。始逛厂甸,因与姜约二点往诊牙,午饭毕尚未至一时,只好以此消磨时间也。

　　购得四库全书《通正文字(?)》② 一册,此书曾见臧氏《拜经堂文集跋云,谓其闳通,不扬不抑(?),却从之未见,今见此,以五毛购之,系陆费墀所为,此册则写三阁书(?)时所用也,也不闳通,但却犹贤于《字学举隅》耳,如……。

　　二时顷至姜氏诊牙。三时归家。七时顷回孔德,即昏昏欲睡,因此早睡也。

　　冷,午后三时顷,刮风,此后更冷。

1月10日　星期三

　　上午清理杂志等等。因昨日风,今日仍有风,更冷。午回家。午后浴。看《语史所集刊》第△卷第△期徐中舒之《趞敦跋》③ 谓 𦣻 是眉字,甚是。但彼谓散氏盘作 觉 ,为眉、矍混合之字则非, 𦣻 可作 觉 ,正如首、百可作覚、頁耳(须查原志)。因天冷灯昏,七时回孔德,觉精神太坏,不能作事,只好早睡。

1月11日　星期四

　　上午十——十二,下午二——三,北大。午回家饭。课毕至姜处看牙,本拟今日补左牙,但右牙尚未装,近日嚼食全用左牙,姜云补了以后有一两日不可用,因所补者未坚也,故与商俟金牙制就先装右牙,俟其可用,再补左牙为宜也。故今日未补也。

---

①　原文空缺。

②　本日日记中的问号均原有。

③　第三本第二册。应为《趞敦考释》,见《史语所集刊》。

日来咳又作,且腹胀不消化,今日至金处诊视,用吸入器吸了一下。

四时顷至中海,晤劭。六时曹鳌及其妻赵荣春赏饭于忠信堂,请了许多人,主人大闹其酒,甚无谓。我虽然滴酒不饮——未被闹,然亦觉无聊。早知如此,不该去也。初因他以前请了好几次均未往,故今天敷衍他一次,以后恕不了。

归,冷,累,即睡。

1月12日　星期五

上午起开始做议案。

午回家。

午后二时至师大文学院访劭,商学生所开火灾失单事(国文有三人)的办法,即回孔德,又做　　。

晚十时半吴文祺来(此人初次见面),携来《辞通》数卷及老夫子的序,催我快做序,十二时顷去。满拟今日将十案做完,但只做了四案而已。

1月13日　星期六

上午十——十一,师大考"古书真伪略说",题为:"略述晚清今文学家之考辨伪经"。

检斋来校示章师信,催速印成其书,因报载溥仪将于三月一日称帝,恐北平又将危险也。

考毕回家吃饭。三强清华昨已考毕,今日回家了。下午访天行,交议案。五时徐耀辰在其家赏饭,同座有启明、启无、马二、四、九、天行、兼士、半农等人。归,孔倦,不能做事。

1月14日　星期日

午回家。

下午二时顷至某海,ㄍㄊㄟ常委七人(钱、白、黎、魏、何、陈、汪)均到,因魏已整理好也,四时议至七时,均毕,雅于某轩。

1月15日　星期一

冷。午前回家。即至琉璃厂开明书局取去年所预约之叶昌炽《缘督庐日记》,下午监课时看看。下午二——四师大,考"文字形义沿革",题二:

1. 《说文》中之古文与甲骨彝器文字有何异同?

2. 述江声与戴震之转注说。

考毕,至周家,启明今日五十生日赏饭也,两桌客,其子丰一亦请了一桌,两儿中,雄入父桌,强入子桌。尹默日前又来平,今天亦与宴也。

十时顷归。刮风,天甚冷。因明日须早起,竟夕未安眠,甚以为苦。

1月16日　星期二

很冷。

上午八——十,师大考"文字学概略",题二:

1. 大篆是什么时代的文字?试述旧说与新说。
2. 略述隶书以后字体的变迁。

十——十一,考"清代思想概要"。题一:

"述黄梨洲的政治思想"。

午后二时顷至某海,晤劭。四时至姜处。五时回府,家食。甚倦,早睡。看叶日记。

1月17日　星期三

上午十一时至北大,因闻《西儒耳目资》已出版,在卖特价,若因马幼渔签名,尚可再减,计每部一元九角余也,故往购,我二部(一部备记音或写),代黎购一部,再捐助某海一部也,三甚厚本,用夹连印,价廉物美。

午回家食。

下午回孔德,拟完成议案而未完,黎云须下次《周刊》用,今晚遂中止。七时与黎、魏二人共宴陈旭卿(彝煜)于德国饭店。归看《西儒耳目资》。

1月18日　星期四

师大自今日起,至卅一日,放寒假两周。二月一日开学,注册一星期,二月八日(星四)开始上课。今日北大为末日,上星期已算结束,故恕不了。

昨宵睡眠时间其实还算多,但晨间甚倦,不易醒,白天也疲倦无力,思睡,不知何故?

上午浴。午回家食。

下午三时至姜处,本拟今日装右牙,因牙龈凸出,尚未瘦减,故只能再缓旬日也。今先补左牙,内已补,外尚未补,约明日再往也。

至某海,晤劭,商定《佩文新韵》算会中物。

八时回孔德,看《西儒耳目资》,未毕,甚倦,早睡。

1月19日　星期五

竟日风,甚冷。上午十时至师大开会,审查"第三自习室被火灾学生损失书物单"也,故此会无会名也,十一时至一时始毕。

下午三时又请姜治牙,补左牙事,尚未毕也。

四时回府,晚家食。

看《叶日记》。

晚李翰臣赏饭于忠信堂,不去,因若去,则治牙毕不能回家,若回家再去,如此冷天,一天两次冒风西行,亦太饕餮矣,况最近因牙事,本不便大嚼矣,故"舌旁辛"了。

1月20日　星期六

风渐止,较昨稍和煦。昨宵太冷,睡得甚倦,今晨甚疲。十一时回家,家食。三时至某海,与劭商编《国音字典》事。

六时至中华书局购得《基本英语讨论集》,归阅之,因昨日看《世界日报》之《世界语之光》,又大骂此书,故购阅之也。精神不振,早睡。

1月21日　星期日

精神甚疲,天孔冷,今日大寒,明日腊八,真大寒也。

午回家,家食,直至下午五时方走。至周家,因周来函邀食日本煮法之牛蹄也,凡四家:钱、江、俞、章也。十时归,甚不支,即睡。启明出示他生日诗,及尹默、半农、适之、平伯诸人和作如下:(我的在390。)

1月22日　星期一

精神仍不振。上午清理衣裳。

午回家,与三强同至润明楼吃腊八粥,二分钱一碗,甚佳,又买了一毛钱带回家去也。

下午至姜处,他出诊了,遂至文学院国文系办公室,约张同光来谈,因为他屡来函欲谈音韵、注音符号等也。晚续做议案,未毕。精神不支。

1月23日　星期二

午回家。

今天将十案做了一天,做完了,夜半三时矣,倦甚即睡,然而睡不香矣。

1月24日　星期三

上午浴,剪发。

午后回家一行。

四时携议案至某海,劭、何俱在,白、魏之议案同时送到,即由劭编,七时毕事,即交何付排于本星期六出版之《巜、虫、》第　　　期,然一期必登不完,大约两期也。毕至半亩园,今日巜ㄊㄔ会请王玉川,王萸卿等人吃饭,他们都是 G.R. 信徒也。

1月25日　星期四

上午十一——十二时,北大考,题"略述从《切韵》到《佩文诗韵》的变迁"。

午回家。

下午三时至姜处,将左牙补好了。

至商务购《湘绮楼日记》,十六元,此书出版在五年以前,再不买,快要没有了。买归,甚疲,卧而观之,昏然欲睡,睡着了,一宵甚疲甚昏。

1月26日　星期五

今日精神不振,晨起甚迟。午回家。

午后回孔德,不耐作家,杂翻诸家日记,余所有前人日记共五种:曾、李、翁、王、叶也。记其生卒之年及生日于后(写在384、385页上)。

比来深感到我之无能,一事不成,一学无成,精神身体皆毫无能力,因自本年始,自号曰"无能子"。记得卅年前看壬寅年《新民丛报》,扪虱谈虎客有△△一则,言唐末有无能子者作《无能子》,有《圣过篇》,其价值当与黎洲媲美,当时阅之不解,后购得《百子全书》,中有《无能子》一书,然亦未注意,今日检出阅之,上拟鲍生,下仿邓牧,与我意亦适合也。

1月27日　星期六

晨十时,吴文祺来,谈至下午三时方去,即回家一行。

四时顷访隅卿于镇海馆,并晤叔平、太玄,见全谢山、钱肃乐、万斯△①、万言、袁永义、袁甫、袁毂、袁灼,杨简诸人遗像。骗隅饭,晚十时归,倦甚即睡。

1月28日　星期日

午回家。

下午弄《师大一览》中国文学方面之国文系"课目"的"内容大要",来的有十分之七八大致都要改,因决定"以一百字以内为限"也,有些做得也不合式,弄到夜半二时仍未毕,即睡。

1月29日　星期一

昨宵迟眠,今日精神不大振,不能续看矣。

午回府。

午后三时至附中访少元,又至商务印书馆购△△△〈赵秉文〉的《滏水△〈集〉》②,将赠岂明作寿礼也。至姜太公处,因左牙所补略不适,故往磨之。至某海晤劭,与同至半亩园雅。九时顷归,倦甚,即睡。

---

① 原空一字。

② 书名原不全。

1月30日　星期二

午回家。

午后回孔德检阅《宋元学案》各学案之表,木板最好,亦略有错,《万有》本与木翻本及石印本同样错得不能看,略正之(先正木板,后依之而改正《万有》,因《万有》本常要翻检也),六时访岂明,并晤平伯,又见尹默两首,单押裘字,平伯一首,羡季△首。九时半归,再校《学案》表。今日自《安定》至《濂溪》。倦甚。

1月31日　星期三

精神孔坏。

上午回家,未吃饭即至琉璃厂,至商务购得卅年前夏公之"最新中学教科书"之《中国历史》三册之重印本,改为"大学丛书"《中国古代史》一册。此诚好事,因此事实在有价值,且实在是大学丛书也。但其原序之光绪甲辰字样删去,实可笑。且奥附云"中华民国廿二年十一月初板",倒像夏公新近为该馆所编,岂不可笑也乎哉!惟第　章未依民国△△年份妄改,尚可恕,拟暇时取原本一校,将异同处用朱笔记出也。又购得梁廷燦之《历代名人生卒年表》及《四部丛刊》续编之《群经音辨》。

至某海,晤劭,并晤涤洲、宇众二人。

天阴,晡时起雪。本日又和启明一首(见后391页)。

2月1日　星期四

师大今日起开学,八日上课。

午吃了饭回家,即至某海,为郭昭文女士书联。晚与劭"稚"于半亩园。归续做"课目大要",至二时仍未毕,再做一次,可毕矣,甚累,睡。

上午雪,午霁,天不甚冷。

2月2日　星期五

精神甚坏。上午至北大取薪,在景山书社购得《瓯△杂志》第一期。午回家一行,未饭,即出浴。四时至师大取薪,即至文学院开校务会议,七时毕,偕劭至其家骗饭。《瓯△杂志》有宋平子遗著《△△△寿序》,云《周礼政要》系盛宣怀所托作者,嫌其陈义过高云。

2月3日　星期六

今日精神坏极。

午回家。

午后至二东家找了半天书,取卢刻《经典释文》来,近拟将《释文》《博雅音》……

等书均做"今读",以作国音字典之初步云。

精神甚坏,早睡。

购世界书局之钱基博《现代中国文学史》,卧而阅之,误谬、芜杂、肏陋……无不具备。

2月4日　星期日

晨十时回府一行,即至《古イ会开第卅次常委会,会毕聚餐于蓉园,毕,至商务购四部本《经典释文》,因后没有校记三卷也。至直隶书局购得吴兴许△△所著之《郑延平年谱》。至中海,还字债。归灯下又做"内容纲要",仍未完。

2月5日　星期一

天和暖。

上午九时,师大桑雪隐女士来,为她欠学分事。

十一时至商务,取宋、齐、梁、陈四史,计前来过汉、后汉、三国、新五代、辽、金,共已出十四史矣,取得即回家。饭后至二东家取那六史,及董之小书箱九只至家,作放史之用。

三时回孔德,得中海电话,知有东北△△△要《古イ会房子,同人约住一商也,毕,偕白、魏、何三人共食于同和居也。

归弄"内容大要",仍未完。

2月6日　星期二

今日精神甚不振,上下午勉强将《荀汉昌言》一、二、三三卷校完(一卷前月已校一点)。午回家食。上下午共校了四个钟头光景,甚矣惫。访隅卿,在其处骗夜饭也。头胀胸满,疲倦,欠伸时作。卷一(第八到十五张)前月已校过一——七之七张。二共七张,三共八张。

2月7日　星期三

晨十时吴文祺来,谈至二时半去。

回家一行,即回孔德,校《昌言》——卷四,共十七张,卷五,校了十二张(共十八张),未毕(此卷第9、10两张要重刻)。甚累,即睡。

2月8日　星期四

晨九时,高松侪(去病,师大国三)来,十时顷去。

将"内容大要"弄毕,午回家。

午后四时顷至嫂处,还她的日记。

七时至同和居,约劭同"雅",以"内容大纲"请其带回看之也。

2月9日　星期五

上午至某海。午回府。午后浴,剪发。晚王淑周与陈亚牧赏饭于玉华台,盖请沈二也。有沈二、三,马二、四、九,周,钱,陈能之,沈麟伯诸君也。归孔倦,早睡。

2月10日　星期六

上午师大,十——十二。

午后二时至新陆春,贺吴检斋之子鸿迈结婚也。

四时顷回家,晚餐后回孔德,倦甚早睡。

2月11日　星期日

天气和暖。

午回家。

午后回孔德,发《国粹学报》之拆开而已乱者而整理之,以前曾数次整理,欲编目装订,迄未毕。自乙巳年该报出版,我定阅至今已将三十年矣,拆开至今,亦逾二十年矣,应订好矣。此番检阅之动机有二:(一)劭谓南桂馨——将出资刊申叔遗著,由立达书局承印,我将检《国粹》中之刘文;(二)近觉明末忠臣义士,实堪敬佩,有尚友之意。(清末尚虚,今则亲日、亲俄派皆卖国贼,我们处境,真类明季也。)(今晚大约将乱者理好。)

2月12日　星期一

午回家。

午后二——四师大。毕,至某海。六时劭宴吴晓芝及郑友渔(名裕孚)及我于大美番菜馆,郑系南桂馨之信人,南欲出资一万元印刘申叔遗著也。郑言约有中国页二千七百页左右,此时尚在收林撰,亦正在付印也。吴示样本,印得很佳,胜于《王忠悫遗书》。我拟参考编目及搜稿事。

归写《国粹》撰录,未毕。因"撰录"及"文录"两栏,颇多有用之文,但不能拆开,只好一期一期的挨原次订,故拟另编一目,依国音顺(人名),以便查检也。

2月13日　星期二

八——十一,师大。在师大讲清代思想时,说清及清前有四个方面之学(非同时,非同路),而卒能得同样之好果:(一)王学,(二)史学,(三)考证学,(四)今文学。在学问与政治两方面,皆能得到不守旧而革新,因为:重内心诠订(王),明古今变迁(史),治学求真(考),政治求进步——善(今文)。

毕,至富晋及来薰还账。至文楷交《昌言》校稿。午后二时半回家。五时回孔德,写《国粹》撰录。因胸胀,心慌,皮肤痒,颇不好过。

2月14日　星期三

今日为甲戌元旦。午回府。午后二时初逛厂甸(西路),购得:《复堂文续》,八元(长兴);《孤星泪》,二毛;《张苍水全集》(三本)(国学保存会本),八角。节本《明儒学案》(布面),八角(再版？本①),但尚是最初面目。五时访启明,他赠我旧年之粽子三种,(一)火腿,(二)栗子,(三)豆。

2月15日　星期四

午回府,即至某海为郭启卜传铭弟重写学校匾。

四时逛厂甸(东路),购得:汪日桢:《疑年表》及《超辰表》,九角;《伯牙琴》、《相台书塾刊正九经三传沿革例》,均知不足斋本,六角;《小腆纪年》(长兴购),七元五角(日本排印本)。

七时半访隅卿。十时半归,将所写《国粹》撰录依国音次之。睡后翻《小腆纪年》。

2月16日　星期五

昨宵睡得太迟,今日大不适。翻《小腆纪年》。

上午浴。

午后三时回家一行,即至富晋购谢国桢的《晚明史籍考》,知彼店有《小腆纪年》,7元,及《小腆纪传》,14元,木板。《纪传》无,当购之也。

四时至金处为婠取药水,因婠于上星期日至嫂处途中受凉,咳嗽也。

四时顷至师大开教务会议,过五时方开,至八时方毕,与劭雅于大美。倦甚,归即睡。

今日未逛厂甸。

2月17日　星期六

上午师大假,因日来学生人不齐也。

午回家。

自上午九十时则起大风,尘土飞扬,故未逛厂甸(风至下午四五时顷渐小)。

五时回孔德。精神仍不振,虽说昨宵多睡了些时。

---

① 问号原有。

2月18日　星期日

今日天气晴和。

午回家。

午后二时至四时半逛厂甸(西路),无甚得。

晚至德国饭店吃饭,遇卓君庸。归倦甚,不甚作事。

2月19日　星期一

午回府。下午二——四师大。毕至厂甸西路(昨见之也),专为购旧抄本《明夷待访录》也,价一元二角。归后以刻本略略一对,颇有不同,大抵抄本字句较少,不知孰为原本? 暇时当更把全书一校也。

晚访隅卿,十一时归,倦甚,即睡。北大自今日开始上课。

2月20日　星期二

昨宵腹痛者数小时,晨起后渐好。

八——十一,师大,毕,至土地庙略略一看,购得:《焦学三种》,三册,王永祥著(去冬新出版者),二元八角。《石菊影庐笔识》,原版,三角。可惜未得《东海褰冥氏三十以前旧学四种》之全书。《六书微》,陈启彤,二角。甚累,精神甚疲,腹亦不适,下午未逛厂甸。三时顷回府,六时至"淮阳天宝城",郑友渔赏饭,为申叔遗著事也,同座者为高阆仙、曹△△、黎劭西、王△△、赵斐云、吴小之也。叔雅虽请而未到也。

2月21日　星期三

至开明书局,购得癸巳年上海鸿宝斋石印之何玄子《诗经世本古文》,向未知此书有石印,购之,十六本,价二元,甚惬意。午回家一行。下午逛厂甸(东路与远东之文友堂),二半——五半。启明来书谓曾见有谭复堂所藏之戴氏《论语注》,索价五元,颇欲得之,嘱代办,去则知为伦教联通学斋之摊,以四元购成,赠之也。书品甚好,与余十年前所购于文雅堂者相同。

《戊戌政变记》,四角(新民丛报社印本)。《粤雅堂丛书》中:王白田《朱子年谱》,不全,缺《考异》,一元。邓实校印《国粹丛书》△△种,十四本,一元五角,另有目录,见页四〇二。宋育仁评:《明夷待访录》,二角(辨得甚精,分句读,与刻经同,可爱也)。欧阳渐支那内学院新刊(民廿二)郑所南《心史》,一元五角。马宗霍:《群经论略》及《墨子学》油印讲义(均未完),二角。通学斋所摆书摊有初印戴注《论语》,为谭仲修之物,有"复堂所藏"及"谭献"两印,岂明昨见欲得之,拟价不谐,今日告我嘱代购,因以四元购而赠之。

晚马二、九兄弟为袁守和祖饯(他明日要往美国也),邀我作陪客之一,启明亦在座,因举以赠之。

归写何玄子书封面,至夜半三时方毕。

2月22日　星期四

上午十时至北大,因迟到数分钟,学生以为不来,散了,只好不上了,其实也是近日新开学,告假者与不来者多之故也。

午回府,午后至二东家检旧杂志,为寻申叔遗稿也,检出:《四川》、《雅言》,民五《中国学报》。顺便将《古学汇刊》取出,然不全,见厂肆某摊有数册,明日当往配之也。四时逛厂(中枢),购:钱保塘《钱氏考古录》,五元。

回孔德后,甚倦。

2月23日　星期五

上午浴。午归家。午后逛厂(西路):《戊戌六君子遗集》(商务)(似少于有光纸本,当查),一元八角。(前数年曾在商务购一部,系第二次印本,有光纸,此本乃毛边纸印,见摆摊上,故购之。)《黄学庐杂述》(陈士苣),三角;《俟解》(官堆纸初印本),二角;《姓氏急就篇》?,三角;《古学汇编》,十六本,每本三角五分,五元六角;《明夷待访录》,一角(备依旧抄改之用)。毕至师大文学院,开研究所委员会。晚与劭雅于半亩园。

2月24日　星期六

上午师大,十一——十二。

下午逛,东路而西路、南路(只一摊),北路及中枢亦略巡,买到三书:《路史》(石印本),一元二角;《船山师友记》,四元;《辛壬春秋》,八元。

五时顷回家。倦甚,灯下取民五《中国学报》中刘文录出(共只五期也)。

2月25日　星期日

午回府。午后逛西路及远东,略及中枢,所购:影印王铁夫手写《渊雅堂文稿》,八角,影印姜西溟手写《苇间诗稿》,八角,均邓秋枚印本;宋《真山民诗集》(日本版),六角;《茶花女遗事》,四角(最初印本);《康氏官制议》,一本,五角,《欧洲十一国游记》,二本,一元,皆广智最初印本;《欧洲十一国文论集要》(不知全否),北大最初印的《中国学术论著集要》,一元。

归孔德后,灯下拆订民五《中国学报》,又写《辛壬春秋》封面。

2月26日　星期一

午回家。

午后师大,二——四时,毕,未巡阅,即至某海,劭今日生日,约我至其家吃酒水,适有厂摊送原本《音学五书》至某海,因即购以赠之,作为寿礼焉。在劭家晤杨昭俊(字潜庵),他说《天发神谶》与《国山》笔法全同,皆苏建一人所书,其说颇有理。向劭借得《国故》四期(不知全否)。

2月27日　星期二

大雪竟日。

八——十一,师大。

二时归家。金子直今日赏饭于其家,嘱我及婠、雄三人往,我与雄均不去,因雪大,故三时半婠雇汽车去。在家晚餐。

七时回孔德,将《国故》一——四期之目录出,又写《船山师友记》之封面,惫甚,即睡。

2月28日　星期三

晴,大风,颇冷。

上午,检录《雅言》4、5、6、7、8、9、10七期中刘文(其1、2、3、11、12五期当再寻),此报共出十二期(见民五《中国学报》之启事),又将郑友渔所抄之《国故钩沉》(第一册,似止此一册)抄目,此册全是刘文也。午回家。

午后三时逛南新华街,马路尽成泥塘,两旁亦多积雪,东路书摊极少。西路略多,然排子车已来,运走的亦不少。北路(最别〈蹩〉脚)尚多。中枢仅外院有四个。据说明天上午还要摆半天(这四个是看他们摆起来的)。购四书:1.陈士元:《姓觿》,一元六角;2.光绪十四年(戊子)蜚英馆石印之《书目答问》,八角;3.浙局本《文史通义》,一元六角;4.《制义丛话》,一元六角。

颇冷,四时即归。精神甚坏。

灯下录四川《国学杂志》中刘文目。

3月1日　星期四

上午十——十二,下午二——三,北大。

土地庙补摆半日,未去。午回家。课毕,觉孔累,似乎感冒,精神孔坏。晚浴,剪发。

3月2日　星期五

昨宵睡得不安宁,今日咳嗽,且觉身热畏寒。

上午至北大取钱。午回家。

午后至金处诊视,脉博〈搏〉一百〇二,体温三十七度九。

至师大取钱。

至商务购《四部丛刊续编》之《雍熙乐府》,十二元;《汉简》,七角,均九扣,十一元四角三分。归,取申叔《国粹》文 120 篇,各写为卡片,以便排次(与他文一起)。

因精神孔坏,晚餐后即卧床检取二十年前旧日记,知国学讲习会请太炎讲学第一次系在一九〇八年四月四日(戊申三月四日),章、刘交恶,章迁出刘家,刘林生与汪旭初议往调停,亦均是一九〇八四月中事,我第一次学世界语(刘请大杉荣)亦此月中事。申叔自芜湖逃日本,似是一九〇六(丙午)秋冬间事,彼与张继组织社会主义讲习会,系起于一九〇七(丁未)之夏间,至一九〇八(戊申)春间。《天义报》出于此时。《衡报》似是一九〇八(戊申)春夏间所作。降清似是一九〇八(戊申)下半年事。

3月3日　星期六

今日师大假。下午师大有校务会议,电请劭代表,未去。

午回家。午后畏寒,回孔德即睡,仍发烧,至黄昏。

3月4日　星期日

因病,今日巜㚢彳第卅一次常委会未往。

午回家。

下午二时回孔德,今日因热退,觉能坐而看书,下午将《周礼》三　官各写卡片,注以国音,并记明某官第几官(△△),晚十二时顷毕,明日拟誊一本曰《周礼官名通检》也(全以国音注音符号为次也)。

3月5日　星期一

病未愈,师大假。

晨起身后,觉心慌,四肢无力,像饿了似的。

午回府。午后二时至金处诊视。归翻钱穆的《周官△△》(《燕京》十一?　期),六时建功来,与同至森隆雅。归,早睡。

3月6日　星期二

师大假,今日像饿似的心慌者,差不多一天,书报也看不下去,精神匿漂,不能集中,殊差。

午回家。

午后四时顷回孔德。晚七时陈旭卿(彝煜)赏饭于庆林春。灯下欲将《国粹》刘文百余篇,略按所谓经史子集旧序排而订之。排了二十篇光景,甚疲,只好打住。

3月7日　星期三

上午再往金处诊,吸入三钟。

午归家。下午二时回孔德。精神仍甚疲惫。下午睡有一小时,精神涣散,不能用力维持,殊差。

晚访隅卿。

3月8日　星期四

精神不支,累,散漫。北大假。

午前至北大研究院访敖士英,借《万国公报》者,因中有高梦旦(笔名为"渤海姜叔子")一文也。

午回家。午后至某海访劭。晚归,卧床中看高梦旦《十三月新历法》。

3月9日　星期五

午回家。

午后至二东家,检出——:壬寅(全),癸卯(全),甲辰(全),乙巳(全缺),丙午(存四薄册),丁未(存二厚册),于其中检刘文,则《警钟》之关于《习斋学案》三序及《近儒学案序》皆在焉。误写较少,因取以一校,惟《国学发微》则无术"雠校"矣。甲辰年《政艺通报》中有某君《孔子生日》一文及申叔《书后》,某君言夏穗卿攻教,极有史料价值,此某君我疑为蔡子民,今当作函询之也。

3月10日　星期六

今日咳嗽尚未愈,身子亦仍软,但旷课已多日,只好至师大去上课了。午后再至金处诊视,又吸入两钟。二时至某海。四时回府,在府上吃了晚饭回孔德,甚倦,早睡。

3月11日　星期日

雨雪竟日。

午回家。午后浴,旬日不浴矣。浴毕觉得很舒服。

今日将民国以来五种杂志:(1)四川《国学杂志》,(2)《国故勾沉》,(3)《雅言》,(4)民五《中国学报》,(5)《国故》(中有重复者)合编一目,诗文及专著凡104篇也,未毕。午饭王峄山赏饭于庆林春,此公所谓面目可憎,语言无味者,恕不了。

3月12日　星期一

今日是总理逝世纪念,故学校休假一日。

大风竟日,"黄天厚土",冷,不适。

午回府,继续昨日工作,完,又将《国粹》文篇中刘文录目,未毕。

晚郑友渔与伦哲如赏饭于大陆春,同座者为黎劭西、刘叔雅、余季豫、容希白、吴检斋、蒙文通诸人。张侯之子次羽有信致郑,愿将家藏遗稿一一封寄来刻,此甚好之事。决定专著及《左庵集》以外者,凡杂文为外集,不全及不成书之专著为剩稿,其《国粹》撰录中之题跋,亦蒐集之而附于外集之末。

3月13日　星期二

上午八——十一,师大。

下午二时至某海,昨郑友渔约淡也。五时顷回府,在府吃晚饭。归孔德,阅蒋知〈智〉由《中国人种考》,查其中关于申叔之文也,《警钟》中之文有三篇——

1.《思祖国篇》

2.

3.

购得《瓯风》杂志第二期,云将印《瓯风丛书》,中有《莫非师也斋文录》。

大风仍未止,精神大受影响。

今日在师大晤高阆仙,知前日王太监赏饭,座客有一研究写字者,专写那么不合六书之篆字,及兰花竹叶,还有"一笔虎",云与卫生有益,我幸而未去。

3月14日　星期三

上午廖葛民来,广西省立博物馆筹备主任,师大生物学系毕业,系白经天介绍要我写字也。

大风仍是竟日也。

午回家。至二房东处取《曼殊全集》来,查申叔在丙午——己酉四年之行踪,再录以我的日记及章、刘致我之信,又他上端方书,如次①:

此节须做过(要详细)。阅郑印目录,即各杂志之文遗漏尚多,《国粹学报》中致漏四十余篇云,此公可谓颟顸矣。

3月15日　星期四

上午、下午北大,凡三小时。

午回家。

在北大晤叔平,阴正月三日上南京,日前甫归也,他说朱胡子被罗志希请到中央大学做历史系主任。课毕归,疲倦万分,乱翻书也,无精神看,昏昏沉沉的〈地〉过去了,东翻翻,西翻翻,检关于申叔之事,唉!风仍未止。

3月16日　星期五

风止,但视天梦梦〈蒙蒙〉。竟日头胀,手足疲软,精神不振。

---

① 原缺。

午回府。午后至某海,为广西省立博物馆书联曰:"察来彰往,微显阐幽",因该筹备员廖葛民明日将离平也。写毕之后,尚想还别种字债,而觉甚倦,恕不了。厂甸兴中,曾在企古斋书摊上定了一部王馀佑的《五公山人集》,十元,今日往取,车中翻阅,见中有致颜习斋信,称为"朱易直"。又至来薰阁以预约之价购容庚之《武英殿彝器图录》。

晚,杨伯屏赏饭于丰泽园。

3月17日 星期六

上午十——十二,师大。

午后至某海,访劭,夏宇众适来。三时顷,天忽昏黄,大风,黄天厚土者几一小时,始渐清朗,而风仍大,至黄昏未休。

五时顷回府,晚餐后与两儿谈谈,将十时方回孔德,取《政艺通报》中刘文录目,略略翻检,即觉头昏眼黑,即睡。

吴文祺送来胡适之《辞通序》,我下星期决不能不作了(只剩我的一篇了)。

3月18日 星期日

暖。

昨宵疲乏万分,今日上午将《政艺通报》刘文录毕。午回家,即至新陆春,高老爷赏饭也。下午三时,至头发〇〇(胡同)圕,因闻王有三言,此圕馆中有《雅言》全份也(我缺十一、十二两期)。去始知此等旧杂志不陈列,须向事务所查询,而今日乃是星期,事务所不办公也,只好翻翻杂志卡片,而借阅廿二年的浙江省立圕馆刊1.2.3.4四期,看了一个多钟头,出,访启明,日前闻其因踏空而又将脚跌坏,有两个星期来,今日往访,知其已愈矣。他送给我克鲁泡氏书三种:1.《人生哲学》,2.△△△ 3.△△△。合以我数年前所购之△△△。

3月19日 星期一

天暖。

精神困惫之至。午回家,午后二——四,师大,毕,至商务购万有本《世界史纲》,五元。《武大文哲季刊》,三卷一号,五角。晚访隅卿,九时顷起大风,竟夜未熄〈息〉。

3月20日 星期二

今日师大假。

上午十时顷至家,午餐家食。下午三时出,至二房东家检取,居然在《天讨》中又找到申叔二文,一标豕韦之裔,一标楚元王。楚元王系白话文,且内容太无聊,楚元王似乎是他,然可不用也。

晚,剪发,浴。

今日上午仍大风,尘沙蔽日,过午渐止,日出矣。

3月21日　星期三

晴,无风。

初灭火,入晚觉冷,手足俱冷,而两三日又须做序,嘱其本期仍生火焉。午回家。下午起,开始做《辞通序》,未毕。心甚散漫不归一,精神不凝聚,故不能做下去,不知明日能毕否?

3月22日　星期四

上午十——十二,下午二——三,北大。

午回家。

四时顷回孔德,续撰序文。晚八时顷,访吴文祺,告以明晚当可交卷,拟制锌板,归再做,做到十二时半初稿完了,当有三千字以上,明日上午再修正,下午当可抄矣。今日虽上课三时,课毕尚与幼渔谈话一小时,黄昏又与吴文祺谈话将一小时,而精神倒还佳,比昨日好。

晴,暖,无风。

3月23日　星期五

修改序文者一日,仍多未惬意,只好先抄之,随抄随改吧。晚十时抄起,抄了四页。一页约三百余字。

午回家。午后至琉璃厂购笔、购纸。

3月24日　星期六

上午十——十二,师大。下午二时又往师大,因叔雅说他捐助师书款百元,将交朱佩弦带来,佩弦下午二——四有课,故询之,则知未交。佩弦说他认得柳亚子,可以函询《天义报》等,因托之。

二时半回家一行,即回孔德,续抄序,改序,又抄五页,至晚十二时,仍未毕,倦甚,睡。

3月25日　星期日

上午将序改完,抄完,共十二页。午后二时过交吴公,谈一小时许回家。

晚访启明。

今日拆火炉,然今春甚寒冷,至晚竟不能坐。

3月26日　星期一

上午清理书物。

午回家。

下午师大,二——四,毕至某海,晤劭也。归,灯下抄《辞通序》,拟交本星期六之《语周》刊之,未抄毕。

阴寒。

3月27日　星期二

阴,寒。晚竟坐不住。

八——十一,师大。下午回府。四时再至师大,开教务会议,毕,与劭"雅"于西单商场之△△(北平馆子)。九时半归,抄毕《辞通序》,明日可交《语周》。

3月28日　星期三

室中冷,早晨竟畏寒,致懒于起床。

午回家。

下午浴。

晚访幼渔,借得四川《国学荟编》之民三、四、五年的,三年共卅六期,我只有民二共十二期,民及三1—3期,以下便没有了,但此三年中,刘文甚少,但也有两三篇是他篇所没有的也。

归甚冷,即睡。

3月29日　星期四

今日为黄花岗纪念日。(案此纪念日为阴历辛亥三月廿九日,当为阳历一九一一年△月△△△日,此非周秦汉唐之事也,阳历为何日?即无陈、寿诸公之书,试检日记本与月份牌及那年之报纸均可得之,而忽改阴历之三月廿九为阳历之三月廿九,可笑!!)

学校假。

无甚风,但天仍不暖,在室中写字,手甚冷。录胡适之的《辞通序》,备四、七日之用。

午回家。午后五时至某海,晤劭,与其雅于大美。

3月30日　星期五

稍暖,天亦较晴朗。

午回家。

午后访郑友渔,还抄本刘氏教科书,未晤。

至开明书局购得罗氏新出《贞松堂集古遗文续编》一部,三本,价三元五角。

灯下编申叔丛书"书"目,四十种,略依汉志次序(未为定本),又取前日所借幼渔之[四川]《国学荟编》中刘文录出。

3月31日　星期六

尚暖,大风,尘沙眯目。

上午十——十二,师大。下午至两校取薪。三时顷回府,即回孔德,觉甚累。晚访隅卿。

4月1日　星期日

天晴,暖。午回家。

下午二时顷至公园,先至中山圕寻旧杂志,因从未去过,而今日适值星期,天又和煦,阅者甚多,小学生尤多,匆匆一翻。姑借民八北大之《国民》杂志第一期阅,其中有刘申叔一文曰:《逸礼考》,未完,但馆中止此第一期也。三时至来今雨轩,因今日《古丩常委会第卅二次开会于此也,因开毕即须宴教育部钦差六人也,到了三人:陈可忠、周天放、郝更生也。陈吃小吃而去,周不吃小吃而吃毕正吃,郝未吃而走,最可厌之刘英士不来,倒也好。

4月2日　星期一

天阴,又较寒。午回府。午后二时顷微雨即止。至某海代幼渔书(明日叶浩吾逝世周年纪念会)挽联,我亦撰一联,曰:

"读中史,阐君权道学之弊,

讲政学,以化蒙保族为怀。"

序曰:"中华民国廿三年(公历一九三四)四月三日为浩吾先生辞世周年,敬述先生丁酉年(公历一八九七)所撰《初学读书要略》中名论以追悼先生。后学钱玄同。"

晚八时顷访幼渔,交此二联。

从今日起两大放假一周。

4月3日　星期二

天暖,始脱绒小褂。

今日上午十时赴叶浩吾追悼会(北大二院礼堂),到约三十人,行礼毕,首由蒋致辞,次幼渔、夷初、玄同三人演说,终由清伊致辞答谢,毕十一时许,回府。

将午大风起,午后更大。在孔德取四川《国学杂志》中刘文拆出以备用。重订丛书目录,于《国粹报》中又增专书九种,又《国文典问答》,计50种,增于三月卅日之单十种也。

浩吾(一八六四——一九三三),卒年七十,今年七十一,其弟浩漪六十一岁。叶有两孙,谢帖上"承重孙纲","齐衰期服孙纯",其少吾之子欸。

4月4日　星期三

天尚晴暖。

上午浴。午后回家。三时访岂明,他送我茹二樵的《越音释》一部,可感也。岂明今日上午来函约我去,知杨慧修忽与孔德旧女士文树新恋,其妻郝荫潭往文家质询,杨、文二人拟弃家而逃,将孔德印信交与董事长周启明也。

六时至东兴楼,台静农赏饭也。

九时访吴文祺,借给他《教育世界》。

4月5日　星期四

今日天气晴和。

午后回家一行,仍回孔德看书。今日阴历二月廿二,为婠贞生日,向森隆要了几样菜,晚送至家,而四人共食之(玄、婠、雄、充)。

4月6日　星期五

天气阴寒。

上午十时得幼渔电话,云启明访彼,知杨慧修已于星三(4月4日)下午偕其恋人文树新逃矣。

午回家。

下午仍回孔德,沈三来访李召贻,将此黑幕揭开,招余同往谈,决定今晚由李访周,请其明日到校召集谈话会,报告杨离校,总务暂请李商同董事会维持,事务由原来主任维持,教务由教务长、各主任、各级任共同维持。

晚访幼渔。

4月7日　星期六

天阴,颇寒冷。

上午十时至师大文学院办公处,因李云亭开茶话会,招待日前来平开会之中华学艺社也,一时毕。回家。

三时顷回孔德,得中海电话,知陈可忠与刘英士两教育专员往参观,因往,即去。

五时至嫂处。

七时访启明。今日下午一时,他已至孔德开过谈话会,召集教务长、各主任、各级任也与商,董事五人(马二、马九、周、钱、沈)致尹默函,报告维持情形,且推举兰少铿继任,商定由我拟稿,归即起之焉。

4月8日　星期日

阴,冷,下午风。

上午将所拟信稿送至沈二、马二两处一看。

午回家。

午后四时访劭于其家,决定《国粹学报》中……皆为专书。

4月9日　星期一

上午八——九时,至师大附中北校(旧女师附女中)纪念周中演讲师大入学试验之国文各科,及中学生不应专注重纯文学。汤传笙与冯成襟约也。毕,至某海,请ㄇㄒㄙ张代抄致尹函。

上午在某海,因拆炉甚冷,室中不能冷〈留〉,室外温度较高。

午后师大,二——四,毕,回孔德,将信交人送马九盖印,即送周盖印,由彼发出。回府一行,晚餐后归,甚倦。

今日《世界日报》已登矣,但仅言东城某中学主任杨某,尚属含糊,真讨厌!

4月10日　星期二

师大因公请假。

上午与夏宇众偕师大国四学生参观艺文中学,此校系用道尔顿制也。

午回家。

下午回孔德休息,精神坏也。

晚浴。

今日《世界》与《晨报》、《大公报》将杨、文事细细登出。《晨报》必是王淑周所为,《世界》当是吴范寰所为也。马九忽于今日偕张孟平至孔德圊办公。噫!示威给谁看!

在民智书局购得张国仁之《世界文化史大纲》,于浴室中略略翻读之,在近来新出版中还算是较像样之书也。

4月11日　星期三

大风,阴霾,冷。

上午十时顷,启明来孔德,因高向周辞职,解决庶务主任高铭勋之问题。由李召贻约沈三及沈小梅、钱、周,宾主共五人至森隆,议决由高向李召贻及沈小梅(孔德会计)二人办交代,可以请假养病(他自己说因病辞职)。

午后回家,晚餐后归。秉雄言小学部教员见昨日报登,及马九来,以为局面将急转直下,人心惶恐,此大可虑。

灯下不能久坐,因冷故也。

4月12日　星期四

晴,略有风,亦不甚暖。

上午与高老爷偕师大四年国文学生参观贝满中学(初、高两级),因此北大假。

午回家。午后至某海。四时半至师大文学院开"月刊编辑委员会"。晚访启明,见尹默复他个人之信,主张速电请蓝来,岂明已以"董事会"名义去电蓝。

赵肖甫赠我顾辑《书序辨》,赵序之,谓今《书序》百篇为晋古文之序,非汉古文之序,颇能持之有故,言之成理。

4月13日　星期五

上午十时,董小酉来。十——十二,陪师大三、四年生参观女师大,冯成襟(字书春)教国文(《礼记·祭义》三节)。午朱自清赏饭于广和饭庄,柳亚子夫妇、郑桐荪夫妇、周启明、俞平伯、杨振声也,尚有沈从文未到。亚子,我在三十年前松江《觉民杂志》等中已读其文,今日始见之。因前托佩弦转询其关于申叔之著作事,今天他说略有弆藏,回南后当录副寄来也。他出书画帖一册嘱我题,晚间为题龚定庵《△△△△》诗一首。下午五时回家。晚回孔德,题柳帖。

4月14日　星期六

上午十一——十二,师大。

午后回家。四时顷至某海,晤劢,有王照之子王守廉来访劢,送给他王照遗书数种,我借其中《方家园△△△》一种观之,他说载湉之妻△△氏,承那拉兰之命弒其亲夫载湉的。

晚一人至崇华饭店食西餐,极佳。中饭一元,加小吃一元二毛五,夜饭一元、二元五,加小吃一元五角,专吃小吃五角。我吃饭时,则吃小吃。夜饭卖至晚十一时,夜十一——十二时卖小吃,打烊。

师大校务会议议决,至去年十二月十七日纪念日止,凡满二十年之教职员,均赠予纪念品,予于1913年9月今日到校,有此资格,今日它送来"诲人不倦"银盾一,即作函道谢。

4月15日　星期日

晴暖,然头昏,脑胀,胸胀,竟日不能做些子事。上午赵憩之来。午回家。稻夫人约婠、雄、强到她家去吃中饭,充未去,我亦留家看书。

至文奎堂购得:伍非百:《墨子大义述》,金梁:《清帝外纪》。阅之,伍书竭力发挥墨教,颇佳。金书,彼是满人,又兼奴才,处处替他的主子辩护固宜,然对于那拉兰颇多微辞,因彼在戊戌、庚子时也算新党也。

晚归孔德,向孔德图书馆借得丁谦之《穆天子传地里〈理〉考证》中,看其《中国人种所从来考》一篇(丁书在《浙江图书馆丛书》第二集第一册中)。

写《左庵集》封面,每篇均写篇名,并注页数,恐此中取《国粹》而改者甚多也,故编外集时亦先校之也。

4月16日　星期一

晴暖。

午回家。

午后二——四师大,课毕,至某海。晚约劭同"雅"于半亩园。半亩园新近改组,兼售中西两种,我们仍吃西餐,较以前更逊。闻中餐系山东馆,他们自己说与新丰楼是一事,绝不足信。

4月17日　星期二

晴,较昨更暖,室中已至六十四度,较一周前高十度以上。

八——十一师大。毕,至商务,见于〈有〉旧存之书报多种折价发卖,余以两角一分购得《孤星泪》一种。

下午回家一行,至北大图书馆借得《六书假借经徵》一部。起早,教了三小时书,天又骤暖,下午人孔倦。

晚剪发,浴。得郑友渔寄来申叔相片,分发、西装,穿大氅,盖丁未、戊申时之相也。

4月18日　星期三

阴,仍暖,过六十度,但不如昨日之烦燥〈躁〉。

今日将师大国文学系课程标准完全弄好,明日当送交常导之矣。

日前得郑友渔来信,云叔雅主张不刻《攘书》,使其涉革命与变节二事皆自湮没,此大笑话。今夕以书告郑:《攘书》价值颇高,应印。

今日报载北大教授林损下半〔年〕将辞退,他即先行辞职,蒋梦麟又说下半年中国文学系主任由适之兼任云。

4月19日　星期四

上午十一——十二,下午二——三,北大。

午回家。

于北大晤马四,他主张召集董事会,我不以为然,因为他是反杨派,大可清算之意,此时人心浮动略定,岂可再掀风波?三时课毕访兼士谈此事,他也不赞成开。四时至海。七时访岂明,商定俟蓝来再开。

4月20日　星期五

今日报载许之衡亦辞退矣。

午回家。

午后二时至嫂处,告以《闺秀艺文略》只须三百余元便可印(每中国页一元　角分),约二百张,再加书面及装订费,约四百元,她欣然。又约她后日(星期)中午至崇华食堂西餐也。六时顷至西单商场购物,即在半亩餐〔厅〕吃中餐,归后甚疲倦,十时顷即睡。

天甚暖,至六十八度。

4月21日　星期六

晨七时起,九时顷回家。

十——十二师大,毕,至青云阁购《三灵解》(因彼主张汉族西来说也),及《瓯风》杂志第三期。访郑友渔不遇。还《群经总义讲录》。

函某海,晤劭、涤、何容。

吴文祺适来海。晚,钱、白、何、吴四人雅于大六〈陆〉春。今日比昨日更暖。得岂明函,知马二亦主张开,我们敌不过鹦羌钟了,噫(明日上午十时开)!

4月22日　星期日

上午九时回府。十时回孔德开董事会,六人而马九未到,结果只三件事:(1)追认校务主任易杨为蓝,(2)在平董事报告离平董事(沈二、陈大、蔡、李、张凤举),(3)电催蓝速来。午师大宴廿年老教职员于来今雨轩,教员六人,职员三人(钱、马、陈仲襄、杨据梧、王桐龄、孙兼庵,职员黄象文、△△△、△△△),餐毕合摄一影纪念。

于公园晤适之。

本约大嫂今天午至崇华食堂吃大菜,谢她二月廿二日(阴)送婠寿礼也,适遇师大之鹿鸣宴,我自己只好恝不了,由婠及三强陪去,交五元与婠贞,算我请她也。食毕再回家。傍晚回孔德。八时顷风雨作,未出门也。

4月23日　星期一

上午回府。午至某海。

午后二——四师大,课毕,至商务购得傅东华所译之《奥特赛》,此世界古文学名著之一也。又购陈西滢译的《父与子》。郑友渔送来印成之刘稿散片数种。灯下订之。

4月24日　星期二

　　上午,因附中开"师大国文系教生实习批评会"(故师大之课因公请假了),由戚维翰预备去讲(九——十),讲的是张少元所教之一班,教材为《触詟说赵太后》。十——十一时开批评会,十一——十二在少元屋中略坐。午后回府也。晚约建功雅于崇华食堂,谈北大事。

4月25日　星期三

　　上午浴。午回府。

　　午后治申叔遗书事。

　　晚六时郑友渔赏饭于肉市之天瑞居,山西馆也,我从未去过。商量许多印书上的问题,同座有劭、友三、晓芝,及其校者赵羡渔,□□□① 也。

　　今日报载林公铎致胡适第二次信如左:……②。大教授?哼!

4月26日　星期四

　　上午十——十二,下午二——三,北大。

　　午回府。

　　课毕至某海,因汪一庵、徐一士约我与劭今日下午共商　辞典中之问题也。

　　晚与劭雅于某轩,归又得郑友渔送来之散片。

4月27日　星期五

　　竟日在孔德干申叔遗文事,因拟撰申叔各文系年也,故先将1903—1919十七年写一公历、清历、干支、年岁于空白本上,而将《国粹》《国故》《四川》《勾沉》《雅言》《政艺》诸杂志所载及其他见到想到者,又专书各系年。

　　午回家一行。

　　日来郑友渔将印成之散片随时送来,今日又有送来,截至今日已印成专著九种:《老子校补》《庄子校补》《白虎通义校补》《白虎通德论补释》《晏子春秋校补》《春秋繁露校补》六种,又《周书补正》及《左庵集》尚未印完,又《中国民约精义》。

4月28日　星期六

　　上午十——十二师大。下午回府。四时顷访启明。

---

① 原文如此。

② 信原缺。

4月29日　星期日

今日为清华第△△纪念,两儿偕婳往参观,他们上午九时走,晚九时归,毛未去,我回家,与他两人看家。天较凉,人甚疲惫。在家中校完木版《广论语骈枝》(全书共十七页,序一页)。十时顷回孔德。

至市场购得吴检斋之《文史》创刊号。时哉！时哉！猗欤休欤！投机万岁！腐化万岁！恶化万岁！

上午十时,大嫂来我家,交我《清闺秀艺文略》稿,凡五卷一百六十七页,要交书局印也(印价列在后面四一八页)。

十一时至十二时,访兼士,请其担任此次师大毕业考试委员会之国文系之"校外专家",这真是无聊之事,官样文章而已,不必到也,无聊！

上午十一时至十二时,访沈兼士,请其担任师大遵"大学规程"所组织之"毕业考试委员会"之国文系所聘请之"校外专家",他允我。

4月30日　星期一

上午十时回府,即至北大、师大两处领薪。十二时至和□访吴晓芝,因大嫂印书事也。午后一——二时,偕师大学生参观厂甸第一附小教国文,故二——四之课因公告假。参观毕至海。疲倦之至。归孔德后酣然思睡,灯下不能做事。

5月1日　星期二

晴,暖。

上午八——十一,师大。

下午至嫂处,交和□估价单,决定用八开毛边印,印五百部,一切在内(连书皮、装订)将五百元也。

五时顷回家,觉甚惫,即回孔德,疲甚,灯下不能做事,早睡。连日精神疲惫,盖天气骤暖之故也。

5月2日　星期三

晴,暖。

上午七时起,收拾衣裳,藏起冬衣,装一箱,将运回家,又理出春夏衣。觉精神甚疲。十时浴,剪发。下午三时回府,即至东长安街中央饭店(即旧长安饭店),因劭西之妹绵文今日于归桐乡冯式怅(字刚叔)也。冯为先师蓝宋先生之子侄行也。

四时至师大开教务会议。七时半毕。天忽雨,渐止。回孔德后觉惫甚,早睡。夜半闻窗外雨声。

5月3日　星期四

晴,暖,我卧室中七十度。

上午十——十二,下午二——三时,北大。

午回家。课毕甚累,睡下随便翻书看报,自四时至六时,稍平复。六时顷送冬衣一箱回府。七时顷访建功。

5月4日　星期五

头脑甚昏,疲倦思睡。

午回家。午后回孔德,校:《昌言》五(13—18页)完;《昌言》六,共十二页(完)。晚访幼渔。

5月5日　星期六

今日为革命政府纪念日,师大放假也。

检前此所写《四川》《国故》《勾沉》《雅言》《中国》《国故》① 五〈六〉种杂志中之刘申叔文之卡片整理之,拟抄一目印出也。

午回府。

晚六时,师大国四同学宴教员于大美番菜馆,九时毕,访劢,十二时归。

5月6日　星期日

上午回府,即至中党部以开〈〈古彳第卅三次常委会,在中山公园长美轩聚餐,毕再回府。在家中开始抄刘文目,至晚归孔德。

今日上午稻夫人约婠及雄去,赏饭于广和饭庄,请杨永芳也。下午二时以后,马幼渔夫人约婠去打牌赏饭,至夜半一时方归。

5月7日　星期一

阴,有雨。

上午将刘目抄毕。

午回家。午后二——四,师大,毕至海,谭丕模约在彼谈"五四"时之新思想代表人物,彼拟举陈、胡、钱、吴(虞)四人,然吴乌足以当之?他问我几点,姑随问答之,此君本做不好也。

---

① 此句中有《国故》两见,原如此,当有一为《国粹》。

5月8日　星期二

上午八——十一,师大。

午后回府。

三时顷回孔德,少憩,检《左庵集》,知五种杂志中有几篇文章《左庵集》中已有也。

《辞通》十部赠我,今日当寄到也。

下午五时,李润章(书华)、刘锡昌(佐卿)在中山公园水榭茶叙,毕偕劭至长美轩吃夜饭,并约建功来同餐也。于该轩见马二、马九、徐森玉,又见徐一士,又见林损及姚维崑。归,甚疲即睡。

5月9日　星期三

晨起将刘目完全弄好,午交劭付印。

晨回府。上午浴。

午,汪如川赏饭于忠信堂,是时即感不适,头痛、胀,不能耐。

下午至某海,为嫂校《艺文略》十二页(昨送来,此起首之十二页也)。觉甚疲。四时顷访嫂不值,至公园略坐,亦仍不适。晚王有三赏饭于新六〈陆〉春,觉头热,甚不耐,归即睡。夜半觉喉痛也。

5月10日　星期四

昨宵不适,今日尚觉可撑,北大仍上课,上午十——十二,下午二——三也。

午回府。

课毕再回府一行,因黎子鹤太太今赏她吃饭,三时将去,恐家中无人也。而雄已归,因即走至嫂处。

六时访吴晓芝。

至金子直处拟看病,他不在家。

至来薰阁购得罗遗老影写石印之《△△△△》,较以前所印又多几篇,计我有《隶古定尚书》、《云窗》二种、□□一种,得此则全矣。

5月11日　星期五

上午回府一行。

午后人极倦,胀闷,极不自在。将月前所写《国粹》刘文卡片写目,拟油印,至黄昏,大致毕。

5月12日　星期六

晨九时回府一行。

十——十二,师大。午后访嫂。三时顷回府,在府上吃了夜饭。

晚访幼渔。天热,精神不适。

5月13日　星期日

上午九时回府,午后浴。天甚热,浴后仍觉不轻爽。傍晚访周二。

得检斋信,云师又来催印稿,他定尽一个月出书。自明日起,当开始将未校者校矣。

室中至七十八度。

5月14日　星期一

热如昨。

上午八时顷回府,即至某海。开始校《太史公古文尚书说》。下午师大(二——四),毕,至金处诊病,因自上周三起,喉干,痰盛至硬,然不咳嗽,每日夜半至晨间最以为苦,诊视知是气管炎,且有胃病也。即回家。至黄昏,校毕此书凡十三页也,而甚疲惫,竟眼目昏花,十时顷倒头便睡,而夜半仍不能安眠,甚苦也。热得胸闷头胀,四肢发胀,精神甚不好过。

5月15日　星期二

昨宵不能安眠,今晨五时顷即起。八——十一,师大。天阴,上午雷雨,稍凉,七十二度。

午后回府,傍晚回孔德。灯下校《春秋左氏疑义答问》卷一,共三页。头胀,甚惫,即睡。

5月16日　星期三

上午校《左氏》卷一第4—12页,此卷毕。午后回家。

回孔德后校《左氏》五(十一页)及黄跋(二页),《左氏》五篇页虽少,而篆体有问题,故未能点济。

晚,十个人(玄同,三马2、4、9,陈旧,徐僧,徐耀辰,沈三,周,刘半)赏马石屋于东兴楼,据说是祝他五十寿辰也。我被马二及周二所劝,只好加入,其实何必也!十一人竟用了五十五元之多,因其鱼翅一样二十元也,是马院长的提调,大有"朱门酒肉臭,路有冻死骨"之风,嘻!

将晚时身体有些怕冷,盖感冒未痊愈也。

5月17日　星期四

上午十一——十二,下午二——三,北大。

午回家。

《左氏》卷五中引《三体石经》七十余字,大多数皆在新出中者,而亦有少数字系采《隶续》与汉简,去年看写释时已将这些篆体填上(有数者作楷体,因篆体不清,恐有缺误也)。不料手民和我开顽笑,有一半都刻了墨钉,非重写不可,孙星衍之考不在手头,故向幼渔借来,下午参考而写之,甚惫,弄不下去了。晚六时至文楷斋将《骈枝》及其自序,《太史尚书》,《左氏》卷一及黄跋,《昌言》卷五、六交出,在琉璃厂一带玩玩而归,甚惫,不能再校。

5月18日　星期五

天阴,黄昏雷雨。

上午浴。午回家。

午后校《左氏》卷三,十四页毕。晚校《左氏》二下,十五页毕。甚惫。

5月19日　星期六

阴,时有小雨。

上午十——十二,师大。午至某海,劭西请客也,他因△月△日其妹出阁,专发某海及《古㐆同人,故今日约宴也,尚有媒人孙制壮其人也。

四时回家一行,即至北大研究院开会,商量"研究生初试科目,以便提出研究院院务会议",我到已议毕。晚蒋梦麟宴叶玉虎于新丰楼吃素菜。一天跑来跑去,天气又潮闷,亦甚惫,不亚于校章稿也。

5月20日　星期日

晴,凉,室中不到七十度,有风。

上午八时顷回家,午后三时回孔德。

晚五时顷访岂明。

连日校书及天气寒燠变迁,精神甚疲。

5月21日　星期一

晴,尚凉。

午回家,饭毕至中海一行。

下午二——四,师大,毕至中山公园小憩,六时刘盼遂赏饭于新六〈陆〉春。座中有江叔海,谈丁丑、戊戌间事,他说王先谦本甚赞美梁任公,湖南之事全系叶德辉所主动。又云《仁学》原署"台湾人所著书",其稿藏黄公度许,江曾见之,与梁刻《仁学》不同,还要多。归甚惫,早睡。

5月22日　星期二

今日师大假。午回家一行。先将《左氏》卷五中未济之部分,即几十个古文非写之不可,写完,即继之而校《左氏》四。竟日校《左氏》四,十八页,完。又校《左氏》二上,廿页,完。——于是《左氏》校完矣。又校《体撰录》,校了五页,倦极,睡了。

5月23日　星期三

晨八时至九时半,续校《体撰》,完(此书共十六页)。

十时回府,即至嫂处,因昨日日前已交百元她又交150元,交馆转我,且关于校稿等事亦需与她一商也(二少奶奶来信云,廿五日动身来平,闻约勾留旬日即行,是她在平勾留时不过两旬矣也)。

十二时访检斋,商师书事,彼云《昌言》1、2、3、4卷改正本已送文学院办公处,因往取之。二时至某海,再看校正稿卷一,脱"点"尚多。四时至和□,交款250元与吴晓芝。

至文楷斋交出左氏2上下,3、4、5卷。六时又至嫂处,交和□收条,且第一次所印十二页已印好,晓芝托我给她一份看看也。

九时浴,剪发。

5月24日　星期四

北大假,累也。上午为嫂补录廿四人于稿上。午回府。下午二时访半农。三时访魏天行,馆将请客,要向他借桌椅也。四时顷至师大开校务会议。晚与劭雅于大美。归甚惫。

半农拟印一百张太炎造像于丛书之首(100部),又拟校《体撰录》,故与之接洽也。

5月25日　星期五

精神不佳。上午十时回府。午为馆至淮阳春定菜,她后午将赏沈朱芸、沈令融、沈蔡蕙、马陈德馨、魏王碧书、金刘潄芳(子直妻)、黎母、黎郑亦鹤、刘朱惠、张群海妻、刘金陜兰(字秀彬,子直妹)十一人饭也,价十五元,有鱼翅及时鱼半丫。

下午在孔德休息,精神不佳,不安校书也。五时再回府,告以定席事,即至师大开研究所委员会。

灯下校《古文尚书拾遗》卷一,1—3页,甚倦,只要搁笔矣。

5月26日　星期六

今日师大开运动会,停课一天。

昨宵几成竟日不安眠,闷,热——其实天气并不特别热。上午继续校《拾遗》卷一,4—13页(完)。又校《后序》一页。

午回家,晨即天阴有雨,午后一时顷雨甚大。适余季豫前与我约今日午后二—四时至辅仁讲演,只好冒雨而去,讲题:"晚清公羊学派与思想政治之革新"。毕,访启明,十时归,校《拾遗》卷下,1—5页,未毕,倦,即止。

5月27日　星期日

晨八时顷至家,今日婠请客也。午,李云亭赏饭于撷英,请各系所请"毕业考试委员会"之"校外专家"也,兼士到,未吃而去。

午后至商务购得朱芳圃之《甲骨学》及章厥生之《中华通史》。回孔德,五时顷再回家一视,即至劼处,他请他的新亲冯汝玠(志青)吃饭,邀我及盼遂、西堂作陪,谈次知蓝宋师及其兄延云、望如均已逝世矣。归,天颇凉,"翠袖"得很,到〈倒〉睡着了,次日起迟。

5月28日　星期一

上午至北大取薪。午回府。

午后二——四,师大。毕,至师大取薪。即回孔德。晚郑友渔赏饭于森隆西餐,客止四人:钱、赵○○、吴晓芝、张○○也。

昨日请中饭,原希望饭后打牌,可不吃晚饭而早散也,岂知终于打到夜半十二时,荒唐,荒唐。

松筠阁送郭沫若于今年四月出版之《古代铭刻汇考续编》一册。

5月29日　星期二

精神甚疲。天阴,时有雨。

上午八——十一,师大。毕即回府。午后浴。

看郭书,大体均极精。校《拾遗》下,6—8页。

5月30日　星期三

今日精神甚坏,头胀痛。晨起校《拾遗》下,9—11。上午十时顷至嫂处,出门(至我家去也),即至某海。校《拾遗》下,12—14,完了。

下午三时再至嫂处,知毯未来,其妻不来了,毯于廿七日由沈起程至北戴河,参与通车会议,大约六月二三日来平迓母也。

五时回家一行。

5月31日　星期四

上午十——十一,下午二——三,北大。午回家。课毕甚累,躺了会子。五时以后天阴,至晚九时以后大雨,竟宵未止。灯下为阿嫂校其书卷一之 13—24,共 12 页之初校,毕。

6月1日　星期五

大雨竟日,天寒,才六十度挂零。午后回府一行,即回孔德,为《昌言》2、3、4 卷之再校,六时毕。

晚郑友渔又赏饭于广林春,宾主凡五人:黎、钱、张少元、□□□①、主人。黎因事未到。八时顷归孔德。大风,觉甚冷,精神不好。归即睡,卧被中校阅《三体石经》十余页,即昏昏睡去。

6月2日　星期六

上午仍雨,午后一时以后渐放晴矣。

上午甚寒,室内不到六十度,雨既大,精神又极不振,怕冷,师大假。自晨至午后二时,将《三体》校毕(凡六十二页),当将要改之处,一一再写贴上,预备改刻之用,即全完事矣。

二时顷回家,婠今日被沈二太太回请,三强未来,然家中有老大及毛,我觉得精神不好,恶寒,六时即出饮酒,□于感冒也。

6月3日　星期日

晴,温度高,室内达七十度。

晨八时顷得秉雄电话,知穟来我家中,即归,则稻偕来也。因约彼二人,及嫂、丰、玄、婠、雄七人,至长美轩中饭,因此《古イ会未去,以电话告知白涤洲矣。食毕,至同生摄影纪念,毕,余至杨梅竹斜街大东书局,购叶大令之《殷虚书契前编集释》,预约,价廿一元五角。叶已于去年作古,此为△△△等以其手定之稿影印也。又至开明书店购叶绍钧之《十三经索引》,预约,三元八角。至文楷斋交出——《体撰》及《拾遗》,初校;《昌言》1—4 卷之再校。取回——《昌言》5、6,《论语》《太史》《左氏》一之再校改正本而回。再回家。

六时徐森玉宴嫂、稻夫妇、穟、我于同和居。

6月4日　星期一

午回府。午后风,有雨。至夜犹常然,温度又低,凉。

午后二——四,师大。毕至某海,八时十五分,嫂、穟行,余送往,婠、雄亦去。归甚寒,早睡。

---

① 原文如此。

6月5日　星期二

上午八——十一,师大。午后回家,即出浴。晚访吴文祺。

6月6日　星期三

精神不振。上午将顾点《左氏春秋考证》二部剪贴在伊刻三传上。午后回家。即回孔德,校写日前校出之《三体石经考》也。灯下翻阅苏舆与康有为之《繁露》[①],
《春秋正辞》,
《春秋公羊经传通义》,一七八三,乾四十八,
《春秋公羊经何氏释例》,一八〇五,嘉十,
《春秋笔削大义微言考》,一九〇一,光廿七。

6月7日　星期四

上午十——十二,北大。结束了,故下午不去了。

午回府。

人极疲倦,头昏脑胀,四肢无力,午后回孔德休息(睡)。四时顷至某海,还字债。七时至金处诊病,吃消化药及补脑药。至开明书局购得蓝印之钱坫,十一元。❦字居然改正矣,其妙与❦字不像何,藏字如旧,未改正为蔵,岂真手民之误耶? 晚回孔德,极惫,躺在床上翻翻刘申受的《尚书》著作,窃谓庄(存与、葆琛),刘、魏之治《尚书》甚精,因其近于宋儒也(颇有王柏之风)。今后用钟鼎考《尚书》,仍当走此路者也。

6月8日　星期五

午前至北大,晤幼渔。午后至二房东家取书,即回家,即至某海,将怡园略事清理,预备以后常可坐坐。

晚访隅卿。

6月9日　星期六

天热,孔闷。

上午十——十二,师大,毕矣。下午至某海,四时顷忽乌云四起,似将雨,因即归家。微有雨,即回孔德,遇阵雨。黄昏大雨,凉矣。

---

① 以下原文空缺。

6月10日　星期日

晴,凉爽。上午浴,剪发。午后至同生取相,照得还不错。三时顷回府,知婠、强、充三人今日上午九时顷去逛太庙之□展(　　),直至下午三时方回。买了些物品回来,率欣欣然有喜色,婠竟不觉累,足见唯心史观也。

晚访幼渔,见彼所藏之《琭艺官遗书》,此书二十年来仅于《复堂日记》见其名而已,十一时顷归。

6月11日　星期一

昨宵睡过迟（二时睡),今晨六时半〔起〕,故今日精神甚坏。

八时至八时三十分,至男附中纪念周中演讲,应张少元、徐传峰之约也,毕,至商务购四部本的《白虎通》与《繁露》,又购得△△,中有吴其昌之《殷虚书契解诂》,此足与叶大令之书互相参考也,故购之。至某海,甚倦,假寐一小时顷。午后至师大,二——四考"文字形义沿革":

1、"何谓'以声为训'？试就《说文》部首中举数例并说明之"。
2、述"粪、蠢、革、史、異"五字之旧说与新解。

毕,回家,即回孔德,倦甚,头胀,十时顷即睡。

6月12日　星期二

昨宵虽早睡,也不安眠。八——十,师大考一年级"文字学概略"。

1．"象形与指事之别"。
2．"假借一书,约可分为几类"？

十一——十一,师大考三年级的"清代思想概要":"晚清公羊学派略述"。

午后至某海,假寐一小时,即回家,即回孔德。闻劭昨日病,今日稍愈,故未到海。晚六时顷有雨,旋霁。

灯下写新购《繁露》、《白虎通》二书之封面。我觉得此两书很有用,目录必须弄熟,故写之。

6月13日　星期三

今日虽无事,然晨起即觉头痛胸满,精神不振,不能做事。午回家。午后回孔德,魂忽忽若有亡。取《续经解》本《白虎通疏证》而写其封面,不仅写△△□之题,且写其△△题,字甚小,甚多,每本均须写满一页也,写了第一本,头更昏矣,不得已出门,至西河沿军政部①

做夏西服,一衣一裤,用浅灰色薄吡叽做之,价廿四元角五分:呢价五元五角一

---

①　以下原文空缺。

码,用二码九,十五元九角五分(衣八元八,一码六,裤七元一角五分,一码三),做工:八元七角(衣六元四,裤二元三角)。至富晋书店、松筠阁、来薰三处还账。晚访隅卿,云二房东李召贻要继住也。

6月14日　星期四

午回家。午后一——三时,北大考"中国音韵沿革":"述辅音的发音"。监场时精神甚坏,昏昏欲睡,毕,至△△试衣。至富晋购得《饮冰室藏书目》,价二元,编得欠佳,然任公有题字及眉批,皆注明,知彼对于《颜氏学记》及《雕菰楼集》皆有眉批也,今当借阅之。至某海,劭病已愈矣。晚七时访岂明。

6月15日　星期五

上午浴。

午后二时回府一行,即至师大文学院,国文毕业生要相片也。四时开教务会议,此会议中订正各系名称(见424页)。毕,与劭"雅"于来今雨轩。

归倦甚,即睡。然又睡不安。得北大来信,并《国学季刊》编辑委员会,委员名单一件如左:(见386页)

6月16日　星期六

天闷热,精神甚惫。

上午十——十二,师大考"古文真伪略说":"《尚书》一经,增窜不止一次,试述其概"。午回府。下午四时顷回孔德,惫甚,假寐约一小时,六时再回府一行,八时顷风云雷电作,以为将大雨,急归孔德,至,云开月出,晴矣。

6月17日　星期日

昨宵失眠,强食过多,且食肉也,鸭、鱼、肉皆不合胃,以后只能慢慢吃素也。晴,热。

午回家。午后至△△取夷服。至琉璃厂购墨汁,即至某海还字债也。六时顷又回府一行。精神不佳。灯下在孔德校《辞通序》样(印在《师大月刊》第　期)。甚倦即睡,却又不能安眠,殊苦也。

6月18日　星期一

昨宵又失眠,甚苦。上午九时,师大校长在教理学院风雨操场约集本届毕业全体同学开茶话会并摄影留念,因往。劭因病未到,于是以我为代表,校长——教务长——教育院长——国文系主任——理学院长也。我说:"念佛救国"与"打拳救国"之荒谬,及思想统一之荒谬(嬴政——刘彻——朱棣——爱新觉罗·弘历四个老鬼的魂又出现了),说:康有为与孙文皆"托古改制"尔。十二时毕,即至某海访劭,他腹泻未愈,精神委顿也。下午二时顷回府,即回孔德,天孔热,室内八十度。晚餐未吃,迄未出门,下午假寐片刻,亦不成眠也。

6月19日　星期二

　　天热,但还算爽。上午回家。下午回孔德校阅三年前章老夫子在师大之演稿,黄昏毕,头甚胀,甚疲倦。

6月20日　星期三

　　天热。人疲,头胀脚酸,两三年甩坏之脚患处,又不舒服也。上午十时回家,晚六时方走。晚七时郑友渔赏饭于森隆之大菜,客只钱、黎二人也。

　　九时浴。

6月21日　星期四

　　上午回家,即至某海。下午在某海将章演稿看毕,后面跋了几句,因此期系廿三年三月卅一日出版,故只好倒填三个月也(三月廿一日跋),即送出。

　　弄"巴"字之形变稿成,明日当再检查各书,对之而写锌板也。天热,室内通宵八十度,不能安眠,甚以为苦。

6月22日　星期五

　　昨宵一夜不能安眠,今日精神甚坏,头胀身疲。上午任访秋(维焜)来,赵老铁来。

　　午回府,午后回孔德,弄"巴"字之字体(写成一锌板,共十五体)。知 𢀷 字实阳冰所作, 𢀸 (非 𢀹),故实为 𢀺 , 𢀻 , 𢀼 也。晚七时约劭雅于来今雨轩,闷热一天,七八时顷阵雨,旋止,亦不甚凉。将十一时归,甚倦,即睡。

6月23日　星期六

　　昨宵能眠数小时,故今日精神尚佳。

　　上午十时顷至某海,偕劭往基金会访任叔永,并晤胡适之,据云本年因金价低落,除必要之款外,余多四万余元可分配,故中海似有为难,然亦非全无望,似或将打折扣也。午再至中海。下午三时回府。四时顷回孔德。连日失眠,头胀,胸满,而大便又不甚通畅,今晚服硫苦,使其大泻一下,或可少好些。

6月24日　星期日

　　昨宵又失眠,今日精神甚坏。上午敖士英〔来〕。午回家。午后浴,毕,至经济小食堂茹素。晚将申叔在《国粹学报》中之专著郑贴本理好一半(十三种),备明日送出,至二时睡。

6月25日 星期一

昨宵又失眠,甚苦。

上午回府一行,即至某海,印稿来,凡六ページ,将音弄好加入,决定用△△几种也。理由如下:(补写)。

下午在中海将嫂稿二校毕送出。五时至金处诊视,取补脑药及安眠药一包,今晚当眠之也。七时至北海"仿膳饭庄",熊梦飞赏饭也(为教育与文化)。与劭、雨亭、日章、梦飞五人步行出前门而归,天颇凉,已十一时矣。

6月26日 星期二

天闷热,甚不可耐,昨宵自二时——晨八时,总算睡着了。上午至孔德圜访隅卿,即回家一行。至西车站茹素,遇周支山。至富华阁,购梦英,一元二角也。至某海,甚疲,又睡了一小时许,用钱、黎二人名义致函任、胡,为最后之努力。

晚与劭"雅"于来今雨轩,晤赵老铁,仍茹素。大徐《说文》——(太宗)雍熙三年十一月(九八六)。梦英《篆书偏旁字原〔碑〕》,云(真)咸平三年六月十五日建(九九九)。林罕《字原偏旁》,说至明德二年(蜀后主孟昶)乙未(九三五),迄于明德四丁酉(九三七)。

6月27日 星期三

上午九时顷,云合,雷声,阵雨,午后霁,入晚凉爽。

上午浴,剪发。午后回家一行,即至某海,样张六(编纂条例二,正文四)已送来,即送基金董事会,计送出 14 份也。

晚校《辞通序》再校,章演说稿初校,嫂文卷一 13—24 页三校均毕。

6月28日 星期四

天闷热,且甚潮者也。上午十时回家一行,即至商务购刘大白之《五千年表》两部,一部备用,一部拟作"纪年表"之稿也。彼将历代帝王谥号、姓名等年年写入,固太烦……

午高老爷赏饭于新六〈陆〉春,同坐为黎、李云亭、杨遇夫、吴检斋、余季豫、宫廷璋、郑治木、刘盼遂等人。午后回孔德,五时顷有魏重梦者来,要我写信给适之,将托适之写信致陶孟和也,即为写之。晚再弄《国粹》中刘氏专著,毕。

6月29日 星期五

闷热。午前九时顷回府一行,即至北大与师大领薪。至金处诊脑,授了一瓶药水,即至某海午餐。下午四时顷得适之信,知《古彳请求的美款被否决矣!

五时顷访启明,商孔德事,因蓝尚不来,对于教职员当设法慰留之也,启允明日访小学部主任黄继植氏(因黄日前有信向启明辞职也)。晚十时归,天气更闷,十一时顷闻雷声,夜半阵雨。

6月30日　星期六

阴,时有雨。

上午浴。

午后回府一行,即到某海,与劭改造预算,因损失一千元,则某海方面须全赖部额也。劭由190减为60元,我由100元减为50元,其他薪俸不减。晚归甚惫,早睡。

7月1日　星期日

上午九时顷还家。十时顷至《古彳会开第卅五次常会,通过昨日之预算焉。午聚餐于撷英。今日陈因治眼,白随刘复到包头一带调查方音,故止黎、钱、魏、何、汪五人焉。

下午至来薰阁晤赵万里,见赠影印明△△刻本《南唐后主词》一本。又晤隅卿。四时至金处,续取补脑药四天。访吴文祺。六时顷至西单商场半亩园,吴晓芝赏饭也,同座共五人,主、钱、黎、郑友渔、游弥坚也。归甚惫,早睡。连日食药之结果,觉脑胀、胸满、失眠三点似少瘥。

7月2日　星期一

上午至某海,取阅胡文及传纸,觉所打格不适用,因至荣宝斋以苏□宣打之。午后回家,六时即回孔德,甚惫,似着凉也。

7月3日　星期二

昙——阴——雨。

上午八时许,孔德小学部主任黄继植来,交来改革计划书一通,不能行。

九时,马竞荃来,他约我到东兴楼吃饭,饭毕,雷雨。二时顷回家。

五时顷浴。

精神甚不振,盖日前阴晴不定,寒燠不定,着凉也。故灯下清理书物,疲累万分,即睡。

7月4日　星期三

晴,尚算凉。

午回家。下午至琉璃厂取纸,购笔墨,至某海,开始写之。写了　　字。访岂明。

7月5日　星期四

闷热,下午四时顷阴云,即大雨,热不减。黄昏雷电大雨,夜半渐凉。上午回家一行,即至某海,下午写了△△字,太闷热,写不下去了。六时顷,独至公园亚美轩小坐,稍觉凉爽,八时顷见电,阴云四布,恐有大雨,未饭即归孔德,倦甚即睡。酣然入睡乡矣,直至夜半三时方睡〈醒〉,雨声甚大。

7月6日　星期五

阴,黄昏雷电,大雨倾盆。

九时回家。十时访沈三,并晤周二,他约今午在什刹海设宴,恕不去了。为孔德事,故往一谈,即至某海,今日写了△△字,仍未完,明日必可完矣。

晚访隅卿。

7月7日　星期六

天渐晴,而闷热潮湿之至,甚不好过。

晨,熊梦飞来。

午回家。

午后至某海,将碑写完(尚欠题目一行,尚须检点有无错误)。晚七时半,下列七人:钱、沈三、马二、马九、陈君哲、赵万里、徐森玉,为启明饯行于东兴楼。

7月8日　星期日

上午剪发,浴。午后回府。

今日得蒲田师范校职员、学生留蓝之电,又得蓝电,云为同人所挽,得当即行,云云。

午后三时顷访兼士,四时顷访启明,均为孔德事也。

郑友渔约吃于"大姑老爷"之"越香斋"(下午),如此逼窄,如此不好吃之地,只好恕不了。六时顷即回孔德,吃了一碗油菜与托马托放丐(在孔德),甚佳,贤于大姑老爷远矣。晚十时顷,劭、启、兼均来孔德(他们在东兴楼宴许季茀毕而来也),商孔德事,决致电促蓝速来。

7月9日　星期一

今日天气甚热。

上午回家。午至合华食堂吃素大菜,雇车出城,忽于烈日之下,从厂东门走到北极庵,头上汗下如雨,身衫尽湿而不觉苦,可异也。至北极庵欲访少元而未遇。至某海一行。约三时顷,即访劭于其家,晚十时归。下午四五时顷阵雨,晚雷电,有雨。

7月10日　星期二

晴,热。我室中至八十二度。上午八时回家。除毛以外,全不在家,据说大少奶奶邀游北海,因今日为大嫂生日也,殊无聊。甚热,即往公园柏斯馨吃早点。至师大开研委会。为教育部令师大停办研究所事,今日上午开委员会讨论,结果因教部所据视察员报告之言与事实不符,故顶之,请再办"教育研究所",而"纂辑工作"则唯有停止之一法矣,也很好,此事实无法办好也。午与劭雅于大美。下午归。甚热,不能作事。傍晚七时顷回家,知他们刚回家也。

晚浴。

7月11日　星期三

上午回家,婠云昨虽累,然浴、睡以后,今天唯觉稍疲,尚不觉不舒服,可慰也。下午在孔德重做《巴字字形说解》,知林罕与梦英皆根据李阳冰刊定《说文》,实李所臆造,乃木刻讹体(《四部》影残宋本),后作,尤非,郭氏之,即之伪古文耳。

下午有阵雨,旋止,稍凉。

7月12日　星期四

蓝有尤电来云,设法摆脱,定行期即电告。上午赵老铁来。

午回家。

下午至某海,将巴字字形考订之一部与劭西看,他说很好,不必再改矣。将公墓碑第一行补好,检阅一过,多写一极字,一个极字,在上行未与下行首各写了一个,少写一"的"字,可谓精神衰弱得照顾不到也,噫!即送出也。

晚甚闷热,至公园长美轩小坐,劭在来今雨轩有宴,宴毕亦来谈,十一时始归。日来大便欠通畅,觉口苦牙痛,今日夜半服眠硫苦一泻之。

7月13日　星期五

昙,闷。

上午十时回府,即出浴。

下午回孔德搬屋,因卧室须全换顶篷,并重新裱糊,此事毕后,尚拟以十余日之时间清理架书,故又迁至小图书馆云(计迁此馆,今已第四次矣,前年夏,前年冬,去年夏,今年夏,三夏皆缘修屋,一冬则清理二东家书也)。四时顷,得天行在隅卿处所打电话,嘱往谈下半年北大事。云今日晤适之,知幼渔之功课,一年之声韵由魏任,清代韵学书研究由钱任(钱:沿革二,古音二也),不知师大许可否?因今年教部对于北、师、平诸大之训令均有院长、主任绝对不得兼课之言也。骗隅之饭,在隅处并晤森玉,十时半归,甚倦即睡。夜半雷电大雨,降至76度也。

7月14日　星期六

昙,稍凉而不爽。上午九时方国瑜来,示我以云南之△△人象形字之"经典",甚与殷周金文中之图形文字相类,他(方)已学得大概,能读其音,识其义。

午回府。

午后二时至精益修眼镜。至金子直处取润肠药。至某海晤劭,忽得幼渔来电话,云半农于今日下午二时一刻逝世(看初三日之《世界日报》),殊为惜痛。一八九一——一九三四,光绪十七年,辛卯——民国廿三,甲戌,四十四岁。晚与劭同至其家,因萧迪忱与黎季纯在彼也。十时顷归,倦热,即睡。自闻半农噩耗,一幕一幕地想起来,拟撰一挽联,未毕,又拟于《国语周刊》上写一纪念文。

(关于刘复逝世的剪报一份,待复印后附贴于此页。)

7月15日　星期日

又热至八十二度矣。

昨日至夜不便,夜半又服硫苦,泻了一大泻,今日起当服金子直之润肠药矣。晨八时顷回家,十一时访严既澄,劝其就安大文学系主任(薪340,时10),他不愿,说下学年暂不离平,钟点虽少亦不管,劝之无益,姑听之。

下午不知干什么。

7月16日　星期一

半农于今晨八时在协和地窖殓,友人往者甚多,我未往,七时顷回家,偕婠、强二人(雄孔德有事)至北大一院门口候路祭,　时顷,汽车载灵柩至,柩前为其夫人之花圈,柩后则临时献北大同学之花圈,(蒋献),祭者行三鞠躬礼,其子及长女衣黑衣(夫人亦然)跪答(黑,宜也,跪,非也)。即移灵后门外之嘉兴寺,我亦送往,安柩时又行三鞠躬礼,而回家,已将十二时矣。

午后回孔德小憩,四时又往嘉兴寺,因接三也。送库后与隅、建、敖、常……诸人食饭而回家。雄、婠亦往,他们则至北海矣。

7月17日　星期二

上午回府一行,即出浴。

午后至琉璃厂星云堂书店购得刘出板〈版〉之《半农杂文》第一册,本人已不及见矣!下午四时,师大开校务会议,毕与劭雅于广和饭庄。

7月18日　星期三

晴,较风凉,不到八十度。

午回府一行,即约天行雅于淮阳春。他交纪念刘稿,三千余字。下午二时至师大开:

1、招生委员会。

2、教务会议。

晚七时,前女高师国文系留平学生请客于来今雨轩,客为许季茀、郑奠、马幼渔、钱玄同、黎劭西、沈兼士,盖请许也。我与许别来不到十年,彼竟白须白发,老得很了。九时归,动手做《亡友刘半农先生》一文,甫半,明日上午必须赶完也。

7月19日　星期四

上午将某文做完。午后一时亲往《世界日报》,因谈何容易已在彼处校黎、魏之稿也,又累,又热,又饿,约二时顷至"且宜",已添火,吃了三鲜米粉与红油水饺,即觉不适,即回孔德躺了约两三小时,稍好,回家一行。

晚严既澄赏饭于其家,系彼一广东朋友所做,如此想吃,何苦来!座中有戈绍龙、杨雨辰诸人,开口闭口骂胡适之,可笑。有童禧文,他说十四日之晨,半农约彼去谈,想进德国医院,童谓德国医院他不大信任,还是协和好,可托适之,因由适之介绍去。食毕忽雷电,急归,夜有雨。

7月20日　星期五

晴,傍晚小阵雨,旋霁。

上午九时回家,至晚八时顷方回孔德,精神甚坏时,竟要拉矢又拉不出,头重脚酸,体温下午卅八度二,在家 dai 了一天。今晚郑裕孚在半亩园赏饭,并约——

张重威(中南银行襄理,申叔戚),本拟去,因病而未去。晚九时回孔德,即睡。

7月21日　星期六

上午至金处诊病,就在他那儿吃了一包退热药,其他则泻药及治胀胃病者,取归也。午回家。

下午浴,剪发。

即归孔德。觉恶寒,精神孔倦,不能做事,时时睡之,晚八时顷大泻,胃胀稍好,而人甚惫。

7月22日　星期日

晨,师大毕业女生崔淑权来。赵老铁来,云将往河南大学。午回家。午后回孔德。

晚劭西、一庵赏饭于来今雨轩,为将在《华北日报》出《G.R.周刊》事也,故有萧涤尘、温锡田,及华北……胡天鼎等人也,又遇赵老铁,云河大校长易人,他或不去(但有请徐大某子为校长之说,则彼可去也)。

7月23日　星期一

晨,敖士英来。去。即回家。即至某海,本约劭出师大试题也,岂知他午前即睡,起而□□,午后更不好,且体温忽高,因偕之同至金处,金谓是气管炎也。我腹亦未好,故亦看了,我四时亦回孔德,亦觉精神惫,不能做事者也。

7月24日　星期二

午回家。

午后至劭西家,已退热矣。出题(初试二,二试三;初,平、京通用;二,专为京用,平须以后另出。因明日易价将行,今日非出不可者也)。在他家骗了晚饭,即回孔德抄题,觉精神甚惫,勉强抄完,倒头便睡。日来腹疾未愈,而又大赤化,脑不能稍用,稍用即胀(不用且胀矣),身不能稍动,稍动即疲(不动且疲矣)。噫,如此活死人,有何生趣乎!!!

7月25日　星期三

上午七时至师大文院办公处,将题目交出与易价,即至金处诊病,因昨日腹仍不舒服也。至来今雨轩吃早茶。九时顷归家,见苏甘到了,谈了一会,即由秉雄陪之。见许季茀,季茀催他来,女院有事也。午,雄约其至经济小食堂吃饭,我亦去。天气今日本来晴,而闷热,我因体弱,腹未好,尤觉头昏脑胀不可耐,午后归孔德,开始整理屋中之书,勉强理了一架。脑胀身疲之至,不能复工作矣。晚浴,浴后觉甚疲惫,归即睡。精神坏极。

夜半雨。

7月26日　星期四

阴,时有雨,午后渐凉,止有七十六度光景也。午回家,午后至某海,晤劭,他大致好了。

晚访隅卿,并晤二、四两人,十时半归,忽思劭将以《佩文新韵》出版,我拟作一函附之,谈儿化韵也,归写之未成,头痛即睡。

7月27日　星期五

我头痛,午回家。

午后二时至某海,将与黎论儿化韵做完,已八时矣。头孔痛,与黎雅于来今雨轩,十一时归,甚累,倒头便睡。

天晴。

7月28日　星期六

我头孔痛者几三日矣,甚悲哀。今晨八时出门至琉璃厂,至教理学院,还至金处取头痛药及开胃药,午前午后吃了两包,略好,然有时仍隐隐作痛也。十时顷回府。午后在孔德理书两小时,甚累,只索罢休。

天晴。

晚浴。

7月29日　星期日

晴。热。

晨,王华泽来。徐苏甘来。熊梦飞来。十时顷回家。午至新陆春,张西堂赏饭也。午后至金处诊,因连日痢疾虽止,而头胀,精神疲倦特甚,他叫我服……。

四时顷回孔德,甚惫,头胀脚酸,然犹理甲骨、金文书籍,四——七时。

7月30日　星期一

晨起理书约一小时,幼渔忽来电话,因其老太太病笃,要我去制礼也。真头痛,只好一去,据说这是彼兄弟五人之公意云,但拟的结果除废拜跪及改良讣文外,一切从俗,连衣裳服期也不改,何苦找我。天闷热,十时回府一行,十一时往,晚九时始归,何苦来!

7月31日　星期二

理了一天书,甚疲。

上午谢笙甫来。午回家。阴,午雨,颇凉。

8月1日　星期三

晨七时顷至中山公园来今雨轩吃早茶,九时顷至师大取钱及北大取线,均未填月份也。午回府。下午至二房东家取书架,回孔德,理书报者二小时,疲甚。

晚浴。

上午晴,闷,下午有雷雨,旋霁。

8月2日　星期四

午前回府。午罗根泽赏饭于大美,座中晤郭绍虞与何乐夫,郭谓上海顷已实行所谓"文化统制"?①，即教员非做"少铿"不可！！！

下午至某海，晤劭，《ㄍㄨㄞ会新用之周达夫，年少（廿岁），通日文及世界语、国际音标（英文自然也懂得的，因学校出身也），将来会中关于字母、译音……此人颇有用也。

晚至公园长美轩纳凉（今日本不甚热，下午在某海稍嫌热耳，在公园穿翻领短袖衬衫，颇有"翠袖"之感焉），遇赵老铁与罗根泽，十时顷归，倦极，倒头便睡。

8月3日　星期五

天凉，终日不到八十度（七十六七），下午阴，夜半雨。

上午、下午均理书。午回家。灯下校师大一览中之"国文系课程标准"的铅印样子，"古籍校读法"之"籍"字改为"书"字，又将其"内容大要"全改，前用者为余老头在北大所用者，实不佳，因重做之也。

8月4日　星期六

夜半起雨，上午大雨，午后渐霁，颇凉，不过七十四度。

上午七八时顷，忽得隅卿电话，询谢帖写法，知其太夫人已于昨宵逝世。午后天渐霁，五时顷回府一行，六时顷访问马氏兄弟于宁波馆。七时顷又女师大旧生江学瑞、石砥磊、陈华先、吴蕙兰四人赏饭于新陆春，往焉。归改熊梦飞所撰与我关于汉字革命之谈话，勉强改完，已及半夜，明晨尚须一看焉。

8月5日　星期日

晴，不太热。

上午将熊文再一校阅，倒又费了我一个半钟头也。今日《ㄍㄨㄞ会开第卅六次常委会，未往，因晚也。午回家，即至淮阳春聚《ㄍㄨㄞ之餐也。午后三时至宁波馆交讣文稿，但省去"不孝……祸延"一行，及"叨在○谊"一句而已，余均如旧，丧主不用"孤哀子泣血稽颡"等，而仅书子、孙、曾孙、侄、侄孙等，下一律作鞠躬，此乃彼兄弟自定者，谢帖已如此写矣（其实旁支亦何用）。4、5、7、9②均在，然2不在也。六时归，甚累。

8月6日　星期一

晴，尚不甚热。上午八时顷至公园早茶。十时顷至师大出版课，交出一览校样。午回家。

午后三时至小甜水井宁波试馆吊马氏之孝，七时顷送三而归孔德，八时再至

---

① 问号原在"文化统制"四字之侧。
② 即马四、马五、马七、马九。

家,九时浴,甚累。

8月7日　星期二

午回家。

下午至某海,将"币韵之说明"做好,拟登本期《国语周刊》及《佩文新韵》之首也,大致做好,尚须修正。晚郑友渔赏饭于撷英,归又改,明晨当再一阅而定之也。

8月8日　星期三

上午将"币韵之说明"弄好。适之忽来电话,要我出北大转学生之文字学试题六个(做三),即出好送去。但北大明日(九日)考新生,后日(十日)起阅卷,则恕不了,实在师大本年考数又多(1500),阅卷人又少(幼渔丁艰,宇众难说,唐舌旁辛,还有……),实在忙不过来,只好不去了。午回府。下午四时至师大,开教务会议与"招生委员会议",毕与劭共雅于某轩。

黄昏雨,夜半大雨一宵。

8月9日　星期四

上午东北风,大雨,午后渐霁,有风,凉,入晚风止,又渐闷热,恐明日尚未能晴也。

上午不能出门,午回家。午后至宁波试馆马宅治丧处,因他们要我去写铭旌也,铭旌文为"马母李太夫人之铭旌",下款署"世愚侄蔡元培敬题",此"世"字颇费解,后知中9字单数,款如无"世"字,则7字,亦单数,而7+9则16,双数,故加一"世"字,便总数成17,则为单数,此已可笑矣。后写牌位曰:"先母李太夫人之灵位"九字单数,似无问题矣,忽又生"生老病死苦"之问题,"位"字适当"死"又不好,然又无可增减,因由《太玄》解之曰:只有"生老病死",四者皆苦,此佛说也,于是"位"字乃要"生"矣,而铭旌共十七字,亦要"生",更可笑矣,(若有"苦"字,则要"老",亦不甚妙!)噫! 此何时也,一世纪之王充所排斥者,不图今日尚有士大夫如此留意也。还写一"先母李太夫人之灵位",灵作霛!!!

唐兰来,云郭沫若函云日本之石鼓照片,一千二百元可得一份,此即郭氏所引者之全份,殆与秦氏北宋本同其注解也。九时许归,甚疲。

8月10日　星期五

晴,但潮闷,热,晡后较凉。

晨九时顷回府。今日读《晨报》,知孔德学院停办(教部令),大快人心,报如左:

下午至富晋,购得《邃雅斋丛书》,七元(特价)。至来薰阁购得金九经校印之——朝鲜柳僖之《谚文志》。至商务购得"国学基本丛书"本之"通志二十略",此非"万有文库"板也,系取木板而石印之,订为洋装四厚册,倒很好,因购之,五元五角也。

又至同古斋刻小印二：钱玄同、古疑，纽朱文篆字，又刻长形印一急就高，北魏体也。又购石章一，拟请王春芳刻疑古钱也。张樾丞刻字也涨价了，石章每字七毛。十年前四毛。

至某海晤劭。北大今日起考，明日起阅卷，因师大考期在迩，故本年北大之监试与阅卷均恕不了。

8月11日　星期六

午前回府，午后剪发，浴。

灯下写钱家骅(沈仁元之夫)、骝、骧三人之扇三把，赠之也，因沈仁元明日将回上海也。

8月12日　星期日

上午五时至师大印国文题目，共印一千五百份(一千三百余人)，八时——十一时巡回(?)① 主试国文，十二时至西车站食饭，招生委员会赏在忠信堂，怕热怕挤，故独乐乐也。午后二——五时主试英文，毕回府。知蓝已到平，约其雅于淮阳春，报告孔德数月之情形。十时顷回孔德，即酣睡。

8月13日　星期一

上午八时往师大，主试数学，午，师大招生委员会赏饭于忠信堂，往。午后至某海，倦甚，睡了一会儿。赵铁来海。五时回家。九时顷回孔德。十一时顷蓝归，往访，知已访沈三，三仍坚主去黄，谈至一时半方归。二时半睡。

8月14日　星期二

上午九时顷至师大卷阅，午与同人"雅"于撷英(今年同阅卷者，详四二六页)。午后访董和尚，因他愿做票友来阅焉，故往请之也。下午五时顷访少元，他要先至其家看韵书，再往致美楼赏饭。同赏者有赵铁、魏建功、王善恺、孙子书……诸君，归已十时许。访蓝，他有信给马三、沈三、钱五董事，问黄事。叔平注曰：……我因写一长信致彼……三时方睡。今日咳，嗓音哑，殆气管炎也。

今日未回家。

---

① 问号原在巡回二字之侧。

8月15日　星期三

上午九时顷至金子直处诊病。至师大阅卷。午聚餐于撷英。五时出师大,回府一行。八时顷回孔德,访蓝,他说沈三刚去,他坚持非去修、黄不可也。

今日《北平晨报》之《北晨艺圃》中,有于非庵一段文章,甚获我心,当函询之。《北平晨报》之《北晨艺圃》之剪报,待复印后贴于此。

8月16日　星期四

上午九时至师大阅卷,十一时蓝忽来访我于师大,谓沈三意修、黄非去不可,我谓既如此,索性"急转直下"吧!午聚餐于春华楼。午后五时离师大回孔德也,时正"急转直下",我进门即访蓝,适遇黄在,蓝正舌旁辛他也,我即退归卧室,归后约十余分钟,黄来谈此事,告以此上海方面所定也。八时顷访蓝,彼谓黄事已解决,修当无问题,要我保举修之后任,明日当访吴文祺也。又谓小学部级任及教员聘书均已发出,初小去二级任,高小去二(一即雄,改七年级任也),易之者,三人为孔德毕业,一为孔德学院毕业也。今日未归家。十一时修忽来,大磕其头,说了许多诳话(周留他)、丑话(磕头也),真可厌也!

8月17日　星期五

晨访蓝,告以修昨来磕头事。九时访吴文祺,欲请其教孔德,未晤,即至师大阅卷,午聚餐于撷英,下午四时顷,看完了。五时再访吴,并晤孙福熙夫妇,吴意未定,谓一两日中当再函复我。七时顷回家。九时回孔德,再访蓝,云沈三忽变卦将留修,盖冯废名去磕头,彼怕得罪周二也,然则黄无后援,故吃亏耳,噫!我甚不高兴也。

8月18日　星期六

今日晤蓝,彼云兼意如独去修,须问尹默,恰与△日前"如欲留修、黄,须问尹默"之语相反!!!蓝不得已,今日已用快信问尹默,噫!

午回家。午后浴,一周未浴矣。

晚访隅卿,晤缪光甫,打听当笔之购所,渠谓似知道崇外打磨厂长巷三条,某浴室对过路西,有笔铺能售,铺名有一"焕"字云。渠又谓当笔与稿笔不同,样均粗,而稿则笔头大,当则削之略小,故管之下岜近插头处,稿则与上同,当则削之使小云,不知确否?

入晚阴雨,十一时以后雷电大作,大雨倾盆,不能出门,直至将二时,始乘隅车而归。作函洵于非庵以当笔等。

8月19日　星期日

晴。晨七时顷,许固生_{名安本}、任访秋_{名维焜}来。晨得吴复信,不允就,也好。上午访兰——告以此意。

至崇外打磨厂长巷三条购当笔不得,因至珠宝市之"李白实"及"三元李白实"两家购当笔,三元谓有稿无当,李白实谓有当无稿,取出则一样也,皆缪光甫之所谓当笔,则李白实是也。

至富晋购得"四部续"之《急就篇》(单颜注)。至同古堂取印,二小印之钱又刻作泉,疑则周伯疑父篆之体,甚好。

下午因咳嗽未愈,又往金处取药。晡时回府。九时回孔德。

8月20日　星期一

上午八时至来今雨轩吃早茶。九时顷回家,在家一日,晚九时方归。房东未来取房钱。晚访蓝,知中学部教职员已确定,黄继植任生活指导委员兼小学部功课,修事未定,须待沈二回音,雄任七年级任,教国文,又兼教务员(教务长之副也)。

下午师大招生委员会开会讨论"复核第一试考生成绩",未往。

得于非庵信,言笔事。今日孔德考新生:幼稚园——六年级。

8月21日　星期二

上午九时至厂宫校长室,开招生委员会,决定第一试录取之人。本年国文系太坏,定两个标准:

一、总平均在四十分以上者(国文亦在四十分以上)取,共廿三人。

二、总平均在卅五分以上,而国文又在四十分以上者取,只十三人。

此卅六人中,女生只三人也。午后回府。今日房东仍未来取房钱。晚九时回孔德。访蓝,知修已访彼,总不过说周已允之(并允左、沈、蓝,如此牵扯,真是鸡犬升天),而又露磕头之意。他今早晨要来访我,拒而不见,谓彼自作书向沈二去磕头矣。下午阴,时有雨,黄昏大雨,颇凉(七十度)。

早睡。

8月22日　星期三

今日竟日仍雨,凉。

上午修拾书桌。见今日《北晨艺圃》有如此一段,可见与我同心者之多也——然而恐怕有许多是"貌同心异"吧!午后三时回家。某钱依然未来取。可怪也。

晚九时归孔德,访蓝,知沈二复信已来,内附修与□信,彼乃先蓝而去信磕头也。沈竟主张留修,并谓慧修应支薪至七月云!!!!!!!!!

幼渔荐北大国文系十八年毕业之吴叶筠任中学国文教员,我以为——

中一(七年)钱，

中二(八年)吴，

中三(九年)修，

若新七年级能招成，则由蓝荐之刘国屏任之，以速定为宜，蓝主张修任一班国文及校刊编辑，又国文部主任(此实可省)。

8月23日 星期四

晨醒见日出，以为晴矣，而渐阴，至午又雨。下午至黄昏，时雨时霁也。

上午至骡马市大街访老文通不见，忽见李福寿，姑往购狼毫笔而问之，云老文通已迁至宣外大街(路东)△△号一大杂院内，王文通则在骡马市大街中间路南(在李福寿之东)也，因访老文通，果见焉。而其人适外出。再至舍饭寺，得陈福源，在一进庙门路北，一矮屋内，有一老笔工，即陈也(字玉泉)，购帐笔二，每枝一笔，又购其狼毫笔一，一元，均甚佳。帐笔极好，贤于李白实，大肚短颖，尖颖，极适手，极类七八年半农等在山东所购仿唐制之笔。于非庵云，"礼失而求诸野"，洵不诬也。此后我将单用此笔，实真所谓价廉物美者也。

午后在某海与劭共出明日所用之师大二试题目。六时顷回府，知房钱仍未取去，可恨也。十时归孔德，访蓝，无甚事。

剪报《艺苑珍闻》一文，待复印后贴于此。

8月24日 星期五

阴雨，如南方之梅天，下午四时顷晴矣

上午五时半，师大以汽车来迓，今日第二试也。

8——10，"国故思想概要"。

10——12，"名著解释"。

2——4，"国文法"。

上午我为主试之一，下午黎为主试之一。三时顷回孔德。五时回家，知房租已取去矣也。

八时浴。

天甚凉，七十度。黄昏在浴室，大有"翠袖"之感。今日为阴历七月十五日，在浴室玻窗中望月，有李后主"晚凉天气(?)① 月华△"之感焉。

8月25日 星期六

上午九时至师大，口试新生，国文系者，第一试所取者共卅六人，黎、钱、高三人分别口试，每人适试十二人焉。十时半毕事。十二时至忠信堂，招生委员会赏也。

---

① ? 号原在"晚凉天气"之右侧。

下午至某海,晤白涤洲、新回平(自陕而常州拜丈母而归也)。五时顷访许安东(字固生)于北大一院对过之汉花园八号,请即担任孔德八年级国文,未晤,即回府一行。七时至淮阳春,请白、魏二人吃饭也。魏谓北大已决定将"音韵学"一门分为△组,历史方面为三类,钱——黎——赵教之也。

在某海,见吴老头复陈中平信,反对祝其七十之寿,话极有理也。

他们定为口试,思想(30),态度(20),言语(20),学识(30)四门,总为100分,我们不管这一套也。

8月26日　星期日

上午九时顷,再访许固生,他允就。归孔德告蓝,即送聘也。十时顷,至师大厂宫圃阅北平复试及南京初、二两试卷,午聚餐于大陆春,本日未毕。

傍晚回家一行。雄言闻诸张孟平,隅卿因避乃四嫂之疯闹,昨晚避至三时学会云。

8月27日　星期一

上午九时顷,至来今雨轩吃早茶,毕,至师大阅卷,今午同仁雅于撷英,下午五时毕。惟劭西对于南京文法尚未看,明日他一人来看,有数学系奉陪也。

今日所谓孔子生日(!),自中央至各省又大祭也,哈哈!何可笑乃尔!毕,至来薰阁随便看看书,晤刘盼遂、吴其昌、谢刚主也。在来薰阁电询陈宝全,知隅在中央饭店。傍晚回家。九时访建功,知我课定名为"古音考据沿革",每周三小时也。

8月28日　星期二

晨任访秋及许固生来,陪固生访蓝、李、钱三人也。午回府。午后开始清理旧屋之书,因孔德即将开学,不能再住小圃也。五时顷又至陈福源处,见有于非庵加料嘱制之笔,二角,购一枝试试,尚不及一角者之好写,又购一角者,分赠隅、建、庄庄三人。

幼渔谓本年北大昨忽一年支全薪,外间不能兼课,故对于师大亦暂"舌旁辛"也。

下午六时马氏兄弟来,用其族长"马裕灼"之名义请我们在聚贤堂吃饭,九时毕,隅卿约往谈,他避其四嫂之疯,躲在中央饭庄,改姓名为乌雨窗也。建功亦于聚贤散后往,他数说乃嫂之疯狂。十一时顷,徐和尚忽来言无法调停(因叔平食毕邀徐往调停也),又调停之后,非"釜底抽薪",乃"火上添油"也,姑使隅往听训请罪,其两子谓明日当陪往上海,此定必做不得也。隅卿俟其归而听新闻而走,故我与天行两人直至二时顷方走也。

8月29日　星期三

晨敖士英来,他今年无一事,闻赵老铁决不到河南大学去,他要请赵老铁荐他取代也。罗雨亭来,言北平所入太少(止师大及中大两处,仅有 120 元),拟往安徽大学,因傅铜日前来平聘他去也。我今年因须减 53 为 45,罗之课只好暂停,他只二小时,我不好留他也。

午回家。下午回孔德,清理旧室中书籍。三强来言,稻夫人送鸡鸭(烧鸭子)至家,大概算祝我之寿(她不日将有南京之行,故预祝也),婠要我回家吃晚饭焉,因遵命。晚九时剪发,浴。

今日送马宅一缎幛也。

8月30日　星期四

上午八时顷,至来今雨轩早茶。十时至师大厂开招生委员会,规定平、京两处录取之人,共取:——毕,与劭雅于西车站也。雅毕,至来薰阁取日本东京帝大之《东方学》卷石印古本《玉篇》卷9、22、27(分为两个卷子),共三卷以归,与黎、罗之本对勘,则 9 与 27 即罗所印,而罗又略多(△△),此两卷各廿二月,而罗则一为四元,一为四元五,以购罗为宜,惟卷廿二为罗所无,而黎刻甚多错误,只好购此卷子,而此卷特贵,需 40 月也。

回孔德理书。傍晚回府一行。吃晚饭毕,至电光大作,急归,则无雨也。灯下审查三种古刻《玉篇》也。又拟"古音考据沿革"之"内容大要目":(要补)完

8月31日　星期五

上午至师大领薪,本月仍未填月也。

至来薰阁购罗印原本《玉篇》两册,共八元五角也。至同古堂刻牙章,名号各一,装入皮盒,文曰:钱玄同印,仿汉印白文,钱疑古,细朱文,小篆,以便带在身边随时可取用也。牙章二,二元二角,加皮盒,八角,共三元。刻字,每字七角,四元九角也。共七元九角也。又至西茶食胡同王德和购账笔,亦一角一枝,用之似不如陈福源也。

午至某海。午后四时半至聚贤堂吊马氏之丧(今日开吊)。在马宅晤罗雨亭,彼决定赴安徽大学矣,六时送库而回。回家。今日居然未闹,闻系太龙陪她上西山也。十时半回孔德。

9月1日　星期六

今日因孔德开学,上午既不能安居于小圜中,又不能回旧室理书,故八时顷至来今雨轩早茶。十时顷回府。十二时,彭一湖、孙伏园、熊佛西、瞿菊农赏饭于平教促进会中(石驸马大街 21 号),座中有适之,食毕适之以汽车送我至孔德,他进来坐

了一会儿。三时顷再理书,至晚十一时。

9月2日　星期日

清理了一天书籍,粗粗就绪,晚九时迁回,因明日孔德上课,非迁不可者也。《古文会开卅七次常委会,我未赴会。

午回府一行。一时顷至撷英聚餐。

今日三强移至清华。

9月3日　星期一

今日北大补考廿一年度之"《说文》研究",第二学期止一人,出了一个题目:"略述古今字体之变迁"。上午十——十二时也。未往监视。午前回府。午后浴。归又清理了一些书籍也。

9月4日　星期二

午回府一行。午后至某海,晤劭。

9月5日　星期三

晨六时,师大汽车来迓——去印题目,今日八——十一时考国文也,(省选)复试生及体育系续招生,两共100人(恰好)。午后回家。晚访启明,他是二号回平也,他在东京访过中村不折及郭鼎堂也,晚十时半归,访蓝。因昨宵少困,甚为精神不振也。

9月6日　星期四

昨日甚疲累,今日仍觉无力。上午至孔德圕访隅卿。午回家。午后即回孔德,甚疲,三时至五时,睡,总算休息了一天。晚上亦没有做什么事。

9月7日　星期五

上午六时,师大以汽车来迓,往印题目也。八——十,"国故思想概要",十——十二,"名著解释"。二——三,"国文法"。至商务购"国学基本丛书"本之《周礼正义》《仪礼正义》,及"万有"本之《韩非子集解》,均因便用也。

四时回府。苏甘来我家。晚十时归孔德。累极,即睡。

9月8日　星期六

上午八时半至师大。九——十,口试六个省选学生(国文系的)。十至五,与高、黎、吴共看——体育续招生第一试之国文及省送各生之第一试之国文,共97

本,又省送第二试之"国故"、"文法"、"名著"各六本——共 115 本也(四人在撷英聚餐)。五时访半农夫人,她要我与启明、天行、禧文、颖荪……共商应发讣文之人。七时回家。今日自晨至暮未得休息,孔累也。

9月9日　星期日

午回家。午后回孔德,因△△堂所影印之《太平广记》已送来,因写书面,又写《周礼正义》,未完,以消遣也。

9月10日　星期一

上午十时回府,即至北大领薪(八月全月),以前欠薪,俟"舌旁辛"时每月发半月而还之也。十一时半至师大借上学年(卅二年度)学生名册、选课单等供参考。午后三时至某海,晚与劭雅于广和。

9月11日　星期二

上午十时至师大开招生委员会,决省送学生及体育系续招学生,接着开教务会议,交出讲师名单共七人,汪、夏、杨、孙人、孙子、严、罗也。罗因已行,因新任未定,故暂罗,且彼八月份曾阅卷,有此一请,八月薪可送也。新文学朱未允,故暂未送聘(本年教授三人,黎、钱、高。讲师应七人)。毕与劭雅于西车站,下午回家。灯下开始弄排课表事。

9月12日　星期三

今日为我生日也。

午前回家。午后为尤平白写人境庐《山歌》十五首(均胡晓岑信之附录),贺其结婚也(九、九结婚),写毕,已五时许。至中原与同生摄影(六寸,半身),即送至尤宅。七时访劭。

9月13日　星期四

上午。

午前回家。午杨伯屏与王晨(外国语文系讲师)赏饭于撷英。下午至师大注册课,要公共选科单。至某海。发信与杨问时间。晚六时访孙人和,因辞检斋,致信说明托人和转交也。九时回孔德。发信与严,说明减四点为两点,且问功课。灯下试排课表,因严、杨、汪的未来,文学史与新文学人选未定,故未能全排也。

9月14日　星期五

上午十时至北大二院注册课,看我之功课,仍在星四,科目是"古音考据沿革",

三小时,九——十二,一——二也,甚合适,即回家。午十二时乘汽车往海甸,访季明,适其母六七,入城作佛事也。访子通,访西谛,请他教文学史,他自己愿意,而云欲待燕大通过也。至清华访朱佩弦,他说本年决辞矣。四时乘洋车进城,访劢西,决定请吴文祺教"新文学概略",即访吴,他允。十时许回孔德,见各人时间均到,惟少汪一庵耳。即着手排,排至二时毕,甚累。今年钟点少,且第二次排,较去年省事也。

9月15日　星期六

上午十时访敖士英,即回家,即往某海,与汪、高、黎又略改,下午三时,全体弄好,即送去矣。人甚疲累。在海见张西堂与白涤洲。晚与黎雅于大陆春焉。

9月16日　星期日

上午回府。下午三时剪发,浴。

9月17日　星期一

本日起,师大选课,共选三个半天(17、18、19之上午八——十二时),十位同时在教理学院之图书馆楼上办公,随选随签名,甲系选乙系之课者,乙系主任亦须签名,此均往年所无者也。午刘雪崖赏饭于撷英。

下午回孔德,倦甚,睡了一会儿。

傍晚回府。

9月18日　星期二

天颇凉,今日起衣夹衫。

选课第二日。晨八时至来今雨轩吃麦粥面包,即至师大,至十二时止。

午至来薰阁,见有日本人——(七十四叟)中岛竦:《书契渊源》共六册(价十一元),一、二两帙各三本(尚未览),购之以归,在家阅之,书殊精也。

午后至某海。四时回家,因沈二太太赏太太饭,其子女赏大少爷饭,故回看家也。至十时顷雄归,十二时半太太始归,即回孔德。

9月19日　星期三

九时顷至圊选课,十二时毕事。午李校长赏全体职教员于撷英。午后至富晋还书帐。至某海小憩。四时又至师大文学院开校务会议,七时毕。李季谷与郑毅生赏饭于东兴楼,十时行,竟日无机会,故未回家也。

9月20日　星期四

北大昨日(十九)开始上课,我今日有课,9—12,1—2也(以后皆然),教"古音考据沿革"。涤洲夫妇来笔记,佢们预备专写笔记也。上午八时回府一行。午又回府午餐。闻房钱已取去,系△△银行来取也,问房东,据说系抵押,尚须由该行来取数月云。课毕至某海,晤劭、白、魏诸人,同"雅"于大六〈陆〉春。

9月21日　星期五

上午七时回府。八时至来薰阁还书帐。至邃雅斋,购王　　所著之《船山学谱》。十——十二,师大,"周至唐"(二小时)。下午一——二,师大,"中国文字概略"(一小时)。毕,至某海,七时访劭于其家,因下星期一、二师大又要考也,而彼彼时在郑州也,非将题目与之商定不可也。

在某海送书中购得正续《汉印分韵》(印本甚好),八元。

9月22日　星期六

阴,午雨,晡后霁。

上午回家一行。午李飞生赏饭于撷英。晚徐旭生赏饭于东兴楼。雨后颇寒,一伴夹衣不够了(六十二度)。

今晚白、魏、汪三人赴郑开GR会。

9月23日　星期日

今日为中秋也。

晨八时回府。十时浴。午后再回府,晤苏甘及张恩虬(字玉君),他今年十九岁,考入清华物理系也,知其三哥恩虎,幼殇。菊圃先后二妻,各产一女二子,前妻产一女及恩熊(梦飞),恩龙(贾士),后妻产一女及恩虎,恩虬也。

五时访李召诒(东河沿,马老大之后任之住者),取石印《颜氏学记》以归,拟过录梁批也。七时又回府。

今晚劭赴郑,开GR会。

9月24日　星期一

晨七时至师大厂宫,为第二次考省送复试生也,国文系三人,外国语文系一,历史系一,化学系一,共六人。而国文系又有人面貌与相片不符,只考[入]国文,以后即未来,故只二人矣。题为:①

---

①　原缺。

8—10,考国文。上午 10—12,师大有课,因起早印题,监试,且下午尚有课,故假矣。至某海假寐。午后二——四,师大二年级"汉字史略"也。课毕,回府。晚饭后回孔德。灯下阅六本卷。

9月25日　星期二

七时至师大厂宫。8—10,"国故思想概要"。10—12,"名著解释"。1—3,"国文法"(劭赴郑,约字众看),毕即口试。在校中将此卷纸审阅毕。毕后,至商务购得周予同标点注释之《汉学师承记》,此君学问颇不错,而此等史书竟"选"注之,殊属不该也。

至某海躺了一会儿。六时回家,晤苏甘。九时归,倦甚,且咳嗽,即睡。

9月26日　星期三

上午许固生来问《说文》。

访隅卿于孔德图书馆。

午回府。

午后三时至某海,与张西堂谈《春秋》。徐旭生来谈,他要我写《欧洲哲学史》的封面,他说内中之注音符号仍使用汉字,为德不卒,惜哉!此书于△年前印成上册,今重印,改横行,全矣。

灯下过录梁批《颜氏学记》,未毕。

9月27日　星期四

昨宵不安眠,精神孔坏,北大假。上午回府一行,即至厂甸,至商务购冯友兰《中国哲学史》全部,正统得很。翻阅《古史辨》第四册等等,及适之《说儒》稿。

9月28日　星期五

阴雨,颇寒,精神甚坏,师大告病假焉。

上午得劭电话,知彼于昨晚归矣。上午敖士英来,知冯玉祥聘彼往教国文,继陈定民之缺也。午后至北大取薪,即回府,傍晚归孔德,灯下取去年写了一点儿的《急就今韵谱》写之,去年写过"ㄇ、ㄚ、ㄛ、ㄜ、ㄝ",今晚写"ㄞ、ㄟ"也。晚归得王碧书等讣告,知其父海帆氏逝世(九月廿七日),明日接三也。

9月29日　星期六

大雨,晡时渐小,黄昏又大,夜半睡来闻雨声甚大也。

上午师大开招生委员会,决定第二次省送生之录取问题,此本必取,又只二人,虽不佳,尚贤于第一次之云南某生,国文十八分,英、算均○,亦未退回,仅令其入附中补习者。因大雨没法出门,因电常导之,而未到。

上午不但出大门,并出房门亦甚苦,因在室中整理一个书架。下午三时至教理学院,因校长召集廿三年度一年级新生训话也,每人奉送新印成之"一览"一册。李、常、李、黎、刘均说了话,黎又宣传G、R,毕,与黎"雅"于撷英。今日王海帆接三,电魏请其代送奠仪二元,因大雨无法送花圈及发吊等也,因此知魏、白均已归矣。

9月30日　星期日

晴矣。上午至同生取相片,向右者颇佳,向左者次之,总贤于中原也。即回家。

午后访建功,并晤旭生,看他们正忙王氏之哀启等等,忙得不可开交,建功无暇,仅与旭生谈话一小时许。我访建功,系请其代觅储皖峰也。他们要我写铭旌,"灵"字居然许不作"霛",亦无"生老病死苦"等屁话,王、魏、徐贤于马远矣。出至市场晤白氏夫妇二人也。

灯下写《急就今韵谱》"幺、又"二韵。

10月1日　星期一

上午八时回家。十——十二,师大。下午二——四,师大,毕,取师大薪。至某海,托张西堂借梁氏论诸子之文也。晤劭,"雅"于淮阳天宝城,十时顷归,觉甚寒,不可耐,即睡。

10月2日　星期二

上午十——十二,师大。晤汪老爷,知彼与关广麟游华山,昨晚归的。课毕又至陈福源,以一元购账笔十支。

午后归家。

晡时浴,剪发。精神不振,昏昏欲睡,且头孔胀。

10月3日　星期三

晨八时顷回家。午至三友购棉褥,三元六角也。又购褥单一,一元八角也。连日天寒冷,昨虽浴,精神仍不振,今日天稍暖,然精神仍不佳也。

10月4日　星期四

上午九至十一,下午三至四,北大(因一——三军训,故改迟焉)。午回府。在北大未见白氏夫妇来听讲,询魏知病肺炎云。四时课毕,访魏,因上午得魏电话,知储似有允意,故往一商,即在魏处作函致魏,请其再劝驾焉。七时至铁道宾馆,因与黎电约雅焉。归,倦极即睡。

10月5日　星期五

上午十——十二,下午一——二,师大,课毕,郑友渔赶至师大来相会,知和稿已续印,郑打算将刘稿早日结束。四时至北大二院,开关于刘半农之追悼及纪念事宜之会。

六时回府。九时回孔德。

开刘会时,晤魏,出储信,亦昨日所写(尚未得我信时所写,未允)。

10月6日　星期六

晨八时顷回家,在家中制挽刘之联,共148字。下午四时顷至某海。晚访劭于其家,推敲数字而定稿焉,共148字。文如左:①

10月7日　星期日

八时,陈光㙔来。十时至某海,写148字之长联。今日巛㐺开卅八次会,白病,魏丈吊,何冯师,均未到,仅钱、黎、汪、陈四人,我亦未往。午聚餐于广林春。午后回府。三时至王海帆家吊孝。五时又回府。九时归孔,甚惫,即睡。

在王家晤建功,得储信,允矣。

10月8日　星期一

十——十二,二——四,师大。

课毕,至某海,晤劭。七时回家。十时回孔德。

倦甚,即睡。

日来天气甚暖,日中至六十六度光景,较一周以前高十度光景焉。

10月9日　星期二

上午八时回府。十——十二,师大。课毕至某海。午后一时访储皖峰,事定矣。二时回某海,作赵元任、马幼渔书挽刘之联焉。

下午四时至文学院,开学生生活指导委员会。五时顷,开教务会议。会毕已八时,倦极,九时顷归,倒头便睡。

10月10日　星期三

上午至中海,取赵、马之联,即回家。午后回孔德,收拾书桌,预备阅卷焉——终而未阅。

---

①　原缺。

今晚又不安眠。

10月11日　星期四

九——十二,三——四,北大。在北大晤魏,询白,云此为最严重时期,存亡未可知,颇为悬虑。

午回府。四时课毕浴。浴毕已八时,闻八面糟北侧,淮阳春之北开一华利饭店,俄菜,一汤一菜,洋四角,无小账,面包恣食,冷开水不要钱,但黄油、糖酱、咖啡、红茶均需五分,可可一毛,添一菜二毛,食之,果甚佳,此一菜几及普通三菜之量,汤亦加半倍,面包黑白各三片,尽够果腹,实已嫌太多也。

灯下抄钱、黎、白、魏、陈、胡、周、马、赵九人挽刘之联,明日将送周大虎登《国语周刊》也。(此昨日事)

10月12日　星期五

八时顷得婠电话,云由黎太太转来,知白涤洲于今晨四时逝世矣。晚七时殓,停灵法源寺。"少者殁而长者存,强者夭而病者全",伤哉！半农死甫三月,白氏又继逝,国语界真不幸也！

十一——十二,一——二,师大,毕,至某海。见劭挽白联已成。四时顷回府。五时访幼渔,将写赵作之挽刘联送去。七时仍至华利吃饭,归撰挽白联：

白氏：一九〇〇年五月五日(庚子四月七日)——一九三四年十月十二日,年卅五岁。

10月13日　星期六

阴,较寒,有雨。

上午十时顷回府。

午后到某海,写挽白之联,五时在某海开"涤洲家族善后会议",当成立"涤洲家族善后委员会",为钱、黎、陈、汪、魏(巜丂夕会中五常委)、罗常培、罗庸、王向辰、何容、伊见思、沈仲章、舒舍予、齐铁恨……(似未完全)诸人所组织,其夫人徐溶及其兄文渊亦到会,为当然委员,推出常委六人：钱、黎、魏、罗(常培)、王、何六人。白夫人主张不接三,不开吊,仅开追悼会,定于十一月十一日,其兄亦以为然。实较贤于汉人。蒙人本无三礼名物,此即大好事——固然涤洲本主张节葬者。已定下星期日(廿一日)安葬西山。

九时归,倦甚,即睡。

10月14日　星期日

九时顷回府。十时至北大,开半农追悼会,会中推定胡、周、钱、魏四人报告半农之学行,毕已将十二时矣。再回府。下午三时顷回孔德。昨宵刮风,今日又风,颇寒,室内56度,怕冷,早睡。
岂明示我以挽白之联,曰:①

10月15日　星期一

九时顷回府。十——十二,二——四,师大。
今日见各报记昨日悼刘会中言语多不合,对于我之言且有甚相反者(《晨报》),所选录挽联,多只赛金花、林语堂、胡适之三人,胡联中当因有"打油"字样,故为彼等所喜,颇愤之,拟自作一篇登《国语周刊》也。幼渔交来挽白联:②
今日有数报载章太炎到平之消息,不知确否?函询吴,电询马,均云不知。
想写几句悼白之词,因既累且冷,早睡。

10月16日　星期二

上午十——十二,师大,课毕,午后回家。五时回孔德,做《哀青年同志白涤洲先生》一文,十一时毕。孔累,即睡。

10月17日　星期三

今日天较暖。晨将昨稿复阅一过,略改之,约三千五百字也。十一时至某海,示劭,他也做了一篇《△△》,示我。午回府一行,即至建功家,写白氏铭旌,文曰:"教育部国语统一筹备委员会故委员白涤洲先生之柩",下"署国立北平师范大学教授友生钱玄同敬题"。友生二字,本不愿称,因……。骗建功之中饭。下午舒舍予、罗莘田、何子祥均来魏宅。晚我与劭二人雅于大六〈陆〉春,并约舒、何、周虎等来食。董渭川亦来报告游俄调查拉丁化之情形。
今日闻文□公薨。(不地)

10月18日　星期四

上午九——十一,下午三——四,北大,毕,甚累也。灯下不能做事,因孔累也,早睡也。

10月19日　星期五

上午十——十二,下午一——二,师大。毕至李福寿购稿笔,三角;及当笔,一角。又至其邻之王文通购"晨报笔",一角。又至商务购○书,即至某海,晤劭,并晤齐劭铁恨(本姓乞鲁特,亦蒙人,涤洲之妻兄也,因涤丧而来也)。六时回府。九时回孔德,倦极,即睡。

---

① 原缺。
② 原缺。

10月20日　星期六

上午十时顷回府。午后浴，剪发。昨购商务黄永镇之《古音　　》，黄门侍郎也，因睹其引黄侃古音无上声证，颇动心，因思数年前所剪贴之"四部"本大徐及段注之《说文》卡片，要拿它来按廿八部分之，以订正江、严、朱……诸家，今晚取一篇先依十七部叠之，未毕。前人言古韵者，皆不记《唐韵》反切，此大不便，拟将此片叠完后，十七部改为廿八部，即就江沅之书而补注《唐韵》反切，作我之《说文古韵谱》之初步焉。

晚又回府。九时回孔德。

10月21日　星期日

上午回府。午程尧敬赏饭于撷英。下午将屮部叠好，一篇上下均毕。

10月22日　星期一

上午十一——十二。午至宣外大街148号老文通笔庄，始见其掌柜孟寿臣，定加料之《晨报》笔一元(每枝七分)。下午二——四，师大，毕即归孔德，疲甚，躺了一会儿，七时顷回府，九时归。

研究黄氏无上声证，觉其有理，五部上声应取消也。但黄氏之廿八部亦有错，即彼之"沃"为"豪"之入，非"萧"之入，其实彼"豪"自段氏、王氏均断为无入，而彼"萧"必有入也。当为：萧——沃——冬／豪，即我之 宵——觉——冬／幽 也。

10月23日　星期二

冷，上午阴，有风雨，下午晴，风，更冷。

上午十一——十二，师大。下午四时顷回府。晚餐后约八时回孔德，甚冷。

又研究"古上声"问题，断定决无。十一时顷冷，倦甚，即睡。林义光分廿七部，与章、黄均相似而均不逮，其《诗经○○》亦主无上声之说。

10月24日　星期三

大风，甚冷，室中不及五十度。

昨宵因冷，晨醒头胀，不能起床。蓝来访，尚未起。起而访之，知彼欲往师大偷听生物系之《遗传学》功课，允为之问刘、郭。

午回府。

午后回孔德，检查师大四年(民十九——廿三)来考卷，约1400余本，以国音次列为名单，黄昏起阅之，今晚看了约六十本。

10月25日　星期四

风止,稍暖,然亦不逾52度也。

上午看了五十本,又因山东有数人因官费问题,亟须分数,故又特别抽看了卅余本。午回家一看,即至华利午餐。下午再看,又看了一百三十本。

10月26日　星期五

上午检查本年夏天毕业生之卷,只好先看,尚须有三百四十本,此必须在廿六、七、八三日中看完者也。午后回家一行,即回孔德。下午到黄昏,看了约一百本。

10月27日　星期六

上午九时顷,忽得婠电话,谓昨晚与雄同食华利,归即拉肚,此时尚痛也。而苏甘又适来,谓痔疮便血,流之不止,大惧,彼姊弟二人将往金子直处医,要我回家,即回。在家中阅卷,十时半往,十二时顷归。她又腹痛,头晕,心慌,睡了一个多钟头渐愈。沈二太太约其打牌,三时半往,夜半一时方归。我三时顷至北大取薪,自本月起扣所得税,北大扣了六毛。即回家阅卷(今日共看一百四十本)。五时后,雄归。饭后,与雄大谈至婠归时。

夜半一时归孔德,疲甚即睡。

10月28日　星期日

晨起甚迟,已十时矣。

浴,在浴室中又阅卷。

午后三时在荣华斋吃热狗、牛肉及肉松西米粥,以代中饭。遇赵老铁,食毕回家。五时访李老铁,交房钱,取龚氏《诗本谊》以归,灯下回孔德。又阅卷,① 今日共看一百八十本,计上学年之一、四两年级之卷均毕,剩下三年级及以前毕业者,可暂缓矣。五日来看之,头胀身乏矣。夜半统计:全数共△△△,已阅(但不限于毕业班)△△,尚有　　未阅。

10月29日　星期一

晨至师大,适遇康叔仁,将分数单交去矣。十——十二,二——四,师大。课毕至师大领薪,扣十六元也。至某海,晤劲,雅于西车站也。

老文通之七分笔送来,用之尚适也。

---

① 此处疑行文应为:回孔德,灯下,又阅卷。

10月30日　星期二

晨八顷回家。

十——十二,师大,下午为三强订购廿五史,照预约九折,卅六元,外加邮费二元。见△△社之廿六史样子于开明,一页中排错七八个字,而《史记》之注与白文都是大字,注以后之白文以〇识之,殊觉不成东西也。

下午至某海,为王淑周书校匾、校训等。为幼渔书挽白联。

晚访幼渔。

10月31日　星期三

上午回府。下午至郭纪云,为毛购自来水笔,价三元六角,又自购十支,十元。下午忽起大风,冷。回孔德后,杂阅古韵书,未再出门。

11月1日　星期四

上午九——十一,下午三——四,北大。

午回府。

苏甘来吾家,谓连日便血不止,日前请金子直看,无甚效,拟延李景泉,因为之电约来吾家看看也。四时课毕后,孔累,即回孔德休息,看《述韵》。

今日天气又冷,有风。

11月2日　星期五

今日未回府。上午十——十二,下午一——二,师大,课毕即至文学院办公处,因陈启明约来访,谈简字问题也。四时师大开校务、教务会议。七时毕,回孔德看古韵书。

11月3日　星期六

上午回府。因家中无菜,老三将归,不及做,至一亚一叫边炉,价二元。食毕即行。下午回孔德,腾空一书架,拿开以便安炉也。弄得孔累。

11月4日　星期日

上午回府,家中正安炉,雄室者安妥,婠屋者因须换盖换筒,未果装成。

今日ㄍㄨㄞ会第△次会,未往。仅"雅"于致美楼耳。

至佩文斋,见《国语分韵常用字表》已出版矣。

下午回孔德,再回家,炉仍未安好也。

晚浴。

11月5日　星期一

上午十——十二,下午二——四,师大,毕回府,见炉已安矣。晚餐后归。

拟将龙氏《诗》韵打于吴本上,略打即甚疲,即止。杂翻龙氏书,读《礼书通故》,将黄以周十九部之读音写出,我看他是全用宁波音为标准也(他大概不知有 n、m、ng 之分也)。

11月6日　星期二

大风,又冷了些,孔德屋中今日始生火。

上午十——十二,师大。毕,至商务,至来薰,至直隶,见其目上有《大亭山馆丛书》,十本四十元,七折廿八元,中有《形声类篇》及《六书假借经徵》,颇想购之,而第一本为别家取去,不知已卖去否? 明日方可见分晓,若我买来,则拟与北大商石印丁书也。下午至某海,四时顷回府,婠以天冷,又叫边炉。晚餐后回孔德,写安念祖之韵,甚怪,堪与张行孚相比,其实 n、m、ng 之不分,黄元同且然,即太炎师以青为 n,以东、冬、蒸为 m 也,何尝对呢! 看江氏入声表,分析最精。

11月7日　星期三

今日较暖。

上午九时顷回府一行,午回孔德,下午在孔德研究章老夫子之二十三部音准,用 I、P、A 注音,终觉不甚当。下午四时至师大开△△会,六时毕,电询直隶,知未卖去,即往以二十八元购《大亭山馆丛书》焉。共十本,拟设法将丁书影印也。晚与劬雅于西车站。

11月8日　星期四

上午九——十一,下午三——四,北大。午回府。归,阅古音书。

11月9日　星期五

上午十——十二,下午一——二,师大。课毕到松筠阁购《安徽丛书》第三期以归,其中为△△△△△　诸书价十元,可谓廉美。下午四时回府。五时顷访启明。

11月10日　星期六

上午清理书架,将关于古音书尽置坐右,以便翻检。午回府。午后回孔德。四时顷至某海。七时顷回孔德,弄古韵学书。

11月11日　星期日

上午十时至巛古彳会开白涤洲追悼会,黎主席,报告其性格,我报告其治学之诸道:(1)学国音,(2)研究旧韵书,(3)调查方音。徐溶、其母、其子白庆均未到,仅其兄白文渊到,徐溶之舅汪震到。徐溶有挽联,下联中有"讵料人天不谅"字样。

午后三时回府。傍晚回孔德,成一《廿八家古音分部异同表》,其中有傅青馀,拟删去。

11月12日　星期一

今日因孙诞放假。上午浴,剪发。午后三时回府。七时顷回孔德。今日看时□□《声说》,觉颇有见地,能不尊信《说文》,惟彼于金文之学尚太浅,故不能多所引据耳。然用金文驳《说文》以定古音者,时氏实为第一人也。

拟"宵"当是 au(印度以 au 为长音,o 为短音),窃谓宵、幽之辨当亦如此。宵因是复元音,故无入。all 变□,亦甚易也)。

11月13日　星期二

师大从本周起改缓半小时。上午十——十二,师大。午后至琉璃厂购书纸等。三时顷回府。五时回孔德。六时访隅卿,十一时归。

读毛西河论古韵,觉戴、段以来种种古音、重音方面之新发见,毛已言之,彼在重音方音,实胜于顾,惟无历史的眼光,欲牵合古今而通之为不是耳,然江、戴、黄亦难免此弊。

今日报载白文渊与徐溶广告,如左:①

11月14日　星期三

上午访隅卿于孔德图书馆,请其审定黄元同所定古音读法(因黄所用实宁波音也)。

午后至金子直处,因连日大便欠亨,口苦腹胀也。至西河沿军政部　厂,为三强取大氅,即回家。

晚七时回孔德,向孔德借得吕留良臧送黄太冲诗,有"△△△△△"之语,核《昭代名人尺牍》,黄信中有"当难议"诸字,又段、孔、臧诸人尺牍中有"窃、双、声、旧△△△"诸字,江永手写《音学辨微》中有"刃、双……"等字,可明魁儒大师之异乎学究也。方以智、刘献庭〈廷〉主张写拼音字,黄太冲主张写俗体字,皆明清间巨儒也。

---

① 原文未录。

11月15日　星期四

上午九——十一,下午三——四,北大。

午回家。

午后二时,刘半农夫人来我家访我,谈今年年内拟安葬,其铭幽之文,决定请蔡孑民做而我写之也。

在北大晤适之,他答应重刊《声类篇》。陆颖民说,孙蜀丞买到王复丁信,如此则可与《昭代名人尺牍》中之丁致王信影印之也。陆又言徐行可处有丁书数本,当即请陆为代借之。

灯下看《诗声类》。

11月16日　星期五

昨宵失眠,今晨甚惫,头胀无力。上午师大假,下午一——二时去上也。

一年级对于储逸庵有违言。逸庵上午至师大来访未晤,留示相约。课毕学生亦来告状。课毕至某海晤勋。五时访储,说好了。六时半回家。七时半至西车站,与勋约雅于此也。十时归,倦甚,不久即睡。

11月17日　星期六

昨宵倦,竟睡着了,但今晨醒时,倦极,四肢发酸,起甚迟。午回家。下午至某海,至琉璃厂。

灯下看《五韵论》。

11月18日　星期日

今日风大。午前回府一行。午沈二赏饭于东兴楼,为马二、马四、马九、蓝、黎、谌、周、沈小、钱、徐耀诸人也。马二闻血压高,躺着未到云。四时又回家。晚访勋于其家。

11月19日　星期一

上午十——十二,下午二——四,师大,中饭时与一年级生辨储事。课毕至某海,请勋明日下午上课时再训话也。六时回家,即至外交部街42号王家饭店,因今日平大五院长(许、张、刘运筹、吴、白)赏沈二吃饭也。归,孔累即睡。

11月20日　星期二

上午十——十二,师大。午许多人赏沈二饭于撷英,主人十余人,为:马四、马九、钱父、钱子、徐僧、蓝、潘成义、李召、周二、徐耀辰、魏、王淑周、陈哲涵、沈麟伯等。客三：沈二，黎子，沈小也。

午后回府。晚与黎雅于大陆春也。

11月21日　星期三

上午浴。午回府，午后至某海访西堂，赠以崔师《五经释要》，西堂他赠我以新编《经学史讲义》（民大用），甚佳。他不信康、夏、周、马诸公以"《诗》《书》……"与"《易》……"两种次第为今古文之异，他不信今文孔学，古文周公之说，他除了《春秋》以外均不信与周、孔有关，亦不信为无关，与余意见颇相右也。

五时半至中华购影印《全本水浒》，五元，原本为半农所藏也。又至来薰阁购《小学类编》，因内有江沅《说文释例》，有用也。

灯下阅卷廿余本，因他们要补省费也。阅高本汉《方音字典》。

11月22日　星期四

上午九——十一，下午三——四，北大。午回家。下午五时得吴其作电话，知储今日请假。

11月23日　星期五

上午十一——十二时，下午一——二时，师大，课毕见一年学生正在开会，盖商储事也。至某海，与劭谈。天将黑，回府，见旧仆李妈尚未来，馆一人在家，两儿均未归，因电一亚一叫边炉来而共食之者也。

11月24日　星期六

上午九时回府（旧女仆李妈来，家中有人矣）。下午回孔德，清理书籍。晚至撷英，与劭电话约谈储事也，彼谓得之吴其作，昨日午后学生确开会。今日上午他去上课，托吴询问，吴因未找到人，故不知云。

11月25日　星期日

上午吴其作来，谓前日学生流会无结果云。午回府。下午苏甘来，谓女院将于十二月二日下午请我讲演"清代学术之流派"云。傍晚回孔德，取顾氏《诗本音》，打十部韵目，十年前打了一些，未打毕，今日续打之。

灯下写《易象传韵谱》（毕事），用廿八部，革卦"炳"、"蔚"、"君"三字，决定作炳（bɔŋ），借为彪——（bɛn），蔚对转入文 uɛt——uɛn，君 guɛn。

11月26日　星期一

晨得储信辞职。

上午九——十二,下午二——四,师大。课毕至某海会劭,商储事,他说明日约二杜来谈(见次日)。与劭雅于大美。

11月27日　星期二

颇冷。

上午师大(十——十二)。午后回府。五时再至师大,因昨与劭约,今日五时半他课毕,将邀一年级生杜书田、杜润生至国文系主任室来谈关于储事也,谈次知彼等已甚松懈,不如前数日之紧张矣。八时与劭雅于淮阳天宝城。归甚冷,甚倦,即睡。

11月28日　星期三

取郑友渔春间交来《国粹报》刘文理之,关于专著一部分前已理出交之,今日理外集之文,上午、下午均理。午曾回家一行。下午四时顷至某海,因与侯芸圻约会于彼处也,谈储事,托他挽留之也。在张西堂室内,与侯、张及△△△、周大虎谈,及十一时始归。

11月29日　星期四

甚冷。上午九——十一,北大。急甚,午后一时假。致电话于师大注册课,代储告假。午回府。午后至两校取薪,甚冷,即归。晚浴。

今日报载冯芝生被捕,即解保定行营,不知何故?岂此君亦有某党嫌疑乎!咄咄怪事。灯下取去年所印《说文三续谱》表格片,取后江《谐声表》审之(它只是初音符),写毕后当再取他家参考订正。今晚写江的"之"、"支"、"冬"、"蒸"四部。

11月30日　星期五　冷

阅《晨报》,知冯友兰昨日已释放矣!!!上午十——十二,下午一——二,师大。午后孙伏园访我于石宫。课毕至某海访劭。

五时回府。

九时回孔德,又写祭、谈二部,倦甚。

12月1日　星期六

午回家。午后三时半至女子文理学院讲演"清代学术之流派",五时毕,与季茀写尺页。他送了我十年前之《吴歌甲集序》中一段,命书也。许邀至德国饭店吃饭,苏甘陪。吃饭时季茀言宋平子是他的先生,谈求是书院中事甚有趣。

购《史学年报》△期来,中有《康南海年谱稿》,尚疏略,又有顾颉刚之《考尔雅》,甚精。

《文史》第四期出版,吴处士化名为"黄学甫"谈大众语,真令人齿冷,"腐、恶、投"三字,惟此君最配矣!

倦甚,四肢百骸均酸极。

12月2日　星期日

午回家。下午四时顷又访储,又未遇,即访启明。

12月3日　星期一

上午(10—12),下午(2—4),师大,课毕回府,九时顷回孔德,觉孔累。中饭时至某海也。

12月4日　星期二

上午师大(10—12)。午请孙伏园至且宜吃饭,谈至四时始走,即回家一行,归,今后即开始做《古韵廿八部音读之假定》,今晚做了歌——真八部。

12月5日　星期三

午回家。午后二时顷又访储,又未遇,即至文学院办公处,因需摄影,备登"本校卅二周年纪念专刊"也,摄影,开校务会议。

灯下做佳、锡、耕、鱼、铎、阳,共六部。

12月6日　星期四

北大假,今日做了一天,共十四部,侯——盍也,明日尚须大大地修改一番也。

午回家一行。

12月7日　星期五

今日不能再继续工作,修改之事,只好俟诸明日再换换口味了,仍至师大上课,上午10—12,下午1—2,毕至某海,四时顷回家,回孔德后,灯下修改了一些。

12月8日　星期六

做修改工作一天,至夜半三时方毕。而"头"尚未做也,噫,脑力体力之坏如此也夫,噫!

午后回家一行。

12月9日　星期日

上午将"头"做成。午后浴,剪发。五时回家。六时郑友渔赏饭于广林春,介绍

申叔之表弟张重威也,此公是银行界做事,他说刘氏申叔之上辈弟兄共四人,下辈亦四人

  寿曾——师苍——次孙
  贵曾——师培
  富曾——师慎
  显曾——师颖(字容季,尚在,在银行任事)
  八时顷归,再复阅一遍,济了,亦已过十二时矣。

12月10日　星期一

  孔倦。上午10—12,下午2—3,师大(从本周起,星一下午3—4一小时移至星期五,因避军训也)。课毕访劭于某海,与雅于淮阳天宝城,九时顷归,倦极,即睡。
  未回家。

12月11日　星期二

  上午师大(10—12)。下午四时回家。
  晚六时访马九。

12月12日　星期三

  今日精神坏极。上午清理书桌。午回家。下午回孔德。校样已来6/10,四时至七时校。八时至市场购得嵇文甫的《左派王学》一书,开明书店近出板者,系上年北大"明清思想史"讲义之一部分,颇好,此君虽左倾,然有良知也(表彰李贽,尤有理也)。

12月13日　星期四

  上午九——十一,下午三——四,北大。
  午回家。
  五时顷至京城商改文,缘想来想去总觉得 mæ, du 等不成字,决定用罗马字母加符号代 I、P、A 也,计有七个:â 代 a, à 代 ɐ, ä 代 æ, ə̌ 代 ə, ə̀ 代 ɛ, ng 代 ŋ, ò 代 ɔ,去交涉后,此七母均有,但略大,尚可用,决改矣。4/10 亦已来,因又将 6/10 取回,全改为罗马字母。六时半至文学院约劭雅于大美,九时归即改起,至夜半三时方毕。

12月14日　星期五

  晨将改稿送金〈京〉城改之。今日师大请假一天,因昨宵大熬也。上午至某海睡觉安息。下午三时顷至师大开教务会议,即在师大看,再校一半,八时送去,取下半归孔德校之,至二时顷毕。误字尚多也。

12月15日　星期六

　　惫甚,晏起甚。午回家。午后浴。晚阅《明儒·泰州学案》。惫甚,早睡。拟古音注音符号三种:

a 添加新母	ㄠ	ㄏ	ㄏ	ㄓ	ㄐ
b 倒写	ㄠ	ㄅ	ㄚ	ㄗ	ㄱ
c 拼合	ㄝ	ㄝㄢ	ㄜㄚ	ㄜㄚ	ㄜㄤ
	æ	æn	e	c	ɔŋ

　　此翌晨之事。

12月16日　星期日

　　今日下雪。午回府。午后四时顷回孔德。七时顷拟做孔德文,忽欲以电话询秉雄一小事(有无私名号与书名号),而屡打不通,甚为疑讶,直至十二时顷还不通,又不坏,不知何故?因此一宵未能安眠也。

12月17日　星期一

　　今日为北大、师大两校纪念日,师大假。
　　晨八时顷见秉雄,知系因日来夜半专来不相干之错电话,故于铃响处以纸隔之耳,始释疑虑。上午至孔德图书馆访马九。午师大赏饭于撷英,有名誉教授查勉仲、陈小庆、刘廷芳、马幼渔诸人。午后至某海。傍晚回府一行。归孔德后早睡。劭主张用b,遂定案了。
　　因添字母,印刷不便,两拼之弊有二:(1)太长,(2)读不正确也。

12月18日　星期二

　　今日师大休息一日。
　　昨宵总算睡好,今日精神略佳。
　　上午将关于申叔《国粹学报》中之入外集文,除诗词等以外均弄好,拟日内即送郑也。午后至商务购谢国桢之《李二曲、孙夏峰学记》。午后回府一行。傍晚归,翻阅《藏书》。晚九时起为孔德校刊撰《几句老话——注音符号,G.R.及简体字》,文约三千字,夜中二时完。甚疲。

12月19日　星期三

　　上午将文复阅一过,午交蓝。午后回家,精神兴趣均甚坏,胸胀难过。晚访隅卿。

12月20日　星期四

今日北大,上午九——十,下午三——四。午回家。课毕回孔德。写刘书书签,弄好两体古音字母,等等。

12月21日　星期五

晨起又微晕,不以为意。上午十——十二,师大,出外午餐,餐前又微晕,二时半回师大,忽大晕,亟以冷水手巾罨之,即上课。上堂讲了五分钟,疲惫无力,觉又要晕,即下堂。少息,至金处诊视。他说病根还是神经衰弱,致胃病而然,又略有贫血症,取药二天。自厂宫至博爱车上幸不晕,以为无伤也,不意自博爱至某海,至府右街忽又大晕,因命车缓行。至中海,将封面交劭,请他注音,及两种字母补印之一张。四时顷即乘汽车归家,食粥,食前略晕,食后又大晕,即宿家中,八时即睡,睡得还算好也。

12月22日　星期六

今日竟日在家,晚仍宿家中,仅晚餐时略晕一次,常常昏卧。晚饭仍食粥。

12月23日　星期日

今日未晕,上午在家,下午三时顷又雇汽车,三儿陪往金子直家看病,不巧,他不在家。三儿四时半将乘清华车回清华,不能久待,即回孔德。写了一张给储皖峰的信。今晚食粥。觉头甚胀,大惧,即躺下,亦不能多看书。

12月24日　星期一

电师大,今明病假两天焉。上午又雇汽车至金处诊视,取二天药以归,即回家,下午回孔德,随躺任坐,随便翻阅《鲒埼亭集》。今晚仍食粥。

12月25日　星期二

上午十时方起,惫甚。今日为孔德十七周年纪念日,我因病未往参与,仅于午时摄影去而已。午回府,换婠贞去参观孔德游艺会,一人在家,因撰教部交来陈光垚"简字偏旁表"的复呈,做了一点儿,甚累,而苏甘适来,遂止。今晚又宿家中焉。

12月26日　星期三

上午回孔德。晨在家吃了两满碗很稠的小米粥,觉颇胀,故不吃中饭焉。夜饭仍吃粥。回孔德以后续做呈文,至黄昏而毕。因检《书道全集》中之"法华玄黄",遂抄之,抄了一点儿,此虽章草,而结体颇与《急就》不同,足见无泥汉章草之必要焉。

羲作 [字形], [字形], [字形], 始恍然于义之由来, 非借"[字形]"字也。(完)

12月27日　星期四

北大假。

上午回家一行。仍雇汽车至金子直处诊, 取四天的药, 即至某海晤劼, 交出呈文, 即抄发焉。下午三时, 劼行。与大虎、西堂谈至六时顷方走。又是汽车归。灯下又抄"玄黄", 仍未毕, 孔累, 孔倦, 十一时顷倒头即睡, 睡至三时, 方醒, 始脱衣焉。思宋儒表章《四书》,《大》《中》虽不见佳, 究贤于六艺焉。朱、陆、王、颜四大儒对于六艺皆有所弃焉。

12月28日　星期五

今日师大病假。上午抄完"法华玄黄"。午回家。午后四时顷访岂明, 托其向文求堂购此"玄黄"。

昨阅《宋元学案》, 觉宋儒中较可厌者终是程朱一派(程实可厌, 朱之博学不可厌), 又周、邵诸人(但《击壤集》甚可厌), 胡文昭、范文正诸公可爱, 横渠亦可爱, 横浦、金溪、永嘉、金华皆好。

12月29日　星期六

上午回府一行。即出浴, 并剪发焉。

晚五时访隅卿, 八时归。甚疲倦, 意者两三日来, 又做文章, 多动, 多讲话之故欤!噫!

12月30日　星期日

下雪。

上午敖士英来, 午回家, 午后三时回孔德, 打算清理案头, 而精神恶惫, 不耐久坐, 及多动, 常常躺躺, 看看《宋元学案》而已。取去夏六月四日所做之《说文部首古读》, 依新定廿八部改之, 毕也。连日似多吃, 胃浣〈脘〉不好过, 今晚又食粥。

文天祥——朱学。

谢叠山——陆学。

岳麓诸儒——张栻

而各学亦有殉国者。

12月31日　星期一

晴。

上午雇汽车出门至商务馆, 为孔德缓颊"万有文库", 欲稍缓付钱也。购新出版之姚名达的《刘宗周年谱》。至师大取薪水。至京城取我文。至金子直诊视。午至某海晤劭,中夜饭两餐饭均在中海吃也。劭之《国语运动史纲》已出版,见赠了一本。八时半归,见修绠堂送来日本泷川氏之《史记会注考证》,价△① 元。此书并不佳(但亦不见到较王氏《两汉书补注》为更坏),但因尚便查,故购之也。梁玉绳、崔东壁诸君之批驳《史记》尚多多引及,而崔师之考订《史记》,引者极少,即印〈引〉亦是无关弘旨者,稍涉辨伪,即绝不引及,何也? 以其为今文说也。今文家真倒霉哉! 完。(本年完矣。)

---

① 原文如此。

一九三五年

元旦　星期二

新年,北、师均放假三日(一——三日)。一年之计在于春,今日书本年拟作之事如左:

(一) 选常用字。

(二) 搜集简体字(草、行、破)。

(三) 弄古音。

(四) 读古书之彼此不同之　派:心学(陆……);史学(吕……);考证(朱……);事功(横渠、龙川、永嘉、颜、李……)。

午至二房东家,取小本大字之《康熙字典》,灯下选之,将"子上"选毕(未完)。常用字当然选,偶用(如人名,为《韩诗》之"弗"字,如孙休四子名,如"壾"、如"襲"),此等皆特别字,罕用字,而《说文》部首、梅氏部首、声母、卅六字母,二百〇六韵,则不问其用与不用,必入选。

下午四时回家。苏甘来,谈至九时许回孔德,觉甚累,头又痛矣!

王伯厚之学出于朱、吕、陆三家,而以吕为主。全氏云:

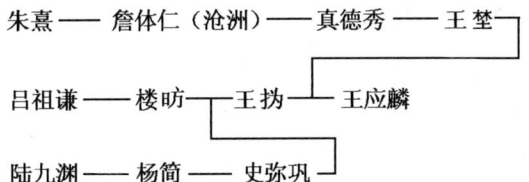

朱晦庵虽出于小程,虽有程之坏处,而加上从来所无之空前考证,此为其大特色。何炳松《浙东学派》一书最荒谬,他硬把程、朱分家,且以为:——程——儒;朱——道;陆——释。处处骂朱尊程,要拉程为其金华学派之始祖,而不承认吕氏捍中原文献之传之说,处处引《四库提要》语。朱固可骂,但陈君、陈同、陆、王、颜、戴、宋平则可骂,信鬼信狐、卑鄙无耻、无忌惮之小人,弘历佞幸之纪昀,则决不配骂朱熹也。何氏则斗筲之材,何足道焉。

今日午为师大在丰泽园举行"职教员新年聚餐",因病未往。

1月2日　星期三　天下雪

午张重威赏饭于其家(其家在西城武定侯胡同卅二号),同座为郑友渔、南佩兰、黎劭西、六〈陆〉颖民等人。张谓刘氏三世之《左传》稿已得(惟无申叔者。申叔自云,此稿与〈于〉入蜀时失去。张谓彼确于彼时失书稿等二箱,张谓盖即申叔所续者失去也,似是)。张意即将此至襄公四年者刊行,且拟刊木板,我极赞同,南亦首肯。在张处见有闵尔昌《王氏父子年谱》,因不满于刘盼遂之作,而重做者也(木板新刻)。张家在武定侯胡同　　号,因下雪路远,病又未愈,故汽车往。张家与劭西家极近,毕即偕劭同至其家,九时仍雇汽车归。

1月3日　星期四

上午略清书案等。

午回家,因婠贞今晚欲偕老大看电影,故留守未回孔德,亦以精神孔坏,头痛,似要晕,恐明日仍未能上课也。

随意翻阅《困学记闻》。看《水心学案》中,水心之弟子有几位与龙川为近。昨与劭谈,宋之水心固非理学家,亦非事功家,实学问家,长于思辨,目光甚锐,与薛、陈、陈不同。宋有叶,犹汉有王充,明季之王船山亦略似之。劭以为然。今日觉得水心之思辨,同甫之事功,实贤于薛、陈,因薛、陈多少有几分泥古,且尚不脱五霸之见也(故同甫贤于君举,其实同甫之说犹未彻底,三王何能比五霸,五伯何能比汉唐乎)。

1月4日　星期五

今日精神孔坏,头孔痛,大有再晕之虞,师大只好再假。午至二房东家取薛、陈君、陈同三家之集。午后回孔德,东翻翻,西翻翻,不能用心,深以为苦。

晚未出门,仍在孔德食粥。

1月5日　星期六

今日仍觉头痛,时有晕象。

上午至孔德图书馆访马九,欲借汪大绅书,无之。午归家,午后三时又至金处诊视,毕至某海晤劭。启明昨来信,约今晚在其家吃日本式牛肉锅,五时往。同座为平伯、耀辰、冯废名、沈启无及日本人滨(ハマ)某。十时归。耀辰忽对我大反对G、R,及以北平语为国语,废名和之,公等亦配谈此事乎!哈哈!

1月6日　星期日

昨晚归来,反觉稍好,晚上亦尚能安眠,而晨起,总之坐立及讲话均有晕象。最好是睡,睡而看书讲话亦尚可,其后倒是出门坐在洋车上反较在室中坐立为好过,且不晕,此异于旬日以前者也。

上午十一时回家,十二时至新开之聚宝城(西长安街),今日ㄍㄨㄞ会第四十一次常会,未到会,而却至聚餐也。

下午三时至来薰阁,购《陈龙川文集》,不甚佳。购于省吾之《双剑誃〈尚书〉新证》,意欲以甲骨、金文之字考正今本《尚书》,意非不是,但其人学浅而庸,不知发明者有几何?观其引隶古定与甲、金且认为同物,则不明文字之原流可知矣(即使十分让步,则王国尚维有西土、东土之分也)。

来薰阁新影印之泽存堂本《广韵》,他送了我一部,他用初印本影印,甚佳,封面尚有"进呈御览"及"吴溇张氏"两印,亦印入也。至商务购郑鹤声之《杜佑年谱》及陈梦麒之《中国大事年表》,至文岚簃印拜年片(此名片今日始终未用,可笑),至富晋购得《瓯风》第十一期,中有陈谧所撰陈虬之传,虬乃治陈同甫之学者,宋衡云(查)①。

归孔德觉甚疲倦,躺下取郑鹤声之《司马迁年谱》阅之,他不信先师《史记探源》且不管(他当然也不配懂得此书之价值),但竟引了什么荒诞不经之司马迁之妾与孙……(查)②,庸妄竟至于此乎!此可知超今文之史学家顾颉刚最高,今文家康、崔次之,不喜今文而亦不主古文之钱宾四又次之,专宗古文之章、刘又次之,但都有见识眼光者也,惟这等人最庸狠陋劣,不足道耳!

今晚神疲脑胀,头欲晕,不如昨日,噫!

1月7日　星期一

既然坐立说话用心都要头胀将晕,则这几天只好不上课了(本学期只此一周之课),师止前半,大则尚有后半,只好都恕不了)。

上午回家一行,至二房东家取大板之《康熙字典》,预备改变方针,写在上方也。又取陈虬之《治平通议》,因宋谓彼治龙川之学。昨翻《瓯风》杂志,录其数文,并有传及《五十寿序》也,新录之文虽云未刊,实则已有载于其中者也。此书原本当是木刻。我至数年前得此影印原本于地摊上也。其中评颜习斋有所蔽,极有理,但此是今昔之异,凡致用者若欲求之于古,则……③。

又取《五代史平话》来做简体字之参改。隅卿疑《京本通俗小说》为缪太老伯所伪造,我对此亦略有疑:(一)曹元忠之跋云巾箱本,何以如此之大;(二)讳"玄"为"元",可怪(宋人只合讳作"玄"),总之缪、董诸公,皆是不甚可信之人耳。

下午浴,浴毕忽觉脉数疲甚,至"一亚一"晚餐,觉欲恶心,急归孔德渐好,噫!

灯下取《流沙坠简》中之《草书简》录出数篇。

1月8日　星期二

今日师大开教务会议,而信系早晨所发,送到时我已出门,直到晚餐方见信,故未往焉。师大假。

上午至孔德图书馆访马九,谈《京本通俗小说》事,彼谓曾函询董大人,说系曹元忠在京做官时,在内阁大库内偷出者,书实不假,但董命陶子麟写刻时,马意决非依原样影写,观其笔画之精致与字体之一致可知。现在最可信者,为罗所影印之

---

① 原文如此。
② 原文如此。
③ 原文如此。

《取经诗话》，及日本影印《三国平话》耳，次之则元剧卅种（因已刻过一道，恐不免稍有走样也）。《五代》非真相，康本尤不足信，我极以为然。

午后至金处诊病，毕即至某海躺躺焉。傍晚回府。晚餐后回孔德，取去年所剪贴之《千字文》录出备览，始知赵本之劣，《六体千文》本不高明（卓君庸等均不满于赵之《急就》章草，实则《急就》改变字体写〔者〕尚少，《千文》则任意乱写，大非智永真面目矣！），罗遗老所印写本《智永千文》，及商务所印之陕本《智永》虽未必出于一人，而字体几全同，赵则二体与六体皆极乱来也。

1月9日　星期三

上午回府。

午至前门购半分邮票，备贴贺年片也，尚竟未用。即至功德林素食，毕至文岚簃取贺年片，竟未用也。至商务，购徐《文镜》剪贴而成之《古籀汇编》书，取△△等部首贴之。本子小，颇便查，丁福保一流人也。又购国难前板之《智永千文》，较国难后印者清楚，盖后印者即取前印者再印也。拟剪贴前岁所购之国难后板于赵、智之片上。

今年天暖，本已打算不购棉鞋了，而近两旬来，因病觉腿酸脚冷（身上亦比较稍怕冷些）。今日至市场购棉鞋，走了好几家都不合适，因现在男子亦"天足仍宜小"也，勉购一双，虽稍宽亦不甚适。其实要穿棉鞋，必须购全盛之老式者最舒适也。

灯下写《智》片，颇不耐，即止。又写了一点《千文》，甚惫，即止。

1月10日　星期四

北大假。

上午回府。

午至观音寺新开素食馆"洛伽园"试新，菜尚佳。

下午至金氏诊病。三时顷至某海晤劭。晚与彼雅于大美焉。

1月11日　星期五

今日师大10半——12半考一年级周至唐，题：

（1）"评《汉书·艺文志》分诸子为十家之得失"；

（2）"略述孔子政治思想"。

午至琉璃厂开明书店购：闵尔昌之《高邮王氏父子年谱》、许瀚《古今字诂》（山东省立图书馆新排印）。又至泰东书局取叶大令之《殷虚书契考释》也，因去年预约，今已出版者也。

下午二半——三半考二年级经学史：

"试分别说明五经之性质并略言其时代"。三半——四半，考一年级"中国文学概略"："述小篆以来字体的变迁"。于此二小时监试时看"闵书"，虽叙述尚详，而王氏父子之学则完全看不出,尚远不逮刘盼遂之谱也。彼自序则恭维罗遗老,谓罗书成,彼书当毁,自跋则谓当与刘谱并存。如此上下其手已可笑,且对于刘称"某君",如师大《学术季刊》称"某大学季刊",青年人与民国的学校,大概此等遗老文中均不能用也。正与罗遗老《集古遗文》中,称广州中山大学为"广州某氏",《先夫子家乘》中称"中华民国元年"为"某某某某几年"相同,不知民国何仇何恨于公等也(闵虽奉民国正朔,然精神全是遗老的也)!考毕回府,九时顷回孔德。(下接粘页A……①)。

1月12日　星期六

晨起觉甚酸痛,昨日不过监场坐了四小时半,竟如此不济乎!噫!

十一时至孔德图书馆访隅卿,十二时至外交部街42号乐家饭店,十个主人请一个客人——顾颉刚也,因为他自今夏丧继母以后,其父不愿其远行,今年将不在燕大授课(但尚不脱离),至杭养老父也。且须在杭州吃甲戌之"年夜饭"也。大约阴历廿五六间走,故今日同仁饯行也。主人为:钱、马九、魏、庄之、常惠、李大章、谢堃、刘节、徐僧、王以中·庸也。我与徐僧均吃素大菜,甚佳。三时顷毕,回府。晚电约劭雅于聚宝成也。

在东安市场又购得旧的《孽海花》一、二两册,购得新出板鲁迅之《准风月谈》,总是那一套,冷酷尖酸之拌嘴骂街,有何意思?《人间世》第十九期寄到。归来后即躺卧被中,看鲁、《人》之两种,甚疲倦,渐入睡乡矣!但夜不安眠。

1月13日　星期日

昨宵睡眠极酸胀,且不甚安宁。

午回府,即出门,午后至商务购谢国桢《明清之际党社运动考》,来薰阁购刘修业女士《国学论文索引三编》,中华购张梦麟译法之雨果《悲惨世界》(据英人节译之浅近的英文本,而对译办法者)。史襄哉与夏云奇的《纪元通谱》。又购昇大儿《最近五分钟》及黎之《国语罗马字》《国语模范读本简册》,因孔德自我考了一点□□后,七、八年学生竟要求钱秉雄与许固生教也(此是好现象)。又于中华购赵元任之《基本英语》留声片课本,去年六月一日所作也。此由赵公去作最佳,书中将850字字字均以I.P.A注音,且与注音符号对照,讲明英语发音,胜于钱歌川、张梦麟也,异日他的"基本国语"制成,当然由他制话匣子,必甚佳也。

又往金处诊病取药。

三时许至某海,因杨独任(字西挺)明日将结婚,他送泥金屏一条,嘱我写隶字。昨问劭西,他说他用我的古音写《关雎》,而以汉字附注于下,我于是写汉字《桃夭》,而旁注我的古音。写得颇累,何苦来!人家恐怕还不愿意呐!这些顽意是久不闹

---

① 原文如此。无此A页。

了,不知今日何以又要来闹一下,可笑!

将某海之怡园书桌清理一下,以便以后可坐,又将半年未理了。

周大虎购得几本备用杂字书,居然有国音的《千字文》、《三字经》、《百家姓》,但这并不算最奇的,有一本《国音百家姓》,系光绪末年所刻的板,不知何用?

十时回孔德,清理书案。

1月14日 星期一

上午十一——十二师大考《说文》(即"文字形义沿革"):

(1)

(2)

午后至某海晤劢。四时顷回府。晚六时马衡、徐森玉、袁同礼、沈兼士四人以故宫名义赏饭于东兴楼,共有三桌之多也。

1月15日 星期二

十一——十二,师大考"古音韵沿革":

(1)

(2)

午后回孔德小憩(孔累也)。四时顷回家。晚九时顷回孔德,继续抄《草书千字》,仍未毕,头孔胀,只好睡了。

1月16日 星期三

冷、风。上午十时浴。下午三时回府。

四时顷至某海借《周官辨》与有跋之《古学考》与张西堂,且又赠之"康书序"五本,他要也。至清秘阁购得《百家姓》,又至来薰阁欲购"徐氏三种"(《百家姓考略》、《三字经△△》、《千字文△△》),系"歙西徐士业建勋氏校刊"也。一部纸张破得不能动手的,他竟要十五元,云是原刻,实则"道光三年秋七月,观生阁重刊"者也。纵是原刻,无论如何精刻,我岂愿花此冤钱,以五元买《百家姓》等书乎!因借其《百家姓考略》以归,因欲写"注音百家姓",有几个姓欲参考此书也。实则此书亦甚陋(琅邪〈琊〉王相所作),竟云"昝,系出咎氏,商相咎单之后,'咎'古音'高',又音'灾咎'之'咎',故增一画为昝氏。"真是什么话!又云"万俟音木其",乃上江南人之当,"万"只可音"墨"(ㄇㄛ),"木"则"ㄇㄨ"矣,惟江南人"木"乃读"ㄇㄛ"耳。

今晚将清秘本字字剪开(它是寸楷习字帖),依国音排之,今晚自"ㄅ"至"ㄏ",计408单姓,30复姓,共438姓也,"百家姓终"四字不算《王氏考略》亦不考也,"家"、"终"二字已具于前,可知此句四字非言四姓也。

晚蓝少铿云将来会我,即往见,知尹默为孔德募捐,欲用全体董事出名,而名单无可稽考,故他来问我,实则尹默办事照例是如此莫明其妙(办公事是没有案卷的),隅卿、召贻且不知,我何能知之乎?

1月17日　星期四

昨宵不安眠,时时要醒,实因今日北大试,须得十时起,比前几天师大早三刻钟也(师大十时四十五分起),惟恐不及,以致时时惊醒。前几年(即上学年犹然),惟八时之课常常上宵不寐,十时则"体泰"之至,今则十时且不能安矣!神经衰弱一致于此,深可浩叹!十——十二时北大,题二:(1)……① (2)……② 考者只八人,听讲者几及廿人也。

赵老铁乘考时来北大看我,问我病,他说河南不去了,因杨丙辰不做校长了。

午回家。午后二时顷回孔德,将《百家姓》"丩——凵"都弄完,略有数字疑义,当再研究,至七时顷完。头胀手酸之至,倒好像不知做了多少事似的,可叹!

晚十时得劭电话,谓王世杰有信致黎、汪二人,嘱他们乘寒假时到部,商(1)注音铜模,(2)简体字二事,明日上午当往一商也。

1月18日　星期五

上午访吴文祺,骗了他的中饭吃。下午二时回家一行,四时至某海,晚宴汪、黎二人于聚宝成,饯行也。黎亦主张简字当以行草为主,且谓"为"、"㕛"等虽应分正、草两体,而如"ʓ"字,便应是一体。他说:毋胶柱以鼓瑟,勿刻舟而求剑,而如古体之"亼"字等,亦可采用。与余意见颇相右也。

1月19日　星期六

竟日清理手头两书架,一关于音韵之书,一关于刘申叔之书,尚须加添简体字书。不过两架耳,而累得头昏脑胀,殊苦,噫!

午曾回府一行。

1月20日　星期日

大风。午前回家。精神不快。头胀胸满。下午五时至稻家,因其仲子端义与袁氏订婚,今日文定也。大媒四:一、彭心如(中海同事);一、包尹辅;一包太太;一徐颂唐太太也,今晚赏饭吃也。玄、婠、雄三人去,九时同回家。

十时我回孔德。得颉刚信,嘱将对于《重论经今古文学问题》之题要更正之意速写一信寄去,将印作最后一页,因全书已印成,待装订也。因即写之。一时毕事,倒也写了△△字。

---

① 原缺。
② 原缺。

彭心如说黎、汪已定廿二日下午五时动身,车票已买好了。

1月21日　星期一

午回府,午后至开明书店购得光绪△△年△△石印之小本《文献通考》,价五元,虽小,颇清晰可看。即至金处取药。至某海,因劭来电话云,今日上午将至某海开五人组也(钱、黎、汪、魏、陈)。卓君庸忽来中海,携其俗体字搜集之样本来,欲劭携至南京,呈王世杰看也。晚聚餐于新陆春。归作函致汪、黎两人,说明简体字之意见,备他们携至南京也。

1月22日　星期二

上午十二时将信写毕,回府一行。一时至西车站,因约劭交信。今天我一人花钱也。送他上车,三时零五分开行。我至琉璃厂一带拟购物,忽觉心慌意乱,即归。右目忽花,不能看书写字,早睡。

1月23日　星期三

上午清理刘书印片也,聊以养心耳。

午回家。下午洗澡剪发,以旧本《孽海花》看看消遣也。今日精神尚好,胜于昨日也。

灯下又清理刘书印片也。

1月24日　星期四

上午回家,晤苏甘。今日右眼仍花。下午再至金处诊视。

四时顷至某海晤西堂,携关于廖书去,知《知圣篇》、《伪经考》、《古学考》,故康书确在《古学考》前,而实受《知圣篇》之影响也。虽所见康同璧处用△△疑所抄之《知圣篇》初本,系△△△△年廖至粤时示康者,并有《辟刘篇》,此即《古学考》之初稿也。不过康之见解实远胜于廖耳。廖、康之书札凡四:1△△△△年(见《川》△期,《与某人书》);2——民二(见《川》);3△△△△;4△△△△。

七时有贺　　者,《世界日报》与天津《益世报》记者来海,为"教授访问"约谈两小时(星二在铁道宾馆所见,预约今晚也)。

归阅晚报,知黄晦闻于今日逝世。

1月25日　星期五

晨得黄宅报丧条,知昨日△午△刻死,明日接三云。午回家。下午回孔德,将《国粹·撰录》中刘之题跋录目,拟付郑,心乱眼花未毕。即访隅卿。得启明信,知"法华玄黄"中村不折所印之一部分,其版已毁,颇为遗憾。又知堂云,当向旧书店中访之,但不知可得否也?

1月26日　星期六

午回家一行。午后二时至黄晦闻家吊丧,今日接三也。于彼处晤郑介石、卓君庸、董鲁安、周启明、马幼渔、叔平、陈仲恕、马夷初诸人。五时顷送库,予亦送之,拟挽联曰:①。

归孔德后,灯下将前录《国音草书千字文》前写至"ㄐㄧㄣ",今晚从"ㄑㄧㄣ"写至"ㄒㄩ",完了。

翻阅石印本《黎洲遗著》,其《思旧录》中,文句多与马九赠我之宁波原刻《南雷文约》所附者不同,如顾宁人信中即缺"……"及……②"两句,而此书刻于《待访录》之前及《△△△》之附录者均不删,又隆武……等均改唐王,可知在清室淫威之下,顾、黄诸公文集改者实多也。

1月27日　星期日

上午敖士英来。

午回府。

午后四时至商务,为秉雄购行草帖,殊无佳者,始知初欲行草,非写印不可,勉购三四种。至通学斋购:《顾诗》,△△△撰;《不忍杂志》(一——十期。缺△、△③两期);《顾千里年谱》,△△△④撰。至李福寿购当笔。至文通购《晨报》笔,归用之,均不佳。至富晋,取罗遗老所印姜西溟本唐拓《十七帖》,及吴宝璜(宜常)所印者以归,对之,吴本绝非罗本可比,罗本价廿五元(九扣),因嫌昂,但吴本十元则不值矣!决购罗本矣!惟罗本中缺十行(共八十八字),姑且吴本抄下,异日当再求来翁馆及郁冈斋所摹校之。

吴本盖系伪本,其人字迹万分恶劣,文理甚不通,特作伪以抗罗耳,可笑之至!其诗如下:

江左风流仰右军,
帖中鼻祖校弘文。
卷端十七名由擅,
纸散三千此不群。
字势梁评龙与虎,
墨花唐拓雾联云。
西溟东去谁论价,

---

① 原缺。
② 原缺。
③ 原缺。
④ 原缺。

孤本中华幸有云。

如此屁诗,真堪与弘历媲美,哈哈!

阅报知教部昨日开会,关于简体字拟定五个标准:1、……2、……3、……4、……5、……①。又云黎、汪今日赴沪,接洽制注音铜模事。

1月28日　星期一

上午到两校取薪。午至金处诊视。午后至某海。三时至师大,开校务会议。六时回府,晤苏甘,谈到十时半方回孔德,累甚,倒头即睡也。

1月29日　星期二

上午至孔德图书馆访马九。午到同和居,谢堟与刘盼遂赏饭也。同座有颉刚、绍虞、森玉、芝生、蜀丞、寅恪……等人。午后回府一行,四时顷访岂明,送他"ㄉㄜ笥"也。他报我以糟鸡、糟肉,且賸以两碗。晚归极累。开始续写以前未写毕之《急就》今韵谱,以前写至"ㄡ"韵,今晚写成"ㄢ"韵。

1月30日　星期三

上午写"ㄣ、ㄤ"二韵。午回家,下午仍回孔德,写"ㄥ"韵未毕。至某海,在某海付泷川《史记会注》,价卅四元二角。至金处诊视,且付一年之医药帐。至来薰阁购得刘节新著《楚器图释》。至大德阁购墨汁。余购她的墨汁二十年矣(民国二年初来北京时即购之)。数年来,因其有几次墨色不佳,因购别家而大上其当,最糟者为一得阁。近来以昂价购戴月轩的(每两六角),以为总好了,岂知墨盒中时见铜绿,殆亦有△△也。近年新出之湛然墨汁,去年购之,沉淀异常,无论如何摇动,均无法匀之。近闻其已改良,日前购用,色固较匀,但胶笔异常(以前也是为此),觉得仍购大德阁为佳。他们再三说,绝无　　　,但较二十年来略差者,为阿胶改用广胶耳,究竟如何?殊难知道,但用来用去,还是他的算好耳。

至立达书局购敖士英之《中国文学年表》,又购宋仲温《急就》,将补贴在片上也(去年贴《急就篇》时,此处适缺,现已再板矣)。灯下将"ㄥ"写完,又写"ㄦ"、"ㄧ"、"ㄨ"、"ㄩ"四韵,完了。

今年大复古,阴廿三夜之炮声甚多(连日炮声亦甚多),祭灶故也。各饭馆"修理炉灶"大部提早,且明年开市较缓,皆复古也。此殆与留髻、祀礼等为一致之精神也。

---

①　五个标准均空缺未写。

1月31日　星期四

午回家。午后浴。灯下开始写"《月仪》今韵谱"，"ㄅ——儿"。

2月1日　星期五

上午将"丨乂凵"写毕(完)。得劭西、一庵快信(廿九日发，自上海来)，彼等正在与商、中两家接洽注音汉字铜摸字，简体字则部方一致促我速成实用简体字表。王世杰意且谓不必求备，则分批公布亦可，劭谓最好春假时将公布一批，如此则我拟将初小教科书之生字先写之也(商务、中华两家的)。午回家。午后四时访陈光垚于其家。六时至某海，西堂来谈。十时归，倦甚，即睡。

2月2日　星期六

午回家。午后至富晋、来薰还书账。在富晋购《书谱》，备剪贴之用也。在来薰购容庚所印之《古石刻零拾》，三元。此书内容共七种：

1、《周诅楚文》(《绛帖本》《汝帖》本)
2、《秦太山刻石》(《绛帖》本)
3、《汉袁安碑》
4、《汉袁敞碑》
5、《魏苏君神道》
6、《秦下残石》
7、《晋左棻墓志》

此书甚值，其中(3)、(4)、(5)、(6)四种为汉魏篆书之碑刻，((6)虽不知究是何时，但容氏谓以篆体观之，当为汉物，是也)，(3)、(4)两种近年出土拓本，虽可得而价奇昂，(5)、(6)两种，我从未见过，此四种皆汉代篆刻之新发见者，用笔极分明，实学小篆绝好之范本也(观此可知邓完白之是，而孙、洪诸君之绝非，阳冰即首误也)。

又至直隶书局以六元购得《榕村语录续集》，此书出版已两年，我昔曾翻阅，见彼与熊赐履、徐乾学、汤斌之倾轧，尚未购其书，近购此谢塨之《党社考》，觉此书实应买，买来至中海略观之。清初这几位献媚虏廷之伪儒，真所谓魑魅魍魉，白昼现形，阴险卑鄙，无所不用其极。如此自画供招，伪理学家之丑太毕露。我以为此书当与《野叟曝言》并垂天壤，为不要脸卑鄙阴险龌龊之伪儒之照妖镜也。我不薄弃理学，且颇钦佩理学家，文天祥、谢枋得、刘宗周、黄道周岂非理学大儒，而此辈畜生亦言理学云云，焉得而不应打倒乎！大抵清初朱学者更丑(徐非理学)。王学之丑人，为汤斌与毛奇龄两人，虽甚金壬，然尚差愈于李光地也(余昔最看不起陆陇其，其实陆只是眼孔极小，又极迂拘之陋儒而已，李则是畜生也)。

至商、中两家购最近之初小国语教科书各一部，备初步之选简字之用也。

四时至某海。九时归。

2月3日　星期日

上午回家一行,即至二房东家,取《傅青主集》及太须楼《书谱》(有正),与影印写本对读,始知:太须楼、薛绍彭、□□□① 为一系,两处缺字均不缺,但系摹翻,字迹纤细无力。内府本(即今影印本)、安岐(麓村)所刻本即此,中缺两处,而笔力甚劲,当是孙氏原笔。

下午三时至富晋,购得延光阁影印内府本,价八元。昨日所购之△△△本,即翻此,而价廉也(并在富晋假罗印翻刻本对校,知安刻确出于此原写本,刻得亦远胜于太须楼本也)。

七时顷回府吃年夜饭。九时回孔德,看傅山集,此君之学,向实不知,学术史上提到他者,惟梁任公在卅年前耳,然亦不过抄了全祖望之传几句而已。十余年来,虽购得此集,亦未注意,今日阅之,原来此公亦是宗仰王阳明者,而痛恨奴儒等,不辟二氏,且昌言《管子》等(再查),在清初实一大思想家也。顾、颜、黄都是辟异端。颜虽卓荦,而固执亦最甚,惟王夫之尚肯法"老"、"庄",解相宗,但究外之。黄虽出于阳明,且与僧往来,而终欲辟佛,其弟宗会皈心佛教,他便不以为然。惟刘继庄喜管子,喜庄子,亦不辟佛(且有好感),而傅则更昌言矣!此公实应表彰者也。会当细看之。又他的诗文不避白话,且不避方言,又其时用韵之处,不拘"诗韵",且有方音,亦可敬也。

从九时起,炮声通宵未断。

2月4日　星期一

今日为乙亥元旦。天未明腹痛大泄〈泻〉,午前泄了三遍,没有吃中饭。愈、躺。闻室外风声甚大。午后四时顷,始出〈起〉身。逛厂甸,书摊甚少,风也。以一元二角购得石印《复古编》一部。五时顷回家,九时回孔德。

《贺逸文访问记》前半已来,不相干的空话装了一个大头(抄黎《史纲》),何苦来,略将其记事处改了一些。

黄梨洲著《明夷待访录》在癸卯,永历十七,康之二(始作于壬寅,永16,康元。是年△月,昭宗被杀,全氏谓天南之讣未至,故黄氏犹存恢复之心也)(一六六三),《留书》则作于其前十年,即——癸巳,永历七,监国八(监国于是年 月去号。黄氏书作于是年秋),顺治十,一六五三,而序于——癸丑(秋),永历廿七,康熙十二,一六七三。观此序,《留书》初作,未有书名,后十年(癸卯)作,《待访录》则癸巳之作,其大者采入而弃其余,又十年(癸丑),万公择斯选,又选《留》数篇,附《待访录》之后焉。按《留书》(马抄本)共五篇:(1)《文质》、(2)《封建》、(3)《卫所》,(4)《朋党》,(5)《史》。去年所购《待访录》,满纸俗体字,颇似迻录黄氏原稿,其文句少于今本,

---

① 原缺。应为戏鸿堂。

最奇者,此抄本称崇祯曰"壮烈皇帝",曰"烈帝",而刻本则称"毅宗",似乎抄本系初稿,而刻本系定稿。盖初稿已宣布,不能不从清称,定稿则藏而未刻,直到郑性始刻之也。

2月5日　星期二

上午十时半方起身。至景山书社,购《古史辨》第五册及《论语辨》。午回府。午时逛厂市,专逛西路,以四吊钱购得《天讨》(原板)一部。此书现在民智书局有重印本,但苏氏四张画、章氏题诗均没有了,末附吴樾遗著也没有了。睹此如遇故人。此为丁未春夏间出版者(是四六○△年△月),时秉雄尚未生也。末有一广告,云《南疆(疆)逸史》将出板,有章、刘二人之序。按章序曾载《国粹报》第△期,刘序则未之见。盖未做,而此君不久即变为安那其,越一年遂归顺矣,故不做也。

专逛一面,眼睛迟钝,身躯不灵,精神涣散。回想十年前之逛已不能比,而说廿年前乎!噫!五时顷归。灯下看《古史辨》上卷论今古文,下卷论阴阳五行,有刘子植序。因顾、刘皆认今古文最根本之问题在阴阳五行。张西堂日前告我,他不以为然。我以为固不尽然,然则许然。不过我总觉得,今古文之说,实一丘之貉耳。论阴阳五行者,颇有几篇未见之文。

十一时顷,贺氏续稿来,为之校阅,大抄黎氏《史纲》,不但不能扼要,且连文句都抄得不通,只能略略修改,然只此二时顷方毕。

2月6日　星期三

上午十时半方起。四日晚所校之贺文,今日《世界报》已登矣。午回府。午后逛东路,于伦教桓摊上得《寒村诗文集》,附有《四明近体乐府》一部,共十一元。这算三天以来最好之成绩矣!郑为黄南雷之弟子,与万氏兄弟、黎洲之子诸人,均极有关系,其诗文集可作黄氏之学之参考也。

与〈于〉书摊间遇熟人三:(1)张少元、(2)钱宾四、(3)孟心史,忽觉伤感,不见半农与晦闻矣!

今晚左眼更觉不舒服。

近日满腹伤感,颇思辞典处若能弄到一笔钱,让我得一大学教授之俸金,专事编纂形音一方面,而将师大之某职竟辞去,至少教四小时书,北大不教,如此则于人于己两尚有益,因固定时间当浅近,恐不能矣!编字典虽用心,但可以躺卧而为之,且不拘时间,较教书为好些也,但不知办得到否耳?

土地庙中只一别乡之摊,于彼处购得《唱经堂△》,一毛。精神甚坏,心绪亦甚坏,繙(翻)阅黄节所编《张苍水全集》。

2月7日　星期四

上午阴,渐飘雪,下午晴,天较冷。

起甚迟,已至十时半。午回府。午后逛厂甸,至土地祠,已有十余摊,购得:《罗近溪先生语要》(陶望龄),四毛;阮刻仿宋顾虎头画《列女传》,十一元。此书我想买久矣。廿年前买得一部翻刻本,甚劣,总思得一原刻初印本。此是我亦"未能免"之一端。我之玩古董也,我之艺术的兴趣也,然亦只好如此而已。最近兴趣太坏,偶得此一种精品,亦殊可喜也。此与数年前所得莫刻陶集初印本、《于越先贤……》初印本,同为可爱之物也。

至金处诊病,仍取止脑炎、安神经、补血之药,并请其验尿,恐怕眼病(右眼面前一大黑团)。从一月廿二日送劢西之日起,昨日兴趣最坏,眼亦特别难过。今日上午亦坏,下午精神兴趣觉略佳。至某海,晤汪公立,他出示其父之家信,系五日南京所发,云六日晚或可起身,则八日上午可到,且看明日如何。与周大虎、王善恺闲谈。六时顷走。至景山书社购颉刚编著之《尚书研究》讲义三册,三元。徐傻译之《欧洲哲学史》,二元四角(四元六折)。八时访马九。

2月8日　星期五

师大今日起上课,因学生太少,不到三分之一,不上了。本来精神亦不佳也。十一时在师大得汪、黎电话,知他们已反〈返〉平,即往劢家中访之,云……。

下午三时逛土地祠,多于昨日者无几,或曰明日当摆全也。外面西路用"走马看花"法看之。购得:

张之洞:《广雅堂论金石札》,七角(前年癸酉新刊)。
胡元玉《汉音钩沈》,五角。
王筠九种,八本:五元五角。
(1)《菉友蛾术编》
(2)《禹贡正字》
(3)《正字略定本》
(4)《菉友臆说》
(5)《夏小正正义》
(6)《弟子职正音》
(7)《毛诗重言》
(8)《毛诗双声叠韵说》
(9)《四书说略》(3—6为《鄂宰四稿》)

汪、黎约雅于新陆春。归已十时许,甚矣惫(甚惫矣),即睡。

2月9日　星期六

午回家。午后至某海,交商务课本,叫黄阔泉写片。交《书谱》,叫王善恺之丈人张某剪贴卡片。

四时顷,逛厂甸之中枢,无所得。晚回家。晚餐毕,剪发,浴。

2月10日　星期日

今日《古礻》开第△次常会,十时顷往。午聚餐于撷英。徐大傻子亦在那处请客,过来见见。

狂风大作,出撷英已三时余。至厂甸,见书摊甚少,祠中亦只三五个而已,即归家也。不久即回孔德。觉颇倦。

2月11日　星期一

上午至师大上课,以为总没有什么问题。岂知十半——十一半上文字学课,一上堂又觉不行,觉摇摇不支,欲呕吐,勉强上了半个多钟头便下来了,尚有两堂只好不上了。唉！！！如何是好。

即至金处诊视,除服药外,又注射灰碘液。午后勉强在东路看了一下,又至祠中略看看,觉不支,至直隶书局购:张其煌《墨经通解》;四川板〈版〉《仓颉字林》;新影印原印之《周礼古字考》(据云日本人所印也)。在直隶晤林宰平。即归家,觉甚惫,欲归休息,即至经济小食堂,吃六毛钱的"经济菜",一进门便觉欲眩晕,欲呕,勉强吃了一点。购核桃朴〈脯〉以归。早睡。前病至今已有五十日,近一个月以来,总算日有起色,不知何故又坏了,唉！！！

2月12日　星期二

今日师大假。阴,大风。精神不振。午回府,食后甚倦。下午三时顷回孔德,躺着翻翻邢、罗诸公书,觉稍好。晡时风止。晚访马九,谈话尚好。《始兴忠武王萧〔澹〕碑》中,彝作△甚好,可采用。

2月13日　星期三

起便不好过,觉心慌,头有眩象。上午王仿成来问病,讲了十来分钟话,大有不支之象。午回府。食前甚无力,食毕稍好。今日天气很好,晴暖无风,而身甚惫,竟逛不动厂甸。下午三时至某海一行。即至商务看看。购得"续四部"本:

郑菊山《清隽集》
郑所南《一百二十图诗集》
《锦钱余笑》
《郑所南先生文集》
合一册,八毛。

至来薰阁看,晤马九与赵斐云,时已过五点。今日天气好,游人多。我既〔无〕精神逛,又怕挤,直捱到此时,始往土地祠中走。止购得《海山仙馆丛书》本《菰中随笔》,二毛。在祠中晤林宰平。到金处,大夫不在。至聚宝成晚餐。一进室门便觉摇摇不自主,食时又略好,归舍时又略好矣。一日之中为此变幻是何祥也？灯下捡架上《国粹丛书》理在一处,共十五种,廿三本。(目见后《杂录》□)。(实欠一本

——因《晞发集》少末册也。）

二月十三日捡所有之《国粹丛书》如左：

第二集	《张苍水全集》	三本	（明 张煌言）
	《归玄恭文续钞》	二本	（明 归庄）
	《谢翱羽晞发集及遗集》	三本	（宋 谢翱）缺一本，应四本。
	《邝湛若手写峤雅》	二本	（明 邝露）
	《郑菊山青隽集》		
	《郑所南百二十图诗》	二本	（宋 郑起）
	《锦钱馀笑》		（宋 郑思肖）
	《文集》		
	《张文烈公遗诗》	一本	（明 张家玉）
	《伯牙琴》	一本	（宋 邓牧）
	《戴褐夫集》	三本	（清 戴名世）
	《吾汶稿》	一本	（宋 王炎午）
	《投笔集》	一本	（清 钱谦益）
	《吕晚村手书家训》	二本	（明 吕留良）
	《真山民诗》	一本	（宋 真山民）
	《叶天寥自撰年谱》及		
	《年谱别记》	一册〈本〉	（明 叶绍袁）
	《吴赤溟集》	一本	（明 吴炎）
	《吴长兴伯集》	一本	（明 吴易）
第三集	《黄梨洲行朝录》	一本	（明〈清〉 黄宗羲）
第一集	《孟子字义疏证》	一本	（清 戴震）
	《原善》	一本	（清 戴震）
	包慎伯《说储》	一本	（清 包世臣）
	李氏《焚书》	二本	
	《颜习斋年谱》	一本	
	《李恕谷年谱》	一本	
	《瘳忘编》	一本	
	《颜氏学记》	二本	
	《唐人写本广韵》	一本	
	《音学辨微》	一本	

《共 26 种卅八本》

2月14日 星期四

午回府。午后二时顷，至某海。与劭商量，病躯不能胜任，将请人代一半，拟请张西堂代经学史二，周至唐二，而自任其四：文字学二、音韵沿革二，而将一小时之

《说文》停止。用如此方法解决师大之九小时。因照最近情形,即使短期内渐愈,恐亦不能多授课,况又重以编简体字乎!而北大三小时,则拟辞职矣!如此一星期教四小时课,编简体字典或尚可支,而劢谓且俟稍缓再谈,而催我速"达"以愈病。四时顷至土地祠略一看,购:吴野人《陋轩集》,五元;蜚英馆石印(己丑)《聊斋》,四元。六时顷至金处取药,又"达"一针灰碘液。灯下取《说文》中有重文之字,选其金文或正篆之简于今通行之体者(通体或用正篆,或用重文,或另选),录出一——五篇。

2月15日　星期五

师大假。上午将昨晚工作完成6——14篇毕,可采入简体字表第一批者,不过十之二耳。因多不习见也(然如贒、牀、酒等,实宜提倡推行也),继此拟取《说文》部首及声母中选之也。午回家。

午后三——五时逛西路,由北至南,都逛到。遇叔平,嘱至其家骗晚饭也,允之。购得:《勾馀土音》(扶轮社本),五毛。《勾馀土音补注》,三元(顾永祥刻本,补注者陈铭海,字新涯也)。此本无"遗诗",国学扶轮社本有之,故又购。五时至师大,开教务会议,七时访马四。今日虽头胀、心慌、体倦(频频呵欠),尚不感眩晕。

2月16日　星期六

上午又不见佳。

午回府。

下午三半至金处取药,一水一饼,又注射一针(赐保命)。

四时顷逛东路,购得:《船山公年谱》,二元三角。《古桐书局续刻三种》,二元。《古文眉诠》,五元。吴赤溟集(国粹),二角。《眉诠》还是髫龀时见先子常翻,且先子每取此中《史记抄》、《国策抄》等于灯下讲给我听,而冯师亦往往承先子命,于此中选唐宋人文,于灯下授我也。四十年前事,赌此如遇四十年前髫年旧伴侣,倍觉亲切有味也。《王谱》为王之春所作,在刘伯山后。在东安市场震华印字局印简体字表格(稿),五百张,价二元。日前叫黄某所抄商、中两家初小国语教科书之卡片,均已送来。灯下仅清理商第一册二百字,依国音次之,而脑胀眼花矣。噫!

2月17日　星期日

上午起甚迟。近午回家。午蓝少铿赏饭于东兴楼,同坐者为马二、四、九、周、黎子鹤、刘佑卿、范任、△△△、沈兼士诸人。沈早到而先走,我迟到未之见也。食毕至中山公园来今雨轩,劢昨约我与天行共三人,讨论劢、天二人所拟之注音铜模之符号体势也。四时半逛,购:《唐石经贴本》(《周礼》、《论语》)二种,五元。此本贴得很好,是印了格纸贴的,故王尧惠所补未拼入,但亦别记于末,我因此得见王尧惠补石之真相,原来他是将所补之字,另刻一大石上,每补之字,前后空一格,他原来是预备裱工嵌裱也。我想我这部《唐石经》,当于暇时自剪自贴,亦刻一格贴之,每卷再订本，为此有三美：（一）不错。（二）不缺（无非空若干字，均照字照行定之）。（三）翻检方便。（四）经济。今日所购本，每半页各七行，每行无横格，我将来打算印者，每半页五行（以前曾裁《周易》、《尚书》、《论语》、《尔雅》即如此裁），每行十字（原如此），均刻横格。《李氏丛书》（陕西印），四元五角。《长兴学记》（原板），一元五角。《李氏孝经》（尚好，虽非原本），一元六角。

灯下取李滨偏旁表，及刘氏《俗字汇》名字之偏旁（亦是214部者），可用者之录出，以便统一（总以统一为原则，有困难时则一旁设两三体，为"又读"，又略以小片，录刘书中可用之字，录得甚少）。

2月18日　星期一

师大假。晨起甚迟。午回家。午后四时顷逛，今日末日矣！闻土地祠中明日尚有半天，但亦不见得全摆。明天我不去了。购：《春秋非左》，四角；《字学举隅》，二角；《牺轩语》，四角。又购《罗近溪语录》赠劢。毕，至金处诊视，取药，未"达"。他介绍明明医院院长马中行氏，嘱我明日下午一时请看眼病。七时访劢于其家，谈至十一时始归。

连日上午起迟，午饭前后均不甚舒服，下午渐佳，今日亦然。

2月19日　星期二

今日上午有所谓"北平市新生活运动促进会"者，将在太和门门前举行"新运周年纪念大会"。师大放假半日，我本亦不能去上课也。时值大风，叫各学校学生前往，真叫作孽！午回家。午后一时至明明医院院长马中行处，诊右目，他把瞳仁放大，检查了两个钟头，知系眼球中血管破裂所致，云明日当再往检查。此名网膜炎，至出血之原因尚难明了。因至金处告之。再回家。晚浴。十二时归，忽得噩耗，云隅卿于今日午后一时，在北大上课忽觉头晕，虽〈遂〉不能动，由学生架之出课堂，亟雇汽车，送协和医院，则全身神经均已麻痹，口不能言。四个医生打针，并用人工呼吸，延至九时卅分遂作古。伤哉！！！

2月20日　星期三

上午十时顷回家。午后一时又至明明医院，他说尿既由金验无蛋白及糖，但血总需一验。在未明血管破裂之原因前，总需验血，他们既不放心我，认为恐有梅毒，则验可耳。马云：右目以少见光为宜，因以药水包之，但甚痛，至黄昏方止。从明明出，至金处取血，取药，未"达"。仍回家。今日下午隅卿在协和冰窖中大殓，不忍观，故亦未去，秉雄去便行了。思之伤感，既悲逝者，行自念也。晚苏甘来。今晚宿家中。

日间得汪老爷电话，知陆雨庵忽来，携来苏州音表等，要我们商定。他前些日子本有信致劢，谓欲以七十余岁之老翁赴苏，拼命向民众宣传方音字母云。此君一切均主平凡,惟喜象山语录,故暮年犹能为此,可敬也!

2月21日　星期四

　　北大假。上午仍在家,直至下午四时,雇汽车赴官菜园之观音院,因隅卿接三也。精神本不佳,对于隅卿之伤感自不待言。观音院灵堂中,光线空气均不好。吊毕,初与马二、四、赵铁、郑奠等谈尚好,不意哈李关忽来,假心假意的问病,刺刺不休,厌烦之至。忽觉头眩,站立不住,至庭中仍觉不好。幸不久即送库,亟命车归孔德。思早睡,而竟不能。忽觉头热,忽觉脉速,种种自扰,殆于神经病矣!至十一时觉太不宁,即不发生危险,而终夜如此不宁,头目眩晕亦必加剧,于是雇汽车而至金处诊视。彼云无碍。又"达"① 灰碘液一针,服　　药饼半个而归。心稍宁,竟睡着矣!

　　上午在家中又得汪电,约以明日往某海晤陆。

2月22日　星期五

　　师大假。今日精神稍宁。上午取赵表评改。午回家。午后二时至明明医院,马不在,其实当俟验明血液后再说,且此不关目疾,还是要金看。异日当请马配新眼镜也。即至金处又取药,"达"灰碘液。

　　三时顷至某海晤陆老。我先主张宜分声调,彼谓吴人向分平仄,声调之严不及北音之甚。此说亦有是处,但未尽然,分平仄者,读书人之事,且上去在仄中,则平与上去读书固分矣!但太湖流域语言之分声调,确不如北音之清晰,又民众教育自可疏阔些,故不分亦可。但平上去既不分,而入声必不能不分。苏音入声凡四:"ɒ?一、ɐ? 二、o? 三、ə? 四"也。我主张(一)、(三)、(四)可即用平声之ㄚ、ㄛ、ㄜ加入声号,而(二)则以赵之"乙"为平,而亦加入声号。陆谓符号非民众所习,则赵之"八、乙、丆、ノ"四母自不可少。吾主张改"乛"为"丁"以便写(丁本旧定"乛"之别体,今分化之也)。苏"霄"、"幽"二韵,赵用"ㄛ"及"ㄩ"皆不好(ㄛ音大不合,"ㄩ"难写难行),我主张仍同国音用ㄠ、ㄡ。汪一庵亦同此意。又声母中"ㄣ、ㄉ、ㄍ、ㄐ、ㄏ、ㄙ"六母之浊音,赵作"ㄅ、ㄉ、ㄍ、ㄐ、ㄉ、乙",无论形式笔势印刷均不适。我主张改加"一"为"与、勹、冂、F、厶",汪、黎均以为然。又陆谓ㄣㄥ……ㄉノ之"ノ"、ㄐ、ㄑ等之"一"皆省。我以为正式拼音不可省,若为民众省便,尽可省也(实则ㄓ、ㄔ、ㄕ、ㄖ、ㄗ、ㄘ、ㄙ七母,既可省"帀",则"ㄅ……ㄏ"十三母,自可省"ㄛ、ㄐ、ㄑ、ㄒ、ㄒ"母,自可省丨),所难者ㄐㄝ、ㄐㄣ、ㄐㄥ、ㄐㄩ等之不合者,此是因国音韵母之有缺点而补救之,非正理也。ㄅ……ㄏ,与ㄓ……ㄙ之独用不合音理者也。而ㄐ、ㄑ、ㄒ非与丨拼者必加丨,亦未必合于音理,此事当再想。总之,民众教育总

---

① 达,注射。

可省"丿"及"丨"耳。

九时回孔德,为陆老校阅彼所编苏音小册,中多疑义,签出不少。临睡时恐必不宁,仍服药饼半个。

2月23日 星期六

上午为陆老校阅书毕。午回家。午后三时至某海,一到又觉头目眩晕,微卧即止。晤陆及陈,商定签出各疑义。今日系二真苏人(陆、陈),二假苏人(钱、汪)四人所定。汪与我商定,改赵表中[j]、[w]、[ɥ]三音之"ㄧ、ㄉ、ㄨ、ㄧㄩ"为——ㄱ(横行作ㄏ)、ㄨ、ㄩ,此亦似加浊音号"一",固然[j]、[w]、[ɥ]之清声是[ç]、[ʍ]、[ɥ](?查),苏母[i]、[u]、[y],且[i]等为元音无阻。[j]等为辅音有阻,但中国旧说都以影喻为清浊一对,亦可算有根据,且一横亦符号耳,亦不必专认得浊号也。又现在苏音哈、灰与元、寒无别,皆读 ε 如(虽三夗、杯班、胚攀、梅蛮、对旦、退欢、……)等(当补齐)皆同音。但陈吴所读皆分哈、灰是 ε,元寒是 a,此殆较旧之音,今依分之。ε 用ㄝ, a 则用旧定ㄢ之另体已为之(分化)。凡 oi、ɔi、on、θn 等

33	20	31	84
声	韵	韵	共母

也。(依注音《吴歌甲集》卷首)。玄有ㄞㄢ等韵、玄我制也。我以为,凡国音所无之统系内均用拼合法,如ㄧㄇ、ㄚㄇ、ㄧㄚ、ㄛㄜ、ㄧㄠ等。

晚与西堂闲谈,九时归孔德。

2月24日 星期日

上午汪伯烈来,谓可服 Bromonta,彼曾服,而有效也(廿五日询金,亦云可食)。为徐林士要由汤溪县公安局局长升县长事,致函吴老头儿,又复一信致林士,并作一介绍信,此等事真所谓"损己不利人",然则太太面上的事又不好不理,只好违心而行了。

今日《世界日报》上载我病情尚合,但云外传发疯说不确(此说今日晤劭西始知出于《华北日报》廿五日说)。午回家,苏甘适在《晨报》馆,因见《世界报》新闻,忽电吾家询,因自接自答之。雄云:昨晚《世界日报》有电来询(廿五日注:观此可见系《华北》造发疯之谣言,于是《世界》见之乃电询更正。《晨报》盖见《华北》与《世界》,故又电询家中也)。今晚宿家中。

2月25日 星期一

师大假。午回孔德。离家后至东安市场购物,又觉精神不振,头脑不安,回孔德后躺了一会儿,好些了。二时顷至金处,注射"灰碘液",取药。据云血已验过,无毒,金云当是血管渐硬,以致破裂,当软之也。三时顷至某海。陆老又来,商定苏音表事,一庵谓宜用国际音标对照,我亦谓然。七时顷陆走,我即在海晚餐,与周、孙闲谈。今日自诊后精神尚佳,头亦不眩。

九时归孔德。灯下取《吴歌甲集》，以新苏母拼之。

得吴处士信，云章师又来函请问书何日可刻成事，他说老夫子"不怒而威"，可笑！明日作一书与老夫子，"万方有罪，罪在朕躬"，且看吴处士还有什么话来唠叨。

2月26日　星期二

师大假。上午作致师信，声明是我一人之罪，与吴无涉，以平吴愤，哈哈（信留底）！

午回家，午后在家中。得幼渔电话，他说要访启明，问我去不去，我说去，但须稍缓。即至中海，将信底录出，即发快信。五时至周处，幼渔夜饭后即先归，我至十时归。

2月27日　星期三

午回家。

午后三时顷电询建功，因日来报纸说我精神失常，而建功咯血，意我的新闻非，则魏之新闻当亦同例，而建功电话中声气似不支，且云本星期一确曾咯血，实因对于马九之丧悲痛过甚，以致于此也，幸即此一次，故仍上课，但略减少授课时间耳。谈谈，我高兴，他亦有精神了，彼留晚餐。讵意食毕不久，我忽头晕，移时即觉身子冷，且微发抖，大惧，急雇车回家，冷渐止，而精神不好，即睡家中。今天白天甚佳，殆因谈话过多，故疲与欤？

2月28日　星期四

北大假。昨宵睡得不安宁。午至金处"达"灰碘针、取药，即至某海，晤陈、陆，劝他们编《苏音字汇》，宜稍宽，不要太限于平民，可就《国音常用字汇》中，去甚不常用之字，而加以苏语俗字（《越谚》中字颇多可用者）。此不独民众需要，其用处实与《越谚》同，因有字母，尚胜《越谚》也。今日陆氏出其表，在某海付抄。我访西堂，请其任经学史与周至唐，彼对于周至唐尚略有迟疑，然大致已有八分光了。晚访黎于其家，十一时顷雇汽车归孔德，恐有昨宵之虞也，然归后颇安宁。

3月1日　星期五

师大假。上午校陆表，觉其未尽妥善，因彼列一、二、三、四、五表。（一）声母；（二）韵母；（三）结合韵母；（四）拼音上（开）；（五）拼音下（齐合撮）。（四）、（五）拼音表中，凡（一）、（二）、（三）之字均不载。盖彼以此五表合而为一物也，其实（一）、（二）、（三）是苏音字母表，目的在识字母，（四）、（五）两表在示苏音之全体，故单用声、韵、结韵字母者。（四）、（五）两表仍须列，不能省之也。陆表中则以ㄅ、ㄐ等为ㄅㄧ、ㄐㄧ等矣！而拼音表中不列ㄓㄔ等，又列ㄅㄧ、ㄐㄧ等，而又不思列ㄐㄧㄚ等，此皆宜修正者也。

午归家。三时顷回孔德，及门，遇吴文祺来，接着李蒸、易价均来，时方疲累，精神不宁，殊苦。灯下稍好，代陆重草《苏州音表》四张，单用声母、韵母、结母者亦列字，而ㄅㄆ、ㄐㄧ等尽不用，务求其俗也。开、齐、合、撮分之，如此则空格可以大省，而表可缩小，若用报纸两面印，一面印开，一面印齐、合、撮，只此一纸，字母与音尽有，价必廉也。决恢复吴、陈旧苏音表之ㅕ，注 uŋ 一、vŋ 二、oŋ 三之音，国音为（二），苏音为（三），其细音则作一ㅕ，此本国音字母之失，国音字要改动，易滋人疑，故不能改，但方音中如ㄟ、ㅕ分开，实大便利也。有些地方兼具 vŋ、ueŋ，与 yvŋ、yŋ、yeŋ 者，必有ㄟ、ㅕ两母方勾（够）用，即说国音时亦可，只此略勉强，ㄨㄟ实ㅕ，此实ㄩㅕ也，岂不妙哉！

3月2日　星期六

上午浴，剪发如僧，因头晕，为僧则可时间快也。

午回家。上午取药，又"达"一针灰碘液。即至某海晤汪、黎，谈加ㅕ，他们都以为然。

日前由王青芳介绍，与王森然谈话，他要作《近二十家评传》续集也。此续集中有我与崔师。崔师除著作以外均要问我，而我之材料，彼乃取去年岁秒贺逸文登在《世界日报》上者，此文太坏，除事实为我所自述（亦极粗略），其他贺均抄黎氏《史纲》，且不会抄，实在不成东西。王书虽不佳，然我实愿其写我较类我，故约其至中海一谈。今日下午四时至七时谈我自上学至来平未完，下次当再谈一次也。关于崔师者，亦略叙之矣，然崔师事我亦知不多。

八时与黎雅于大美，多日未"雅"也。今日下午至晚精神甚佳。十时归。作书与陆雨庵，谈修订苏表事。今日精神颇佳。在某海晤西堂，他已允我担任经学史及周至唐思想概要矣！甚慰！

3月3日　星期日

晨得吴叟复信，即抄寄林士，吾事毕矣！午前回府。今日《ㄍㄨㄛ》会开第△次常委会，我未往。午至撷英聚餐，魏未来，云因体弱也。六人：黎、汪、何、陈、钱、陆也。陈谓苏音雄是异，非开，雍、龚、穹、穷、浓、兄是异，是异，开非开，当细察之。我吃素。因室太小（人仅能容六人），而又升火，天又大风，不能开窗，头脑颇觉不好过。食毕，陈、陆、汪先走，钱、黎、何至有床之一间，我躺了一会始稍好。下午至富华阁购关于草法之帖，得两稿：一《集古草诀》（即《草诀百韵歌》而似微异）及《草诀辨疑》三本，共四本五书，系明万历时△△△所著。此亦不知是原板或翻板，以十二元购得之。此书对于草书偏旁颇有可供参考之材料，且时时不满于《草诀》中所云云。（二）《草书要领》二册（不全，未购）。归。稍卧。七时顷，本拟至森隆买熟菜，嘱孔德厨房煮粥食之，不意行至市场，忽思何妨即至森隆一食，岂知吃得太饱，归即不适，又略类二月廿一日晚之不宁，幸移时即止。撰最俗之苏州音表（分等于声，用王氏分法),共计七十五声,十八韵。取劳氏《△△△△》,以其字母书其旁,乃知劳实甚粗,谬误甚多。

3月4日　星期一

师大假。今日精神尚可,较昨日佳。上午得章师三月一日所发复信。午后一时至北大取薪,即回府。二时顷至师大取薪。访易价,将致李校长信托渠转达,即日致送聘书于西堂。又至富华阁,将昨见不全之《草书要领》二册以三元购之。归阅,始知此书凡五册("仁"、"义"、"礼"、"智"、"信"。),今日所购为"智"、"信"二册也。其书为孤竹李云麟所刻。此二册中有李氏跋语,所记之年有戊子、己丑、庚寅字样,而末册之末列助银刊帖之人,中有陶模、盛昱、张之万、曾国荃、曾纪渠、汪鸣銮、黄彭年诸人名,则此戊子、己丑、庚寅者,即光绪14、15、16年,公元1878、1879、1880,正值我生之初,距今四十五年以前耳。"信"集之首列:"晋右将军王羲之家刻原本。唐长史张旭奉勅补缺。宋学士米友仁奉勅补楷。""信"集之后又列:"广德三年十月二十八、九日补,并填楷讫。怀素。右诸集元'佑'"(!)七年秋九月九日重补填讫。陈璀"。并有陈璀之跋。此固万分可笑。此书或出于明人,或即为李云麟所辑,尚难定。书亦芜杂,不逮《草诀辨疑》,然列字多,可参考也,故购之。

至某海晤黎、汪,知陆、陈、彭已决定改开为异、开为异。而汪、黎不以为然,实则苏音确应凵、异,正与㠯、㕁同一性质,与凵⊥亦相同,大抵苏、嘉均圆,湖、杭则较平。若黎则全是平唇,故汪、黎皆不喜异、异,然我谓当改也。当即移书汪而告之也。

黎见示挽马九联曰:"插架集秘官,《二拍》《三言》第五库;怆怀警噩耗,重楼一瞬邃千秋。"我亦将挽黄节之联示之(此是日来最后改定者):"……"①

六时至金处取药,又"达"灰碘液。即回孔德煮粥食之,不敢再至森隆矣!今晚精神较佳,而灯下反未做事。

3月5日　星期二

午回家。午后至某海。孙伏园上星期内来平问我病,函询大世兄,因电话与约今日下午请其来某海谈,晚餐请其在同和居吃饭,十时始别。

3月6日　星期三

午回家。午后取药,"达"灰碘液。至文学院,告注册课,发表张西堂事,本星五即上课。张言周至唐二小时可仍旧,经学史拟移,注册课谓惟星期一首一、二时(八——十)最宜,因至某海告之,未晤。在周大虎房中谈谈,即归。

---

① 原缺。

3月7日　星期四

午回家。

下午至某海,黎云汪对于苏音字母有异议,他主张不添字母,专就国音四十字以上加符号,如已定之匚、丨、ㄢ、浊音各声1清音,ㄱ、ㄨ、ㅂ、丨、ㄨ、ㄩ之声,黎、陈均以为然,他们说ㄚ可分作ㄚ、ㄚ、ㄚ、ㄚ、ㄚ等,以作前、后、中、高、低各A之音,我反对,我谓少添字母,有些一个国母可变为两母、三母是行的,若不许加一母,是不好办的,ㄚ、ㄚ、ㄚ、ㄚ、ㄚ之类,正如A、Ă、Ā、Ä…等之别,实觉目迷五色,我们或尚可用,普罗则决不相宜。黎亦不坚持,而陈谓无论各母,苏之ㄐㄧㄥ(ㄈㄨㄚ),形与廿八ㄋㄧㄙㄚ相同,实在不好。我谓此大可改,若去声不独立,字母则八可作ㄚ,艹形不佳,可改用"ユ"也。

在某海书挽黄联,又为幼渔书挽黄联。

3月8日　星期五

午回家。

下午至金处诊,取药,"达"灰碘液。

至某海,汪来电话云,为"艹八"事,已约陆、陈诸公明日会商于某海,待最后之决定焉。

六时访幼渔,骗其饭。送挽黄联去。归,取以前印就之定向"三角圆音图"(分不圆,圆唇)两图的,以国音方法旧定新制及拟制之字母配之,觉所需添者并不多,以释汪忧。

3月9日　星期六

上午将我所知草书之书捡出,列目:(1)、(2)无,(3)、(4)、(5)、(7)有,(6)有而不全也。如左:

关于草书的书:

1 ⓐ《草书韵会》。五卷(《四库》艺术类存目)。《题要》谓不著编辑者名氏,其编次用《洪武正韵》,盖明人作也(宜引《九九销夏》说而案之)。(杨慎谓金张用锡所集,殆即此书。)
2 ⓐ《草韵辨体》。郭谌。见《草字汇》首之赵思道序中,我疑郭氏为明人。
3 ⓐ《草韵汇编》廿六卷(中采《草均辨体》),清陶南望。
4 ⓐ《草字汇》,清石梁。
5 ⓐ《集古草诀》及《草诀辨疑》,明范。
6 ⓐ《草书要领》,清李云麟。
7 ⓐ《行草大字典》,有正书局(中采草书均全)。

午回家。午后三时"达"灰碘液,取药。

四时至孔德晤陆、陈、汪、黎,五人共为苏州字母最后之定夺。改——:八改丫;丁改ご.;丿改さ.。通过我的入声用入声点,而不改字母之法也。而"卄八"(ㄋ一ㄢ丫),或"廿八"(ㄙㄚ八丫)之病可取消也。晚与劭"雅"于大美。

3月10日　星期四

今日黄晦闻追悼会,北大开,在观音院。他家开吊亦在观音院,我未往,怕远也。又隅卿接三之日之印象太坏,恐再引起也。又怕不相干之人因闻我病,而用不入耳之话来相劝勉,最令人厌耳,故不往也。

上午敖士英来,赠我以新编《诸家古音韵部表》。午回家。下午至某海,晚归孔德,随便翻翻书也。因颇疲倦也。拟一苏音音图,未弄济也。

今日《世界日报》中有半部为《马隅卿号》,《传略》秉雄谓系天行所作,故无外行语。中有王青芳所刻两刻,极奇崛有意致,我大有请他刻几块之意也。

3月11日　星期一

今、明师大假。本拟自今日始隐居杜门者三星期,以完成简体字表,但今日并未弄,因作书与黎、汪、陈三人也。我主张苏音表中之さ.,用在民众方面可不点点声也,因无平上去之さ也,正如苏幺亦入声,但ε = a 或 = ɐ,他处方音未必无平上去也,然苏州民众竟可不管。我们的雅表中,苏州的入声应作丫.、乙.、ご.、さ.,而俗表自可作丫、乙、ご、さ也。因我会当筹方音全部以会其通,而一地方音且民众所用,尽可可省即省,如定县之分等于声,苏州之不分"阳上去"声,及"格、鸡、家"等音,省"ㄍご、ㄐ丨、ㄐ丨丫"为"ㄍ、ㄐ、ㄐ丫"也,不知他们三位以为然否?午回家。下午至金处,改"达"tonophosphan 也。又改丸药以通便。归浴,浴毕灯下利用苏州字母而编湖杭音表。湖表毕,杭未毕,已夜半二时顷,即睡。湖表见杂录(B),共七十母。

今日始停火。

3月12日　星期二

午回家。下午三时至八时将石刻本《干禄字书》细阅,取"通"、"俗"二体二、三百文写片,因细检六朝碑志此时不可能,即阅罗、邢、赵诸家之书,开卷辄觉满眼怪字,而什九不适用。颜书之俗与通,亦皆六朝别字也,用此似能提要钩玄也。但《小学汇函》本与傅云龙用馆阁书刻本,均谬误孔多,故取石本阅之,凡模糊处概阙之,盖慎也。石本我曾购有两个拓本,一为二十年所购,一为两年来所购。前购者拓本较少,模糊字略少,但拓工未精,故两本亦有互相补足之处也。弄毕倦甚,头觉热,盖不断的做了五小时工作,略充血也,亟以冷水手巾罨之,稍缓。倦甚,故早睡。

今日便三次液。

今日命拆炉。

3月13日　星期三

今晨起即不佳。上午十一时顷,心患大跳,心慌意乱,大类一月廿二日,目眚似前,大惧,午即雇汽车至金处,他说脉搏84,较前次略高,似无妨,再注射"托诺佛司反",取药,即归家,今日宿家中。下午频觉心跳,有数次之多,甚不适,躺躺睡睡。阅大嫂民八、九两年日记,因欲查不庵来平之月日也。十时睡〈卧〉,夜半二时睡,天明六时顷方睡着一会儿。九时顷起。秉雄告我,闻不仅孔校书要没收了,送给黎子鹤,即隅卿自己书亦将如此办理,闻之气愤,人已死矣,恩怨可泯,何必再没收其遗产耶!

今日便二次液。

3月14日　星期四

北大假。上午回孔德,午后在孔德休息,看看书。作一函致幼渔,谓闻尹默将乾没隅书,此较老章购阅尤为无理,宜严拒之,而速与天行商酌,决不可便宜黎子鹤也。

得魏[建]功信,他催速作一书致他,声明暂时不能作序之意,将印于《古音系研究》之首,因作而书之。作毕。

在作序毕以后,电文学院办公处询昭,欲与彼共雅于同和居,乃知彼病,即电约其家,知系感冒并不要紧,今日可愈也。

至金处取药,"达"strychnokodyl,强神经之药也。脉搏80,血压最低135,最高145。他说,心慌不要紧,劝我放心。又取安眠药一包,备用。

夜饭即在孔德吃粥,又觉心慌,吃毕书之,勉强书毕,又觉心慌,早睡。

3月15日　星期五

昨宵安眠,然今日仍有时觉心悸也。上午电劭西,知汪老爷又病目,而彼今日下午当往文学院开谈话会,会毕可雅。阅昨晚所书信歪邪不成字,本写行草,今日上午改用楷体重写略整齐矣!因改用此楷本。

午回家。午后电天行,知彼与徐僧、赵万里于礼拜一、五、六午后三时后往清理隅卿书。隅书将为沈所没收而付黎,以便抵押,彼早知之,故来此干此点查之傻事也。且沈欲移置于孔院,与老章购卖系一事,因促其速理速编目,速售与北大,以息彼等之奸谋焉。

晚七时至大美,与劭"雅"于大美。我时[与]头重欠安,与劭商,今距春假止半月矣,因《干禄字书》而病,且觉《说文》中古字及草书各书中字,均待细研,即健康时亦非半月不能成,况此时乎!因商要先在《常用简体字表》(《实用简体字表》之改正)之后,先成《最常用简体字略表》一书,选千余字,字数约在《急就》与《千文》之间,不必分四体,但取最简,最通行,最好写之一体列之,其余均待《常用简体字表》补充,如此则半月可毕也。

文雅堂送李二曲集来,松筠图送《安徽丛书》四集来。

3月16日　星期六

昨宵又失眠,至三时尚不能睡,服安眠药一包,过四时方睡着矣!

九时半起。精神倒还好,心跳亦稍止。十一时回家,即赴魏天行家,谈沈二极叵测,照他往昔情形,恐没收孔德及隅卿之书以备黎子鹤去抵押了,来兼办成城及严、董、童、陈诸伧赌博之用耳! 故劝其速理清隅书,速向北大进行全部出卖事。彼言或可得一方云。在魏家吃午饭。

二时半再回府。四时至金处取药,脉搏七十八,再"达""斯特哩虚诺柯地尔"。

至某海。晚与劼又"雅"于大美。劼亦至金处诊,云是气管炎。汪之眼患虹彩炎,颇可虑,因极易传染于无病之目也。

3月17日　星期日

今日尚好,但有时尚觉头脑不宁。

昨宵大安眠。

午回家。

午后二时强即行,将至清华打球也。苏甘来,稻孙来,师大四年生王恩华来,均在家见。晚约建行〈功〉及劼"雅"于淮阳春,谈速进行售全部马书与北大事。归得尹默致启明信,可笑若此! 如下:……①。

3月18日　星期一

昨宵睡眠甚安,睡的时间也很多。

本星期师大仍假。

上午为尹默信涉及孔德图书馆迁移事,故复一信,致周、马二、马四、沈三信如下:……②。

下午三时回家吃饭。

五时访幼渔,示以沈、钱之信,骗其饭焉!

十时归,大风,飞沙走石也。

---

① 原缺。

② 原缺。

3月19日　星期二

昨宵睡得很好,而今晨起甚迟。

午回府。

午后二时至金处取药,脉搏80,再"达""斯脱里虚诺柯地尔"。至某海与周大虎闲谈。松筠阁送郭氏《〔金文〕辞大系图录》来,日金廿円,中金十八元也。六时访启明,示以钱信。十时归。取"刘复共"之书中较可采之字写片,写至原书第卅二页。

3月20日　星期三

午回家。在家中看"刘复共"。晚餐后回孔德再看,今晚自33——106页。

3月21日　星期四

北大假。上午看107——137页,完。午回家。下午在家中看邢澍一——四册。

晚浴。

3月22日　星期五

昨宵不安眠。

今日上午十时至师大文学院,四年生要摄影也。晚上还有茶话会,则恕不矣!午又"达",取药(达钙保命)。即与邵雅于同和居。我主张将"ㄭ"韵移末,一则她与"ㄧ"有关,且"ㄭㄧㄨㄩ",劳氏曾有此项,今不过改为"ㄧㄨㄩㄭ"而已。二则此韵本"特殊",注音且不用韵母(G、R虽用"y",不过形式而已;即此"ㄭ"母,亦只是形式而已)。且国音实有ㄓㄔ二韵也,何妨以ㄭㄓㄔ,这些怪韵附于末乎。与勍商之结果,定为字母次第不容再改,ㄭ仍应列韵首,因ㄓㄔ……ㄙ七母,本在声母之末,ㄙ母以拼者—————①,完后其下即应接ㄚ韵,故无论立不立"ㄭ"母而"ㄭ"母之字终在"ㄚ"前也,但另定国音之韵次实无妨重来一下,依发音之类及历史上之韵类另定一"国音之韵的顺序",不必去管字母顺序也。因决定如前纸(红字,黑式×不要它)。

下午三时顷回家也。

晚回孔德。灯下取《隶辨》阅之,选其中之简体字写片,已写四分之三也。

---

①　原文如此。

3月23日　星期六

上午又将《隶辨》1/5看毕矣！阅《干禄》与《隶辨》两书，因系隶楷，或较行草尚有用之第一批，因他们要刻也。

午回家。

午后至某海，晤劭。在某海觉颇冷，不适。晚与劭雅于同和居，归忽觉腹胀，夜半拉了两遍，竟夕不能眠，殊以为苦。

与劭商，大抵第一批不可骇人听闻，致生障碍，故务求通俗（谐俗也），多采俗体，少采草体，即汉唐别体亦宜少采，古体或竟不采，俟此第一批公布后，再写"五千字四体表"，乃大列草与古也。

3月24日　星期日

今日腹中时时要拉，而拉之则拉不出。颇不舒服。

因太太五十生日，稻孙夫人送了她枕头、袜子、鞋等等，故今日请他们阖家吃午饭也。在外交部街四十二号王家饭店，我请也。客方八到七——稻、丰、获、狷、澄、慎、满也；猗未来。主方五，到四——玄、婠、雄、强；充未来，共十一人也。每人一元二角五分，加小吃则每人一元四角，共吃了十五元四角。连烟酒车等共廿二元，又付小账二元也。

晡时至金处诊视，而大夫忽病，不能看病，只好照老方取药一瓶以归，又要了一包泻药。晚七时顷服之。夜半起拉亦不甚通畅，但总算好些也。

3月25日　星期一

今明师大假。肚子仍不甚好也。

午后访蓝少铿，谈尹默之奸谋。

午回家。

午后回孔德。

晚苏甘请其姊吃来今雨轩，祝寿也。去者四人：我、婠、雄、苏。毛不肯去，三未来也。八时顷散，我们四人同回双辇胡同，十时我走，秉雄送其母两个大饼，每个两元，上有"寿"字。中实黄油鸡子葡萄干也，盖圣饼之类也，荣华斋所制者也。

今日将丫、乙、亠、廿四韵选了三百字先起草，觉不采行草则到处碰壁，殊觉不乐。盖他们多仅知"手头字"之类者，总从"刻"的方面想，绝不想书写之方便，真可怪也！故《论语》与《太白》两派各要其简体字，多甚可笑。在此点上，他们尚远不逮陈光尧也。

3月26日　星期二

今日为阴历二月廿二日，婠贞五十大寿也。我因知稻孙夫人及其长子与妇（日本)等均将来拜寿,怕羞,又怕他们要磕头,故日间不归家。上午再略修改昨稿,越看越不高兴。午后至公园长美轩坐坐,本年第一回去也。吃了一碗面当中饭,也算祝太太之寿,哈哈!三时顷至金处,又"达"赐保命,取药。他只病了一天,次日即诊病,即病之日之上午亦尚诊病也。他是感冒,体温大高。至来薰,见《古文声系》已出板,因购一部以归。晚六时回府。昨向淮阳春定了六个菜,两个甜点心(十一元),今晚家宴。老三午自清华来,晚九时去,并约苏甘来食。我十时回孔德,将日前之《干禄字书》片子写出,写完。

3月27日　星期三

晨八时,师大四年生来参观孔德。由我与夏与中二人为指导先生焉,至十一时去。午回家。

午后三时至隅卿故宅访建功,他说隅书约八十箱,已清理六十箱矣!晚与魏建功雅于淮阳春。

3月28日　星期四

北大假。

天阴,晡时雨,至黄昏。

午后一时至北大取薪,即回家。

午后三时顷至金处,仍"达"赐保命,取药,脉忽数,至八十八,体温略高。药中加"ㄆㄐㄉㄚ米桶",以退热焉。

至文学院办公处访劭,与同雅于蓉园。他说尽往趋行草之路上走可也,如食旁可作"亻",者可作"耂","鳥"可作"鸟",果可作"冞"等,我又略高兴一点。

灯下将数日前所写《隶辨》中可参酌之简体字之卡片,依新韵次之,毕,拟明日写出。劭又见示定县出版之《民众》第△期,有孙伏园论简体字《△△△△△△△》一文。

3月29日　星期五

上午抄《隶辨》中可用之简体字ㄚ——ㄅ,未毕,觉头胀而止。

午回家。

午后浴,剪发,又前略长,取谐俗也。

灯下续抄ㄤ——ㄩ,毕矣!

3月30日　星期六

上午十时至师大取薪,从三月起,月扣八十元送张西堂也。至金处诊,取药。"达"灰碘液针,因右目未见有起色也。午后回孔德,因今日下午一日起,又有师大非国文系学生参观孔德,仍是钱与夏二人为指导先生焉。三时毕,回府。刘半农夫人来,知半农墓地已定,四月动工,约一月可毕。蔡信不可缓矣。六时顷访启明,十时半归。将前数日所写之"刘复共"之卡片,依韵排之,二时排毕。

闻夏宇众言,有某报(似是鲁药年之《北辰报》)上载,山东某甲通电反对手头字。夫手头字固可反对,而此辈遗老亦配反对乎!

3月31日　星期日

上午将昨晚所理出之"刘复共"之卡片之分韵者,再各依《佩文新韵》之韵次排比之。十时至二时,弄好"ㄚ、ㄛ、ㄜ、ㄝ、ㄞ、ㄦ、ㄧ、ㄌ、ㄟ、ㄨ、ㄩ、ㄠ、ㄡ、ㄢ"十四韵,已届下午二时半。今日端义将与袁女士结婚于中央饭店,三时行礼。我全家除德充外皆去。我即自孔德去也。礼堂中晤陈颂平,他说上海《新闻报》亦有文攻击手头字云。四时半吃大菜,毕,我先归家,因洋房太闷,礼堂人多,更觉不适也。

十时顷回孔德,将"ㄣ、ㄤ、ㄥ、ㄩ"四韵亦理好矣!从明日起当赶,即着手也。

五十日以来,为此事已改变好几次方针。初拟先制简表,不分四体,但取"俗"、"草"两体为主,兼参以"别"、"古",采字取自商、中两种教科书。继觉如此则字似有不伦,因拟仍用四体,字则仍采商、中。其后阅许时(病也),好容易将商、中之字吵〈叫〉人抄完,依韵次之,始知其选字太胡闹,因置之。后拟就《佩文新韵》中,选最常用字,约二千左右,不管有无简体,一律写出,仍用四体。其后又觉春假将届,日不暇给,因与劲拟先成一"最常用简体字略表",仍不分四体,且无简体或不需简体者,皆不列入,以便数日之内完成,送部公布。——此办法算作最后之决定,至今未变。然又有数次小变:

①全用楷草乎,抑可稍采行草之笔势乎?若为印刷用,宜不用行草之笔法,且笔画无妨稍多,但若为书写计,必应参用行草笔法,且一用行草写法,又可很巧妙的减省若干笔画也!

②古体、异体可采用一部分乎(它们中简体颇多,但普通多不习用)?至今日止,决定以"俗"、"草"两体为主。但若草体,可略改而整齐者,其笔画若甚简,仍宜参用草法,因最后之解决,我意总是草书也。故此次选体,宜凡草书可用者,多多采用。

③惟字体虽可略参草势,然仍当以楷势为主,因一则初学易成;二则教部初意,本为义务教育而用,尚是与民众教育相近,三则便于刻铜模(此事我总觉得莫须有也)。

俟此稿完成公布后,当依选定之带注音铜模五千字,写成四体字(选五千字事,我日内只能不干了。会中同人,处中同人,及赵元任诸人所写,由黎最后编定,大约旬日之内可毕事也)。

今日劲西送来:——光华大学△△刊第△△期一本,内有吕思勉一文《△△△△△》,意颇有理,与孙之文相得益彰也。

明日动工,拟先就"章草"、"刘复共"、"隶辨"等中选定简表之偏旁,即着手选千余字起草,似乎旬日或半月可以成事也。

4月1日　星期一

上午得幼渔电话,谓彼将约启明与我三人,在北海仿膳吃午饭,劝我允就孔德图书馆事。我本非坚持,实恶沈二之诡诈耳。谈了半天,谈至五时而散。

至金处诊视,"达"灰碘液,取药。至某海访劭,雅于大美。

自今日起,师大放春假一星期。

灯下取前写之五种(《急》《月》《出》《章》《皇》)章草,及《智永》今草,又"刘复共",——凡七种。丫、乙、厶、せ四韵中字之偏旁写出。盖偏旁定,则简字已思过半矣也。

4月2日　星期二

今日稻孙家祭祖见礼,不得已而往,仅我夫妇往,秉雄特归看家,真何苦!我预知其将磕头,故日前严词拒绝,谓若磕头,将不来。丰谓若不愿人磕头,不往祖宗堂可也,故我不往。婠被骗而往。猛、获两对夫妇四人同祭祖,同见礼,祭且自然叩头,而婠亦得先叩祖宗之头及见礼,四人叩见婠,丰抱持其腰,不令还礼,及四人见翁姑,稻还,丰否,真妙。原来丰要婠陪绑也。获妇名袁繁猷,猛妇名——岩波△子也。下午三时,我先回家,移时婠亦归。晚饭后我回孔德,倦甚即睡。

4月3日　星期三

今日稻孙家会亲,余夫妇只好去。其实这些无谓的礼节真可厌。午,我们去,又是秉雄看家。

下午三时顷至某海,晤劭、陈、汪诸人。校定苏音表,可印矣!五时至来薰阁,购得《衡斋金石识小录》,两本小书,价十二元。古董商人之敲竹杠,可恶也。因天行谓其家有几个古普罗字,故购之。又购得新影印之朱谋垔本《薛氏钟鼎款识》。

4月4日　星期四

上午十时顷至中山公园来今雨轩定座,因今午宴猛、获夫妇及稻、磋夫妇也。我家三人:玄、婠、雄也,共九人也。午后二时食毕。三时周启明之子周丰一与孙俭志女士亦在来今雨轩订婚,我与婠同参加也。四时顷,得五儿电话,知董锦(原名潮,字海伦,恂士季女)与其婿杨康祖来平,来电话,将于五时至我家。即归,佢们已来。佢们三月廿四日在上海结婚,杨宅在平,故来平一次,八日即回沪。杨在汉口中国银行做事,不久即将赴汉也,杨为杨度之侄。与婠定明午请佢们在我家中吃午饭,因三位小儿全不出来,只吾夫妇二人,只好在家中吃饭,因向淮阳春定菜也。

4月5日　星期五

今晨袁大启、徐一鸣(颂唐之妹)夫妇(亚获之太岳父、母也)会亲,来柬,恕不了。此等腐败人家本不必去,又会亲俗礼,岂为吾辈设哉!婠亦未往。今晨大、五两儿往温泉旅行,须七日晚归。午杨康祖、董海伦夫妇来,留以午饭,并邀钱亚澄、钱亚顺姐妹来陪也。

午后浴。毕至金处达赐保命并取药。数日来因无聊之酬应,已　日未诊矣,唉!何苦应酬耳。

七时半归家。今晚宿家中。

郑友渔见我在绒线胡同板桥下车,入博爱医院,他竟追踪而入,也不和主人招呼,说了多少不必说的话(关于问病),而扬长而去。此等可厌之小官僚,只要拍其上司(南桂馨)之马屁,人情世故全不懂,真可鄙可厌也。

4月6日　星期六

上午十一时离家至孔德。下午三时顷至某海。七时至来薰阁,购得周伯琦《六书正讹》,△△元。又至信远斋,购果脯蜜枣,婠欲赠二小姐与俞志靖,要托海伦带归也。八时顷回家,仍宿家中。三强来。周伯琦读"厂"为"疾";"㸚"为"尔";"卂"为"执",皆极有理,可从。

4月7日　星期日

马竟荃昨晚赏饭于淮阳天宝成,谢未往,今日他来吾家见访,并赠人参。

上午三强走。清华下周放春假一周,他们要上大同旅行,十四日三强回平,十五日即须上课,故须廿日回家也。午至长美轩,今日巛古夕开△次常会,聚餐,我未往市党部街也。天行日前全家赴西山,均未来。从十二时半起,坐到七时,甫离座回家(遇赵老铁、康叔仁、潘企莘、徐苏甘、戴静山诸人),则大、五两儿已归矣!晚餐后忽觉不适,头目不宁,十时即睡,睡家中尚安。《草韵汇编》中竟有"驴、炉、彡"诸字,谓均出于米芾,不知确否?

4月8日　星期一

北大从今日起,放春假一周。师大本周仍请假。今日上午精神略好。十时浴。一时在森隆吃饭毕,忽觉心慌身热,大有一月廿二日送黎、汪归来目眚时之象,大惧,亟归孔德,脱衣,以冷水罨头部,躺了一会儿,至四时顷,觉渐安。五时至金处,又"达"赐保命,取药,他说脉搏不快,不要紧,心渐定。至富华阁,购米帖,知有好几种,购——……① 以归,价十八元,然实无甚用处。

以电话约劭,雅于大美。

十时归孔德即睡。

今日杨康祖、董海伦夫妇回沪。三时〇五分车也。本欲与婠共送之,因适感不

---

① 原缺。

适,遂由婠一人送也。

4月9日　星期二

上午清理书桌。

午回家。

下午三时至文学院办公处,与吴新斋接洽国文系事,并向文学院图书馆借《说文长笺》。至商务购《明贤墨迹》及《朱子论语注墨迹》,意在赏玩篆字也。

晚五时访周启明,他的血压也高了,戒酒、戒食肝,并戒食牛、羊、猪肉,仅吃鱼虾素菜,医命其服"碘钾",以软其血管。

4月10日　星期三

上午捡出关于师书续编,略加整理,拟赶一校也。

午回家。午后四时顷回孔德,再校《广论语骈枝》《体撰录》《太史公》《古文尚书拾遗》四稿。

昨向师大所借《说文长笺》,今日送来。卧时略略翻阅,觉颇有佳处。清人薄宋、元、明人,戴侗、杨桓、周伯琦、赵㧑谦、魏校、赵宧光之说,不肯引之,而阴袭之者甚多,甚矣!其中"汉学"之毒也。清儒最精者为以音韵通训诂,此亦只戴、段、王数人耳,然尚受拘汉之累。检丁氏《诂林》中不逮周……赵诸人者颇多,盖宋、元、明人之敢于驳许说,非诸人所及也。即近人如吴大澂、王国维诸人,识甲骨金文虽精,而胆识实尚不逮元、明、清,惟郭氏后出,为最胜耳。

4月11日　星期四

上午三校《昌言》一、二、三、四卷,未改处仍有之(去夏已再校也)。

午回家。

午后三时至金处"达"锡保命,取药。

至某海晤劭。

十时回孔德,再校《昌言》五、六卷,未改处尚甚多。

见师大之《文化与教育》第△期中有《△△△△△》。虽主用草体,而论欠佳,不足取。

幼渔病已一周,今日得天行电话,知其往二医诊治,似颇不轻。黄昏归孔德时询其三公子,据云系感冒发热,顷已见退,惟有时头晕耳。几位老朋友,死的死,病的病,血压都高了,殊令我触目惊心也。

4月12日　星期五

因教育部此次所派来平视察各大学之视察员,要调查"教员研究题目",本日上午因拟八题:

○○○ (1)"古今声韵表之编制"。十一年起,修改中。(内容:将各时代之声韵,分列为若干表,再做一总表,以明其沿革。)

○○○ (2)"三百篇古音读法之研究"。廿三年起,已成《古韵廿八部音读之假定》一文。(内容:根据前人之考证,参以现代方音,假定古音之读法。)

○ (3)"说文广韵今读之标注"。廿二年起,标注中。(内容:将旧日反切,依国音系统定其今读,用两式国音字母标注。)

○○○ (4)"古代文学六书分类之研究"。廿四年起,编纂中。(内容:先将《说文》中字,依《六书》分类,次及于甲骨文与金文,解释字形,多采最新之说。)

○ (5)"草书行书字之撷采"。廿四年起,撷采中。(内容:撷采较适用之字,为编《常用简体字表》之取材。)

○ (6)"说文中笔画简单字之撷采"。

○○○ (7)"经真伪之研究"。廿年起,已成《左氏春秋考证书后》及《重论经今古文学问题》二文。(内容:说明古文经全是伪书,及今文经中亦有伪书,为——原始的经书之探原。)

○○ (8)"晚清今文学派与思想、学术、政治之关系"。廿一年,仅在讲《清代思想概要》时参考材料,为口头之讲述,尚未有文字撰录。(内容:阐明"今文学派"在中国文化革新上有特殊之价值。)

午回家。午后二时顷访天行,阅彼所作刘半农行述,谈到八时,骗其夜饭。吃饭时觉头微晕,食毕,躺了一小时,以冷水手巾冰头,稍好。十时半归。因建功谈到"刚卯"(衡斋两书中),归检阅《后汉书·舆服志》。

4月13日　星期六

今日隆福寺宝会斋送来明郭谌之《草韵辨体》,十五元。上午抄"教员研究"。

得幼渔电话,知其病愈矣！为之一慰。盖彼病系感冒"达"针,其头晕盖"达"针之反应云。

午回家。

午后二时至某海。三时顷至某会,因教育部视察员负有解决某会房事之责也。五时顷,视察员谢树英来,与其看屋。十间大房堆了十余万本的经书与教科书,皆张之洞在学部时所印也。谢谓当归南京解决之。其实此等东西即当废纸卖亦不好办,因买者无此大屋堆置也。我以为最好是把它烧了。滑稽的办法,最好请运至湖南、广东。北平有东北大学,亦可送些去也。商毕,同至某海一看。即同往来今雨轩吃饭。今日陈中平因病未到。我食时又觉头脑不安。向幼渔借来《民报》,或拆订,或不拆,不全,然刘申叔之文具在焉。

4月14日　星期日

上午回府,未吃饭,即出浴。六时顷访高老爷,为填写教员研究之表也。本拟访黎,他不在家,即归。在聚宝成吃了饭,一碗烧头尾,油不可当,虽未多吃,已觉不好过,因此今晚睡不安宁,厥腹极胀也。

4月15日　星期一

本星期师大仍假。上午八时许,高老爷来,商改教员研究题目事。午归家。多吃了些饭(将近三碗),又多吃了些火腿汤,不好了。二时顷至金处诊病,脉搏忽高至九十六,检血压是一四九。金谓宜食清淡,我想从今茹素亦良佳也。取药以归(换了一种),未"达"针,服泻药一包。

至某海,适王世杰有信致黎、汪,询"表"何时可成?五时顷,躺在勋西的帆布椅上,觉心慌,不放心,再往金处看看,则已降至八十六矣!稍放心,即归家。食粥一碗,略佐以素菜。即归孔德。今宵泻了两次。早睡。卧阅沈寐叟题跋。

4月16日　星期二

今日精神甚惫。上午看"寐叟题跋"。午回府,食粥,以罐头面筋,拍罗卜作下饭。自今以后,决茹素矣(但鸡子、牛乳是要吃的)。午后半农夫人来我家,要我为半农、天华两人之枢写和头也。五时至金处诊视,脉搏八十二。取药。"达"针,此针中以矽(丁、l)为主也。云是使血压降低者也。今日忽左齿龈肿,且口臭,取漱口药及解口臭之药饼四枚。因不能做事,且甚无聊,故电约勋"雅"于来今雨轩,余吃素大菜。十时归即睡,阅"寐叟"。

今日大便两次,尚畅。

4月17日　星期三

今日大便又干结矣!今日精神稍好,而齿龈肿不仅在左,且及于右,门齿龈也肿,口腻且臭。

上午致书卓君庸,借观章草帖数种。信写毕即觉心慌,移时渐止。午回府。吃饭茹素。午后二时出城,至富华阁,拟购章草帖竟不可得。见有包慎伯《小倦游阁》四册未裱者,定购者,命其裱(价未议定)。又购得包氏咸丰元年所书《书谱》,全与《双揖》中删定本相同,价二元。将至和平门时,狂风大作,对面不见人。口耳鼻发中全是沙土。自富华阁至金处诊齿,又取一瓶漱口药,及含避口臭之药饼十枚。今日脉搏仍是八十二,余未诊。四时顷至某海,而在某海一人晚餐,茹素。灯下作致王世杰书,约以三星期当可交卷。归孔德已十一时矣!

4月18日　星期四

今日北大仍假。

今日头脑略安宁。竟日将《左氏疑义》五卷再校毕,止剩《三体石经》矣(此种尚未送,初改,当再一看也)。上午八时顷周怀求来。午回家。午后二时回孔德。七时顷校毕"左氏"以后,取幼渔借我之《民报》检查一下,以资消遣。原来此报始于一九〇五(黄帝四六〇三)年十一月廿六日(第一期),止于一九〇八(黄〔帝〕四六〇六)年十月十日(第廿四期),乙巳冬——戊申秋,光31冬——34秋也。起止凡三年。又三年至一九一一(黄四六〇九)年十月十日当革命军起也。

《民报》中申叔之文凡四,连《天讨》共六,如左:

《民报》中四文(均"韦裔"):

　　《利害平等论》(十三号),一九〇七年五月(丁未)。

　　《清儒得失论》(十四号),一九〇七六月(丁未)。

　　《悲佃篇》(十五号),一九〇七七月(丁未)。

　　《辨满人非中国之臣民》(六月14、七月15、十二月18),14作"满人",15、18作"满洲"。一九〇七(丁未)。

《天讨》中二文:

　　《普告汉人》("豕韦之裔")

　　《谕立宪党》("楚元王")

　　(《天讨》系一九〇七(丁未)年四月出板)

《民报》第六号有民意(林时塽?)之——《纪七月十五日欢迎章炳麟枚叔先生事》一文云:"章枚叔先生于六月廿九日出狱,即夜偕本报社特派员二人东渡。留学生闻之,乃于七月十五日为会于神田锦町锦辉馆,以欢迎之。"

幼渔之《民报》系不全者,《民报》编辑人凡三,而首尾凡易五次,大概是这样:

　　1——6号(张继)

　　7—19号(章)

　　20——22号(陶)

　　23——24号(章)

刚刚5号、6号与20号均缺,然大致不错,因章君是六月杪东渡的(见上)。案第四号系五月一日出版,第七号系九月五日出版,5、6两号虽缺,似乎是五号是六月,六号是七月,交替稍迟,故七号乃九月五日出版也,且第十号中有弹佛之《驳佛公劝告停止驳论意见书》,中有引佛公原文曰:"彼报六号……曾申告:自七号以后归某君编辑。"弹佛曰:"某君者指章君太炎"(下应补章、张、陶)。

4月19日　星期五

今日似尚好。三月九日所记,清以前草书书事,今再补述如左:

《草书韵会》,(金)张天锡。集古名家草书,自汉章帝、史游起,至(金)王万庆,共二五七人,有赵秉文序,金刻甚精妙,不减法帖。元末好事者又添鲜于枢,改名为:——

《草书集韵》,洪武初蜀邸(又作郡)又翻刻,去赵秉文序及诸家姓名。刻甚粗恶(以上见《茶香室丛抄》卷九,及《九九消夏录》卷十一,引杨慎《墨池琐录》)。《四库提要》卷114艺术类存目有——《草书集均》五卷,云"不著编辑者名氏,取汉章帝以下至于元人草法,依韵编次。每字之上各注其人。其编次用《洪武正韵》,盖明人作也。"按此殆即杨慎所谓蜀刻本也。张天锡《草书韵会》原书,王静安常〈尝〉见之。《观堂集林》卷八《书王文郁〈新刊韵略〉、张天锡〈草书韵会〉跋》中云:"余又见金张天锡《草书韵会》五卷,前有赵秉文序,著正大八年二月。其书上下平声各十五韵,上声廿九韵,去声三十韵,入声十七韵,凡一百六部,与王文郁韵同。"按,据此知张氏原书所用韵目与平水韵相同。《提要》谓《草书集韵》用《洪武正韵》者,必是蜀刻所改也(《行草大字典》中所引之"韵会"疑非张书)。

《草韵辨体》,明郭谌(陶南望《草韵汇编》中屡引此书)。书凡五卷。此书我新近购得。《草字汇》首有赵思道序(同文石印本缺此序),中称石书谓:"视前代中书官郭谌所辑《草韵辨体》一书微同,而体制似欲过之。"俞氏(《九九》)谓前代不知何代。按:吾今所购者,首有御制序,中云:"闻得先朝中书官郭谌所辑《草韵辨体》,自汉迄元,诸体略备,韵以字系,字以类从,旁笺主名,用便披览,爰命善书者重加摹写,付之镌刻。""先朝"抬头,此书玄字不避,自是明刻。此序亦不知何帝所制,所谓先朝,必系此作序之帝以前之明帝,书用《洪武正韵》,则郭谌为明人无疑。作序者既不知何帝,书首亦无郭谌之名,封面上但云"大业堂刊",亦无年代,版刻不精,疑是坊间翻刻,某帝序中所谓"重加摹写,付之镌刻"之翻刻本也。

陶南望之《草韵汇编》亦见于《四库·艺术类》存目,提要谓:"盖本《辨疑》、《汇辨》诸书稍加厘正",此实抄陶书凡例中语,凡例第三条云:"集草书者,莫备于《汇辨》,然亦本诸《辨疑》与《辨疑补》,但《辨疑》之字,位置俱失,而《汇辨》稍为青出于蓝耳。"是知陶书之前,郭谌之书以外,尚有《草书汇辨》(书名误,是《草圣汇辨》)、《草书辨疑》、《草书辨疑补》诸书,恐均是明人所作,当再求之。

午回家。

下午医,取药,仍打tonakhosphan针。脉搏忽又高至九十四。血压则一百六十四。

至某海。与劭雅于大美。甚不舒服,食毕归孔德后,始渐好。

4月20日 星期六

午回家。下午回孔德。至有正书局,以十元购得影印澄清堂祖拓,因内有《豹奴帖》也。

4月21日　星期日

上午剪发。浴。午回家。今日人颇惫,即宿家中。翻阅《章草考》及赵《六体千文》。

4月22日　星期一

本周两校仍请假。午后回孔德。至金处诊,"达"一针,药内有钠、安息香等。取药及漱口药。中海宝会斋又送来——

李滨《草说》,附其妻李薛慧馀《草书编类》样本,四元;

朱宗文《草圣汇辨》,八元。皆吾欲见而未见者。《汇辨》为陶南望所本,犹〈尤〉愿见也。

因不能在外吃饭,故劲回家,而我在某海吃晚饭,觉头胀心慌脚软,甚不适,雇汽车回家,即睡。

4月23日　星期二

今日竟日在家。晚仍宿家中。上午至隆福寺宝会斋,将《草说》全部取归,又《草圣汇辨》亦取归。躺卧阅此二书。

至隆福寺时,从家中步行而去,未至宝会堂即觉头胀脚软,有些站不住之势。噫!只好雇车归也。噫!天虽热,然何至精神如此不振也?晚苏甘来,躺着讲讲话,又颇累。

4月24日　星期三

天气闷热。上午卓君庸来吾家,借给我章草材料八种,如左〈下〉:①

君庸有弘历所临之邓文原《急就》拓本,乃全书,云宋仲温即是抄邓文原补者。怂恿其印书。

下午三时顷回孔德。五时顷至金医诊,脉搏八十六,换药,"达"Nomaton,血压降下剂也,日本药也(ノルマトーン)。彼云,今日之药服下后,当可使心慌渐止矣。

至富华阁,掌柜不在。卓君庸之孙过庭《佛遗教经》,数年前,姬佛陀夫妇曾影印,今日至富春购之,价△△元,以便可以水部物还卓也。

即至撷英吃素大菜,甚好。今日从下午起,精神稍好也。

阅《佛遗教经》,"丘"作丘,岂是明□,但此字似中原有一小直而□之者,或尚可云是雍正以前所写,云孙过庭则甚可笑。其中字体多非唐时所有者,"衆"竟作ㄐ,此ㄐ字也,云孙时有此字,岂非胡说!

---

① 原缺。

4月25日　星期四

今日头胀心慌脚软似较好些。上午弄"ㄢ"韵声母（大致只可如此说）。现在决定依据下列　种材料：

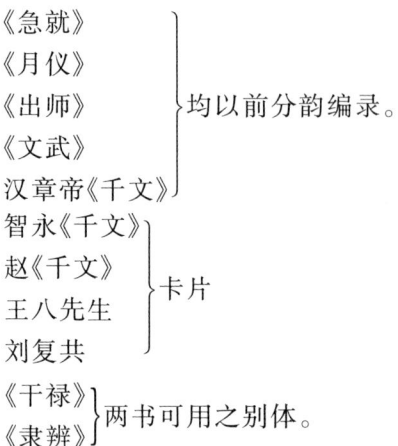

《急就》
《月仪》
《出师》　均以前分韵编录。
《文武》
汉章帝《千文》

智永《千文》
赵《千文》　卡片
王八先生
刘复共

《干禄》　两书可用之别体。
《隶辨》

共十一种，最后用陶南望书补之，且更为最后决定其写法。因此书录章草、今草最富也。

午回家。

午后黄沙蔽日，且有风，室外甚热，似中夏天气。怕出大门，在家中弄"ㄅ、ㄤ、ㄥ"三韵。晚归孔德再弄，毕，先试写"ㄢ"韵不备之字，不能决之体尚多有之，明日当取陶南望一参考也。

黄昏闷热，孔德室内七十度出头。

4月26日　星期五

狂风大作，且是西北风。上午较昨宵低十度，仅六十度矣！

午回家。

下午至金处取药，又"达"灰碘液，脉搏八十八。至某海，晚与劭雅于同和居，他吃荤，我吃素，他吃川伞袋及烩鸭腰，我吃素川葛仙米及摊黄菜。因天骤凉，风又大，觉精神甚惫，且头脑又略不安。十时顷食毕，雇汽车回家睡。

4月27日　星期六

昨夜睡得尚好，今日精神尚好。上午十时访建功，因启明撰《故国立北京大学教授刘君墓志》已成，他来信要我看看斟酌也。稿在建功处。建功亦来电话谈此事。往观斟酌数处，即携稿归。下午二时顷至北大、师大去取薪。至商务购得：——《春秋正义》（即单疏本《左传》）"四部丛刊续编"影日本东方文化学院覆印景抄正宗寺旧抄卷子本。此书中手头字极多（五元八毛）。陈恭甫《说文经字考疏证》(宋文蔚),一元。此公前有俞氏书之疏证,加此则钱、陈、俞三家之说均疏证矣!又至富华阁购得清李雪麟《草书要领》(全),五本,价十二元。此书本无甚价值。伪托——"晋右将军王羲之家藏原本。唐长史张旭奉勅补缺。宋学士米友仁奉勅补楷"及什么"欧阳询临"、"姚思廉临"、"虞世南临"、"蔡卞临"等字样,已极可笑,而字迹又甚庸劣,但总是草书材料,亦未必绝不足参考也,或尚比孙过庭《佛遗教经》略有用了。六时顷访启明,改定墓志。十一时仍雇汽车回家也。

4月28日　星期日

晨七时起。今日精神亦尚佳。十时访天行,将墓志稿交与他。四时归孔德。在魏家见董作宾。

今日在天行家说话又太多,至黄昏倦甚,且头胀,十时即睡。

4月29日　星期一

上午将《三体石经考》校毕。午回家。下午二时顷至某海,得王世杰复信,谓制成后尚拟送交中政会,以免(抄原信　①)云云。三时半至文楷斋,晤其少掌柜刘明堂氏,将章氏全稿交出,他说一星期可改好,改好后即可付印,拟嘱其先印二十部蓝的寄老夫子,大约五月中旬可成。至富华阁购得包慎伯法帖一、草书三,价二十元。至金处"达"灰碘,取药,脉搏84。五时再至中海。八时与劲雅于撷英。十时归,倦甚即睡。

4月30日　星期二

早八时归家,即出浴。午后归家一行,即至某海,为注音铜模事,汪、黎二公主张将一字数音者能减少铸数最佳。约孙崇文、王善恺,甚至如赵善斋等共作顾问,而汪、黎、钱三人决定之。二时顷至五时,弄得甚少。其实有些字为普遍计,干脆从读音,从多数可也。孙、王二人系大学毕业尚可备顾问,赵善斋何至竟不如白涤洲乎?汪氏此等行为甚可笑也。

晚至〈与〉张西堂、周大虎二人闲谈,十一时始归。

5月1日　星期三

上午将章氏著书续编封面又七种书签均写就,又写了"江阴刘半农、刘天华先生之柩"两个前和,又写了《草书说文》第一上一个样本,拟近日寄师请教也。

觉头胀。午回家。午后二时顷电魏,云在隅卿处,往则徐僧、马二、赵斐均在。隅卿书估价今日毕事,故群英会也。谈谈已至六时。至文楷斋,将书签等交刻。八时顷回孔德也。灯下作书与章师云,书已校就,即可开印,且为半农求书碑额。

---

①　原稿未抄。

5月2日　星期四

北大假。

上午作书与伏园、与君庸，索章草《市民千字课》及《俗体字简本》。将师书名签再重写，因昨写者字歪也。建功来，携来昨晚今晨两次所写半农墓志两纸，今晨写者较佳也。旋即去。

午回家。午后至金处诊，"达"灰碘。今日脉搏八十二。晚八时访马四。

5月3日　星期五

上午阴雨。午归家。午后晴。今日下午二时至三时，师大国文系教生杨树芳至附中男生部实习国文课程，习毕开批评。附中方面为张少元。师大方面到我、高、夏三人，黎因事未来。毕与少元闲谈。

晚与劭雅于大陆春。归，文楷斋送来校正之件，六种均有，惟少《六体石经》一种，云后天可改正送来。

5月4日　星期六

上午再校章稿，尚有误处数处。

午回家。

午后至某海，黎、汪、王、孙四人正商选铜模字事，我亦参加焉。

五时顷至金处取药，"达"灰碘，脉搏八十，血压一百四十，可喜也。盖茄素之效也。今日下午至文楷斋送稿去。至富华阁取残本《升仙太子碑》来。

得孙伏园寄来卓君庸书《市民千字》课四纸。可采者虽多，然有毛病者亦不少。今当用片写出，依韵次之，以作参考也。

5月5日　星期日

上午回家。今日为ㄍㄨㄞ会第△次常委会，聚餐于同和居，建功共书半农墓志四张，今日持最后两张来。一稍肥而流动，一瘦而谨严，皆胜于日前所写也。食毕同至启明家，平伯、废名亦在，最后大家都觉得瘦本为佳。晚十时归。

5月6日　星期一

本星期师大仍假。

九时丁梧梓来谈，知高本汉亦定"幽"为"o"，"哈"为"ə"，惟"宵"为"ɔg"。彼云《广韵》"之"无撮，"哈"，无合者，即"哈"合，尤即"之"合，故从又声字为尤、有、洧、鲔者，旧说以为读以者，非也。

文楷〔斋〕送来《三体》校稿，及四日送去再改正数处之改正稿来，已全无误，可印矣!

午回家。午后回孔德,校阅《升仙太子碑》。缺 150 字,无碑阴。晚五时访幼渔,因欲请其为师大国文系毕业试验校外监试委员也。九时归。

灯下开始将卓字分片写之,以便以韵次而作参考也。

前向卓要此四张章草《市民千字课表》,他今日亦送来,又送来《简体字字典△△》,即俗体字也,什分之八不能用,因此益坚我用草书之心也。

5月7日　星期二

上午抄卓字未完。午回家。午后黄沙蔽日,又甚干热。至金处诊视,取药,仍"达"碘钙液。脉搏八十二。至文楷斋,即命其开印也。先印蓝色廿部,备旬日后先寄上海之用也。六时回孔德,遇马四。晚抄卓字,仍未毕。

5月8日　星期三

晨接章师五月五日复信,肯写半农碑头。并言今所收学生根底浅薄,远不逮昔日东京之盛云。

上午将卓字写完,且依韵次之,次了丫、ㄛ、ㄜ、ㄝ、ㄞ、ㄦ六韵。午归家。午后剪发,浴。晚餐后访天行。老夫子脸谱已印得取来,一百张,共六元八角也。九时顷归。再叠ㄧ、ㄞ、ㄟ、ㄨ、ㄩ、ㄠ、ㄡ、ㄢ、ㄣ九韵,至十二时许,惫甚,倒身便睡。来薰阁送日本人所著草书书来,亦未看。

5月9日　星期四

今日北大仍假。晨阅来薰阁送来之书,系:——

《草露贯珠》,日本中村义竹(字立节)所辑,未成而卒,由其门人冈谷义端(字充之)续成者。书凡廿二卷,用《字彙》分部。有宝永乙酉(二年)、康熙44、一七〇五之冈谷氏跋。元禄九年丙子(康熙卅五、一六九六)佐佐宗淳刻此书之序。

《草露贯珠拾遗》,冈谷义端辑,有彼享保六年辛丑(康熙六十,一七二一)之序。

连首册(序目、人名等)及拾遗共廿四巨册,索价一百元。满纸皆如马蜂窝,因是广东所来者,为白蚁所蚀故也。如欲看,非修裱不可。修裱亦非数十元不办,太贵了。恕不了。移书询启明,不知日本旧书店书目中有之否?即使昂,必不致马蜂窝如此之多,尚值得买也。此书在陶南望之前,搜罗之富且过之,明人特别多。《草书韵汇》及《汇函要领》,此书亦有之,疑《行草大字典》即抄此书也。然《行草大字典》写印太劣。若日本有此书,而仅须数十元,则拟购之也(此时日金甚贱,一月约合中国七毛左右)。其中亝竟字从文已有之,盖明代草书盛行,俗体字已渐渐编入草书之中也。上午将卓书字片"尢、ㄥ"两韵叠完。甚累。为二刘(半农之碑文,申叔之书序)事移书蔡先生,并谈及简体字问题。午十二时写。一时半回家吃饭。三时顷回孔德续写,四时顷写毕,惫甚,头胀极。噫! 六时顷至文楷斋、富华阁、来薰阁走走,聊以散闷而已。

5月10日　星期五

晨得启明复书,知日本其中堂有《草露贯珠》,且有二部,一木板卅五元,一石板卅元。午回家。上午至金处诊病,取四日分〈份〉之药,"达"碘钙液。至某海,晤勍。宝会堂又送一部郭谌《草体〔韵〕辨体》来。所谓御制序也者,系万历十二年也,盖我所购者,此序文末数行板烂耳,但此部多一御跋(亦万历十二年),末附:——……①三种,亦有万历十二年御序,拟由师大购之也。晚访启明,借其中堂书目以归。始知有正《行草大字典》,确系翻印日本之《真行草大字典》(书学会编)也。拟购取日本板者而对勘狄平子之作伪。

5月11日　星期六

上午回府。午魏天行为隅卿书事请客,马二、四、徐僧、赵斐、钱玄也,徐往天津未到也。今日汇至日本其中堂日金五十一元(合华币三十七元二角三分),汇费二毛五分(今日日金七三,共四十九囶卅钱,加邮费一囶七十钱,故汇五十一囶)。欲购下列六书:——

　　《六书精蕴》,六册,十二囶。
　　《草露贯珠》(石板),八册,卅囶。
　　《草书渊海》,二册,一囶五十钱。
　　《草书彙略》,二山,二囶五十钱。
　　《真行草大字典》(书学会),七册,二囶五十钱。
　　不折:《丹青引》、《八仙歌》,一册,八十钱。

午后三时大风,雨,至黄昏未止。在孔德,开始写定"ㄅ"均。上月廿五日决定用十二种书,彼时成"ㄅ、ㄆ、ㄇ、ㄈ"四韵,而陶书未查,今日补考陶书,大致算写定。

其中堂尚有下三书可购:《草丛》,十二册,七囶五十钱。《片璧草法函》,四,一囶五十钱。丛湖:《月仪帖》十册,六囶。

5月12日　星期日　天晴,凉爽

上午将ㄅ韵分析偏旁各为书卡片,以便将来做"凡从〇者作〇"之例用也。午回家。午后在家中考陶书"ㄉ"韵,即写定。

苏甘来。晚十时半回孔德,惫甚,即睡。

---

① 原文空缺。

5月13日　星期一

本星期师大仍假。晨得文楷斋送来总封面及书签。

午回府。

午后至文楷斋,适遇大雨,即归孔德,本日将"ㄤ"、"ㄥ"两韵陶书材料搜毕,并写定此两韵之初稿。

5月14日　星期二

上午搜"幺"韵材料。

午回府。

下午在家中写"幺"韵初稿。毕,电约劭雅于来今雨轩。十时归。搜集"又"韵材料,完。

5月15日　星期三

上午将"又"韵初稿写出。

午回府。

下午在家中搜"ㄨ、ㄩ"材料,未毕。

晚浴,浴毕,穿衣时已十一时半也,忽觉心慌头胀耳热,怔忡不宁,归急睡。

5月16日　星期四

上午将"ㄨ、ㄩ"两韵材料搜毕。

今日晨起即觉心慌。

午回家。午后至金处诊视,仍"达"碘钙,取药。脉搏八十四,至某海。见有送来容庚之《海外吉金录》,预约价廿元,购之。又《吴大澂年谱》一册,顾起潜所编者,价六元,亦买之。因心慌,今日下午劭未来,即在某海坑团休息,看《吴谱》。陈中平来谈。晚九时归。将"ㄨ、ㄩ"初稿写出。

5月17日　星期五

昨晚眼镜框子忽跌破,极不便。上午回家一行。即至精益换好。午至某海。午后在某海搜"ㄚ、ㄛ、ㄜ、ㄝ"之材料,未毕。四时顷,文楷送书来,居然出版了。本印廿部,今日仅装就十部先送来也。约绳斋、幼渔、启明三人至广和晚餐,商善后事:一、定价洋五元。由直隶书局总售;一、每捐十元者,赠书一部,共收到一千二百七十元。应有一百廿七部蓝印书也(今日寄师十六部,吾等四人各分得一部,皆蓝印)。归阅甚累,头又不宁。

5月18日　星期六

上午写致师信。午回家。下午至某海。文楷又送十部来,连昨之六部,共十六部,封为八包,挂号寄苏。信则快函去也。天气颇热,觉颇疲倦,头胀脚胀四肢无力,不能再工作。因访启明,并晤平伯焉。

5月19日　星期日　天热,室中七十六度,黄昏七十八度

上午至金处诊,取药,打碘钙液。脉搏右一四八,左一四六。忽又升高了,盖连日困得太晚也。又昨、前两日晚饭不得不略食荤,盖亦有关(至少用猪油炒的菜,猪油的汤)。午回家。午后四时回孔德,至晚将丫、乙、ㄙ、ㄝ弄定。虽在室中仍觉头昏脑胀,精神不振,不能多工作。

5月20日　星期一

午回家。午后……①

5月21日　星期二

上午清理衣裳,取夏,将冬送回家中,午回家。

5月22日　星期三

闷热。晚归。室中八十度。

午回家。

午后至某海。至金子直家,血压一百四十四,脉搏八十四。四时顷,至师大开教务会议及"课程研究委员会"会议。

晚访岂明。

热,仍不安眠。

5月23日　星期四

天热,但似不如昨日之闷。

午回家。

午后至荣宝斋购挽联两付,即至某海,一我挽隅卿:

"网罗明季乡邦文献,精忠劲节,亟所表扬,孤怀上拟全双韭。

研治近代小说传奇,显微阐幽,极多创获,博览堪追冯梦龙。"

又因他去年曾撰句,嘱我书一联而未书,亦以挽联纸书之:

---

① 原缺。

"读唐宋后奇书,录元明来死鬼。"

跋之曰:"隅卿兄去年自撰此联嘱书,以疏懒迁延。今君作古已逾三月,我日来清理书案,忽见此联手稿,墨迹如新,君已入墓,观物怀人,真有山阳闻笛之感,敬为迻写,焚寄灵堂。一九三五年五月廿三日。弟钱玄同。"

今宵骤凉。九时回家。刚至即下阵雨,因即卧家中。连日闷热,疲惫之至。

5月24日 星期五

晨起颇凉。十时顷回孔德。得幼渔送来……。

因天骤凉,人极疲惫,时时思卧。

下午三时顷回家,因今日瞿□(蘄艻)结婚,馆与雄将往,我须看家也。五时半,毛归。我往撷英,因今日李云亭赏本年毕业生校外委员吃饭也。

归。灯下抄录三匣原本《玉篇》之目。去年来薰阁送来卷△、△、△三匣,本只购卷△,而卷△、△尚未送还,拟一并购之,故一翻而顺便录其目也。尚有残卷,会当向文求堂购之也。因此两卷,罗遗老印过也。然此等无上瑰宝,能得较近原样之面目,总宜得之也。

5月25日 星期六

天阴,闷,傍晚微雨即止,凉。

午回家。

得老师廿二日信,知书已寄到,并寄来"章氏国学讲习会简章"一册。

午后三时至某海。晚与劭"雅"于大美。归,甚倦,即卧。

5月27日 星期一

昨宵一夜未安眠,甚苦。晨六时即起。

十时回孔德,晤岂明,送我《草书韵会》(八十钱),确系(金)张天锡书,只赵△△序尚存,尚好,疑明杨慎所见者也。虽刻板不佳,尚是明季日本刻本也。

日　　　年　　　刻
　　明
　　公

5月28日 星期二

今日精神很坏,头脑又不甚宁。

午回家。刘半农明日安葬香山玉皇顶之老爷沟。我因决不能上山送葬,故本决定明日由秉雄去送葬,而今日则自往吊之,因今日他们在嘉兴庙家奠也。谁知临时觉不宁,惮往,故由馆与雄二人去。下午六时至金处诊,脉搏八十跳,血压一四二糎。热度亦不高,竟不知何故如此不舒服也。至富华阁,购:《松江急就拓本》(裱好),六元。《升仙太子碑》,四元。《唐邕写经碑》,三元。(再查)《文殊般若经》(?),二元。共十五元也。

今日未往海。黄昏电劢谈会事,他说今日已快信问张星舫矣!但今日《大公报》又载廿四年度总概算案,竟有ㄑㄨㄝ裁撤之语,是似确矣!此大不好事,从此"注音符号——国音标准——国音常用字汇"必将动摇矣!非争不可矣!烦闷之至。

5月29日　星期三

上午至某海晤劢,用吾二人出名,致书元任,托其探听会事。午后陈颂平来,请其起合致吴老头的信稿。四时我至师大取钱。至松筠阁(误记于卅日)。再回海,与劢改定致吴信,定发申、宁两处,明晨发抄,午可寄出。七时顷归家。晚,浴、剪发。

5月30日　星期四

上午得师信,知全书中有误字七。致某海晤劢,合致吴信,今午发出。阅报知吴于昨(廿九日)乘轮过汉至沪,因可发电至沪、宁两处。

下午至某海。五时顷至金处诊,"达"碘钙。至文楷斋,交去七个误处,令其改正。师之脸谱五十分,印得实不佳,不得已姑付之,如日内另印者来,当取换焉。至商务馆访伊见思。购"丛书集成初编",预约共四五五元也。预约价四六〇,图书协会满廿部,可再打八五折,则三九一元也,再加邮费六十四元,共四五五元也。此百部丛书中,我所有之者,只△△部,故颇值得买,故买之也。以特价购商务之《缀遗斋金石》,廿四元五角也。至松筠阁还《安徽丛书》第四集,廿元。郭氏《辞大系图录》,十六元。又购得彼店所印之《许氏说音》及戴氏《声韵考》,一元(此系昨日事)。傍晚回家一行,晚餐后九时回孔德,倦极即睡。

5月31日　星期五

天气闷热。

午回家。

午后至某海。四时顷与劢同至男附中,访张少元与张建侯,总算视察也。七时宴吴处士于大美,决定师书之出钱者,均七蓝三黑也。付修绠堂账廿元,即容希白之《海外吉金图录》特价二十元也。九时归。作书致吴老头,因报载其昨(?)抵沪也。

6月1日　星期六

上午十一时至邮局寄吴函,航空快信,七角二分也(分量稍重)。云若天气好,明日下午即可到(曜日上午飞行)。取其中堂寄来之书,六部都有:1.　　,2.

，3.　　　，4.　　　，5.　　　，6.　　①。以石板《草露贯珠》最不惬意，照原样大，而以有光纸印之，大而且重，且墨不渗入，手触即黑，甚可厌。《真行草大字典》，有正果系翻刻日本书，而去"书学会△△"一行，原印大小与有正同，而字迹清朗，且有正无续，则此册可贵也。取书回孔德即雨，故今未归家。将旬日前弄好之ㄚ、ㄛ、ㄜ、ㄝ四韵写之，又弄ㄞ、ㄦ、ㄧ、ㄌ、ㄟ五韵，未毕。

劭西来电话，云张星舫卅日有信来，且有复我之信，但催简字，绝未及会事，似可稍缓再看。

6月2日　星期日

凉，不及七十度。

竟日时雨时霁，类南方之黄梅天气。下〈上〉午十时尹默来，至孔德会客厅见之，一时走。他是卅一日到的，云六月五日回申。

午至聚宝成，ㄍㄊㄔ会今日开第　　常会，未往，而去聚餐也。张信已见。对于会事，各人所猜不一。我疑其为G、R，非"中国本位文化"也。决定俟张、吴、赵三人有回信，容再定黎、汪之行期。四时回家，看看天阴，亟回孔德。灯下续弄ㄞ、ㄦ、ㄧ、ㄌ、ㄟ，未毕。

6月3日　星期一

上午将ㄞ、ㄦ、ㄧ、ㄌ、ㄟ弄完。

午回家。午后至文楷斋交去新印来之师脸〔谱〕五十张。至金处诊，取药，"达"碘钙，脉搏八十跳。至某海晤劭及建功。会事无消息。晚访启明。天凉，时雨时霁，入晚晴。

6月4日　星期二

上午将ㄦㄌ、ㄟ三韵初稿录出，即归家。午，钱、马二、沈三、徐僧、陈援、徐耀、周二、袁同礼八人，宴沈二、唐兰、台静、黎子四人于42号。午后出前门还书账，明日端午也。富晋，廿元；文雅，五元（《二曲集》）；来薰，七十元，尚有六十元未付。又至商务购得以下二书：《　　　　》、《　　　　》。

至某海。西堂来谈。晚八时归孔德。

灯下写ㄞ、ㄧ两韵初稿。

隅卿有定制未取之书籍八，由我买下，价廿八元。

文楷斋寄来改正之错字七个，济了。

---

① 六部书均未写书名。

6月5日　星期三

上午为师写《勘误表》,付石印。因已印成七十部有误字者,当夹入书中也。

午回府。

午后浴。灯下作致师及子民两信。师——寄廿张《勘误表》去;子——问前信收到否?催刘半碑及刘申书序。今日报载简体字通过,表如左:①

黄昏得劭电,谓王世杰有电报来,云"简"已通过。表速,会裁事可细商云。

6月6日　星期四

上午回家。午至某海,晤黎、陈、汪诸君。我拟一复电,即发出,云表已编成,十日当将清稿送至,会乞维持云云。午后在海。晚与劭"雅"于来今雨轩。晤郑西谛,他说高梦旦来平,寓他家中(高日前曾来访我,未遇)。他拟九号晚约高、钱、黎、卓君庸、林宰平在来今雨轩一叙,之数人者,皆提倡简体字之人也。

决定十号前将表稿写一清稿,由黎、汪二人代〈带〉京,不遽写正本者,因一则时间来不及,二则恐尚有更改也。书名定为:——《最常用简体字表》,初稿约三千字,当再删之。

6月7日　星期五

今日写清稿丫、乙、厶、世四韵。至金处取药,"达"灰碘针。晚吴处士赏我饭于大美。

6月8日　星期六

今日写帀、儿、丨三韵。

6月9日　星期日

今晚写乃、乁、乂三韵。

晚,刘半农夫人宴年来对于半农之丧襄助之人于撷英(天华夫人亦宴襄天华之丧之人,在一起也)。

6月10日　星期一

今天写凵、幺。

---

① 《简体字表》原文未录。

6月12日　星期三

浴、剪发。

6月13日　星期四

《简体字表》草案脱稿,共△△△△字。晚,约劭"雅"于同和居。

6月14日　星期五

上午九时至下午二时,将某表注红字写完,中间尚停顿两三次,而头孔胀矣!二时半到东车站,将清稿交黎、汪。因头脑不宁,故未送他们到月台,即归孔德躺卧。五时顷,回家一行。六时访启明,十时归,即睡。

6月15日　星期六

今日精神仍不佳,午回家,三强适归。二十天不见他了,他已经考完了。下午房车奶奶来,知他已将房卖去,今日来通知也。

四时顷,至金处诊视,因头脑不宁,问他,他说脉搏甚平,验血压则忽升至一百四十七糎(此联〈连〉日来工作较紧张之故)。注射△△△△(退血压)针。又因旬日内大便不通畅,故服泻药。至来薰阁,购得罗印之《俑庐日札》以归(甲戌去年印)。本欲购容庚翻印本,无之,故购此。

6月16日　星期日

上午十时顷,忽得孙伏园来电话,知日前到平,约今日至苦雨斋,因诺之。十一时回家。即至周宅。连日闷热,不好过。今日午后阵雨,凉爽矣!甚好过。晚仍骗周饭而归。

6月17日　星期一

北大本届未上一点钟课,而此系必修科,不能不结束。因为日前托天行送每人一本《古韵廿八部之音读》,今日只好出一题,仍是第一学期所讲者:

"近代学者研究古韵发明甚多,如——

(1) 据《说文》中形声字以言古韵,

(2) 明古韵有对转,

(3) 知入声诸韵当独立,

(4) 考古韵之读音。

上列四事,试述其发明者及主张者,并关于△△△之著作。"(题文有改动,俟卷子来,当改正)。

午回家。

下午访天行,交题与彼,骗其夜饭。张成孙之《谐声谱》,近由叶揆初印出(据张氏父子稿所编定之本)。天行得到一部。我因函托幼渔,去托叶清漪去要也。揆初为清漪之犹子行也。

6月18日　星期二

午回家。

午后至金处取药,"达"灰碘也。

至某海一视。

五时,到公园长美轩,因上午电约孙伏园往"雅"也。菜贵而不佳,食及半,刘廷芳忽来,他只吃了一瓶可口可乐,忽代惠钞,结果他无端花了七元多钱矣!甚奇。园中甚凉,两件布衣还觉"翠袖",大类中秋时。

6月19日　星期三

上午浴。午回家,下午在家。晚餐后九时顷方回孔德。今日未做甚事。

6月20日　星期四

取数月以来郑友渔寄来之刘书印片,清理之。计年余以来,已印成五十余种。午回家。午后七时回孔德,得黎、汪航空快信,催将简体字偏旁表火速寄去,谓十五晚到宁,十七日下午见王。简体字要先挑若干字制铅字。十八、十九两日,由黎挑选写印,廿日起讨论。王、段、张、吴(研)及部员一二人、潘尊行、赵、黎、汪诸人也。会事尚未有眉目云。

灯下即取前析之偏旁续弄之,前曾弄"丫、乙、㔾、丰、而、儿、丨","丨"尚未毕。今晚弄"丨、丂、乁、乂、凵、幺、又、弓"。甚倦即睡。

6月21日　星期五

昨宵不安眠。晨六时起。将ㄅ、兀、乙三韵弄完,再略睡。而师大毕业生王绪勋来。吴文祺来。将午,将此诸片依韵序叠好。午后二时回家吃饭。三时到某海。四时到师大文学院办公处,开教务会议,毕,回孔德。八时起写《最常用简体字偏旁表》,至夜半一时毕。明日可寄出矣!今晚仍不安眠。

6月22日　星期六

精神甚不振。上午略清书桌,即到邮局将《偏旁表》寄出,明日有航空也,云明晨飞航,过午即可到宁云。邮资一元九毛二分也。午后至金处,取药,仍注射碘钙。又因两旬来痔疾大发,每便必流血,且甚多,取黑色的药水以归。至某海,睡了一小时许,头脑更昏胀矣。四时顷回家,房东之叔有〈又〉领人来看房,云未卖成云。

6月26日　星期三

取药。

6月27日　星期四

晚得劭西寄来他手写石印之《简体字草案》,加了些体,多半我不赞成。

6月28日　星期五

今晨一时顷,有汉奸白逆坚武,衔其洋爹之命……①

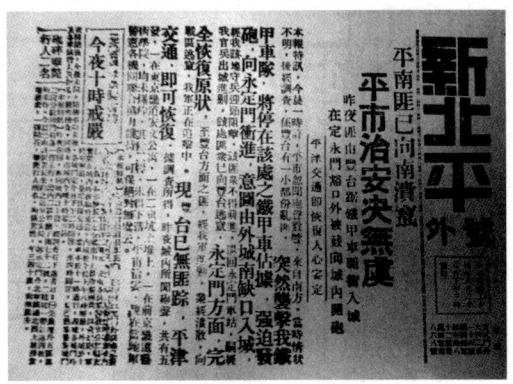

6月29日　星期六

晚郑友渔赏饭于森隆。

6月30日　星期日

　　黄侃——天王

　　汪东——东王(杨秀清)

　　钱玄同——南王(萧朝贵)

　　朱希且〈祖〉——西王(冯云山)

　　吴承仕——北王(韦昌辉)

7月1日　星期一

　　上午将《左庵题跋》整理竟。

　　董鲁庵来。

---

① 原文未完,后贴"民国二十四年元月二十八日下午三时发行之《新北平号外》剪报"。

午刘容季(师颖)(申叔弟),宴我及郑友渔、赵羡渔、张重威于来今雨轩。彼今年四十岁,与我初次见面也。将《题跋》交与郑氏。食毕约二时顷,散,忽头脑不安,急归孔德。五时顷浴,浴毕觉头面甚热,手足指冰凉,又大不适。七时回家。晚饭食粥。在庭中纳凉,至十一时,渐好。因九时起即戒严,未往孔德,即宿家中。

7月2日　星期二

上午十时半回孔德,仍不甚适。即至师大取薪。至金处诊视,血压一四六,注射降血压剂,又取药。至师大文学院一行。通电话与黎,知黎、汪于今日上午十时顷归平,即往。探知:简体字表——最后王世杰将采用《论语》《太白》《政艺》专选俗体数百文,刻铅,而草体式(未完)

7月3日　星期三

灯下起草在今〈京〉五董会(钱、周、沈三、马二、马四)致蔡校长函稿。此稿本由周作,周要我作,故也。为袁良不但不许中学男女同班,并且不许同校,他要把各中学之女生,迁往彼之"女二中"也(市党部遗址)。

7月4日　星期四

上午至某海,与劭、汪商新会事,决定,一一〇〇〇元之数,只办三书:(一)《国语普通辞典》;(二)《国语标准辞汇》;(三)《注音汉字字典》。

午张寿林赏饭于来今雨轩。

下午回孔德。

傍晚回家一行。晚餐后回孔德。灯下修改公函稿。

7月5日　星期五

午与启明二人,约沈三、马二、马四、蓝至东兴楼吃饭,商公函稿,并拟电致蔡。晚毕回府一行。

7月6日　星期六

上午作致蔡函,明日当与公函同用航空快递也。又告蓝公,请其将公函再抄一封,由蓝函寄尹默,托其在申函促蔡公也。

午回府。

下午至金处取药,"达"碘钙。

至某海。

与劭"雅"于来今雨轩。

7月8日　星期一

　　上午浴。午回家。午后至某海,与黎、汪商国语推行委员会事。今晚稻孙因其三女亚澄与刘子植文定,婠、雄均往,我因病未往。

7月9日　星期二

　　天阴,时有小雨,大概昨宵受凉之故,今日精神甚疲。午十一时至西车站,因与婠约定,在彼午餐,移时雄亦来,餐时至东车站送稻孙之行也。彼除幼子端信,幼女亚满外,皆行。新姑爷刘子植亦去,闻即将在东京结婚。刘下半年任燕大教授,八月中即将归也。车系一时十五分开。我到车站时,约十二时五十分。站了一会,觉心慌足软,只好不待开车而先行矣!至待车室少憩,即至金子直处诊视,换药,换针(无有砒素之针),因略贫血。至某海再与劭商新会事,与彼"雅"于同和居。九时顷归。甚疲即睡焉。

7月14日　星期日

　　晚访启明?①

　　(因唐兰请也,故推考之)。

7月15日　星期一

　　取药。

7月16日　星期二

　　用航空发致尹默信,二事:(1)孔校男女分事;(2)挽蓝。

7月18日　星期四

　　将部来之(十七?十八?)《简体字表》寄还,又附去《管见》及说明。国语推行委员会的聘书,七月十六日南京发,七月十八日到北平。

7月19日　星期五

　　今日来学生要分数者有数人。

　　又看了几十本卷。下午四时,将分数单亲送至注册课。

　　取药。

---

①　问号原有。

7月21日　星期日

上午得启明寄来尹信,谓可向蒋方去一信(用董事会出名),再向沈致函陈布雷,托其说明,以期釜底抽薪,此意甚好。

午回家。

午后五时顷访岂明。

7月22日　星期一

将尹信交信差送马二、四、沈三三处一看。午回家。午后到某海,晚与劭"雅"于来今雨轩。

归见三公批示,均说"可"写,但须我起草。灯下即起之,用董事七人出名,蔡、沈二、周、马二、马四、沈三、钱。

7月23日　星期二

午前回府一行。即至广林春,王善恺赏饭也。午后即回孔德,因约马二、四、沈三、周及蓝,在孔德会商信稿。毕与周、劭两人"雅"于公园长美轩。十时归,极累,即睡。

7月24日　星期三

晨起将某信缮就。午后二时半,始将各位图章盖就,尹默信写就,交蓝去发快信,始回家吃饭。见妻妹徐世学女士来。她是来考清华与女子文理学院的,今年廿五岁。少时苏甘亦来。我与苏甘陪她往背阴胡同医学院,来检验体格,报名。因时已过,由苏甘陪她回家。我往某海。晚与劭在某海,出今年师大试题。自下午起即阴,时有雨,黄昏大阵雨,某海不能出,只好雇汽车。归入孔德大门至卧处,沟浍皆盈,衣履尽濡。

日前托岂明向日本玉英堂书店定购:《草书大字典》(即《草露贯珠》),九元,寄费一囥四十六钱,今日寄到,合中国钱八元一角六分也。比扫叶山房的好多多了(但扫叶非据此,实据原本)。

7月25日　星期四

午回家。知世学妹昨晚寓吾家。今日上午已由三强与苏甘同往验体格,报名。午后四时,她与三强同至清华,她欲访其友许□□① 女士也。四时访幼渔。

热,闷,潮。下午至晚,时有雨。

---

① 原缺。

世学衣履朴素,幽娟贞静,且甚劬学,手不释卷,沉默寡言。她是要学生物学的。徐氏无人材,她殆□乎！其兄世大曾留学国外,任工程师。其姐在河南做工程师,年卅余未嫁人。徐氏有如此人,可敬也。

7月26日　星期五

热,闷,潮。

上午浴。午回家。

午后回孔德,抄南京用的师大试题。晚六时携至长美轩,因黎、易二人均在来今雨轩吃饭也。黎、易均来取,谈(易明晨行)。

7月27日　星期六

热,闷,潮。

上午回家一行。午至某海。因热,午后昏卧。与劭谈谈。本拟写新会之牌,竟未能写。晚六时顷,至长美轩,坐下才一刻钟,阵雨忽至,亟行,循廊而出,遇赵老铁紧随于后,我低首避之,彼仍紧随,真所谓"惹厌当知己"也！归后,灯下将廿四年度功课、人选大致排好。

7月28日　星期日

热,闷,潮。

上午九时顷回家。十时至市党部街,开"国语推行委员会"成立会。五常委(汪、钱、黎、陈、魏)均到。毕,聚于华美,并宴国语印刷所经理(?)李实(子青)也。食毕觉头不适。毕,至金处,不在家,请其学生葛某验血压,仍144,脉也不快,遂归,不出门,神疲思睡。下午有阵雨。温度八十三至八十间。

7月29日　星期一

今日较昨稍凉。头仍不宁。上午至金处看病,换药,注射碘钙针。剪发,浴。

午回家。午后至某海。欲书招牌,而歪斜不成样,因止。与劭商聘罗雨亭为教授事。尚未决定,明日当再与商之。晚访岂明。因头不宁,汽车归。

7月30日　星期二

午至某海,甚疲倦,睡着了好一会。因目眚书牌字歪,故另以纸请 Miss 张画格。下午三时劭来,与劭决定聘罗雨亭为教授,由我函罗雨亭,劭明日亲往与罗雨亭商定。

晚与劭雅于庆林春。今日未回家。

7月31日　星期三

仍疲,时时思睡。上午浴。午回家。购开明排印之明《六十曲》,预约价十八元,再以介绍券打九折,十六元二角。交秉雄往定,他亦购一部。五时顷回孔德。孙伏园来,今日他与瞿菊农、黎季纯赏饭于东兴园。客为黎大、老白、老谭、天行、和森、伊见思等人也。

得师大送来雨亭聘书,知教授已得,薪280元,很好。然劭告我,我与他均大疏忽,原来廿四年度之教授,并不减钟点(初谓减原来之十二时为十时),于是黎、高、罗三人皆少了二时,高只能加足二时,黎无办法,罗只能减为八时,而少送80元,变为200元矣!

在家中得刘容季寄来申叔少年事略,及其叔父富曾所撰申叔墓志名〈铭〉,此为向所未见者。富曾原来是十足遗老,盖竟作"清故△△"扬子刘君之墓。文中"仪征"称扬子,文中有"仪"(儀)字,避讳作"儀",辛亥以后,均用干支纪年,文芜杂不合法,盖遗老茅塞其心,例应如此也。刘家世系列左:

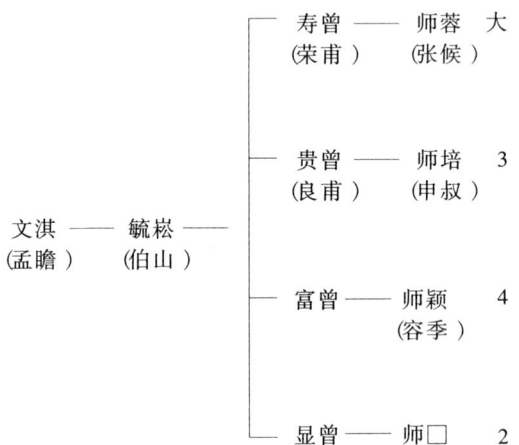

8月1日　星期四

上午李美芳、高崇培来,皆饭碗问题也。汪震来。日前闻今日《ㄊ会将宴"东北△△处长及副处长李锡恩、周天放于来今雨轩。案此无异于平津当局宴土肥原也。《ㄊ会割让若干房屋与"东北处"。日前黎、汪交涉之结果如此,今天还要请他,实觉可气,但亦姑往。至则始知误也,乃晚饭也,那就恕不了。

思劭西缺二小时,然彼本学年代我带方眼竟〈镜〉,则可援院长兼系主任之例,少教两小时,来解决此问题。昨宵曾以此意写一函致李云亭。午后至某海。与劭商,得其同意,遂发出,告西堂,雨亭只能排八小时,月薪280减为200也。七时顷回家。又晤世学。黄昏苏甘来。十时顷回孔德。

8月2日　星期五

上午陈光垚来。

写快信致罗雨亭,促其速来。

午回家。午后至某海,写招牌四块:"教育部国语推行委员会";"⋯⋯国音字母讲习所";"⋯⋯国语速记讲习所","⋯⋯国语印刷所"。

晚与劭"雅"于大美。寄孙海波信,请其担任一年级"文字学"二小时。

"左氏为太官《北堂书抄》引作太官厨,《公羊》为卖饼家。"此魏钟繇语,见《三国志·魏·裴潜传》注引《魏略》。

8月6日　星期二

下午至北大取钱。

8月12日　星期一

上午五时,师大以汽车来接。八——十一时考国文。

8月19日　星期一

上午至师大开"招生委员会",评定新生第一试成绩。

8月20日　星期二

午张西堂、刘盼遂赏饭于大美。未往。

8月22日　星期四

晨六时,学生又以汽车来接,今日复试:八——十,"国故思想概要";十一——十二,"名著解释";二——四,"国文法"。十时顷倦甚,即在图书馆中假寐两小时,午饭亦未吃。二时半即归家。汪老爷来电话,谓得张星舫快函及电,一定要我写324个第一批简体字,虽不愿,只好允之也。但因孔累,故未往海。

8月23日　星期五

晨九时至师大口试新生,五十一人,由钱、高、黎、罗四教授口试,十一时毕。午招生委员会宴于玉华春。今日破例往,前数次均恝不。下午至某海。

晚李蒸钱英文系主任杨伯屏(他要到川大做文学院院长也)于忠信堂,招陪,亦破例往。今日未回家。午后在海复电张,允写。

8月24日　星期六

今日起,阅师大之南京两次试卷及北平之第二次试卷。我阅北平之"国故",仅三分之一,头昏胀之至,心跳,只索罢休也。

8月25日　星期日

上午浴,毕,回家一行。

午,宴邀先于东兴楼,主三、客四。主三——钱、马二、周。客四:——朱、马四、许季茀、沈三也。

三时,至师大阅卷,仍未完。五时归。

8月26日　星期一

上午至师大图书馆,将卷阅毕。仅北平之"国故思想概要"四十八本耳,三次方看毕,而头每次必胀。噫！南京、上海的"名著",由西堂看。平、京两处之"名著解释",由张、罗两君分看。两处之"国文法",由黎独看也。午后即不复至师大。归寄宿舍,率二仆往二〔房〕东处收拾。五时归家。八时浴。

8月27日　星期二

上午检取郭鼎堂之书,有十一种之多也。

颇凉。午回家。午后四时至中央公园。日前约左列六人在公园同生摄影也:玄同、幼渔、兼士、季市、遏先、岂明,皆章门也。摄毕雅于长美轩。归甚倦。

归家时,知房东今日将来取房租,待至四时,未来而出之也。

郭鼎堂的书十一种(不知尚有遗漏否,记出版之年月)。

《中国古代社会研究》,一册。

《甲骨文研究》,二,一九三一年五月(民廿)。

《殷周青铜器铭文研究》,二,一九三一年六月(民廿)。

《两周金文辞大系》,一,一九三二年一月(民廿一,昭七)。

《金文丛考》,四,一九三二年八月(民廿一年,昭七)。

《金文余释之余》,一,一九三二年十一月(民廿一,昭七)。

《卜辞通纂及考释》,四,一九三二年五月(民廿二,昭八)。

《古代铭刻汇考》,三,一九三三年十二月(民22,昭八)。

《古代铭刻汇考续编》一,一九三四年五月(民23,昭九)

《两周金文辞大系图录》,五,一九三五年三月(民24,昭十)。

《两周金文辞大系考释》,三,一九三五年八月(民24、昭十)。

8月28日　星期三

　　晨八时，吴文祺来，云将往暨南大学为教授，师大辞。

　　十时顷回家，知房租昨日已取走矣！午，罗莘田赏饭于东兴楼，请逖先也。同座者为逖先、立庵、兼士、季茀、夷初、幼渔、叔平、黄仲良、陆颖民。同时罗雨亭赏饭于大美，只好不去了。雨亭、西堂、盼遂诸人均好赏不相干之人吃饭，今日有马叔平，这又何必！

　　午后回孔德，头胀、脚酸之至！躺躺、动动，略略清理案前之书。晚上到〈倒〉好些。

8月29日　星期四

　　上午十时至师大教理学院校长办公室，开招生委员会，决定最后之去取。国文系以四十八分以上为正取，四十八分以上〈下〉，四十五分以下〈上〉为备取。计开：

　　北平：正二十二，备九。

　　南京：正三，备二。

　　共：廿五，十一。

　　本学年较前两年略宽，一系可以取至卅人。国文系省送者有六人。省送者往往甚差，或有不及格止能作试读生者。至平、京两处，当有不来者，故多取了一名。一时半毕事，与劭雅于西车站。

　　今日叫公差往糊二房东之窗，三时往视，已毕，干干净净，整整齐齐，可理书矣！

　　回家适值刘子植新夫妇自东京来，见及，他们不日即须赴燕大，子植为燕大副教授也。

　　晚浴，十一时归孔德。日前郑友渔送来油印《外集》目录，灯下检对，还差得很多也。

9月1日　星期日

　　女娲，木，伏羲，华胥履迹，怪生皇牺。

　　火，神农，有神龙首，感"女登"于常羊，生"炎帝"。

　　土，黄帝，母曰"附宝"，感大电绕枢，生"帝轩"。

　　金，少昊，母曰"女节"，黄帝时有大星如虹，下流华渚，女节意感，生少昊。

　　水，颛顼，母曰女枢，瑶光之星，如霓贯月，正白，感女枢，生黑帝颛顼。

　　木，帝俈，其母不见（夏曰，谓无可考）。

　　火，尧，母庆都游三河之首，有赤龙负图出，庆都读之，风雨奄然，赤龙与庆都合婚，龙消不见，生尧。

　　土，舜，母"握登"，见大虹，意感而生舜。

　　禹，母曰"修纪"，命星贯昂，修纪梦接，生禹（宋衷注，命使之星，谓流星也）。

商(契)。
周(弃)。

	(德)	(母)	(神)
青帝(灵威仰)	木,伏羲	华胥	迹《孝经钩命决》
赤帝(赤熛怒)	火,神农	任己	龙(同上)
黄帝(含枢纽)	土,黄帝	附宝	大电《河图握拒》
白帝(白招柜拒)	金,少昊	女节	大星《帝王世纪》
黑帝(汁光纪)	水,颛顼	女枢	瑶光之星《河图》
	木,佸	××	××《帝王世纪》
	火,尧	庆都	赤龙《春秋合诚图》
	土,舜	握登	大虹《诗含神雾》
	金 夏禹	修纪	命星(命使之星,谓流星也)《孝经句[钩]命决》
	水 商契	简狄	燕卵《吕览·音初篇》
	木 周弃	姜源	巨人迹
	(水 孔子	徵在	黑帝)《春秋演孔图》

9月1日　星期日

上午至市党部街,开"推委会"第二次常委会。午共"雅"于西黔阳。三时访孙蜀丞,借得他所购得之《高邮王氏父子》以归。内容:

(念)《刘端临遗书》序

奏摺

　　《与丁参士书》,附……①

(引)《家父……》②

傍晚回家一行。

9月2日　星期一

午回府,闻房东又率人来看房,声明要卖了。

下午访魏天行,将五卷及《昭代手简》第一册,及《形声类篇》交之,备印也。五时顷至某海。晚与劭雅于同和居。

---

① 原文如此。
② 原文如此。

9月3日　星期二

上午回家。午后浴。晚宴刘氏新夫妇于家,叫淮阳春三菜。九人:刘子植、钱清之亚澄字、钱端信、钱亚满、钱玄同、徐媌贞、钱秉雄、钱三强、钱德充。

9月4日　星期三

午回家。午后至某海。晚与劭"雅"于来今雨。热,不能做事。

在来今雨晤吴文祺,知其六号走。

9月5日　星期四

昨宵不安眠。上午至师大取薪。至某海。午回家(午后不知者也)。

9月6日　星期五

(不知者也)。上午浴,剪发。下午赴某海,取功课表,预备排课。

9月7日　星期六

晨十时回家。雇汽车访各教员,接洽功课也,皆西城也。(一)杨遇夫,(二)罗雨亭(雨亭病疟),(三)孙蜀丞,(四)高阆仙也。午后至某海。归,排功课表,未济。

9月8日　星期日

上午浴。午回家。看钱氏《复堂日记》。

晚五时访天行,取回孙藏手卷,即往孙处还之。

晚七时吴蕙兰、石砳磊、陈羲先、江学琛男女士赏饭于蓉园。同座者皆他们昔日之师:高阆仙、徐耀辰、顾竹侯、黎劭西、邓高镜。尚有一伪国人,傅绍芗也。

　　．邓 黎．
　　　．
　　　．
　　顾 徐 高

9月9日　星期一

下午至某海,晤孙子书,他赠我以△△△《△△△△△》,其中有关于俗音韵阐微事也。

9月10日　星期二

午回家。下午至某海,将课表交黎。罗雨亭来。晚访启明。

9月11日　星期三

上午八时至师大,监印题目。监场仍由劭也。考三样:(一)"国故思想概要";(二)"名著解释";(三)"国文法"也。

今日颇凉,下午有雨,只七十二度至七十度也。午与劭雅于撷英。二时访罗雨亭,并晤希白、海波及△△(?)。希白劝我将二千余字表印出。为表明异于部颁之三二四字故,拟再稍订正即印,当再与劭商之也。五时回家一行。黄昏觉冷,身惫,即睡。

9月12日　星期四

今日为我四十九岁生日也。

昨天大风阴霾,今日骤觉寒冷。昨日尚在六十度以上,今日仅六十度,入晚低至五十八度。白天仍有大风,曇时多,见日时少,晚七时顷风止月出。今日为旧称中秋,晚间皓魄当空,清辉凝眸矣。

上午整理衣物,收席不用矣!

午回家。今日刘子植、钱清之夫妇请客会亲,偕婠、雄同往,在翠华园(王府井大街)。吴二帅所开者,故与东兴楼及同和居相同也。

同座者为:袁大?、章演群、包尹辅、徐森玉(媒)、钱玄同、谢刚主(非亲,甫与徐森玉从广西回平)、包乾元、钱秉雄诸人也(女客恕不)。食毕回家。五时许叫同生来摄一全家五人之影(八寸),自己亦摄一影(六寸),即回孔德。蔡先生来信致孔德董事会辞职,并附启事,灯下录出。黄昏甚觉寒冷。

今日房东方面来人,言房确已卖,卖与南桂馨(馨远堂?),退还八月廿日所付房租,从今日起,可再住两个月,即至十一月十二日也。

从今日起至明年(此时)今日应办之事(改良以前):

一、日记不可间断,必须详备。

二、简体字及草书书必不间断的做,务期做完。

三、必须把书大理竟。

四、必须将历年两大试卷看完。

五、来信等必须复,并须早复,以前旧债应偿及能偿者排日偿之。

六、以前未了之工时〈作〉当排日理楚(如刘申叔书之类)。

七、关于闰母。

9月13日　星期五

上午十时徐传夆来,因欲其子绪昌赴苏,往章氏国学讲习会听讲,嘱我作介绍书与太炎师也。

午回家。

午后至某海。

徐绪昌来,将介绍书交之。

在某海中补阅师大四年级生两人卷廿二本,因亟欲分数者也。

晚与劭雅于大美。

甚倦早睡。

今日无风,在六十五度左右,所谓秋高气爽之日始于今日也。

(附:致太炎师信。)

弟子钱玄同敬白:

菿汉师左右。八月中奉书嘱任《制言》半月刊撰稿人,并寄得邮费十元,收悉。因师范大学适在招考期内,颇为忙碌,故未能即作答,仅复《制言》社数语,云九月初当上书函丈,想彼已转诉矣! 兹有南阳徐君绪昌,欲入国学讲习会听讲,属玄同作介。徐君以前肆〈肄〉业北大研究所国学门,喜治文辞,曾任中学国文教员数年,读书虽多而苦不得条理,意欲奉身师门,专力国故,以期深造。玄同知其人颇谨厚,且志趣可嘉,故乐为介绍。敬祈进而教之,幸甚,幸甚! 稍缓当再肃书,详陈一切。敬祝杖履康疆不暨。玄同再拜言。

廿四年九月十三日。

9月14日　星期六

上午浴。看陶诗。

午后二时回家。四时顷访天行,与之同"雅"于淮阳春。今日又热一些,下午可衣单(前晚及昨晨我已穿厚呢袍子矣),七十度也,但无云无风,秋高气爽,好天气也。

本日师大开教职委员会,审查省送学生成绩。劭说我不必到。我日前已将功课表排好交劭,下星期起签名亦即由他签。我从今日起,算真休息了,唯历年试卷,尚须早早看完,给注册课。从下礼拜起,应进行者四事:

(一)关于简体字;

(二)理书;

(三)阅师大试卷;

(四)关于刘申叔之书。

今晚又〈约〉建功"雅"的时候,忽觉头目又不宁,盖由下午未躺卧,又说话过多也。

9月15日　星期日

今日天气又暖些,七十度,但甚爽,并不出汗也。

午回家。午后至二房东家开始理书,今日先将杂志理出,叠了三箱,尚未完全理出,更未整清也。捡出仲甫之《字义类例》,此书搜集简字时有用也。又程明超(子端)用"上左行草"书之《自叙》及《了三得一经》一册。太炎师跋语,不以左行为非,庄久诚则竟主张横行矣!可见民国初年之开倒车,尚远不及今日之烈也。捡出《辅仁学志》,记孔子生日事如左:

孔子生之年月日:

ㄅ、依《公》、《谷〈榖〉》:周灵王廿年,鲁襄公廿一年己酉十月廿一日庚子。

ㄆ、依《史记》:周灵王廿一年,鲁襄公廿二年,庚戌十月廿七日,庚子,改为建寅之历,则为八月廿七日,今普通所用者即此。

《辅仁学志》第二卷第一期(一九三〇、民十九,一月出板)中有常福元氏之《孔子生日之国历日期》一文,依《史记》说,用格勒奇里历(不用儒略历)换算,为:公元前,五五一年,民元前二四六二年,九月二十八日。又案孔子卒于周敬王四十一年,鲁哀公十六年,壬戌。此《史记》与《左氏传》及"续经"所同,庚戌至壬戌,应为七十三。《史记·孔子世家》云:"孔子年七十三,以鲁哀公十六年四月己丑卒"是也。若依《公》、《榖》,则自己酉至壬戌,应为七十四岁。而小司马云:"若孔子以鲁襄二十一年生,至哀十六年,为七十三。若襄二十二年生,则孔子年七十二。经传生年不定,使夫子寿数不明。"不知如何算法?周敬王四十一年,鲁哀公十六年,壬戌 = 公元前四七九,民元前二三九〇年。(孔子卒后应从公元前四七八年算起)。康有为用《史记》说:《强学报》第一号(见戈公振《中国报学史》第四章第十页后插图,首题:"孔子卒后二千三百七十三年,光绪二十一年,十一月二十八日。"案是年为乙未年,公元一八九五年。1895 + 478 = 2373。若从《公》、《榖》,则孔子卒后纪年不成问题,而生年则需加一年也。其后康氏改用孔子生纪,用《史记》说;《孔子改制考》序,作于光廿四年戊戌,为公元一八九八年,云孔子生二千四百四十九年,1898 + 551 = 2449。孔子生卒两种纪年之用的时候,始于公元一八九五康氏编《强学报》之年,终于一九二七康氏卒年(梁等祭康文尚用孔子卒后字样,自此无用之者矣)。昔人凡用卅三年,今表列如左,以备参捡:

公元	民元	干支	清年	孔生	孔卒后
一八九五	前十七	乙未	清光廿一	二四四六	二三七三
一八九六	十六	丙申	廿二	二四四七	二三七四
一八九七	十五	丁酉	廿三	二四四八	二三七五
一八九八	十四	戊戌	廿四	二四四九	二三七六
一八九九	前十三	己亥	廿五	二四五〇	二三七七

一九〇〇	前十二	庚子	光廿六	二四五一	二三七八
一九〇一	十一	辛丑	廿七	二四五二	二三七九
一九〇二	十	壬寅	廿八	二四五三	二三八〇
一九〇三	九	癸卯	廿九	二四五四	二三八一
一九〇四	八	甲辰	卅	二四五五	二三八二
一九〇五	七	乙巳	卅一	二四五六	二三八三
一九〇六	六	丙午	卅二	二四五七	二三八四
一九〇七	五	丁未	卅三	二四五八	二三八五
一九〇八	四	戊申	卅四	二四五九	二三八六
一九〇九	三	己酉	宣元	二四六〇	二三八七
一九一〇	二	庚戌	二	二四六一	二三八八
一九一一	前一	辛亥	三	二四六二	二三八九
一九一二	元	壬子		二四六三	二三九〇
一九一三	二	癸丑		二四六四	二三九一
一九一四	三	甲寅		二四六五	二三九二
一九一五	四	乙卯		二四六六	二三九三
一九一六	五	丙辰		二四六七	二三九四
一九一七	六	丁巳		二四六八	二三九五
一九一八	七	戊午		二四六九	二三九六
一九一九	八	己未		二四七〇	二三九七
一九二〇	九	庚申		二四七一	二三九八
一九二一	十	辛酉		二四七二	二三九九
一九二二	十一	壬戌		二四七三	二四〇〇
一九二三	十二	癸亥		二四七四	二四〇一
一九二四	十三	甲子		二四七五	二四〇二
一九二五	十四	乙丑		二四七六	二四〇三
一九二六	十五	丙寅		二四七七	二四〇四
一九二七	十六	丁巳〈卯〉		二四七八	二四〇五

若用《公》《穀》记孔生,则应较此表加一年。

灯下检春间所借卓君庸之:

(宋)郭雍书《△△△△△》,实非郭雍书,当是后人临郭雍者,或竟是后人用章草书郭雍之文。

(明)周履靖书《骆宾王与程(?)① 将书》。

(明)阳焕书《宋玉对楚王问》。

抄录之,其章草之体,足借参考也。未毕。

9月16日　星期一

因拟为师大之《教育与文化》九一八号题郑所南诗,捡梁任公与欧阳竟无之两种刻本(编次不尽同)观之,并记其郑所南年表如左。又因想起邓牧与彼同行,因做一郑、邓年表如左:

郑所南之年:

一二四一	辛丑	宋理宗淳祐元	先生一岁
一二四二	壬寅	理宗淳祐二	二
一二四三	癸卯	三	三
一二四四	甲辰	四	四
一二四五	乙巳	五	五
一二四六	丙午	六	六

邓牧生

1岁	一二四七	丁未	七	七
2	一二四八	戊申	八	八
3	一二四九	己酉	九	九
4	一二五〇	庚戌	十	十
5	一二五一	辛亥	十一	十一
6	一二五二	壬子	十二	十二
7	一二五三	癸丑	宝祐元	十三
8	一二五四	甲寅	二	十四
9	一二五五	乙卯	三	十五
10	一二五六	丙辰	四	十六

---

① 原文如此。

11	一二五七	丁巳	五	十七
12	一二五八	戊午	六	十八
13	一二五九	己未	开庆元	十九
14	一二六〇	庚申	景定元	廿
15	一二六一	辛酉	二	廿一
16	一二六二	壬戌	三	廿二
17	一二六三	癸亥	四	廿三
18	一二六四	甲子	五	廿四
19	一二六五	乙丑	度宗咸淳元	廿五
20	一二六六	丙寅	二	廿六
21	一二六七	丁卯	三	廿七
22	一二六八	戊辰	四	廿八
以上咸淳集 23	一二六九	己巳	五	廿九
(无诗) ⎧24	一二七〇	庚午	六	卅
25	一二七一	辛未	七	卅一
26	一二七二	壬申	八	卅二
27	一二七三	癸酉	九	卅三
⎩28	一二七四	甲戌	十	卅四
《太义集》⎧29	1275	乙亥	恭帝德祐元	卅五
30	1276	丙子	德祐二 端宗景炎元	卅六
⎩31	1277	丁丑	景炎二	卅七
32	1278	戊寅	景炎三 帝昺祥兴元	卅八
《中兴集》⎧33	1279	己卯	祥兴二	四十
(按实至辛巳)⎩34	1280	庚辰		世祖至元十七
35	1281	辛巳		十八 四十一
36	1282	壬午		十九 四二
37	1283	癸未		二十 四三
所南文止于是年				

38	1284	甲申		二十一	四四
39	1285	乙酉		廿二	四五
40	1286	丙戌		廿三	四六
41	1287	丁亥		廿四	四七
42	1288	戊子		廿五	四八
43	1289	己丑		廿六	四九
44	1290	庚寅		廿七	五十
45	1291	辛卯		廿八	五十一
46	1292	壬辰		廿九	五二
47	1293	癸巳		卅	五三
48	1294	甲午		卅一	五四
49	1295	乙未		成宗元贞元	五五
50	1296	丙申		二	五六
51	1297	丁酉		大德元	五七
52	1298	戊戌		二	五八
53	1299	己亥		三	五九
54	1300	庚子		四	六十
55	1301	辛丑		五	六十一
56	1302	壬寅		六	六二
57	1303	癸卯		七	六三
58	1304	甲辰		八	六四
59	1305	乙巳		九	六五
(邓牧卒)60	1306	丙午		十	六六
	1307	丁未		十一	六七
	1308	戊申		武宗至大元	六八
	1309	己酉		二	六九
	1310	庚戌		三	七十
	1311	辛亥		四	七十一
	1312	壬子		仁宗皇庆元	七二

1313	癸丑	二	七三
1314	甲寅	延祐元	七四
1315	乙卯	二	七五
1316	丙辰	三	七六
1317	丁巳	四	七七
1318	戊午	五	七八卒

午回家。

午后又至二东家理杂志,又装了四箱,仍未毕。居然清出一本《天义》第十三、四号合册(1907年十二月出版)(丁未),及二十年前从《东方杂志》第三号上剪下来的刘文一篇《论孔教与中国政治无涉》。《东方》系转录甲辰三月之《钟》也。黄昏甚惫,不能做事。

9月17日　星期二

晨起为师大出版之《教育与文化》之"九一八"号题字,写了一首郑所南诗(《心史·中兴集》):《二砺》二首之一

　　愁里高歌梁父吟,犹如金玉戛商音。
　　十年勾践亡吴计,七日包胥哭楚心。
　　秋送新鸿哀破国,昼行饥虎啮空林。
　　胸中多誓深于海,肯使神州竟陆沉!

应编辑人熊仁安(名梦飞)之请也。

十时至北大领欠薪,从本月起,以前什么都不算了,惟廿三年三、四、五、六月者尚算,每月发半薪,八个月发完(本年八月至明年二月也)。至二东家,把杂志又装了三箱。三日来总算把杂志全理出了,以后当一种一种分别叠出也。

一时回家。三时至某海。得张星舫信,知324个部颁简体字已另觅人写矣!很好,很好。这三二四字,我老实不愿写,我志不在此,我须编草书也。晚与劭"雅"于同和居。灯下清理郑送书申叔文。

9月18日　星期三

上午清理案头书物,即出浴。午后三时回家。四时回孔德。将六月廿三日所编之《刘申叔遗书总目》重写一过,改用表式,较为明晰,即当付油印也。凡书七十七种,拟订七十册。晚七时访幼渔,十一时归。觉甚惫。

9月19日　星期四

午回家。

午后二时顷至某海。晚与劭"雅"于来今雨轩。九时归孔德。

今日精神甚惫,头胀,手足胀,晚餐时又觉头目不宁。晚便血甚多。

9月20日　星期五

上午刁汝钧来,谈敦煌变文俗字谱事。他以前著有此书,去冬我向幼渔借得稿本,他今日来取回,云将修正出版也。

将刘书总目表完全弄好,明日将发交油印。

午回家。

下午四时顷回孔德。

六时至撷英,李云亭赏饭,盖开馆酒也。入晚头目又不宁。

9月21日　星期六

庞静亭言,孔德今日将开关于注音符号教授之研究会,因社会局指定孔德为北平试验注音符号四小学之一也,甚好!但庞又言沈三老爷反对吾校教G.R.此实荒谬之至,非反抗不可也。上午十一时回府。

午后一时许,应吴处士之约,至鸿春楼与彼相会。缘葛郎玛刘之助师书刊资一百元,日前已交来,曾函约处士拟往访之。其复函曰:"弟于星期六午后一时至三时在鸿春楼饮茶,请届时到彼一谈。"故往也。往则见躺在躺椅上,翘起只腿,慢慢吸烟,真是小布尔模样也。将刘钱交与。知汪、黄之钱亦已来,然则齐矣!印售之书,初云一百部,嗣云一百五十部,及至文楷斋一问,则二百部也。不管究印若干,总之苏州只寄二十部去也。问其何以出售之书于《广论语骈枝》封面之后半页打 承吴仕印 ,云系文楷斋来打"余杭章氏板权钤记"时,彼不在家,其家中人误打 刊年 下 :吴:印 耳!二时顷至文楷斋,因出钱人分书,蓝印者虽已来齐,而黑印者未来,故特往交印,凡需三十九部也:钱₃、周₃、高₃、沈₃、朱₃、刘₃、黄₂、许₂、任₂、刘₁(凡24,归我分配)。吴₃、马₃、黄₃、汪₃、潘₃(凡15,归吴分配)。索兴〈性〉印五十本,共十一部,则马、周两公云尚要(刘叔雅亦有信致吴云要也),故多印之。此则自己出钱印,照印价算也。

五时至金子直处诊,注射エナルモン(Enarmon せзYルП),云可医疲倦也,又取安神经药。至某海。张西堂来谈。晚七时至新陆春,孙蜀丞赏饭也。

归,得《制言》半月刊第一期(此文适之曾刊入《独立评论》第102(23.5.27出版)、103(23.6.3出版)两期中,我曾去信问他借此原迹来看也)。又适之借我谭复生《上欧阳瓣薑书》原迹影片,共廿六页。瞻先哲先烈思想革新时七千字之长函手迹,真可葆爱也,拟托北平图书馆用△△板复制一通。

9月22日　星期日

十一时回家。十二时至42号,因昨与劭约,今日至此处聚餐也。食毕至市场购纸。四时顷回孔德躺卧休息。因天暖(室内七十三度,身惫也)。晚七时到大陆春,傅介石(岩)赏饭也。他新近被汪老爷考取编《普通词典》也。归后觉精神甚惫,不能作事。

9月23日　星期一

十时顷浴,剪发。连日天气过暖,今日与昨日相仿。浴时看《老残游记》二集,止六回,良友△△△△出版,为林玉堂所表彰也,未毕。午回家。午后至某海一行。阅《申报》,知何键反对简字。简字本无甚价值,此324文尤觉太陋,本有些莫须有,但如何键者,非以委员长之威临之不可也。晚六时顷访启明,借得《越谚》之作者范寅之日记九本,开列如左:

名为《事言日记》(案:盖取左史记　、右事〈史〉记　之意。)
第一册,光三、丁丑七月晦(大小当查)——九月十六。
　二　丁丑九月十七日——十一月五日。
　三　丁丑十一月初六——戊寅(光四)正月十四。
　四　戊寅正月十五——三月初六。
　五　戊寅三月初七——六月廿一日。
　六　戊寅六月廿二——十一月初五。
　七　戊寅十一月初六——己卯(光五)三月十九日。
　八　己卯三月廿日——七月廿二日。
　九　己卯七月廿二〈三〉——十二月廿八日。

随手翻翻,忽见其第七本己卯(光绪五)二月十四日记云:"途遇龚定孙(注)即前署□□① 县念袍按当作匏之子,据称亦往留下寻地,二十边仍回上海。"按孝拱似卒于戊寅,定孙为孝拱之侄,此行寻地,殆葬孝拱欤！记之以俟考。

今日思草书偏旁,应以有条例者为正则,不合条例之习惯体,自应作为例外,但又有虽不合条例,而前人习用,在应用时虽理论上要混,而事实上一用一否者,亦可通融,但不算正体耳,如:

　　幕　　应作芖或 ![字]，但前人有作芅者如蓍、筆、茥等,如此则幕可作芇,说文虽有——蓿字,但极罕用,不必管。
　　从桑与从枽皆作枀:枀 = 葉、颖 = 颡,如是则噪、喋均可作喿矣！此则可分为喿(嗓)紫也,(枀亦可——且当——作枀。从贲与贲之字,则贲与赍(或癸……)

---

① 原文如此。

9月24日　星期二

上午访蓝、李两公,告以小学须先编一本无汉字而单用注音符号者一册,部令如此也(载九月十四日《语周》)。午回家。下午回孔德,清理了一架书(二——五时),惫甚。晚吃粥。昏昏欲睡。

今日阴,时飘小雨,凉矣!

上午将打字机付修,需十一元。

9月25日　星期三

上午十时回家。十一时至直隶书局购得:

尚秉和《历代社会状况史甲编》。

石印《金圣叹全集》。

午后至某海,见刘书总目六张已写完,即付印。印四十份。

晚郑友渔赏饭于来今雨轩,共四人:钱玄同、黎劭西、赵羡渔、郑友渔。

九时回孔德,将《金集》与《风雨楼丛书》中之《贯华堂才子书汇稿》(孔德藏)对勘,知为一物,而石印本反较风雨楼本略多(《杜诗解》)也,共十种:内书六(1)《杜诗解》、(2)《古诗解》、(3)《左传释》、(4)《释小雅》、(5)《释孟子》、(6)《批欧阳永叔词》(外书三)、(7)《通宗易论》、(8)《圣人千案》、(9)《语录纂》(杂篇一)、(10)《随手通》。

头胀,心怔忡,血涌之象。

9月26日　星期四

十时回家。午至某海,为李蒸写祝北洋工学院卅周纪念之匾。文曰"智创巧述"。在海与西堂谈天。略阅范寅日记十余页(从头看起)。

心怔忡,有血涌之象,殊苦。

如此秋高气爽之好天气,竟因病不能做事,殊苦也。七时回孔德。

9月27日　星期五

上午十时至某海,因吴老头儿来平,今日开第一次年会也。五常委(黎、钱、魏、陈、汪)均到,在平委员会尚有颉刚、适之两人,颉刚适离平,适之上午北大有课未来。午雅于同和居,适之亦来。我们在某海请吴叟写字,他给各人各写了一句七言诗,我的是:"蓬莱文章建安骨"也。下午至中华书局,购得《明人尺牍》:——中有……诸人信也。

三时顷至金处,血压高至150,"达"降血压之针,并取药,他说累是血压高之故也。

四时再至某海,八时回家,即宿家中也。夜半约二时——五时睡不着,殊苦!

9月28日　星期六

　　晨食油条豆腐浆,觉甚鲜美。

　　十一时浴。午后精神不振,未出门,晚在孔德煮粥而食之。

　　随便翻阅报纸。

　　灯下阅廿年来崔师之信,拟撕下付裱(廿年前曾把它贴在一本报纸印之空本上,报纸将碎矣!且尚有未订入者)。

9月29日　星期日

　　上午拟绍兴方音注符,未成(拟一草案,质之启明),并想继续做湖州的,想请劭西做湘潭的,大虎做长沙的,总之吾侪力所能及,做一种是一种。十一时回家。十二时高老爷赏饭(同座者为陈哲甫多年不见矣、余秉豫、钱玄同、黎劭西、刘盼遂、杨遇夫、孙蜀丞)于新六〈陆〉春。食毕,即回孔德,将三十年来章师之信共六十七封(中有八封致先兄者)理好备裱。自三时至十时,将此六十七封信再细读一过,如对故人,庶几"博奕犹贤"之义乎!晚仍吃粥。孔累也。

9月30日　星期一

　　头胀,精神不振,不能看书、做事。

　　午回家。

　　午后至某海。晚归孔德,看《越谚》。

10月1日　星期二

　　上午草一绍兴音表,初稿,若完要修正也。

　　午回家。

　　午后三时回孔德,未出门,拟一闽音符号表(三月中拟定苏音后,曾略拟一表,久搁未弄,今日继续弄之也。),除国音字母外,及二、三月所添定写苏音字母七个(巳、幺、丫、丄、ㄩ、ㄇ、兀)外,拟先添十六个,如左:

	(闽)	(罗)	(际)
单7 {	凵	Ü	ɥ, ɥ
	ㄝ倒せ	É	e
	ㄝ	Ï	ɨ
	ㅏ	Ú	ʉ
	人倒Y	À	ɐ
	Ⅺ变×		ɯ
	ㄛ变ㄅ	Ò	ɔ

$$\text{复}3\begin{cases}ㄨ & \text{ÖI} \\ ㄏ_{(才)} & \text{OI} \\ ㄐ & \text{ÒI}\end{cases}$$

$$\begin{matrix}\text{n} \\ \text{声} \\ \text{随} \\ 4\end{matrix}\begin{cases}ㄔ_{倒ㄢ} & \text{ÈN} & \text{εn} \\ ㄐ & \text{ÖN} & \\ ㄩ_{(坤)} & \text{ON} & \text{on} \\ ⼡_{(川)} & \text{ÒN} & \end{cases}$$

随 ŋ1 声 ㄱ 倒ㄥ　　　ÖNG

声的韵 ㄢ 3 加直　　　N

赵表中有 凸、父、今、公、乑（似可用 ㄥ）、凸、乑 诸音可用 ㄐ 下同 曰 未用、巛 仍可分用 尢 ㄩ 两母、H 未用、艹 未用、开 未用（无耕韵有）、ㄐ 即丰。又儿母前已兼作声母 r（拼西文）用，今拟更作声母[1]用（在中国方言中），凡方音中读儿、耳、二诸字，无论是 [əㄗ]，是 [ㄗ]，是[1]，一律用ル。（译西文音则[1]皆当译ㄐ，不得译ル，西文读末了之[1]，可若[l°]也，如法文。

草成元音图六张（分中 囗、囜 韵）、（单、复-I、-u、声随-n、-ŋ 奥元音）共十二图，凡相近之音合用一母。但 ᵻ(z)、ᵾ(r)、ɯ(ㄡ) 三音极少用，仅于单元音图中设闺音，余如 ɪi，ɪu，ɪn，ɪŋ，ɐ；ᵾi，ᵾu，ᵾn，ᵾŋ，ɐ；ɯi，ɯu，ɯn，ɯŋ，ɯ；十五音均从略。又 yi、Yi 两音及 yu、Yu 两音恐非常用，故亦从略，必要时，似前两音可用 ㄨ，后两音可用 ㄨ，或径拼 yi、Yi 为 凵 l，yu、Yu 入为 凵 x 亦可，或将来再增字母亦可。又设元音，及阳声韵随国音走，国音惟-i、-u 及-n、-ŋ 四类特制字母，故闺母亦特制。至方言中之-m，及入声-p、-t、-k 则径用-ㄇ、-ㄆ、-ㄊ、-ㄎ 拼矣。又假如设元音，方言有-y，则亦用-凵 法拼之。

10 月 2 日　星期三

上午将方音韵表誊清一份，拟交劢。

午回家。

午后至某海，在海拟一方音声母表，凡我所知之奇怪方言，如陕西之 pf 等均收入。惟中国音所无者，如 θ、ð 等不列。除苏音已加九母外（ㄩ、ㄆ、ㄇ、ㄈ、ㄐ、ㄗ、ㄙ、ㄨ、凵）又加了十九母，共 28 母也：

　　　（注闺）　　　　　　（罗）　　　　　　（际）

　　　　ㄱ 倒ㄈ　　　　　　　　　　　　　　φ

一九三五年

幺倒万		ß
冂(口加)	MV	ɱ
勹ㄅ变	PV	pf
勺ㄉ浊	BV	bv
支ㄆ变	PF	pf ˇ
冃P浊	DZ	dz
乇增	Ḋ	t
飞乇浊	DH	ɫ
屮增	Ṭ	t ˇ
乜(女)	Ṇ	ŋ
出ㄓ浊	DJ	dʒ
业ㄓ变		tʃ
IK止浊		dʒ
丁彳变		tʃ ˇ
几增		ʃ
凡凡浊		ʒ
下T浊		ʑ
阝(邑)增	Q	ʔ

晚与劭"雅"于来今雨轩。九时归。途遇雨。归灯下写定辅音表,至夜半一时顷始济。

10月3日　星期四

上午九时半始起,将前、昨所拟之闰母整理一过。计(连苏母计)共添——声母廿八,韵母廿三,共五十一母,连国音字母四十一个(连ㄬ计),共九十二母,其中声母五十二个,韵母四十个也。

午回家。下午浴。

灯下写方言字母说明书,节要录左:

方音字母共五十一个:

　　声母　廿八个,

　　韵母　廿三个。

(1) 声母廿八：

ㄅ、ㄎ、ㄠ、ㄉ、ㄆ、ㄅ、冂、ㄅ、兀、ㄏ、ㄐ、下、モ、中、乇、屯、ㄓ、业、ㄡ、止、ㄦ、凡、冂、云、ㄈ、ㄨ、曰、阝

(2) 韵母廿三：

ㄩ、人、ㄜ、巴、丁、ㄚ、开、ㄨ、卜、乇、キ、卞、夂、巛、止、干、包、上、ㄩ、ㄈ、冊、万、兀。

(2) 此五十一字母形体之来源如左（苏表已用者十六母，以 * 记之）。

(a) 新选笔画简少之字为之者凡十四：

声母五：乇、中、屯、ㄣ、阝

韵母九：*、卜、乇、キ、夂、巛、干、上、ㄩ。

(b) 取国母而改其体者凡廿七。改法有三：

(一) 倒，凡六母：

声母二：ㄎ、ㄠ

韵母四：人、开、包、ㄈ

(二) 变，凡十母：

声母四：ㄅ、ㄆ、业、ㄡ。

韵母六：巴*、丁、ㄚ*、ㄨ、卞、止。

(三) 加，凡廿一母

声母十七：

ㄅ*、ㄅ*、ㄅ*、兀*、ㄏ*、ㄐ*、下、乇、屯、出、凡、曰、云*（此十三母为浊母）。冂、ㄈ*、ㄨ*、ㄩ*

韵母四：

ㄩ、冊*、万、兀*

(3) 这五十一个方音字母，加上国音字母四十一个（连帀计），共九十二母（一〇九）

九十二母：声——五十二（方加十七），韵——四十

拼列先后从国音之次（国黑、方红）

(a) 声母五十二（国廿四，方廿八）方加十七══六十九。

一，ㄅ、ㄆ、ㄅ、冂、ㄎ、ㄠ。

二，ㄉ、ㄆ、ㄅ、冂、匸、万。

三，ㄉ、ㄊ、ㄋ、ㄋ、ㄌ。

四，巛、ㄎ、兀、兀、ㄏ、ㄏ。

五，ㄐ、ㄑ、ㄐ、广、丁、下。

在一组可合 { 六，乇、中、玉、屯。
七，业、彳、出、尸、日。

八，业、ㄡ、止、ㄣ、凡。

九，阝、ち、冂、ㄙ、乙。

十,ㄈ、ㄨ、ㄩ。
十一,ㄅ
(6) 韵母四十(国十七,方廿三)
　　一,ㄐ、帀。
　　二,ㄚ、ㅅ、ㄛ、ㄣ、ㄒ、ㄜ、ㄓ、ㄧ、ㄝ、开、ㄨ、ㄏ、ㄑ。
　　三,ㄞ、ㄟ、ㄅ、ㄨㄍ。
　　四,ㄠ、ㄡ。
　　五,ㄢ、巛、ㄨ、ㄣ、干、ㄅ。
　　六,ㄤ、ㄥㄩ、、ㄥ、ㄈ。
　　七,ㄦ。
　　八,ㄧ、×、ㄩ。
　　九,ㄇ、ㄋ、ㄤ。

(先低次高,先后次前,先圆唇次不圆唇。)若依同音新韵排列,则为左:)

一,ㄚ、ㅅ、ㄛ、ㄣ、ㄒ、ㄜ、ㄓ、ㄧ、ㄝ、开。
二,帀、ㄦ、ㄑ、ㄧ、帀、ㄅ、ㄅ、ㄨ、ㄍ。
三,×、ㄨ、ㄅ、ㄩ、ㄐ、ㄠ、ㄡ。
四,ㄢ、巛、ㄨ、ㄣ、干、ㄅ。
五,ㄤ、ㄥ、ㄩ、人、ㄈ。
六,ㄇ、ㄋ、ㄤ。

又弄至夜半一时顷方完,明日万不可再如此,恐血压又将高也。

国音字母之标准的读法不用再定,此方音字母亦当定一标准读法,再加上些可通融的读法,标读证明,下再加(　),其中乃是通融的读法也,如左:

声母: 28 + 17 = 45。未注(　)中音ㄇㄉ。

ㄅ	ɓ(pɦ、bɦ)
ㄆ	
ㄇ	Φ
ㄈ	ʙ
ㄉ	pf
ㄊ	pfh
ㄋ	bv
ㄌ	ɱ
ㄍ	d
ㄎ	g
ㄏ	ʁ(ɣ,ɦ)
ㄐ	dz
ㄑ	z

飞　t
中　th
飞　ɖ
毛　ɳ
出　ɖʐ
业　tʃ
ㄋ　tʃh
ㅣK　dʒ
ん　ʃ
凡　ʒ(ʃh)
冃　dz
乙　z(sh)
ㄱ　j
乂　w
ㅂ　ɥ
卩　ʔ

韵母廿三
凵　u,ɥ(应读 ɥ*)因帀读ㄩ，不读乁也。
丫　ɐ
ん　a
巳　æ
丁　ɔ(ɑ,
ㄚ　oe(ø ɵ,
开　e
乂　ɯ
卜　ʉ
七　ɨ
丰　ɔi(ɒi,
下　oi
夕　oei
巛　ɔn(ɒn,
ㄩ　on
干　oen(øn,ɵn,õe õ ɵ̃)
包　ɛn
丄　ɔŋ(ɒŋ、ɔ̃,ɒ̃)
ㄩ　oŋ
ㄈ　oeŋ(øŋ,ɵŋ,

ㄇ　m.
ㄋ　n.
ㄦ　ɖ

10月4日　星期五

上午记：

① 关于舌尖韵：

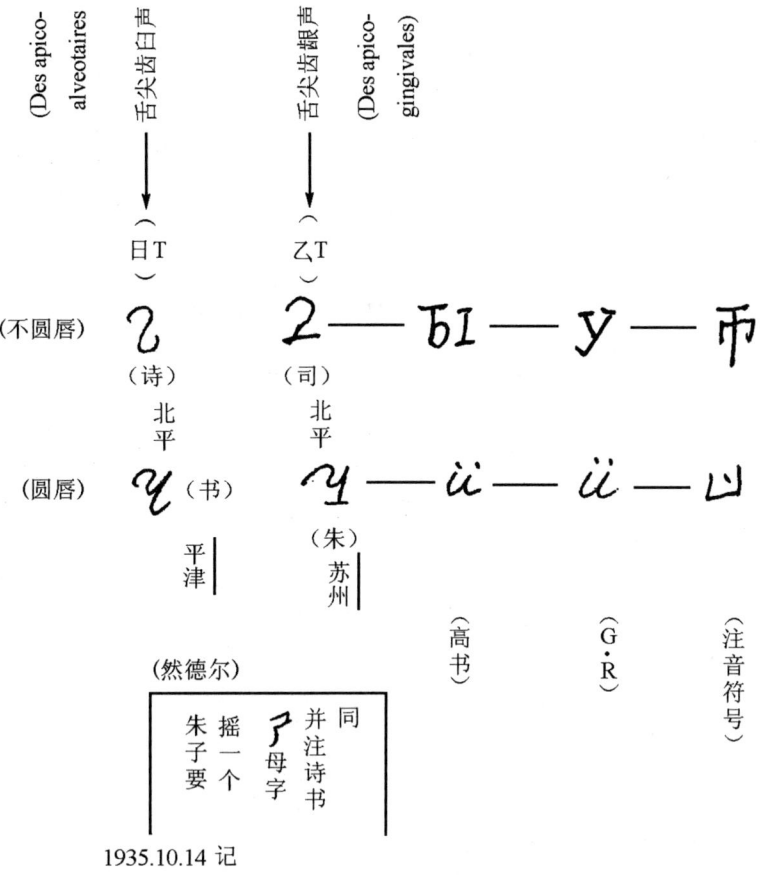

1935.10.14 记

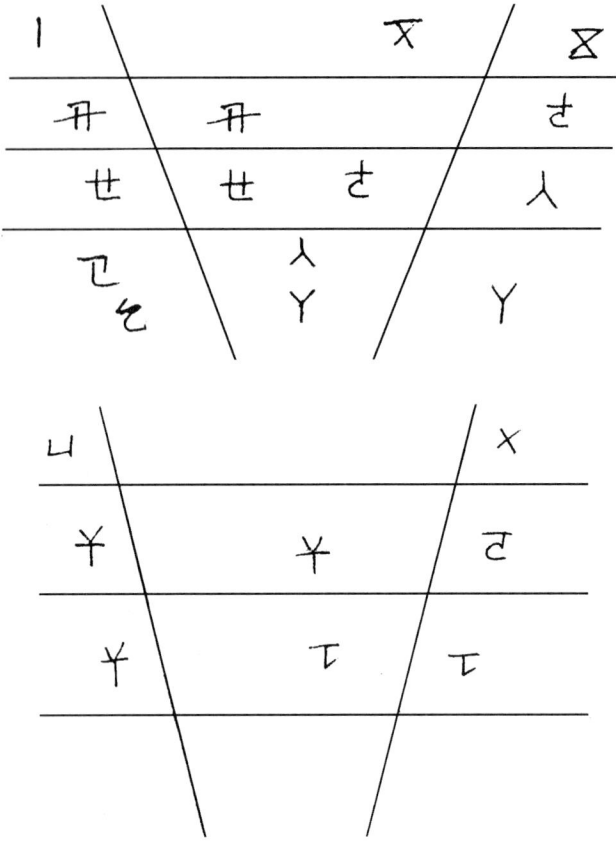

② 《智灯难字》

(1) 谢启昆《小学考》卷廿四,"李氏阳春:《难字智灯》(我按:当即《智灯难字》也)《澹生堂书目》二卷,未见。"

(2) 翟灏《通俗编》卷卅八,"近造字"条:揭盖曰撎,音鸟。掀起曰撬,音轿。皮起曰𬀩,音窍。弃掷曰甩,一作 撶 ,环去声。俱见《智灯难字》。

③ 范寅《事言日记》第四本:

(戊寅二月十二日记)托子美代向王锦尚借《智灯难字》一本。

(十三日)查对《智灯难字》,郦伯卿(此处似脱一字)近日坊本甚模糊。王锦尚新刻本多讹字,荐卿向沈瑞德堂借到一本,系咸丰初年宁波汲古堂翻刻之本,虽错,尚有道理。且(以下未写)①

(同日)手钞《智灯难字》,此书虽粗俗,然文人非特不能写出其字,且不识其

---

① 原文如此。

字,难字诚难矣哉!盖非通品宏(弘?)①儒,不能著此书,乃作者一片热肠,先觉雅俗。坊间翻刻辄误,今更讹以传讹,无从推测。慨此书之将没也,爰将借到三本,以沈瑞德堂一本为主,磨勘手录而校正以存之,俟有力,当刊以济世。

(十四日)潘紫卿来,托伊寻乾嘉年间《智灯难字》。

(廿八日)校写《智灯难字》。

俞正燮《癸巳存稿》卷三《书难字后》之《难字》,非此书,文首即曰:"金山曹君同福,宛平王君堂同集字一册,题曰《难字》,皆取之学堂字书,欲持以难塾师者。余览之,多不识,审视之,则十九误字也。"

午回家。下午至某海。

10月5日　星期六

午回家。下午至两大取薪。至金家取药"达"针。至某海。晚与劲雅于淮阳天宝城。劲谈闽声母中塞,塞标之送气音亦应制浊母。我又觉得吴声边声亦应制清母。归,灯下制之,未成。

10月6日　星期日

午回家。下午四时回孔德(修打字机)。晚八时再回家,因今晨大、五两儿去逛长城,需明晚方归也。家中无人,故宿家中。

黑印章书,今日送来。

灯下在家中改成闽声母表,总计所添四十五个(二日所拟为廿八,此多十七个,旁记O):

---

① 原文如此。

又修正闰韵母廿三为廿四。(一)加 ㄐ;(二)改 凵 为 不;ㄤ 为 乙。韵母暂不讲究,俟声母配定,再弄。想了一个办法,即清变浊,浊变清,声变韵,韵变声,皆取加一笔为记。故前拟之字母,冂改 ㄩ 也。又ㄑ、ㄓ、ㄔ、ㄕ可不制新母,即取ㄅ、ㄊ、ㄣ、ㄊ倒书作ㄕ、ㄗ、ㄢ、ㄓ可也。

10月7日　星期一

上午回孔德,记可采之语为左:

宋平子之言《春秋》之三世:

　　据乱——专制改进主义。仲弓、荀子演之。
　　升平——共和主义、立宪主义。子游、孟子一派演之。
　　太平——无政府主义。庄氏一派演之。

见《书宋季邓文行先生〈伯牙琴〉后》(一九〇八、戊申、光卅四,四十七岁作)。

其《卑议》自序谓(此序作于光廿三,丁酉,一八九七,卅六岁):

　　颜元,接子夏之传。
　　黄黎〈梨〉洲,接子游、孟子之传。
　　(拟再加《经世报》之言)。

午约劲雅于来今雨,交昨日修正之表。晤赵叔辅。下午四时至某海,晚八时再回家。大、五两儿已安然到家矣!他们精神极满饱,可喜也。苏甘弟及世学妹均来。觉头不宁。仍宿家中,十时顷即睡。今日未研究闰母问题。

10月8日　星期二

上午回孔德。精神甚惫,午后觉头脑不宁。往金处,注射降血压药。晚归,觉稍好。再改声母表:定为六十四声母,不加一个新的。(六日之表,已只剩凵(止)浊、屯(屯)浊、几(凡)浊阝四母(连浊七母)矣!今思 g、ʤ、ʃ 等至 ts、ʂ 等注音符号中,实不必分(前分之故,沿赵表也),则几、凡、又可省。亾万与尸日以清浊不同母,大可分化之。因此将日前之表之 ㄐ 改 ㄧ,而止凵改 ㄩ ㄐ,又昨日二母有关,故将日母变形,改 ㄓ 屯为 回 ㄖ。又阝母改 ㄐ 为 ㄣ 以当之,如下:

ㄅ ㄆ ㄉ ㄊ ㄖ ㄇ ㄧ

ㄌ ㄈ ㄅ ㄊ ㄓ ㄑ ㄈ 万

ㄅ ㄊ ㄅ ㄊ ㄢ ㄋ ㄌ ㄌ

《 ㄎ ㄍ ㄑ ㄤ ㄫ ㄏ ㄈ
ㄐ ㄑ ㄒ ㄡ ㄏ ㄣ ㄒ 下
ㄋ ㄗ ㄞ ㄓ ㄩ ㄇ ㄓ ㄔ ㄓ
　　　ㄔ ㄕ 日
ㄗ ㄘ ㄕ ㄎ ㄙ ㄜ
ㄣ ㄦ　 ㄣ ㄨ ㄩ　ㄐ

共六十四母,正廿五(连儿计),闰卅九。儿母本"九年大全"中认为兼作声母者,故列入。此表中无新添之字矣!

10月9日　星期三

今日天暖,精神较差。

上午十时回府一行,即出浴。三时再回府一次,即至某海,将所改定之正闰声母抄一清底,交与劭西,此项大概定矣!晚与劭雅于大美。

又思此六十四母,以标我拟之四十一纽读法,甚够用。

(唇){邦、滂、并、明——ㄅ、ㄆ、ㄆ、ㄇ
　　　非、敷、奉、微——ㄈ、ㄈ、ㄈ、ㄐ

(舌){耑、透、定、泥、来——ㄉ、ㄊ、ㄌ、ㄋ、ㄌ
　　　知、彻、澄、娘——ㄅ、ㄗ、ㄓ、ㄨ、ㄇ

(齿与龈){精、清、从、心、邪——ㄗ、ㄘ、ㄘ、ㄙ、ㄜ
　　　　　庄、初、床、山——ㄓ、ㄔ、ㄔ、ㄕ、
　　　　　照、穿、神、审、禅、日——ㄐ、ㄑ、ㄑ、ㄒ、下、ㄏ

(喉){见、溪、群、疑——ㄍ、ㄎ、ㄍ、ㄫ
　　　晓、匣——ㄏ、ㄈ

喻、从、定、来似可列照后,声调亦近,然云、从、匣、来,又应列匣后,而影、喻、晓、匣列在一处由来已久,故仍以存此处为宜。

影——ㄅ

10月10日　星期四

今日天气返暖。精神异常不振,头胀、胸闷。午携秉雄至东安市场内头道街路北之集成西服呢绒庄,做西式裤(穿在长衣内者),价九元三角四分。

午回家。

下午欲访友。马二午睡,天行将至北大参加图书馆开幕典礼,启明想仍病,只好仍回孔德。取声母六十四文,欲与劳、潘诸书作一对照表。一动手始知做不好,盖如舌上、正齿、轻唇等,前人所言,均与我不合,无法比附,且白费心思,无裨实用,恕不了了。

今日报载,季刚忽于十月八日逝世,年五十岁(一八八六——一九三五),清光绪十二——民廿四,丙戌——乙亥,因之感伤。我与季刚相识在戊申之岁(查旧日记),自来因性情不相投合,论学亦多不相合,故多睽,然民四五间,论古今纽韵,得益甚多。平心而论,余杭门下才士太少,季刚与逖先,实为最表表者,若吴处士辈,腐恶兼具,何足算哉!

10月11日　星期五

上午得蔡先生挂号信,刘碑稿到矣!

午回家。

下午在家中。六时访马叔平,他于九日到平也。十时半归。

忽思新拟方言符号,究竟适用与否?非尝试不能知,因拟取高本汉《方言字典》中选八处方言,分抄两册,(甲)广州、客家、汕头、福州;(乙)温州、上海、南京、四川。一则试验字母之适用与否。二则看看如温州及闽、广等特殊方言中是否尚有必要增添之字母。三则借此亦可知温州及闽、广方言之大要。基此三因,故于今晚归来即开始写温——四之方言,写了东——之。

10月12日　星期六

上午抄微——废(温——四)。

午回家。午后访天行,询彼,知温州之 û,非有此母,乃或 u 或 y 未定之号也。骗其夜饭而归。在其家晚饭后,忽又觉头目不宁,略憩十分钟始宁。高氏书,罗常培上学年曾在北大教过。有课本,油印,今日从天行处借来。

《中国音韵学研究》,

　　高本汉著,赵元任、李方桂、罗常培合译。

卷下《历史上的研究》,油印本共三〇八页,另附△△页。(原书第二册第三三七页起)。卷上未译,灯下将其目录抄出,当即向北大讲义课购取,不知尚有全份否也?他们把高氏字母换写 I.P.A.,此法甚差。

10月13日　星期日

上午回家。午至撷英,赴高元白之宴。下午回孔德,抄罗氏讲义附录之瑞典方言字母与 IPA 一表,因油印本不清,故用高氏原书对之,然实未全。高氏字母太难写,不逮 I,P,A,惟分音较细耳,然用时亦不若是之细,是用 I,P,A 尽够也。灯下抄广州、客家、汕头、福州之入声音于一册:屋——薛。

客家之 K,有一部分变为 ȶ。

客家及汕头均间有失去尾音者,已渐同于中北矣!

汕头忽有一个浊声 ʒʒ (ㄇ),π之变也,先变广再变ㄇ,因思今日母之由 n →ɳ→ȵ→ɲ→ŋ,与此正同。广、ㄇ之间无ㄇ,则广下之间亦不必有ㄬ也。高说恐非。甚累。(J.F.注音符号。G.R.国语罗马字。I.P.A.国际音标。不必作 G、I。G.J.F.国语注音符号。F.J.F.方言注音符号)。

10月14日　星期一

上午回家。

今日下午因刘半农夫人请婠贞作竹林之游,并赏夜饭,故去看家也。下午抄广、客、汕、福之入声:药——合。灯下抄盉——乏,入声完。

今日《大公报》的《明日之教育》周刊中载有费俊升的《对于我国文字改革问题的启示》,小题《土耳其改革文字的经过》一篇,记凯末尔之文字革命,颇有用,因此事从未见有较详明之记载也。下午甚惫,昏昏欲睡,今晚宿家中者也。

10月15日　星期二

上午回孔德后,即至中华书局取《饮冰室合集》样本。因见报载此书行将出版,现在起购预约券,至年终止。定价四十元,预约二十元。凡订洋装四十册,△△十六册,△△廿四册。此望眼欲穿之书,竟能出版矣。快哉快哉!

下午至某海。

晚电询徐和尚于三时学会,闻已睡。为房事纠葛,欲请彼询南也。

10月16日　星期三

晨七时,和尚来访,托之。

午后浴,剪发。

四时回府一行。

六时与劭雅于 42 号,因彼今日赴女子文理学院演讲也。

10月17日　星期四

上午至二东家,找壬寅初刊之《饮冰室文集》未得,颇闷。午回家。晚向一亚一叫一边炉,至家中四人共食之。食毕,倦,宿家中。

10月18日　星期五

上午刘太太来,谈刻碑写碑事。

午至李二东家,最初本《饮冰室文集》找到了,癸卯年至湖州所购者,缺首三册,与数(似是廿二年,查日记)年前在北平所购者均找到,两本微有不同。刘申叔《中国地理教科书》第二册居然找到,当即送郑氏抄印。四时回孔德,即访幼渔,骗其夜饭。十时半回孔德。

10月19日　星期六

午回家。

午后至某海,《越谚》已剪贴完成,在海整齐其片次,备注音也。

晚回孔德,灯下又整理一部分,未毕。

孙子书送来《念劬庐丛刻》一部,共四本。二——四三本皆谭仲修丈之日记,极有用,系钱基博所印,非卖品,北平图书馆中有之,夏间曾借阅。托子书探之王以中(庸),王函钱,钱赠王,王托孙赠我者也。

10月20日　星期日

晨九时,内弟徐弼庭来,日来自绍来平,欲谋事也。适大、三两儿来。大儿正在摄影,因将予及弼庭、三儿三人同摄一影也。午,饭于淮阳春,共八人:叔岳徐○○子𬀪(所谓二十叔叔者,亦新来平做嬉客也),内弟徐世佐(弼庭),内弟徐世度(苏甘),内妹徐世学,主人钱玄同,内子徐婠贞,大儿钱秉雄,三儿钱三强也。食毕,他们去逛北海,我回家。于孔德晤赵万里,云南氏有允续住意。下午有李朝凤者来接洽此事(南方经手购房之人),云稍缓当再谈(有略加房租之说)。

傍晚精神孔坏。宿家中。

10月21日　星期一

心绪孔坏,头甚胀。十一时回孔德。下午三时至某海,理《越谚》片。五时与张西堂、周大虎闲谈以散闷,觉心稍苏。九时半回孔德,再理《越谚》片,仍未毕。

10月22日　星期二

上午理《越谚》片,仍未完。

午回家。

下午四时至北京图书馆访徐僧,托他再访南某商房事(不加租钱,从十一月十二日起)。又前借之之谭浏阳信,交徐请复写。五时访岂明,他送我两部书:

一《毛诗草木鸟兽虫鱼疏广要》,(明)毛晋。

二《草木诗校正》,(清)赵佑。

携《越谚》访彼数字之音,知:

唔孃　　ȵ—ȵ　ian　　广广丨尢

唔嬢　　m—mɔ:　　冂冂丁

俉俉　　n—n　　　　丂丂亡

唔乃	n̩—no	ㄋㄅㄚ
无有(唔)	n̩—ieu	ㄨㄣ ue
五(伍)		ㄇ

始知范寅书中虽止伍、唔二字,实四音也。绍兴不但有 m、n、ŋ,而且有 ȵ 也。是尚有ㄇㄅㄇㄏ四韵符号也。吾谓苏州"哑马"之"哑",依音便原则讲,当是 n̩—toʔ,非 ŋ—toʔ 也。湖州之代名词应如此:

我	ŋ	ㄇ
伲	ŋa	ㄇㄚ
唔	n̩	ㄅ
呐	na	ㄋㄚ
其	dji	ㄐㄧ
伽	djia	ㄐㄧㄚ

(附芝塘十月廿五日致饼兄信一封)。

饼兄:

范老虎书中所说不直曰某,音在歪、弯之间,顷忽想到,此乃ㄨㄤ音也,如铁火筋略弯则曰ㄨㄤ哉,其字实在盖是"横"耳,如说人凶悍无理亦云ㄨㄤ,正是同一理也。此外横字读音皆作 wŋ。蒋子潇之名想必有一"湘"或"沅"字,见有蒋湘培、湘南诸名,究不能知其为何?道兄如有所知,乞示及为幸。今晨送去信中忘记说ㄨㄤ,再寄此函。

十月廿五日早 芝塘拜白

10月23日　星期三

上午理《越谚》片,仍未完。

午回家。

午后三时至金处诊,因连日心绪欠宁,时觉血涌也,"达"碘钙针,取药,验血压仍一百五十也,云较上次略低一点儿。

至某海。晚与劭雅于同和居。晚归,知徐僧曾有电话来。又郑友渔曾来,云为房事。

10月24日　星期四

晨七时电询徐僧,彼云昨曾与李朝凤通过电话,彼意非略加不可,因云或须加至卅元。上午九时郑友渔来,云南桂馨于前日(应是昨日)召郑、李二人去,说不必加了,故郑来通知此事,不必加了,因即电告徐僧。数日来坏心绪于是平了。午沈士远忽来电话,即约其至42号吃西餐,午后二时毕。取修理之打字机归家。知媑贞大患感冒,即促其速往金处就医,她归来,知系气管炎,取发汗药粉及四日药水以归。说吃完后大概也就好了。下午起天阴,有雪花,细雨。我五时回孔德。入晚大雨,且有雷电。

10月25日　星期五

上午浴。

午后回家。媜昨宵服发汗药,大出其汗,今日松动得多了。晚拟《声母形体之说明》一篇。

得岂明信云:

"饼翁道兄:今日偶从书估获得一册光绪重刊本《游艺录》,读之颇有兴趣。除卷一讲天文实属不懂外,有好几条觉得殊佳,此人系龚定庵、俞理初之友,正是这一流人,序中说尊姓蒋,台甫子潇,不知其官印为何,想道兄当知之乎。他骂'今人古文',指出方、刘、姚三人甚合鄙意,其所称赞乃是二甫 汪容甫 陈恭甫 也,又'大儒五人'中云,汉以来只有"引号"五位,计开:郑元、黄道周、黄宗羲、戴震,及君家大昕,说亦颇妙,但又谓郐公编ㄆㄨㄛㄇㄨㄌ,只九千三百五十三文(ㄒㄧㄝㄥ),'盖汉代功令之文也',顾不知高明以为何如?敝人觉得新奇可喜而未敢信也。

　　　　　　　　　　　　　　　　　　　智堂拜
　　　　　　　　　　　　　　　　　十月廿日夜雨窗

10月26日　星期六

午回家。今日又往金处取药,"达"碘钙。

在海抄译"仙至凡"。归孔德抄"。歌戈麻,。萧宵肴豪,。尤侯幽,。汤唐庚耕"。

晚与劲"雅"于广林居。

日前撰挽黄联,今日改定如左:

　　小学本师传,更抽绎纽韵源流,黾勉求之,于古音独明其真谛。季刚学长千古

　　文章宗六代,专致力沉思翰藻,如何不淑,吾同门遽丧此隽才! 弟〇〇〇敬挽

10月27日　星期日

午回家。

今日下午三时,岂明之女静子与杨永芳在中山公园水榭订婚,余与媜贞偕往。秉雄亦往。五时毕再回府。李朝凤来,谓徐僧与订卅元云,实则彼欲藉口加房租耳。当告以南"市长"已托郑友渔来告我不长钱云,彼似略略软化矣!

十时回孔德,抄译广——福之-ŋ清、青、蒸、登、冬、钟、江、鱼、虞、模、支、脂、

之诸韵。

10 月 28 日　星期一

上午回家。

午约劭“雅”于来今雨轩。劭主张将元音一律制母，而复韵母与阳声则少制，他以为正式拼音除国音所有者外，宜拼为ㄛㄧ、ㄝㄨ、ㄙㄇ、ㄚㄋ、ㄒㄫ等，惟民众似应再添制〈置〉若干复、阳之韵。我大体亦同意，惟以为民众必不可四拼（广东入声四拼是无法之事），－m 系仍应制（劭以为－m 系可拼作－ㄇ），惟元音必须全制。甚是。我们拼韵，固可用正式拼法（ㄛㄧ、ㄒㄫ等），但亦可用简法（ㄤ、ㄥ等），惟简法用处太宽，每书之音，必有正式拼法对照方宜，兼之此是彻上彻下的工作，高之可作 I、P、A，用普通标音精粗皆有办法，普罗则必须粗也。劭亦以为然。

晚七时访启明，因于阅书中得蒋湘南传，借之也。归，改正元音图如左：

	尖			
升	帀	ㄒ	卜	㐅
半升		开	丹	ㄜ
半降	儿	ㄝ	ㄝ[ㄜ]	ㄊ
降		ㄈ 乙	ㄙ ㄚ	牛

圆

升	不	ㄩ ㄩ[ㄒ]	乂	ㄨ ㄨ[ㄒ]
半升		大	ㄋ	ㄛ
半降	丈	ㄚ	ㄒ	ㄒ
降				干

I U Y 三母，I.P.A.粗标亦用 i ü y，应用必无须分，记音亦然，在必要时则用加ㄒ号法。

从周处归，知郑友渔今日曾来，留条谓李朝凤处已与说定，一定是廿八元，决不再麻烦也。

10 月 29 日　星期二

上午用新拟之辅音元音标四十一纽（用钱拟音）及二百六韵（用高）。

得启明信，知范寅：生道光十、二、廿八，卒光绪廿二、十二、十二。汲古堂《智灯难字》，其家有之，但不全，已请启明转函其家寄来，不管多少，我都要也。来信者为范存奎,字海槎,当是其孙(当查其日记)。

午回家。

下午三时至北平图书馆访徐和尚,因李朝凤有卅元之麻烦,请彼向之说明南、郑已定廿八元也。谭复生《致欧阳瓣薑书》廿六张已照来,十元五角也。先烈思想革新时之遗札,极可宝贵,十元岂贵也哉!从此可常常宝玩矣,快哉!四时至某海。六时至金处取药,又"达"钙碘针。即回府,今晚宿家中,将微、齐、祭、太、佳、皆、夬、灰、哈、废、诏韵抄译毕。(止剩真——仙十四韵未抄译)。

10月30日　星期三

十一时回孔德。午电约劭雅于来今雨轩也,告以注音符号全谱有三用:

上、可代I.P.A.,为精廉之国货记音工具,此轻元音当全用拼合,虽国音之ㄞㄢ等亦宜分析。

中、为吾辈记方音及注民歌之用,分母与合母各有其宜,但即用合母,亦须用分音法来说明。

下、"义教"全用合母,但宜依国音条例,即(1)要标声调;(2)丨ㄨㄩ宜属于韵;(3)ㄜ、丨等不可省。

尚有最下者所谓民众教育,则更可相机为之,不标声调可,丨ㄨㄩ原声亦可,ㄜ丨等省亦可。

但此全谱,则包罗万象也。劭亦以为然。

五时顷回孔德,思前数日抄译高书之法太笨,现拟将彼之廿六处方音,除朝鲜、汉音、吴音、安南四处与中国无涉者,又北京音为国音,此五处除外,余廿一处单记其每韵之音,今晚先成"广、客、汕、福"四处,平、上、去一册,入声一册,其他拟合三、四、五处为二册。

雄来言李朝凤今日又至我家,说定每月廿八元,照旧不增,从十一月十二号起租,于是此问题遂圆满解决矣!

得幼渔寄示彼所编之《经学史讲义》目录及第一章。他笔墨比我更懒得多,今竟奋起编讲义,且用白话为之,余可不勉夫?不知这一学年中,我能否讲〈编〉一部分国音沿革讲义焉耳?

10月31日　星期四

阴,有雨意。午偕秉雄至东安市场集成呢绒西服部做秋季大氅,(不甚厚之呢,羽纱里子。因我所有者,极厚呢,而驼绒里者,本未能极寒时衣),价廿二元(料十二元,工十元)。回家。下午在家。晚上时至东兴楼,蓝、李、卢、王叔周四人请沈大也。同座为沈大、沈大夫人、沈二夫人,马二、马四、周、钱、沈三也。七时李圣章请沈大吃翠华园,沈大、周(未到)、江绍原、马二、钱、李云亭、徐旭、沈三、马四也。九时归。归纳昨宵所写"广、客、汕、福"之韵,未做完,倦极而睡。

师大今日开图书委员会，未往。

11月1日　星期五

阴雨竟日。

午回家。午后浴。

得季刚讣文，他——黄侃，五十岁。生——光十二、丙戌、二、廿九，卒——民国廿四、十、八。

决将福州之五个复元音之声随韵：——

　　　　　　aiŋ　　εiŋ　　auŋ　　ouŋ　　ɸyŋ
拼为——　　ㄞㄥ　　ㄟㄥ　　ㄠㄥ　　ㄡㄥ　　ㄨㄥ

将三拼之中间字母不是ㄧㄨㄩ而是其他之韵，此因复元音附声，本是特例也，且此五韵并无ㄧㄨㄩ者也。又后面本拟用ㄇ（为民众易解计，用ㄦ更好），但因ㄇ₃ㄇ₄，而ㄥ只ㄧ，故用ㄥ，好在决无 ai—əŋ 等音也。

又 un、uŋ 两韵，虽国音已用ㄨㄣ、ㄨㄥ，但仍宜另制两独母，因它们在方音中往往前拼ㄧ也。若 iun、iuŋ 为ㄧㄨㄣ、ㄧㄨㄥ，则再拼声母，势将成为四拼，且方音中 uŋ、uəŋ 两音宜有别也，故在与国音同音系之方音（如南京、四川）中固可照国音拼法，其余最好是：

　　　uən　　　un　　　　iun
　　　ㄨㄣ　　　ㄣ　　　　ㄧㄣ
　　　uəŋ　　　uŋ　　　　iuŋ
　　　ㄨㄥ　　　ㄨ　　　　ㄧㄨ
　　　　oŋ　　　ioŋ　　　uoŋ
　　　　ㄩ　　　ㄧㄩ　　　ㄨㄩ

ㄣ，于ㄣ中加ㄨ之ノ。

ㄨ，于ㄥ中加ㄨ之＼。

无 iuŋ 之方音中，un 自可拼ㄨㄣ。

又定苏之　　ɸy
　　广之　　ʮy(ʉü)　｝为ㄡ(久)
　　福之　　øy(öü)

前取ㄡ字，误也，ㄡ为 -i 系字，此为鱼、侯幽韵，宜用 -u 中之久字较合。

ən 作ㄣ，en(εn)作ㄅ

əŋ 作ㄥ，eŋ 作 z

赵氏 -ȵ 作ㄣ，-ŋ 作ㄥ 之法可也，因 -ŋ 本国音所无，凡国音所有者，韵从国音之系统为是。

今年来所谓外交事件、党国公事，实无此雅兴与勇气写他，故一概不写，惟今日阅《晚报》,见有下列之消息,则太奇,因剪贴如左〈下〉：

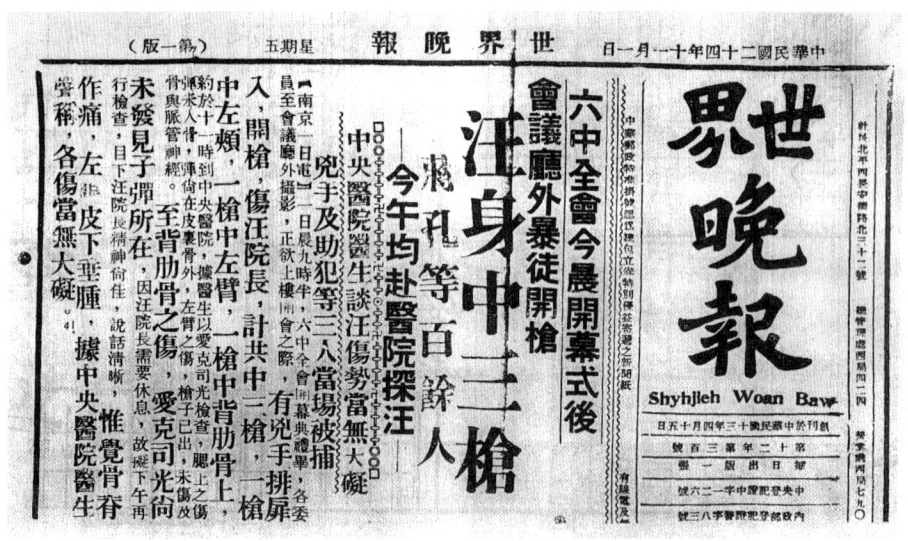

11月2日　星期六

仍阴,二时有雨。午回家。

下午至某海。

归,工友说,任子华来,言我卧房中之柁中"∨",恐危险,当牮一木柱云。

11月3日　星期日

晨仍有雨,道途泥滑。入晚西北风起,晴矣!

上午十时至ㄍㄊ会开第三次常委会。午"雅"于撷英。下午三时回孔德,于柁之中牮一铁柱,然闻任子华云东墙裂缝,仍宜易柱,似此恐非全修不可矣!六时回府,宿家中。

灯下写"温、上、南、四"之入声韵,一次写毕。

11月4日　星期一

昨宵狂风大作,屋为之震,不能安眠。今日大冷,温度只四十矣!上午十时回孔德。

午后至某海,六时回孔德,蓝清缪老太太来看,云顶与东墙最危险云。今晚仍回府睡。本拟写"温、上、南、四"平、去韵,因冷,早睡。

11月5日　星期二

昨宵熟睡。

今日稍暖一点儿。

上午十时取大氅,即回孔德。

午后至某海,写挽季刚联,寄由旭初转。今木厂工来看,知东墙最危,必拆。南墙亦应拆,而屋顶尚无虑。

今晚迁榻于秉雄屋内宿。

11月6日　星期三

午回家。下午至来薰阁,借其二人明日来帮搬书也。

至某海。晚与劭雅于同和居也。

11月7日　星期四

今日由来薰阁来二学徒,及孔德三听差及陈宝泉六人,自上午十一时至下午三时顷,居然将十二个书架及十二箱书一齐搬完。大部分均借小学部游艺室,一部分则借间壁庞静亭之屋暂放也。

下午四时顷回家一行。新房东李朝凤来,携来租约底稿,嘱照誊并找铺保也。下午六时访启明。

11月8日　星期五

今日理乱书乱纸者一日也。一身灰土,手裂身疲,至晚八时尚未毕,累甚,恕不也。下午二时曾回家一行。灯下录租约,中有费解之词句,尚当询之也。

约缪老太太来,将其觅铺保,下午五时顷来。

11月9日　星期六

自九时理杂物至二时顷,大致已完。因校款昨日到平,今日北大、师大均发薪,故三时回府一行。

三时半到北大,四时顷至师大取钱也。至某海,六时行。回孔德再将零星物件理好,九时搬完。自今晚起,全住雄房矣!

11月10日　星期日

上午十时顷访郑友渔,因昨与约。约李朝凤至其家,谈租约所言房屋略有不符,异时当更正。又今日下午铺保尚未盖好水印,请其十二日来。李将程宅旧租摺交我,并谓今明当将公安局租簿送来,备我送铺保盖印。午后回家。傍晚回孔德,缪已将德源木厂铺保盖租约印送来。晚剪发、浴。

11月11日　星期一

天阴欲雪。

上午十一时回家。李已将公安局之房租簿送来,一一填写,即亲至鼓楼东大街德源木厂填盖铺保水印。午后至某海。晚电约勍西雅于大美,谈时事贴危,心不宁。九时雇汽车回家,宿家中,仍未能安眠。

11月12日　星期二

天阴欲雪,晡后小雨至夜半。

上午十时半李朝凤来,照租约点交房屋,即付一个月租金廿八元,无押金,无其他,总算圆满解决矣!又落实一件事,可喜也,心为之一喜。午后三时回孔德。

晚约卓君庸在四十二号吃素大菜,还他春间所借之章草各帖。

11月13日　星期三

日来阅黎氏《汉字新部首》,觉其"𠂇(左)上倾"之法甚是,而分部尚可商榷。

午回家。

下午至某海。

四时至文学院开出版委员会。

晚与劭"雅"于大美。决定将《说文》用黎氏新部首次之,我来,黎方正将注音汉字六千余文用它排。我以为我弄古,他弄今,双方排列之结果,此新部可"定则定矣"了。至于古今两者之间之字,如《玉篇》、《类篇》、《广韵》、《集韵》中字,皆是形声相益,决无不宜之理。至于一切不成东西之怪字,如《康熙字典》中之"古文"及《补遗》《备考》所列者,可归部则归之,其不可者归入"、一、丨、丿"等可耳。今晚弄《说文》"一——哭"。

11月14日　星期四

午回家。下午至某海弄"走——㷒"。晚回家。在家中弄"旻至蟲"。宿家中。

11月15日　星期五

风大。

上午在家写"瞿至鸟"。

十一时半回孔德。下午至金处,脉搏九十二,血压一五二,"达"碘钙,取药。下午至某海,写"华至巫"。

六时至汪老爷家,因他约我及黎、陈至其家,六半——七时听中央△△△的△△△△第三讲《韵母》,将讲义十讲弄来,借与孔德抄也。九时回孔德,将黎氏之《康熙字典部首省并谱》另照《康熙字典》次第写法之存删,以便翻检之用,未完,甚累,即睡。

11月16日　星期六

上午将黎氏部首写毕。

午回家。

下午至某海。

晚访启明。十一时回孔德。

11月17日　星期日

上午浴。午回家。

午后苏甘来家,与谈至四时顷而回孔德者也。看《隶辨》、《隶篇》及《楷法溯源》,查今隶某体所谓不古者始于何时,但随便翻翻,并未记下什么。

11月18日　星期一

上午校阅刘申叔之《毛诗词例举要》,共四十余张,校了十张,头胀,未完。郑友渔适来，因劭西所主编的第五讲"三拼音"，用了ㄐㄧ——ㄝ法，故孔德印本之后，我做一段附记，说明此法非正式，学校不宜用。

午回家。午后至某海，写"甘至高"。五时至金处取药，"达"碘钙。六时半至七时，听孔德大礼堂所装无线电，第四讲《韵母与结合韵母》。灯下写"麦至杰"五篇毕。忽觉如此写法不好，拟从六篇起，先在《说文》之眉头，逐字注明入某部，以后当就各新部，写完一部再一部，则各新部字数可随时知之也。灯下将六至十四篇均标完。

今日晚报载，将有所谓"华北自治剿共委员会"[将]出现者，乃变相之独立也！

11月19日　星期二

上午十时起，忽闻演枪声，历一小时余，声甚响（较平时打靶子响得多得多，且时甚晚，平时总在清早也）。《晚报》谓日、美、义同时演操，其然岂其然乎！午回家。

今午由宋哲元、秦德纯、萧振瀛宴各大学校长院长等，言时局。午后二时至师大文学院问黎，知开口即屁话一大堆，说什么北平是文化城，请诸位校长院长千万以学生学业为重，云云，云云。嗣大谈其如何受压迫云云，即请教各位。闻胡博士慷慨谈宣战，傅胖子痛哭言保疆，而萧则攒眉云。徐汤明偶言不宜为浪人可怜，而新教育局长雷同即声辨其非，公等愿为张□，吴三桂则为之可耳！

昨晚今晨之消息，即官方所为也。

心绪烦闷。六时归孔德。头昏早睡。

11月20日　星期三

上午校《毛诗词例举要》卅余张毕，下午至某海送出。

午回家。午后至某海。

六时回孔德，听赵元任教育播音第三讲"三拼音"。他用ㄅ+ㄧㄝ的拼法，兼及ㄐㄧ+ㄝ，说它不合于音，指ㄧㄢ、ㄧㄣ、ㄩㄣ、ㄧㄥ、ㄨㄥ、ㄩㄥ而言，甚合我意。

灯下写四部：——氵、丄、立、广。觉立部可合于一（方部似亦可）。

今日闻华北事件须由南京外交解决云。

11月21日　星期四

上午十时回家。半农夫人来谈写碑事。下午三时至启明家，因彼约今日晚赏沈老大吃饭也。同座有沈三、许、马二及杨永芳诸人。士远谈萧振瀛是忘八之尤，彼谓宁至长春被杀，决不服从蒋。既如此，请往长春去可耳。

（蒋梦麟日前回校。）今日下午五时北大开茶话会，关于时局。兼士往，归□辟谣一张（廿二日见《大公报》），剪如下：①

---

① 原稿中粘有《此宁铁路局广告》及《胡适辟谣》等剪报。

真可谓王八蛋矣!

闻十九日之晚,□① 国无线电广播照此之屁话,真王八蛋也。

九时归,写"ˇ"部,甚累,甚胀,甚倦即睡,睡不安。

"教育部廿四年度上学期教育播音节目"其关于"国语训练"者(即赵元任所讲者)共十册,其月、日列左:

十一月十一	星期一
十三	三
十五	五
十八	一
廿	三
廿二	五
廿四	日
廿五	一
廿七	三
廿九	五

11月22日　星期五

午回家。

午后至金处诊视,连日咳嗽,盖气管炎也,旧病未愈,益以此纤芥之疾,更觉不好过也。

至直隶书局遇高老爷,他对于施剑翘诛孙传芳之事,亦云大痛快,并谓此等东西杀在居士林内更痛快,最好连那些放了屠刀念经,而念经之时仍一手持刀之什么"大师"也者,也是该杀的东西。真痛快!孙子书,合当愧死!

至某海,忽见孙子书来,面目可憎,语言无味,其卖友且不论,其为某处做王八提要,实可愤恨。见之不觉怒从心上起,恶向胆边生,大动肝火,指桑骂槐的骂了一阵人。血压恐又略高,于我有损,于人无益,何苦来!然疾恶之性,加以病躯,殊不能耐。

六时半——七时回孔德,"听"赵元任。今在海得赵信,云第六讲《声调》以后,改讲理论,不用此间所编之讲义,从今日起果然如此办,此法较好也。

拟写一部《真草说文》,灯下提笔,欲先写部首,竟写不下去,心绪太乱,早睡也。

11月23日　星期六

上午九时郑友渔来,示我申叔手稿中《答钱夏书》,此即民国△年△月△日之来书也,似与来书略有异同,当取来书查对之也。十一时去。十二时回家。下午三时

---

① 原文如此。

浴。

八时回孔德,欲续弄闰母稿,以变换生活,不成。欲写《真草说文》,写了一——玉部未毕,亦未成。心绪烦乱不耐,是何祥也? 深以为苦。

汉隶"坤"作"巛",其体有写作𡿦者。

今拟?作凵(巜之变)

C C^m 作ㄅㄥ (丩く之变)

于 于^m 作丂ㄟ (不可作ㄎㄆ)

く丶此ㄥ 匕此亦合

11月24日　星期日

连日精神孔坏,今日亦然。午回府。午后二时访天行。五时顷回孔德。六时半至七时听元任广播。灯下整理一月来郑送来印成之刘文。

11月25日　星期一

晨读报知殷汝耕昨夜叛,平东、平西皆陷。师大送来签名,遂签之。

十二时至某海。下午三时访郑友渔。五时归家。六时至孔德听元任广播。

看晚报,悉天津今晨便衣队动。

心绪不宁,不能做事。

阴雨甚冷。

11月26日　星期二

阅报,知天津事已敉平!

午回家。下午回孔德。心绪欠佳。取《说文诂林》随便翻阅。按:

爿——牀(彳ㄨㄤˊ,唐人音くㄨㄤˊ,音小异耳)。(师说是也。)

疒,应从籀文作𣦵,象人病倚于牀也。《玉篇》有籀文作疔,即𣦵厂(《说文》盖据此籀文)。正当作𣦵,其音或当读ろさ。音牀者似误认为爿也。或如　　主张读疾丩ㄧ,亦佳(然疾本作𤵛)。瘳及瘳部诸字,盖从爿ㄓㄨㄤˊ,非从𣦵也。

11月27日　星期三

上午得孙子书电话,趣速还梁任公批本《颜氏学记》,因时局不靖,梁家存北京图书馆之□书拟取还也。

午回家。下午三时至某海,晤劭。

五时至开明书店,购新印(板归刘承幹原板《颜氏学记》,欲移录梁批也。

归听元任无线电。

灯下移录梁批颜未毕。

今日《大公报》图书副刊中有王以中《论刘继庄》一文,言王勤堉有《刘继庄年谱》之作,载《浙江图书馆刊》第四卷第四期。往景山书社购之,知连登四、五两期也,购以归。

11月28日　星期四

午黎劭西宴沈老大于王家饭店,唯我光陪,谈国事,令我惨然不乐。午后三时回家一行。即至景山书社,购二卷、三卷、四卷之《浙江图书馆馆刊》,未甚全。灯下卧阅,此刊办得较北平为好,四卷以来尤佳,尤其是对于吾省文献,注意于明清间之忠义,有价值也。

沈大言两三日前,幼渔应某人之招,赴大美,到门,不能下车,因其老毛病(脑病)忽发,不能言动,车夫亟拉归,入门仍能言,但腰部忽扭伤,甚痛,躺卧不能坐云。电询其家,云仅腰伤未愈,无碍也。

即归移录梁批颜,仍未毕。

11月29日　星期五

今日心绪甚恶,精神甚疲。

午前剪发,浴。午归家。

午后回孔德,移录梁批颜,至晚十时顷毕。六时半至七时,赵无线电,毕。

卧阅《浙江图书馆馆刊》第四卷、第五卷所载《万季野与范笔山(名光阳)论史学书》。亡国遗民,心事昭然。陈训慈(字叔谅,浙江图书馆馆长)《题万季野先生与范笔山书后》一篇,表章甚好,我且读且泣然(万季野《石园藏稿》中有《大学辨业序》,亦见此期)。

11月30日　星期六

午回家。

下午至某海。梁批颜还孙矣。与张西堂谈话。

12月1日　星期日

上午十时至市党部街,巜𠮷乂开会。午雅于西长安街之贵阳春。二时许至某海,因约王森然问口供焉。晚五时许回家。精神甚惫,即宿家中。十时即睡。

今日报载何应钦北上。今日报载宋电,"岂不懿欤"(似应在昨)!

12月2日　星期一

上午回孔德。午与启明二人约沈大、三兄弟雅于长美轩,拟在同生摄影,岂知吃完了后,到了同生,正在下扁〈匾〉云。公园与廊房头条(早已卸)均恕不了,只余王府井大街云,只好至王府井而摄之,钱、周、沈大、沈三四人,彼兄弟二人亦摄一影也。

幼渔病,许南下,故周氏之宴六人仅余四人焉。

12月3日　星期二

上午将刘文校毕。午回家。下午至某海一行。四时访郑友渔。五时顷至金处,欲医腰,至六时〔金〕尚未归,因回。雇车北行,至西长安街,断绝交通,折而南行,过金家,过亚,至绒线胡同东头,又遇阻,只好再折而之西,至西口之"且宜"雅焉。断绝交通者,因何应钦于六时顷到平也(次日询金,知昨晚六时被阻于长安街,故不能即归也)。灯下取旧治与〈之〉陈奂疏校刘氏《毛诗词例举要》中之△△△△△一篇,颇有错,一一照改之,尚未毕。倦甚即睡。

12月4日　星期三

今日《大公报》因昨日社论得罪了"宋大司令",故停寄云。"岂不懿欤!"

精神坏,不能看书。

上午回府一行,即至某海。下午在某海写完《警钟》、《政艺》等处所录刘申叔文目,拟付油印。

四时顷至金处看腰痛,云是神经痛,"达"针,服水药两日,又今晚服粉药一包。

至市场购得孙俍工所译本田成之《中国经学史》。此书商务有江侠广译本,文理不通,简直不能看。孙译系新出,孙是通文理者,故又购此。略一翻检,竟无康有为、崔适!总而言之,到他们手里,康、崔都是狗屁耳!"岂不懿欤"!

12月5日　星期四

今日身体精神均甚不适。

上午作致潘景郑函(第一次)。

得沈大来电话,来〈言〉幼渔昨晚神志不清,甚虑。电询启明(因为他与沈三刚去看幼渔),云顷与常人无异。据大夫说不发烧,无尿毒,无危险象。电话询其仆,亦云好些,因放心。因怕见病人,故即不往矣!

午回家,下午在家躺卧一会儿。二时许,日机来两次,一五架,一九架。

四时回孔德,开国语教材研究会,我与启明为参加讨论者,除蓝、李、潘外,皆中小学国文教员也。

启明代购范寅所藏之《通俗编》已来,共十六本,除封面为范亲书,及每册之封面及末页均有"谷应山房"及"扁舟子"印以外,并无批注。前册封面书"光绪庚辰九月既望置自杭城扶雅堂",共两行。第三张约五字则完全涂灭,下留"扁舟子"印。价六元四角,很便宜。究竟买了先贤遗墨,亦值得也。

八时食粥,即昏昏欲睡,便睡。

12月6日　星期五

上午浴。

午归家。

午后至某海。

四时半至金处,腰痛未痊愈,再"达"一针。因喉间稍作梗,金视则渐肿,又取漱口水。昨、今胃甚胀,致精神惫甚,又取药粉。

至东安市场购得△△△的《国剧韵典》,此等人本不足道,但若老老实实站在采编的方面,谈什么尖团,根据戏子们的唱音而著书,倒还有些用处,时(叵)耐他要自充学者,参考《中原音韵》以来的书多种,做了三年而做成(他自己这样说),这可真叫糟糕透顶,不合于古,不合于音理且不必说,亦不合于戏子之音。尤荒谬者有什么阴去、阳去、阴入、阳平之□!!!

今日又来皇机若干架,晚报谓内有ㄏㄨㄥ ㄓㄚㄐㄧ云,猗欤休哉!

精神不能凝聚,且甚惫。取新购《通俗编》随便看看。劭谓翟书如刘淇,钱书如王引之。此比甚切(翟、刘综览古今,钱、王正统气味厚)。

12月7日　星期六

午回家。三强回家。

午后至某海,劭来,云局已定,设冀察政务委员会云。

晚访启明。

12月8日　星期日

昨宵失眠,今日精神甚惫。

午回家。

竟日除回家外,未他往,未做事,殊苦。

12月9日　星期一

昨宵尚算安眠,今日上午稍好。十一时至北大领欠薪,即往马宅,巽伯已来,他是上星期五到的,云三日以来,日有起色(以上星期三、四为最坏),盖腰确系外伤。

今日北平学生大游行,至何应钦处请愿,反对自治云云,大散传单,而中有"中苏联合"及"反对白艮〈银〉国有"之文,揆诸爱国抗外之义,殆矛盾矣!!!

下午四时至金处取药。即至师大取薪。至师大文学院访易价,询今日事。他说:开自来水管及用刀把打而冲散,无甚伤。清、燕两校不能进城,盖临时闭西直门也。

约劭雅于大美,忽觉头不宁,心跳脚软,大惧。八时再至金处"达"降血压针,体温三十七度一,服退热药。归,觉略宁。早睡。

12月10日　星期二

上午取上星期之沈、沈、周、钱之相,不佳。启明来孔德。午回家。下午至某海一行。晚约劭雅于且宜。

灯下在孔德,将《说文》540部首分入黎氏120部中,觉黎部有应增应删之部。

闻大学有罢课之模样。

12月11日　星期三

上午将拟删拟增之黎部记出(因未定,故不录于此)。至北大看看,晤夷初、启明、立庵,知有罢课之模样。午回家。

下午至某海。

五时至金处取药。

至直隶书局购得方成珪校本《字鉴》及金圣叹贯华堂《　　　》(风雨楼本也)。精神不振。晚再回家,晤苏甘,宿家中。

12月12日　星期四

三强来信,知清华罢课矣!

午后三时顷马巽伯来吾家,云今日下午七时许,将回南京,其父病渐愈无碍矣!

四时离家,回孔德。

灯下将《国音常用字汇》中字来改为新部,因日前将《说文》写新部,未毕事。《说文》中古字究多问题(重文尤其),拟先写《国音常用字汇》之"今字"(《说文》可言古字),则部数可定,定后再写《说文》,一今一古韵,九千余字,两面一轧,部可定矣!将来以余暇可再排《玉篇》、《广韵》、《类篇》、《集韵》之字(《五音集韵》)以后,至《康熙字典》可无庸理矣!纵有必要之怪字,亦决不难也。电话询劭,知师大亦罢课矣!

12月13日　星期五

上午浴。

午后回家一行。

至某海。

至金处取药,因日来齿病,取含嗽〈漱〉药水。灯下续写今字新部。在某海与劭谈,新部应以首笔起,不能太机械化用"左上"也,如:与用ㄅ、山用L、小用丶、水用ㄱ等,均不合于写字之习惯。夫用左上者,目的实在首笔,故鸟、文、刀、力、页、邑诸部皆删,而同为一部,单收偏旁在左上而将其在右下者并入他部,凡循书写之笔顺也,故辶、廴(黎无此部,附于厂)两部亦当删,因除篆书外,无论隶、楷、行、草,写从辶、廴之字,无先写辶、廴者也。劭亦谓然。

报载何应钦于昨日夜南归。

12月14日　星期六

上午于安澜(名海晏)来。

午回家。

午后至某海。

四时顷至商务,取百衲史〈本〉廿四史第△期的,此尚是一月中来信通知者,快一年了,今日往取,又以十三元购"四部丛刊"中之《王文成公全书》一部,赍回家中。今晚宿家中。

今日各报载北大、师大、平大、清华、东北、燕大、△△校校长联名告此　　校学生劝上课书。

12月15日　星期日

上午在家将百衲本廿四史清查一番,记于此册之前(《姓名录》中)。

十一时访幼渔,他的癫痫病早好了。惟腰腿扭筋尚未愈,精神颇好。

午后二时回孔德,丁梧梓来。

晚李云亭赏饭于忠信堂。

今日秉雄至清华视其弟,归云,虽罢课而校中秩序甚佳,下星期或可上课云。丁梧梓说:……。

百衲本《二十四史》(已来者上○),已来十四种。

		册数	板本
○	史		
○	汉	卅二	宋景祐本(仁)
○	后汉	四十	宋绍兴本(高)
○	三国	廿	宋绍熙本(光)
○	晋	廿四	宋本
○	宋	卅六	蜀大字本
○	齐	十四	蜀大字本
○	梁	十四	蜀大字本
○	陈	八	蜀大字本
○	魏	五十	蜀大字本
○	北齐	十	蜀大字本
○	周	十二	蜀大字本
○	隋	二十	元大德本

○	南	二十	元大德本
○	北	卅二	元大德本
	旧唐		
	新唐		
	旧代		
○	新代	十四	宋庆元本(宁)
	宋		
○	辽	十六	元本
○	金	卅二	元至正本(顺)
○	元	六十	明洪武本
	明		

少差六,缺史、旧唐、新唐、旧代、宋、明。（廿五、三、二记）

12月16日　星期一

午回家,至东安市场,忽见杀气腾腾,军警大戒备,且市场门前有日本兵,知今日又有事了。回家吃饭后回孔德,知今日学生又为第二次之大游行,清华、燕大等城外之学生,居然冲进城来,与城外〈内〉学生在天桥集合,欲进前门而未成(有一小部分在城内者)。午间前门闭,旋开。下午和平门、宣武门均闭。我与〈于〉下午二时至北大晤毛子水,知北大学生有受伤者。四时往文学院,晤黎、易两人,知一切。学生均闭在宣外不得入。五时顷回孔德,阍人告我三强曾来,亟以电询家中,知彼因今日清华门禁弛,故出,乘环城火车而归者,由前门下车而来者也。得电心慰。晚早睡。

12月17日　星期二

午回府,见三儿,一喜。

上午启明来孔德,云先往东城煤渣胡同圣经会购《国语圣经》。云叶公超云,系近年改译本,故购之。

以《越中文献辑存书》凡十种,借我。一函六本,计开内容：

《苏甘室读说文小识》　清山阴何寿章(豫才)字,下同。

《偶东饿夫传》　明会稽章正宸(格庵)

《越缦堂日记抄》　清会稽李慈铭

《乡谈》　清山阴田易(易堂)

《忧庵大司马并夫人合稿》　清会稽姚启圣(熙之)及妻姚沈氏。正称应作：

《忧畏轩遗稿》——姚启圣(熙之)、《寄古草》——姚沈氏。

《筠庵文选》　清会稽陶及申(式南)

《石家池王氏谱录》　清△△王绩铭(斾甫)
《柯山小志》　清山阴梅隐周铭鼎(当是周铭鼎字梅隐)
《越中园亭记》　明山阴祁彪佳(幼文？)
《余忠节公遗文》　明会稽余煌(武贞)

午后我亦往购《国语圣经》,归对旧购之本,并无异同(店中谓此一九二一年改译本,与前似有异云)。晚开始清理书籍。

12月18日　星期三

上午清理书。午回家。下午偕三强至李宅取物,即回孔德,再理书。傍晚知孔德初中部忽有明日起罢课之消息云。

今日各学校电话不通,全市戒备甚严。

12月19日　星期四

今日各校电话仍不通。上午回家。三儿云今日下午将回孔德。午家中忽得端信电话,知穟孙忽自□□① 来,今日下午将来访我。我因拟往中海,且不大愿意见他,嘱婳告以今日无暇,且无处寻觅,明日再说。

午后二时至某海,四时至文学院晤勋,与之雅于大美。

今日孔德初中部罢课。

心绪甚乱。

12月20日　星期五

晨八时于海晏又来,先取回《齐梁陈隋韵谱》。午回家,知穟孙昨日下午已归□□②,不必相见,也好。下午二时访幼渔,彼略能坐起自取茶壶喝茶。四时起回孔德,晤蓝,知社会局有令,中学提前放假,吾校明日将实行。孔德中学生今日捐钱购物,慰劳日前被伤学生。闻在医院者仅十余人,亦无甚重伤者,尚有三十人左右皆轻伤,已出院。大约城内伤者四、五十人,城外当甚无伤者。

晚又回家,宿家中。

12月21日　星期六

上午在家。午后回孔德,至教务处探询,决定提前放假矣。今日孔德初中学生自治会仍办公,然实无事可办,只好外出至各校探情报,发情报,其实汔可少休矣！傍晚浴,剪发。

---

① ② 原文如此。

12月22日　星期日

午回家。午后至四存学会购《颜李丛书》,价十一元。此书于十余年前(十二年一月全书出板),曾以特价(似是七元)购之。分两次出书,而大小不一,而两次出者又非上、下两半部,而订本大小不一,依次排列,忽小忽大,极为难看,又无序跋、总目等,拟与不要之书同时出售,故重购一部。又购得闵葆志之《江子屏年谱》,四毛(红印本)。至荣宝斋购小屏四,嘱其打朱系丝栏,将写《周南》之《关雎》《葛覃》《螽斯》《桃夭》四篇,赠章孟匡新婚也(太炎师长子,明年元旦将与彭望淦女士结婚)。四时访启明。十时归,冷甚。苦雨斋之火炉我向嫌其热,今日竟觉不温,身甚冷,雇汽车而归也。

12月23日　星期一

午回家。午后至中华书局购《饮冰室合集》,预约价廿元,邮费一元一角。又至同古堂购石章五方。二方即请张樾丞刻楷书"夷畏"、"饼斋",一方拟请齐白石刻"饼斋",二方拟请王青芳刻"钱玄同"、"饼斋"(一对)。连张刻共十一元。张刻每字七角。以后尚拟购二方,请齐刻"夷畏"及"掇献"也。在同古堂购得日本人所编之陆机《平复帖》,甚好,价一元。至荣宝斋取屏。至某海已四时许,只好明日写了。晚约劭雅于同和居。归途甚冷。

12月24日　星期二

上午回家,即至某海。

下午在某海写小屏四条,写《周南》四篇:《关雎》《葛覃》《螽斯》《桃夭》,赠章孟匡结婚也。写得甚不好,又甚累。晚回家,宿家中。

12月25日　星期三

孔德中学生今日上午仍来,闻下午未来,殆恕不矣!午前至某海,因头胀心慌,后至金处取药也,即回孔德。晚与婠、雄三人同至德国饭店吃放屁鸡。

12月26日　星期四

今日阅报知唐有壬(今交次未到任,前外交)忽被狙击,死。上午赵憩之来。

今日孔德学生自治会诸人未来,闻恕不矣!

午后回家一行,家中扫尘。

四时顷至启明家,他邀食日本之牛锄烧及面,盖其生日也。同座为沈启无、俞平伯、冯废名、陈介白、章川岛也。十时归。心绪甚恶,夜不安眠。闻明日又将有事也。

12月27日　星期五

今日精神极坏,头右畔〈半〉神经痛。上午于海晏来。午回家。午后浴。书报也看不下去,精神甚苦,然今日幸无事。

12月28日　星期六

午回家,知秉雄近识徐幽湘女士,有求婚之意云。

下午三时访幼渔,他居然可以起床走几步了。五时顷走至森隆吃晚饭,劭西忽来,不速也,因共食焉。

12月29日　星期日

夜半狂风大作,不能安眠。今日甚冷。午回家,见三强来,盖清华已通车也。精神大坏,不能做事。下午即回孔德,早睡。

12月30日　星期一

午回家。下午至同古堂取印章(　　　)。"夷罟"之"夷"字刻成"彝",此固魏碑所有者,我亦喜之。但刻楷书之故,欲人易识也,此稍觉缺憾也。又购寿石印章一,三元。至金处,他制成一种降血压的药粉,服五天。今日验血压,仍是一五二。至文学院访劭,与之雅于大美。

12月31日　星期二

上午至北大出版部售书肆购得孟森的《明元清系通纪》共十一本。此书本想买,近因日,十七日下令北大廉价,此书为五六扣,故八元止四元四角八分也。午沈兼士饯别丁梧梓于福生食堂,他明日将往南京也。陪客为我及罗莘田。

三时至某海。头目不宁,又至金处取药水(安脑)。

阅晚报知毯孙等任免。

一九三六年

1月1日　星期三

余今年五十矣！

日前所刻"饼斋"、"夷罟"两印,今日始当开用矣！"饼斋"取义之对于一切政教文化不固执。"夷罟"则不盲从多数也。炳烛之明,尚其勉旃。

午师大教授会聚餐于撷英,余亦往。他们谈学潮事等,自十二时至四时始散,知各大学本来已定遵守新来部令,本届中等以上学校提前放假,自一月四日至卅一日(本来应一月十八日放至卅一日),而北大忽异议,说先劝学生,且布告自四日起复课,如四日无人,则自六日起放假(五日为星期)。余觉大可不必,因如此办仍不会有人来也。因蒋院长令各大学于一月十五日偕行代表来交谈,故师大方面主张对于国难及——改变课程之意见要提出些,因推举七人司其事,定六号开会商酌。七人者,教务长及三院长,又各院举教授代表一人:袁志仁、李湘宸、黎劭西、刘泛弛、马雅堂、钱玄同、杨据梧也。四时顷至厂甸巡阅,土地庙中无摊,厂甸两旁约有二三十摊。企古斋的老赵本年破例亦摆一摊于厂甸,且阳历也。略一省视,觉头目不宁,腿脚酸软,急归,早睡。

1月2日　星期四

今日为阴历腊八,觉腊八粥甚好,上午至东安市场润明楼去吃。午回家。午后四时又至润明楼吃之,并购得一大锅回家,畀家人吃。

晚七时访叔平,他是卅号到平也。

1月3日　星期五

精神甚惫,头胀,腿酸。

午回家,至黄昏始归。

因秉雄识孔德小学体操教员德清徐幽湘女士(本年廿一岁),有求婚之意,本月十五日将送她南旋,因在家中谈及此事。

今日天气尚暖,亦未巡阅。

1月4日　星期六

上午浴。午后回家。精神甚惫。二时许至某海。本拟至金处验血压再取药,或稍稍巡阅,结果因精神惫皆未去。晚与劭雅于西单商场之半亩园。劭谓今日师大无上课者,大概六日将放假矣！雨亭赠我以吾乡王树荣仁山之"绍邵轩丛书",内容凡七种:

1. 《续公羊墨守》 三卷
2. 《续穀梁废疾》 三卷
3. 《续左氏膏肓》 六卷
4. 《公羊何注考订》 一卷
5. 《箴箴何篇》 一卷
6. 《续公羊墨守附篇》 三卷
7. 《续左持平》 一卷

吾乡自清季以来,久无读书人(此说误,崔师即其一也),王仁山我所未见,然二十年前在故乡常闻人言之,今有此书,系谓公羊学者,亦可谓庸中佼佼矣!然略一浏览,知其人系字〈治〉崔师之学者,而不信庄、刘、龚、康诸氏之说,识见岂〈当〉不甚高也。

西堂所辑之《唐人辨伪集语》,他今天赠我一本,又购得陈天倪鼎忠:《六艺后论》,钱宾四穆:《汉魏史》各一册,均五毛,系杨遇夫所卖出者。在浴时略览孟森:《明元清系通纪》首册。自云"以明代之纪元,叙清代之世系"。此书名实觉难懂,何不名之《明世(或代)清系通纪》乎?(初名《清朝前纪》)明瞭多矣!

1月5日 星期日

晨起即感头目不宁,心跳,足软。十时顷觉甚不适,即雇汽车至金处,"达"碘钙针,取安神经药水。出即〔至〕某海开第五次常委会。十二时至同和居聚餐,并宴戴应观及李云亭。二时顷已食毕矣,谈谈天,忽觉头面甚热,目大不宁,大有血上涌之象。急以冷水毛巾蒙头,雇汽车回家,再蒙之,约一小时始宁静,而神甚疲。夜饭食粥。晚宿家中。苏甘来。

1月6日 星期一

晨起阅《晨报》,知丁在君文江于昨日(五日)逝世(△△△△——一九三六)。

今日三强回清华。

午前至北大取欠薪,至景山书社购得浙江图书馆出版之《图书展望》二、三两期。

下午四时雇汽车至孔德,询有无信件及来访之人。即至商务购得:《白石上》,(法)朗斯作,陈聘之译;容肇祖《△△△△》;黄△△《△△△△△》① 三书。至师大取十二月份薪水。至金处又"达"碘钙针,取药水。至某海一行。回家,已六点,共两小时也。今晚仍宿家中。

师大今日起放假矣!闻清华亦已放,北大独不放,闻平大略迟亦将放矣!

今日上午十时,师大应开教授会委员会(七人),因病未往,请黎代表。

---

① 原文空缺。

1月7日　星期二

今日精神稍佳,上午阅《晨报》,见有下列之一节:……可见汪翁之文明可敬也。

午后四时回孔德。

灯下略坐,而以躺时为多,躺则较舒服,坐则总觉头胀心悸也。

1月8日　星期三

晨八时顷起。洗脸时又觉不适,急躺下,渐宁,始刷牙,吃点心。移时又不适。午前凡躺卧三次。

午回家。中饭毕又觉肚ㄗㄠ(疼?范),心悸腿软,脉搏至九十二,渐慢至八十九,躺卧。四时雇汽车至金处诊视,云胃酸过多,又缘神经衰弱,今日改"达"医神经针,又取治胃及神经药水。

至开明书店购《二十五史人名索引》,特价二元(定价三元)。至文岚簃印贺年片及名片。此次印名片只印"钱玄同"三字,不注"疑古"矣!缘自定:钱玄同、字玄同,号则甚多,"疑古""夷罟""饼斋""急就嵩"、"恒悦庐""掇猷"……即旧字之"德梨"与"季"亦依然用也(惟"德潜"则不要,陶潜虽吾所最佩,而沈德潜则深恶其人也)。

归。此日午,师大教授会聚餐于撷英,因病未往,请黎代表。

1月9日　星期四

午回家,下午在家休息。阅《曲园诗》。五时至李召贻家取书。七时回孔德,九时睡。

1月10日　星期五

晨得启明书,说似可请朱内光再检查一番,因月前幼渔之脑疾系请朱看也,觉得有理,因函幼渔询之,并请其介绍之。晚得马君剡(其女)电话,知已介绍,约明日上午十时半往云。午回家,下午休息,看《曲园诗》。三时顷至金处诊视,"达"安神经针,取安神经药水,归孔德,九时睡。

1月11日　星期六

上午十时半至附属医院,请其内科主任朱内光检查病情,血压一八〇,心脏略肥大,胃部扩张,他说宜静养,勿动喜怒哀乐之情,不宜多饮水(茶更不好),主食甚清淡之物,云云。至某海晤劭、虎、西诸人,即回家。下午在家阅《曲园诗》,休息。晚五时顷回孔德,阅《缘督庐日记钞》。今晚不甚安眠,大约炉子太热也。自最近病以来,有两件较好之现象:一、晚能安眠;二、大便通畅也。最苦者不能久坐,更不能伏案,不能多言,时觉头胀而不宁也。

今晚李云亭赏饭于忠信堂,仍商前事,因病未往,请劭代表焉。

1月12日　星期日

上午十时半如金处"达"碘钙针,取安神经药水,归家。下午在家休息。阅《春秋笔削——考》。晚五时归孔德,九时睡,甚安眠焉。

1月13日　星期一

上午十时顷岂明来孔德,谈至一时走。我回家。傍晚回孔德。

1月14日　星期二

上午浴,剪发如僧。至某海一转,即至金处,未"达"。他说血压似稍低矣。因精神不振,今日新换一种粉药。午回家。下午至朱处交小便一瓶,他说验后若无糖尿及蛋白即不复,有则将复我。晚八时顷即睡。

1月15日　星期三

今日上午九时顷,秉雄偕徐幽湘赴宁。徐母家在杭州,其姑母在南京,她至宁略耽阁〈搁〉即至杭。雄至〈则〉由宁——沪——杭也。

上午将半月来所得各处贺年片五十余张复之。

午回家。三强今晨赶归送其兄,已不及矣!

晚宿家中。

1月16日　星期四

昨宵几于通宵不寐,今日甚觉无精神。午至金处,云前日粉药或有影响,仍"达"碘钙,取归眼药水。至某海,觉怡园冷而锡福堂热,颇不适也。晚回孔德。

1月17日　星期五

昨宵睡得很足。

上午至东安市场购《东方杂志》新年号。因岂明来信言,中有蒋竹庄回忆中国教育会之文,致又引起吴老头儿之牢骚,做了一篇长文,痛骂章老夫子。卅年前公案又重提矣!故将购而观之。午回府。今日午后三强回清华去。五时顷,至李宅取叶昌炽之《藏书纪事诗》。

回孔德,得秉雄十五日自天津来信,知当时抵津后,将于当晚十一时赴南京。

晚浴,忽觉不适。八时顷卧阅蒋、吴之文,忽觉头热手足冷,亟睡,睡得欠安宁。

今日上午取部颁324简字,举其已采之偏旁,如"发、乔、门、罗、齐、乇(已有从者)"等写出,其可用而尚未有从之者,如"乐、質、夲、岁、凤、甾"等亦写出,备做第二批之参考焉。

1月18日　星期六

　　昨宵睡得不好,故今日上午不佳。
　　午至金处"达"针,取药。下午至某海,与劭、虎等谈谈,忽觉头热神疲。晚七时以汽车回家,宿家中。

1月19日　星期日

　　昨宵尚安眠。竟日在家,翻阅《国粹》之"撰录"而已。午后二时苏甘来,四时顷去。晚仍寓家中。

1月20日　星期一

　　昨宵又睡得不甚安宁,八时半睡,今晨九时方起,而真睡着之时,不过五小时左右耳,幸头脑尚安。
　　晨裘子坤女士来吾家中。
　　午至李宅取《华国》,凡二卷廿四期,少第一卷第　期一本。
　　回孔德,得秉雄十七日南京来信,知佢们于十七日早七时过江到南京,他住下关东方大旅社,她回她姑母家。下午她姑母及姑父黄六三请他吃饭。大约十九日他赴沪,她赴杭云。
　　四时半至金处"达"碘钙,取药加安眠药在内。五时至某海,晚与劭雅于半亩园。
　　以八元购得清△△间翻刻明陈仁锡本《纲目》120本,字大行疏,甚为可看,可谓廉矣!且点句读明白,眉有提纲,贤于清御批本远矣(御批本:一、行密字小;二、眉端系狗屁之御批也)。

1月21日　星期二

　　今日精神尚可,头脑亦尚宁。昨宵睡得很足。
　　午回家,又见雄及三强信,(十八日下关发)。
　　午后三时回孔德。
　　今日稍稍清理三星期来未清理之书物。

1月22日　星期三

　　今日精神尚好。
　　午回家,在家得雄致毛书,知彼于十九日上午至申,午后已到申。此到申所发之信也。

午后至金处"达"碘钙针,验血压一百五十二 M.M.。取胃药,因后天系丙子元旦,金不看病也。因近日大便欠通融,故加药以通之。

还富晋、修绠、来薰、文学斋(即《纲目》)四家之节账,共一百十一元,都清了。至某海。晚与劭雅于半亩园,归已十时。今在中海与劭、虎两人说话太多,晚又睡迟,睡时已十二时,明日当急休养,免再泛〈犯〉也。

1月23日 星期四

今日为旧历乙亥除夕。午浴。下午回家。三强回家。晚与家人谈话也,九时颇倦,即睡。

1月24日 星期五

今日为旧历丙子元旦,昨宵睡得很香,故今日精神尚佳。

昨晚六时顷降雪,至今晨十时顷霁。

十一时回孔德。得秉雄廿日信,知彼已迁居俞志靖家,拟廿二日赴杭云。

下午二时顷至厂甸,仅于东边(海王村公园西墙外)各摊巡视一过。精神固不充足,天气又甚冷,故不能再往东矣! 得书五种:

《新广东》,一角。此尚是1902、1903间在湖州初读《新民丛报》时所见者,三十余年不见此书矣!

《孽海花》初本,二册,二角。

《群学肄言》,五角(一九〇三年文明书局最初印本,惜是有光纸耳)。

《评点周礼政要》(一九〇三,上海求新图书馆评点本),一角(孙书作于一九〇二)。

《国粹学报》(拆开而零乱装订者),八本,六角(因我的一部中间略有残缺,此中有之,可补也)。

晚六时访叔平,谈至十一时方走,他日内将回京了,请他给我写了一张"饼斋"的扁〈匾〉。

今日《世界日报》载:"中央社南京廿三日电"中政会今晨九时开第六次会议,决议:"咨行政院转令教育部,简体字停止推行,再定办法。"不知何故?

1月25日 星期六

午回家。苏甘来谈谈,已至五时,故未巡。五时访劭西于其家,十一时顷始归。

连日睡得太晚,恐某压又将高,明日当早睡矣!

1月26日 星期日

上午任访秋来。

午回家。

下午本拟巡,因饭后忽觉脉搏太速,诊之则九十二——四,不能远行。即至李处取书,回孔德,早睡。因炉火热,睡不甚安。今晨三强回清华。

1月27日　星期一

上午十时至金处"达"碘钙,取药水,今日略易,中有强神经之药。午后至土地〔庙〕中巡阅,见有抄本《广阳杂记》一部,五本,五元,末附药方,似与潘刻有异,欲购之,而首册为他家取去,故未取得也。又购《新出汉魏石经考》,二元,吴维孝著(民十六出版)。

晤孙伏园,云约于明日访知堂。

四时顷回家,宿家中,十时睡,至夜半二时醒,至六时方又睡着,至九时起。

1月28日　星期二

午前回孔德。得秉雄信(廿五日发),知她约他于二月六日动身北来,他打算稍早一点云,他将于一、二日内赴沪云。

孔德又闹男女分校之事了,社会局定女士转温泉女中。总之,此辈心目中,凡男女在一起,必无好事,足见其心之卑劣不净也。

午后二时回家,适刘子植夫妇来贺年,我请子植关于宋公之事。

五时顷偕婠贞同赴金处,她患咳嗽,金云气管炎,取四天药,饮毕当愈。我又取药水一瓶,仍是旧药(非昨取之药),又"达"碘钙一针。至土地祠,询《广阳杂记》第一册寄南,殊怅怅。五时访岂明,平伯、伏园均来,谈至十时走。

今晚尚算安眠。夜半大雪,天明晴。

1月29日　星期三

上午至蓝公处,见雄致彼之函云,一月廿七赴沪,二月三日乘车回平,五日或六日可到也。发快函致雄,由俞三转。

午回家。

下午至某海晤黎、汪、周、王诸君。

符定一自湘来,送我浏阳之"蕨菌"、玉兰片。晚与劭二人请他,雅于半亩园。

季刚晚年最佩服之古音学者六人,我不能全记,今日符公言之,记于右方:毛奇龄、臧庸、钱坫、严可均、王念孙、孔广森。

1月30日　星期四

午回家。午后至某海。因以黑印《章氏丛书续编》及我之《康书序》赠符,并以此二种(章蓝印者)赠劭也,未晤劭。三时顷至厂甸逛西路,自师大出门而南起,尚未至土地祠,而甚冷甚惫,只好不前了。途遇郑友渔夫妇。

购得《六十年来中国与日本》三、四、六三册，一元五角。我原有第一册，尚不全。甚冷，回孔德。

1月31日　星期五

得秉雄廿七信，在上海所发信，云廿七抵沪，定三日偕她同来。

晨起甚迟，午前回家一行。

午黎、蓝二人为孔德男女分校事，在东兴楼请客，董事三（周、钱、沈三），幼渔因病未到，加高中方面陈觉生，初中方面李召贻，结果是由蓝、黎两人函告沈二，请其电李圣章，求向社会局疏通。承认是中法系统，而不承认是附校也。此为沈三之主谋，周亦同之，而蓝述马二之说，则主张承认属于中法，我与马二相同。不可说，不可说。

食毕已近三时，至金处取药"达"针，又为婠续取药，她咳嗽稍好，而痰不出也。

至文化斋场，见并无书摊，五儿所说非也。至东路，从南头至公园西园门而止，不能再北矣！无所得。拟至土地祠，途遇孙伏园，云明日将赴定县矣！《广阳杂记》抄本，凡五卷五册，取二——五册以归。催速至南方取第一册来，价五元，亦即付之。又以六角购戊戌年湖北木刻之《中西学门径书》七种。又以三角购《熹平石经残字》一册，此书是黄小松的，非钱某伪造者也。至商务购马宗霍之《书林藻鉴》，四元。至直隶书局购《瓯风》第十九、廿及廿一、廿二两合册，一元八角。甚冷，回孔德。

2月1日　星期六

上午十时回家。知三强昨日回家，今日下午将回清华，因今明两天须上课，后日（三日）要上课也。

十二时至厂甸，见尚未摆齐，即至春华楼吃饭。二时至四时半巡了两个半钟头。今日继续将前日（卅日）未巡完之西路继续巡之，直至南头，居然巡完了。今日天稍暖，精神亦稍可，故巡阅尚佳。然所以尚佳者，不过西路之大半而已，较十年前能于上课之暇巡阅完全（且及火神庙），甚笑吾衰也，噫！今日所购者为：

《赠补金壶字考》，二角，同治十二年宝坻郝在田所辑，一册，用馆阁体写刻。观其自序，盖既非适之原本，亦非数年前我所购之增补本也，恐不佳。

《汉简》，四册，一元五角，光绪九年点石斋石印本。

《清经解敬修堂编目》，四册，陶治元辑，六角。

《湘学报类编》，十二册，二元。

《癸卯政艺通报》（原），十二册，一元。

《谈天》，一元一角。

《曲园篆书》（详后页），七角。

《曲园篆书》两本（均光绪丁未季秋石印）

1. 《老子》
1. 《奏定文庙祀典记》
   《先府君家传》
   《春在堂铭》⎫共五种。
   《书冢碑》
   《周孝女传》

又至商务购"四部初编"本《淮南子》,二元。此为北宋本,初藏黄丕烈"百宋一廛",后归汪阆源家。王念孙嘱陈硕甫借录,陈倩金友梅影抄一部,此为刘泖生影抄本,盖刘又影抄金抄也。其中简体字甚多。

四时半至某海,晤劭,并见任访秋、许固生。又师大指派代表某君来访劭,言代表数人之书物,除交学校存于储藏室中外,凡自修室及寝室中书籍衣服及一切物品均被同学所毁。噫!暴民专制何异暴君!暴君为暴民所推倒,而良民竟不能制裁暴民!

七时至撷英,谢国桢、刘盼遂、孙海波赏饭也。同坐者有劭西、希白、守和、云圻、立庵、子植,及柯燕舲……诸人,又有于省吾,竟有周肇祥!

2月2日　星期日

今日未回家。上午十一时至金处取药"达"针。十二时至广林春,今日是《古会开第△次常会也,我未赴会,经赴广林春。四人:陈、钱、汪、黎也。下午三时至四时顷巡东路,自北头至园门止,又至公园内谷氏水经堂一看,购:

《潘力田遗诗》,民国元年有光纸铅印本,二角。

《政艺丛书》(壬寅),一元五角。

《夏史》、一、二两册,(未改本,尚整洁),六角。

傅青主《霜红龛全集》(民七山西石印本,一元五角)。

《徐氏三种》、三、百、千,九角。

晚浴。

2月3日　星期一

午回家。

午后至某海,未见劭。

三时半巡至五时,购:

《新学伪经考》(石印本),光绪辛卯武林望云楼石印本。余有原刻本,及民国年重刻本。此石印本,昔尝见崔师有之,似?是依原板匡大,而订成小型之本。小本大字最可爱,故购之于"东莞伦氏通学斋书摊"上,此等佳书固不厌其多也。价三元。

《德育鉴》(《新民丛报临时增刊》,原本,尚洁净),四吊。

黄梨洲《思旧录》(五桂楼刊本,颇精雅),五角。

黄节校印本《张苍水集》,四角。此为国学保存会丛书之一,余于前本曾购得一部,此本系被人重装为洋装一册,便于携带,虽内中被人圈点涂抹,亦无妨也。

2月4日　星期二

上午回家。十一时顷至某海,为符宇澄书"联庵"匾,字大一尺六寸。三时至金处取药,未"达",取药水漱口,因齿痛也。巡西北(师大门外至土地祠北),得《六十年来中国与日本》三册。此三册因系未拆开之新书,他们竟要卖实价,说之再四,只肯让一毛,故二元九角也(一卷一册,二卷二册)。我本有一卷,数日前购三、四、六卷,三强日前购三、四、六册,今又购得此,是吾父子二人都有1、2、3、4、6之五卷矣!再设法购得第五卷二本,则齐矣(不知六卷以后尚出否)!此事拟托徐一士办之。又:

《居东集》一本,一角。

《周官辨非》一册,六吊

《文明小史》二册(似是李伯元所作,当查之。商务出版。),三角。

《太誓答问》(龚),一册,二角。

五时再至海。晚与劭"雅"于半亩园。

2月5日　星期三

今日雪,当殆不能巡。午回家。

午后苏甘偕许季市来吾家。因许藏有诸先生致其太岳陶辑及其岳惺存之札,中有先子之札,嘱题也。

四时许回孔德。得雄卅一日信,云三日上海行,大约六日可到云。

2月6日　星期四

昨晚闻雄有电来,上午至陈赐华室内取阅,系昨晨发,云六日夜可抵平云。至北大取欠薪。午回家。下午三时巡西南,得:

康有为:《日本书目志》一元。

《政艺通报》,零本,厚厚薄薄共十五本。

四时半至北大取薪。至金处取药"达"针。至某海,符定一来,约钱、黎、王善恺三人"雅"于半亩园。九时归。取《政艺通报》一捡,无用(因无刘氏文也)。

2月7日　星期五

晨九时顷雄来,知于昨夜十一时顷抵平。

孔德于一日起初中补考,至昨日毕。今日行开学礼,并摄影。董事到者为周、钱二人。午我约周至华宫"雅"。

二时至厂甸,今日为阴历丙子上元,厂甸之末也。得书如左(今日专巡祠):

《午梦堂全集》(十二种),五元。

《日知录之余》(木板),八角。

(日本板)《劝学篇》,二角。

《木皮子》,二角。

张象津所著三种:……八角。

聂崇义《三礼图》(石印),一元三角。

石印平津馆《说文》,一元三角。

《浣玉轩集》(文素臣集),三元。

四时半回孔德,翻阅《午梦堂全集》。

2月8日　星期六

午回家。

午后至某海。大虎适往巡,云今日道旁只寥寥数摊,而祠中无之矣。四时至金处取药打针,血压152。五时顷访启明,十时归孔德。因购《午梦堂全集》而检《叶天寥年谱》(邓本),知蔡氏之妻,子女如左:……

2月9日　星期日

上午雄来谈孔德前途事。谈徐氏,似稍有进展。

午回家。

下午许季茀携其子世瑛来,欲我为世瑛致函川大之任叔永与杨伯屏,又武大之王抚五与陈通伯也。苏甘亦同来云,后日将返绍一行,约三周回平。在家至晚十时回孔德。

2月10日　星期一

思从今日起清理书籍(巡毕矣!),病渐有起色矣,师大再休假半年矣!再不清理,将俟何时耶?

上午十时至下午一时顷,将雄屋中(我暂寓之屋)之书归齐1/4,颇累,即回家。下午四时半离家,至李宅取《神州国光集》以归孔德。晚七时半至西车站,因电话约劭往雅也。十时归。

2月11日　星期二

今日又累了。不能理了,唉!

午回家。

下午至金处"达",取药。至某海。

晚与劭"雅"于半亩园。

2月12日　星期三

上午清理雄屋中之书报。有文元阁(即日前购其《湘学丛报》、《政艺通报》之一家也)送丙午年《新民丛报》之石印本来,又△△△、△△△两种,共价两元。午回家。午后至文奎堂购顾起潜之《吴恁斋年谱》,四时即回孔德。晚间清理书物。

2月13日　星期四

午回家。

下午至金处"达"碘钙针,取药水。至某海,劭不在,与虎谈。晚饭后与西堂谈。十时顷回孔德。

徐一士居然代我购得五、七各两部,甚喜！他又〈与〉《大公报》相熟,故能在北平分馆去购也,价八角一本。

2月14日　星期五

上午清理关于申叔文件。今日将申叔文之见于他处者之目印就,申叔外集之来源,拟印五目:(甲)《国粹》(尚未印),(乙)五种杂志,(丙)《警钟》《政艺》等(即今日印成者),(丁)张表弟,(戊)将来补遗(柳亚子的《天义》《警钟》等)。回家。午至某海,晤劭。四时访幼渔,他已全好,上课矣。十时归,觉甚累,即睡,睡不甚宁。

2月15日　星期六

晨起即觉脚软心慌,头不宁。

上午回家。三强回家。午后往金处诊,则血压又高至160,"达"降血压针,取药。至某海。晚与劭雅于半亩园。九时半归,甚不舒服,即睡,仍睡不宁。

2月16日　星期日

昨夜又下雪,今晨霁。

午回府。

午后四时到隆福寺的文奎堂及修缏堂走走,购日本人石印之《攀古小楼文》一册以归,价六角。又向文奎堂借阅《乾坤正气集》首二册来。我以前只闻隅卿常谈此书,又见黄节所校之《张苍水全集》常引《乾坤正义〈气〉集》云云,但我实不知该书是谁所编,内容若何也,今知是清道光时泾县潘锡恩(字芸阁)所辑者(另有一书曰《乾坤正气诗集》者,乃同时长洲顾沇湘舟所辑也)。潘书凡列101人,为书574卷,订　　本,价　　元,录目如左〈下〉:

一、周　屈原　　　　5卷　　　1—5
二、汉　孔融　　　　1　　　　6

三、魏	嵇康	9	7—15
四、晋	张华	1	16
五、晋	郭璞	2	17—18
六、宋	袁淑	1	19
七、唐	李邕	6	20—25
八、唐	颜真卿	14	26—39
九、唐	司空图	4	40—43
十、宋	李若水	1	44
十一、宋	傅察	1	45
十二、宋	宗泽	4	46—49
十三、宋	赵鼎	8	50—57
十四、宋	陈东	4	58—61
十五、宋	高登	1	62
十六、宋	欧阳澈	3	63—65
十七、宋	岳飞	8	66—73
十八、宋	胡梦昱	1	74
十九、宋	徐元杰	11	75—85
廿、宋	刘黻	1	86
廿一、宋	文天祥	10	87—96
廿二、宋	陆秀夫	1	97
廿三、宋	谢枋得	4	98—101
廿四、元	郝经	25	102—126
廿五、元	刘鹗	二	127—128
廿六、元	余阙	五	129—133
廿七、元	刘仁本	四	134—137
廿八、元	郑玉	九	138—146
廿九、元	戴良	十九	147—165
卅、明	王祎	廿	166—185
卅一、明	练子宁	一	186
卅二、明	方孝孺	廿二	187—208
卅三、明	周是修	四	209—212
卅四、明	程本立	二	213—214
卅五、明	刘璟	一	215
卅六、明	史仲彬	一	216
卅七、明	于谦	四	217—220
卅八、明	张益	一	221
卅九、明	刘球	廿	222—241

四十、	周玺	二	242—243
四一、	邹智	四	244——247
四二、	鍊	四	248—251
四三、	夏言	四	252—255
四四、	杨继盛	二	256—257
四五、	高攀龙	六	258—263
四六、	赵南星	十八	264—281
四七、	熊廷弼	七	282—288
四八、	徐如珂	八	289—296
四九、	周起元	二	297—298
五十、	杨涟	五	299—303
五一、	左光斗	三	304—306
五二、	周顺昌	三	307—309
五三、	周宗建	四	310—313
五四、	缪昌期	五	314—318
五五、	李应昇	六	319—324
五六、	黄尊素	三	325—327
五七、	魏大中	七	328—334
五八、	卢象昇	二	335—336
五九、	鹿善继	廿一	337—357
六十、	范景文	九	358—366
六一、	倪元璐	四	367—370
六二、	凌义渠	二	371—372
六三、	吴麟徵	二	373—374
六四、	周凤翔	四	375—378
六五、	刘理顺	一	379
六六、	申佳胤	一	380
六七、	金铉	二	381—382
六八、	贺逢圣	四	383—386
六九、	史可法	四	387—390
七十、	黄端伯	十	391—400
七一、	左懋第	8	401—408
七二、	王道焜	2	409—410
七三、	刘宗周	十	411—420
七四、	祁彪佳	八	421—428
七五、	陈子龙	十	429—438
七六、	崔峒曾	二	439—440

七七、	黄淳耀	十	441—450
七八、	黄渊耀	三	451—453
七九、	葛　麟	三	454—456
八十、	金　声	九	457—465
八一、	温　璜	十	466—475
八二、	吴应箕	十八	476—493
八三、	孙传庭	四	494—497
八四、	堵胤锡	六	498—503
八五、	王思任	四	五〇四—五〇七
八六、	黄道周	十六	五〇八—五二三
八七、	钱肃乐	一	五二四
八八、	黎遂球	六	五二五—五三〇
八九、	郑元勋	一	五三一
九十、	江天一	八	五三二—五三九
九一、	郝景春	一	五四〇
九二、	陈子壮	三	五四一—五四三
九三、	王家桢	二	五四四—五四五
九四、	管绍宁	六	五四六—五五一
九五、	陈邦彦	三	五五二—五五四
九六、	张煌言	二	五五五—五五六
九七、	瞿式耜	8	五五七—五六四
九八、	夏完淳	4	五六五—五六八
九九、	蔡懋德	1	五六九
一〇〇	孙举宗	3	五七〇—五七二
一〇一	朱集璜	2	五七三—五七四
（完）			（完）

2月18日　星期二

因郑友渔要借黎之《国粹学报》，忽忆及可以在黎所有者之中找《国粹丛书》之广告，到底有若干种。灯下检之，结果弄明白了：最多时△△种（己酉），至庚戌已减为△△种。再查元、二年的《古学汇刊》，则止四十种矣。另开一最全时之目于……。

2月19日　星期三

上午浴。下午至某海。日前与郑友渔约，他今日要与我在某海相晤也，他又借黎之《国粹》全份，今日与之。晚与勍雅于半亩园。

2月20日　星期四

大雪竟日,未归家。精神倒还好,今日开始又弄刘书工作。将《国粹》刘文目弄好,拟付油印,看上次所记做此目日为:"廿三,五,十一",快两年了!

2月21日　星期五

仍大雪。下午三时顷〔雇〕汽车回家,即至金处"达"针,取药,兼含咳嗽药,是气管炎也,即归。

朱同抄文七篇已送来,灯下校之,明日当送郑也。

精神不如昨。

2月22日　星期六

今日未回家。上午仍大雪,午后霁。因明日下午金不诊视,恐又下雪,故今日午后再往取药,未"达"针。自金至海,晤劼。晚餐后与虎大谈昔日东京 Anar 时之事。九时雇汽车归。得郑信云,旬日左右将随同南氏他往,约一月归,嘱将外集文稿扫数给他,他拟旬日内印毕,连 D 原稿一同送我。又《左庵经说》及《左庵随笔》合为《读书续笔》之稿,亦于旬日内还他,便可印毕。如此则只余《攘书》及《文学教科书》两种(实四种,因尚有诗词也)矣!说得好轻松,这十来篇 c 目之文稿他能校吗?《续笔》就是这样容易整理好的吗?因复一信云 c 目文稿万难于旬日送上,云云。

将朱同抄的刘文数篇交信差送郑。

2月23日　星期日

今日上午又雪,午霁,下午未下,晚见星。竟日不出门,不回家。

将刘文 b 目与印出者对勘,尚少许多。外集已印成者 A—80;B—40;C—4;D—43,共 167 篇。c 开始印,D 未见原文,不知究若干篇(郑目凌乱,不足据)。其未印:A 尚有卅三篇;B 尚有　　篇也。虽未出门,亦不讲话,而精神不好,躺躺弄弄,总觉不宁也,噫!

2月24日　星期一

上午将《国粹》中未印之刘文录目,备改。

天晴了,午回家。

下午四时至金处诊视,"达"针,取药。咳嗽稍好,但仍取药云。至师大文学院办公处,交朱同续抄刘文数篇,即归。

灯下将"某君"及申叔论孔子文两篇校点。又将陈、尹、刘、刘四氏之申叔传料(前嘱人抄成一本)批其谬处,均拟寄蔡作传也,未毕,而头胀神疲,睡。

2月27日　星期四

上午将刘外集之已印及未印者订其目为二册,以便检查。

午浴,剪发。午后三时回家,五时回孔德。

灯下校《普告汉人》,未毕,甚倦,即睡。

2月28日　星期五

午回家。

午后至金处取药"达"针。至某海,《丛书集成》第一期已到(分五期出,二年半出成,此为去年十二月卅一日所出者也),取来置于海。灯下取出之,共一百卅一种,四百册。取孙奕《示儿篇》《焦氏笔乘》《孙氏祠堂书目》以归孔德,拟翻阅之。

2月29日　星期六

上午幼渔来。启明来。启明约往崇内大街韩普尔思饭店吃,他请也。午后三时顷回家,三强来书谓今日下午将与师大赛乒乓球,四时顷当回家也,待至七时顷尚未来。购晚报,知清华今日清晨即有大批军警来搜捕,学生出而与抗,凡数次,大为纷扰,则三强不能归城矣!精神甚疲,宿于家中。翻阅《示儿篇》。

3月1日　星期日

上午回孔德。即至金处取药"达"针,即往巛亼会,开第七次常委会。午聚餐于新陆春。劭因病未来,故止钱、陈、汪三人焉。回孔德后,雄来言,强已进城,在师大赛球,午当归家,故三时再回家。知清华之事今晨已平息矣!经此扰攘,大概未必补考得成了(他们本定于二月廿九至三月六日补考一星期)。晚回孔德,甚疲倦,早睡。

3月2日　星期一

阅报知清华免考,今日起开始上第二学期之课。

有刘延涛者,系数年前与丁梧梓同班毕业之北大国文系学生,近为于右任聘任,编辑《标准草书》事,今日忽来谈,并赠于氏赠我一联,文曰:"清夷四海望,博大圣人心",写得颇好,大谈其关于草书事。

午回家,校阅刘文。

3月3日　星期二

午回家。下午至金处,"达"、取。至某海。

一九三六年

3月4日　星期三

上午刘延涛又来,借范文明书以去。

午回家。

午后觉甚闷,访岂明。晚餐他饷我以日本之天丼(テンドン),系干炸对虾煲饭,浇以鲣节卤,极鲜美。岂明见有吴棠的《读诗一得》,因有先伯父之《跋语》,将购以赠我。

3月5日　星期四

今日上午仍做校对刘文之工作(定《读书续笔》)。

午回家。

午后至北大取欠薪,这次完了。

至金处取药,未"达"针。至某海,适幼渔来访西堂,因往与谈。他十时许走,我十一时半走。

3月6日　星期五

上午将《读书续笔》定毕,拟送郑。电郑,则于今日之午赴津,数日即归。

午回家。午后至师大取钱。至某海,晤劭。彼居然来矣!云星四已上课矣!据金言,一日之午,其家电约金往视,系"燕虎鳞沙",脉搏至140余,心脏颇弱,亟注射强心针,血压太低,不及100云。晚与彼"雅"于半亩园,我觉甚疲,十时归,即睡。

3月7日　星期六

上午洗澡。午后回家。

午后至金处,脉搏忽快,九十四,心脏稍弱,取药"达"针,但自己倒无甚感觉也。

至琉璃厂富晋、商务、群玉斋?(在海王公园内)九经阁?(同上)逛逛。在富晋购得罗振常印陈老莲、萧云从的《离骚图》及张伯英所印《十七帖及包慎伯疏证稿》以归。向九经阁购得壬、甲、乙三年的《新民丛报》(原),价八元。群玉有《政艺》,六年的,我仅有壬、癸、甲三年的,乙无,丙购数期,丁仅半部,配亦不易,颇思购此。

3月8日　星期日

午回家。三儿今晨来,晚去。

苏甘已自绍返平,今日来吾家。

下午刘半农夫人来我家谈刻碑事。

四时至群玉堂,以十二元购壬寅——丁未六年之《政艺通报》全份(戊申以后大概未出)以归。灯下略一检阅,有文十余篇,诗廿余首,均他处所无。刘书将刻成时,忽又得此早年之诗文,甚可喜。

3月9日　星期一

上午于海晏来。

午回家。午后至金处,"达"针取药,今日脉搏脉稍慢,八十六。至某海,晚与劭"雅"于大美。归,觉头目不宁,精神困倦,即睡。

3月10日　星期二

今日头目又不宁。

上午在孔德编《政艺通报》中之刘文目,居然有专著一种:文,二十篇;诗,廿八篇之多也。

午回家。

午后至中海,易静正来,高去疾来,为李云亭为匾,他要赠"江苏教育学院八周年纪念"四字"民教先觉"也。精神较昨晚安宁,但时觉困倦,欲睡耳。

3月14日　星期六

午回家。

下午至某海一行。

晚我出钱请婠吃饭,因他明日(为旧历二月廿二)生日也。婠、玄、雄、充、森士、苏甘也,在王家饭店。

3月15日　星期日

今日阴二月廿二,为婠贞旧历生日,午她请刘半农夫人、刘小惠、沈兼士夫妇、沈萃、沈尹默夫人、沈令融、马幼渔夫妇,马琰也,于东兴楼。婠及雄陪。此次居然在家食,不打牌,可喜也。

上午得郑大人之信,关于刘文。

她们吃饭,我去洗澡也。五时访岂明。

3月16日　星期一

今日精神尚佳。

午回府。

午后至某海,将关于刘稿交人邮郑。昨与劭雅于大美。

3月17日　星期二

今日精神亦尚佳。

午回家。

午后三时至北平图书馆访徐僧,因森士家藏旧书画,彼欲请人鉴别其真赝优劣也。六时又回家。七时刘拓、袁敦礼、易价三人赏饭于玉华台,请陈小庄与邓芝圆也。

4月1日　星期三

二三月中日记常常间断,然即不间断,年来亦记得太不成样子了,拟自本月起改得好些。

今日大风,飞沙走石,目为之眯。天亦较数日来为冷。

昨晚将致蔡子民信写完(为刘半碑、刘申传事)。共写格子十一张,今日上午复阅一遍。午至新开之香积园吃素菜,此馆系新开,在西安门大街西头路南。余年来因血压高应茹素,今得此素菜馆,故常往食焉。毕至中海,下午为张西堂写"觉今是斋"匾,倒填日子曰:"三月卅一日",因我喜此遗老厌恶之"卅一日"也(一月卅一日更好,他们也恶一月也)。又书赠蔡子民七十寿言,文曰:

隐不违亲,贞不绝俗。天子不得臣,诸侯不得友。
　　中华民国廿五年一月十一日为
　子民先生七十寿辰,敬录范孟博论郭林宗语以博一粲
　　　　　　　　　　　　　后学钱玄同

因须同时寄出也。

晚与劭雅于半亩园,十时归惫甚,即睡。

今日见报载昨日北京学生(学联)在北大三院开郭清追悼大会(郭系此次被捕学生,因在狱中染病而死者),舁空棺而往,致与军警冲突,被捕数十人,亦太奇矣。(后闻劭言,彼看守与郭父交涉,欲舁郭棺而往,郭父不允,故购空棺焉。)

《大公报》自今日起,上海方面亦出版。《大公报》载:"中央党部及行政机关职员,四月一日起,一律服用中正装及西装。"此事不得谓非进步,因(1)不必穿长袍马褂,(2)不禁止西装也。

4月2日　星期四

今日风仍大,入晚较冷。上午浴。看《左派王学》。

午回家。下午林士搬出许多碑帖等要我鉴定。五时至某海,晤劭,商定修正扩充简体字事。七时又至香积园食。八时归孔。灯下将关于刘申事迹四篇批完(许、尹、刘、刘)。明日必当全体发出矣。

《仁学》之论《孔子世家》,与李卓吾见解有相同处,可以〔知〕高明思想家所见多相同也。

4月3日　星期五

午回家。下午至某海,劭今日不来。将蔡信寄出,为(1)关于刘半碑,(2)关于

刘申遗书之件,(3)送他寿礼,(4)请他写"饼斋"匾及单条也。晚归孔德后得北大寄来《歌谣》第二卷第一期(即第98期)。十年停顿之《歌谣》复活,可喜也。

在海草一国音音表计411音。然如喂(ㄨせ),柜(ㄎㄟ)等音宜补,即ㄇ丌兀等音亦宜补(凡国音音系所有的皆宜补,无者不补,如ㄇㄧㄚㄎ、咁、ㄣ、ㄧㄥ丌。方音及外国语虽可采入国语中,而此等皆非国音音系所有,必不宜补也)。

4月4日　星期六

今日为儿童节,孔德放假。

上午十时回家。即至师大领薪。午,忽觉头目不宁。午至某海,晤劭。晤林景伊(尹),彼因被其本家叔叔骗来北平,将往"ㄐㄧㄉㄨㄥ"办报,彼不愿,其叔亦大怒,与之绝,彼一时无地可走,托劭西想法,因请其可暂住某海,而以民国大学中之文字学,适因敖士英去年秒至京,空了一学期,此时校中正欲聘人,劭因荐林往也。林谈及季刚死后其家属情形,知黄子念田及女念蓉,均如疯子一般的得罪人,谩骂人,真可异也。

在海,时觉不宁,七时金子直归平,往诊,则血压仍在148,脉博八十六度,因再注射碘钙针焉,又取药水四天以归,今日睡稍香。

4月5日　星期日

午前十一时回家。今日ㄍㄨ会开第△次常会。劭因又到△△演讲未来。余因时间已晚,故即往聚餐处,今日无劭,故我定在香积园吃素饭,到者为:钱、陈、汪、魏。陆雨庵忽来,亦加入,此公七十四岁矣,去年与其子衣言共提倡苏州方音符号,可敬也。午后二时顷访启明,十时归。在周处晤宰平之子林庚,文学家也。归倦甚,即睡。

4月6日　星期一

上午将刘申叔之《左庵诗录》稿取出一理,早决定分四卷:卷一《匪风集》(自定),二,《左庵诗》(自定),三,《左庵诗续录》(据手稿续编),四,《左庵诗别录》(各杂志上所载者,杂志计五种:《国粹》《政艺》《四川》《中国》《天义》)总名为《左庵诗录》。另乙巳年《国粹》有词十七首,则编为《左庵词录》。

午回家。午后四时访幼渔,谈至十时回孔德。天行亦来。

4月7日　星期二

阴,雨竟日。午回家。午后回孔德,将《左庵外集》目录之卡片360张略依类排之。此360张系依各杂志及张包之刘文目,一一写出者,其中有重复及不用者(如见于《左庵集》等),实际上当不及此数,惟必在三百篇以上。排排即头昏,粗略排之,以后尚须细排也。

胡钟生之集名《△△》,系蔡先生及童亦韩所选刻者,此君于庚戌被刺,云彼告密秋瑾也。我庚戌夏至绍兴,曾与彼一见(似是馆长请客),回日本不久,即闻此君被刺,龚未生诸人谓为秋事。外舅处有此集,林士不要了,要烧它,我因取来,昨今两晚读之,知彼实冤也,彼有致……诸函及蔡传等均可证明也。

4月8日　星期三

今日阴雨,天较寒。上午回家,得嫂自辽宁来信,知"毯病'摄护腺炎',自两星期前入铁路大学医院,至今日见沉重,大小便皆有血,又添胃病,食必难过,医恐其吐,用药代消化。稻谓此病若成慢性,则不治,现闻尚未成'慢性'"云云。

午至市场,至森隆吃饭。午后回孔德,觉精神甚惫。晚七时许博爱医院电话来,谓金已归,因往诊视,达碘钙针,取药水四天,以归。

下午至东安市场,购得:朱芳圃《甲骨学商史编》、马宗霍:《文字学发凡》二书。朱书采集众说而成,似尚简明。马君则全是旧头脑,且薰莸杂糅,又骂简体字(彼之《书林藻鉴》已骂过简体字与注音符号),其音韵实茫无所知,但抄旧说而已,至章止,黄亦不引(惟此次尚未骂王仁昫而已)。

灯下将《左庵诗录》卷一(《匪风集》)又取《政艺通报》及《左庵词录》校毕,拟明日付郑,因郑明日赏饭也。晚牙疼。

4月9日　星期四

昨宵左上牙甚疼,不能安眠,今日加甚。上午回家。午至香积园。下午至金处,请葛为上止牙疼药,取嗽口水。至某海,觉恶寒,躺卧许久,手冷头热,热度高矣。

晚郑友渔与《归绥县志》局二人赏饭于大美,本想不去,因昨日已允之,且与郑久不见,欲谈刘书事,故去。客止我与劭二人(其他尚有吴辟疆、彭作桢等,均未来),郑出示刘次羽致其叔刘容季之信,言《左》疏事,云全稿约一百万言左右。一面吃,一面发烧,九时回,即睡,夜半大出其汗,牙疼渐止,脉搏甚快,盖发烧之故也。

4月10日　星期五

昨宵大出其汗,今日身子较为轻松矣。午前回家一行。午至香积园。午后至博爱托葛君再上止牙疼药,今日已不甚疼矣。又验体温,如常,脉搏仍八十八,取消化及通便药以归,日来大便颇不通畅也。

至某海,劭谓昨已与郑说明,我与劭二人均做白话序云。劭又谓马竟荃忽自苏来(他去年被东北大学所逐,往依炎师,在章氏国学讲习会讲《易经》),托姬金声(振铎)来磕头,欲得师大教授云,今日姬特请李、易、黎诸人专谈此事云,哈哈!哈哈!

在海晤罗雨亭、张西堂,并与何、周二公谈至十一时,始归孔德。今日得蔡先生七日发信,将刘碑改正寄回,知三日快信一包(关于二刘之件)、一立轴均收到矣。

4月11日　星期六

上午剪发、浴。午回家。下午四时访幼渔，十一时归。

4月13日　星期一

上午于海晏来。午回家。即至香积园，因昨约徐僧今日在此便饭也，盖林士有碑帖等欲请徐鉴定也。下午至某海，摘抄刘次羽答其叔容季书二遍，记刘氏三世之《左》疏如下：隐——闵（清稿），共二八〇页，三十万字。僖元——廿二（刘谦甫抄本，经传文下仅注征引书名，无杜注及贾注、服注等。刘次羽疑系辛亥革命时，申叔在汉口遗失）共四十四页，约三万四千字。僖廿二——文公末，刘谦甫所抄清稿，共二六二页，约廿七万七千字。宣至襄五五年完，非四年也（草稿），共三三〇页，约卅六万三千字。襄以前申叔间有补注之处。280＋44＋262＋330＝916页。30,000＋3,4000＋27,7000＋36,3000＝97,4000字。

晚与劭雅于半亩园。

4月14日　星期二

上午将"张包"与"郑目"校对，尚有参差，此公真不知如何办事也。午回家。午后三时至荣宝斋，欲为半农墓碑打格，柜上云，方须与画格工人商之，拟明日再往。五时访启明，十时归。

4月15日　星期三

上午九时校《左庵诗》（诗录卷二）一卷，至十二时毕。午回家。午后三时至某海，晤劭，晤董鲁安也。六时至肉市全聚德，请林士、苏甘二人吃烧鸭子，秉雄亦往，共四人也，九时归。灯下校《左庵诗别录》若干首，（《国粹》中的）未毕，甚惫，即睡。

4月16日　星期四

上午九时回家。午后至荣宝斋，购一立轴赠周静子与杨永芳结婚（四、十六）。为半农墓碑划格，云须三四日后方得。至商务买《魏叔子年谱》一册。至海写立轴，写《桃夭》三章。灯下写半农底子，凡廿五行：题一行，撰文、篆款、书丹凡占三行，末记立碑年月日又占一行，前后占去五行，本文共二十行，自文首至铭曰618字，占十九行，铭32字占一行，每行卅四字也，今书就一底以供写时之用也。文共650字，若每日写100字，则需一礼拜也。九时半回孔德。今日将《左庵诗录》卷二送交郑也。

4月17日　星期五

上午九时至西车站送林士行，未见。午回家，始知彼出门后将至前门，忽变计，不到河南而往上海,因归我家,下午三时行。雄送去,我恕不矣。至某海。晚与黎雅于同和居。

思简体字究竟还宜以章草为主,拟先取《急就篇》可用之偏旁而写出之,其324字中已公布之偏旁即用之不再改。章草不足者,则取破体及今草补之。因思如陈光尧一类(不仅陈氏),凡此等取全体字改之者,究是豪杰,惟"手头志〈字〉"与教育部真低能也!卓君庸拘滞不通,于右任△△,亦不适用,我亦兼彼数者,似胜一筹也。

4月18日　星期六

上午十时顷至金处,又注碘钙针,未取药。至荣宝斋取刘碑额纸以归。午回家。午后二时至中央饭店,今日启明之女静子与杨永芳结婚也。三时回家,换婳及三强来观礼。他们归后晚餐后婳、强、充三人又出去看电影。雄未归,我留守至十一时,雄归,我倦极即回孔德。

4月19日　星期日

上午作致章师信。今日大风,黄沙蔽日。午浴。午后三时回家。精神甚坏,八时回孔德即睡。

4月20日　星期一

今日未回家。上午十时至邮局,将章师信双挂号发出,内附刘碑额格纸及洋八元,为购一年讲演记录之用。至文楷斋,将师脸谱廿张交之,去年所印蓝印本廿部欲付订也。至荣宝斋取碑格。

下午一时顷至某海与林景伊、周虎谈。林言黄拜刘为师事是在民八,刘死之前数月,一日黄访刘,刘谓你的文章,总是学无根柢,根柢者经也。黄询以治经之法,刘谓你要治经,可从我研究,黄诺之。翌日,刘忽请黄在其家吃饭,黄往,则盛馔已陈,而燃巨烛,且铺拜毡,刘曰:尔既欲从我学,可即拜师。何震又在旁说了几句很俏皮的话,黄不得已遂磕头焉。旁有陈仲甫作见证云。此事甚奇,然林谓系黄自述云!

孙伏园日前来平,今晚劭宴彼于来今雨轩。我光陪,十时归孔德。

4月21日　星期二

午回家。午后至某海,写刘碑,写了二百余字。越写字越不得劲儿,固缘目眚,手僵,而苏碪宣有绵性,混笔,亦一因也,因至荣宝斋嘱其再打一黄毛边者。

林景伊问国际音标之读音等。

4月22日　星期三

午回家。下午至某海,晚至金处,达碘钙针,取药水。

4月23日　星期四

午回家。午后至某海,虎欲将廿三年九月廿日我在北大所授之《古音考据沿革》,白涤洲所记,付《国语周刊》本期用(四月廿五日),因至中海改之。三时顷狂风大起,飞沙走石,与民十之春某日相同,昼晦,室中窗严闭而满桌砂土,至六时以后渐小。颉刚过某海来谈。

4月24日　星期五

今日孔德中学生游戒台寺,雄、充均往,须明晚始归。午回家。

午后三时顷往幼渔,彼适欲至团城访叔平(叔平回家一二日也)我亦同往,谈久,幼归其家,我即偕叔平至其家骗饭,晤刘铁云之孙刘△△氏。十时顷归家,今晚宿家中。

忽得孙鹰茹来信,退还二十日所寄购师讲义之洋八元,云"会中刊物,例当赠阅"。他习中医,为恽铁樵弟子。寄示论血压之文一篇。

4月25日　星期六

上午回孔德。午至东安市场购小型纸夹廿,将《左庵外集》印稿夹入,备编次时可以参阅,以定厥先后也。下午将该文夹好。

晚七时顷约劭雅于来今雨轩。晚十时归孔德。九时顷电询家中,知雄、充已安归。而强又回家来接其母,本拟归,于是遂不果归。

收到孙鹰茹寄来师讲〔义〕六册,去春章氏星期讲演会记录六册:(1)《说文解字序》,(2)《白话与文言文关系》,(3)《论读经有利而无弊》(4)《论经史实录不应无故怀疑》,(5)《再释读经之异议》,(6)《论经史儒之分合》。

章氏国学讲习会讲演记录六册:《小学略说》上下,《经学略说》上下,《诸子略说》上下。云尚有史学与文学尚未印成,此皆去年之讲稿也云云。

4月26日　星期日

今日清华纪念日,媗、雄、强均往,充未往。然彼亦须往孔德,故我今日回家竟日,晨八时顷往,晚,晚餐毕已八时,即回孔德。媗六时半一人先乘人力车归。午后苏甘来我家中。在家弄刘稿(张包)竟日,分别手稿、抄稿、写样(彼有数文已写样拟刊木,名《左庵文》)及杂志上裁下者,并其重复,共计一五五篇也。弄了一天,大致弄好,尚须与各杂志等检查也。文集十一本应十二本,少第十。可疑,当询之。共〇〇篇;散片八十二篇,为一五五。

4月27日　星期一

上午仍弄刘目。午回家,不吃饭,至香积园吃饭。即至某海,因师大国三学生十余人告劭西,欲问我关于音韵数端,今日来也,谈两小时,有问音韵者,有问清代思想者,甚惫。后又与虎谈,至八时半与劭雅于墨烧林也。十时许惫甚,归即睡。

4月28日　星期二

上午仍弄刘目。午回家一行。不吃饭,即至博爱,请葛看,打碘钙针,取药水,血压148,脉搏九十。至中华取《饮冰室全集》文集部分,昨接该局通知,始到矣。下午因精神疲倦,仍回孔德,翻阅梁集。灯下仍弄刘文目。

得章师寄来半农碑额"国立北京大学教授刘君之碑"十二字,篆书,极苍劲且严整,末盖印,若也刻入,殊觉新颖也。

4月29日　星期三

上午将刘文张包之目155篇定完一目。午回家。

下午至某海,用黄毛边重写刘半农碑,写了一百多字,精神衰惫,眼睛昏花即罢,仍不惬意,忽思晋之书体(三国志)实不宜于大字,凡作寸楷,仍宜以南北朝碑志为法,则较凝重也。(因目光不正,不敢放胆写,以至局促如辕下驹,此吾自病目后之退化不及以前者也,以前尚欠佳,而况……)

晚与劭"雅"于同和居也。G、R与拉丁化事,劭专驳拉丁化之无声调分列,实则废话也。彼即有声调,讵能从之乎?而我则觉 G、R 精密言之,必当分声调,且必宜用字母分声调,但一时为免除不必有之麻烦计,与 G、R 斗法,无妨即用零本形式,俟彼心地纯洁者学之。彼若以此为足,亦无妨,反正此时正式只能用汉字也。若彼觉黎子、李子不可不分,卖买之不可不分、戒严与解严之不可不分,便当进之以声调分列法也。劭又谓可用ˊˇ别之,如:Chiań-Shiuańtong Li-jinˇ shi, chenˊ-mau`jy`, Uang-jˊ,Uei-jiāngong。此法,我不甚赞成,然亦不反对。我以为三法在此时均可用:一以抵制拉丁化,一以抵制 wade 也。

4月30日　星期四

上午作函致郑,言关于外集中应印应不印之文及问某某等文之来源,又问其第十册。午回家。午后至某海,未写字,因头目不宁,恐更写得坏也。五时访岂明。

5月1日　星期五

上午浴,剪发。午回家。下午至二房东家取《甲寅》。下午四时访幼渔,十时顷归。下午又黄沙蔽日。

5月2日　星期六

上午至二房东家取《独立周报》与《甲寅》[中]，均欲查其中之刘文也。午后回家一行。即至某海，晚与劲雅于半亩园。市场之空气本不佳，而饭店中室中之室更闷热，觉倦甚，头不宁。天颇暖，室中至七十二度，夜半仍不减。

5月3日　星期日

上午回家。十一时至金处"达"碘钙针，又取药水二种：（一）为白昼不宁之用，（二）为失眠等之用。至市党部街，开《古会第○次。陆老仍来，他说要五月底回津也。午聚餐于鸿春楼，江苏馆子，菜太腻，食之殊不适。下午至荣宝斋再打一毛边纸的刘碑格，因黄毛边之黄色有碍我目也。四时顷即归孔德。倦甚。未出门。又食粥也。躺卧翻阅《甲寅》与《独立》，如见故人，亦殊有趣。

今日阴，近午有雨，凉矣，入晚只六十度。

5月4日　星期一

上午将《甲寅》及《独立》之刘文抄目。午回家。下午至某海，又应酬师大学生之问，他们约以下星期二再来云。晚五时至中华换《饮冰室合集》之《文集》一部，因日前所取者，中有破页，破固"当然"，然破至损字，则非换不可矣。

晚与劲"雅"于大美。归，得郑送来《左庵》第十册（张包），始知实不缺此册，如此，与郑目对，始全矣。可笑郑为此稿，极怕我遗失，迟之久始送来，而又再三叮嘱，须当面交代，讵知他自己短送一本乎？灯下校阅，知应为一六八（？）篇也，而后始全也。

5月5日　星期二

天暖。黄昏室内温度六十八度也。

午回家。下午至某海。今日上午将刘文（张包）目录弄好，可以油印矣。郑目之乱实不成东西也。晚又至香积园茹素。

翻阅《饮冰室合集》之《文集》，编次印刷装订均不佳，远不逮乙丑重编者也。

刘碑毛边格纸取来，明日拟起手写也。

5月6日　星期三

天暖。午回家。下午至某海，开始第三次用毛边纸格写刘碑，写了二百张，头胀眼花矣。晚与劲雅于来今雨轩。

略阅《饮冰室合集》之《文集》目录，其纪年多有可疑者，如《答飞生》、《答和事人》两文应在癸卯(或甲辰俟查),而列壬寅;《为国体问题上总统书》似应在民四而列民五,等。又,未列之文,不但己亥(?)年之"保皇"文未列,即民八(或七)之《讲坛》第一集亦未录,又最奇者样本《专集》目中未列节本《明儒学案》也。

清季至今纪年法有△种:

(康、梁)一,孔子:

始于康有为《强学报》题,光绪、孔子卒后。梁为之说明,有文三篇:1,《纪年公理》、2,《中国史叙论纪年节》、3,《新史学论纪年》。初用孔子卒后,后用孔子生,康门多用之,直至民十六康死后梁之称"孔子卒后△△△△年"而止。

(章、钱)二,共和:

始于章,癸卯年出版者《訄书》用之,(《新方言》用之)丙午有书与余云……。庚戌年我发明之,撰《共和纪年说》载《教育今语杂志》中(《今语》中全用之)。

(刘、宋)三,黄帝:

始于刘申叔(癸卯)《攘书》△△篇云,其序则书:"黄帝△△△△△",而《黄帝魂》中有《黄帝纪年说》一篇。但此因推算不精,人人多异,故如刘氏《清秘史序》又称:"△△",其后宋教仁君又力主张此论,《宋渔父日记》中屡言之,《民报》即用之而称"中国开国纪元",汪兆铭之《清△史》亦用之,且云经论定。直至辛亥武昌义军起,即正式称为"黄帝纪元四千六百〇九年"此法实际用之,而最初实始于刘氏,别有主张用"黄帝甲子纪元"者为黄节氏,彼于乙巳所撰《黄史》中用之,与宋氏所主张仅差一年了。

(高)四,西历:始于高梦旦,癸卯年有书致梁,见《新民丛报》(题论纪年书后)。

自民国元年一月一日以后,黄帝纪元遂废;康卒后孔子废;自民国成立后,章亦废共和之称。然民国以来如蔡孑民、如徐旭生亦皆曾用之。自民国后自应用民国纪年民国与前代帝王纪元性质绝异,故于民前径用民国纪元前几年。而自民五以后,因西历为世界所通用,新学者多用之,始于《新青年》,梁氏亦赞同此说,曾有△△△△(见《改造》及《国学必读》书中主张用之。钱氏于民国△年之《新青年》中有《中国当用世界公历纪年》一文,而民十七以后之教育部亦有△△△之说,故今称公历或公元为学术之公共符号也。

黄公度《日本杂事诗》:

一八七七,光三,丁丑,黄为驻日本公使。

一八七八,光四,戊寅,草创。

一八七九,五,己卯,活。脱稿,是年冬①同文馆用聚珍板印。其后②香港循环报馆,③日本凤文书坊各缩为巾箱本Ⅲ(皆活字本),此后,④中华印务局,⑤⑥日本东西京书肆复争行翻刻,且有附以ィロハ及甲乙丙等字为注释,以分句读者,而⑧长沙又有一刻本。

一八八五,十一,乙酉木,归自美国,重刊木于⑦鸳江榷舍(梧州)。

一八九〇,十六,庚寅,改订于英伦使馆。

一八九八,廿四,戊戌木,将⑨一八九〇年改订本于戊戌四月刊于长沙富文堂

(徐仁铸题封面),自云此乃定稿,"有续刻者,当依此为据,其他皆拉杂摧烧之可也。"

戊戌本自识谓戊戌本为第九次刊本。录:

1,同文本(一八七九)。2,循环。3,凤文。4,中华。5、6,日本东西京翻刻本。7,梧州本(一八八五)。8,长沙翻刻初本。9,改定本,长沙(一八九八)。

《公羊》比《史记》早一年

记红字于下:

干支公历	乙未一八九五	丙申一八九六	丁酉一八九七	戊戌一八九八	乙亥一八九九
孔卒	二三七三	二三七四	二三七五	二三七六	二三七七
孔生	二四四六[7]	二四四七[8]	二四四八[9]	二四四九[50]	二四五〇[01]
黄甲					
黄乙	四五九三	四五九四	四五九五	四五九六	四五九七
共和	二七三六	二七三七	二七三八	二七三九	二七四〇
清—民国	光廿一	廿二	廿三	廿四	廿五

一九三六年

乙巳 一九〇五	甲辰 一九〇四	癸卯 一九〇三	壬寅 一九〇二	辛丑 一九〇一	庚子 一九〇〇
二三八三	二三八二	二三八一	二三八〇	二三七九	二三七八
二四五六[7]	二四五五[6]	二四五四[5]	二四五三[4]	二四五一[3]	二四五一[2]
四六〇三	四六〇二	四六〇一	四六〇〇	四五九九	四五九八
二七四六	二七四五	二七四四	二七四三	二七四二	二七四一
卅一	卅	廿九	廿八	廿七	廿六

辛亥一九一一	庚戌一九一〇	己酉一九〇九	戊申一九〇八	丁未一九〇七	丙午一九〇六
二三八九	二三八八	二三八七	二三八六	二三八五	二三八四
二四六二[3]	二四六一[2]	二四六〇[1]	二四五九[0]	二四五八[9]	二四五七[8]
四六〇九	四六〇八	四六〇七	四六〇六	四六〇五	四六〇四
二七五二	二七五一	二七五〇	二七四九	二七四八	二七四七
三	二	宣元	卅四	卅三	卅二

壬子一九一二	癸丑一九一三	甲寅一九一四	乙卯一九一五	丙辰一九一六	丁巳一九一七
二三九〇	二三九一	二三九二	二三九三	二三九四	二三九五
二四六三[4]	二四六四[5]	二四六五[6]	二四六六[7]	二四六七[8]	二四六八[9]
四六一〇	四六一一	四六一二	四六一三	四六一四	四六一五
二七五三	二七五四	二七五五	二七五六	二七五七	二七五八
民元	二	三	四	五	六

戊午 一九一八	己未 一九一九	庚申 一九二〇	辛酉 一九二一	壬戌 一九二二	癸亥 一九二三
二三九六	二三九七	二三九八	二三九九	二四〇〇	二四〇一
二四六九[0]	二四七〇[1]	二四七一[2]	二四七二[3]	二四七三[4]	二四七四[5]
四六一六	四六一七	四六一八	四六一九	四六二〇	四六二一
二七五九	二七六〇	二七六一	二七六二	二七六三	二七六四
七	八	九	十	十一	十二

甲子一九二四	乙丑一九二五	丙寅一九二六	丁卯一九二七		
二四〇二	二四〇三	二四〇四	二四〇五		
二四七五[6]	二四七六[7]	二四七七[8]	二四七八[9]		
四六二二	四六二三	四六二四	四六二五		
二七六五	二七六六	二七六七	二七六八		
十三	十四	十五	十六		

（1）从乙未康有为开强学会之年至民十六康氏逝世之年，因此类特别纪年始于康氏《强学报》之书"孔子卒后二千三百七十三年"，而民十六梁氏祭康氏，起首仍用"孔子卒后二千四百五年"也。

（2）孔子生卒纪元，从《史记》，不从《公羊》。

（3）黄帝（甲），为刘申叔《攘书》，陈去病《清秘史》等书所用。

（4）黄帝（乙），《民报》及辛亥革命时之文告所用。

（5）共和，余杭师所用。

1201

近四十余年来四种纪年法：(1) 孔子、(2) 共和、(3) 西历、(4) 黄帝。

(1) 孔子（康）（始于乙未，公一八九五，光廿一）（《史记·老子韩非列传》："自孔子死之后百二十九年"。）

孔子卒后二千三百七十三年（乙未，公一八九五），《强学报》（光廿一）。

孔子生二千四百四十八年（丁酉，公一八九七），《春秋董氏学序》（光廿三）（康、梁均曾用之）。

（说明）：梁《纪年公理》，戊戌（公一八九八）（光廿四）（见饮冰室《自由书》）。

《中国史叙论》第六节——纪年。辛丑（公一九〇一）（光廿七）（《清议报》第九一号，辛丑）。

《新史学》——论纪年，壬寅（公一九〇二）（光廿八）（《新民丛报》第二十号，壬寅）。

用到康氏死时，梁之《公祭康南海先生文》首云"惟孔子卒后二千四百有五年岁次丁卯"（公一九二七）（民十六）。

孔子生用《史记》说：孔子……公前五五一——周灵廿一——敬王四十一，鲁襄廿二——哀十六，庚戌——壬戌，公前五五一——前四七九（七十三章），均照《史记》，不照《公羊》。

曾挤九（鲲化）之《中国历史》亦用孔子。

(2) 共和（章）（始于庚子，公一九〇〇，光廿六）

共和二千七百四十一年：《訄书序》、庚子、公一九〇〇、光廿六。

《新方言序》用之。

《教育今语杂志》用之。

（说明）章与钱书：（丙午、公一九〇六、光卅二）

钱《共和纪年说》，庚戌（《教育今语杂志》第一号）（公一九一〇、宣二。）

其后，蔡、梁均赞成，而均未见。徐旭生《中国哲学史》曾用之，后又不用。缪凤林之《中国通史纲要》亦用之。蔡在北大谈△△△△△△，似曾主张过。

(3) 耶稣（高），（始于癸卯，公一九〇三、光廿九）

《改正朔，易服色说》。（"渤海姜叔子"），一八九六、丙申、光廿二，《万国公报》第九十卷。

《论纪年书后》（尚同子）癸卯、一九〇三、光廿九。《新民丛报》二十六号。

其后至一九〇七（丁未，光卅三），《新世纪》用之，称"新世纪七年"。

民六以来用者渐多。（说明）钱《论中国当用世界公历纪年》（一九一九、民八）（己未）（《新青年》第六卷第六号）（民八）。

梁《五千年史势鸟瞰》之第一章第二节——年代（一九二三、民十一、壬戌，（《改造》第四卷第七号）（民十一）。

辛丑梁之文中已有"当采世界通行之符号，按以耶稣生纪元"之用说，盖即指高说而言。

在东京时，曾见一部《中国历史》，单用公元，不知何人所编，余未买此书，内容亦全不记忆,只此用公元一点,当日以为怪事,故犹能记忆也。

(4) 黄帝(刘)。

《黄帝纪年说》(刘),一九○三,癸卯、光廿九,书"黄帝降生四千六百一十四年闰五月十七日(一九○三)"

《攘书》序目亦书"黄帝降生四千六百十四年十二月"。然同时《国民日日报》亦用黄帝纪年,报头书:"黄帝纪元四千三百九十四年癸卯六月"(一九○三、光廿九),翌年甲辰(一九○四)刘氏序《清秘史》,亦作"黄帝纪元四千三百九十五年"。

《民报》署"中国开国纪元四千六百○三年"一九○五年,乙巳,光卅一。

武昌革命军兴,称"黄帝纪元四千六百○九年",一九一一,辛亥,宣三。

别有:——黄晦闻之《黄帝甲子纪元说》与《民报》及辛亥所用止少一年耳。《黄史》用之,及《答某君^{即宋教仁}论甲子纪年书》(《国粹》第五号,乙巳五月,一九○五,乙巳,光卅一。)(称乙巳年为四千六百○二年)。

三种黄帝纪元之比较以癸卯年为例(公一九○三光廿九) ｛《攘书》　　　四六一四　(a) 黄元庚戌
《国民日日报》四三九四　(b) 黄元庚
《民报》　　　四六○一　(c) 黄元癸寅｝

以 c 为准,a 多于 c,十三年。b 少于 c,二○七年。b 少于 a,二二○年。

a——公历前多二七一一年。

b——公历前多二四九一年。

c——公历前多二六九八年。

5月16日　星期六

今日天气较凉。

上午浴。午后回家。

三时至北大一院,开"风谣学会"成立会,今日仅通过章程及选举常务而已。我介绍周炅(基本会员)、罗雨亭、张西堂(均普通),魏未到,周亦未到,闻其夫人盲肠炎,昨日送日华同仁医院割治云。

六时至东兴楼,应南桂馨之约,南因病未到,托郑代陪,(饯吴晓芝之行也)客:吴晓芝、黎、钱、彭作桢(章、刘二人之门人)、山西县太爷某其姓亦忘之矣、张重威,张未吃而先走。

九时归,甚倦即睡。

5月17日　星期日

阴雨竟日,颇凉,室内只六十度。

今日自朝至暮,将《左庵诗录》卷三从头校勘,黄昏校毕。

5月19日　星期二

今晚草《读刘申叔黄帝纪年说书后》一文,列,举(1)孔子,(2)共和,(3)公历,(4)黄帝四种。叙其主张及用否,"为成学治国闻者要删焉",约二千六百字,此为病后第一次撰文也。

5月20日　星期三

昨宵睡眠过迟(夜半二时许),今日精神甚惫,噫!午回家。午后至某海,将昨文略改,仍未定稿,拟增民国纪元(即倒数)一种。晚雨,因倦早睡。

5月21日　星期四

上午回家一行,即至博爱请葛再看咳嗽,云略愈,再取安脑与化痰之药水。

至商务购十三月新历法(我有之,但一时寻不着了),本意止是关于阳历沿革二方面及《姜叔子》《尚同子》二书而已,岂知一翻,始知近旬日来欲检教部主张用公元编历史之主张之来源,但他说其说见十八年九月廿九日——之《新闻报》,记一段话,但云:"纪年所以完全采用世界通例之理由,教育部论之甚详,附录如下(云云)(页120)",但不知系以何种名义"论"之。因逐书何日章。

向师大图书馆借……

晚与劭"雅"于大陆春。

5月22日　星期五

上午于安澜(字)海晏(名)来。午回家一行。午后浴,剪发。毕回孔德,即开始校阅《中国文学教科书》,毕1/3,外集文四篇。与日前所阅《攘书》数页,明日当送交郑也。

昨晚向师大图书馆所借之《新闻报》,今日送到,原来十八年九月廿九日之《新闻报》所登,为教部颁行之《初级中学历史课程暂行标准》也,此谜始明矣。

5月23日　星期六

午回家。下午至某海,黄尊生来,谓汉文似宜:象形、指事、会意→假借→形声。转注只可缺疑,与我近数年来之主张全同。我以为——$\left.\begin{array}{c}\text{象形}\\\text{指事}\end{array}\right\rangle$(会意→变相之象、指→假借→转注(形声)变相之形声(转注采孙仲容说)。

晚与劭"雅"于四十二号。

今日向王善恺及黎劭西借得课程标准数册,关于公元事当即查之。

5月24日　星期日

天阴有雨,凉。

上午至金处,验血压151,咳嗽未已,仍取咳嗽及安脑之药水。

至商务购得"廿一年十一月教育部颁行之《初级高级中学课程标准》"一册,又见陈立《公羊义疏》有国学基本丛书本(四本),价三元,亦购一部。因余最喜此书,而木板太大,不便置皮包中也。

午回府,午后回孔德,觉甚疲倦,少寐,起而取两种课程标准对勘,始知:《新闻报》所登者即此十八年八月由蒋梦麟公布的是:——《中小学课程暂行标准》。廿一年十一月由朱家骅公布的是:——《中小学课程标准》(即系修正十八年的)。

关于公元的如左(下):

十八年八月由部长蒋梦麟颁行的《中小学课程暂行标准》,系十七年五月"全国教育会议"议决,由"大学院"组织的"中小学课程标准起草委员会"所编订的,(该会因十七年十月,"大学院"改组为教育部,故称为"教育部中小——员会")。

其《小学课程暂行标准》中"社会"的"教育方法要点"第八条中有"……《沙盘地图》《年代表》尤所必要。《年代表》,可用公历纪年为经,民族分合、历朝兴亡年代、列国兴亡年代为纬,……"

其《初级中学历史暂行课程标准》《教法要点》之第八项云:(八)采用公共纪元,中国历代君主纪元纷更,历史上的纪元标准遂成一大问题。为求年代的的确与中外史迹的联络起见,采用西历纪元为公共纪元,实是比较便利办法(有人主张用黄帝纪元或孔子纪元,皆不甚通行,而由民国纪元倒推,更属淆混)。教者于中国历史上的大事,可采用西历纪元为标准,同时仍附注中国帝王的年期,使学生易知一事经过的时间,与其离今的年数(如孔子生卒年期指示在西元前五五一(至)四七九年即可见其享寿之年及其离今年数。又如说南京条约在一八四二年,更可知其离今的年数)。

廿一年十一月由部长朱家骅颁行之《初级中学历史课程标准》中《教法要点》之第九项云:

(九)参用公共纪元。中国历代君主纪元纷更,历史上的纪元标准遂成一大问题。为求年代之准确与中外史迹之联络起见,参用西历纪元为公共纪元,实为比较便利之办法。

5月25日　星期一

午回家。下午至某海。灯下校阅《攘书》八页,明日可送郑,误字实在太多,多无法改正者,因手头书不多也,只好妈胡〈马虎〉一点了。

5月26日　星期二

上午回府。即至某海。晚与劭"雅"于同和居。

5月27日　星期三

上午检取书籍。午回家。午后浴。

在浴室看邹鲁的《中国国民党史稿》及左舜生的《辛亥革命史》。晚作书与于安澜,代其《汉魏六朝韵谱》之序也。

5月28日　星期四

午回家。晚约天行雅于淮阳春,谈及他们组织一"珍本字书刊行会",拟印日本△△△△之△△△△△。

《篆隶万象名义》,集股以印,我出一股,十元,可得书十二三部云。魏云此书中引原本《玉篇》甚多。前日印过《字镜》,日本△△△△所作也,云此中引《切韵》甚多云,行将购之。

今日抄了《与于书》一日,甚累,用急就颠格抄,抄了九张之多,而字迹甚为歪斜,唉!

5月29日　星期五

上午得郑信云,张重威催速还《左庵诗文》稿,他于一星期后须随南往南京,非在行前还张不可,我因之暂罢《攗书》与"文学",而先将需用此稿之件弄完它也。午回府。

午后回孔德,将张交刘诗文取出,先将其中有几篇有年月而又抹去者记出以便参考也。于是暂理《诗录》卷四,至人定而弄毕矣。

5月30日　星期六

上午将《左庵诗》卷四中写了四处按语,说明各诗之来源。

因日本增兵平津,各大学生又罢课矣。上午回家。闻三强言,清华罢五天,今日至下星期三。午后至某海,将《诗录》卷四送郑。

天甚闷热,锡福堂室内几至九十度,晚七时顷风,时时有雨。

在海灯下撰《诗录跋》,初稿已成,尚须改之。

5月31日　星期日

今日为阴历四、十一,雄卅岁生日也。婠于家中中饭略备酒肴,婠、雄、强、充(我恕不了),曾更约陈炳华、徐幽湘去吃。

昨宵大风,天凉,与昨日相较盖低十度也,上午时有雨。

上午至金处诊视,血压152,注降血压针,取安神经药水。午回府,未食即行。午后浴。

灯下校阅刘——(1)《参政时代札子》,(2)《心感论》。

(1) 未成之稿,献袁也。似民国三年所作,文盖未成,陈义迂腐(专引《春秋》,摹拟贾、董、谷、匡),措辞肉麻,既未成稿,大可不列,恕不了。(2) 文句艰涩,意亦难憭,但尚可整理,故细校之。

6月1日　星期一

午回家。下午至荣海。归。今日将《左庵诗录后记》改成誊好,其实是五、卅做,六、一改,但偏写五月卅一日者,要遗老们不痛快也。

晚与劭"雅"于来今雨轩。

6月2日　星期二

午回家。午后至某海。五时访郑,将"张包"交还,并交他《后记》及《心感论》等。六时,至来今雨轩,苏甘赏秉雄生日也,仅玄、婠、雄、苏四人。

风甚大。

归孔德写《诗录》目录未毕,甚倦即睡也。

6月3日　星期三

上午写完《诗录》目录。

午回家。

午后至某海。四时至前门邮局取日本购来之原本《草露贯珠》也,价四十元,连邮费四十二元余也。即归孔德。六时顷又至金处,因日前面部火疮取药也,未达,携外用药膏及安脑药水以归。

七时至来今雨轩与劭"雅"。

灯下取《外集》题卡片,略排之,未毕。

6月4日　星期四

午黄尊生赏饭于北海仿膳,仍即周、江、许、马二、钱数人,下午四时半散。余归家。七时顷至森隆吃饭,晤苏甘及戴君仁。

今日上午校点刘氏《王船山史说申义》,忽觉此文是否申叔之作略有可疑,似忆三十年前《警钟日报》见之,然而误矣。因此文收入于《黄帝魂》,而此书系癸卯冬出板,而《警钟》则甲辰也。《俄事警闻》虽始于癸卯,但其中似不应有此文,意者其《国民日日报》乎?然总觉可疑,不入《外集》也好。(《黄帝纪年说》,其实亦略有可疑),因成于癸卯闰五月,不知原载何处?《苏报》似不像,而《国民日日报》则所用黄帝纪年与此说大异,因《攘书·胡史篇》中有言,而所用4614之数及"黄帝降生"字样悉同,故入之,亦借此以作一篇《读……书后》耳。《秋瑾集》中亦有此文,然似非秋所作,盖秋取用此文耳!)

6月5日　星期五

上午回家。拟至琉璃厂一带购物,乘车往。当旴昼头,觉甚闷热。午后二时顷至某海,疲倦之至,倒头即睡,而睡得颇不香。

灯下人又有精神,因改上月十九日所作《读黄帝纪元书后》一文,未毕。

6月6日　星期六

上午洗澡。午后二时归家一行。晚七时顷回孔德,《纪年》文又改了一些,仍未毕。

6月7日　星期日

今日《《古ㄓ开第△次会,未往。

余于丙午四月十八日结婚,今日为旧历丙子四月十八日,依废历计,为三十周年纪念。不用国历而用废历者,因婳之印象恐阴历更觉明了也。我虽反对用阴历,然既为夫妇两人之结婚纪念,"思婳其妻",姑从阴历,其实是——一九〇六年五月十一日也,应算至今年之一九三六年五月十一日耳。午前十一时回家,与婳及三儿至美美照相,即至其邻淮阳春吃了一顿饭也(五个人)。照相三张:一,玄、婳、雄、强、充。一,玄、婳。一,玄。

食毕回家。五时至金处,因日来昏昏欲睡,盖中暑也。晚餐闻陈炳华及徐幽湘敲婳之竹杠:陈、徐、雄、婳四人又在淮阳春吃了一顿也。

灯下将纪年文改毕,尚须再一芟简也。

6月8日　星期一

晨得雄交来稻自辽宁所发之信,知稯竟死矣。两月前得嫂信云,稯患摄护腺炎,恐将不治,不料竟不起。稯孙:一八九〇、七、十二,(庚寅五月廿六)(生),一九三六,六,二,(卒),寿47岁。稻寄来讣文稿,生卒均用公元及阳历。盖在某地不便用民国,又不好意思用"康德",若卒仅用"丙子"而生则用"清光绪十六年庚寅",又似乎不配(系遗老也),故如此用也。此非我之恶意的推测也,恐实情如是耳。(我固绝对主张如此用者)(惟当现时,因国难之故,感情用事,卒年或当书"民国廿五年公历一九三六[年]六月二日耳,生年必如是写。)午回家。

下午至某海将半农墓碑所剩约三百字写毕,明日再往一看,太不成样之字贴〈帖〉条重写,便可交卷矣。

七时顷至公园长美轩,今年夏尚是初次往也,晤适之、查勉仲,又师大故毕业生二人,不知其姓名,又一人似凌昌炎,不知是否?

缪赞虞(凤林)之《中国通史纲要》第一册,页五四,《纪年之始》一节中云:辛亥之黄帝4609年,系——用《皇极经世》说,至唐尧,再用皇甫谧《帝王世纪》说,加黄帝至帝挚也:——缪又云:胡宏《皇王大纪》、张栻《经世纪年》、金履祥《通鉴前编》皆本邵说。

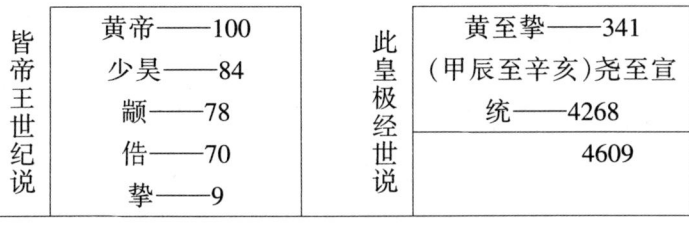

341

6月9日　星期二

天热,室内八十度。下午五六时顷雷雨,稍凉。上午十时回家,适缪金源来吾家,十二时走。而天孔热,当旰昼头,西晒,我有些吃不了,仍回孔德,精神甚惫。翻阅邹鲁《国民党党史稿》,屡屡睡着,虽入晚以后雷雨,亦不觉爽,总是头昏神疲,噫,老矣!

邹容之《革命军》作于一九〇三,序末称:"皇汉民族亡国后之二百六十年,岁次癸卯,三月〇〇日,革命军中马前卒蜀人邹容记。"(二六〇年,从甲申至癸卯也,一六四四——一九〇三也)。

老夫子之木板《訄书》作于一八九八,书"辛丑后二百三十八年,十二月章炳麟识"(辛丑为永历十五,顺治十八——光廿四戊戌——1661—1898)

章、邹盖均连本年计,"后"字只合作"以来"解。

兴中会	一八九二	光绪十八,壬辰
中国同盟会	一九〇五	光绪卅一,乙巳
国民党	一九一二	民国元
中华革命党	一九一四	民三
中国国民党	一九一九	民八

6月10日　星期三

午回家。午后清理刘稿。七时访金,取药,因神疲倦甚。

与劲"雅"于四十二号,天有雨象,在室内食,闷热,甚不适。

灯下校阅《攘书》廿张,甚累,即睡。

6月11日　星期四

天气闷热,下午热而加黄沙与大风,尤令人不好受,口、眼俱干。下午至某海将《攘书》廿页送出。在海行动均极不舒服。六时顷,西堂来谈,接着虎公又来,谈到十一时半方回孔德。

6月12日　星期五

　　天气较昨稍好,上午尚稍凉,午起即热矣。

　　上午回家,知五儿身热,但不要紧也。即至某海,下午将刘碑文写错及太不行之字,重写补缀,今日大功告成,明日可交刘夫人矣。热、累。下午六时与劭雅于来今雨轩。天忽雷电,有雨,热稍散。劭最畏雷电,只好室中食之,食时遇韩诵裳与张重威。

6月13日　星期六

　　天气闷热。

　　上午浴。午后二时归,五儿已退热矣。四时刘半农夫人来(我约其来也),将墓碑交之。入晚,风作,有云有电有雨,然热仍不散。七时访幼渔。十一时归,疲甚,即睡。今日大、中学生又游行。

6月14日　星期日

　　天气较昨日更热,精神甚疲乏。晨九时顷回家。即至美美取像片,照得都还不错,即至市场购席、蚊香、葵扇等等。午后回孔德校《攘书》,忽得苏电,云:"北平,东华门孔德学校钱玄同先生并转吴检斋先生鉴:太炎先生今晨卒,铣(十六)大殓,章宅治丧处。寒。"即转告检斋、季茀、幼渔、启明、兼士。因即致一唁电,其文曰:"苏州锦帆路五十号章孟匦、仲连兄礼鉴:先师梦奠,骇痛何极!敬唁。钱玄同、吴承仕、许寿裳、马裕藻、周作人、沈兼士。寒。"

　　先师:

　　一八六八,△△△△△　　　　　　　　　生(戊辰,清同治七、△月△△日)

一九三六、六、十四,卒(民廿五)。闻此消息后心中总觉怔住了。

　　晚七时许,又访幼渔,十一时归,即睡。

　　晚七时顷有风,稍觉舒服。

　　(六月十五至七月九日,无日记)这廿五天里中所做之事,把《攘书》及《中国文学教科书》都看完付郑,此处尚有《外集》数篇未校毕。

　　劭西于六月△日赴宁,讲演兼筹廿五年会款事。

7月10日　星期五

　　日来天气又闷热,昨宵室内八十二度,睡不好。今日阴,时时有雨。上午尚闷热,午后渐凉,黄昏室内七十六度。上午浴。午后回家,在家中写挽老夫子之对,此尚是六月杪〈抄〉所成者:文曰:……

　　晚七时,偕媔、雄同至东昇祥购兰花缎幛三丈,及白竹布,价△△元,系一丈长的幛子,三幅拼成也。六人送老夫子,(以龄为序):幼渔59、季茀54、缄斋53(阴二

月生)、启明 53(阴十二月生)、兼士 50(阴六月)、玄同 50(阴七月)也。其文曰:

恭挽

先师莉汉先生

素王之功,不在禹下;

明德之后,必有达人。

    马裕藻 周作人

弟子 许寿裳 沈兼士 鞠躬

    吴承仕 钱玄同

至市场购物,晤苏甘及徐老大( )。

今日报载国葬先师令:

【南京九日中央社电】国民政府九日命令:宿儒章炳麟,性行耿介,学问渊通,早岁以文字提倡民族革命,身遭幽系,义无屈挠。嗣后抗拒帝制,奔走护法,备尝艰险,弥著坚贞。居恒研精经术,抉奥勾玄,究其诣极,有逾往哲,所至以讲学为事,巍然儒宗,士林推重。兹闻溘逝。轸惜实深。应即依照国葬法,特予国葬,生平事迹,存备宣付史馆,用示国家崇礼耆宿之至意。此令。

7月11日 星期六 天尚凉

下午于安澜来。

午回家。

午后在家写《素王……》。下午至某海,探劭西信,自上星期六得其信后,一周以来未得其信,不知本年度经费究有着否? 今日仍无信来。晚访岂明。

7月12日 星期日

今天又热了。上午写几封介绍教育的信。夏宇众来,出文法题目来也。午回家。午后至热,在家,ㄅㄞ至四时顷方走。至市场及琉璃厂购物。

7月13日 星期一

天阴闷热。午后三时略有雨,旋霁。日出,有风,室内八十度。

上午浴。午后回家一行。即至某海,劭有信来,廿五年度的款尚无着,但有望,他正努力也。

八十度并不算甚热,南中如此天气便算凉矣,然而头昏胸闷,四肢无力,中心烦躁,不能做一些儿事。伤哉,病也。

潘景郑来信,嘱为《制言》廿五号(九月一日出版)撰纪念文。

阅《古文声系》,知孙海波论六书与我意全同,即:1,象形指事、会意。2,假借。3,转注形声也。惟因不明"古文"为刘歆伪造,故拖泥带水耳!

1211

7月14日　星期二

晨八时徐森玉来(为南不要蔡序事,昨日约他来也)。任访秋来。

午回家。

午后回孔德,将孔德之——《实验注音符号教学方法报告书》校改一过,甚累。

7月15日　星期三

午回家。

下午至某海,将孔德报告书交周登十八日之《国语周刊》。

7月16日　星期四

上午浴,剪发。

午归家。

下午将《素王……》照相六份,给六人也。回孔德。热,昏昏欲睡。

晚叔平约幼渔及我雅于淮阳春,他明天要动身了(到青岛而南京也)。灯下作复潘景郑函,甚长,明日当以快邮寄出也。

7月17日　星期五

上午易静正来嘱书扇面,云廿一日动身赴申招考也。徐和尚来,谓已见南,无问题,张不要蔡作序,确系为马四之故,哈哈！怕老婆的郝元帅。

午回家。

下午至某海,将我份、六人份寄出。晚访幼渔,并晤莘田,十一时归。灯下作致蔡函,催做刘书之序等也。

7月18日　星期六

天甚热,室中八十四度。

上午为启明夫人写扇面,称"信子尊嫂"。午前回府。

孙伏园来平,约其午至同和居吃饭,下午与之同访启明,晚十时归。

7月19日　星期日

热。下午三时起,时有阵雨,亦未见凉。上午浴。午回家。三强自沪归,今日到家。下午因热,或亦略中暑,精神甚坏,不能看书写字。灯下将孔德报告书誊清本校好,可呈送矣。

7月20日　星期一

时日时雨,霉天,物甚潮。上午任访秋来。为苏甘、静正二人写扇。中午大雨,雨霁回府。即往某海写题目。得劭十七日信,知即将赴湘,云本日当可到长沙云。五时许至师大文学院办公处,将题交易价。六时许回孔德,上车不数步而大雨倾盆而至矣。比至孔德,衣衫尽濡,孔德校内之水向外直流,不能进内,即回家中,晚宿家中。

7月21日　星期二

晴矣。

晨七时回孔德,郑友渔来。上午浴。下午归家。即回孔德开始编刘氏《外集》目录。

7月22日　星期三

在中海者一日(晨八时往,晚十时归)。晨七时回家一行,即往中海。王鸿逵、冯震晔二人来,皆为谋事也。将中海案头清理一番,归后仍编《外集》目。

7月23日　星期四

上午仍编《外集》目。午回家。下午浴。归孔德,仍编《外集》目。

7月24日　星期五

天晴,尚不甚热,入晚潮热。

上午李伯馨来(原名英芳,今以字行,去年师大国文系毕业,现在威海市中学教书)。

十时回家。即至师大访李校长,问本学年各系钟点事,据云,每教授可少授二小时(即十二时者可减为十时),每系满则六十时,至少可五十二小时。教十小时则不扣钱云。

午后回孔德,再理《外集》目,仍未毕,明日必可毕也。得章师谢帖,有孙曰"念祖",孟匡系今年元旦结婚,此孙殆怀孕耳。

7月27日　星期一

得蔡信,寄回"某君之……"之文。晚作《跋某君孔子生日纪念辞书后》。

7月28日　星期二

热。上午十时回家。即至某海,因劭来信云,十八日由宁起程赴湘,廿三日抵湘潭老家,舟中中暑,病矣,湘尤热,现卧床服清暑药云。

下午在海,清理书籍,五时顷访岂明。觉烦热异常,左眼觉胀,口更右倾。

7月29日　星期三

热。上午浴。午回家。三强今搬回矣,他从下月一号起将往北平研究院的物理研究所去工作了。

三时回孔德,将《民报》中老夫子之文依期次记下一目。

左眼皮不能自阖,口确向右衺(斜),确是中风之状。六时至金处诊视,云是也。注碘针,又取降血压水一瓶以归,他说数周后当有复原之可能。血压亦在180以上,好时170光景云,这是真话。今日精神不振。

德充廿七八考育英高中学,今日校中来信,知已录取矣。

8月1日　星期六

今日与昨日相仿,但精神觉不佳。

8月2日　星期日

今日稍觉精神些。上午戴静山又来问病。稻孙之子女,端仁、义、礼、知、亚慎及仁妻来,我未见,懒也。

下午乘汽车至金处诊病,达一针,降血压的针,又取安脑开胃之药水,又服泻药一杯。至孔德一行,得第二十二期的《制言》,即归家。晚大便,稍舒服些。今日头脑稍觉安宁。

8月5日　星期三

下午二时至某海,约罗雨亭来出题也。至师大取薪。又至金处诊视,"达"碘钙针,取药水,日来不能安眠也。孔德取书也。归。

知大嫂、稻孙、穟妇、亚献均来也。

8月6日　星期四

上午小睡,稻夫人来。上午罗雨亭来。

午后王仿辰来,赠予琅琊台新刻,已落于水,裂为三,近又粘合之而逐石于△△保存焉。

下午与雄同至明明医院配眼镜,我配两付,一近一花。近者,因十五年所配已不大合,年内散光甚增多也。花者,因近镜近处不明,上堂看书须带一镜故也。雄略近视,且其目易炎,故配一黑镜也。

至金处取利大便药。

(玄)近视:七元三毛(片一五元三毛,架一二元),远视:六元六毛(片一四元六毛,架一二元)。(雄)四元七毛(片一二元七毛,架一二元)

8月7日　星期五

上午稻来,幼渔来,均未遇,因出外洗澡也。下午罗雨亭来,谈及阅卷人过少,我想共十四人:教授四——钱、黎、高、罗;讲师八——孙子、孙海、孙人、杨、严、夏;助教二——吴(国文系)、曹(文学院)。钱、黎既不来,而孙子因罗故是决不来的。严任女院,杨任清华,孙人既有中大,因新任民大方眼镜,恐亦贵忙,夏、曹卫生。人数太少,如何如何,因想着王恩华、景荫平、董鲁安诸毕业生,姑去函与罗商,请罗面洽也。

8月8日　星期六

今日师大考新生,一切均托罗雨亭矣。竟日未出门。天热。看看《礼书通故》等等而已。

下午罗雨亭来,云李云亭亦极以国文系人少为言,彼谓将请王兰荫数年前历史系毕业、王恩华去年国文系毕业襄阅。此固甚佳,惟彼欲请一姓老名太婆之恶劣人襄阅,此等低级趣味之腐化分子宁足以知此宁!然而因其会唱戏,固校长所赏识也。噫!

8月9日　星期日

天孔热。上午至金处诊视,达碘钙针,取药水,因连日昏睡,故减重睡药,惟日来谈话稍多,觉头有晕象焉。至孔德取书,至清华园浴。下午二时顷回家。

8月10日　星期一

天孔热。上午看《古文声系》。裘子坤女士来。午后三时偕婠、雄同往明明医院,玄、雄取眼镜,婠配老花镜也,五元八角也(片一元九毛,架三元九毛)。旋归家。入晚天凉。

上午中海送勍函来,系七月卅一日所发者,云入山以后热已减退,惟腹泻耳。

晚七时得勍电云:……

8月11日　星期二

上午十年〈时〉左右之师大学生刘△熙来。下午三时至孔德,躺,翻书。六时顷归家。

王青芳为我刻"急就高"、"夷罟"两印,石头也是他的,去年托他刻,今日刻成矣。奔放自如,不守成墨,颇雄强可爱也,贤于襄小脚之马四远矣,我爱之也。又请他刻"钱玄同"及"饼斋"两印。"饼斋"一印系春间所购寿山石,拟请齐白石刻者,钱玄同一印老实也要揩他的油也。

8月12日　星期三

今明日五儿去考师大附中。看《段王学五种》中之段谱。上午马幼渔来。午后三时顷至孔德躺躺,翻翻书。七时顷至金处又达一针,取药水以归。

《制言》第二十二期有先师《拜跪举废议》一篇,谓肃,肃拜,擅三者一实,不跪,即今日鞠躬也(惟又有鞠躬之礼,又有文质:文如今日本之鞠躬,质即额。《说文》作頫。师昔谓即㔿𠄌,倒头之㔿𠄌、也)亦即在车时之式。按《周官·春官》太祝之九拜,我以为——

8月13日　星期四

昨宵雨,今日晴,凉矣。心甚闷烦。下午三时访启明,六时归家,觉稍舒。得雨亭与西堂电话,知师大2400考卷昨日已阅毕矣。

8月14日　星期五

上午裘学坤女士来。

十一时访幼渔,云打算不请魏毓襟看歪嘴了,因其失信也。拟请医学院或金子直看也,托他转告哈李阅(实则额纹渐长,目渐能自由张闭,口亦不甚歪矣)。午回家。天行来,谈至六时始去。天凉矣。

8月15日　星期六

上午浴。浴毕至森隆食素面及素包子,有半个月以上不在外边吃了。近旬以来因吃米饭总觉腹胀,大约是早晨及中饭吃两片黑面包与牛乳,晚饭吃麦皮粥一盌也。

午后至孔德。看《国学季刊》第○卷第○号中有胡适之—— 一篇。八时归家,闻罗雨亭来家,不值。

8月16日　星期日

上午十至金处"达"碘钙,取药水。即至某海。雨亭来谈,谈明日发榜前开考试委员会事也,下午二时去。四时顷郑友渔至某海来,谈及刘书事。六时顷归家。今日张西堂迁出中海,彼新与黄晚芳女士(名珮)订婚,租宗帽○条○号之屋,闻廿八日将结婚也。

8月17日　星期一

今日师大发第一试榜。十一时顷雨亭来,报告开考试委员会之情形,留其午餐,下午四时去。

下午三时,许季茀及其子世瑛来,知许有联挽师文云……

许又有一文纪念章师,拟九月十五号《制言》及《新苗》两用之,很好很好。

下午有雨。

8月18日　星期二

阴雨竟日,未出门,头觉不宁,夜不安眠。

8月19日　星期三

今日头脑仍不宁。上午张淑明女士来。

午至夏宇众来,谈其出文法题目。即至春华楼,食冬菇扒白菜及冬菜豆付汤,觉殊鲜美也。下午至某海休息。六时至金处,血压又略高至182,达降血压针,取安神降血压开胃药以归。归晤苏甘,云许文已成。晚略能安眠。

8月20日　星期四

上午幼渔来。

下午至某海,夏、罗均来,夏交钱,钱交罗,明日(廿一)复试用之题目。(国文法、《国故思想概要》,今年起不考《名著选读》矣)

今晚尚能安眠。

德充附中未取,闻国、英尚可,惟算不佳,止十七分(需三十分乃可取)。

今日略宁。

在海见李蒸转来劭电,十九发(湘潭)云"齿痛,拔治中,请转告中海"云。

8月22日　星期六

晚至金处验血压,181,达碘钙针,取药水四日。

8月23日　星期日

上午十一时访幼渔,适朱逷先昨自宁来,取书,约旬日左右行。今日适访幼渔,见之,谈先师殁后之情形甚详,幼并约沈三及许来,谈至六时顷始散。余往孔德一行,即归家。

8月24日　星期一

上午阅《儒林外史》。午前赵老铁及天行同来,赵即走,天行留午餐,四时去。下午时打餩痦(嗝),甚苦。

晚得劭十九日由湘潭所发快信,云本定十七日启行北来,而十六日忽患"走马

1217

牙疳",须速往长沙拔治,最早亦须月杪方能来平。

裘子绅女士来,云哲编事成泡影矣。

8月25日　星期二

上午侅痔(嗝)仍时发,未止。午后至博爱取药。下午浴。五时归,钱端义及袁蘩猷来辞行,佢们今晚即须赴日本仙台也。六时半至玉华台,今日钱、周、马、沈三、许五人公宴朱胡子也。

得雨亭电话,知师大北平第二试及南京一二试之卷,昨、今两日阅毕。

8月26日　星期三

下午三时至孔德。七时顷至金处诊视,未取药,"达"碘钙针,八时归家(血压180)

8月27日　星期四

上午十时顷访幼渔,拟乘而翁在平时开先师追悼会事,幼亦谓可。骗其中饭而走。下午三时至孔德,晚归家,晤苏甘。

灯下拟追悼会通启。

8月28日　星期五

今日上午张西堂与黄珮(晚芳)结婚。我未去,婠、雄去。幼渔证婚也。

师大今日发榜。下午访逖先、幼渔也。决定乘逖在平时开章师追悼会事。

8月29日　星期六

昨本托幼渔向北大接洽开会事。下午至某海,五时电询幼渔与北大接洽事,据云樊际昌说此时正在拆大礼堂而重建之,九月中恐不能借。于是与幼约定,改用孔德大礼堂。

上午至金处诊病,血压181,打降低血压针,取药水一瓶(同上次)以归。八时归家,适徐幽湘来,第一次与我相见,幽、雄、婠、充四人候我归即出门同至北海划船去。我将○○与雄略说,属其明日往访蓝。

8月30日　星期日

上午九时稻夫人来,送我东兴楼之十元席票,面倒臭也。上午十时访蓝公,谈借大礼堂事。托孔德书记于永椿写通启,石印300份,近午访朱、访马。下午回家,许季茀来谈。

8月31日　星期一

上午十时至孔德,通启已印得矣,300张。

约幼渔来孔德,彼担任东北,我担任西南,他交北大信差发,我交中海信差发也。下午二时至某海,交发。

孙海波来海谈。

四时访吴范寰于《世界日报》社,《世界》登九月一、二、三、四日,并访〈嘱〉其代向天津《大公报》登九月二、三两日也。

至文学办公处一看。六时归家。

9月1日　星期二

上午浴,剪发,仍作前长式。

下午至某海。

下午五时顷至荣宝斋为朱、马购挽联,又六人所送"素王之功"亦购一纸联,嘱其划格,明日取。

晚访启明,见有闻人倓之《古诗笺》,有"楞仙曾读"之印,全书精圈,书头亦颇似先伯父之字,又内夹一名片,中有"崙仙前辈"字样,是为先伯父之物无疑,价约六七圆,托启明购之。

9月2日　星期三

上午访遏先,不值。至荣宝〔斋〕取联纸,至中海,再书"素王之功"一联,又以前在海中所书〔我〕联因有倒字,故后来在家重写也,今将海书托荣宝斋剜补重书之。

午后彭作桢来海,他因见报载会启,故来探问也(彭寓油房○○(胡同)廿七号)。午后觉累,假寐一小时光景也。五时至承华园,由沈三、周、钱、马二、许五人请朱,适沈大日前亦来,遂亦请之,共七人,七人先至同生照像也。

今日将许氏《纪念先师》一文寄潘景郑,备为登《制言》廿五期。

9月3日　星期四

晨九时顷赴孔德,孙伏园来谈,午与彼同至森隆吃饭,谈至四时再回孔德,这是他请我吃的。将朱、马两联请孔德书记迟孚农代写。四时至李召贻家,将师之遗墨(信除外)一包取来,备陈列之用也,大小共十七件也。

六时与秉雄等共布置会场,将"素王之功"悬于像旁(廿一年半农所摄像放大),许联有改,云:

内之颉籀儒墨之文,外之玄奘义净之术(　　)专志精微,究研训诂(　　)
上无政党猥贱之操,下作懦夫奋矜之气(　　)首正大谊,截断众流(　　)

孙伏园七时又来,携来《潇湘涟漪》第△期一册,中有彼所撰《金禾伯集序》一文,指影郑大令刘申叔书事也,颇妙。八时与伏园及其子惠迪及秉雄四人共至华宝食之,我惠钞也,九时半回家。

9月4日　星期五

晨八时赴孔德,与沈、朱、许、马、周布置师遗墨,共38件:钱廿三、沈七、朱二(一为"速死")、许三、马二、周一。十时许开会,来者△△人,推许为主席。招待员为林尹、孙伏园、陆宗达、李季谷也。首由许致开会辞,次由朱报告先师生平大事,次由章三婿乐清人朱铎民(名镜宙),穆君(㠯)之夫,报告师之病状及国葬等事,次由我略述师于"文、史、儒、玄"四学之要点,次由蒋梦麟以来宾资格演说,即散会,正十二时。十一时许摄会场影,会散后又由秉雄为吾侪包黑纱之△△

人摄一影(叔雅已走,多一马太玄)。发起之十人,到七,黄及马宗均不在平,吴不来,来函云:

　　　　通告已转发讫。竟荃已到济南,弟前作挽连(?),似不甚佳(!)无须再挂,今日中院监场,看卷,恐难抽身,唯有遥致哀悼而已。此上玄同先生。吴承仕十五、九月四日。

妙!妙!章汤夫人于二日有电致朱云:

　　　　北平德胜门内草厂大坑廿一号朱遏先先生鉴:北平追悼会,请先生暨女婿朱铎民为家属代表,特电恳请,汤国黎,冬。

故二朱均为家属代表也。

午兼士宴朱铎民于东兴楼,邀钱、许、周、朱、马五人作陪,二时回孔德拆台,将各家出品送归。

今日天气甚热,甚累,三时以后回房卧息也。晚八时半回家,将蔡先生信寄来《刘君申叔事略》一篇收入《遗书》也。今晨士远南旋矣。

9月6日　星期日

今日开〈去〉会第十三次常委会于来今雨轩,到者:陈、汪、魏、钱也,晚毕。到金处诊视,血压183也,达降血压针,取药水。因约罗雨亭来,共商考省送师范生国文题,三时顷到某海,始知昨晚劭已到平,热已愈,晚偕其至大美去雅,汪一庵也来,十时归家。

9月7日　星期一

今日本拟至海,并约罗雨亭、吴新斋二人往,计省试卷约七十本,拟三人分看之也。讵料三时往,忽得劭电话,知已入清源医院,因平汉车中着凉,身起红斑荨麻症云。五时至葛处诊,183,取水药一瓶。

再往某海,觉实在看不动卷,只好让罗、吴两人看。又如〈与〉二人(凡三人)共出明日第二试题。晚十时归。

9月8日　星期二

因精神不佳,未往阅卷。晚访马幼渔,十一时归家。

9月9日　星期三

上午在家。

午后三时至师大取钱,至中华取《饮冰室专集》廿四册。即至孔德翻阅梁书。今日因嫂、丰、翠等纷纷送五十岁寿礼前来,不得已逃至孔德,以避明晨在家见到他们也。噫！殊苦也！

其实我是一八八七年九月十二日生,决不承认是清光绪十三年丁亥之七月七五日也——今晚因避寿寓孔德。

9月10日　星期四

上午在孔德。午后浴。四时顷回家,知毯女忽来,亟逃至孔德,觉无聊,而因心绪不佳,觉面部红、热,因往葛处诊视,云血压仍183,"达"碘钙一针,取药水一瓶而归。即访启明。十时半回家,知嫂、丰、翠及稻、毯之子女等,又刘子植夫妇均来吾家云。何必！最奇者《世界日报》之吴范寰忽介绍一原△△来,询生日事,我自民国以来早已不用阴历矣,朋友皆不知,彼从何而知之耶？面倒臭！

9月11日　星期五

上午九时至师大文理学院开教务会议,此为本年度我第一次出席师之会议。

下午二时至清源医院访劭,较前年稍好些。四时至某海,因约张西堂、罗根泽往商课事也。

与周虎闲谈方言事,九时半回家。

今日《世界日报》有如此一条,岂不甚怪,他从何而知之？恐来宾仅彼一人,碰璧〈壁〉者亦仅彼一人也。

9月12日　星期六

今日为余生日(五十岁)。

上午至孔德,取日前先师追悼会之挽联,略事整理,预备打包寄苏。

下午七时大世兄赏饭于四十二号,玄、婠、雄、强四人,充留守。

9月13日　星期日

上午九时顷访高老爷谈商课程事。又访罗、张,亦为功课事,均未晤。十一时至清源医院访劭,渐见愈。十二时顷至孔德。三时回家,照一合家之相及余个人之像也。毕又访高,商定课目,又访罗,仍未晤。至某海,罗适来,晚饭后已九时顷,张亦来决定课程,十二时归家,归排各系课程,至夜半二时半始睡。

今日命内子及雄儿至东兴楼宴受璧○○(胡同)方面之人,以了此无聊之债,又多一个张玉君(恩虬)。

9月14日　星期一

上午写以人为主之课表。十一时至北大一院访罗莘田及魏建功,因彼等好意愿代我接《古今音韵沿革》一课也。今日往与接洽,由罗担任,每周二小时,并晤石君。午岂明宴客于墨烧林,共△人:

午后三时至清源医院访劭,彼浑身有疹,不能安宁,医以油膏涂之,渐止。六时顷至孔德,觉甚疲倦,躺了一小时光景,起来将课表一核,作书致注册课,交号房,约注册课明晨来取。九时半回家,倦甚早睡。

9月15日　星期二

上午在家,午后二时至某海,孙海波、夏宇众、孙道昇、罗莘田均来。六时访劭西,知彼热度忽又高,医生〔云〕,心脏弱,故吃强心药水,打强心针。九时半回家。

9月17日　星期四

(今日李妈往伺候幽湘之病)

今明两日为师大选课之日,托助教办理,而我仅往签名焉。

上午访幼渔。

午回家一行。

下午至孔德,二时至三时甚倦,卧一小时。三时半至师大教理学院,签选课单。

9月18日　星期五

上午十时有师大国文系学生二三年(本年度的)的代表六人来,为反对张西堂事。下午二时至孔德一行。四时至师大签选课单。五时半至某海约雨亭来谈西堂事。

晚十时半忽闻有发砲声六巨响,从南来,不知何故？十一时顷归家。

9月19日　星期六

上午浴,剪发。下午二时半为西堂事访劭于清源医院,适西、雨两人均在,五时顷至某海,再与西、雨二人谈商。八时半回家。

昨晚砲声系丰台日兵与华兵冲突事,闻今晨已平息。

9月20日　星期日

上午许季茀来。午至金处诊视,取药水,末"达"针,血压182。午后至某海,西堂约谈也。晚六时至孔德一行,即回家。

10月10日　星期六

欲自今日始,好好地记日记,别像以前点鬼簿也。

昨宵不甚安眠,腹胀,今日精神颇不宁,上午在家。午至金处诊视,血压183(一个多月以来大体皆如是,略高略低,不过差一二分耳),新注射ハヤセ古ルでり(ハヤスロール,Hasethrol),以前未注射过,系血压下降药也。取安脑药水。午后觉头胀不宁。

三时许访启明,晚九时归家。

10月11日　星期日

上午至孔德。午归家。

午后二时至某海与林景伊谈话。四时访马幼渔。七时至韩记饭庄,苏甘弟赏饭也,共六人,玄同、婠贞、三强、行健(徐老大)弟、世学妹、苏甘弟也,甚闷热,不适,八时顷归家,早睡。

10月12日　星期一

今日晨起即觉不适,头胀、心跳,师大假也。在家抄唐石经之《立政篇》,备录新出三体之用(叔平新自南方带来者也)。下午二时顷至孔德,四时岂明来,今日马二、四要赏我及沈三,在东兴楼请吃饭也(为五十岁),同座有徐祖正、周作人、许季茀诸人,闻主人中尚有一徐僧,彼适离平,故未到云,许公似亦是主人焉,九时回家也。

10月13日　星期二

今日人颇不适,怕冷(天本来冷一些儿)。上午至师大上课(十——十一),课毕至博爱医院打ハヤロス——ル针,打后仍觉头胀,不知何故。

下午至某海。张西堂及罗雨亭均来,留其晚餐,九时半归家。

10月14日　星期三

上午至某海,因第二期《丛书集成》已来,嘱人去取,下午即在某海拆箱检阅,以为消遣。此期倍于上期,计△△△也。

下午罗雨亭来。晚十时顷归家。

10月15日　星期四

上午十至十一时师大课。午后至某海。四时又至师大开"△△△",八时始毕,与劭雅于大美。九时半归家,甚不适。

10月16日　星期五

上午洗澡。看孙海波上年度的《中国文字学概略》讲义。

午后至孔德,将已抄就之《左庵外集》目录检查并与印片核对,以便交郑。

风大,入晚更大。

今日下午四时师大开教务会议,因精神不振,且怕大风,因电请黎代表矣。

10月17日　星期六—10月31日　星期六

未记,此两周中又未记,可记者为十九日周豫才死:一八八一—一九三六(五十六岁)。我因为青年们吹得他简直是世界救主,而又因有《世界日报》访员宋某电询吾家,未见我,而杜撰我的谈话,我极不愿,因作《我对于周豫才君之追忆与略评》一文,登入该报及转载于师大之《教育与文化》第△期中。

11月1日　星期日

呜呼,岁月不居,时序如流,五十之年又过五十日矣,——来日苦短,加以血压升高,神经衰弱,他事且勿论,书籍必当整理一番矣。孔德两处,二房东一处,家中一小部分,中海一小部分,均极乱。昨日先将孔德室中之书整理了一丁点儿。从本月起,极思有暇有精神即理之,但愿病不加剧,北平暂能苟安耳!

前日刮了一夜大风,天气骤寒,而室中无火,甚不适。昨晚在家。今日上午十时至孔德。十一时至《古会,开第15次常委常会。汪老爷昨日回平,今日报告赴京情形(他离平约一个月),据说王世杰上月赴广东与彼处校长们谈话,言语不通,因想及国语毕竟要统一……

又闰母字亦须及之,我想闰音可分三种用途:

(一)——作国货之音标(与ＩＰＡ功用同)(古今中外之音皆可标)。

(二)——为某种方言文学,为方音调查之用(稍要精密,但不太精密)(必要合于音理,不可用复注单,用阴注阳等)。

(三)为现代民众教育用,要极粗略,即不合音理亦可,尽量用国音字母,只求其能说蓝青官话而已。

去年秋冬间曾拟一总表,未竣工,约在此时停顿(去年此时正忙于家事,而平津国难忽至,继之以病,因停止也)。近日来周大虎极有意于此事,适又有此机会,拟续成之也。

在广林春聚餐。下午二时至金处诊视,据云血压174(但三个月以来从一九〇至一八一之间,数日前尚有一八一),脉搏八十四,注射ハヤスロ——儿,取药水。至九经阁以五毛购得《时务报》残册数本(惜已拆订),即归孔德,觉冷,冷至瑟缩不可耐,不能做事,躺卧看吴承仕、孙海波、戴君仁之《六书说》,觉均不好,拟更(《乙`)更(《乙)之而精力不支,八时顷即睡(在孔德)。室中不及五十度。

11月2日　星期一

上午十时至师大授课,定本系四教授担任四班学生,各一班(劲西谓此如清朝之"掌山西△△御史"之办法,是也)。罗一、高二、黎三、钱四,每周各二小时也。

十一时顷至某海,下午看报,有黄萍荪也者,寄所办《越风》三册来,阅之,颇有趣,多记吾浙文献,与《逸经》性质相较类,当订购之(注重异族侵略与民族革命之文献,如宋明之亡及辛亥之革命)。且特标——不张幽默惑众,更可敬。

躺在怡园看《越风》与报纸,觉甚冷,瑟瑟地抖。四时顷还家一行。五时回孔德。已穿绒绳衫及衬绒袍,尚不觉暖。自昨宵起,面部(两颊)时觉甚热,不知何故(但额间不热,似无妨),畏寒及面热,或稍感冒欤?

今晚拟六书十六例:(名尚未定好)
　　形4:
1. 独体象形　　　日月
2. 连体象形　　　果束
3. 象形加义符　　昭左
4. 象形加音符　　齿厈臭
　　事4
1. 独体指事　　　二三
2. 连体指事　　　刃甘　H问坰有问题
③
3④. 省变指事　　天身片辰
　　意2
1. 合形　　　　　盥爨
2. 合义　　　　　男告
　　声1,
　　注1,
　　借4,
1. 引申　　　　　令长
2. 借音
3. 音变而借他字　公主→翁主
　　　　　　　　　男爵→侯爵
4. 同音通借

不知尚有漏略否也？

11月3日　星期二

今日日本秋操兵进城穿过。

上午十——十一时师大。下午回孔德。病而阅关于转注各家之说(曹仁虎书、《说文诂林》)。

晚八时回府。

11月4日　星期三

上午十一时至中海，晤劭谈及闰音字母，我主张不称闰音(音无所谓正闰也)，亦不称方音(惟关于某地之音表，有时得称某地方音符号，然称某地注音符号更好)，其用则：——(1)古今中外(国货之国际音标)，(2)方言文学，(3)民众教育。

晚六时得秉雄电话，知沈二老爷来平，今晚他率其二子(令扬、令翔)于东兴楼宴周、钱、沈三、徐耀辰、马二、徐和尚(未来)诸人，因即往。十时回孔德，甚倦，移时即睡，竟夕不安眠，殊苦。

11月5日　星期四

上午十——十一师大。午徐和尚宴沈二于丰楼，同坐者为钱、沈三_{未来}、马二、庄庄、徐祖正。食毕与和尚、庄庄同至……

购迁安纸，此纸幅甚大，一大张若裁48张，仅比六开之毛边纸略小耳(横切四，直切十二，若直切十，尚较白关四切为宽)。此纸系桑皮纸，实较毛边为佳，以后颇想采购以印格纸也。四时顷回孔德，七时顷回家，苏甘来。九时顷睡。

今日头脑不佳，时觉不宁。

11月6日　星期五

十一时至孔德。午我邀幼渔、启明、耀辰、兼士宴尹默父子三人于东兴楼，约徐僧与秉雄作陪。午后至来薰阁取蒋和《说文字原集注》、戴侗《六书故》(首本)以归。蒋和自己的学问并不高明，但多引戴侗、杨桓、周伯致、△△△诸人之说，颇有用。戴书颇佳，明日当再往取其全书也。回孔德。灯下病而看戴、蒋之书，卧孔德。

11月7日　星期六

上午弄刘氏《外集》目录。午至来薰阁取《六书故》全部。又至直隶书局购得庞大堃之△△△刻印本。下午至某海，张西堂、罗根泽均来。晚归家。

11月8日　星期日

十一时至孔德。午后洗澡。毕觉头脑不宁，归家，晚益觉不佳，在家睡。尹默今晚行。

11月9日　星期一

上午十——十一时师大毕,至直隶书局购《文源》,又至中华购《中国小说史料》,孔另镜编。据说为鲁迅大弟子之一,郑振铎序此书大恭维他一顿,又借此痛诋梁、胡诸君之开国学书目,殊可笑。海派!其实孔氏此书极为简陋也。

两日来觉头脑不宁,至博爱打某针,取药水,血压178。

午后至某海,将刘《外集》、《外集》目录部分送崔子良。五时顷访启明,九时伏园忽来,十一时过始归孔德也。

11月10日　星期二

今日上午一〈十〉时功课临行奉注册令停课,因要陪三年级的学生参观附中也。

上午十——十二参观北附中,看马步芳女士教国文。毕至某海。下午二——三时又至南附中看张建侯教国文。毕在附中晤张少元,与之谈,他赏饭于春华楼。十时散,归家。

11月11日　星期三

上午十一时至北大一院晤启明、膺中、立庵,我见立庵《古文字导论》中有疋古作 语,因询其来源,彼云甲文作 ,金文作 ,当查出来源告我。即回孔德。文奎堂送《文献征存录》来,久欲购此书,近甫得此,价尚廉,△△元也。

十二时至同和居,孙伏园赏饭,约钱、汪、黎三君谈民众基本词事也。下午回孔德。略理关于刘书事,晚九时归家,甚倦。

11月12日　星期四

竟日在家中,心绪甚不宁。下午四时顷访建功,九时顷归家,宿家中。

11月13日　星期五

上午回孔德,郑友渔来平(郑平寓:西四,西华门内惜薪司十八号),约今午至森隆吃素大菜,谈刘书事,彼谓张溥泉亦有序,不久将寄来,汪东序已寄到,此序已登《制言》第廿八期,我前数日已看见,中有溥仪字样,又有△△(日本)字样,郑友渔竟至震惊失措,可叹一至于此,可叹可叹!

下午二时至来薰阁,欲购中岛竦之《书契渊源》第三、四帙,仅得第四,无第三。

至某海小憩,即至师大。下午四时半至师大文学院办公处开校务会议,八时回孔德。倦甚,早睡。

11月14日　星期六

上午十时至下午一时裁迁安宣十大张为四百八十张,裁之三个钟头!!下午浴,剪发。

六时至文奎堂购得中岛竦之《书契渊源》第三帙,携回家中,病而观之,宿家中。病而观中岛之书(并取出旧购之第一、二帙),觉此老分析古字,比较异体,定其先后,见解极精,所云空前,惟自定之形体解释,颇不甚佳。要之此书之价值固不低,且极有用也,我国前此尚无似此之著作,惟王贯山《释例》差堪比拟,而王为《说文》,尚拘故说,字形虽精,终觉未达一间。

11月15日　星期日

今天下雪,甚大,门外泥泞,不好走,竟日未出家门。上午略理家中之书。下午写《申叔遗书》总目,未济,宿家中。

11月16日　星期一

上午十——十一师大。下午至某海,欲为穟孙写碑,而精神不济,只索作罢,病而已。晚归孔德,今宵失眠,甚苦。

11月17日　星期二

上午十——十一师大。十一——十二,导师何贻琨来谈,彼欲做顾亭林研究也,因告以梁启超不以亭林经学即理学之说为然,实误解顾亭林也。亭林根本不承认"性"、"天"而注意事功,其对于《十三经》,实与《廿一史》同等,彼实与颜习斋、章实斋最为相近也,故彼所谓经学者,即文献耳(文献之内容为政治、经济等)。午后至某海,倦甚,多病。晚归家。看中岛竦之书,今晚又少睡。

11月18日　星期三

午至中海。午后为穟孙书墓碑,其文曰:……

稻孙所拟也。碑高五呎,广二呎三吋。

两宵失眠,六时至葛处取药水。

七时至半亩园,符宇澄请客也,共五人:黎、钱、符、瞿润缗、杨昭俊(潜庵)也。有中大学生为援绥事来捐钱,各捐一元,独杨不捐也。杨谓某地近有佛经出现,字如《始平公》,有僧集资影印,每人出六元可得一部,予即付杨六元,请其代办,此平子所谓"嗜"也。九时归孔德。

11月19日　星期四

上午十——十一师大。十一——十二导师蔡汝堃来谈,他疑心《群书治要》靠不住,因其中《慎子》七篇除明刻之五篇外,所多之两篇思想与五篇不同,文笔亦异也。他又拟作一篇考《易》卦之文,彼疑卦爻本是古代□狌时代记△之符号,画于石上,后人神之,编为六爻,分为六十四卦,又归编为八卦,以推测宇宙间之事事物物,阴阳牝牡之义恐尚是后起者,颇有见地也。

午至某海。下午五时回家。病枕读《郑寒村集》。

11月20日　星期五

午出家,洗澡。晚回孔德校理刘申书文,十一时睡。

11月21日　星期六

竟日在孔德校理刘书《外集》文事,知太炎师之文有关于刘氏者凡十一篇,《国粹》有6,《文录》有5,而相同者3,故实有八篇,《外集》中已附录了三篇,尚有五篇拟附于卷三传状之后,各序之前,并拟将黄侃哭刘诗附入。五时访建功。借沈三之《右文说在训诂学上之沿革及其推阐》以归,十时归家。

11月22日　星期日

上午在家。午出门,至孔德,觉精神不振,病了些时!晚清理书物。宿孔德。

11月23日　星期一

上午十——十一,师大。今日起师大为援绥事停火一周。十一——十二,何贻琨来谈做曾国藩评传事,他做了许多,此文正公我实太欠研究(实因民族主义之故,至今对他无好感情也),不足以裨益何公也。下午至某海,觉精神不佳,五时顷回家,宿家中。

下午约四时顷闻东北方有炮声隆隆,不知何故,晚报及翌日之报亦不载云。

11月24日　星期二

上午十——十一,师大。导二年级李△△写字。下午至某海。晚归孔德,清理书物,宿孔德。

11月25日　星期三

晨起迟,已十点钟矣。程绵庄之《论语说》在《金陵丛书》乙集中(第一部),创始于乾隆乙亥(廿,公一七五五),改定于丁丑及戊寅之春(廿二——三,公一七五七——八),凡四卷。

阅报知国军昨克百灵庙,伪满与蒙匪军大溃。

下午至琉璃厂,在商务购得顾远芗《随园诗说的研究》。中华购得——江谦:

《说音》、徐蔚南编：《蔡柳二先生寿辰纪念集》，徐书中有：蒋慎吾：《兴中会时代上海革命党人的活动》一篇，叙《苏报》前后之历史，极有用。

- 章师被捕：一九〇三年、六、卅（癸卯又五、六）
- 邹容到案：七月一日（又五、七）
- 邹容死于狱：一九〇五、四、三（乙巳、二、廿九）
- 章君出狱：一九〇六、六、廿九、（丙午、五、八）

- 《苏报》被封：一九〇三、七、七（癸卯、又五、十三）
- 《国民日日报》出版：一九〇三、八、七、（癸卯、六、十五）
- 《国民日[日]报》停刊：一九〇三、十二、一、（癸卯、十、十三）
- 《俄事警闻》：一九〇三之冬。
- 《警钟日报》：一九〇四、二月（甲辰正月）
- 《警钟》被封：一九〇五、三、廿五、（乙巳、二月廿日）

12月1日　星期二

连接两宵迟睡，以至失眠，今晨头孔胀而几多天不通便矣，师大假。午回府一行，吃丫ㄍㄚㄌㄛ，再回孔德。七时顷又回府，宿家中。日间灯下仍弄闰母。

复元音及声随之韵，拟六表（-i、-u、-y 及 -n、-ŋ、-m）各略制几个：（一）就主要元音几件重要部位而制之（如 ɑ、o、ə 等，ɑ 可包 æ、a、A、ɑ、ɒ、ɐ 等，o 可包 ɔ，ə 可包 e、ɛ、ʌ 等），（二）略就所知之方音制之（如 ŋ 独多，因闽语 -n、-ŋ、-m 均合为 -ŋ，且 -ŋ 类音较多也，又 -u 独少）

12月17日　星期四

从十一月廿六日至十二月十六日，又是三星期未记日记了，此三星期中：

今佛徒所用之佛历，本年为二九六三，则是公元前一〇二七，即邵金所谓周昭王元年己丑也。

老夫子之《龙树菩萨生灭年月考》中谓，马格斯牟刺定佛入涅槃之岁在公元前四七七年（周敬王 43，甲子。）较孔子卒迟二年（孔卒于前四七九，即敬四十一、壬戌）

吕澂《佛教研究法》页 14 谓——佛圆寂为公元前四八六年二月十五日。

康书（作之年代）

《春秋董氏学》：自书（下同）"孔子生二千四百四十八年，为有清光绪二十三年十月朔日"民元前十五年，丁酉，公一八九七，十月廿六日。

《新学伪经考》："光绪十七年夏四月朔"，民元前廿一年，辛卯，公一八九一，五月八日

《春秋笔削大义微言考》："孔子二千四百五十一年（应作五十二），即光绪二十七年辛丑夏六月二十三日"民前十一年，辛丑，公元一九〇一，八月

七日。

《礼运注》:"孔子二千四百三十五年,即光绪十年,甲申冬至日"民前廿八年,甲申,公元一八八四,十二月廿一日。

《孟子微》:"孔子二千四百五十三(当作二)年,光绪二十七年,冬至日"民前十一年,辛丑,公一九〇一,十二月廿二日。

《中庸注》:"光绪二十七年辛丑春二月"。
　　民前十一,辛丑,公元一九〇一、三四月间。

《孔子改制考》:《孔子改制考》成书,在孔子之生,二千四百四十九年也。
　　有清光绪廿四年,正月元日。
　　(序首云"孔子卒后二千三百七十六年",亦即此年也)
　　民前十四年戊戌,公元一八九八,一月廿二日。

《论语注》:"孔子生二千四百五十三年,即光绪二十八年,癸卯,春三月十七日"
　　　　三占从二、定属壬寅(案癸卯应为孔 2454,光 29。若照此序应为壬寅,后当再考)兼列两年之民、公历。
　　8(壬寅)民前十,公一九〇二,四月廿四日。
　　(癸卯)民前九,公一九〇三,四月十四日。

《长兴学记》:光绪十七年二月。
　　民前二十一年辛卯,公一八九一,三四月间。

《桂学答问》:光绪二十年。
　　民前十八年,甲午,公一八九四。

《大同书》:悉某此书创始于——民前28,一八八四,甲申,光十,孔生二四三五(查梁写诗集),告成于——民前10,一九〇二,壬寅,光廿八,孔生二四五三。

《广艺舟双楫》:己丑,公——一八八九、△月△日,光十五。

上列书十二种,其性质:

经说七:	《春秋笔削大义微言考》
	《春秋董氏学》
	《论语注》
	《礼运注》
	《中庸注》
	《孟子微》
	《新学伪经考》
思想一	《大同书》

| 治学门径二 | 《长兴学记》《桂学问答》 |

| 书法一 | 《广艺舟双楫》 |

其成书之先后则如此：
《礼运注》：一八八四、十二、廿一，甲申
《大同书》：一八八四——一九〇二，甲申——壬寅。
《广艺舟双楫》：一八八九、△、△，己丑。
《长兴学记》：一八九一、三四月间，辛卯。
《新学伪经考》：一八九一、五月八日，辛卯。
《桂学答问》：一八九四、甲午。
《春秋董氏学》：一八九七、十、廿六，丁酉。
《孔子改制考》：一八八八、一、廿二，戊戌。
《中庸注》：一九〇一、三四月间，辛丑。
《春秋笔削大义微言考》：一九〇一、八、七，辛丑。
《孟子微》：一九〇一、十二、廿二，辛丑。
《论语注》：一九〇二、四、廿四，壬寅。

12月22日　星期二

冬至，又有将近一个月光景未记了，此册前数页所记，皆不足以为日记，可算在自今日以后者也。今日冬至，以时令论，应算入一九三七，故从今日始也。

上午十——十一，师大。下午至某海，有清华研究生权少文（学名国梦）由杨遇夫介绍来谈，他做了一部《说文音表》，略如江沅表式，而声母以黄氏四十一纽为主，每字下注《唐韵》反切，较江书为胜也。我劝他反切下或再记明"纽、韵、呼"则尤佳，他以为然。此君本为中央大学学生，后转入清华，故曾受业于旭初及季刚也。晚回孔德。清理书（从△△日起，先清孔德室中之书）。今日未回家。

12月23日　星期三

午前回家。午启明约雅于淮阳春，他做了一篇纪念先师之文，今日畀我看，关于先师学梵文事。因系用白话做，而不拟登《制言》，而登《越风》也。

午后回孔德，将《左庵外集》印于前面之总目稿写出（印于各卷之首者下注共×页，总印于首者，不注页数而注来源）。初稿毕。

12月24日　星期四

上午十——十一,师大。下午至嫂处,嫂自毯死后自辽宁归平,尚未晤,顷因彼印《清闺秀艺文略》,印事解决,故往访之。傍晚归家,苏甘来,八时我归孔德也。

晚取老夫子及季刚关于左庵之文查出,当即付抄:计先师有文八,黄有二,共十篇。先师(与刘书七,已于《外集》中《答章太炎论左传》后附载其二,故只五,此外则《说林》一则,《与刘黄问答记》一,《与孙仲容书》一,原迹新登于——《制言》卅。前入《文录》及《国粹》△△者均删去关于刘之一段)。黄则闻丧诗一,小祥〈祥〉祭文一也。

12月25日　星期五

今日为孔德十九周年纪念日,启明未到,蓝要我以校董资格说几句话,我说我校校长为蔡公,蔡公最崇自由思想,崇理智,故本校一切皆应以理智解决是非。我治国文,请言国文:

　　1. 白话文。

　　2. 注音符号。

　　3. 简体字。

　　4. 不读经。

是皆不顾一切而凭理智去做也。又如女子剪发一事,今日举国风行,而最初始于蔡威廉也。开会毕摄影而散。

下午在孔德,理刘书事。

晚七时回家。今年我不去吃放私额,而让婠贞、秉雄、幽湘、三强、德充阁第光临德国饭店去吃也。前数年三强在清华,此日此时均不能在家,秉雄因孔德下午纪念,必至晚九、十时,婠贞去看亦必至八九时而腹馁,惟去年因孔德学潮事,提前放假,故玄、婠、雄三人往也,(充不要去)而缺三强,故今年让他们去吃一个够也。

一九三七年

1月1日　星期五

年前又有数日未记日记,此数日中,将刘氏外集目录后记做成,但尚需改。目下所记来源,亦未完成。将太炎、季刚两公之文共十首,迻录卷首,以代二公序文,并加识语。黎序已来。

国事则蒋介石于廿五日出险。

上午十一时,偕婠同至周宅,他们的老太太今日八十岁生日也(其实是阴十一月十九日,今日适为阴十一月十九耳)。我们夫妇是上半天,两子是晚饭,下午二时顷同回家。今日汽车往,故婠来孔德接我也。

四时许回孔德,续理关于刘书事。将《黄帝纪年说》(此文为去年五月十九日所做初稿)其后之附件取消(将来当痛痛快快作一篇白话的登《师大月刊》),而做几句案语,明日即可付郑矣!

1月2日　星期六

上午郑友渔赏饭于森隆大菜。又给了他一点材料。三时半回府。婠因气管炎,至金处诊视。六时至森隆中菜馆,因孙伏园来电话,约余父子(老大)去吃饭也。他父子三人,长子惠迪、次子□□①。他说他在定县曾为人点主,北方之点主较南方更可笑,惟只用红笔而不必盖墨,此与南俗又异者也。用写四笔红字:生卒神圣

曰撇生,谓让他去投生也。
曰□□②,(卒之说,他忘记了)
曰通神
曰点主

归,检两年之《华国》,刘文亦有数篇,但他处皆有耳。

1月3日　星期日

午前十时至国语推行委员会,开第十七次常委会,中午聚餐于撷英,建功因气管炎未到,并请教部专员郭右守及师大讲师林景伊(郭为次公得意弟子)。

下午巡阅厂甸,今年天暖,今日巡阅觉无异于阴历时也,惜正在修路,土坟东一个西一个,且石子堆得甚多,不好走,并且不好站也。三时往,四时行,已觉累也。

---

① ②　原文如此。

且昨宵起,觉咳嗽有加,四时至博爱请葛诊,云是气管炎。取药并达针。即回家一行。晚浴。回孔德。

1月4日　星期一

上午十——十一师大。午后至某海,权少文又来谈,他要把我《廿八部古韵音读假定》印入其书中,我拟改:

　　鱼之 ɔ 为 ɑ；

　　宵之 au 为 ɔ。

受汪荣宝"歌"短 ɑ "鱼"长 ɑ 之影响也。拟将前文略改。约权氏下星期四(一月十四)再来海也。精神觉累,今日未回家也,灯下整理刘外集目。

1月5日　星期二

昨宵大风,不能安眠,兼以咳嗽,口干身热。今日晨起,风仍大,觉往西走教书,都不行,故师大请病假也。

竟日整理申叔外集目。

下午曾回家一行。

孙诒让《周礼正义》五十二:

外史,"掌达书名于四方",郑注:"或曰,古曰名,今曰字,使四方知书之文字,得能读之"。疏曰:

　　案:审声正读,则谓之名；

　　　察形究义,则谓之文；

　　　形声孳乳,则谓之字。通言之,则三者一也。

1月6日　星期三

上午回家。午偕婠至博爱诊视,我们均因气管炎也,取药,"达"碘钙针。下午回孔德,为林景伊之《△△△△》撰序。

1月7日　星期四

上午师大,下午至某海,晤周、林,知林将于十日行。拟今日且休息,明日将序做完也。

今日未回家。

1月8日　星期五

续撰林书序,至下午四时毕。回家一行。

晚约劭"雅"于墨蝶林,示之以林序稿也。

1月9日　星期六

上午十一时至某海,请赵善斋复写林书之序数份。一给林(原稿他也要了去),一自留,一登《国语周刊》,一登《师大月刊》之用也。西堂来,校毕已七时许,因日前约罗常培与未见功(魏建功)在森隆吃饭,谈交替事。本学期罗已将《中国声韵之沿革》之《音论》部分讲过。下星期拟请魏讲《广韵》及元明清一段沿革也(国音只需表过),因汪老爷在第一年级已讲过国语发音也,至古音一部分,还是下学年我自己来教吧!

未回家。

1月10日　星期日

上午为徐林士作书与朱骝先(浙主席),真可厌。回家一行。午后至开明书店购黄季刚之《集韵声类表》,手稿影印也。至厂甸一行,(今年第二次去也)。因系末日(阳历的),故一往。风大天冷,摊已不多,居然购得刘申叔之:江苏マ(乡)土历史教科书第一册、江宁マ(乡)土地理教科书第一册、安徽マ(乡)土历史教科书第一册(与蒋少华所云マ(乡)土志似非同物,マ(乡)土志者,从编辑マ(乡)土志□何所产生也,未知然否)各一册而归。存之以备配,以备刻补遗之用。又购得《国粹丛书》数册归。取以前所购该丛书查之,均有之。灯下检该丛书全目,检余所有者以消遣,而觉头脑胸腹均不适,下肢甚冷。

1月11日　星期一

上午起即觉胸满头胀,甚不适。然师大今日上午十——十一时考《文字形义沿革》,只好去也,题为:(1)转注略述。(2)诗《大雅》之"雅"字,古文作互,何故?因不能久坐,因请助教吴新斋来代监场也。午后即至博爱诊视,盖昨日受感冒之故,无妨也。取药粉药水以归,又"达"降血压针。葛云,服此,明日即可轻松。又为婠贞取药,她已好了许多了。

回孔德一行,即回家。出浴,浴毕再回家。食粥,食前并服阿加路尔。晚八时许即睡家中。次晨九时许始起。

1月12日　星期二

在家一日,未出门,拉了数次,腹中清矣,而头胀胸满亦大减轻矣! 上午休息。下午起将日前所作《左庵外集总目》录于复写本上(每篇记来源及某年也),黄昏毕。接着改订拙文《古韵廿八部音读之假定》一文,供权少文之用,大约粗具已三时矣。亟睡,竟睡不着。是晚仍寓家中。

1月13日　星期三

上午尚在家少息。下午回孔德,抄录于权抄之本上。改订我的《古韵廿八部音读之假定》,因权少文欲转载于其所作之《说文古韵二十八部声系》中也。我现仍主卅三部之说,但权书用廿八部,不便改,且亦无此精力改也。仅改:

鱼、铎、阳为 ɒ、ɒk、ɒŋ(旧 ɔ、ɔk、ɔŋ)

豪为 ɔ(旧 ɑu)

鱼之改略本于汪衮甫之《　　　》一文也,又以为:

(仍用师说) { 幽 o { 觉 ok——冬 oŋ / 缉 op——侵 om } / 宵 ɔ——盍 ɔp——谈 ɔm }

但亦未改,因无此精力也。

1月14日　星期四

上午起即校改拙文,至下午三时始毕,即携至某海,权已来,交之,谈至六时许去。我亦行,即回孔德。

写得头目昏花,十时即睡,未回家。

1月15日　星期五

头胀,左目仍觉微花。午前岂明来孔德,与同至家庭食堂食腊八粥及饭,毕,回府。晚回孔德,再审查《外集》中年代有内证之文,略补略改:

1. 文中明记某年者;
2. 我确知为某年者。

凡此类,皆于总目下纪年处外加方弧[ ]。

1月16日　星期六

上午回家一行,即至某海。晚岂明五十三岁大寿(阴、丙子、十二、四),他约予与平伯、绍原、静希、耀辰、废名、启无、川岛、陈介白及不知姓名之少年二人,至"寒斋"吃饭。

1月17日　星期日

上午苏甘来孔德。

午回家。

午后三时回孔德,作致权少文书稿,甚长,今晚未毕,明日不能交他,只好将来寄矣!

1月18日　星期一

今日未回家。下午至某海,晤任公少弟启雄,即做《荀子简释》者。初次晤面,他说任公晚年手稿,拟影印数种也。下午权少文来海,他将赴南京矣!

晚与虎剧谈,十一时回孔德。

1月19日　星期二

上午微雪,旋霁。

午回家。

午后洗澡,剪发。

觉胸腹胀,体软无力。上午将《化学名词》一弄,未毕。因国立编译所拟与国语会小有不同,陈可忠于去年十二月来信问劭西,劭嘱虎公弄之,虎公起草,交我审定,今日上午审之也。

1月20日　星期三

今日弄化学元素,凡可从编译馆皆从之。仅弄元素,甚为头胀眼花。午后至海与虎商定,化合物,我们不改,由虎起草定音,什九可用,即与商定。

午回家。

1月21日　星期四

早起要想修改《左庵外集》之后记,而头胀心慌,不能安坐,躺了一会,至博爱,达针取药水,血压一八四。

下午至某海审阅化学草,由虎寄出。有三点:

一、不用国音所无之音,－t、－m,入声,ㄙㄧ(此皆编译馆所有之音)。

一、两素不用同音字(国音异调则可)。

一、甲罗不与乙符同。

化合物与元素可同音,元素与元素不可同,化合与化合亦不能同。凡可用馆者均用之。

下午躺卧在海,不安,无力。西堂来。晚回孔德,早睡。今日未回家。

1月22日　星期五

今日略安。

修改去年年底所做之《左庵外集》附记。

午后回家。

四时许回孔德,幼渔来孔德,与其"雅"于森隆。

一九三七年

1月23日　星期六

今日更好些。未回家。上午在孔德改定《外集》后记毕。

下午至某海。

晚访启明。

1月24日　星期日

上午作致蔡子民函,为刘传宜修改事。下午二时回府。季市来我家,他廿七日南回,托其面交蔡公也。

灯下检刘书印页。

购得《东方杂志》第△卷第二号,内有仲甫一文,名:

1月25日　星期一

刘申叔之生卒年月日:

生 $\begin{cases} 一八八四、六、廿四 \\ 甲申、闰五、二。\end{cases}$

卒 $\begin{cases} 一九一九、十一、二十 \\ 己未、九、二八。\end{cases}$

今天天气较寒。

上午将《外庵目后记》最后看一过。下午至某海,送出。此文成于廿五年十二月廿九日,修改数次,至今日方送出。又将一个月矣,唉!

午后至博爱取药,打针。葛云气管微肿。我自己尚不知也,乃加药云。

至某海。国际音标一千份印成,甚精美(在北大印,他们有 IPA 也)。

未回家。

1月26日　星期二

上午与秉雄同至南池子之△△△,做厚大氅,价二十五元,较以前所做大廉。午回家。午后浴。晚访幼渔。

1月27日　星期三

下雪,未回家。校刘文,刘文只余:——《论小学与社会学之关系卅三则》一篇。三十年以前(一九〇四)登入《警钟报》者,错字满纸,不能读,且有错简。前校一、二次,总是校不下去,从今日始发愤为"雌"而校之。

午后三时顷霁。五时得叔平电话,知彼今日回平,约往谈,出"汉石经"数大张观之,四、五张,无一不伪。

1月28日　星期四

上午回府一行。

午后至某海。晚与劭雅于墨蝶林。

九时归,再校刘文。

1月29日　星期五

竟日校《小学与社会学》,卅三则已毕卅则矣,只余二〈三〉则矣。厚呢大氅做来了。

午回家。

1月30日　星期六

上午排师大本学期功课,拟我与劭均加两小时,魏天行代罗莘田,孙子书辞,故另聘王西微担别的功课。午后至孔德,即访王西微,决定请他教《曲律略说》一小时。再至孔德,与劭决定。雨亭来海,谈至晚十时半,各行。

1月31日　星期日

午回家。午后回孔德,将本学期新添之课程写表,并作书告易价及吴其作二人,五时亲送至文学院办公处,交听差送去。

至博爱取药达针。晚餐罗雨亭赏饭于新陆春,往。

归作刘氏此文《附记》,完。

2月1日　星期一

午后三时顷至孔德,校刘文二则,校完了。与虎剧谈丁未、戊申间所谈之"安"问题,十一时回孔德。郑送《黄帝纪年说》校样来,即校毕。

2月2日　星期二

因《目录附记》排版之圈点有问题,昨天又送来。又《论小学》一篇,尚有一两处未查全,故今日上午再把它弄一弄也。午后回府一行。至某海,将刘件送出。晚五时顷访启明。十时半归孔德。

甚疲累。

2月3日　星期三

上午厥头孔胀,甚不适。

午回府,头渐好。三时回孔德,略整架书,拟日内将游艺室之书全运回也。六时半至西来顺,汪老爷今日六十大庆,赏饭也,八时顷归。

毛西河《古今通韵缘起》中谓韵有:——五部、三声、两界、两合四种分别。

(1) 五部:-ŋ、-i、-u(-ü 不止此)

　　　　 -n、-m(案:应再分出ㄚㄛㄜㄝ为一部)。

(2) 三声:阴与入异平上去相通,不与入通。

(3) 两界:阴声与阳声。

(4) 两合:阳入通阴上(不通阴平上)。

韵之分类,古今如此,故季刚惟〈谓〉清代韵学家独毛氏明音理,甚是。

2月4日　星期四

午回家,仍整书架。下午至博爱、达、取药。至来薰阁,向他们借伙计也。

2月5日　星期五

今日向来薰阁借了两个学徒来,将寄存游艺室的书取出一部分,弄了一天,尘垢满身,入晚甚累也。未回家。

2月6日　星期六

今日上午洗澡,剪发也。下午回家。

至某海,晤劭。

2月7日　星期日

上午回府一行。

至广林春,今日巜ㄍㄨ会开第十八次会也,聚餐于广林春。

下午回孔德,检一九〇九年己酉二月廿五日章公所作之《说文部首韵语解故》原稿,得之,拟抄付《制言》印也(《韵语》约是一九〇八年戊申夏日所作,日记未载)。灯下开始查我的日记(一九〇六丙午至一九一〇年庚戌),即赴日至回国一段也。我与章、刘二人之关系,札出之,备做刘书序及《章公言行杂记》也。章公于1903 六月卅日入狱,1906年六月廿九日出狱东渡(监禁三年,而依阳历计也。阴历则为癸卯闰五月六日至丙午五月八日也)。我谒章公于民报社,是1906年十月廿一日(丙午九月四日),受业(第一次听讲在清风亭,讲《六书音韵表》古今韵之分对转、旁转、双声三类)是1908年四月四日(戊申三月四日)。

2月8日　星期一

依据《苏报案纪事》、《中国报学史》、《蔡柳五十》三书:

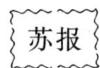

一九〇三、六、一(癸卯五、六)改良,由吴敬恒、汪文溥、章士钊,先后担任主笔。

　　六、卅(又五、六)章被捕。

　　七、一(又五、七)邹被捕。

　　七、七(又五、十三)《苏报》馆被封。

　　十二、廿四(十一、六)上海会审公廨之"额外公堂"判决章、邹二人永远监禁。

一九〇四、五、廿一(甲辰四、七)会审公廨又改判章监禁三年,邹二年。自上年到案之日期起算,期满驱逐出境,不准逗留租界。

一九〇五、四、三(乙巳,二、廿九)瘐死狱中。

一九〇六、六、廿九(丙午五、八)章出狱,由同盟会代表龚铼百、时功玖等迎至东京。

〔国民日日报〕

　　一九〇三、八、七(癸卯六、十五)出版,由章士钊、陈独秀、何梅士、苏元瑛、张继、卢和生等主持。

　　十二、一(十、十三)停刊。

〔俄事警闻〕与〔警钟日报〕

一九〇三,蔡元培、王小徐、汪允宗,创刊。

一九〇四、二月(甲辰正月)改为《警钟日报》。

一九〇五、三、廿五(乙巳,二、廿)会审公廨拘人,刘光汉逃。报停刊。

　　按此报编辑,由王小徐,而蔡元培,而汪允宗、林万里、刘光汉、陈去病等。

　　师大今日起上课。今日予即有课,而天忽下雪,不好走,只好请假了。竟日在孔德查日记,未归家。

2月9日　星期二

今日又雪,大雪也,下午渐霁。三时许回家一行,仍回孔德。

仍查日记至黄昏毕。

今日师大又假。

2月10日　星期三

今日未下雪,但亦未放晴。上午赵老铁来,赠我以——。

午徐森玉赏饭于香积园,同坐者有南市长。因我欲问申叔入晋事,由徐介绍谈也。下午三时至某海晤劭。五时至来薰阁还书账一半,富晋、通学、△△三处,此节暂不还也。今日为阴丙子除夕,我照例不回来(前数年偶有回家者,变例也)。至东安市场之经济小食堂,吃六毛钱之经济菜而归孔德,未回家。

2月11日　星期四

昨夜听了一夜炮声,睡不安宁。今日系旧历丁丑元旦,天虽未放晴,但未曾下雪。正因为是元旦,能去上课总在上,以表示不承认是元旦之意。上午十——十一时去,居然上成了(别人高、罗、林庚、孙人和及史学系之王相雅皆未上成。或有一二人,或无人,我却有十余人)。下午二时再往文学院晤孙人和、黎劭西。孙赠我以《庄征君集》,我可以不必买了。四时回家一行。五时顷访叔平。十时回孔德。

2月12日　星期五

今日天晴,日出矣!

午回家。昨晚又被一二小时连珠不断的炮声所扰,因弗安逸,故今日头胀得很。晚六时回孔德。

因头痛而今日下午四——五时新添之《古音略说》功课:①人不多(电话询),②第一次讲,③非阴历元旦,故告假了。

2月13日　星期六

今日师大假,拟从下周起正式上课,本周则只废元旦,上午上两小时也,以表示不承认废历之至意。今日将存游艺室之书一理,取出必要之书。上午十时至下午四时,毕,回家一行。晚洗澡。

2月14日　星期日

有大风,觉冷。

上午清理书物。

下午开始巡阅,在西东两路道旁(土地〔庙〕南)略一阅,摊不多(盖因风大也)。得谭嗣同的旧学中之《远遗堂集》(?)一本,似系翻刻,因数年前得一《石菊影庐笔记》,比此册好得多也。(《小学四种》,不知能配得全否?)至四时顷觉累,无力,即回孔德少憩。回府一行,即回孔德。

2月15日　星期一

今天天气很好。

上午至师大上课(十——十一),午至商务购:

1、《隶释》(明王△△刻本,傅青主批(四部丛刊三编中)。

2、《棃园按试乐府新声》(同上),与初编之《朝野新声太平乐府》及徐乃昌影写木刻之《乐府新编阳春白雪》鼎足而三矣（言板式与字体"而三"，非言曲文学也）。

3、《△△》

午后二——五时巡阅东路及西路，师范大学门外起往南至土地祠门首，甚累，遂止，已将五时矣。至某海，晤西、虎二公，九时归孔德。

在厂甸购得钞本二册，似是王五公文（未知都是否？）。今日未回家。

康有为著作的年代（十二种）：

四、	《长兴学记》	光十七	辛卯	一八九一
六、	《桂学答问》	光廿	甲午	一八九四
五、	《新学伪经考》	光十七四月	辛卯	一八九一
八、	《孔子改制考》	光廿四	戊戌	一八九八
	《大同书》	光十	甲申	一八八四
	《礼运注》	光十	甲申	一八八四
九、	《中庸注》	光廿七	辛丑二月	一九〇一
十二、	《论语注》	光廿九	壬寅	一九〇二
		或光廿八	癸卯	一九〇三

按：序末云："孔子生二千四百五十三年，即光绪二十八年癸卯。"此必有一误。孔二四五三及光绪廿八为壬寅＝一九〇二；孔二四五四及光绪廿九为癸卯＝一九〇三也。但未知孰是耳？

十一、	《孟子注》	光廿七	辛丑冬至	一九〇一
十、	《春秋笔削微言大义考》	光廿七	辛丑六月	一九〇一
七、	《春秋董氏学》	光廿三	丁酉	一八九七
三、	《书镜》	光十五	己丑	一八八九

尚有《欧洲十一国游记》、《官制议》。

（此单不算）。

2月16日　星期二

上午十一——十一师大。下午拟专巡阅土地祠，距入门即觉头目欠安，不敢多所逗留，匆匆一阅即走。购得张尔田之《新学商兑》，狗放屁之书也，堪膺荒谬图书馆之上选也。

晤孙伏园，与之约晚上至周家。至博爱达针、取药。血压186。

至某海小憩。日前托周大虎代购之神州国光社出版两种晋人写经：（1）《敦煌石室晋人写经》（惠蓬书）二元四角，（2）《晋魏写经墨迹》（李苞慎），二元八角，已寄到，与《汉晋千影》中各件一类，字甚多，可爱也。秉雄来电话至海，云华北之秦维祺今日下午竟专请警来贴布告，且声言五日内将来接收云。五时回家一行，即至周宅，十时半归孔德。

2月17日　星期三

今日觉稍好。

下午巡阅土地祠以南道旁之摊,得梁任公之《先秦诸子》油印本,中有提纲数节,前所未见也。遇周达夫、孙伏园、林宰平,问他《饮冰室合集》中何以不收《明儒学案》及《大乘起信论》?始知《明儒学案》彼谓全系节旧文,《大乘》则林所反对者也,然则《德育鉴》《曾文正嘉言抄》非全录旧文乎?且既节矣,则去取即有义也。又如表章太州非义乎?又知扪虱谈虎客之《近世中国秘史序》实系梁作,故收入也。

四时,达。至某海。五时回家。六时至东兴楼,蓝少铿赏饭也,谈孔德事,董事六人(钱、马、马、沈、周、徐),钱秉雄、陈炳华、沈令扬、李召贻、谢星甫也,决定由马四明日访何其鞏(华北院长)。今晚钱、蓝、周、沈三四人访查良钊,托他向法院说话也。十时归。

2月18日　星期四

今日依旧不宁。

上午十——十一师大。毕,达(血压182),取药水。午至某海。下午在某海休息,不敢巡阅。六时回家。九时半回孔德,即睡。

2月19日　星期五

今日仍觉头目不宁,入晚稍安定也。

午岂明来孔德,与之出,宴之于华宫。三时回府一行。四时半——五时半第一次上《古音研究》课。七时与劭"雅"于蓉园。今日又未巡阅。我现在想,纪年以这样为两便:以公元为主,民国以后〈前〉下加干支,民国以后下加民几,如下:

一八□□①,孙初起。

一八九八,戊戌,康梁变法。

一九〇三,癸卯,章、邹。

一九〇七,丁未,《新世纪》与《天义》。

一九一一,辛亥,革命。

一九一二,民元。

一九一六,民五,共和复活

一九一七,民六,北大初组,新文化运动矣。

一九一九,民八,五四。

一九一〈二〉七,民十六,国会成立。

一九一〈二〉八,民十七,全国统一。

---

① 原缺。

横行列公元可写亚拉伯字,民元可写汉字,如此则"、"可不加矣! 如左:

  18
  1898 戊戌,
  1903 癸卯,
  1907 丁未,
  1911 辛亥,
  1912 民元,
  1916 民五,
  1917 民六,
  1919 民八,
  1917〈1927〉 民十六,
  1918〈1928〉 民十七。

如详书,则可作:

  公元一九一一年,岁在辛亥,
  公元一九一二年,为民国元年。

2月20日　星期六

上午十一——十二师大,《说文》。

午,孙海波赏饭于大美,同坐者有容希白、唐立庵、胡石青、于思伯〈泊〉、刘盼遂、黎劭西诸人也。毕,巡阅土地祠中过道及内院,购得《恕谷后集》原刻本,有像,惜纸太破脆耳,价三元正。不敢再巡外院矣! 至博爱,达。至某海,晚与虎谈语音上的名称。十一时回孔德。未回家。

2月21日　星期日

上午回家一行,家中正装电灯也。午至撷英,徐耀辰赏饭也,为周岂明、黎子鹤、江绍原、董洗凡、俞平伯、童禧文、马幼渔、沈兼士、徐森玉诸人。毕,巡阅,购《历代史表》石印本,甚精,一元。《夏节愍集》,二元(惜少像)。至博爱,达,取药水。六时回孔德。日来头脑稍宁,惟觉甚累耳。

钱宾四最讨厌康有为,故所作《康有为学术述评》中,对于康氏无一是处,"总而言之,是傞错格"。可笑! 彼谓《礼运注序》题:"孔子二千四百三十五年,即光绪十年,甲申冬至日"(公元一八八四年十二月廿△日),是自己伪造的。虽非全然武断,但亦不正确。我以为此书实作于一八八四,接着即作《大同书》,但《大同书》实成于一九○二(其后恐尚有修改处),《礼运注》则于一九一三年出板。盖一八八四年,康氏取《礼运》而发挥大同主义,因注之,由此而引申扩充,故接着而作《大同书》,故《大同书》之作,实在一八八四——一九○二之时代,而《礼运注》虽成于一八八四,而后有修正,至一九一三刊时而为定稿。何以知之? 以书中每引欧洲故实,当一八八四年康氏尚未能引欧书也,此其证一。又康氏于△△年(一八九△)开强学会,始用孔子卒后纪年,至△△年(一八九△)改用孔子生纪年,今《礼运注》已用孔子生纪年矣!其证二。但□□之思想,恐实是一八八四年之思想,非其后来之思想也。

2月22日　星期一

上午师大。下午巡阅,东路南至北也。"达"。五时顷回家。晚浴。

蔡子民之《刘传》已改好,今日寄到,尚略有误,代为改之,当函告也(蔡稿作于廿五年八月,廿六年二月改定)。

2月23日　星期二

上午师大。午至某海。午后二时巡阅西路,师大以南,土地祠以北。四时再回某海。六时至墨蝶林。今日孔德董事会为商华北校事,赏饭于此也。被赏者四人,查勉仲、戴修瓒、纪清漪(律师女)、徐森玉也。徐赴津未到。主人为钱、周、沈、马、徐五校董及李召贻、蓝少铿、沈令扬也。毕已九时,回孔德。

今日未回家。

2月24日　星期三

上午回家。

下午至大栅栏,至华美大药房购大型之健脑器,价四元,头胀时带之,可以散热,与冷水手巾相同。

巡阅土地祠以南,厂甸以东,惟文友堂开后门耳。

七时归孔德。

晚九时林景伊来访,他今日下午到平也。

2月25日　星期四

上午师大。

下午巡阅。今日阴历元宵,为厂甸之末日也。天气甚暖,厚大氅披在身上甚不适。二——三,不及一小时即归。

购得《汪、罗、彭、薛诗抄》一部,国学扶轮社本,九本。价四元也。余从未见汪大绅文,但见其《居士传》评语,觉甚有趣。久思得其《二录》、《三录》一观,而不可得,故购此,其人似胜于彭尺木也。

晚李云亭、徐侍峯、方蔚东、何日章、刘泛驰、夏宇众、陈湘圃、易静正、袁子仁九个师大老学生(刘、陈二人似未教过)赏我吃饭于墨蝶林,即请劭西一人作陪也。

2月26日　星期五

上午访季市。午回家一行。下午至某海。四——五时《古音略说》,毕,与劢雅于西黔阳也。

2月27日　星期六

上午师大。下午至某海。

晚稻孙约余夫妇至受璧〈壁〉吃西餐,由其夫人手制也。稻孙去夏回国后,我尚初见也,媔则第二次见也。

见钱仲联《梦苕庵诗》,其中有△△年(一九△△,民廿△)之《怀人诗》,其中有怀我一诗云:"少接余杭讽籀书……"

哈哈!何其遗少乃尔!

九时顷回孔德。

2月28日　星期日

上午归家一行。午幼渔赏饭于春华楼,同座者为徐耀辰、江绍原、黄尊生、许季茀、魏建功等人。午后至博爱"达"针,取药。晚访岂明。

3月1日　星期一

上午师大,午与劢"雅"于大美。午后至某海。六时回家。即回孔德。蔡传今日送胡交印。

3月2日　星期二

上午师大。午后至二房东家理书。五时回府一行。晚回孔德。

3月3日　星期三

竟日在二房东家理书,未回家。晚七时顷至华宫吃饭,晤季市,承其破钞。九时洗澡,剪发,归孔德已十二时矣。

3月4日　星期四

上午师大。午后至某海,与周谈天。五时回家一行。七时顷至市场购物、吃饭。忽觉头目不宁。八时归,躺卧渐安。

3月5日　星期五

上午复蔡函,说明改句事,送苏甘,托其代寄马孝焱代转也。

下午三时至家,即至师大上课,觉不宁。

3月6日　星期六

上午师大。

上午至某海。下午三时半至师大取薪。因日来不适,取药、达,血压186也。回家。晚七时苏甘来,而我竟忽然头面大热,大不宁,即至家属食堂吃饭,而热愈甚,即购窝窝头以归孔德,急将健脑器戴之,即睡,渐宁。

3月7日　星期日

今日未回家。

午至西来顺,《古会开第十九次会,聚餐也,天行未到。

食毕至博爱,血压仍186,"达",取药。至某海,晤景伊,他赠我以《陈介石年谱》(陈谧孟冲子所撰也)二册。大虎亦来谈焉。七时至广林居,石砳磊、陈华先、江学珍、吴蕙兰四人赏饭也。同坐者高步瀛、徐耀辰、徐旭生、马幼渔、艾一性、黎劭西、沈兼士诸人。八时半回孔德。

今日较昨日为安宁。

3月8日　星期一

今日仍未回家。

上午师大。毕至琉璃厂。至春华楼午餐,餐时觉头面又热。

食毕至博爱,"达"。

三时至某海晤景伊与大虎。

阅《陈介石年谱》。

九时回孔德。

清代注意男女平等者三人:(1)唐甄、(2)俞正燮、(3)李汝珍。(袁枚是蔑视女人之人。)

　　唐甄

　　俞正燮,生一七七五——一八四〇,《书舆服志》作于一八〇
　　　　六

　　李汝珍　生约一七六三——卒约一八三〇(胡适记)。《镜花
　　　　缘》作于约一八一〇——一八二〇。

　　章太炎炳麟　生一八六八(民前△△年)△月△日(戊辰、
　　　　同七、△月△日。卒,一九三六(民廿五)六月十四日。

　　蔡子民元培

　　吴稚晖敬恒

　　孙中山文　生一八六六,卒一九二五(民十四)。

梁任公启超　生一八七三,卒一九二九。
康长素有为　生一八五八,卒一九二七。

3月9日　星期二

今日头面较安宁。师大请假。

上午清理书室。

午回家。

午后洗澡,看《镜花缘》。

春夏秋冬四季无定时,首之阴历自用建寅之夏正后,大率自立春起三个月为正、二、三月,立夏起三个月为四、五、六月,自立秋起三个月为七、八、九月,自立冬起三个月为十、十一、十二月。此固名实最相符合,然孔子作《春秋》,系用建子之周正,则立春在三月,立夏在六月,立秋在九月,立冬在十二月。然固云春王正月、夏四月、秋七月、冬十月也。是则春夏秋冬,不以时令言,而以岁首言矣！自正月一日起,虽尚在大雪节①也。

　　周正月　　大雪　　冬至
　　二月　　　小寒　　大寒
　　三　　　　立春　　雨水
　　四　　　　惊蛰　　春分
　　五　　　　清明　　谷雨
　　六　　　　立夏　　小满
　　七　　　　芒种　　夏至
　　八　　　　小暑　　大暑
　　九　　　　立秋　　处暑
　　十　　　　白露　　秋分
　　十一　　　寒露　　霜降
　　十二　　　立冬　　小雪

是则今之国历,较阴历早一个月为岁首,约与商正相合。一月小寒起,十二月终于冬至,亦正无妨称春一月矣。《春秋传》云:"春者何？岁之始也。"是孔子书春即以表示岁首而已。闻人言,西人以——

　　春分——芒种,为春；
　　夏至——白露,为夏；
　　秋分——大雪,为秋；
　　冬至——惊蛰,为冬。

是又不以气候之寒燠分,而以昼夜之长短分矣！即是每年非从燠至寒,乃从日渐长至日渐短矣(不以四季分,而以二至二分分矣)。是则可以国历之一、二、三月为冬,

---

① "大雪"二字之侧原有四个圆圈。

四、五、六月为春,七、八、九月为夏,十、十一、十二月为秋矣。

先师用辛丑后某某年者二处:

木《訄》2、《张苍水集后序》。

用共和者4处:

铅《訄》、《革命军序》、《唐才常赞》、《新方言》(订本)。

3月10日　星期三

午后回家。四时师大开教务会议,七时始毕,与劭雅于大美焉。我与劭言,我以为十六世纪初年,至廿世纪之初(实民国之初),此四百余年为中国之文艺复兴、宗教改革时期,始于王阳明之龙场一悟(一五〇八),终于《新青年》出版之年(一九一五)。对于宋儒(程、朱)以来,不近人情之举改革,阳明、卓吾、梨州、习斋、圊亭、东原、理初、定庵诸人是也。对于学术之革新,如焦竑以来之实学是也。而最近五十余年中之前二十年开灿烂之花。

3月11日　星期四

上午师大,尚好。

午至师大购得容元昭的《李卓吾评传》。午后二时至博爱,血压184,"达"Hasethrol,又食此药面□□。至某海,与周长谈,直至十时半方归。卧阅容书,甚好,贤于《左派王学》也。彼所见及引有《李温陵外纪》及《续焚书》两书,我未见过。阅容书方知李卓吾系王东崖之弟子,是阳明之三传也(王守仁——王艮——王襞——李贽)。未回家。尤平白来孔德,未晤,他赠我以日本之笔研匣,甚精雅,且适用,可喜也。

3月12日　星期五

今日为中山逝世之日,学校放假。

午回家。

下午至复兴祥做一身学生装,原料不及廿元(三强为我购),工料八元。学生服实亦贤于先生服(内光太无聊)。我觉得总是短衣好,惟近来多病,颈扩,故做学生服,期扣领方便也。三——六时大风,黄沙蔽日。

翻《觉颠冥斋内言》,觉此君仅亚复生一等耳。晚访启明。

刘书我序中所举之清季至民初约三十年中(自康氏著《礼运注》,至《新青年》出版之前)(一八八四——一九一五)思想学术界代表之人物凡十五人,(A)邃于旧学又富于新思想者十一人,(B)对于古史及文字有甚深之研究,能订正沿△△△者凡四人,如左〈下〉(略以著作文辞之时代次之):

A(十一)　南海康长素有为,《礼运注》,甲申。

〇嘉应黄公度遵宪,《日本国志》,一八八七(丁亥)。

平阳宋平子衡,《六斋卑议》,一八九一,辛卯。
　　新会梁任公启超,《时务报》。
　　浏阳谭壮飞嗣同,《仁学》,一八九六,丙申。
　　○浏阳唐佛尘才常,《觉颠冥斋内言》,一八九八（丙申）。
　　○余杭章太炎炳麟,《訄书》（木）一八九九（己亥）十二月。
　　○瑞安孙籀廎诒让,《周礼正义》,一八九九（己亥八月）。
　　○仪征刘申叔光汉,《攘书》,一九○三（癸卯）。
　　○杭州夏穗卿曾佑,《中国历史》,一九○四（甲辰）。
　　○绍兴蔡子民元培,《中国伦理学史》,一九一○（庚戌）
B（四）井研廖季平（平）,《今古学考》。
　　长沙皮鹿门锡瑞,《经学历史》。
　　吴兴崔怀瑾适,《史记探源》。
　　海宁王静安国维,《观堂集林》。
黄公度关于日本二书之时代
　　1、《日本杂事诗》初本,一八七九,光绪五年（己卯）。
　　2、《日本国志》,一八八七,丁亥（光十三）五月序。
　　3、　　　　　　改订本,一八九○,光绪十六年（庚寅）序,一八九八,光廿四（戊戌）四月刻于长沙,徐仁铸题签。

3月13日　星期六

上午师大,下午至某海。

3月14日　星期日

下午回家,头胀,戴健脑器,头面甚热,甚不宁。

3月15日　星期一

精神不振,师大假。午至某海。至金处"达",仍取药水,血压降至一七六,金云当是服兼达 HASETHROL 之故,然何以如此舒服也?
今日未回家。

3月16日　星期二

风甚大,身不舒服,师大假。
岂明代我购得日本刊之宋高宗所书之——《草书礼部韵》六册,二月五十钱,系:
　　1 宋　陈汶志　赵与懃刊。

2 元至元戊子　郑宝志　重刊。
3 延享二年乙丑　丰臼杵庄允益序。
4 同年　南溪越克敏子聪　题辞。
5 延享四年丁卯,日本刻。

　　延享二,乙丑　清乾隆十,公一七四五
　　延享四,丁卯,　清乾隆十二,公一七四七
　　元世祖至元廿五　戊子,公一二八八

此书十余年前似曾在富晋书社见过一部,去年刘延涛来谈,云于右任所搜集之日本版草书,书中有《草书韵宝》一种,即指此书,今乃购得,可喜也。清以前之草书的字汇,盖以此为最先矣!

(1)《草书礼部韵》　宋赵构,十二世纪之前半(一一二七——一一六二),此宋高宗在位之年。

(2)《草书韵会》　金陆天锡(十三世纪)一二三一年(宋理宋绍定四、金哀宗正大八,辛卯),赵秉文、樗轩老人序。

(3)《草韵辨体》,明郭湛(十六世纪),一五八四年刻(万历十二)。

崔觯甫七十三岁,一八五二——一九二四;咸丰二,壬子——民十三,甲子。其《觯庐诗集》,凡三卷:

　　卷一　癸甲编(凡廿二年)
　　　　一八七三——一八九四
　　　　癸酉——甲午
　　　　同十二——光廿
　　　　廿二岁——四十三岁

　　卷二　乙庚编(十六年)
　　　　一八九五——一九一〇
　　　　乙未——庚戌
　　　　光廿一——宣二
　　　　四十四岁——五十九岁

　　卷三　"辛亥以后编"原题,可改为"辛甲编"
　　　　一九一一——一九二四
　　　　辛亥——甲子
　　　　宣三——民十三
　　　　六十岁——七十三岁。

《四谛通释》成于

《史记探源》,创始于戊申(一九〇八),见卷二《戊申除夕诗》,时五十七岁,成于庚戌正月△日,为公元一九一〇年△月△日也。

《春秋复始》,创始于戊申(一九〇八)。

《论语足征记》

《觯庐经说》
《五经释要》
《文集》
《诗集》
《节读经书》
《史记探源》,创于一九〇八年(戊申),成于一九〇一年二月廿四日(庚戌正月十五日庚申)。

午后回家。下午四时与蓝公至欧美同学会赴新闻专科学校,欢迎法国记者魏达士之茶话会,在该校,既与〈为〉成舍我所办,而此等欢迎外国记者之会与我何关?虽然他们来请,我何必到?但因孔、华纠纷事,要见李石曾,故往也(他们所以发请帖来者,亦系石曾之意,故孔德五董事全请也)。会中与黄尊生邻座,与之语,彼谓廿岁安(ana),卅岁不安,今卅矣又安也。六时散,归孔德。

3月17日　星期三

上午抄《觯庐目录》,未毕,拟此诗集即原稿石印也。午至承华园,今日沈兼士、周作人两人出名,请何其巩(华北院长)、王觐(同上,董事长)、沈家彝(何之把兄弟)与李石曾吃饭,商孔、华和解事,孔德五董事(钱、周、沈、马、徐)及蓝均到。三时回家。五时至复兴祥取学生服,叫他做两件裤〈衬〉衫,四元五角也。归孔德。

3月18日　星期四

上午师大,毕至某海,叫工友办一素幛,其文曰:

印廷仁丈　　千古
　　　　　奠
愚侄｛徐祖正
　　　马裕藻　敬挽
　　　周作人
　　　钱玄同

他要钱,偏不送钱也。没有回家,与周虎谈谈,晚九时半归。

3月19日　星期五

上午浴,剪发。下午三时回家。四——五师大"古音",毕,"达",取药水,即归孔德,晤幼渔。八时至家庭食堂要购小窝窝头并吃饭,甫至门口,遇伏园,即同食,他惠钞,十时半归。

3月20日　星期六

上午师大。午后至某海,将吴礼送出。晚五时访周启明,旋伏园亦往,昨晚约同去也。

十时半归。

未回家。

3月21日　星期日

上午回家。午后回孔德,觉四肢无力,圹而翻《清议报全编》。六时请许季市与徐苏甘至华宫吃饭,与许谈关于宋平子、蒋观云、蔡子民三人之著作事。九时归孔德。

3月22日　星期一

上午师大。

午后回家。

下午五时回孔德,孔德五董事(钱、徐、沈、周、马)在孔德会商华北事,毕,共"雅"于华宫焉!

3月23日　星期二

今日大雪,至晚方止,天孔冷,室中无火,坐卧皆冷。

师大请假。不回家。

至晚,煤来,始渐暖。

在孔德竟日,校校样。

3月24日　星期三

上午回家。下午至某海。

今晚十一时劢西离平,将赴开封之河南大学讲学,而武昌,而湘潭,而南京,与教部接洽而归,约当在四月十日左右也。

下午往与谈。傍晚回家。

3月25日　星期四

上午师大。午后"达"。回家。

3月26日　星期五

午后回家。

下午四时至师大上"古音"课,课时适遇谢树英与梁明致来视察师大,因邀谢来谈十分钟左右,报告华北事件。

五时课毕访启明,十时半归,忽忆我之铅〔印〕《庋书》竟何在?从十一时找起,找到夜半三时,仍不得,颇懊丧,因函幼渔询之,因去冬借给他或未取归也。

3月27日　星期六

上午至师大上课,差五分多钟,精神不支,头目不宁,早下堂。下午至某海,周虎谈音韵学,他很高兴,而我则急不支,广而听之,不能多对。五时回家,因郑处昨送来刘书印签,今晚回孔德粘之以消遣也。十时睡。

3月28日　星期日

晨九时顷,幼渔来电话,知《訄书》在彼处,良慰。今日仍觉欠安。

午孙渭宜赏饭于西来顺,计有两桌之多,食毕,访罗雨亭,因师大四年级生参观中小校,须聘教授一人任之,拟聘之也,渠不在家(移时电话来已允矣)。至商务购罗尔纲的《太平天国史纲》,至金处,血压180,达碘钙,取药水以归。至复兴祥取学生服衬衫两件,共价四元五角。回家。七时浴,觉甚闷热不适,其实室内气管不热也,盖血压高之故也。

3月29日　星期一

今日为所谓黄花岗纪念日(其实辛亥三月廿九日为一九一一年〇月〇日),学校放假。

天颇寒冷,殆又将下雪欤!

上午九时半回家,午后二时半回孔德,冷,不适。晚至市场吃饭。购商务"国学基本丛书"本《鲒埼亭集》七册,价仅一元二角,何其廉也!持此与什么马宗霍的《经学史》,胡朴安的《文字学史》相较,彼之价昂于此,内容真不成东西矣!此全集较我旧有之木刻本尚多《诗集》十卷。

《訄书》之版本:

　　木板　辛丑后二百　十九年(一八九八年戊戌)

　　铅印　(无〇、)共和二千七百四十一年(一九〇〇、庚子),即成于"共和二千七百四十五年夏四月(一九〇四,甲辰)。(奥附)

　　(3)铅印翻本(有乀〇),翻印于"共和二千七百四十六年八月秋再板"(一九〇五、乙巳)。

3月30日　星期二

取药水。

4月1日　星期四

"达",取药水。

4月2日　星期五

下午至中山公园图书馆阅书。

自今日起购 Animasa，日服三次，每次二粒，以降血压焉。

4月3日　星期六

晚访幼渔。

4月4日　星期日

今日为儿童节，又为ㄍㄖㄕ开第廿次会期，黎不在，陈来而即走，故聚餐者仅钱、魏、汪三人云，地点在来今雨轩。上午回家一行。午食，食毕与魏谈至四时。至金处达 H，血压178，取药水以归。再回家，晚回孔德。灯下点读刘氏之《清儒得失论》，外集九，原在《民报》十四号中，中之"虏"、"虏廷"均被郑爪删改为"□"，兹取《民报》本校勘点而改还之也，毕。

4月5日　星期一

午后三时至师大取三月份薪。

4月6日　星期二

下午在家。

4月8日　星期四

至金处"达"，取药水，压179。晚访知老。

4月9日　星期五

四——六时至师大上课，入休息室门，知英文教△严△△（名鹤龄）今晨八时上课而晕倒，亟电告魏毓麟来诊，则脑充血也。他本是180，今日忽高到二百十以上，打针，用冰罨头，自下午渐低。吾闻之大震，我手冷战，既来之则勉强上课，课毕则往博爱，则血压一八八，急达ㄏㄜ，取药水以归（中澳素加多）。晚七时食一次，九时又食一次，早睡。

4月10日　星期六

昨宵尚安眠，今日稍安定，而腿脚尚软。师大假。上午△时回家，午后二时走。至大佛寺，购《梵网经》，什译，二角五分二卷，及《楞伽经》七卷，七角二分，实叉难陀译。师谓此经有三译,以此七卷本为准,见《答铁铮》书,皆金陵本。又《瑜伽菩萨戒本诵仪、科会、表解合刊》,系净严所编也。此书系河南佛学社所出版,甚粗劣。而所谓"七支性罪"者在也(未完)。

至某海,晤汪,见劭三日致彼信云,三数日即赴汉,而转宁,至汉时当电汪云,然今日至一周矣,尚无电来。六时顷至博爱,压179,再达ハセ——。晚至东四南大街104号佛学书局,购得《瑜伽菩萨地》十六卷,五册,一元九角。金陵本,此系《瑜伽师地论》(奘译)之《本地分》中抽印本卷35——卷50也,《戒品》在其中。

4月11日　星期日

昨晚睡不安,三时后始熟睡,今晨十时才起。午为婠52岁生日,嫂及榴均来送礼来,因请他们吃大餐于墨蝶林。宾主凡九:(宾)嫂、稻、榴、端信、亚满稻幼女、亚荣穠幼女;(主)玄、婠、雄。毕,回家。

再至大佛寺购唐遁伦之《菩萨戒本记》及唐太贤之《菩萨戒本宗要》及唐遁伦之《菩萨戒本羯磨记》也(三种合为一册,金陵)。又太虚之《慈宗三要》也。六对其七,大疑讶,以为非常异义可怪之论也。

至金处取药水,达ハセ,血压180。五时顷归孔德休息也。

6月21日　星期一

七时半起。

在家竟日,未出门。

下午清理书桌,时做时辍,仅将书桌清理而已。书不用说,期以必完成之。关于刘书各件,尚未理出,而已甚疲累。甚矣,吾衰也!

晚秉雄回,知彼与徐幽湘女士之恋爱今已完全解决。我方本无问题,今幽湘去信征求其母之同意,顷得复书允许。佢们此次之恋爱,全为自由的自主的,这是极应该的。晚十时半睡。

日来其他尚好,惟行走时觉头脑时有偏右偏左之倾向,故不能多动。自今日始继续吃ㄚㄋㄧㄇㄚㄙㄚ,日服六粒。

6月22日　星期二

上午约七时半起。午至市场,在吉士林吃"ㄙㄢㄉㄨㄟㄑ"(什锦),购带子鱼ㄈㄠ一斤归家。此物甚咸,炸而食之,酥脆不去刺便吃,且能健饭也。下午三时至中海,将刘容季寄示之刘申叔△△△△△△三纸交赵善斋抄下。此种仅"隐公第一"、"春秋古经"、"夏五月郑伯克段于鄢"三条之识,且均不全,可不即入遗书,但留稿耳。(儀作儀,则一九〇九——一九一一之三年而作也)。晤劭、虎。虎云二等字之改写读最有问题,如牙、喉。我谓可将《广韵》全书之二等字一一提出,而总解决之,虎以为然。九时回家。约十一时睡。

6月23日　星期三

六时半起。

上午看报,即倦甚,假寐约一小时。午至市场购得范寿康《△△△△》,姜亮夫《△△》《△△》三书。下午至孔德,将范书略一翻,似无甚精采,尤其是叙述宋至清。姜书较张惟骧及梁廷灿之书均多,且有公元(梁书亦有),可备检查也。书仅注《逍遥游》、《齐物论》、《天下》三篇,又首有《△△》一篇,略观其注,似尚佳。

略将书桌整理之。

七时访金,注荷尔赐保命(前已注两次),因积热云,而欲使身体康健也,血压176,未打碘钙针,取药水(较前略异,中有安神开胃之药)。至铁路公记晚餐,晤傅佩青,承他代付饭钱。九时归府,幽湘偕秉雄在吾家,旋走。予于十二时睡。

日来头胀,今日更胀,且时觉头目不宁,走路不稳!究竟此病尚有向好之可能否耶?

一九〇六(丙午)冬天在早稻田时闻△△有革命军起,檄文被人抄贴于早大之壁,余与周伯匋(大钧)抄下,起为"自明室不竞,汉统中斩……"中有"……"等语,当时以为此或系手段,以笼络会党及降将耳,然心亦颇疑其为伪也。今日读冯自由之《△△△△》第△编第△页,则当时确有此文,而竟称为"中华大帝国"云云,疑即会党之所为也。辛亥以前之抱一民(民族)主义者,虽不逮中山之三民主义,顾实为二民主义(族、权)。宋渔父诸人无论矣!即章先、刘申叔、邹蔚丹诸公,看似单纯的民族,实则无不如章先所谓"…………"者(《革命军》序),惟南社诸诗翁(即《国粹学报》之邓、黄,亦尚略有新思想也),及各地会党则专抱反清复明之志者耳(焕卿亦此类也,思想实太旧也)。

6月24日　星期四

晨六时许起。午至清华园浴,刮脸时见胡根忽渐浓,余胡本少,昔三十岁左右时身体尚健,犹且如此,今年届五十,体气衰弱,忽胡渐浓,何耶?

在浴室重看卅余年前所看之邹容《革命军》,觉彼时虽持极端排满论者,亦不至于今之富于保守性(邹实受梁任公之影响),特进一步欲推倒满清政府耳,即《国粹学报》之邓、黄诸子,亦尚有新见,虽喜言国魂、国光、国粹,然尚贤于今之言民族精神诸公也,嘻!此真所谓人心不古者矣!

浴毕,至市场购得《秦汉哲学史》《伪经考》《新学伪经考驳证》三书。符书最无谓,今日言今文都觉已成过去,言古文更无聊,且吾侪今后之打倒古文证据甚多,正不必靠康书,故符氏所言皆费〈废〉话也。至孔德一行,即归家,九时半也。十一时顷睡。

6月25日　星期五

晨七时起。

上午在家整理年余未理之衣服。下午大嫂来谈约一小时许。八时至家庭食堂，两月余不去矣！至孔德门房取信、报以归。幽湘来我家，与秉雄谈至十一时许归。十二时许睡。

6月26日　星期六

六时许起。

旬日前刘容季寄来申叔的……残稿三纸，日前嘱人迻录，今日寄还容季，上午作函。

下午至孔德。

晚七时至博爱医院，金已归，血压174，"达"赐保命，取药水，与上次同，以归家。

6月27日　星期日

六时起。

上午王恩华来。

下午整理书桌。

天阴，时有雨。

入晚晴。访岂明，九时许归。与秉雄谈彼之婚事之前途，夜半一时睡。

6月28日　星期一

六时起。上午至孔德。因昨晚少睡，且欠安宁，看看报，颇疲倦，睡着了约一小时。午至市场购物吃饭。午后回家。天甚热。苏甘来。幽湘来。秉雄告我，谓已得她的母夫人允许在平订婚，介绍人为黄六三（森，他的姑父）、蓝少铿，地点拟〔在〕中山公园董事会。日期非七月十日即十五日，订婚毕，同至杭。

八时顷雷电交作而无雨，十时复晴，繁星。十二时半睡。

6月29日　星期二

五时半起。

媕之十年前旧疾日来忽有复发之象，因喇叭管忽又涨也。她于一九三三年在上海患伤寒复回北平后，没有感觉者垂四年矣！今年已五十二矣！无论从年龄及病情方面看，均不应再来，而忽来矣！故我力劝其速就李景泉去诊，因日前秉雄孔德事、会考事甚忙，故昨日下午幽湘来时，她说她可以陪同去看（缘幽湘去秋痢疾后，病未复原，体弱身瘦，日来正请李氏看也）。今晨十时她来同去。午后二时顷媕归云，李说是有复来之象，宜早治。取药两剂以归，今晚服头煎也。

我竟日未出门，缘畏暑及头时时不稳也。

6月30日　星期三

午前在家。

下午幽湘来吾家。

今日天热,觉精神不适,头晕。

晚八时至博爱,血压一七四,"达"司配明,取药水。至孔德取信件。晚九时顷浴,十二时归。

今日三强往清华,预习镭学,约两星期归城。

7月1日　星期四

午至同和居,岂明赏饭,请孔德之钱、沈、陈三人,谈孔德前途也,我作陪。

下午至某海,晤劬、虎。七时顷至来今雨轩,为雄探借地订婚之价,劬亦在彼,谈至十时顷而归。归知媗忽病泻,且发烧,似痢疾。与雄谈关于其婚事,至夜半一时。

今日精神尚佳。

7月2日　星期五

天阴,午后雨,渐大,入晚大雨倾盆而下,潮、闷、热,令人不适。上午至孔德,得刘师疑寄来《礼经旧说》稿。午至博爱,血压一七四,"达"司配明,取药水,并为媗取药。午后至东安市场,购得(1)《人的义务》,玛志尼著,唐擘黄译。《△△△△》,邵鸣九。劬书系抄我著,我著为国语讲习所讲义,初为王璞抄,而邵又抄王也。

三时顷归家,媗病如昨,殆痢疾欤！五时顷任访秋来。晚九时顷秉雄归,告我戒指已向天宝金店打(黄金),内刻伲们之名(无姓),并注明 26,7,15 字样。与雄谈至夜半一时而睡。

7月3日　星期六

天晴,甚热。

午至森隆二楼西餐部,任访秋请也。同座者为劬西及徐侍峰二人。下午回家。晚餐觉饱胀不适,未食。幽湘上下午均来吾家。晚七时半金子直来,请他来诊媗病也,注射杀虫菌液一针(阿米巴)。他说是痢,因"腹重",故知有虫也,然不利〈厉〉害也。晚八时苏甘来。

媗病今日较松。

劬云:闻政府所议礼制,关于婚制,无证婚人及主婚人,而有介绍人二,是婚礼又渐合理化矣！

我自午后归家后起,觉头胀,晚餐不能食,夜半拉两次,觉腹中不适也。

7月4日　星期日

今日为《古》会第△常会。午聚餐于来今雨轩,与天行谈至四时顷始别。至荣宝斋,购一斗方诗笺,四围联以各体寿字,命其界以乌丝栏,约明日往取,将写字赠嫂寿也。至金处,与其同至家为婠再达一针,云渐见好,明日尚须服杀虫之泻药,后日可服止泻药矣。

今日日间幽湘又来。

三强归。

7月5日　星期一

午至琉璃厂,至荣宝斋取纸。至春华楼吃午饭,数月不往矣!至某海,罗雨亭、林静希、夏与中均来。林景伊、周虎、黎劭西亦均晤。在海晚餐,而归家已十时矣!闻幽湘今日又来吾家。

7月6日　星期二

今日天气较昨更热,家中北屋下午达八十四度。

上午写一纸(竟框入)祝嫂八十寿(明日),文曰:"如天之恒,如日之升,如南山之寿,如松柏之茂。"又曰:"民国廿六年七月七日即太阴历丁丑五月廿九日为大嫂八秩序辰,敬录《诗·小雅》语奉祝,弟玄同。"他们用阴历,故"丁丑五月廿九日"字样不能不写。但民国廿六年七月七日字样在我的立场,亦必不可少也。

下午苏甘来。

晚九时剪发,浴。

7月7日　星期三

今日为阴历五月廿九日,大嫂八十生日也。天极热。上午十时顷往祝寿,我送镜字,婠送衣料,三个儿子合送大小两寿饼,吉士林之物也。婠因病未往,余四人均往,别家颇少,止四人:徐僧、陈寅恪、沈少楼、沈令扬也。吃香积园叫来之素菜,中多白木耳一盎,系自制也。

下午五时出至某海,晤虎、景伊。景伊谓明日将闹□也。七时至来今雨轩,电话约雄来同"雅",为之定座六十位,大厅。于公园中晤魏天行,又晤黎劭西及罗雨亭也,十时归。幽湘在吾家。今日婠甚安适。颇慰!

7月8日　星期四

热,入晚天阴,更闷热,颇难受。

上午四时顷起,闻炮声,至六时后即不闻,初不知何事,下午六时读晚报,始知某国人又作怪了(报)。

下午至孔德,七时顷闻人告,今晚八时戒严,匆匆即归。至南分校拟告秉雄,促其速归,未见。至九时顷始偕幽湘来,始知在东安门之桥头被阻,趑向北由翠花胡同而来。晚十时后街无人声,死一般的沉寂。幽湘宿馆房中,德充移卧西屋,与其两兄同屋。雄、湘之戒指已来,戒之花纹为菱形,内镌:

秉雄 26,7,15。

幽湘 26,7,15。

7月9日　星期五

今日阴雨竟日。

午洗澡。五时顷归家。

幽湘于下午回孔德。

今日戒严如昨,报载谓停战(报)。

7月10日　星期六

晴。今依旧戒严。

上午稻孙来,携来嫂赠我之三子扇三柄,书题为"丙子五月廿九日八十老人钱单士厘",无上款(三把大同小异)。午后三时至孔德,小睡,头脑不宁,至博爱,血压高176,低140,"达"哈虽思洛针,取安神药水。见和平门关,回家已八时矣!

今日情形略如昨(报)。

7月11日　星期一

今日午,雄、湘二人出名,赏饭于承华园,凡十一人:蓝(介绍人)、李、任子华、陈炳华、沈令扬、潘家凤、沈令融、钱玄同、钱三强、钱秉雄、徐幽湘也。毕,伲们同至我家发请帖也,共发约一百五十份(共印二百份)。孔德最多(全体发),我和雄的朋友约二十余份,受壁、常熟钱、绍兴徐、俞、张等约二十余份,馀五十份,则由幽湘去支配也。晚七时顷雄送湘归孔德。

晚六时三强又至清华。

7月14日　星期三

上午至清秘阁,为雄购册页一本,明日订婚之日可请人题字,以作纪念也。

下午浴。

晚三强自清华归,因明日将参加也。

7月15日　星期四

今日为雄、湘订婚之正日。

上午我至孔德一行,访沈令扬,因今日我家将全体出发,即女仆亦去,向学校借永顺来看屋也。佢们九时顷先往同生去照相,戒指即于此时带上去拍照也。十时同来我家休息。下午一时雇汽车二两〈辆〉,六人(连女仆七)同往来今雨轩。先后来客约一百人,二时三刻入座,由我报告:……。

三时三刻摄影。六时客散尽,我家五人加一人共摄一影,作雄、湘订婚之纪念,兼作三强出国之纪念也。毕,我请他们至长美轩小吃,七时顷散,各归。

院中纳凉,我与雄谈佢们之今后,他说拟二年以后结婚云。

7月16日　星期五

上午闷热,浴。午归家。午苏甘赏饭,因吾家中不便全体出门,故叫了森隆之菜来吾家做也。苏甘系贺雄、湘,而并送三强之行也。宾主共七人也。下午阵雨,阴霾至夜半。

下午四时顷至孔德一行,即归。在家中由雄等照了八张四寸相,本来目的是为了银盾与花篮,拟照出交徐宅看也,既照矣,因将一卷胶片八张全用:

银盾花篮—　　上物后加雄、湘—

上物后加婠、湘—　　旁加湘—

上物加玄、婠—　(无上物)婠、雄、强、充—(全上)

晚七时许雄送湘回南分校,因湘处钥匙忘带,只好偕归,归时已八时,兵已出,不能再去,故湘又寓我家,充只好再睡桌子了。

雄、湘本定明日双双至杭,强则拟月底至沪,八月△日登轮赴法,今因时局不靖,强拟早行,今日决定十八行,雄、湘因亦迟一日同行。

7月17日　星期六

晴。上午幽湘归南分校。

我往孔德一行,即至商务购书。

下午至某海,与劲共出师大入学试题,八时归家。

今晚幽湘仍宿吾家,因南分校无人也。

得徐林士信。

7月18日　星期日

晨六时起,为三强书手帖一纸(易卜生致白蓝戴书语)。上午亚靖、亚荣姨妹来,榴仙来,决定亚觉及其子(阿谦)偕雄、湘、强同行,至徐州换陇海车至郑州,再换平汉路至汉口,再换粤汉路至广州也。下午四时,雄、湘、强行,六时开车,强行时与我及婠握别,他忽然涕泗滂沱,我也老泪纵横矣!余夫妇均未送至车站,仅由充送去也。五时顷三强自车站来电话,知一切均已办好,已上车,车不算挤,雄、湘、强、觉〈、〉弓五人在一起也。六时半苏甘来,他五时往送,直至开车时方走,云仍不算挤,可慰也。九时苏即归。

7 月 19 日　星期一

闷热难过。

十六雄所照已送来,坏了一张(花篮及银盾之一),余七张均佳,十五日所照订婚(许多人)照片及六个人照片亦来,亦佳,尚差伂们二人者矣!

午后至孔德,抄写上海试题。胡耀臣衔郑命来。六时顷至文学院办公处交出试题(易不在)。至博爱为婠取胃肠消化药。验血压175(低 140) "达"碘钙,取安神药,八时归家。

今日见要道沙包已撤,盖昨日宋哲元晤香月,已盟矣也!

9 月 1 日　星期三

又是四十来天没有写日记了,这四十日之中,应与《春秋》桓四、桓七不书秋冬同例也(以后也还如此)。从今日起再记。

从今日起拟清理书籍什物。昨日大雨竟日,今日天气益凉,不过七十度,早晚可衣夹矣。午前至孔德一行,晤蓝、李、沈,并晤卫天霖。下午在孔德屋内理屉中之信件,弃其什九。五时回家。

9 月 2 日　星期四

天气晴朗,入晚阴云,黄昏雨。

上午至孔德,约来薰阁伙计两人来,搬游艺室之书至李宅。下午一时——五时搬完。此书尚是廿四年十二月寓屋将坅时迁往,去冬迁回卧室一部分,今搬完矣!持帚掸土者四小时,右手食指肿胀,不适。六时许归家,浑身是土,衣衫甚脏,本应出浴,因时已晚(八时即闭门),只好擦身洗脚,但不觉爽,明日当出浴也。

9 月 3 日　星期五

上午阴,有小雨,下午晴,晚颇凉,室内只 65 度,宜衣夹衣。

上午浴。午后至孔德,与蓝、李、沈诸人谈闲天,聊以破闷,六时归。

9 月 4 日　星期六

午前偕苏甘、婠贞同至ㄏㄨㄚㄑㄧㄣㄏㄜㄎㄨㄣㄎㄨㄟㄨㄣㄐㄧ一ㄢㄩㄢ,因苏甘下周将入德国医院医疗,是托一位十五年在女大毕业的杨△△女士(本是女师大学生,十四年夏杨荫榆事件后转入女大的)去做翻译的。我因觉得我的血压高病也想请她一做翻译而往德国医院一诊。今日下午三时往诊,验小便(门诊六元,第二次复 4 元),无病,血压最高 215,最低 140。医生为史大夫(△△),他开两种药:△△。

又说一星期中不要吃饭,最好是单吃葡萄,恣意啖之可也。如觉不足,可略食面包、小米粥、菠菜、白菜、蘋果等,勿食肉及蛋,过一星期再看。下星期一当再往验血(验血三元)。至医院时在门口晤张桓中。

今晚即食葡萄与面包,不吃饭。

今日上午阴有小雨,午后晴。

9月12日 星期日

不写日记者垂两周矣!

今日为我51岁生日。

天暖。

上午在家,整理衣箱,将夏衣收拾为一箱。十五时在家,电话叫中原来摄影,我一人摄一张,又饼、媔、充三人摄一张。三人所摄者,在院内茄子及豇豆、树间,印出时拟寄秉雄、幽湘(德清)、三强(巴黎)。在此时我等犹得以览揆之日从容在家中摄影,是可记也,足可慰远人也。

十六时至德国医院问苏甘病,他自八月初迁寓吾家中者一月,于九月六日赴该院割痔一星期矣!十七时回家,甚倦。

廿四时顷雷电大作,大雨倾盆,雨打纸窗,拍拍作响,窗纸湿破,起而移书案等,至次晨二时方睡着,大雨就犹未止也。

9月13日 星期一

晨八时顷天晴,凉爽矣!

十时浴。十五时至德国医院访苏甘,自己看血压。前于九月四日为第一次之诊病,因有女院职员杨琼玖女士(女师大学生,与许景宋、陆品清等同班,十四年反杨风潮以起,她转入女大,次年毕业),与苏甘稔,苏甘之医疗也,她做舌人,我顺便亦请她介绍,请——史悌福大夫(Dr. K. Stickforth)诊视。那天说:——血压最高215,最低140,嘱食葡萄一周以代饭,不行则可略食面包、米饭、素菜等,禁食肉与鸡子,但小便验过无蛋白质,血亦验过,无毒。今日为第二次诊,血压高仍215,低130略好,他说以后间两星期一看。以后面、大米小米均可吃,宜多食青菜、豆腐、豆腐浆均甚好,牛乳、黄油可饮,红绿茶亦可饮,但咖啡不可饮,肉与蛋不可食。前次嘱食药两种,今日加一种,每日三次,每次一茶匙和温水一杯服之,第一次在起身后服,第二、三次在午、晚餐后服。

十六时至孔德,晤沈、李。十七时许归家。

9月14日 星期二

九时胡耀臣来,将刘申叔《礼经旧说》原稿送还一部分,由胡处觅人迻录,请赵羡渔校对,今日连原稿及抄稿之——:《冠一》(上缺)、《昏二》《相见三》《乡四》《乡射五》《燕六》《大射七》《聘八》《公食九》之九卷送来。

十时至博爱"达"Nitroscleran 针,专降血压也。十一时半至平大医学院之附属医院请朱内光检血压,右手 195—150,左手 185—145,较德国〔医院〕所检异,不知何故？似当以此为准。

十二时半至中山公园来今雨轩吃大餐,味甚劣。

十四时半回家,周虎来谈,十八时半走。

今日胃甚胀,极不适,晚服 Agarol 两汤匙。

9月15日　星期三

竟日未出门,拉了三遍,大约无甚积食矣！得秉雄九月三日来信,知彼又与幽湘偕同赴杭矣(注)！他说"杭州目前尚称平静,除去每日有一、二次航空警报外。"

竟日在家,随便翻翻书,因血压高,不舒服也。

今晚困不安宁。

(注)雄自七月十八与幽离平后,十九日夜半到宁,△△日到杭,△△日到沪,想△△日来平,而平战起,八月△日幽至沪,△日内幽同舟至杭,十六日因机轰笕桥而同往德清避,△日又同至杭。

9月16日　星期四

今日得三强信,系八月廿一日所写,说廿二日可到 Colombo,邮戳是廿二日的来信。

今日精神甚坏,约自十一时至十六时最不舒服,头热心慌,坐立不安,且微觉恶心,大有去年七月秒〈杪〉八月初间情形。十四时至孔德,晤蓝、李、陈、沈。十四至十六时在孔德躺卧休息,十六时半雇汽车出门,先至博爱打 Nitroscleran 针,取水药(安神)一并〈瓶〉,次至商务购六〈陆〉侃如的《乐府古辞考》,次至富晋还书帐,次至文楷还印二十部毛边纸的《新出三体石经考》(六元),次至中原印十二日照片,次至东安市场购葡萄。十八时回家。今日不吃饭,三餐均食面包。二十时睡,今晚还算安宁。

9月17日　星期五

今日精神较昨为佳。

十时至师大文学院办公处,取七月下半月薪,学校所筹也,并代所教之薪。十三时半至某海,晤周、汪老、汪少、孙渭宜,谈、王善诸人。十八时出海。将他人之薪托汪少代存于银行。至博爱又达 Nitroscleran 一针,又取药水。

今日午、晚两餐均至铁路公记吃,他的大餐味极平凡,然犹胜于森隆二楼,而量少价廉,可爱也(一汤一菜三角,二菜四角,三菜五角,外代〈带〉面包黄油柿酱及咖啡或红茶。我今日两顿都吃四角的)。十九时雇汽车至孔德取草字书,即回家。

9月18日　星期六

十时幼渔来,十一时去。

十四时至孔德约周虎来谈也,他说明晚将赴津,由津乘轮,辗转回湘也。十九时去,我即回家。倦甚,廿一时许即睡。

9月19日　星期日

上午九时戴静山来。

十一时访严既澄,送钱。

十四时访张西堂。十五时半至博爱,金在,"达"Nitroscleran 针,取药水。

十六时至孔德。

十八时至东安市场购物,即归家。

又是两日不便,服 Agarol 三茶匙。

今日为旧历中秋,"△△"特令全市商店挂灯结彩以志庆祝,藉纪念东方文化之佳节也。中山公园改为"北平公园",东厂胡同改为"东昌胡同"。

9月20日　星期一

因尚有未取得七月上半月份之钱者,故今日十时往师大文学院办公处取。晤吴新斋。

十四时访王西征,送薪未晤,交其妻旧〈舅〉潘君。访大虎,知其明晨八时许上车赴津,而赴湘。访罗雨亭之仆,询雨亭在何许?不得要领。访孙海波,已迁居。至海已十六时矣!在海晤赵心如、王善恺、张玉生、汪公立,而张西堂亦来。十九时顷至中原取相片,颇佳。二十时回家。

今日告虎腾、体、诺七事。我意标准国语必须有,至声调系事实问题,如不管声调而无碍,则我亦赞成不标调,或如二十年前黎式标法,单音标,复音不标,亦是一法(复音词三音以上者,恐无调异而音同,而调异者,二音词最有问题),而标注用ˊˇˋ亦可,或用异拼同音法,如 zai 为在,tzai 为再)。或用历史异拼而同读(如进来 zin-lai,近〔来〕为 jin lai,或分清浊,或用 kpt,或 n、m 均可)。

9月21日　星期二

十时至师大文学院办公处。孙海波来谈,新买房于前百户庙廿号,赠我以两书(1)《△△》,(2)《△△》,谈至十二时,去。十四时到中海。十五时顷到孔德,晤蓝、沈。十九时归家。

9月22日　星期三

十时胡耀宸来,《礼经旧说》抄稿校毕矣!

十一时浴,剪发如僧。
十四时访徐耀辰,并晤卫雨三。
十九时归家。

9月23日　星期四

午前作致郑友渔函,谈补印《礼经旧说》事。十二时访苏甘于德国医院,他说今日拟出院。十五时回家,十六时苏甘搬回吾家。晚与苏甘谈至廿二时半,甚倦,即睡。得周虎明信片,知彼廿一日八时许离平,十八时到津,闻廿三日(即今日)有船云。电告黄珮。知张西堂今晨行矣!

9月24日　星期五

今日道路又挂红灯,我自孔德归家时行经东安市场前,见高悬白布匾,文曰:"庆祝陷落保定府"。
十四时至孔德。十七时归家。

9月25日　星期六

今日得秉雄九月十五日杭发快信,平安可慰。十一时顷至孔德,开始清理书籍。十八时回家。觅得向知堂借来之《范寅日记》(鹭与燕之成均)十四册、《年谱》一册,记其目及年代如左:

范寅:一八三〇——一八
道十庚寅——光
《日记簿》两册:一八六八年(同七,戊辰)卅九岁所记。
《事言日记》九册:一八七七年——一八七九年(光三,丁丑——光五,己卯)。
《行程笔记》一册:一八八六——一八八七年(光十二,丙戌——十三,丁亥)五七——五八岁所记。
《记事珠》两册:一八九一——一八九四(光十七,辛卯——廿,甲午),六二——六五岁所记。
《扁舟子自记履历》一册(实年谱也),一八八五年(光十一,乙酉)所记。
案《越谚》作于△△△△
《越谚补遗》作于△△△△

9月26日　星期日

九时访幼渔,骗其午饭。
十四时顷访知堂。十八时顷回家。
今日头脑略欠宁。

9月27日　星期一

今日天气颇凉,(我家堂屋)室中仅六十二度。

上午在家,在〈与〉苏甘闲谈。

十四时至孔德,晤蓝、李诸人。清理架书。十八时许归家。

10月3日　星期日

从九月廿七至今日,此一周未记。近日中将三十余年所摄之影清理一番,分为——1、我;2、我与妻子及兄侄等;3、我与朋友。媜贞有十八岁(一九〇三、癸卯)之影两张,取出复制。一张她和她妹婴贞、表妹汤康津同摄,一张为她与汤同摄,都将它复制。三人那张取她一人放大。两人那张因两人联坐且握手,不能分开,因即依原样放制之。又一九一三年(民二癸丑)一月十八日(壬子十二月十二日)①

10月4日　星期一

昨宵失眠,今日头胀。十二时至"东四牌楼北,魏家〇〇(胡同)东口外(胡同),迤南,路西,天沛堂药铺"购:——童叟卫生丹(此通大便药)。价一元。购此丸药二十个,逢阴阳二历的初一、十五均减价,每一元可购廿五个,今日适逢阴历九月一日,故购廿五个也。

十四时至孔德,清理我的日记稿,被鼠啮伤者颇多。十九时回家。

10月5日　星期二

昨晚又失眠。

10月10日　星期日

十时赵老铁来。

十四时至东安市场,购得世界书局所影印之三书:——

　　一、《说文释例》,一元二角(原四元)。

　　二、《说文段注》,一元四角(原四元)。

　　三、《说文通训定声》,三元(原九元)。

均止一册,翻检甚便。而用报纸印亦尚轻也。三书页数自始至终。《释例》各题均注明页数。朱书十八卷之各字目印在一起,每字提行,下注明页数。段注末附陈氏《说文通检》,每字提行,下注页数,检查均极便,故购之也。三书定价共十七元,太贵,故去年出版时未购。今日所购者,系他人所售之旧书,故止五元六角也。惜朱

---

① 未记完。

书无"△△△△",而王书之"补正"因板心改排,总页数《补正》之原注"某叶前某行"(或后某行)注(或"增此")云云皆不合,但石印本与木板原本本已不合而改页数,今但须于各卷补正,用朱笔证明1、2,又于原卷中注明1、2便行。朱氏"△△",最好增改于本文之中,此一两日可做完之事,做成即翻检更便也。此三书我时时要查,而苦于检页之不便,与夫本数之太多,缺一册即生困难,今各合为一册,实便利也。至孔德广而翻《新青年》中之易白沙《述墨》与《孔子平议》,又《藏晖室劄记》,因精神不振,聊以遣闷也。

十九时归家。

10月11日　星期一

午前仍大风,午后渐止。

一时至六时失眠,甚苦。广而翻刘氏《理学字义通释》、《伦理教科书》、《蔡氏言行录》,梁氏《墨经校释》,查"义、恕、仁"三字之义。

夜半大风。九时始起床。十一时至孔德。十四时至十九时整理图章,计有四十六方,为四十七印,因有一方两头刻也。十九时归家。

风大,精神不振。电葛,配安神药水一瓶,嘱孔德信差往取焉。"照相",北方作"照像",南音两字不同:"相ㄙㄧㄤˋ"、"像ㄙㄧㄤˋ",以"照像"为佳,因古有"画像"之名也。以笔画者,曰"画像",则以机照者曰"照像"甚合,或作摄影,似尚可用,惟"写真"则不对也(非人之像,亦可曰像,"像"古止作"象",本谓象动象名也。查《韩非》)。

(《史记》中之《历书·历术甲子篇》)(《尔雅·释天》)

焉逢	阏逢	甲
端蒙	旃蒙	乙
游兆	柔兆	丙
疆梧	强圉	丁
△徒维	△箸雍	戊
△祝犂	△屠强	巳
△商横	△上章	庚
△昭阳	△重光	辛
横艾	玄黓	壬
△尚章	△昭阳	癸
○①	困敦	子
○	赤奋若	丑
○	摄提格	寅
○	单阏	卯

---

① 页眉注"《史》同《尔》者,○"。

		执徐	辰
	○又作大芒落	大荒落	巳
	○	敦牂	午
	○又作汁洽	协洽	未
	○	涒滩	申
	○	作噩	酉
	淹茂 又作阉茂	阉茂	戌
	○	大渊献	亥

《尔》之	《史》作
（甲）阏逢	焉逢
（乙）旃蒙	端蒙
（丙）柔兆	游兆
（丁）强圉	强梧
（壬）玄黓	横艾
（己）屠维	（戊）徒维
（庚）上章	（癸）尚章
（癸）昭阳	（辛）昭阳
（辛）重光　与	（庚）商横

又(戊)作著雍与(己)作祝犁不同。

如写《史记》，其他皆不会与《尔雅》混，因戊与己，庚与辛，癸与庚，不会混也，惟辛与癸二书皆云昭阳，此欲混耳。

（戌）	阉茂	淹茂但亦作阉茂
（巳）	大荒落	亦作　大芒落
（未）	协洽	亦作　汁洽

10月12日　星期二

十四时至孔德。十五时至西单一行。十六时再至孔德,检取《癸巳类稿》及《癸巳存稿》、《俞理初年谱》以归(《安徽丛书》本)。我觉俞理初、弗定庵、蒋子潇三人实足考见嘉、道间之学者,不能复满于清初之儒术与经学,好言史,喜博览曆、满蒙宗教、音韵、医术等等,使彼等而生于清末,必喜治科学也。

10月13日　星期三

十一时至孔德。

十四时与汪一庵访陈颂平,他于九月上旬失足,展〈臀〉部跌伤,卧床四旬,近已渐愈,但尚未能起床,白发白眉白须(前未留须),谈锋仍健。十七时回家。

10月14日　星期四

十一时幼渔来,在吾家吃中饭。十三时与之同访兼士,为许世瑛(季市)请托也。他想谋辅大图书馆之中文编目一职也。

十五时顷访启明,并晤缪金源。

十七时顷回家。

天气阴寒,夜半有雨。

10月15日　星期五

今日虽晴,而觉颇寒。

十时半浴,剪发。

十四时至孔德,十七时觉冷不可耐,回家。

廿一时大便,肛门大脱出,竟至不能推进,用凡士林油亦无效,竟夕不能安睡,下坠,尿甚多,甚苦痛。偏偏今晚又有大风,颇寒冷。

10月16日　星期六

十时电话请葛公来诊,他用硼酸凡士林包之,冀其渐进去,然无效,痛苦之至。十九时由苏甘请史悌福来,竭力推进之(价十一元)。迁至馆屋内睡,尚能安眠,然觉推进之肉有时微痛耳。服博爱安神药水。

10月17日　星期日

昨宵因服安神药,尚安眠,惟肤(腹)内纱布颇痛耳。

今日未出门,苏甘为我购德医药,一为 Anusol(安那苏,痔疮药塞)。用法:"每日早晚,将药锭塞入肛门至直肠内",一盒一打,价三元也。又皮球管一个,于临睡前灌半杯凉开水于肛门内,但我手术不佳,只好恝不。

10月18日　星期一

自今日始,当每日晨服童叟卫生丹两丸,以润肠,使粪软也。

十时浴,又拉一次。十四时至孔德,晤令扬、召贻,回室而圹。十八时回家,灯下看《三十五举》(元)吾丘衍,《续三十五举》(清)桂馥;《再续三十五举》(清姚〔觐元〕),咫进斋本也。候至廿三时未拉,只好睡了。肤〈腹〉内尚时时作痛。

10月19日　星期二

十二时至东安市场购物,忽觉头重目昏,殆血压又高亢也,甚不适,不敢伫立,急至孔德圹,以冷小手巾覆头。甚热。如是至十五时半,至博爱"达"Hasethrol(ハヤ

1273

スロ一八)。昨宵未拉,今晨服童叟卫生丹仍无影响,因在博爱服"Anti C-U"两粒。十六时半回家。十九时拉一次,仍未济,而(腹)部痛。廿一时睡。心绪甚恶,年已五十余矣!精神上之孤子,夫复何言!噫!

10月20日　星期三

昨宵忘却服安神药水,居然尚能安睡,尚幸!十时顷又拉一次。十一时顷至青年会,吃其最昂之经济菜,五角:一汤、一菜、面包、黄油、果酱、咖啡(我改红茶)。今日之菜为以下五种:马铃薯、胡萝卜、扁豆、菠菜、豌豆,皆素菜也,甚可口。闻经济菜为素菜(有时偶有荤菜)一大盘,与我甚利,且可口可爱也。尚有四角者,则无黄油及咖啡也。另有三角者两种:甲、什锦炒饭(火腿、鸡子、洋葱等),一汤。乙、炒面(西红柿酱及起司炒),一汤。当以乙为佳妙。此三种以后均当一试。

下午在孔德学校休息。十七时归,心绪甚恶,竟夕不能安眠,噫!噫!夫复何言。

10月21日　星期四

上午尚安。十一时至东安市场购物。至青年会吃三毛钱之炒面。归,忽觉头脑大不安,略圹。十四时顷由苏甘偕往东单三条之日华同仁医院内科大夫张天曦诊视(启明之友,女院教员,故苏甘亦极熟),血压最高一九五,最低一二五,小便无病,注射一针名曰:NEOHYPOTONIN(?),并购睡眠药粉及通便药粉各两包。至孔德,精神尚好。十七时回家,又头脑忽又大不宁,今晚服睡眠药,仍不能睡。

10月22日　星期五

晨起服张天曦之通便药一包,至晚毫无动静,不得已再服阿加洛二羹匙,至夜半(次日二时)始拉一次。精神委顿,无力怕冷,竟日未出门。

今晚迁回南屋睡。

10月23日　星期六

昨宵略能安眠,然亦不过四、五小时光景耳。十时顷至孔德,晤蓝。十二时归家,下午未出门,在家圹,翻翻书。今日又未便。

10月24日　星期日

昨宵服金药水,尚安眠。

九时起,服"Cascara Sagrada糖衣锭"六颗。昨日苏甘代我向张天曦而购者也,每盒△△颗,价△△△△,自今日起,拟每日起身后未食前服之,以冀通便也。十二时浴,十四时觉腹中响动,便一次,溏,肛门不痛,殆渐愈矣!十七时至孔德一行,即回家。今日身子尚算平静。

10月25日　星期一

　　十时半至孔德，与知堂约也。与知"雅"于青年会，吃五角之经济饭。今日素菜四种：马铃薯、白菜、豌豆、胡萝卜也，颇清淡。十四时至博爱，达ハヤスロール（ㄏㄚㄙㄝㄊㄦㄛㄌ），又取安神药一并(瓶)。

　　十五时至孔德，翻阅孙氏《周礼正义》，因数月前曾拟谐"丨ㄍㄨ"之音为"羛鸹"两字也。我乃酷慕自繇之一人，故卅年前曾有别号曰"在宥"，彼时因读《仁学》，云庄子之"在宥"义即为自由，故用之，此意至今犹然。因有"闻野鹤"也者，名宥，字在宥，此君本上海滩上之一文丐，谈音韵，谈甲骨，皆海派也，彼因姓闻，故以《庄子·在宥篇》首句："闻在宥天下"，截取首三字为其姓名，与本义固无涉也。然既有此人，我亦何在〈再〉叫"在宥"乎！

　　民友《教育意见》中，以义、恕、仁三字诂自由、平等、博爱三义，极精。以义诂自由，更见不但绝非纵恣自由之谓，且与老、庄之自由有关，盖有独立，不苟与俗合，故引孔子句"匹夫不可夺志"及孟子"富贵不能淫……"之语以证之。我生平无他长，惟此不狥(殉)俗、不阿容之精神，自己亦颇自负，故欲以"义"字为名也。

　　近思墨子筑墙之喻。墨子：兼相爱＝仁；交相利＝义，觉此意极精，人之道德唯一是"仁"，然博施济众，尧舜犹病！"各尽其能"以利社会，便以"行仁"之法，则墨子"筑墙"之说最精矣！故我取之"义"字之义有二：

　　一、精神上自繇独立(孔、孟说，民友取之)。

　　二、行为上尽我所能(墨子说)，即仁之用也。

　　春间曾与劭西言，拟用"义鹄"两字，意谓以义为准也。今于《论语·卫灵公》："义以为质"。戴子高注《质，椹质也。"《周礼·考工记·弓人》："王弓之属，利射革与质"，《夏官·司弓矢》："王弓弧弓，以授射甲革椹质者。"曰："泽，共射椹质之弓矢"，《夏官·圉师》："射则充椹质"。《穀梁》昭八年"以葛覆质以为槷"。《荀子·劝学》："质的张而弓矢至焉"。《淮南·原道训》："先者则后者之弓矢质的也"。高注："质的，射者之准臬也"，槷、槸皆臬之借字。《说文》：臬、射准的也。段改"射埻的也"。埻，射臬也。段增为"埻的，射臬也"。準＝埻ㄓㄨㄣˇ，槸，槷＝臬。《天官·司裘》，郑注："凡大射，各于其射宫。侯者，其所射也，以虎熊豹麋之皮饰其侧，又方制之以为辜，谓之鹄，着于侯中。"辜＝埻。椹质义同。《考工记·弓人》郑注："质，木椹"。《穀梁》昭八范注："质，椹也。"孙氏《正义》："质、椹异名同物，谓以斫斩之木藉树之以当射的。"按，"木藉"一词，孙又云司弓矢疏："椹者，凡斩斫段击所用'木石藉'通名。"椹质之质与侯中之质，物虽不同，而作为"射的"之用则一致，皆名为"质"。按：《司裘》郑注引先郑云："方十尺曰侯，四尺曰鹄，二尺曰正，四寸曰质。"质、臬(槸《说文》作槸、或槷、槸)埻、的，四名一训，皆谓"射的"。

云鹄、云正、云质、云的,其意亦同,借弓矢以言之,即今所谓标准、鹄的是也。《论语》"义以为质",亦可云"义以为的",亦可云"义以为鹄"、"义以为正"。今亦可云"义以为标准"、"义以为鹄的"。我今因欲谐ㄍㄨ之音,故用"豢鹄"二字焉。

今晚睡得颇好。

10月26日　星期二

竟日未出门,圹而翻翻书,头目较昨日为宁。

10月27日　星期三

昨晚睡得又欠宁。

十时至孔德。

十二时半至博爱"达"ハヤスロル。十四时至同古堂,请张少丞(樾丞子)刻二牙章(取旧牙章,宋板书体) 疑古／玄同 、魏碑体 钱玄／同印 两楷书方印(樾刻)磨去重刻:

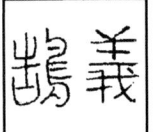 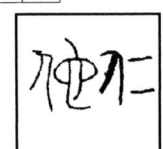

刻说文小篆,因他不会刻楷书,而我最怕刻钟鼎也。(他们不懂字源),他比他父亲稍廉,石牙之章均每字五角。尚思取前购方寿山石二方,刻:

钱夏／玄同

隶书也。又拟将宋板书体牙 疑古玄同 改刻 急就瓻 ;宋板书体 疑古玄同 楷、牙,改刻 饼斋 ,(皆许书小篆),又一块方寿山石刻: 饼斋 。

至来薰阁购得日本中岛竦之《书契渊源》第五帙(共五册,日金十一囘,算华金十元)。此书出全了,共十七册:(凡亘三年而成书)。序于一九三四年四月,跋于一九三七年△月。

　　第一帙　　三册　　一九三四年六月出版。
　　　二　　　三　　　一九三四、九,
　　　三　　　三　　　一九三五、八,
　　　四　　　三　　　一九三六、七,
　　　五　　　五　　　一九三七、十

十五时至某海,晤汪老(一庵)、汪公立、王善恺、彭心如、张卫生、赖次禅、赵善斋、严阔泉诸人。知何子祥日前离平,已到青岛,周虎于半月前抵武昌,而赴长沙,日内当已在长沙矣!又知劭西卧病于长沙湘雅医院,其眷属寓长沙,非寓湘潭老家也。十七时回家。灯下翻阅中岛书。

10月28日　星期四

十时半到孔德,清理案上书,十六时回家。

10月29日　星期五

十时访幼渔。

十四时访汪静泉。

十六时至博爱达哈虽司洛尔,取安神药水一瓶。至孔德取黎之乙巳、丙午(一九〇五、一九〇六)两年《国粹》归家。余之《国粹》拆开未订,不易翻阅。劭西此部,系两三年前因查刘文而借来的,尚未还,此间重读旧书,更觉亲切有味。黄昏卧被中翻阅。

10月30日　星期六

天气阴寒,入晚更甚。

上午在家翻翻《国粹》。

十四时访知堂,十八时归家。

10月31日　星期日

今日天气较昨稍暖。上午至家理衣服。

十三时至孔德,校阅《申叔遗书总目》(此事从今日做起,所志月日即用今日,因卅一日甚好也),未毕事。十八时至萃鸣春,请杨琼玖女士吃饭,酬其介绍史悌福看病等劳也,兼请苏甘也,杨、徐、钱、钱徐四人也。食稍多,觉腹胀面热,不适,归食薄荷糖以消化之。

明清间大学者(皆生于明,应称明儒)六人:

(1) 黄宗羲(八十六岁)

一六一〇年九月廿四日——一六九五年八月十二日。

明万历卅八年庚戌八月八日——清康熙卅四年乙亥七月三日。

(2) 顾炎武(七十)

一六一三年七月十五日——一六八二年二月十五日。

明万历四十一年癸丑五月廿八日——永历卅六年清康熙廿一年壬戌正月九日。

(3) 王夫之(七十四)

一六一九年十月七日——一六九二年二月十八日。
明万历四十七年己未九月一日——清康熙卅一年壬申正月二日。
（4）唐甄（七十五）
一六三〇年四月十日——一七〇四年三月二十日。
明崇祯三年庚午二月廿八日——清康熙四十三年甲申二月十五日。
（5）颜元（七十）
一六三五年四月廿七日——一七〇四年九月卅日。
明崇祯八年乙亥三月十一日——清康熙四十三年甲申九月二日。
（6）刘献廷（四十六）
一六四八年九月十三日——一六九五年八月十五日。
明永历二年清顺治五年戊子七月廿六日——清康熙卅四年乙亥七月六日。

明季大儒，向称黄、顾、王三人，宋平子加颜为四人，梁任公加刘为五人，均有特见。吾意唐圃亭明君臣平等与黄同，更能明夫妻平等，亦当加入，共为六人。若费此度、傅青主、朱舜水、……诸君则为二等人物矣。

11月1日　星期一

十时，至师大文学院办公处，为毕业生傅铭第要证明书事，晤王恩华，始知雨亭通信处。十二时至同古堂取刻印如下：▨▨，虽呆板，然犹贤于刻所谓龟甲、钟鼎、大篆也者。我并不主张《说文》体，但对于无学之人刻图章，则只许其用《说文》体也（他们即仿汉印，亦不行）。

告作 ▨，牛下不出头，有来源，《三体石经》小篆作 ▨ 汉印亦有如此作也（又有作 ▨ 者，则出头矣）。

至商务购得下列两书：……

十四点半至博爱，达哈虽司洛尔一针。十五时至孔德，晤沈、李、陈、周两〈四〉人。

至室内翻阅《心史》《伯牙琴》，近来"抒怀旧之蓄念，发思古之幽情……"。翻《黄史》，此君青年时代之思想，实胜于后来，宜表彰也，虽然学问不及申叔。刘师培虽无足道，而刘光汉则无论如何"不以一眚掩大德"也。二十时归家。

11月2日　星期二

十时天行来，彼约以二十日起行，赴云□也，常〈罗〉心恬将同行。彼欲我题其大父家书手卷，我欲请他刻 钱玄夏同 一印。十三时他去。

十四时顷王东羽来，云不久将赴皖，十六时去。十七时我至孔德取《注疏》，即归。灯下校阅赵羡渔所校之刘氏《礼经旧说》抄稿，阅《士婚礼》一卷尚未毕，甚急，即睡,已十二时矣!

11月3日　星期三

十时洗澡,剪发。
十三时至孔德,晤沈令扬。十八时归家。
廿时顷地震约三秒钟。

11月4日　星期四

十一时至孔德访修古藩。十二时至忠信堂,张清常赏饭也,原来他今天与陈楚俶女士订婚,共四桌。在席上晤平伯、心恬、范村及石月樵。十四时再至孔德访蓝。十八时归家。

11月5日　星期五

得雄来明信片(十、廿五发),知彼偕徐府暂避居△△△(德△△△△)。十四时半访启明。十八时归家。风,阴,冷。精神颇不佳。

11月6日　星期六

风,冷。精神不适。怕冷。
十二时至孔德,广而乱翻翻书,至十八时归家。黄昏卧被中看陈登原的《颜习斋△△》,虽似极详细,然实在不高明。近人论颜学之文,终以梁、胡二君为最好(以前则谭壮飞、宋平子及章先亦好)。连日精神不适,心绪纷乱,兴趣甚劣,夜间总不甚安眠,且手足均极酸胀。今晚起室中生火炉。
日来拟一读古音之办法:
　　声:用我说,注符如左:(14组)
　　　ㄅ、ㄆ、ㄇ、　　ㄉ、ㄊ、ㄋ、ㄌ、
　　　ㄍ、ㄎ、ㄤ、　　ㄗ、ㄘ、ㄙ　影
　　韵(廿八)

	(阴)	(入)(去)	(阳)
	歌ㄚ	月ㄚ	元ㄢ
		质ㄝ	真ㄢ
	微ㄟ	物ㄟ	文ㄣ
	佳ㄧ	锡ㄧ	耕ㄥ
	鱼ㄛ	铎ㄛ	阳ㄤ
	侯ㄨ	烛ㄨ	钟ㄨㄥ
	幽ㄡ	觉ㄡ	冬ㄩㄥ
	宵ㄠ		

哈ㄞˋ　　德ㄜˋ　　登ㄥ

缉丨ㄆ　　侵丨ㄣ

盍丫ㄆ　　淡ㄢ

说明：ㄣ = əm　　ㄢ = am

读法略如顾、江、段、孔诸人用官音之旧法而略为变通，不使两韵同读一音。限于国音所用之音(但亦略有变迁)。

11月7日　星期日

今日更不好过，胃时常打诎。十二时顷至东安市场，觉头重心慌腿软。十三时归家即睡一寤，醒，略好。十六时至博爱诊视，金在，云胃有疡，又有感冒，取胃药药末，又安眠水一并(瓶)，又"达"哈虽一打〈针〉。

至同古堂取印，如左： ，均较"仁佗"及"义鹄"为佳，可喜！

十八时购毡里呢表之鞋。三日来有冻瘃矣！噫！老矣！

余之名号今后定为"名夏，字季，号玄同、疑古(又作"尼罟"、"义鹄")、饼斋。室名：急就庼，其他均不用。

11月8日　星期一

十一时至中海，晤善恺、一庵诸人。

十三时至香积园吃素饭，大半年未去矣！

十四时访知老，十八时归。

今日街上传贴"庆祝太原陷落"之布文。

11月9日　星期二

中饭刘朱惠赏饭于森隆，未往，由太太一人去也。

在家乱翻《国粹学报》等等。

十五时半访天行，见藏晖致毅生函，所说甚有理。此公所见，自非李□、雕菰诸君可比也。请天行抄给我。在他那边吃了四片烤面包，两个煎鸡子而归，颇佳，可算夜饭也。

11月10日　星期三

十时至师大文学院办公处访王恩华(字泽△)，他明日将赴陕也。并晤汪静泉。

十三时半至米市○○(胡同)△号方宅访刘容季谈申叔书事。十五时顷至同古堂以二元购青田石一方，尚拟请天行为刻 ，不知他尚有工夫刻否也？

至孔德一行,即回家。

11月11日　星期四

十四时至孔德,将《国粹丛书》首上、下及一、二、三集清理一过,共六十二种:(《国粹丛书》凡六十二种)

　　　　首集上,七种(明人墨迹尺牍类)。我少2。
　　　　首集下,八种(先儒手写遗书及手抄手校之书)。我少4或是3。
　　　　一集　十二种(先儒著述类)。我少3。
　　　　二集　十五种(宋明遗民节士诗文集类)。我少1。
　　　　三集　二十种(稗史集类)。我少2。
　　　　　共六十二种(我少十二种,或是十三)。

余缺下列之十二种:(除张皋文,则十一种)

　　　　首集上(2)　明　《东林八贤手札》
　　　　　　　　　　明　《明稼轩手札及腾丸书》
　　　　首集下(4)　《傅青主自写诗集》
　　　　　　　　　《张皋文自写墨子经说解》似有?
　　　　　　　　　《钱牧斋手写校宋本李适集》
　　　　　　　　　《朱竹垞手抄方泉诗》
　　　　一集(3)　《传习录》
　　　　　　　　《吕用晦文集》
　　　　　　　　《广阳杂记》
　　　　二集(1)　《禁书总目四种合刻》
　　　　三集(2)　《孤臣泣血录》(宋丁特起)
　　　　　　　　《陆丞相蹈海录》(宋丁元吉)

十八时刘北茂请在玉华台吃饭,他给苏甘及膺中两人饯行也。予及戴静山作陪,宾主凡五人。苏赴陕、罗赴湘,均明日离平。

青芳见赠木刻我像一帧,并请他赠我五印打上,又摹刻汉画一块(中刻"自强不息"四字),又题诗△首,颇有趣。

日前请天行所刻之印,他今日送来,我未在家,未见。印极佳: (惟同字略逊),钱夏二字,"黄绢幼妇"也。尚胜于民元周铁生所刻之  也。

11月12日　星期五

九时苏甘行,赴津。十三时访天行,请其再刻▢章一方。

1281

十五时洗澡。十九时归家。发胀,疲倦。灯下看天行之祖魏慰农先生《谕孙书》手卷。

11月13日　星期六

十时至孔德。今日下午三时张清常与陈楚俶女士结婚(在忠信堂),未去,送礼券四元。

午后觉不适,在孔德圹。十七时归家。晚餐后将截至今日止我所有的图章五十二(中有一"子母印",一"两面印",合之为五十方),分为△类,计……自廿时印至廿二时,印得手甚累,头甚胀而睡。此不过"不有博奕者乎之人耳",而如此,其惫甚矣！噫！廿三、廿四时起草魏卷跋,明日尚须修正也。

11月14日　星期日

昨宵睡得太晚,今日头甚胀,不能伏案,故未写也。

上午十时幼渔来,我托其问天行、先容,他于十时前访彼,并请彼代问罗先容。

十五时偕媍同访天行,未晤,晤碧书,将魏100元、罗100元送出,即回。

灯下写魏卷之封面,文曰"魏慰农先生家书手迹。二十六年岁在强圉赤奋若十一月,钱夏敬题"。写隶书,大脱节 家 書 噫！

11月15日　星期一

十时为魏建功之手卷写跋如下:

跋魏慰农先生家书卷子

魏子建功出其大父　慰农先生家书卷子眎(示)余,属为题识。余于昔贤告子弟之文,最嗜颜介《家训》及郑板桥《与弟书》。颜公博学,郑公兼爱,其立言固有不朽之价值；尤可敬者,在其辞气之和霭真挚,令人读之如坐春风中。今观　慰农先生此卷,亦有此感。先生以一商人,在二十年前致力兴学,为乡里子弟造福,其识之伟,其心之仁,实非恒人所能几及。读其喻孙诸书,态度慈祥而非溺爱,世情洞达而不徇俗,最堪钦佩。兹撮举三事:(一)勉其孙以努力科学,能有余暇,方可学诗,不宜舍本求末。(二)于李二老爹之丧,一奠所费,多至艮元一千二百左右,不禁唏嘘叹息,谓"倘在此浮费内稍稍节省,拨艮元若干存放生息,补助地方公益,永远泽沵(流)桑梓,俾后世称道弗衰,岂不甚善。"(三)当地方不靖,谣言四起之时,嘱其孙以"处此时局须有定见",勿自惊疑,轻于逃避。观此三事,足识先生见解之超卓矣！盥诵一过,欢喜赞叹,敬跋数语,以志景仰。公元一千九百卅七年,为国元廿六年,强圉赤奋若之岁,十一月十五日　钱夏玄同书于北平寓庐之急就庼。

写未竟,建功来辞行,送来 ⌐ 形图章 。来,即去。 仿《十钟山房印举》"举之一"(古钤二)页六之[左屯玺],夏作[图],吾谓中之[图]止是一入字而大其首足,而又以臼字示大其手〈首〉耳,当是指事字,非从頁夂臼三体合意也。([图],不得分为二体。)(大其首足,意已明矣。故隶之夏,非不合也,故又作頵见《齐侯镈钟》、汉简及古钤之"頵侯"。)頵正同夏,知隶非不逮于秦汉《说文》之篆也,足为龚半伦说之证。

十四时至孔德晤李、沈、陈诸人,检出罗遗老之《俑庐日札》,谓曲齿形之"左屯玺"仅一见云。十八时归家,访天行,赵其卷,并晤赵老铁及郑颖孙,郑十七日亦将离平赴庐山,为美专迁彼处矣!廿一归家。

11月16日　星期二

天阴,寒,欲雪。

十时罗心恬来辞行。十一时王泽青来,彼因至津而得云亭来信,嘱其仍回平保管,故归也。王至津,知雨亭已赴陕。十三时至孔德,即至琉璃厂,至同古堂,请张少丞刻一图章(寿山,数年间在彼店所购,本欲请劢转齐白石刻而未果者。如此寿山石共购四方,今刻其一,尚存三方也)。文曰:[图]。朱文,《说文》篆或汉印篆。与元年□□所刻之[亥白文]大小相同,可合用也。

至有正购黄石斋字三册((一)、《孝经》;(二)《逸诗》、(三)张天如墓志)。黄妻蔡玉卿书《孝经》,共一元六角。又至商务购《语石》,三角。遇孙伯衡,谈了几分钟。回家,天将黑矣!觉头胀腿软。

犹忆民△北大△△△△成立时,冯汉叔有"忠臣艺术"之论,当时吾侪抱所见世之主义,与鲁氏兄弟共姗笑。然近数年来,此意渐变,知传闻世虽非,而今方行所闻世令,故不可不表彰忠臣也。去春刘延涛来谈,彼代于所集《标准草书》,阳明之草必尊,而张二水者在所摈斥,我虽不十分赞同,然亦不以为非,今则极以为是矣!今后总思集草、集简,而自身亦拟作草书。黄石斋之草书,出于彼之楷书,而彼楷出于钟太傅之《△△》,极佳。前喜沈寐叟之草,沙和尚谓沈草出于黄,虽不十分对,然实有相类处。沈之思想虽不足道,然要不失为迂拘之儒,其心术不坏也,略其思想而取于艰贞可也。平心而论,彼之草书在包安吴后无能及之者。南海之论书虽极卓,而其字实有可议,晚年犹率。沈则入晚愈劲,沈之思想学问固远不逮康,而书法实当节取。惟当以黄之字统之也。黄道周与王铎虽齐名,而王实可厌,正如孔东塘之传奇必较阮胡为可敬也。王之人格固尚远逊于沈之人格也。草书当以明黄及清沈为埠耳。

空寿山石三,拟刻:

大[图] (汉印)白,要与齐白石之钱玄同相等。　小二(红)[图]　[图] 钟鼎、朱

尚拟刻一个方的牙章:

汉篆朱文

[印]（小，与"钱玄同印"回文牙章同）

再购一石章曰：[印]白,要与白石之钱玄同相等（汉篆）

近忽思写"篆文"而必欲以《说文》为惇,非也,况写者如 [字]、[字]、[字]……体,非必许书之原体乎？写甲骨、钟鼎、隶、楷、草、行从不统一,何以"篆"必须统一乎？凡秦刻石、权、诏版、印、瓦、汉碑额、《开母》、《少室》、《天发》、《国山》及秦汉金器、汉印……,皆小篆也（康名"秦汉分"最好）,且此等字体尽有古于许书者。王筠已开其端,龚橙大昌其说,实在很对,何故不写乎？总由中"《说文》标准"主义之毒耳！

[字] 出于 [字],较 [字] 古也。

翌日一时睡。

黄昏以后雪,但天热,到地即化为水。

11月17日　星期三

阴,暖,下午起渐雨,渐大,但不甚大。

上午清理书室,拟明日开始大理书,先家,次孔,次李,期以至阴历岁秒〈杪〉蒇事。

十二点至孔德,取《猱叟题跋》四册以归,备玩。

十三时至同古堂,将昨刻之石改为 [印] 又取昔购较大之寿山石,刻 [印] 四朱文小篆,仿江艮庭也（[印]　[印]）。盖"钱"字实不便作长体以当一半（以作"泉"为宜）,齐白石之 [印] 一章章法且不佳,何况他人？将来 [印] [印] [印] [印] 均可刻,[印] 亦可,惟"钱"字不宜耳。

11月18日　星期四

十时戴静山来谈。

十三时起,开始清理书籍。十七时至孔德,取大本《刘申叔遗书》以归。灯下在家中清理已印成订轶之刘书大小多种。

11月19日　星期五

晴,冷。

十一时至中海,晤一庵诸人。

十二时至琉璃厂购物。

十四时至孔德,室中未生炉,甚冷,即归家。十六时理书。

十七时杨琼玖女士来。

记得从前所看书籍中有谓古人以满周年为一岁,故《左氏》襄卅年之绛县老人,依今法当云74岁,而云73岁也。又孔当74岁,而贾逵注谓七十三岁。《史记》①襄公传……也,误记为《春在堂随笔》,而月前细检数次,竟不可得。今日读《十驾斋养新录》而得之:

(一)卷二:"绛县人七十三年"条;

(二)同卷:"孔子生年月日"条,此与今之算实年相近。

11月22日　星期一　晴,风止而仍甚冷

我更恶寒,盖日来略中寒也。昨宵二——五时又睡不着。十一时至孔德,晤沈、李诸人。孔德自今日起升炉火,我室中可居矣! 十三时何日章之女来,为代林〔景〕尹取七月份薪水也,然此款已借与周虎矣,今当函告日章转达景伊也。十四时至同古堂取图章如下:　　　。

十五时半回孔德。十八时回家,心绪甚无聊,以致精神仍不振。

12月6日　星期一

自十一月△日以后至今,又有十余日未记日记了,实系久不得雄信,中心焦念万分(自十一月五日得其十月廿五日至德清何家桥明信片,十一月八日又得其十月十九日来信,报告暂避往何家桥外,有廿余日未得其信矣!此廿余日中,嘉兴、吴兴、长兴、泗安等处相继陷落,杭州、萧山又遭轰炸,不知他们安全究如何?深为悬念)。身心本甚衰弱,今复不能安宁,故诸事均懒。近一周来,取古音各书温绎,亦不过勉资镇摄而已。今日廿一时忽得其十一月十一日自何家桥来快信,知甚平安,甚慰老怀。旬日以来,寝馈不宁,夜半睡醒,即思此事,今宵可安眠矣!

天暖。十时半至孔德,得雨亭自西安来信,云劭亦将到,劝我往,即至师大文学院,晤王泽青、吴新斋、夏宇众三人,宇众谓今后拟脱教界而至商界,以开旧书店为业,而自贩其画,更名曰芥园,字弥庵云。十三时至来薰阁,忽觉怕冷,且足无力,即雇车至孔德,晤李、沈诸人,返室中圹,颇倦,睡了一寤儿,稍宁,但腹中不消化。略清理书桌。十八时回家,灯下做"顾、江、段、戴、孔、后江、王、章、黄、钱"古韵部对照表,昨宵决定钱氏韵目改三字:质改屑、物改没、烛改屋,因屋字较通行也,故避物为没,没之今音亦较物为近合。凡虫音字皆拟不用,故质改屑(ㄓㄣ、ㄓㄨㄣ、ㄓㄝ三音相近,亦拟悉避,故以前谆(ㄓㄨㄣ)改文(ㄨㄣ)、蒸(ㄓㄥ)改登(ㄉㄥ)、惟真(ㄓㄣ)无法避,只可用之矣!(先(ㄒㄧㄢ)音岂不好,惜为文韵字也)。又标黄心周所定廿

---

① 应为《左传》。

一部之读法:……。此君盖全不知－n、－ng、－m之分者。

廿四时始睡,虽不思子,然仍不甚安。

12月7日　星期二

今日天气颇暖,街上之冰竟化冻了。

十一时行经北大一院门首,知又驻皇军矣！访李晓宇于其家,未晤。至二院见之,知《顾亭林诗集》只可以待将来了,并晤张叔范,知逖先随校至重庆,其夫人至安徽也,并晤周丰、盛伯宣诸人。十四时至孔德,晤李、沈、周、陈诸人。在室中扔弃烂纸等等。头胀、腹胀,兼痔疾又发,坐下颇痛,不能多做工作。十七时回家。晚廿二时半睡,竟夜不安眠,心中甚为烦躁。

12月8日　星期三

十时半至孔德,晤李、沈、侯、陈诸人。十一时半至博爱"达"碘化钙一针,取安神药水一并(瓶),及胃药四天,日内吃饼后必大打诟,甚不舒服也。

至同古堂将历年来所刻的印章未制套者廿个,交其制套,惧其磨损也。每套一角,计二元(牙章不制)。

至有正书局以一元八角购沈子培草书《永嘉禅师证道歌》四张屏散片,字全摹包安吴,殆非早年作(早年学黄山谷)亦非最后之作(最后以方笔作章草,最佳,或云系学黄石斋),早年作实可厌,□晚年作最佳,此则亦颇佳,可谓全传慎翁之衣钵也。此君思想行止均不足取,学问或可取(王静安恭维他得了不得),然我不知道,惟晚年之字实在好,笔笔不苟,无一懈笔,笔笔力到,非南海之荒率者所能及也(近时他人如李梅庵、曾农冉辈皆不足道,余子斗筲,更无论矣！),惟马蠲叟亦不坏。

又以一元二角购有正石印之《六朝文絜》,虽未用套印为可惜,然是用原刻精印影石者(原底曾为嘉兴吴珽仙丈爱福所藏,有其二印也。江都秦△年所影印)。

珽丈为先严好友,工书法文辞,朱培甫、冯蓝宋两师即彼所举荐也。

历此时而穷开心,购此等物,不亦奢乎？然亦等于别人听戏、看电影以消遣,无俚而已。

十三时半至春华楼吃饭,头脑忽大不适,头重脚软,十四时半亟雇车回家,圹。圹即安,起即不安,立与走更不安,因即圹矣！

圹而翻书,忽思我数年来总想起一别号,言"小学"者,因此可为吾终身事业。自一八九四(甲午)八岁,从董东初先生读书,彼教我《说文》部首,以后先严常命查段注《说文》,十四——十六(庚子——壬寅)(一九〇〇——一九〇二),复乱翻《说文释例》、《说文段注》、《说文校议》,及二徐本,虽不得其门而入,实在莫名其"土地堂",顾心颇好之。至廿岁(丙午、一九〇六)谒章公,廿二岁(戊申、一九〇八)受业,迄今垂卅年,虽亦喜谈经学(此与章公无甚关系,止接收其经为古史之说了耳,"古文经"我决不信也)。自一九一一(廿五岁,辛亥)谒崔公处,深佩之,一九一四(廿八岁,民三)受业称弟子,乃言经,然实副业也。正业总是小学,小学最好用"名"字括之(此处须引孙诒让说),而名鹘、名斋、名庐、名室皆不好,土名、子名、季名亦不好。

今日无憀,忽思唐张彦远《法书要录》① 卷二所引之(梁)庾元威《论书》,对于杨氏《训纂》云"作《训纂》记'滂熹'",对于贾钫"滂喜"云"更续记'彦均'",段氏谓杨书始"训纂"二字,终"滂熹"二字,贾书始"滂喜"二字,终"彦均"二字,故称杨为滂喜,贾为彦均,与《隋志》称杨为"训纂",贾为"滂喜"一也。据此,《三苍》最末两字是"彦均",与其起首二字是"仓颉"正同,"仓颉"二字可作《三苍》之代表,则"彦均"二字亦可作《三苍》之记号也。《三苍》可作古之自然的字书,而"彦均"二字甚雅而不奇孤,用以治小学之别号最宜也。且此二字含有五义:

(一)《彦均》,小学书名(滂喜之异名),表示治小学。

(二)彦:男子之美称(与用倩、德等字同义),均,韵之古字,言治音韵也。音韵固小学之一部分,但我最注意音韵之学(包声韵),而又以音韵来贯形义,故特举均字更好。

(三)彦、同上;均与"钧是人也"之韵通用。

(四)彦者颜之假音,颜之《存治篇》与黄之《待访录》有些地方有同等之特色,且我最服膺颜氏者。

(五)借音符为得音之字。

(六)借为颜钧,山农子也,王阳明之学,一进而为心斋,再进而为山农,于是有何心隐、罗近溪、李卓吾,皆王学中至上之人物,吾所最佩服者也。以古人之姓名为名,表示崇拜,古已有之,如柳尧舜、蒋禹汤、司马相如(?)、颜之推……皆是。

又彦钧读如盤均。《法书要录》庾氏文中"彦均"之"彦"下注云"盤音"(《礼记·大学》:"人之彦圣",郑注:彦,一作盤,均与旬通(见《内则》)。古匀实从旬,故古钧、均皆作塤也,若然,可刻一甲文印章作:ᗞ(般旬),依盤庆作 ᛐᛚ 之写法,甚妙也。

案:盤者大义。彦亦有大义,彦,美士也,美本有大义,从彦之产字亦有大义。(看《述闻》名字解诂之郑子产,'产'、'美'均有大义,则彦自亦有义。彦,亦通岸,岸高也,亦有大义。屠岸贾亦作屠颜贾,颜从彦声。)又产从彦声,汉印颜往往作顏(见《汉印分韵》)此乃位同而声转也。

彦₍疑₎　　産₍山₎　　盤₍并₎(《广韵》)

古音盖作:

彦 gan　　産 dan　　盤 ban 也。

又"饼斋"二字,若写声母,则《三体石经》有之:ᛘᚦ(与"同"义亦相应也。)

---

① [原注]张彦远书,《津逮秘书》及《学津讨原》两丛书中皆有之。《丛书集成初编》亦印入,用津逮本。

而"钱夏"二字它亦有之：☐

今刻一印章（锌）亦殊妙。

又《尚书·立政》之"克由绎之"，段、朱似均释为榴绎，而翾字，林义光及均谓古绎字也。按《说文》，绎，△△△△也，翾也，实一字也。

12月9日　星期四

今日精神稍宁。午前在家，略整书案。

十三时至孔德。十四时归家。盅僧忽自贾生家来，相见甚欢，五个月未见矣！（还是阴五月廿九日大嫂生日那天见过，翌日彼即南行）。知《流沙坠简》《韵汇》齐一处可保存不散矣！可喜也。彼以昨日来，将以明日行，十七时去。

12月10日　星期五

十时半至某海，晤一庵，日前闻怡园将有人要用（云系编教科书之机关），昨日工友崔玉来，谓锡福堂他们也要，今日晤汪，因出入不便，拟迁。我主张迁回故教部东院故厅，注亦以为然云。十四时至同古堂取印套，计廿个，二元。又购青田章一，一元六角也。请其刻"彦均"二字。此号实佳，既古雅（古汉音风），且最合吾意也。即访启明，借于鯀凤之报△期七册，尚未细看，与昨见盅僧同有"足音跫然"之感。

十八时回家。

灯下弄印章以遣闷。

12月11日　星期六

晨阅报，谓南京昨日陷。九时警察署大放鞭炮庆祝。报上并谓明日下午将大庆祝，入晚每家门首至少须悬方形红灯一盏云。各校学生于明午均须至中央公园取齐游行庆祝云。十一时至二房东家清书。十四时半至孔德清书，先排除烂纸及旧报，在灰自（堆）中做了三小时工作，甚疲累。十八时半回家。

近思能破字以谈训诂者，汉唯有郑玄，而清则以王〔氏〕父子及曲园为最高明，且一代高似一代也。（俞于唯汉学主义颇能不守，此胜于王者，孙诂《周礼》太拘，诂钟鼎（《古籀拾遗》及《余论》）较通，《名原》最进，而《开贞》更突进矣！（惜彼虽归古音部分，而不明双声之重要），于此可知讲训诂实当以音而进训诂也。依音破字是天经地义，今后实不必再找旁证（找旁证实无关，只是初期不能不如此，聊以取信耳）。

俞之《古书疑义》举例非出于王氏《经传释词》，实出于《经义述闻通说》下卷也。

章公《韵学余论》（廿四、十一、十六出版，《制言》五。似中大《国学丛编》先载之，不知全同否，当查）。主要点：

（一）冬部当并入侵部（为廿二部）

（二）支 i 脂 ue 之 ε

(三)泰 a

(四)至部当称质部

(五)侵与缉,谈与盍,平入皆为同类,故字多通转。

(二)、(三)、(五)前已言之,最应注意者为(一)、(四)两条。

12月12日　星期日

上午闻人言南京尚未陷落,故今日游行及提灯之庆祝均不举行云。十三时至博爱,请金自诊医胃痛,取粉药四日以归。诊毕至中央公园,见甚清静,空气甚佳,进前门散步而出后门,至午门南,天安门北之"城中市场",见摊固极少,且多不摆,纳闷儿一会,忽睹墙上贴着,于今日始停办云。出天安门,雇人力车至孔德,排除烂纸一柳箱,十八时携归家中,备炉中起火之用。

今日精神尚佳。灯下取老夫子之木板《新方言》一部,将各方音字写于眉端。此部在数年前所备,昔年本拟写之,而东写写,西写写,太不整齐,故今日从后面写起,今晚写完《释　　　　　　》篇。

12月13日　星期一

十时剪发洗澡。

十四时至孔德,晤李、沈、陈诸人。正谈话间,警察忽来传言,学校须备五色旗云。李谓昨闻江朝宗讲演,谓蔡元培罪恶甚大:(一)废止读经,(二)男女平等,闹到男不男,女不女。又云张继反对中医,厥罪亦甚大云。

上午精神尚佳,下午忽觉头目不宁,胸腹饱急,不适。十七时顷回家。

今日翻阅孙星衍所辑之《仓颉篇》之序中,谓《三苍》之合始于晋之张轨,不知本于何书。当再查之。不知是否凉王张轨。检《晋书》及《魏书》之《张轨传》皆无。

顷思古韵廿八部之读音,若以注音符号标之当如左:(廿三年之岁秒〈杪〉曾拟过一套,附《古均廿八部音读之假定》一文之末,今再改正如左):

歌	a	ㄚ
微	ɛ	ㄝ
佳	ɐ	ㄞ
魚	ɑ	ㄜ
医(侯)	u	ㄨ
幽	o	ㄛ
宵	ɔ	ㄒ
哈	ə	ㄜ
月	at	ㄚ
没	ɛt	ㄝ
质	æt	ㄣ

锡	ɐk	ㄧ
铎	ɒk	ㄛ
屋	uk	ㄨ
觉	ok	ㄜ
德	ək	ㄛ
缉	op	ㄆㄧ
盍	ɒp	ㄒㄧ
元	ne	ㄢ
文	nɜ	ㄣ
真	næ	ㄣ
耕	ɒŋ	ㄤ
阳	ɑŋ	ㄥ
钟	uŋ	ㄨㄥ
冬	oŋ	ㄩ
登	ŋe	ㄥ
侵	om	ㄇㄣ
谈	mɒ	ㄒㄇ

"屑"似恢复"质"，因我定之廿八字中，除此韵外，无今读ㄓ音之字，故可用"质"。屑、锡国音虽不同，然有中部入声区域，往往屑、锡易混也（两音皆读ㄙ-ㄝ或ㄒ-ㄝ）。

下午在孔德检嵇叔夜之《与山巨源绝交书》中云："吾昔读书，得并介之人。"李善注：

并，谓兼善天下也；

介，谓自得无闷也。

嵇书下文云：

达能兼善而不渝（案，此并也），

穷则自得而无闷（案，此介也）。

此语本出于《孟子》之"穷则独善其身，达则兼善天下"。我素佩白香山《与元九书》：

仆志在兼济，行在独善。奉而始终之，则为道；言而发明之，则为诗。谓之讽喻诗，兼济之义也；谓之闲适诗，独善之义也。

他是文学家，故所言如此。我兼济事业在"语言文字"，而独善事业亦即在此。盖捄〈抽〉绎语言文字之变迁历史，及考古音、古字、古义之真相，是我所以自娱也；用以斟酌取舍，使适用于今世，是我所以兼善天下也，我能兼济之事惟此而已。故今后拟自称曰"羿尒乎"，于是"独头""仁佗"等号均可取消矣！于是我定今后所用之名号：

名：夏

字:季

号:玄同、疑古、饼斋、彦均。

别号:急就庼、并介子。

与妻共有者:恒恍庐(此四年来挂在太太卧室之门楣者也)。

而"饼斋"亦可写为"并齐",并,仁也;齐,恕也,若"疑古"又作"义鹄",则义也。义、恕、仁三者备矣。(义,用崔叟说外,尚兼用墨子说,则尽我所能而为之义也,与"并"义亦相关)(我尽我能之谓)。

"仁佗"一名虽出《急就》,而字画不甚好,远不逮"并"也(初意我名仁佗,媜贞名伯徐,取《急就篇》中两人名用之,她既不用伯徐,我亦不必用仁佗矣;钱伯徐虽仿曹惠班、阴女荀之例,究嫌不平等,虽然她是愿称钱太太)。

12月14日　星期二

晨起出胡同口一看,见满街都挂五色旗。九时半至戴处,谈及,彼尚不知,十时归。端义及繁献夫妇来,在此午餐,十四时去。十一时戴来,十二时归。我至孔德晤李、沈诸人。十五时至辞典处,途过中南海门前,见有"中华民国临时政府"之牌,至处,遇汪等。十六时至同古堂取"彦均"图章来,不佳,均作 圴 不好看也。十七时再访戴未晤,回家。十九时戴来,廿一时半去。

今晚不安眠。

今日报载南京于昨晚陷。在孔德晤吴邹周,云今晨八时之宁方无线电亦如此说云。

12月15日　星期三

十一时至孔德,晤蓝、李、沈……诸人,因昨日"中华民国临时政府"成立,故今日天安门开庆祝大会,学校放假加入也。警察送太阳与五色交叉之旗纸到家,嘱贴于门首。十三时回家,旋又至孔德,晤李、沈等。至二房东家欲翻张轨为《三苍》集合之人,检《御览》及《艺文类聚》皆不可得,不知孙说何本?取陆刻《尔雅疏》以归。此犹是先子所置,儿时固时时见先子翻阅者,今四十年未看此本矣!缘在炎师处问业时,以此本为非足本,而别购郝联薇重刻本也,实则此为王怀祖删定本,实胜于原本(郝氏古韵学欠佳,彼亦自知之,见此本之陈硕甫跋中)。

晚十五时戴来,廿一时去。恶寒,广于籐榻翻阅郝书。今晚仍睡不好。

12月16日　星期四

十二时至孔德,因知启明在孔德也,与之对食而谈。十四〔时〕半,启明归。至来薰阁取《殷礼在斯堂丛书》首册之……以归。《广雅》、《广仓学宭》中有之,拟对校一过。《尔雅》拟录在《万有文库》本之眉。回家后黄昏录数条,书小,纸滑,笔秃,手僵,目眚,头胀,不能再写,因改其他工作。取吴□《诗经》而记用韵者之假定古音,此两年前所拟写者,自病后久将此事阁〈搁〉起,顷拟赓为之。先以后江韵读为据,以后再参改顾、先江、段、孔、王诸家之说改正之。今晚写《周南》《召南》二卷(如:鸠《乙、洲夕乙、逑《乙……)。

12月17日　星期五　阴,风大,冷

精神固惫,兴趣甚坏。

十三时到孔德,检古韵目戳以归。十六时回家,躺卧浏览刘盼遂之《段王学》中之《王氏父子年谱》《段集》《王氏父子集》(段谱未检得),兴趣不佳,不甚看得下去。盼遂恭维八股为"天下大美之文",试帖为"天下大美之诗"(见《王伯申文集补编》下之末),为天行所讥,此至可笑。自命为通古学,而对于《经韵楼论文集补编》上之《古文尚书撰异》自序中"著雍涒滩"四字,谓"记岁有误,著雍为岁阳之己,涒滩为岁阴之申,六十甲子中无己申,再考乾隆四十七年,岁在壬寅,然则改作横艾摄提格为合欤"。此真令人绝倒,著雍《尔雅》明明是戊(《尔雅》已是屠维,而《史记》历书戊是徒维,似二书互倒,但《史记》的己是祝犁,不是著雍也)。著雍涒滩是戊申,谁写己申者!!! 段序《古文尚书撰异》"始著雍涒滩,迄重光大渊献",是

始戊申　　乾五十三　　一七八八
迄辛亥　　乾五十六　　一七九一

至于乾隆四十七年壬寅(即刘所言横艾摄提格)尚远在六年以前,段序首云:"乾隆四十七年玉裁自巫山以疾归,养亲课子之暇,为《说文解字读》五百四十卷,又为《古文尚书撰异》三十二卷,始著雍涒滩,迄重光大渊献皋月乃成"。此明明说自巫山归以后,做《说文注》,又做《古文尚书撰异》,何尝说归之年即做《古文尚书撰异》哉!读书如此粗心,真可骇也。

近日翻阅《广雅疏证》、《经义述闻》诸书,确认王氏父子之高明,他们不拘《说文》,不拘本字,不拘《说文》所有之字,皆其胜于他人处(并且胜于段、钱诸公,郝更无论)。《述闻通说》中如"借易为埸,借奂为焕,借敝为襒"等最为卓荦,若云本字,这才是最正当之说法,他人皆因《说文》有㘁、齌、瘝、悑等字,而以古书作然、齐、衰、旨等字为假借,则易、奂、说等字当然应以埸、焕、悦为本字也。总之依其义所造之字为本字,假借他字者为借字,当问本借,不当问古今也,况《说文》之字甚不古乎! 王氏之卓即在此点(段、钱、朱、章诸公之求本字,亦是也,特不当限于《说文》耳,飞、余、安、鸟、水、族、着、鱼等,皆本字也)。

廿二时得杨琼玖来电话,云得苏甘致津友电报,已安抵西安矣!

刘熙《释名·释典艺》:"尔雅:尔,昵也;昵,近也;雅、义也;义,正也。五方之音不同,皆以近正为主也。"训尔雅为近正,与他家同,但刘氏之书以声为训,故必先曰:"尔,昵也;雅,义也。"江艮庭疏证曰:"义音不近雅,且非雅字之训,义字必误。""此说大非。义音古与雅甚近:义雅皆在疑纽,义在歌部,雅在鱼部。义为 ŋa,雅为 ŋɒ。汉人歌鱼通韵,则雅与义直可谓是同音也。至于江氏谓义非雅字之训,则《释

名》固声训之书,显与坦何尝是天之训乎?《释名》今书之声训直可云皆非其字之训也。余按《释名》既有此训,则"断章取义","义"可作"正义"解,正义者,△△也。我钱夏可作雅,夏之古音,或 gɒ,或 ŋɒ,未能确定。名雅,字义鵖,亦名字相应也。又按:雅字,大徐引《唐韵》,"五下切,又乌加切,乌加当读ㄚ,此即"乌"字之古音也,今作鸦。北平称鸦为老鸹,鸹音ㄍㄨㄚ(阴平),此即雅字之音变。雅由疑变群(或本是群,也难说),由开变合,即成鸹音矣!

涤鸦。

12月18日　星期六

天气晴朗,但风甚大,天甚寒。

上午在家清理书桌。

十二时至东安市场购物,至孔德屋中一行,十五时归家。

十余年前曾将顾氏《诗本音》及《易音》用韵处用木戳记其旁,而未弄完(不过一半),顷拟将它打完,并拟以后江为主,将顾氏与之异者记后江之《诗经韵读》及《群经韵读》之上。今日午前打了些《诗本音》,晚又打了《易音》,顾氏之十部以标为东、支、鱼、真、宵、歌、阳、耕、蒸、侵为宜,但十余年前用先师之目,耕标青,故今仍用之(此戳子系民初(二、三年间)为幼渔写刻者,字作隶古,后借他的来,今仍用之)。

顾氏入声韵四部,除第十部将 -p 九韵为今缉、盍二部外,其他三部中之《广韵》入声廿五部,与今之入韵八部及宵部一部分(主张宵有入之入声一部分)之对照如左:

第二部【支】之入　　　　　　　(今)
　　月ˇ、曷ˇ、末ˇ、黠ˇ、鎋ˇ、薛ˇ——(月)
　　術ˇ、物ˇ、迄ˇ、没ˇ、——(物)
　　质ˇ、栉ˇ、屑ˇ、——(质)
　　麦ˇ半、昔ˇ半、锡ˇ半——(锡)
　　职ˇ、德ˇ、屋ˇ1/3——(德)

第三部(魚)之入:
　　屋ˇ1/3、沃ˇ半、烛ˇ、觉ˇ半——(烛)
　　药ˇ半、铎ˇ半、陌ˇ、麦ˇ半、昔ˇ半——(铎)

第五部(宵)之入:
　　屋ˇ1/3、沃ˇ半、觉ˇ半、药ˇ半、铎ˇ半、锡ˇ半、——(觉及宵之一部分)

照此看来,顾氏之入声并未配错:平声微、佳、哈不分,故入亦不分;平声侯、鱼不分,故入亦不分;平声幽、宵不分,故入亦不分也。

段氏谓顾氏之功在药、铎之分者,实则顾氏之分药、铎,亦与其分屋、沃等相同,并未特别说明特别注意也。段氏所以如此说者,殆因他自己发明宵无入耳。然则顾氏虽并侯于鱼,而将侯与幽分开,亦开段氏之先也(贤于先江)(正如段氏虽并质于真,而将质与物分开,亦开王氏之先也贤于后江)。若云顾氏究不能分鱼、侯,则亦不能分宵、幽也。

物、烛不改没、屋了,仍旧不改了,因"屋"韵中至少包、烛、觉、德三韵。杂而不纯,烛则最纯,且烛与钟,阳入用同纽字,亦便称说(东与钟,亦钟为最纯,东有一半是冬部字)。烛既不改屋,则物亦不必改了(微、物、文,阴阳入同纽,亦便称说)。

入晚忽觉恶寒,似有感冒之象。

12月19日　星期日

今日天寒,有风,晴朗。

上午戴静山来,马幼渔来。幼渔约往淮阳楼(新开,淮阳春之后身)吃午饭,他化〈花〉钱,不料一进淮阳楼,即觉恶寒发抖(今日上午脚甚冷),吃了一碗饭,竟塞在胸头,觉甚不适,勉强与幼渔谈谈古音问题。十四时回家。十七时至博爱,请金看。今日适为星期日,他回家也。热度37.5,他说是"流行感冒",注抗毒素一针,又取药末四天(发冷时吃),水药四天,胃病药也。云须静养三四天便可愈。

下午及黄昏均恶寒。

廿二时又打《诗本音》。

幼渔谓江慎修之入声甚好(《古韵标准》),而阴去声大不高明,且不与入声衔接,尚不逮顾。盖彼与顾不同,彼对于入声仍是从阳声着手也。其说甚是。我谓顾氏之入声甚遭人非议,实则与阳声颇衔接,阴不分佳、微、哈至祭,故入不分锡、物、德、质、月;阴不分鱼、侯,故入不分铎、烛;阴不分幽、宵,故入分觉、药,此点实较江为优,此由顾专注意阳入之关系,而不信阴入之关系也。

12月20日　星期一

天寒,晴朗,大风。

隐于南屋打《易音》,全部打毕。《易传》中有问题者,除钟、冬、侵、登四韵之通韵外,为真部与耕部韵,用字与哈部韵,实字与元部文部均。

真、耕通韵(耕部字记○)(命字顾皆音弥咨反(ㄇ-ㄣ)),他认此为古音,而以眉病反(ㄇ-ㄥ)为非古音,今以×记之。顾以为当改ㄌㄥ从ㄌㄣ,如今之吴音(ㄌㄥ与ㄌㄣ不分)

《象传》:

乾　　元天形成天命贞宁

讼　　成正 渊

大畜　正贤天

萃　　正命

革　　成命人

兑　　贞人

节　　　成民
《象传》
　　　屯　　　正民
　　　临　　　正命
　　　观　　　宾民平
　　　晋　　　正命正
　　　姤　　　牵宾牵民正命吝
《系辞》上
　　　身　　　成
《文言》
　　　正　　精　　情天平

（精神不振,匆匆一检,不知有漏略否？）

《钱竹汀文集》第15《音韵答问》,则谓此中间题不过"民、平、天、渊"诸字。
　　民可读冥　　ㄇㄧㄣˊ→ㄇㄧㄥˊ
　　平可读便　　ㄆㄧㄥˊ→ㄆㄧㄢˊ
　　渊可读萱　　ㄩㄢ→ㄧㄥˊ
　　天可读汀　　ㄊㄧㄢ→ㄊㄧㄥ

民、渊、天以 – n 改 – ng,平以 – ng 改 – n。钱氏盖无一定,彼实主张以少从多耳。

　　尝谓钱氏之功在古声纽,段氏之功在古韵部,钱于声万非段所及（顾无论矣。江太拘滞,亦远不逮钱）,而于韵则万不逮顾、江、段、孔、王诸子,彼对于古韵部分实不了了也,此真、耕之通究是 n→ŋ,抑 ŋ→n,尚待详考。

　　实字之与元、文两部韵。因文部之顺字有转入元部者（蒙、象、顺均巽,涣象顺均愿）,实由质对转入真 dæt→dæn,再由真旁转入元 dæn→dan 耳。顺由 tuɛn→tuan,今音,川字由文入元,是其证。

《易·象传》"实"字,用韵处凡四：

此二用本音 { 蹇：实 dæt　　节 dzæt
　　　　　　　鼎：实　　　　节（同上）

此二转入元部 { 蒙：顺 tuɛn→tuan
　　　　　　　　实 dæt→dæn→dan
　　　　　　　　巽 suan
　　　　　　　　顺 tuɛn→tuan
　　　　　　　泰：实 dæt→dæn→dan
　　　　　　　　愿愿 ŋuan
　　　　　　　　乱　luan

前此用钱氏《训读》之论,非也。

钱氏《答问》中所云"转音"之字如左〈下〉：
（今按）

（一）声转　　难元　傩歌　对转（元 an 歌 a）

难元　奰　《说文》奰为腜之或体，难、奰皆元部字，古音无读齐韵者，人移切非古音，此可云泥纽双声转（古音日归泥）。

宗冬　尊文　从纽双声转

临侵　隆冬　旁转（侵 om 冬 oŋ）临 Lom→Loŋ

鼜钟　固鱼　瞻即以鼜（钟）后（侯）为韵，此乃钟 uŋ，与侯 u 对转，鼜由 guŋ 变 gu，与固无涉，固在鱼部 go

（二）义转　　躬冬　身真　《文王》以躬韵天，躬是身之讹字，当作身。又易震爻辞躬均鄰，不算韵亦可，如算，亦可云身之讹字。

赓与续　赓或是从贝庚声，即续赓，非续之或体。或是从庚、卖，省声。或是从庚、贝会意。此段氏说。

溱先　潧登　＞从纽双声。
溱先　增登

以下未做。

灯下扩而看《世界观》第△△期，十八至廿四时半方睡。

12月21日　星期二

风息。天气晴暖，寒似略减于昨。

十一时至孔德，晤蓝、李、沈、陈。我说廿五日是孔德成立二十周年，现在经费窘迫，自不必铺张，但宜自家人摄影以资纪念。自家人者，教职员、学生、董事、中法当局及法国大使馆的人也，他以为然。

十二时，至己室中，忽觉头眩、心跳、脚软，即出。初尚拟至市场购物，顺便吃饭而归家也。诖〈租〉车至市场，更不适，不敢多走，即至森隆吃饭，仅吃一点菜，小半碗饭，愈觉不适，亟归。扩，至十八时晚餐时方少安。日来在家多半是每餐两三片面包，一碗豆腐浆，算一顿饭也。晚餐后。扩而赓看《离……

五时，又打了一点《诗本音》头目不宁，即止。

顾氏太不清楚字母等呼，固是缺憾，而江过于拘牵字母，亦有大疵。季刚亦犯此病，其豪、有入沃已非，然犹可言也；萧无入声，太说不去矣。其弟子黄永镇编一肃部固是，然又不合于黄氏系统。此可见拘泥《广韵》及其字母等呼之害人也。

太炎师以为……此真名论。

12月22日　星期三

风止,天稍和煦。

上午,杨琼玖、钱稻孙均来。十一时至孔德晤周、李、沈诸人。

十二时至博爱,请葛诊。热度36,无烧矣,请其注射哈虽司洛尔以低血压。

十四时回家。精神散漫,不能好好看书。

12月23日　星期四

江氏之平、上、去十三部及入声八部,用我的二十八部且对转之,则如左:

（阴,5部）	（入8部）		（阳8部）	
七　歌	入三	月	五	元
	入二	质	四	文
		没		
微				
二　佳	入五	锡	九	耕
哈	入六	德	十	登
三　鱼	入四	铎	八	阳
十一　侯	入一	屋	一	钟
幽		觉		冬
六　宵				
	入七	缉	十二	侵
	入八	盍	十三	谈

此可见他于入声八部全是跟着阳声走的。故□阴声"支、脂、之"之阳与入皆分为三,而阴声则不分,须待段氏之修正也。

现于入声各部之次序亦令随阳声而走,如左:

平上去一	钟冬	入一	屋觉
二、三	阴		
四	真文	二	质没
五	元	三	月
六七	阴		
八	阳	四	铎
九	耕	五	锡
十	登	六	德
十一	阴		
十二	侵	七	缉
十三	谈	八	盍

段氏《六书音韵表》乃夏炘所□,江氏之入声不配是不对的。

十一时戴静山来,十二时走。

十四时王鸿逵来,十四时半走。

即至市场购物,忽以一元六角购得文瑞楼石印之郝氏《尔雅义疏》,说"原版影印",字大悦目,如看木板书,喜而购之,始知此本之源头,竟是我所未见者。因此知郝书共有四刻,记之如左:

（甲）阮元刻本（在《清经解》中）
　　　　△△△△年（△△△△）

（乙）陆建瀛刻本（陈奂校）
　　　　一八五〇年（庚戌,旻宁卅）

（丙）杨以增刻本（胡　　校）
　　　　一八五六年（丙辰,奕㧑六）

（丁）郝联·荪薇刻本
　　　　一八六六年（丙寅,载淳五）

（甲）（乙）两本同系王石臞删本,（丙）（丁）两本同系郝兰皋原本。宋于庭之序作于一八五六年,系〔为〕杨刻而作也。

我昔有（甲）（乙）（丁）三本,今得此石印本,则（丙）本亦有矣。

十六时洗澡。二十时归家。

洗澡刮脸时忽思,我年来所拟之古纽十四,即:影、溪、群、疑、透、定、泥、来、清、从、心、滂、并、明,系根据钱竹汀古今方音说,并觉得"一"与"三"之偏旁相同者多,而与"二"较异,故拟并"一"于"三",然究竟是否如此,实待字字研究,始能定之。且如晓字从尧,或非溪而疑乎？雅字通夏,夏或非群而是疑乎？故喉舌齿唇之大界(其实舌等尚多上入)可定,而清浊与塞檫之分尚待细细研究。现在第一步可先略准章、黄两家之注而暂定为二十个。

元音:影

舌根:见、溪、群、疑、晓、匣

舌尖:端、透、定、泥、来

舌叶:精、清、从、心

两唇:邦、滂、并、明

不数邪,因"古无邪纽证"也。

与章、黄之对照如左:

章 21	黄 19	钱 20
影喻	影喻 a 喻 b	影
见	见群	见
溪	溪	溪
群		群

疑		疑	疑
晓		晓	晓
匣		匣	匣
端	知	端	端
透	澈	透	透
定	明	定	定
泥	如日	泥	泥
来		来	来
照		精	精
穿	清	清	清
床	从	从	从
宾	心	心	心
禅	邪		
邦	非	邦	邦
滂	敷	滂	滂
并	奉	并	并
明	潮	明	明

将此二十古纽与国音对照如左〈下〉：

古纽(二十)	（用今符）	今纽(二十二)去万广兀加影钮(ㄛ)
邦	ㄅ	ㄅ
滂	ㄆ	ㄆ
并	ㄅ	
明	ㄇ	ㄇ
ㄈ		
端	ㄉ	ㄉ
透	ㄊ	ㄊ
定	ㄉ	
泥	ㄋ	ㄋ
来	ㄌ	ㄌ
见	ㄍ	ㄍ
溪	ㄎ	ㄎ
群	ㄍ	
疑	兀	
晓	ㄏ	ㄏ
匣	ㄏ	
		ㄐ
		ㄑ

	丁	
	业	
	彡	
	尸	
	日	
精	卩	
清	ㄎ	ㄎ
从	卩	
心	ㄙ	ㄙ
影	[ㄛ]	[ㄛ]

12月24日　星期五

天晴。中午和煦。

阅报，知日来正打杭州。德清已于廿一晚陷落。焦虑雄、湘如何，祝福他们安全，但心中甚不能安定。十时写一快信去，但此信之复信，恐须在来年二月秒矣。

十一时至孔德，见李、沈、陈诸人。

十四时回家。十六时又往孔德，即归。

十七时至廿一时又打《诗本音》，聊以遣闷忘忧而已。噫！人寿几何！当此毛〈耄〉昏之年，忧伤如此之多，真靡多夷留意。

12月25日　星期六

今日为耶诞，我虽非基督教徒，然自读《仁学》及梁任公、托尔斯太、陈由己之文，觉一千九百卅余年前，有如此伟大，实人类之光，简单直捷，将仁与恕之真理扼要道尽，真值得纪念也。

十时至孔德，参加廿周年摄影，五董均到(钱、周、沈、徐、马)。摄影毕，茶点。十三时至△△，自摄一张四寸半身像(今日穿洋服)。十四时回家。十五时周白吾(丰)来，问苏甘消息。十七时打《诗本音》，至廿一时。

黄昏大风。

12月26日　星期日

晴朗，大寒冷。

十二时至博爱，请金再诊，云流行感冒痊愈矣。十三时至直隶书局，因沈三昨云，近有湖南龙某所辑《小学搜遗》，甚多。至来薰及直隶问之，皆无。在直隶取一部板本极劣之《小学钩沉》以归。真惭愧，治小学三十年，此事尚未备也。录其所辑书如左：

《小学钩沉》：

卷一	《仓颉篇》上
二	《仓颉篇》下
卷三	《三仓》上
四	《三仓》下
	《三仓考逸补正》
五	《凡将篇》
	《古文官书》 附 《古文奇字》 郭训《古文奇字》
	《劝学篇》
	《圣皇篇》
六	《通俗文》上
七	《通俗文》下
八	《埤仓》上
九	《埤仓》下
十	《古今字诂》
	《字》
十一	《声类》
十二	《辨释名》
	《韵集》
十三	《杂字解诂》
	《周成难字》
	《小学篇》
	《字苑》
	《字指》
	《音谱》宋李概
十四	《纂文》宋何承天
十五	《纂要》
	《文字集要》
	《字略》
	《广苍》
十六	《字统》后魏杨承庆
	《韵略》北齐阳休之
	《证俗音》
	《文字指归》
	《切韵》
十七	《字书》上
十八	《字书》下
十九	《字体》

《异字苑》

《字类》

《字误》

《古今字音》

《声谱》

《证俗文》

《异字音》

其所以未备此书。总缘自廿二从先师问学,至卅年(一九〇八——一九一六),《说文》正统之心太甚,复正字(限于《说文》)、求本字(废俗字、借字)之心太甚也。卅一——四十二(一九一七——一九二八)热心于汉字革命,国语统一、西式国音字母之事,旧学荒芜矣。四十三——四十八岁(一九二九——一九三四),有志于小学之复弄,而注意在音韵方面(然亦无成绩)。虽此时期,所谓编大辞典之时焉,然实无成绩。四十九——五十一岁(一九三五——一九三七),因血压高而病了三年,百事废弛。最近觉老将至而耄及之,尚思以炳烛之明再治小学。一面续弄音韵,一面对于形义,大变少年时之主张,觉字有古今,是自然演变,自然进化(字由少至多),绝对不当荣〈崇〉古而贱今,亦绝对不得宝今而蔑古。自前象形之日、月、山、川、水、人、女、犬、马、鱼、鸟、许字之最古体,至最近之钾、氧、她、牠、撼、伩诸字,无所谓正俗也(一律平等)。至一字异体,亦一律平等也。若云本字、借字,则凡为某义而专制之字,皆本字也。古与今同,故 齋、齎、齏、齍 等为本字,则飞、余、安、□……亦本字也。齐为假借,则目宿、颇离,亦假借也。此就……

十四时访知堂。十八时归家,得雄第廿一号书。灯下打《诗本音》。

12月27日　星期一

十四时至孔德晤李,次公子来访,未晤,即往访嫂。十六时访朱惠。十七时回家。十九时缪渊如来,廿一时去。灯下打《诗本音》,垂毕矣。

12月28日　星期二

上午将《诗本音》打完了。《易音》、《诗本音》都打完了。此次因迁就二十年为幼渔写刻之一付章氏二十三部韵目,故用之。因十余年已开始此廿三中选用十个字也。以后提顾氏十部,当云东、支、鱼、真、宵、歌、阳、耕、登、谈也(凡合钟冬为一者用东,合佳、微、哈为一者用支)。合佳、微、哈为一者,止顾、江二人,合钟、冬为一者颇多。

十二时至孔德,见三强致令扬信。因久不得我家信,故转询彼也。

十六时访伊公。十七时顷回家。

灯下清理书桌抽屉。

12月29日　星期三

十时半至孔德,晤李、沈、陈诸人,即至渡水河,晤汪、王、吴诸人。十四时访伊公未晤。回孔德,而伊适来。十六时顷去,余亦归家。十八时忽觉恶寒,岂流行感冒又将再来欤?

12月30日　星期四

十时访刘朱惠。午后至孔德。

12月31日　星期五

九时顷至受璧○○(胡同)。晤稻及嫂。

十一时至孔德,晤李、沈及张聘之诸人。十四时回家。

戴静山来谈。

一九三八年

1月1日（戊寅元旦）　星期六

余今年五十二岁矣。抱疴三年，迄无起色。精神衰惫，眼目昏花，不能久坐，不能多劳。甚矣吾衰也。但对于小学及经学，研求三十余年，犹愿耄年仍有进步。此今年元旦之感想也。

午前作复三儿书。下午剪发洗澡。晚五时顷访耀辰。十时归家。

1月2日　星期日

上午十一时至孔德。晤李、沈诸君。下午二时回家。朱惠英来。戴静山来。

今日头脑觉重，或昨日洗澡后略感不适欤！

检顾亭林文集卷二之《音学五书后序》，署年月为"上章涒滩痾月之望"（刻于音韵五书之末者，后序有两篇，一详一略。文集所载者同于详本，而字句略异，亦有同于略本者），即永历卅四年（清康熙十九年）庚申三月十五日，为公元一六八〇年四月十三日，是年顾六十八岁。

此后序首云："余纂辑此书几三十年。"文集作"三十余年"。一未及卅年，一过于卅年，今以三十年计，则始于永历五年辛卯（清顺治八年），为公元一六五一年。纵言是三十余年，亦必始于南明。王国维（《观堂别集补遗》页卅一）《音学五书跋》云："此书卷首有曹学佺序，署'崇祯癸未'，先生此时，实尚未为音韵之学，无所谓《诗本音》，并无所谓《音学五书》也。余谓此序出于假托。盖先生前后三序皆不署年号，乃假为其序于前，一若此书为明季所刊者，盖以避文字之祸也。"其说是也。案癸未为崇祯十六年（一六四三）。

王氏又谓："《音学五书》开雕于康熙六年。"此为永历廿一年丁未，公元一六六七年，顾君五十五岁也。计自始刻至刻成，凡十四年。

《常棣》四章，当"務"与"戎"韵。"務"幽，"戎"冬。幽冬对转。"務"由 mo 转 moŋ，故由"戎"音 noŋ 为韵。"務"，《左传》作"侮"。"务"借字，"侮"本字。"侮"从"每"声，每、母一字。古本在哈，读 mə, mə（哈）→mo（幽）→mu（侯），今读入侯者，如此转也。

或以"侮"、"朋"、"戎"三字入韵，亦可：

侮 mə（哈）　→məŋ（登）　（哈登对转）

朋 b = əŋ 登

戎 noŋ（冬）　→nəŋ（登）　（冬登旁转）

亦通，存参。

1月3日　星期一

上午,杨琼玖来。至孔德,晤李、沈、陈。午后二时回家,整理荃孙书籍。

1月4日　星期二

上午,仍理荃书。午后至孔德。三时至辞典处,晤汪及日本林盛逵君,林君为大连工业学校教谕,赠我以糖果,谈国音标准,出册页嘱书。五时回家,甚冷。

灯下读《新方言》。按《新方言》初本作于丁未(1907)三月,改本及《岭外三州语》皆成于戊申(1908)。《方》序云:戊申元旦。《岭》序云:戊申七月。然印成实在己酉之冬,时《小学答问》已付木刻矣。《答问》封面黄所署,云己酉七月。《答问》创始于戊申(1908)之秋冬,写于己酉(1909)之春夏,刻成于庚戌(1910)。《文始》则创始于己、庚(1909-10)间,成于辛亥(1911),影印于癸丑(民二,1913)。丛书初编中小学五种之作成时代:

《新方言》,1907,改于1908
《岭外三州语》,1908
《说文部首韵语》,1098
《小学答问》,1908
《文始》,1910

去秋向赵憩翁借得《凝园读诗管见》一书,共十四卷,为湘潭罗典所著。典字徽五,号慎斋。民元《中国学报》江叔海所著"视尔如滌"之新解,即指此书也。

1月5日　星期三

天甚冷。午后至孔德晤李、沈、陈、蓝诸人。蓝病渐愈矣。检《字诂义府》以归。五时归家。天甚冷。精神甚惫。入晚风渐猛,下半甚大,窗户震响,不能安眠。殊苦。

1月6日　星期四

狂风竟日,甚冷。

十一时访静山。午后至孔德。晤李、沈、陈。取徐嘉之《顾亭林先生诗笺注》以归。四时回家。灯下读顾诗。

关于戴、段两家之古韵著作之时代列左:

一七六〇,庚辰,乾廿五　　　段始读《音学五书》。
一七六二,壬午,乾廿七以前　戴佐江商定古韵标准。
一七六三,癸未,乾廿八　　　段请益于戴,知有古韵标本。

一七六六,丙戌,乾卅一	戴成《声韵考》。① 按,此为经韵楼本。此时不独无力发廿五部之说,即七类廿部之说亦未发生,只有十三部——即江永之说(见《古音篇》)。
一七六七,丁亥,乾卅二	段成《诗经韵谱》及《群经韵谱》(定十七部)。
一九六九,己丑,乾卅四	段就前书加以注释。
一七七〇,庚寅,卅五	书成,钱竹汀叙之。
一七七二,壬辰,卅七	段以前二书之稿本呈戴。
一七七三,癸巳,卅八	春,戴分古韵为七类,平、上、去十三部,入七部,共二十部(采段之支、脂、之分三说)(《声韵考》改定本用此说,当即改于此时)。
又	十月卅日,戴寄段书(见《音韵表》卷首)。
一七七五,乙未,四十	戴改为九类,平、上、去十六部,入九部,共廿五部。
同年	段改订前书为《六书音韵表》,十月,函寄戴(见《表》卷首)。
一七七六,丙申,四一	春,戴答段书六千言(见《声类表》卷首及《文集》卷△)。
同年	夏四月一日,《六书音韵表》刻成。
同年	夏,段刻戴之《声韵考》。
一七七七,丁酉,四二	正月,戴序《音韵表》。
同年	五月,戴作《声韵表》,又批《六书音韵表》。
一八〇九,己巳,嘉十四	四月,段序《声韵表》

(附记)段答江有诰书及叙江书皆在一八一二(壬申,嘉庆十七)案:戴之治古音实在段前,虽受业前江,而最初从江不从顾者,惟"幽"不并于"宵","侯"不并于"鱼",而以"尤、侯、幽"独立一部耳,而"真"与"元"、"侵"与"谈"尚从顾氏,合而不分,不用江氏说也,而"古人韵缓,不烦改字"之说亦同顾。自见段氏《诗经韵谱》及《群经韵谱》,对于段之分部实不以为然。其后则采段分支、脂、之为三之说,又后则采江氏真元分二及侵谈分二之说,又将登……月……分出,为去、入二部,又从江氏之入声兼配阴声而悟阴阳又为一类之说。至段之真文为二,幽侯为二,戴始终反对也。

1月7日 星期五

上午大嫂来。

---

① 钱玄同在日记原稿书眉上写道:"《声韵考》一书,段序谓成于己丑(一七六九)之春,而其《戴氏年谱》又谓成于丙戌(一七六六),今用《年谱》说。段又云:(《年谱》)癸巳以后,戴又取段氏支、脂、之分三之说,补入论古音卷内。李文藻刻诸广东(疑即贷园本),孔□□刻诸曲阜(此疑□□□)。此二刻与段刻详略不同。"

午后至孔德一行,即访知堂。六时访召贻,即归家。

1月8日　星期六

午至孔德。午后至李宅理书。六时归家。

1月9日　星期日

上午在李宅理书。

下午二时至孔德一行。因今晨友渔来电话,今午至南宅访之,并晤佩翁,留吃晚饭。八时归家。

关于戴、段古音学说之成立年,再以前日之表简化之如左。

一七六二,壬午,乾27以前,戴佐江商定古韵标准十三部。

一七六三,癸未,乾28,段请益于戴,始知顾书以后尚有江书。

一七六六,丙戌,乾31,段成《声韵考》,尚用江之十三部。

一七六七,丁亥,乾32,段成《诗经韵谱》《群经韵谱》。

一七七三,癸巳,乾38,戴分古韵为七类廿部。采段之支、脂、之分三说(《声韵考》定本当 改于此时)。

一七七五,乙未,乾40,戴改为九类廿五部。

又,段改订前书为《六书音韵表》。

一七七六,丙申,乾41,戴答段书六千言。

一七七七,丁酉,乾42,戴作《声韵表》。

观此,可知戴之定说实在段后。

1月10日　星期一

连日理书,劳累。今日觉头胀心慌,血压验又高矣。噫!只好暂时休息矣。上午至孔德。

下午洗澡。五时半出清华园之门,欲至对过之广济药房,购脱丝〈脂〉绵,不觉头晕。这几步都不能走,只好归家,嘱五儿去购矣。杨琼玖来。

灯下改定《外集》序记,明日当交郑付印。

1月11日　星期二

血压高,头胀、心慌、腿软。午至博爱,打哈虽司洛尔针。午后之孔德。寄郑友渔函。

灯下检颜、李、王、程、戴及刘继庄之生卒月日,略记于《颜氏学记》上,又改正梁氏《三百年学术史》生卒年月数处。

据姜亮夫之《历代名人年里碑传总表》。此书比数种疑年表及张维骧、吴荣光、阮刘文如之书为详,然是否无误,殊难定。

1月12日　星期三

晨,杨琼玖来。

上午、下午均在孔德。下午略理室内书。因血压高,不敢多劳。晚七时顷,访召贻。九时半归家。

午至博爱,打哈虽司洛尔一针。又取安神药水一瓶。

1月13日　星期四

阴,微雪者竟日

在召处理书者一日。下午九时归家,甚疲累。

1月14日　星期五

天颇燠。

上午至孔德。至博爱打哈虽司洛尔一针。午后二时顷回家。

未他往。四时顷杨琼玖来。在家中清理书画。理荃书,为之记账。

翻陈仁锡本《纲目》(我的一部系两年前所购,系清嘉庆癸亥年翻刻本),彼所用前编系南轩所作者。依南氏书算黄帝以来年历,至辛亥,适四六〇九年。是辛亥所用,不得旁于□□矣。去年我跋申叔文所言非是。如左(下):

黄帝	100(按应癸亥——壬寅)
少昊	84(按应癸卯——丙寅)
颛顼	78(按应丁卯——甲申)
喾	70(按应乙酉——甲午)
挚	9(按应乙未——癸卯)
	共341年

唐	102(甲辰——乙酉)
虞	50(丙戌——乙亥)
夏	439(丙子——甲午)
商	644(乙未——戊寅)
	1235年

周武	7(己卯——乙酉)
成	37(丙戌——壬戌)
康	26(癸亥——戊子)
昭	51(己丑——己卯)
穆	55(庚辰——甲戌)

共　　　12（乙亥——丙戌）
懿　　　25（丁亥——辛亥）
孝　　　15（壬子——丙寅）
夷　　　16（丁卯——壬午）
厉　　　37（癸未——己未）
　　　　281 年

341（黄——挚）
1235（唐——商）
281（周武——厉）
1857 年

1857（南氏 黄——厉）
841（公元前一年至共和元年）
1911（公元元年至辛亥）
4609

4609
—1911
2698
　　　此为依南轩之说黄帝元年之公元前年数

1月15日　星期六

天燠。

上午访戴。

午至博爱打哈针。

午后至开明书店购：《焦理堂年谱》（闵尔昌作），一元二角；《小学钩沉》（长沙龙氏刻本），七角。

至孔德，晤蓝、李。

日前用东昌纸订信册五本。每本二角，五本共一元。今日取来。将昀汉遗札贴成二本。共信十封（五十八封原迹，两封原信失，抄上）（辛亥冬说汶水一信不存）①附最后请为《制言》撰稿之石印信一封，因亦先师写而石印，且此为先师最后来信也，故存之。自下午而时贴至十时蒇事。

会须更将绿庐师及先兄遗札贴入此本。至其他友朋来书之要存者，亦将次第粘上，恐尚须装数册也。埋首数小时，尚不甚感头昏，可慰。

---

① 此句原书于书眉。

得报丧条,知孟心史(森)于昨(十四)午逝世。

1月16日　星期日

午至博爱,"达"哈针。下午至孔德,理室中书。

七时归家。

灯下粘先兄札,未毕。

1月17日　星期一

下雪,不甚大。

午前十时郑友渔来。

十一时至孔德,晤李、沈,并晤幼渔。

下午理书,二——六时。

归家时灯下续粘大兄遗札。

1月18日　星期二

上午在家。理刘《左庵丛书》,清理出总目及后记之稿,又《礼经旧说》之稿,预备先成总目及后记,接着看赵羡渔校阅之《礼经旧说》也。

午后三时至孔德一行,未理书即归。

刘氏《国学教科书》五种,共九册(文学止有第一册):其原本我缺一册,重一册:

《伦理》一册(缺第一册);

《经学》一、二册(第二册重);

《文学》一册;

《历史》一、二册;

《地理》一、二册,

故共亦九册也。

灯下写一五种《国学教科书》九册之目,拟托来薰觅人用宋体字誊写,订〈钉〉在遗书上,以便检查也。

1月19日　星期三

昨夜半咳嗽。右足大指忽痛,疑与日前左手相同。上午至博爱诊视,取三日药,葛云左畔气管炎,取水药两日。又达哈针。

下午在孔,理书,六时归。

灯下取去夏所开《申叔遗书》总目,略以年代排之。以乙巳一年专著为最有精采,且最丰富。

夜半狂风大作,门窗震动,足又肿胀,不能安眠。

1月20日　星期四　大风竟日，甚寒

午至孔，理书，六时回家。

今日足更觉痛，且肿胀，意者药玄同不合欤？抑在室内牵磨似的盘旋行动，多动，故不适欤？

今晚仍不甚安眠，一醒便不能睡着。平日大无修养，每遇家中耳根不清净事，辄觉动心，不能安宁，二十余日不特不能渐渐镇定，且因神经刺激过甚，愈老愈不安宁。不过客观方面，此类事日见其少，故稍安耳。而近日忽又扰我神经矣。噫！夜半足胀稍愈。

1月21日　星期五

仍有风，甚寒冷。上午十时半至孔，遇岂明、幼渔，与同至森隆午餐。午后三时半再至孔德。三——五时理书。因足胀之故，不敢多劳，且今日头脑又略不适，故只理一时余也。

六时回家。

检得董醇之《历代甲子纪元表》，黄帝元为甲子，至公元一九一一年辛亥，为第七十七甲子之第四十八年，适为四六〇八年，与辛亥冬间报纸上所争彼年为四六〇八而非四六〇九相合。因再检黄梨洲之《历代甲子考》，适与之同，盖董氏实本黄考也。依黄考，则一九一一年亦是四六〇八年也。此与日前所记四六〇九年之总数差一年者，尧至周厉可不论，因他们都是据《皇极经世》及《通鉴前编》(尧元为甲辰，厉卅七年为己未，凡一五一六)，而黄帝至挚，则于帝佶、帝挚二人年数之中减一数，盖本谓佶七十，挚9，应为79年，而减为七十八年。黄氏止记第几甲子之为某帝某年，而其第六甲子为帝佶卅九年，第七甲子为尧廿一年，则此第六甲子之中，尧占廿年（元——廿年），佶与挚占四十年，而佶之卅九年至70年，应有卅二年，加挚九年，共四十一年，非佶之总数，算六十九年，即挚之总数算八年，必于两帝减去一数始合于四十年。董表，则佶算69（丙戌——甲午），挚算九年（乙未——癸卯）也。窥其意，盖不减此数，即黄帝元年应为癸亥，他们总觉其别扭也。故减一数，使黄元为甲子，一九一一年诸公之见亦如此，故多主张四六〇八年之说也。我以为共和以前之年总是毫无根据的，史公时已有种种歧出，故其《三代世表》云："余读《谍〈牒〉记》，黄帝以来皆有年数，稽其历谱谍〈牒〉，终始五德之传咸不同乖异，夫子之弗论次其年月，岂虚哉！"（"咸不同"上删"古文"二字，崔君并删"终始五德之传咸不同"九字，非，"终始五德"非歆所窜，当是史公原文）知汉时已多异说矣。其后纬书及刘歆《三统历》，皇甫谧《帝王世纪》，刘恕《外纪》所用，《皇极经世》所造，《通鉴前编》及伪《竹书纪年》、明世薛应旂……至黄黎〈梨〉洲《甲子考》所用，其为无根臆造，皆一也，绝无此优彼劣之殊也。黄帝元年必应是甲子，亦可笑之见，以笑话答之亦可曰"黄帝命大挠作甲子，焉知非在二年乎，宁必在元年耶？甚或在六十二年而其以前

之六十一年(元——六十一年)未有甲子,亦何不可说耶?其实黄帝其人之有无尚不可知,何能定元年必为甲子?故一九〇五至一九一一,此七年中所用自"中国开国纪元四千六百〇三年"至"黄帝纪元四千六百〇九年",上溯至黄帝元年是癸亥,决不见得不及元年为甲子之说也。今按中国纪年持之有故,言之成理者,凡有四说,而孔纪不与焉。

　　一、公元;
　　二、民国纪元前;
　　三、共和;
　　四、黄帝。

黄帝纪元虽不可信,但留一说,略作共和前尺度之用,亦无不可,且亦似有必要。乙巳至辛亥所用,根据明清以来之史书(尧至厉据《经世》。黄、少、颛、佶、挚四人之数,亦为《通鉴外纪》所有,总算以一说为据,非渔父诸人所自造,而在建国史上自有其地位,则作假定之尺度自无不可用,且以用此为最宜也。故今上溯黄帝元年可即用此说:

　　黄帝元年癸亥:
　　　　公元　之前二六九八年;
　　　　民元　之前四六〇九年;
　　　　共和元前一八五七年。

又按:
　　黄帝一〇四年(出《帝王世纪》,《史记集解》引);
　　少昊　八十四年(出《世本》,《路史后纪》五注引);
　　颛顼　七十八年(《帝王世纪》);
　　帝佶　七十年(《帝王世纪》);
　　帝挚　九年;

黄、颛、佶、挚,四人之元来年,均本《帝王世纪》。□少昊,《世纪》云一〇〇年,而《路史》引《世本》云八十四年,《通鉴外纪》用此说,《外纪》又云"自黄帝至帝挚,三百四十一年"。是则当云黄、厉前之一八五七年:

　　黄——挚　341(从刘恕)
　　尧——厉　1516(从金履祥)
　　　　共　　1857

如此说,共和前一年己未溯至黄帝元年癸亥之一八五七年,其根据出于刘、金两部著名之史书,最佳,比云据《辑览》,据《南轩》,均佳也。与其根据许多不高明之史,如伪《竹书纪年》、纬书、薛应旂……诸书,不如根据编年体史中有价值之两部《通鉴》以前之书,而刘、金二书最佳也,南轩及《辑览》等仍是根据此两书耳。

1月22日　星期六

　　上午洗澡、剪发。旬日来身上之灰土垢腻,身上为之一轻。下午至孔理书。六时归。

天甚冷。

脚不痛了。

1月23日 星期日

上午十时郑友渔来。他赏饭于森隆二楼之西餐部。食毕至孔德理书。六时回家。灯下开始做刘书总目附记,仍拟作一序。附记做了约三分之一,觉心悸而睡(去年五月曾做了一些附记,未毕,今日复记,当续做过也)。

1月24日 星期一

晴,无风,较暖。

上午十一时至孔德晤蓝、李、沈、陈诸人。

下午稍稍清理书籍,因头胀胸满腰酸,而不能久理。旷而检阅乙巳(黄纪四六○三)年之《渔父日记》,知彼于是年阳历八月二日得鄂中友人寄来《中国民族志》一册,是刘君此书非甲辰印,乙巳也。以乙巳为近是,故总目中即系之民元前七年乙巳矣。

六时回家。

灯下将刘恕《外纪》及金履祥《前编》所记唐尧至周厉各帝王之年数做一对照表。又取刘恕及南轩之黄——挚年数做一对照表,记在一本本子上:黄——挚,两家全同,唐、虞、夏、商各王有小异,总数亦不同,周武至厉,总数同而各王在位之年有不同。所得共和以前(即黄帝——周厉)刘、金(及南)之总年如左:

公一九一一即辛亥年黄帝纪元之数:

刘恕:

  黄——厉 1833

  共和——汉哀 841

  汉平——宣统 1911

        4585

金履祥及南轩:

      1857

       841

      1911

      4609

黄至厉之年:

刘:

  黄——挚 341

  尧舜   150

  夏   432

```
    商          629
    周武——厉    281
                1833
金及南：
    黄——挚     341
    尧舜        152
    夏          439
    商          644
    周武——厉    281
                1857
```

1月25日　星期二

去年借知堂一书,今日将送还,记于左:

《游艺录》三卷。清蒋○○。清"光绪戊子九月长白豫山重刊于湘南臬署会心阁";

卷一、"象纬推步舆地之说,凡卅三目,为上卷"。照原文抄。

卷二、"杂论各家学术得失,凡廿四目,为下卷。"

卷三、八篇为"别录",关于释道之文,凡八篇。

其下卷"大儒五人"一则,谓自汉至清有五大儒:郑玄、黄道周、黄宗羲、戴震、钱大昕也(别纸录出,三纸)。

其"九流"一则,引龚定庵语曰:"九流之亡,儒家最早。"其人与龚定庵、俞理初皆相识,而学术途径亦相似(自以龚第一,俞第二,蒋第三)。

今日又大风,下午在孔德理书。六时顷回家。眼镜忽打碎左片,殊苦,不得已而用一年半以前之旧镜戴之,殊不适。看稍远之文字更觉模糊头晕,明日当去配,且不能理书也。心烦,一夜不能安眠,且觉烦躁。夜半醒后,忽思《春秋》之三科九旨,皆进化说也。从前以三统说为循环说,非是,盖因沿袭旧说耳。案:

三世:据乱、升平、太平,是进化;

内外:国与夏、夏与夷、夏,是进化;

三统:(绌夏)、故宋、亲周、王鲁,亦是进化。与三世之义相通,决非鲁后又是宋也,故谓《春秋》全书是进化说也。

1月26日　星期三

午至博爱打哈针。至明明配眼镜片,价三元三毛(左片散光多,昂于右片也),约明日下午取。三时访知堂。六时回家。今晚很困得着,可补昨日之失眠。

因眼镜故,今日未理书。

1月27日　星期四

晴,无风,较暖。

上午十时半访戴静山。

午后在孔德,未理书。拟一别号曰:匿佚(燕逸、偃逸)。

四时半至来薰阁,本节书账七十元。从廿五年未清之账至今,约有一年半矣。以傅印《困学纪闻》送去抵十五元,尚差五十五元。至博爱打哈针,至明明取眼镜。

七时归家。

思《十三经》固系明清以来之通称(始于《十三经注疏》,因此十三部书有疏而合刻之也),虽无甚学术之根据,而流行既久,已成习惯,若求其朔,因止于西汉今文之五经而矣,更溯其原始,则此今文五经之中,《易》止有经而无传,《书》则《周书》(孔子时)多数可信(《洪范》《金縢》殆不足信),《商书》尚可疑,《虞夏书》则不可信,《诗》与《春秋》全部可信,《仪礼》全部不可信也。但照《十三经》之丛叙法,则实应再增五种方备:一、《易》,二、《书》,三、《逸周书》,四、《诗》,五、《周礼》,六、《仪礼》,七、《礼记》,八、《大戴礼记》,九、《公羊》,十、《春秋繁露》,十一、《穀梁》,十二、《左传》,十三、《国语》,十四、《论语》,十五《孝经》,十六、《尔雅》,十七、《白虎通》,十八、《孟子》也。《逸周书》中伪篇甚多,然《克殷》、《世俘》,实应并入《尚书》。《大戴》虽更劣于《小戴》(龚定庵有评),但《小戴》亦何尝纯粹,总之两书应合一也。《繁露》应与《公羊》并存(传早,董为《繁露》,胡母为何所祖,《白虎通》则今文经说之总汇,其重要实远在两戴记之上也)。两戴记中恐不乏汉人(又东汉)之说,故宜称十八经。

1月28日　星期五

上午十时半至孔,十一时赵老铁来,十二时半去。

下午理书。六时归家。

1月29日　星期六

上午十时至孔,晤李、沈、陈。十一时起理书,至下午六时。七时归家。中午至东安市场,购得商务铅印之《章氏遗书》,共八册。定价二元五角,七折,仅一元七角五分耳。价颇廉,购之。吾以为浙人全、章二人之书最能百读不厌者。前购得全氏集,今又购得章书,木板固佳,惜太大不适置皮包中,而此商务排印本又甚廉,故购之。惜误字太多,破句更多,殊乱吾目也。即如此,章书中之《方志略例》二卷,目录及本书皆印作《方志略》例一、《方志略》例一,岂不令人喷饭乎!

近年来,始了解章、龚"六经皆史"说之真价值,《春秋》一定是史,云经史分者,妄也。先师章公斥皮、康之说是也。惟《春秋》之大义实惟章、龚知之,而"《春秋》之信史",则必折衷于先师崔君之说,古文家于此盖茫然也。

1月30日　星期日

昨宵又失眠。上午十时至博爱付账(今日为旧历除夕)。看病,微有气管炎。

取水药,又达哈针。至来薰阁还账,约七十元,付廿元,又以傅印《困学纪闻》抵作十五元,合卅五元,总算还了一半。

至商务,晤孙伯恒。

下午二时至孔德理书。七时回家。

觉身体异常疲乏。

夜睡不宁,精神迟钝,衰老至此,良可哀也。近日灯下尚可略略看书作字,今日书也看不下去,连看书消遣也不成,如何是好!

1月31日　星期一

昨宵又不安眠。

上午九时半戴静山来谈。十一时至孔,晤沈、陈,在孔理书。晚七时归。

晚十时半即睡。今晚尚安眠。

2月1日　星期二

上午九时半杨琼玖来,十一时去。

一时至孔德。今日为阴历正月二日,二时至厂甸游,东西两路,闻中尚未摆,四时半回孔德。购书　　种:

黄公度《杂事诗》(改定本,戊戌刊于长沙。徐仁铸。一元二角。书签。前见知堂有之。知堂曾送我初本两种,今居然得此本,真可喜也)。

《晞发集》四册。一元。《国粹丛书》本。我昔年配到一部,不全,在厂甸中配之数年不可得,今日居然得了全的,可喜也。

《九经今义》一角。湘乡成本璞撰。余于十余年购得此书,未注意为何许人也。去年购得《湘报》,中有此书之序,始知成为戊戌之湖南新党,而昔购之本不知何时失去矣。今又得一部,可喜。

《是中国民复南皮张尚书书》(前附黄梨洲——原君、臣、法三篇。末附张之洞之《劝戒书》原文。案此文余于癸卯(一九〇三)冬初识方青箱时见之,在日人所著《支那革命运动》中,未睹原本也。今日以铜元四拾枚得此册。是最初原本也。可喜。张文作于庚子八月(一九〇〇年△月),汉案——故。此书作于庚子十月十六日(一九〇〇年△月△日),刻于辛丑正月(一九〇一年　月)。

四时半回孔德。略理书。冷,甚倦,广移时。七时回家。

2月2日　星期三

上午十时至孔德,晤李、沈、蓝诸人。

下午理书。七时归家。

2月3日　星期四

上午十时至孔德理书。晚七时归。

思古今之公羊家,能言非常异义者凡十一人:

汉:董仲舒、《元命道》之作者、何休(胡母子都之说,今只能以何为代表)。

清:庄存与、刘逢禄、龚自珍、魏源、康有为、谭嗣同、宋衡、蔡振。

而注释家之徐彦、凌曙、陈立、苏舆不与也。孔广森无非常异义,故亦不与。戴望无出庄、刘外者,崔适并不能出董、何、徐三人以外,故亦不与。

2月4日　星期五

上午十时微雪,旋霁。十时至孔德理书。

晚七时浴。九时半回家。

2月5日　星期六

晴,有风。上午十时至孔德,理书。

下午一时逛厂甸土地祠及东路,又九经堂,五时归孔德。

今日购得左列七种书:

一、王懿荣的《尔雅直音》,因其字大而无注,最便于注音也(它本是为注音之用,字旁本记直音)。三角五分。

二、《北山楼遗稿》(一角)。吴保初,前为诗,后为文。文仅一篇,即壬寅年《呈政务处代奏吁请归政疏》也。诗首行题《北山楼续集》,盖其正集即六斋作跋者也。余见《六斋无韵文集》后,求之廿余年竟不可得,今日始得此续集耳。中有《送人归余杭》一诗,辛丑作,盖送先师也。有《次穗卿后黄卢见赠韵》一诗(甲辰),夏诗见其遗诗中。甲辰有《赠申叔》诗,首有自序,题曰"光绪乙巳(一九〇五)八月庐江吴瘿",然则我可署"钱疒"矣,倒别很致。此册为袁克文于民国三年排印者。

三、《新镌康南海先生传上编》一册。四角。不知何故,旧藏此册者将书签封面及本书首行标题之"上"字均加两笔作"正"字,异哉!此书于十年前见北大图书馆有之,欲求一册而不可得。今日得此,可喜也。此书为陆乃翔及陆敦骙所作。始咸丰八(一八五　　——至光绪廿九(一九〇三)。

四、《庶策云》。一角五分。此册数年前购得一册,无奥附。此册有之,故又购之。此册实一九〇三年阴十二月出版也。此册书面较前购稍洁,而为安人以红笔批点数篇,可厌。

五、程子端《左行草书楞严经》五大册。(一元五角)。此书数年前曾借卓君庸的观之,书不佳。而《楞严》全部字甚多,且程君以不联□之草书写之,作草者颇足资参考也。程氏别有　　　　一册,先师曾叙之。

六、《黄石斋全集》(二元五角)。铅印大本。此书前见有正书局□□,索价四元,近颇思往购。今得此本,甚廉。可喜也。黄之书法、大节均为第一流,其学我实不知,故拟购此册观阅也。

七、《吴评左传》(四角)。都门印书局用二号字铅印者,八本。近该店关闭,存货满厂摊,十摊八有,而每摊摆出者辄有数部,故价甚廉也。余购此部,拟将《辨伪丛刊》中之《左氏春秋考证》百余则剪签粘上也。余甚重左丘氏之书,故极想删去刘歆所增益也。尚拟购一部书粘崔君《复始》之驳文。

于厂甸晤唐立厂(庵)及刘文典二人。

六时半回家。

2月6日　星期日

今日天气晴和。

上午至孔德一行,未理书。

十二时半至厂甸,将西路巡阅。购得两书:

一、《陈石遗年谱》,一元六角。

二、《清议报》原本。第一年1—33册。一元六角。共和二七三九年,戊戌十一月十一日——二七四〇年,己亥十一月廿一日(一八九八年十二月廿三日——一八九九年十二月廿三日)。于厂甸晤余六小。

四时回孔德。六时回家。

2月7日　星期一

上午九时杨琼玖来。

十一时马幼渔来,午后三时半去。

四时至孔德,晤蓝、李、沈、陈诸人,即归家。

2月8日　星期二

上午十一时至孔德,取前年借谢塈之《古学汇刊》,写其书目及期数,将与我数年来配得之数本检照,究缺几种,并拟拆订也。将第一　之六编十二册写出,时为下午三时,觉头甚胀,即至厂甸一行。有一书摊,即前日购《清议报》者,他前天说尚有"全编"之残本,今日专往购之也。购得《清议报》全编另〈零〉本。余在一九〇三年在湖州李宅,见《新民丛报》广告有此书,曾购之而不全。后大散失,仅存两三册。近数年来,购过两次残本,今购第四次残本,四本合之,十六册居然全矣。可喜。专购此书后至文化商场一行,遇陆宗达,即归孔德。六时回家。灯下将《古学汇刊》第二　之目写毕。得天行一月十六日服象之信。

2月9日　星期三

上午十一时至中海访汪一庵,见劭西信,云已抵丰镐。午赵老铁赏饭于同和居,共六人:钱、赵、马二、陈聘之、沈三、唐三。尚有启明一人,因有他宴未到。三时散,即至孔德,小扩。

六时归家。

心乱头胀,殊苦。启明为我购廖燕之《二十七松堂集》,今日接到。其人与金圣叹、魏伯子相近,亦尊王而大黜朱者也。余以前仅见《国粹报》中黄节有他的传,又《撰录》门中亦选廖文数首。今始见其全集也。此君生于崇祯十七年(甲申)而矢志为遗民,虽文中有"国朝"字样,此乃不得已者也。

2月10日　星期四

上午十时访王碧书。

下午三时至厂甸,逛东路,略及土地祠。毫无所得。晤余六小。五时至孔德。扩一小时。回家。

余杭师之——

《国学讲习会略说》出版于一九〇六年(丙午)九月;《国学振起社讲义》出版于一九〇六年十一月。《振起社讲义》本应每年出六册(但仅出一册),均据奥附。

木《訄》,序作于一八九八(戊戌),刻成于一九〇一(辛丑)。

铅《訄》,序作于一九〇〇(庚子),刻成于一九〇四(甲辰)。

先师肄业诂经为一八九二(壬辰),廿五岁(奉身俞门可系此年);入强学会为一八九五(乙未),廿八岁;为《时务报》撰文为一八九六(丙申),廿九岁;赴台为一八九八(戊戌),三十一岁;卓如介绍与荀君相识为一八九九(己亥),卅二岁;反保割辫为一九〇〇(庚子)唐时△△△,卅三岁;开亡国纪念会为一九〇二(壬寅),卅四岁;《苏报》案为一九〇三(癸卯),卅五岁;出狱东渡为一九〇六(丙午),卅九岁。

2月11日　星期五

十时至孔德。因游艺室要腾空布置,我尚有什物(无书)存放,今日下午移出。又吃了两三时的土,甚累甚胀。天又甚暖。六时归家。

2月12日　星期六

九时半郑友渔来,十时半去。我即至博爱,"达"厂丫针。下午略浏览西路一周,得汤蛰仙之《三通考辑要》。此书本是疏陋芜杂之书,然所谓《钦定续通志》《皇朝通志》等书,其价值又何尝高,而查查终亦有用(马书固亦不佳,然只配二章(实、枚)骂,而曾国藩、吕思勉、康有为、章太炎诸公叫人读,也到底还值得一读也)。近来时思购之,去年此时见一部,索价约是六、七元,嫌其贵而未买。今日以一元四角得一部,四十八本,图书集成,扁体铅字所印。此价总算廉也。又以铜元六吊购得壬寅年广智书局刘陶所译日本田口夘吉之《中国文明小史》(原名《支那△△》),此书梁氏之《东籍月旦》中谓其"△△"而云广智,译笔甚劣。吾于癸卯在湖时曾购一部,久已无存,今见此,故购之也。又购得《昌言报》第一期(戊戌七月十日出版),《东亚时报》第　期(己亥阳一月)各一毛。

遇刘盼遂。三时至孔德,七时归家。

天甚暖,不适。

2月13日　星期日

上午十时至孔德。午唐立庵赏饭于前门外鲜鱼口西口外往南之都一处,吃炸三角、炸春卷等。此为北平有名之小馆,但我从未去过,一吃,果觉别有风味也。食毕,为二点三刻。头胀,胸亦满。因至厂甸东路一巡。又晤余六小。毫无所得。四时半回孔德,稍休息,六时回家。

今日整日头昏脑胀,殊不适。

天暖。

2月14日　星期一

上午浴,剪发。下午在孔德,无力理书,犷。晚六时归家。

2月15日　星期二

天阴而甚暖。上午十时访戴静山,不遇。至孔德。

下午一时至厂甸,书摊虽收了许多,但仍不少,惟文化商场则收摊矣(土地祠中亦尚有)。略略一逛,遇张少元及符宇澄二人(厂甸延长十天,至阴廿五,即国历二月廿四日)。仍归孔德。至李处,取《续清经解》中之《春秋大事表》。五时归家。

头甚胀,手足亦胀,甚倦。

2月16日　星期三

昨宵大风起,屋为之震。今日竟日风仍不小。

上午十一时吴新斋及王泽青来,下午二时去。

下午四时至孔德一行,六时回家。

上午在家整理书物。

灯下将《十三经》照四库分入史、子、集三部,则当如左:

《易》,子,术数;

《书》,史,别史(《逸周书》即入此类,实应入纪事本末);

《诗》,集,总集(集部、楚辞类亦应并入总集类);

《周》,史,职官;

《仪》
《记》 }礼书类,通礼之属(礼应独立为一类);

《左》,史,编年;

《公》,史,编年;
《谷》,史,编年;
《论》,子,儒家;
《孟》,子,儒家;
《孝》,子,儒家;
《尔》,小学类训诂之属(小学应独立为部)。
此不过就四库之部类而归之,其实四库分类亦甚荒谬也。

2月17日　星期四

上午十一时至孔,孔今日开始上课。晤蓝、李、沈、陈诸人。一时访知堂。六时归家。

2月18日　星期五

上午十时戴静山来,十二时去。

下午至孔德,取知堂著作写目,时序之,未甚理书。六时半归家。

灯下将《左氏》之"五十凡"记于新购之吴评上。"　"去之,而于下栏处记明"凡一"、"凡二"……"凡五十"。

2月19日　星期六

连日天均晴暖,今日更似春天矣。上午九时胡耀宸来。

上午十一时至孔,理书。自今日起,一部一部的归齐,登架,而写活叶账及卡片矣。以前所理,乃去乱纸及不要之报志及书耳。

四时至厂甸看看,尚有许多书摊,惟不逮阴十五以前之多,土地祠中亦尚有。遇企古斋之老赵,他说祠中诸摊明天(星期)再摆一天,后天恕不了。

以五毛钱购得《三不朽图赞》一部,系三板,因末了多了几张(校记及李莼客跋),故购之,而像较初板更模糊矣。

五时至博爱,"达"碘化钙一针,即回家。

七——十时,理家中书,亦写片、记账。

2月20日　星期日

昨天理得太累了,今日精神甚坏,且觉血压或稍高也。

至孔德理书,上午十一时往,下午六时归家。

2月21日　星期一

上午浴。下午三时回家。四时至杨琼玖来〈家〉吊丧,因她之母死,今日接三也。在杨家遇杨季子,杨度之弟,董海伦之翁也。谈次知润烽及大毛寓上海静安南路,海伦入蜀,其夫杨康祖尚在中国银行也。五时回家。张淑明女士来谈,六时去。灯下将《国粹报》中刘文系年以记之,备作序时之参考。

2月22日　星期二

上午至孔,晤蓝、李、沈、陈诸公。下午二时许回家。因精神不佳,头目不宁,不理书。下午四时至五时至厂甸一看,遇刘盼遂。土地祠中已无有矣。道旁(东西)之摊大约比阴元宵以前减一半。五时至博爱"达"碘化钙针。再至孔德取《国粹·撰录》以归。灯下写目草,写了乙巳、丙午两年的,倦了,不写了。此报卅余年来屡理屡欲订而未果。此时重读,实觉亲切有味,今年必须将它写目订好也。

2月23日　星期三

上午十时半至孔,理书竟日。晚七时归家。《古史辨》共出五册。《辨伪丛刊》共出十二种:(甲)通论四种:一、《唐人辨伪集语》,张西堂撰;二、《朱熹辨伪书语》,白寿彝撰;三、《四部正讹》,明胡应麟;(四)《古今伪书考》,清姚际恒。(乙)关于经书六种:一、《古学考》,廖平;二、《书序辨》,顾颉刚辑;三、《诗辨妄》;宋郑樵,顾颉刚辑;四、《诗疑》,宋王柏;五、《左氏春秋考证》,清刘逢禄;六、《论语辨》,赵贞信辑。(丙)关于子书二种:一、《子略》,宋高似孙;二、《诸子辨》,明宋濂。

近思五经问题,应如下:

《易》:经为孔子以前卜人所占卜之记所编成者(未必止此一部,章公尝言《数术略》中尚有《周易》卅八卷。此亦是一种)。本是官书,《彖》《象》则早期之儒者所为。《系辞》《文言》则稍后,或尚存周末,《说卦》以下三篇则汉中叶以后所作。但经传皆与孔子无涉,五十以学《易》,仍维持《鲁论》本。

《书》:孔子以之教人(历史及政治)之教本。但只有今之《商书》、《周书》之大部分(《汤誓》《牧誓》及《金縢》《洪范》诸篇不在内),当尚有他篇(如墨子所引及《尚书》、《左传》所记之大部分)。《虞夏书》不在内,但非孔作,当出于儒家。孔子对于他当时能见到之《尚书》无所增减。

《诗》:孔子常正乐,此三百篇或曾加以编次,但亦未必适与三〇五篇绝对一样。此书比较为最可靠之史料。

《仪礼》:出于孔子以后,姚、顾、袁、牟、崔五人之言是也。盖战国时儒家所编。

《春秋》:"不修《春秋》",确是断烂朝报,孔子借事明义,非修史也。其意与史迁、司马光有相类处,而其作法则不同,此因时代耳。孔子之时之编年史,本只是如此。孔子绝无著书之意(颜元说最谛),此与两司马不同者。

故今五经虽非孔子所定,然实本是儒家化的:

《易》——加《彖》《象》;

《书》——加《虞夏书》;

《诗》——尚无大更；

《礼》——作《礼经》；

《春秋》——孔子自修。

如此而已。

不修《春秋》之为断烂朝报,毫无疑义,崔公谓郑国《书经》无子□、子仪,谓《左传》有之,不足信,此说非是。《春秋》不记周庄、僖两王之丧葬,岂亦无其人耶?恐不止此。拟取《春秋》经全部之周及各国之君死与《史记》列为对照表,看少多少。

"伯于阳",传明言脱误矣。"纪子伯"、"宋子衣"。桓四、桓七,无秋冬,庄廿一年夏五月下无事,桓〇〇"夏五",若非孔子修后所脱,或亦原文如此耳。孔子明言"吾犹及史之阙文",即此是也。吾谓凡传无说者,不容妄加猜测也。("郭公"实亦有脱误。特不应如《左氏》家之另作一条,不与上文"未收于曹"相连耳)。

刘宝楠《论语正义》曾引戴望注说恭冕《后叙》作于同治五年丙寅(一八六六),戴注刻于同治十,辛未(一八七一)据赵书封面是未刻成时,则已见戴稿矣。俞氏《平议》刻于同治五,丙寅(一八六六)。

2月24日　星期四

昨宵大失眠,今日头甚胀。

上午十一时至孔德理书,至下午四时,觉头胀心跳,急止,圹。随便翻翻。晚七时归。

2月25日　星期五

上午十时至孔德理书。下午五时半止。七时回家。检取钱宾四之《先秦诸子系年考辨》以归。钱氏此书实为精密,突过胡、梁诸家也。钱氏之考证工夫实甚精密,张西堂深诋此书者,有成见者也。因张尊今文而钱最轻视今文也。钱亦甚言他对于《周礼》《左传》,不信古文家言,而更不信今文家言。他说得今文总是大不高兴。《国学概论》中关于汉之今古文一篇,真是胡说,其论康有为亦甚多偏见,然我谓其对于五经之见大致不错,其考证他事尤为精当。兹将此书中关于先秦诸子中几个最要之人之年代记于左,兼记公元及恭伯和:

(年)		(公元前)	(恭伯和)
七三	孔子	五五一——四七九	二九一——三六三
八二	子思	四八三——四〇二	三五九——四四〇
九一	墨子	四八〇——三九〇	三六二——四五二
七一	禽滑厘	四七〇——四〇〇	三七二——四四二
七六	列子	四五〇——三七五	三九二——四六七
六〇	吴起	四四〇——三八一	四〇二——四六一

七一	老子	四二〇——三五〇	四二二——四九二
六四	申子	四〇〇——三三七	四四二——五〇五
六一	杨朱	三九五——三三五	四四七——五〇七
八六	孟子	三九〇——三〇五	四五二——五三七
五三	商鞅	三九〇——三三八	四五二——五〇四
七六	庄子	三六五——二九〇	四七七——五五二
七一	宋钘	三六〇——二九〇	四八二——五五二
六六	尹文	三五〇——二八五	四九二——五五七
四五	屈原	三四三——二九九	四九九——五四三
八六	荀子	三四〇——二四五	五〇二——五九七(应九十六岁)
六四	邹衍	三〇五——二四〇	五三七——六〇二(应六六岁)
五六	吕不韦	二九〇——二三五	五五二——六〇七
四八	韩非	二八〇——二三三	五六二——六〇九
七三	李斯	二八〇——二〇八	五六二——六三〇

孔子之作《春秋》，其命意等于作史论，但其性质是王夫之之《读通鉴论》、《宋论》而非吕东莱至张溥诸人之史论耳。

作书论理，始于庄子，但尚是诗的。其后则荀子。又后为韩非。

《墨子》与《孟子》皆出后人追记。

左丘氏之书系历史，盖百国春秋之流也，但已染战国纵横之风矣。

2月26日　星期六

日来天气暖得不大舒服。昨宵因不安眠，扩而翻钱书及罗之《诸子讲义》（一九三三年中大用的）。

今日上午十时至孔德理书，至五时半止。精神不振，心跳不宁，理书成绩不逮前数日。

关于墨子之生卒时代，兹记孙、胡、梁、钱四说：

孙仲容　公前四六八—三七六　　恭伯
　　　　（定王元　　——安王廿六）

胡适之

梁任公

钱宾四　公前四七九——三八一　　恭
　　　　（敬四十一　——安王廿一）

孔子则——
　公元前五五一——四七九
　即恭伯和二九一——三六三

即周△王——敬王
即鲁襄公△△——哀公十六

2月27日　星期日

上午十时至博爱"达"另一种高血压针,并取胃药及安神药,十一时顷至师大文学院办公处访王泽青。下午二时至孔德,倦甚,睡了约一小时,未理书。四时浴,剪发。十时回家。

2月28日　星期一

上午十时半马幼渔来。

下午一时半访知堂,晚六时归。续录《国粹·撰录》之目仍未毕。

3月1日　星期二

昨宵睡得甚累,手足酸胀。上午十时至孔德理书,十二时幼渔来,约同至五芳斋雅,又纵谈清季梁、夏、章、宋诸家思想,此等谈话久不举行矣。谈得甚欢,四时始行,仍回孔德理书,七时归家。

3月2日　星期三

上午郑友渔及阿衡来。

午后二时顷至孔德,理书不多,因天阴较寒,而室内未生火炉,精神又不好,不能多理。至前面与李召贻谈话。

六时许回家。

3月3日　星期四

上午十时郑友渔又来。

十一时访戴,十二时走。

下午二时至孔德,专理甲、金类书,未毕。贞君之著作凡十二种(实十一种),如左:

1.
2.《甲骨文字研究》(一九三〇);
3.《殷周青铜器铭文研究》(一九三〇);
4.《殷周金文辞大系》(一九三一);
5.《金文丛考》(一九三二);
6.《金文余释之余》(一九三二);
7.《古代铭刻汇考》(一九三三);

8．《卜辞通纂》(一九三三)；
9．《古代铭刻汇考续编》(一九三四)；
10．《殷周金文辞大系图录》(一九三四)；
11．《殷周金文辞大系考释》(一九三五)；
12．《殷契粹编及考释》(一九三七)。

3月4日　星期五

今日至孔德,续理甲、金书一日,毕矣。

灯下扩而读顾颉刚之《五德终始下……》一文。

灯下读颉刚之《汉代学术史略》,此书成于"终始五德"篇之后,而"终始五德"只成一半,而此书则全,"终始五德"篇考据详博,而此则为一本通俗之书而又简明,较为易读。

3月5日　星期六

上午十一时至中海访汪一庵及王善恺。

下午回孔德,理书。

七时回家。

灯下仍翻阅《古史辨》书之刘节《洪范疏证》。罗雨亭谓《墨子》引《诗》《书》与今本颇异,而《书》为尤甚,故改制删改之说不为无因。我以为《诗》似孔、墨所见所引实一物,自亦不能绝对无异,然皆由传本歧异,惟《书》似孔、墨所见各有不同,而与今本皆不相同也。

3月6日　星期日

昨宵起大风,今日又竟日,颇冷。

上午十时半董□□(字△△)来谈,他要研求《周礼》之官制,看到底还要〈是〉六国阴谋之书之改造呢,还是刘歆特作。我谓此问题几甚难得到明确之答案,但若多将《周礼》官制考明,则实大有益也。十二时去。下午至孔德理书,六时归家。

今天因"灯火管制",练习防空也。七时半至九时半,我家燃煤油灯。卧读顾氏之油印《中国上古史研究甲编》中之关于谶纬一章,他将现在可考之谶纬书名详列一单,甚有用。惜油印太模糊,会须抄在一个本子上。

3月7日　星期一

风未止,颇冷。

精神萎靡不振。下午八时半胡耀宸来。十一时至孔德,晤蓝、李、沈、陈诸人,并晤幼渔。午后洗澡,五时回家,访戴。七时回家。

连读顾书,他说谶纬与夏氏大致相同,而顾后于夏者垂三十年(夏之《中国社会之原》作于一九〇三,《中国历史》第一册作于一九〇四,第二册作于一九〇五,顾之《五德》及□作于一九三〇,《汉代学术》似作于一九三三),顾能分析邹衍五德,董氏三统及谶纬之异,精密多矣。顾谓"纬书的时代,至早不能过王莽,至迟可以到唐,其中的材料大部分是东汉初期的"(引原文,不误)。此言极是。这几天晚间所翻,觉得此固"汉学",然只是"汉学"而已。夏氏谓清之汉学不对,因不通纬,今明经纬之相需如此。就汉学而言,是也。然岂可编入中学教科书,作为正式的普通历史教材乎(且即以汉学而论,太史公、王仲任非汉人乎?其中所采用及批评非汉学乎?此岂可以纬学包之乎)?夏氏既将自邹衍至刘歆等人之说合而为一,又以此荒谬不经之说作普通历史教材,皆属非是。我初觉我们以后讲《春秋》应排除纬书之材料,今晚再想此亦拘牵之论,纬固荒谬,亦有不荒谬者在,如三科九旨即其一也。三科九旨(用何说,不用宋说,宋说远不逮何之□□),决不当与□受命等说等视也。纬亦二千年中诸说之一种耳。虽荒谬之处太多,然亦当与其他各说平等看待,特不当如陈立之认为今文要说耳。如说《春秋》,即咴、赵、至宋元明清人,《三传堂略稿》□□□派之说,亦岂无系毫足取乎?两汉之妖妄,理学派之虚玄,梅赜、丰坊之作伪,均有可取之言也,但以已之理性去取之可耳。惟刘歆、贾逵之说虽非无可取,而高明如颉刚而犹云古文家合理,甚矣,古文家之易欺人也(总由讨厌今文耳)。厌今文之妖妄宜也,厌其非常异义,非也。如云公羊、董生、何休及《礼运》之说非孔子之言尚可,云此等非常异义无价值则大非,云孔子毫无精义则亦大非也。康、谭、宋、蔡诸君皆重《礼运》及三世说,可谓能振菁英者,纵曰非孔子亦何伤!况亦未必便非孔子乎?我则谓三科九旨皆极精之论。三世之理与《礼运》通(言通即可,不必定谓是一物也),是进化,内外兼××①,三统是革命(损益是作,实出于子张问十世章也。昔谓三统是□□),大误,孔子之说不限于三(如颜子问为邦则四),而当时所知者不过三耳(夏殷文献章,周监二代章,子张问十世章)。大约孔子于夏政虽觉其文献无征,而大致尚知,舜则仅知其韶乐及臣五人耳,尧则更无所知矣,故只能三代而尚更重于周代也)。通三统不必呆看,多取用可也。四代亦可也,当注重损益耳。三科亦不必定每科三旨也。三统科增为四(加虞,根据颜子为邦章)亦可也。三世科去据乱,减为二(同于《礼运》亦可也,内外科,内其国而外诸夏,在封建当法,以后不适用矣,废之而仅言后二旨亦可也。《公羊》学只当取其意,何必泥其之三九之论乎。

上月所购第一年(戊戌——己亥)之《清议报》中有重要之文,今记其最初登载之期数及年月:

《戊戌政变记》第1期,戊戌十一月十一日(阴历,下同)。

《佳人奇遇》 (同上,同上);

《仁学》 2.戊、十一、廿一;

《读春秋界说》 6.己、正、廿一;

《祭维新六贤文》章 7.己、正、十一;

---

① 原文如此。

《台北旅馆书怀寄呈南海先生》、《东风一首寄赠卓如》 8．己，二、一；
《开阖篇》等（原注）南海二十岁前旧稿 11．己、三、一；
《答学究》章 14．己、四、一；
《客帝篇》章 15．己、四、十一；
《纪年公理》梁 16．己、四、廿一；
《论支那宗教改革》梁 19．己、五、廿一；
《儒冠》章 20．己、六、一；
《读〈孟子〉界说》 21．己、六、十一；
《大同学校课卷》 22．己、六、廿一；
《儒术真论》 23．己、七、一；
《饮冰室自由书》 25．己、七、廿一；
《安昌谣》章 26．己、八　一；
《梁园客》（访梁鼎芬）章 26．己、八、一；
《杂感》（自记：此去秋将东渡台湾作也。今中星一匝，复自江户西归，书此不胜今昔之感）章 28．己、八、廿一；
《西归留别中东诸君子》章 28．己、八、廿一；
《七言十章寄怀饮冰子兼呈更生先生》宋 31．己、九、廿一。

3月8日　星期二

风止，然冷。

午后至孔德，稍理书，而精神心绪均不宁。七时归。

3月9日　星期三

上午十时至清源医院，访赵△△。代领三儿去年七月份薪七十元。至中海晤汪一庵。下午至孔德，将各志中独行之文百数百篇写目。七时回家。

3月10日　星期四

天稍和煦。上午十时至孔，专干单篇文之目，七时归家。赵老铁之文共十六篇，皆论元明清之"时代的"韵书，研究此类书，我是有志未果。他专干这个。可是东西实在不错，记其目如左：

其《明清等韵之存浊系统》一文中共录十有四家，如左：

（一）章黼《韵学集成》之辨七音—四三二——一四六〇；

（二）王应电《声韵会通》之二十八声—五四〇；

（三）无名氏《字学集要》之二十七声—五七四；

（四）濮阳涞《韵学大成》之削总母而存助纽—五七八；

（五）袁子让《字学元元》之辨四等；

(六) 叶秉敬《韵表》之实行揭明二等；
(七)《韵法横直图》之变等为呼一六一二；
(八) 陈荩谟之《步随横直图》
(九) 释宗常《经纬图》之开发收闭即开齐合撮；
(十) 熊士伯《等切元声》之以等切析中原韵一七〇三；
(十一)
(十二) 汪烜《诗韵析》之图绘发音部位一七二三；
(十三) 是奎《太古元音》之内外铃摄；
(十四) 劳乃宣《等韵一得》之戛透轹捺一八九八；

3月11日　星期五

天气暖。

午前至孔德，未理书。

午后访知堂，并晤徐耀辰及朱肇洛。七时回家。

日来手足酸胀，头脑亦不甚宁，似乎血压又多些高了。

3月12日　星期六

上午访戴，下午至孔德，理宣纸，不能多动也。六时至金处达哈针，又取水药一并。归家。

3月13日　星期日

上午赵老铁来，林景伊来。

下午至孔德，贴赵老铁文，二时——七时始毕。归家。甚累。

赵文十八篇，皆论等韵者，大概等韵各书之重要者有问题者他都论了。这是赵之大功，以前等韵学未有此也。以后讲等韵学将无问题者照编而加此，便成甚好之著矣。(附《官韵》一篇无甚关系——共19篇)

3月14日　星期一

上午在家中理书，十时半马二来，十二时去。

三时浴。七时归家。

倦甚。

3月15日　星期二

精神欠佳，直以《明儒学案》药之。噫。

上午十时半至孔德，在荃室内将箱笼摆整齐以便清理。孔德已撤炉，但我室中尚冷,而荃室则甚温,大可理书。午后二时林景伊来,旋去。我至教务处,晤蓝、李、沈、陈、周诸君,沈三来,谈至六时散。我回家。七时顷戴公来,十时去。

3月16日　星期三

上午在家为林次公写单条一张,系写宋平子诗"旷世颂寄士上露"一首,因景伊将归来索,故写之也。又为郑友渔写《生圹志》三张,几三百字,未毕。下午二时至孔德一行。四时顷归家。为林盛逵(号潮斋)书尺页一张。又冯世五尺页一张。今日总算写了一天字。

3月17日　星期四

上午又写郑《圹志》一张,一百字,仍未毕。十一时访戴,十二时半归家。因家中无仆妇,只婠一人在家,故我回家,未往孔德。下午在家中取申叔之《礼经旧说》与稿从事整理。因心绪不宁,头胀,精神疲乏,故弄不下去。晚八时戴公来,十时去。

3月18日　星期五

烦躁不安,走投无路,咳,太无涵养,其苦至此。今老矣,精神上太痛苦。

午至孔德一行,未做些子事。至李家取贾刻《明儒学案》,此本虽多所改劣,然刻得甚精,亦有足校正郑本之处。

3月19日　星期六

上午十一时至中海,晤汪一庵。

下午一时半访知老,六时归。

3月20日　星期日

阴,午雨,晡时霁。

十时半至孔德,理荃室之书。精神提不起,成绩甚不佳。六时走。洗澡、剪发。十时回家。

数日来念荃加甚,不知其状况久矣,心绪烦躁,而又异常疲乏。奈何奈何!

3月21日　星期一

九时顷榴仙来,携来嫂写扇及伊府面,榴之花生糖、牛肉、鸡等,因明日为阴历二月廿二日,婠五十三岁生日也。她们偏有这些过节儿。

十时至孔德。下午想理荃、穹书,而精神不成,只好作罢。咳!

3月22日　星期二

上午十时访戴。因大嫂、榴仙送礼来,今年至同和居定菜四品,嘱送受璧,以答礼。

下午至孔德,四时回家。四时半杨琼玖来。

3月23日　星期三

今日为阴历廿二,馆生日也。家中一无举动。我很早即出门,闻大嫂及榴仙均来云。

九时得启明电话,约十时以前在孔德会商,同访何其巩,为孔德事也。在何家见姚惜抱致陈硕士信手迹,草书极精。十一时仍回孔德。启明即归。余在孔德,下午觉头、腹、腿均胀,昏昏欲睡,不能理书。晚七时回家。

3月24日　星期四

十一时幼渔来,与同至五芳斋雅。我惠钞。四时至孔德,头、腹、腿均胀。六时顷回家。

3月25日　星期五

上午八时顷杨琼玖来,旋去。十时访戴,十二时走。下午在孔德,胃胀,频欠伸,昏昏欲睡,甚不适。翻袁刻《王心斋全集》及朱维之的《李卓吾论》。日来昨翻穄《王学》及《明儒学案》之龙溪及《太〈泰〉州学案》等。

(3月26日、27日未记)

3月28日　星期一

上午晴。下午二时大雷,雨雹,渐止。未开晴。

上午至孔德一转。下午二时回家。本想浴,因雷雨而止。精神不振。翻《宋元学案》。二老阁之二者为黄宗羲与郑溱。此阁为溱之孙性所建。

郑溱秦川——梁寒村、高洲——性乂门、南村、五岳游人。

郑性(七十九岁):一六六五——一七四三(康4,乙巳,永历19,乾8癸亥)

全谢山生于黄梨洲卒后十年:

黄:一六一〇——一六九五(万历卅八,庚戌——康三四,乙亥)

全:一七〇五——一七五五(康四四,乙酉——乾廿、乙亥)

黄卒之年,郑性已卅一岁矣。

(3月29日至4月30日,未记)

三百年来浙江的史学家,凡十人:

（浙东七人，浙西三人）

黄宗羲 余姚 一六一〇——一六九五，万历三八——康熙三四；
万斯同 鄞 一六三八——一七〇二，崇祯一一——康熙四一；
邵廷采 余姚 一六四八——一七一一，永历二，顺治五——康熙五〇；
全祖望 鄞 一七〇五——一七五五 康熙四四——乾隆二〇；
章学诚 会稽 一七三八——一八〇一 乾隆三——嘉庆六；
邵晋涵 余姚 一七四三——一七九六 乾隆八——嘉庆元；
龚自珍 仁和 一七九二——一八四一 乾隆五七——道二一；
宋衡 平阳 一八六二——一九一〇 同治元——宣统二；
夏曾佑 钱塘 一八六五——一九二四 同治四——民国一三；
章炳麟 余杭 一八六八——一九三六 同治七——民国二五。

东莱吕氏。见于《宋元学案》之廿二人：

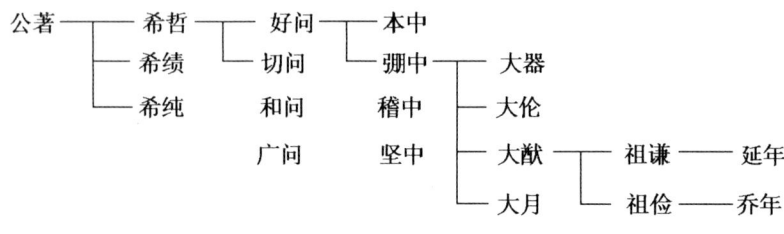

非直系，则列于同列，而不挂线，如和问、广问为希哲之从子是。

附公著以前之世系：吕龟图——蒙正
吕龟祥——蒙亨——夷简（文靖公）——公著。

上列廿二人之字及别称，又其所在之学案：

	字	别称	所列之学案
公著	晦叔	申公、正献公	《范吕绪儒》
希哲	原明	荥阳	《荥阳》
希绩	纪常		《范吕》
希纯	子进		《范吕》
好问	舜徒	东莱	《荥阳》
切问	舜从		《荥阳》
和问	节夫		《和靖》
广问	仁夫		《和靖》
本中	居仁	紫微、东莱、文清公	《紫微》
翊中	仁武		《和靖》
稽中	德元		《和靖》

坚中	景实		《和靖》
大器	治光		《紫微》
大伦	时叙		《紫微》
大猷	允升		《紫微》
大同	逢吉		《紫微》
祖谦	伯恭	东莱、成公	《东莱》
祖俭	子约	大愚、忠公	《东莱》
祖泰	泰然		《东莱》
延年	伯愚		《东莱》
乔年	巽伯		《东莱》
康年	○○		《东莱》

5月1日 星期日

自三月廿八日以后，又有一个多月没有写日记了。这些日子之中，未曾理书，常翻宋元、明儒两学案(录东莱吕氏世系，见上)近日又常想《春秋》之问题，曾购得五书：

孙刻《叶水心集》4元；

莫刻《王龙溪集》8元；

《春秋胡氏传》二元(《四部丛刊三编》影写本)；

《春秋刘氏传》二角(《通志》原本)；

《春秋后传》(陈止斋)八角(广东翻《通志堂》本)。

宋人言《春秋》之书，以刘、胡、陈三家为最精。刘用《公羊》之义处甚多，胡言内夏外夷，言天下为公；陈言《春秋》分三世，托王于鲁，及之年……，皆《公羊》家义。程伊川以《春秋传》虽不高明(胡出于陈而远胜于程)，然其序却极精。后此则章实斋之《答客问》及《浙东学派》中之论《春秋》，《史记》以后一人而已。

近来胃大病，精神又甚衰。

今日上午访戴，并晤小许公。午后至孔德，广而寐，觉头甚胀，四肢甚酸胀，五时至博爱，请金诊，取胃药，注射唯他赐保命一针，即归家。

杨琼玖来。

5月2日 星期一

晨十时起至黄昏，大风竟日。冷。未出门。上午理家中书。下午因精神不振，怕冷，广而翻申叔《左氏》之著作。七种之中除《读左札记》一种作于一九〇五，颇有新意,对于襄彝及民贵两义最注意而不谈凡例。其他六种,系一九一〇以后至暮年之作。专言例,专尊刘、贾许、颖而绌杜,全以《公羊》法解《左传》,又"凡汉皆好",真可覆瓿也。讲《左传》,应专重事实,越不讲义越好。杜注乃讲义之中最干净之一种,远胜刘、贾诸人也。故章君暮年之《左氏疑义答问》,远非刘所能梦见,黄之尊刘,乃专尊其最不高明之点耳。刘书已无价值,再益以艰深文浅陋之文章,更觉可厌耳。倦甚,十时半即睡,然不安眠。

5月3日　星期二

风止,而天仍寒。上午十时幼渔来,与同至东黔阳午餐。午后至孔德。五时半沈三来孔德,谈至七时走。我回家。

5月4日　星期三

上午至孔德,晤蓝、李等。

下午一时半回家一行。二时访知堂,六时半归。

日来精神甚疲倦。晚十时半即睡。

5月5日　星期四

上午九时半访戴静山。十时半至孔德,晤知堂及幼渔、蓝、李、沈等。

下午二时回家。

五时严既澄来谈音韵,八时走。阅刘申叔之《汉代古文学辩诬》,卅年来看之,但不以其拥护古文为然耳。此复读之,觉即使站在古文方面说话,亦觉其不能言之成理,他实在上了老夫子的当。刘本非纯粹古文家,亦非攻击今文者,忽欲为此说,自然总说不圆也。

5月6日　星期五

午后一时访孙蜀丞于其家,为孔与华事也。三时至博爱,取胃药,达唯他赐保命,因日来甚觉精神不支也。至来薰阁,见有木刻《爱智庐文》(廿五年刻),携归至孔德看之,较亚东本多了几篇。六时半回家。汪静泉来,云不日将南行经商。

灯下十时续上月所撰《刘书总目后记》,写了一小时半,甚累,遂止。

5月7日　星期六

阴雨竟日,下午雷,大雨。

竟日在家未出门。精神甚坏,心绪甚恶,恶闻人声,闻即心中烦躁,嘻! 上午续写《后记》一段,觉脑胀,不能支,即止。嘻!

下午杂翻架上书,看《心史》《所南诗集》,点阅《谪麟堂集》之施墓表、刘传、赵日后记,《亭林诗集》等等。时觉心酸泪下(顾、郑诗集固欲下泪,施、赵两人叙戴之苦,亦引我自谕也)。《心史》一书,信为真者:张国维、顾炎武、钱肃乐、归祚明(见《亭林诗稿》卷六,页四,《井中心史影序》)。不信者:王敬所、阎百诗、万季野、全谢山。万谓是姚士粦伪作,全信其说(见《鲒埼亭集外编》卷34,《心史题词》(商务本页1143—1144),又见《外编》卷25之《杲堂诗文续抄序》,亦言之,但全氏此文中似非十分肯定之词,云"或且以为姚叔祥之赝本",又云"叔祥赝本之患"。又徐乾学□所作《通鉴后编》之《考异》,见《四库提要》卷174,别集存目一。按此书,见《提要》47,史部编年类。《提要》谓是书徐氏与万斯同、阎若璩、胡渭等所编,则全所引万、阎之说与徐氏同出也。不信为姚士粦伪作者:厉鹗云:"叔祥岂能为此诗文!"。

我以为照思想、见解、文章、气节,非郑不能作。当认为真书。万、阎诸公盖猜测耳,非有实据。徐不足道,厉说最有理,姚士粦只会造杂事秘辛,做《见只编》耳,乌能赝此书耶?或井中铁函之说是,好奇者故作神奇耳!

5月8日　星期日

上午访戴。下午二时顷回家。三时顷访孙蜀丞,为孔德讼事。五时许至孔德,约周、沈三、蓝、沈小同至孔谈,九时半归。借孙之《梦陔堂文集》归。

5月9日　星期一　晴,凉

上午浴,剪发。

下午至孔。

下午三时陈颂平至孔访余,谈至七时许,他归,我亦归家。

5月10日　星期二　晴,有风

上午九时许至辅大。因前日约定周、钱、沈、孙四人在今日上午会于该校,为孔德和解事也。在该校晤季豫、范村、皖峰、侍峰诸人,十时半散。至孔德。午至博爱达唯太针。下午至商务购……

四时回家。

晚八时访蓝于其家,即归。头脑稍不宁。

5月11日　星期三

上午十时顷忽觉头重心悸,盖血压又高也。广半小时。访戴,谈至一时走。下午至孔德,晤李、蓝、沈诸公谈数语,又觉头重心悸。广一时顷仍未好。为孔德事乘汽车访岂、访孙。孙留晚餐,谈至九时归家。于其间(周、孙间)至博爱"达"哈针。

5月12日　星期四

十时至孔德,晤蓝、李、沈等。十一时江绍原来孔德访我,谈至下午三时,与同至华宅小吃,六时散,我回家。杨琼玖来。

5月13日　星期五

热。上午九时顷戴来,一时去。我至孔德,晤李。在室中圹,六时归。得孙电话,知一切手续均办妥,等候孔德付钱矣。至蓝处告之。夜闷热,不安眠。

5月14日　星期六

上午七时雨,九时霁,凉。九时杨琼玖来。九时半至孔德,取550元即至知老处,孙亦来。孙十二时去。我下午五时归家。余季豫来,七时去。充今日患耳下腺类,七时顷延金子直来诊,并为婠诊头部神经痛。夜半大雷大雨,不能安眠。

5月15日　星期日

上午大雨,雹,午后霁,旋大风,冷。

上午九时王泽青来,十一时去。十时瞿子陵(润缙)来,一时去。二时至孙蜀丞处,孔德与华北事毕矣。至博爱为充、婠取药,"达"惟针。至公园,七时归家。

5月16日　星期一

上午九时王西徵来。

十时访戴,十二时出其大门,右足为门阈所绊,向前倾跌,致鼻口均摔破,幸眼睛未伤,戴亟扶我起,乘车,他护送我回家,急电葛来敷药,并注外碘针一,伤口颇轻,但跌时一唉,致头脑不宁。孔德讼事已了。今晚中人何其巩因调停此事已毕,约双方人在其家吃饭,我因伤不能往,电话约知堂来家,请其转达。知五时来,五时半去。晚缪金源来,八时来,九时去。夜不甚安眠。

5月17日　星期二

晨八时,蓝来问伤。

十时戴来。电话约葛来换药,二时来,说已封口,约三四日内可愈。注哈针。六时李召贻来望病。

5月18日　星期三

竟日未出门,亦无人来。

精神不振,看《儒林外史》以消遣。

5月19日　星期四

午后十二时半坐汽车至博爱换药,达唯针,因精神衰弱也。上下午均看《儒林外史》以消遣,不能看较沉闷的书。晚八时戴来,十时半归。下午为孔德中学生五人写纪念册,写张、朱、吕、陆、王诸儒格言。充病愈。

下午略理家中架上书。

5月20日　星期五

上午九时杨琼玖来,看梁注《桃花扇》。午后一时至李召贻家,晤召贻。取《汇刻书目》及《汉魏丛书》来,二时回家。四时杨又来。六时访沈三,七时归。戴来,八时去。

灯下翻《元经》,实是一部无聊的书,世人喜讥《纲目》,《纲目》诚可讥,王氏此书尚不堪作《纲目》之仆。

充今日起床。

5月21日　星期六

阴,晡后有雨。

上午十一时偕婳同至博爱,我换药,注唯针。她因手皮破损而诊。

下午五时戴来,八时走。

伤渐愈,唯精神不振,心绪烦乱,看书均看不下去。

5月22日　星期日

觉头胀。下〈上〉午十时至孔德,晤蓝。

下午四时至博爱,换药,"达"哈针,精神心绪均甚坏,乱翻书,毫不能凝聚。咳。

今日天安门开庆祝徐州陷落大会。

5月23日　星期一

上午十时戴静山来,刘北茂来。午后访蓝,访李,在李处取书数种以归。汪公立来。随便翻翻。心绪不宁。

5月24日　星期二

上午至孔德,晤李、沈、陈诸人。

下午回家。杂翻适之之程绵庄及《颜李遗书》。

五时戴静山来,严既澄来。

兴趣甚坏,心绪不宁。

5月25日　星期三

天甚暖。上午铸新来。

下午至孔德,晤李、蓝、陈、沈诸人,为孔、华事,明日开调解庭也。五时又访蓝即归。圹而翻《青溪文集》正续编。

5月26日　星期四　阴雨,寒,晡后止

翻阅《思辨录辑要》、《在莱堂△集》(《丛书集成》本),翻正谊堂本(较苏刻本少)。

下午五时出门,浴。剪发。八时归。

今日右目之创已合口,面上纱布全去矣。孔、华讼事,今日已开调解庭,完矣。

5月27日　星期五

雨,寒。上午崇仁来。翻《丛书集成》本之《健余先生文集》,博野尹会一著,中有关于颜氏三文——《修习斋词堂启》卷五,《习斋先生入乡贤词文》卷六;《颜习斋先生墓表》卷八。

此公是一个朱学陋儒,但幼时曾见过颜习斋。

昨读《王崑绳集》,知王闻远曾拟请王撰唐甄墓碑,王对于唐之学问见识文章亦甚佩服,但因其《潜书》中对于明毅宗不敬,故愤而反对而不做。(《潜书》中有称道王源语,王亦知之)。

将架上二千本《丛书集成》依次排之,并记册数于目录上,以便查检。

竟日大雨,黄昏以后尤甚。

5月28日　星期六

雨霁。昨宵不安眠,今日甚觉不适。上午杨琼玖、张玉生、戴静山来。午后至孔德,晤李、陈、沈三人,因不适,即归家。理《丛书集成》以消磨时间。

5月29日　星期日

晴,潮热。八时顷胡耀辰来。十时顷瞿子陵来,谓赵铁言该韵书恐是章黼《韵学集成》,我取与赵铁之文相校,十又九是。十二时瞿去。午后至琉璃厂购笔,欲至商务,因天热头胀,恐不适,即至金处取嗽〈漱〉口水,达哈针即归。五时陈中平来谈。理《丛书集成》。

5月30日　星期一

潮热。上午整理《丛书集成》。十一时半至市场以二角购得《四部丛刊》本《孝经》,于是我之《四部丛刊》本《十三经》全矣。

午后至孔德,晤蓝、李、沈,周公适往,谈至五时顷归。

灯下整理《丛书集成》。

黄昏大雨,通宵。

5月31日　星期二

上午雨,午后渐晴,风,燥矣。

上午至下午三时理《丛书集成》,理毕矣。

三时顷,郑友渔来,旋去。我至孔德。六时回家。杨琼玖来,七时顷去。

《丛书集成》一百部中,我所有者才十分之二耳。其书分类多荒谬,排印多错误,如士礼居之《周礼》《仪礼》竟不用影印,而如明人许多短书,如　　等中无聊之书,则多用影印,盖下等之骨董家所为,真无聊。不过我总应感谢他的,因为有许多大丛书,我都没有。今后自然更买不起。此编排印虽多误,然固慰情聊胜无也。

6月1日　星期三

上午十时至文奎堂还书债:《王龙溪集》,八元;

《叶水心集》,四元。

下午至孔德,晤蓝、李、沈、陈诸人。

五时回家。

精神不振。

6月2日　星期四(旧端阳)

上午九时尚仁、尚义、繁猷均来。尚仁携一电报来:(云昨日所到)"北平西吗(四)受壁〇〇九号钱稻孙:雄在沪。父在平否?盼电复。崑雷(志靖)转。雄。"

系卅一日十九点十六分(下午七点)所发。十一时至孔德复电:"上海成都路四三九弄廿四号俞志靖君:雄电悉。玄仍寓原处,余函详。请转告。玄同。冬。"

又请沈令扬致一电于乃弟令年(上海金城银行)。

即归家。下午婠至受壁,我在家。灯下作致雄函(由志靖转)。精神疲倦,明晨当再作致志靖函,而用快信寄出也。

婠归。嫂交彼志靖五月十六日发之平快信,时俞尚未得雄耗,读此信,知靖始终在沪。幼楞夫妇及棣孙夫妇及其子在荡口,仲联往桂林,华孙被难。俞家亦避荡口,徐生以身弱积劳,途中病故。徐夫人及九思夫妇及其子女现移寓志靖处。章家甬被毁,范口桥尚在而什物无存矣。

6月3日　星期五

今日头目不宁,心跳,血压恐又高矣。上午六时起,作致志靖函。十时幼渔、静山均来,十二时去。

下午至孔德,假寐约一小时。

五时启明来,今日为孔德了结华北案之请客:

地点:承华园;

客三人:孙蜀丞、何克之、沈家彝(沈未到)。

主八人:周启明、马幼渔、沈兼士、钱玄同、徐耀宸、蓝少铿、沈令扬、李召贻(马未到)。

至九时散。

今晚又不安眠。

6月4日　星期六

阴,下午微雨,凉。

下午九时至博爱达哈针。

至琉璃厂书店走走。

十一时至孔德晤李、沈。

下午一时浴。五时回家。

两三年前所购日本板之《宋高宗草书礼部韵略》前有陈汶序,云刊置"墨妙亭"而无年月。今日翻《语石》卷三云:(字书小学类,第二则)"天一阁范藏,宋高宗御书《礼部韵略》,真、草二体,嘉定十三年陈汶摹刻,其石亦毁于墨妙亭。"(上一则谓"鲁公《干录〈禄〉字书》初刻于吴兴,孙莘老置之墨妙亭。"故此云云)。

是此书原为石刻,而刻于公元　　也。

今晚安眠。但甚疲倦。

6月5日　星期日

午至博爱"达"哈针。

分韵者:

《草书礼部韵略》(宋赵构书),

《草书韵会》(金张天锡编),

《草韵辨体》(明郭谌),

《学韵汇编》(清陶南堂);

分部者:

《字霞贯珠》,

《草字汇》(石梁),

《真行草大字典》,

《草说》(李滨),

《急就章草法考》(李滨),

《平民行草字选》(李广芳);

辨:

《学诀辨疑》(明范文明),

《草圣汇辨》(清朱宗文);
简体字:
　　《宋元以来俗字谱》(刘复)　　　　一九三〇
　　《简体字表》(钱玄同,教部)　　　　一九三五
　　《简体字典》(容庚)　　　　　　　　一九三六
　　《简体字表》(卓定谋,字体研究会)　一九三七

6月6日　星期一

今日又"达"哈针。

6月7日　星期二

上午十时访戴,并晤陈君哲,龙△△及徐△△(治)。徐新于卅一日乘顺天轮自沪来,三日到也。十二时走。下午二时至孔德,晤陈、沈。天孔热,即归家,理荃书。倦甚。四时顷大雷大风,雨,旋霁,凉。

我得病在廿三年(一九三四)之十二月,制《简体字》在廿四年之春夏。荃、蕙相识在廿四年(一九三五)之秋冬。

6月8日　星期三

热。上午十时戴来,刘北茂来,十二时去。

下午二时至中海,晤汪、王诸公,汪侄公遏新自绍兴来,亦顺天轮来。与之谈。六时至戴月轩购狼毫大楷笔。七时至孔德晤沈、陈。八时归家。

6月9日　星期四

上午浴,剪发。

下午至孔德。得沈令年复其兄电,文曰"秉雄在沪"。是他二人已会面也。三时访知堂,托其代请孔德图书馆编目员也。六时回家。

热。然有风,不甚闷。

6月10日　星期五

上午至金处打哈针。

午后至孔德晤沈、李诸人。

四时回家。张淑明来。

昨宵竟夜未成眠,今日头脑甚胀,无精神,晚九时即卧。

今晚尚安眠。

6月11日　星期六

竟日未出门。天阴,午至七时雨。

上午铸新来。

下午阅刘稿(《冠》补《婚》、《相见》三卷前已阅毕交出)之《聘》、《公食》、《觐》三卷,凡十八张。

6月12日　星期日

上午又阅《少牢》、《有司》二卷。午后至孔德送交胡耀宸。今夕寓孔德,未归家。

6月13日　星期一

上午十时回家。浴。

下午五时至孔,知下午二时至四时,蔡绂云……① 周、徐、沈于六时至。我九时归家。

6月14日　星期二

上午至孔德,晤蓝、沈。

下午访知翁,蓝亦来。

6月15日　星期三

上午至孔德,晤蓝及周。

午后回家理架书,至黄昏。甚累。

6月16日　星期四

今日精神甚坏。上午十时以前理书,即止。访戴。午回家。下午四时顷至孔德晤蓝、李、陈、沈诸人。头胀脚软即归。

6月17日　星期五

八时胡耀宸来。九时端仁来。王西徵来,约我至华宅吃中饭。下午四时至金处"达"哈针。他的新血压计已来。今日184。至孔德晤蓝、李、沈、陈诸人。晚八时得雄十一日复我二日信。甚慰。

今日精神仍坏,头胀,心慌,腿软。

---

① 原文以墨涂去。

6月18日　星期六

上午于安澜来谈,多年未见矣!

下午访知翁,并晤朱肇洛及文元模,骗其夜饭而归。

复雄信。复强信。

6月19日　星期日

上午浴。剪发。

下午二时至孔,晤蓝、沈、陈诸人。因甚倦,即归家。

今晚仍甚倦,困弗醒,然亦不能安眠。

6月20日　星期一

上午杨琼玖来,戴君亦来。

下午大嫂来。

晚七时至孔德,取《六书故》《说文字原》《六书正讹》《六书精蕴》《说文长笺》以归。

《六书故》,宋末,前人称戴侗为元人,大谬;

《说文字原》序于……;

《六书正讹》序于……;

《六书精蕴》、

《说文长笺》。

晚倦甚,困勿醒。

6月21日　星期二

上午"达"哈针。178。

至中海晤汪公立、王善恺、张玉生。得陆雨庵讣。知其于△月△日作古,拟一挽联(一八△△　——一九三八)。下午三时访陈中平,示以挽陆联。他帮着修正,七时归。

天闷热,倦甚,困弗醒。

6月22日　星期三

上午赵肖甫贞信来。

下午写陆艮庐挽联:

搜集宋元简体字,推行苏语声韵符,令嗣已能继武;选编务观白话诗,阐发子静精义学,我公无愧象贤。艮庐先生不朽!钱玄同敬挽。

我傍晚至孔德取《说文长笺》以归,杂翻之。

热。

6月23日　星期四

热,然有风。

下午浴。看《浮生六记》,此书可谓自传文学之佳者,因其描写自然也。

灯下杂翻《说文长笺》,觉其不逮戴侗、周伯琦也。

6月24日　星期五

上午马二来,他约我至一亚一吃饭,此饭馆本是广东馆,近变为淮阳馆,然广东菜仍有也。谈至三时而散。余往孔德。晤蓝、李、沈。六时至金处达哈针,仍178。

热,不能做事。

6月25日　星期六

闷热。

上午访戴,并晤刘三。

下午访岂明,七时归。

翻《诗经原始》。借知堂之《诗义会通》(吴闿生著)以归。广而看之。不佳(远不及姚、崔、方)。此吴氏父子之不高明处,他们能批评旧说固佳,而终不敢反对汉说,故时时因之。此不高明者也。

6月26日　星期日

今日阴,雨,凉,入晚霁。上午至孔德,晤李、沈。午,王善恺赏饭于庆林春。同座者有张少元、吴文仲、董鲁庵、汪一庵、程春台、夏康农及其他诸人。三时顷回家。灯下补写荃、蕙纪念册:《郑风·出其东门》《溱洧》《女曰鸡鸣》等三篇。

6月27日　星期一

晴,尚不甚热。

上午至孔德,晤蓝、李、沈、陈。

下午二时开始清理近五年来的烂纸堆六箱,未毕。约留十分之一、二,廓清垃圾,不但出空地方,且不必再搬来搬去,占箱子,费人力也。八时归家。

6月28日　星期二

晴,较昨热。

上午七时顷孙海波来,十时去。我即赴孔德,晤蓝,十一时顷继续理垃圾。十二时周丰一来,谓知老请在北海公园仿膳吃饭,即往。主人之外尚有平伯、耀宸、启无三人。三时出园,再至孔德理物。八时回家。

还知堂吴氏《诗义会通》,因实不足观也。又借其《读风臆补》,此书本明戴君恩忠甫之作,名《读风臆评》,去夏曾在文奎堂见之,系朱墨套印,为△△所刻,价甚昂,买不起。知堂此部,系清人陈继揆舜百(号舵岑,镇海人,当咸丰时,书刻于光绪六年庚辰)之作,取戴书而加评,名曰《读风臆补》。此书全用评诗之法评《诗经》,与牛空山之《△△》(亦知堂所有)性质相同。评点本〔无〕价值,不意而用此法以评三百篇①,实较拘牵毛、郑或三家诗有价值,盖能用文学之眼光看也。

6月29日　星期三

上午八时稻来。

九时顷至孔德。因蓝欲回家,请李代理。今日周往接洽,我亦往也。十二时散。

下午二——八时理垃圾,仍未完。

八时归家。大暴雨,九时顷止。

6月30日　星期四

上午至孔,与蓝谈。

下午继续理垃圾。因头孔胀,手孔酸而止。七时归家。

7月1日　星期五　天闷热

上午至博爱,血压178,"达"哈针。又因两手湿气又发作,取药水以归。

下午浴,剪发。

灯下取牟、龚、方三家之《诗》序录于四部本《毛诗》之上端。今晚录《周南》至《郑风》,其余如朱、如何楷、伪卜、伪申及姚、崔诸家,有新说而无序者,以后亦当录上。年来目眚而手腕作字又不灵活,行款歪斜,字迹稚劣,太不顺,甚不恰意。今录此仍如此,亦不管矣。

7月2日　星期六

上午杨琼玖及范文青两女士来。

午至孔德晤蓝、李、陈、沈。午后访知翁,七时归。

晨得雄信(六月廿五),知十八日所寄信已收到,他们俩到沪后均病,请麟伯看之,近已愈。六月秒〈杪〉拟乘轮北来,日内当可到矣。甚慰。

灯下续录《齐》《魏风》。

---

① 原文如此,疑有脱误。

7月3日　星期日

上午至博爱医湿气,至孔德,访戴,午后雷雨,闷热。

7月4日　星期一

晨胡耀宸来。上午至孔德,与周约也。午,周约蓝、沈及我在森隆吃饭,为蓝佐勤事也。四时归家。

7月5日　星期二

上午十时马幼渔及戴静山均来。下午二时至德国医院三楼91号访南佩兰谈刘书事。四时归。

晚八时李召贻来。

7月6日　星期三

竟日未出门。

上午孙蜀丞来谈,十二时去。下午排刘书《燕礼》《特牲馈食礼》两卷。至晚九时未全毕。秉雄、幽湘忽至,一年之别,半年来之思念,大慰。晚与雄谈话至四点始睡。睡不成眠,六时即起。

7月7日　星期四

上午至孔德。下午浴。五时回家,与雄、幽幽谈。今日进德。

7月8日　星期五

上午访戴。下午至孔德。晤蓝、李、沈、陈诸人。张西堂来谈。七时归家。

7月9日　星期六

下午访知堂。

7月10日　星期日

天闷热。

下午浴。黄昏大雷雨,霹雳一大声。

7月11日　星期一

下午三时至孔德。晤蓝、李、陈。

7月12日　星期二

天闷热。竟日未出门。上午赵老铁、王泽青均来。下午杨琼玖来。

7月17日　星期日

上午十时至市场,遇大雨。午后浴,剪发。四时顷归家。大雨倾盆,约一小时许止。

7月18日　星期一

上午幼渔来,约我至市场之新太和吃午餐。下午四时至孔德,蓝来谈,有留意。七时走。余归家。

7月19日　星期二

下午访知堂。晚大雨。

7月20日　星期三

大雨,下午三时后渐止。入晚又雨。下午五时戴静山来。

7月21日　星期四

上午晴,闷热难受。至下午二时而雷电暴雨又作矣,倾盆大雨至终宵不绝。
上午十一时至孔德。下午浴。

7月24日　星期日

上午至金处,请金诊。今日比昨日较好矣。
《凝园读诗管见》共十四卷。明德堂藏板。慎斋罗典徽五氏。"视尔如荍,贻我握椒",则其将掠未掠时,先傲盼而为是凌虐之辞也。尔指子仲之子,我则强暴者自我也。荍,即荞麦之荞,谓荆葵者,非是。《本草释名》亦作荍,李时珍曰:荞麦之茎,弱而翘然,易长,易收,磨面如麦,故曰荞,亦曰荍,且与麦同名也。"视尔如荍",谓其色与荍之花同耳。荍花白而浅红,布地繁密,亦秋丽而可爱者。椒性辛温,大热,食之走气分而助火。"贻我握椒",此强暴者自道其淫心之炽,直若如荍之子,有椒盈握,猝投之而强使吞之云尔。言之肆妄至此,何不可为哉!

9月5日　星期一

自七、二四以后至今又四十余日矣。无可记,故不记。此一个月之中,身体生过一次病,系胃肠肿,一周而愈。事在八月十九至廿五之间。血压又较高,自179至186。十余年未发之手上湿气自七月初以来又发,八月中较爱气,迄今尚未愈。七月中旬有不知何人死,其姓名大概与我有些相像,南中报纸讹传为我死,于是张凤举来唁秉雄之信,徐林士来唁婠贞之信,俞志靖及钱瑛来信隐约其词的问,徐苏甘来信致婠贞问我身体如何,孙鹰如竟寄来挽联,魏建功及罗膺中亦来信与平友探询,亲友们之关切实可感激。我无迷信,不特不以为嫌忌,且实感其交谊之深,不以生死而渝。孙之挽联曰:……

挽联非逝者所能见,今因传误而见之,亦颇有趣。

雄、婠均于今日始上课矣。孔德今日开始上课,幽于九月三日迁至校中去住,以期便利。充亦于今日开始上课。八月中得强来信,知其亦放暑假,需至△月方上课也。我们曾于八月九日阖家在院子中摄一影(五人),而我与婠、幽三人亦各摄一影。

今日上午浴。十四时至孔德。十八时回家。昨、今两日翻《春在堂诗》,已亥至丙午。俞之诗文从无称道之者,且多诋之为庸,我以为俞之文固平平,然亦甚通达,诗则既多白话,晚年尤甚,又有俗语,无论何种文字都可入诗,实非正统派所及。读之极有趣味。"好以笔札泛爱人","老而不能忘名位",这二者自是彼所短,然旧时代热心功名与科举之心理及见解如此,本不足怪("以笔札泛爱人"虽是短处,亦其和易近人处,先师后作《黄先生传》言"先生……先师……"此为公平之论。我又谓其① 学术为多方面的,小说也要考。② 治经恶守家法违实录者("有妇人焉"云是骊山母)。③"作诗如作文",上至考证,下及稗官小说、民间俗名俗语,无不可入诗。这三点为俞君之最大特点,第①点非高邮所及,第二点亦非高邮所及,故谓德清实胜高邮。瑞安自有其特长处,则金文是也。晚岁作《名原》时见解尤超,而考证则一守高邮之法,未能逮德清也。余杭亦自有佳处(小学、音韵尚过于高邮),然此点亦远不逮其师也。故德清之治学在清代实为独步。

八月中曾刻三印:一、张樾丞刻,价每字一元五角 [印];二、寿石工刻,价每字八角(实一元五角),沈启无托金姓介绍,可廉价八角 [印];三、张少丞刻,价每字五角 [印],此章太劣,玄字挤在边上,夏字无曰,虽汉印习见,然 [印]……此章将来或须废去,或作公事图章。寿刻似不甚佳,然闻彼已磨而又刻矣。

近觉扩奀又可作卨嗖。扩,女厄切,△△合,卨,女滑切,又△△切,泥没合。

在前,韵大不同,依国音,则娘母归泥韵,失□□,韵是ㄜ,故韵读ㄋㄜ,又废入转为ㄋㄜ,故扩、卨二字可云同音。

忆民三、四间,一日之晚,先兄招饮于同和居,醉,失言,致被讥讪(为何事,何人讥我皆不记忆),颇惭愤,归,至夜半,醒,大悔,誓从此少开口,彼时日翻许书(每日黄昏编《说文》讲义),忽思更名改字:

名——卨(同讷);

字——勹口(《说文》苟下云,从勹口,犹慎言也)。

因讷与慎言,均为极普通之名号,我稍变之以期生硬,夜半醒时所想,定次日至高师,油印一改名号信通告友朋(彼时名夏字中季,因此名此号对于先兄本通不过,非他反对此名此字也,他本反对我改名号耳。不但他,即稻孙来信亦必称德叔——惟"夏"名,他们似已承认),翌日即至钱粮○○访先师,告之。先师曰"钱夕□"三字一连大不妙,盖"送钱来则不多说话"之意颇不妙也(閤则他不提)。此后访先师,□□□女士恒称我曰"夕□先生"以相戏,我亦觉太不像□,因作"夕□"则词古(见《说文》也)字奇。然恒人不识,止好写作"包□",此两字实觉太怪,遂未用。今阅廿余年,忽思此肉字颇不坏,近来对社会,对朋友尚不想肉,对室人则勃豀时见,极想肉,肉广国音同,故又名肉叟以自勉焉(吾人则对友人对社会有时有不必争之问题,亦大可肉一下子)。故扩叟又作肉叟ㄋㄜㄙㄡ,Nehsoou(Neqsoou)或竟作Nesou 及ㄋㄜㄙㄡ,不别声调,使可 neh,可 neq,可 Soou,可 sou,更好。因我对于叟字义为在室中以手求火,寻求光明也。朱丰芑、俞曲园皆以叟为古搜字,义亦甚好也。

9月6日　星期二

上午未出门,略理书桌。十四时顷至孔德教务处一转。至室内小憩。十七时回家。杂翻《春在堂全书》(石印本)。精神甚坏,昏昏欲睡。

我觉得俞诗真能"作诗如作文者",古之如——一一○□,奇字如艸林鮢鱻等,俗名、新名如件觉内△△△以及元曲、西洋小说,无不可入诗,此皆可佩服者也。俞公用考经之法考小说等亦佳。最不好者为《右台仙馆笔记》,因此系摹拟纪伧者(好云果报等)。治经虽能左右采获,深疾守家法违实录,此最可取,惟终有佞郑贬朱之见,此其不逮随园者(随园太挖苦郑君,其称格物全从朱子,随园与朱子大异其趣,而能如此服善,最可佩服)。俞氏治小学不参考钟鼎,此不逮孙氏者,然亦不反对金文。先师传中之言,恐不可信。

俞君革职在 37 岁,治经始 38 岁,见《诗抄》卷△《　　》诗中,云:"……"此诗作于一九○　年,年八十七,逆溯至一八△△年,年卅八岁至△△年也。

今日灯下取石印本《诗抄》,将各年第一首之上下注以公元及俞年,知其卅八岁治经以前亦多特见也。

《春在堂诗抄》始一八△△年,十五岁,迄一九○六年丙午,八十六岁(据最后木刻本),先后亘七十三年。诗中发表意见,记掌故,记食品,均极有趣。

精神疲倦,入晚尤甚。

晚得董鲁安来函,盖一印曰"人无生忍",又刻一佛像,刻"南无阿弥陀佛"六字,又其信笺上一写"青来堂"及"鲁盦启事"两印,均极精印。异日当请其治印也。

9月7日　星期三

上午九时半戴静山来谈,问国际音标,十二时去。下午未出来,杂翻《六书故》及《说文字原》。十五时顷昏然睡一小时,醒来觉欲殒。十八时杨琼玖来,约谈一小时去。

不做一些事,看书亦不费心,而觉极疲极累。咳!

9月8日 星期四

十一时顷至孔德,晤李、蓝。十五时访知堂,谈至十九时而回家。得天行自蒙自来信。

9月9日 星期五

昨夜半大风作,今日较寒,当衣夹矣。今日未往孔德,上午、下午均在召贻处,作理书之想。十时往,十九时归家。疲倦之甚。检出杨鸿烈之《大思想〔家〕老聃评传》,枕上阅之,实不佳,恭维太过也。

9月10日 星期六 凉爽,无风,较昨稍暖

九时顷浴。

十五时至孔德,旋至李宅,嘱孔德木匠修理门窗,决定十二日始,清理书籍。取俞氏诗编全部以归。木刻共8册,自其十五岁至八十六岁之诗具在(一八三五——一九〇六)。石印本多模胡〈糊〉及描错之字,故取此。平伯之《杂拌儿之二》中之《春在堂日记记概》一篇(p.213—215),谓其家藏有《曲园日记》两册,系丁卯同六至丙子光二所写(一八六七—— 一八七六,47岁—56岁)。日记起始,正当草《诸子平议》之时也。此稿拟向平伯借抄,或可藉考曲园著书之时也。

十七时归家。幽湘来,宿我家。在浴堂中时时昏昏睡着。噫!

此次对于藏书必须彻底清理一番,要者留,不要者卖(非为钱也,但如略抵书账,则亦佳),廓清一番,亦可少占地方,要者当一一盖印,亦借以遣闷耳。

并钱居士

卖趠翁

彦均老人

疒叟

9月11日 星期日

十时访戴,十三时归家。十五时至十八时幽湘请婠贞至吉祥看《长生殿》。

明日为余之生日,在阴历七月廿五日那天(国历八月廿日),幽湘与榴仙赠我以吉士林之寿饼,拟于阳历答之。今日为星期,幽湘有假,因请其吃蟹(十九时),她廿一时去。

9月12日 星期一

今日为予五十二岁之生日也。上午婠贞至受壁,以羊肉及桂鱼答榴仙也。

九时半起理家中之书,至十四时半。至戴宅,告戴太太,因其女在燕大已取上

也。至中原摄影。至孔德一行。十七时回家。灯下又理。手皮多裂,去年尚不至此。今年夏天湿气又发作,温气尚未全愈而手指着土,皮肤已破裂也。今日理理东西,倒不觉昏昏欲睡了。

9月13日　星期二

八时顷戴来,即去。

九时起理书,至十五时。手指皮裂更甚,太不适,即止。十七时浴,剪发。廿时归家。廿一时半即睡。

9月14日　星期三

手裂不适,拟休息数日再理书。

十时至孔德,因觉头不适,十二时至博爱,血压178,"达"哈针。十四时至舍饭寺陈福源购账笔,涨价至一角五分一支矣(前一角)。购得十支,略廉,算一元三角。毕竟还是此笔价廉物美。惜其笔尖以上稍嫌单薄耳。知老说,听文求堂主人说,江户之榛原纸店中尚有"写经笔"可买,亦粗悍,大腹尖颖,殆唐代遗制欤?即回家。十七时大嫂来,刘北茂来,谓后日(十六)最六时许即赴天津云。晚餐,雄来约吾夫妇与幽同至华宫吃鸡素烧。

9月15日　星期四

上午头又不适。十时至中海访汪。十三时至开明书店购朱兰坡浍《说文假借义证》廿八卷(依《说文》十四篇,分上下),廿八册,价十元。此书系一九二六年中国图书书刊传会影印原本,十余年来屡想买,屡未买,亦因丁氏《诂林补遗》收入也。然丁书适于查而不适于看单种专著,况此书又收在《补遗》乎(如在正编,则与朱丰芑书对看,还算有一种便利)!今故购之也。此书自远不逮朱丰芑书之体例完善,方面广博,但亦自有佳处,足补订丰芑者,故二书宜并置也。十七时回家,杨琼玖适来,十九时去。

9月16日　星期五

上午翻朱浍书。

午后至孔德,晤蓝。知明华欠款,会计师又来催。

昨日婠买蟹,今晚约幽来吃,佢们于十八时来,吃毕,幽去。拟将刘书未完各稿,赶紧办完它。今在孔德清理一番,将各稿携归家中。

9月17日　星期六

阴雨,过午渐霁,傍晚晴。竟日未出门。雄昨夜患小泻,今日躺卧一日,学校请假,过午渐止。幽闻雄病,过午来。雄于十八时请金,云无碍,即可愈矣。

下午戴静山来,杨琼玖来。

9月18日　星期日

雄霍然矣。

上午许世瑛来谈。十四时访知堂。十八时归。十九时幽去。廿二时顷雷,微雨,即霁。

9月19日　星期一

晴朗,然又冷矣。

上午十时至孔德为明华银行事,少铿电话来约,与知堂及沈小楼同在孔德商量也。十四时在孔德校刘稿之《乡饮》《大射》两篇,未完。十八时回家。幽湘送卵、羍(羔)肉来,旋去。二十时校《乡射》,至翌日上午二时,此卷毕。

9月20日　星期二

上午在家中将《大射仪》校完。十四时至孔德。将《乡射》《大射》两卷送胡,十五时归家,甚疲惫,睡了一会儿,十八时续看《乡饮酒礼》,至廿四时毕。

9月21日　星期三

九时至十二时戴君仁来。

十四时至孔德,为明华银行与蓝及沈小楼等接洽,西堂廿三日将行,十八时约之来孔德谈,十九时至华宫为之饯行。廿一时回家。天雨。

《乡饮酒》今日送胡,仅余《丧服》经传矣。又查《士丧》《既夕》《士虞》残稿,仅《士虞》中多一条,可作为补遗。

9月22日　星期四

上午校《丧服》,觉手稿多未完成,已印之蒙文通本实为定稿,似可石印。

下午一时半至孔德,鲁安来,二时去。同时戴君仁亦来,六时去。我即归家。

灯下再校阅《丧服》、《士丧》两卷,决定不补矣。因《丧服》止多"……""……"两条,《士丧》止多"……"一条。此条仅疏一"据……"诸异文,无所发明,盖定本所删,不必补。《丧服》初稿文义多未完,谓此两条或是定本删去,或是改在他条。总之应以录本为定本,故决不必补印矣。于是补印十二卷及《士冠》之下半卷完了。明后日当修正《后记》矣。

9月23日　星期五

上午浴。下午二时访知堂,六时归家。

9月24日　星期六

今日又觉心慌,头目不宁。

上午储逸安、戴静山先后来。午同去。

下午至孔德,扩了一会儿。六时回家。九时幽来。

9月25日　星期日

上午九时戴来,十一时去。下午至孔德,改去年所撰之《后记》,六时归。八时幽归。灯下誊出,明日再修改一过,可送胡处。

9月26日　星期一

上午十时至孔德,将《后记》改毕,又写了目录及《行款正误》一纸,即寄胡印。

下午三时回家,清理书桌。此后当将总目写定,并做序,即完成矣。

9月27日　星期二

上午十时半至中海晤汪一庵。午至博爱,请葛验血压,181。午后二时顷回家。觉头目不宁,胸口胀,扩而翻《段注》及《通训定声》等书。

(1)．忆菰:——先大父葬于湖州南门外之菰山,亦作意苁(《说文》如此作)。苁亦可作觚(△△△△)。亦可简称为忆翁(思肖之字)。(乌程旧称菰城。)

(2)．倚箛:——即急转奇孤也。固欲与刘心源之奇孤别,故加偏旁,奇借用倚,见《庄子·天下》及《荀子》,箛见《广雅·释器》,觚之后出字也。(倚箛读丨巜乂,奇孤则当读く丨巜乂也)。

(3)．逸谷——亦作佚欤。

忆字最早见于《释名·释言语》。

9月28日　星期三

下午在孔德,将刘书总目(去年复写的)修正,及做《书目后记》。

下午碧书来,送来天行赠藤章二之印张,云阳历八月廿七日所刻(我未归,未见她)。

9月29日　星期四

上午八时半至孔德。十时半访马二,未晤。下午又至孔德,续写刘书《目录后记》。灯下又写刘。

9月30日　星期五

上午十时半访马二,下午四时回家。昨夜未安眠,今日精神甚困倦。

晚十时睡,睡得甚香。马二交我"天谷见阳"诗屏,书法甚好。

10月1日　星期六

上午戴静山来。浴。

下午二时至孔德,晤蓝、陈,五时归。灯下续做刘。

10月2日　星期日

上午十时戴来,十一时去。胡某来。

午马二赏饭于东兴楼,同座者为——

周二、沈三、江绍原、赵万里、张稚亭、蓝□、李召贻、沈令扬、缪光甫(张柱中未到)。食毕。不适。二时许归家。即睡,甚累而胀。连日闷热,今晚雷雨。

10月3日　星期一

午后浴,剪发。七时归家。

10月4日　星期二

昨宵倒还算安眠。十一时睡,今晨六时醒,而醒后异常之累,头胀,不适。十时至李宅检书。下午至孔德。六时回家。灯下续撰刘。

10月5日　星期三

上午十一时至中海,晤小汪、回孙。

午至博爱取胃药(消化不良)。

下午四时归家。六时许,缪渊如来,八时许去。

精神不振,头胀,胸闷,累。

10月6日　星期四

上午符宇澂着人送严可均《说文翼》稿本来,此书彼于一九二八年(民十七)得于杭州,以八十元得之,缺第一篇(一——卅),前云欲赠余整理,冀得出书,今日送来,予固欲整理之,特未知精力与学力许我否?

严书《后序》摹拟《说文后序》,彼云"粤在嘉庆,单阏之年,斗建于丑,朔日戊辰",乃嘉庆十二年丁卯十二月初一日戊辰══一八〇七年十二月廿九日也。

严书正文一五六九字。

重文二一六一字,共三七三〇字。

灯下读刘,仍未完。

10月7日　星期五

上午杨琼玖来。十一时至来薰阁还书债一部分。至博爱还两节药费。

下午至孔德,未续刘稿,甚困倦,胃不适。

今晚早睡,倦甚。

10月8日　星期六

阴雨竟日。

下午三时至孔德,续刘目记。六时归家。七时再做,十二时总算做完了。

今日为旧历中秋。

10月9日　星期日

天阴,不下雨。上午十时浴。下午三时至孔德,假寐约二小时。五时归。腹胀疲劳。

10月10日　星期一

上午九时,黄禹来,戴来。下午至孔德一行,欲改刘稿,尚未完事。腹胀,欲找金诊。四时去电话,金已回津矣,遂作罢,即归家。

10月11日　星期二

上午马、戴均来。

下午二时访知堂,六时半归。铸新送番(翻)毛月并〈饼〉及粽子来。番(翻)毛月并〈饼〉系正明斋物,甚佳。端午吃月饼,中秋吃粽子之说系沈二之谑辞。

　　　年马四为我刻"疑古玄同"之图章,翌年补刻边款云"　　　　",不料今年真有人送角黍来,倒也有趣。

10月12日　星期三

胃胀,疲乏。上午至孔德。

午至博爱,血压183,"达"碘化钙,取胃病药粉。至同古堂请樾丞刻楷体"肄簠"一印。取汉简以归,四时归家。圹。

10月13日　星期四

胃胀竟日,下午尤甚。上午至李家检书。午后回家,即圹,翻黄薇香《论语后案》。

10月14日 星期五

上午十时半至孔德。周公亦去,余约其至华宫吃午饭。午后又至孔德。检薛、阮两氏之书携归家中,备补《说文翼》之用。薛书我有四种,而中央研究院影印之石刻法帖　　纸不与焉。四本者:

(1). 阮刻本,嘉庆二年丁巳——一七九七;

(2). 刘世珩木刻本,光绪廿九癸卯——一九〇三(丁未刊成——一九〇七);

(3). 古书流通处影印本,民国△△年——一九△△(嘉庆十二年丁卯(一八〇七)孙星衍属严可均影抄本);

(4). 于省吾影印明崇祯刻本(朱谋㙔本),民国廿四年——一九三五。灯下将严书开始补篆,小部——△部,专补阮书之字。

今天阴,颇觉冷。

10月15日 星期六

上午十时半,浴。下午三时至孔德,扩。今日天晴,然仍冷。倦甚。早睡,觉头胀,身酸。诚苦。

10月16日 星期日

上午许世瑛来。午雄为我摄一影,同时为幽、婠、充亦摄一影,自摄一影。

下午至商务购得《增补本金石爻书目》,较初本多△种书。至金处诊,取胃病药四块,"达"唯他赐保命一针,因连日精神太不振也。四时进至中央公园来今雨轩小坐。即至孔德,扩。六时回家。

羲鹄

疑古　刈㝬(或作乂亦可,作疧非)。

乁只　肂籀

筱籀(或迻、遾、遂)

忆籀　怿觚或怡觚。

佚谷＝＝簒

籀、朷皆正字,觚借字。菰,《说文》作苽,亦通作觚,孤亦通用觚(见《庄子》),故菰、籀、孤皆可作觚。

灯下取周伯琦《说文字原》540字抄之,略记其与《说文》部首540之音义之异同。十二时睡。周比许多18部,少18部,如左:

10月17日 星期一

腹胀。

上午十时至召贻家翻书。下午二时至孔德,扩。五时回家。

一九三八年

觚叟(必作觚,方能兼三义)

此觚字含三义:一、借为觚,言肄觚也。二、借为孤,《庄子·大宗师》:"与乎其觚而不坚也",郭象注云"常游于独而非固守。"王叔之《义疏》云:"觚,特立不群也"。刘申叔《庄子校补》谓坚当作固,愚案是也。此数句,朋承韵(登),固华韵(鱼),喜、巳韵(昭),色德韵(德),世(月)、制闭、说韵(说今作言,刘氏以为脱烂,是也)。又下文"杀、世"(月)韵,"事丘"昭韵。"觚而不固"谓孤介而非固执,此言甚好。刘云,隋时避杨坚讳,改坚为固,其后又将固字改为坚。三、借为菰,湖州旧名菰城。菰,《说文》作苽。司马相如《子虚赋》"莲藕觚卢",《汉书》及《文选》皆如此作,《史记》作"菰芦"。

《庄子》卷十三"勿说大觚乎",《说文》无觚字,朱丰芑谓觚亦柧之异文。

觚叟之意:

1. 觚叟,研究小学的老头儿;
2. 孤叟,孤介的老头儿;
3. 菰叟,湖州的老头儿。

三义均好。

肄觚一词甚好,初意拟再加绎觚及怿菰或怡觚。然"学而时习之,不亦说乎",《集注》引程子曰:"   ",是则"绎"与"怿"之义皆有矣。且肄,习也。亦颇合颜元之教。将来小学笔记写之可云:

"绎觚",

谓迻自觚也。如孙氏《札迻》谓自札迻也。

关于减笔字可名"㑥及"字,㑥,简易也;及,且也,及苟双声,《论语》公子苏之"苟",乃聊且蔬略之意。

苦沽,监、姑、及、媞、梏,皆同文。(《经籍籑诂》页 501、106、111、130、129、499)

及,通姑、沽,略也,蔬也,谓茗口。

辜较	g ŋgo	无兼
梗概	gat	亡兼
莫络	mɒk Lɒk	
无卢	mɒ-Lɒ	
横略	mɒk-Lɒk	
孟浪	mɒj-Lɒŋ	
母量	mɒ-Lɒŋ	
都凡	dɔ-bam	dɔ-bam←都凡
堤封	dɐ-buŋ	dɔ-mɔŋ←诸妄
提封		诸凡
隄封		

°辜较　°估较　°辜榷　酤榷　°媞榷　·辜榷　沽辜　及。

10月18日　星期二

未记。

10月19日　星期三

精神不振,上午未出门。

午至市场。

午后一时至博爱,经东长安街御河桥处,车被一自行车所撞,仆于地,左手掌据地,起,觉肿痛,至博爱,云无碍。血压186。"达"赐保命一针。归家。休息。

10月20日　星期四

手略好,而左臂及左口均微酸,自朝至晡未出门。五时至李宅取书,即归。上午九时杨琼玖来。十时顷陈仲平来。身觉酸,头亦胀。

10月21日　星期五

上午十时至孔德,晤蓝、沈。午至博爱,血压180,"达"赐保命,至同古堂。

肆籀今日已刻来,如下：肆籀。

又请少丞刻一印曰："觚叟"。觚含四义：

一、籀,语文学也；

二、枛；

三、孤；

四、菰,湖州也。

三时访知堂。六时回家。

10月22日　星期六

精神不振,竟日矿,频频呵欠,头亦觉不宁,腿软,竟日未出门。

下午三时张玉生来。

《庄子·大宗师》："与乎其觚而不坚也。"郭象曰："常游于独,而非固守。"成玄英曰："觚,独也,坚,固也,彷徨放任,容与自得,遨游独化之场而不固执之。"向秀曰："与,疑貌。"王叔之曰："觚,特立不群也。"李桢曰："据注疏,觚训独,《释文》引王云,觚,特立不倚也。并是孤字之义,知所据本必皆作孤,觚是假借,孤特者率方而有棱,故其字亦可借觚为之。"王先谦曰："不坚,谓不固执。"刘师培曰："此部文均协韵,'坚华'独否,窃疑坚本作固,隋籍讳坚改固,唐人复固为坚,其有故文作固者,亦或假易为坚,犹宋人于古籍理字或易为治也。上文"义而不朋",郭云"非朋党","若不足而不承",注亦明著"不承"字,此句注云"常游于独而非固守",三注相衡,益证坚当作固。"

按据上诸说:"与乎"疑貌,此即容与之与(李桢以为借为趄,非。趡,《说文》安行也),故为疑貌,觚而不坚,谓孤特而不固执也。坚当作固,刘说是也。

10月23日　星期日

上午十时,浴,剪发。下午三时至孔德,忽觉面红,头上血管多胀,心神不宁,亟以冷水手巾罨之,五时许回家。又以健脑器戴之。渐愈。而精神甚不振。

近两旬来,时时翻阅段《说文》、朱《说文》、王《广雅》三书,此三书置床头,昨日又翻《字诂》及《文府》,吾自此决以释籀为业矣。至于饼斋及疑古两学,当以为副业。自戊申(一九〇八)从蕲汉问学,至丙辰(一九一六),此数年中以《说文》为万能,不但以《说文》中字为正体,凡群籍之字为《说文》所无者,辄好向《说文》中求正体(如诸葛㤃、韩瘉,杜右……□□最初数年,更主张依篆改隶,师戏名为隶古),又好求本字,如尾邅、彰固、哉震、章炳鄰。丁巳(一九一七)以后,虽不注意此事,但《说文》万能及求本字之心未甚变迁。犹忆彼时以为(一)《释名疏证》、(二)《尔雅义疏》、(三)《广雅疏证》,即以其正字本字为高下也。丁巳以后在应用上不再求复古,但以为考古仍宜如此也。今则大变矣。以为《说文》不过一部不古不今之字典而已,绝对不再讲求什么正字,而对于本字、借字,以为本字宜称正字,凡为某义而造之字,皆为正字,不问古今。故燃固然之正字,憶亦记意之正字。凡假借三类((a) 引申;(b) 借音;(c) 同意假借)皆借字也。字决不以《说文》为限。又以为凡字皆可作篆体,拟请人刻一图章曰"籀庵",不作 觚鑫 及 㹳广也(鑫 字可恶极了。近翻刘书,左 金 之 金 写起来真讨厌)。㹳广尚可取以其为简笔也。

今日灯下扩而阅黄季刚之《尔雅正名评》,其书为汪銮作而黄氏评之,皆谬也。而黄氏尤谬,黄幸而为章徒,故尚能就声类以言本字,否则将并此而不能,止会确遵《十三经注疏》之说耳。论其见解,比吴派之惠、江还要开倒车,真退化,真复匕(辟)兮。

以《说文》为绝对之是,绝对之完备,以外之字为俗字,始于宋之张谦仲,李肩吾?(戴侗、杨桓、周伯琦三人不在此列。)清代则江声、严元照、李富孙、杨△△诸人。喜求本字,宋代已有此风,至清江声而渐盛。钱大昕以后朱骏声专务此,而章太炎、刘申叔晚年亦然。吾昔亦走此路,今后则恝不矣。

凡字多合于六书,此外则省变。魏鬼省声也。并香造像之魏,可云从委省鬼省声。朽与兰同例。声,用声母(声从殸声,殸,左象形,右改殳为以会意定字形,声则象声形也)。类,从犬颣省声也。宝,同窑䎳珛。

10月24日　星期一

精神疲倦,九时少铿来。十一时许至李宅取书,即归。下午未出门。差不多终日圹。

10月25日　星期二

今日竟日未出门,因头胀,脚软。近午起,大怕冷。上午九时至十二,戴来。下午圹,至黄昏,稍觉寒退。

10月26日　星期三

稍好。上午十时至孔德。即至博爱,血压180,脉搏86,"达"赐保命一针。午后三时访知堂,六时半归家。多立即觉手足冷,头胀,坐辄稍愈。

报载汉口于昨晚陷。

10月27日　星期四

上午九时戴静山来,午去。

下午至李宅理书。因精神不佳,既疲,血管时跳盪。今日将《清经解》360本整理齐矣,装为箱三。六时归家。灯下又将家中之书略略整理(摆齐而已)。

拟自本年九月十二日予诞生之日起,约至本年之底,将今有之理齐,分列登记,凡先父遗产盖学吕斋印,此在民二在杭时即定此办法。当时曾请钟矞申刻一先父印,惟彼时好古,刻"学"作"斈",故此印打得不多,后即不打。今拟请张少丞刻一牙章,朱文小字 斈吕龠 盖之,而下再盖△△或△△印或△△三印。至自己所置者,则盖己印,其必不要的则卖之。从前所有而已不见者自然不再去管它,当自今始,共存书若干而已。

10月28日　星期五

上午十时至李,整理《续经解》320本,装三箱。又齐《春在堂》160本,装一箱。甚累,下午至孔德,圹一会,五时回家。

10月29日　星期六

上午至李宅,略略查书,未理,为什么?午后拟浴,二——三时忽雨,未浴而归。天旋霁。

縻 刂í
穄 刂ǐ

10月30日　星期日

晴,有风,冷。

上午在家理架上书。九至十一时赵老铁来。

下午至孔德，扩。取《四部丛刊三编》本影印《傅青主校读隶释》八册以归，卧而翻之。觉自钱大昕、王念孙、俞樾诸人之校读汉碑，而同从一声及同音字均可通用之理大明，浅人好讥清儒若王、俞诸公之好改经字，真无识。古人实物如殷甲文，殷周金文、汉碑、六朝碑志中，到处皆同音假借字，此古人书写遗留之实物，其可据胜于屡经传写之经书万倍。今之经书所据者为唐石经耳。实则唐石经即到处假借，因此中假借字，宋以来即承用勿改（写定了），故觉其不奇且统一耳。实则此皆冯道之功耳。比唐石经稍古之《经典释文》中异体便不少，可知也。故谓此等经字自宋以来已经约定俗成可也，若因此而以为此乃周汉以来早已统一之正体，则大误，故谓群经之字应以今本为标准，一改便错者，全无是处。江艮庭之篆书《尚书》，自来皆病其改字，真浅人之见也（黄季刚以孙刻大徐《说文》为最正，同此）。

昨晚看《稷香馆丛书》中之朱允倩之"△△△"，不知顾蔼者为何人，可怪也。

平声则"牢灵通儒迁"等，见傅批本《隶释》卷十三，页六，《清河相张君墓道》下。

"憶"字、"庵"字最早见《释名》。"菰"字见《汉校官碑》（通孤）。"籦"字见《广雅》，皆汉字也。

10月31日　星期一

上午十时至孔德。

十一时半至李宅找书。

午后一时顷，浴。五时归家。

精神不振，恶寒，频频欠伸。

箛庵，箛作瓠、柧均可。（瓠叟则止作瓠，因瓠兼作"箛（柧）、瓠、孤、菰"四字用，故止宜作瓠也）。

庵，作荅、盦、鹌、闇均可。故以不作广为最好。理由有二：

一、惧人读为傿；

二、尤惧人写成厂，此大不可也。

盦、傿皆作奄声，概可借盦、舍，自亦可作舍。鹌又作雃，俗又作鹌，亦可写。且庵、荅、鹌皆从奄声也。

11月1日　星期二　天晴，然颇冷。

十时半至孔德，晤李、陈、沈。

十二时至博爱，达司保命，血压180。

至同古堂取少丞所刻 ⬜ 一章。尚想号曰"佚笁"或"逸笁"，奇怪些可作墏箍。

墏即三体石经之 ⬜ 。云逸之古文。

箍，见《广韵》楛韵，古胡切，中云"箍（以篾束物，出《异字苑》）"

《异字苑》不知何书？《隋志》："《异字二卷》，朱育撰。亡。"《汗简》屡引朱育书，或称"集奇字"，或称"集古字"，或称"字略"，与《隋志》所云盖即一书。此《异字苑》

不知即朱书否。当查马、黄两辑佚及《小学勾沉》诸书(《小学考》无可考,但此书疏漏殊甚)。《集韵》梏韵,攻乎切云:"箍笁(以篾束物,或作笁)"。

据此,似箍当早于笁也。然笁从竹,瓜声,形体可解。箍字从匚,不知何字(似乎帀之俗书匚也)?取𢏚箍两费解之字用之亦好玩。㠭 亦费解也(莫谓㠭变𢏚,不成字也,实与汇、乘之变同也,⺍变"王"与𣎵变"冉"何殊)。汇、乘、冉且认为最正之体也!!噫!!箍字最迟宋代已通行矣。

午后,头甚胀。四时顷回家。

11月2日　星期三

上午九时杨琼玖来。

十时至李处理书。下午三时走。四时顷回家。

11月3日　星期四

上午十时至李宅理书。下午二时出外吃饭。三时至孔德小憩。五时回家。朱允倩甄明本字之书:

《四书》——《六书假借经征》;

《小尔雅》——《小尔雅约注》;

《离骚》——

《夏小正》——

《尚书》——《尚书古注便读》

11月4日　星期五

上午十时至李理书。

下午在荃室中理垃圾。找出好些书来,因数日前理李书时常有缺本者,今日皆找到,盖去冬移时随便所塞也。找到先师一纸,释钱、夏、季三字之初文。又找到朱抄先师《俗字十二等表》,录之如左(旁注小字,我所注也):

一等　易位字

䚻詞　朗朖　崩㫒　魂䰟　仙僊　獸猶

二等　从重文字

葵蘬　奕弈　筮簭

三等　隶省字

朝朝　衛衛　霍靃　塵麈

四等　隶增字

潮淖　渚汻　懼惧　循循

五等　经典相承《说文》本有之字

馂 薐 撅 樾 鸢
六等　经典相承《说文》本无之字
缎 屡 倅
七等　汉人增加偏旁字
低氐　价贾　倒到　停亭　徨堂　旷户
八等　汉人新造之会意字
亅　囗口鄰　叵　丝
九等　複形字
暮莫　憾感　谵詹
十等　汉魏无以下笔之字
笑　关　万　龊　葳　抛
十一等　六朝以后特造指事字
凹　凸
十二等　宋元以后无以下笔之字
套　茸　卡　瘪　乜　甩　來　冇
一——五等"通作",六——八等"通用",九——十等"不用"。
七时回家。

11月5日　星期六

想到先师讲学数次之讲义,以后当讲合印:

(1)《国学讲习会略说》(附《振起》之首篇,附《演说录》),一九〇六丙午;

(2)《国学会讲义案三种》一九一三、十二月二年癸丑;

(3)《国学概论》(曹聚仁记)

(4)《章氏国学讲义会》

上午十时至孔德,续理荃室书。至五时止。下午五时何克之宴客于其家。同座者兼士、幼渔、季豫、蜀丞为熟人,此外有蓝志先、左宗冷、王之相、余戟明等人。九时回家。

今日检旧物,得二纸,尚系民二在杭时所录者,粘之如左〈下〉:

江铁君亲家示余以乃祖艮庭先生《六书说》,因忆余少年时尝见先生有《字闲》一书,凡二册,皆手书,其大字作篆,小字作隶,首有隶书自叙一篇。犹记其起处二语,曰"《字闲》者何?孳乳益多而以闲之也。何闲尔?凡《说文》所无,皆不得出也"。此书藏于余者二三年。其后为故光禄少卿宋公宗元之嗣子保邦借去未归。其家旋败,保邦至是流落长安。此书亦莫知存亡矣。即以语铁君,并识于此。惕甫王芑孙书。

右见会稽董金鉴镜吾所刻《△△丛书》中江艮选《六书说》跋尾。

11月6日　星期日

午至金处,"达"赐保命一针。

下午访知堂,晤叶公超,七时归。

11月7日　星期一

在荃理物竟日。

下午起,渐觉咳,盖气管类也。意者昨在知堂家中由生火之室中出而受寒欤? 五时归。杨来。甚冷,灯下坐不住。

11月8日　星期二

上午至孔,遇知堂。

下午在荃理物。傍晚有劭侄绍怀来,云其父名珍惠。七时回家。甚冷。杨来。咳。甚苦。

11月9日　星期三

上午至李理书。

下午至荃理杂物。找出一大搭三十年前《说文》等等杂记,拟暇时将笔录本作底本而一一整理之,使成书。

11月10日　星期四

上午十一时浴。

二时归家,馆出门,我留守。三时顷王碧书来,云二十日或可成行。下午在家,整理书房,因日内将生煤炉也,将书架,书桌等清理一过。有些不常用的书,将移李处,当将小学书多移家也。

11月11日　星期五

昨宵起大刮西北风,今日颇冷。上午续理书房。

午出门。午后在荃室理杂物,将民初大公所抄之《说文杂记》及其原稿(大、逊、未、敬、夏五人)理在一处,今后暇时拟将此杂〈记〉再细勘一过,异日拟出板以惠嘉士林也。近来颇撼怀旧之蓄念,发思古之幽情也。六时回家。

今日始家中生炉。

11月12日　星期六

上午至孔,理《说文杂〔记〕》。

上午至荃,略理乱书。

灯下理家中书室。

11月13日　星期日

无风,较暖,较舒服。上午未出门,理家中书房。午后二时至史宅,至荃室,将理出之书及空箱运至史宅,已六时矣。七时归家。

11月14日　星期一

今日未理荃处物。因手破数处,拟略事休息也。上午至孔德晤蓝。午后一时访知堂。六时归。今日有风,较昨日冷些。

先师讲学先后凡七次,所有讲义,或由笔记,或由师自编,自编者文多浅易,兹录如左:(附)连《教育今语》自出狱至死,凡三十年(一九○六——一九三六)

第一次　一九○六,丙午

《国学讲习会略说》,共三篇——

1.

2.

3.

附国学振起社讲义一篇:《诸子系统说》。

第二次　一九○八,戊申

《说文》籀

(附)《教育今语杂志》△篇:

11月15日　星期二

未记。下午至孔,随便翻翻书。

11月16日　星期三

晨,胡来,说回南,催书速成。十时顷至孔。下午将一个月以前做成的刘书总目及后记复审一过。五时归。灯下续审,夜半二时改定。甚疲累,睡不安。

11月17日　星期四

今日殊不适,头目又不宁,心悸,足软,盖昨日太用心也。噫!

十一时至孔德一行,将总目送胡。倦甚,午圹,睡着,醒,甚冷,无精神,下午二时许归家,圹。

11月18日　星期五

今日稍好。

下午十时访王碧书,未见。归用百名笺写《新方言序》119字("名守既慢"至"何有于问学乎")赠天行。碧谓天行来信要求写几个字也。下午二时又往访,见着了,她及乃、至两孩定为明午赴津,二十日登轮云。三时至孔德,晤陈聘之。五时顷至森隆三楼为魏、杨二人饯行。凡九人:魏王碧书、魏乃、魏至、杨琼玖、韩小姐杨友、馆、雄、幽、夏。八时半归。

11月19日　星期六

手破痊愈。唇疮亦愈有约一周矣。今日剪发,浴。觉身甚轻爽。但浴毕后忽觉精神疲惫。时在下午,至孔德一行,即归家。什么事也不做,广而乱翻书焉。

11月20日　星期日

阴,冷不可耐。上午十时赵老铁来,一时去。下午至孔德。三时半至博爱,血压180,"达"哈虽司洛尔,即归家。

11月21日　星期一

稍暖。上午至孔德图书馆,借得《传砚斋丛书》。下午二时访知堂,七时归。
《传砚斋丛书》系江都吴次潇丙湘所刻,其目如左:
闵尔昌《焦理堂年谱》云"晚号里堂老人"。自注"先生于四十五岁自称老人,见《家训》"。《里堂家训》二卷,在《传砚斋丛书》中。其文云:(卷上,页十七)。
阎百诗年四十四,自称眷西老人,引杜少陵诗为证。余四十五亦称老人,本百诗也。且古人恒言不称老,为亲在而言也。我无父母矣,自称曰老人,又所以自恸也。
闵谱于里堂四十五岁年记:"三月八日,病寒。十八日,病剧昏卧。苏时开目,见窗日色,以为十九日天始明耳,家人则告曰,二十四日矣。盖已越七日。"或是大病之后之自称耶?
检张穆《潜丘年谱》,四十四岁康熙十八,已未:
《剳记》,题《益智录》:此书刻成之五年,我至京师得之,长夏无莹,披阅一过,惜未及刊其误。远寄儿辈,为我置眷西堂,潜丘老人记。或曰我:"子年四十四,何以称老?"余曰,杜诗:"昭代将垂白,途穷乃叫阍",时年正四十,已云尔矣。又记。张穆注曰:"案牛叟先生夏案,潜丘之父阎修龄(字再彭)时尚存,此语不可为典要"。夏案:焦氏仿阎称老人,而云:"我无父母矣,自称曰老人,又所以自恸也。"似针对阎氏而发。又案,杜甫《奉留赠集贤院崔国辅于休烈二学士》首二句云:(此诗在天宝十载,杜四十岁)"昭代将垂白,途穷乃叫阍"。仇注于"垂白"二字,引《汉书·杜业〈邺〉传》卷六十,传卅,杜周传附:"诚哀老姊垂白,随无状子出关"之颜师古注曰"垂白者,言白发下垂也",然《草堂诗笺》作"垂老",似更切,阎或托此本,惜我无《潜丘札记》,一时无从查也。疑《札记》作垂老,张穆《年谱》据今本改为垂白。
杜四十,阎四十四,焦四十五,始称老人,则我五十二,又病了近四年,父母又早亡,则称老人决无不可。
　　籀盦老人　逸谷老人　饼斋老人　彦均老人　释籀老人　疑古老人　玄同老人
　　均可也。

11月22日　星期二

　　上午九时戴来。十时至孔德,昨与知堂约也。午,觚、知、雄、杨、四人"雅"于笯鸣春。知会钞也。二时散。至孔德。四时归家。
　　灯下写《左庵年表》。

11月23日　星期三

　　上午访戴,下午在荃室理什物。

11月24日　星期四

　　灯下将《左庵著述系年》弄好。

11月25日　星期五

　　上午十一时至孔,正式开始做刘序。下午五时归。灯下续做,至十二时,未完。甚矣吾衰也。

11月26日　星期六

　　上午十时顷至孔,续做序。至下午五时,累甚,未完,即归。灯下未弄。

11月27日　星期日

　　午后二时访知堂,六时半归。
　　今日休息一日,未动笔。
　　在知堂处晤许诗英,他定于十二月廿六日在西长安街淮阳春结婚,介绍人周知堂、陈君哲,证婚人沈兼士,主婚人戴静山代。

11月28日　星期一

　　午前十时至孔德,续撰序,觉甚累,五时回家。灯下略写,仍未完。
　　晚,杨琼玖来辞行,云明日将赴津,十二月六日赴申。

11月29日　星期二

　　大风。午前十时赵肖甫来谈。一时去。午后觉不舒服,广,未出门。

灯下略写序,仍未完。

11月30日　星期三

上午至李处取十余年觅人所抄之《习学记言》赠赵肖甫。又将王观堂两种《竹书记年》一册借给他。下午二时许回家,头不宁,病,看王蘧常的《严几道年谱》,记其重要之书如左:

一八九五,乙未:《论世变之亟》、《原强》、《救亡决论》、《辟韩》

一八九六,丙申:《天演论》

(丁酉,一八九七,十一月一日与夏穗卿等办《国闻报》)

一八九八,戊戌:《拟上皇帝万言书》

一八九九,己亥:《群己权界论》(译例作于一九〇三,癸卯)

一九〇〇,庚子:《原富》

一九〇二,壬寅:《穆勒名学》

一九〇二,壬寅:《群学肄言》

一九〇三,癸卯:《社会通诠》

一九〇三,癸卯:《英文汉诂》

一九〇三,癸卯(?)《评点老子》

一九〇六,丙午:《政治讲义》

一九〇六,丙午:《法意》

一九〇七,丁未:《名学浅说》

12月1日　星期四

晨八时许起,甫下床,忽觉左半口及左半手、上臂、食指、中指忽麻,盖小小有些中风。十时至葛处"达"碘钙(今日该医院血压计坏,故未检)。有〈又〉取溴素粉药(镇神经)两日以归。

至中海晤汪老爷,他要编《中国大字典》,拟与我商,今日已至午餐时间,散,约下星期再细谈。

午后回孔,旋回家。圹。

12月2日　星期五

未记。

12月3日　星期六

精神不好,头目不宁,胃亦不好。

上午戴来,龚积云亦来,午同走。午后二时至李处检书。

天阴寒,四时归家。圹。

12月4日　星期日

头大不宁,午至博爱,金自诊,血压178,"达"碘化钙。有些腹炎,取水药一并〈瓶〉,有溴素及医肠药。

至商务补购《法意》,只有严译名著本。然余前所有者,亦非最初印本也(最初印本似五册,或六册,余初至日本时即买第一册,其后未买完,故至后来五号字订为一本者买之,字迹与名著本同为五号字,又购《群学肄言》,亦名著本)。文明本系未订正本。

下午头渐宁,三时至孔德。五时归。理书时检出订正本《群学肄言》。

12月5日　星期一

今日觉头宁。午至东安市场,购得《古史辨》第六册(罗编《诸子丛考》第二册也)。

下午四时至孔,未见人,未理物。

六时归。

灯下翻《古史辨》。

天晴而冷。

老夫子于一九〇△年讲《文史通义》甚好,绝无后来之卫道气也。昨日检出朱胡子之抄本。

雄为我购得卢骚之《忏悔录》,张竞生所译。于是卢公之三书全矣。

12月6日　星期二

晨起,头又不甚适,不敢用脑。

十一时至孔,理荃室物,下午五时止。

六时半回家。

12月7日　星期三

上午十二时至中国银行访沈孟三及杨曼农,刘容季来信,嘱将《礼经旧说》稿交沈、杨代还也。

午至博爱,血压178。达碘化钙,取水药(同星期日)一并〈瓶〉。

至商务购严译《天演论》《名学浅说》《群己权界论》《社会通诠》四种,共八种,日前已购《法意》《群学》两种,今日又购八种,未购者仅《原富》及穆勒《名学》两种,拟不购矣。今日购此四种者,因后附英文也。八种凡十二元,分购亦十二元,价如左:

三时至群玉斋,购得:

壬寅年石印《东海褰冥氏三十以前旧学四种》,与原本大小相同,但字口欠清楚耳。闻尚有一部原本者,为辅仁大学拿去。

(1)《蜜天一阁文》,二卷。

(2)《莽苍苍斋诗》,二卷。
(3)《远遗堂集外文》,二卷。
(4)《石菊影庐笔识》,二卷。

曲园老人《经传备考》一册。此书未见,亦未收,书中多写古体及本字。两共二元。

四时归家。

12月8日　星期四

至荃室理物。

12月9日　星期五

至荃室理物。

12月10日　星期六

今日雪,竟日未出门。续撰刘序,仍未毕。

12月11日　星期日

上午胡耀宸送来《总目》校样。

下午三时戴来,五时去。

灯下校《总目》。

竟日仍未出门。

12月12日　星期一

上午十一时至孔德,知堂去孔德,有电话来也,知孔德之钱尚有望。午约知堂同至茗鸣春吃饭。过饱,觉不适。二时许即归家。灯下略续序,仍未毕。

12月13日　星期二

上午十一时剪发,洗浴。

下午二时至孔德,甚冷,未理物。

五时回家。

一九三九年

1月1日　星期日

上午十一时至文奎堂去购得孙琴西之《逊学斋诗文钞》及《续抄》,码洋五元,付账时或尚可稍贬价。圹而翻之。下午三时缪渊如来。五时顷召诒忽来,告以知翁于今日上午十时忽被狙,未伤,沈启无适在座,亦被狙,伤肺。

1月2日　星期一

上午十时访戴,十一时至孔,在室中翻阅《瓯风》杂志。甚冷,虽然生火。三时遇□华,知今日上午蓝、李、陈、沈均往视知,知仍谈笑如常,可慰也。四时归。晚七时赵铁公来,九时去。黄昏圹而翻《鲒埼亭集》。

1月3日　星期二

上午荃往访知,余交一函带去。

十一时戴来,即去。十二时至孔德见丰一,荃亦告我以晤知以后情形,知云已〈以〉后当少出门。午后欲浴而无房间,即归。五时许刘朱惠来。圹而翻《章氏遗书》。

1月4日　星期三

昨日阴,入晚大风,竟日风,今日仍风,晴,而甚冷。无聊之甚,无友可访,无人可谈,亦看不下书去(一看便吃力)。

傍晚至市场,即归。

1月5日　星期四

冷。精神甚坏。上午戴静山来。午后至文奎堂购《陈亮之思想》,何格恩,一角,即归。下午四时汪老爷来谈。圹而翻嵇明之《明清思想史》(雄所有),颇有足补梁、钱二家之书者,其表彰方密之甚是(梁已表彰)。

1月6日　星期五

天稍暖。今天还是难过一天,头更胀,盖因昨宵一———五时失眠也。

上午略理书案。午至市场即归。下午三时顷至孔德,得故宫博物院送给我的一部《宛委别藏》,系1935年故宫取养心殿所藏《宛委别藏》160种中选取40种为未有刊本者,交商务馆影印成150本,今故宫见赠一部,因在孔德查点之,至六时毕事。其中大多数于我无所用之。最有用者有三书：

《春秋集传》宋张洽　十本。

《九经疑难》宋张文伯　三本。

《增广钟鼎篆韵》元杨銁　四本。

《四库》有洽之《春秋集注》十一卷及《纲领》一卷，云"集传则佚之久矣。"《集注》在明初曾[以]与胡传并立学官（胡为程门人，张为朱门人）。张文伯之书，阮元谓其"唐宋诸儒说经之文捃摭不少"。杨书系增广王楚之《钟鼎篆韵》者（薛尚功已先广王书，杨则再广之也）。

六时半归家。灯下扩而看《国粹》之邓文。

1月7日　星期六

十时半至孔德。一时浴，剪发。四时许归。

1月8日　星期日

日中稍暖。有北大哲学毕业生，二十年度毕业，比雄高一班，郝公玉名瑞桓来，持其作二论文来：1.《南宋思想家陈亮传》藏晖出题；2.《清圣祖之倡导文治》孟心史出题，要我看看。午至博爱，金谓胃略有病，取药水。血压178，达磺化钙。访张少元不晤。在琉璃厂遇希白、刚主、海波、斐云诸人，久不见之矣！至厂甸略一展视。头不宁，即归家。精神惫。

1月9日　星期一

今日天气较暖。上午十一时访戴。下午至孔德，将上月理出之字纸，装成六箱。明日当嘱听差运回家中正式清理，要者留之，其不要者则作为起炉之用矣！五时回家。灯下扩而看郝文。

1月10日　星期二

上午运回六柳〔箱〕。下午二时访知堂，四时归，他送我古写本《文选》。

1月11日　星期三

上午在家。下午三时至孔德，四时即回家。

1月12日　星期四

下午四时至市场一行，即归。再校《礼经旧说》后记，及《左庵著述系年》，明日当送胡。

1月13日　星期五

竟日心乱,不能作事。

午后二时至孔德取方氏《通雅》以来。灯下扩而翻□氏□年史之《船山》,又翻《黄书》。

上月理什物,捡出劭西以前交来之郭子衡:《百部字典草案》。劭仍据以改作《汉字新部首》,兼采日人某氏之说,专以起笔归部(左、上),廿四、五年岁首,吾曾用之而拟略加改变,后觉其不善,遂置之。今读郭书,觉当用其说,以加以改良(高梦旦曾言,距今卅年前,彼曾拟有百部之法,盖与此同意,惜未之见,不能供吾参考)。今晚将郭氏"百部"圈在《新字典》之目录上,更记于此:

分首笔为一(横)、丨(竖)、丶(点)、丿(撇)、乙(折)五种:

一:(廿三部)
　一　匚　厂　大　土　木　犬(犭同)　戈　歹　玉(王同)　石　瓦　示(礻同)　⇥　耳　車　酉　豕　走　雨　革　頁　馬　髟。

丨(或亅):(十八部)
　丨　山　巾　口　囗　日　艹(旧艸)　目　四(旧网)　皿　田　卢　虫　見　貝　足　韋　骨。

丶:(十九部):
　丶　冫　亠　冖　宀　广　氵(旧水)　辶(旧辵)　户　心(忄同)　火(灬同)　方　立　穴　疒　羊　米　衣(衤同)　言。

丿:(廿七部):
　丿　勹　人(亻同)　彳　彡　气　手(扌同)　毛　牛　月　斤　攵(攴同)　欠　殳　禾　竹　舟　耒　缶　豸　角　金　隹　食　風　鱼　鸟

乙:(或乛　𠃋　乚　𠃌　∠　〈〉)(十三部):
　乙　卩　刀(刂同)　力　子　女　阝(旧阜邑)　弓　尸　皮　系　羽　門。

麻并于广,匚并于匚,肉并于月,行并于彳……,无部可并者,则分配于"一　丨　丶　丿　乙"之五部中。

偏旁以在上下左右为次:
　羽部:翠翚→翡翥→翀翊→翱翔。

部中之字以去偏旁后之首笔为序:
　木部:柄柯→柛柙→柱柁→柏柳→柷柏

一字可入两部者:
　从上不从下,从左不从右,从外不从内,如:
　　骞入宀不入马(从上),
　　酒入氵不入酉(从左),

　　　　问字入门不入口（从外）。
　疑则两见：
　　　　布兼收一、巾两部。
　　　……

1月14日　星期六

　　午至孔德一行，即浴，四时顷回家。灯下取《国音常用字汇》之字典部首索引弄之，着手改编《籇广（庵）百部偏旁》，拟用此新部首改编极古、极今二书：极古——《说文》；极今——《国音常用字汇》。

附录一：

本书主要人物字、号、称谓、略称、昵称、绰号及外国人译名异同表

说明：1. 所收诸人字号以见于本《日记》者为限；《日记》中仅有本名而未使用其字号者不录。2. 首列本名，以汉语拼音为序，将各种字、号、称谓系于其下。

A

敖弘德	宣生
敖士英	敖

B

白居易	白香山
白涤洲	涤洲、白、涤
班　固	孟坚
包世臣	包安吴、包慎伯
鲍敬言	鲍生
贝季美	贝、贝サン
本田信森	本、本田
毕　沅	毕氏
卜　商	子夏、夏

C

蔡绿农	绿、绿农
蔡　蒙	源清
蔡润石	蔡玉卿
蔡元培	蔡、子民、蔡子民、蔡先生、蔡公、民友
仓石武四郎	仓石
曹　锟	犬势交者
曹　植	曹子建
查良钊	查勉仲
常道直	常导之
陈宝泉	陈筱庄、陈小庄
陈秉华	陈炳华
陈大齐	百年
陈独秀	陈仲甫、仲甫、陈独秀

1375

陈黻宸	陈介石
陈傅良	陈止斋、止斋、君举
陈光尧	陈氏、陈光垚
陈汉第	陈仲恕
陈奂	陈硕父、陈硕甫
陈继揆	舜百、舵岑
陈介祺	陈簠斋
陈君哲	君哲
陈垲	名寿
陈立	卓如
陈亮	陈同、同甫、龙川
陈懋治	陈颂平
陈虬	虬
陈陶遗	陈陶公
陈维崧	陈其年
陈文华	陈先生
陈训慈	陈叔谅
陈彝煜	陈旭卿
陈衍	陈石遗
陈寅恪	寅恪
陈永泽	慎侯、说难
陈垣	陈氏、援庵、陈援庵
陈源	陈通伯、陈西滢
陈用光	陈硕士
陈兆蘅	陈湘圃
陈兆熊	辰田
陈中	致钧
陈中平	陈仲平
陈仲权	仲权
谌稷如	稷如
程灏	明道
程廷祚	程绵庄、绵庄
程颐	小程、程、伊川
程瑶田	易田、易畴
崔适	崔怀瑾、怀师、崔师、先师崔君、先师、觯甫、崔氏、崔君、崔先生、崔
崔述	东壁
储皖峰	皖峰

储逸安	储逸庵

D

大杉荣	大杉
大隈重信	大隈
戴　德	延君
戴君恩	忠甫
戴君仁	戴静山、戴公、戴
戴名世	戴褐夫
戴　圣	次君
戴　望	子高、戴子高
戴　震	戴、戴氏、戴东原、东原
邓萃英	邓芝园、邓芝圆、
邓　方	秋枚、邓秋枚、邓
邓　牧	邓牧心
邓　实	邓
邓石如	完白、顽伯、邓完白
邓以蛰	邓叔存
邓之诚	文如
丁福保	丁氏
丁季良	丁乃骏
丁　敬	丁敬身
丁履恒	丁
丁声树	丁梧梓
丁西林	丁巽甫
董醇之	董氏
董	董鲁安、鲁安、董鲁庵、董鲁厂、董鄂氏
董鸿祎	恂、恂士、董恂士
董金鉴	镜吾
董　康	董大人、康
董渭川	渭川
董修武	董特生、特生
董仲舒	董、董生
董祖寿	董东初
杜　甫	杜少陵
杜　预	杜
端　方	端贼、端午帅

段锡朋	段
段玉裁	段、段公、段氏、玉裁

E

恩格斯	恩格尔

F

范　滂	范孟博
范存奎	海槎
范当世	范石湖
范拱薇	范、共
范文澜	范仲沄、仲云、仲沄、范文某
方以智	方密之、方氏
方于笥	方青箱
樊逵孙	樊逵
废姓外骨	外骨、半狂堂外骨
冯　道	道
冯汝濂	冯蓝宋
冯汝良	冯骥才、骥
冯汝禧	冯延云
冯汝璋	冯望如
冯文炳	冯废名、废名
冯友兰	冯芝生
冯玉祥	冯
冯沅君	沅君
冯祖荀	冯汉叔
费　密	费此度
符定一	宇澂、符宇澂、符宇澄
傅　山	傅青主
傅斯年	孟真、傅胖
傅　岩	傅介石
傅增湘	傅沅叔
傅仲涛	傅
富田	富

G

甘大文	甘

高本汉	高氏
高步瀛	阆仙、高阆仙、高老爷
高凤谦	高梦旦
高去疾	高松斋、高松侪
宫崎民藏	宫崎
龚宝铨	龚、龚未生、薇生、薇孙、未、未生、味荪
龚 橙	龚孝拱、龚半伦、孝拱、龚孝叟
龚自珍	龚定庵、定庵
顾颉刚	顾、颉刚、颉
顾 随	羡季
顾廷龙	起潜、廷龙
顾宪成	东林
顾炎武	顾宁人、顾亭林、顾氏、顾职方
顾△△	揖峰
关葆麟	葆麟
归 庄	归玄恭、归祚明
郭宝钧	郭子衡
郭景庐	景庐、景、成爽、郭成爽、郭成埙
郭沫若	郭氏、郭君、郭鼎堂、鼎堂、贞君
郭绍虞	绍虞
郭 泰	郭林宗
郭昭文	郭女士

H

韩定生	韩警尘、韩景陈
韩 愈	韩退之
郝瑞恒	郝公玉、郝
郝懿行	郝兰皋
何炳松	何柏丞、何氏
何其巩	何克之
何 楷	何玄子
何绍基	何子贞
何 休	何
何贻琨	何公
何 震	何、何女士、何サン
赫 德	赫氏
洪 业	洪煨莲

弘　历	高宗、爱新觉罗弘历
侯云圻	云圻、侯芸圻
胡安国	胡氏、胡
胡毋生	胡母生、胡母、胡母子都
胡　适	适之、胡适之、适、藏晖
胡耀臣	胡耀宸
胡韫玉	胡朴安
黄道周	黄石斋
黄　节	晦闻、黄晦闻、黄
黄　侃	季刚、黄季刚、黄
黄念蓉	念蓉
黄念田	念田
黄　珮	黄晚芳
黄　森	黄六三
黄绍箕	黄仲弢
黄　奭	黄
黄庭坚	黄山谷
黄文山	黄凌霜
黄曰瑚	宗夏
黄宗羲	太冲　黄太冲、梨州、黄梨州、黄南雷
黄遵宪	黄公度
惠　栋	惠氏、惠定宇

J

姬　昌	周文王、文
姬　旦	周公
姬　发	周武王、武
姬金声	姬振铎
嵇　康	嵇叔夜、嵇
嵇文甫	嵇、嵇明
吉川幸次郎	吉川
济　寰	寰
纪　昀	纪、纪伦
贾　逵	贾
贾　谊	贾生
简朝亮	简竹居
江冬秀	胡夫人

江　藩	郑堂、江郑堂
江绍原	江、绍原
江　声	叔沄、艮庭、江艮庭、江氏、江艮
江有诰	后江
江　永	江氏、江慎修、慎修、先江
江　沅	江铁君
姜永台	姜处、姜、姜太公
蒋得臣	蒋德臣
蒋觐圭	觐圭
蒋梦麟	蒋孟麟、蒋、梦麟、蒋校长
蒋汝藻	蒋孟频〈苹〉
蒋维乔	蒋竹庄
蒋湘南	蒋子潇
蒋智由	蒋观云、蒋、蒋知由
蒋尊簋	簋
焦　循	焦理堂、焦里堂、里堂老人、里堂、雕菰
介　眉	介
金保稚	金
金　农	冬心
金圣叹	金采、金喟
金子直	金
今关寿麿	今关
晋鲁胜	叔明
京　房	君明
经亨颐	经子渊
久津见厥村	久津
鸠摩罗什	罗什

K

康宝恕	心如
康宝忠	康、老康、康心孚
康有为	康、康氏、南海、更生先生、长素
克鲁泡特金	乐波轻
孔广森	孔氏、孔、众仲
孔　伋	子思
孔　丘	丘、孔子、孔氏、夫子、尼父、仲尼、先师、孔老二、孔老爹、孔二先生
孔尚任	孔东塘

邝　露	邝湛若

L

蓝田	蓝、蓝欣禾、欣禾、蓝公、蓝サン
蓝少铿	蓝铿
蓝志先	蓝公武
老　聃	老子
雷寿绵	纪鹤
黎锦晖	均荃
黎锦炯	殿庸
黎锦熙	黎、劭西、劭、黎锦西、黎劭西、黎公
黎世蘅	黎子鹤、子鹤
黎元洪	黎
李伯勤	伯勤、勤
李慈铭	李莼客
李从周	李肩吾
李大章	大章、李
李大钊	李守常
李二章	二章
李　绂	李穆堂
李　塨	刚主、恕谷、李恕谷、李刚主
李广方	李广访、李广芳
李季高	季高
李季谷	李宗武
李建勋	李建、李湘宸、李湘、湘宸
李景泉	李锦泉、李大夫
李　岂	李菘明、菘老
李瑞清	李梅庵、清道人
李升谦	吉夫
李升培	子栽
李书华	李润章
李叔美	叔美
李顺卿	李干丞、李干臣
李小峰	李小、晓峰
李亚宰	亚宰
李阳冰	阳冰
李尧栋	李夔飏

李英芳	李伯馨
李　颙	李二曲
李煜瀛	李石曾、石曾
李召贻	召贻、召
李　蒸	李云亭、李校长
李　贽	李卓吾、卓吾
李子逑	子逑
李宗侗	李玄伯
李宗武	李季谷
李△△	李霞圃
练　安	练子宁
梁鼎芬	梁节庵
梁启超	梁、梁任公、任公、梁公、梁君、梁卓如、梁氏、卓如、饮冰子
梁启雄	启雄
梁丘贺	长翁
廖恩焘	鸿书、忏绮庵主人、珠海梦余生
廖　平	廖季平、廖
列御寇	列子
林白水	林万里
林　庚	林静希、静希
林鹍翔	铁铮、铁
林　损	林公铎、公铎、林次公、次公
林　纾	林畏庐
林盛逵	潮斋
林　尹	林景伊、林景尹、景伊
林语堂	林玉堂
林志钧	林宰平
刘　安	淮南王
刘　敞	刘氏、刘
刘　鹗	刘铁云
刘逢禄	刘申受
刘　复	刘半农、半、半农、刘半
刘嘉镕	铁庵
刘　节	子植
刘揆一	刘林生
刘盼遂	盼遂
刘荣季	刘容季

刘师复	师复
刘师培	刘、申、申叔、刘申叔、刘光汉、刘氏、刘申、刘君、左庵、刘サソ、Liu Kuang-Han、刘师蓉、张侯
刘师颖	容季、刘荣季、刘容季
刘天华	天华
刘　拓	刘泛弛、泛弛
刘文典	刘叔雅、叔雅
刘文淇	孟瞻
刘锡昌	佐卿
刘献廷	刘继庄
刘　向	中垒
刘玉峰	刘雪崖
刘宗周	刘蕺山
榴　先	榴仙
柳诒徵	柳胡子
柳　永	柳耆卿、柳氏
卢永祥	卢督
吕大伦	时叔
吕大器	治光
吕大同	逢吉
吕大猷	允升
吕公著	晦叔、申公、正献公
吕广问	仁夫
吕好问	舜徒、东莱
吕和问	节夫
吕稽中	德元
吕坚中	景实
吕康年	康年
吕留良	吕晚村、吕用晦
吕㻞中	居仁、紫微、东莱、文清公、仁武
吕乔年	巽伯
吕切问	舜从、荥阳
吕希纯	希纯、子进
吕希绩	纪常
吕希哲	原明
吕夷简	文靖公
吕延年	伯愚

吕祖俭	子约、大愚、忠公
吕祖谦	伯恭、东莱、成公、吕东莱、东莱吕氏、小东莱
吕祖泰	泰然
卢梭	卢氏、卢骚、卢公
陆百舲	百、舲、百舲
陆机	陆士衡
陆九渊	陆、子静、象山
陆侃如	侃如
陆游	务观
陆雨广	陆雨庵、陆艮庐
陆振青	振青
陆宗达	陆颖民
伦明	伦哲如
罗伯斯比尔	罗伯卑尔
罗常培	罗莘田、莘田、罗心田、罗心恬、心恬
罗典	慎斋、徽五
罗福颐	福颐、罗遗少
罗根泽	罗雨亭、雨亭、雨
罗家伦	罗志希、希
罗汝芳	罗近溪
罗叔芸	叔芸
罗先容	先容
罗庸	膺中、罗膺中
罗有高	罗、台山
罗振玉	罗氏、罗、罗遗老
骆鸿凯	骆侍郎、骆绍宾、绍宾、骆

M

马克思	马克斯、Marx
马衡	叔平、叔、马四、四
马季明	季明
马建忠	眉叔
马竞荃	马宗芗
马廉	隅卿、隅、马、马九、九
马师儒	马雅堂
马巽伯	巽伯
马太玄	太玄

马叙伦	夷初、马夷初、马石屋
马一浮	马蠲叟
马彦祥	彦祥
马裕藻	马幼渔、幼渔、幼、马二
马宗霍	马君
毛邦伟	子龙、毛大人
毛奇龄	毛西河、毛氏
毛　准	毛子水
枚　乘	叔
孟　轲	孟子、孟老爹
孟　森	孟心史
孟　喜	长卿
米友仁	米元晖
缪凤林	缪赞虞
缪金源	金源
缪荃孙	缪太老伯
摩尔根	莫尔干
莫永贞	伯衡、衡、伯恒、珀珩
莫△△	莫砚山
墨　翟	墨子
牟　亭	牟默人

N

拿破仑	拿翁
那拉兰	那拉氏、西太后
南桂馨	南佩兰、南佩蓝、南、佩翁
钮树玉	钮匪石

O

欧阳高	子阳

P

潘承弼	潘景郑、景郑
潘澄鉴	芸生、芸、潘芸生
潘柽章	潘力田
潘廉深	廉、廉深
潘锡恩	芸阁

彭绍升	彭尺木
皮锡瑞	皮氏、皮鹿门、皮
皮宗石	皮皓白
蒲鲁东	布隆东

Q

祁彪佳	幼文
钱 澎	幼楞
钱秉雄	雄、雄儿、秉雄、阿荃、荃、荃孙、老大、迁
钱 辰	棣孙
钱大昕	钱竹汀、钱氏
钱稻孙	稻孙、稻、稻侄
钱德充	充、德充、毛、毛头、猫、五儿
钱德莹	韵辉
钱 坫	十兰
钱端礼	礼
钱端仁	崇仁
钱端信	端信
钱端义	崇义、义
钱端知	知
钱观龄	颐圃
钱谦益	钱牧斋
钱 穆	宾四、钱宾四
钱三强	穹、秉穹、三、三强、老三、三儿、强
钱 申	萼孙
钱炆孙	炆孙、炆、穗孙、穗侄、穗
钱启缏	仲绨
钱 恂	念劬、念、兄、大兄、阿兄、长兄、先兄、红履公
钱玄同	饼、德、德潜、季、季子、钱夏、师黄、子季、疑古、疑、玄同、钱、钱二、二疯、玄、夏、展罟、义鹄、饼斋、并齐、急就廎、季、彦均、并介子、恒悦庐、仁佗、匽佚、中季、燕逸、偃逸、德叔、疑古玄同、菰莉老人、逸谷老人、饼斋老人、彦均老人、释筑老人、疑古老人、玄同老人
钱亚澄	清之
钱亚获	亚获
钱亚猛	猛、亚猛
钱亚献	亚献
钱亚新	亚新、新

钱　瑛	润辉、润
钱云辉	织孙、三姊
钱振常	先父、先子、先大父、家严、家君、忆翁、学吕斋、大公
钱仲联	仲联
乔曾敏	乔大壮、乔、大壮
桥川时雄	桥川
秦　沅	蘅江
邱大年	丘大年
秋　瑾	秋
屈伯刚	伯刚
瞿润缗	瞿子陵
全祖望	谢山、全氏、全双韭

R

让　斿	让
任鸿隽	任叔永
容　庚	容希白、希白
容肇祖	容元胎
阮大铖	阮胡子、阮胡
阮　元	阮氏

S

单不庵	不、不广、不庵
单伯宽	伯宽、单、宽
单士厘	嫂、阿嫂、大嫂、钱单士厘
单蕴珠	蒋单蕴珠
山　涛	山巨源
商承祚	商锡永、锡永
邵瑞彭	邵次公
申不害	申子
沈冰如	冰如、冰
沈复生	沈复声、复声、复生
沈兼士	兼士、兼、沈三、坚士、砚斋、三
沈麟伯	沈、麟伯
沈启无	启无
沈汝明	沈鉴远
沈士远	士远、沈大、沈老大

沈小楼	沈小
沈尹默	沈二公、二公、沈二、沈、沈老二、沈二老爷
沈毓麟	沈谱琴、谱琴
沈云翔	沈虹斋
沈曾植	沈子培、沈寐叟
沈仲芳	仲芳、芳
施　雠	长卿
史庚身	庚、庚身
司马光	温公
司马迁	迁太史公、史公、史迁
司马相如	相如
寿石工	寿
梁　曦	索伍、索五
宋　克	宋仲温
宋教仁	宋氏、公明、宋、宋渔父、渔父
宋　恕	宋平子、宋衡、六斋
宋翔凤	宋于廷
苏曼殊	曼殊、苏元瑛
睢　弘	孟
孙伯衡	孙伯恒
孙伏园	伏园
孙海波	孙海、海波
孙楷第	孙子书、子书、孙子
孙　彭	孙席珍
孙奇逢	孙夏峰
孙人和	孙蜀丞、孙人
孙　文	孙逸仙、孙某、孙公、孙、Sun、孙中山
孙星衍	孙渊如
孙衣言	孙琴西
孙诒让	孙氏、孙仲容、瑞安
孙翼中	藕〈耦〉耕
孙鹰茹	孙鹰如
孙毓筠	孙少侯
孙蕴璞	孙秘书、蕴璞

T

汤　庚	学潜、汤学潜

汤国梨	章汤夫人、汤国黎
汤寿潜	汤蜇仙、蜇仙
汤振常	汤济沧、济、济沧、济苍、济公
汤　中	爱理
谭嗣同	谭复生、谭壮飞
谭　献	谭氏、谭仲修、谭复堂
唐才常	唐拂尘
唐　兰	唐立庵、唐立厂
唐　甄	唐圃亭
唐仲芳	唐继盛
陶成章	奂卿、焕卿、焕
陶履恭	陶孟和
托尔斯泰	杜尔道、杜尔斯德
土　明	土
屠岸贾	屠颜贾

W

万斯同	万季野、万斯
汪　东	寄生、旭初、小将军
汪公权	汪、汪サン
汪　缙	汪大绅
汪精卫	汪、汪兆铭
汪　少	小汪
汪　怡	汪、汪老爷、汪一广、汪一庵、汪老一庵
汪　震	汪伯烈
汪　中	汪容甫、汪容父
汪宗沂	汪仲伊
汪祖望	君如
王　襞	王东崖
王碧书	碧书、魏王碧书
王重民	王有三
王夫之	船山、王船山
王　艮	王心斋
王国维	王遗少、王公、王、王静安、王观堂、王忠悫
王　畿	王龙溪、龙溪
王静三	静三
王闿运	王壬秋

王懋宏	王白田
王纳善	引才
王念孙	王怀祖、王氏、王氏父子、高邮、王石㠊
王芑孙	惕甫
王余佴	王仿成
王余佑	王五公
王品清	品、品青
王善恺	善恺、王善
王世杰	王雪艇
王守仁	王阳明、阳明、王
王淑周	王叔周
王桐龄	王峄山
王统照	王剑三
王文濡	王均卿
王西徵	王西征
王星拱	王抚五
王引之	王伯申
王 庸	王以中
王 源	王昆绳、昆绳
王 筠	王箓友
王宗沐	王敬所
王应麟	王伯厚
韦文伯	文伯
卫天霖	卫雨三
魏际瑞	魏伯子
魏建功	建功、建、魏、魏天行、天行、未见功
魏 禧	魏叔子
魏毓狒	魏毓麟
魏之	柳洲
闻 宥	野鹤、闻野鹤、在宥
翁之夔	赵翁之夔
吴保初	吴瘿
吴丙湘	次潇
吴承仕	检斋、吴检斋、吴处士、吴氏、吴、吴老头
吴昌绶	吴伯宛
吴德润	吴晓芝、吴小之、晓芝
吴 康	吴敬轩

吴凤章	凤章
吴敬恒	吴朓、吴稚晖、吴叟、吴老头、吴老
吴　仙	丈
吴　梅	吴瞿安
吴其昌	吴子馨
吴其作	吴新斋
吴汝纶	吴挚甫、吴挚父
吴三立	吴三礼、吴旨、吴辛旨
吴伟业	梅村
吴　炎	吴赤溟
吴颖芳	西林
吴震春	雷川
武者小路实笃	武者小路、武者

X

西　村	西
奚　冈	蒙泉
香月清司	香月
夏侯建	长卿
夏侯胜	长公
夏　燮	夏心伯、夏炘伯、夏弢甫
夏宇众	宇众、夏与中、芥园、弥庵
夏曾佑	穗卿、夏穗卿、夏、夏氏、夏公
萧涤非	萧涤
谢　翱	晞发
谢国桢	刚主、谢刚主、谢堦
熊希龄	熊秉三
修　垣	修古藩
徐炳昶	徐旭生、旭生、徐
徐尔谷	显、显民、显老、显丈、显サン、岳、丈人、老丈
徐鸿恩	徐逵卿
徐家麐	幼甫
徐金冕	徐侍峰、侍峰
徐林士	林士
徐冕伯	冕伯、勉伯、冕百、冕
徐森玉	森玉
徐　僧	徐和尚、徐森玉

徐　适	仲容
徐世度	徐苏甘、苏甘
徐世学	世学
徐世佐	弼庭
徐嗣龙	徐谊臣
徐婠贞	Bride、K、W、内子、婠贞、婠、伯徐、钱太太、钱伯徐
徐维烈	武承、武臣、徐武承
徐维文	徐子章
徐锡麟	徐、伯荪
徐行健	徐老大
徐星门	星门、世南
徐旭生	旭生、徐炳昶、徐
徐婴贞	婴贞（徐婠贞妹妹，钱玄同妻妹）
徐幽湘	幽湘、蕙、幽幽、幽、湘
徐元度	霞村
徐元钊	伯岳、吉荪
徐昭宣	颂唐
徐志摩	徐公
徐仲华	仲华、华
徐祖正	耀辰、耀、徐耀辰、徐耀
许固生	安本
许广平	许景宋
许缄甫	缄甫
许　慎	许君、许氏
许世瑛	许诗英、小许公
许寿裳	许季弗、许季茀、许季黻、许、许公、季芾、季市
许之衡	许守白、余桃公
许△△	许稚梅
玄　烨	圣祖、康熙
薛季宣	薛
薛金声	薛懋铎
薛起风	薛家三、薛
荀　况	荀子、荀卿

Y

言　偃	子游、游
严　复	严侯官、严氏、严几道

严鼓祖	公子
严　宏	计、计长、严计长
严可均	严、严铁桥
严　锲	严既澄、严氏、严镂堂
严寿门	寿、寿门
颜安乐	公孙
颜　回	颜子
颜　钧	颜山农、山农
颜　元	颜习斋、颜易直、颜氏、颜
颜真卿	鲁公
颜之推	颜氏
颜　籀	颜师古、师古
阎若璩	阎、阎百诗、眷西老人、潜丘、潜丘老人、潜丘先生
阎锡山	阎
阎修龄	再彭、牛叟先生
盐谷温	盐谷
扬　雄	子云
羊　祜	叔子
杨伯谦	伯谦
杨步伟	杨女士、赵太太、赵伊
杨鼎丞	鼎丞
杨独任	西挺
杨　坚	隋文帝
杨　钧	仲子、重子、杨仲子
杨君武	君武
杨立奎	杨据梧、据梧
杨乃康	杨莘耜、新时、新
杨少炯	杨
杨树达	遇夫、遇、杨遇夫
杨誉龙	云成
杨昭俊	潜广、潜庵
杨振声	杨金甫
杨振文	丙辰、杨丙辰
杨宗翰	伯平
姚洪畴	姚寿田
姚　华	姚芒父
姚明辉	孟勋

姚　鼐	姚惜抱
姚启圣	熙之
姚士粦	叔祥
姚文甫	文甫
姚雨岩	雨岩
易　价	易静正、静正、易秘书
伊齐贤	伊见思
叶恭绰	叶誉虎
叶　瀚	叶浩吾
叶　坤	叶大令
叶绍袁	叶天寥
叶　适	叶水心、水心
叶△△	叶藻庭
尹会一	健余先生
尤炳圻	尤平白
于海晏	于安澜
俞恒农	恒农、俞聋子
俞九思	承枚、九思
俞平伯	平伯
俞尚声	承业
俞　樾	俞曲园、曲园、俞氏、俞门、德清、俞公、德清、俞君、俞荫父
俞正燮	俞理初
俞志靖	崑雷
俞钟銮	金门
余　煌	武贞
余嘉锡	余季豫、季豫
余　逊	余让之
羽太信子	信子、信子尊嫂
元　稹	元九
袁承业	袁
袁敦礼	志仁、子仁
袁繁猷	繁猷
袁　枚	袁氏、袁、随园
袁世凯	袁督、袁贼
袁同礼	袁守和、守和
袁希涛	袁观澜

Z

曾国藩	文正公
曾鲲化	抟九
曾运乾	曾
詹体仁	沧洲
张恩龙	贾士·
张恩虬	张玉君、恩虬
张恩熊	梦飞
张国淦	张氏
张国华	张菊圃、菊圃、菊、张甥
张　黄	张凤举、凤
张煌言	张苍水
张惠言	张皋文
张　继	张、溥泉、张サン
张济和	鼎臣
张　炯	张星舫
张柳如	柳如、柳
张目寒	目寒
张　溥	张天如
张瑞图	张二水
张少元	少元
张西堂	西堂、西
张奚若	奚若
张孝曾	界定、界、张界定
张洢徵	张利川
张贻惠	张少涵、少涵、张、张院长
张贻侗	张小涵
张仰先	仰先
张樾丞	樾丞
张　载	横渠、张
张之洞	张督、南皮张尚书
张宗祥	冷僧
张△△	后甫
章炳麟	章、章氏、章太炎、西狩、狩、章公、炎、炎师、章先生、先生、枚叔、余杭、章サン、Tai yen、炎师、余杭师、老夫子、太炎师、先师、章先、枚、昀汉

章　导	导、夷吾、孟匡、章孟匡
章鸿钊	章演群、演群
章念祖	念祖
章　奇	奇、仲连、章仲连
章　嵌	章厥生
章士钊	行严、老章、章
章廷谦	川岛、章川岛
章学诚	章氏、章、章实斋
章衣萍	衣萍
章毓寄	毓寄
丈　母	显奥
赵伯谦	谦、伯谦
赵　构	宋高宗
赵季谦	季谦、谦
赵进义	赵希三、进义
赵铭箴	赵羡渔
赵万里	赵斐云、赵斐、斐云、赵万、万里、赵
赵宧光	赵凡夫
赵荫棠	赵尹棠、赵老铁、赵铁、赵铁公、赵憨之、赵憨
赵元任	赵、元任
赵贞信	赵肖甫
赵之谦	赵撝叔
真桂芳	真山民
郑　奠	介石
郑　梁	寒村、高州
郑思肖	郑所南、所南
郑　燮	郑板桥
郑　性	义门、南村、五岳游人
郑天挺	郑毅生、天挺、毅生
郑　玄	郑康成、郑君、郑
郑裕孚	郑友渔、郑、郑大人
郑　溱	秦川
郑　震	郑菊山
郑振铎	郑西谛、西谛
志水文雄	志
中村义端	充之
钟　繇	钟太傅

周忭民	周辨明
周大虎	大虎
周大钧	周伯陶、伯甸、伯陶、周伯甸
周　德	周是修
周敦颐	濂溪
周丰一	丰一、周丰、周白吾
周　馥	馥
周　虎	虎、虎公
周树人	鲁迅、周豫才
周作人	岂明、启明、周二、周老二、岂、启、周作、知堂、芝塘、智堂、知老、知翁、周公、周知堂、知、周サン
朱布宣	布、布宣
朱次琦	朱九江
朱家骅	朱、朱骝先
朱　泲	朱兰坡
朱镜宙	朱铎民
朱骏声	朱丰芑、朱氏
朱调生	调生、调
朱　熹	朱子、朱、朱晦庵、晦翁、老朱
朱希祖	逖先、迪先、逖、逖轩、遏先、朱、朱胡子、朱遏先、而翁、朱而
朱学勤	朱修阳
朱彝尊	朱竹垞
朱由检	明毅宗、明毅帝
朱蕴人	蕴、蕴人
朱肇荣	朱培甫
朱之渝	朱舜水
朱自清	佩弦、朱佩弦
朱宗莱	大、大公、朱大、蓬、蓬仙、彭、彭仙
颛孙师	子张
庄君达	达、君达
庄　周	庄子
卓定谋	卓君庸
邹　鲁	邹海滨
邹　容	邹蔚丹
左丘明	左、左氏、左丘氏
左　思	左太冲

附录二：

回忆父亲——钱玄同先生

钱秉雄

父亲逝世已五十多年，回忆起来，只是一些在家中见到的往事，以我个人认识的角度来说说。他有两句名言："只救青年，只救孩子。"因此他把我从小就送进高师附小去接受新教育，要求学好科学知识，语文，外文，锻炼好身体。并说："将来你要学什么，由你自己选择。"我的中小学阶段过的完全是学校生活，连午饭都包在学校中。我早出晚归，他整天忙他自己的工作，父子相见的时间就少了。他是一位开明的父亲。他待人接物总是笑容满面，喜谈天。

他年轻时，晨起常用冷水低头冲颈部后端，常服西药"拍拉托"来治疗神经衰弱。他身材不高，带着近视眼镜，夏天穿着竹布长衫，腋下夹着黑色皮包，脚上穿着圆口黑布鞋，傍晚回家来看看，和母亲谈谈，又匆匆出门去了。这印象在我脑中太深刻了。那时我年纪小，不知是怎么回事，只觉得父亲是一个"忙人"，后来才知道他除在北京高师和北大教课外还参加了新文化运动，所以下午晚间常和他的朋友一同讨论问题，并为《新青年》杂志写稿约稿。这是在五四运动前一两年。他晚间有时也不住在家而是住在高师教员宿舍中。其实宿舍离家（琉璃厂西北园）也不远，只隔着一条胡同。他常说：夜深人静是看书写文章最好的时候。的确，在家总不免有琐事相扰，不易集中精神去思考问题。他是极好静的，有时在宿舍可以工作到很晚，比较自由。

从1917年到1939年在家以外都有他的宿舍，先是在高师教员宿舍，1925年迁到东华门北河沿孔德学校内的宿舍。因他和该校校务主任马隅卿先生相识很久，曾为该校搞过国语科的教改，很谈得来。他虽为工作写文章方便住宿舍，但每天在外课毕，一定回家一次看看。他常说他自己心血来潮，必须回家看了无事，才放心去办别的事。父亲是一位心极好静而又重情的家长。

现在说他在孔德学校的两间东房宿舍，房门外有一棵大槐树遮阴，宿舍内除一张单人床，一张三屉桌和座椅外，都放着书架和书箱，其间只留着能过一人进出的通道。他几乎被书架的书所包围了，他认为这样对他用起来方便。若有人去找他，他把客人请到该校校务主任办公室的外间，所谓"驷言堂"去接待。他喜欢买书报杂志。报纸看完不用了送给工友。二十多年来新旧书买得不少，尤其喜买在日本东京时看过而当时不便带回国的论革命的杂志，如：《新世纪》一类的书。每年阴历过年在琉璃厂厂甸有半个月书市，都是摆着旧书摊，那里总有父亲的足迹。有人戏称他为"厂甸巡阅使"。他整理书非自己动手不可，不要别人帮忙。我要什么书，他另外给我买，绝对不能动他的书。这点我是特别注意的。

他四十几岁走路时就要用手杖了，他怕路上果皮等滑脚，所以走路时很小心。

他没有跑跳的习惯,是他年幼时受封建教育残害的结果。因他跟先生念书,整天立着念,到放学回内房去时,脚麻腿软,要在小凳上坐好久才能走动。因腿脚乏力,留下这病根儿,影响他一生怕走远路。游山玩水的事就更谈不到了。

父亲的课余生活太少了。他最喜欢的是找老朋友谈天,海阔天空地谈着他们过去经历过的事,或当年在日本东京出入民报社的人物等等。他把谈天当做休息,他认为这样能消除疲劳而振起精神。其次,从日本养成沐浴的习惯,在北京经常到澡堂去洗盆浴,躺在水中也是休息消除疲劳法之一。再就是到中央公园去坐茶座会朋友,阅报纸,聊天。公园中茶馆有春明馆、水榭、长美轩、来今雨轩等,下午在树下藤椅上坐着,可以饮茶,叫点心吃便饭,很方便。说到娱乐方面更少了,只记得父亲带我去看过几次学校剧团演的新话剧。

父亲当了二十多年的大学教授,怎么没有买下一所住房,老是租房住?原因是在北洋军阀统治下的北京,不重视教育,教育经费拖欠情况严重,所以靠薪金生活的教师没有多余的钱可以买房。再说父亲也不注意这些事。我记得我们家在京住了二十多年搬了七次家,其中只有两次因为两个弟弟病死伤心,换个环境而迁居,其余五次父亲不为自己而是为照顾孩子们读书方便而迁居。父亲初到北京,因路不熟悉,有过"包车"一年多,后来因经济关系,路比较熟了,就雇车到各处去上课,开会,访友。他个人的生活是简朴的。对家中孩子病了,他亲自请医生,取药,或陪着孩子到医院去检查,治疗。尤其母亲1924年大病那次,他多方面去请中西名医来家诊治,最后还是在协和医院治好的。总之,父亲是一位重情的家长。凡是自己能做的事都自己去做,这是他的习惯。

以上是父亲对家庭和个人生活的情况。

我在这里引他反对封建礼教的一段话。"三纲者,三条麻绳也,缠在我们的头上,祖缠父,父缠子,子缠孙,代代相缠,缠了两千年。'新文化'运动起,大呼'解放',解放这头上的三条麻绳!我们以后绝对不得再把这三条麻绳缠在孩子们的头上!可是我们自己头上的麻绳不要解下来,至少'新文化'运动者不要解下来,再至少我自己就永远不会解下来。为什么呢?我若解了下来,反对'新文化'、维持'旧礼教'的人,就要说我们之所以大呼解放,为的是自私自利。如果借着提倡'新文化'来自私自利,'新文化'还有什么信用?还有什么效力?还有什么价值?所以我自己拼着牺牲,只救青年,只救孩子!"父亲确有这样自我牺牲的决心,实际上也是这样做的。这表明他个性很强,对'三纲'的切齿痛恨,为维护'新文化'运动,为下一代青年孩子开辟一条新路,说到做到,是一位言行一致的不断革命者。

父亲对孙中山先生领导的辛亥革命推翻清朝建立中华民国是极其兴奋的,但没有想到民国成立不久,北洋军阀头子袁世凯窃夺了政权,到了1916年春天,他看到袁世凯宣布改制称帝,进行反动的封建复辟活动,旧式文人又往复古倒退的路上走,社会上又恢复了"祭孔""读经"等等。这一切给父亲莫大的刺激,使他进一步认识到不能仅满足于推翻清朝,建立民国,而必须从根本上铲除封建社会的深厚基础。到袁世凯称帝才了解国粹的严重危害性和反动性,真是太迟了。军阀政府中旧式文人就利用保存国粹这块招牌来抵制科学和新知识的输入,以专制独裁来压制民主。他在思想上经过激烈的斗争,终于冲破了封建的罗网,从旧营垒中走了出来,成为封建制度的叛逆者。这是父亲一生中思想上最大的转变,他以"今日之我与昔日之我挑战"这批评的武器,响应《新青年》的创办者陈独秀等人的号召,高举"科学"与"民主"的旗帜,成为反对封建礼教提倡白话文学队伍中的一员闯将,积极参加到"新文化"运动中去。他把身受封建教育的毒害加以深入无情地批判,他个人精神上也得到大解放。他以历史进化论的观点来研究"经学","小学",总是后人比前人强,因为时代是不断前进的,历史的材料也是不断有新的发现。由于逐步有新发现,使我们的知识更丰富起来,所以他寄希望于将来的人,他的"只救青年,只救孩子!"的名言就是从这方面提出来的。

到了1928年,北伐胜利,北洋军阀退出北京,父亲寄我一张有孙中山先生像的明信片,谈到孙先生的革命成功了。那时我在日本东京留学,他很高兴。这年秋天,他又做了北平师范大学国文系主任,是师大学生要求的,有群众的基础。他的精神为之一振。政府南迁,中南海空出来,他以"国语大辞典编纂处"的名义进行交涉,取得中南海"西四所"为编纂处的会址。他和黎锦熙先生二人共同组织一班人做编写大辞典的准备工作。从这里看到他办事有一定能力,组织工作也相当的好。他教课外,经常在该编纂处办公,会朋友。

关于父亲的日记,在他生前我没有留意过,因他都在宿舍中写的,备自己查用的。1933年春天,时局紧张,他命我把母亲和小弟德充送往上海,暂住在"中社"公寓中,那里有亲友照应。如果时局再紧张,我们在北平父子三人走起来就方便了。父亲那时曾有过这样打算。他也谈过要把他的书整理装箱。我想他把他的日记本和书装在一起了。后来,因母亲在上海住不惯,又病了一次,在那年暑假后又迁回北平住在东四双辇胡同。1939年父亲病逝后,母亲精神很不好,嘱我把存在学校宿舍的书箱运回家去,我就原封不动,遵命运回去了。1949年冬母亲又逝世了,我们弟兄三人各人有各人的工作,商议把几十箱书交给我暂为保管。我那时在孔德学校中学部工作,住在校内宿舍中,就在学校附近租了两间民房,把书箱安放好。想将来有时间再整理。1949年2月,北平解放,我在学校任教务主任工作,头绪多而繁,整天忙学校工作,整理父亲书箱工作,实际上已是事与愿违了。

在"十年浩劫"中,"四人帮"以破"四旧"为借口,把我存放书箱屋子的钥匙拿去了。我那时已任北京第二十七中学校长十余年,诬蔑我执行的是"修正主义"教育路线,离职受审查。"四人帮"时代,无理可讲!到了1975年,我又做了二十七中革委会副主任,我开始寻找我所存书的下落。后来才知北京鲁迅博物馆取去一部分,余下的都是北京文物管理处运走了。"鲁博"有一个清单给我,把书和父亲的日记本放在那里作为捐献。文物管理处那部分,陆陆续续地退还,书和书箱都分了家。因有的书被"四人帮"的头头拿去了,直等到那些家伙倒台了才归还。但肯定有的书成为残本,还少了不少。总之,"十年浩劫",父亲遗留下来的书和日记本也遭了劫,经过就是这样。

父亲的日记,"鲁博"拿去那部分,那里的先生们分着整理重抄出一份,以便付印。我从文物管理处取回的书中有部分日记,通过杨天石先生,由他拿给"鲁博"的先生一同整理,也是重抄出一份,以便付印。整理重抄这工作实在也够艰苦的,因日记中有些字不好认,校对的工作,杨天石先生是费了不少力量。父亲的日记能印出来,作为近代史中一名从事文化教育工作者思想变革的记录,也就是研究那时代的一份历史资料。我对他们付出的劳动致以衷心的感谢。

父亲逝世后不久,他的老朋友沈尹默老师自上海寄来挽诗中有这样一段:"平生特异性,狂欤其实狷。狷介莫人知,惟狂众所见。四十便可杀,语激意则善。日新又日新,即以示果断。君子学为己,诲人也不倦。中庸本非易,修道尚权变。迩来忧患深,义利尤明辨。"沈老师说父亲性格原是"狷介",这话是对的。在1913年,父亲和我来到北京,住在伯父家中,那时我才六岁,有时见到他独自一人在庭院中徘徊,因工作尚未定妥,望月长叹。父亲事业心很强,对任何事都要以自己的理智来判其是非,定取舍,善思索,喜争辩。从1913年起,沈老师和父亲往来较密,彼此谈心时很多,所以挽诗中说:"平生特异性,狂欤其实狷。狷介莫人知,惟狂众所见。"这四句是能说明父亲的性格。我就是属于"惟狂众所见"中之一人。

父亲交游较广,我不甚清楚交往的人。周作人老师告我,可以请黎锦熙先生、魏建功先生等写些文章纪念父亲。黎先生有《钱玄同先生传》;周老师有《钱玄同的复古与反复古》,魏先生有《回忆敬爱的老师钱玄同先生》等等。我读后得益不少,知道父亲的学问方面研究的课题不少,并且时时有新的发现,新的见解发表。

我写这篇回忆短文,写得很拉杂,肤浅,散漫。近来记忆力又差,虽是从表面上看问题,却是事实,对于了解我父亲仅能供滴水的功效,在我脑中父亲的形象是开明的,富于感情的家长。他引导我成为反帝反封建的人,可惜我对于他研究的学问没有深入地研究过。

1991年5月20日

振兴中国文化的曲折寻求

——论辛亥革命前后至五四时期的钱玄同

杨天石

中国社会长期处于封闭状态,中国周围的邻国大多落后于中国,因此,中国文化的发展一直没有受到过强劲的挑战。鸦片战争以后,中国人在西方的坚船利炮面前一再惨败,走到了亡国的边缘;同时,中国传统文化也第一次遭到西方文化的挑战,出现了前所未有的危机。这样,中国人就面临着两个难题:一是如何抵御列强侵略,振兴中华;一是如何对付西方文化挑战,振兴中国文化。这两个难题互相关联,近百年来一直困扰并激动着关心国家、民族命运的炎黄子孙,至今未已。本文企图研究钱玄同在辛亥革命至"五四"时期的曲折文化寻求,从而展现这一阶段文化思潮的发展轨迹,总结历史经验。

一

钱玄同出生于浙江湖州的一家书香门第。父亲钱振常,曾任礼部主事,后任绍兴、扬州、苏州等地书院山长。长兄钱恂,曾任清政府驻日、英、法、德等国使馆参赞或公使。二人都对中国传统文化研究有素。钱玄同自幼即熟读《五经》、《说文》、《尔雅》及《史记》《汉书》等著作,也积累了浓厚的传统文化修养。1902年时拥护康、梁的保皇主张,1903年转而赞成"排满革命"。1905年12月,钱玄同随其兄赴日,开始学习日文和"蟹行书"。当时,东京的中国留学生可以说是中国知识分子中最活跃的一群,各种主义、思潮都有它的提倡者和追随者。钱玄同最初崇信国粹主义。1906年3月他读到了刚在上海创办不久的《国粹学报》,极感兴趣,在日记中写道:"保存国粹,输入新思想,光大国学,诚极大之伟业也。数年以来,余扮了几种新党,今皆厌倦矣,计犹不如于此中寻绎之有味也。"[①] 后来,他又对无政府主义发生兴趣。自1907年秋起,他多次参加张继、刘师培二人召集的"社会主义讲习会"。在那里,听过关于克鲁泡特金学说的演讲,也听过关于马克思主义的介绍。前者引起了钱玄同的共鸣,而后者则没有给他留下深刻印象,其证据就是,他曾经给人写过一封信,认为"世界大势所趋",已至"无政府"阶段。[②]其间,日本无政府主义者大杉荣举办世界语讲习班,章太炎举办国学讲习会,钱玄同两者都想参加,由于时间冲突,最终选择了后者。自1908年4月起,至1910年5月归国止,钱玄同和鲁迅弟兄

---

① 《钱玄同日记》,1906年3月29日。

② 《钱玄同日记》,1908年3月5日。

等一起,听章太炎讲《庄子》《说文》《汉书》《文心雕龙》等著作,达两年之久。在钱玄同文化观形成的过程中,章太炎起了重要作用。他发愿自此"一志国学,以保持种性,拥护民德"。①

中西文化由于社会条件悬殊,其性质、特点、色彩也迥然相异。钱玄同初至日本,即致力于两种文化的比较。1906年1月14日日记云:

> 父子之情,根于天性。东方学者提倡孝悌,实极有至理,断不能以"旧道德"三字一笔抹杀之也。吾见今之维新志士及秘密会党,大率有标"家庭革命"四字而置其父母于不顾者,其尤甚者,有以父母为分吾利之人,为社会之蟊贼,可以杖逐,可以鞭挞者,而开口辄曰"四万万同胞",是真所谓"世界有同胞,家族无伦理"矣!②

这段文字矛头所指是标榜"家庭革命"的"维新志士"和"秘密会党",而实际批判的是西方伦理。在冷酷无情的金钱关系和孝父敬兄、长幼有序的家庭关系面前,钱玄同很容易地作出了选择。他说:"盖道德发达,我国究胜于欧西耳。"③

钱玄同不仅将"欧西道德"比了下去,而且也将西方宗教比了下去。他认为,墨子主张敬天,明鬼,堪称"中国宗教家",但墨子不谈天堂,远比西方高明。他说:"神州即宗教一端,亦高尚乃尔。虽人心不古,其教不昌,然固非西儒所及也。"④ 言外之意,"东儒"高于"西儒","神州文明"高于"西方文明"。至于日本文化,更不在钱玄同眼中,他说:"东洋文体粗率之书实不足观,且亦无甚道理。"⑤ 钱玄同的这种态度在"女子教育"问题上尤为突出。1909年9月24日日记云:

> 中国自唐以来,古制沦亡,故有女子无才便是德之说,年来渐觉其非平。然藉以打倒谬说者,有用日本贤母良妻之教育者,是以火止火(奴隶),且有甚焉。有倡西洋女子教育者,是荡检逾闲(妓女)也。

反对"女子无才便是德"的谬说,表明钱玄同不同于封建顽固派,他对日本和西洋女子教育的不满,也不为无见,但他神往于中国的"古昔"。日记云:

> 盖论自来女子教育,于中国古昔最得其平。虽有阳尊阴卑之说,但学《诗》、学《礼》,无分男女,后妃、夫人、命妇、内子悉皆通《诗》、《礼》,男女真平等也。⑥

钱玄同认为,只要按照"中国古昔"的这条路子走下去,并且除去"阳尊阴卑"之

---

① 《钱玄同日记》,1909年1月22日。
② 《钱玄同日记》。
③ 《钱玄同日记》,1907年2月27日。
④ 《钱玄同日记》,1909年12月13日。
⑤ 《钱玄同日记》,1906年3月29日。
⑥ 《钱玄同日记》,1909年9月2日。

说,"神州女学"就将大兴而为"世界之冠"了。

从孔子表示"郁郁乎文哉,吾从周"以后,中国文人就逐渐形成了一种尊古贱今观念。这种观念和长期的社会封闭形成的民族自大、文化自大主义相结合,构成了一种特殊的心态。钱玄同上述对东西古今文明的批判,就是这种心态的典型表现。

钱玄同所神往的"男女真平等"的"中国古昔"也确是周代。据钱玄同说,那是中国文化的黄金时期。1910年初,章太炎、陶成章与同盟会分家,在东京重建光复会,发刊《教育今语杂志》,钱玄同曾为该刊写作《缘起》,其中说:"中夏立国,自风姜以来,沿及周世,教育大兴,庠序遍国中,礼教昌明,文艺发达,盖臻极轨。"此后呢?据说就学术退步,思想闭塞,一代不如一代了。《缘起》说:"秦汉迄唐,虽学术未泯,而教育已不能普及全国。宋元以降,古学云亡,八比、诗赋及诸应试之学,流毒士子,几及千祀。"而且,危险的是,到了近代,"欧学东渐,济济多士,悉舍国故而新是趋,一时风尚所及,至欲斥国文,芟夷国史,恨轩辕、厉山为黄人,令己不得变于夷。语有之,国将亡,本必先颠,其诸今日之谓欤!"① 很显然,钱玄同担心"东渐"的"欧学"会导致中国传统文化的危亡,并进而导致国家的危亡。

怎样振兴中国文化呢? 钱玄同主张"师古""复古""存古"。他说:

> 吾侪今日作事,宜师古,宜复古,宜存古,而决不可泥古。古圣作事,往往因事制宜,求其合于情势,故所作往往少弊(封建、宗法之制为古代之大弊政),后世事不师古,好骛新奇,凡有造作更张,多不合情势,第求苟简,故中国后世不如古代,即是故也(自唐以后,凡百事物,无一日退一日)。时至今日,西学输入,凡唐以来之叔世弊政,相形之下,无不见绌。趋新之士,悉欲废之,有心人忧之。愚谓新党之浇薄诚可鄙,但此等敝政得以扫除,亦未始无裨,弊政去,而古之善政乃可见诸实行矣。②

钱玄同承认"封建宗法之制为古代之大弊政",承认"西学"输入之后,唐以后之"叔世弊政"相形见绌,也承认"新党"扫除"弊政"的作用,但是,他并不准备和"新党"站在一起,而要回到"古圣"和"古之善政"那里去。据钱玄同说:所谓"师古",乃是师法古代"圣王"制作的"精意";所谓"复古",乃是恢复"后世事物不如古昔者";所谓"存古",乃是保存那些因时势不同而"不适宜于今者",以使后人得以"追想其祖宗创造之丰功伟烈"。③

钱玄同所说的"存古",类似于博物馆的历史陈列,并不参与中国文化的再创造,可以不论,须要研究的是他"师古"、"复古"的内容及设想。

在思想流派方面,钱玄同主张兼取孔子、墨子,融合清代的乾嘉学派、今文学派和颜李学派。他说:"今日治学,虽不必确宗孔学,然孔氏立教以六艺为本,固与玄

---

① 《刊行〈教育今语杂志〉之缘起》,《教育今语杂志》第1册。
② 《钱玄同日报》,1909年9月30日。
③ 《钱玄同日记》,1909年9月30日。

言有异。吾谓诚能兼取孔、墨最好。"① 在钱玄同看来,"古圣立言垂教之旨,悉存于经",④但"经"语过于简古,这就需要有乾嘉学派的精神来考订"经训",同时以今文学派的精神来探求"经义",并以颜李学派的毅力实行,这样,就"圣学昌明不难复睹矣"!⑤颜元反对读死书,注重实学,强调"习行"、"习动",因此,得到钱玄同的特别推崇,认为"居今之事,诚能致力于六艺,为实事求是之学,不特保存国故,尤足挽救颓波。"②

在音韵文字方面,钱玄同主张复古音,写篆字。他说:"中国文字"发生最早,组织最优,效用亦最完备,确足以冠他国而无愧色。"③ 他对唐、宋以后"故训日湮,俗义日滋"的状况极为不满,主张恢复中国文字的古音、古义、古体,废楷字,用篆体,或用篆与隶之间的一种过渡形态——"隶古"。

在礼仪方面,钱玄同主张遵修古礼。他认为《仪礼》一书中婚礼"最为文明",至于丧礼,"恐人所难行,惟衣服则宜从古。"④

在纪年方面,钱玄同主张恢复古代的太岁纪年法,例如中日甲午战争称为"阏逢敦牂战争",八国联军之役称为"上章困敦之变"等。⑤

在定名原则上,钱玄同主张以《尔雅》一书为准。他批评今人"师心自用",赞扬古人"煞费苦心,尽心下问,始定一确当之新名词。"⑥ 他认为当时的亲族名称"鄙俚不堪",曾经检取《尔雅》一书,对录古称,准备以"古式"正"今俗"。⑦ 他的长子原名秉雄,但他认为不合于西汉人的命名原则,另行取名。

在上列内容中,钱玄同尤其重视学术、文字、言语、衣服的复古,他说:"凡文字、言语、冠裳、衣服,皆一国之表旗,我国古来已尽臻美善,无以复加,今日只宜奉行者。"⑧ 至于礼仪、风俗、宫室、器具等,钱玄同认为"虽不能全数复古,而当法古者,必居多数"。⑨ 钱玄同自信,通过他的"师古"、"复古"的途径,中国文化就会繁荣昌盛,腾驾于西方、日本之上。

戊戌维新运动以后,中国文化界出现了一股革新潮流,"诗界革命""文界革命""小说界革命""道德革命"等口号相继问世。在文字方面,也有人提出拼音、简化等方案。对此,钱玄同持强烈反对态度。1908年9月27日日记云:"今日见有法部主事江某奏请废汉文,用通字云。通字系用罗马字母二十改其音呼者。噫!近日学部纷纷调王照、劳乃宣入内拟简字后,有此獠出现,何王八蛋之多也。"情急而詈,可见其切齿痛恨的程度。

---

① ④ ⑤ 《钱玄同日记》,1910 年 1 月 18 日。
② 《钱玄同日记》,1909 年 10 月 17 日。
③ 《教育今语杂志章程》,《教育今语杂志》第 1 册。
④ 《钱玄同日记》,1909 年 5 月 9 日。
⑤ 《钱玄同日报》,1909 年 11 月 10 日。
⑥ 《钱玄同日记》,1906 年 2 月 17 日。
⑦ 《钱玄同日记》,1909 年 3 月 15 日。
⑧ 《钱玄同日记》,1909 年 9 月 30 日。
⑨ 《钱玄同日记》,1909 年 11 月 10 日。

综上所述,不难看出,辛亥革命前,在钱玄同的文化思想中,有提倡实学、经世致用的成分,但是,又有着严重的保守和倒退的性质。

武昌起义、民国建立并没丝毫减弱钱玄同"师古"、"复古"的热情,相反,他却认为是实现理想的好机会。1911年12月,他精研《礼记》、《书仪》、《家礼》等书,博考黄宗羲、任大椿、黄以周诸家学说,做了一部阐述古人服饰的著作《深衣冠服说》。1912年3月,钱玄同出任浙江军政府教育司科员,便穿上自制的"深衣",头戴"玄冠",腰系"大带",昂昂然上班,企图为民国作出"复古"的表率。其结果,引起了同事们的哄笑。但是,钱玄同没有从一场喜剧中接受必要的教训,相反,却认为世风比清季更坏了。1912年9月1日日记云:"时则土地虽复,人心之污浊则较清季愈况。颜公所讥弹琵琶、学鲜卑语者,世方以为能;弃国故废礼防者,比比皆是。"为了坚守"国故",他宁可戴所谓象征"六合一统"的瓜皮帽,而不愿戴西方传入的"礼帽";宁可采用中国古代的"肃揖",而不愿学洋人的鞠躬。民国改用阳历,这使钱玄同很反感。《日记》云:"孔子行夏时之语,固万世不易之理。如中国以农立国、建国,岂可不依农时乎!"① 此际,他对1900年以后中国文化思潮的变迁作了一番考察,得出结论说:

> 余谓中国人最劣之性质在不顽固、不自大耳。计自庚子至今,一星终矣,上下之人,靡不尊欧美,过先祖,贱己国,过僮隶。世有如此而能善立人国于大地者乎!②

20世纪初年,愈来愈多的先进知识分子向西方寻求救国真理,尝试着对中国社会和封建文化进行批判,开通、进化成为美称,然而钱玄同却对此加以指责,希望中国人更"顽固",更"自大"。至此,人们已经很难发现钱玄同和清末那些反对一切外来事物的"冬烘"们有多大区别了。钱玄同曾说他自己当时"比太炎先生还要顽固得多"③,诚然。

这一时期,钱玄同热衷于从古礼中为中国人民寻找行为规范。1914年9月,袁世凯举行祭孔仪式,钱玄同虽已在北京高等师范学校和北京大学任教,但不能亲往观礼,便设法找来"祭礼冠服图"。检阅之余,居然认为:"斟酌古今,虽未尽善,而较之用欧洲大礼服而犹愈乎!"④ 他对袁世凯这一举动的意图居然毫无觉察。

国粹主义是清末民初泛滥一时的思潮。鼓吹这一思潮的人有着不同的政治倾向,其动机也就大相径庭:顽固派借以维护旧秩序,革命党人借以鼓吹"光复"和救亡。⑤ 钱玄同主张"师古"、"复古"、"存古"的原因,据他自己说是由于反清:"我以为

---

① 《钱玄同日记》,1912年9月30日。
② 《钱玄同日记》,1912年12月3日。
③ 《三十年来我对于满清的态度底变迁》,《语丝》第8期。
④ 《钱玄同日记》,1914年9月27日。
⑤ 参阅拙作《论辛亥革命前的国粹主义思潮》,《哲人与文士》,《扬天后近代史文存》,中国人民大学出版社2007年版,第194—214页。

保存国粹底目的,不但要光复旧物;光复之功告成以后,当将满清底政制仪文一一推翻而复于古。不仅复于明,且将复于汉唐;不仅复于汉唐,且将复于三代。"① 这种解释当然符合实际,但并不全面,在钱玄同的思想深层,还潜伏着另一个原因,这就是对"欧化"的恐惧与排斥。他说:"我那时对于一切"'欧化'都持'訑訑然拒之'的态度。"1917 年,他在分析章太炎主张"保存国粹"的原因时,除了痛心于"举国不见汉仪"这一层外,也还有感慨于所谓"满街尽是洋奴"的另一层。② 将这两层结合起来,才能正确揭示当时部分革命党人昌言"国粹主义"的思想契机。

近代中国的主要矛盾是和帝国主义的民族矛盾,而西方文化的母国又正是侵略中国的资本主义列强。这就造成了令人眼花缭乱的情况。为了抵御帝国主义,钱玄同等人力图以中国传统文化唤起人们的民族主义、爱国主义感情,增强凝聚力,达到所谓"种性固,民德淳"的目的,这是极为自然的;他们对西方文化在中国的传播怀有警惕并企图不同程度地予以限制或抵拒也是自然的。他们不了解:帝国主义侵略是坏事,而西学的东渐则可能是好事;中国濒临灭亡是坏事,而中国传统文化的式微不一定是坏事。他们更不了解:当时中国人民的历史任务是建立以民主和科学为主要内容的新文化,昌言"保存国粹",除了其正面效果外,也还会产生负面效果——助长旧质,抵排进步,窒息新机。

二

到了"五四"时期,钱玄同的文化寻求却发生了一百八十度的方向转变。

一反往日的"师古"、"复古"、"存古"主张,钱玄同对中国传统文化展开了全面的批判。他的批判,缺少深刻的理论思维,也缺少充分严密的论证,但其激烈程度却几乎没有人可以和他比拟。

清代中叶以后,主张"阐道翼教"的桐城派成为散文中占统治地位的流派,与之并立的是讲究骈俪、华藻的《文选》派,钱玄同的批判锋芒首先指向这两个文学流派。1917 年 1 月 1 日,钱玄同访问沈尹默,讨论文学改良问题。他说:"应用文之弊,始于韩、柳,至八比之文兴,桐城之派倡,而文章一道,遂至混沌。"③ 同年 2 月,他的《致陈独秀书》在《新青年》2 卷 6 号刊出,该函第一次提出"《选》学妖孽、桐城谬种"的指责,是钱玄同投身新文化运动的标志。自此,钱玄同的批判遂一发而不可收。在内容方面,他指责两派"迂谬不化",思想顽固;在艺术方面,钱玄同指责其为装填古典,故作摇曳丑态,只能称为"高等八股"④;在影响方面,钱玄同指责其为"有害文学之毒菌,更烈于八股、试帖及淫书秽画。"⑤

由桐城派、《文选》派上溯,钱玄同的批判推广及于秦、汉以后的古文。他认为,

---

① 《三十年来我对于满清的态度底变迁》,《语丝》第 8 期。
② 《钱玄同日记》,1917 年 1 月 1 日。
③ 《钱玄同日记》,1917 年 1 月 1 日。
④ 《致陈独秀书》,《新青年》3 卷 1 号,《通信》第 7 页。
⑤ 《新青年》4 卷 6 号,第 627 页。

此类古文的病症在于言文分歧,和口语严重脱节,"专为替贵人搭'臭架子',什么'典丽矞皇',什么'气息高古',搅到嘴里这样讲,手下不许这样写,叫人嘴可以生今人的,手一定要生数千年前的僵尸的"。① 钱玄同指责西汉扬雄为第一个弄坏白话文章的"文妖",② 批评以后的文人们因袭模拟,陈腔滥调,"将甘蔗渣儿嚼了又嚼"。他说:"公等所谓美文,我知之矣,说得客气一点,像个泥美人,说得不客气一点,简直像个金漆马桶。"③

戊戌维新运动以后,小说、戏曲在文学门类中的地位逐渐上升;新文化运动中,它自然成为热门话题。钱玄同认为,中国小说除《红楼梦》、《水浒》、《儒林外史》等少数作品外,"非海淫海盗之作,即神怪不经之谈,否则以迂谬之见,解造前代之野史,最下者,所谓'小姐后花园赠衣物,落难公子中状元'之类,千篇一律,不胜缕指。"④ 至于戏曲,他认为除《桃花扇》外,《西厢记》《长生殿》《牡丹亭》《燕子笺》等,"词句虽或可观,然以无'高尚理想'、'真挚感情'之故,终觉无甚意味。"④"京调戏"是清末民初的新兴剧种,钱玄同评之为"理想既无,文章又极恶劣不通。"⑤ 对于"脸谱"等中国传统戏曲的表现形式,钱玄同尤为反感。他说:"脸而有谱,且又一定,实在觉得离奇得很。若云'隐寓褒贬',则尤为可笑。朱熹做《纲目》,学孔老爹的笔削《春秋》,已为通人所讥讪;旧戏索性把这种'阳秋笔法'画到脸上来了。这真和张家猪肆记卍形于猪鬣,李家马坊烙圆印于马蹄一样的办法。"⑥

孔学和孔教是新文化运动中的另一热门话题。对于孔子,钱玄同表示对其"别上下,定尊卑"的学说,"实在不敢服膺"。⑦ 他认为,儒学的长期影响使得中国人形成了两种性格,一种是富而骄,一种是贫而谄,"苟遇富贵者临于吾上,则赶紧磕头请安,几欲俯伏阶下,自请受笞","一天到晚希望有皇帝,希望复拜跪"。⑧ 值得注意的是钱玄同对道教的批判。他说:"汉、晋以来之所谓道教,实演上古极野蛮时代'生殖器崇拜'的思想。二千年来民智日衰,道德日坏,虽由于民贼之利用儒学以愚民,而大多数之心理,举不出道教之范围,实为一大原因。"⑧ 指出道教对中国民族心理有重大消极作用,这在新文化运动的先驱者中是颇为独特的,也是相当有见地的。

钱玄同批判中国传统文化的代表作是《中国今后文字问题》。他说:"儒家以外之学,自汉即被罢黜。两千年来所谓学问,所谓道德,所谓政治,无非推衍孔二先生一家之学说。所谓'四库全书'者,除晚周几部非儒家的子书外,其余则十分之八都是教忠教孝之书,'经'不待说,所谓'史'者,不是大民贼的家谱,就是小民贼杀人放

---

① 《新青年》5卷5号,第542页。
② 《尝试集序》,《新青年》4卷2号,第140页。
③ 《致陈独秀书》,《新青年》,3卷4号,《通信》,第2页。
④ ③④ 《致陈独秀先生书》,《新青年》3卷1号,《通信》,第5页。
⑤ 《致陈独秀先生》,《新青年》3卷1号,《通信》,第6页。
⑥ 《新青年》4卷6号,第624页。
⑦ ⑦⑧ 《致陈独秀先生书》,《新青年》3卷4号,《通信》,第5页。
⑧ 《随感录》,《新青年》4卷5号,第464页。

火的账簿——如所谓'平定什么方略'之类。'子'、'集'的书,大多数都是些'王道圣功'、'文以载道'的妄谈。还有那十分之二,更荒谬绝伦,说什么'关帝显圣'、'纯阳降坛'、'九天玄女'、'黎山老母'的鬼话。"他认为:"二千年来用汉字写的书籍,无论那一部,打开一看,不到半页,必有发昏做梦的话。"① 钱玄同主张废孔学、剿灭道教,不读中国书。他说:"欲祛除三纲五伦之奴隶道德,当然以废孔学为唯一办法;欲祛除妖精鬼怪、炼丹画符的野蛮思想,当然以剿灭道教——是道士的道,不是老庄的道——为唯一之办法。欲废孔学,欲剿灭道教,惟有将中国书籍一概束之高阁之一法。何以故?因中国书籍,千分之九百九十九都是这两类书之故;中国文字,自来即专用于发挥孔门学说及道教妖言故。"② 由此,钱玄同进而批判曾经被自己认为是"世界之冠"的汉字。他说:"中国文字,论其字形,则非拼音而为象形文字之末流,不便于识,不便于写;论其字义,则意义含糊,文法极不严密;论其在今日学问上之应用,则新理新事新物之名词,一无所有;论其过去之历史,则千分之九百九十九为记载孔门学说及道教妖言之记号。此种文字,断断不能适用于二十世纪之新时代。"③ 这里,钱玄同提到文法、词汇等问题,因而,它所说的文字实际上包含了语言。在《答姚寄人》一文中,他批评中国语言是单音,代名词、前置词不完备,动词、形容词无语尾变化,"根本上已极拙劣,"④ 这就连汉语也在批判之列了。

    钱玄同认为,他的这种激烈的批判并不违背爱国主义原则。他说:"我爱支那人的热度,自谓较今之所谓爱国诸公,尚略过之。惟其爱他,所以要替他想法,要铲除这种昏乱的'历史、文字、思想',不复使存于'将来子孙的心脑中',要'不长进的民族'变成了长进的民族,在二十世纪的时代,算得一个文明人。"⑤ 他严重警告人们,如果不进行这种"铲除",那末,循进化公例,中国人种总有一天将会"被逐出文明人之外",并被人家"灭掉"。⑥ 同时,他并声明,中国的历史、道德、政治、文章还是需要研究的,但是,这种研究,目的是为了"鉴既往以察来兹","明人群之进化",而不是为了排斥新事新理,使社会生活倒退,"人人褒衣博带,做二千年前之古人。"⑦

    钱玄同其人,好说过头话,好走极端。章太炎曾经规劝他,"立论不可太过"。⑧ 鲁迅也认为钱玄同喜欢将十分说到二十分。⑨ 在钱玄同对中国传统文化的批判里,人们不难发现他的偏激、偏颇以至谬误之处。例如,他较少看到中国传统文化的精华,无视它在中华民族生息、繁衍中的伟大作用及其对世界文明的贡献,不了解经过分析、扬弃或创造性的转换之后,这一文化的许多部分可以成为发展新文化的营

---

① 《新青年》4卷4号,第351页。
② 《中国今后之文字问题》,《新青年》4卷4号,第351页。
③ 《中国今后之文字问题》,《新青年》4卷4号,第354页。
④ 《新青年》5卷5号,第542页。
⑤ 《新青年》5卷2号,第173页。
⑥ 《新青年》5卷4号,第543页。
⑦ 《新青年》3卷5号,《通信》,第13页。
⑧ 《致钱玄同书》,1910年12月9日,《鲁迅研究资料》第19辑,中国文联出公司1988年版,第15页。
⑨ 黎锦熙:《钱玄同先生传》。

养并迸发出新的光彩,等等。这种偏激和偏颇反映了"五四"先行者普遍的弱点,这是毋庸讳言的。但是,应该看到,钱玄同所批判的有时是中国传统文化的现实价值,而不是它的历史价值。对于历史价值,钱玄同还是承认的。例如,他肯定周秦诸子是可以和希腊诸贤、释迦牟尼并立的"圣贤"①,孔子是"过去时代极有价值之人"②;肯定韩愈、柳宗元之文比初唐骈文和后来归有光、方苞、刘大櫆,姚鼐诸人的文章"实在要好得多","在当时也还算有点价值"③;肯定《水浒》、《红楼梦》、《西游记》、《金瓶梅》是"中国有价值的小说"④,等等。钱玄同认为,这种历史价值是永恒的,无论到了30世纪、40世纪以至100世纪,都不会"贬损丝毫"⑤。但是,在历史上具有价值的文化形态不等于在后世具有同样的价值。产生于宗法小农制基础上的中国传统文化不能适应现代生活的需要。因此,从现实出发,重新估量其价值是必然的,它的逐渐式微并让位于新的、更高的文化形态也是必然的。这就是钱玄同所说的"退居到历史的地位"。⑥ 如果在这一时刻,旧的社会力量企图利用传统文化,特别是其中的封建毒素干预社会的民主化、现代化进程,维护旧制度、旧事物,那么,一场斗争就是不可避免的了。

钱玄同从"师古"、"复古"到批判中国传统文化的转折点是1916年。这一年,以尊孔复古为复辟帝制前导的袁世凯毙命,但是,再兴的民国也不过挂着共和的招牌,文化领域里仍然弥漫着浓重的尊孔复古气氛。这一切给了钱玄同以强烈刺激。他说:"共和与孔经是绝对不能并存的东西。如果要保全中华民国,惟有将自来的什么三纲、五伦、礼乐、政刑、历史、文章'弃如土苴'。如果要保全自来的什么三纲、五伦、礼乐、刑政、历史、文章,惟有请爱新觉罗溥仪复辟,或请袁世凯称帝。"⑦ 这里,钱玄同所批判的就正是以"孔经"为代表的传统文化的现实价值。他又说:"我是因为自己受旧学之害者几及二十年,现在良心发现,不忍使今之青年再堕此陷阱。"⑧ 这也是对传统文化现实价值的批判。

钱玄同是彻底的共和主义者,即使在辛亥革命前主张"师古"、"复古"的年代里,他也强烈反对君主制。正如他自己所说:"我那时复古底思想虽然炽烈,但有一样'古'却是主张绝对排斥的,便是皇帝。"⑨ 1916年,当他发现袁世凯们利用传统

---

① 《致胡适之先生》,《新青年》3卷6号,《通信》,第19页。
② 《致独秀先生书》,《新青年》3卷4号,《通信》,第5页。又,当时朱希祖做了篇研究孔子的文章,认为"孔子以前是信神时代,孔子之学说不信神而信人,在当时原是进步,但他以信古尊圣为言,以至二千年来滞于信人的时代,至今尚未走到信我的时代,比之欧洲,瞠乎后矣"。钱玄同认为"此文极有价值",为之圈点一过,并在日记中作了摘录。于此亦可见钱玄同对孔子思想历史价值的看法。见《钱玄同日记》1919年1月20日。
③ 《新青年》5卷5号,第531页。
④ 《致独秀先生书》,《新青年》3卷6号,《通信》,第9页。
⑤ 《新青年》5卷5号,第531页。
⑥ 《新青年》5卷1号,第79页。
⑦ 《新青年》6卷2号,第224页。
⑧ 《新青年》6卷6号,第649页。
⑨ 《三十年来我对于满清的态度底变迁》,《语丝》第8期。

文化复辟帝制,并由此进而发现中国社会"沉滞不进"的状态时,也就发现了"保存国粹"的负面效果,其转变就是必然的了。

在激烈批判中国传统文化的同时,钱玄同热烈肯定西方文化。他赞美外国小说家"拿小说看做一种神圣的学问,或则自己思想见解很高,以具体的观念,写一理想的世界,或者拿很透辟的眼光去观察现在社会,用小说笔墨去暴露他的真相,自己总是立在'第三者'的地位。若是做的时候,写到那男女奸私,和武人强盗显他特殊势力那些地方,决没有自己忽然动心,写上许多肉麻得意的句子,所以意境既很高超,文笔也极干净"。① 钱玄同认为:"若是拿 19、20 世纪的西洋新文学眼光去评判,就是施耐庵、曹雪芹、吴敬梓,也还不能算做第一等","《水浒》以下的几种小说,也还远比不上外国小说"。⑨ 近代中西文化碰撞的结果是,中国传统的文化自大主义受到了很大冲击,于是,又产生了新的变种——文化上的精神胜利法。其典型的例子就是认为西方文明源于中国,说什么大同是孔子发明的,民权、议院是孟子发明的,共和是周公和召公发明的,立宪是管仲发明的,以至连礼帽和燕尾服也是孔子发明的等等。对此,钱玄同尖锐地嘲讽说:"就算上列种种新道理、新事物的确是中国传到西洋去的。然而人家学了去,一天一天的改良进步,到了现在的样子,我们自己不但不会改良进步,连老样子都守不住,还有脸来讲这种话吗?"② 钱玄同认为"现在百事不如人",要求中国人民正视现实,承认差距,承认落后,并且当机立断,急起直追。他说:"人家的学问、道德、智识都是现代的,我们实在太古了,还和"春秋"以前一样,急起直追,犹恐不及,万不可再徘徊歧路了。"③ 中国封建统治者一向自视为"冠裳"之族,而将外国、外族视为近似于"鳞介"之类的野蛮人;在文化上则强调"华夷之辨",反对用夷变夏。现在历史完全颠倒过来了,往日的"鳞介"之类竟成了"急起直追"的对象,而"冠裳"之族倒被认为有沦落为野蛮人的危险。这种认识的发生,反映出中国传统的文化自大主义的进一步崩溃,也反映出近代中国社会文化心理的急速而巨大的变迁。

为了改变中国的落后面貌,振兴中国文化,钱玄同主张"样样都该学外国人","完全学人家"。他说:

> 凡道理、智识、文学,样样都该学外国人,才能生存于 20 世纪,做一个文明人。④

> 我的思想,认定中华民国的一切政治、教育、文艺、科学,都该完全学人家的样子,断不可回顾七年前的"死帝国"。⑤

---

① ⑨ 《致独秀先生书》,《新青年》3 卷 6 号,《通信》,第 9—10 页。
② 《随感录》,《新青年》6 卷 2 号,第 216 页。
③ 《新青年》6 卷 6 号,第 650 页。
④ 《对于朱我农君两信的意见》,《新青年》5 卷 4 号第 425 页。
⑤ 《新青年》5 卷 1 号,第 81 页。

适用于现在世界的一切科学,哲学、文学、政治、道德,极〈皆〉是西洋人发明的,我们应该虚心去学他,才是正办。①

1918年7月,陈独秀曾经说:"若是决计更新,一切都应该采用西洋的新法子"。② 钱玄同的思想和陈独秀完全一致。尽管当时还没有"全盘西化"的提法,但实际思想已经有了。

基于对汉字、汉语的不满,钱玄同曾提出过一项惊世骇俗的主张,这就是以世界语或某种外国语来代替汉字,汉语。他说:

至于汉字之代兴物,我以为与其制造罗马字母的新汉字,远不若采用将来人类公用的 Esperanto。即退一步说,亦可采有一种外国语来代汉文、汉语。③

语言是民族文化中基本的、最有特色的因素。钱玄同主张以世界语或某一种外国语来代替汉语,这样,他的"完全学人家"的主张也就发挥到了极致。应该说,这在新文化运动的先驱者中也是少见的。

钱玄同认为,真理无国界,一切科学真理都是世界公有的。因此,他要求人们摆脱狭隘的民族主义和地域观念的束缚,勇敢地追求真理和文明。当时,周作人在与钱玄同的通信中曾经提出:"将他国的文学艺术运到本国,决不是被别国征服的意思;不过是经过了野蛮阶级蜕化出来的文明事物在欧洲先发现,所以便跳了一步,将它拿来,省却自己的许多力气。既然拿到本国,便是我的东西,没有什么欧化不欧化。"④ 对此,钱玄同极为赞成。他说:"我们对于一切学问事业,固然不'保存国粹',也无所谓'输入欧化',总之,趋向较合真理的去学去做,那就不错。"⑤ 钱玄同自信,这种为追求真理去学外国,不会成为洋奴。他在提倡学外语的时候曾说:"有了第二外国语,才可以多看'做人的好书',知道该做'人'了,难道还肯做'洋奴'吗?"⑥

从17世纪中叶起,欧洲各主要国家陆续完成了从封建主义到资本主义的变革,创造了强大的生产力,并在此基础上建立了适应大生产需要的现代文化。中国当时还是封建主义和小农经济占统治地位的国家,因此,以学习西方为途径,借以振兴中华和中国文化乃是历史的必然。当然,西方文化并非一切都好,完美无缺。它有精华,也有糟粕;有积极面,也有消极面;有适用于中国的,也有不适用于中国的。因此,只能有选择地学,有分析地学,有批判地学,钱玄同的"完全学人家"的主张并不正确。这里,也有应予批评的偏激和偏颇。但是,去掉"完全"二字,他的'学人家'的主张却正反映出钱玄同对历史必然的认识,表现着他对民主、科学和现代

---

① 《随感录》,《新青年》5卷3号,第296页。
② 《今日中国之政治问题》,《新青年》5卷1号,第3页。
③ 《对于朱我农君两信的意见》,《新青年》5卷4号,第425页。
④ 《论中国旧戏之应废》,《新青年》5卷5号,第527页。
⑤ 《新青年》5卷5号,第528页。
⑥ 《新青年》5卷6号,第634页。

1413

文明的渴求。事实上,钱玄同所倡导学习的也主要是那些使中国人民自强、独立,成为"20世纪人类"的新思想,新文化,并非一切都学,完全照搬的。

三

为了振兴中国文化,"五四"前后,钱玄同曾提出过不少方案,概括起来不外三点,即"输入"、"新作"、"改革"。

首先是"输入",广泛汲取域外知识。钱玄同认为:"前此闭关时代,苦于无域外事可参照,识见拘墟,原非得已。今幸五洲变通,学子正宜多求域外知识,以与本国参照。"他说:"其实欲昌明本国学术,当从积极着想,不当从消极着想。旁搜博采域外之知识,与本国学术相发明,此所谓积极着想也;抱残守阙,深闭固拒,此所谓消极着想也。"① 他明确指出:"现在的中国文学界,应该完全输入西洋最新文学,才是正当办法。"② 因此,他主张多译外国书,多读外国书,丰富"二十世纪之新知识","碰着与国人思想不相合的,更该虚心去研究,决不可妄自尊大"。③

第二是"新做"。翻译只是介绍和引进,它不能代替自己的创造。因此,钱玄同要求"新做"④,即在借鉴外国文化的基础上,创造出既不同于外国人,又不同于古人的全新的精神产品来。鲁迅的《狂人日记》等小说就是在钱玄同的一再动员下,"新做"出来的。

第三是"改革"。钱玄同认为,"中国现在没有一件事情可以不改革",⑤ "不但文章要改革,思想更要改革"⑥,但他的努力主要在语文方面。有成功,也有失败;有些方案、建议,在他及身之年始终是空中楼阁,只是在中华人民共和国成立后才得以实现。

成功的是他和胡适等人一起倡导了白话文运动。1917年1月,胡适发表《文学改良刍议》,钱玄同立即致函陈独秀,表示肯定和支持。随后,他又提出应用文改革大纲十三条,将白话的运用从文学推向更广阔的天地,这十三条的头一条就是"以国语为之"。⑦ 1917年7月,他并带头实行,致书陈独秀说:"我们既然绝对主张用白话体做文章,则自己在《新青年》里面做的,便应该渐渐的改用白话。我从这书信起,以后或撰文,或通信,一概用白话,就和适之先生做《尝试集》一样的意思,并且还要请先生、胡适之先生和刘半农先生都来尝试尝试。"⑧ 1918年,他又为胡适《尝试集》作序,明确宣布"白话是文学的正宗"。自此,白话文和白话文运动蓬勃发展,

---

① 《钱玄同日记》,1917年1月20日。
② 《致独秀先生书》,《新青年》3卷6号,《通信》,第11页。
③ 《新青年》4卷2号,第121页。
④ 《新青年》4卷1号,第80页。
⑤ 《致独秀先生书》,《新青年》3卷6号,《通信》,第11页。
⑥ 《新青年》6卷2号,第242页。
⑦ 《致独秀先生书》,《新青年》3卷5号,《通信》,第8页。
⑧ 《致独秀先生书》,《新青年》3卷6号,《通信》,第11页。

从根本上改变了我国书面语言和文学语言的面貌,成为新文化运动的显著业绩。

为了与提倡白话文相配合,并使白话文更完善,钱玄同响应胡适的建议,在应用文改革大纲中提出,"无论何种文章必施句读及符号"。① 1918年1月,他总结《新青年》采用西文句读符号的情况,提出繁式和简式。② 其中繁式采用的西文六种符号,已经和我们今天的情况大体一致。

从黄遵宪起,近代中国不断有人提倡白话文。1903年前后,更出现了一批白话报刊。钱玄同自己在辛亥革命前也办过《湖州白话报》和《教育今语杂志》。但是,这一时期,提倡白话文都是为了普及和启蒙,对象是文化低下的农工和市民,并不认为白话有资格成为正规的文学语言。新文化运动中,胡适提倡以白话写作文学作品,钱玄同提倡以白话写作各体"应用文",白话才真正昂首阔步地走进文学语言的圣殿,建立起对文言的绝对优势。1922年钱玄同在一次演讲中谈道:"改古文为今语,是为改良,不是求通俗;今语比古文精密,不是比古文浅俗。"③ 这些话,道出了两个时期白话文运动的不同特点,是早期提倡者不可能具备的认识。

与提倡白话文的成功相反,钱玄同以世界语代替汉语、汉字的企图遭到了完全的失败。最初,钱玄同只主张"不废汉文而提倡世界语",建议在高等小学加设世界语一课。④ 但他不久即头脑发热,认为世界进化已至20世纪,"去大同开幕之日已不远",因而于1918年5月进一步主张废汉文,代之以世界语。钱玄同估计,此项工作有10年、20年工夫即可完成。⑤ 但是,他的意见遭到了社会的强烈非难,连不少新文化运动的支持者也表示反对。陶孟和认为"国民性不可剪除,国语不能废弃"⑥;任鸿隽批评钱玄同感情用事,"走于极端";⑦ 蓝公武致函傅斯年,认为《新青年》中有了钱玄同的文章,"人家信仰革新的热情遂减去不少"。⑧ 1919年1月,陈独秀发表《本志罪案之答辩书》,肯定钱玄同追求民主和科学的热情,说明他是由于"愤极了才发出这种激切的议论",同时声明:"钱先生这种用石条压驼背的医法,本志同人多半是不大赞成的。"⑨ 在这一情况下,钱玄同虽然废除汉字的主张坚持未变,但不得不承认,世界语尚在提倡时代,未至实行时代,汉字一时不能废去,不得不图改良,因此转而致力于"汉字改革"运动。

一切文化都发生于特定的时、空环境中。它既有其时代的普遍性,又有其民族的特殊性;既有其发展的飞跃性,又有其历史的连续性。强调民族的特殊性和历史的连续性,反对外来进步文化,反对革故鼎新,当然是错误的;同样,强调时代的普

---

① 《致独秀先生书》,《新青年》3卷5号,《通信》,第9号。
② 《新青年》4卷2号,第183页。
③ 《钱玄同日记》,1922年10月22日。
④ 《致独秀先生书》,《新青年》3卷4号,《通信》,第3页。
⑤ 《新青年》5卷5号,第543页。
⑥ 《致独秀先生书》,《新青年》3卷6号,《通信》,第3页。
⑦ 《致胡适书》,《新青年》5卷2号,第170页。
⑧ 《钱玄同日记》,1919年1月7日。
⑨ 《新青年》6卷1号,第11页。

遍性和发展的飞跃性,无视民族的特殊性和历史的连续性,也是错误的。钱玄同的上述成功和失败表明,重大的文化改革决不能无视民族传统,更不能脱离民族实际,浮夸、激烈的空想只能使自己失去人们的同情,增加改革的阻力。

钱玄同还有若干改革建议是在中华人民共和国成立之后付诸实施的:

1. 汉字左行横移。还在 1917 年初,钱玄同就认为:"文字排列之法,横便于直。"① 同年 5 月 15 日,他致函陈独秀,论证"汉文右行,其法实拙",希望今后新教科书从小学起,一律改用横写。② 7 月,他又再次致函陈独秀,建议《新青年》从 4 卷 1 号起,改用横式,信中说:"《新青年》杂志拿除旧布新做宗旨,则自己便须实行除旧布新。所有认做'合理'的新法,说了就做得到的,总宜赶紧实行去做,以为社会先导才是。"③

2. 数目改用阿拉伯号码,用算式书写。钱玄同认为,"此法既便书写,且醒眉目"。④

3. 改用世界通行的公历纪元。此为他的"应用文改革大纲"十三条之一。1919 年 1 月,钱玄同为陈大齐的《恭贺新禧》一文作跋,指出阴历不便于计算和应用,民国改用阳历是正确的;同时,他又指出,"民国将来如能改用公历记年,那就更便利了。"⑤ 同年 10 月,钱玄同发表《论中国当用世界公历纪年》一文,批评中国传统的以皇帝纪年的方法,也批评戊戌维新以来用孔子纪年、黄帝纪年的主张,认为"现在以后的中国,是世界的一部分;现在以后的中国人,是世界上人类的一部分",应该爽爽快快地用世界通用的公历纪年。⑥

4. 简化汉字笔画。钱玄同认为:"文字者不过是一种记号,记号愈简单,愈统一,则使用之者愈便利。"⑦ 1920 年 2 月,钱玄同发表专文《减少汉字笔画底提议》,认为拼音文字非旦暮之功可以制成,不可粗心浮气,草率从事,提出以简体字补救汉字难识、难写的缺点。他表示,将选取 3000 常用字进行简化,其办法有采用古字、俗字、草字、同音假借字、新拟同音假借字、借义字,减省笔画字等 8 种。⑧

上述建议的实施过程表明,文化改革需要良好的政治环境,它最终不能脱离政治改革。1909 年,钱玄同在东京时,与同学有过一次讨论。马裕藻认为,文化变革必须借助政治力量,"临之以帝王之威,始克有济"。钱玄同不同意,他说:"止须其理正确,则真理自有明白之一日,故在野讲学,效力亦不少也。"⑨ 钱玄同不了解,个人虽可以发现真理,宣传真理,但要根本改变一个国家、民族的文化面貌,个人的力

---

① 《钱玄同日记》,1917 年 1 月 6 日。
② 《致独季先生书》,《新青年》3 卷 3 号,《通信》,第 17 页。
③ 《致独秀先生书》,《新青年》3 卷 6 号,《通信》,第 6 页。
④ 《致独秀先生书》,《新青年》3 卷 5 号,《通信》,第 10 页。
⑤ 《新青年》6 卷 1 号,第 4 页。
⑥ 《新青年》6 卷 6 号,第 626—627 页。
⑦ 《致陶孟和书》,《新青年》4 卷 2 号,第 274 页。
⑧ 《新青年》7 卷 2 号。
⑨ 《钱玄同日记》,1909 年 4 月 16 日。

量仍然是微不足道的,仅仅靠"在野讲学"也是不能成事的。

自1918年下半年起,《新青年》同人逐渐分化,李大钊率先歌颂十月革命和社会主义,开始了对比资本主义更高一级的社会形态和文化形态的寻求。次年1月27日,钱玄同以无可奈何的心情在他的日记里写下了一段话:"《新青年》为社会主义的问题已经内部有了赞成和反对两派的意见,现在《每周评论》上也发生了这个争端了。"1921年初,《新青年》同人之间的矛盾更为尖锐。陈独秀主张"介绍劳农,又主张谈政";胡适"反对劳农,又主张不谈政"。钱玄同认为二人之间的分歧"其实是猪头问题罢了"。① 他曾与李大钊商量,准备调解,但未成功。② 此后,钱玄同一面致力于古书辨伪,认为"打倒伪经,实为推倒偶像之生力军,所关极大",③ 同时企图以甲骨文和金文为基础,推求真古字、真古史、真古制;另一方面,则捐起"汉字革命"的旗帜,努力探索中国文字改革的途径。他虽然没有沿着李大钊、陈独秀的路子走,但继续在"五四"精神的光照下活动。他的工作仍然是近代中国民主主义文化大潮的一部分。

四

从辛亥到"五四",钱玄同走过了一段曲折的道路。他在两个时期的不同寻求代表了近代中国先后出现的两个文化派别——《国粹学报》派和《新青年》派。前者在不同程度上将"西学"的传播看作是中国文化的灾难,力主保存、发扬并光大中国传统文化,希冀从中筛选出民族救亡图存的思想武器,或在它的古老形式中灌注进某些时代内容。后者则激烈地批判中国传统文化,力主敞开大门,以向西方学习为途径创造新一代中国文化。此后近代中国的文化论争无不和这两派密切相关,也无不投下这两派或浓或淡、或密或疏的影子。从"师古"、"复古"、"存古"到主张"输入"、"新做"、"改革",钱玄同作出了完全背反的选择。这种选择,既反映了他不怕自我否定、勇于追求真理的不懈热情,也反映了近代中国的进步文化总流向和近代中国不可逆转的历史总趋向。在钱玄同的寻求里,既有可资借鉴的经验,也有值得警惕的教训。钱玄同和他的同事们解决了近代中国文化发展中的若干问题,也留下了若干问题,例如,如何继承并发扬中国传统文化的优良部分,并进行创造性的转换或变革,使之适应现代生活的需要?如何在吸收西方文化长处的同时抵制其腐朽部分?如何立足现实,在会通中西的基础上创造一种新的文化形态?等等,都是钱玄同等人没有涉及或很少涉及的。有些问题,当时明确了,似乎解决了,但后来又以新的形式发生,再度成为问题。例如,在中国人民从西方找到了马克思主义并且建立了新中国之后,又出现了所谓"顶峰"说,从而形成新的文化封闭主义和文化自大主义,似乎中国人"向人家"学习的过程已经走完,今后的历史只是"人家"学

---

① 《钱玄同日记》,1921年1月18日。
② 《钱玄同日记》,1921年1月19日。
③ 《钱玄同日记》,1922年12月24日。

我们了。结果闭目塞听,故步自封,使我们远远落在世界现代化进程后面。

钱玄同的时代过去了,但是,钱玄同时代提出的任务还没有全部完成,他那个时代进行的文化论争还在继续。这就是20世纪80年代中华大地上再度掀起"文化热"的原因,也是我们重温"五四"历史的主旨所在。

论钱玄同思想

—— 以钱玄同未刊日记为主所作的研究

杨天石

钱玄同是"五四"新文化运动的主将之一,也是这一运动中最顶尖的激烈人物。他是北京大学、北京师范大学等校教授,先后参与编辑《新青年》、《语丝》和《国语周刊》,倡导整理国故,推动古史辨学派的创立和形成,又倡导汉字改革、国语统一,是著名的文字、音韵学家。本文将以他的未刊日记为主,参以他的书札,勾画并评述他的思想的几个重要方面,从而探讨"五四"思潮中几个有普遍意义的问题。至于他公开发表过的文章,由于易于见到,故尽量少用。

无政府主义

20世纪初年中国的先进人物大体都有一个从维新向革命发展的阶段,钱玄同也是如此。他最初歌颂光绪皇帝,向慕维新变法;后来转而赞同"排满革命"。1905年12月东渡日本留学,在短暂的立志改革教育后,迅速转向无政府主义。

钱玄同留学之初,日本社会党中的激烈派日渐活跃。1907年,幸德秋水、堺利彦、山川均、大杉荣等组织社会主义金曜讲演会,宣扬社会主义和无政府主义。张继、刘师培等受其影响,组织社会主义讲习会,刊行《天义》报,认为只有无政府主义才是中国的最好出路。钱玄同多次参加社会主义讲习会的活动,听过堺利彦、山川均、宫崎民藏以及印度旅日革命者等人关于无政府主义和布鲁东、克鲁泡特金、马克思学说的演讲。例如,他在日记中记堺利彦演说称:"社会自有富豪而后,贵贱日分,贫富日区,今欲平此阶级,宜实行无政府至共产主义。"① 显然,演说给他留下了深刻的印象。自此,钱玄同即反对"社会不平等","反对"金钱之为资本家掠夺"②,信奉无政府主义者所标榜的"平民革命"。他在与人辩论时曾表示:"本国政府与外国政府其欺平民同,故即有国而富强,而平民终陷苦境。吾侪今日当为多数平民之革命,不宜为少数人之革命。"③ 1908年,刘师培归国投顺清朝大臣端方,社会主义讲习会一派受到东京中国革命党人和留学生的冷落和耻笑,但钱玄同信仰无政府主义之志不变。④ 自民国初年至二十年代,他始终赞赏师复的心社及其主张。1925年8月4日日记说:"我自读师复之《心社意趣书》以来,久想废姓了。今又忽见此,

---

① 《钱玄同日记》,1907年9月15日。
② 《钱玄同日记》,1908年2月14日。
③ 《钱玄同日记》,1908年1月21日。
④ 《钱玄同日记》,1917年9月12日。

更增我废姓之念。"一直到三十年代,他仍然为刘师培编辑遗书。可以说,钱玄同对无政府主义始终怀有感情,心向往之。

不过,钱玄同的思想和张继、刘师培等仍然有着很大不同。社会主义讲习会一派的无政府主义者大都对孙中山的三民主义表示不满,甚至多所攻击,他们对排满革命、共和立宪也鄙夷不屑,要求在中国立即实行所谓"无政府革命"。"无政府",作为一种遥远的美好的理想,本无可非议,但是,以"无政府"作为一种行动纲领或近期目标,则不仅在理论上是错误的,而且在实践上是有害的。同盟会在辛亥革命准备时期的分裂和两次反对孙中山的风潮,都和这一思潮相关。[1] 钱玄同虽然一度认为,世界大势,已至无政府阶段。[2] 但是,他赞成"排满",反对保皇,热烈拥护共和,支持孙中山的革命活动。[3] 他虽师从章炳麟,与陶成章、龚宝铨等光复会系统的人员过从甚密,但从不参与和孙闹矛盾的派别活动。还在1907年初,他就渴望"吾国之孙公",能够早日"撞革命之钟,捲三色之旗",建成"吾中华民国"。[4] 1926年3月,更给了孙中山及其三民主义以极高的评价。他说:"夫彼孙公中山者,宁非当世伟人!彼之《三民主义》、《孙文学说》,虽不高明之言论也颇有,然他的功业一定比得上王安石,他的著作(即《三》《孙》)一定比得上黄梨洲之《明夷待访录》。老实说,我是觉得不谈政治则已,苟谈政治,救中国之策,莫良于三民主义矣。"[5]

除了刘师培、张继等人外,吴稚晖、李石曾、张静江等在巴黎发刊《新世纪》,成为中国思想界的又一个宣传无政府主义的中心。这一派,和东京的《天义》派,既有共同点,又有相异点。其相异点之一是,《天义》派反对孙中山,而《新世纪》派则支持孙中山的民主革命理想和活动;之二是《天义》派对中国传统社会和传统文化常怀脉脉深情,而《新世纪》则多持批判、嘲笑态度。辛亥革命前,钱玄同称誉《天义》报"精美绝伦"[6],对《新世纪》派虽有所肯定,但时有不满。日记称:"购得《新世纪》五至八号,于晚间卧被中观之。觉所言破坏一切,颇具卓识,惟终以学识太浅,而东方之学尤所未悉,故总有不衷于事实之处,较之《天义》,瞠乎后矣!"[7] 个别时候,他甚至辱骂《新世纪》同人为"诸獠","丧心病狂"。[8] 在刘师培和吴稚晖二人之间,他也扬刘而贬吴,日记说:"(申叔)不斥旧学,贤于吴朓诸人究远矣!"[9] 而在"五四"前后,则对《新世纪》派时加赞许,肯定该刊"实为一极有价值之报"。[10] 对这一派的代表人物吴稚晖则引为同道,尊敬有加。1917年9月24日日记说:"阅《新世纪》。九

---

[1] 参阅本书《同盟会的分裂与光复会的重建》。
[2] 《钱玄同日记》,1908年3月5日。
[3] 《钱玄同日记》,1907年1月1日。
[4] 《钱玄同日记》,1907年1月7日,3月5日。
[5] 《致周作人》,《鲁迅研究资料》第9辑,第111页。
[6] 《钱玄同日记》,1907年7月11日。
[7] 《钱玄同日记》,1907年10月3日;参见同年9月18日日记。
[8] 《钱玄同日记》,1908年6月6日;1910年1月20日。
[9] 《钱玄同日记》,1908年7月1日。
[10] 《钱玄同日记》,1917年1月11日。

年前阅此,觉其议论过激,颇不谓然。现在重读,乃觉甚为和平。"1925年4月,他更将吴稚晖和孙中山、胡适、蔡元培等一起列为中国人的"模范"①。这种变化,和钱玄同对中国传统社会、传统文化态度的变化密切相关。

近代中国的许多先进人物都曾信仰过无政府主义,或者受过它的影响。钱玄同之所以向往无政府主义,除了它的"平民"立场外,还在于它的"厌恶阶级社会",反对一切压迫和"强权",怀疑一切、破坏一切的"彻底性"和世界主义的倾向。这些方面,曾经影响了"五四"及其以后钱玄同的思想和性格。

反传统思想

新文化运动诸人大都具有比较强烈的反传统思想,但其顶尖人物则是钱玄同。

钱玄同1908年在东京师从章炳麟,和龚宝铨等人一起听章讲《说文》、《汉书》、《文心雕龙》等著作,一度主张复古。在这一方面,钱玄同甚至走得比他的老师更远,更彻底。但是,袁世凯的复辟帝制使他受了强烈的刺激,袁世凯之后的北洋军阀统治也使他深恶痛绝。1917年天津大水,但督军曹锟却到"太乙庙"去三跪九叩首地祭拜"蛇精"。钱玄同愤慨地在日记中写道:"此种野蛮原人居然在二十世纪时代光天化日之下干这种畜牲事业。唉!夫复何言!"② 1919年,被鲁迅等讥为"大东海国大皇帝"的徐世昌连续下达卫道命令,钱玄同讽刺道:"这几天徐世昌在那里下什么'股肱以膂'!什么'祈天永命'!什么'吏治'!什么'孔道'的狗屁上谕!这才是你们的原形真相呢!"③

正是这些原因,使钱玄同转而反对复古,对中国传统道德、礼仪、历史和以汉字为载体的传统文化持全面的激烈的批判态度。他反对旧的"三纲五常",反对妇女的"三从"之训,反对迷信,反对旧的婚礼、葬礼、丧服,以及拖辫、缠脚等恶习。他说:"凡过去的政治、法律、道德、文章,一切都疑其不合理。"④ 1918年,他一度认为,在中国二千年的古籍中,"孔门忠孝干禄之书"占百分之五十五,道家及不明人身组织的医书占百分之二十,诲淫诲盗、说鬼谈狐,满纸发昏梦疯之书占百分之二十五。⑤ 在稍后公开发表的《中国今后之文字问题》一文中,他进一步提出:"欲废除孔学,不可不先废汉文;欲废除一般人之幼稚的野蛮的顽固的思想,尤不可不先废汉文。"⑥

中华民族在漫长的历史中创造了光辉灿烂的文化。但是,在我们研读钱玄同

---

① 《回语堂的信》,《语丝》第23期。
② 《钱玄同日记》,1917年9月25日。
③ 《钱玄同日记》,1919年1月5日、1月7日。
④ 《钱玄同日记》,1925年8月4日。
⑤ 《钱玄同日记》,1918年3月4日。
⑥ 《新青年》第4卷4号。据钱玄同1918年1月2日日记云:"独秀、叔雅二人皆谓中国文化已成僵死之物,诚欲保种救国,非废灭汉文及中国历史不可,吾亦甚然之。此说与豫才所主张相同。"可见当时主张废除汉字的不止钱玄同一人,不过别人没用像钱玄同一样"放炮"而已。

的著作时,总感觉到,他否定较多,看消极面较多。1923年7月1日,他致函周作人说:"我近日很'动感情',觉得二千年来的'国粹',不但科学没有,哲学也玄得厉害。"在他看来,不仅"理智的方面毫无可满足之点",即就"情感方面的文学"而论,也问题很多。① 为此,他以疾恶如仇的态度激烈地攻击国粹的崇拜者,声称对"国故派之顽凶","必尽力攻讦"。"前此已然,于今为烈"。②

在这一方面,他较之陈独秀、鲁迅、胡适诸人,也都走得更远,更彻底。还在"五四"前夜,他就认为胡适"微有《老》学气象";③ 又批评他对外议论,旗帜有欠鲜明,"对于千年积腐的旧社会,未免太同他周旋了"。④ 1923年,更批评胡适"思想虽清楚",而态度则不如陈独秀和吴稚晖二人"坚决明了"。他甚至说:"旧则旧,新则新,两者调和,实在没有道理",主张将"东方文化连根拔去"。⑤ 这是中国近代很少有人发表过的极端言论。

近代中国正处于社会转型阶段。与社会转型相适应,文化也会发生不同程度的转型。钱玄同的反传统思想虽然偏激,有其谬误之处,但它是这一历史条件下的产物,有其必然性和合理性。同时,应该看到,钱玄同在事实上并未全盘反传统。对于中国文化中的优良部分,他仍然是充分肯定的。例如:对周秦诸子,特别是墨学,对司马迁、刘知几的史学,对王充、鲍敬言、邓牧、李贽等人的异端思想和无君思想,对宋代的永嘉学派、清代的颜李学派和浙东学派,以及对《水浒》、《三国演义》、《金瓶梅》《红楼》《儒林外史》等等,钱玄同都是肯定的,有些,还肯定得很高。例如,他之所以改名"玄同",就是"妄希墨子","想学墨子的长处"⑥。对《诗经》中的《国风》,他评之为"狠真狠美"。⑦ 对司马迁的《史记》,他认为"作意"好,有"特识",可以使人"得鉴既往,以明现在,以测将来,决非帝王家谱、相斫书"。⑧ 一直到二十年代,禅宗的语录、王阳明的《传习录》都还在他的常读书之列。⑨ 即使对于有些所谓"伪书",他也不轻易否定。1922年9月1日,钱玄同致函胡适说:"'托古改制'是中国人的惯技,自来造假书的最有名的人是刘歆和王肃,但此二人所造的伪书,尽有他的价值,未可轻于抹杀。"⑩

还特别应该指出的是,钱玄同所反对的主要是传统文化的当代价值或此时价值,而非其历史价值或彼时价值。对传统文化的历史价值或彼时价值,钱玄同也是肯定的,认为这种价值可谓"不废江河万古流",虽岁月变迁,不能"贬损丝毫"。例

---

① 《致周作人》,《中国现代文艺研究资料丛刊》第5辑,第340—341页。
② 《致胡适》,《胡适遗稿及秘藏书信》第40册,第270页。
③ 《钱玄同日记》,1918年1月2日。
④ 《致胡适》,1918年7月或8月,《胡适遗稿及秘藏书信》第40册,第255页。
⑤ 《致周作人》,《中国现代文艺研究资料丛刊》第5辑,第346页;又见于其1924年4月8日日记。
⑥ 《钱玄同日记》,1917年4月14日。
⑦ 《致胡适》,1921年12月7日,《胡适遗稿及秘藏书信》第40册,第297页。
⑧ 《钱玄同日记》,1919年1月1日。
⑨ 《钱玄同日记》,1922年9月12日。
⑩ 《胡适遗稿及秘藏书信》第40册,第316页。

如,钱玄同对孔子,就肯定得很高。新文化运动期间,他虽然主张"废孔学",但同时明确表示:"如孔丘者,我固承认其为过去时代极有价值之人。"他所"实在不敢服膺者",不过只有"别上下,定尊卑"这一点。① 他同意朱蓬仙的看法,认为"孔子以前,榛榛狉狉,极为野蛮。孔子修明礼教,拨乱反正",有文明开化的功劳。② 五四后,他进一步表示:"一部《论语》,确是古代底大学者的言论。"③ 又说:"孔丘确是圣人,因为他是创新的,不是传统的;秦汉以来的儒生,直到现在的孔教徒是蠢材,因为他们是传统的,不是创新的。"④ 他对孔学在中国历史上因时变迁的情况也有很好的分析。他认为,在孔子成为"教主"后,经过汉、宋、晚清等不同时期学者的解释,"三次增加,真相愈晦"。⑤ 钱玄同提出:"适用于古昔,未必适用于今日。"⑥ 他所反对的,主要是袁世凯、孔教会之流利用孔学,毒化当代人,为复辟帝制或为巩固北洋军阀统治服务。因此,他明确表示:孔学不适用于二十世纪共和时代,"孔门忠孝干禄"一类书籍:"断不可给青年阅看,一看即终身陷溺而不可救拔"。⑦ 可见,他对传统文化的批判的立足点、着眼点都在当代。

钱玄同主张,新的时代,中国应该有一种新的文化出现,传统文化必须"退居到历史地位"。⑧ 这一思想仍然有其合理性。打个比方,商鼎周彝之类,在彼时是适用的礼器、食器、酒器,但在此时,则只能送进历史博物馆陈列。它们可以价值连城,但是,却不再具有实用价值。假如今天仍然有人要求社会公众普遍使用,那只能是笨伯。1922年9月22日,钱玄同致函周作人称:"我尊重《红楼梦》有恒久的文学价值,犹之乎尊重《诗经》有恒久的文学的价值,但现在做诗,人之知其决不应该'点窜《周南》《召南》字,涂改《郑风》《卫风》诗',则现在做文,当然也不应该'点窜贯中、雪芹字,涂改承恩、敬梓文'也。"⑨ 钱玄同所反对的只是"拒新崇故",用旧事物、旧文化拦阻新事物、新文化的出生和成长。⑩

任何文化形态都是特定时空状态下的产物,它常常只适应于特定的时间和空间,因此,文化的发展总是如长江、黄河,一浪一浪地向前发展,所谓"江山代有人才出,各领风骚五百年"是也。但是,在文化的发展中,也总有若干东西,若干成分,可以适用于其他时代,其他环境。这里,有着文化发展的阶段性和连续性的辩证关系,也有着民族性和世界性的辩证关系。应该承认,钱玄同只看到了文化发展的阶段性,较少看到其连续性和可继承性,这是其缺陷。同时,也应该看到,一种过时的

---

① 《致陈独秀》,《新青年》第3卷第4期。
② 《钱玄同日记》1917年3月28日。
③ 《古史辨》(一),第52页。
④ 《钱玄同日记》1922年10月1日。
⑤ 《钱玄同日记》1926年9月14日。
⑥ 《钱玄同日记》1917年1月28日。
⑦ 《钱玄同日记》1918年3月4日。
⑧ 《新青年》第4卷第1号。
⑨ 《中国现代文艺研究资料丛刊》第5辑,第335—336页;参见《日记》1922年10月1日。
⑩ 《致周作人》,同上,第343页。

文化,在不同的历史条件下,可以再度焕发生命;或者,在经过改造、转换后,可以为新的时代服务。我们这个民族有许多宝贵的东西,腐朽尚且可以化为神奇,何况本来就是宝贝呢! 近年来,有些学者提倡对"儒学"进行"创造性的转换",力图使古老的儒学和现代化结合,或者以之作为对西方现代病的一种补偏救正的药方。这方面的探索当然是有益的、有意义的。这些情况,当年的钱玄同当然无法梦见,但是,1922年4月,钱玄同评论沈尹默"五四"后的"笃旧"倾向时,曾经表示,"旧成绩"总有一部分可以"供给新的","为材料之补充",这样的观点就较为全面了。

欧化思想

钱玄同主张中国的出路是"欧化"。所谓"欧化",也就是"西化"。他说:"我的思想,认定中华民国的一切政治、教育、文艺、科学,都该完全学人家的样子,断不可回顾十年前的死帝国。'不好的样子'虽然行了数千年,也该毅然决然的扑灭他;合理的新法,虽然一天没有行,也该毅然决然,振兴他。"他号召中国国民"做一个二十世纪时代的文明人,不做那清朝、唐朝、汉朝、周朝、五帝、三皇、无怀、葛天时代的野蛮人。"① 钱玄同这里所说的"学人家",自然指的是学西方。钱玄同甚至公开主张,要废除汉语,改用一种外国语作国语。他说:"中国的语言文字总是博物院里的货色,与其用了全力去改良他,还不如用了全力来提倡一种外国语作为第二国语,或简直作为将来的新国语,那便更好。我的意思,以为今后中国人要讲现在的有用学问,必当懂几国语言文字。"② 辛亥革命前,钱玄同曾经辱骂主张改革汉字或废汉字的人为"发疯",是"王八蛋"③,至此,算是转了一个一百八十度的大弯子。

此后,在"西化"和"保存国粹"之间,他总是肯定"西化"。1920年8月16日,钱玄同致函周作人说:"纯粹美国派固亦不甚好,但总比中国派好些。专读英文,固然太偏,然比起八股、骈文的修辞学来,毕竟有用些。"又说:"我近来对于什么也不排斥(因为我自己太无学问也),惟对于'崇拜国故者',则以为毫无思想与知识之可言。虽著作等身,一言以蔽之曰,屁话而已。"④

近代中国人的难题是:中国人一方面学习西方,但是,西方列强却又侵略和欺负中国,于是,顽固派和"国粹"派就有了市场。钱玄同却能正确处理这一难题。他认为,为了爱国,不吸哈德们香烟是对的,但是,不能回过头去提倡三尺长的旱烟筒。后来,他进一步明确表示:"忍受帝国主义者侵略的暴力,是糊涂蛋丢脸的行为;服从先进国发明的学术,是明白人合理的举动。"⑤

钱玄同的所谓欧化,实际上是现代化的同义语。他说:"到了民国时代,还要祀什么孔,祭什么天,还要说什么纲常名教,还要垂辫裹脚,还要打拱叩头……你想,

---

① 《新青年》第5卷第1号,第81页。
② 《钱玄同日记》,1919年1月5日。
③ 《钱玄同日记》1908年4月29日、8月27日。
④ 《中国现代文艺资料丛刊》,第5辑,第317页。
⑤ 《通讯》,《国语周刊》第9期。

人家是坐了飞机向前直进,我们极少数人踱着方步向前跟走,那班'治平'大家还气不过,还要横拖直扯的把少数人拉扯上了哪吒太子的风火轮,向后直退。"① 又说:"我坚决地相信所谓欧化,便是全世界之现代文化,非欧洲人所私有,不过欧洲人闻道较早,比我们先走了几步。我们倘不甘'自外生成',惟有拼命去追赶这位大哥,务期在短时间之内赶上,到赶上了,然后和他们并辔前驱,笑语前行,才是正办。"② 这两段话,可以帮助我们了解钱玄同提倡"欧化"及其心情迫切的原因。

如所周知,民族语言是民族文化中最重要的因素,钱玄同却主张用一种外国语来作为中国的国语,自然,这是彻底的西化论。在日记和私人信札中,钱玄同也曾有过"全盘承受西洋文化"的说法。③ 陈序经的"全盘西化"论和胡适的"充分世界化"论,都出现于30年代,比起钱玄同来,要晚很多年。

"全盘西化"论当然是错误的,以一种西方语言代替汉语作为国语的意见也当然是错误的。但是,必须指出的是,钱玄同所主张引进的主要的是西方的自然科学和进步的社会科学、文学,如达尔文的进化论、易卜生的问题戏剧,以及博爱、互助、平等、自由等学说之类,并非认为西方什么都好,连月亮也是外国圆。④ 他清醒地看到,西方也有"臭虫",反对将它移到中国来"培养"。1923年7月16日,钱玄同致函周作人说:"我们纵然发现了外国人的铁床上有了臭虫而不扑灭,但我们决不应该效尤,说我们木床上的臭虫也应该培养,甚至说应将铁床上的臭虫捉来放在木床上也。"他反对什么都效法西方,亦步亦趋,认为"外国女人虽穿锐头高跟的鞋子,但中国女人并非不可穿宽头平底的鞋子。"⑤ 1925年6月25日,他又进一步解释道:"我常说'欧化',似乎颇有'媚外'之嫌,其实我但指'少数合理之欧'而言之耳。'多数之欧',不合理者甚多,此实无'化'之必要。"⑥ 这样,他就又在实际上修正了自己的"全盘西化"论。

西方世界从18世纪起陆续脱离中世纪(也就是大陆学界通常所说的封建社会),进入现代化过程;到20世纪二十年代前后,西方发达国家的现代化已经达到了相当的高度。中国则自鸦片战争之后,长期沉沦于半封建、半殖民地的泥潭中。摆在中国人民面前的所谓"欧化"问题,实际上是一个学习西方,实现中国的现代化问题。自林则徐、魏源以至严复、康有为、梁启超、孙中山等先进的中国人无不提倡学习西方,今天提出的改革、开放也包含着学习西方文明的优良部分,使之为建设中华新文明服务的内容。

坚定不移地从事改革,从事开放,世界各个国家、各个民族一切比我们先进的东西都要学过来,这是历史的经验,也是历史的结论。自然,我们也要记住钱玄同

---

① 《新青年》6卷2号,第241页。
② 《回语堂的信》,《语丝》第23期。
③ 《致周作人》,《中国现代文艺研究资料丛刊》第5辑,第346页;又见于其1924年4月8日日记。
④ 《致周作人》,《鲁迅研究丛刊》第7页;参见《新青年》第6卷第6期第650页。
⑤ 《中国现代文艺资料丛刊》,第5辑,第344页。
⑥ 《致周作人》,《鲁迅研究资料》第10辑,第7页。

的话,不要引进西方的"臭虫"。

自由主义思想

如上述,钱玄同早年就羡慕社会主义和无政府主义,但是,很奇怪,当陈独秀和胡适因在赞成或反对社会主义这一问题发生分歧,《新青年》内部因而分裂时,钱玄同却站到了胡适一边。

根据钱玄同日记所述,分歧始于1918年1月,爆发于1919年10月李大钊将《新青年》六卷五号编为《马克思主义研究专号》时。冲突的结果是改变《新青年》四、五、六三卷所实行的轮流编辑制,仍如此前各卷一样,归陈独秀一人编辑。① 1920年,陈独秀先后出版《劳动纪念节专号》和《俄罗斯研究专栏》,陈、胡分歧加剧,双方"短兵相接"。"一则主张介绍劳农,又主张谈政;一则反对劳农,又主张不谈政治。"② 从思想自由的理念出发,钱玄同认为"统一思想"是"最丢脸的事",③ 反对胡适"不谈宝雪维儿(Bolshevism)"的意见,主张陈独秀等人可以谈,《新青年》可以任由陈独秀办下去,办成《苏维埃俄罗斯》的汉译本也无不可。④ 但是,他认为中国人的程度不够,要改良中国政治,首先要改良中国社会,改变中国人的思想,"好好地坐在书房里","请几位洋教习"来教"做人之道","等到略有些'人'气了,再来推翻政府"。⑤ 因此,他明确表示,"布尔什维克"主义"颇不适用于中国"⑥。

钱玄同之所以有上述看法,固由于他从早年起,就反对"强凌弱,众暴寡"。⑦ 但更重要的原因则在于,他觉得中国人"专制"、"一尊"的思想过于强烈,有关传统过于深厚,会发生"学术专制"、"思想压迫"的可怕状况。1920年9月25日,他致函周作人说:"我们实在中孔老爹学术思想专制之毒太深,所以对于主张不同的论调,往往有孔老爹骂宰我,孟二哥骂杨、墨,骂盆成括之风。"⑧ 1922年4月8日,再致周作人函说:"我近来觉得改变中国人的思想真是唯一要义。中国人'专制''一尊'的思想,用来讲孔教,讲皇帝,讲伦常,……固然是要不得,但用它来讲德谟克拉西,讲布尔什维克,讲马克思主义,讲安那其主义,讲赛因斯,……还是一样的要不得。反之,用科学的精神(分析条理的精神),容纳的态度来讲东西,讲德先生和赛先生等固佳,即讲孔教,讲伦常,只是说明他们的真相,也岂不甚好。我们从前常说'在四只眼睛的仓神菩萨面前刚刚爬起,又向柴先师的脚下跪倒',这实在是狠危险的事。"⑨ 他神往于中国古人所幻想的"万物并育而不相害,道并行而不相悖"的宽阔

---

① 《钱玄同日记》,1919年10月5日。
② 《钱玄同日记》1921年1月18日。
③ 《关于〈新青年〉问题的几封信》,《中国现代出版史料》甲编,北京中华书局1954年版,第11页。
④ 《钱玄同致鲁迅、周作人》,《鲁迅研究资料》第12辑,第18页。
⑤ 《钱玄同致鲁迅、周作人》,《鲁迅研究资料》第12辑,第18页。
⑥ 《致周作人》,1921年6月12日,《中国现代文艺研究资料丛刊》第5辑,第332页。
⑦ 《钱玄同日记》,1917年1月5日。
⑧ 《中国现代文艺研究资料丛刊》第5辑,第322页。
⑨ 《鲁迅研究资料》第9辑,第112页。该刊将本函写作年代系于1932年,误。

而自由世界,只要不"有害于社会",个人的各种信仰、崇拜、爱好都可以听其自由。①1926年3月14日,钱玄同致函周作人称:"我的谬见,总觉得还是'太丘道广'些好。""三民主义也好,好政府主义也好,'苏'制也好,无政府主义也好(只要比曾琦略为不讨厌些,也就可以容纳);国语也好,方言也好;汉字暂且维持也好,注音字母也好,罗马字母也好;规规矩矩的文章也好,放屁放屁的文章也好;赞美《马太福音》的第五章也好,反对基督教也好;到天安门前去痛哭流涕也好,在爱人怀里做'狄卡丹'也好。"②又说:"若有人肯研究孔教与旧文学,鳃理而整治之,这是求之不可得的事。即使那整理的人,佩服孔教与旧文学,只是所佩服的确是它们的精髓的一部分,也是狠正当,狠应该的。但即使盲目的崇拜孔教与旧文学,只要是他一个人的信仰,不波及社会——波及社会,亦当以有害于社会为界——也应该听其自由。"③钱玄同认为,天下最可厌的事便是"清一色",不能大家都做"千篇一律,千言万语只是一句话"的文章,"要它驳杂不纯些才好"。④

20年代的钱玄同主张改变五四时期"排斥孔教,排斥旧文学"的绝对态度,但是,他仍然坚持,"很鲜明的'浑'不得不反对","例如鼓吹复辟,鼓吹文言,鼓吹向孔丘与耶稣叩头"。⑤1925年5月,当他读到章太炎主编的《华国》杂志第38期时,不胜愤愤,认为"'敝老师'的思想的的确确够得上称为昏乱思想","其荒谬之程度远过于梁任公之《欧游心影录》,不可不辞而辟之。他致函胡适,希望他出来做"思想界的医生",为思想界注射"防毒针和消毒针",不仅写《中国哲学史》、《中国佛学史》、《国语文学史》一类著作,而且尤其希望他写《评东西文化及其哲学》、《科学与人生观序》一类文章。他谦虚地自称:"钱玄同是'银样蜡枪头',心有余而力没有(还配不上说'不足'),尽管叫嚣跳突,发一阵子牢骚,不过赢得一班猪猡冷笑几声而已,所以不得不希望思想、学问都狠优越的人们来干一下子。"⑥同年,当章士钊出任北京政府教育总长,攻击白话文,企图恢复文言的一统天下时,钱玄同奋然再起,组织反击,致函胡适说:"现在古文妖焰太盛了,这种'反革命'的潮流,实有推翻它的必要。"⑦不久,反章斗争胜利,钱玄同又著文宣布:"章行严去矣,后之来者,要是也像他那样做浑蛋们的代表,也像他那样,要凭借官势来统一思想,不管他是张三或李四,阿猫或阿狗,亡国大夫或兴国伟人,绅士或暴徒,我还是与对待章行严一样,反抗他,攻击他。"⑧

思想自由与思想斗争相辅相成。没有思想自由,就会窒息新机,使社会和文化趋于僵化、停滞;但是,没有思想斗争,也会使谬种流传,真理不彰,无法除旧布新,

---

① 《钱玄同日记》,1921年1月1日。
② 《鲁迅研究资料》第9辑,110—111页。
③ 同上,第113页。
④ 《致周作人》,1926年3月14日,同上,第110—111页。
⑤ 同上,第110页。
⑥ 《胡适遗稿及秘藏书信》第40册,第352—356页。
⑦ 同上,第360—362页。
⑧ 《国语周刊》第26期,1925年12月6日。

推动社会和文化向更高层次的发展。当然,这种思想斗争,凭借的是真理自身的力量,而不是凭借权势或其他。争论双方都应该是平等的。

整理国故思想

研究一种民族文化,只懂得这种文化本身是不够的。还在新文化运动初期,钱玄同就主张研究外国文化,扩大外国文化知识,然后才能获致对民族文化的精确认识。他说:"前此闭关时代,苦无域外事可参照,识见拘墟,原非得已。今幸五洲变通,学子正宜多求域外知识,以与本国参照。域外知识愈丰富者,其对于本国学问之观察,亦愈见精美。"①

"五四"以后,钱玄同是整理国故运动的倡导者之一。他主张用新思想、新方法研究国故,反对顶礼膜拜。1920年8月16日致周作人函称:"我以为'国故'这样东西,当他人类学、地质学之类研究研究,也是好的,而且亦是应该研究的。"② 在他和胡适等人的推动下,古史辨学派兴起。

疑古思潮古已有之。钱玄同推尊自唐代刘知几、宋代欧阳修、明代李贽直至清代康有为等人的疑古思想,大力提倡辨伪之学,企图将疑古精神普遍扩展到当时对中国古代历史和传世古籍的研究中去。还在辛亥革命前,钱玄同就对刘知几的著作有极高的评价。日记说:"晚阅《史通》,先取前儒所痛斥为非圣无法之《疑古》篇而观之,觉其伟论卓识,独具眼光,钦佩无量。"③ 李贽在其著作《焚书》中对被儒家尊为大圣人的舜有所非议,钱玄同也表示赞赏,有先得我心之喜。④ 五四前夜,钱玄同的疑古思想进一步发展。当时,朱希祖曾认为"虽子思、孟子所说亦不足信",钱玄同赞成此说,声称:"思、孟之义既不可信,何以左丘明之事实便可信,义可伪造,事宁不可伪造乎?"⑤ 五四后,他多次表扬宋人、明人"勇于疑古"⑥ 他甚至认为,善疑是学术进步的必要条件,声称:"学术之进步全由于学者的善疑,而'赝鼎'最多的国学界尤非用极炽烈的怀疑精神去打扫一番不可。"⑦

钱玄同认为,辨伪经重于辨诸子,辨伪事重于辨伪书。

西汉时,儒学从九流中脱颖而出,定于一尊;自此,儒学和与儒学有关的若干著作也就上升为"经",具有了"天经地义"、不容置疑的权威性和永恒性。钱玄同重视辨伪经。1921年11月5日,他致函顾颉刚,认为辨伪经的重要性超过辨子书,刻不容缓的工作是编纂《伪经辩证集说》一书。他说:"'子'为前人所不看重,故治'子'者尚多取怀疑之态度,而'经'则自来为学者所尊崇,无论讲什么,总要征引它,

---

① 《钱玄同日记》,1917年1月20日。
② 《中国现代文艺研究资料丛刊》第5辑,第317页。
③ 《钱玄同日记》,1908年1月2日。
④ 《钱玄同日记》,1908年1月23日。
⑤ 《钱玄同日记》,1917年3月28日。
⑥ 《钱玄同日记》,1921年1月5日,1922年1月10日。
⑦ 《研究国学应该首先知道的事》,《读书杂志》第12期,1923年8月5日。

信仰它(直到现在,还有人根据《周礼》来讲周史的!)也。"① 后来又说:"我觉得宋以来有四个大学者,本来都是可以有大成就的,因为被'经'字罩住了,以致大蒙其害。"② 可见,钱玄同着眼辨伪经,目的是打掉笼罩在儒学著作上的神圣光轮,将人们的思想从"经"的桎梏中解放出来。1921年12月7日,他曾将这一工作戏称为"毁冠裂冕","撕袍子","脱裤子",致函胡适说:"我们是决心要对于圣人和圣经干'裂冕,毁冕'撕袍子,剥裤子的勾当的,那么,打'经字招牌'是狠要紧的事了。"③

儒家学说有稳定社会秩序的作用,汉以后,历代的统治者大都提倡读经,清末和北洋时代的军阀们尤其如此,凡疑"经"、非"经"者均视为非圣无法,大逆不道,可以"正两观之诛"。④ 钱玄同说:"在官厅方面,打'经字招牌'更是极重要的事。教育部虽然比较别部稍微干净一点,可是遗老、遗少,卫道的君子们,晚晴簃的诗翁,此中亦复有之,在这种地方发点'非圣无法'的议论,也是功德。""晚晴簃的诗翁",指徐世昌及其清客们。由此不难看出钱玄同的辨伪经和当时现实的反对北洋军阀斗争的关系。

古无文字。人类的远古史靠一代一代人的口耳相传,自然,其可靠性、科学性是极为有限的。在这种口耳相传中,后人会不断地、层层叠叠地附加自己臆想的成分,自然,离古史的实际情况也会越来越远。中国古代流行尊古、崇古观念,各家各派常常自觉不自觉性地托古改制,或借古喻今,或自我作古,伪造古事以至伪造古书的情况更时有发生。钱玄同认为:三皇、五帝、三代(至西周止)的事实,百分之中倒有九十分以上是后人虚构的。⑤ 又认为:孟子、墨子、荀子以至宋代的"朱老爹"等人,"无不造假典故"。⑥ 因此,钱玄同主张将辨伪作为研究工作的"第一步",⑦ 既辨伪事,也辨伪书,以便清除古史、古籍中的虚假成分,还其真实面目。1921年1月27日,钱玄同致函顾颉刚称:"考辨真伪,目的在于得到某人思想或某事始末之真相,与善恶是非全无关系。"⑧ 他认为,只有这样,才能将历史学和文献学的研究建立在科学的、可信的基础之上。

近代古史研究的重要推进是对甲骨文、金文的利用。在这方面,王国维做出过重大成就。钱玄同虽然强烈反对一切忠于清王朝的人,称罗振玉为"罗遗老",王国维为"王遗少",但是,他仍然充分肯定"王遗少"的研究方法,提出要"应用甲、金二文,推求真古字、真古史、真古制。"⑨ 五四以来的中国古史研究证明,这是一条正确的道路。

---

① 《古史辨》(一),第41页。
② 《古史辨》(一),第52页。
③ 《胡适遗稿及秘藏书信》第40册,第
④ 《古史辨》(一),第52页。
⑤ 钱玄同《三国演义序》。
⑥ 《胡适遗稿及秘藏书信》第40册,第316页。
⑦ 《古史辨》(一),第30页。
⑧ 《古史辨》(一),第24页。
⑨ 《钱玄同日记》,1922年7月15日。

有些古代著作,并非伪书,但是,经过历代儒生的解释后,面目全非,《诗经》就是最典型的例子。钱玄同认为:《诗经》只是一部最古的'总集',与后来的《文选》、《花间集》、《太平乐府》等书性质相同,不是什么"圣经"。他反对汉儒动辄牵合政治,主张不去理会所谓某篇"刺某王","美某公",以及"后妃之德","文王之化"一类注解,同时主张将解《诗》的汉儒"毛学究、郑呆子"的文理不通处举出几条来示众。① 1921年12月7日,钱玄同致函胡适,要求他在阐述"国语文学"时,首列《诗经》中的《国风》,同时建议胡适,赶紧"请它洗一个澡,替它换上平民的衣服、帽子"。他说:"腐儒误解的,我们更要替它洗刷,留它的'庐山真面目'才是。"1923年,他又曾致函顾颉刚,鼓励他说:"救《诗》于汉宋腐儒之手,剥下它乔装的圣贤面具,归还它原来的文学真相,是狠重要的工作。"②

钱玄同勉励胡适重新整理《诗经》他说:"孔圣人虽未一定干过'删诗'的事业,而胡圣人则大可——而且应该——干'删诗'的事业。"③ 钱玄同这里称胡适为"胡圣人",让他和"孔圣人"平起平坐,虽是戏言,但却充分表现出钱玄同平视古今的勇敢态度。

《诗经》是旧时《六经》之一。钱玄同认为《六经》之说,乃是"无端将几部无条理、无系统、真伪杂糅,乱七八糟的什么'经'也者硬算是孔二先生的著作,还造了许多妖魔鬼怪之谈,什么'三统'咧,什么'四始'咧……强说是他老先生说过这样不通可笑的话,他真被冤诬了!",因此,钱玄同主张将《六经》与孔丘分家。④

《春秋》长期被认为是孔子的重要著作。钱玄同认为,《春秋》是历史,但不是孔子做的,"以他老人家那样的学问才具,似乎不至于做出这样一部不成东西的历史来。"⑤

《尚书》,钱玄同认为其《金縢》篇"满纸鬼话","其荒诞不经的程度,比《三国演义》中诸葛亮借东风那一段还要加增几倍"。⑥ ……

可以看出,疑古思潮、整理国故运动、古史辨学派的出现都是"五四"精神在学术领域内的深入和发展,具有反对老八股、老教条,解放思想,存真求实的作用。在这一精神的光照下,古史辨学派在中国古史、古籍的辨伪、还原等方面,做出过一定的贡献。但是,万事万物都有度,过了度,真理就可能成为谬误。近年来考古学、古代文献学等方面的发展已经证明,钱玄同和古史辨学派的疑古有许多过头之处,因此,又出现了"走出疑古时代"的呼吁。

信古和疑古,是两个对立面,也是两个极端。迷信古人,易为古人所欺;反之,怀疑过分,也会否定了应该肯定的东西。科学的态度应该是,尽力摆脱政治附庸、

---

① 《复顾颉刚》,1922年2月22日,《古史辨》(一),第46-47页。
② 《致顾颉刚》,《古史辨》(一),第50页。
③ 《胡适遗稿及秘藏书信》第40册,第46-48页。
④ 《古史辨》(一),第52页。
⑤ 《古史辨》(一),第276页。
⑥ 钱玄同《三国演义序》。

宗派师承、个人好恶的局限，客观冷静，实事求是，当信则信，当疑则疑，这才能接近真理，掌握真理。

文学革命、汉字革命思想

辛亥革命前，钱玄同一度是中国传统文学的崇拜者。1909年6月，他在阅读清代作家张惠言的《茗柯文编》时，评价说："阅其赋，庶几汉人矣，而其散文出入韩文，颇有桐城气息。"① 他的朋友和同学朱蓬仙准备学习骈体文，以清代汪中为榜样，他也极表赞成。② 但是，新文化运动兴起后，钱玄同却尖锐地批判"桐城谬种，《选》学妖孽"，成为旧文学的强烈反对者。1917年1月25日日记说："若如近世所谓桐城派之文，江西派之诗……直欲令人作三日呕。"

钱玄同积极支持胡适、陈独秀等倡导的文学革命。胡适发表《文学改良刍议》后，钱玄同即断言"必能于中国文学界开新纪元"。但是，钱玄同提倡一种比较彻底的白话文学。他总觉得胡适的白话还不到家，有点像宋词和明清小说。1917年，钱玄同读了胡适的《尝试集》后，在日记中写道："适之此集是他白话文的成绩，而我看了觉得还不甚满意，总嫌他太文点，其中有几首简直没有白话的影子。我曾劝他既有革新文艺的宏愿，便该尽量用白话去做才是。此时初做，宁失之俗，毋失之文。"③ 他主张："我们现在做白话诗，不但应该脱尽古诗、律诗的俗套，而且应该脱尽从前的白话诗词至民歌的俗套。"④ 在钱玄同的帮助下，胡适才"放手去做那长短无定的白话诗"。⑤ 其他白话诗作者，如刘半农、周作人、汪静之等，也都得到过钱玄同的鼓励或帮助。例如，钱玄同认为，周作人的《小河》等诗"做得比适之、半农都好"，汪静之的诗，"确是一种葱茏、清新气象，可羡可妒"。⑥

钱玄同也提倡一种比较彻底的白话文，认为"不但应该脱尽古文、骈文的俗套，而且应该脱尽从前的白话文学（如禅宗及宋儒的语录、宋明人的笔札、曹吴的小说）的俗套。⑦ 但是，他也主张，"凡明白易晓的文言，可以尽量输入于白话之中，使白话的内容逐渐丰富起来"。此外，他还主张，吸收西方语言的优点，做欧化的白话文。⑧ 1922年10月19日，钱玄同致函周作人，称赞周的"欧化语体文"，要求"努力做得'极力各洛'，使其去中国旧白话文愈远愈好。"⑨

中国小说长期有文言小说、白话小说两派。还在辛亥革命前，钱玄同就认为小说应该以白话为正宗。1906年2月3日日记称："小说总以白话章回体为宜。若欲

---

① 《钱玄同日记》，1909年6月18日。
② 《钱玄同日记》，1909年10月22日。
③ 《钱玄同日记》，1917年10月22日。
④ 《钱玄同日记》，1922年10月1日。
⑤ 胡适《五十年来的中国文学》，《胡适文存》二集卷一。
⑥ 《钱玄同日记》，1919年2月5日，1922年9月29日。
⑦ 《钱玄同日记》，1922年10月1日。
⑧ 《三国演义序》。
⑨ 《中国现代文艺研究资料丛刊》第5辑，第338页。

以文笔行之,殊难讨巧。"1920 年,他又为《儒林外史》作序,称颂这部书的出世,"可以说他是中国国语文学完全成立的一个大纪元"。① 他甚至提出,要将《儒林外史》作中等学校的《模范国语读本》②

在提倡以白话写作文学作品之外,钱玄同特别提倡在应用文领域内普遍使用白话。1917 年,他致函陈独秀,提出应用文改革大纲,其第一条就是,以国语写作。③ 这就空前地扩大了白话的使用范围,使它全面占领汉语书面语言的各个领域。钱玄同多次指出,近语比古语精密,④ 提倡白话,不是为了求通俗,求普及,而是要将它"作为高等文化、高等知识的媒介"。⑤ 1922 年 10 月 2 日,他在北京女子高等师范学校演讲,特别说明:"我们主张文学革命,不是嫌古文太精深,乃是嫌古文太粗疏;不是单谋初级教育和通俗教育的方便,乃是谋中国文学的改良。我们不仅主张用白话文来做初级教育和通俗教育的教科书,尤其主张用彼来著学理深邃的书籍。"⑥

提倡白话,将白话定为正统的汉民族的书面语言和文学语言,对于普及文化,提高民族文化素质,引进先进的外来文化,发展新文化、新文学,都极为有利。它是五四新文化运动的重大功绩。这一革命的主将自然是胡适,而助其成者,陈独秀之外,就是钱玄同。

在提倡白话的同时,钱玄同主张改良汉语。1919 年 1 月 5 日日记说:"国语的用处,当限于普通信札、报纸等等。以中国现在的普通语言,即所谓的官话也者为根底,其有不备,古文、方言和外国语里的字都应该采用。"钱玄同从 1917 年加入国语研究会起,就一直以满腔热情投入提倡国语和国语统一的各项工作。他提出,"国语应该以民众的语言为基础","要仔细搜集考察民众的语言、文艺的精髓",⑦ 这都是有价值的见解。

钱玄同对汉字进行过猛烈的攻击。他认为汉字是低级的文字。日记说:"论其本质,为象形字之末流,为单音语之记号。其难易巧拙已不可与欧洲文字同年而语。"又说:"此等文字亦实在不可以记载新文明之事物。"⑧ 因此,他大力提倡汉字革命。其主要内容是,为汉字注音或改用罗马字拼音。1927 年,钱玄同对早年的激烈言论颇多后悔,但是,对提倡"国语罗马字"一事却始终坚持。致胡适函:"我近来思想稍有变动,回思数年前所发谬论,十之八九,都成忏悔之资料。今后大有'金人三缄其口'之趋势了。事业中至今尚自信为不谬,且自己觉得还配干的唯有'国

---

① 《儒林外史新叙》,亚东版《儒林外史》,1920 年 11 月。
② 《儒林外史新叙》,亚东版《儒林外史》,1920 年 11 月。
③ 《新青年》第 3 卷第 5 号,《通信》第 8 页。
④ 《钱玄同日记》1922 年 10 月 22 日。
⑤ 《国语月刊发刊词》。
⑥ 《国语月刊》第 1 卷第 9 期。
⑦ 《答裴文中》,《国语周刊》第 27 期。
⑧ 《钱玄同日记》,1918 年 3 月 4 日。

语罗马字'一事。"①

钱玄同很清楚,废汉字,改为拼音文字不是短时期所可以完成的。因此,他主张首先简化汉字,同时减少汉字字数,挑选白话中所用及普通文言中所常用而为白话中所欠缺的字约三四千字左右,作为常用字。

钱玄同非常重视他的汉字革命思想,把他看成一件很重要的事业。他说:"这也是一种大胡闹,和文学革命一样,不是一班'主张通俗教育的人们'(如劳乃宣、王照之流)做给'小百姓'吃的窝窝头,实是对于鱼翅、燕窝改良的食物——是鸡蛋、牛乳之类。"②

汉字有自己的特点,在地域广大、方言繁多的中国,汉字在传播和发展民族文化等方面发挥过无可替代的作用。它具有卓越的构词能力。少数汉字便可以发展出数量庞大的新词。在人类进入电脑时代的今天,汉字更显示出若干新的过去为人们所不知的优越性。因而,钱玄同视汉字为低级文字的思想是错误的,主张废除汉字的思想也是错误的。但是,他的汉字拼音方案不应完全否定,作为一种学习汉字的辅助工具,今天在华人世界和非华人世界已普遍流行。他的减少常用汉字字数和简化汉字笔画的意见也是正确的。从汉字发展的历史看,简化是主流趋向。当然,这一点,热爱繁体的朋友可能不同意,这是一个可以讨论并让历史去选择的问题。

篇末赘语

"五四"时期,曾经有人称道,钱玄同是"文学革命军里一个冲锋健将",又说他是"说话最有胆子的一个人",这是正确的。③

如前所述,近代中国处于转型时期。随着社会向现代化的发展,文化也必然要向现代化发展。这就要扬弃旧文化中不适合现代需要的部分,创造符合现代社会需要的新文化。这是一个不可阻挡也不应阻挡的历史大趋势。在五四时期的反对旧文化,提倡新文化的斗争中,钱玄同有摧陷廓清、倡导改革和扶植新芽之功,应该予以充分肯定;对他发表过的若干偏激、过当、极端以至谬误的言论,则应该在批评的同时,加以分析。

谬误有两种。一种是旨在推动时代前进的谬误,一种是保守现状、阻碍时代前进,甚或是"拉着车屁股"向后的谬误。这是两种不同的、应该加以区别的谬误,显然,钱玄同的谬误属于前者。傅斯年在反思五四新文化运动时曾经说过:"发动这个重新评价,自有感情的策动,而感情策动之下,必有过分的批评。但激流之下,纵有旋涡,也是逻辑上必然的,从长看来,仍是大道运行的必经阶段。"④ 钱玄同的偏

---

① 《胡适遗稿及秘藏书信》第40册,第377页。
② 《致周作人》,1922年12月27日,《中国现代文艺资料研究丛刊》第5辑,第339页。
③ 《新青年》5卷3号,第303、306页。
④ 《五四二十五周年》,重庆《大公报》,1944年5月4日。

激和谬误就是傅斯年所说的激流奔腾时的旋涡。

但是,既然是谬误,就不能不加以批评。应该承认,钱玄同的偏激言论在当时就有负面作用。1918年,任鸿隽批评钱玄同废灭汉字的主张,"有点Sentimental"。① 1919年1月5日,《时事新报》发表漫画,讥刺钱玄同废汉文、用西文的主张。同年1月7日,蓝公武在《国民公报》上发表给傅斯年的信,声称《新青年》中有了钱玄同的的文章,于是人家信仰革新的热心遂减去不少。由于批评的言论多了,以致陈独秀不得不出面声明,钱玄同的主张是"用石条压驼背的方法""本志同人多半是不大赞成的"。

近代以来,中国人在现代化的过程中已经走过了漫长的途程,曲折很多,犯的错误也很多。我们既要坚持不懈地向前走,又要力戒偏激,力求片面,尽量让曲折少一点,错误少一点。

---

① 《新青年》5卷2号,第170页。